Elizabeth Schuler

Das goldene Buch der Kochkunst

Das goldene Buch der Kochkunst

2200 Rezepte fürs Leben

von Elizabeth Schuler

GONDROM VERLAG · BAYREUTH

Erweiterte Lizenz-Sonderausgabe der als Schuler-Produktion im Axel-Juncker-Verlag (Schuler Verlagsgesellschaft, München) erschienenen Originalausgabe gemäß freundlicher Vereinbarung mit E. und J. Schuler.
Umschlaggestaltung: Heinrichs und Bachmann, München
Redaktion: Gerda Weiß

Satz: Satzdienst Stuttgart
Gesamtherstellung: Offset-Team Zumbrink, Bad Salzuflen
Printed in Germany
ISBN 3-8112-0039-9

Vorwort

Ein Kochbuch für alle – für SIE und für IHN, für den Hobby-Koch und für die Hausfrau, die gezwungen ist, sich immer wieder etwas Neues für alltägliche und festliche Mahlzeiten einfallen zu lassen. Sie kann nicht alle Rezepte im Kopf haben. Dieses Kochbuch serviert Gerichte aus aller Welt – von der deftigen Hausmannskost bis zu den Leckerbissen der Haute Cuisine. Eines haben diese Rezepte gemeinsam: Sie haben Pfiff! Selbst die einfachste Suppe schmeckt nach mehr und verleiht ihrem Schöpfer den Ruf eines Meisterkochs. Und dabei sind diese Gerichte nicht umständlich zuzubereiten, denn auch die Grundrezepte sind jeweils aufgeführt.

Lesen Sie einmal die Eingangskapitel: Sie werden staunen, mit wie vielen Tricks man sich das Kochen erleichtern kann. Und sicher werden Sie bei der Fülle der Rezepte einiges finden, was Sie mit Begeisterung kochen und was in Zukunft zu Ihren (und Ihrer Tischgenossen) Leibgerichten gehören wird.

Viel Anerkennung für Ihre Kochkünste wünscht Ihnen Ihre

Elisabeth Schuler

Inhalts-verzeichnis

Inhaltsverzeichnis

Inhalts-verzeichnis

Verzeichnis der Farbtafeln

Verzeichnis der Farbtafeln

Fotonachweis

Constanze, Hamburg (2)
Jan Beenken, München (3)
Maximilian Roth, München (3)
Schuler-Archiv, Stuttgart (9)
Scribe/Süß, Frankfurt (12)
Studio Teubner, Füssen (27)
ZFA, Düsseldorf (6)

Der gedeckte Tisch

Schönes Porzellan, edle Gläser und kostbares Tafelsilber sind der Stolz jeder Hausfrau. Wer würde auch nicht beim Anblick eines mit Liebe und Geschmack gedeckten Tisches in festliche Stimmung geraten? Selbst das einfachste Mahl wird zum Festschmaus, wenn es den entsprechenden Rahmen erhält.

Heute wird es uns leichter denn je gemacht, unsere Phantasie beim Tischdecken spielen zu lassen.

Die konventionell gedeckte Tafel ist zumeist nur größeren Anlässen mit entsprechender Personenzahl vorbehalten. Vielmehr sind es die kleinen Gelegenheiten, Gäste bei sich zu haben oder im Kreise der Familie zu speisen, die den hübsch gedeckten Tisch fordern.

Eine Unmenge von neuen Formen für Porzellane, Gläser und Bestecke haben wir heute zur Auswahl, verspielt oder rein zweckentsprechend modern.

Farbe und Form dominieren. Es beginnt schon beim Tisch selbst. Man kann die Tischplatte als dekoratives Moment mit einbeziehen, sei sie aus Kunststoffen, Glas, Holz oder Marmor, und bevorzugt dann Sets für die einzelnen Gedecke.

Leider sind diese nicht für alle Tischformen geeignet. Besonders dann nicht, wenn der Tisch lang und schmal ist und beide Längsseiten gedeckt werden müssen. In diesem Fall werden wir doch zu Tischtüchern zurückgreifen, um so mehr, als es sie heute in so bezaubernder Auswahl gibt, in allen Farbnuancen in Pastelltönen bis zu ganz dunklen Schattierungen. Gerade die dunklen Blau-, Violett- und Rottöne geben einen aparten Kontrast zu Porzellanen in lebhaften Farben oder Musterungen. Als Material ist alles gestattet was gefällt, Damast, Batist, Brokat, Spitze oder kostbare Stickereidecken, es muß nur zum übrigen Zubehör harmonieren und zu dem jeweiligen Anlaß passen.

So ist es auch mit den Tischdekorationen, Blumen, Früchten oder Leuchter. Zu beachten ist dabei, daß sie weder Platz noch Sicht versperren. Am zweckmäßigsten sind daher niedere Arrangements in Schalen oder Körbchen. Elegant sind auch betont hohe, langstielige Pokale, wobei das Arrangement über der Blickhöhe liegt.

Das Porzellan

Bei größeren Anlässen sind Standteller sehr beliebt, weil sie während aller Gänge nicht entfernt werden; auf ihnen wird der Teller des jeweiligen Ganges abgestellt. Er kann das Dekor des Services aufweisen oder auch aus Silber oder Zinn sein. Flache

Holzschalen oder Körbchen sehen als Unterlage für ländliche Gedecke besonders apart aus. Zusätzlich kann noch nach Geschmack ein Deckchen dazwischen gelegt werden.

An Stelle der herkömmlichen Suppenteller werden heute Suppentassen bevorzugt. Die Suppenterrine erübrigt sich dann, denn die Tassen werden bereits gefüllt serviert.

Das Besteck

Rechts vom Teller liegt zunächst das Fleischmesser, dann folgt das Fischmesser und ganz außen der Suppenlöffel.

Links vom Teller liegt zunächst die Fleischgabel, dann weiter außen die Fischgabel. Fehlt das Fischbesteck, so werden zwei Gabeln genommen. Wird statt des Fischgerichts eine Vorspeise gereicht, so liegt an Stelle des Fischbestecks ein kleineres Besteck, bestehend aus Messer und Gabel. Bei Eierspeisen und ähnlichem liegt rechts die Gabel (kein Messer). Bei Hors-d'oeuvre liegt auf dem dazu bestimmten Teller ein kleines Messer und ein Gäbelchen.

Wird zu einem Gang Brot und Butter gereicht, dann steht hierfür ein Teller mit einem daraufgelegten kleinen Messer links oben vom großen Teller. Der Salatteller steht mit einer darauf gelegten Gabel ebenfalls links oben vom großen Teller an Stelle des Brottellers.

Das Dessertbesteck liegt oberhalb des großen Tellers. Die Gabel darf für sich allein, der Löffel (rechts) mit der Gabel zusammen oder das Messer mit der Gabel gebraucht werden, der Löffel nicht allein außer für Eis oder Creme.

Die Gläser

Rechts oben vom Teller stehen die Gläser. Das Wasserglas darf nie fehlen, auch wenn Wein serviert wird.

Die Reihenfolge von links nach rechts ist: Wasser-, Weißwein-, Rotwein-, Sektglas.

Für *Rotweine* niedrige, bauchige Gläser verwenden.
Roten Bordeaux nur zur Hälfte des Glases eingießen, Burgunder nur zu einem Drittel, damit sich das Bouquet besser entwickeln kann.

Für *Weißweine* Gläser mit hohem Fuß verwenden.

Für *Sekt* können flache Schalen oder Kelche genommen werden.

Kognak schmeckt am besten in großen Schwenkgläsern, die mit der Handfläche oder über einer Kerze erwärmt werden.

Tafelsitten

Natürlich haben Sie ‘gute Tischmanieren’ – aber manchmal stellt sich doch die Frage: Wie ißt man was?

Selbstverständlich sitzt man bei Tisch aufrecht, die Ellenbogen nicht gekrümmt oder aufgestützt, sondern senkrecht am Körper. Messerklinge und Gabelzinkteil dürfen nicht mit dem Finger berührt werden. Das Messer wird ähnlich wie Bleistift oder Federhalter zwischen Daumen und Zeigefinger gehalten und mit dem Mittelfinger gestützt, die Gabel nimmt man zwischen Mittel-, Zeigefinger und Daumen und drückt sie mit dem kleinen Finger gegen den Handteller, die Gabelwölbung nach oben. Das Besteck nie nach oben halten, sondern immer waagrecht über den Teller. Auch beim Sprechen nicht damit in der Luft herumfuchteln!

Brot wird mit der Hand gebrochen. Wird es mit Butter bestrichen, so werden Brotscheiben oder Toast auf dem Teller zerschnitten. Brötchen werden mit der Hand zerteilt und die einzelnen Stücke gebuttert, stets dabei auf den Teller gelegt und nicht in der Luft gehalten. Brot oder Backwerk wird mit der linken Hand zum Mund geführt.

Suppen oder Bouillon in Tassen kann getrunken oder mit dem Löffel gegessen werden. Den letzten Rest sollten wir allerdings auslöffeln, damit wir nicht gezwungen sind, die Tasse senkrecht über uns ‘auszukippen’.

Bei Spargeln als Einzelgericht gilt die alte Regel nicht mehr um jeden Preis, die Spargelstangen mit Daumen und Zeigefinger der linken Hand, das Kopfende durch die Gabel gestützt, zum Mund zu führen. Man darf sie mit der Gabel zerteilen.

Artischocken läßt man im Ganzen auf dem Teller, hält sie mit der linken Hand fest und zupft die einzelnen Blätter mit Daumen und Zeigefinger der rechten Hand aus. Sie werden mit dem fleischigen Ende in Sauce getaucht, zum Mund geführt und ausgelutscht, die Blattreste dann an den Tellerrand gelegt. Der Boden wird mit Gabel und Messer gegessen.

Schnecken hält man mit der Schneckenzange fest, holt mit der Schneckengabel die Schnecke aus dem Gehäuse und legt sie in den Löffel. Die Butter wird darüber gegossen.

Muscheln in Brühe holt man mit einer Gabel aus der Schale in den Löffel. In manchen Gegenden wird die Muschel nur vom Stiel entfernt und dann die Muschelhälfte an Stelle des Löffels genommen.

Austern müssen noch fest in ihrer Schalenhälfte sitzen. Mit der kleinen Austerngabel entfernt man zuerst den braunen Darm, der tief in der Mitte sitzt. Dann wird der Bart ringsherum abgetrennt und entfernt, zuletzt die Auster gelöst und mit der linken Hand die Auster zum Munde geführt. Die Gabel darf zum Nachschieben der Auster zur Hilfe genommen werden.

Für Krustentiere, Hummer, Langusten, Krebse, Scampis, Krabben, dürfen außer dem dazugehörigen Besteck auch die Finger genommen werden.

Zu Vorspeisen und Cocktails reicht man kleine Löffel und Gabeln, nicht größer als Kuchengabeln und Kaffeelöffel; in Ermangelung des Spezialbesteckes können auch diese gereicht werden.

Die alte Streitfrage: Darf man Geflügelstücke in die Hand nehmen? läßt sich am besten so beantworten: Bei ganz vornehmen Gesellschaften – nie! Ansonsten gilt: Man darf, wenn es sich um reines Bratgeflügel handelt, das ohne Beilage auf dem Teller serviert wird. Man darf es nicht, wenn es sich um gefülltes Geflügel handelt und wenn es mit Gemüse und Sauce usw. gereicht wird.

Kleine Knochen und Fischgräten entfernt man mit Daumen und Zeigefinger und legt sie auf den Tellerrand.

Saucen nicht mit Brot aufnehmen.

Kartoffeln und Klöße nicht mit dem Messer schneiden, sondern mit der Gabel zerteilen.

Spaghetti sind für den Neuling manchmal ein Problem. Ratlos sitzt er dann vor seinem Spaghettiberg und weiß nicht, wo beginnen. Es ist aber ganz einfach, wenn man dabei folgendes beachtet: Niemals mehr als 3 bis 4 Nudeln auf einmal zum Mund führen. Die am Boden des Tellers am nächsten liegenden Spaghetti zieht man mit der Gabelspitze heraus dem Tellerrand zu. Indem man sie nun gegen Boden und Tellerrand drückt, wird die Gabel so lange gedreht, bis die Spaghetti völlig aufgewickelt sind. Leichter – aber nicht so stilvoll – ist es, einen Löffel zu Hilfe zu nehmen. Hierbei werden die herausgezogenen Spaghetti mit der Gabel in den Löffel gedrückt und wieder so lange gedreht, bis sie mundgerecht aufgewickelt sind.

Feigen bekommt man in guten Restaurants bereits geschält serviert. Macht man es aber selbst, verfährt man folgendermaßen: Das spitze Stielende der Frucht wird mit der Gabel festgehalten, mit dem Messer werden 2 bis 3 Längsschnitte etwa bis zur Mitte der Feige gemacht. Die Gabel wird herausgezogen und eine Zinke immer knapp unter die äußere Haut geschoben, der Frucht entlang und nach oben hin abgezogen. Dabei hält man sie mit Daumen und Zeigefinger fest, bis sie völlig von der Frucht getrennt ist. Die Feige liegt nun umgedreht wie ein Stern vor uns und wird mit Messer und Gabel verzehrt.

Steine in Kompott mit den Lippen auf den Löffel und von da in ein besonderes Tellerchen oder auf den Tellerrand legen.

Klebriges, saftiges Obst mit der Gabel essen. Zum Schälen des Obstes Messer und Gabel benützen, ausgenommen Orangen, Mandarinen, Bananen, Äpfel und Pflaumen, die man mit der linken Hand hält und mit dem Messer schält.

Käse wird auf dem Teller geschnitten und ein Stückchen davon auf das bebutterte Broteckchen gelegt, die Gabel erübrigt sich hierbei.

Kleine belegte Brote, Sandwiches oder Canapés können zum Cocktail in die Hand genommen oder auf Spießchen gesteckt werden. Zu Tee usw. werden sie mit kleinem Besteck gegessen.

Servietten nicht vergessen.

Für alle Gerichte, bei denen die Finger zu Hilfe genommen werden, müssen zum Abschluß Fingerschalen gereicht werden.

Gewichte und Mengen

Abwiegen leicht gemacht

1 Tasse (Inhalt 1/4 l) gestrichen voll:

Butter	225 g	Reis	200 g
Grieß	165 g	Salz	130 g
Haferflocken	85 g	Schmalz	235 g
Mandeln (gehackt, geschält)	85 g	Zucker (Sandzucker)	185 g
Mehl	110 g	Zucker (Kristallzucker)	225 g
Öl	185 g	Zucker (Puderzucker)	135 g

1 Eßlöffel gestrichen voll:

Butter	15 g	Stärkemehl	10 g
Haferflocken	5 g	Reis	20 g
Kaffee (gemahlen)	5 g	Salz	9 g
Kakao	5 g	Schmalz	17 g
Mehl	10 g	Zucker (Sandzucker)	15 g

1 Teelöffel gestrichen voll:

Kaffee (gemahlen)	2 g	Salz	3 g
Kakao	3 g	Stärkemehl	5 g
Mehl	4 g	Zucker	4 g

Amerikanische Gewichte:

ounce = 16 drams = 28,35 g
pound (lb) = 16 ounces = 453,59 g
quarter (qr) = 28 pounds = 12,7 kg
hundredweight (cwt) = 112 pounds = 50,8 kg

pint = 4 gills = 0,57 l
quart = 2 pints = 1,13 l
gallon = 4 quart = 4,54 l

Die Mengen

Gemüse, 250 g für	1 Person	Fasan, 1 Stück für	2 Personen
Kartoffeln, 250 g für	1 Person	Hähnchen, 1/2 für	1 Person
Fische, 250 g für	1 Person	Tauben, junge, 1–2 Stück für	1 Person
Fleisch, 100–125 g für	1 Person	Gans, 250–500 g für	1 Person
Ochsenzunge von 1 1/2 kg für	5–8 Pers.	Ente, junge, 1 Stück für	3 Personen
Wild, 300 g für	1 Person	Rebhuhn, 1/2–1 Stück für	1 Person
Truthahn für	10 Personen	Wildgeflügel, kleines,	
Kapaun oder Poularde für	6–8 Personen	1 Stück für	1 Person

Suppe für 1 Person – 1/4 l Flüssigkeit, Wasser, Milch, Saft usw.
für 4 Personen – 1 l zusätzlich 1/4 l zum Einkochen
für 1 Person als Hauptgericht – 2 Teller Suppe = 1/2 l = 2 Tassen

Bindemittel für Suppen für 1 Person zu 1/4 l Flüssigkeit

Gerste	1 1/2 Eßlöffel	Mehl	1 Eßlöffel
Grieß	1–1 1/2 Eßlöffel	Reis	2 Eßlöffel
Grünkern	1 1/2 Eßlöffel	Sago	1 Eßlöffel
Haferflocken	2 Eßlöffel	Stärkemehl	1 Teelöffel

Zu gerösteten Suppen zu je 1 l Flüssigkeit 1 Eßlöffel Bindemittel mehr, da durch den Röstprozess die Bindefähigkeit einbüßt.

Sauce für 2 Personen	1/4 l Flüssigkeit	oder	1 Teelöffel Stärkemehl
für helle Saucen	1 1/2 Eßlöffel Mehl	für dunkle Saucen	2 Eßlöffel Mehl

Bindemittel zu Brei für 1 l Flüssigkeit

Grieß	100 g	Reis	200 g
Mehl	100 g	Stärkemehl	60 g
Nudeln	100 g		

Bindemittel zu Puddings und Flammeris für 1 l Flüssigkeit

Grieß	125 g	Reis	250 g
Mehl	150 g	Stärkemehl	80 g
Nudeln	150 g		

Die Garzeiten

Kochen

Kartoffeln	20–30 Minuten	Stockfisch 3–5 Pfund	20–30 Minuten
Stärkemehl	3– 8 Minuten	Schellfisch 3–5 Pfund	15–20 Minuten
Teigwaren	20–30 Minuten	Heilbutt 2–3 Pfund	30–40 Minuten
Sago (Edelsago)	20–30 Minuten	Lachs 2–3 Pfund	30–35 Minuten
Reis	20–25 Minuten	Krebse	25–30 Minuten
Erbsen (Hülsenfrüchte)	40–60 Minuten	Hummer	30–40 Minuten
Erbsen (grüne)	7–10 Minuten	Huhn 3 Pfund	60–75 Minuten
Bohnen (Kernbohnen)	60–75 Minuten	Geflügel 4–5 Pfund	2– 3 Stunden
Bohnen (grüne)	10–20 Minuten	Truthahn 9 Pfund	2– 3 Stunden
Spargel	20–30 Minuten	Zunge 3–4 Pfund	3– 4 Stunden
Blumenkohl	20–25 Minuten	Schinken 12–14 Pfund	4– 5 Stunden
Rote Rüben	40–60 Minuten	Hammelfleisch 500 g	80 Minuten
Karotten	10–12 Minuten	Ochsenfleisch 500 g	90 Minuten
Kleine Fische	6–10 Minuten	Schweinefleisch 500 g	75 Minuten
Scholle 4–5 Pfund	40–45 Minuten	Kalbfleisch 500 g	60 Minuten

Braten

Roastbeef und Lende für je 500 g	10–15 Minuten	Huhn, 1,5–2 kg	1–1 1/2 Stunden
oder für je 1 cm Höhe und		Ente	1–1 1/4 Stunden
10 Minuten Anbratzeit	8–10 Minuten	Gans, 4,5 kg	2–2 1/2 Stunden
Leber und Nieren	4– 5 Minuten	Truthahn, 4,5 kg	2 1/2–3 Stunden
Schweinefleisch, 500 g	60 Minuten	Tauben	45–60 Minuten
oder für je 1 cm Höhe	25 Minuten	Fische (dick)	45–60 Minuten
Kalbfleisch, 500 g	45 Minuten	Fische (dünn)	20–30 Minuten
oder für je 1 cm Höhe	10–15 Minuten		
Hammelfleisch, 500 g	75 Minuten		
oder für je 1 cm Höhe	15–20 Minuten		

Backen

Weißbrot	45–60 Minuten	Backpulverbiskuits	12–15 Minuten
Schwarzbrot	50–60 Minuten	Plätzchen	6–10 Minuten
Brötchen	10–15 Minuten	Gerührte Kuchen	45–60 Minuten
Biskuits	12–20 Minuten	Flache Kuchen	20–30 Minuten

Kleines Küchen-ABC

Abbrühen, Blanchieren:

Einzelne Gemüse, hauptsächlich Kohlarten, in kochendem Wasser kurz aufkochen oder nur überbrühen, wodurch ihnen die blähende Wirkung genommen wird; Mandeln, Nüsse, Kastanien, Tomaten und Steinobst, um sie leichter von ihrer Haut zu befreien.

Abhängen, Abliegen:

Schlachtfleisch, Wild und Wildgeflügel in einem kühlen Raum oder auf Eis lagern, bis es mürbe geworden ist.

Abhäuten:

Abziehen der sehnigen Haut von Fleisch und Wild, meistens in rohem Zustand, auch das Entfernen der Fischhaut.

Ablassen:

Das Trennen des rohen Eiweißes vom Eidotter.

Ablöschen, Deglacieren:

Angebratenem oder Angedünstetem Flüssigkeit beigießen (meistens unter Rühren).

Abrühren, Aufschlagen:

Eine Crememasse, damit sie dicklich wird, unter ständigem Schlagen mit dem Schneebesen bis zum Kochen bringen, wobei, um das Anbrennen zu verhüten, bis auf den Boden der Kasserolle gerührt werden muß.

Abschäumen:

Den sich beim Kochen von Fleischbrühe, Fischsud, Zucker, Obst und Fruchtsäften ergebenden Schaum mit einem Schaumlöffel abheben.

Abschmecken:

Einer Speise vor dem Anrichten die etwa noch fehlenden Gewürze wie Salz, Zucker, Essig, Zitronensaft, Wein, Rahm beifügen.

Abschrecken:

Einen Guß kalten Wassers kochender Flüssigkeit wie Kaffee oder Zucker zugießen, um sie zu klären. Auch abgekochte Nudeln und Gemüse werden kalt abgeschreckt. Fette Bratensorten wie Schweinebraten, Enten und Gänse, erhalten kurz vor Beendigung der Bratzeit einen kalten Guß, um eine knusprige Haut zu erhalten.

Au gratin:

Ein fertiges Gericht mit Brösel oder Käse bestreut im Ofen überbacken.

Am Spieß braten:

Die Zubereitung von Fleisch, Geflügel, Fisch usw. auf einen Spieß gesteckt und über offener Glut bis zum Garwerden gedreht.

Argenteuil:

Name einer alten Benediktinerabtei bei Paris. Zarte Spargelköpfe als Garnitur zu kurz gebratenen Fleischgerichten.

Aufstoßen:

Etwas nur so weit zum Kochen bringen, daß sich die ersten Kochwellen nicht ganz bilden können.

Aufwallen:

Bei jeder Flüssigkeit kurz vor dem Siedepunkt auf der Oberfläche sich einstellende Bewegung.

Ausbacken, Herausbacken:

Etwas in schwimmendem Fett braun backen.

Ausbackteig:

Teig aus Mehl, Eiweiß, Bier, Wein oder Wasser, in den ein in Fett zu backendes Stück zuvor eingetaucht wird.

Ausbeinen, Auslösen:

Geflügel, Wild und Fische vom Eingeweide befreien.

Aux Fines Herbes:

Mit feingehackten Kräutern gewürzt.

Backfett:

Auch Friture genannt. Besteht aus 1 kg Schmalz oder 1 l Öl. Auch Mischungen aus Öl und Rinderfett oder Schmalz und Pflanzenfett.

Bähen:

Brot oder Brötchen ohne Fett im Toaster, Rohr oder mit der glühenden Schaufel gelb und knusprig rösten.

Bain-Mari:

Wasserbad, Dampfbad. Es dient dazu, fertige Ragouts, Saucen, Gemüse und anderes bis zum Gebrauch warm zu halten oder vor dem Anbrennen zu schützen. Cremes, feine Saucen auf der Grundlage von Eigelb, und Puddings werden auf diese Art gargekocht oder gestockt.

Bardieren:

Statt Geflügel, Wildbret und Fleisch zu spicken, um es saftiger braten zu können, wird es mit dünnen rohen Speckscheiben, auch *Barden* genannt, umbunden.

Bavaroise:

Süße Cremespeisen mit Gelatine gedickt.

Béarnaise:

Zart gewürzte Sauce aus Eigelb und Butter geschlagen, zu gegrilltem Fleisch.

Beignets:

Fleisch, Fisch oder Früchte in Backteig eingeschlagen und in Fett herausgebacken.

Bekassine: Schnepfenart.

Beuschel: Lungenhaschee.

Blanc manger: Gesulzte Mandelcreme.

Blind backen:

Pasteten, Kuchenböden usw. ohne Füllung backen. Meistens mit einer Einlage von getrockneten Erbsen, um das Wellen des Teigbodens zu verhindern.

Blinis:
Kleine Hefepfannkuchen, halb Buchweizen- halb Weizenmehl, russisches Gericht.

Bonne femme:
Mit Speck und Zwiebeln zubereitet.

Bordelaise:
Rotweinsauce (Bordeaux-Wein).

Bouillabaisse: Marseiller Fischsuppe.

Bouilli: gekocht.

Bouillon:
Klare Fleisch- oder Geflügelbrühe.

Braise:
Fette, gewürzreiche Brühe zum Dämpfen (Dünsten) von Fleisch.

Brandteig:
Verdicken einer Teigmasse unter ständigem Rühren über Feuer, bis sie sich vom Topf loslöst.

Braten:
Die Zubereitung von Fleisch, Fisch usw. in einer vorher erhitzten Pfanne oder Kasserolle in zerlassenem Fett bei starkem Feuer.

Bratfond, Bratsatz:
Saft, der beim Dünsten oder Braten von Fleisch, Fisch und Gemüsen austritt und als eingedickter Bodensatz zurückbleibt. Er ist sehr wertvoll, weil er die aromatischen Bestandteile der Speisen enthält.

Bräunen:
Über raschem Feuer oder in heißem Rohr Speisen eine schöne, dunkelbraune Farbe geben.

Bristol:
Tomaten mit einer Fülle von: Hühnerfleisch, Ochsenzunge, Schinken und Staudensellerie. Mit Mayonnaise garniert.

Broccolo:
Italienisches Kohlgemüse. Geschmack zwischen Spargel und Blumenkohl.

Brösel:
Geriebenes Weißbrot oder Paniermehl (Semmelmehl, Semmelbrösel).

Butter schaumig rühren:
Frische Butter so lange rühren, bis sie weißschaumig ist.

Canapé:
Kleine, besonders fein belegte Brote.

Cassata:
Im hiesigen Sprachgebrauch Eisbombe mit Nüssen, Früchten oder Makronen gefüllt. In Sizilien marzipanähnliches, bombenförmiges Gebäck.

Cayenne-Pfeffer: Spanischer Pfeffer.

Chalotten, Schalotten:
Kleine würzige Zwiebelchen.

Chantilly:
Gerichte mit Schlagsahne vermengt.

Charlotten:
Süßspeisen, deren Außenseiten mit Biskuit- oder Brotscheiben zusammengesetzt sind.

Chaudeau:
Eine über Feuer aufgeschlagene Sauce aus Wein, Eiern und Zucker.

Chaud-froid:

Ein in gesülzte Sauce eingehülltes Gericht.

Chicoree:

Salatsorte mit bitterlichem Geschmack, auch als Gemüse zuzubereiten.

Confiture: Marmelade.

Consommé (Konsommee):

Klare, sehr kräftige braune Fleischbrühe.

Couleur (Zucker-Couleur):

Dunkelbraun gebrannter, mit Wasser aufgekochter und aufgelöster Zucker zum Färben von Saucen, Suppen etc.

Coupe: Eisbecher.

Cordon bleu:

Schnitzel mit Käse und Schinken gefüllt.

Cornichons: Kleine Essiggürkchen.

Croquant, Krokant:

Zuckermasse mit Mandeln.

Croquetten, Kroketten:

Panierte und in Fett herausgebackene Masse.

Croutons, Brotcroutons, Sulzcroutons:

In zierliche Formen geschnittene und in Butter gebackene Brotscheiben zum Garnieren von Fleisch und Gemüse oder als Unterlage. Aus erstarrter Sulz (Aspik) geschnittene Formen.

Crepes: Hauchdünne Pfannkuchen.

Crepes Suzette:

Der Teig mit Butter und Rahm verfeinert, mit Orangen- oder Zitronenzucker aromatisiert, mit Buttercreme gefüllt und mit Likör beträufelt.

Curry:

Indisches Gewürzpulver. Hauptsächlich zum Würzen von Hammelfleisch, Geflügelragout und Reis.

Cariole–Form:

Gerichte in kleiner, glatter, konischer Zylinderform zugerichtet.

Dämpfen oder Dünsten:

Langsames Garmachen von Speisen in wenig Flüssigkeit.

Deglacieren: siehe Ablöschen.

Dekorieren:

Verzieren und Ausschmücken von Platten und Speisen.

Demi-glace:

Braune Vorratssauce (Espagnole) mit einem Drittel Jus eingekocht. Sie muß noch fließend sein, aber doch so dick, daß sie an den damit übergossenen Speisen haften bleibt, um ihnen ein glänzendes Aussehen zu geben. Dick eingekochte, ungesalzene Bouillon wird ebenfalls als Demi-glace bezeichnet.

Dessert: Nachtisch und Kleingebäck.

Dressieren:

Eine Speise vor der Zubereitung in Form binden, um ihr ein schöneres Aussehen zu geben. Hauptsächlich Geflügel.

Dressiersack, Spritzsack:

Gerät zum Einfüllen von Schlagrahm, Eierschnee, Mayonnaise, Creme und weichen Teigen. Das Eingefüllte wird durch auswechselbare Spritztüllen, je nach Art, zum Verzieren auf Torten, als Souffle in feuerfeste Platten oder zum Backen auf ein Blech gedrückt.

Dubarry:

Gerichte mit Blumenkohl garniert.

Duchesse:

Pikante Cremekrapfen aus gefülltem Brandteig, werden kalt als Vorspeise serviert.

Durchpassieren, Durchschlagen, Durchstreichen:

Suppen, Saucen usw. durch ein Tuch oder Sieb gießen oder durchstreichen.

Durchrühren:

Eine Masse so lange mit einem Holzlöffel rühren, bis sie gleichmäßig untereinandergemengt ist.

Durchschwenken:

Mit Butterstückchen oder gehackter Petersilie durchschwenken heißt: eine Pfanne oder Kasserolle mit Inhalt einige Minuten über dem Feuer schwingen, so daß das Untenliegende jeweils nach oben kommt und das Kochgut mit dem Beigefügten gut vermengt wird.

Duxelles:

Cremeartige Füllmasse mit Champignons.

Eclairs:

Längliche Brandteigkrapfen mit Kaffeecreme gefüllt und mit Glasur überzogen.

Einbrenne: Mehlschwitze.

Einkochen:

Dünnflüssige Speisen und Säfte durch anhaltendes Kochen verdicken.

Einmehlen:

Umwenden von Fleisch, Fisch oder Gemüse in Mehl, oder löffelweise Überstäuben zum Verdicken der Speisen.

Entfetten:

Abschöpfen des Fettes von Suppen, Saucen usw.

Entgräten:

Die große Mittelgräte aus Fischen entfernen.

Entrecote: Mittelrippenstück.

Entrees:

Alle warmen und kalten Gerichte, die bei einem Diner vor dem großen Fleischgericht gereicht werden.

Entremets:

Süße Speisen, die zum Schluß eines Diners gegeben werden. Auch leichte Gemüsegerichte, welche auf den Braten folgen.

Escalope:

Eine rohe Fleischscheibe im Gegensatz zur Tranche.

Espagnole:

Spanische Sauce oder braune Vorratssauce.

Etamine:

Seihtuch aus dünnem Flanell oder Leinen.

Farce:

Feingehackte Mischung aus Fleisch, Fisch usw. mit verschiedenen Zutaten zum Füllen von Pasteten, Fleisch- und Gemüsegerichten.

Fenchel:

Gemüseknolle, auch zur Salatbereitung.

Filet:

Bezeichnung für Lendenbraten oder Schlachtbraten; auch für die vom Rücken losgetrennten Fleischstücke des Schlachtviehs und Wildbrets sowie für das vom Brustknochen des Geflügels und das vom Rücken genommene, entgrätete Fleisch der Fische.

Fischsud:

Die Flüssigkeit, in der die Fische gekocht werden. Je nach Rezept bestehend aus: 1 l Wasser, 1 Glas Essig oder 2 Gläsern Wein, 1 Zwiebel, 1 dünn geschnittenen Karotte, 1 Lorbeerblatt, Petersilie, Salz, Pfeffer und Gewürzkörnern.

Flamande, Flämisch:

Gekochter magerer Speck und Würstchen sowie gedämpfter Wirsing zu großen Fleischstücken gereicht.

Flamber, Flambieren:

Mit erhitztem Alkohol übergießen und abbrennen.

Flammieren:

Das gerupfte Geflügel über eine Flamme halten und dabei drehen, damit die Flaumfedern abgesengt werden.

Fleurons:

Blätterteighalbmonde als Garnitur.

Florentine:

Beilage aus jungem Spinatgemüse und Béchamelsauce.

Fond:

Saft, der beim Kochen, Dünsten oder Braten von Fleisch, Fisch und Gemüsen austritt.

Fondue:

Schweizer Käsegericht aus Weißwein, Emmentaler Käse, Gewürzen und Kirschwasser. *Fondue Bourgignonne* dagegen ist ein Fleischgericht.

Frikassee:

In Stücke geschnittenes, gedünstetes weißes Fleisch von Kalb, Kaninchen, Huhn usw. Zumeist in einer weißen Sauce bereitet.

Frischling: Junges Wildschwein.

Friture:

Backfett, meist 1/2 Öl, 1/2 Rinderfett.

Galantine: Rollpastete.

Gallerte: Aspik, Gelee und Sülze.

Garnieren:

Speisen, Fleischgerichte, Mayonnaisen, Torten und anderes mit den passenden Zutaten umlegen und verzieren.

Garnitur:

Zutaten zum Umlegen und Verzieren der Speisen.

Gärtnerinnen Art (Jardiniere):

Fleischgerichte, mit verschiedenen Gemüsen umlegt.

Gelatine:

Feine Gallerte zum Steifmachen von Cremes, Sülzen und anderem.

Germteig: Hefeteig.

Gerundete Brühe:

Sämig gekochte Brühe.

Geschnetzeltes:

Hauchdünnes, streifig geschnittenes Kalbfleisch in Butter gebraten, Schweizer Spezialität.

Glace:

Dick eingekochte Fleischbrühe oder Jus. Andere Bezeichnungen: *Fleischglace* oder *Tafelbouillon.* Eine Mischung aus Eiweiß, Zucker und Zitronensaft, zum Bestreichen von verschiedenem Gebäck wird ebenfalls Glace genannt.

Glacieren:

Fleischspeisen mit Fleischglace überziehen, damit sie eine glänzend braune Farbe erhalten. Auch fortgesetztes Übergießen der Fleischstücke während des Bratens mit ihrem eigenen kurz eingekochten Fond.

Glattrühren:

Suppen, Saucen so lange rühren, bis keine Klümpchen mehr vorhanden sind.

Gratinieren:

Mit geriebenem Weißbrot (Brösel), Käse und kleinen Butterstückchen überstreute Speisen. Im Rohr bei Oberhitze überkrusten.

Grill à l'Anglaise:

Kleine Steaks, Koteletts (Hammel), Nieren und Speckscheiben kurz gegrillt. Gegrillte Tomaten und gedämpfte Bohnen dazu.

Grillieren:

Fleisch- oder Fischstücke u.a. auf dem Rost braten.

Grog:

Mischung von heißem Wasser, Kognak, Rum oder Arrak und Zucker.

Hammelchops:

Sehr dicke Hammelkoteletts.

Haricots verts: Feine grüne Bohnen.

Haschee:

Gemisch von feingehacktem, gekochtem Fleisch.

Haschieren: Feinhacken.

Hausenblase:

Eine feine Gelatine-Sorte. Durch Trocknen der Innenhaut des Störfisches gewonnen.

Hefenstück: Vorteig.

Herrenpilze: Steinpilze.

Hollandaise:

Feine geschlagene Buttersauce, beliebt zu Spargeln und gekochtem Fisch.

Homard a l'Armoricaine:

Gedünsteter Hummer in Sauce armoricaine.

Homard Cardinal:

Warmer Hummer in Sauce Cardinal, mit Käse bestreut und gratiniert.

Hors d'oeuvre:

Kleine, pikante Gerichte: Kaviar, Austern, kleine Pstetchen, marinierten Fisch, meistens in reichhaltiger Zusammenstellung, die vor der Suppe gereicht werden, um den Appetit anzuregen.

Jardiniere:

Mit viel Gemüse serviert.

Indian: Truthahn.

Indienne:

Ein Gericht mit Reis und Curry.

Ingwer:

Eine Wurzel, die aus China stammt und sowohl kandiert wie auch als Gewürz verwendet wird.

Julienne:

Feinstreifig geschnittenes Mischgemüse.

Jus:

Klare, kräftige braune Fleisch- oder Bratenbrühe.

Kalbskopf en Tortue (auf Schildkröten-Art):

In braunem Ragout mit Croutons oder Fleurons garniert.

Kalbsvögel:

Kleine Kalbfleischrouladen.

Kalbs-Pörkölt:

Mit Speck gebratener Gulasch.

Kalbsmilch:

Brieschen, Bröschen, oder Midder genannt. Halsdrüsen des Kalbes, welche an der Brustspitze sitzen.

Kandieren:

Früchte und anderes in kochenden Zucker tauchen oder darin kochen. Auf ölbestrichenem Blech oder Marmorplatte trocknen lassen, bis sich eine harte Kruste gebildet hat.

Kaneel: Feine Zimtrinde.

Kardamom:

Feines Gewürz für Backwerk.

Karfiol: Blumenkohl.

Karree:

Fleischstück vom Schwein, Kalb und Hammel, das zwischen Rücken und Keule sitzt.

Klarkochen:

Eine Flüssigkeit unter fleißigem Abschäumen, Befreien von Fett und Unreinheiten langsam auf der Seite des Herdes kochen, bis sie klar ist; je nach Rezept auch unter Beifügung von gehacktem rohem Fleisch oder geschlagenem Eiweiß.

Klopse:

Länglich geformte Klöße aus gehacktem Fleisch.

Koch:

Österreichische Bezeichnung für Auflauf.

Kochen:

Die Zubereitung von Fleisch, Fisch, Gemüse, Obst usw. in reichlich Wasser, Milch, Wein, Essig oder einer anderen Flüssigkeit je nach Rezept.

Konfitüre:

Mit Zucker eingekochte Früchte.

Koteletts:

Vom Rippenstück abgeschnittene Fleischscheiben mit Knochen vom Kalb, Schwein, Hammel, Reh oder Hirsch.

Kräuterbukett, Kräuterbündel:

Kräutersträußchen aus Petersilie, Thymian, Lorbeer, Porree, Lauch, Sellerie, Knoblauch.

Kren:

In Österreich für Meerrettich.

Krokant: siehe Croquant.

Kroketten:

In Fett gebackene Fleisch-, Fisch- oder Gemüseklößchen, zuvor in Ausbackteig oder in Ei und Brösel gewendet.

Krusteln:

In Butter geröstete Weißbrotwürfel.

Kurzkochen:

Einkochen von Suppen und Saucen auf ca. die Hälfte der Flüssigkeitsmenge.

Kutteln, Gekröse:

Süddeutsche Bezeichnung für Kaldaunen.

Laitues:

Lattich, Kopfsalat, Verwendung als Salat und gedünstet als Gemüse.

Lake:

Zum Einpökeln verwendete Salzbrühe.

Langoustes:

Langusten, scherenlose Hummerart.

Legieren:

Eine Sauce mit Eigelb oder Rahm dicken, danach nicht mehr kochen.

Leichtrühren:

Das unausgesetzte Rühren einer Masse, bis sie schaumig ist.

Lucullus:

War ein römischer Feldherr und Feinschmecker. Ein Gericht mit dieser Bezeichnung ist eine besondere Delikatesse.

Maitre d'Hotel:

Frische Butter mit gehackter Petersilie vermengt.

Marinade:

Stark saure Brühe aus gekochtem oder rohem Essig oder saurem Wein mit verschiedenen Gewürzen, Kräutern und Wurzelwerk. Zum Beizen von Fleisch, Fisch und Gemüse.

Marinieren:

Einlegen von Fleisch-, Fischstücken und Gemüse in Marinade.

Mark:

Durch ein feines Sieb gestrichener Fruchtbrei aus Obst oder das in den Röhrenknochen des Schlachtviehs sitzende Fett.

Marmelade:

Dick mit Zucker eingekochtes Obst.

Marmite:

Französischer Fleischtopf, Suppengerichte.

Marrons, Maronen: Eßkastanien.

Mayonnaise:

Kalte, dicke Sauce aus Öl, Eigelb und Zitronensaft gerührt. Auch Salate aus

Fleisch oder Fisch, mit Mayonnaise überzogen und hübsch verziert angerichtet.

Medaillon:
Kleine rundgeschnittene Kalbsnußscheiben, gebraten. (Auch auf andere Fleischsorten angewandt.)

Meringue (Meringe):
Schaummasse aus Eiweiß und Zucker.

Meuniere:
In Butter gebraten mit Zitrone.

Milanese:
Gerichte mit Käse zubereitet.

Minestrone:
Italienische Gemüsesuppe.

Mirabeau:
Mit Sardellen oder Sardellenbutter garniert.

Mock-Turtle-Soup:
Falsche Schildkrötensuppe.

Mousseline:
Sauce Hollandaise mit Schlagrahm vermengt.

Napolitaine: Mit Tomaten zubereitet.

Nuß:
Besonders feines Fleischstück vom Schlegel.

Nockerl: Kleine Klößchen.

Obers:
Österreichischer Ausdruck für Rahm oder Sahne.

Ochsen- oder Rindermark:
Das in den Röhrenknochen sitzende Fett.

Oeufs à la coq: Weichgekochte Eier.

Olla Potrida:
Spanischer Suppentopf aus Geflügel, Fleisch und Kichererbsen.

Omelette:
Feiner Schaumeierkuchen.

Omelette soufflée:
Schaumspeise aus Eiern im Ofen aufgezogen.

Omelette surprise: Gefüllte Omelette.

Omelette Stephannie:
Mit Kompottfrüchten gefüllt.

Omelette Rotschild: Mit Fruchtsalat.

Orly:
Fleisch oder Fischfilet in Backteig.

Pain:
Kalte Rahmfarce von Geflügel, Wild usw.

Palatschinken:
Österreichischer Ausdruck für gefüllte Pfannkuchen.

Panade:
Mit Milch und Butter gekochter Mehl- oder Brotbrei, zum Binden von Farcen, Klößen und Suppen.

Panieren:
Eintauchen von Fleisch, Fisch und Gemüse in verquirltes Ei, Milch oder zerlas-

sene Butter und darauffolgendes Umwenden in Bröseln oder Paniermehl.

Papiermanschette:

Eine Papierhülle, die dazu dient, kahle Knochenenden an Koteletts, Geflügelschlegeln usw. zu umhüllen und das Gericht gleichzeitig zu verzieren.

Paprika, Rosenpaprika:

Rote Pfefferart, aus Paprikaschoten gewonnen.

Paprikaschoten:

Die grünen, gelben oder roten Schoten der Paprikafrüchte zum Bereiten von Gemüsen und Salaten.

Parfaits: Halbgefrorene Eisspeise.

Patisserie: Backwerk.

Petit-fours: Dessertbäckerei.

Petit pois: Grüne, frische Erbsen.

Perigord:

Trüffel. Wird zu besonders feinen Gerichten und Pasteten verwendet.

Piccata:

Kleine hauchdünne Schnitzel.

Pimentos:

Dickfleischige, rote Paprikaschoten, frisch oder konserviert.

Pochierte Eier:

Ohne Schale pflaumenweich gekocht, meistens mit Sauce angerichtet.

Pochieren:

Eine Speise mehr ziehen als kochen lassen.

Polenta:

Italienischer Maisgrießbrei, als Beilage zu Fleisch.

Porridge: Haferflockenbrei.

Printaniere:

Mit gemsichten Gemüsen umlegt.

Quark, Weichkäse, weißer Käse:

Beim Gerinnen der Milch gewonnener Käse. Wird roh nach Zugabe von Gewürzen, wie Salz, Kümmel, Estragon oder Schnittlauch als weißer Käse gegessen. Oder gesüßt für Kuchenbelage und Mehlspeisen oder zur Teigbereitung verwendet.

Quarkteig:

Rascher Blätterteig aus der gleichen Menge Quark, Butter und Mehl bereitet.

Quenelles:

Farcennockerl, kleine gekochte Fleischklößchen.

Quirlen:

Mit dem Holzquirl oder einer Küchenmaschine schaumig schlagen.

Ragout:

Pikantes Gericht aus kleinen Fleischstücken in gewürzreicher Sauce.

Ravioli:

Italienische Maultaschen, verschiedene Füllen in Nudelteig.

Reduzieren:

Flüssigkeitsmenge einkochen bis zum gewünschten Dicklichkeitsgrad.

Remoulade-Sauce:
Aus Mayonnaise, gehackten Kräutern und Gürkchen.

Rippenspeer:
Das Rippenstück vom Schwein, meist gepökelt und geräuchert.

Risipisi, Risibisi:
Reis mit Erbsen gemischt.

Risotto:
Italienisches Reisgericht auch mit Fleisch oder Leber gefüllt.

Rissolen:
Haschee in Butterteig gebacken.

Rossini:
Mit Gänseleber und Trüffelscheiben garniert. Der Komponist Rossini war ein Feinschmecker und Amateurküchenmeister.

Sabayon: Weinschaumsauce.

Salmi:
Feines braunes Ragout, aus Wild oder Geflügel hergestellt.

Sämigkochen:
Eine Suppe oder Sauce so lange kochen, bis sie leicht dicklich zu werden beginnt. Zu dünn geratene Suppen oder Saucen mit Kartoffel- oder Stärkemehl, zuvor mit etwas Wasser glattgerührt, aufkochen.

Sandwich:
Kleine, dünne belegte Brotscheiben von englischem Kapselbrot zu zweien aufeinandergesetzt.

Saucieren:
Eine Speise mit Sauce übergießen.

Sauté: Gebraten.

Sautieren:
Rasches Garmachen von dünnen Fleischscheiben, Filets, Fisch, Leber, Nieren usw. in Butter, Fett oder Öl über raschem Feuer.

Savarin:
Hefeteigring mit Rum getränkt.

Savoi:
Filet mit Madeirasauce übergossen. Mit Trüffeln, Morcheln und mit Kartoffelkörbchen, welche mit Gänseleber gefüllt wurden, garniert.

Savourie: Käsebäckereien.

Schalotten, Chalotten:
Kleine französische Zwiebelchen zum Würzen von Saucen und Speisen.

Schlagrahm, Schlagsahne, Schlagobers:
Zu steifem Schaum geschlagener Rahm.

Schmelzbutter, Butterschmalz:
Ausgelassene Butter zum Kochen und Backen.

Schnee:
Zu steifem Schaum geschlagenes Eiweiß.

Schnitzel à la Holstein:
Naturschnitzel mit Spiegelei und Sardellen garniert.

Schorle-Morle:
Mischung von Wein und Mineralwasser.

Schwitzen, Ausschwitzen:

Mehl, Zwiebelchen usw. in Butter oder Fett andünsten.

Sorbets: Eisgetränke.

Soubise:

Mit reichlich Zwiebeln zubereitet.

Soufflé: Auflaufspeise.

Spicken:

Einziehen von dünnen Speckstreifen in Fleischstücke mit einer Spicknadel.

Stand:

Steife Gallerte aus Kalbsfüßen, Hausenblase, Agar-Agar oder Gelatine.

Stangensellerie:

Wird roh mit Käse gefüllt auf Eis gereicht.

Starmix:

Elektrische Universal-Küchenmaschine. Vielseitig verwendbar zum Mischen, Mahlen, Zerkleinern, Hacken, Wiegen, Pürieren, Passieren, Verflüssigen, Quirlen, Schlagen und Emulgieren. Mit auswechselbaren Teilen zum Kartoffelschälen, Auspressen von Obst- und Gemüsesäften, Kneten und Rühren von Teigen und zur Bereitung von Speiseeis.

Stoven:

Schmoren, Dünsten, Dämpfen.

Strudel:

Eine aus Österreich stammende Mehlspeise, bei der der Teig mit den Händen dünn ausgezogen wird, gefüllt, aufgerollt und gebacken.

Sulze: siehe Gallerte.

Sulz-Croutons: siehe Croutons.

Suppengrün:

Einige Stengel Petersilie, Sellerieblätter oder -wurzeln, etwas Lauch (Porree), 1 gelbe Rübe, 1 Tomate und 1 kleine Zwiebel.

Tablieren:

Zum Flug gekochter Zucker mit einem Holzlöffel zu einer weichen, teigigen Masse reiben.

Tatar:

Rohes, gehacktes oder geschabtes Rindfleisch. Wird stark gewürzt und mit Eigelb und feingewiegter Zwiebel gut vermengt. Als Garnitur Essiggürkchen und Sardellenringe.

Tartelettes, Torteletten:

Kleine aus Mürbeteig hergestellte Kuchenböden zum Füllen mit Obst usw.

Teigfix:

Gerät zum Hacken, Rühren und Mengen feiner Teige. Erübrigt das Kaltstellen des Teiges vor dem Ausrollen.

Timbale: Stürzpastete.

Toast:

Englisches Kapselbrot, in dünne Scheiben geschnitten und geröstet.

Topfen:

Süddeutsche und österreichische Bezeichnung für Quark.

Tournedos: Kleine Lendenschnitte.

Tranche: Schnitte, Scheibe.

Tranchieren:

Zerlegen oder Vorschneiden von Fleisch und Geflügel.

Trüffeln:

Feine Pilzsorte französischer und italienischer Herkunft.

Ungarisches Krautfleisch:

Szegediner Gulyas – Schweinegulasch mit Zwiebeln und Paprika gebraten, mit Sauerkraut vermengt und mit saurem Rahm begossen.

Vinaigrette-Sauce:

Essigsauce mit feingewiegten Kräutern und hartgekochten Eiern.

Vin Blanc: In Weißwein gedünstet.

Vorspeisen-Cocktail:

Besteht aus: 2 Teilen Mayonnaise, 1 Teil Tomatenketchup, etwas geriebenem Meerrettich und einer Einlage aus Hummer, Krebsen, Austern usw.

Wasserbad oder Bain mari:

Ein Topf mit heißem Wasser, in den ein zweiter, kleinerer Topf mit dem Kochgut gestellt wird. Über kleinem Feuer heißgehalten, zum Abrühren von Saucen und Cremes, um ein Anbrennen oder Gerinnen zu verhüten.

Waldorf-Salat:

Aus rohen Äpfeln, Sellerie und Nußkernen mit Mayonnaise und Rahm angemacht.

Welsh Rarebits: Heiße Käsebrötchen.

Wespennester: Mandelbackwerk.

Würzbissen:

Käsegebäck, zum Teil noch belegt mit Oliven, Sardellen usw.

Wurzelwerk:

Sellerieknolle, Petersilienwurzel, Lauch und Karotten als Suppengemüse.

Zerlegen:

Fleisch, Wild und Geflügel in kleine Teile zerschneiden.

Znaimer Gulyas:

Rindergulasch mit kleinen sauren Gürkchen.

Zucchetti, Zucchini, auch Georgetten:

Gemüsekürbisse.

Zuckerwaage:

Kleines Gerät zum Ausmessen des Zuckergehaltes (Grade) einer Zuckerlösung; hauptsächlich wertvoll bei der Eisbereitung.

Zwetschgenknödel:

Kartoffelteig mit Zwetschgen gefüllt, gekocht und danach in Butterbröseln gewendet.

Praktische Tips – Grundlagen der Kochkunst

Abschmecken von Speisen

Um heiße Suppen, Saucen und andere kochendheiße flüssige oder breiige Speisen zu kosten, benutzt man eine kalte Untertasse, auf die man die heiße Speise gibt. Hierdurch wird die Speise sofort etwas abgekühlt und ermöglicht das Abschmecken, was bei Benutzung eines Metallöffels leicht zu Verbrennungen führen kann.

Aufläufe nicht stören

Aufläufe, deren Hauptbestandteil Eier sind, beim Aufgehen im Ofen nicht durch häufiges Öffnen der Ofenklappe stören. Ein Auflauf fordert Ruhe. Luftzug und schon leichte Erschütterungen beim Zuschlagen der Ofenklappe verhindern ein Soufflieren. Auch beim Auftragen des Auflaufs zugige Stellen meiden.

Aufbewahrung von Mehl

Mehl sollte für längere Zeit nicht in einem völlig verschlossenen Behälter aufbewahrt werden, da es leicht stockig werden kann. Ein luftdurchlässiger Sack oder Beutel ist besser geeignet.

Backformen zurichten

Die Backform mit Fett auspinseln und mit Bröseln oder Mandelsplittern bestreuen.

Bedecken von Speisen

Um dicke Saucen, Haschees, Ragouts, angemachte Gemüse und ähnliche Speisen beim Aufbewahren vor einer Verkrustung und Verfärbung zu schützen, schneidet man ein dem Topfdurchmesser entsprechend großes Stück Pergamentpapier rund aus, bestreicht es mit Öl und deckt es obenauf.

Braten

Fleisch, das englisch gebraten wurde, wie Roastbeef und Filet, wird nicht durch Einpieken mit der Bratengabel aus der Pfanne oder vom Grill genommen. Man legt die große Gabel unter das Fleisch und hebt es auf diese Weise heraus, wobei die andere Hand senkrecht Hilfsdienst leistet.

Braten wärmen

Braten wie Roastbeef, Rinderfilet, Kalbsnuß und Rehkeule, die rosa gebraten, also nicht durchgebraten wurden, und die man zu einem späteren Zeitpunkt wieder warm zu Tisch geben will, schneidet man kalt in Scheiben, legt sie auf ein vorgewärmtes, mit etwas Sauce begossenes Porzellangeschirr und übergießt sie auf diesem mit weiterer sehr heißer Sauce.

Brühe, klare goldgelbe

Um eine klare, goldgelbe Brühe zu erhalten, läßt man die Brühe auf kleinster Flamme ganz langsam kochen, und zwar möglichst unzugedeckt, und fügt ihr neben dem Suppengrün eine saubere, ungeschälte, nur von den Wurzelfasern befreite, halbierte und trocken an der Schnittfläche auf der heißen Herdplatte oder in einer Pfanne geröstete Zwiebel hinzu.

Brühe klären

Werden Kalbsknochen einer Suppe oder Brühe zugesetzt, erhält sie keine klare, durchsichtige Farbe. Um dies trotzdem zu erreichen, wird sie durchgeseiht, abgekühlt und von neuem unter Zugabe von einem Eischnee und 50 g Rinderhackfleisch unter Rühren wieder aufgekocht. Abschließend durch ein Sieb gießen. Muß sie auch entfettet werden, so läßt man sie nach dem ersten Durchseihen völlig erkalten und hebt die erstarrte Fettschicht ab.

Butterteige

Bei längerer Bearbeitung mit der warmen Hand wird der Teig zu weich. Eine gute Hilfe ist 'Teigwunder', ein schneebesenartiges Gerät, mit dem die Zutaten untereinander gemengt werden.

Butterschmalz

Da Butter keine große Hitze verträgt, ist es vorteilhafter, Butterschmalz zu verwenden. Man bereitet es aus: 2/3 Butter und 1/3 Pflanzenfett. Zusammen erhitzen und kochen, bis es sich gesetzt hat. Abschäumen und vorsichtig in einen großen Steintopf abfüllen.

Creme abrühren

Die Zutaten unter ständigem Rühren auf schwachem Feuer oder im Wasserbad eindicken. Beim Hochhalten des Löffels muß die Creme diesen überziehen.

Dünne Teigplatten in die Form legen

Größere Teigplatten lassen sich bequem ohne zu reißen auf das Blech legen, wenn man sie locker auf das Wellholz rollt. Kleinere runde Platten für die Springform zweimal übereinander klappen, daß ein Dreieck entsteht.

Eier aufschlagen

Werden für eine Speise mehrere Eier benötigt, so schlägt man jedes Ei, um sich von seiner Frische zu überzeugen, zunächst einzeln auf eine Untertasse und gibt es dann erst dem übrigen Material zu. Einige Tropfen eines faulen Eies genügen, einen großen Topf gekochten Essens oder eine große Teigmenge ungenießbar zu machen. Es gibt kein Mittel dagegen!

Eierschnee

Will Eiweiß beim Schlagen nicht steif werden, einige Tropfen Zitronensaft beifügen.

Eier einsparen

Beim Legieren von Suppen, Gemüsen und Saucen nimmt man an Stelle von je 1 Eigelb 1 Teelöffel Stärkemehl und etwas Safran.
Bei Puddings und Cremes kann bis zur Hälfte der angegebenen Eier zurückgegangen werden. Für jedes fehlende Eigelb 1 gehäuften Teelöffel Stärkemehl und etwas Flüssigkeit wie Milch, Wasser oder Fruchtsaft nehmen.
Bei Torten und Kuchen kann ebenfalls bis zur Hälfte der angegebenen Eier gespart werden. Für jedes einzusparende Ei 2–3 Eßlöffel Wasser und 1 Messerspitze Backpulver nehmen.

Eier kontrollieren

Um zu prüfen, ob ein Ei frisch ist, legt man es in Wasser. Legt es sich auf den Boden, so ist dies ein Zeichen dafür, daß es frisch ist, denn sein Inhalt hat noch nicht einzutrocknen begonnen. Bei älteren Eiern hat sich bereits ein größerer Hohlraum gebildet, der bewirkt, daß das Ei zur Oberfläche kommt und zum Teil aus dem Wasser herausragt.

Einbrenne s. Mehlschwitze

Enteneier

Enteneier nie roh verzehren oder für Rühreier, Mayonnaise, Puddings, Spiegeleier verwenden. Enteneier mindestens 8 Minuten kochen oder durch Einwirkung von Backofenhitze die Mikroorganismen abtöten.

Färben von Speisen

Ein appetitlicheres Aussehen erhalten verschiedene Speisen, wenn ihnen etwas Farbstoff zugegeben wird. Safran bei Bouillons, legierten Suppen, hellen Mehlsaucen, Puddings, Cremes und Gefrorenem; gebrannter Zucker oder etwas Paprika bei Fleischgerichten und Saucen.

Fische aufbewahren

Die Fische in eine tiefe Schüssel mit Salzwasser bedeckt legen und kühl stellen. Vor dem Kochen abwaschen.

Fische blaukochen

Blaugekochte Fische sind am besten, wenn sie kurz vorher getötet wurden. So wenig wie möglich und nur mit nassen Händen berühren. Nicht schuppen, damit der sie umgebende Schleim erhalten bleibt, da dieser die blaue Farbe bewirkt. Vor dem Einlegen in den Fischsud mit warmem Essig übergießen und 10 Minuten in Zugluft stellen.

Flaschenkorken einschneiden

Um zu erreichen, daß Essig und andere flüssige Würzmittel beim Zugießen in sehr geringer Menge aus der Flasche laufen, gibt man dem Korken einen Keilschnitt, wodurch auch bei starkem Kippen der Flasche nur wenig Flüssigkeit heraustritt.

Fleisch hängend aufbewahren

Rohes Fleisch, das man für mehrere Tage im Kühlschrank aufbewahren möchte, möglichst hängend aufbewahren. Ein kleiner Metallhaken in S-Form, an den Einsatzrosten des Kühlschranks befestigt, erfüllt voll und ganz diesen Zweck.

Fleisch, zähes

Nicht genug abgelagertes Fleisch ist zäh. Um es dennoch zart zu bekommen, wird es eine halbe Stunde vor der Zubereitung mit 'Mürba' eingestreut. Danach ist Vorsicht beim Würzen geboten.

Fleisch auffrischen

Mangels genügender Kühlung kann es vorkommen, daß Fleisch schon nach zwei Tagen an der Oberfläche schmierig wird. Es wird dann in einer schwachen Lösung von übermangansaurem Kali (1–2 Körnchen auf 1 Liter Wasser) abgewaschen und mit frischem Wasser abgespült.

Fleisch frisch halten

Das rohe Fleisch mit Essigwasser abreiben und kühl stellen. Dadurch wird es außerdem noch besonders zart.

Gans knusprig braten

Das Geflügel kurz vor Ende der Bratzeit mit starkem Salzwasser pinseln. Noch kurz zurück in den Ofen stellen, bis die Haut knusperig ist.

Gelatine auflösen

Die Gelatine in kaltem Wasser waschen und 15—30 Minuten kalt einweichen. Das Wasser abgießen. Die Gelatine in einem kleinen Topf mit ganz wenig frischem Wasser erwärmen, jedoch nicht zum Kochen kommen lassen.

Geronnene Saucen

Wenn Buttersauce oder Mayonnaise bei der Zubereitung gerinnt, kann sie mit einigen Tropfen kaltem Wasser wieder glattgerührt werden.

Grillieren

Den Grillrost stets gut mit Öl bepinseln, ehe auf ihn das Grillgut gelegt wird, sonst klebt es an.

Hammelfleisch, angerichtet

Zu allen Hammelfleischgerichten gehört heißes Geschirr. Vor allen Dingen sollte stets der Eßteller gut vorgewärmt sein, denn auf kaltem Porzellan kristallisiert das Hammelfett sofort und schmeckt dann talgig.

Hefegebäck

Einfaches Hefegebäck wie: Kranz, Stollen oder Dampfnudeln gelingt auch bei nur zweimaligem Gehen. Nachdem der Vorteig gegangen ist, wird er mit den übrigen Zutaten vermengt und blasig geknetet, anschließend gleich in die Form gebracht und auf das Backblech zum Gehen gesetzt, Dampfnudeln abgestochen und auf ein bemehltes Tuch gelegt. In der Wärme gehen lassen und danach backen.

Hefe prüfen

Ein kleines Stückchen Hefe in heißes Wasser geben. Steigt die Hefe zur Oberfläche, so ist sie noch triebkräftig.

Hülsenfrüchte kochen

Über Nacht in kaltem Wasser einweichen. Anderntags mit frischem Wasser zusetzen und nach dem ersten Aufkochen einen Teelöffel Natron beifügen oder im Dampftopf kochen.

Hummerschalen

Die Schalen gekochter Hummer oder Krebse wirft man nicht fort, sondern verwendet sie als Grundmaterial für eine Hummer-Sauce bzw. Krebs-Sauce oder -Suppe. In diesem Falle werden die Schalen zerstampft oder gehackt, in Butter angeröstet und nach Auffüllen von Brühe und Weißwein etwa eine halbe Stunde gekocht und der Fond dann abgeseiht.

Käserinden

Käserinden und -reste im Steintopf bedeckt aufbewahren, bei Gelegenheit reiben und zum Überbacken von Fleisch- und Fischgerichten, Gemüse und Kartoffeln, Reis und Teigwaren verwenden.

Kalkeier kochen

In die Eier an der Spitze mit einer sehr dünnen Nadel ein Loch stechen. In kaltem Wasser aufsetzen und beliebig lange kochen.

Karotten, junge

Junge Karotten nicht schaben, sondern auf ein Sacktuch legen und mit Salz bestreuen. Das Tuch dann an den beiden kurzen Seiten zusammendrehen und hin und her schütteln. Durch diesen Vorgang wird die feine Haut der Karotten abgerieben. Karotten dann waschen und kochen.

Kartoffeln, gekochte

Ergibt sich die Notwendigkeit, gekochte Kartoffeln warmzuhalten, ein feuchtes, weißes Tuch überdecken und Topfdeckel auflegen.

Klöße und Teigwaren kochen

Klöße und Teigwaren stets in reichlich kochendes Salzwasser einlegen. Je nach Rezept mit oder ohne Deckel gar werden lassen. Teigwaren stets ohne Deckel kochen, sonst brennen sie leicht an. Um Überkochen zu vermeiden, gibt man etwas Öl in das Salzwasser.

Knoblauch

Knoblauch würzt sehr stark. Es genügt daher in vielen Fällen, einem Gericht von etwa 2 l Menge eine Knoblauchzehe hinzuzugeben. Will man Salat mit Knoblauch würzen, so genügt es, die Salatschüssel mit etwas Knoblauch einzureiben.

Knochenverwertung

Die beim Braten oder Kochen anfallenden, meist wenig ausgenutzten Knochen lassen sich noch gut zur Herstellung einer Suppe oder Sauce verwenden. Man schlägt sie klein, bringt sie unter Beigabe von Suppengrün, Zwiebel und entsprechend kaltem Wasser aufs Feuer und läßt sie mindestens 1 1/2 Stunden auf kleinster Flamme kochen.

Konservendosen

Angebrochene Konservendosen mit Gemüse, Obst, Suppen, Saucen, Fleisch, Fisch oder anderen Lebensmitteln, die man bis zum nächsten Tag oder einem noch späteren Zeitpunkt im Kühlschrank aufbewahren möchte, entleert man am gleichen Tag, an dem man die Dose öffnete, und gibt den Doseninhalt in Porzellan-, Glas-, Steingut- oder Plastikbehälter.

Kopfsalat von Insekten befreien

Den geputzten Salat kurze Zeit in Wasser legen, dem einige Tropfen Zitronensaft beigegeben wurden.

Kuchen und Aufläufe backen

Kuchen und Aufläufe bekommen oft zu starke Überhitze und bräunen zu schnell. Um dies zu verhindern, werden sie, sobald sie Farbe zeigen, leicht mit Folie bedeckt.

Legieren

Zum Legieren von Suppen und Saucen Eier mit Rahm oder Milch gut verquirlen, unter Umrühren etwas von der heißen Suppe oder Sauce beigeben, den Topf vom Feuer nehmen, die Eiermischung rasch unterrühren. Danach nicht mehr kochen!

Mandeln und Nußkerne rösten und abziehen

Die Kerne auf einem Backblech in den Backofen stellen und leicht anrösten. Nach dem Rösten in ein Tuch wickeln und zusammen reiben, bis alle Häutchen abgesprungen sind.

Mandeln abziehen

Die Mandeln einige Minuten in kochendes Wasser legen. Abziehen, mit kaltem Wasser überbrausen und mit einem sauberen Tuch trocken reiben.

Maronen schälen

Um die äußere harte Schale und die innere feine Haut zu entfernen, Maronen einritzen und kurz in den sehr heißen Ofen stellen. Die Schale platzt dann auf und läßt sich leicht entfernen. Maronen dann ins kochende Wasser tauchen und nun die feine Haut abziehen.

Mayonnaise, geronnene

Geronnene Mayonnaise kann man, unabhängig von ihrer Menge, mit einem einzigen Eigelb wieder in Ordnung bringen. Man rührt dieses mit einer Prise Salz glatt und gibt unter stetem Umrühren mit einem kleinen Schneebesen löffelweise von der geronnenen Mayonnaise hinzu.

Mehlbutter

Zum Nachdicken von Suppen, Saucen, Ragouts und ähnlichen Speisen ist die Verwendung von Mehlbutter sehr angebracht. Weiche Butter wird mit der gleichen Menge Mehl verknetet und den Speisen in letzter Minute beigegeben. Mehlklümpchen bilden sich nicht.

Mehlschwitze oder Einbrenne für Suppen und Saucen.

Zum Andicken und Sämigmachen von Suppen und Saucen brauchen wir als Grundlage eine Mehlschwitze. Gleiche Teile Mehl und Fett (bei einer Suppe für 4 Personen ca. je 40 g) werden benötigt. Fett in den Topf geben, leicht zerlaufen lassen. Mehl dazu rühren, bis ein glatter Brei entsteht, die helle Mehlschwitze. Rührt man noch weiter, röstet das Mehl an (dunkle Mehlschwitze). Nun mit etwas lauwarmer Flüssigkeit auffüllen, bis zum Aufkochen weiterrühren. Erst jetzt die restliche benötigte Flüssigkeit (Brühe oder Wasser) auffüllen.

Meerrettich aufbewahren

Meerrettichstangen werden rasch welk und lassen sich dann nicht mehr reiben oder schälen. In Sand oder Torfmull eingegraben, in einem Kistchen im Keller hält er sich wochenlang frisch. Von Zeit zu Zeit den Sand befeuchten.

Milch frisch halten

Auf 1 l Milch 1 knappen Eßlöffel Zucker geben und aufkochen.

Panieren

Das zu panierende Kochgut stets zuerst würzen, danach in Mehl, geschlagenem Ei und zuletzt in Brösel wenden. In viel heißes Fett, am besten schwimmend oder in die Friture, einlegen.

Pfannen säubern

Stielpfannen nicht mit Wasser und Waschmitteln säubern. Sind Bratsätze vorhanden, Pfannen erhitzen, Salz aufstreuen und die Pfanne mit Papier ausreiben. Mit einem sauberen Tuch nachwischen.

Pilze, genießbare

Bei der Verwendung von Pilzen ist besondere Vorsicht geboten, weil jeder eßbare Pilz auch einen ungenießbaren, geschmacklosen und teils auch weniger oder stärker giftigen Doppelgänger hat. Wer selbst Pilze sammelt, sollte sich vorher mit der diesbezüglichen Literatur beschäftigen bzw. bei Pilzberatungsstellen, die es in sehr vielen Städten gibt, Rat einholen.

Pommes frites

Um zu erreichen, daß Pommes frites schön knusprig werden, bäckt man sie zunächst in nicht zu heißem Fett unter Beibehaltung ihrer hellen Farbe gar, nimmt sie dann heraus, läßt das Fett sehr heiß werden, gibt die Kartoffeln bis zur Goldbräune nochmals ins Fett, salzt sie im Friturekorb unter Umschütteln und bringt sie unzugedeckt sofort zu Tisch.

Porterhouse Steak

Das Porterhouse Steak dient 3 bis 4 Personen als sättigende Hauptmahlzeit. Für diesen Zweck schneidet man mit der Fleischsäge eine dicke Scheibe vom Rinderrücken, an dem noch der Knochen und das Filet haften, und brät diese in der Pfanne oder auf dem Grill. Die Bratzeit ist entsprechend länger als bei einem Rumpsteak oder Filetbeefsteak.

Reis kochen

Um körnigen Reis zu erhalten, diesen waschen und in reichlich kochendem Salzwasser zusetzen. Kochen, bis er anfängt sich zu krümmen. Wenn man ein Korn zwischen die Zähne nimmt, muß es noch einen Biß haben, darf aber nicht mehr hart sein. Den Reis auf ein Sieb gießen und mit heißem Wasser spülen, bis er klar ist. In einer flachen Grillpfanne ausbreiten und im Rohr bei schwacher Hitze ausdampfen lassen.

Resteverwertung

Reste von gekochtem oder gebratenem Fleisch, Geflügel, Wild und Fisch lassen sich kleingehackt und mit etwas dicker, dazugehöriger Sauce breiartig verrührt zum Füllen kleiner, dünner Eierkuchen verwenden.

Rumpsteaks und Filetsteaks

Steaks in der Pfanne oder auf dem Grill zubereitet, werden in der Regel nicht durchgebraten gewünscht. Um zu wissen, ob das Fleisch innen noch rosa ist – die allgemeine Bezeichnung hierfür ist 'englisch' –, drückt man kurz und kräftig auf das Fleisch. Füllt sich die kleine, dadurch entstandene Vertiefung nur langsam wieder, so ist das Fleisch innen noch sehr roh ('tres saignant' bzw. 'bleu'), leistet das Fleisch beim Druck etwas mehr Widerstand, so ist es innen rosa ('saignant') oder noch eine kleine Stufe Weiter 'à point' gebraten. Das völlig durchgebratene Fleisch gibt einem Fingerdruck nicht elastisch nach.

Schimmel an Schinken und Wurst

Kochsalz mit Wasser zu einem dünnen Brei anrühren. Den Schinken oder die Wurst damit bestreichen und an die Luft hängen. Nach dem Trocknen abreiben.

Schlagsahne und Eierschnee

Geschlagene Sahne oder Eierschnee, die den Speisen als letztes beigegeben werden, rührt man nicht zu, sondern hebt sie vorsichtig mit einem Holzlöffel unter, andernfalls wird das Auflockern der Speisen nicht erreicht.

Speisen, angebrannte

Sind Speisen im Topf angesetzt, so füllt man sie sofort um, ohne das am Boden Haftende mit abzustreichen oder abzukratzen. Man beläßt das Angesetzte im Topf und gibt etwas Wasser hinzu, damit sich die Kruste bis zur Reinigung löst.

Teig dünn ausrollen

Blätter-, Strudel- und Mürbeteig läßt sich dünner auf einem Backtuch als auf einem Brett ausrollen, weil er hierbei nicht festklebt, auch nimmt der Teig weniger Mehl auf.

Töpfe hermetisch verschließen

Zwischen Topf und Deckel einen Bogen Papier oder eine Serviette klemmen. Den Deckel dabei fest aufdrücken. Auf diese Weise erhält man einen Dampftopf, da das Entweichen des Dampfes verhütet wird.

Töpfe, zugedeckte

Töpfe mit heißen Speisen, die bis zum nächsten Tag stehen bleiben sollen, erst nach ihrer Abkühlung zudecken. Die Speisen können sonst leicht in Gärung übergehen. Größeren, stark gefüllten Töpfen unten seitlich einen kleinen harten Gegenstand unterlegen, daß der Topf mit dem Boden nicht ganz fest aufliegt. Dadurch kühlt der Luftzug den Topf auch an dieser Stelle.

Tomaten und Pfirsiche abziehen

Die Früchte in kochendes Wasser tauchen, kalt überbrausen und sofort häuten. Tomaten zuvor auf der glatten Oberseite kreuzweise die Haut einschneiden.

Tournedos

Kleine Filetbeefsteaks, aus der Filetspitze geschnitten, bezeichnet man als Tournedos. Man preßt sie leicht flach, würzt sie, drückt sie wieder etwas hoch, umwickelt sie mit einer feinen Schnur und brät sie wie jedes andere kurzgebratene Fleischstück.

Verkrustung von Süßspeisen

Über Süßspeisen, wie Grießflammerie, Reisspeise und Vanillepudding, die man nach dem Kochen zum späteren Stürzen in eine wassergespülte Form schüttet, gießt man, um eine starke Hautbildung zu vermeiden, einige Minuten nach dem Erkalten etwas kalte Milch.

Wasserbad

Von 2 ineinander passenden Töpfen den größeren mit Wasser füllen und darin den mit dem Kochgut gefüllten kleineren Topf stellen. Den Inhalt unter ständigem Rühren oder Schlagen zum Kochen bringen.

Wildgeflügel bardieren

Wildgeflügel wie Rebhühner und Fasanen, mit großen, dünnen Scheiben Räucherspeck umbinden. Dieser Vorgang – Bardieren genannt – führt dem fettarmen Geflügel das notwendige Fett zu und verbessert das Aroma.

Zungen kochen

Zungen von Rind, Kalb, Schwein und Hammel, frisch oder gepökelt, kocht man stets im ganzen. Um zu prüfen, ob sie schon weich sind, drückt man sie mit Daumen und Zeigefinger an der Zungenspitze, nicht an der dicken Fleischstelle. Ist die Zunge gar, zieht man ihr noch kochendheiß sofort in kaltem Wasser die Haut ab und legt sie zunächst wieder in die Kochbrühe oder in kaltes Wasser.

Zwiebeln, gespickte

Gemüse, wie Rotkohl und Sauerkraut, denen man als harte Gewürze Lorbeerblatt und Gewürznelken zugeben will, würzt man mit einer gespickten Zwiebel. Hierzu werden ein Lorbeerblatt und 2 Gewürznelken in eine geschälte Zwiebel gesteckt.

Kleine Nährwerttabelle

der Deutschen Gesellschaft für Ernährung e. V.
im Max-Planck-Institut für Ernährungsphysiologie, Dortmund

Tierische Nahrungsmittel — **Der genießbare Teil von 100 g enthält**

Zeichenerklärung siehe Seite 54	*Eiweiß*	*Fett*	*Kohlen-hydrate*	*Calorien kcal*
Fleisch und Fleischwaren				
Schweinefleisch, sehr mager	21	4	–	118
Schweinefleisch, mager	19	7	–	143
Schweinefleisch, mittelf.	18	21	–	269
Schweinefleisch, fett	10	37	–	389
Schweinefleisch, sehr fett	8	46	–	475
Rindfleisch, sehr mager	22	2	–	111
Rindfleisch, mager	15	11	–	173
Rindfleisch, mittelfett	15	18	–	238
Rindfleisch, fett	14	24	–	293
Hackfleisch, halb und halb	20	14	–	210
Kalbfleisch, mittelfett	16	8	–	140
Hammelfleisch, mittelf.	13	20	–	246
Kaninchenfleisch	16	6	–	132
Herz, Durchschnitt aus Rind und Kalb	12	5	1	117
Hirn (Kalb)	10	8	1	125
Kaldaunen (Kutteln)	19	2	–	97
Leber (Kalb)	18	4	4	137
Leber (Rind)	18	3	6	131
Leber (Schwein)	19	5	1	137
Lunge (Kalb)	13	2	+	75
Niere (Kalb)	15	6	1	121
Zunge (Rind)	12	12	+	177
Schinken, gesalzen und geräuchert, roh	16	29	–	344
Schinken, gesalzen und gekocht	19	20	–	274
Speck, fett	2	90	–	844
Speck, durchwachsen	8	60	–	605
Blutwurst	14	44	–	463
Bratwurst	9	49	–	492

	Eiweiß	Fett	Kohlen-hydrate	Calorien kcal
Fleischwurst	12	22	–	254
Leberkäs	13	23	+	271
Leberwurst	12	40	1	440
Leberwurst, mager	17	21	2	268
Mettwurst, Braunschw. Mettwurst	12	51	–	530
Schwartenmagen	15	20	–	248
Zervelatwurst	17	41	–	454
Dosenwürstchen	13	20	–	239
Frankfurter Würstchen	13	21	+	250
Fleischkonserven (Roastbeef)	25	14	–	233
Corned beef, deutsch	22	6	–	153
Bratensauce, kochfertig	19	10	53	350
Fleischbrühe	1	1	1	15
Gekörnte Brühe	25	8	–	176
Knochen (auskochbarer Wert)	–	6	–	60
Gelatine	84	+	+	339
Hase	17	2	–	99
Rehfleisch (Rücken)	16	3	–	93
Wildgeflügel i. D.	13	3	–	81
Ente	15	14	–	194
Gans	10	20	+	220
Huhn (Brathuhn)	15	4	–	107
Suppenhuhn	20	13	–	200
Truthahn	15	15	+	206
Fische und Fischwaren				
Aal	9	18	+	209
Heilbutt	14	4	–	98
Hering (ganzer Fisch)	11	12	–	161
Hering, Filet	17	19	+	255
Hering-Rogen	26	3	+	143
Kabeljau, Dorsch (ganzer Fisch)	10	+	+	44
Kabeljau, Dorsch (Filet)	17	+	+	78
Rotbarsch, Goldbarsch (ganzer Fisch)	10	2	+	61
Rotbarsch, Goldbarsch (Filet)	19	3	+	112
Schellfisch (ganzer Fisch)	10	+	+	46
Schellfisch (Filet)	18	+	+	80
Seelachs (ganzer Fisch)	12	1	+	57

	Eiweiß	*Fett*	*Kohlen-hydrate*	*Calorien kcal*
Seelachs (Filet)	18	1	+	88
Forelle, Bach- Regenbogenforelle	10	1	+	52
Hecht	10	1	–	49
Karpfen	10	4	+	83
Aal, geräuchert	14	19	1	246
Bückling, geräuchert	14	9	+	146
Seelachs, geräuchert	19	1	–	87
Hering, mariniert (Bismarkhering)	17	13	–	203
Salzhering (Pökelhering)	9	7	+	100
Matjeshering (ganzer Fisch)	12	12	–	161
Hering in Saucen	17	20	3	268
Lachs in Büchsen	21	9	–	170
Ölsardinen (nur abgetropfte feste Teile)	24	14	1	240
Thunfisch in Öl (feste und flüssige Anteile)	24	21	–	304
Krabben in Büchsen	18	1	1	84
Stockfisch (Kabeljau, Schellfisch getrocknet)	51	2	–	238
Eier				
Hühnerei (Gesamt-Inhalt)	11	10	1	147
Hühnerei, Stück ca. 57 g	7	76	+	84
Hühnereigelb (Flüssigeigelb)	16	32	+	377
Hühnereiweiß (Flüssigeiweiß)	11	+	1	55
Hühnervollei, getrocknet (Trockenvollei)	46	42	2	613
Milch und Milcherzeugnisse				
Kuhmilch mit 3 % Fett (Trinkmilch)	3	3	5	61
Kuhmilch (Vollmilch, Roh-, Vorzugsmilch)	3	4	5	68
Magermilch (entrahmte Milch)	4	+	5	35
Buttermilch	4	1	4	36
Kondensmilch, ungezuckert	7	8	10	141
Kondensmilch (10 % Fettgehalt)	9	10	13	183
Kondensmilch (entrahmt)	9	–	12	86
Trockenvollmilch (Vollmilchpulver)	25	26	38	502
Trockenmagermilch (Magermilchpulver)	35	1	52	368
Schlagsahne mit mindestens 28 % Fett	2	30	3	302

	Eiweiß	*Fett*	*Kohlen-hydrate*	*Calorien kcal*
Kaffeesahne	3	10	4	127
Trinkmilch-Joghurt	5	4	5	74
Butter (Deutsche Markenbutter)	1	81	1	755
Hartkäse, vollfett (45 % Fett i.T.)	32	30	2	415
Hartkäse, dreiviertelfett (30 % Fett i.T.)	32	22	1	342
Hartkäse, halbfett (20 % Fett i.T.)	36	10	3	253
Edamer Käse, fett (40 % Fett i.T.)	24	22	3	221
Doppelrahmfrischkäse (60 % Fett i.T.)	15	31	2	354
Camembert (45 % Fett i.T.)	19	23	2	301
Schmelzkäse, vollfett	14	24	6	305
Schmelzkäse, halbfett	25	11	1	209
Magerkäse, unter 10 % Fett i.T.	37	3	4	192
Speisequark, mager	17	1	2	88
Schichtkäse (10 % Fett i.T.)	16	4	3	115
Sahnequark (40 % Fett i.T.)	9	17	3	208
Fette und Öle				
Lebertran	+	100	+	948
Mayonnaise	2	78	3	744
Margarine	1	78	+	733
Rindertalg	1	97	+	921
Schweineschmalz	+	100	+	947
sonst. pflanzl. Fette, Öle (Olivenöl)	+	100	+	927

Pflanzliche Nahrungsmittel	*Eiweiß*	*Fett*	*Kohlen-hydrate*	*Calorien kcal*
Getreideerzeugnisse				
Vollreis	7	2	75	371
Reis, poliert	7	1	79	368
Gerstengraupen	10	1	74	371
Haferflocken	14	7	66	402
Weizengrieß	10	1	75	370
Corn flakes	8	1	83	388
Eierteigwaren (Nudeln, Makkaroni, Spaghetti u.ä.)	13	3	72	390
Weizenmehl, Type 1050	12	2	71	170
Weizenmehl, Type 550	11	1	74	370
Roggenmehl, Type 1150	9	–	75	356
Kartoffelstärkemehl	1	+	83	361
Maisstärkemehl	+	+	87	367
Puddingpulver	5	2	80	366
Roggenvollkornbort	7	1	46	239
Roggenbrot	6	1	51	253
Brötchen (Semmeln)	7	1	58	278
Mischbrot (Roggen-Weizen)	7	1	52	252
Knäckebrot	10	1	77	383
Zwieback, eifrei	10	4	76	403
Biskuit	9	5	82	441
Paniermehl	13	1	72	352
Klare Suppen mit Einlagen	12	6	59	350
Gebundene Suppen mit Getreideerzeugnissen	1-	1-	61	395
Gebundene Suppen mit Hülsenfrüchten	19	11	52	395
Kartoffeln mit Schalen	2	+	15	68
Kartoffeln ohne Schalen	2	+	19	85
Trockenkartoffeln	7	1	82	372
Kartoffelknödelmehl	5	+	77	337
Hülsenfrüchte				
Bohnen, weiße	21	2	57	349
Erbsen, gelbe geschält	22	1	59	359
Linsen	24	1	56	354
Sojamehl, vollfett (Sojaflocken)	37	21	26	460

	Eiweiß	Fett	Kohlen-hydrate	Calorien kcal
Süßwaren				
Zucker	–	–	100	394
Bonbons i.D.	1	+	94	390
Vollmilchschokolade	9	33	55	563
Pralinen i.D.	5	16	70	457
Kakaopulver, schwach entölt	20	25	38	472
Bienenhonig i.D.	+	–	81	305
Marmelade i.D.	1	–	65	274
Bierhefe, getrocknet	48	1	36	344
Gemüse				
Blumenkohl	2	+	2	17
Chicoree	1	+	2	14
Endiviensalat	1	+	2	13
Erbsen, grün	3	+	6	37
Feldsalat (Rapunzel)	1	+	2	15
Möhren (Karotten, Mohrrüben)	1	+	6	29
Bohnen, grün (Schnittbohnen)	2	+	5	31
Grünkohl (Braunkohl)	2	1	3	23
Gurken, ungeschält	+	+	1	7
Kohlrabi	1	+	3	18
Kohlrübe	1	+	6	29
Kopfsalat	1	+	1	10
Kürbis	1	+	4	20
Lauch	1	+	4	22
Meerrettich	2	+	8	40
Paprika, ganze Frucht	2	1	5	38
Paprikaschoten, grün	1	+	4	22
Radieschen	1	1	2	20
Rettich	1	+	6	32
Rhabarber	+	+	3	16
Rosenkohl	4	1	6	42
Rote Beete	1	+	6	29
Rotkohl (Blaukraut)	1	+	4	21
Schwarzwurzeln	1	+	9	41
Sellerie	1	+	5	28
Spargel	1	+	2	15

	Eiweiß	Fett	Kohlen-hydrate	Calorien kcal
Spinat	2	+	2	18
Tomaten	1	+	3	18
Weißkohl (Weißkraut)	1	+	3	19
Wirsingkohl	2	+	3	24
Zwiebeln	1	+	9	42
Petersilie	3	+	6	37
Schnittlauch	4	1	8	55
Sauerkraut	2	+	4	26
Gemüsekonserven i.D.	2	+	5	29
Erbsen, grün (Konserven)	4	+	11	66
Tomatenketchup	2	+	24	107
Champignons	3	+	3	22
Pfifferlinge (Rehlinge)	1	+	2	14
Steinpilze	2	+	4	27
Steinpilze, getrocknet	20	3	44	283
Grüne Bohnen, getrocknet	19	2	49	294
Karotten, getrocknet	7	2	68	328
Kohl, getrocknet	14	2	69	355
Zwiebeln, getrocknet	11	1	69	338
Obst		*Frucht-säure*		
Äpfel	0,3	+	11	48
Aprikosen	0,8	–	12	50
Birnen	0,5	+	13	55
Kirschen, süß	0,7	1	14	57
Pfirsiche	0,7	1	10	42
Pflaumen	0,7	1	12	50
Brombeeren	1,2	1	9	48
Erdbeeren	0,9	2	8	37
Hagebutten	2,3	2	14	66
Heidelbeeren	0,6	1	13	60
Himbeeren	1,3	1	8	40
Johannisbeeren, rot	1,1	4	8	37
Johannisbeeren, schwarz	1,0	3	10	46
Preiselbeeren	0,3	2	9	43
Stachelbeeren	0,8	–	9	43
Weintrauben	0,7	–	16	70

	Eiweiß	Fett	Kohlen-hydrate	Calorien kcal
Ananas	0,3	+	8	32
Apfelsinen, Orangen	0,7	1	7	39
Bananen	0,8	+	14	61
Pampelmuse	0,5	4	7	23
Zitronen	0,5	3	5	18
Nüsse		*Fett*		
Erdnüsse, geröstet und geschält	27	47	19	631
Haselnüsse ohne Schalen	14	62	13	690
Mandeln ohne Schalen	18	54	16	651
Walnüsse ohne Schalen	15	63	14	705
Trockenobst		*Frucht-säure*		
Trockenobst i.D.	1,9	2	60	269
Äpfel	1,4	4	65	279
Aprikosen	5,0	+	–	297
Feigen	3,5	1	61	269
Pflaumen	1,9	2	59	249
Rosinen	2,3	1	64	271
Obstkonserven i.D.	0,5	–	21	91
Apfelkompott	0,4	–	23	97
Obstsäfte				
Apfelsaft	+	1	11	47
Brombeersaft	–	2	8	35
Grapefruitsaft in Dosen	1	–	14	46
Himbeersaft, gezuckert	+	1	69	286
Holundersaft	2	1	8	38
Johannisbeersaft, rot	+	1	12	55
Johannisbeersaft, schwarz	+	1	13	57
Orangensaft	1	1	10	47
Sanddornbeerensaft	1	4	–	26
Traubensaft	+	+	18	74
Zitronensaft	+	6	8	24

		Alkohol	Extrakt	Kohlenhydrate	Calorien kcal
Alkoholische Getränke					
Weißwein, deutsche Lage	–	7,6	2,3	0,1[1])	61
Rotwein, deutsche Lage	–	8,5	2,6	0,1[1])	69
Schankbier, dunkel	0,4	2,4	3,5	[2])	33
Schankbier, hell	0,5	3,6	4,3	[2])	45
Trinkbranntwein	–	26,4	–	–	185
Weinbrand i.D.	–	31,4	–	–	220
Eierlikör	3,8	13,4	7,4[3])	[2])	169

Zeichenerklärung:

+ = Nährstoff ist nur in Spuren enthalten
– = Es liegen keine genauen Analysen vor
i.D. = im Durchschnitt
i.T. = in der Trockensubstanz
kcal = Calorien
[1]) Zuckerfreier Extrakt
[2]) Kohlenhydrate im Extrakt enthalten
[3]) Fett

Mit Gewürzen kann man zaubern

Spricht man vom Würzen, so denkt man zuerst an Salz. Salz aber zählt nicht zu den Gewürzen. Der menschliche Organismus braucht es wohl, doch mehr als 3 bis 4 g täglich sind ungesund. Zudem macht Salz dick, da es das Wasser im Körper bindet.

Gewürze sind: Kräuter, Blätter, Beeren, Wurzeln, Blüten, Knospen, Früchte und Rinden. Sie kommen teils frisch, teils getrocknet oder besonders präpariert in unsere Hände. Mit ihnen können wir unsere Gerichte vielfach variieren, ihnen Herbe, Süße und Schärfe verleihen und den Duft fremder Länder auf unsere Tafel zaubern.

Doch vom Aroma abgesehen sind sie auch gesund. Ein altes Sprichwort sagt: „Gut gewürzt ist halb verdaut". Außerdem haben sie unterschiedliche Heilkräfte. In tropischen und südlichen Ländern wird besonders stark, d. h. scharf gewürzt. Chilies, eine kleine scharfe Paprikaart, und Cayenne-Pfeffer werden reichlich genommen. Kaum ein Europäer wird mit dieser Schärfe fertig. Paprika, Knoblauch, auch Meerretich wirken wachstumshemmend auf Bakterien.

Pfeffer, Paprika und Curry vermehren den Speichelfluß, und somit fördern sie die Verdauung; Kümmel wirkt blähungshemmend; Petersilie ist reich an Vitamin C.

Gewürze von A - Z

Anis	Ägypten, Syrien	Ein Samengewürz: Zu Gebäck, Likör und Tee
Basilikum	Persien, Indien	Würzkraut zu: Fisch, Saucen, Tomaten und Salaten
Beifuß	Europa	Würzkraut zu: Gänse-, Enten- und Schweinebraten
Bohnenkraut	Europa	Würzkraut zu: Bohnen, Saucen und Salaten
Borretsch	Europa	Würzkraut zu: Salaten
Chili	Mittel- und Südamerika	Pulver und Sauce: wie Paprika

Curry	Indien	Gewürzmischung zu: Saucen, Ragouts, Reis, Kalb- und Hammelfleisch
Dill	Europa	Gewürzkraut – am besten frisch – zu: Salaten, Saucen, Fischen, Krustentieren, Einmachen von Gurken und Kraut
Essig		Würze zu: Sauren Gerichten, Saucen und zum Konservieren, Weinessig und Kräuteressig sind die besten und gebräuchlichsten
Estragon	Europa	Gewürzkraut – am besten frisch – zu: Salaten, Saucen, Geflügel und Essig
Fenchel	Europa	Gewürzkraut zu: Salaten und Saucen, Samenkörner zu Tee und Brot
Gewürznelke	Tropen	Knospengewürz zu: Sauren Gerichten, Saucen, Marinaden, Gemüse, Backwerk
Ingwer	China, Indien	Wurzelgewürz zu: Kompott, Saucen, Einmachen, Gebäck, Konfekt
Kapern	Südeuropa	Blütenknospengewürz in Essig eingelegt zu: Saucen, Salaten, Ragouts
Kardamom	Indien, Afrika	Samengewürz zu: Backwerk
Kerbel	Südeuropa	Gewürzkraut – am besten frisch – zu: Suppen, Saucen, Salaten
Knoblauch	Orient, Südeuropa	Zwiebelgewürz zu: Salaten, Saucen, Gemüse, Hammel- und Schweinefleisch, Fondue
Koriander	Südeuropa	Samengewürz zu: Marinaden, Salaten, Wurstbereitung, Gebäck
Kümmel	Europa	Samengewürz zu: Saucen, Rote-Rüben-Salat, Kraut, Kartoffelgerichten, Gulasch, Käse, Quark, Likör, Schnaps
Liebstöckel	Europa	Gewürzkraut – am besten frisch – zu: Salaten, Saucen, Suppen
Lorbeer	Mittelmeerländer	Blattgewürz getrocknet zu: Marinaden, Saucen, Fisch, sauren Gerichten, Fleisch und Gemüse
Majoran	Südeuropa	Gewürzkraut zu: Schweine- und Gänsebraten, Wurstbereitung, Leberpasteten, Kartoffelgerichten, Tomaten, Fleischsaucen

Meerrettich	Europa	Wurzelgewürz, auch *Kren* genannt, wird gerieben verwendet zu: Saucen, Salaten, Cocktails, roh zu Fleisch, Fisch und Wurst
Muskat	Molukken	Muskatnuß und Muskatblüte zu: Suppen, Gemüse, Käsegerichten, Klößen, Nockerln, Gebäck
Orangeat	Mittelmeerländer, Afrika	Schalengewürz kandiert zu: Gebäck und Puddings
Origano	Mittelmeerländer	Gewürzkraut zu: Tomaten, Pizza, Saucen
Paprika	Balkanländer	Schotengewürz zu: Gulasch, Hammel, Schweinebraten, Lammgerichten, Reispilaf, Salaten, Saucen, Käsegerichten
Petersilie	Europa	Gewürzkraut zu: Salaten, Saucen, Suppen, Gemüse
Pfeffer	Ostindien	Samengewürz weiß und schwarz zu: Fleisch, Fisch, Salaten, Saucen, Gebäck (Lebkuchen)
Piment	Jamaika, Westindien, Süd-Amerika	Beerengewürz – sehr scharf – zu: Suppen, Saucen, Ragouts, Gebäck
Pimento	Balkan- und Mittelmeerländer	Schotengewürz dickfleischiger Paprika, eingelegt oder als Püree zu: Salaten, Saucen, Reisgerichten, Ragouts
Pfefferminz, Minze	Europa	Gewürzkraut zu: Tees, Saucen, erfrischenden Getränken, Hammel- und Lammfleisch
Pimpinelle	Europa	Gewürzkraut – frisch zu verwenden – zu: Kräutersaucen und Salaten
Rosmarin	Südeuropa	Gewürzkraut zu: Wild- und Fleischmarinaden, Wildgeflügel, Wild, Hammel- und Lammfleisch
Safran	Mittelmeerländer	Blütengewürz zu: Fisch, Reis, Suppen und zum Gelbfärben von Saucen und Backwerk
Salbei	Europa	Blattgewürz zu: Fisch, Spanferkel, Wildmarinaden, Gans und Ente
Schnittlauch	Europa	Gewürzkraut zu: Suppen, Salaten, Saucen, Eierspeisen, Käse

Senf	Europa	Körnergewürz zu: Bereitung von Mostrich, Saucen, Marinaden, Salaten, zu Wurst, Fisch und Fleisch
Thymian	Südeuropa	Gewürzkraut zu: Hammel- und Schweinefleisch, Wild, Ragouts, Kräutermarinaden
Vanille	Süd-Amerika	Schotengewürz zu: Vanillezucker, Saucen, Puddings, Gebäck
Wacholder	Europa	Beerengewürz zu: Marinaden, Wild, Wildgeflügel, Sauerkraut und Zubereitung von Schnaps
Zimt	Ceylon, Java	Rindengewürz zu: Kompott, Süßspeisen, Gebäck, Zimtzucker
Zitronenmelisse	Europa	Gewürzkraut zu: Salaten, Kräutermarinaden, Tee, Likör
Zwiebel	Orient, Balkan, Europa	Zwiebelgewürz zu: fast allen Gerichten. Als Spezialitäten gefüllte Zwiebeln, Zwiebelkuchen

Die schnelle Küche

Alles über Fertiggerichte

Wir sollten uns endlich einmal von dem dummen Vorurteil freimachen, die Hausfrau sei die beste, die stundenlang in der Küche steht. Die moderne Frau möchte Zeit für Mann und Kinder haben, sie ist möglicherweise berufstätig und kommt abends müde nach Hause. Das gilt auch für Junggeselle und Junggesellin, die weder Zeit, noch Platz, noch Lust haben, abends für sich allein ganze Menüfolgen zuzubereiten. Auf diese Weise bleibt oft der Speisezettel recht eintönig; bestimmte Gruppen von Gerichten – unter anderem Hülsenfruchtsuppen, Kartoffelpuffer – standen schon vor der Gefahr, von unseren Tischen ganz zu verschwinden. Da trat die Industrie auf den Plan mit Fertig- und Halbfertiggerichten.

Und sofort setzten die Einwände ein: Diese Lebensmittel seien 'synthetisch' hergestellt, man wisse nicht, was 'drin sei', die Vitamine fehlten, diese Gerichte schmeckten fad und sähen auch so aus.

Fertiggerichte werden 'synthetisch' hergestellt: Was auch immer man darunter versteht, die Folgerung ist auf jeden Fall verkehrt. Wir haben es hier nicht mit Ersatz zu tun, diese Zeiten sind gottseidank vorbei. Lebensmittelgesetze und Lebensmittelaufsichtsbehörden sind in den meisten Ländern, die Lebensmittel ein- und ausführen, sehr streng. Wer z. B. mit Grieß hergestellte Teigwaren als Eierteigwaren verkauft, hat nicht nur mit hohen Strafen, u. a. Gefängnis, sondern auch mit Verkaufs- und Herstellungsverbot zu rechnen. Und was die Herstellung betrifft: Kein Mensch hat etwas gegen die serienmäßige Anfertigung von Gebrauchsgütern einzuwenden, warum also bei Lebensmitteln? In einem großen Betrieb sind z. B. die hygienischen Vorschriften viel besser zu handhaben als in der Durchschnittsküche. Außerdem muß auch die Rohware von stets gleichbleibender Qualität sein, weil die Maschinen darauf eingestellt sind. Und so weiter.

Fertiggerichte enthalten keine Vitamine mehr. Das stimmt nur bedingt. Der Einwand ist berechtigt bei Konserven, die unter Hitze eingekocht und verschlossen wurden. Das gilt aber ebenso für unser eigenes Eingemachtes. Und wir haben es in der Hand, durch Beigabe von Frischkost jedes 'Essen aus der Büchse' zu einer vollwertigen Mahlzeit zu machen. Der Einwand gilt nicht für Tiefkühlkost. Im Gegenteil, hier sind die Nährstoffe in den meisten Fällen bei sachgemäßem Einfrieren und Auftauen (siehe Seite 63 f.) weit besser erhalten, als bei den sogenannten 'frischen' Nahrungsmitteln, die durch Transport und Lagerung meist schon bis zu drei Viertel an

Nährstoffen verloren haben, bis sie in die Hand des Verbrauchers gelangen. Gefriergetrocknete Fertiggerichte, z. B. Kartoffelflocken für Püree und Knödel, werden so schonend behandelt, daß der Nährstoffverlust ebenfalls im Verhältnis zu gelagerten Nahrungsmitteln gering ist oder gar nicht anfällt.

Was das 'Fadschmecken' und 'Fadaussehen' angeht, so kommt hier ganz einfach der Kardinalfehler ans Licht, der bei der Zubereitung von Fertiggerichten fast immer begangen wird: die Lieblosigkeit, mit der die Gerichte angemacht und aufgetragen werden, „weil es sich ja doch nicht lohnt". Es lohnt sich ebenso wie die Liebe und Sorgfalt, die bei stundenlanger Arbeit aufgewendet wird! Die genaue Beachtung der Gebrauchsanweisungen, die hübsche Garnierung usw. lohnt sich auf jeden Fall.

Wir unterscheiden:

Konserven sind durch Sterilisieren in luftdicht verschlossenen Behältnissen haltbar gemachte Lebensmittel, die vorher tischfertig zubereitet (gegart) wurden. Nach dem Inhalt werden unterschieden: Fleisch-, Fisch-, Gemüse-, Obstkonserven und Milchdauerwaren. Am saftigsten und besten schmecken sie, wenn sie in der Dose (oben mit zwei Löchern zum Entwichen des Dampfes versehen) im Wasserbad gegart werden. Das gilt nicht für eingedickte Konserven, z. B. Suppen, die durch Zugabe von Flüssigkeit gestreckt werden müssen, läßt sich auch nicht immer durchführen. Um ihre Konsistenz zu erhalten, sollten aber Konserven nur noch erhitzt werden, und zwar mit geschlossenem Deckel bei nicht zu hoher Hitzeeinstellung.

Tiefkühlkost. Über Einfrieren und Auftauen erfahren Sie alles Wichtige auf Seite 63. Tiefgefrorenes darf nach dem Auftauen nicht mehr eingefroren und muß rasch verbraucht werden. Die Zubereitung ist, Auftauzeiten abgerechnet, ebenso wie bei frischen Waren. Tiefgekühlte Fertiggerichte müssen nach dem Auftauen nur noch kurz erhitzt oder bei Halbfertiggerichten (Fischstäbchen) kurz gegart werden.

Getrocknete Fertiggerichte. Hierzu gehören die altbekannten Teigwaren, Puddings auf Stärkebasis, Suppen und Saucen, aber auch Milch-, Ei- und Kartoffelpulver und -flocken. Letztere werden heute fast ausschließlich durch Gefriertrocknung gewonnen, wobei Nähr- und Aromastoffe weitgehend erhalten bleiben. In diese Gruppe fallen auch die Kuchenzusammenstellungen, denen meist nur noch Milch oder auch nur Wasser beigegeben werden muß, Pfannkuchenteige usw. und die Menüzusammenstellungen, z. B. Teigwaren mit Saucen und Gewürzen, Reisgerichte usw.

Wir können hier nicht aufzählen, was es alles an Fertiggerichten gibt. Es wäre auch vergebliche Liebesmüh, denn fast jede Woche kommen neue Spezialitäten dazu. Von Erbsen und Linsen, die nicht mehr eingeweicht werden müssen bis zum Sandkuchen können Sie heute immer neue und, wir betonen es noch einmal, vollwertige Mahlzeiten zusammenstellen.

Wenn wir in unseren Rezepten als Zutaten Fleischbrühe, Kartoffelpüree, verschiedene Saucen, Mayonnaise usw. angeben, können selbstverständlich ebenfalls Fertigwaren verwendet werden, ohne daß die Gerichte darunter leiden.

Trotz alledem wollen wir auch auf die vielen Möglichkeiten hinweisen, mit denen wir frische Lebensmittel in der schnellen Küche verwenden können. Es muß nicht immer nur das – verhältnismäßig teure – Kurzgebratene sein. Wir können auch aus Resten oder mit Vorbedacht etwas reichlicher Gekochtem eine Menge Schnellgerichte herstellen.

Nehmen wir an: das Stück Siedfleisch war größer bemessen, aus dem übrigen gibt es einen herrlichen Rindfleischsalat (Rezept siehe Register) mit Röstkartoffeln; Suppenfleisch mit Kruste, mit Kartoffel- oder grünem Salat; Siedfleischhaschee mit Nudeln oder Kartoffelpüree. Von der restlichen Suppe und Fleisch bereiten wir unter Hinzunahme von einem Paket tiefgefrorenem Suppengemüse einen Eintopf.

Bratenreste lassen sich zu Reispastete oder Gemüse-Scheiterhaufen verwenden oder als kalten Braten zu einer Gemüse- oder Salatplatte; Teigwaren zu Pilzauflauf, zu Schinkennudeln dazu Spinat, tiefgekühlt, oder einen süßen Nudelauflauf. Nicht nur Suppennudeln, sondern auch Makkaroni oder breite Nudeln können verwendet werden. Natürlich kann man diese auch nur rösten und mit Eiern überschlagen.

Vielseitig lassen sich Kartoffeln, Gemüse und Reis verwerten zu Suppen, Aufläufen, zu Füllungen und Salaten.

Es lohnt sich, wie Sie sehen, die eine oder andere Mahlzeit etwas reichlicher zu kalkulieren. Außerdem gibt es auch ausgesprochene Schnellgerichte, wie aus der nachfolgenden Aufstellung zu entnehmen ist.

Diese Gerichte eignen sich für die eilige Hausfrau

Suppen:

Bouillon aus Extrakten oder Brühwürfel mit Ei
Kochfertige Suppen aus Päckchen
Haferflockensuppe
Grießsuppe
Kerbelsuppe

Fleischgerichte:

Kalbschnitzel mit Salaten oder grünen Erbsen
Kalbsbries mit grünen Erbsen
Kalbssteak
Kalbskoteletts mit Salat oder Tiefkühlgemüse

Kalbsgeschnetzeltes mit Kartoffelbrei (Päckchen)
Schweinekoteletts mit Bratkartoffeln oder Gurkensalat
Schweineschnitzel mit Büchsengemüse
Hammelkoteletts mit Bohnen aus der Dose
Hammelsteaks mit Salatplatte oder gegrillten Tomaten
Deutsches Beefsteak mit Salat
Filetgulasch mit Kartoffelbrei (Päckchen)
Rumpsteak mit Salat oder Gemüse (Dose)
Saure Nieren mit Bratkartoffeln
Gebratene Kalbsnieren mit Kartoffelschnee
Zwiebelfleisch mit Kartoffelsalat
Kalter Braten oder gekochter Schinken und Gemüse mit Butter und Brösel übergossen
Königinpastetchen (Fertigpackung), Ragoutfüllung aus der Dose
Bratwürste mit Kartoffelpüree (Päckchen) und grüner Salat
Gegrillte Schützenwürste mit Kartoffelsalat – Würste mit dem Messer einkerben und mit Öl eingepinselt auf den Rost legen
Pizza-Toast

Fische:

Gegrillte Fische mit Salat
Gekochte Fische mit Zwiebelbutter oder Senfbutter
Gebackene Fische mit Salaten
Alle Tiefkühlfische mit auf den Packungen angegebenen Rezepten.

Teigwaren:

Teigwaren mit Tomatensauce oder Sauce Allround
Spaghetti mit Reibkäse und Butter

Eierspeisen:

Flädle mit Salat oder Kompott
Spinatpfannkuchen
Waffeln mit Kompott
Dripping Cake mit Salat oder Spinat
Omelette
Spiegeleier mit Speck
Rührreier mit Schinken
Hartgekochte Eier mit Salat

In die Tiefkühltruhe – Aus der Tiefkühltruhe

In den letzten Jahrzehnten hat die Küchentechnik unter anderem eine tiefgreifende Revolution erlebt: das Wunder der Tiefkühlkost. Ihr Geheimnis besteht darin, daß Lebensmittel schockartig bei einer Temperatur von –32 bis –40 Grad Celsius eingefroren, nicht nur für Monate haltbar gemacht werden, sondern dabei auch Vitamine, Nährstoffe, Aroma, gutes Aussehen und Frische behalten, ja noch mehr: verschiedene Kohlarten z. B. werden durch das Eingefrieren bekömmlicher, da die blähenden Eigenschaften verloren gehen. Wir können Obst und Gemüse, Küchenkräuter, Fisch und Fleisch, Fertig- und Halbfertiggerichte tiefgefroren heute bei jedem Lebensmittelhändler kaufen. Aber auch die Anschaffung einer Tiefkühltruhe oder eines Tiefkühlschrankes ist für den größeren Haushalt kein Luxus mehr, sondern bedeutet eine gewaltige Einsparung, und das Gefrierfach im Kühlschrank ist heute schon eine Selbstverständlichkeit. Das ganze Jahr über haben wir gartenfrische Lebensmittel!

Tiefkühlkost vom Lebensmittelhändler

Selbst wenn wir für tiefgekühltes Gemüse, Obst, Fleisch, Fisch, Blätterteig und Fertiggerichte ein paar Pfennige mehr zahlen müssen – und so groß ist der Preisunterschied nicht – haben Sie doch den unschätzbaren Vorteil der Zeitersparnis, denn Tiefkühlkost muß nicht erst geputzt, gewaschen, vorbereitet werden, sondern kommt praktisch 'aus der Tüte in die Pfanne', wenn Sie folgendes beachten:

Vergewissern Sie sich, daß die Tiefkühltruhe Ihres Händlers sachgemäß eingeräumt ist. Bei wild durcheinander aufgetürmten Päckchen, die bis zum Rand der Truhe und höher gestapelt liegen, besteht die Gefahr, daß die Lebensmittel bereits an- oder aufgetaut und daher nicht mehr frisch sind. Das gilt auch für Päckchen, die mit einer dicken Eiskruste umgeben sind. Gefrierkost, die aufgetaut und dann wieder eingefroren wurde, muß als verdorben bezeichnet werden.

Am besten lassen Sie sich die Päckchen für den Transport in mehrere Lagen Zeitungspapier schlagen, vor allem dann, wenn sie im Gefrierfach des Kühlschranks noch eine Zeitlang lagern sollen.

Zu Hause kommt, was nicht sofort zubereitet wird, in den Kühlschrank zum langsamen Auftauen bzw. ins Gefrierfach zum Lagern. Bei der üblichen Kühlschranktemperatur taut Tiefkühlkost in spätestens 24 Stunden auf!

Für die Weiterverarbeitung müssen größere Stücke (z. B. Hähnchen) erst auftauen. Kleine Fleisch- und Fischstücke, auch Fertiggerichte benötigen meist keine Auftauzeit, sondern können gleich verarbeitet werden. Obst und Gemüse, das für Salate usw. verwendet werden soll, muß auf jeden Fall eine Zeitlang auftauen, damit die Stücke geschmeidig werden.

Die Garzeiten sind jeweils auf den Packungen angegeben. Für Lebensmittel und Gerichte, die gleich verarbeitet werden können, z. B. Gemüse, muß aber eine gewisse Auftauzeit zu der üblichen Garzeit hinzugerechnet werden.

Tiefkühlkost ist wasserhaltiger als frische. Die Flüssigkeitszugabe muß entsprechend eingeschränkt werden.

In der Pfanne zu backende oder zu bratende Fleisch- und Fischstücke brauchen keine längeren Garzeiten als frische Stücke.

... in die Tiefkühltruhe

kann nahezu alles! Deshalb ist sie ideal für jeden größeren Haushalt, vor allem, wenn man einen Gemüse- oder Obstgarten hat, wenn man selbst schlachtet oder Fleisch und Fisch preiswert bekommen kann. Auch für Haushalte, die oft und viele Gäste haben, ist sie nahezu unentbehrlich. Von der Fleischbrühe über den Schweinebraten bis zur Torte kann die Hausfrau im Nu alles herbeizaubern. Es macht ja wirklich nicht viel mehr Mühe, einen großen Topf Gulasch zu kochen statt eines kleinen, und den Rest einzugefrieren! Von der Ersparnis gar nicht zu reden: Gemüse und Obst kann während der Haupterntezeit spottbillig eingekauft werden, und man hat dann während der Wintermonate immer alles frisch bei der Hand. Metzger und Großeinkaufszentren bieten während der Hauptschlachtzeiten große Fleischstücke, z. B. Schweinefleischhälften, sehr preisgünstig an, wobei die Einsparung bis zu 50 % betragen kann.

Ob Schrank oder Truhe, das muß den einzelnen Haushalten überlassen bleiben. Die Truhe hat den größeren Nutzraum, der Schrank die raumsparende Stellfläche.

Was benötigen wir noch? Kunststoffolie, Plastikbehälter für Fertiggerichte und Etiketts, außerdem Klebeband. Alles, was eingefroren werden soll, muß in kleine Portionen oder Stücke geteilt, eng anliegend mit Folie oder bis zum Rand in Behälter gefüllt und außerdem mit Etiketten versehen werden. Diese müssen die genaue Inhaltsbezeichnung und das Datum des Eingefrierens tragen. Fertiggerichte müssen nach der Zubereitung erst abkühlen.

Eingefrieren kann man nahezu alles mit Ausnahme von

- Käse
- Blattsalaten
- Sellerie
- Radieschen
- Zwiebeln
- mehlhaltigen Saucen oder Suppen.

Für Fertiggerichte eignen sich besonders:

Fleisch, gekocht oder geschmort (Rostbraten, Gulasch, Rouladen, Kohlrouladen, Frikassees, Steaks, Schnitzel, auch paniert, Ragouts, Haschees, Geflügelklein), Leber, gebacken, Steaks mit Saucen, um das Fleisch saftig zu halten – klare Suppen, in die Eiswürfelfächer des Gefrierfaches gegossen. Blätter-, Rühr- und Knetteig, Brot, Brötchen, Kuchen und Torten (Garnitur erst vor dem Anrichten dazugeben), Wurst und Aufschnitt, Gemüse und Obst (auch Kompott und Obstsalate).

ABC des Eingefrierens

	Lagerdauer	*Auftauzeit*	*Zu beachten*
Apfelmus	6 Monate	wie frisches	–
Biskuitboden	bis 6 Monate	5–8 Minuten bei starker Mittelhitze im Backofen	zerbricht leicht
Blätterteig	2–3 Monate	1 1/2–2 Std.	Nur in dünnen Schichten verpacken
Blumenkohl	bis 12 Monate	–	Am besten in einzelne Röschen teilen, blanchieren
Bohnen, grüne	12 Monate		
Bratwurst	4–6 Monate	2–3 Stunden	–
Brötchen	4–6 Monate	Unaufgetaut im Backofen anrösten	–

	Lagerdauer	*Auftauzeit*	*Zu beachten*
Butter	6–8 Monate	5 Stunden	–
Ente	4–6 Monate	16–20 Stunden	Ausnehmen, Innereien in kleinem Beutel ins Innere legen
Erbsen, grüne	bis 12 Monate	–	–
Erdbeeren	bis 12 Monate	5–8 Stunden	Nicht alle Sorten eignen sich zum Eingefrieren!
Fertiggerichte	3 Monate	verschieden	–
Fischfilets	bis 3 Monate	–	Sorgfältig ausnehmen, schuppen, mit Zitronensaft beträufeln
Fleischfilets (Rind, Schwein)	6–8 Monate	3–4 Stunden	Küchenfertig vorrichten
Forelle	bis 3 Monate	Kleine Fische gefroren verwenden, große antauen lassen	Waschen, schuppen, ausnehmen, evtl. Kopf entfernen
Gans	4–5 Monate	ca. 12 Stunden	Ausnehmen, küchenfertig herrichten
Geflügelleber	bis 10 Monate	2–3 Stunden	–
Hähnchen	8–10 Monate	12–15 Stunden	siehe Ente
Hackfleisch und Tartar	4–6 Monate	pro cm 1 Stunde	Hackfleisch darf nicht aufgetaut stehen bleiben
Hammelfleisch	8–10 Monate	1 cm pro Stunde	–
Hefegebäck	3–4 Monate	Im Backofen bei 100° 1 Stunde	–
Heidelbeeren	8–12 Monate	5–8 Stunden	–
Himbeeren	bis 10 Monate	5–8 Stunden	Mit Puder- oder Streuzucker eingefrieren
Innereien	3–6 Monate	beliebig	Rohe Leber zerfällt leicht, nur kurz eingefrieren
Kalbfleisch	6–9 Monate	Antauen	–
Kalbsbraten	ca. 8 Monate	1–2 Stunden antauen lassen	Stücke nicht über 2 kg

	Lagerdauer	*Auftauzeit*	*Zu beachten*
Karpfen	2 Monate	Kleine Fische nicht, große antauen lassen	Eignet sich nicht besonders für längeres Eingefrieren
Kirschen	bis 10 Monate	5–8 Stunden	Sauerkirschen zuckern, möglichst nicht entsteinen
Klöße, Knödel	3–4 Monate	–	–
Knetteig	1–4 Monate	Sobald sich der Teig verarbeiten läßt, ausrollen	–
Kohlrabi	bis 12 Monate	–	Waschen, schälen, blanchieren
Kräuter	3–10 Monate	–	Die Lagerdauer ist verschieden. Nur ganz frische Kräuter verwenden
Möhren	bis 12 Monate	–	Putzen, große Möhren längs durchschneiden
Petersilie	bis 12 Monate	–	–
Pfirsiche	bis 8 Monate	10–12 Stunden	blanchieren und schälen
Pflaumen	bis 8 Monate	10–12 Stunden	Entsteinen, mit Zuckerlösung bedecken
Pilze	12 Monate	–	Putzen, blanchieren
Poularde	5–7 Monate	12–15 Stunden	wie Ente
Preiselbeeren	bis 10 Monate	5–8 Stunden	–
Rinderbraten	bis 12 Monate	1–2 Stunden antauen	–
Rindergulasch	10–12 Monate	2–3 Stunden antauen	–
Rinderschmorbraten	bis 12 Monate	pro cm 1 Stunde	Nur Stücke bis zu 2 kg einfrieren
Rindfleisch	bis 12 Monate	pro cm 1 Stunde	Mageres Fleisch verwenden
Roastbeef	10–12 Monate	pro cm 1 Stunde	Sorgfältig und langsam auftauen
Rosenkohl	8–12 Monate	–	Blanchieren

	Lagerdauer	Auftauzeit	Zu beachten
Rouladen (Rind, Kalb)	bis 10 Monate	1–2 Stunden antauen	–
Rührteig	2–3 Monate	2 Stunden	–
Schweinebraten	4–8 Monate	pro cm 1 Stunde	Nur Stücke bis 2 kg
Schweinefleisch	4–8 Monate	pro cm 1 Stunde	Möglichst mageres Fleisch verwenden
Schweinekoteletts, Schnitzel	4–6 Monate	1/2–1 Stunde antauen	Die einzelnen Scheiben durch Folie trennen
Spargel	bis 12 Monate	–	Schälen
Spinat	bis 12 Monate	–	Gut verlesen, waschen
Stachelbeeren	bis 10 Monate	10–12 Stunden	Blanchieren, mit Zuckerlösung einfrieren
Suppen, klar	4–6 Monate	–	–
Suppengrün	bis 12 Monate	–	Wie üblich waschen und putzen
Suppenhuhn	bis 10 Monate	16–20 Stunden	wie Ente
Torten	2–3 Monate	3–4 Stunden	–
Wild	bis 12 Monate	pro cm 1 Stunde	Nur Stücke bis 2 kg. Erst nach dem Auftauen spicken
Wildgeflügel	bis 10 Monate	–	Küchenfertig vorrichten. Kopf und Füße entfernen
Wurst	5 Monate	2–3 Stunden	Fette Sorten halten sich weniger lang

Ein Wort noch übers Grillen

Grill ist das englische Wort für unser deutsches *Rost*. Grillen ist demnach nichts anderes als rösten. Aber da wir diese uralte Technik von den Amerikanern und Engländern wieder übernommen haben, wollen wir es beim Grillen lassen. Grillen können wir auf einem Metallrost, am Spieß oder in der Pfanne. Der Grilleffekt kommt dadurch zustande, daß das Grillgut von allen Seiten hoher, trockener Hitze ausgesetzt ist, so daß sich die feinen Poren von Fleisch oder Fisch rasch zusammenziehen und verschließen. Dadurch bleibt das Grillgut innen saftig und locker und erhält außen eine schöne Kruste. Die Grillzeiten sind, da die Hitze von allen Seiten auf das Grillgut einwirkt, sehr kurz. Auch das ist von Vorteil.

Größere Stücke werden auf dem Rost (Gitter) oder in der Pfanne nicht gar. Die Kruste würde bei der notwendig langen Grilldauer verbrennen und außerdem die Hitze nicht mehr bis ins Innere vorlassen. Deshalb stecken wir Geflügel, Braten usw. auf den Spieß. In der kunststoffbeschichteten Pfanne können wir völlig fettfrei grillen, was für Diätkost besonders wichtig ist. Und schließlich können wir mit dem Grillgerät auch herrlich gratinieren (überbacken), z. B. Rarebits, Toasts u.a. Es sei auch darauf hingewiesen, daß man nicht nur Fleisch und Fisch, Geflügel und Wildgeflügel grillen kann (Wild eignet sich wegen des sehr trockenen Fleisches nicht so sehr gut zum Grillen, es sei denn, wir bardieren die Stücke, d. h., wir umwickeln sie mit Speck). Auch Gemüse (Auberginenscheiben, Selleriescheiben, Tomaten, Paprikaschoten) und Kartoffeln schmecken vom Grill lecker!

Es gibt so viele Grillgeräte, daß wir hier nicht darauf eingehen können. Die meisten sind mit Gitter und Spieß ausgestattet. Vor allem für kleine Haushalte sind Kombinationen von Toaster und Grill praktisch. Grillpfannen haben entweder einen geraffelten Boden, der wie ein Gitter wirkt, oder sie sind, wie gesagt, kunststoffbeschichtet. Letztere haben neben der Möglichkeit des fettlosen Garens auch noch den Vorteil, daß man unbesorgt Fleisch und Fisch hintereinander darin braten kann, denn sie nehmen keine Gerüche an. Eine andere Sache ist der Holzkohlengrill, den wir vor allem im Freien benutzen. Er ist im Kapitel „Barbecue" beschrieben.

Bevor wir das Grillgut auf den Rost legen oder auf den Spieß stecken, ölen wir es von allen Seiten ein, damit es mürbe bleibt. Größere Stücke ölen wir auch während des Grillens hin und wieder nach. Gesalzen und gepfeffert werden Grilladen erst nach dem Grillen!

Um dem Fleisch ein besonderes Aroma zu geben, um es noch mürber zu machen und es während des Grillens vor zu großer Hitze zu schützen, können wir große und kleine Stücke (auch Fisch) vorher in eine Marinade legen, große Stücke 1–3 Tage, kleine Stücke mehrere Stunden lang. Hier einige Standard-Marinaden:

Marinade für kleine Stücke

Schalotten, fein gehackt, Petersilienstengel, Thymian, 1 Lorbeerblatt, Salz, Pfeffer, 1 Eßl. Öl, Saft von 1/2 Zitrone

Die Fleischstücke mit den Zwiebeln und Gewürzen bestreuen. Öl, mit Zitronensaft vermisch, darübergießen.

Marinade für große Stücke

100 g Karotten, 100 g Zwiebeln, 1 Stück Sellerie, 2 Knoblauchzehen, 3 Petersilienstengel, 1 Thymianzweig, 1 Lorbeerblatt, 6 Pfefferkörner, 2 Gewürznelken, Salz, Pfeffer, 1 l Wein, 3/10 l Essig, 1/10 l Öl

Fleisch mit Salz und Pfeffer einreiben – Die Hälfte der Zutaten, kleingehackt, auf den Boden einer Schüssel legen – Fleisch darauf legen – Restliche Zutaten darüberstreuen – Wein-Öl-Essig-Mischung darübergießen.

Buttermilchmarinade für Lamm und Wildgeflügel

1/2 l Buttermilch, 1 Lorbeerblatt, 3 Pfefferkörner

Alles gut vermischen und über die Fleischstücke geben.

Grillzeiten

Roastbeef	35–40 Minuten pro kg
Rinderfilet	20 Minuten pro kg
Lammfleisch	35–40 Minuten pro kg
Hammelfleisch	25–35 Minuten pro 500 g
Kalbfleisch	20 Minuten pro 500 g
Schweinebraten	25 Minuten pro 500 g
Filetsteak	6–10 Minuten
Rumpsteak	8–14 Minuten
Entrecote	12–20 Minuten
Tournedos	8 Minuten
Kalbssteak	4–6 Minuten
Kalbskotelett	5–7 Minuten
Kalbsleber	7–10 Minuten
Kalbsnierchen	5–7 Minuten

Lammkotelett	6–8 Minuten
Kleine Schweinefilets	6–8 Minuten
Bratwurst	10–15 Minuten, je nach Größe
Frankfurter Würstchen	4 Minuten
Hähnchen am Spieß	ca. 30–40 Minuten
Poularde	ca. 45 Minuten
Ente	ca. 80 Minuten
Rebhuhn	20–25 Minuten
Hering, Makrele, Forelle am Spieß	ca. 10–15 Minuten
Forelle, Karpfen am Rost	ca. 30–40 Minuten
Schaschlik	10–20 Minuten
Kartoffeln	20–25 Minuten
Tomaten	2–4 Minuten

Eier und Eierspeisen

Gekochte Eier

Weichgekocht: Das Ei vorsichtig in siedendes Wasser einlegen und 2–3 Minuten kochen – Pflaumenweich, kernweich: 4–5 Minuten kochen.

Eier im Glas

Die Eier weich bis pflaumenweich kochen, in ein angewärmtes Glas schlagen und servieren – Sie können auch roh in Jenaer Glasförmchen (Eierkoch) geschlagen im Wasserbad gekocht werden.

Rühreier

4–8 Eier, 1 Eßl. Wasser oder Milch, 2 Eßl. Butter, Salz, Pfeffer, etwas frische Butter, evtl. feingehackter Schnittlauch

Die Eier mit dem Wasser oder der Milch schaumig schlagen und würzen – In eine Pfanne mit zerlassener Butter gießen und auf schwachem Feuer langsam unter Rühren aufziehen – Vor dem Anrichten etwas frische Butter darüberpflücken und nach Belieben mit gehacktem Schnittlauch bestreuen.

Rühreier mit Bückling auf Toast

1 Bückling, 4 Eier, 2 Eßl. Wasser, 2 Eßl. Butter, Salz, 4 Toastscheiben

Rühreier auf Toastscheiben häufen – Gitterartig mit in Butter gebratenem Bücklingsfilet belegen.

Spiegeleier nach Elizabeth

4 Scheiben Weißbrot, 1–2 Eßl. Butter, 8 Eier, 2 Eßl. Butterschmalz, 16 Sardellenfilets, 1 Eßl. Kapern

Das Brot in Würfel schneiden und in Butter goldgelb rösten – Schmalz in einer großen Pfanne erhitzen – Die Eier vorsichtig einschlagen, damit sie nicht zerlaufen – Auf das Eiweiß die Filets ordnen – Kapern überstreuen – Eier knusprig braten – Auf einer Platte anrichten – Die Brotwürfel im Bratfond nochmals erwärmen – Als Rand um die Eier legen.

Rührei mit Kaviar

6 Eier, 2 Eßl. Butter, Salz, Pfeffer, 1–2 Eßl. Kaviar, Toastscheiben, frische Butter

Eier schaumig schlagen und würzen – In heißer Butter unter Rühren durchziehen, bis sie sich etwas gefestigt haben – Kaviar untermengen und sofort anrichten – Toast und Butter dazu reichen.

Rühreier à la Livingstone

4 Eier, 1/2 Tasse Tomatenmark, 1/2 Teel. Salz, 1/4 Teel. Paprika, 2 Eßl. Butter, Gänseleberpastete, fein gehackte Trüffeln

Die Eier leicht schlagen und Tomatenmark, Salz und Paprika beifügen – Die Butter in der Omelettepfanne zergehen lassen, die Eier zugeben und wie Rühreier braten – Geröstete Weißbrotscheiben mit Leberpastete bestreichen, die Eier darauf häufen und mit den Trüffeln bestreuen.

Rühreier mit Schinken

4–8 Eier, 1 Eßl. Wasser oder Milch, 2 Eßl. Butter, 3 Scheiben gek. Schinken, Salz, Pfeffer

Unter die wie Rühreier vorbereitete Masse den in Würfelchen geschnittenen Schinken mengen – Die Butter in einer Pfanne zergehen lassen und die Masse hineinschütten – Mit einer Gabel rühren, bis die gewünschte Festigkeit erreicht ist.

Eier nach Südlicher Art

4 Eier, 3 Eßl. Parmesankäse, 4 Eßl. Schlagrahm, Butter

Eier mit Reibkäse verquirlen – Mit Schlagrahm vermengt, in kleine gebutterte Porzellanförmchen gießen – 10 Minuten im heißen Rohr aufziehen.

Rühreier mit Tomaten

4–8 Eier, 2 Eßl. Wasser oder Milch, 3 Eßl. Butter, 2–3 Tomaten, Salz, Pfeffer, Schnittlauch

Die fertigen Rühreier mit leicht in Butter angedünsteten Tomatenscheiben umlegen und mit Schnittlauch bestreuen.

Eier nach Omar Pascha

2 Hammelnieren, Salz, 4 Eier, 2 Eßl. Butter, Pfeffer, Trüffelsauce

Hammelnieren der Länge nach halbieren – Fett entfernen und, auf den Rost gesetzt, auf beiden Seiten braten – Würzen und bei abgestellter Flamme nachziehen lassen – Spiegeleier bereiten – Die Nierenhälften damit belegen und sofort zu Tisch geben – Trüffelsauce dazu reichen.

Rührei nach Prinzessinnen-Art

Aus den Teigzutaten rasch einen Teig kneten – Kleine gebutterte Förmchen mit Rand auslegen – Mit getrockneten Erbsen füllen und bei guter Hitze backen – Nach dem Backen die Erbsen entkernen – Eier schaumig schlagen – Salz, Käse und feingehackte Trüffeln untermengen – Wie Rühreier in einer Pfanne mit heißer Butter unter stetem Rühren anziehen lassen – Die aus der Form genommenen Teigschüsselchen damit füllen.

Zum Teig:
40 g Butter, 60 g Mehl, 1/2 Ei, Salz
Zur Fülle:
5 Eier, 1 1/2 Eßl. Butter, Salz, 2 Eßl. Reibkäse, 10 g Trüffeln

Pochierte Eier à la Victoria

Weißbrot in 3/4 cm dicke Scheiben schneiden und rund ausstechen – In Butter zartbraun rösten – Auf jedes Stück eine leicht gebratene Hühnerleber und darauf ein pochiertes Ei (siehe nächste Seite) legen – Mit Tomatensauce begießen und mit feingeschnittenem Schnittlauch bestreuen.

4 Weißbrotscheiben, 4 Hühnerlebern, 4 Eier, Tomatensauce, Schnittlauch

Bücklinge mit Rührei vom Rost

Von den Bücklingen die Haut abziehen und entgräten – Milch, Rogen und Butterstückchen einfüllen – In ein mit Butter bestrichenes Papier oder Folie wickeln und auf dem heißen Rost kurz braten – Beim Anrichten mit Rührei garnieren.

4 Bücklinge, 2 Eßl. Butter, Rührei

Rühreier mit Krabben

Die Eier wie zu Rühreiern schaumig schlagen – Die Krabben daruntermengen – Die Masse in eine Pfanne mit der zerlassenen Butter geben und unter Rühren aufziehen.

4 Eier, 1 Eßl. Wasser, 2 Eßl. Butter, 1 Tasse Krabben

Spiegeleier (Ochsenaugen)

Die Butter oder das Schmalz in einer Pfanne heiß werden lassen – Vom Feuer nehmen und die Eier – eines neben das andere – hineinsetzen, so daß das Eigelb nicht zerläuft – Mit einer Gabel vorsichtig das Eiweiß zerteilen, bis es geronnen ist – Die Pfanne wieder kurz auf starke Flamme stellen, damit die Spiegeleier schön rösch werden – Mit etwas Salz bestreuen, die Eigelb mit etwas Pfeffer – Auf gut vorgewärmter Platte anrichten.

4–8 Eier, 1–2 Eßl. Butter oder Schmalz, Salz, Pfeffer

Spiegeleier Rossini

200 g Weißbrot, 2 Eßl. Butter, 300 g Kalbsbries (Milcher), 150 g Gänseleber, 4 Eier, Salz, Pfeffer

Weißbrot entrinden und in 1 cm dicke Scheiben schneiden – In Butter hell anrösten – Bries 5 Minuten in kochendes Wasser legen – Danach blätterig schneiden, in Butter braten und würzen – Gänseleber in Scheiben schneiden, in Butter kurz braten und würzen – Die Brotscheiben mit Bries, darauf mit Gänseleber und zuletzt mit einem Spiegelei belegen.

Eier à la Suisse

4 Eier, 1/2 Tasse Süßrahm, 1 Eßl. Butter, 2 Eßl. Reibkäse, Salz, Pfeffer, Cayennepfeffer, 4 Scheiben Weißbrot

Eine Omelettepfanne erhitzen – Die Butter darin zergehen lassen und den Rahm beifügen – Die Eier nacheinander wie bei Spiegeleiern hineinschlagen – Salz, Pfeffer und etwas Cayennepfeffer darüberstreuen – Ist das Weiße beinahe fest, die Eier mit Käse bestreuen – Fertigbraten und auf mit Butter bestrichenen, gerösteten Weißbrotscheiben (Toast) servieren.

Spiegeleier mit Schinken oder Speck

4–8 Eier, 4–8 Scheiben Speck, 1 Eßl. Butter, Salz, Pfeffer

Dünne Scheiben rohen Speck oder Schinken in Butter leicht anbraten – Die Eier darüberschlagen, würzen – Auf vorgewärmter Platte anrichten.

Pochierte (verlorene) Eier

4–8 Eier, 1 1/2 l Wasser, 1 Teel. Salz, 3 Teel. Essig

Das Wasser mit Salz und Essig zum Kochen bringen – Den Topf vom Feuer nehmen und die Eier (möglichst nahe an den Wasserspiegel halten) vorsichtig hineinschlagen – Den Topf wieder aufs Feuer stellen und die Eier darin je nach gewünschter Festigkeit 3–5 Minuten kochen – Die Eier herausnehmen und in kaltes Wasser legen – Außen glattschneiden und bis zum Gebrauch in warmes Salzwasser legen.

Pochierte Eier mit Sauce Béarnaise

4–8 Eier, Salz, Essig, Sauce Béarnaise, Tomatenmark

Pochierte Eier bereiten. Auf eine Platte legen und abwechselnd mit roter und gelber Sauce bedeckt anrichten – Rote Sauce: Die Hälfte der Sauce mit Tomatenmark vermengen.

Pochierte Eier nach Kamerun

Gänseleber mit feingehackten Champignons und 1 Teel. gehackten Trüffeln und Schalotten in Butter dünsten – Mit Madeirasauce durch ein feines Sieb streichen – Nach Bedarf nachwürzen – Im Wasserbad heißstellen – Weißbrotscheiben entrinden und zu Ovalen in Größe eines Eies schneiden – In Butter zartbraun rösten – Gänseleber in Größe der Brote rasch in Butter braten – Auf jedes Brot eine Scheibe Gänseleber und ein pochiertes Ei setzen – Mit Trüffelscheiben belegen – Auf runder Platte die Brötchen im Kranz anrichten – In die Mitte das Lebermus häufen – Das Ganze mit Trüffelsauce begießen.

250 g Gänseleber, einige Champignons, 1/2 Trüffel, 2 Schalotten, 3 Eßl. Butter, 3 Eßl. Madeirasauce, 8 Weißbrotscheiben, Butter zum Rösten, 8 Gänseleberscheiben, 8 Eier, Trüffelsauce

Pochierte Eier mit Ochsenmark

Brot entrinden, ovale Scheiben in Ei-Größe schneiden – Auf beiden Seiten in Butter anrösten – Ochsenmark blanchieren (in kochendem Wasser durchziehen lassen) und in Scheiben geschnitten auf die Brotscheiben legen – Darüber pochierte Eier setzen und mit guter, dick eingekochter Bratensauce überziehen.

4 Scheiben Weißbrot, 1 Eßl. Butter, 100 g Ochsenmark, 4 Eier, Bratensauce

Hartgekochtes Ei

Das Ei in siedendes Wasser einlegen – Ca. 10 Minuten kochen – Um hartgekochte Eier leichter schälen zu können, nach dem Kochen mit kaltem Wasser abschrecken – Das Platzen der Eier wird verhütet, wenn sie vor dem Kochen einige Minuten in lauwarmes Wasser gelegt werden oder die Spitze des Eies angestochen wird.

Eierbällchen

Eier hartkochen, schälen und in kleine Würfel hacken – Aus Mehl und Butter eine helle Mehlschwitze bereiten – Mit Rahm oder Milch zu einer dicken Sauce verkochen – Mit Salz, Pfeffer, geriebener Zwiebel und gehackter Petersilie würzen – Heiß über die Eier gießen – Vermengen und erkalten lassen – Mit einem Teelöffel Klöße abstechen – In Bröseln, mit Käse vermengt, geschlagenem Ei und wieder in Bröseln wenden – In heißem Backfett schwimmend goldgelb herausbacken.

6 Eier, 2 Eßl. Butter, 2 Eßl. Mehl, Süßrahm oder Milch, 1 kleine Zwiebel, Salz, Pfeffer, 1 Teel. gehackte Petersilie, Brösel, Reibkäse, 1 Ei, Backfett

Spiegeleier mit Käse

4–8 Eier, 4 Scheiben Käse, 2 Eßl. Butter

In eine Pfanne mit zerlassener Butter dünne Scheiben von Schweizerkäse legen – Die Eier wie Spiegeleier darüberschlagen und fertigbacken.

Eier mit Champignons

6 Eier, 250 g frische Champignons, 1 Eßl. Butter, Salz, Pfeffer, Zitronensaft, 1 Tasse Buttersauce, 1/4 Tasse Süßrahm, 1 Eßl. Reibkäse

Die Eier hartkochen, der Länge nach halbieren und die Eigelb herausnehmen – Die Champignons 10 Minuten in Butter dünsten und mit Salz, Pfeffer und etwas Zitronensaft würzen – Die Eigelb und die Pilze feinhacken und mit etwas weißer Buttersauce anmachen – Die mit dieser Creme gefüllten Eiweißhälften in eine gebutterte feuerfeste Form legen – Die restliche Buttersauce mit dem Rahm und Käse vermengen und um die Eier herumgießen – Im Ofen überbacken.

Gefüllte Eier

4 Eier, 2 Scheiben Schinken, 1 Messerspitze Senf, 1 Sardelle, 1/2 Zwiebel, Estragon, 1 Eigelb, 1 Teel. Essig, 1 Eßl. Öl, Brösel

Die hartgekochten Eier nach dem Erkalten der Länge nach halbieren – Die Eigelb vorsichtig herausnehmen und durch ein Sieb streichen – Den Schinken, die Sardelle, Zwiebel und Estragon feinwiegen, mit dem Eigelb und den übrigen Zutaten gut verrühren – Die Masse in die Eierhälften füllen – Was davon noch übrig ist, in eine Auflaufform streichen und die Eier daraufsetzen – Mit Bröseln bestreuen und mit Butterstückchen belegen – 15 Minuten im Backofen aufziehen.

Eier im Mäntelchen

4 hartgek. Eier, 2 Champignons, 1 Teel. gehackte Petersilie, 4 Scheiben Schinken, 4 dünne Kalbsschnitzel, Salz, Pfeffer, 5 Eßl. Butter, 1 kleine Zwiebel, 1 Teel. Mehl, 1 Teel. Paprika, 4 Eßl. Süßrahm, Reibkäse

Hartgekochte Eier quer halbieren und das Gelbe vorsichtig herausnehmen – Mit Petersilie und feingewiegten Champignons vermengen – Die Eier wieder damit füllen und zusammensetzen – Um die Schnittfläche je eine Scheibe gekochten Schinken und darüber eine dünne, gut geklopfte Scheibe Kalbfleisch wickeln – Mit Faden zusammenhalten – In heißer Butter mit der Zwiebel etwa 15 Minuten braten – Die Fäden entfernen und die Eier warmstellen – Im Bratsatz Mehl hellbraun rösten – Paprika zugeben – Mit wenig Wasser ablöschen und Rahm beifügen – Über die Eier gießen und mit Reibkäse bestreuen.

Eier in der Kutte

Die hartgekochten Eier schälen – Würzen und zuerst in Mehl, danach in verquirltem Ei und Bröseln wenden – Ein zweites Mal wiederholen – Im heißen Backfett goldbraun herausbacken – Die Eier quer halbieren – Das Eigelb herausheben, würfelig hacken – In der heißen Butter die Brösel goldgelb rösten – Gehackte Sardellen, Kapern, Petersilie und Zitronensaft beifügen – In die Eihälften füllen – Hübsch garniert anrichten.

4 hartgek. Eier, Salz, Pfeffer, Mehl, 1 Ei, Brösel, Backfett
Zur Fülle:
1/2 Eßl. Butter, 1 Eßl. Brösel, 3 Sardellen, 1 Teel. Kapern, Saft von 1/2 Zitrone, 1 Teel. gehackte Petersilie
oder *an Stelle der Sardellen und Kapern: 2 Scheiben Schinken, 2 Eßl. gewiegte Champignons*

Omelette à la Brillat Savarin

Eier mit Salz und zerlassener Butter verquirlen – In erhitzter Omelettepfanne Fett schmelzen – Unter ständigem Rütteln der Pfanne die Eiermasse auf einer Seite rasch goldbraun backen – Oben muß die Omelette noch feucht bleiben – Mit Rebhuhnfülle belegen und übereinanderklappen – Mit Trüffelscheiben belegt und mit heißer Sauce begossen sofort zu Tisch geben – *Zur Fülle:* Ein Rebhuhn braten – Das Fleisch ablösen und durch den Wolf drehen – Den Bratfond mit Fleischglace dicken – Die Hälfte der Sauce mit Rahm vermischt unter das Rebhuhnpüree mengen – Gehackte Trüffeln beifügen und erwärmen – Die restliche Sauce, nachgewürzt und gut heiß, zum Übergießen der Omelette verwenden.

Zum Omeletteteig:
8 Eier, Salz, 1 Eßl. Butter, Butterschmalz zum Backen
Zur Fülle:
1 Rebhuhn, 1 Trüffel, Rahm, Salz, Pfeffer, Bratfond

Omelette soufflée mit Früchten

Eiweiß zu steifem Schnee schlagen – Zucker nach und nach unterschlagen – Dick und schaumig gerührtes Eigelb, mit Vanille gewürzt, unterziehen (alles erst kurz vor der Verwendung) – Eine Auflaufplatte mit Butter ausstreichen und mit Puderzucker bestäuben – Die Hälfte der Omelettemasse einfüllen – Obstsalat darübergeben – Die restliche Omelettemasse bergartig darüberhäufen, mit Zucker bestäubt, sofort im *heißen* Rohr einige Minuten hell anbräunen und gleich zu Tisch geben.

Zur Omelettemasse:
5 Eiweiß, 5 Eßl. Puderzucker, 1 Prise Salz, 3 Eigelb, 1 Teel. Vanillezucker
Zur Fülle:
1–1 1/2 Tassen Obstsalat bestehend aus: Bananen, Trauben, Nüssen, Orangen, Zucker, Rum, Butter für die Form, Zucker zum Bestreuen

Wiener Eierspeise

8 Eier, 2 Eßl. Butter, Salz, Pfeffer, 2 gehackte Schalotten, 2 Eßl. Mehl, 2 Tassen Rahm oder halb Milch halb Rahm, Butter für die Form, Toastscheiben, geröstet

Eier hartkochen, kalt abbrausen und erkalten lassen – Schälen, die Eigelb herausnehmen und das Eiweiß in dünne Scheiben schneiden – In Butter Schalotten hellgelb rösten – Mehl überstreuen und leicht anschwitzen – Unter fortwährendem Rühren Rahm zugießen und zu einer dicken Sauce kochen – Vom Feuer nehmen und abkühlen lassen – Eiweiß und Gewürze untermengen – In eine kleine gebutterte Auflaufform zu einem Berg gehäuft einfüllen – Die Eigelb durchpassiert, dick darüberstreuen – Vor dem Anrichten in heißem Rohr goldbraun überbacken – Toasts dazu reichen.

Soleier

Eier, Salzwasser
Zum Anrichten:
Essig, Öl, Senf, Salz, Pfeffer

Eier ca. 10–12 Minuten hartkochen – Mit einem Messer die Schale ringsherum leicht brüchig klopfen – Mit der Schale 24 Stunden in Salzwasser legen, das so stark sein muß, daß ein Ei darin schwimmt – Die angegebenen Zutaten stellt man auf den Tisch, jeder kann sich dann selbst eine Sauce nach Belieben mixen.

Omelette mit Rahm

6 Eier, 1 Tasse Champignons, 1 Eßl. Butter, 1 Eßl. Butterschmalz, Béchamel-Sauce, Salz, Pfeffer

Die Eier schaumig schlagen – Einige in Butter gedünstete, fein gehackte Champignons untermischen – In sehr heißer Omelettepfanne im Schmalz 1 Minute auf einer Seite backen und zusammenklappen – Auf eine feuerfeste Platte legen – Stark gewürzte Béchamel-Sauce, mit etwas mehr Rahm und Käse als gewöhnlich zubereitet, darübergießen – In den Ofen stellen und kurz überbacken – Sofort anrichten.

Omelette soufflée

4 Eigelb, 60 g Zucker, 1 Prise Salz, 6 Eiweiß, 2 Eßl. Mehl oder 1 Eßl. Stärkemehl, Puderzucker zum Bestreuen, Butter für die Form

Eigelb und Zucker sehr dick und schaumig rühren – Abwechselnd den sehr steifen Eierschnee und das Mehl untermengen – Eine flache Auflaufform mit Butter ausstreichen – Die Eiermasse einfüllen oder mit dem Spritzsack eindressieren – Mit gesiebtem Puderzucker bestreuen und kurz in nicht zu heißem Rohr backen, bis die Omelette eine leichte Kruste erhält.

Omelette

4 Eier, 1 Prise Salz, 2 Eßl. Butterschmalz

Die Eier mit dem Schneebesen schlagen, bis sich leichter Schaum zeigt – Mit Salz würzen und nochmals tüchtig schlagen – Eine Omelettepfanne erhitzen, je heißer desto besser – Flamme kleiner stellen – Das Schmalz darin erhitzen und die schaumige Eiermasse beigeben – Die Pfanne rütteln, damit die Masse nicht anhängt – In knapp 1 Minute auf einer Seite goldgelb backen – Zusammenklappen und auf einer heißen Platte anrichten – Eine gelungene Omelette ist innen noch feucht und locker, außen knusprig – Sollen die Omelettes gefüllt werden, vor dem Zusammenklappen mit gedünsteten Pilzen, Nieren, Leber, Tomatenscheiben oder auch Konfitüre belegen – Dies muß alles sehr rasch geschehen, damit die Omelettes nicht zusammenfallen.

Omelette au confiture

9 Eier, 1 Eßl. Rahm für je 3 Eier, Salz, 4 Eßl. Butterschmalz, Konfitüre, Puderzucker, etwas frische Butter

Eier mit Rahm und Salz schaumig schlagen – Die Omelettepfanne stark erhitzen – Schmalz darin zergehen lassen und die Eiermasse einfüllen – Unter Rühren mit einer Gabel und ständigem Hin- und Herdrehen der Pfanne gleichmäßig anziehen lassen – Die Oberfläche muß noch etwas feucht bleiben – Dick mit Konfitüre bestrichen zusammenklappen, unter die Omelette ein Stückchen Butter schieben und bräunen – Mit der braunen Seite nach oben auf eine vorgewärmte Platte stürzen – Mit Zucker bestreuen und evtl. mit der glühenden Backschaufel brennen – Sofort zu Tisch geben.

Dripping Cake

6 Eier, 125 g Mehl, 1/2 l Milch, Salz, Fett, 1 1/2 Tassen gek. Schinkenwürfel

Eier verquirlen – Mehl, Milch und Salz zurühren – Der Teig wird ziemlich flüssig – In die Fettpfanne des Grills Fett und Schinkenwürfel geben – In den heißen Ofen stellen, bis die Pfanne sehr heiß geworden ist – Die Eiermasse übergießen – 10 Minuten bei Überhitze aufziehen – Der Dripping Cake muß dann fest sein und ziemlich aufgegangen – Auf dem Blech in 5 cm breite Streifen schneiden – Aufrollen und sofort anrichten.
Beigabe: Grüner Salat – Nach Belieben Tomatenketchup.

Omelette en surprise

Vanilleeis, Schokoladeneis oder Zitroneneis oder alle 3 Sorten gemischt
Zur Omelettemasse:
125 g Zucker, 1 Prise Salz, 1 Päckchen Vanillezucker, 4 Eigelb, 6 Eiweiß, 1 Eßl. Mehl, Butter

Zucker, Salz und Vanille mit Eigelb 15 Minuten dick und schaumig schlagen – Erst in dem Augenblick, in dem man backen will, sehr steifen Eierschnee und Mehl abwechselnd unterziehen – Auf einer zuvor auf Eis abgekühlten Platte die Eissorten anrichten, es kann auch Fertigeis aus der Tiefkühltruhe genommen werden, und mit der Omelettemasse bergartig bedecken oder mit dem Spritzsack überdressieren – Die Platte in ein mit Eis gefülltes Bratgeschirr stellen – Das Ganze im heißen Rohr so rasch wie möglich bei Oberhitze bräunen – Sofort zu Tisch geben – *Eine andere Zubereitungsart:* Die Omelette für sich fertigstellen, wie Omelette soufflée ohne Früchte, und vor dem Anrichten über das Eis legen.

Omelette mit Trüffelsauce

8 Eier, Salz, 2 Eßl. Butterschmalz, Trüffelsauce

Eier mit Salz schaumig schlagen – In einer erhitzten Omelettepfanne Schmalz zergehen lassen und die Eiermasse einfüllen – Unter ständigem Rütteln der Pfanne, damit die Masse nicht anhängt, in knapp 1 Minute auf einer Seite goldbraun backen – Zusammenklappen und auf heißer Platte anrichten – Mit Trüffelsauce begossen sofort zu Tisch geben.

Ohrfeige

6 Eier, 2 Eßl. Stärkemehl, Salz, 3/4 Tasse Milch, 1 Messerspitze Muskatblüte oder geriebene Zitronenschale, 2 Eßl. Zucker, 1 Messerspitze Backpulver, 2 Eßl. Butterschmalz, Johannisbeermarmelade, Puderzucker

Eigelb und 1 Eßl. Zucker schaumig schlagen – Stärkemehl, Salz, lauwarme Milch und Gewürze zugeben – Kurz vor dem Backen nochmals tüchtig schlagen – Den sehr steifen Eierschnee, mit 1 Eßl. Zucker und Backpulver vermengt, unterziehen – Auf kleiner Flamme über Asbest oder Drahtgitter in einer großen Pfanne Schmalz zergehen lassen – Die Schaummasse einfüllen – Einen heißgemachten Deckel darübergeben – Ohne die Pfanne zu rütteln, 10 Minuten zugedeckt backen oder im nicht zu heißen Rohr fertigstellen – Die Ohrfeige soll abtrocknen und auf der Unterseite gelbgebacken sein – Die Oberseite mit der Marmelade bestreichen – Zusammengeschlagen auf eine Platte schieben und, mit Puderzucker bestreut, sogleich zu Tisch geben.

Salzburger Nockerln

Butter schaumig rühren – Eigelb zurühren – Mit Zucker und Stärkemehl gut vermengen – Den sehr steifen Eierschnee unterheben – Eine Omelettepfanne erhitzen – Schmalz darin zergehen lassen – Flamme kleinstellen – Den Teig einfüllen – Zugedeckt backen, bis die Unterseite goldgelb ist – Eine zweite erhitzte Pfanne mit geschmolzenem Fett bereitstellen – Mit einer Backschaufel Nockerl aus der ersten heben und mit der noch ungebackenen Seite einlegen – Zugedeckt fertigbacken – Mit Zucker bestäubt sogleich anrichten, sonst fallen sie zusammen.

80 g Butter, 4 frische Eigelb, 4 Eßl. Zucker, 1 Prise Salz, 2 1/2 Eßl. Stärkemehl, 4 Eiweiß, 2 x 2 Eßl. Butterschmalz, Puderzucker

Eierauflauf

Die Butter schaumig rühren – Das Mehl und nach und nach die abgekochte Milch und den Rahm zugießen – Im Wasserbad 5 Minuten kochen – Die geschlagenen Eigelb zugeben und solange rühren, bis die Masse dick wird – Vom Feuer nehmen, die Gewürze und das steifgeschlagene Eiweiß unterziehen – In eine mit Butter bestrichene Auflaufplatte oder in Portionsformen füllen – In eine Pfanne mit heißem Wasser stellen und im Ofen bei schwacher Hitze backen.

3 Eßl. Butter, 3 Eßl. Mehl, 1 Tasse Milch, 1 Tasse Süßrahm, 6 Eier, 1 Teel. Salz, Pfeffer, Butter

Biskuitomelette

Eigelb mit Zucker und Salz dick schaumig rühren – Steifen Eierschnee und Mehl abwechselnd untermengen – In einer Omelettepfanne Schmalz erhitzen – Den Teig fingerdick einfüllen – Ins heiße Rohr stellen und hellbraun backen – Mit Marmelade füllen und zusammenklappen – Mit Zucker bestreut, sofort anrichten – Die Masse ergibt 2 große oder 4 kleine Omelettes.

6 Eier, 2 Eßl. Zucker, 1 Prise Salz, 1 1/2 Eßl. Mehl, 4 Eßl. Butterschmalz, 75 g Marmelade, Zucker zum Bestreuen

Eier en cocotte

Kleine Porzellanförmchen erwärmen – Je einen Eßlöffel heißen Rahm einfüllen – Ein Ei hineinschlagen, wobei das Gelbe ganz bleiben muß – Mit Salz und Pfeffer bestreuen und ein Stückchen Butter auflegen – Die Förmchen in heißes Wasser stellen und auf kleiner Flamme 8–10 Minuten ziehen lassen.

4 Eßl. Süßrahm, 4 Eier, Salz, Pfeffer, 2 Eßl. Butter

Omelette mit feinen Kräutern

8 Eier, 2 1/2 Eßl. Rahm, Salz, 2 Eßl. Butterschmalz, 1 Handvoll frische Kräuter, Schnittlauch, Petersilie, Kerbel, Estragon, Zwiebelröhrchen

Kräuter waschen, zwischen einem Tuch trockenreiben und fein verwiegen – Eier mit Rahm und Salz verquirlen und die Kräuter zugeben – Eine Omelettepfanne erhitzen, Schmalz darin zergehen lassen – Die Eiermasse einfüllen und rasch unter Rühren mit einer Gabel unter ständigem Hin- und Herdrehen der Pfanne gleichmäßig durchziehen lassen – Sobald sich die Masse von der Pfanne löst, übereinanderklappen – Ein frisches Stück Butter unterschieben und die untere Seite noch braunbacken – Mit der gebräunten Seite nach oben auf einer heißen Platte anrichten.

Sandwiches

Die Erfindung des altbekannten Sandwiches verdanken wir dem Engländer Earl of Sandwich, der im 18. Jahrhundert lebte. Dieser, ein begeisterter Sportsmann, litt eines Tages solchen Hunger, daß er keine Lust hatte zu warten, bis eine ganze Mahlzeit zubereitet war. Er half sich, indem er eine Scheibe kalten Fleisches zwischen zwei Brotscheiben legte, und damit war das Sandwich geboren! Zunächst reichte allerdings die Phantasie nicht weiter als bis zu einer Füllung aus Braten- oder Schinkenscheiben. Aber wenn der edle Lord heute einmal ein gut besetztes Sandwich-Büfett sehen könnte, wäre er gewiß nicht wenig überrascht.

Sandwichbrot

Für Sandwiches empfiehlt es sich, stets ein Kastenbrot vom Vortage zu nehmen. Mit einem sehr scharfen Messer müssen dann zuerst alle Krusten entfernt werden (das geht bei frischem Brot leichter, wenn man das Messer vor dem Schneiden in heißes Wasser taucht und dann abwischt). Sollen allerlei Formen aus dem Brot zugeschnitten werden, so schneidet man das entrindete Brot zunächst quer durch in zwei Hälften und dann jede dieser Hälften der Länge nach in 6 mm dicke Scheiben. Aus diesen Scheiben stellt man die gewünschten Formen her. Sollen Sandwiches aber rechteckig oder dreieckig sein, dann wird das Brot nicht halbiert, sondern aufgeschnitten wie ein gewöhnliches Brot – Scheibendicke etwa 6 mm, und jede Scheibe in 4 Viertel Rechtecke oder Dreiecke zerschnitten. Wenn man Vierecke oder Dreiecke zurechtschneidet, so ergibt ein Brotlaib natürlich viel mehr Sandwiches, als wenn man andere Formen oder Figuren ausschneidet oder aussticht.

Wenn man zu Hause oder für ein Picknick oder für einen Gast zu einem Glas Bier schnell ein handfestes Sandwich braucht, dann wird der Belag zwischen zwei ganze Brotscheiben gelegt und das geklappte Sandwich durchgeschnitten – halb, kreuzweise oder diagonal – je nach Belieben.

Für einen Nachmittagstee, für ein kaltes Hochzeitsbüfett oder für andere besondere Gelegenheiten schneidet man die Scheiben nur 4 mm dick und danach zu kleinen Dreiecken oder anderen hübschen Formen zurecht.
Wenn aber die Zeit knapp ist und wenn es recht nahrhafte Sandwiches sein dürfen, dann kann man ruhig die fertig aufgeschnittenen Toaststollen kaufen, ob mit oder ohne Rinde, muß man nach Geschmack und Zweck entscheiden. Um mit dem Sandwichbrot zu variieren, kann man auch anstelle von Weißbrotscheiben: dünne gebutterte, frische Tafelbrötchen oder Einback, dünn gebuttertes Schwarz- oder Graubrot, Pumpernickel und ungesüßte Kekse oder Crackers, in Frischhaltepackungen im Handel und besonders für Käse geeignet, ungesüßte Ofennudeln (bei uns jetzt schon vielfach als holländisches Erzeugnis im Handel), kleine runde, knusprig gebackene Blätterteigböden und einseitig getoastete Brotscheiben verwenden.

Piebald-Sandwiches nennt man Sandwiches, die aus je einer Weißbrot- und einer Graubrot- oder Schwarzbrotscheibe bestehen.

Toast-Sandwiches

Die Brotscheiben nur auf einer Seite antoasten, die ungerösteten Seiten dünn mit Butter bestreichen und den Belag dazwischenlegen. Diagonal halbieren, so daß 2 Dreiecke entstehen. Sofort servieren. Wenn die Füllung oder der Belag gut mit Mayonnaise durchsetzt ist, werden die ungetoasteten Seiten nicht gebuttert.

Sandwiches servieren

Eine Platte oder einen Teller mit Papierspitze belegen. Darauf werden die Sandwiches entweder schuppenförmig oder flach gelegt. Bei 2 Lagen überlappen lassen. Quadratisch oder dreieckig zugeschnittene kann man auch einfach dicht nebeneinanderlegen. Wenn man mit Schwarz- oder Weißbrotsandwiches abwechseln kann, läßt sich ein Mosaik legen, oder man legt die Brötchen gruppenweise zusammen. Werden sie für ein Essen oder ein Picknick im Freien benötigt, so sollte man sie mit einem Glas- oder Plastiksturz oder mit Cellophan überdecken. Müssen sie einige Zeit vor Gebrauch gerichtet werden, dann schlage man sie bis zum Anbieten in ein leicht feuchtes Tuch oder in ein Stück Wachspapier ein und lege sie an einen kühlen Ort oder in das unterste Fach des Kühlschrankes.

Sandwiches garnieren

Garnierung und Belag der Sandwiches sollen aufeinander abgestimmt sein. Zum Beispiel empfiehlt es sich, bei einem Belag aus gesalzenem oder geräuchertem Fleisch kleine, fächerförmig geschnittene, süß eingelegte Pfeffergurken zu verwenden. Bei Fischbrötchen von Büchsensalm, Thunfisch, finnischem Schellfisch oder Sardinen garniert man mit Zitronenschnitzen. Bei Aufstrichen aus Käse oder selbstgemachten Käsepasten nimmt man junge Sellerie- oder Petersilienblätter, hübsch zugeschnittene Radieschen oder Brunnenkresse.

Sandwiches vorbereiten

Ehe man den Belag oder die Füllung für die Brötchen richtet, muß die Butter, die als Unterlage dienen soll, schaumig gerührt werden. Niemals die Butter zergehen lassen, weil sonst das Brot das Fett einsaugt. Ist die Butter sehr hart, so kann sie in einer Schüssel im warmen Wasserbad gerührt werden. Sobald sie jedoch weich zu werden beginnt, muß die Schüssel aus dem Wasserbad genommen werden. *Man rechnet etwa 200 g Butter auf 30 bis 35 Scheiben Brot.*

Anchovis- und Spinat-Sandwiches

Den Spinat durch ein Sieb passieren – Butter schaumig rühren und Kapern fein verwiegen – Mit Salz, Pfeffer und Paprika würzen – Alles zusammen gut vermengen und durch ein Sieb drücken – Zwischen gebuttertes Weißbrot streichen und mit Brunnenkresse garnieren.

6 Eßl. kalter, gekochter Spinat, 4 Eßl. Butter, 4 Anchovisfilets, 2 Teel. gehackte Kapern, Salz, Pfeffer, Paprika, 4 Scheiben Weißbrot, Butter, Brunnenkresse

Bananen-Creme-Sandwiches

Ein 2 Tage altes Schwarzbrot in dünne Scheiben schneiden – Mit weichgerührter, zitronensaftgewürzter Butter bestreichen – Bananen schälen und in dünne Scheibchen schneiden – Die Hälfte der gebutterten Brotscheiben mit einer Schicht Bananenscheiben belegen – Geschlagenen Süßrahm mit etwas Aprikosenmarmelade gewürzt, darüberstreichen und die belegten Scheiben mit der gebutterten Seite nach unten darüberlegen.

8 Scheiben Schwarzbrot, 2 Eßl. Butter, 1 Teel. Zitronensaft, 2 Bananen, 1/2 Tasse Süßrahm, 2 Teel. Aprikosenmarmelade

Club-Sandwich

Brotscheibe entrinden, übereck schneiden und leicht toasten – Die 1. Scheibe mit Butter bestreichen, mit dem mit Mayonnaise bestrichenen Salatblatt belegen – Darüber Hühnerfleisch häufen – Mit gerösteten Speckscheiben überdecken – Zweite, ungebutterte Brotscheibe darüberklappen.

Pro Person:
1 Toastbrotscheibe, 1 Eßl. Butter, 1 Blatt Kopfsalat, 1 Teel. Mayonnaise, 1 Tasse gekochtes und enthäutetes Hühnerfleisch, 2–3 kleine Scheiben Frühstücksspeck

Eier-Sandwiches

60 g Reibkäse, 2 Teel. Senf, 3 hartgekochte Eigelb, 1 Teel. Essig, Salz, Cayenne-Pfeffer, 4 Weißbrotscheiben, Butter, Sellerie oder Brunnenkresse

Die Zutaten zu einer weichen gleichmäßigen Paste verarbeiten und diese durch ein Haarsieb pressen – Zwischen gebuttertes Weißbrot verteilen und mit verwiegter roher Sellerie oder Brunnenkresse bestreuen – In beliebige Stücke teilen.

Hühner-Sandwiches

Gekochtes Huhn, Mayonnaise oder Franz. Rahm-Marinade, Weißbrot, Butter

Kaltes gekochtes Huhn feinhacken und mit Mayonnaise oder Rahm-Marinade anfeuchten – Oder mit Salz und Pfeffer würzen und mit guter Hühnerbrühe anfeuchten – Zwischen gebutterte Weißbrotscheiben ohne Rinde streichen – Zusammendrücken und in passende Stücke schneiden.

Hummer-Sandwiches

Hummerfleisch (gekocht), Eigelb, Butter, Senf, Salz, Fleischextrakt, Weißbrot, Butter

Das fein gehackte Hummerfleisch und die hartgekochten, durch ein Sieb gepreßten Eigelb zu gleichen Teilen mischen – Mit zerlassener Butter, Senf und Fleischextrakt (in wenig kochendem Wasser aufgelöst) anfeuchten und würzen – Die Mischung zwischen gebutterte Weißbrotscheiben geben.

Kuchen-Sandwiches

Früchtebrot, 8 Scheiben Weißbrot, Butter oder Zitronenbutter

Feines Früchtebrot in 1/4 cm dicke Scheiben aufschneiden und je eine Scheibe zwischen zwei dünne, gebutterte Weißbrotschnitten legen – In Butterbrotpapier einwickeln und für 1/2 Stunde unter leichtem Gewicht pressen – Danach in Dreiecke zerschneiden.

Spanische Sandwiches

2 Sardellen, 2 Cornichons, 1 Petersilienzweig, 3 Eßl. Kapern, 1 Teel. Senf, 2 Eßl. Olivenöl, 2 Eßl. Essig, 2 Eier, hartgekocht Salz, Paprika, Weißbrot, Butter

Die Sardellen, die Cornichons, Petersilie, Kapern, Senf, Olivenöl, Essig und die Eigelb zu einer Paste zerstoßen – Mit Salz und Paprika würzen – Das Brot in dünne Scheiben schneiden und dünn mit Butter bestreichen – Die Mischung auflegen und mit dem feingehackten Eiweiß bestreuen – Zu Paaren aufeinanderlegen – Die Rinde entfernen und in hübsche Formen schneiden.

Käse-Bananen-Sandwiches

Bananen schälen und der Länge nach halbieren – 6 Streifen Brot nach der Größe einer halben Banane zurechtschneiden und 6 Käsescheiben von der selben Größe richten – Die Brotschnitten mit Butter und Anchovispaste bestreichen – Je einen Streifen Käse darauflegen und darüber 1/2 Banane mit der Schnittseite nach unten – Mit einer Reihe Kapern nach Belieben garnieren.

3 Bananen, 6 Streifen Schwarzbrot, 100 g Käse, Butter, Anchovispaste, Kapern

Traumsandwiches

Ein Tag altes Weißbrot in 1/2 cm dicke Scheiben schneiden und die Rinde entfernen – Mit gleich groß geschnittenen Käsescheiben belegen und mit Salz und Pfeffer bestreuen – Je 2 Brotschnitten aufeinanderlegen – In Butter auf beiden Seiten delikat braun rösten.

Weißbrot, milder Käse, Salz, Pfeffer, Butter

Rochester Chocolate Sandwiches

Die Butter schaumig rühren und nach und nach den Zucker zugeben – Das gut geschlagene Ei, Salz, die zergangene Schokolade, die Milch und das mit Backpulver gemischte und gesiebte Mehl zugeben – Auf ein leicht mit Mehl bestäubtes Brett schütteln, klopfen und so dünn wie möglich auswellen – Kekse ausstechen und auf einem mit Butter bestrichenen Blech in mäßig heißem Ofen backen – Abgekühlt mit folgender Creme bestreichen: Den Rahmkäse zerdrücken und soviel Rahm zugeben, bis die Masse geschmeidig ist – Mit Paprika und Salz würzen – Die Kekse zu Paaren aufeinandersetzen oder die Mischung mit dem Spritzbeutel aufspritzen und einzeln reichen.

1/4 Tasse Butter, 1/2 Tasse Zucker, 1 Ei, 1 Riegel ungesüßte Schokolade, 2 Eßl. Milch, 1 1/4 Tasse Mehl, 1 Teel. Backpulver
Zur Creme:
Rahmkäse, Süßrahm, Salz, Paprika

Geflügel-Sandwiches

Alle Zutaten in der angegebenen Reihenfolge gut vermengen – (Statt Hühnerfleisch kann auch verwiegtes Truthahnfleisch verwendet werden) – Die Brotscheiben mit Butter bestreichen und darauf den Hühneraufstrich verteilen – Jeweils mit einer Brotscheibe bedecken – In vier Stücke teilen – Mit Salatblättern garnieren.

1 Tasse verwiegtes, gekochtes Hühnerfleisch, 1 Tasse verwiegte, rohe Sellerie, 1 Eßl. verwiegte, grüne Paprika, Salz, Pfeffer, 1 Teel. grüne Kräuter, 4 Eßl. Mayonnaise, 6 Scheiben Weißbrot, Butter, Salatblätter

Windsor Sandwiches

1/2 Tasse Butter, 1/2 Tasse gekocht. Schinken, 1/2 Tasse gekocht. Huhn, Salz, Paprika, Weißbrot, Butter

Die Butter schaumig rühren – Den fein gehackten, kalten, gekochten Schinken und das kalte, gekochte Huhn zugeben – Mit Salz und Paprika würzen – Zwischen gebutterte Weißbrotscheiben geben.

Salm-Sandwiches

350 g Salm (Mittelstück), 1/2 Tasse Mayonnaise, 1 gehackte Pfeffergurke, Salz, Pfeffer, 1 Salatherz, Estragon-Essig, 6 Brötchen, Butter

Den Salm in Fischsud kochen und erkalten lassen – Gräten und Haut enfernen – Das Fischfleisch zerpflücken und durch ein Haarsieb passieren – Mit Mayonnaise vermengen und mit etwas Estragon-Essig abschmecken – Verwiegte Pfeffergurke beifügen und mit Salz und Pfeffer würzen – Die Brötchen halbieren und mit Butter bestreichen – Die Fischcreme darauf verteilen – Mit dünnstreifig geschnittenem Salat bestreuen – Die Brötchen als Hälften oder aufeinandergesetzt anbieten.

Salat-Sandwiches

Rahmkäse, Franz. Salatsauce, Walnußkerne, Weißbrot

Den Rahmkäse zerdrücken und mit französischer Salatsauce anfeuchten – Das Brot in 1/2 cm dicke Scheiben schneiden, mit der Käsemischung bedecken und mit gehackten Nüssen bestreuen – In Paaren zusammenlegen – Die Rinden entfernen und die Brote in fingerlange Streifen schneiden – Rösten und zu Scheiterhaufen aufeinanderstapeln.

Belegte Brote und Brötchen

Cheese Crackers

Den Käse in Stücke schneiden und durch den Wolf drehen – Den Wein, den Rahm, die schaumig geschlagene Butter und die Gewürze zugeben – Die Masse mit dem Spritzbeutel auf ungesüßte Crackers auftragen.

225 g Emmentaler Käse, 3 Eßl. Sherry, 2 Eßl. Süßrahm, 2 Eßl. Butter, 1 Teel. Senf, Salz, Pfeffer, Crackers

Gänseleberbrötchen

Die Gänseleber in einem Teil der Butter dämpfen – Die übrige Butter schaumig rühren – Die abgekühlte Gänseleber, die Trüffel und die Schalotte feinwiegen – Mit den Gewürzen und dem Madeira abschmecken und alles gut vermengen – Die Masse auf Toast- oder Weißbrotscheiben häufen und mit je einem Trüffelscheibchen und etwas Aspik garnieren.

1 Gänseleber, 2–3 Eßl. Butter, 1 Trüffel, 1 Schalotte, 1 Eßl. Madeira, Salz, Pfeffer, Toast oder Weißbrot, etwas Aspik

Eiercremebrötchen mit Sardellen

Die hartgekochten Eier durch ein Sieb drücken – Mit Gewürzen und dem Rahm unter die schaumig gerührte Butter geben – Weißbrot- oder Toastscheiben dick damit bestreichen und gitterförmig mit Sardellenstreifen belegen – Diese Eiercreme kann auch zusammen mit Gurken-, Radieschen, Tomatenscheiben und gehackten Kräutern gegeben werden.

3 Eier, 2 Eßl. Butter, 1 Eßl. Süßrahm, 1 Eßl. gehackte Petersilie, Salz, Pfeffer, Sardellen, Weißbrotscheiben

English Monkee

Die Brösel 15 Minuten in Milch einweichen – Die Butter zergehen lassen und den Käse zugeben – Ist der Käse geschmolzen, die eingeweichten Brösel, das geschlagene Ei und die Gewürze zugeben – Etwa 3 Minuten zusammen kochen – Auf dünn mit Butter bestrichene Crackers gießen.

1 Tasse Brösel, 1 Tasse Milch, 1 Eßl. Butter, 1/2 Tasse Käsewürfel, 1 Ei, Salz, Pfeffer, Crackers, Butter

Dominobrot

Weiß- und Schwarzbrot, Butter, Chesterkäse

Dünne Brotscheiben mit Butter und Chesterkäse bestreichen – Jeweils abwechselnd 4 Scheiben aufeinandersetzen und in kleine Vierecke schneiden.

Bunte Happen

Triangelinos (kleine runde Crackers), Butter, Gervais, Süßrahm, Pfeffer, Salz, Paprika, Roquefort, Kognak, Emmentaler, Salamischeiben hauchdünn, Schinken roh und gekocht, Spargelköpfe, Gänseleberparfait, kalter Braten, gekochte Eier, Sardellenringe, Oliven, Gürkchen, Zwiebelchen eingelegt, Kapern, Tomaten, 1 Banane, 1 Orange, Trauben, Nüsse, Mayonnaise, Lachs, Ölsardinen, Bleichsellerie, Zitronenscheiben

Die Crackers mit weicher Butter dünn bestreichen – Cervais mit Süßrahm und Gewürzen schaumig rühren – Roquefort zerdrücken und Kognak untermengen – Emmentaler in Würfel schneiden – Wurst und Schinken zu Tütchen drehen – Braten streifig schneiden – Eier in Scheiben schneiden – Banane und Orange in Scheiben – Orange entkernen und die Scheibe in 5–6 Teile – Trauben in einzelne Beeren teilen – Nüsse in Hälften.
Jeder Cracker wird auf ein Hölzchen oder Pick gespießt – Jeweils zuerst die oberste Garnitur:

1. Jeweils 1 bis 2 Teel. Gervais-Creme auf die Crackers häufen
2. Crackers dick mit Roquefort belegen, darüber ein Stückchen Bleichsellerie und einen Nußkern
3. Jeweils 2 Käsewürfel und 2 Trauben aufspießen und pfeffern
4. Jeweils 2–3 Salamitütchen mit einer Olive als Krönung
5. Rohe Schinkentütchen mit Zwiebelchen oder Gurken zusammenstecken
6. Gekochte Schinkenröllchen mit Mayonnaise und Spargelköpfen (Konserve) füllen
7. Gänseleber und Geflügelparfait mit Orangen, Nußkernen und Trauben
8. Kalter Braten mit Gurken, Zwiebeln und Tomatenscheiben
9. Eierscheiben mit rohen Gurken oder Tomatenscheiben und Mayonnaise oder mit Sardellenringen und Kapern
10. Lachs mit gehacktem Eigelb, Gurkenscheibe, Kapern und einem Stückchen Zitronenscheibe
11. Ölsardinen entgräten, enthäuten und zerdrücken – Mit Zitronensaft beträufeln – Mit Olive und Zitronenstückchen garnieren.

Gefülltes Kapselbrot

Ein Kapselbrot entrinden und vorsichtig aushöhlen – Die Butter schaumig rühren – Die Sardellen putzen und durch ein Sieb streichen – Die Eier hartkochen und feinhacken – Mit der Zunge, dem Schinken und dem Käse vermengen, würzen und fest in das ausgehöhlte Kapselbrot drücken – Das Kapselbrot in den Kühlschrank oder in den Keller stellen – Vor dem Anrichten in Scheiben schneiden und mit Aspik, Tomatenscheiben und Petersilie garnieren.

1 Kapselbrot, 6–8 Eßl. Butter, 1/2 Tasse Sardellen, 1 Tasse Zungenwürfel, 1 Tasse Schinkenwürfel, 1/2 Tasse Emmentalerkäsewürfel, 2 Eier, 1 Eßl. Kapern, Senf, Salz, Pfeffer, Aspik, Tomaten, Petersilie

Russische Heringsbrötchen

Heringstücke, auch solche von eingelegten Bratheringen, mit der gleichen Menge geschälter, grob geriebener oder in dünne Scheiben geschnittener, saurer Äpfel vermengen – Mit Mayonnaise binden – Auf Weißbrotscheiben häufen – Mit gehacktem Ei bestreuen und mit Gurkenscheibchen garnieren.

Heringstücke, Äpfel, Weißbrot, 1/2 Tasse Mayonnaise, 1 hartgekochtes Ei, 1 Gurke

Sardellenbrötchen

Dünne Weißbrotscheiben (Talerbrot) mit Butter bestreichen – Sardellen waschen, entgräten und in Filets zerlegen – Die Brote gitterartig damit belegen – In die freien Felder Kapern setzen – Leicht mit Zitronensaft beträufeln, auf einer Platte, mit Petersilie und Zitronenschnitzen verziert, anrichten.

Weißbrot, Butter, Sardellen, Kapern, Zitrone, Petersilie

Mayonnaise-Eierbrötchen

Verlorene Eier bereiten – Erkalten lassen und mit der mit etwas gewiegtem, gekochtem Schinken vermengten Mayonnaise überziehen – Auf gebutterte Toast- oder in Butter geröstete Brotscheiben eine Scheibe Schinken legen und darauf das Mayonnaise-Ei setzen.

4 Eier, 1 Tasse Mayonnaise oder Buttersauce, 6 Scheiben Schinken, Toast, Butter

Ölsardinenbrötchen

Toast- oder Weißbrotscheiben mit Butter bestreichen – Mit dem gehackten Ei bestreuen und mit den entgräteten, geputzten Sardinenhälften belegen.
An Stelle von Sardinen kann auch Lachs, Thunfisch oder Kaviar genommen werden.

4 Scheiben Toast, Butter, 2 hartgekochte Eier, 4–8 Sardinen

Hummerbrötchen

12 Scheiben Talerbrot, 1 Kopfsalat, 1/2 gekochter Hummer, 10 Oliven, 5 Sardellen, 1 kleine rote Rübe, Mayonnaise

Den gehackten Kopfsalat auf die Talerbrotscheiben legen – Hummerstückchen mit den geschnittenen Oliven, den gehackten Sardellen, den gekochten roten Rübenwürfeln und reichlich Mayonnaise vermengen – Die Salatbrötchen damit belegen, garnieren und kühlstellen.

Tortelettes pikant

Zum Teig:
250 g Mehl, 2 Eigelb oder 1 Ei, 100 g Reibkäse, 5–7 Eßl. Butter, 1 Prise Salz
Zum Füllen:
Butter, Tomatenmark, Tomatenscheiben, Lachspaste (Tube), Sardellenpaste (Tube), Roquefort oder Gorgonzola, Kognak, Sardellenringe, hartgekochtes Ei in Scheiben, Radieschen, Salz, Zucker

Alle Zutaten rasch zu einem geschmeidigen Teig zusammenkneten – Auswellen und Böden von 3–4 cm Durchmesser ausstechen – Vom Teigabfall Ränder auf die mit Eiweiß bepinselten Böden setzen – Bei guter Mittelhitze in 15 Minuten goldgelb backen – Die Tortelettes nach dem Erkalten verschieden füllen.

Füllen: Die Butter schaumig rühren und jeweils mit den dazugehörigen Zutaten vermengen

a) 1 Eßl. Butter, 1 Teel. Tomatenmark, 1 Prise Salz, 1 Prise Zucker, garniert mit Tomatenscheiben
b) 1 Eßl. Butter, 1 Teel. Lachspaste, garniert mit gekochten Eierscheiben
c) 1 Eßl. Butter, 1 Teel. Sardellenpaste, garniert mit Sardellenringen
d) 1 Eßl. Butter, 2 Teel. Kognak, 1 Stückchen Roquefort oder Gorgonzola, garniert mit Radieschen.

Pikante Brötchen

1 Talerbrot oder gesalzene Crackers, Butter, verschiedene Belage, verschiedene Garnierungen

1 Talerbrot in Scheiben schneiden und diese mit Butter bestreichen – Möglichst abwechslungsreich belegen mit:

a) Pikanten Fischen, wie Appetithappen, Anchovis, Ölsardinen, und Lachs – Mit Kapern und Sardellenringen garnieren
b) Rohkost, wie Radieschen, rohen Gurkenscheiben, Tomatenscheiben und gehackten Kräutern
c) Eierscheiben, Braten, Schinken oder Wurst
d) Verschiedene Käsesorten oder Quark mit Nußbutter vermengt und mit Trauben und Nüssen besteckt.

Alle Brötchen hübsch auf einer Platte anordnen und mit Zitronenscheiben, Petersiliensträußchen, aufgespickten eingelegten Zwiebelchen, Gürkchen und Oliven garnieren.

Canapés

Krabben-Canapés

Die Brotscheiben entrinden und auf einer Seite toasten – Die ungetoasteten Seiten, wenn sie ausgekühlt sind, mit Sauce Tartar überziehen – Die gehackten Krabben mit den in etwas Butter gedünsteten gehackten Champignons mischen und mit Salz abschmecken – Die Masse gleichmäßig auf die vorgestrichenen Tomatenscheiben verteilen und mit Paprika bestreuen – Kalt stellen – Den Käse mit Meerrettich und Mayonnaise zu einer weichen Paste verrühren – Mit Hilfe einer Spritztüte oder Kuchenspritze als Kranz um die Canapés garnieren – Die Mitte mit einer gefüllten Olive markieren – Man rechnet *2 Canapés pro Person.*

8 runde Weißbrotscheiben, 8 Teel. Sauce Tartar, 1 Tasse gekochte Krabben, 3–4 Dessertl. Champignons (Dose), 1/2 Eßl. Butter, Salz, Paprika, 2 Eßl. geriebener Parmesan, 1 Teel. geriebener Meerrettich, 1/4 Tasse Mayonnaise, 8 Oliven (gefüllt)

Cheshire-Canapés

Die Brotscheiben in heißem Fett beidseitig goldgelb rösten – Auf saugfähigem Papier abtropfen und auskühlen lassen – Käse, Butter und Senf gut vermengen – Die Masse auf die Canapés streichen – Mit reichlich Sellerie belegen.

8 Canapes mit 5 cm ⌀, 100 g Reibkäse, 30 g Butter, 1 Teel. franz. Senf, 4 Eßl. geraspelte Sellerie, Öl oder Butter

Hummercanapés

Hummerfleisch fein hacken – Die gleiche Menge Eigelb von hartgekochten Eiern durch ein Sieb drücken und zugeben – Mit zerlassener Butter und Rahm zu gleichen Teilen anfeuchten – Pikant mit Salz, Cayenne-Pfeffer, Senf und Fleischextrakt würzen – Auf runde, geröstete Brotscheiben legen und mit gekochten Eierscheiben garnieren.

Hummer, Eigelb, Butter, Süßrahm, Salz, Cayenne-Pfeffer, Senf, Fleischextrakt, Ei, Weißbrot

Käse- und Olivencanapés

Ein Tag altes Brot in 1/2 cm dicke, ovale Scheiben schneiden – Butter schaumig rühren – Die gleiche Menge weichen Käse zugeben, weich arbeiten – Mit Salz würzen – Auf die Brote streichen und 1/2 cm breite Streifen feingehackte Oliven darüberlegen – Mit roten und grünen Pfefferschotenstückchen garnieren.

Weißbrot, Butter, Rahmkäse, Salz, Oliven, eingelegte Pfefferschoten

Käse-Canapés

1 Rahmkäse, Franz. Marinade, Walnußkerne, Weißbrot

Rahmkäse zerdrücken und mit französischer Marinade vermengen – Brot in 1/2 cm dicke Scheiben schneiden und mit der Käsemischung bedecken – Mit gehackten Nüssen bestreuen – Zu Paaren aufeinanderlegen – Die Rinde entfernen und die Brote in fingerdicke Scheiben schneiden – Im heißen Rohr rösten und zu Scheiterhaufen geschichtet anrichten.

Minzkäse-Canapés

1 Eßl. Minzkraut, 4 Eßl. Käsecreme, Salz, schwarzer Pfeffer, Cayenne-Pfeffer, Käse-Kekse, süße Essigfrüchte
Käsecreme:
1 Gervais, etwas Süßrahm

Feingewiegte Minzkräuter unter den Käse mischen – Nach Belieben würzen – Die Kekse gehäuft damit bestreichen und mit schwarzem Pfeffer bestreuen – In die Mitte der Canapés ein Stückchen süßsaure Essigfrüchte oder eine Maraschino-Kirsche setzen – *Für 12 Canapés berechnet.*
Käsecreme: Gervais mit dem Süßrahm cremig schlagen.

Plaza Canapés

Weißbrot, Olivenöl, Räucherlachs, Räucherhering, Sardellenbutter, Zitronensaft

Das Brot in 3/4 cm dicke Scheiben schneiden und entrinden – In Olivenöl zartbraun rösten – Abwechselnd der Länge nach je 2 dünne Scheiben Räucherlachs und Räucherhering legen – Aus mit Zitronensaft gewürzter Sardellenbutter einen Rand um jedes Brötchen spritzen.

San Remo-Canapés

8 runde Weißbrotscheiben 5 cm φ, Kaviar nach Bedarf, 1 Eßl. verwiegte Gurke (roh), 2 harte Eigelb, 1/2 Eßl. Öl, 1/2 Eßl. Zitrone Saft, Salz, Pfeffer

Die Brotscheiben goldgelb toasten – Abgekühlt den Kaviar darauf verteilen – Eine Messerspitze Gurke mit Pfeffer und Zitronensaft gewürzt in die Mitte setzen – Die Eigelb durchpassieren – Mit Öl, Zitronensaft und wenig Salz zu einer Paste mengen – Mit der Tortenspritze einen Kranz um die Canapés legen.

Sardellencanapés

Sardellenbutter, Eier, Sardellen, Weißbrot

Runde, geröstete Brotscheiben mit Sardellenbutter bestreichen – Das Weiße und die Eigelb von hartgekochten Eiern getrennt hacken – Je ein Viertel der Canapés abwechselnd mit Eiweiß und Eigelb belegen, der Länge nach mit geschnittenen Sardellen abgrenzen – Mit dem Spritzbeutel einen Rand von Sardellenbutter herumlegen.

Sardinencanapés

Die Sardinen entgräten und zerdrücken – Etwas Butter schaumig rühren und mit Worcestershire-Sauce und etlichen Körnern Cayenne-Pfeffer würzen – Mit den Sardinen vermengen und auf runde geröstete Weißbrotscheiben legen – In die Mitte je eine gefüllte Olive geben – Den Kern herausnehmen und die Höhlung mit etwas von der Mischung füllen – Um die Olive einen Rand von gehacktem, hartgekochtem Ei legen.

Ölsardinen, Butter, Worcestershire-Sauce, Cayenne-Pfeffer, Weißbrot, Oliven, Eiweiß von hartgekochten Eiern

Toasts

Apfel-Toast

Den Apfel schälen, Kernhaus ausbohren und in 4 gleich dicke Scheiben schneiden – Butter in einer Bratpfanne erhitzen und die Apfelscheiben darin weich dämpfen – Inzwischen das Weißbrot toasten und etwas größer als die Apfelscheiben zurechtschneiden – Die noch heißen Toasts mit Butter bestreichen und mit je einer Apfelscheibe belegen, darüber eine Käsescheibe von ca. 1 cm Dicke – Grillen, bis der Käse geschmolzen ist.

1 großer mürber Apfel, 30 g Butter, 4 Scheiben Käse, 4 Scheiben Weißbrot

Béchameleier auf Toast

Eine weiße Buttersauce bereiten, Gewürze und Käse zugeben – Eier kernweich kochen (in siedendes Wasser eingelegt, 5 Minuten kochen) – Auf gerösteten Brotscheiben anrichten – Mit der heißen Sauce begießen.

4 Eier, 1 Tasse weiße Buttersauce, 1 Teel. Zitronensaft, Worcestershire-Sauce, 1 Teel. Reibkäse, 4 Scheiben Weißbrot, Butter

Heringstoast

Einen gewässerten, entgräteten Salzhering mit den übrigen Zutaten auf dem Hackbrett feinwiegen und mit Öl vermengen – Die Masse auf gebutterte Toast- oder Weißbrotscheiben streichen und nach Belieben mit Kapern und Gurkenscheiben garnieren.

1 Salzhering, 2 Scheiben gerösteter Speck, 2 hartgekochte Eier, 1 kleine Zwiebel, 2 Eßl. Öl, Toast, Butter, Kapern, Delikateßgurken

Toasts vom Grill

Weißbrot, Butter, Mark, Speck, Schweizer Käse, Salz, Pfeffer, Paprika

1 cm dicke Brotscheiben mit Butter bestreichen – Abwechselnd mit Mark, Speck oder Käsescheiben belegen – Würzen und bei Oberhitze im heißen Rohr backen – Mit Petersilie garniert anrichten.

Geflügel-Toast mit Pilzen

2 Eßl. Butter, 1 Eßl. Mehl, 1/8 l Milch, 50 g Champignons (Dose), Salz, Pfeffer, 8 Scheiben Brot, 1 Teel. Petersilie oder Schnittlauch, 250 g in Scheiben geschnittenes, gekochtes Hühnerfleisch

Aus Fett, Mehl und Milch eine helle Mehlschwitze bereiten – Die Pilze klein schneiden und zugeben – Gehackte Petersilie oder Schnittlauch und Gewürze beifügen – Inzwischen das Hühnerfleisch heiß machen – Die Toastscheiben entrinden und auf einer Seite toasten – Die ungetoastete Seite mit Butter bestreichen – Das aufgeschnittene Hühnerfleisch darauf verteilen.

Gänselebertoasts

Weißbrot, Butter, 1 Gänseleberterrine, Trüffeln

Dünne Weißbrotscheiben rösten (toasten) – Mit Butter bestreichen, mit gekühlter Gänseleberpastete belegen und mit feingehackten Trüffeln bestreuen.

Genfer Spargeltoast

1/2 kg Spargel, 1 Prise Zucker, Salz, 4 Scheiben Toastbrot, Butter, 4 Scheiben gek. Schinken, 4 Scheiben Chesterkäse, Petersilie

Spargel zurichten und in schwach gesalzenem Wasser und etwas Zucker weichkochen – Abtropfen lassen und einmal durchschneiden – Alles Faserige wegschneiden – Toastscheiben dick mit Butter bestreichen – Je eine Schinkenscheibe und darüber die Spargelstücke legen – Spargelkopfstücke und die Enden gleichmäßig verteilen – Mit Käse belegen – Im heißen Ofen toasten, bis der Käse geschmolzen ist – Mit gehackter Petersilie bestreut anrichten.

Haschee-Toast

125 g Hackfleisch vom Rind, 1 Dessertl. verwiegte Zwiebel, 2 Eßl. Butter, Salz, Pfeffer, 2 Eier, 1–2 Eßl. Rahm, 4 Scheiben geröstetes Brot, Petersilie, Kapern

Hackfleisch würzen und mit den Zwiebeln in der Butter unter häufigem Umwenden durchdämpfen – Eier mit dem Rahm schlagen, würzen und über das Fleisch gießen – Über kleinem Feuer unter Wenden weiterbraten, bis die Eier fest sind – Auf die gerösteten Brotscheiben verteilen – Mit Kapern und Petersilie garnieren.

Bretonischer Toast

Butter in einem Tiegel zergehen lassen – Die Anchovispaste mit dem Fett verrühren – Das Mehl zugeben und leicht anschwitzen – Mit der Brühe ablöschen – Unter Rühren durchkochen lassen – Die Sardinen beifügen – Vorsichtig heiß werden lassen, ohne den Fisch zu zerbröckeln – Auf runde oder viereckige gebutterte Toastscheiben verteilen und mit der Sauce übergießen – Mit Paprika bestreuen.

1 Teel. Butter, 1 Teel. Anchovispaste, 1/3 Eßl. Mehl, 1/4 Tasse Brühe, 1 Dose enthäutete entgrätete Sardinen, 4 Scheiben gebutterter Toast, Paprika

Halali-Toasts

Weißbrot (Kapselbrot) in dünne Scheiben schneiden und entrinden – Jede Scheibe in ein kleines gebuttertes Förmchen drücken, so daß die vier Ecken nach oben stehen – In heißem Rohr hellgelb rösten – In der Form abkühlen lassen, damit die Brotscheiben die nach oben gerichtete Form beibehalten – Wildfleisch und die in Butter gebratene Leber durch den Wolf drehen – Trüffeln feinhacken – Mehl in Butter leicht rösten, mit 1/4 Tasse Wasser ablöschen und aufkochen – Fleisch, Leber und Pilze zugeben – Mit Wein und Gewürzen abschmecken und durchkochen – Heiß in die Brote füllen – Mit hartgekochten, warmen Eivierteln belegen.

8 Scheiben Weißbrot, 300 g gebratenes Wildfleisch, 200 g Kalbsleber, 1 Trüffel, 2 Eßl. Rotwein, Salz, Pfeffer, 1 Eßl. Mehl, 3 Eßl. Butter, 4 Eier

Steinpilze nach provencalischer Art auf Toast

Steinpilze in Scheiben schneiden – 2 Hände voll fein verwiegen – Die Scheiben in Öl rösten – Gehackte Pilze, Zwiebel und Knoblauch zugeben – Würzen und noch kurz zusammen braten – Mit Petersilie und Zitronensaft durchschwenken – Auf in Butter geröstete Brotscheiben häufen und mit Zitronenschnitzen garniert anrichten.

500 g geputzte Steinpilze, 3 Eßl. Olivenöl, 2 Eßl. gehackte Zwiebel, 1/2 Zehe Knoblauch, 1 Eßl. gehackte Petersilie, Zitronensaft, 4 Scheiben Weißbrot, Butter, Salz, Pfeffer, Zitronenschnitze

Kaviartoasts

Dünne Weißbrotscheiben rösten, mit Butter bestreichen und gehäuft mit eisgekühltem Kaviar belegen – Einen Kranz von gehacktem Eigelb herumlegen – Mit Zitronenscheiben garniert anrichten.

Weißbrot, Butter, Zitrone, 1 hartgekochtes Eigelb, Kaviar

Pilzkappen

8 kleine Cocktailwürstchen, 8 große Pilze (Steinpilze), Fett nach Bedarf, Salz, Pfeffer, Muskat, 8 Scheiben Toastbrot, 1 Tasse geraspelte Sellerie

Die Würstchen quer halbieren und grillen – Die geputzten Pilzhüte in einer Pfanne nebeneinanderliegend in Butter gar dünsten, ohne daß sie zerfallen – Mit Salz und Pfeffer und einer kleinen Prise Muskatblüte würzen – Rund geschnittene Brotscheiben, etwas größer als die Pilzhüte, in heißer Butter goldgelb rösten – Je einen Pilzhut auf ein Brötchen stülpen, darüber zwei halbe Würstchen mit der Schnittseite nach unten, mittels eines Picks befestigen – Rund um die Pilze einen Ring von geraspelter Sellerie legen.

Pizza-Toast

4 Scheiben Toastbrot, Butter, 8 Scheiben Frühstücksspeck, 8 Scheiben Emmentaler Käse, 4 Tomaten, 8 Sardellenfilets, Origano, Olivenöl

Das Brot dünn mit Butter bestreichen – Je 2 Scheiben Speck auflegen – Im Grill bei Oberhitze den Speck anbraten – Herausnehmen – Über den Speck Käsescheiben, Tomatenscheiben und Sardellenfilets ordnen – Mit Gewürz bestreuen und mit Olivenöl beträufeln – Zurück in den Grill stellen und knusprig werden lassen – Heiß servieren.

Rhabarber-Toast

4 Scheiben Toastbrot, 1 Teel. Butter, 2–3 Stangen Rhabarber, Zucker, Zimt, 1 Tasse Erdbeermark, 2 Eßl. Süßrahm, Zucker, 1 Teel. Stärkemehl

Das Brot dünn mit Butter bestreichen und knusprig toasten – Rhabarber schälen und in Würfelchen schneiden – Auf die Toasts häufen und dick mit Zimtzucker bestreuen – Im vorgeheizten Ofen bei Oberhitze gar werden lassen – Erdbeermark mit Zucker aufkochen und mit Stärkemehl binden – Mit Rahm verfeinern – Über die fertigen Toasts gießen und heiß auftragen.

Mandel-Käse-Toast

1 Eßl. Butter, 50 g geschälte, gehackte Mandeln, 8 Eßl. geriebenen Parmesankäse, 4 Eßl. dicker Rahm, 2 Eßl. gehackte Petersilie, Salz, Pfeffer, 1 Teel. Paprika, 8 Toastscheiben, 1 kleine Pfeffergurke

Die Mandeln in der Butter hellgelb rösten – Den Käse mit Rahm, Petersilie und den Gewürzen vermengen – Die Toastscheiben entrinden und zu beliebigen Formen zuschneiden – Mit der Käsepaste bestreichen und mit Gurkenwürfelchen und den Mandelsplittern bestreuen – Kurz im Ofen überbacken – Auf heißer Platte, die mit Papierspitze belegt wird, servieren.

Rarebits oder Rabbits

Warme Käsebrötchen (Welsh Rarebits)

8 Scheiben Talerbrot, 1 Eßl. Butter, 8 Scheiben Chester, 1 Scheibe Ananas, Paprika oder Cayenne-Pfeffer, Bier

Ein Tag altes Brot nehmen und die Scheiben mit Butter bestreichen – Mit Ananasstückchen, Käsescheiben oder geriebenem Käse bedecken – Würzen und Bier überträufeln – 10 Minuten im Rohr überbacken, bis der Käse geschmolzen ist – Heiß auftragen.

Hawaii-Toast (überbacken)

4 Scheiben Toastbrot, 20 g Butter, 4 Scheiben roher Schinken, 4 Scheiben Ananas, 4 Scheibletten

Die Brotscheiben toasten, mit Butter bestreichen und mit je einer Scheibe Schinken und Ananas belegen – Obenauf kommt die Scheiblette – Im vorgeheizten Backofen oder Grill bei starker Oberhitze backen, bis der Käse geschmolzen ist und eine goldgelbe Kruste bekommt – Dazu, wer's mag: Tomatenketchup.

Rabbit nach Genfer Art

60 g altbackene Brotkrumen, 2 Eier, 150 g Reibkäse, 6 Eßl. Süßrahm, Salz, Pfeffer, 60 g Butter, 4 Scheiben Toast, Butter, Cayenne-Pfeffer

Die. Brotkrumen unter die geschlagenen Eier rühren – Käse, Rahm, Salz und Pfeffer zugeben – Butter in einem Tiegel erhitzen – Die Ei-Käsemischung zugeben – Wenn der Käse schmilzt und die Mischung dicklich wird, rasch über gebutterte Toastscheiben gießen – Mit etwas Cayenne-Pfeffer bestreuen.

Schinken-Rabbit

2 Eier, 1 Eßl. Butter, 100 g verwiegter, magerer Schinken, Pfeffer, 1 Teel. Petersilie, 1 Teel. Schnittlauch, 1 Teel. Salatkräuter, 4 Scheiben heißer gebutterter Toast

Eier mit feingehackter Petersilie, Schnittlauch, Kräutern und Pfeffer schlagen – Fett erhitzen, den Schinken zugeben und 2 bis 3 Minuten dämpfen – Die Eiermasse beifügen – (Nach Belieben noch 1 Dessertlöffel fein verwiegten grünen Paprika oder Piment) – Über mittlerer Hitze rühren, bis die Masse dick wird – Auf Toastscheiben verteilen – Mit Paprika bestreuen – Heiß servieren.

Käse-Creme-Rabbit

3 hartgekochte Eigelb, 50 g Reibkäse, 3 Eßl. Rahm, 1 Messerspitze Paprika, Salz, Pfeffer, 1 Teel. Worcestershire-Sauce, 4 runde heiße Tomatenscheiben, Pfeffergurke

Die Eigelb durch ein Sieb passieren, mit Käse, Rahm, Paprika, Salz, Pfeffer und der Worcestershire-Sauce zu einer glatten Paste verrühren – Auf runde gebutterte Toastscheiben streichen – Goldgelb überbacken – Mit kleinen Fächern aus eingelegter Pfeffergurke garnieren.

Heringsrogen-Rabbit

2 große Heringsrogen, 3 Eßl. Butter, Zitronensaft, 1 Prise Cayenne-Pfeffer, 4 dünne Scheiben Speck, 4 Scheiben gebutterter Toast (kleine runde), 4 Scheiben Tomaten, Petersilie, Ausbackteig oder Friture

Die Rogen halbieren und in 1 Eßl. Butter leicht anbraten – Mit Zitronensaft beträufeln und mit Pfeffer würzen – Jedes Rogenstück mit einer Speckscheibe umwickeln und in Ausbackteig oder Friture tauchen – Schwimmend im Fett goldbraun herausbacken – Gut abtropfen lassen – Jede heiße Toastscheibe zuerst mit einer in Butter gedünsteten Tomatenscheibe bedecken und dann eine Speckrolle daraufsetzen – Mit Petersilie garnieren.

Käserabbits

1 Eßl. Butter, 2 Eßl. geh. Paprikaschoten, 1 1/2 Eßl. geh. Zwiebel, 1/2 Tasse Tomatenmark, 375 g milder Käse, Salz, Pfeffer, 2 Eßl. Milch, 1 Eigelb

Die gehackten Paprikaschoten und Zwiebeln 3 Minuten unter stetem Rühren in der Butter dünsten – Das Tomatenmark zugeben und weitere 5 Minuten kochen – Den Käse in kleine Stücke schneiden und mit Salz und Pfeffer würzen – Im Wasserbad kochen, bis der Käse geschmolzen ist – Die Milch und das leicht geschlagene Eigelb beifügen – Auf einseitig angeröstete Brotscheiben streichen oder kalt als Sandwichfüllung verwenden.

Oxford-Rabbit

1 Eigelb, 1/2 Eßl. zerlassene Butter, Salz, Paprika, Cayenne-Pfeffer, 125 g Reibkäse, 2 Scheiben Speck, 4 Scheiben Toastbrot

Erst das Eigelb, dann Gewürze und Käse in die noch heiße Butter rühren – Über die Brotscheiben verteilen – Auf jedes Brot eine halbe dünne Speckscheibe legen – Grillen oder backen, bis die Rabbits knusprig sind.

Savouries

Weißbrot, 200 g Chesterkäse, 1 Tasse Bier, Paprika, Worcestershire-Sauce, 100 g Speck, Butter, Haselnüsse, Mixed Pickles

Käse kleinschneiden – In einem Tiegel mit Bier, Paprika und Worcestershire-Sauce schmelzen – Brot entrinden, in Streifen schneiden und in Butter hell anrösten – Mit geschmolzenem Käse überziehen – Speckscheiben braten – Käsebrote mit je einer Scheibe Speck dazwischen zu Paaren aufeinanderlegen – Mit frisch gerösteten Haselnüssen und Mixed Pickles garniert anrichten.

Tomaten-Rabbit

3 Eßl. Butter, 3 Eßl. Mehl, 1/2 Tasse Milch, 1/2 Tasse Tomatenpüree, 90 g Reibkäse, 1 geschlagenes Ei, Salz, Pfeffer, 4 Scheiben heißer, gebutterter Toast

Aus Butter, Mehl und Milch eine Mehlschwitze bereiten – Vom Feuer nehmen und Tomatenpüree, Käse, Ei, Salz und Pfeffer unterrühren – Auf dem Feuer unter ständigem Rühren noch etwas durchdämpfen lassen – Über die gebutterten heißen Toastscheiben verteilen.

Vorspeisen und kalte Gerichte

Aal in Sülze

Einen möglichst dicken Aal ausnehmen, gut waschen und in Stücke schneiden – In den kochenden Sud legen und darin ziehen lassen – Ist der Fisch gar, die Haut und die Mittelgräte entfernen und mit Salz, Pfeffer und Zitronensaft marinieren – Den Sud entfetten und zu Sülze kochen – Eine größere Form 1 cm hoch mit Sülze ausgießen und diese erstarren lassen – Mit den Aalstücken und nach Belieben mit hartgekochten Eierscheiben, ausgezackten Gurkenscheiben und Krebsschwänzen belegen – Mit Sülze auffüllen, nach dem Erstarren stürzen – Mit Zitronenscheiben und Petersiliensträußchen garnieren.
Beigabe: Mayonnaise.

1 kg Aal
Zum Sud:
1 1/2 l Wasser, 1 Tasse Essig, Salz, Zwiebel, Gewürzkörner,
Zur Sülze:
1 Tasse Weißwein, Aspikpulver, Eiweiß
Zum Marinieren:
Salz, Pfeffer, Zitronensaft

Äpfel à la Reine

Die Äpfel einer festen Sorte, wie z.B. Goldparmänen und Reinetten, schälen, aushöhlen und vorsichtig in Wasser weichdämpfen – Den Lachs hacken, die Paprikaschote und die Sellerie feinschneiden und mit Mayonnaise vermengen – In die erkalteten Äpfel füllen – Gekühlt servieren.

3–5 Äpfel, 125 g Räucherlachs, 1 grüne Paprikaschote, 2 Stengel Bleichsellerie, 1 Tasse Mayonnaise

Falsche Austern

Heringsmilchner wässern – Jede Milch in 3–4 Stücke teilen – In leere Austernschalen je ein Stückchen Butter, gehackte Sardellen, Gewürz und 1/2 Teel. Brösel geben – Ein Milchnerstückchen auflegen und mit Zitronensaft beträufeln – Mit Bröseln bestreuen und mit einem Butterstückchen und Kapern belegen – Auf den Rost gesetzt, im heißen Rohr kurz überbacken – Mit Zitronenscheiben und Petersilie garniert anrichten.

4 Heringsmilchner (Salzheringe), 2 Eßl. Butter, Muskatblüte, 2 Sardellen, Zitronensaft, Brösel, Kapern

Aal in Gelee

1 kg Aal
Zum Sud:
Suppengrün, 1 Lorbeerblatt, 3 Pfefferkörner, 3 Wacholderbeeren, 1 Zwiebel, 3/4 l Wasser, 1 Glas Weißwein, 3 Eßl. Weinessig, Salz, Aspikpulver

Den Kopf eines noch lebenden Aales rasch in ein Tuch hüllen und auf denselben mit der stumpfen Seite eines Fleischbeiles mehrmals fest schlagen – Mit einem sehr scharfen Messer durch einen tiefen Schnitt den Hinterkopf vom Rückenmark trennen – Den Aal mit grobem Salz so lange abreiben, bis er blau aussieht – In gleichmäßige nicht zu lange Stücke schneiden – Mit einem dünnen Kochlöffelstiel die Eingeweide herausstoßen, die innere Haut auslösen und jedes Stück innen mit Salz ausreiben und gut waschen – Die Zutaten zum Sud gut aufkochen – Die Aalstücke einlegen und etwa 15–20 Minuten gelinde kochen – Die Aalstücke herausnehmen – Den Sud entfetten, Essig und Salz zugeben und das angerührte Aspikpulver einrühren – Durchgeseiht über die Aalstücke gießen – Zum Erstarren kühlstellen.

Austern- und Hummercocktail

12 Austern oder Hummerfleisch, 4 Eßl. Cocktailsauce, 1 Eßl. gerieb. Meerrettich, 1 Schuß Worcestershire-Sauce, 4 Eßl. Süßrahm, 4 Eßl. Mayonnaise, Zitronensaft, 1 Prise Salz

Die Austern aus der Schale nehmen, den Bart entfernen – Die übrigen Zutaten vermengen – Die Austern in ein hohes Glas legen, mit der Mischung übergießen und mit Zitronenscheiben garnieren – Einige Zeit kühl stellen.
An Stelle von Austern oder Hummerfleisch können auch Krabben, Sardinen, Stückchen von Thunfisch, Salm o.ä. genommen werden.

Chaud-froid von Gänseleber

1 Fettgansleber, Milch, 3 Eßl. Butter, 1/2 Tasse Brühe, Madeira, Salz, Chaud-froid-Sauce, Aspik, 1 Trüffel, 2 hartgekochte Eier, Petersilie

Von der Leber behutsam die Galle entfernen – Grüne Stellen abschneiden – Leber über Nacht in Milch legen – Gut abgetrocknet in Butter, Brühe, Salz und Wein in etwa 1 Stunde weichdünsten – Die Leber ist gar, wenn beim Hineinstechen mit einer Nadel nichts daran haften bleibt – Auskühlen lassen und auf Eis stellen – Mit einem scharfen Messer (zuvor in heißes Wasser getaucht) gleichmäßig dicke Scheiben schneiden – In Chaud-froid-Sauce tauchen und damit überziehen – Auf ein Drahtgestell legen und stocken lassen – Beim Anrichten die Leber auf gehacktem Aspik erhaben anrichten – Mit Trüffelstückchen, Eierwürfelchen und Petersilie garniert anrichten.

Chaud-froid-Sauce

Erkaltete, gestockte Bratensauce entfetten oder Fleischglace – Mit erwärmtem, flüssig gemachtem Aspik und Madeira verrühren – Mit Salz und Pfeffer nachwürzen.

1 Tasse kalte, gestockte Bratensauce, 1 Tasse flüssiger Aspik, 1 Eßl. Madeira, Salz, Pfeffer

Bleichsellerie mit Roquefortkäse

Die Selleriestengel waschen, schaben und in 5 cm lange Stücke schneiden – Die Butter schaumig rühren, den Käse und den Kognak beifügen und tüchtig mischen – Scharf mit Paprika und Salz abschmecken – Die Mischung auf die Innenseite der Selleriestengel streichen und auf zerkleinerten Eisstücken servieren.

Bleichsellerie, 2 Eßl. Butter, 4 Eßl. Roquefortkäse, 1 Eßl. Kognak, Salz, Paprika

Matjes-Cocktail

Die Filets in Streifen schneiden und 15 Minuten in Mineralwasser wässern – Den Fisch herausnehmen, gut abtropfen lassen – Mit Sekt übergießen und einziehen lassen – Mayonnaise und Rahm vermengen – Filetstücke und Rahm-Mayonnaise in Gläser füllen – Bohnen in Würfel schneiden – Mit den Zutaten marinieren – Jedes Cocktailglas mit einem Kranz davon verzieren – In die Mitte einen Streifen Ketchup geben – Mit Oliven garnieren und mit Sekt beträufeln.

4 Matjesfilets, Mineralwasser, 1/2 Glas Sekt dry, 1 Tasse Mayonnaise, 1 Tasse Rahm, Pfeffer, 1 Tasse gekochte Prinzessbohnen, Essig, Öl, Salz, Pfeffer, Tomatenketchup, Gefüllte Oliven, Sekt

Tomaten-Cocktail

Mayonnaise mit Schlagrahm, Tomatenketchup und Zitronensaft vermengen – Mit den Gewürzen abschmecken – Tomaten enthäuten und entkernen, würfelig schneiden – Die Gläser zuerst mit einigen Salatblättern auslegen – Mit Tomaten auffüllen – Mit Sauce bedecken – Kleine Salatherzen und Oliven als Garnitur anbringen.

4–6 Tomaten, Salatblätter, Oliven
Zur Sauce:
1 Eßl. Mayonnaise, 1/2 Tasse Schlagrahm, 1 Eßl. Tomatenketchup, Saft 1/2 Zitrone, Salz, Pfeffer, 1 Prise Zucker

Krabben-Cocktail

Krabben gut abtropfen lassen – Die übrigen Zutaten vermengen – Krabben (1 Eßl. pro Person) in Cocktailschalen legen, mit der Mischung übergießen und mit Zitronenscheiben garnieren – Nach Belieben an Stelle der Krabben gekochten Hummer oder saftige Birnen nehmen.

4 Eßl. Krabben (Dose), 4 Eßl. Tomaten-Ketchup, 2 Eßl. gerieb. Meerrettich, je 1 Schuß Worcestershire- und Tobasco-Sauce, 2 Teel. Zitronensaft, Salz, 2 Eßl. Wasser, 1 Eßl. süßer Rahm

Avocado-Cocktail

2 Avocados, 4 Eßl. Tomatenketchup, 1 Eßl. gerieb. Meerrettich, Worcestershire-Sauce, 1 Eßl. Zitronensaft, 4 Eßl. Süßrahm, 1 Prise Salz, Paprika

Avocados der Länge nach teilen — Das Fruchtfleisch aus der Schale heben — In Würfel schneiden und in Cocktailgläser füllen — Das Tomatenketchup, den Meerrettich, 1 Schuß Worcestershire-Sauce, Zitronensaft, Rahm und Gewürze gut vermengen — Über das Fruchtfleisch gießen und gut gekühlt servieren.

Gemüse-Cocktail

1/2 Tasse gekochte Prinzessböhnchen, 4 Artischockenböden, 8 gefüllte Oliven, 1 Tomatenpaprika, 4 Eßl. Mayonnaise, 4 Eßl. Süßrahm, 1 Teel. Senf, 1 Eßl. Zitronensaft, Salz, Pfeffer
Zur Garnitur:
8 Salamischeiben, 4 Artischockenböden, 4 Oliven, Kognak

Bohnen, Artischockenböden (frisch gekochte oder Konserven), Oliven und Paprika in Streifen oder Scheiben schneiden — Mayonnaise, Rahm, Senf, Zitronensaft und Gewürze vermengen — Das Gemüse damit anmachen — In Cocktailgläser füllen — Mit je einem Artischockenboden, einer Olive und zwei zu Tüten gedrehten Salamischeiben garnieren — Nach Belieben auch hartgekochte Eierscheiben — Mit Kognak beträufeln.

Grapefruit-Cocktail

3 Grapefruits, 1/4 Tasse Senfgurke, 1 Teel. Zucker, 1/4 Teel. Salz, Krabben oder Langustenstücke oder Shrimps gekocht, 1 Tasse Mayonnaise, 2 Eßl. Cocktailsauce, 1 Teel. gerieb. Meerrettich, 2 Eßl. Kognak, 4 Cocktailkirschen

Die Früchte quer durchschneiden — Das Fruchtfleisch aus den Schalen heben — Mit Gurkenwürfeln und Gewürzen vermengt in Schalen füllen — Darüber die Krustentiere verteilen — Mayonnaise mit den übrigen Zutaten vermengen — Als Abschluß darüber füllen — Mit einer Cocktailkirsche garnieren.

Eiersalat

5 Eier, 1/2 Tasse Süßrahm, 4 Eßl. Öl, 2 Eßl. Senf, etwas Zitronensaft, 1 Prise Zucker, Salz, Pfeffer, Salatkräuter

Die Eier 15 Minuten kochen, abschrecken, schälen und in Scheiben schneiden — Auf einer Glasplatte hübsch anrichten — 1 Eigelb zerdrücken, mit dem Rahm, Öl und Senf, sowie den Gewürzen und gehackten Kräutern zu einer Sauce verrühren — Mit Salatherzen, rohen Gurken- und Tomatenscheiben garnieren — Vor dem Anrichten gut kühl stellen.

Eier in Muscheln

Eier hacken – Fleisch und Mixed Pickles kleinschneiden – Den Apfel reiben, alles mit Mayonnaise vermengen und in Muscheln füllen – Ölsardinen quer darüberlegen – Toast und Butter dazu reichen.

4 hartgekochte Eier, 100 g Bratenreste, 2 Eßl. Mixed Pickles, 1 Apfel, 3 Eßl. Mayonnaise, Ölsardinen, Toast, Butter

Fleischsalat Nizza

Alle Zutaten, von den Eiern nur das Eiweiß, in lange, dünne Streifen schneiden – Mit Ravigotesauce anmachen und mit gehacktem Eigelb bestreuen.

125 g kalter Hühnerbraten, 2 Scheiben magerer Schinken, 1 Scheibe Mortadella, 3 Filet-Heringe in Öl, 2 hartgekochte Eier, 1 gekochte rote Rübe, 2 gekochte Kartoffeln, 1/2 Apfel, 1 Scheibe gekochte Sellerie, 1/2 Paprikaschote, Oliven, 1 Salatherz, Ravigote-Sauce

Gänseleberpastete

Die fette helle Leber sorgfältig von der Galle befreien und in etwa 8 Teile schneiden – Mit den Trüffelstückchen spicken, mit Madeira begießen, pfeffern und einige Zeit ziehen lassen – Das Fleisch und einen Teil des Specks durch den Fleischwolf drehen, die Champignons fein schneiden, die Gewürze zugeben und mit Kognak pikant abschmecken – Eine verschließbare Porzellan- oder Glasform (mit Deckel) mit dünnen Speckscheiben auslegen – Fingerdick mit Fleischfarce bestreichen, abwechselnd mit den Leberstücken und der Fleischfarce auffüllen, dabei mit Fleischfarce abschließen – Leicht festdrücken und den Deckel mit Papierstreifen zukleben – Die Terrine 2 Stunden im Wasserbad kochen – An Stelle von Speck kann auch Gänseschmalz genommen werden – Falls die Pastete längere Zeit aufbewahrt werden soll, nach dem Erkalten den Deckel abnehmen, die Pastete mit etwas abgekühltem, flüssigem Gänse- oder Schweineschmalz auffüllen, rundgeschnittenes Pergament auflegen und den Deckel darüber mit Stanniolstreifen verkleben.

1 Stopfgansleber, 1 Trüffel, 5 Eßl. Madeira, 500 g Schweinekarree, 250 g grüner Speck, 180 g Schmalz, 12 Champignons, 1 Eßl. Kognak, 1 Messerspitze Pfeffer, 2 Teel. Salz

Äpfel, kalifornisch

4 Äpfel, 1 Teel. Zitronensaft, 150 g Hühnerfleisch, 2 Stengel Bleichsellerie, 1/2 Tasse Mayonnaise

Die Äpfel, einer säuerlichen Sorte, schälen, aushöhlen und mit dem Zitronensaft beträufeln – Das gehackte Hühnerfleisch, die Sellerie und die Mayonnaise vermengen – Die Äpfel gehäuft damit füllen – Kaltstellen.

Schinkenröllchen mit Spargel

1 Dose Brechspargel, dickere Scheiben gekochter Schinken, Mayonnaise, Salatblätter

Spargel gut abtropfen lassen, auf den Schinkenscheiben so anordnen, daß die Köpfe vorn etwas herausstehen – Zusammenrollen, auf große Salatblätter legen und mit Mayonnaiseraupen garnieren.

Fischsalat mit Tomatenmark

1 kg Fischfilet, Zitronensaft, Salz, 1 Ei, Mehl, Fett oder Öl
Zur Marinade:
4 Eßl. Essig, 4 Eßl. Öl, 1 Eßl. Senf, 1–2 Eßl. Tomatenmark, Salz, Pfeffer (alles gut vermengt)

Das Fischfilet mit Zitronensaft beträufeln, salzen und 10 Minuten ziehen lassen – In dem verschlagenen Ei und Mehl wenden und in heißem Fett oder Öl braten – Nach dem Erkalten zerkleinern – Mit der Marinade begießen – Nach Belieben noch zusätzlich einige Löffel Mayonnaise daruntermengen oder als Garnitur über den angerichteten Salat geben – Einige Zeit in den Kühlschrank stellen.

Straßburger Gänseleberpastete

500 g Stopfgansleber, rohe Milch, 1 Eigelb, 1 Eßl. Mehl, 125 g roher geräucherter Speck, 1 Eßl. feingehackte Zwiebeln, 1 kl. Dose Trüffeln, 1/2 Tasse Madeira, wenig Salz und Pfeffer, rohe ungeräucherte Speckscheiben, etwas Butter

Die Leber, meistens sind es 2, 1/2 Stunde in Milch legen, damit sie noch heller wird – Die Hälfte davon in etwa 4–5 Stücke schneiden – Die übrige Leber fein schaben – Eigelb und Mehl beifügen – In wenig Butter hellgeröstete Zwiebel und den durch die Maschine getriebenen Speck untermengen – Trüffel in Stückchen oder dünne Scheiben schneiden, die harte Kruste zuvor entfernen – In Madeira legen und durchziehen lassen – Die großen Leberstücke damit spicken – Den Madeira zu der Farce geben und leicht würzen – Eine Pastetenform oder ein Weckglas, Boden und Rand, mit den sehr dünnen und großen Speckscheiben auslegen – Die Hälfte der Farce einfüllen – Darüber die Leberstücke ordnen – Die restliche Farce darüberfüllen – Glas oder Form gut verschließen – 2 Stunden im Wasserbad kochen – Im Kühlschrank aufbewahren – Vor dem Anrichten stürzen.

Kaltes Fleischhaschee

Das Fleisch und die gewässerten, geputzten Sardellen durch den Wolf drehen – Mit den übrigen Zutaten gut vermengen – In eine kalt ausgespülte, glatte Form füllen und kaltstellen – Vor Gebrauch stürzen und hübsch auf Salatblättern anrichten – Nach Belieben mit Aspik vermengt erkalten lassen.

5 Eier, 1/2 Tasse Süßrahm, 4 Eßl. Öl, 2 Eßl. Senf, etwas Zitronensaft, 1 Prise Zucker, Salz, Pfeffer, Salatkräuter

Geflügelsalat

Huhn kochen und zerlegen – Fleisch von Haut und Knochen befreien und nudelig schneiden – Mit Pfeffer, Salz und Zitronensaft beträufelt, 30 Minuten ziehen lassen – Vor dem Anrichten mit in feine Streifen geschnittener Stangensellerie und Mayonnaise vermengen – Mit hartgekochtem, gehacktem Eigelb bestreuen und mit den Blattspitzen der Bleichsellerie verzieren – Toast und Butter dazu reichen.

1 Suppenhuhn, 1 Stange Bleichsellerie, 2 Tassen Mayonnaise, 2 Eier, Salz, Pfeffer, Zitronensaft, Toast, Butter

Gesulzte Forellen

Die Forellen blau kochen (Seite 205), im Sud erkalten lassen und dann herausnehmen – Den Sud entfetten und wieder erwärmen – Den Weißwein und das Gewürz zugeben – Auf je 1 l Flüssigkeit 1 Eiweiß zu leichtem Schnee schlagen und mit der zerkleinerten Eierschale zugeben – Unter Rühren mit dem Schneebesen zum Kochen bringen – Vom Feuer nehmen und zugedeckt an heißer Stelle stehen lassen, bis sich das Eiweiß zusammenzieht und die Sülze wie Wasser erscheint – Durch ein abgebrühtes Seihtuch gießen, gegebenenfalls mehrere Male, bis die Sülze klar ist, und die aufgelöste Gelatine zugeben – Tiefe ovale Formen 1 cm hoch mit der Sülze ausgießen und diese erstarren lassen – Die Forellen einlegen, die Formen mit Sülze auffüllen – Nach dem Festwerden die Formen in heißes Wasser tauchen, den Rand der Sülze mit einem Messer lösen und den Inhalt auf eine Platte stürzen – Mit gehackter klarer Sülze, Zitronenscheiben, Tomatenscheiben, Krebsschwänzchen und Petersilie verzieren.
Beigabe: Remouladensauce.

4 kleine Forellen
Zum Sud:
1 1/2 l Wasser, 1 Tasse Essig, Salz, Gewürzkörner, Zwiebel
Zur Sülze:
1 Tasse Weißwein, gekörntes Aspik, Gelatine, Eiweiß
Zum Garnieren:
Zitronenscheiben, Tomatenscheiben, Petersilie, evtl. Krebsschwänze (Dose)

Forellen, kalt mit Aspik und Sauce Tartare

4 Forellen, Fischsud, Aspik, einige Krebse oder Krevetten, Petersilie, Zitrone

Forellen zurichten und kochen – Im Fischsud erkalten lassen – Mit dem Rücken nach oben auf einer Platte anrichten – Mit gekochten Krebsen oder Krevetten, gehacktem Aspik, Petersilie und Zitronenschnitzen umlegen – Mit Sauce Tartare servieren.

Gänseleberparfait

150 g Gänseleberpastete, 3/4 Tasse Schlagrahm

Die Gänseleberpastete fein verrühren und den steifen Schlagrahm unterziehen – In kleine Förmchen füllen – Im Kühlschrank oder auf Eis stocken lassen – Stürzen und mit Aspik verzieren.

Grapefruit (Pampelmusen)

2 Grapefruits, Zucker, Sauerkirschen

Durchgekühlte Grapefruits in der Mitte quer durchschneiden – Mit einem spitzen Messer die Fruchtspalten von der bitteren Haut lösen, so daß sie mit einem Löffelchen leicht herauszuheben sind – In die Mitte einen Teelöffel Zucker und eine Sauerkirsche geben – Auf Glastellerchen mit Papierdeckchen oder in Sektschalen anrichten.

Glückspilze

5 Eier, 4 Tomaten, Essig, Öl, Pfeffer, 1/2 Teel. englisches Senfmehl, 1 Teel. Worcestershire-Sauce, 50 g Räucherlachs, Salatblätter, 1 Teel. Fleischglace

Eier hartkochen (10 Minuten) – Kalt abschrecken und schälen – Quer halbieren und die Eigelb, ohne das Eiweiß dabei zu verletzen, vorsichtig herausnehmen – Die passierten Eigelb mit Essig, Öl und Gewürzen zu einer dicken Creme verrühren – Gehackten Lachs untermengen – 8 Eierhälften gehäuft damit füllen – Tomaten halbiert als Pilzköpfe über die Eier stülpen – Mit flüssiger Fleischglace (mit einigen Tropfen Zitronensaft und Gewürzen abgeschmeckt) überziehen – Noch flüssig mit gehacktem Eiweiß überstreuen – Auf Salatblättern anrichten.

Fischreste, in Muscheln überbacken

Gekochte Fischreste, 1 Tasse Bechamel-Sauce, Zitrone, Worcestershire-Sauce, Reibkäse, Brösel, Butterflocken

Fisch in Flocken zerlegen und Béchamel-Sauce beifügen – Mit Zitronensaft und Worcestershire-Sauce abschmecken – Mit Butterflocken belegt, im heißen Rohr überbacken.

Kalter Hecht

Einen zugerichteten Hecht entgräten und in längliche Stücke schneiden – Würzen und zugedeckt in Butter und Wasser weichdünsten – Vom Feuer nehmen und erkalten lassen – *Zur Sauce:* Rohe Eigelb, Senf, Salz und Pfeffer, Öl, Essig und abgekühlten, flüssigen Aspik zu einer Sauce vermengen – Petersilie, Estragon und Spinatblätter in wenig Salzwasser kochen, bis es sich grün gefärbt hat – Durchpassiert den grünen Saft unter die Sauce mengen – Eine glatte Form mit Aspik ausgießen – Erstarrt, abwechselnd Hechtstücke und Sauce einfüllen und mit flüssigem Aspik aufgießen – Zum Erstarren kühlstellen – Vor dem Anrichten die Form in heißes Wasser tauchen und stürzen – Mit Zitronenscheiben, Petersilie und gehacktem Aspik verzieren – Mayonnaise dazu reichen.

1 großer Hecht, Salz, Pfeffer, 100 g Butter, 1/2 Tasse Wasser
Zur Sauce pro kg Hecht:
4 Eigelb, 1 Teel. Senf, Salz, Pfeffer, Estragonessig, 1/2 Tasse flüssiger Aspik, 1 Eßl. gehackter Estragon, 1 Handvoll Spinat (roh), Zitronenscheiben, Petersilie, Mayonnaise

Heringssalat

Fische ausnehmen und waschen – Einige Stunden, damit das Salz auszieht, in Milch legen – Von Haut und Gräten befreien – Gekochte Kartoffeln und rote Rüben, Gurken und Äpfel schälen – Alles mit dem Braten, Heringen und der Hälfte der Eier in kleine Würfelchen schneiden – Kapern, grobgehackten Ingwer und Nüsse zugeben und vermengen – *Zur Sauce:* Öl, Essig, aufgelösten Fleischextrakt, Salz, Pfeffer und Senf tüchtig verrühren – Den Salat damit anmachen – Nach Bedarf Brühe zugeben und nach Belieben eine geriebene Zwiebel – Einige Stunden durchziehen lassen, oder schon einen Tag zuvor bereiten – Bergartig in eine Glasschale häufen – Hartgekochte Eier, Eiweiß und Eigelb getrennt, fein verhacken – Abwechselnd den Salat kreisförmig damit bestreuen – Sardellenringe mit Kapern oder gehackten Zwiebeln in der Mitte, rote Rüben- und Gurkenscheiben herumlegen.

2 Salzheringe, gleiche Menge Kartoffeln (Mäuse), 1 Salzgurke, 2–3 rote Rüben, 1 saurer Apfel, 300 g Kalbsbraten, 2–3 hartgekochte Eier, 2 Eßl. Kapern, 1 Schnitz kandierter Ingwer, Nüsse
Zur Sauce:
1/2 Tasse Olivenöl, Weinessig, 1 Eßl. Fleischextrakt, Salz, Pfeffer, 2 Teel. Senf, Brühe
Verschiedene Garnierungen

Bratheringe, mariniert

Frische Heringe zurichten, panieren und braten – Die Zwiebel schälen, in dünne Ringe schneiden und zusammen mit den übrigen Zutaten aufkochen – Warm über die Heringe gießen und diese gut ziehen lassen – Die Heringe können, kaltgestellt, etwa 14 Tage aufbewahrt werden.

4 Heringe, 1 Zwiebel, 1/2 Tasse Wasser, 1/2 Tasse Essig, 1 Teel. Pfefferkörner, 1/2 Teel. Zucker, 1/2 Teel. Salz, 1 Lorbeerblatt

Geleehering

6 Heringe, 1 l Wasser, 1 Teel. Salz, 1 Zwiebel, 1 Tasse Essig, Gewürzkörner, 1 Lorbeerblatt, 12–15 Blatt Gelatine, 1/2 Tasse Weißwein

Das Wasser mit den Zutaten, außer der Gelatine und dem Wein 15 Minuten kochen – Die zugerichteten Heringe in Stücke schneiden, in die kochende Brühe legen und 5 Minuten darin ziehen lassen – Die Fischstücke herausnehmen und in eine tiefe Schüssel legen – Die aufgelöste Gelatine der Brühe zusetzen und diese mit Essig und Wein abschmecken – Durch ein feines Sieb über die Fische gießen und nach dem Erkalten stürzen. *Beigabe:* Bratkartoffeln.

Matjesheringe

4 Matjesheringe, 1 Zwiebel, Eis

Die Heringe zurichten und zerlegen – Auf Eisstückchen legen und mit Zwiebelringen garniert servieren.
Beigabe: Bohnengemüse, Kartoffeln und frische Butter (zarte Bohnen abkochen und in Specksauce anrichten).

Heringe in Öl

Salzheringe, Öl

Milde, gewässerte Salzheringe 1 Sekunde in kochendes Wasser tauchen, säubern und in Filets zerlegen – In ein Schraubglas füllen und gutes Öl übergießen – Das Glas schließen oder mit Papier zubinden, damit das Öl nicht ranzig wird – Die nach einigen Tagen fertigen Heringe werden gern zur Schwedischen Platte genommen.

Schwedische Platte (Hors d'oeuvre)

Prinzensalat, Spargelsalat, Hummermayonnaise, Geflügelsalat, Eiersalat, Russische Eier, Gefüllte Tomaten und anderes

Eine Hors d'oeuvre-Platte (Platte mit kleinen Glaseinsätzen) oder Muschelschalen möglichst abwechslungsreich füllen:
Gemüsesalate, Pilze in Marinade, Paprikaschoten in Öl eingelegt, Ochsenmaulsalat, Eiersalat –
Thunfisch in Öl, Ölsardinen, Appetitsild usw. –
Scheiben von Salami, rohem oder gekochtem Schinken – Gänseleberpastete, Geflügelsalat, Russische Eier, Gefüllte Tomaten –
Mit Oliven, Gürkchen, Zitronenscheiben, und Petersiliensträußchen garniert.
Beigabe: Weißbrot und Butter.

Heringssalat mit Mandeln

Heringe wässern und entgräten – Die Heringsmilch mit Sardinenöl durchpassieren – Heringe, Sardinen und Äpfel kleinwürfelig schneiden – Geriebene Zwiebel und Mandeln, Gewürze und die Heringsmilch zugeben und vermengen – Den Salat mit Lachsröllchen, Sardellenringen und Zitronenscheiben garnieren – Vor dem Anrichten gut durchkühlen.

5 milcherne Salzheringe, Sardinenöl, Ölsardinen, 3 mürbe Äpfel, 1 Zwiebel, 50 g geschälte Mandeln, Pfeffer, Zucker, Essig, Öl, Lachs, Sardellenringe, Zitronenscheiben

Marinierte Heringe

Heringe wässern und putzen – Milchner durchpassieren – Mit Öl, Rahm, Salz, Essig und Worcestershire-Sauce vermengen – Heringe mit blätterig geschnittenen Äpfeln, Kapern und Pfeffer bestreuen – Sauce übergießen und kaltstellen – Vor dem Anrichten mit dünn geschnittenen Zwiebelringen belegen – Als Einzelgang in der Schale gekochte Kartoffeln dazu reichen.

4 Heringe, 2 Eßl. Öl, 4 Eßl. Sauerrahm, Salz, 1 Eßl. Estragonessig, Worcestershire-Sauce, 1 Apfel, 1 Eßl. Kapern, 1 Zwiebel, Pfefferkörner

Schwedisches Heringsfilet

Die Salz- oder Matjesheringe waschen und zerlegen – Die Filets einige Stunden in Essig legen und abtropfen lassen – Den Quark durch ein Sieb drücken und mit dem Rahm schaumig schlagen – Über die Filets schütten und mit dünngeschnittenen Zwiebelringen, Senfkörnern und Apfelscheiben garnieren – Einige Stunden kühlstellen.

2 Salz- oder Matjesheringe, 2 Eßl. Essig, 1 Tasse Quark, 1/2 Tasse Rahm, 1 Zwiebel, 1/2 Teel. Senfkörner, 1 Apfel

Kalter Karpfen

Karpfen schuppen und waschen – In fingerdicke Scheiben schneiden – Zwiebeln und Schalotten feinhacken und in Olivenöl hell andünsten – Wein, Wasser, Gewürze und geriebenen Knoblauch beifügen und gut durchkochen – Die Fischstücke in die Brühe legen, 1/4 Tasse Olivenöl beifügen und zugedeckt in etwa 25 Minuten langsam gardünsten – Die Fischstücke herausnehmen und auf einer langen Platte in ihrer ursprünglichen Form zusammensetzen – Den Fond auf 2/3 einkochen – Abkühlen lassen und tropfenweise eine Tasse Olivenöl unterschlagen – Über den Fisch gießen, und mit gehackter Petersilie dicht bestreut, bis zum Gebrauch kühlstellen.

(für 8 Personen)
2 kg Karpfen, 2 Zwiebeln, 50 g Schalotten, Olivenöl, 1 l Weißwein, 1 l Wasser, Salz, Pfefferkörner, Thymian, 1 Lorbeerblatt, 1 Messerspitze Cayenne-Pfeffer, 20 g Knoblauch, 1 Eßl. gehackte Petersilie

Hopfensprossen mit Rührei

500 g Hopfensprossen, Salzwasser, 5 Eßl. Butter, 3 Eier, Salz, Pfeffer, gehackte Petersilie

Vom Hopfen die harten Teile entfernen – In kochendes, schwaches Salzwasser gelegt, knapp davon bedeckt, nicht zu weich kochen – Die abgetropften Hopfensprossen kurz in Butter durchdünsten – Verquirlte, gewürzte Eier übergießen – Unter ständigem Rühren anziehen lassen – Mit Petersilie bestreut anrichten.

Italienischer Salat

1 Hering oder Sardellen, 250 g Kalbsbraten oder Schinkenwurst, 1–2 Äpfel, 1 Salzgurke, 1/2 Tasse rote Rüben, 8 gekochte Kartoffeln, Mayonnaise, 1/2 Tasse Süßrahm

Den gewässerten, geputzten Hering, den Braten, die Äpfel, Gurken, rote Rüben und Kartoffeln in feine Würfel schneiden – An Stelle von Braten kann auch Schinkenwurst oder Wurst und Braten gemischt werden – Die mit Rahm vermengte Mayonnaise zugeben – Mit gehacktem, gekochtem Eiweiß, Essiggürkchen, Kapern und Sardellenringen garnieren – Vor dem Anrichten einige Zeit kühlstellen.

Kaviar

Kaviar, Eis, Zitrone

Kaviar ist der Rogen von Stör, Sterlett und anderen Fischen. *Pro Person* etwa 1 Eßlöffel voll in einer Schale oder in der Kaviardose auf einen Eissockel stellen und anrichten – Mit Zitronenschnitzen verzieren.
Beigabe: Toast oder in der Schale im Rohr gegarte Kartoffeln, Butter und – nach Belieben – gekochtes, gehacktes Eigelb, das über den Kaviar gestreut wird.

Kalter Rehschlegel in Aspik und Mixed Pickles

1 Rehschlegel, Salz, Pfeffer, 100 g Butter, 2 Eßl. Madeira, 1 Eßl. Fleischextrakt, Fleischglace, Aspik, Petersilie, Essiggurken, Zitronenscheiben, Johannisbeergelee, Mixed Pickles

Fleisch zurichten, mit Salz und Pfeffer würzen und in Butter saftig und knusprig braten – Erkalten lassen und tranchieren – Wieder in die ursprüngliche Form zusammensetzen – Die entfettete Bratensauce mit Madeira, Fleischextrakt, Fleischglace und Gewürzen dickkochen – Den Braten damit bestreichen und antrocknen lassen – Mit flüssigem Aspik überziehen und erstarren lassen – Auf einer Platte anrichten – Mit Essiggurken, Zitronenscheiben, auf die Johannisbeergelee gesetzt wurde, und Petersilie garnieren – Mit gehacktem Aspik umlegen – Mixed Pickles dazu reichen.

Italienische Vorspeise

Dünngeschnittene Scheiben von Salami und rohem Schinken mit eisgekühlten Melonenschnitzen auf einer Platte anrichten.
Beigabe: Weißbrot und Butter.

Parma-Schinken, Mailänder Salami, 1 Melone

Käsecremetörtchen

Blätterteig dünn ausrollen – 12–16 kleine Blechförmchen auslegen – Eier und süßen Rahm verquirlen – Geriebenen Käse und Gewürze zugeben – Die ausgelegten Förmchen zu 2/3 damit füllen – In gut heißem Rohr 8–10 Minuten backen – Heiß aus den Förmchen genommen, auf einer serviettenbedeckten Platte sofort anrichten.

200 g Blätterteig, auch aus der Kühltruhe, 3 Eier, doppelte Eiermenge Rahm, 150 g Schweizer Käse, 1 Messerspitze Paprika, 1 Messerspitze Salz

Blätterteigstückchen mit Käsecreme

Blätterteig bereiten und 1/2 cm dick ausrollen – Halbmonde ausstechen oder verschobene Vierecke und Stangen ausrädeln – Auf ein nasses Blech setzen und mit Eigelb bestreichen – Hierbei nichts über die Ränder laufen lassen – Im heißen Rohr, bei starker Hitze, goldgelb backen – Flach durchschneiden, erkalten lassen – Mit der Creme füllen und wieder zusammensetzen –
Zur Creme: Butter schaumig rühren und mit Eigelb, geriebenem Käse und Gewürzen gut vermengen.

Blätterteig, auch aus der Kühltruhe, 1 Eigelb
zur Creme: *70 g Butter, 70 g Parmesan oder Schweizer Käse, 1 Eigelb, 1 Prise Salz 1/2 Teel. Paprika*

Kalter Schweinebraten garniert

Das Fleisch zurichten und braten, siehe Seite 317 – Nach dem Erkalten in Scheiben aufschneiden – Auf einer Platte gefällig anrichten und mit in Würfelchen geschnittenem Aspik und Petersilie verzieren – Nach Belieben den Plattenrand mit Gemüsesalat, in Tomaten gefüllt, umlegen.

1 kg Schweinfleisch (Hals oder Kamm, Bug oder Keule), 1 Zwiebel, Salz, Pfeffer, Aspik, Petersilie

Kalter Filetbraten mit Aspik

Fleisch nicht ganz durchbraten, keine Sauce bereiten – – Erkaltet in Scheiben schneiden und mit Aspikwürfelchen belegen – Mit Essiggürkchen, Tomatenschnitzen und Petersilie verziert anrichten.

1 1/2 kg Rinderfilet, 125 g Butter, 100 g Speck, 1 Zwiebel, Salz, Pfeffer, Aspik, Essiggurken, Tomaten, Petersilie

Kiebitzeier mit frischer Butter

4 Kiebitzeier, Butter, Kresse oder Petersilie

Eier prüfen, indem man sie ins Wasser legt – Gehen sie unter, sind sie gut – Oben schwimmende Eier sind nicht mehr frisch – Kaltem Wasser zusetzen und 8 Minuten kochen – Mit dem spitzen Teil nach oben in Petersilien- oder Kressenester gesetzt, auf einer serviettenbelegten Platte anrichten – Das spitze Teil des Eies ist wegen seiner Härte schwer verdaulich und wird deshalb zumeist entfernt – Mit frischen Butterstückchen belegt verzehren.

Rehrücken mit Sauce Cumberland

(für 6–8 Personen) *Rehrücken, 1 Zitrone, Sauce Cumberland*

Den Rehrücken, der innen rosa sein soll, nach dem Erkalten mit dem Knochen in Portionsstücke zerlegen – Mit Zitronenscheiben und Petersiliensträußchen garnieren – Auf jede Zitronenscheibe kann noch ein Stückchen ausgestochenes Johannisbeergelee gelegt werden.
Beigabe: Sauce Cumberland, Waldorfsalat, Kompottfrüchte, Butter, Toast.

Garnierter Rippenspeer, kalt

pro Person *150 g Rippenspeer 500 g Salatkartoffeln, 1 kleine Gurke, säuerliche Äpfel, 1 kleine gekochte Sellerieknolle, Maonnaise, 3 Blatt weiße Gelatine*

Ein Rippenstück – Größe nach Personenzahl – ohne jegliche Zugabe 40 Minuten lang in der Röhre braten – Nach dem Erkalten das Fleisch vom Knochen lösen und in Scheiben schneiden – Einen Salat aus den gekochten Kartoffelscheiben, Gurken, Äpfeln, Sellerie und der Mayonnaise bereiten – Unter die fertiggerührte Mayonnaise die aufgelöste Gelatine mengen – Auf eine Platte häufen und beim Anrichten die Rippenspeerscheiben im Kranz herumlegen.

Gesulzte Schweinekoteletts

4 Schweinekoteletts, Salz, Pfeffer, Butter, Aspik, 1 gekochtes Ei, 1 Essiggurke, 1 Tomate, Petersilie

Schweinekoteletts natur braten – Aspik bereiten und Kotelettförmchen oder Teller mit flüssigem Aspik ausfließen – Nach dem Erstarren mit Eier-, Gurken- und Tomatenscheiben auslegen und die Koteletts darübersetzen – Mit Aspik auffüllen und zum Stocken kühlstellen – Vor dem Anrichten die Formen kurz in heißes Wasser tauchen und danach, auf eine Platte gestürzt, mit Petersilie garniert anrichten.

Kalte Kalbslende

Das Fleisch von Knochen, Haut und Fett befreien – Mit dem Speck spicken, zusammenrollen und binden – Die Zwiebeln, geschnittenen Karotten, Speckwürfelchen, einige Knochen, etwas Kalbsfuß, Suppengrün, Salz und Pfeffer mit etwas Wasser zugedeckt 20 Minuten kochen – Das Fleisch zugeben, den Rotwein, Kognak und soviel Fleischbrühe darübergießen, bis es knapp bedeckt ist – Etwa 2 Stunden unter mehrmaligem Wenden langsam kochen – Den Bindfaden entfernen und das Fleisch in eine Terrine legen – Eine frische Gurke schälen, in 1 cm dicke Scheiben schneiden und in der Butter weichschmoren – Das Kalbfleisch damit umlegen – Die Sauce noch etwas einkochen, entfetten und durch ein Sieb über den Braten gießen – Bis zum Genuß kühlstellen.

(für 5–6 Personen)
1 kg Kalbslende, 50 g frischer Speck, 2 Zwiebeln, 2 Karotten, 1 Stückchen Kalbsfuß, Suppengrün, Salz, Pfeffer, 1 Glas Rotwein, 2 Teel. Kognak, 1 Salatgurke, 2 Eßl. Butter

Kaltes Roastbeef mit Gemüsesalat und Sauce Remoulade

Roastbeef bereiten und nach dem Erkalten in dünne Scheiben aufschneiden, sie sollen innen noch rosa sein – Mit Aspik und Petersilie verziert anrichten – Sauce Remoulade und Gemüsesalat dazu reichen.

Roastbeef, Aspik

Lachstüten mit Rahm

Den geriebenen Meerrettich mit dem Essig, Salz und Zucker vermengen – Die Gelatine auflösen und zugeben – Den Schlagrahm unterziehen – Die Lachsscheiben zu Tüten rollen und füllen – In den Kühlschrank oder auf Eis zum Stocken stellen.

8 Scheiben Räucherlachs, 2 Eßl. gerieb. Meerrettich, 1 Eßl. Essig, Salz, 1 Prise Zucker, 3 Blatt Gelatine. 1 Tasse Schlagrahm

Leberpastete

Die Leber, das Schweinefleisch, den grünen Speck und die Sardellen durch den Fleischwolf drehen, mit Madeira und Gewürzen gut vermengen – Die Masse in eine mit geräucherten Speckscheiben ausgelegte Form füllen und mit Speckscheiben bedecken – Die Form schließen und etwa 2 Stunden im Wasserbad kochen – Nach dem Erkalten in heißes Wasser tauchen und stürzen – Die Pastete in Scheiben schneiden und mit Aspik, Tomaten und Eierscheiben verzieren.

250 g Kalbs- oder Schweineleber, 125 g Schweinefleisch, 175 g grüner Speck, 50 g Sardellen, Salz, Pfeffer, Mayoran, 1/2 Gläschen Madeira, 50 g geräucherter Speck

Mandarinen-Spargelrollen

1/2 kg Spargel, Salzwasser, 8 Scheiben Katenschinken, 1 kl. Dose Mandarinen, 1 Tasse Remouladensauce, Petersilie

Spargel zurichten und gar kochen lassen – Abgetropft und erkaltet in 3 cm große Stücke schneiden – Die Schinkenscheiben mit Remouladen-Sauce bestreichen – Mit abgetropften Mandarinen und Spargelstückchen belegen – Schinkenscheiben zu Rouladen rollen – Mit Petersilie garniert anrichten.
Als Vorspeise oder für ein kaltes Büfett.

Quark mit Estragon und Pumpernickel

500 g Quark, 1/2 Tasse Süßrahm, Salz, 1 Eßl. gehackter Estragon

Quark durchpassieren und mit Rahm schaumig schlagen – Würzen und mit Estragon überstreut anrichten – Pumpernickel dazu reichen.

Feiner Rindfleischsalat

300 g gekochtes Ochsenfleisch, 2 Eier, 2 gekochte Kartoffeln, 1 kleine Zwiebel, 3–5 Essiggürkchen, 1–2 Tomaten
Zur Marinade:
1 Teel. Senf, 2–4 Eßl. Wasser oder Brühe, 2 Eßl. Essig, 5 Eßl. Öl, Salz, Pfeffer

Alle Zutaten in kleine Würfel, Scheiben oder Streifen schneiden – Mit Marinade anmachen und mit gehackter Petersilie bestreuen – Zur Marinade die angegebenen Zutaten gut vermengen.

Russische Eier

4 Eier, Salatblätter, 1 Tasse Italienischer Salat, 1 Tasse Mayonnaise, 1 Eßl. Kaviar, einige Sardellen, 1 Tomate, Petersilie, Kapern

Die hartgekochten Eier quer halbieren – Eine Platte mit Salatblättern auslegen und Italienischen Salat daraufhäufen – Die Eier – mit der Spitze nach oben – daraufsetzen und mit der Mayonnaise begießen – Auf jedes Ei eine Messerspitze Kaviar häufen – Mit Sardellenringen, Tomaten- und rote Rübenscheiben, Petersilie und Kapern garnieren – Bis zum Genuß kühlstellen.

Steinbuttfilet, kalt

1 kg Steinbuttfilets, 250 g gekochte Karotten, 250 g gekochte Erbsen, Meerrettich oder Kresse, Mayonnaise

Die gekochten Filets auf einer Platte und das Gemüse darum anrichten – Mit geriebenem Meerrettich oder Kresse bestreuen und reichlich mit Mayonnaise übergießen.

Russische Platte

Die einzelnen Gerichte in Glasschalen gefüllt, auf großer mit Papierspitzendecke belegter Platte anrichten – Mit Petersilie, Tomatenscheiben, Zitronenschnitzen und Radieschen verzieren – In die Mitte der Platte den Hummer, nach Belieben aus den Schalen gebrochen und mit Mayonnaise verziert, anrichten – Russische Eier bereiten, siehe Seite 118 – Ölsardinen mit Zwiebelringen verzieren – Lachs zu Tütchen drehen wie Seite 117 – Kaviar mit Eierscheiben oder gehackten Zwiebeln umlegen oder in Form von Kaviarbrötchen auf die Platte ordnen.
Gemüsesalat: Sellerieknolle, Rüben, Äpfel und Kartoffeln kochen, schälen und in 1/2 cm große Würfel schneiden – Mit Salz, Pfeffer, Essig und Rahm zu einem Salat vermengen – Mayonnaise bereiten, unter den Salat mengen und durchziehen lassen – In Glasschälchen mit hartgekochten Eiern, Kapern und Essiggurken verziert anrichten.

1 Hummer, Ölsardinen, Lachs, Anchovis, Gänseleberpastete (Dose), Russische Eier, Kaviar
Gemüsesalat:
1 kleine Sellerieknolle, 2 gelbe Rüben, 2 Äpfel, 6 Kartoffeln, 2 hartgekochte Eier, 1/2 Tasse Erbsen, 5 Essiggurken, 1 Eßl. Kapern, Salz, Pfeffer, Essig, 1/2 Tasse saurer Rahm oder Sauermilch, Mayonnaise
Verschiedene Garnierungen

Sardellenwürzbissen

Mehl mit kalter Butter abbröseln – Mit Rahm, Salz und Käse zu einem Teig kneten – Dünne Rollen von etwa 5 cm Länge drehen – Mit Eigelb bestreichen und mit Käse bestreuen – Auf eingefettetem, bemehltem Blech bei guter Hitze goldgelb backen – Auf die ausgekühlten Stäbchen Sardellenringe spießen – Mit gerösteten Haselnüssen umlegen.

1 Tasse Mehl, 50 g Butter, 1/4 Tasse Rahm, 2 Eßl. geriebener Parmesankäse, 1 Teel. Salz, 1 Eigelb, Sardellenringe, Haselnüsse

Trüffelsalat mit Artischocken

Artischocken zurichten und kochen siehe Seite 417 – Artischockenböden feinblättrig schneiden, die hellen Kernstückchen der Blätter herausschaben – Mit Öl, Zitronensaft, Salz und Pfeffer vermengt, 10 Minuten durchziehen lassen – Trüffeln bürsten und schälen – In Brühe oder Wasser weichgekocht, feinblätterig schneiden – Eine Schüssel mit geschältem Knoblauch ausreiben – Artischocken und Trüffeln, mit Mayonnaise dazwischen, schichtweise einfüllen und gleich zu Tisch geben.

4 Artischocken, 1 Eßl. Öl, 1/4 Zitrone Saft, Salz, Pfeffer, 2 Trüffeln, 1 Zehe Knoblauch, 1/2 Tasse Mayonnaise

Rheinsalm Montpellier

3/4–1 kg Salm (Mittelstück)
Fischsud aus:
3 l Wasser, Salz, 1 Tasse Essig, 2 Tassen Weißwein, 1 Zwiebel, 1 gelbe Rübe, 1/2 Selleriescheibe, 1/2 Petersilienwurzel, 1 Stengelchen Estragon, 1/2 Lorbeerblatt, 2 Nelken, Pfefferkörner, 1/4 Zitrone ohne Kerne, Muskatblüte
Montpellier-Butter

Den Fischsud 30 Minuten gut durchkochen – Salm schuppen und in 2-fingerdicke Scheiben schneiden – In den Fischkessel legen und Sud darüberseihen, bis er davon bedeckt ist – Knapp aufkochen und danach auf kleiner Flamme etwa 15 Minuten ziehen lassen – Herausnehmen und erkalten lassen – Auf einer langen Platte anrichten – Mit Montpellier-Butter verzieren – Mit Zitronenschnitzen und Petersilie umlegen – Nach Belieben Mayonnaise dazu reichen.

Zur Montpellierbutter: Kräuterbutter mit feingehackten Schalotten anreichern.

Gebackene Sardellen

Blätterteig, Sardellen, 1 Eigelb, Zitrone, Petersilie, Backfett

Blätterteig dünn ausrollen und in 3 cm breite und 10 cm lange Streifen schneiden – Auf jeden Streifen eine gewässerte und entgrätete Sardelle legen – Den Streifen zusammenklappen und oben mit Eigelb bestreichen – Bei starker Hitze goldgelb backen – Mit Zitronenschnitzen und Petersilie garniert anrichten.

Tomaten Lukullus

4 Tomaten, 1 Ei, 100 g Suppenhuhn, Stangensellerie, 1–2 Sardellen, Oliven, Kapern, Zitrone, Salz, Pfeffer, 1/2 Tasse Mayonnaise, Nußkerne

Die Tomaten waschen und abreiben, ein Deckelchen abschneiden, vorsichtig aushöhlen – Das hartgekochte Ei und die übrigen Zutaten zurechtschneiden und würzen – Mit Zitronensaft beträufeln und mit der Mayonnaise vermengen – Den Salat in die ausgehöhlten Tomaten füllen und diese mit Nußkernen garnieren – Auf Salatblättern anrichten – Bis zum Genuß kühlstellen.

Russischer Salat

250 g Roastbeef, 250 g Kalbsbraten, 1 große Essiggurke, 125 g gekochte Kartoffeln, 125 g Äpfel, Mayonnaise, 1/2 Tasse Aspik, 2 hartgekochte Eier, 2 Tomaten, Petersilie

Fleisch, geschälte Gurke, Kartoffeln und Äpfel nudelig oder kleinwürfelig schneiden – Nach Belieben 2 gehackte Sardellen beifügen – Mit Mayonnaise vermengt auf einer Glasplatte gehäuft anrichten – Mit in Würfel gehacktem Aspik, Eier- und Tomatenscheiben, Petersilie oder Salatblättern umlegen.

Tomaten Nana

Die Tomaten brühen und schälen – Das Hühnerfleisch und die Nüsse feinhacken, würzen und mit dem Rahm vermengen – In die Tomaten füllen und diese mit Mayonnaise garnieren – Auf Salatblättern anrichten – Kalt servieren.

4 Tomaten, 100 g Hühnerfleisch, 1/2 Tasse Nüsse, Salz, Pfeffer, 1/2 Tasse Süßrahm, 1/2 Tasse Mayonnaise

Tomaten Plaza-Hotel

Die Tomaten waschen und abreiben, ein Deckelchen abschneiden, vorsichtig aushöhlen – Die Ölsardinen durchpassieren, mit Tomatenketchup und in feine Streifen geschnittenen Paprikaschoten vermengen – In die Tomaten füllen und diese mit Olivenringen garnieren.

4 Tomaten, 4 Ölsardinen, 1 Eßl. Tomatenketchup, 1 grüne Paprika, Olivenringe

Tomatenquark

Den Quark durch ein Sieb streichen, mit Rahm und Salz vermengen und sahnig schlagen – Mit Schnittlauch bestreut auf Tomatenscheiben anrichten.

1 1/2 Tassen Quark, 1/2 Tasse Rahm oder Milch, 6 Tomaten, Schnittlauch, Salz

Wildpain in Aspik

Frisch gebratenes Fleisch oder Bratenreste vom Reh oder Hasen von Haut und Sehnen befreien und durch den Wolf drehen – Mit Demi-glace, Gänseleber und 1 Eßl. feingehackter Trüffel vermengen – Durch ein feines Sieb streichen – Die Masse unter Rühren leicht aufwärmen – Eine Tasse flüssige, lauwarme Madeirasulz zuführen – Eine Form mit flüssiger Sulze ausgießen – Erstarren lassen und den Boden mit ausgestochenem Eiweiß und Trüffelstückchen belegen – Das bereits dicklich gewordene Püree darüber geben und die restliche Sulze übergießen – In eine Schüssel mit feingestoßenem Eis stellen und erstarren lassen – Vor dem Anrichten stürzen und mit Petersilie, hartgekochten Eierscheiben und Tomatenscheiben garnieren.

500 g Wildbraten, 1 Tasse Demi-Glace, 50 g Gänseleber (Terrine), 1 Trüffel, 1 1/2 Tassen Madeira-Aspik, 2 Eier, Petersilie, Tomaten

Suppen

Klare Suppen

Consommé

Das Fleisch, die Knochen und die Gewürze in kaltem Wasser aufstellen und ungefähr 4 Stunden kochen – den sich bildenden Schaum fleißig abschöpfen, das eingekochte Wasser halbstündlich durch 1 Tasse heißen Wassers ersetzen – Nach dem Kochen die Brühe durchseihen – Wird die Brühe kalt oder eisgekühlt serviert, das Fett abschöpfen – Diese klare Kraftbrühe hält, an kühlem Ort aufbewahrt, bis zu 10 Tage.

(für 6–8 Personen)
4 l Wasser, 2 kg Rindfleisch, 1 Markknochen, Suppengrün, Salz

Fleischbrühe

Die Knochen, das Suppengrün und die Gewürze in 2–3 l kaltem Wasser aufstellen – Nach dem ersten Aufkochen abschäumen – Das Fleisch zugeben – Nach 1 1/2 bis 2 Stunden Kochzeit die Brühe durch ein feines Sieb gießen und mit einer Einlage verzieren.

(für 4–6 Personen)
750 g Ochsenfleisch, Rinderknochen, Suppengrün, Salz

Nudelsuppe

Teigwaren kochender Fleischbrühe zusetzen und nicht zu weich kochen – Eine besonders klare Brühe erhält man, wenn man die Teigwaren in siedendem Salzwasser abkocht, schwenkt und erst vor dem Anrichten der Suppe beigibt – Mit Petersilie oder Schnittlauch bestreuen und etwas Suppenwürze beigeben.

1 l Fleischbrühe, 4–5 Eßl. Teigwaren, Petersilie oder Schnittlauch, Suppenwürze

Knochenbrühe

Gewaschene Knochen, Leber, Tomate und Wurzelwerk kaltem Wasser zusetzen. 2 Stunden kochen und würzen.

500 g Rinderknochen, 100 g Leber, 1 Tomate oder Mark, Wurzelwerk, 2 l Wasser, Maggi, Salz

Geeiste Geflügelbrühe in Tassen

Hühnerkraftbrühe, 1/2 Tasse Rindfleisch, 2 Eiweiß

Hühnerkraftbrühe bereiten wie unten – Die Brühe abseihen, erkaltet entfetten und mit einer halben Tasse rohem, gehacktem Rindfleisch und zwei Eischnee wieder aufs Feuer bringen – Mit dem Schneebesen schlagen, bis die Suppe aufsteigt – Vom Feuer nehmen, durch ein Tuch seihen und in Tassen füllen – Auf Eis leicht stocken lassen.

Hühnerkraftbrühe mit Einlage

1 Suppenhuhn, 500 g Rindfleisch, 1 Petersilienwurzel, 1 gelbe Rübe, 1 Scheibe Sellerie, Salz

Ein zugerichtetes Huhn mit Rindfleisch, Wurzelwerk, Salz und Wasser zusetzen – In etwa 2 Stunden (bei einem jüngeren Huhn) weichkochen – Als Einlage den blätterig geschnittenen Magen, Leber, Hühnerfleisch und Fadennudeln oder Reis geben – Nudeln oder Reis zuvor in Salzwasser abkochen und, gut durchgespült, der Brühe beifügen.

Kräuter-Gemüsebrühe

(für 4–6 Personen)
500 g gemischte Gemüse, Sellerie, Zwiebel, Lauch, Petersilie, Salz, Pfeffer, Suppenwürze, 1 Handvoll frische Kräuter

Die Gemüse, Sellerie, Zwiebel, Lauch und Petersilie putzen und zurechtschneiden – Nach Belieben noch Spargelschalen und Gemüsetunke beigeben – In 2 l Wasser zugedeckt 1 Stunde kochen – Durchseihen und nach Geschmack würzen – Die Brühe kann auch kalt serviert werden – In den Kühlschrank stellen und mit frisch gehackten Kräutern anrichten.

Doppelte Kraftbrühe mit Ochsenmark

1 kg Ochsenfleisch, 1 kg Knochen, 250 g Kalbfleisch, 1 altes Suppenhuhn oder 1 Taube, 3 l Wasser, Wurzelwerk, Salz, 250 g Hackfleisch (Rind), 2 Eiweiß, Ochsenmark

Ochsenfleisch, Knochen, Kalbfleisch, Huhn oder Taube in kaltem Wasser aufstellen – Unter öfterem Abschäumen 2 Stunden bei offenem Deckel kochen – Salz und Wurzelwerk beifügen – Nochmals 1 1/2 Stunden kochen – Die Brühe durchseihen und nochmals 15 Minuten ruhen lassen, bis sich alles Trübe gesetzt hat – Das Fett abschöpfen, die Brühe abgießen und wieder aufs Feuer geben – Hackfleisch, mit geschlagenem Eiweiß vermengt, zugeben – Unter fortwährendem Rühren über kleiner Flamme zum Kochen bringen – 15 Minuten ziehen lassen und danach durch ein Haarsieb gießen – Mit zuvor in heißem Wasser gebrühten Ochsenmarkscheiben anrichten.

Klare Kraftbrühe mit Tomaten

Tomaten schälen und in kleine Würfel schneiden – Vor dem Anrichten in die kochende Brühe geben und kurz durchziehen lassen – Mit Petersilie bestreut anrichten.

1 1/4 l Kraftbrühe, 3 Tomaten, 1 Teel. Petersilie gehackt

Klare Ochsenschwanzsuppe

Zerkleinertes Wurzelwerk, wie gelbe Rüben, Sellerie, Petersilienwurzel und die in Würfel geschnittene Zwiebel in Fett andünsten – Den gliedweise zerschnittenen Ochsenschwanz mit Gewürzen beifügen und anrösten – 2 l Wasser zugießen und zugedeckt weichkochen – Fleischextrakt zurühren – Das Fleisch herausnehmen, vom Knochen lösen und in kleine Stückchen schneiden – Die Brühe seihen und auskühlen – Eierschnee der Brühe beifügen und unter fortwährendem Schlagen mit dem Schneebesen zum Kochen bringen – Durch ein Tuch seihen – Vor dem Anrichten Wein zugießen und Fleisch und die abgekochten Erbsen einlegen.

Wurzelwerk (Suppengrün), 1 Zwiebel, Pfefferkörner, Salz, 2 Eßl. Fett, 500 g Ochsenschwanz, 1 Eiweiß, 1/2 Tasse grüne Erbsen, 2 Eßl. Wein, 1 Teel. Fleischextrakt

Braune Rindssuppe

In heißem Fett kleingeschnittenes Wurzelwerk und Zwiebeln andünsten – Kleingehackte Knochen und würfelig geschnittene Leber zugeben und zusammen braunrösten – Mit leicht gesalzenem, kochendem Wasser aufgießen – Mageres Rindfleisch waschen, klopfen und der Suppe beigeben – Einmal aufkochen lassen, danach auf kleiner Flamme zugedeckt fertigstellen – Die Suppe vor dem Anrichten entfetten und durch ein Leinentuch seihen – *Als Einlage:* Leberklößchen.

2 Eßl. Fett, 1 gelbe Rübe, Petersilienwurzel, Sellerie, 2 Zwiebeln, 3/4 kg Rindfleisch, Rinderknochen, 50 g Rindsleber, 2 l Wasser, 1 Teel. Salz

Taubensuppe

Tauben zurichten und in kaltem Wasser mit Salz und Wurzelwerk aufsetzen – In etwa 2 Stunden weichkochen – Die Brühe seihen und etwas abkühlen lassen – Wieder aufs Feuer stellen, Hackfleisch und Eierschnee beigeben – Mit dem Schneebesen schlagen, bis die Suppe aufkocht – Danach durch ein Tuch seihen – Als Einlage nudelig geschnittenes Taubenfleisch, Leber und Magen zugeben – Zusätzlich können in Salzwasser abgekochte Nudeln oder Eierstich eingelegt werden.

2 Tauben, 2 l Wasser, Salz, 30 g gehacktes Rindfleisch, 1 Eiweiß

Schildkrötensuppe

Schildkrötensuppe (Dose), 1 Schuß Wein oder Kognak

Die Suppe ist als Konserve im Handel – Kurz vor Gebrauch die Suppe heißmachen (nicht kochen) – Einen Schuß Wein oder Kognak zugeben und in Täßchen (Schildkrötensuppen- oder Mokkatassen) auftragen.

Schildkrötensuppe Lady Curzon

1 Dose Schildkrötensuppe, 1 Prise Curry, Süßrahm, Sherry

Die Suppe erhitzen (nicht kochen) – Einen Schuß Sherry beifügen – Süßrahm steif schlagen – Die Suppe in die Täßchen füllen – Auf jedes Tässchen einen Eßlöffel Schlagrahm setzen und mit Curry bestäuben – In den Ofen stellen – Bei Oberhitze noch rasch bräunen.

Falsche Schildkrötensuppe

1 1/4 l Kraftbrühe, 2 Eßl. Madeira, 1/2 Kalbskopf, 1/2 Trüffel, 50 g Champignons, Cayenne-Pfeffer, Petersilie, 1 Prise Majoran, 1 Prise Thymian, 1 Lorbeerblatt, 5 Pfefferkörner, 3 Schalotten

Kalbskopf in Salzwasser mit Gewürzen, Pilzen und Schalotten weichkochen – Die Fleischteile ablösen und kleinwürfelig schneiden – Heiße Kraftbrühe mit 1 Tasse entfetteter, geklärter Kalbsbrühe vermengen – Mit Madeira und Cayenne-Pfeffer abschmecken – Beim Anrichten Fleischstückchen und würflig geschnittene Pilze einlegen – Die Suppe soll eine klare goldbraune Farbe zeigen – Nach Bedarf mit Speisefarbe (Zuckercouleur) nachhelfen.

Gebundene Suppen

Brennesselsuppe

1 Handvoll junge Brennesseln, 1 Handvoll Sauerampfer, Wasser, 3 Eßl. Butter, 4 Eßl. Mehl, 1 l Brühe oder Wasser, Salz, 1 Ei, 1 Eßl. Rahm, 2 Brühwürstchen

Brennesseln und Sauerampfer waschen und, kochendem Wasser zugesetzt, kurz kochen – Abschütten und durchpassieren – Aus Butter und Mehl eine helle Mehlschwitze bereiten – Mit Brühe oder Wasser ablöschen, auffüllen, durchkochen – Würzen und die Kräuter zugeben – Mit verquirltem Ei und Rahm legieren – Als Einlage können in dünne Rädchen geschnittene Brühwürstchen gegeben werden.

Hamburger Aalsuppe

Aale mit Salz abreiben, ausnehmen, waschen und in passende Stücke schneiden – Kopf und Schwanzspitze entfernen – Im Sud, nur eben davon bedeckt (am besten schon tags zuvor), weichkochen – Gut durchziehen lassen – Rindfleisch in Salzwasser aufkochen, abschäumen und nach einer Stunde Kochzeit Wurzelwerk und Sellerieblätter beifügen – Ist das Fleisch fast weich, Blumenkohl, Erbsen und Portulak zugeben – Kurz vor dem Anrichten Mehl in Butter gelb anschwitzen, mit Suppe ablöschen, würzen und ebenfalls der Suppe zugießen – Fleisch herausnehmen, in Stücke schneiden und wieder zur Suppe geben – In einer Terrine servieren – Einen Teil der erwärmten Aalstücke und der inzwischen bereiteten Kompott-Birnen einlegen – Die übrigen Aalstücke und das Birnenkompott dazu reichen.

1 kg Aal
Sud:
1/2 l Wasser, 2 Tassen Weißwein, 1/2 Tasse Weinessig, Salz, 1 Lorbeerblatt, weiße und schwarze Pfefferkörner
Kompott:
3/4 kg kleine Birnen, 1 Tasse Wasser, 1/2 Tasse Wein, Zimt
Suppe:
1 kg Rindfleisch, 1 1/2 l Wasser, 1 Suppenteller kleingeschnittenes Wurzelwerk (Suppengrün), Sellerieherzblätter, 1 Suppenteller entschotete Erbsen, 1 Handvoll Blumenkohlröschen, Portulak, 1 Eßl. Mehl, 3 Eßl. Butter, Salz, Pfeffer

Apfelsuppe

Die Äpfel schälen, zerteilen, und das Kernhaus entfernen – Mit 1 l Wasser, dem Zimt, der Zitronenschale und dem Zucker weichkochen – Mit Butter abschmecken – Den Zwieback in Stücke brechen und die fertige Suppe damit anrichten.

500 g Äpfel, Zimt, 1/2 Zitrone Schale, 1 l Wasser, 1 Eßl. Butter, 2 Eßl. Zucker, 125 g Zwieback

Weiße Bohnensuppe

Bohnen waschen und über Nacht, mit kaltem Wasser bedeckt, einweichen – Zwiebel in Fett rösten – Den Bohnen mit dem Einweichwasser 1 l Wasser und Petersilie zugeben – Weichkochen und danach durchpassieren – Aus Fett und Mehl eine hellbraune Mehlschwitze bereiten – Mit Bohnenbrühe ablöschen und auffüllen – Bohnenmus zugeben und nach Bedarf noch Wasser – Mit Salz, Pfeffer und nach Belieben etwas Knoblauch würzen und durchkochen – Beim Anrichten geröstete Weißbrotwürfel einlegen.

120 g weiße getrocknete Bohnenkerne, 1 Eßl. Fett, 1 geschälte Zwiebel, 1 l Wasser, 2 Eßl. Fett, 2 Eßl. Mehl, Salz, Pfeffer, Butter, 1 Scheibe Weißbrot

Artischockensuppe mit gerösteten Weißbrotwürfeln

4 Artischocken, Salzwasser, 1 1/4 l Fleischbrühe, 1 Tasse weiße Sauce, 2 Eigelb, Weißbrot, Butter

Artischocken zurichten und kochen wie Seite 417 – Fleischbrühe mit Buttersauce vermengen – Die in Streifen geschnittenen Artischockenböden und das weiße Fleisch der Blätter zugeben und aufkochen – Vor dem Anrichten mit Eigelb legieren und geröstete Weißbrotwürfel einlegen.

Baumwollsuppe

1 1/2 l Fleischbrühe, 3 Eßl. Butter, 2 Eier, 3 Eßl. Mehl, 1/2 Eßl. Brösel, Salz, Muskat, 2 Eßl. Süßrahm, Petersilie

Butter schaumig rühren – Eier beifügen und dickrühren – Mehl, Brösel, Gewürze und Rahm zugeben – Zu einem glatten Teig vermengen – In einem dünnen Strahl in kochende Fleischbrühe einlaufen lassen – Ohne viel in der Suppe zu rühren, einmal aufwallen lassen – Mit gehackter Petersilie bestreut und nach Belieben gewürzt anrichten.

Deutsche Biersuppe

1/2 l helles Bier, 1 Zimtstange, 1 Nelke, 2 Stück Würfelzucker, 1 Zitrone, 2 Teel. Stärkemehl, 2 Eßl. kaltes Wasser, 2 Eier

Das Bier in einen Emailletiegel gießen, Zimt, Nelke und Zucker zugeben – Den Würfelzucker zuvor an der Zitrone gelb reiben – Aufkochen lassen – Das Mehl mit dem Wasser anrühren und in das heiße Bier schlagen – Die Biersuppe noch schwach kochen lassen, bis sie sämig ist – Die Eigelb schaumig schlagen – Die Suppe vom Feuer nehmen und mit einem Schneebesen langsam die Eigelb einrühren – Eiweiß zu sehr steifem Schnee schlagen – Mit einem Dessertlöffel davon kleine Klößchen abstechen, in siedendes Wasser einlegen – Schwach kochen lassen, bis die Klößchen fest geworden sind – Beim Anrichten die Klößchen in die Suppe geben.

Briessuppe

300 g Kalbsbries (Milcher), 2 Schalotten, Petersilie, 2 Eßl. Butter, 1 Eßl. Mehl, 1 1/2 l Brühe oder Wasser, Salz, Pfeffer, 1/2 Tasse Sauerrahm, 1–2 Eigelb, Weißbrot, Butter

Briese zurichten – 4 Minuten im heißen Wasser brühen, ohne zu kochen – Mit Schalotten und Petersilie fein verwiegt, in Butter andünsten – Mehl überstäuben – Leicht anrösten und mit Brühe oder Wasser ablöschen und auffüllen – Würzen und 15 Minuten gut verkochen – Vor dem Anrichten mit Rahm und Eigelb legieren – In Butter geröstete Weißbrotwürfel einlegen.

KRAFT

Biersuppe

Das Mehl und den Zucker in der Butter anrösten und mit Bier auffüllen – Die Zitronenschale, den Zitronensaft und den Zimt beifügen und kurz aufkochen lassen – Die Eier darin verquirlen – Nach Belieben mit gerösteten Weißbrotscheiben anrichten.

1 l Bier, 2 Eßl. Mehl, 1 Eßl. Zucker, 1 Eßl. Butter, 1/2 Zitrone Saft und Schale, Zimt, 1–2 Eier

Blumenkohlcremesuppe

Blumenkohlröschen kochendem Salzwasser zusetzen – Weichkochen und durchpassieren – Aus Butter und Mehl eine helle Mehlschwitze bereiten – Mit Gemüsewasser ablöschen, das Mark zugeben und auffüllen – Würzen und mit Rahm durchkochen – Mit Eigelb legiert und mit Muskat bestreut anrichten.

1 kleiner Blumenkohl, 1 1/4 l Wasser, 3 Eßl. Butter, 2 Eßl. Mehl, 1 Eigelb, 4 Eßl. Süßrahm, Muskat, Salz

Grüne Bohnensuppe mit Butternockerln

Bohnen zurichten und in Wasser 3/4 garkochen – In Butter mit gehackter Petersilie andünsten – Mit Mehl überstäuben und mit Bohnenwasser ablöschen – Würzen, durchkochen und mit Rahm abschmecken – Vor dem Anrichten Butternockerln einlegen.

250 g grüne Bohnen, 1 Teel. gehackte Petersilie, 3–4 Eßl. Butter, 2 Eßl. Mehl, Salz, Pfeffer, Bohnenkraut, 1 l Wasser, Süßrahm, Butternockerln

Braune Suppe

Mehl in Butter braunrösten – Mit Wasser ablöschen und auffüllen – Dabei mit dem Schneebesen glattrühren – Gewürze zugeben und langsam 30 Minuten kochen – Vor dem Anrichten mit Eigelb und Rahm legieren – Geriebenen Käse einstreuen und in Butter geröstete Weißbrotwürfel einlegen.

4 Eßl. Butter, 3 Eßl. Mehl, 1 l Wasser, Salz, Pfeffer, Muskat, 1 Eigelb, 2 Eßl. Süßrahm, 2 Eßl. Reibkäse, Weißbrot, Butter

Froschschenkelsuppe

Froschschenkel mit Salzwasser und Wurzelwerk aufsetzen und sehr weich kochen – Durch ein Haarsieb passieren und wieder erwärmen – Mehl und Butter verkneten und beifügen – Ohne noch lange zu kochen, anrichten – Mit Eigelb und Rahm legieren und mit gehacktem Kerbel oder Petersilie bestreuen – Nach Belieben in Butter geröstete Weißbrotwürfel einlegen.

4 Dtzd. Froschschenkel, Wurzelwerk, Salz, 2 l Wasser, 1 Eßl. Mehl, 1 Eßl. Butter, gehackter Kerbel oder Petersilie, 1–2 Eigelb, 1–2 Eßl. Süßrahm, Weißbrot, Butter

Buttermilchsuppe

1 l Buttermilch, 1 Eßl. Mehl, 300 g Kartoffelwürfel, 100 g Speck, 1 Zwiebel, Salz

Die Buttermilch mit dem Mehl verquirlen und aufkochen – In Salzwasser weichgekochte und abgegossene Kartoffelwürfel beifügen – Den Speck und die Zwiebel in kleine Würfel schneiden, anbräunen und über die fertige, mit Salz abgeschmeckte Suppe gießen.

Einbrennsuppe

3 Eßl. Fett, 3 Eßl. Mehl, 1 1/4 l Wasser, Salz, Maggi, 1 Teel. Kümmel

Im Fett Mehl braunrösten – Mit Wasser ablöschen, mit dem Schneebesen glattrühren und auffüllen – Gewürze zugeben und durchkochen. Nach Belieben die Suppe durchseihen.

Einlaufsuppe

1 l Fleischbrühe, 1–2 Eier, 1–2 Eßl. Mehl, Salz, Muskat, gehackter Schnittlauch oder Petersilie

Die Eier, das Mehl und Gewürze gut verquirlen – Unter ständigem Rühren mit einem Schneebesen in die durchgesiebte, kochende Fleischbrühe einlaufen lassen – Kurz aufkochen lassen und beim Anrichten mit Schnittlauch oder Petersilie bestreuen.

Erbsensuppe

250 g Erbsen (Hülsenfrüchte), 1 1/2 l Wasser, 2 Eßl. Fett, 1 Zwiebel, gehackte Petersilie, Salz, Pfeffer, 2 1/2 Eßl. Mehl, 1 Brötchen, 1 Eßl. Butter

Erbsen waschen, über Nacht in kaltem Wasser einweichen – Anderntags in Einweichwasser aufstellen – Gespaltene, geschälte Erbsen können ohne vorheriges Einweichen verwendet werden – In Fett angedünstete Zwiebel und Petersilie zugeben – Nach dem Weichkochen Erbsen durchpassieren – Aus Mehl und Fett eine helle Mehlschwitze bereiten und mit Erbsenbrühe ablöschen – Mit Erbsenmark, Brühe und Wasser auffüllen und durchkochen – Nach Belieben mit Majoran bestreuen und in Butter geröstete Weißbrotwürfel einlegen oder getrennt dazu reichen.

Feine Brotsuppe

150 g Weißbrot, 150 g Schwarzbrot, 1 l Brühe oder Wasser, Suppenwürze, Salz, Muskat, Kümmel, 1 Eßl. Butter, 4 Eßl. Sauerrahm, Schnittlauch oder Petersilie

Das Brot in feine Scheiben schneiden und in 1 l Fleischbrühe oder Wasser weichkochen – Durchpassieren und nochmals aufkochen – Würzen, die Butter und den Rahm untermengen – Mit gehacktem Schnittlauch oder Petersilie bestreut anrichten.

Braune Eiergerstensuppe

Ei mit einer Tasse Wasser gut verquirlen – Mehl in Butter oder Fett hellbraun rösten – Mit dem verquirlten Ei ablöschen – Wasser aufgießen, würzen und gut durchkochen – Vor dem Anrichten mit Muskat und feingehackter Petersilie bestreuen – Nach Belieben mit Suppenwürze abschmecken.

4 Eßl. Butter oder Fett, 75 g Mehl, 1 Ei, 1 1/4 l Wasser, 1 Eßl. gehackte Petersilie, Salz, Muskat

Südliche Erbsensuppe

Die Erbsensuppe mit der auf dem Päckchen angegebenen Flüssigkeitsmenge kochen – Geriebene Orangenschale (keine gespritzten Früchte verwenden) und den Saft beifügen – Beim Anrichten einige Maiskörner (Dose) oder Croutons einlegen und mit Muskat bestreuen.

1 Päckchen Erbsensuppe, 2/3 Wasser, 1/3 Milch, 2 Eßl. geriebene Orangenschale, 1/8 l Orangensaft, Muskat, Maiskörner oder Croutons (in Butter geröstete Weißbrotwürfel)

Fischsuppe (Fastensuppe)

Wurzelwerk kleinschneiden und im Öl andünsten – Mehl zugeben und anrösten – Mit Wasser oder Fischsud ablöschen und auffüllen – Fischstücke mit Gräten und Gewürzen beifügen – 1 Stunde gut verkochen – Wein zugeben und nochmals aufkochen – Durchseihen und die Krabben und Fischstücke einlegen – Nochmals wärmen und mit den gerösteten Weißbrotwürfeln anrichten.

300 g Fisch oder Reste von blau gekochtem Fisch, 1 gelbe Rübe, Lauch, Sellerie, Zwiebel, Petersilie, 2 Eßl. Olivenöl, 3 Eßl. Mehl, Pfefferkörner, Salz, Lorbeerblatt, 1 Messerspitze Safran, Paprika, 1 Tasse Weißwein, geröstete Weißbrotwürfel, 1 Tasse Krabben

Grießsuppe

Den Grieß unter Rühren in die kochende Fleischbrühe oder das Salzwasser einlaufen lassen – 20 Minuten kochen – Nach Belieben würzen und mit geriebenem Muskat, 1 verquirltem Ei oder etwas Rahm anrichten.

1 l Fleischbrühe oder Wasser, 6 Eßl. Grieß, Suppenwürze, Muskat, 1 Ei oder Rahm

Deutsche Suppe (Potage velouté)

Aus Butter und Mehl eine helle Mehlschwitze bereiten – Mit Brühe ablöschen und auffüllen – Würzen und 30 Minuten durchkochen – Mit Rahm abschmecken und mit Eigelb legieren – Nach Belieben Suppenwürze beifügen – Beim Anrichten in Butter geröstete Weißbrotwürfel einlegen.

4 Eßl. Butter, 75 g Mehl, 1½ l Brühe oder Wasser, 1–2 Eigelb, Rahm, Salz, Pfeffer, Weißbrot, Butter

Frühlingssuppe

250 g gemischtes Gemüse, 1 1/2 l Fleischbrühe oder Wasser, 1 Eßl. Fleischextrakt, Petersilie, Eierstich

Junge Gemüse, wie: Erbsen, Karotten, Spargel und Kohlräbchen, 1 Scheibe Sellerie und Petersilie waschen und kleinschneiden – In der Brühe weichkochen – Vor dem Anrichten in Würfel geschnittenen Eierstich zugeben – Mit gehackter Petersilie bestreut anrichten.

Gänsekleinsuppe

Füße, Flügel, Kopf, Innereien einer Gans, Wurzelwerk, Fett, Salz, Pfeffer, 2 Eßl. Mehl, Wasser, 1/2 Tasse Weißwein, 1–2 Eigelb, 1–2 Eßl. Süßrahm

Füße, Flügel und Kopf mit heißem Wasser überbrühen und sauber putzen – Vom Magen die harte Haut entfernen und alles gut reinigen – Mit kleingeschnittenem Wurzelwerk in Fett allseitig anbraten – Würzen, mit Mehl bestäuben und mit Wasser ablöschen und auffüllen – Wein beifügen und zugedeckt gut weichkochen – Das Fleisch von den Knochen lösen und zurechtschneiden – Die Brühe durchseihen und wieder zum Kochen bringen – Mit Eigelb und Rahm legiert, über dem Fleisch anrichten.

Braune Gemüsesuppe

1 Stange Lauch, 2 gelbe Rüben, 1/4 Sellerieknolle oder Stangensellerie, 1/2 Blumenkohl, 3 Eßl. Butter, 1 1/4 l Fleischbrühe, Backerbsen oder 1 Tasse gek. Reis

Gemüse zurichten und in kleine Würfelchen schneiden – In Butter dünsten – Mit Brühe auffüllen und durchkochen – Vor dem Anrichten Backerbsen oder Reis einlegen.

Gurkencremesuppe

1 Salatgurke, 1 Kopfsalat, 2 Eßl. Butter, Salz, Pfeffer, 1 l Wasser oder Brühe, 1 Eßl. Stärkemehl, 1 Tasse Süßrahm, 3 Eigelb, 1 Eßl. geh. Dill oder Borretsch, Weißbrotwürfel, 2 Eßl. Butter

Gurke schälen und vom Blütenende her dünnblätterig hobeln – Salat waschen, putzen und streifig schneiden – In der Butter andünsten – Mit Wasser oder Brühe auffüllen – Durchkochen und würzen – Stärkemehl anrühren und die Brühe damit sämig kochen – Durchpassieren und wieder zurück auf's Feuer zum Wiedererhitzen stellen – Rahm mit Eigelb verquirlen – Suppe damit legieren – Nicht mehr kochen lassen – Mit gehackten Kräutern bestreut anrichten – Weißbrotwürfel in Butter goldgelb rösten – Als Einlage getrennt zur Suppe reichen.

Gemüsecremesuppe

Gemüse der Jahreszeit putzen, waschen und kleinschneiden – In 1 1/2 l kochendem, leicht gesalzenem Wasser zusetzen, weichkochen und anschließend durchpassieren – Aus dem Mehl und der Butter eine helle Mehlschwitze bereiten und mit Gemüsewasser ablöschen – Das Gemüsemark und die Gewürze zugeben – Alles gut durchkochen und mit Rahm legieren – Beim Anrichten mit Petersilie bestreuen.

1 1/2 l Wasser, 250 g Gemüse, 3 Eßl. Butter, 4 Eßl. Mehl, Salz, 2 Eßl. Süßrahm, Petersilie

Geröstete Grießsuppe

Den Grieß in der Butter hellgelb rösten – Mit Wasser oder Fleischbrühe ablöschen und auffüllen – Die Suppe würzen und nach 30 Minuten gut durchkochen – Nach Belieben mit einem verquirlten Ei verbessern – Mit geriebener Muskatnuß und Schnittlauch bestreut anrichten.

1 l Wasser oder Fleischbrühe, 2 Eßl. Grieß, 2 Eßl. Butter, Salz, Muskat, Schnittlauch

Grünkernsuppe

Grünkernschrot in Butter leicht anschwitzen – Mit Brühe oder Wasser auffüllen und würzen – Etwa 45 Minuten kochen – Mit Ei und Rahm legieren – Nach Belieben eine Kalbshaxe mitkochen und das Fleisch abgelöst und in Stücke geschnitten beim Anrichten beifügen.

125 g Grünkern, 2 Eßl. Butter, 1 1/2 l Brühe oder Wasser, Salz, 1 Eigelb, 3 Eßl. Süßrahm, evtl. 1 Kalbshaxe

Gurkensuppe

Gurke schälen und kleinwürfelig schneiden – In Butter dünsten – Mehl überstäuben und mit Wasser ablöschen und auffüllen – Gut durchkochen und würzen – Durchpassiert mit Eigelb oder Rahm legieren und gehackten Dill überstreuen – Mit in Butter gerösteten Weißbrotwürfeln servieren.

1 Salatgurke, 4 Eßl. Butter, 3 Eßl. Mehl, 1 l Wasser, Salz, Pfeffer, 2 Eigelb oder ½ Tasse Süßrahm, 1 Teel. gehackter Dill, geröstete Weißbrotwürfel

Falsche Krebssuppe

Mehl in Butter hellgelb rösten – Mit Wasser ablöschen und auffüllen – Krebsextrakt und Milch zugeben – Gut verkochen und würzen – Vor dem Anrichten die gewaschenen Krabben kurz mitkochen – Gekochte grüne Erbsen und Spargelköpfe einlegen.

3 Eßl. Mehl, 4 Eßl. Butter, 1 l Wasser, 1 Eßl. Krebsextrakt, 1 Tasse Milch, Muskat, 1 Teel. Zucker, 1 Tasse Krabben, Salz, Pfeffer, 1 Tasse grüne Erbsen, Spargelköpfe

Gulaschsuppe

250 g Rinderfilet (Würfel), 1 große Zwiebel, 2 Eßl. Schweineschmalz, 2 Tomaten, 1 Paprikaschote, Salz, Paprika, 2 Eßl. Mehl, 1 Tasse gekochte Kartoffelwürfel, Kümmel und Majoran

In einer Kasserolle die Zwiebel in reichlich Schmalz hellgelb rösten – Das Fleisch, Salz, die Tomaten und gegebenenfalls 1 geschnittene Paprikaschote zugeben – Alles zusammen dämpfen, bis der Saft verdunstet ist – Mit Paprika und Mehl bestreuen, ablöschen und mit 1 l Wasser auffüllen – Die tags zuvor gekochten Kartoffeln der kochenden Suppe zusetzen – Mit den übrigen Gewürzen abschmecken.

Linsen-, Erbsen-, Bohnensuppe

180–200 g Hülsenfrüchte, 2 l Wasser, Salz, 1–2 Eßl. Butter oder Schmalz, 4 Eßl. Mehl, 50 g Speck oder Wiener Würstchen oder geröstete Weißbrotwürfel

Die Hülsenfrüchte auslesen und über Nacht in kaltem Wasser einweichen – Man kann dieses auch im Dampftopf gleich aufstellen – In 2 l Wasser aufstellen, würzen und garkochen – Zum schnellen Weichwerden eine Messerspitze Natron der kochenden Suppe zusetzen – Aus dem Fett und Mehl eine Mehlschwitze bereiten, mit Gemüsewasser auffüllen und die durchpassierten Hülsenfrüchte zugeben – Den Speck in kleine Würfel schneiden, anbraten und darübergießen, oder die Wiener Würstchen in die fertige Suppe hineinschneiden, oder in Butter geröstete Weißbrotwürfel beigeben – Nach Geschmack Erbsensuppe mit etwas Majoran, Linsensuppe mit einem Schuß Essig und Bohnensuppe mit einer Spur Knoblauch abschmecken.

Kerbelsuppe

2 Handvoll Kerbel, 2 Eßl. Butter, 3 Eßl. Mehl, 1 l Wasser, 1 Eigelb, 1/2 Tasse Sauerrahm, Salz

Kerbel waschen und fein verwiegen – In Butter leicht andünsten – Mehl überstäuben, mit Wasser ablöschen und auffüllen – Rahm zugeben, würzen und aufkochen – Nach Belieben die Suppe vor dem Anrichten durchpassieren – mit Eigelb legieren.

Kalbskopfsuppe

3/4 kg Kalbskopf, 2 l Wasser, 4 Eßl. Butter, 2 1/2 Eßl. Mehl, Petersilie, Salz, Pfeffer

Fleisch waschen und in Salzwasser weichkochen – Mehl in Butter, mit gehackter Petersilie hell anrösten – Mit Brühe ablöschen und auffüllen – Würzen und gut verkochen – Das Fleisch von den Knochen lösen und, würfelig geschnitten, der Suppe beifügen.

Kürbissuppe

Kürbis schälen, entkernen und in kleine Stücke schneiden – Mit der Zwiebel zusammen in Salzwasser weichkochen – Abschütten und durchpassieren – Das Mark, mit der Butter verrührt, in Fleischbrühe oder Kürbiswasser, mit einem Bouillonwürfel verrührt, verkochen – Mit Muskat bestreuen – Nach Belieben über gerösteten Weißbrotwürfeln anrichten.

1 kleiner Kürbis, 1 Zwiebel, Salzwasser, 1 1/4 l Fleischbrühe, 1 Eßl. Butter, Muskat

Kopfsalatsuppe

Salat und Kerbel waschen und fein verwiegen – In Butter dünsten – Mit Wasser oder Brühe auffüllen und etwa 30 Minuten kochen – Eier mit Rahm verquirlen und vor dem Anrichten die Suppe damit legieren – Geröstete Weißbrotwürfel einlegen und gehackten Kerbel überstreuen.

4 Kopfsalat, 1 Handvoll Kerbel, 3 Eßl. Butter, 1 1/4 l Wasser, 2 Eier, 1/4 Tasse Sauerrahm, geröstete Weißbrotwürfel, 1 Eßl. gehackter Kerbel

Königinsuppe

Das zugerichtete Huhn in 3–4 l kaltem Wasser mit dem Gewürz und 1 Bündel Suppengrün aufstellen und weichkochen – Das Huhn herausnehmen und abkühlen lassen, häuten und zerlegen – Die größeren Stücke in Streifen schneiden und warmstellen – Die kleineren Stücke feinwiegen – Die Knochen zerhacken und mit Zwiebeln und dem 2. Bündel Suppengrün in etwas Butter leicht anrösten – Mit der Brühe ablöschen und auskochen – Aus Butter und Mehl eine helle Mehlschwitze bereiten und mit der durchgeseihten Brühe auffüllen – Das feingewiegte Hühnerfleisch mit dem Eigelb, Rahm und Weißwein verrühren und vor dem Anrichten unter die Suppe schlagen – In einer Suppenterrine über die warmgestellten Fleischstücke gießen.

(für 8–12 Personen)
1 fettes Suppenhuhn, Salz, 3–4 l Wasser, 2 Bündel Suppengrün, 5–6 Eßl. Butter, 1 1/2 Tassen Mehl, 2 Eigelb, 1/2 Tasse Süßrahm, 5 Eßl. Weißwein

Kartoffelsuppe mit Rahm

Kartoffeln schälen und in Würfel schneiden – Mit zugerichtetem Wurzelwerk und Kalbsfuß in 2 l Wasser aufstellen – Würzen und weichkochen – Durchpassiert mit Rahm legieren – Das Fleisch von den Knochen gelöst, in Stückchen geschnitten einlegen.

550 g Kartoffeln, 2 gelbe Rüben, Sellerie, Lauch, Petersilie, Zwiebel, 1 Kalbsfuß, Salz, Pfeffer, 1/2 Tasse Sauerrahm

Linsensuppe mit Rebhuhn

250 g Linsen, 2 l Wasser, Salz, Wurzelwerk, 1 altes Rebhuhn, 2 Eßl. Fett, 3 Eßl. Mehl, 1 Gläschen Madeira, Pfeffer

Verlesene, gewaschene Linsen in Wasser aufsetzen – Nach dem ersten Aufkochen zusammengebundenes Wurzelwerk, Salz und das zugerichtete Rebhuhn beifügen – Weichkochen – 15 Minuten vor dem Anrichten mit einer braunen Mehlschwitze dicken – Nach Bedarf Wasser beifügen – Mit Madeira und Gewürzen abschmecken – Das Fleisch vor dem Anrichten von den Knochen lösen und wieder in die Suppe geben.

Krebssuppe

1 1/2 l Fleischbrühe, 1 Dtzd. Suppenkrebse, 3–4 Eßl. Butter, 5–7 Eßl. Mehl, 4 Eßl. Süßrahm, Salz, Paprika, Spargelspitzen, Schwemmklößchen

Die Krebse in kaltem Wasser sauber bürsten – In sprudelnd kochendes Wasser werfen und 8–10 Minuten kochen – Herausnehmen und erkalten lassen – Schwänze und Scheren herausbrechen, aufschneiden und das Fleisch herausnehmen – Die Schalen der Körper im Mörser fein zerstoßen und 15 Minuten in der Butter dämpfen, mit dem Mehl bestreuen und gut vermengen – Schalen und Mehl nicht zu braun werden lassen, da die Suppe sonst ihre rote Farbe verliert – Mit der Fleischbrühe ablöschen und 1 Stunde kochen lassen – Die Suppe durch ein Haarsieb gießen und mit dem Rahm und den Gewürzen vermengen – Beim Anrichten das Krebsfleisch und nach Belieben Spargelspitzen und Schwemmklößchen einlegen.

Kaisersuppe

100 g Speck, 1 Tasse geschnittenes Wurzelwerk, 1 Zwiebel, 250 g Rindfleisch, 250 g Kalbfleisch, Salz, Pfeffer, 1 Glas Weißwein, 2 l Wasser, 2 Eigelb, Weißbrot, Butter

Speckwürfel, Wurzelwerk und feingehackte Zwiebel zusammen andünsten – In Würfel geschnittenes Fleisch zugeben und anbraten – Mit Wein ablöschen und mit Wasser auffüllen – Würzen und zusammen weichkochen – Durchgeseiht, die Suppe mit Eigelb legieren – In Butter geröstete Weißbrotwürfel einlegen – Die Fleischstücke können als Haschee verwendet werden.

Haferschleimsuppe

40–60 g Hafermehl, 2–3 Eßl. Butter, 1 1/4 l Wasser, Salz, Suppenwürze, 1 Eigelb, Schnittlauch

Hafermehl in Butter hell rösten – Mit kaltem Wasser ablöschen und auffüllen – Sämig kochen, salzen und würzen – Nach Belieben mit Eigelb legieren und mit Schnittlauch bestreuen.

Lauchsuppe

Den Lauch in Scheiben schneiden, gut waschen und abtropfen lassen – In dem Fett andämpfen, das Mehl darüberstreuen, etwas mitrösten und mit 1 l Wasser auffüllen – 30 Minuten durchkochen lassen und nach Geschmack würzen – Vor dem Anrichten mit dem Eigelb oder Rahm legieren.

1 l Wasser, 2 dicke Stangen Lauch, 1 Eßl. Butter, 4 Eßl. Mehl, 1 Eigelb oder 2 Eßl. Süßrahm, Salz

Falsche Königinsuppe

Das Kalbfleisch klopfen und in Butter kurz dämpfen – Mit 1 l Wasser auffüllen, würzen und weichkochen – Aus Mehl und Butter eine helle Mehlschwitze bereiten und mit der Kalbfleischbrühe auffüllen – Das in Würfel geschnittene Fleisch in die Suppe geben, würzen und mit Zitronensaft abschmecken – Das Eigelb, den Rahm und nach Geschmack etwas Weißwein gut verquirlen und die Suppe damit legieren.

150 g Kalbfleisch, 1 l Wasser, Salz, 3 Eßl. Butter, 4 Eßl. Mehl, Zitronensaft, Eigelb, 3 Eßl. Süßrahm

Grüne Kartoffelsuppe

Die Kartoffeln und das Suppengemüse zurichten und kleinschneiden – Die Butter erhitzen, die Kartoffeln und das Suppengemüse darin dämpfen und das Mehl darüberstäuben – Mit dem Wasser oder Knochenbrühe ablöschen – Die Suppe gut durchkochen und salzen – Vor dem Anrichten mit Rahm abschmecken und mit der gehackten Petersilie bestreuen – Nach Belieben geröstete Weißbrotwürfel einlegen.

500 g rohe Kartoffeln, 1–2 Tomaten, 1 gelbe Rübe, 1 Stückchen Sellerie, Petersilie, Zwiebeln, 1 1/2 l Wasser, 2 Eßl. Butter, 1 Eßl. Mehl, 1–2 Eßl. Sauerrahm, Salz, geröstete Weißbrotwürfel

Hühner-Spargelcremesuppe

Spargel in schwachem Salzwasser weichkochen – Abtropfen lassen und in 3 cm große Stücke schneiden – Brühe aufheben – Mehl in der Butter hell anschwitzen – Mit 1 l Spargelwasser auffüllen – Gut durchkochen lassen – Spargelstücke, Hühnerfleisch und Erbsen einlegen – Rahm zugießen und mit Gewürzen abschmecken – Gehackten Schinken einstreuen – Eier mit etwas Brühe verquirlen und ohne nochmals zum Kochen kommen zu lassen, die Suppe damit legieren.

1/2 kg Spargel 2. Qualität, 125 g gehacktes Hühnerfleisch, 125 g gek. frische grüne Erbsen oder Dose, 4 Eßl. Butter, 5 Eßl. Mehl, 1/8 l Süßrahm, Salz, Pfeffer, 2 Eigelb, 1 Scheibe roher Schinken

Kastaniensuppe

500 g Kastanien, 1 Sellerieknolle, 2 gehackte Zwiebeln, 1 Eßl. gehackte Petersilie, 3 Eßl. Butter, Salzwasser, 1 Eßl. Fleischextrakt, 3 Eßl. Rahm

Kastanien schälen, überbrühen und die braunen Häutchen abziehen – Sellerieknollen schälen und in Scheiben schneiden – Zwiebel in Butter dünsten – Zusammen mit 1 1/2 l Salzwasser weichkochen – Durchpassieren und wieder aufs Feuer geben – Mit Fleischextrakt, Rahm und frischer Butter aufschlagen – Mit Petersilie bestreut anrichten.

Jägersuppe

1 Fasanenhenne oder 1 Birkhuhn oder ältere Rebhühner, Speckscheiben, Butter, 1 Eßl. Fleischextrakt, Wurzelwerk (Suppengrün), 1 Zwiebel, 1 Prise Gewürzmischung, Salz, 2 Tassen Wasser, 1 Tasse Rotwein, 3 l Brühe, Stärkemehl, 1/2 Trüffel, 250 g Pfifferlinge oder Steinpilze (Dose), 1 Eßl. Madeira, 1 Prise Paprika

Geflügel zurichten und mit Speckscheiben umwickeln – In Butter mit Fleischextrakt, Wurzelwerk und Gewürzen schön braun braten – Mit 2 Tassen Wasser oder Brühe und Rotwein ablöschen und auffüllen – Unter öfterem Wenden langsam weichdünsten – Das Geflügel herausnehmen, Fleisch ablösen und in Würfel schneiden – Die kleineren Fleischstücke durch den Wolf drehen – Den Bratensatz entfetten, die zerstoßenen Geflügelknochen zugeben – Brühe auffüllen, gut verkochen und mit angerührtem Stärkemehl dicken – Die Suppe seihen, wieder erwärmen – Fleisch, Fleischpüree, mit Paprika vermengt, feingehackte Trüffel, Pilze und Madeira zugeben und anrichten.

Petersiliensuppe

1 Tasse Riebele, 1 Handvoll Petersilie, 1 kleine Zwiebel, 2 Eßl. Butter, 1 1/2 l Fleischbrühe oder Wasser

Petersilie fein hacken und in 1 Eßl. Butter fein andünsten – Mit Brühe oder Wasser auffüllen und 30 Minuten kochen – Zwiebel feinhacken, in Butter hellgelb rösten – Mit den Riebele zusammen der Suppe beifügen und nach 10 Minuten kochen.

Kalte Kartoffelsuppe, Vichyssoise

Das Weiße von 2 Lauchstangen, 1/2 Zwiebel, 1 Teel. Mehl, 250 g geschnittene rohe Kartoffeln, noch 40 g Butter, 1 l Fleischbrühe, 1 Prise Salz und Pfeffer, 1/2 Tasse Sahne, 1 Teel. gehackte Petersilie

Geschnittene Zwiebel, gestückelten Porree in Butter goldgelb dünsten, mit Mehl bestäuben, mit kochender Brühe auffüllen – Kartoffeln zugeben, garkochen, durch ein Sieb streichen – Mit Salz und Pfeffer abschmecken, erkalten lassen, vor dem Anrichten mit Sahne verfeinern, mit Petersilie bestreuen.

Haferflockensuppe

Die Haferflocken mit dem Wasser oder der Fleischbrühe und Salz 5–10 Minuten kochen – Nach Belieben mit Eigelb und Rahm oder einem Stück Butter verfeinern.

1 l Wasser oder Brühe, 6 Eßl. Haferflocken, Salz

Hirnsuppe

Das Hirn zum Entbluten in kaltes Wasser legen und dieses einige Male erneuern – Häuten und fein hacken – Die Butter erhitzen, das Hirn darin dämpfen und das Mehl darüberstäuben – Mit Fleischbrühe ablöschen und auffüllen – Nach Geschmack würzen und einige Male aufkochen – Das Eigelb und den Rahm in die Suppenterrine geben, verquirlen und mit Suppe auffüllen.

1 Tasse Kalbshirn, 2 Eßl. Butter, 4 Eßl. Mehl, 1 l Brühe, Salz, 1 Eigelb, 1–2 Eßl. Süßrahm

Maultaschensuppe

1 Tasse Mehl in eine Schüssel geben – Eier und Milch beifügen und zu einem leichten Teig verrühren – Auf das bemehlte Nudelbrett schütten – Soviel Mehl einarbeiten, um einen glatten, festen Teig zu erhalten – Solange kneten und schlagen, bis er beim Durchschneiden kleine Löcher zeigt – Zu 2 dünnen Nudelkuchen ausrollen und etwas trocknen lassen – Spinat waschen und in kochendem Wasser kurz ziehen lassen – Ausgedrückt mit der Petersilie zusammen fein verwiegen – Brötchen mit kochender Milch übergießen und danach ausdrücken – Gehackte Zwiebel in Butter andünsten – Alles mit Eiern und Gewürzen zur Fülle vermengen – Messerrückendick auf die Nudelkuchen streichen – Aufrollen und flachdrücken – Schräge Vierecke schneiden – Kochendem Salzwasser zugesetzt, 10–12 Minuten kochen – abgeseiht in die heiße Brühe legen.

1 1/2 l Fleischbrühe
Zum Teig:
2 Eier, 4 Eßl. Milch, Mehl
Zur Fülle:
500 g Spinat, 1 Eßl. geh. Petersilie, 3 Brötchen, Milch, 2 Eßl. Butter, 1 Zwiebel, Salz, Pfeffer, 2 Eier

Olive-Suppe

In Fett kleingeschnittene Zwiebeln und würfelig geschnittenes Rindfleisch rösten – Mit Wasser übergießen – Den Kalbskopf und das Suppenhuhn zugeben – Würzen und drei Stunden zugedeckt kochen – Abgeseiht in Tassen servieren – Das Huhn zu Ragout oder Geflügelsalat verwenden.

3 Eßl. Fett, 2 Zwiebeln, 250 g Rindfleisch, 3 l Wasser, 1 Kalbsfuß, 1 kleines Suppenhuhn, Salz, Pfeffer

Kaninchensuppe

500 g Kaninchenfleisch, 3 Eßl. Butter, 2 Eßl. Wasser, 2 gelbe Rüben, 1 Zwiebel, 1 Lorbeerblatt, 1 Nelke, Salz, Pfeffer, 70 g Tapioka (Sago), Fleischextrakt

Das Fleisch von Kopf, Hals, Brustlappen und Läufen in Butter gelb anbraten – Mit Wasser aufgießen – Geschnittene gelbe Rüben, Zwiebel und Gewürze beifügen – In etwa 1 1/2 Stunden weichkochen – Das Fleisch von den Knochen lösen – Die Suppe durchpassiert wieder aufs Feuer geben – Tapioka und Fleischextrakt zugeben und fertigkochen – Beim Anrichten Fleischstückchen einlegen.

Melonensuppe

1 mittelgroße Melone, 2 Eßl. Butter, Salz, Pfeffer, 1 Teel. Kerbelkraut, 4 Tassen Milch, 2 Eigelb, 2 Eßl. Süßrahm, Weißbrot, 2–3 Eßl. in Butter gebackene Melonenwürfel

Eine Canteloup-Melone schälen und in Stückchen schneiden – In etwas Butter mit den Gewürzen dünsten – Den gehackten Kerbel und die kochende Milch beifügen – 30 Minuten kochen lassen – Durch ein feines Sieb drücken – Vor dem Anrichten mit Eigelb und Rahm legieren – Mit gerösteten Weißbrotwürfeln und in Butter gebackenen Melonenwürfeln anrichten.

Pilzsuppe aus getrockneten Pilzen

3 Eßl. Rahm, 1 Eßl. gehackte Petersilie, Suppenwürze 1 Eßl. getrocknete Pilze, 3 Eßl. Rahm 1 Eßl. gehackte Petersilie, Suppenwürze

Aus Butter und Mehl eine hellbraune Mehlschwitze bereiten – Mit 1 1/4 l Wasser ablöschen und aufkochen – Fein zerkrümelte Pilze und Gewürze beifügen und 30 Minuten verkochen – Vor dem Anrichten mit Rahm legieren und Petersilie überstreuen – Nach Belieben mit Suppenwürze abschmecken.

Mockturtlesuppe

1/2 Kalbskopf, 1 gelbe Rübe, 1/2 Petersilienwurzel, 1 kleine Scheibe Sellerie, 1/2 Zwiebel, 4 Pfefferkörner, 3 l Salzwasser, 80 g Fett, 500 g Kalbsknochen, 50 g Leber und Milz, Wurzelwerk, 80 g Mehl, 10 Pfefferkörner, 1 Prise Pastetengewürz, 1 Gläschen Madeira, 1 Teel. Worcestershire-Sauce, Salz, Paprika, Schildkröteneier

Kalbskopf in Salzwasser mit blätterig geschnittenem Wurzelwerk, Zwiebel und Pfefferkörnern weichkochen – Das Fleisch von den Knochen lösen und in Würfel schneiden – Zerhackte Kalbsknochen in Fett anrösten – Blätterig geschnittene Leber und Milz, sowie Wurzelwerk und Zwiebel beifügen und hellrösten – Mehl überstäuben und bräunen – Gewürze zugeben und sogleich mit Kalbskopfsud aufgießen – Wein, Worcestershire-Sauce, Salz und Paprika beifügen und gut verkochen – Vor dem Anrichten durchpassieren – Wieder erwärmt das Fleisch und nach Belieben die Schildkröteneier einlegen.

Ochsenschwanzsuppe, gebunden

Den Ochsenschwanz in den Gelenken teilen und brühen – Die abgetropften Stücke in Fett mit Zwiebel, Wurzelwerk und Gewürzen gelbrösten – 1 Tasse Wasser zugießen und weichdünsten – Mehl überstäuben und braunrösten – Mit dem restlichen Wasser ablöschen, auffüllen und durchkochen – Zuletzt Wein zugeben – Durchgeseiht mit den kleingeschnittenen Fleischstücken anrichten.

500 g Ochsenschwanz, 3 Eßl. Fett, 1 Zwiebel, Wurzelwerk (Suppengrün) 1 1/2 l Wasser, 1 Nelke, Muskat, 1 Lorbeerblatt, Salz, Pfeffer, 4 Eßl. Mehl, 1/2 Glas Rotwein oder Madeira

Suppe nach Olga

Julienne in Fleischbrühe weichkochen – Kurz vor dem Anrichten geschälte, kleinwürfelig geschnittene Gürkchen und Wein beifügen.

1 1/4 l Kraftbrühe, Julienne (Trockengemüse), einige eingelegte Gurken, 2 Eßl. Portwein

Prager Kartoffelsuppe

Rohe Kartoffeln schälen und in Schnitze teilen – Mit dem Rippchen zusammen in Salzwasser weichkochen – Die Kartoffeln durchpassieren – Aus Butter und Mehl eine helle Mehlschwitze bereiten – Mit Milch ablöschen – Kartoffelwasser und durchpassierte Kartoffeln zugeben – Durchkochen lassen und würzen – Nach Bedarf mit Wasser verdünnen – Beim Anrichten das kleinwürfelig geschnittene Fleisch und nach Belieben geröstete Weißbrotwürfel einlegen.

350 g Kartoffeln, 150 g rohes Rippchen, Salzwasser, 2 Eßl. Butter, 2 Eßl. Mehl, 1/2 Tasse Milch, 1 1/4 l Wasser, Salz, Pfeffer

Reismehlsuppe

Reismehl in kaltem Wasser anrühren – In kochende Brühe oder Wasser einlaufen lassen – Unter Rühren aufkochen, salzen und gut durchkochen – Vor dem Anrichten mit Eigelb und Rahm legieren und mit Muskat und Suppenwürze abschmecken.

5 Teel. Reismehl, 1 1/4 l Wasser, Salz, 1 Eigelb, Muskat, Rahm, Suppenwürze

Pilzsuppe aus frischen Pilzen

Zugerichtete, blätterig geschnittene Pilze in heißer Butter oder Öl mit Petersilie und Zwiebel andünsten – Mehl überstäuben, mit Wasser ablöschen und auffüllen – Würzen und gut verkochen – Vor dem Anrichten mit Rahm legieren.

1 Suppenteller Steinpilze oder Pfifferlinge, 4 Eßl. Butter oder Öl, 1 Eßl. gehackte Petersilie, 1 Teel. gehackte Zwiebel, 3 Eßl. Mehl, Salz, Pfeffer, 1 1/4 l Wasser, 3 Eßl. Süß- oder Sauerrahm

Radieschensuppe

4 Bund Radieschen, 3 Eßl. Butter, 1 Zwiebel, 1 Teel. gehackte Petersilie, 2 Eßl. Mehl, 1 1/4 l Wasser, Salz, Pfeffer

Radieschen waschen und in Scheiben schneiden – In Fett, Zwiebel und Petersilie andünsten – Radieschen beifügen und durchdünsten – Mehl überstreuen und schwach anrösten – Mit Wasser auffüllen und 30 Minuten durchkochen – Nach Belieben mit Rahm oder Eigelb legieren.

Reissuppe

1 l Fleischbrühe oder Wasser, 8 Eßl. Reis, 1 Eßl. Butter, Schnittlauch, 1 Ei

Den Reis waschen und gut abtropfen lassen – In einem Topf Butter zergehen lassen – Den Reis zugeben und kurz dünsten – Mit der Fleischbrühe oder dem Wasser auffüllen, würzen und die Suppe garkochen – Mit Schnittlauch bestreut anrichten – Nach Belieben mit 1 geschlagenem Ei verbessern.

Eine andere Zubereitungsart: Den Reis direkt in die kochende Brühe geben.

Reisschleimsuppe

1 l Wasser oder Brühe, 8 Eßl. Reis, 1–2 Eßl. Butter, 1 Eßl. Süßrahm, 1 Eigelb

Den Reis waschen und in dem leicht gesalzenen Wasser oder der Brühe garkochen – Durchpassieren und mit der Butter nochmals aufkochen – Mit Rahm und Eigelb legieren.

Rote-Rüben-Suppe

250 g rote Rüben, 3 Eßl. Fett, 200 g Kartoffeln, 1 1/4 l Brühe oder Wasser, 2 Eßl. Stärkemehl, 1/4 Tasse Milch, 3 Eßl. Rahm, Salz, Pfeffer, 1 rohe rote Rübe

Rote Rüben schälen und in Streifen hobeln – In Fett oder Butter mit wenig Wasser oder Brühe zugedeckt weichdünsten – Rohe Kartoffeln schälen, kleinwürfelig geschnitten, den dreiviertelgar gedünsteten Rüben beifügen – Mit Brühe oder Wasser auffüllen und weichdünsten – Mit in Milch angerührtem Stärkemehl dicken und würzen – Beim Anrichten eine rohe rote Rübe in die Suppenterrine reiben – Mit Rahm verquirlen und die Suppe übergießen.

Sagosuppe mit Tomaten

1 1/4 l Fleischbrühe, 30 g Sago, 2–3 Tomaten, Schnittlauch, Muskat

Sago in heißer Fleischbrühe mit geschälten, in Würfel geschnittenen Tomaten glasig kochen – Beim Anrichten mit gehacktem Schnittlauch und Muskat bestreuen.

Sago- oder Tapiokasuppe

Den Sago oder Tapioka in die kochende Brühe oder das Salzwasser einrühren – So lange kochen, bis die Körner durchsichtig werden – Beim Anrichten mit Muskat und feingeschnittenem Schnittlauch bestreuen – Nach Belieben mit 1 geschlagenen Ei oder Rahm verbessern.

1 l Fleischbrühe oder Wasser, 4 Eßl. Sago, Salz, Muskat, Schnittlauch, 1 Ei oder Rahm

Samtsuppe

Gelbe Rüben putzen und raspeln – Zwiebel feinhacken – Zusammen in Butter andünsten – Brühe zugeben und weichkochen – Durch ein Sieb streichen und wieder zum Kochen bringen – Sago einstreuen, glasig kochen, würzen.

250 g gelbe Rüben, 1 Zwiebel, 2 Eßl. Butter, 1 1/2 l Fleischbrühe, 100 g Sago (Tapioka), Salz

Sauerampfersuppe

Den Sauerampfer und Kerbel gut waschen und feinhacken – In Butter leicht andünsten, das Mehl darüberstäuben und ablöschen – Mit 1 l Wasser auffüllen und gut durchkochen – Nach Belieben die Suppe durchpassieren – Würzen und mit dem Eigelb und Rahm oder Milch legieren.

2 Handvoll Sauerampfer, etwas Kerbel, 2 Eßl. Butter, 3 Eßl. Mehl, 1 Eigelb, 1/2 Tasse Rahm oder Milch, Salz

Schokoladensuppe

Schokoladenstückchen im Wasserbad erwärmen, schmelzen lassen und glattrühren – Vanillezucker, Wasser, Milch und Zucker nach Geschmack zugeben und aufkochen – Das Eiweiß steifschlagen und mit Puderzucker vermengen – Klößchen abstechen – Auf die kochende Suppe legen und durchziehen lassen – Die Suppe vor dem Anrichten mit Eigelb legieren.

125 g Schokolade, 1/4 l Wasser, 3/4 l Milch, Zucker, 1 Päckchen Vanillezucker, 1–2 Eier, 20–40 g Puderzucker

Schwarzbrotsuppe

Das Schwarzbrot in 2 l Wasser einweichen, zum Kochen bringen und durchpassieren – Nochmals aufkochen, gegebenenfalls noch etwas Wasser zugeben und würzen – Die feingeschnittene Zwiebel in Fett hellgelb rösten und auf die Suppe gießen – Nach Geschmack mit Suppenwürze und Rahm verfeinern – Zusammen mit Pellkartoffeln eine ausgiebige Mahlzeit!

300 g Schwarzbrot, etwas Kümmel, Salz, Suppenwürze, 1 kleine Zwiebel, 1 Eßl. Fett

Sauerrahmsuppe mit Schwarzbrot

1 1/4 l Wasser, 1 1/2 l Tassen Sauerrahm, Salz, Pfeffer, Muskat, 1–2 Eigelb, Schwarzbrot, Butter, Schnittlauch

Das Wasser, dicken sauren Rahm und Gewürze unter ständigem Rühren aufkochen – Schwarzbrot in dünne Scheiben schneiden und rösten – In die Suppenterrine verquirltes Eigelb, gehackten Schnittlauch und das Brot geben – Mit der heißen Suppe auffüllen und durchrühren.

Selleriecremesuppe

1 Sellerieknolle, 1 Eßl. Zitronensaft, 3 Eßl. Mehl, 2 Eßl. Butter, Gemüsebrühe, 1 l Wasser, Salz, Pfeffer, 1 Eigelb, 1/4 Tasse Süßrahm

Sellerieknolle schälen und in Salzwasser mit Zitronensaft weichkochen – Durch ein Sieb streichen – Mehl in Butter hell anschwitzen und mit Gemüsebrühe ablöschen – Selleriemark zugeben und mit Wasser auffüllen – Nach Geschmack würzen, gut durchkochen und beim Anrichten mit Eigelb und Rahm legieren.

Selleriesuppe, fein

1 Sellerieknolle, 3 Eßl. Butter, 3 Eßl. Mehl, Salz, Pfeffer, 1 1/2 l Wasser, 2 Eßl. Krebsbutter oder Konserve, 1 Tasse Krebsschwänze oder Krabben, Weißbrotwürfel

Sellerieknolle waschen, schälen und feinreiben – In Butter hellgelb dünsten – Mehl überstäuben und anrösten – Mit Wasser ablöschen und auffüllen – Würzen und 30 Minuten kochen – Krebsbutter, Krebsschwänze oder Krabben beifügen – Über gerösteten Weißbrotwürfeln anrichten.

Selleriesuppe, einfach

1 Päckchen Selleriesuppe, Wasser nach Angabe, 3 Karotten, 1/8 l Süßrahm, 50 g Speckwürfel

Kleingeschnittene Karotten mit auf dem Päckchen angegebener Wassermenge weichkochen – Päckcheninhalt zugeben – So lange kochen wie vorgeschrieben – Mit dem Rahm abschmecken – Den Speck knusprig rösten – Aus dem Fett nehmen zud zerrieben über die Suppe streuen.

Schweizer Salatsuppe

2 Kopfsalat, 3 Eßl. Butter, 1 kleine Zwiebel 1 Teel. gehackte Petersilie, 2 Eßl. Mehl, 1 1/4 l Wasser, 150 g rohe Kartoffeln, Salz, Pfeffer, 1/4 Tasse Sauerrahm

Kopfsalat waschen, putzen und nudelig schneiden – Mit feingehackter Zwiebel und Petersilie in Butter leicht andünsten – Mehl überstäuben und leicht anrösten – Mit Wasser ablöschen und auffüllen – 30 Minuten kochen – Geschälte kleinwürfelig geschnittene Kartoffeln zugeben und weichkochen – Nach Geschmack würzen – Vor dem Anrichten mit Rahm noch einmal aufkochen.

Schinkensuppe

Schinken, feingehackte Zwiebel und Petersilie in Butter andünsten – Mehl überstäuben und leicht anrösten – Mit Wasser ablöschen, auffüllen und etwa 45 Minuten durchkochen – Würzen und nach Belieben Fleischextrakt zugeben – Vor dem Anrichten mit Eigelb und Rahm legieren und geröstete Weißbrotwürfel einlegen.

75 g Schinken, 1 Zwiebel, 1 Eßl. gehackte Petersilie, 3 Eßl. Butter 1/2 Tasse Mehl, Salz, Pfeffer, 1 1/4 l Wasser, 1 Eigelb, 2–3 Eßl. Rahm, geröstete Weißbrotwürfel, Fleischextrakt

Suppe Bonne femme

Feingeschnittenen Lauch und geschälte, in kleine Würfel geschnittene Kartoffeln in Butter und wenig Brühe weichdünsten – Die restliche Brühe zugießen – Nach Geschmack würzen und durchkochen – Vor dem Anrichten mit Rahm legieren und frische Butter unterschlagen.

1 Stange Lauch, 200 g rohe Kartoffeln, 4 Eßl. Butter, 1 1/4 l Brühe oder Wasser, 2 Eßl. frische Butter, 3 Eßl. Süßrahm

Spargelsuppe

Die Spargel waschen, putzen und in 2 cm große Stücke schneiden – In 1 l kochendem, schwach gesalzenem Wasser weichkochen – Eine helle Mehlschwitze bereiten, mit der Spargelbrühe ablöschen und auffüllen – Mit Rahm und Eigelb legieren und den Spargel einlegen.

500 g Suppenspargel, 3–4 Eßl. Butter, 4 Eßl. Mehl, 1 Eigelb, 2 Eßl. Süßrahm, Salz

Spinatsuppe

Suppengemüse kleinschneiden und in Butter andünsten – Mit Mehl überstäuben, kurz rösten, mit Wasser ablöschen und auffüllen – Nach 20 Minuten Kochzeit rohen, feingewiegten Spinat zugeben – Würzen und noch weitere 10 Minuten kochen – Vor dem Anrichten mit Rahm legieren.

1 Zwiebel, 1/2 Stange Lauch, 1/2 Scheibe Sellerie, 1 Kartoffel, 2 Eßl. Butter, 2 Eßl. Mehl, 1 1/2 l Wasser, 250 g Spinat, Salz, Muskat, 2 Eßl. Süßrahm

Tomatensuppe

Die Tomaten waschen und zerteilen – In einer Kasserolle mit etwas Wasser weichdämpfen und durchpassieren – Aus Mehl und Butter eine helle Mehlschwitze bereiten – Das Tomatenmark zugeben und mit 1 l Wasser auffüllen – Nach Geschmack würzen und aufkochen lassen – Beim Anrichten mit gehackter Petersilie bestreuen und nach Belieben Schwemmklößchen oder in Butter geröstete Weißbrotwürfel einlegen.

500 g Tomaten, 3 Eßl. Butter, 4 Eßl. Mehl, Salz, Paprika, 1/2–1 Eßl. Zucker, Petersilie, Einlage

Tomatencremesuppe

4 Eßl. Mehl, 2 Eßl. Butter, 4 Eßl. Tomatenmark, 1 1/4 l Brühe oder Wasser, Salz, Paprika, Zucker, 2 Eßl. Rahm oder Dosenmilch

Mehl in Butter leicht anschwitzen – Tomatenmark zurühren – Mit Brühe oder Wasser ablöschen, auffüllen, würzen und durchkochen – Vor dem Anrichten Rahm unterziehen und cremig schlagen – Nach Belieben Rührei einlegen.

Tomatensuppe mit Butternockerln

500 g Tomaten, 1 l Wasser, 3 Eßl. Butter, 3 Eßl. Mehl, Salz, Paprika, 1–2 Eßl. Zucker, 1 Teel. gehackte Petersilie, Butternockerln

Tomaten waschen und auseinanderbrechen – Mit Wasser bedeckt weichdünsten – Durch ein Sieb streichen – Mehl in Butter hell anrösten – Paprika zugeben und mit Tomatenbrühe ablöschen – Tomatenmark zurühren – Würzen und durchkochen – Wenn nötig, etwas Wasser zugeben – Nockerln einlegen und mit Petersilie bestreut anrichten.

Tropfsuppe, Eintropfsuppe

1 1/4 l Brühe, 2 Eier, 2 Eßl. Mehl, Salz, Muskat, Schnittlauch oder Petersilie

Eier, Mehl und Gewürze in einem kleinen Kännchen mit einem Schnabel zu einem dickflüssigen Teig verrühren – Langsam in die kochende Brühe einlaufen lassen – Ist die Oberfläche mit Tropfen dicht übersät, herausnehmen und in die vorgewärmte Terrine legen – Fortfahren, bis der Teig aufgebraucht ist – Die Suppe übergießen und mit gehacktem Schnittlauch oder Petersilie bestreut anrichten.

Süddeutsche Wecksuppe (Panadensuppe)

3–4 Brötchen, 1 1/2 l Wasser, 4 Eßl. Butter, Salz, Pfeffer, 2–3 Eigelb, 1/2 Tasse Rahm, Schnittlauch

Brötchen zerschneiden, kaltem Wasser zusetzen – 15 Minuten kochen und danach passieren, würzen – Wieder aufkochen und Rahm beifügen – Mit Eigelb legiert und mit Schnittlauch bestreut anrichten.

Wirsingsuppe mit Parmesan

1 Kopf Wirsing, 3 Eßl. Butter, Salz, Pfeffer, 1 Tasse Zwiebackbrösel, 1/2 Tasse geriebener Parmesan, Weißbrot, Butter

Wirsing zerteilen und waschen – In Salzwasser halb garkochen – Abtropfen lassen und in Butter fertigdünsten – Gewürze und Brösel zugeben – Mit Gemüsebrühe auffüllen – Gut durchkochen und vor dem Anrichten den Käse untermengen – Über in Butter gerösteten Brotschnitten anrichten.

Wildsuppe

Das Fleisch von den Knochen lösen und in kleine Stückchen schneiden – Die Knochen etwas zerstampfen und mit dem Suppengrün im Fett anbraten – Das Mehl zugeben und dunkel rösten – Mit 1 1/4 l Wasser ablöschen, würzen und alles gut durchkochen lassen – Beim Anrichten die durchgeseihte Suppe über die Fleischstückchen gießen – Ein Schuß Rotwein verfeinert die Suppe.

Reste von gebratenem Wild, Suppengrün, 4 Eßl. Fett, 5–8 Eßl. Mehl, Salz, Pfeffer, Paprika, 2–3 Eßl. Rotwein

Braune Wildtaubensuppe mit Schwammnudeln

Tauben zurichten und in Stücke zerteilen – Wurzelwerk in Butter andünsten – Tauben mit Gewürz zugeben, leicht anrösten und mit wenig Wasser ablöschen – Zugedeckt 3/4 gardünsten – Zwiebackbrösel überstreuen, mit Wasser auffüllen und weichkochen – Vor dem Anrichten die Suppe durchseihen und Schwammnudeln einlegen.

3 Wildtauben, 1 Tasse geschnittenes Wurzelwerk (Suppengrün), Salz, Pfeffer, 3 Eßl. Butter, 1 1/2 l Wasser, 1/2 Tasse Zwiebackbrösel, Schwammnudeln

Wirsingsuppe

Wirsing waschen und in feine Streifen schneiden – In Butter mit kleinwürfelig geschnittenem Speck dünsten, bis er zusammenfällt – Mit Brühe oder Wasser auffüllen und etwa 1/2 Stunde durchkochen – Beim Anrichten mit verquirltem Ei und Rahm legieren.

1 kleiner Kopf Wirsing, 100 g Speck, 1 Eßl. Butter, 1 1/2 l Fleischbrühe, 1–2 Eier, einige Löffel Rahm

Zwiebelsuppe mit Klößchen

Zwiebeln in Butter lichtbraun rösten – Mit Mehl überstäuben und mit Wasser oder Brühe aufgießen – 2 Stunden langsam kochen – Je länger die Suppe kocht, um so schmackhafter wird sie – Die Brühe durchseihen und nochmals aufkochen – Vor dem Anrichten Schwemmklößchen oder Semmelklößchen einlegen.

1 Suppenteller Zwiebelscheiben, 4 Eßl. Butter, Mehl, 2 l Wasser oder Brühe, Suppenklößchen

Weinsuppe mit Biskuitschöberln

Feingeschnittene Zwiebel in Wein und Wasser mit Gewürzen weichkochen – Durchpassieren und wieder erwärmen – Vor dem Anrichten mit Eigelb legieren – Biskuitschöberl einlegen.

1/2 l Apfelwein oder leichter Weißwein, 1/2 l Wasser, Salz, Zucker, Schale 1/4 Zitrone, 1 Messerspitze Zimt, 2 große Zwiebeln, 2 Eigelb, Biskuitschöberl

Französische Zwiebelsuppe

2 l Wasser, 4 Zwiebeln, 3 Eßl. Butter, 200 g Weißbrot, 5 Eßl. Reibkäse, Salz

Zwiebeln schälen und in Ringe schneiden. In einer feuerfesten Form in Butter hellgelb rösten. Mit Wasser auffüllen und kochen, bis es ungefähr zur Hälfte eingekocht ist, danach würzen. Weißbrot in dünne Scheiben schneiden und anrösten, in die kochende Suppe einlegen. Mit Käse bestreut, im Rohr überbacken, bis sich eine bräunliche Schicht bildet.

Zwiebelsuppe

70 g Butter, 2 große Zwiebeln, 1 Eßl. Mehl, 1 1/4 l Wasser oder Brühe, Salz, Suppenwürze, 2 Brötchen, 2 Eigelb, 2 Eßl. Reibkäse

Kleinwürfelig geschnittene Zwiebeln in Butter hellgelb rösten – Mehl zugeben und hell anschwitzen – Unter Rühren Wasser oder Brühe zugießen – Salz und Suppenwürze zugeben und gut durchkochen – Durch ein Sieb treiben – Nochmals zum Kochen bringen und feine in Scheiben geschnittene Brötchen zugeben – Die Suppe noch einige Minuten schwach kochen lassen – Vor dem Anrichten mit Eigelb legieren und mit Reibkäse bestreuen.

Windsorsuppe

3 Tomaten oder 2 Eßl. Tomatenmark, 1 Stange Lauch, 2 Scheiben Sellerie, 1 Nelke, 1 Lorbeerblatt, 2 Eßl. Fett, 2 Eßl. Mehl, Salz, Pfeffer, 1 1/4 l Fleischbrühe oder Wasser und 1 Teel. Fleischextrakt, Rotwein

Tomaten, Lauch und Sellerie in kleine Stücke schneiden – Mit Nelke und Lorbeerblatt in Fett braunrösten – Mehl überstäuben, leicht anrösten und mit Fleischbrühe oder Wasser auffüllen – 30 Minuten kochen, mit Pfeffer, Salz und einem Schuß Rotwein abschmecken.

Kaltschalen

Apfel-, Kirsch-, Rhabarber-, Stachelbeerkaltschale

Das Obst in 1 1/2 l Wasser weichkochen und durch ein Haarsieb streichen – Das Obstmark wieder aufs Feuer stellen und das mit Wasser oder Fruchtsaft angerührte Stärkemehl nach dem Aufkochen zugeben – Bei Verwendung von Sago diesen so lange kochen, bis er durchsichtig wird – Die Suppe mit Zucker und Zitrone abschmecken – Nach Belieben noch ein Glas Weißwein zufügen – Bis zum Genuß kühlstellen und mit einigen ganzen Früchten und Makronen garnieren.

500 g Früchte der Saison, 1 Eßl. Stärkemehl oder 1 Eßl. Sago, 2 Eßl. Zucker, 1/2 Zitrone Saft und Schale, 1 Glas Weißwein, Makronen

Buttermilchkaltschale

Die Buttermilch mit dem Zucker und Zimt verquirlen – Kurz vor dem Anrichten die Früchte zugeben – Nach Belieben mit Löffelbiskuits reichen.

1 l Buttermilch, 500 g Johannisbeeren oder Himbeeren, 3 Eßl. Zucker, Zimt

Erdbeer-, Himbeer-, Johannisbeerkaltschale

Die Früchte waschen und auspressen – Den Saft mit Wasser oder Apfelsaft bis zur benötigten Menge auffüllen – Mit dem Zitronensaft und Zucker würzen – So viel Zwiebackbrösel einstreuen, daß die Flüssigkeit sämig wird – Mit einigen ganzen Früchten garnieren, kaltstellen.

1/2–1 kg Früchte, Wasser oder Apfelsaft, 1/2 Zitrone Saft, 2–4 Eßl. Zucker, Zwiebackbrösel

Kirsch-Kaltschale

Kirschen mit feingestoßenen Kirschkernen und Nelken 15 Minuten in Wasser und Wein kochen – Durchpassieren und mit Zucker und Zimt vermengen – Über Zwiebackstückchen anrichten, oder die Kaltschale nochmals aufkochen – Mit 2 Teel. Stärkemehl dicken und Schneeklöße einlegen.

200 g Weichselkirschen, 1 1/2 l Wasser, 1/2 Eßl. gestoßene Kirschkerne, 2 Nelken, 1 Tasse Rotwein, Zucker, Zimt, Zwiebackstückchen, Schneeklöße, 2 Teel. Stärkemehl

Zitronenkaltschale

Alle Zutaten gut verrühren und im Wasserbad dickschlagen – In eine Terrine füllen und bis zum Servieren auf Eis stellen.

3 Zitronen Saft, 1 Zitrone Schale, 1 l Wasser, 4 Eßl. Zucker, 1 Eßl. Stärkemehl, 2 Eigelb

Sauerkirschen-Kaltschale

500 g Kirschen, 1/2 l Wasser, 1/2 Stange Zimt, 4–6 Eßl. Zucker, 20 g Stärkemehl, 1/2 l Weißwein
Klößchen:
2 Eiweiß, 2 Eßl. Zucker, 1 Zitrone

Kirschen entkernen – Die Kerne im Wasser durchkochen – Abseihen – Dem Kernwasser Zucker, Zimt und die Sauerkirschen zugeben – Garkochen – Stärkemehl mit etwas Wein glattrühren – Die Kirschen damit binden – Kühlstellen – Eiweiß steifschlagen, Zucker einschlagen – Mit einem Löffel kleine Klößchen in kochend heißes, jedoch nicht mehr sprudelndes Wasser einlegen – Abseits vom Feuer 5 Minuten ziehen lassen – Beim Anrichten den restlichen Wein der Kirschsuppe zugeben – Dünne Zitronenscheiben und die Klößchen einlegen.

Stachelbeer-Kaltschale

500 g Stachelbeeren, 1 Eßl. Stärkemehl oder 4 Eßl. Sago, 3 Eßl. Zucker, 1/2 Zitrone Saft und Schale, Weißwein, Makronen

Stachelbeeren in 1 1/2 l Wasser weichkochen, durch ein Haarsieb streichen – Das Obstmark mit Zucker, Zitronensaft und Schale aufkochen – Mit Weißwein oder Wasser angerührtes Stärkemehl zugeben und 3 Minuten kochen – *Oder:* Sago einstreuen und kochen, bis er durchsichtig geworden ist – Nach Belieben ein Glas Weißwein beifügen – Bis zum Genuß kühlstellen – Mit einigen ganzen Früchten oder Makronen eingelegt anrichten.

Vanille- oder Holunder-Milchkaltschale

2 Dolden Holunderblüten oder Vanillemark, 1 l Milch, 1 Eßl. Zucker, 1 Eßl. Stärkemehl, 1 Eigelb

Die Milch zum Kochen bringen – Mit Vanille würzen oder die Holunderblüten 5 Minuten darin ziehen lassen – Mit dem Zucker abschmecken und das mit Milch vermengte Stärkemehl einrühren – 3 Minuten kochen und mit dem Eigelb legieren – Sehr kalt servieren.

Weinkaltschale

5 Eßl. Korinthen, 5 Eßl. Grieß, 2 Eigelb, 2 Eßl. Zucker, 1 Tasse Weißwein, 1/2 Zitrone Saft, 2 Eiweiß, 5 Eßl. Zucker, Zimt

3 Tassen Wasser mit den Korinthen aufstellen und zum Kochen bringen – Den Grieß mit 1 Tasse Wasser anrühren und in die kochende Flüssigkeit geben – 20 Minuten kochen lassen – Das Eigelb mit dem Zucker, Wein und Zitronensaft verrühren und der Suppe zusetzen – Die Eiweiß zu steifem Schnee schlagen, mit dem Zucker vermengen und mit einem Löffel Klößchen in die Suppe einlegen – 4 Minuten bei geschlossenem Topf ziehen lassen – Kaltstellen, mit Zucker und Zimt bestreut anrichten.

Brätknödel

Butter schaumig rühren – Mit Brät vermengen – Warme Milch oder Rahm zugießen und schaumig schlagen – Eier, Brösel und Gewürze zugeben und vermengen – In kochende Fleischbrühe einen Probekloß einlegen – Ist die Masse zu weich oder zu fest geraten, entweder Brösel oder Milch beifügen – Die Klöße 10–15 Minuten langsam ziehend fertigstellen.

60 g Butter, 250 g Brät (Wurstbrät), 1/2 Tasse Milch oder Rahm, 2 Eier, 80 g Brösel, 1/4 Zitrone ger. Schale, Salz, Pfeffer, Muskat

Butternockerl

Butter schaumig rühren – Eigelb, Mehl, Milch und Salz beifügen – Steifen Eierschnee unterziehen – Mit einem Teelöffel kleine Nockerl in kochende Suppe einlegen – Werden die Nockerl etwas leichter gewünscht, ein halbes entrindetes Brötchen, in Milch eingeweicht, ausgedrückt und durchpassiert, dem Teig untermengen.

50 g Butter, 1 Ei, 1 Eßl. Milch, Salz, 75 g Mehl

Hirnschöberl

Butter schaumig rühren – Brötchen entrinden, in Milch einweichen, ausdrücken und durchpassieren – Hirn wässern, enthäuten, in Scheiben schneiden und in Butter mit gehackten Champignons andünsten – Mit den übrigen Zutaten vermengen – Den steifen Eierschnee lose unterziehen – In mit Butter und Mehl zugerichteter Tortenform backen – Stürzen und in Vierecke schneiden.

3 Eßl. Butter, 2 Eier, 1 Brötchen, 1/4 Tasse Milch, 1/2 Kalbshirn, Petersilie, einige Champignons, 2 Eßl. Brösel, Salz, Pfeffer, Butter und Mehl für die Form

Leberklößchen oder -knödel

Leber und Milz durch den Wolf drehen – Gehackte Petersilie und feingewiegte Zwiebel in Fett anrösten – In Wasser eingeweichte und gut ausgedrückte Brötchen zugeben und ausdämpfen lassen – Vom Feuer nehmen, die Lebermasse, Gewürze, Ei und Brösel zugeben – Vermengen und einige Zeit durchziehen lassen – Klößchen oder Knödel formen und in der klaren Fleischbrühe 10 Minuten zugedeckt leise kochen lassen.

150 g Rindsleber, 1 Stückchen Milz, 2 Brötchen, 2 Eßl. Fett, 1 Zwiebel, Petersilie, Salz, Pfeffer, Majoran, 1 Ei, 50 g Brösel

Biskuitschöberl

4 Eßl. Butter, 2–3 Eier, 6 Eßl. Mehl, Petersilie, Muskat, Salz

Butter schaumig rühren – Abwechselnd Eigelb und Mehl zugeben – Gewürze und gehackte Petersilie beifügen – Steifen Eierschnee untermengen – Die Masse in eine gefettete Form streichen und im Ofen zu schöner Farbe backen – Nach dem Erkalten in Würfel schneiden.

Butterbiskuit

6 Eßl. Mehl, 4 Eßl. Butter, 2–3 Eier, Petersilie, Salz, Muskat

Die Butter schaumig rühren und abwechselnd das Eigelb und Mehl zugeben – Würzen und den steifen Eierschnee unterziehen – Die Masse in eine gut ausgefettete Omelettepfanne oder Kapselform streichen und im Ofen schön gelb backen – Nach dem Erkalten Würfel daraus schneiden und in Fleischbrühe anrichten.

Butterklößchen

3 Eßl. Butter, 2 Eigelb, 4 Eßl. Mehl, Salz, Muskat

Die Butter schaumig rühren – Abwechselnd das Eigelb und Mehl zugeben und würzen – Die Masse ungefähr 1 Stunde stehen lassen – Mit einem Teelöffel kleine Klößchen in die siedende Fleischbrühe einlegen und langsam kochen lassen, bis sie an die Oberfläche kommen.

Leberspätzle

100 g Rindsleber, 2 kleine Zwiebeln, gewiegte Petersilie, 10 g Fett zum Andünsten, 20 g Butter, 4 Eßl. Semmelbrösel, 1 Ei, Salz, Majoran, Zitronenschale

Leber waschen, häuten, schaben oder zweimal durch die Fleischmaschine geben. Feingewiegte Zwiebel und Petersilie in Fett andünsten, zur Leber geben; bei größeren Mengen Zwiebeln mit der Leber durch die Fleischmaschine geben. Butter schaumig rühren, Semmelbrösel, Ei, Leber und Gewürze zugeben. Mit Spätzlesieb Spätzle in die Fleischbrühe geben, 5 Minuten leise mitkochen lassen.

Leberschnitten

75 g Leber, 80 g Butter, 2 Eier, 1 Brötchen, 1 kleine Zwiebel gehackt, 1 Teel. gehackte Petersilie, 1 Eßl. Butter, Salz, Pfeffer, 1 Prise Majoran, Butter und Mehl für die Form

Butter schaumig rühren – Mit Eigelb, geschabter, passierter Leber, eingeweichtem, ausgedrücktem und passiertem Brötchen, Gewürzen, in Butter gedünsteter Zwiebel und Petersilie vermengen – Steifen Eierschnee unterziehen – In eine zugerichtete Form füllen und im Rohr backen – In Würfel geschnitten, vor dem Anrichten der heißen Suppe beifügen.

Eiernocken

Butter schaumig rühren – Eigelb, Milch und Salz zurühren – Abwechselnd steifen Eierschnee und Mehl untermengen – Entrindetes, eingeweichtes und gut ausgedrücktes Brötchen durchpassiert unterziehen – Mit einem Löffel Nocken abstechen und, in kochendes Salzwasser eingelegt, 10–15 Minuten ziehen lassen.

4 Eßl. Butter, 2 Eier, 1 Eßl. Milch, 3/4 Tasse Mehl, Salz, 1/2 Brötchen, Milch zum Einweichen

Eierstich

Alle Zutaten gut untereinander schlagen – In eine mit Butter ausgestrichene Tasse oder Form füllen – Zugedeckt im Wasserbad 20 Minuten ziehen lassen, bis die Masse gestockt ist – Stürzen und nach dem Erkalten Würfel oder verschobene Vierecke daraus schneiden.

1 Ei, 1 Eigelb, 1/2 Tasse Milch, Salz, Muskat, Butter zum Ausstreichen

Farcennockerl

Aus 1 Eßl. Butter und Mehl eine helle Mehlschwitze bereiten – Mit Milch ablöschen und durchkochen – Butter schaumig rühren – Mit der kalten Buttersauce, Eigelb, Gewürzen und zweimal durch den Wolf gedrehtem Fleisch vermengen – Mit einem Teelöffel kleine Nockerl in die kochende Suppe einlegen – Vom Feuer nehmen und kurz durchziehen lassen.

200 g gekochtes oder gebratenes Kalb-, Wild- oder Geflügelfleisch, 1 Eßl. Butter, 1 Eßl. Mehl, 1/4 Tasse Milch, 50 g Butter, 1 Eigelb, Salz, Pastetengewürz

Frittaten oder Suppenpfannkuchen

Aus Mehl, Ei, Salz und Milch dünnen Mehlteig herstellen, sehr dünne Pfannkuchen auf einer mit wenig heißem Fett oder Speckschwarte bestrichenen Pfanne goldgelb ausbacken – Nach dem Erkalten nudelartig fein schneiden – Mit kochender abgeschmeckter Brühe übergießen und sofort zu Tisch geben – Nicht kochen lassen! Pfannkuchen saugen viel Brühe auf, deshalb erhöhte Menge!

Zum Pfannkuchenteig:
125 g Mehl, 1 Ei, 1/4 l Milch, Salz
Zum Backen:
Fett, 2 1/4 l Brühe, Schnittlauch

Kalbfleischklößchen

Butter schaumig rühren – Mit Eigelb, eingeweichtem und ausgedrücktem Brötchen, Gewürzen und Fleisch vermengen – Steifen Eierschnee unterziehen – Mit einem Löffel kleine Klößchen abstechen und in kochendes Salzwasser einlegen – 5 Minuten darin ziehen lassen.

250 g gehacktes Kalbfleisch, 3–4 Eßl. Butter, 2 Eier, 1 Brötchen, Muskat, Suppenwürze, Salz, Pfeffer, 1 Teel. gehackte Petersilie, Salzwasser

Grießklößchen

1/2 Tasse Milch, 2 Eßl. Butter, Salz, Muskat, 4 Eßl. Grieß, 1–2 Eier

Die Milch, die Butter und die Gewürze zum Kochen bringen – Den Grieß einstreuen und zu einem Kloß anrühren – Vom Feuer nehmen und die Eier einzeln unterrühren – Nach dem Erkalten mit einem Löffel Klößchen abstechen und in siedende Fleischbrühe einlegen – Ziehen lassen, bis sie nach oben kommen.

Markklößchen

100 g Ochsenmark, 2 Brötchen, 3–4 Eßl. Milch, 1–2 Eier, 1 Eßl. Mehl, Salz, Pfeffer, Muskat

Das Mark warmstellen, bis es zergeht – Die Brötchen in etwas Milch einweichen und ausdrücken – Alle Zutaten vermengen und Klößchen daraus formen – In die siedende Fleischbrühe einlegen und langsam ziehen lassen, bis die Klößchen nach oben kommen.

Backerbsen, Mehlerbsen

1 Tasse Mehl, 2 Eier, Backfett, Salz, Milch

Alle Zutaten zu einem dicklichen Teig verrühren – Durch ein großlöchriges Sieb in nicht zu großen Portionen in heißes Backfett schütten – Goldgelb gebacken herausnehmen und die nächste Portion einschütten – Gut abtropfen lassen und in heißer Fleischbrühe anrichten.

Milzschnitten

3 Kalbsmilze, Salz, Pfeffer, Petersilie, 2 Eier, 1/2 Tasse Milch, 3 Brötchen, Fett

Milze ausstreifen – Mit Eiern, Gewürzen, gehackter Petersilie und Milch verrühren – In Scheiben geschnittene Brötchen darin eintauchen – In heißem Fett backen – Beim Anrichten heiße Brühe übergießen und mit gehackter Petersilie oder Schnittlauch bestreuen.

Nudeln

1 Ei, 1/2 Eierschale Wasser, 1 Tasse Mehl

Das Ei und Wasser in einer Schüssel schlagen – Nach und nach das Mehl zugeben, bis ein dicker Teig entsteht – Auf ein mit Mehl bestäubtes Nudelbrett stürzen und den Teig so lange kneten, bis er zart ist und beim Durchschneiden kleine Löcher zeigt – Zu einem dünnen Nudelkuchen auswellen – Trocknen lassen, zusammenrollen und in dünne Streifen schneiden – Die Nudeln ausbreiten und trocknen lassen – In kochende Fleischbrühe einstreuen und etwa 5 Minuten kochen lassen.

Flädle

Das Mehl, Wasser, Ei und die Gewürze zu einem glatten Teig verrühren – Eine Pfanne gut erhitzen, mit Speck ausreiben oder etwas Schmalz darin zergehen lassen – Den Teig in kleinen Portionen in die Pfanne geben, dünn auslaufen lassen und auf beiden Seiten goldgelb backen – Abgekühlt in dünne Streifen schneiden – In heißer Fleischbrühe anrichten und mit Petersilie oder Schnittlauch bestreuen.

1 gehäufte Tasse Mehl, 1 Tasse Wasser, 1 Ei, Salz, Muskat, Speckschwarte oder Schmalz

Reiskuchen

Reis waschen, bis das Wasser klar abfließt – In reichlich Salzwasser weichkochen und abschütten – Mit geriebener Zitronenschale, Butter und Salz vermengt warmstellen und ausdampfen lassen – Eier, mit Parmesan verquirlt, unter den warmen Reis mengen – In eine mit Butter ausgestrichene Form drücken und 10 Minuten im Rohr steif werden lassen – In eine Suppenterrine stürzen und mit heißer Brühe übergossen anrichten – Beim Vorlegen jeweils ein Stück des Reiskuchens abstechen.

125 g Reis, 2 Eßl. Butter, 1 Teel. geriebene Zitronenschale, Wasser, Salz, 1–2 Eier, 3 Eßl. Reibkäse

Schwemmklößchen

Die Milch, die Butter und die Gewürze zum Kochen bringen – Das Mehl einstreuen und zu einem Kloß abrühren – Unter die abgekühlte Masse die Eier einzeln untermengen – Mit einem Löffel Klößchen in die kochende Fleischbrühe legen – Zugedeckt 4–6 Minuten ziehen lassen.

1/2 Tasse Milch, 2 Eßl. Butter, Salz, Muskat, 6 Eßl. Mehl, 2 Eier

Schinkenklößchen

Die abgeriebenen Brötchen in Scheiben schneiden und in etwas Milch einweichen – Die Butter schaumig rühren und mit den Brötchen, dem Eigelb, dem gewiegten Schinken, den Gewürzen und dem steifen Eierschnee vermengen – Kleine Klößchen formen, in die kochende Fleischbrühe einlegen und 5–8 Minuten darin ziehen lassen.

50 g Schinken, 2 Brötchen, Milch, 2 Eßl. Butter, 1–2 Eier, Salz, Thymian

Riebele

1 Ei, 1/2 Eierschale Wasser, 1 1/2 Tassen Mehl

Einen festen Nudelteig aus den Zutaten bereiten – Auf dem Reibeisen vorsichtig in einer Richtung reiben – Die Riebele wie Nudeln in die kochende Fleischbrühe eintreuen.

Schinkenschöberl

4 Eßl. Butter, 3 Brötchen, 1/2 Tasse Milch, 3 Eier, 50 g Schinken oder Rippchen, Salz, Muskat, Butter und Mehl für die Form

Schaumig gerührte Butter, Eigelb, in Milch geweichte, gut ausgedrückte und durchpassierte Brötchen, gehackten Schinken oder Rippchen und Gewürze vermengen – Steifen Eierschnee unterziehen – In eine zugerichtete Biskuit- oder Tortenform füllen und im heißen Rohr backen – In gleichmäßige Stücke schneiden und zu der heißen Suppe reichen.

Schwammnudeln

2 Eier, 2 Teel. Mehl, Salz, Muskat

Die Eiweiß zu steifem Schnee schlagen – Die Eigelb und das Mehl vorsichtig untermengen und würzen – Die Masse in die kochende Fleischbrühe schütten und zugedeckt 5 Minuten langsam ziehen lassen – Vor dem Anrichten den Schwamm in kleine Stückchen schneiden.

Semmelklößchen

2 alte Brötchen, 1 Eßl. Butter, Petersilie, Salz, Muskat, 1–2 Eier

Die Brötchen abreiben, in feine Scheiben schneiden und mit etwas heißer Fleischbrühe anfeuchten – Mit der schaumig gerührten Butter vermengen – Die Gewürze, das Ei und die abgeriebene Brotrinde zugeben und alles gut vermengen – Klößchen formen, in die siedende Fleischbrühe einlegen und 5 Minuten langsam ziehen lassen.

Windbeutel

1/2 Tasse Milch, 4 Eßl. Butter, 5 Eßl. Mehl, 3 Eier, Salz, 1 Messerspitze Backpulver, Backfett

Milch mit Butter und Salz zum Kochen bringen – Das Mehl auf einmal einschütten – Unter Rühren zu einem Kloß abkochen – Vom Feuer nehmen und etwas abkühlen lassen – Eier einzeln zugeben und jedesmal glattrühren – Mit Backpulver vermengen – Mit einem Teelöffel Klößchen abstechen, in heißem Backfett schwimmend, goldgelb herausbacken – Entfetten und vor dem Anrichten in heiße Fleischbrühe einlegen.

Zwischengerichte und kleine warme Mahlzeiten

Bauernomelette

Eier mit Salz und gehackter Petersilie verquirlen – Zur Fülle blätterig geschnittenen Speck in der Pfanne anrösten – In Scheiben geschnittene, geschälte Bratwürste und dünne Kartoffelscheiben zugeben – Würzen und zusammen kurz braten – In einer Omelettepfanne Butter und Schmalz, gemischt, heiß werden lassen – Die Hälfte der Eiermasse hineinschütten und unter ständigem Rütteln der Pfanne goldgelb backen – Die oberste Schicht muß noch weich bleiben – Die Hälfte der Fülle darübergeben und zusammenklappen – Mit dem übrigen gleichermaßen verfahren – Auf heißer Platte anrichten.

8 Eier, Salz, Petersilie,
1 1/2 Eßl. Fett,
1 1/2 Eßl. Butter
Fülle:
125 g Brustspeck,
150 g Bratwurst,
6 gekochte Kartoffeln,
Salz, Pfeffer

Berner Brötchen

Eine weiße Rahmsauce bereiten (Buttersauce mit Rahm ablöschen) – Den gewiegten Schinken untermischen und die Masse auf Brotscheiben häufen – Jede Scheibe mit Käsescheiben belegen und in der heißen Röhre überbacken.

1 Eßl. Butter, 1 Eßl. Mehl,
3 Eßl. Rahm, Taler- oder
Toastbrot, 200 g gekochter
Schinken, 100 g Schweizer Käse

Burgundereier auf Artischockenböden

Heiße braune Sauce mit in Butter gedünsteten Pilzen und Burgunder vermengen – Über kleinem Feuer eindicken – Butter in Flocken unterschlagen – Artischockenböden erwärmen oder frische Artischocken abkochen und zerteilen – Auf jede Artischocke ein pochiertes Ei setzen, oder nach Belieben ein kernweich gekochtes Ei – Mit in Scheiben geschnittenem, gebrühtem Rindermark belegen – Mit der heißen Sauce übergießen.

1 Tasse braune Sauce, 1 Eßl.
gehackte Champignons oder
Trüffel, 1 Glas Burgunder,
4 Eßl. Butter, 4 Artischocken-
böden (Konserven oder frisch),
4 Eier, 50 g Rindermark

Eier in Teigschüsselchen

Zum Teig:
60 g Butter, 100 g Mehl, 1 Ei, Salz
Zur Fülle:
300 g Spargel, 1 Tasse Buttersauce, 1 Eigelb, 3 Eßl. Rahm
Rühreier aus:
3 Eiern
Zum Bestreuen:
2 Eßl. Reibkäse, Brösel, Butter

Aus Teigzutaten rasch einen Mürbeteig arbeiten – Kleine gebutterte Förmchen mit hohem Rand damit auslegen – Im heißen Rohr goldgelb backen – Spargel in 1 cm langen Stücken zurichten und, kochendem Wasser beigefügt, weichkochen – Auf einem Sieb abtropfen lassen – Aus Butter, Mehl, Salz und Gemüsebrühe die Buttersauce bereiten – Mit Eigelb und Rahm legieren – Die Hälfte der Sauce mit den Spargeln vermengen – Die Teigschüsselchen halb damit füllen und mit Rührei bedecken – Die restliche Sauce dünn übergießen – Mit Reibkäse und Bröseln bestreut und mit zerlassener Butter beträufelt, im heißen Rohr goldgelb überbacken.

Champignons auf Toast

250 g Büchsenchampignons oder 500 g frische Pilze, 3–4 Eßl. frische Butter, Weißbrot, Salz, Zitronenscheiben, Petersilie

Die Pilze in Scheiben schneiden und kurz in der Butter dämpfen – Die Weißbrotscheiben in Butter auf beiden Seiten schwach anrösten – Die Pilze darauf häufen und würzen – Heiß mit Zitronenscheiben und Petersiliensträußchen garnieren und anrichten.

Gebackene Champignons mit Sauce Tartare

500 g Champignons, Mehl, 2 Eier, Brösel, Backfett, Petersilie, Sauce Tartare

Pilze putzen und waschen – Kleine Pilze ganz lassen, größere zerteilen – In Mehl, geschlagenem Ei und Bröseln wenden, bis sie davon allseitig eingehüllt sind – In heißem Backfett schwimmend herausbacken – Einige Sträußchen gewaschener, gut abgetrockneter Petersilie mitbacken und die angerichteten Pilze damit garnieren – *Beigabe:* Sauce Tartare.

Gefüllte Champignons

500 g große Champignons
Zur Fülle:
150 g Bratenreste oder Schinken, 1 Ei, Salz, Pfeffer, 1 Teel. Madeira, 1/2 Teel. Worcestershire-Sauce, 1 Zwiebel, 1 Teel. gehackte Petersilie, 4 Eßl. Butter, Reibkäse, Brösel

Champignons putzen und schälen, Stiele herausschneiden – Feingewiegtes Fleisch oder Schinken, Ei, Salz, Pfeffer, Madeira und Worcestershire-Sauce mit in Butter gedünsteter, feingehackter Zwiebel, Petersilie und feingehackten Pilzstielen vermengen – Das Gemenge in die Pilzköpfe füllen – In eine gebutterte Auflaufform setzen – Mit Käse und Brösel bestreut und mit Butter beträufelt, 15 Minuten ins heiße Rohr stellen.

Chicken Timbalos

Die Butter zergehen lassen, die Brösel und Milch zugeben und unter fortwährendem Rühren 5 Minuten kochen – Das Hühnerfleisch, die Petersilie und die leicht geschlagenen Eier beifügen – Mit Salz und Pfeffer würzen – In mit Butter ausgestrichene Formen füllen und bis zu 2/3 Höhe in ein mit heißem Wasser gefülltes Gefäß stellen – Mit Folie bedecken und 20 Minuten im Ofen backen – *Beigabe:* Bechamelsauce.

2 Eßl. Butter, 1/4 Tasse Weckbrösel, 2/3 Tasse Milch, 1 Tasse gekochtes, gehacktes Huhn, 1/2 Eßl. Petersilie, 2 Eier, Salz, Pfeffer

Fisch à la Creme

Die weiße Sauce mit dem Lorbeerblatt, der Petersilie und Zwiebel kochen – Eine leicht mit Butter bestrichene Auflaufform abwechselnd mit Fisch, mit Salz und Pfeffer bestreuen und mit Sauce auffüllen – Mit Bröseln bedecken und im heißen Ofen backen, bis die Brösel braun werden.

3 Tassen gekochter, kalter Fisch, 2 Tassen Bechamelsauce, Lorbeerblatt, Petersilie, Salz, Pfeffer, 1/2 Zwiebel, 1/2 Tasse Weckbrösel

Epikuräische Fischkoteletts

Die Paprikaschoten und Zwiebel unter Rühren 5 Minuten in der Butter dünsten – Das Mehl, mit den Gewürzen vermischt, zugeben – Unter ständigem Rühren nach und nach Milch und Rahm zugießen – Zum Kochen bringen und den Fisch zugeben – Auf einer Platte zum Kühlen ausbreiten – Zu Koteletts formen und in Brösel, geschlagene Eier und wieder in Brösel tauchen – In Backfett schwimmend braten und auf Papier abtropfen – Auf einer heißen Platte anrichten und mit Petersilie garnieren – Nach Belieben Epikursauce beigeben.

1/2 Eßl. gehackte Zwiebel, 2 Eßl. gehackte rote Paprikaschote, 3 Eßl. Butter, 1/3 Tasse Mehl, Salz, Paprika, Pfeffer, 1/2 Tasse Milch, 1/2 Tasse Süßrahm, 1 3/4 Tassen gekochte Schellfischflocken, 2 Eier, Weckbrösel, Backfett

Hamburger auf Toast mit Spiegelei

Das feingehackte Fleisch mit Salz, Pfeffer und etwas Öl verkneten, daraus vier große Hamburger Steaks formen, in der Pfanne schnell abbraten – Sie sollen außen schön braun sein, innen aber rosig bleiben – Die Weißbrotscheiben auf beiden Seiten mit Öl hellgelb anrösten, mit rohen Zwiebelringen belegen, die gebratenen Steaks daraufbetten – Obenauf kommen die Spiegeleier – Mit Tomatenketchup servieren.

600 g rohes gehacktes Rindfleisch ohne Fett und Sehnen, Salz, Pfeffer, Olivenöl, 2 Zwiebeln, 4 Eier, Tomatenketchup, je 1 Toastscheibe

Fondue Neuchateler Art

300 g Emmentaler Käse, 1 Glas Weißwein, 3–4 Eßl. Butter, Knoblauch, Pfeffer, 1 Glas Kirschwasser, Weißbrotwürfel

Eine feuerfeste Form mit Knoblauch ausreiben – Die Butter, den in Würfel geschnittenen Emmentaler Käse, Weißwein und Pfeffer hineingeben und auf dem Feuer unter ständigem Rühren schmelzen – Ein Glas Kirschwasser untermengen und in der Form anrichten.
Beigabe: Weißbrotwürfel (beim Essen in die Fondue eintauchen).

Gebackene Froschschenkel

4 Dtzd. Froschschenkel, Eierkuchen oder Bierteig, Backfett

Die Froschschenkel waschen und abtrocknen – In einen guten Eierkuchen- oder Bierteig tauchen und in heißem Fett schwimmend in etwa 5 Minuten goldbraun backen.
Eine andere Zubereitungsart: In einer Pfanne Butter zergehen lassen – Die vorbereiteten, mit Salz und Pfeffer gewürzten Froschschenkel darin knusprig braten – Mit Zitronenschnitzen anrichten.

Mazedonische Hühnercroquetten

3 Eßl. Butter, 1 kleine Zwiebel, 1/4 Tasse Mehl, Salz, Pfeffer, Paprika, 1 Tasse Hühnerbrühe, 3 Eigelb, 1 Tasse gekochtes Huhn in Würfel, 1/2 Tasse Schinkenwürfel, 1/4 Tasse Pilze geschnitten, 2 Eier, Mehl und Brösel, Backfett, Feine Gemüse, Petersilie

Die gehackte Zwiebel in der Butter weich dünsten – Das Mehl und die Gewürze beifügen – Gut vermengen und unter ständigem Rühren nach und nach die Brühe dazugießen – Zum Kochen bringen und die übrigen Zutaten beigeben – Noch 5 Minuten kochen lassen, dann zum Kühlen auf eine Platte breiten – Zu kleinen, länglichen Klößen formen – In Mehl, Eier und Bröseln wenden – Schwimmend in Backfett herausbacken und auf Papier abtropfen – Auf einer flachen heißen Platte anrichten – Mit Gemüse von Erbsen, Würfel von gelben Rüben und Blumenkohlröschen umlegen – Mit Petersilie garnieren.

Käse in Förmchen

1 Tasse Süßrahm, 3 Eßl. Butter, 125 g Brösel, 5 Eier, 50 g geriebener Chesterkäse, 50 g Parmesankäse, Butter für die Förmchen, Butterflocken

Rahm und Butter aufkochen, Brösel zugeben und so lange rühren, bis sich der Teig vom Topf löst – Auskühlen lassen – Die Eigelb einzeln unterrühren, mit Reibkäse vermengen – Steifen Eierschnee lose unterziehen – In zugerichtete Förmchen füllen, mit Butterflöckchen belegen und im heißen Rohr einige Minuten aufziehen.

Jagdpastete mit Sauce Cumberland

(für 8–10 Personen)
Zum Teig:
500 g Mehl, 250 g Butter, 2 Eier, Salz, 1/3 Tasse Wasser
Zur Fülle:
1 Hase oder anderes Wildfleisch, 100 g Zunge, 100 g Schinken, 200 g fetter Speck, 1 Prise Pastetengewürz, Salz, 1 Trüffel, 1/2 Tasse Pistazien, 2 Gläschen Madeira, 1 Glas Kognak, 250 g Schweinefleisch, 250 g Kalbfleisch, 125 g roher Speck, Salz, 1 Eigelb, Aspik, Sauce Cumberland

Butter mit Eiern, Salz und Wasser verkneten, am besten mit Teigfix – Mehl zugeben und rasch zu einem glatten, festen Teig arbeiten – Ist der Teig zu fest, wenig Wasser beifügen – Möglichst rasch arbeiten, da er sonst brüchig wird – Bis zur Weiterverarbeitung 1 Stunde auf Eis stellen oder tags zuvor bereiten – Eine längliche Pastetenform mit Butter ausstreichen – Mit 1/2 cm dick ausgewelltem Teig Boden und Seitenwände auslegen – Den Rand 2 cm hoch überstehen lassen –
Zur Fülle: Das Wildfleisch, von Sehnen und Haut befreit, Zunge, Schinken und Speck in gleichmäßig stark fingerdicke Streifen schneiden – Mit Gewürzen, feingehackter Trüffel, gebrühten und geschälten Pistazien, Madeira und Kognak vermengt, eine Stunde durchziehen lassen – Schweinefleisch, Kalbfleisch und rohen Speck durch den Fleischwolf drehen – Durchpassieren und mit Gewürzen zu einer Farce vermengen – Boden und Seitenwände damit gleichmäßig bestreichen – Abwechselnd die Streifen der Wildmischung, der Länge nach genommen, und Farce einfüllen; der Mitte zu etwas erhöht, damit das austretende Fett Raum gewinnt – Mit Face abschließen – Aus dem restlichen Teig einen Deckel schneiden und 2 markstückgroße Löcher ausstechen – Mit geschlagenem Ei bestreichen und mit der bestrichenen Seite über die Farce legen – Den überhängenden Teigrand zu einem Wulst über den Teigdeckel rollen – Leicht andrücken und ringsherum mit einem Pastetenkneifer oder Messer eine Bordüre machen – Die Pastete mit ausgestochenen Teigstückchen belegen, mit Ei ankleben und alles mit Eigelb bestreichen – In die Öffnungen des Deckels, damit sie sich während des Backens nicht schließen, passende Papierröhrchen stecken – In nicht zu heißem Rohr zu schöner Farbe backen – Die abgekühlte Pastete aus der Form nehmen und bis zum andern Tag stehen lassen – Mit abgekühltem, noch flüssigem Aspik die Pasteten durch die Löcher ausgießen – Erstarrt in Scheiben aufschneiden und mit gehacktem Aspik und Petersilie garniert anrichten.
Beigabe: Sauce Cumberland.

Golden Buck

100 g Chesterkäse, 1/2 Tasse Bier, 1 Prise Paprika, Worcestershire-Sauce, 200 g Roastbeef, 4 Eier, 4 Scheiben Toast

Den Chesterkäse in einem Tiegel zusammen mit Bier, Paprika und Worcestershire-Sauce schmelzen – Die Toastscheiben mit Scheiben von gebratener Rinderlende und je einem verlorenen Ei belegen – Mit dem heißen Schmelzkäse begießen.

Heringsauflauf

4 Eßl. Butter, 4 Eier, 250 g gekochte, geriebene Kartoffeln, Salz, Pfeffer, Muskat, 1 Salzhering, 50 g Brösel, Butter und Brösel zum Backen

Butter und Eigelb schaumig rühren – Salzhering, gut gewässert, entgrätet und verwiegt, mit Kartoffeln, Bröseln und Gewürzen vermengt, beifügen – Steifen Eierschnee lose unterziehen – In eine zugerichtete Auflaufform oder in kleine Portionsförmchen füllen – Mit Bröseln bestreut und mit zerlassener Butter beträufelt, im heißen Rohr backen – Heiß zu Tisch geben.

Kartoffelpastetchen

500 g Salzkartoffeln, 1/2 Tasse Milch, 1–2 Eßl. Butter, Salz, Muskat
Zur Fülle:
125 g Kalbsbraten, 1 Weißbrötchen, 1 Eßl. Butter, 1 Ei, 1 Zwiebel, Petersilie, Salz, Pfeffer, Muskat, Bratensauce

Die heißen Salzkartoffeln durch die Kartoffelpresse drücken – Mit der Milch, der Butter und den Gewürzen zu einem dicken Kartoffelpüree mengen – Auf ein zugerichtetes Blech von der Masse 8 runde Böden mit erhöhtem Rand spritzen und goldgelb backen.
Fülle: Die feingewiegte Zwiebel, Petersilie und das eingeweichte, gut ausgedrückte und zerpflückte Brötchen in der Butter dämpfen – Den feingewiegten Kalbsbraten und etwas Sauce, das Eigelb, den Eierschnee und die Gewürze zugeben – Die Masse in die Pastetchen füllen, wenn diese 3/4 gebacken sind – Wieder in den Ofen stellen und vollends fertigbacken.

Panierte Käseschnitzel

300 g Greyerzer Käse, Senf, 1 Ei, Fondor, Paprika, Brösel, Olivenöl zum Backen oder Friture

Den Käse in 1 cm dicke Rechtecke schneiden – Mit Senf dünn bestreichen – Das Ei schaumig schlagen – Fondor und Paprika zugeben – Die Käsestücke zuerst in Ei und danach in Bröseln wenden – Brösel dabei etwas andrücken – In einer Omelettepfanne in sehr heißem Öl oder in der Friture herausbacken.
Beigabe: Salzkartoffeln in Butter geschwenkt und grünen Salat.

Käsepastetchen

Die Butter schaumig rühren – Das Eigelb, den Rahm, den geriebenen Käse, das Mehl und die Gewürze zugeben und alles gut vermengen – Den steifen Eierschnee unterziehen – Kleine Porzellanförmchen (Pastetenformen) mit Butter ausstreichen und die Masse einfüllen – 20–25 Minuten im Ofen überbacken und sofort servieren.

120 g Reibkäse, 5 Eßl. Butter, 4 Eier, 1 Tasse Sauerrahm, 1 Eßl. Mehl, Salz und Paprika

Lachscurry im Reisrand

Filets in Stücke schneiden, salzen und durchziehen lassen – Abgetrocknet in 3 Eßlöffel Butter hellbraun braten – Mit kochendem Wasser übergießen und zugedeckt 10 Minuten dünsten – Die restliche Butter mit 1 Teelöffel Currypulver und geriebenen Zwiebeln in einer kleinen Kasserolle erhitzen – Die Mischung an den Fisch gießen, noch 15 Minuten zusammen dünsten – Vor dem Anrichten mit Zitronensaft abschmecken – Aus den angegebenen Zutaten einen Reisrand bereiten – Vor dem Einfüllen in die Form 1 Teelöffel Currypulver, in Butter erhitzt, untermengen.

3/4 kg Lachsfilet, Salz, 7 Eßl. Butter, 1 Tasse kochendes Wasser, 1 Teel. Currypulver, 2 Zwiebeln, 1/2 Zitrone Saft,
Reisrand aus
250 g Reis, 1 l Wasser, Salz, Butter, Currypulver

Pastetchen

Einen Blätterteig zu 4 bis 6 Touren herstellen und 1/2 cm dick auswellen – Mit einer gezackten Rundform von ungefähr 5 cm Durchmesser doppelt so viel Rundungen ausstechen, als Pasteten gebraucht werden – Die Hälfte der Rundungen mit der Oberseite nach unten auf ein mit Wasser befeuchtetes Blech setzen – Die andere Hälfte in der Mitte mit einem kleineren Förmchen ausstechen, so daß Ringe entstehen – Die untere Seite der Ringe dünn mit Eiweiß bepinseln und als Rand auf die Böden setzen; darauf achten, daß das Eiweiß an den Seiten nicht herunterläuft, sonst gehen die Pasteten an dieser Stelle nicht auf – Die restlichen runden Plätzchen ergeben die Deckel – Auf der oberen Seite vorsichtig mit Eigelb bestreichen – Bei guter Hitze in 25 Minuten hellgelb backen – Solange sie noch warm sind, füllen und servieren – Für spätere Verwendung in Blechdose aufbewahren und vor Gebrauch erwärmen.

(12–14 Stück)
Blätterteig von 250 g Mehl

Gebackene Käseschnitten

2 Tassen Milch, 5 Eßl. Butter, Salz, Pfeffer, Muskat, 125 g Mehl, 250 g Reibkäse – Emmentaler, 150 g Schinken
Zum Panieren:
Mehl, 1 Ei, Brösel, Backfett

Butter, Milch und Gewürze aufkochen – Den Topf vom Feuer nehmen und das gesiebte Mehl zuschütten – Wieder aufs Feuer geben (kleine Flamme) und unter ständigem Rühren zu einem Kloß kochen, bis er sich vom Topf löst – Unter die abgekühlte Masse den Reibkäse und den mageren, kleinwürfelig geschnittenen Schinken mengen – Auf geöltem Brett die Masse 1 cm dick glattstreichen – Erkaltet in verschobene Vierecke schneiden – Jedes Stück auf beiden Seiten erst in Mehl, danach in Ei und Bröseln wenden – In heißem Öl schwimmend herausbacken.

Beigabe: Tomatensauce und grüner Salat.

Kromeskis von Geflügelresten

Reste von gekochtem oder gebratenem Geflügel, 1 Tasse Bechamelsauce, Champignons, Oblaten, Ausbackteig, Backfett, Petersilie, Zitronenscheiben

Das Fleisch durch den Wolf drehen – Grobgehackte Champignons und die Sauce untermengen – Nach Geschmack nachwürzen – Vollständig erkaltet in angefeuchtete Oblaten wickeln – In Teig tauchen, bis sie allseitig davon umhüllt sind – In heißem Backfett schwimmend goldgelb herausbacken – Auf einer Platte, mit Spitzendeckchen belegt, anrichten – In heißem Fett rösch gemachte Petersilie darauflegen und mit Zitronenschnitzen garnieren.

Ragout fin in Muscheln

1 kleine Kalbszunge, 1 Zwiebel, 1 Lorbeerblatt, Gewürzkörner, Salz, 1 Kalbsmilch (Bries), 1 Tasse Champignons, 4–5 Eßl. Butter, 3 Sardellen, 2 Eßl. Mehl, 1 Glas Weißwein, 1 Eigelb, 1 Tasse Reibkäse, Zitronensaft

Die Kalbszunge in Wasser mit den Gewürzen etwa 1 Stunde kochen, bis sich die Haut abziehen läßt – Enthäuten und in kleine Würfel schneiden – Die Kalbsmilch blanchieren und brühen – In Butter zusammen mit den Champignons 10 Minuten dämpfen – Kalbsmilch und Champignons in kleine Würfel schneiden – Mit den gehackten Sardellen und der feingeschnittenen Zunge vermengen – Das Mehl mit dem Wein glattrühren, eine Tasse von der Zungenbrühe zugeben und mit dem übrigen mischen – Zusammen aufkochen, mit Zitronensaft und der restlichen Butter abschmecken und mit dem Eigelb legieren – Das fertige Ragout in Muscheln füllen – Mit dem Käse bestreuen – Mit Butter und Zitronensaft beträufeln und bei starker Hitze im Ofen überbacken.

Römische Pastetchen

Aus den Teigzutaten einen dickflüssigen Pfannkuchenteig bereiten – Das Pasteteneisen in heißes Backfett halten, bis es durch und durch heiß geworden ist – Bis zum Rande in den Teig tauchen und sofort wieder zurück in das heiße Backfett – Zu einer schönen, hellgelben Kruste backen – Vom Eisen abnehmen und umgedreht zum Abtropfen auf ein Fließpapier stellen – Warmstellen, bis alle Pastetchen gebacken sind – Mit Wildragout, Pilzen oder einer Fülle wie zu Königinpastetchen füllen – Mit Petersilie und Zitronenschnitzen garniert anrichten.

Zum Teig:
5 Eigelb, 5 Eßl. Mehl, 1/2 Tasse Milch, 1 Eßl. Olivenöl
Zum Füllen:
Ragout wie Seite
Zum Backen:
Backfett, Petersilie, Zitronenschnitze

Morcheln in Rahm

Die Pilze in leichtem Essigwasser waschen – Abtropfen lassen – 10 Minuten in Butter andünsten – Brühe und Zitronensaft beifügen – Fertig dünsten – Rahm mit Stärkemehl verquirlen – Beifügen und mit den Gewürzen abschmecken – Die Sauce sämig kochen.
Beigabe: Weißbrot und nach Belieben hartgekochte Eier.

500 g Morcheln, Essig, 3 Eßl. Butter, 1 Tasse Brühe, 1/2 Zitrone Saft, 1 Tasse Süßrahm, 1 Teel. Stärkemehl, Salz, Pfeffer

Salmi von Wildente mit Champagnerkraut

Eine zugerichtete Ente, deren Kopf, Hals und Leber, zerschnittenes Wurzelwerk, Petersilie und Gewürze in reichlich Butter anbraten – Mehl überstäuben und mit Brühe und Wein ablöschen – Zugedeckt weichdünsten – Die Ente herausnehmen und tranchieren – Die Stücke warmstellen – Den Entenrücken und Abfälle zerstoßen, der Sauce wieder beifügen, gut verkochen lassen und durch ein Sieb streichen – Die püreeartige Sauce mit geriebener Zitronenschale, gehackter Schalotte und den blätterig geschnittenen, in Butter gedünsteten Champignons oder feingehackter Trüffel aufkochen – Mit Rahm und Madeira abschmecken – Über die Fleischstücke gießen – Die Gänseleber in Scheiben schneiden, in Mehl wenden und in Butter braten – Weißbrot in Scheiben schneiden und herzförmig ausstechen – In Butter leicht rösten und, mit Leber und Trüffelstückchen belegt, den Plattenrand damit garnieren.
Beigabe: Champagnerkraut.

1 Ente, Wurzelwerk, Petersilie, Salz, Pfeffer, 4 Eßl. Butter, 1 Eßl. Mehl, 1 Tasse Brühe, 1 Tasse Rotwein
Zur Sauce:
1/4 Zitrone Schale, 1 Schalotte, 1 Tasse Champignons oder 2 Scheiben Trüffel, Rahm, Madeira, Gänseleber, Mehl, Butter, Weißbrot

Königinpastetchen

(12–14 Stück)
Blätterteig aus der Kühltruhe,
Fülle:
250 g Hühnerfleisch und/oder Kalbfleisch, 150 g gekochte Zunge, einige Champignons, 2 Eßl. Butter, 1 Eßl. Mehl, 1/2 Tasse Brühe, 4 Eßl. Wein, Salz, Pfeffer, etwas Zitronensaft, 1 Eigelb, Worcestershire-Sauce, Zitronenschnitze

Pastetchen: Aus dem Blätterteig Pastetchen bereiten wie auf Seite 163 beschrieben.
Fülle: Das gekochte Hühnerfleisch oder den Kalbsbraten, die Zunge und Champignons kleinwürfelig hacken – In der Butter kurz dämpfen – Mehl darüberstreuen, mit etwas Fleischbrühe ablöschen und auffüllen – Mit dem Wein und den Gewürzen abschmecken und mit Eigelb legieren – Das heiße Ragout in die frisch aus dem Backofen gekommenen Pastetchen füllen – Hat man kalte Pastetchen im Vorrat, werden diese zuvor aufgewärmt.
Beigabe: Worcestershire-Sauce und Zitronenschnitze.

Pilze im Glas

4 Eßl. Butter, 1 Eßl. Zitronensaft, Salz, Pfeffer, 1 Teel. feingehackte Petersilie, Weißbrot, 250 g Pilze, 1 Tasse Süßrahm, 1 Eßl. Sherry

Die Butter schaumig rühren, tropfenweise den Zitronensaft, Salz, Pfeffer und Petersilie zugeben – Das Brot in 1 cm dicke runde Scheiben schneiden und rösten – Die Scheiben auf beiden Seiten mit der Sauce bestreichen und in kleine feuerfeste, gebutterte Portionsförmchen legen – Die Pilzhüte putzen und schälen – Auf die Scheiben häufen und mit dem Rahm übergießen – Zugedeckt ungefähr 25 Minuten im Ofen backen – Nach Bedarf noch Rahm zugeben – Kurz vor dem Anrichten den Sherry zugießen.

Rissolen mit Hirn

Mürbeteig:
1 Ei, 2 Tassen Mehl, 5–6 Eßl. Butter, Salz
Fülle:
500 g Kalbshirn, 50 g Champignons, 2 Eßl. Mehl, 4 Eßl. Butter, 1 Glas Weißwein, Salz, Zitronensaft, Eigelb, Backfett

Einen Mürbeteig bereiten und 2 mm dick ausrollen – Mit einem Glas Scheiben ausstechen – Auf jede Scheibe eine nußgroße Menge von der Fülle setzen – Den Rand mit Eiweiß bepinseln, eine zweite Scheibe daraufdecken und die Ränder gut andrücken – Die Rissolen in heißem Fett schwimmend goldgelb herausbacken –
Fülle: Das Hirn in kaltes Wasser legen (Blanchieren), häuten und feinhacken – Aus Butter und Mehl eine helle Mehlschwitze bereiten – Mit Wein ablöschen – Mit Zitronensaft und Gewürzen abschmecken – Das Hirn und die feingewiegten Champignons zugeben, aufkochen und abkühlen lassen.

Malakoffs

Aus den ersten 6 Zutaten einen Teig rühren – 1/2 Stunde ruhen lassen – Unmittelbar vor dem Backen noch den Schnee von 1 Eiweiß locker unterziehen – Den Käse in 1 cm dicke und 3 cm große Stücke schneiden – Auf eine Gabel spießen, in den Teig tauchen und in der heißen Friture herausbacken – Jeweils nur so viele Stücke einlegen als sie Platz zum Schwimmen an der Oberfläche haben – Goldgelb backen – Abgetropft sofort auf heißer Platte zu Tisch geben.

Zum Teig:
100 g Mehl, 1/10 l helles Bier, 2 Eßl. Wasser, 2 Eßl. Öl, 1 Eigelb, Fondor, 1 Eiweiß, 400 g Greyerzer Käse, Friture

Sardinen in Rahm

Die Ölsardinen aus dem Öl nehmen und abtropfen lassen – Entgräten und die Sardinen mit einer Gabel zerdrücken – Die Butter zergehen lassen, die Brösel und den Rahm zugeben und gut heiß werden lassen – Die feingehackten, hartgekochten Eier, die Sardinen und Salz, Pfeffer und Paprika nach Geschmack zugeben – Auf gerösteten Brotschnitten servieren.

1 Dose Ölsardinen, 1/4 Tasse Butter, 1/4 Tasse Brösel, 1 Tasse Süßrahm, 2 Eier, Salz, Pfeffer, Paprika

Spargel mit Krabben überbacken

Mehl in der Butter hell anschwitzen – Mit Wein ablöschen – Aufkochen lassen und den Rahm beifügen – Reibkäse zugeben und cremig kochen – Mit Eigelb legieren – Abgetropfte Spargel und Krabben zugeben – Tiefgekühlte Krabben vorher auftauen lassen – Gratinier-Muschelschalen mit Butter ausstreichen und mit Brösel ausstreuen – Die Spargel-Krabben-Creme randvoll einfüllen – Auf ein Blech stellen und im vorgeheizten Ofen bei Oberhitze 3–5 Minuten goldbraun überbacken.

1 Dose Spargelköpfe, 150 g Krabbenfleisch, 2 Eßl. Butter, 1 Eßl. Mehl, 1 Gläschen Weißwein, 1/8 l Süßrahm, 2 Eßl. Reibkäse, 1 Eßl. Zitronensaft, Salz, Pfeffer, Muskat, 2 Eigelb, Brösel, Butter

Teufelstomaten

Die Tomaten brühen, schälen und in Scheiben schneiden – Mit Salz und Pfeffer bestreuen, mit dem Mehl bestäuben und in etwas Butter braten – Die restliche Butter schaumig schlagen, die Eigelb fein zerdrücken – Die Eier leicht schlagen und mit den übrigen Zutaten vermengen – Unter Rühren im Wasserbad die Sauce dicken – Über die auf einer Platte heißgestellten Tomaten gießen.

6 Tomaten, Salz, Pfeffer, 1 Eßl. Mehl, 6 Eßl. Butter, 2 Eier, 2 harte Eigelb, 3 Teel. Puderzucker, 1/2 Teel. Salz, 2 Teel. Senf, 3 Eßl. Essig

Schinkenpastete

(für 6 Personen)
Blätterteig aus 250 g Mehl oder aus der Kühltruhe
Zur Fülle:
250 g Schweinefleisch, 250 g Kalbfleisch, 1 Brötchen, 1–2 Eier, 2 Eßl. Fett, 150 g Schinken, 2 Teel. Madeira, 1 Zwiebel gehackt, Petersilie gehackt, 1 Messerspitze Basilikum oder Thymian, Salz, Pfeffer

Einen Blätterteig herstellen – 1/4 des Teiges in einen etwa 15 cm breiten und 25 cm langen Streifen ausrollen und auf ein befeuchtetes Blech legen –
Fülle: Das Fleisch durch den Fleischwolf drehen – Zusammen mit dem eingeweichten und ausgedrückten Brötchen, dem Eigelb, den Zwiebeln, der Petersilie, den Gewürzen, dem Fett und Eierschnee eine Fleischfülle herstellen – Den Teigstreifen abwechselnd mit Fülle und Schinkenscheiben belegen, dabei ringsum einen Rand von 1 cm freilassen und mit Eiweiß bestreichen – Den übrigen Teig zu einem großen Rechteck ausrollen und die Fülle damit bedecken – Die Ränder ringsherum festdrücken – Die überhängenden Teigstücke abschneiden, zusammenlegen und wieder auswellen – Etwa 1 1/2 cm breite Streifen ausrädeln und die Pastete damit garnieren – Mit Eigelb bestreichen und bei guter Mittelhitze etwa 1 Stunde backen – Warm oder kalt reichen.

Schinkensoufflé

1/2 Tasse Milch, 3 Eßl. Butter, 1 Tasse Mehl, Salz, Pfeffer, Muskat, 200 g Schinken, 6 Eier

In einer kleinen Kasserolle Milch und Butter zusetzen – Nach dem Aufkochen vom Feuer ziehen und Mehl auf einmal hineinschütten – Auf kleiner Flamme zu einem Kloß abrühren – Vom Feuer nehmen, Gewürze und den durch den Fleischwolf gedrehten Schinken zugeben – Eigelb, eines nach dem anderen, unterrühren – Die Masse muß jedesmal glatt werden – Den steifen Eierschnee unterziehen – In gebutterter Form oder in Einzelförmchen in nicht zu heißem Ofen aufziehen.

Frische Périgord-Trüffeln

Trüffeln, 1/2 l Hühnerbouillon, 1 Schuß Portwein, Salz, Pfeffer, Butterkugeln

Die Pilze bürsten und waschen – In der gewürzten Bouillon etwa 25 Minuten kochen – Die Pilze in einer Serviette eingeschlagen servieren – Die Bouillon in kleinen Tassen dazu reichen –
Als Beigabe: Eisgekühlte Butterkugeln und Weißbrot – Beim Verzehren die Pilze mit kleinem Besteck in Scheiben schneiden und mit Butter belegen – Weißbrot dazu essen.

Timbale Nantua

Mit den gekochten, schneckenförmig aufgerollten Makkaroni Timbaleform auslegen – Mit Farce füllen – Mit Brösel bestreut und Butter beträufelt im heißen Rohr überbacken – Butter schaumig rühren, mit gehackter, durchpassierter Leber, feingewiegter, in Butter gerösteter feingehackter Zwiebel, feingehackter Petersilie, Eigelb und Bröseln vermengen – Eierschnee unterziehen.

125 g Makkaroni, Salzwasser, Butter, Brösel
Leberfarce:
6 Eßl. Butter, 100 g Kalbsleber, 1 Zwiebel, Petersilie, 1 Ei, Pfeffer, 3 Eßl. Brösel

Timbale nach Toulouser Art

Blätterteig zu einer 1/2 Finger dicken, großen Platte ausrollen – Zwei runde Stücke ausrädeln – Eine butterbestrichene Timbale-Form oder kleine Springform mit der Teigplatte auslegen – Kalbsmilch brühen und in Stücke schneiden – Mit blätterig geschnittenen, gekochten Pilzen unter die dicke, mit Eigelb und Rahm legierte und mit Zitronensaft abgeschmeckte, erkaltete Sauce mengen – Die Timbale damit füllen, die zweite Platte als Deckel darübergeben – Mit Ei bestreichen und zum Abziehen des Dampfes eine kleine Öffnung machen – In etwa 50–60 Minuten im heißen Rohr goldgelb backen – Mit Holländischer Sauce reichen.

Blätterteig aus der Kühltruhe, 2 Kalbsbriese, 2 Tassen Champignons, einige Morcheln, 1 Trüffel, 1 1/2 Tassen weiße Buttersauce, 2 Eigelb, Rahm, Zitronensaft, 1 Ei zum Bestreichen, Holländische Sauce

Vol au Vent mit Kalbsmilchragout

Briese zurichten – In schwach gesalzenem Wasser kochen, herausnehmen, in Scheiben schneiden – Champignons vierteilen – Kalbfleischklößchen zubereiten – Weißer Buttersauce den Champignonsaft, Weißwein und Zitronensaft beifügen – Mit Eigelb und Rahm legieren – Mit Grieß, Klößchen und Champignons vermengen, nach Bedarf würzen, zusammen gut heiß werden lassen, ohne aufzukochen – Die heißgestellte Pastete damit füllen und anrichten.

Pastete siehe Seite 163 2 Kalbsbriese (Milcher), 1 kleine Dose Champignons, Kalbfleischklößchen aus 250 g Kalbfleisch, 1 Tasse weiße Sauce, 1 Glas Weißwein, 1/4 Zitrone Saft, 2 Eigelb, 2 Eßl. Süßrahm

Trüffeln in Burgunder

Trüffeln bürsten und waschen – Dünn schälen und unzerschnitten in Wein und Brühe zugedeckt weichdünsten – Sie sind gar, wenn sie sich mit einer Gabel leicht anstechen lassen – Mit dem Schaumlöffel herausnehmen und auf einer gefalteten Serviette anrichten – Den Sud einkochen, mit Demi-glace dicken, frische Butter unterschlagen und als Sauce reichen.

4–8 Trüffeln, 1 Tasse Burgunder, 1 Tasse Brühe, Butter, Demi-glace

Tomateneier

4 Tomaten, 4 Eier, Salz, Pfeffer, Butter Reibkäse, Brösel

Tomaten etwas aushöhlen, mit Salz und Pfeffer bestreut, eine Stunde ziehen lassen – Den Saft abgießen – Auf eine gebutterte Auflaufplatte setzen – In jede Tomate ein Ei schlagen und würzen – Mit Butterflocken belegen – Nach Belieben mit Reibkäse und Bröseln bestreuen – 15 Minuten im heißen Rohr backen.

Vol au vent mit Fischragout

Blätterteig aus der Kühltruhe, Zur Fülle: *Fischragout* Zum Bestreichen: *1 Ei*

Blätterteig zu 5 Touren arbeiten – Kaltgestellt ruhen lassen – 1–1 1/2 cm dick ausrollen – Einen flachen Teller auflegen und mit einem spitzen Messer ringsum zu einer Platte ausschneiden – Umgekehrt auf ein nasses Blech legen – Einen 2–3 cm kleineren Teller in die Mitte legen – Mit dem Messer diesmal nur den Rand markieren – Die kleinere, markierte Platte mit einem Gittermuster verzieren – Die Oberfläche der ganzen Teigplatte mit geschlagenem Eigelb bestreichen – Darauf achten, daß nichts an den Rändern herunterfließt, da sonst diese Stellen nicht aufgehen – In heißem Rohr bei gleichmäßig verteilter Hitze in etwa 30 Minuten backen – Sobald der Teig leichte Färbung zeigt, mit einem feuchten Papier überdecken, um das Aufgehen zu unterstützen – Die Pastete sollte mindestens eine Höhe von 10 cm erreichen – Nach dem Backen mit einem Messer den Deckel vorsichtig herausschneiden – Die inneren, weichen Teile der Pastete mit einem Löffel aushöhlen – Zum Abtrocknen nochmals unbedeckt kurze Zeit ins Rohr stellen – Mit heißem Ragout füllen und den Deckel auflegen – Sehr heiß, mit Zitronenschnitzen und Petersilie verziert, servieren.

Zum Ragout: *500 g Seefisch, 4 Eßl. Butter, 1/2 Tasse Brühe, Salz, Pfeffer, 1/4 Tasse Weißwein, 1 Tasse weiße Buttersauce, Zitronensaft, 2 Eigelb, 1/4 Tasse Süßrahm, 1 Tasse kleine Champignonköpfe, Krebsschwänze (Konserve)*

Zum Ragout: Fische zurichten, häuten und entgräten – In Stücke zerteilt, in Butter und Brühe andünsten – Würzen, den Wein zugeben und unter öfterem Wenden weichdünsten – Den Fischfond abgießen und mit Buttersauce dicken – Mit Wein und Zitronensaft abschmecken und durchpassieren – Wieder erwärmt, mit verquirltem Ei und Rahm legieren – Mit den Fischstücken, kleinen Champignonköpfen und Krebsschwänzen vermengen.

Krusten- und Schalentiere

Die Krustentiere – das ist die weitverzweigte Familie der Krebse, die im nassen Element beheimatet ist. Ein dicker, fast lückenloser Chitinpanzer schützt sie vor den Angriffen ihrer Feinde. Kopf und Brust sind bei diesen Tieren meist zusammenverschmolzen. Die Atmung erfolgt, wie bei den Fischen, durch Kiemen. An den Kopfpartien sitzen meistens zwei Fühlerpaare, wovon das kleinere Träger des Geruchsinnes, das größere, körperlange, das eigentliche Tastorgan ist. Die in lebendem Zustand stark unterschiedliche Färbung der Krustentiere wird in gekochtem Zustand rosa bis leuchtend rot. Alle übrigen den Tieren eigenen Farbstoffe bleichen beim Kochen aus.

Krabben und Garnelen

(franz. *Crevettes*, engl. *Shrimps*, ital. *Camberi*)

Es sind die kleinsten zum Verzehr bestimmten krebsartigen Krustentiere. Sie werden bis zu 8 cm lang, sind meistens aber nur halb so groß. Sie haben einen grünlich-braun gefärbten Panzer und nur unvollkommene Scheren. Meistens gelangen sie schon gekocht oder als Konserven in den Handel. Sie werden zu Salaten und Cocktails verwendet. Gekochte Krabben sind rosa, zweite Qualität grau-rosa.

Scampi

Ihr zoologischer Name ist Heuschreckenkrebs. Sie sind hauptsächlich in der Gegend des Skagerraks und im Mittelmeer zu finden. Sie haben einen langgestreckten Körper, sind etwas größer als Krabben und ausgiebiger im Fleisch. Sie werden hauptsächlich zu Vorspeisen verwendet, gekocht, noch lauwarm mit Mayonnaise, in den Fanggegenden jedoch auch als Hauptgerichte.

Krebse

Krebse gelangen bei uns als Leckerbissen auf den Tisch und sind ausschließlich Bewohner von Teichen und Flüssen. Ihr Panzer ist dunkelgrau bis schwarz. Sie erreichen Größen bis zu 15 cm Länge und ein Gewicht bis zu 120 Gramm. Die größten ihrer Gattung kommen aus der Oder. Von den fünf Beinpaaren ist das vorderste zu Scheren ausgebildet und dient ihnen als Waffe. Krebse müssen, da ihr

Fleisch sehr schnell verdirbt, nur lebend oder ganz frisch gekocht gekauft werden. Verdorbenes Krebsfleisch ist wie das aller Krustentiere besonders gefährlich. Das Töten der Tiere geschieht in stark kochendem Salzwasser, in das sie einzeln hineingeworfen werden, damit das Wasser nicht abkühlt und der Tod möglichst rasch eintritt.

Hummern
(franz. *Homard*, engl. *Lobster*)

Ihrer Form nach unterscheiden sie sich nur wenig von größeren Flußkrebsen, werden aber bis zu 50 cm lang und erreichen ein Gewicht bis zu zwei Kilogramm. Die gängigen Portionshummern wiegen zwischen 400 und 800 Gramm. Die Färbung der lebenden Hummern ist hell- bis dunkelkastanienbraun, nicht selten auch schwarzblau. Um Hummern zu kochen, werden ihnen, damit sie nicht kneifen, die Scheren zusammengebunden, zum Töten werden sie einzeln, Kopf voran, in einen großen Kochtopf mit sprudelnd siedendem Salzwasser geworfen. Dem Wasser werden ein Schuß Weinessig, eine Prise Thymian, einige Pfefferkörner und etwas Petersilie beigefügt. Je nach ihrer Größe sollen sie, nachdem sie getötet sind, noch im leicht kochenden Sud 20 bis 30 Minuten ziehen. Am besten schmecken sie nur leicht abgekühlt (lauwarm). Vor dem Anrichten werden sie der Länge nach halbiert. Das Fleisch der Scheren und des Schwanzes ist am beliebtesten.

Langusten
(franz. *Langoustes*, ital. *Aragoste*)

Wegen ihres starken stachelbewehrten Rückens werden sie auch Stachelhummern genannt. Am häufigsten kommen sie in der Adria und im Mittelmeer vor, aber auch in den westlichen und südlichen Küstengebieten vor England und Irland. Exemplare von über 60 cm Länge und einem Gewicht bis zu acht Kilogramm sind keine Seltenheit. Im Gegensatz zu den Hummern besitzt die Languste keine oder nur verkümmerte Scheren. Ihr Panzer ist meist rötlich-violett mit gelblichen Flecken, gekocht ist er etwas weniger rot als der der Hummer. Das feste Fleisch gilt als das feinste der Krebsgattung. Das Töten geschieht in der gleichen Weise wie bei den Hummern.

Verwendung:

Scampi: frisch gekocht mit Mayonnaise oder auch gebacken; Scampi friti nach Genueser Art: gekochte, aus den Schalen gebrochene Scampi in Mehl wenden oder in Backteig tauchen und schwimmend in heißem Öl backen, mit Zitrone und Mayonnaise servieren.

Krabben: gekocht und aus den Schalen gebrochen als Salat anmachen oder, mit Mayonnaise vermischt, in rohe Tomatenhälften füllen.
Krebse: aus dem Sud. Dem Sud werden Weißwein, Kümmel, Kräuter und Gewürze beigefügt. Krebse nach Bordelaiser Art: in einem hohen Brattopf Sellerie, Karotten, Zwiebeln und Petersilie in Butter kräftig anrösten, Lorbeer und Thymian beifügen. Ein halbes Weinglas Kognak übergießen, anzünden und abbrennen, danach eine halbe bis eine Flasche Rotwein beifügen. In den kochenden Wein die lebenden Krebse einzeln hineinwerfen und 10 Minuten kochen lassen, mit Pfeffer, Salz und einem Stückchen Butter in gedeckter Terrine anrichten. Das Krebsfleisch wird bei Tisch mit der Hand und geeignetem Besteck aus den Schalen gebrochen.
Hummer: nach Pariser Art.

Krebsbutter:

zu Suppen und Saucen wird aus den geleerten Panzern der Krustentiere, besonders aus jenen der Krebse, bereitet. Die sauber ausgebürsteten Panzer fein zerstoßen und in Butter anrösten, mit Bouillon begossen eine Stunde kochen. Nach dem Auskühlen wird das Fett abgeschöpft (Krebsbutter); sie reicht zum Rösten von 50–60 Gramm Mehl, daraus eine gebundene Suppe oder Sauce bereiten, die von schöner, rötlicher Farbe ist.

Austern

(franz. *huitres*, engl. *oisters*)

Sind eine der bevorzugtesten Delikatessen. Je frischer sie sind, desto delikater ist ihr Aroma. Gegessen werden sie nur in den Monaten, die mit R enden. Es gibt sie in verschiedenen Größen und Formen. Die besten Austernsorten sind: die englischen Natives, die von Belon, die grünen und weißen Marennes, die ebenfalls grünen portugiesischen Austern, welche keine flachen, sondern tiefe, oft bizarr geformte Schalen haben. Die größten Austern sind diejenigen von Ostende und Cancale. Austern und Muscheln gehören zu den Schalentieren.
Man rechnet mindestens 6 Stück pro Person.

Verwendung:

frisch auf Eis serviert, mit Zitrone, Pfeffer und Dominobrot. Doch auch als warme Gerichte zubereitet wie: geröstet, gebacken, als Suppe und Ragout sind sie beliebt.

Muscheln

(franz. *moules*, engl. *clams*)

Kommen in großen Mengen auf den Markt. In manchen Gegenden sind sie eine billige Mahlzeit. Sie werden in großen zusammenhängenden Klumpen geerntet.

Nur frische, fest geschlossene Muscheln dürfen verwendet werden. In der Zeit von Juni bis September sollten sie selbst in Meeresnähe nicht verwendet werden.

Verwendung:

Am besten sind Muscheln nach Seemannsart, Muschelsuppe, in weißer Weinsauce oder gebacken.

St. Jakobs Muscheln

(franz. *Coquilles Saint Jacques*, engl. *Saint James clams*)

Diese große Muschelart findet man kaum auf deutschen Speisekarten, dagegen häufig in Amerika, England und Frankreich. Es gilt für sie das gleiche wie für alle Muscheltiere, sie müssen frisch und fest geschlossen sein.

Schnecken

(franz. *escargots*, engl. *snails*)

Auch als Weinbergschnecken bekannt. Sie sollten nur Verwendung finden, wenn sie mit einem kalkartigen Häutchen verschlossen sind. Man wäscht sie in Essigwasser und blanchiert sie 10 Minuten. Abgekühlt werden sie aus ihren Häuschen genommen, das schwarze Ende beseitigt und je nach Rezept verwendet.

Verwendung:

Am besten heiß mit Kräuterbutter in den ausgekochten Häuschen serviert.

Meerschnecken

(franz. *bigorneaux*)

Diese kleine Schneckenart ist nur in Küstennähe zu haben. Die Meerschnecken werden wie Muscheln zubereitet und kalt serviert.

Austern

(für 2 Personen)
1–2 Dtzd. Austern,
Eis, Zitrone

Die Austern müssen beim Einkauf noch fest geschlossen sein – Stets kühl lagern und möglichst frisch genießen – Eine Platte mit Eisstückchen belegen, die Austern öffnen, auf das Eis ordnen und mit Zitronenschnitzen garnieren – Beim Genuß den Bart entfernen, die Austern von der Schale lösen, mit Zitrone beträufeln und im ganzen schlürfen.

Beigabe: Weißbrot oder nach Belieben Schrotbrot mit Chesterkäse (4 Schnitten Brot mit Käse belegen, aufeinandersetzen und in Würfel zerteilen).

Austern- und Hummercocktail

Die Austern aus der Schale nehmen, den Bart entfernen – Die übrigen Zutaten vermengen – Die Austern in ein hohes Glas legen, mit der Sauce übergießen und mit Zitronenscheiben garnieren – Einige Zeit kühl stellen. An Stelle von Austern können *auch Hummer- oder Krebsstücke, Sardinen, Thunfisch, Salm o.ä.* genommen werden.

12 Austern, 4 Eßl. Cocktailsauce (Konserve), 1 Eßl. gerieb. Meerrettich, 1 Schuß Worcestershire-Sauce, 4 Eßl. Süßrahm, 1 Eßl. Mayonnaise, Zitronensaft, 1 Prise Salz

Gebratene Austern mit Zitronenschnitzen

Austern in Eiswasser bürsten – Abtrocknen und sorgfältig öffnen – Den Bart entfernen und die Austern von der Schale lösen – Darauf achten, daß der Saft nicht ausläuft – Auf jede Auster ein Stückchen frische Butter, Brösel und Muskat geben – In den Schalen auf den Rost setzen – Sobald sie zu kochen anfangen, sind sie fertig – Auf serviettenbedeckter Platte mit Zitronenschnitzen anrichten.

2–4 Dtzd. Austern, Butter, Brösel, Muskat, Zitrone

Geröstete Austern

Die Austern gründlich waschen und bürsten – In eine Pfanne legen und im heißen Ofen backen, bis sie sich öffnen – Mit Salz und Pfeffer bestreuen und in der tiefen Muschelhälfte servieren.

4 Dtzd. Austern, Salz, Pfeffer

Austernragout

Austern ausbrechen und mit dem Saft in eine Schüssel legen – Milch, Wasser, Salz und Pfeffer kochen – Butter und Mehl verkneten und zugeben – Kurz aufkochen – Mit Worcestershire-Sauce abschmecken – Mit den Austern vermengen und warm auftragen – Toast dazu reichen.

4 Dtzd. Austern, 1 Tasse Milch, 1 Tasse Wasser, Salz, Pfeffer, 3 Eßl. Butter, 1 Eßl. Mehl, 1 Teel. Worcestershire-Sauce

Warme Austern

Austern zurichten wie gebratene Austern – Auf jede Auster wenig gehackte Petersilie und Basilikum streuen – Etwas Butter, Wein und Gewürze zugeben – Wieder mit der oberen Schale bedeckt 5 Minuten ins heiße Rohr stellen – Auf serviettenbedeckter Platte mit Zitronenschnitzen garniert anrichten.

1/2 Dtzd. Austern, Petersilie, Basilikum, Butter, Weißwein, Pfeffer, Muskat

Austernsuppe

1 1/2 l Fleischbrühe, 6 Fischklößchen, 16 Austern, Eigelb, 1/2 Eßl. Mehl, 1 Eßl. Butter, 1/4 Zitrone Saft, Muskat, geröstete Weißbrotwürfel

Fleischbrühe entfetten und ohne Bodensatz durchseihen und aufkochen – Die Austern vorsichtig öffnen – Die Bärte entfernen – Das Austernwasser der Brühe beifügen – Klöße bereiten und einlegen – Eigelb mit Mehl, zerlassener Butter, Zitronensaft und Gewürz vermengen – Mit kochender Fleischbrühe vorsichtig glattrühren, damit die Mischung nicht gerinnt – Unter Rühren der Suppe beifügen – Kurz aufkochen und vom Feuer nehmen – Die Austern einlegen und über gerösteten Weißbrotwürfeln anrichten.

Hummer- und Austernragout in Tomatensauce

1 1/2 Tassen Bier, 3/4 Teel. Salz, 2–3 Stengel Petersilie, 2 dünne Scheiben Zitrone, 1 Lorbeerblatt, 6 schwarze Pfefferkörner, 2 Eßl. feingeschnittene Zwiebeln oder Schalotten, 680 g Schalentiere roh (Hummer, Austern und Scampis), 45 g Butter, 2 kleine Eßl. Mehl, 1/4 Tasse Tomatenpüree, Salz, Cayenne-Pfeffer, 1 Prise Zucker

Den Hummer und die Scampis abkochen und aus den Schalen nehmen – Die Austern öffnen – Das Bier in einen Tiegel geben, Salz, Petersilie, Zitrone, Lorbeerblatt, Pfefferkörner und Zwiebeln oder Schalotten beifügen – Bis zum Kochen kommen lassen – Die vorbereiteten Seetiere hineingeben und 5 Minuten bei schwacher Hitze sieden lassen – In einem anderen Gefäß Butter zergehen lassen und das Mehl einrühren – Wenn es glatt ist und die Seetiere inzwischen gar geworden sind, diese mit einem Schaumlöffel auf eine Platte geben – Mit der abgeseihten Brühe die Mehlschwitze ablöschen – Zu einer glatten Sauce rühren – Das Tomatenpüree beifügen – 10 Minuten unter ständigem Rühren schwach kochen lassen – Das Seetierragout wieder zugeben und mit Salz, Cayennepfeffer und Zucker abschmecken – Auf einem Sockel aus gekochtem Reis anrichten.

Hummersalat

1 gekochter Hummer
Zur Sauce:
2 Eigelb, Salz, Pfeffer, 4 Eßl. Öl, 2 Eßl. Essig oder Zitronensaft, Estragon, 1 Teel. gehackte Petersilie, einige Schalotten
Zum Garnieren:
Sardellen, Kapern, 2 hartgekochte Eier

Gekochten Hummer aus den Schalen brechen – In längliche Stücke schneiden – Zur Sauce: Hartgekochte Eigelb mit einer Gabel zerdrücken – Mit Salz, Pfeffer, Öl, Essig oder Zitronensaft, Estragon, Petersilie und gehackten Schalotten gut verrühren – Den Hummer damit vermengen – Auf eine Glasplatte häufen – Mit aufgerollten Sardellenringen, in deren Mitte Kapern gesetzt wurden, und Eiervierteln garnieren.

Hummer

Der Hummer kann bereits fertig gekocht gekauft werden: er zeigt dann eine schöne rote Farbe – Lebend gekauft, wird er in kaltem Wasser gebürstet – Mit dem Kopf zuerst in strudelnd kochendes Salzwasser werfen – Kochzeit je nach Größe 20–30 Minuten – Nach Belieben dem Sud etwas Essig, Zwiebeln, Pfefferkörner und Suppengrün zugeben – Den gekochten Hummer in Schwanzteil, Scheren und Füße zerlegen, den Leib der Länge nach teilen, die Scheren aufschneiden – Die Fleischteile in den Schalen lassen und auf einer Platte hübsch anrichten – Lauwarm oder kalt reichen.
Beigabe: Mayonnaise und Weißbrot, nach Belieben auch Gemüsesalat mit Mayonnaise angemacht.

(für 2 Personen)
1 Hummer, Mayonnaise, Zitrone

Hummersuppe Cardinal

Feingestoßene Hummer- oder Krebsschalen von rot gekochten Tieren mit der Butter verkneten – In eine kleine Kasserolle geben und in eine zweitgrößere, mit kochendem Wasser gefüllte stellen – Etwa 3/4 Stunde auf kleiner Flamme kochen lassen – Ist die Butter klar und rot geworden, durch ein feines Sieb in eine Schüssel mit Eiswasser gießen – Erkaltet abheben – Tomaten, Zwiebel, Lauch, Sellerie und Fischabfälle in Schmalz andünsten – Mit Wasser auffüllen – 1/2 Stunde kochen lassen – Durch ein Haarsieb passieren – Im Schmalz Mehl und Reismehl hell dünsten – Mit der Brühe ablöschen und auffüllen – Die Hummerbutter zugeben – Durchkochen – Mit den Gewürzen abschmecken – Hummerfleisch einlegen – Mit Rahm legieren – Nach Belieben etwas Kognak oder Sherry beifügen.

1 Tasse Hummerfleisch, Hummerschalen, 80 g Butter, 2 Tomaten, 1 Zwiebel, 1/2 Stange Lauch, 1 Scheibe Sellerie, 2 Eßl. Butterschmalz, Gräten und sonstige Fischabfälle, 1 1/2 l Wasser, 2 Eßl. Butterschmalz, 40 g Mehl, 20 g Reismehl, Milch, Salz, Paprika, Cayenne-Pfeffer, 1 Tasse Süßrahm, etwas Kognak oder Sherry

Hummer nach Pariser Art

Gekochten Hummer der Länge nach teilen – Därme am Schwanzende herausziehen – Das Hummerfleisch aus den Scheren herausnehmen und kleinwürfelig schneiden – Mit der Sauce und den übrigen Zutaten vermengen – Die Mischung in die Brustpanzer füllen – Mit Butterflocken belegt im heißen Rohr überbacken.

1 Hummer, 1 1/2 Tassen weiße Sauce, 4 Eßl. Süßrahm, 1 Eßl. Senf, 2 Eßl. gerieb. Parmesan, Butterflöckchen

Hummer auf amerikanische Art

(für 6 Personen)
2 kleine Hummern, Salzwasser, 2 Eßl. Butter, 1 Scheibe Schinken, 2 Karotten, 1 kleine Zwiebel, 1 Scheibe Sellerie, Salz, Pfeffer, Thymian, Cayenne-Pfeffer, 1/2 Lorbeerblatt, 1 Nelke, 2 Tomaten, 3 Eßl. Tomatenmark, 2 Tassen Weißwein, 1/4 Tasse Madeira, 1 Likörglas Kognak, 1 Schlotte, 1 Teel. gehackte Petersilie, wenig Estragon, wenig Kerbel, frische Butter

Hummern zurichten siehe Seite 177 – Danach herausnehmen und der Länge nach spalten – In einer Kasserolle Butter erwärmen – Schinken, Karotten, Zwiebel, Sellerie, Tomaten, geschält und fein zerschnitten, Tomatenmark und Gewürze andünsten – Mit Wein ablöschen und verkochen – Madeira, Kognak, feingehackte Schalotte und die Hummerhälften zugeben – Zugedeckt, unter Rütteln der Kasserolle, die Hummern kochen, bis sich das Fleisch fest anfühlt – Die Hummern herausnehmen und zerlegen – Die Scheren aufklopfen – Auf erwärmter Platte mit einem Teil der Scheren anrichten – Den Fond unter Zugabe von wenig Fleischextrakt einkochen lassen – Feingehackte Gewürzkräuter und Butterflocken beifügen – Die fertige Sauce über die Hummern gießen.

Krabben-Paprika

4–8 Paprikaschoten, 2–4 Brötchen, 2 Eßl. Öl, Butter, 1 Zwiebel, 1 Eßl. gehackten Dill, Salz, Pfeffer, Muskat, 1 Ei, Krabben, gekocht

Von Paprikaschoten einen Deckel mit Stiel abschneiden, Entkernen und waschen. Eingeweichte, ausgedrückte Brötchen mit gehackter Zwiebel und Dill, Gewürzen, Öl und Ei vermengen – Etwa die gleiche Menge Krabben zugeben – Diese Masse in die Schoten füllen – Aufrecht, die Füllseite nach oben, in eine gebutterte Form setzen – Mit Butterflocken belegt ins heiße Rohr stellen – Bei mittlerer Hitze 45 Minuten backen.

Muschelsuppe Matrosenart

2 kg Muscheln, 1 Zwiebel, 1 Stange Lauch, 1 kleine Knolle Sellerie, 100 g Butter, 1/2 l Wasser, 2 Eigelb, 1 Tasse Süßrahm, 50 g Butter, Salz, Pfeffer, 1 Eßl. gehackter Kerbel

Die Muscheln, nur fest geschlossene, bürsten und mehrmals waschen – Gemüse feinstreifig schneiden – Vom Lauch nur das helle Stück verwenden – Muscheln mit wenig Wasser auf starkes Feuer setzen – Wenn sich alle geöffnet haben, Wasser und Wein zugießen – Aufkochen lassen – Muscheln herausnehmen – Nach Belieben die leere Schale abbrechen – Warmstellen und die Brühe durchseihen – Gemüse in Fett weichdünsten – Mit Mehl bestäuben – Mit Muschelbrühe ablöschen, auffüllen, würzen und 15 Minuten kochen – Muscheln einlegen – In einer Terrine anrichten.
Beigabe: Rheinisches Schwarzbrot und Butter.

Gebratener Hummer

Das Hummerfleisch aus der Schale lösen – Das Schwanzfleisch in 4 Teile teilen, das Scherenfleisch nicht zerlegen – Mit Salz, Pfeffer und Zitronensaft beizen – In Brösel, in geschlagenes Ei und dann wieder in Brösel tauchen – In reichlich Schmalz braten und abgetropft servieren.

1–2 Hummer, Salz, Pfeffer, Zitronensaft, Brösel, 2 Eigelb, Schmalz

Krabbenragout im Reisrand

Gekochte, von den Schalen befreite und gewaschene Krabben in der Butter erwärmen – Paprika und danach Wein zugeben – Kurz vor dem Anrichten Rahm zugießen, er darf nur erwärmt, aber nicht gekocht werden – Nach Belieben die Sauce mit Stärkemehl dicken – In kleine Reisringe gefüllt anrichten – Reisrand: Reis waschen, in 3 l kochendem Salzwasser zugesetzt weichkochen – Darauf achten, daß er nicht verkocht – Reis mit heißem Wasser durchspülen – Eigelb schaumig schlagen, mit Rahm und Reibkäse vermengen – Unter den Reis ziehen – In eine große oder 4 kleine, kalt ausgespülte Ringformen pressen und stürzen – Warmstellen und beim Anrichten füllen.

400 g Krabben, 4 Eßl. Butter, 1/2 Tasse Weißwein, 1 Tasse Süßrahm oder Büchsenmilch, 1/2 Teel. Paprika

Reisrand:

200 g Reis, 1 Eßl. Rahm, 1 Eigelb, 1 Eßl. Reibkäse

Krebse à la Pálffy

Die Krebse in kaltem Wasser waschen und bürsten – Einzeln in das stark kochende Wasser werfen – Wenn das Wasser mit den Krebsen wieder zum Kochen gekommen ist, abschütten, bis es die Krebse noch knapp bedeckt – Gewürze und Bier zugeben und 15 Minuten kochen lassen – Zuletzt den Rahm beifügen – Die Krebse auf einer Serviette anrichten und die Brühe in Tassen reichen.

2 Dtzd. Krebse, 5 l Wasser, 1 Zwiebel feingehackt, 1/2 Eßl. gehackte Petersilie, 1 Eßl. gehackter Dill, 1 Eßl. Kümmel, 1/2 l helles Bier, 1/2 Tasse Süßrahm, Salz, Pfeffer

Krebse nach Bordelaiser Art

In einem hohen Topf das gehackte Gemüse in Schmalz kräftig anrösten – Gewürze beifügen – Mit Kognak übergießen und abbrennen – Wein zugießen – Stark kochen lassen – Die gewaschenen und gebürsteten Krebse einzeln hineinwerfen – Jedesmal den Wein wieder stark kochen lassen – Mit Pfeffer und Salz würzen – In einer Terrine mit einem Stück Butter anrichten – Petersilie überstreuen.

1–2 Dtzd. Krebse, 1/8 Sellerieknolle, 2 gelbe Rüben, 1 Eßl. gehackte Petersilie, 3 Eßl. Butterschmalz, 1 Lorbeerblatt, 1 Prise Thymian, 1/2 Glas Kognak, 1/2–1 Flasche Rotwein, Salz, Pfeffer, 1 Stück Butter, gehackte Petersilie

Hummermayonnaise

1 Hummer oder Languste, Zitronensaft, Salz, Pfeffer, Mayonnaise

Den gekochten Hummer aus der Schale nehmen und zerlegen – Mit Zitronensaft beträufeln und mit Salz und Pfeffer bestreuen – Auf eine mit Salatblättern belegte Glasplatte abwechselnd mit Mayonnaise häufen – Obenauf die restliche Mayonnaise schütten, so daß alle Hummerstücke davon bedeckt sind – Mit hartgekochten Eierscheiben, gerollten Sardellen, Kapern und Tomatenscheiben verzieren.

Auf gleiche Weise wird *Mayonnaise von Langusten, Salm, Krabben und gekochten Fischen* zubereitet – Auch Konserven können verwendet werden.

Krabbensalat mit Mayonnaise

250 g Krabben, gekocht, 1 kl. Sellerie, 1 Apfel, 1 kleine Zwiebel, 1 Ei hartgekocht, 10 Spargelköpfe, 1 Eßl. gehackte Nüsse, 1 Tasse Mayonnaise

Die Krabben aus der Schale nehmen und waschen – Die rohe Sellerie und den Apfel in kleine Würfel schneiden – Die Zwiebel und das Eiweiß feinhacken – Die Spargelköpfe, die gehackten Nüsse und die Mayonnaise zugeben und alles gut vermengen – Mit in Scheiben geschnittenem Eigelb garnieren – Kalt servieren.

Gekochte Krebse

5 l Wasser, 2 Dtzd. Krebse, Gewürzkörner, Salz, Pfeffer, Kümmel, frische Butter

Die Krebse in kaltem Wasser waschen und bürsten – In stark kochendes Wasser werfen, dem Salz, Pfeffer, Kümmel und Gewürzkörner beigesetzt sind – Wenn das Wasser mit den Krebsen wieder zum Kochen gekommen ist, diese noch etwa 5 Minuten darin kochen lassen – Auf einer Serviette, oder, was noch schöner ist, auf grünen Weinblättern anrichten.

Beigabe: Frische Butter.

Hummersuppe

1 Dose Hummersuppe, 1 Bund Suppengrün, 1 Zwiebel, 60 g Speck, 1/2 l Bouillon, 200 g Tomaten, 2 Teel. Stärkemehl, 1 Glas Weißwein, Salz, Pfeffer, 1/2 Gläschen Kognak, 1/2 Gläschen Madeira, 1 Glas Fischklößchen

Kleingeschnittenes Suppengrün und Zwiebel in Speckwürfel anbraten – Zerschnittene Tomaten beifügen – Mit Brühe aufgießen – Garkochen – Durch ein Sieb streichen – Stärkemehl mit Wein verrühren – Die Suppe damit binden – Hummersuppe zugeben – Mit Gewürzen, Kognak und Madeira abschmecken – Als Einlage nach Belieben Fischklöße.

St. Jakobsmuscheln Pariser Art

Die Muscheln 6 Minuten in den heißen Ofen stellen – Haben sie sich geöffnet, die flache Schale abheben und das Fleisch herauslösen – Gründlich waschen – Den schwarzen Teil und die nervige Membrane entfernen – Die Nuß und den roten Teil im Sud knapp bedeckt zart kochen – Das Fleisch herausnehmen und streifig schneiden – Mit Sauce binden – In die gut gereinigten Muschelschalen füllen – Mit Bröseln und Käse überstreuen und mit Butter beträufeln – Im heißen Rohr überbacken – Zitronenschnitze dazu reichen.

8 Muscheln
Zum Sud:
1/2 Glas Weißwein,
1–2 Schalotten, Salz, Pfeffer,
3/4 Tasse Béchamelsauce
Zum Gratinieren:
Brösel, Reibkäse, Butter

Krebsragout in Muscheln

Die Krebse kochen und aus den Schalen brechen – Champignons fein schneiden und in der Butter dämpfen – Das Mehl daraufstreuen, mit der Fleischbrühe ablöschen – Das Krebsfleisch zugeben – Mit Zitronensaft, den gehackten Sardellen, Zucker und Salz würzen und mit dem Eigelb legieren – Das Ragout in Muscheln füllen, mit dem Käse bestreuen, mit Butterflocken belegen und bei starker Hitze überbacken.

20 Krebse, 1 Tasse Champignons, 4–5 Eßl. Butter, 1 Eßl. Mehl, 1 Tasse Fleischbrühe, Zitronensaft, 3 Sardellen, 2 Eigelb, Salz, 1 Prise Zucker, 1 Tasse Reibkäse

Languste

Die dem Hummer ähnliche Languste (an Stelle von Scheren hat sie lange Fühler) wie Hummer zubereiten und anrichten.

(für 2 Personen)
1 Languste,
Mayonnaise, Zitrone

Langusten-Reis

Den Reis körnig kochen – Abtropfen lassen – Die Mandeln abziehen und hellbraun rösten – In einer Pfanne Butter schmelzen – Reis hineingeben und die Eier überschlagen – So lange in der Butter wenden, bis die Eier krümelig geworden sind – Langostinos oder Krabben und die Mandeln zugeben – Heiß werden lassen – Mit Schnittlauch bestreut anrichten.

1 Tasse Patnareis, 1/2 Tasse Mandeln, 4 Eßl. Butter, 3 Eier, 1 Dose Langustenschwänze, Langostinos oder Krabben, Schnittlauch

Languste Bellevue

1 große Languste, Salzwasser, 1–2 Tassen Gemüsesalat, 1 Trüffel frisch oder Dose, Zitronenschnitze, 2 hartgekochte Eier, 2 Tomaten, Mayonnaise, Toast

Die Languste in einen großen Topf mit sehr stark kochendem Salzwasser einlegen – 28–30 Minuten kochend halten – Abtropfen und etwas abkühlen lassen – Die Brustseite der Länge nach aufschneiden – Das weiße Fleisch und die Eingeweide herausheben – Eingeweide und den bis zum Schwanz reichenden Darm entfernen – Das Fleisch in fingerdicke Rundscheiben schneiden – Die Brustpanzer, an denen die Beine belassen werden, mit Gemüsesalat füllen – Das Fleisch dachziegelartig darüberordnen – Mit Trüffelscheiben belegen – Ringsherum mit Zitronen-, Eier- und Tomatenscheiben garnieren.

Beilage: Mayonnaise und Toast.

Muscheln zurichten

Muscheln von Tang und Geflecht befreien – In sehr viel kaltem Wasser gründlich bürsten, bis das Wasser klar abfließt – Nur festgeschlossene Muscheln verwenden – Geöffnete und solche, die sehr schwer sind, ausscheiden, weil sie voll Schlamm sind – Stets in wenig Flüssigkeit kochen, da sie ziemlich Wasser ziehen – Von den gekochten Muscheln nur die hell lachsrosa gefärbten verwenden – Dunkelrot aussehende sind ungenießbar – Im Zweifelsfalle dem Sud eine Zwiebel beifügen – Färbt sie sich schwärzlich, sind schlechte Muscheln dabei und alle Muscheln nicht mehr verwendbar.

Krebscocktail

Zur Sauce:
4 Eßl. Mayonnaise, 6 Eßl. Süßrahm, 3 Eßl. Tomatenketchup oder Cocktailsauce, 2 Eßl. Johannisbeergelee, Salz, Pfeffer, 1 Schuß Kognak

Zur Einlage:
1 kleine Dose Spargelköpfe, 1 kleine Dose Krebsfleisch, Salatblätter, Zitronensaft, Maraschino-Kirschen, Zitronenscheiben

Die Saucenzutaten gut vermengen – Mit Gewürzen abschmecken und den Kognak zugeben – Spargel in 3 cm lange Stücke schneiden – Mit der Sauce leicht vermengen – Einige schöne Kopfstücke zurückbehalten – Sektschalen mit Salatblättern auslegen – Mit Zitronensaft beträufeln – Krebsfleisch einfüllen – Mit Spargelsauce aufgießen – Mit je 2 Spargelspitzen, einem schönen Fleischstück und einer Kirsche garnieren – Auf den Glasrand eine Zitronenscheibe stecken – Mit dem Messer in jede Zitronenscheibe zuvor einen Einschnitt machen.

Muscheln nach Pariser Art

Zugerichtete Muscheln mit wenig Wurzelwerk und kochendem Salzwasser in einer breitbodigen Kasserolle aufsetzen – Zugedeckt dünsten, bis sich die Muscheln öffnen – Aus den Schalen nehmen und den schwarzen Magen entfernen – Die Muscheln warmstellen – Buttersauce mit Muschelsud, feingehackten Schalotten und Petersilie unter Rühren aufkochen – Butter unterschlagen – Die Muscheln zugeben und durchschwenken – Je eine Muschel mit etwas Sauce in eine halbe Muschelschale füllen – Auf eine feuerfeste Platte legen und kurz vor dem Auftragen 2–3 Minuten ins heiße Rohr stellen.

1–1 1/2 kg Muscheln,
1/2 Tasse schwaches Salzwasser, wenig Wurzelwerk
Zur Sauce:
1 Tasse Buttersauce, 2 Eßl. Butter, 2 Schalotten,.
1/2 Teel. gehackte Petersilie

Muschelsuppe

Vom Lauch nur das helle Ende, Zwiebel und geschälte Sellerie zurichten und fein schneiden – In einer Kasserolle Butter schmelzen lassen – Gemüse zugeben und zugedeckt 5 Minuten dünsten – Muscheln bürsten und waschen (nur festgeschlossene Muscheln verwenden) – In wenig Wasser auf starkes Feuer geben – Warten, bis alle Muscheln sich geöffnet haben – 1/2 l Wasser beifügen – Aufkochen lassen und danach die Muscheln herausnehmen – Aus den Schalen brechen und warmstellen – Das Muschelwasser zu dem Gemüse schütten – 25 Minuten zugedeckt zusammen kochen lassen – Durchpassieren und wieder aufkochen lassen – Butter beifügen – Eigelb mit Rahm verrühren – Die Bouillon damit legieren – Die Muscheln in eine Suppenterrine geben – Die Brühe zugießen und mit gehacktem Kerbel bestreuen.
Beigabe: Weißbrot.

2 kg Muscheln, 1 Zwiebel,
1 Stange Lauch, 1 kleine Knolle Sellerie, 100 g Butter,
1/2 l Wasser, 2 Eigelb,
1 Tasse Süßrahm, 50 g Butter,
Salz, Pfeffer,
1 Eßl. gehackter Kerbel

Muscheln Bonne femme

Muscheln zurichten und kochen – Aus den Schalen nehmen und die schwarzen Teile entfernen – Die Muscheln warmstellen – Schalotten, Sellerie und Pilze feinhacken – In Butter andünsten – Mit Wein und Muschelfond ablöschen – Muscheln und Gewürze beifügen – Mehlbutter (2 Teelöffel Mehl mit Butter verknetet) zugeben – In der Sauce zergehen lassen, ohne nochmals aufzukochen.

1 kg Muscheln, 5 Schalotten,
1/4 Sellerieknolle, einige Champignons (frisch oder Dose), 4 Eßl. Butter,
1/2 Tasse Weißwein,
Muschelfond, Mehlbutter,
Salz, Pfeffer, 1 Teel. gehackte Petersilie

Muscheln nach Bordelaiser Art

Muscheln, 2 Eßl. Mehl, 2 Eßl. Butter, 1 Scheibe trockenes Brot, 1 Eßl. Tomatenmark, 1 Zehe Knoblauch, geh., 1 Messerspitze geh. Petersilie, Salz, Pfeffer

Die Muscheln gut gereinigt in Wasser aufstellen und so lange kochen, bis sich die Schalen öffnen – Die Brühe durch ein Haarsieb gießen – Aus dem Fett und Mehl eine dunkle Mehlschwitze bereiten, mit der Brühe ablöschen, das Brot und die Gewürze zugeben – Die Muscheln, von allen schwarzen Teilen befreit, etwa 15 Minuten in der Sauce kochen.

Muscheln in Tomatensauce

2 kg Muscheln, 225 g Zwiebeln, 1 Zehe Knoblauch, 4–5 Eßl. Olivenöl, 2 Lorbeerblätter, 1 Messerspitze Cayenne-Pfeffer, 3/8 l Weißwein, 500 g Tomaten, Salz, Pfeffer, 1 Eßl. Mehl, 2 Eßl. gehackte Petersilie, Weißbrot

Die Muscheln waschen, bürsten und von den Bärten befreien – Zwiebeln und Knoblauch klein schneiden – In 2 Eßl. Öl mit dem Lorbeerblatt und Cayenne-Pfeffer goldgelb dünsten – Eine halbe Tasse Wein zuschütten und die Muscheln zugeben – Zugedeckt kochen lassen, bis die Muscheln sich öffnen, dabei öfters den Topf rütteln – Tomaten enthäuten und in dünne Scheiben schneiden – Im restlichen Öl weichdünsten – Das Mehl überstäuben und mit 1/4 l Wein ablöschen – Gut verkochen lassen und mit Gewürz abschmecken – Die fertige Sauce zu den Muscheln geben – Vor dem Anrichten mit Petersilie bestreuen – Brot dazu reichen.

St. Jakobsmuscheln nach Teufelsart

4–8 Muscheln, 1/2 Zwiebel, 1 Eßl. Butter, 1 Scheibe Weißbrot, Milch, 1 Eßl. gehackte Petersilie, Salz, Cayenne-Pfeffer, 1 Stückchen Butter, 1/2 Tasse Bechamelsauce, 1 Messerspitze Senf, Worcestershire-Sauce, Brösel

Die Muscheln in den heißen Ofen stellen, bis sie sich geöffnet haben – Das Fleisch herausnehmen und zurichten – Eingeweichtes und ausgedrücktes Brot mit in Butter gedünsteter Zwiebel und Petersilie vermengen – Das Muschelfleisch zugeben – Mit Bechamelsauce, Senf, Worcestershire-Sauce, Butter, Salz und Pfeffer vermengen und abschmecken – In die Muschelschalen füllen – Mit Bröseln bestreut im heißen Rohr überbacken.

Scampi friti

Scampis, Salzwasser, Mehl, Backteig, Backfett oder Öl, Zitronenschnitze, Mayonnaise

Die Scampis in Salzwasser weichkochen – Aus den Schalen brechen – Zuerst in Mehl, dann in Backteig tauchen – Schwimmend im heißen Fett oder Öl knusprig herausbacken.
Beigabe: Zitronenschnitze und Mayonnaise.

Muschelragout mit Fleurons

Muscheln vorrichten und kochen – Die schwarzen Teile entfernen – Noch heiß mit der Sauce vermengen.
Zur Sauce: Buttersauce mit Wein und Tomatenmark vermengen – Mit Eigelb legieren und steifen Eierschnee vor dem Anrichten schnell unterziehen – Den Plattenrand mit Fleurons (Blätterteighalbmonde) umlegen.

1 kg Muscheln, Wasser, 1 1/2 Tassen Buttersauce, Weißwein, 1 Eßl. Tomatenmark, 1 Ei, Fleurons

Schnecken

Die Schnecken gut waschen, in kochendes Salzwasser werfen und so lange kochen, bis sich die Deckel leicht ablösen lassen – Mit einer Nadel die Schnecken aus ihrem Haus heben und alles Schwarze, den Darm, den Kopf, die Knorpel und das Schwanzende entfernen – In einem Sud von Fleischbrühe und Burgunder sowie Gewürzen die Schnecken weichkochen – Die Häuschen in Sodawasser auskochen, bürsten und ausspülen – Die erkalteten Schnecken wieder einzeln hineinstecken und mit der Kräuterbutter auffüllen – Mit der Öffnung nach oben in eine Schneckenpfanne setzen und in der Ofenröhre erhitzen, bis die Butter zu kochen anfängt – An Stelle einer Schneckenpfanne kann auch eine Pfanne mit Kochsalz gefüllt werden, in das die Schneckenhäuschen, mit der Öffnung nach oben, hineingesetzt werden, damit sie nicht auslaufen.
Kräuterbutter: Die Butter schaumig rühren – Mit den feingewiegten Kräutern und Gewürzen gut vermengen und erstarren lassen.

4 Dtzd. Schnecken, 1 Tasse Fleischbrühe, 1 Tasse Burgunder, Gewürze
Kräuterbutter:
5–6 Eßl. Butter, Salatkräuter, Petersilie, 2–3 Spinatblätter, 1 Schalotte, 2 Zehen Knoblauch, 1/2 Zitrone Saft, Salz, Pfeffer

Fische aus Fluß, See und Meer

In der guten alten Zeit galt der Grundsatz, Fische nur in den Monaten mit einem R zu essen. Die sommerlich heißen Monate Mai bis August, in welchen Fische rasch verderben, waren somit ausgeschlossen.

Heute dagegen bekommt man auch im Hochsommer Fische aus den fernsten Meeren angelfrisch in tiefgekühltem Zustand geliefert. Den besten Beweis, daß Fische ein durchaus vollwertiges Nahrungsmittel sind, liefern wohl einwandfrei die unzivilisierten Inselvölker, die jahrein jahraus vom Fischfang leben und dabei beneidenswert gesund bleiben. Der wertvollste Bestandteil des Fischfleisches ist das Eiweiß, das bekanntlich den Hauptbaustoff des menschlichen Körpers bildet. Der Eiweißgehalt frischen Fischfleisches schwankt zwischen 12 und 20 Prozent und steht somit, je nach Fischart, jenem der übrigen Fleischsorten nur wenig oder gar nicht nach. Den zweiten Grundstoff des Fischfleisches bildet das Fett, dessen prozentmäßiger Anteil allerdings starke Schwankungen zeigt. Am fettreichsten ist der Aal mit 28 Prozent, der Hering mit etwa 15 Prozent, dagegen enthält die Forelle nur 2 Prozent, der Hecht nur 1 1/2 Prozent.

Außer Eiweiß und Fett enthält das Fischfleisch noch Kalk, Phosphor, Jod und Eisen; diese vier wichtigen Mineralstoffe sind ebenfalls in schwankenden aber immerhin beachtlichen Mengen vorhanden.

Seiner lockeren Struktur wegen ist das Fischfleisch sehr leicht verdaulich und passiert den Magen schneller als das kompakte fettreichere Fleisch. Das Sättigungsgefühl bei Fischgerichten hält deshalb nicht so lange an. Die Hausfrau hat es aber in der Hand, durch entsprechende Beigaben den Magen zufriedenzustellen.

Grundrezepte

Man unterscheidet: Kochen im Fischsud, Dünsten, Braten, Schmoren, Backen, Gratinieren, Grillieren, Rösten, en Papillotes – in Papierhülle –, oder als Matrosengericht – ein dünnflüssiges Ragout oder Fischsuppe.

Schuppen und Ausnehmen

Wenn diese Arbeit nicht bereits vom Fischlieferanten besorgt ist, so ist sie, richtig angefaßt, keineswegs mühsam. Geschuppt wird am besten im Abwaschtrog unter Wasser oder auf einer dicken, angefeuchteten Zeitung auf dem Küchentisch. Man verwendet entweder ein scharfes kurzes Messer, den Sparschäler, oder einen sogenannten Fischschupper mit handlichem Griff. Mit einem Lappen wird das Schwanzende des Fisches festgehalten, die andere Hand schuppt, beim Schwanzende angefangen, gegen den Kopf zu.

Zum Ausnehmen hält man den bereits geschuppten Fisch fest in der einen Hand und schneidet entweder am Kopf, besser aber am Schwanzende beginnend, den Leib der ganzen Länge nach auf der Bauchseite auf. Der Schnitt muß glatt und sauber geführt werden, wozu man auch eine Küchenschere benützen darf. Nun können die Eingeweide leicht gelöst und in einem Stück herausgehoben werden.

Kochen im Fischsud

Unter Kochen im Sud versteht man das Sieden in einem gut gewürzten und mit allerlei Gemüse und Wurzelwerk vorgekochten Sud. In ihm können viele Fische rasch nacheinander zur Verwendung kommen. Er kann sogar mehrmals gebraucht werden. Man versteht darunter auch Blaukochen von ganz frisch getöteten Fische, wie Forellen, Äschen, Karpfen usw., wobei der Sud aus frisch aufgekochtem Salzwasser und einigen Zitronenscheiben besteht.

Äsche, Renke

(franz. *Ombre*, ital. *Temolo*)

Sie ist ein sehr geschätzter Süßwasserfisch von schlankem, gestrecktem Körperbau. Seine Schuppenhaut ist stark silbrig glitzernd mit goldgrüner Tönung. Die großen Schuppen sitzen ziemlich fest, weshalb die Entschuppung einige Mühe macht. Markant ist die hohe Rückenflosse. Äschen erreichen eine Länge bis zu 50 Zentimetern. Ihr Fleisch ist im Geschmack dem der Forelle ähnlich, aber etwas fester in der Struktur. Beste Verwendungszeit: Mitte Oktober bis Mitte Januar.

Verwendung:

Im Sud, wie Forelle, blau gekocht, die Kochzeit ist dabei etwas länger. A la Meuniere: Müllerinart, a la Bourgoignonne: in Rotwein gekocht mit Champignons und brauner Sauce serviert. A la Provencale: mit Tomaten und Knoblauch in Öl gebraten.

Aal

(franz. *Anguille*, ital. *Anguilla*)

Er ist ein Fisch von schlangenartiger Form, seitlich etwas zusammengedrückt, wobei die Flossen vom Rücken bis zum Schwanzende einen einheitlichen Saum bilden. Bauchflossen fehlen ganz. Je nach dem Standort des Aals ist seine Hautfarbe schieferblau oder gelblich- bis grünlichbraun. Er hat keine Schuppen, sondern eine zähe glatte Haut. Ganz junge und kleine Aale mit nicht zäher Haut werden nichtabgezogen verwendet, alle anderen Aale sind mit grobem Salz einzureiben, danach wird ihnen die Haut, ähnlich wie bei einem Hasen, abgezogen. Zuerst unter den Brustflossen rings um den Hals einen kleinen Einschnitt machen, die Haut etwa 2 cm tief ablösen und umschlagen. Mit je einem Lappen werden die Kragenhaut und der Kopf des Fisches angefaßt und mit kurzem, aber kräftigem Zug die Haut bis zum Schwanzende abgezogen. Danach wird er ausgenommen, gewaschen und in beliebig große Stücke geschnitten. Beste Verwendungszeit: Juni bis Oktober.

Verwendung:

Gedämpfter Aal in Weißwein oder Dillsauce, gebackener Aal nach Tessiner Art, gebackener Aal Hamburger Art, Aal in Salbei, junge Aale blau gekocht.

Barbe

Ihr nicht zu verkennendes Merkmal sind vier von der Oberlippe herabhängende Bartfäden. Sie ist ein ausgesprochener Flußfisch und vermeidet stehende Gewässer. Barben können bis zu 70 cm lang werden und 5 bis 10 Kilogramm wiegen. Der Rogen (Eier) der Barbe ist giftig und beim Ausnehmen des Fisches sorgfältig zu entfernen. Sie ist ein ziemlich grätenreicher Fisch. Verwendungszeit: November bis Februar.

Verwendung:

Kochen, Dämpfen, Schmoren, Gratinieren, Braten oder als Matrosengericht.

Barsch
(*Eglin oder Rechlin*)

Barsche sind sehr gefräßige Raubfische. Ihr besonderes Merkmal: zwei durch einen Einschnitt (ohne Zwischenraum) voneinander getrennte Rückenflossen. Ihre Färbung ist grünlichgelb bis grauweiß mit fünf bis neun markant schwärzlichen Querstreifen. Die kleinen Flossen sind leuchtend orangerot gefärbt. Barsche können bis zu 50 cm lang werden und ein Gewicht bis zu 3 Kilogramm erreichen. Doch gelten die kleineren Exemplare als wohlschmeckender. Das Fleisch ist weiß und, wenn richtig von der Hauptgräte entfernt, fast grätenfrei. Beste Verwendungszeit: August bis Januar.

Verwendung:

Kochen und mit Sauce hollandaise reichen oder mit Kräutersauce übergießen.
Braten: dazu in Mehl und Eigelb panieren, im geriebenen Parmesan wälzen und braten.

Backen: in Mehl wenden und backen oder zuvor in 3 bis 4 cm breite Stücke schneiden, oder nur die Filets verwenden.
Überbacken: die Fischfilets füllen, aufrollen und gratinieren.

Forellen
(engl. *Trout*, franz. *Truits*, ital. *trota*)

Forellen sind eine weit verzweigte Familie, deren wichtigste Vertreter die *Bachforellen*, die *Regenbogenforellen* und die *Seeforellen* (*Lachsforellen*) sind.

Die *Bachforelle* hat einen gedrungenen, torpedoförmigen Körper mit kleiner Fettflosse zwischen Rücken und Schwanzflosse. Die Färbung passt sich in der Regel stark der Bodenfarbe des Standortes an und schwankt auf dem Rücken zwischen grün und bläulich. Die helleren gelbgrünen Seiten sind mit schwarzweiß und blauweiß umrandeten, roten Punkten versehen.

Die *Regenbogenforelle*, ursprünglich in Amerika beheimatet, wird ihres schnellen Wachstums wegen bei uns in den Fischzuchtanstalten aufgezogen. Im Gegensatz zur Bachforelle ist sie von schlankem, gestrecktem Körperbau. Die Rückenfarbe ist dunkel- oder blaugrün, die roten Flecken fehlen gänzlich, dafür ist der ganze Körper mit schwarzen Punkten übersät, welche sogar auf Rücken- und Schwanzflossen übergehen. Über die ganze Seite zieht sich ein verwaschenes, in den Regenbogenfarben schillerndes Band hin.

Die *See- oder Lachsforelle* ist der Riese in der Forellenfamilie. Exemplare von 20 Kilogramm sind durchaus keine Seltenheit. Ein Hauptmerkmal bildet die eigenartige Marmorierung des Rückens, welche sich aus zahlreichen runden, eckigen und x-förmigen schwarzen Punkten ohne scharfe Konturen zusammensetzt. Zweites Merkmal ist das markant lachsfarbige Fleisch.

Verwendung:

Forellen blau gekocht. Vor dem Kochen werden sie, damit sie gekrümmt sind, am Schwanzende und Maul zusammengenäht, vor dem Servieren wird der Faden entfernt.
Forellen in Mehl gewendet und gebacken.
Forelle à la Meuniere mit Zitrone in Butter gebraten.
Forelle in Rotwein gekocht. Im Sud gekocht, erkaltet und in Aspik gelegt.
Seeforellen mit gehackten Kräutern gefüllt und gedämpft.

Garzeit:

Portionsforellen von 100 bis 150 Gramm vier bis sechs Minuten; 200 bis 300 Gramm sechs bis zehn Minuten; Seeforellen von etwa 500 Gramm Gewicht 20 bis 30 Minuten.

Felchen

Dies ist der Sammelname für eine ganze Reihe kleiner bis mittelgroßer Lachsfische, die sich vornehmlich in einigen unserer Seen aufhalten. Am bekanntesten sind die Blaufelchen des Bodensees, denen der Gangfisch des Untersees sehr nahe steht. Neben den Weißfelchen gehören die Bondelles des Neuenburger und Bieler Sees wie auch die Ferras des Genfer Sees zu dieser Fischgattung. Die Felchen gelten als vorzügliche Süßwasserfische, die sich durch zarten Wohlgeschmack auszeichnen. Tiere von 60 bis 70 Zentimeter Länge und einem Gewicht bis zu fünf Kilogramm sind keine Seltenheit. Beste Verwendungszeit: Mitte Mai bis Mitte September.

Verwendung:

Braten, Backen, Rösten, Grillieren und Backen in Pergamenthülle.

Hecht
(franz. *brochet*)

Hechte sind an ihren spitzen, entenschnabelartig abgeflachten Köpfen mit dem breiten bis unter Augenhöhe gespaltenen Maul leicht erkennbar. Die Färbung von Rücken und Bauch ist stark von Standort und Alter abhängig. Helle bis olivgrüne Färbung läßt auf ein- bis zweijährige Hechte schließen, ältere Exemplare weisen ein kräftiges goldgrünes Fleckenmuster von schöner Zeichnung auf. Die verhältnismäßig kleine Rückenflosse sitzt ungewöhnlich weit hinten. Die Schuppen liegen fest geschlossen wie ein Panzer an. Das Fleisch des Hechtes ist fest in seiner Struktur und darf daher etwas länger gekocht werden. Es ist eher trocken, was bei der Zubereitung berücksichtigt werden sollte und weshalb man Hechte oft gespickt verwendet. Trotz seines ausgezeichneten Geschmacks ist der Hecht wegen seiner langen und dünnen Gräten nicht überall gleich beliebt.

Verwendung:

Gekocht mit Kapernsauce, nach badischer Art mit Rahm, geriebenem Käse und Weißwein im Backofen gebraten. Gedünstet in Rotwein, gebraten und gespickt wie Kalbsbraten, gedämpft als Gulasch, gebacken in Streifen, Scheiben oder die Filets schwimmend in Öl herausgebacken.

Heilbutt
(*Flétan* oder auch *Riesenscholle* genannt)

Seine Hautfarbe gleicht jener des Steinbutts. Er kann in Ausnahmefällen eine Größe von drei Metern erreichen und ein Gewicht von 350 Kilogramm. Aus diesem Grunde gelangt er meist im Anschnitt oder nur in kleinsten Exemplaren auf den Markt. Sein flacher, breitgedrückter Körper, der sich in horizontaler Lage fortbewegt, ist an seiner oberen Seite stark bräunlich, oft grünblau, während die untere Seite weiß, höchstens hellgrau gefleckt erscheint. In seiner Jugend ist der Plattfisch wie die übrigen Fische symmetrisch gebaut. Bei fortschreitendem Wachstum erst tritt eine zunehmende Verdrehung der Kopfpartie ein, so daß dann bei ausgewachsenen Tieren beide Augen auf der selben Körperseite liegen und das Maul schief steht. Die ringsum angeordneten Rücken- und Bauchflossen rahmen sozusagen den ganzen Körper ein. Sein Fleisch ist etwas magerer als das des Steinbutts, schneeweiß und von gutem unaufdringlichem Geschmack.

Verwendung:

Gekocht, kleine Exemplare ganz, größere in Scheiben geschnitten. Weitere Zubereitungsarten sind wie Steinbutt, Seehecht oder Merlan.

Hering

(engl. *herring*, franz. *hareng*)

Der weitaus bekannteste unter den kleinen Meerfischen ist der Hering. Er wird in ungeheuren Mengen gefangen, wovon allerdings nur ein Bruchteil als grüne Heringe auf den Markt kommt. Der überwiegende Teil wird eingesalzen und geräuchert und erscheint dann erst später als Salzhering, Matjeshering, Bückling oder in Form von Konserven.

Verwendung:

Gekocht, paniert und gebraten, schwimmend herausgebacken, grilliert.

Kabeljau

(franz. *Cabilaud*, engl. *codfish*)

Der Kabeljau ist einer der bekanntesten Fische und gehört zur Familie der Schellfische. Er erreicht Größen bis zu einem Meter und 50 Kilogramm Gewicht. Der hauptsächlich auf den Markt gelangende Nordseekabeljau weist durchschnittlich ein Gewicht zwischen zwei und fünf Kilogramm auf. Der gedrungene schuppige Körper ist am Rücken olivgrün bis braungrau mit gelblichen Flecken, der Bauch weiß. Besonderes Kennzeichen dieses Fisches ist der lange Bartfaden am Unterkiefer.

Verwendung:

Gekochter Kabeljau mit zerlassener Butter oder Senfsauce.
Fischsalat aus Fischresten von gekochtem Kabeljau.
Kabeljau flämische Art mit Weißwein im Ofen kochen und die Brühe mit Brotkrumen dicken, oder im Ofen gebacken mit Rahmsauce oder Mayonnaise.
Auf dem Grill gebraten, mit Kräuterbutter serviert.
Außerdem noch sämtliche Zubereitungsarten von Schellfisch.

Karpfen
(franz. *Carpe*, ital. *carpa*)

Von den verschiedenen Karpfenarten sind Leder- und Spiegelkarpfen die bekanntesten. Beide sind von recht plumpem Körperbau, der Rücken ist mit langer Flosse versehen, Oberlippe und Mundwinkel weisen je zwei Barteln auf. Während der Lederkarpfen schuppenlos ist, hat der Spiegelkarpfen einige Reihen deutlich erkennbarer, großer Schuppen auf der sonst blanken Haut. Die Färbung schwankt von goldgelb bis blaugrün, wobei Rücken und Flossen gewöhnlich grau sind. Das feste und fette Fleisch (der Karpfen ist von guter Struktur) und der gedrungene Körperbau gestattet es, den Fisch bei der Zubereitung in viele schmale, ausgiebige Portionsstücke zu teilen oder zum Füllen zu verwenden. Beste Verwendungszeit: November bis Mitte März.

Verwendung:

Gefüllt und nach Belieben mit einem Teiggitter gebacken. Nach Elsässerart gefüllt, gekocht und mit Sauerkraut angerichtet. In Weinsauce gedünstet. Nach ungarischer Art, als Gulasch mit Zwiebeln, Paprika und Rahm. Nach polnischer Art in Bier mit gehackten Gemüsen, Mandeln und Lebkuchenbröseln gedämpft und mit Krebsschwänzen dekoriert. Blau gekocht, mit geschmolzener Butter und Sahne-Meerrettich. Gegrillt oder im Ofen gebacken.

Lachs oder Salm
(franz. *Saumon*, ital. *Salmone*)

Dieser Fisch führt ein ausgesprochenes Doppelleben. Einmal als Süßwasserfisch unter dem Namen Salm und als Meerfisch unter dem Namen Lachs. Der wertvollste Vertreter dieser Familie ist der Rheinsalm. Leider ist er sehr stark im Rückgang begriffen. Beste Verwendungszeit: Herbst und Winter.

Verwendung:

Salm gekocht mit Holländischer Sauce oder Sauce Mousseline. Gekocht und erkaltet mit Mayonnaise. Gedämpft, gebacken und grilliert.
Geräucherter Salm, franz. Saumon fume, mit Sahne-Meerrettich.

Merlan

Dieser Fisch ist trotz seiner Häufigkeit in der Nordsee ein Meerfisch ohne speziellen deutschen Namen. Im Aussehen und der Art seines Fleisches nach steht er dem Schellfisch am nächsten, ohne jedoch dessen Größe zu erreichen. Die durchschnittliche Größe des Merlans beträgt 15 bis 20 Zentimeter bei einem Gewicht von 100 bis 200 Gramm. Seiner zweckmäßigen Portionsgröße wegen wird er sehr viel verwendet. Zubereitungsdauer: 4–5 Minuten.

Verwendung:

Paniert gebraten und mit flüssiger Kräuterbutter übergossen.
Überbacken in feuerfester Platte mit gehackter Zwiebel, Champignons und weißer Sauce.
In Backteig herausgebacken mit Tomatensauce.

Rochen
(franz. *La Raie*)

Er ist eigentlich nur den Feinschmeckern bekannt, die sein feines weißes Fleisch besonders schätzen. Er bildet wegen seiner eigenartigen, dreieckigen Gestalt mit spitzen Stacheln bewaffnet eine markante Erscheinung unter den Meerfischen. Die meist metergroßen Fische sind selten erhältlich.

Beim Zurichten des Rochens muß man größte Vorsicht walten lassen. Die spitzen Stacheln, mit welchen dieser Fisch besonders an Rücken und Schwanz bewehrt ist, können gefährlich verletzen. Es ist dabei zweckmäßig, den Fisch gleich zu enthäuten, da hierdurch gleichzeitig auch die Stacheln entfernt werden. Zuvor ist der Fisch sauber zu bürsten, auszunehmen und von Kopf und Schwanz zu befreien. Das ist nicht ganz einfach, und es bedarf dazu eines scharfen Messers und eines Küchenbeils. Die äußerst grätenreichen Flossen der Rückenteile müssen ebenfalls abgeschnitten werden.

Verwendung:

Rochen gekocht, gedämpft, gedünstet, überbacken oder im Backteig herausgebacken.

Schellfisch
(franz. *Aigrefin*, engl. *haddock*)

Dieser Fisch kann eine Größe bis zu einem Meter und ein Gewicht von mehreren Kilogramm erreichen. Das markanteste Merkmal ist eine vom Kopf bis zum Schwanz reichende schwarze Seitenlinie. Sein Fleisch ist sehr wohlschmeckend, zart und reinweiß. Nach dem Kochen löst es sich in dünnen Blättchen ab. Der Schellfisch ist ein sehr preisgünstiger Fisch und wird deshalb gern gekauft. Meerfische, welcher Art sie auch sein mögen, müssen frisch sein. Merkmale hierfür sind festes Fleisch, straffe Haut, festsitzende Schuppen, klare Augen, rote Kiemen und angenehmer Geruch. Ein einfaches Zeichen, frische Fische zu unterscheiden, ist ihr Verhalten beim Einlegen in Wasser. Frische Fische sinken unter, nicht frische dagegen schwimmen oben, weil sich Bakteriengase gebildet haben.

Meerfische werden genau wie Seeflußfische gründlich gewaschen. Vom Kopf zum Schwanz geschuppt und danach ausgeweidet. Bei ganz zu verwendenden Fischen werden die Augen entfernt. Beim Ausweiden wird die Haut am Bauch in sauberem Schnitt aufgeschlitzt und der Bauchinhalt mit Schwimmblase und der inneren Bauchhaut, die meist schwärzlich gefärbt ist, herausgehoben. Danach werden sie gut ausgewaschen. Um den durchdringenden Fischgeruch zu mildern, beträufelt man sie reichlich mit Zitronensaft, man kann sie auch eine Weile in rohe Milch legen.

Verwendung:

Schellfisch gekocht, mit brauner Butter, Senf-, Weißwein- oder Tomatensauce.
Schellfisch nach ungarischer Art: mit Paprika und Zwiebel gedünstet.
Schellfisch grilliert: fingerdicke Schellfischscheiben mit Öl bestreichen und beidseitig auf dem heißen Aufsatzgrill oder in der Grillpfanne rösten.
Gratinierter Schellfisch: Reste von gekochtem Fisch in weißer Sauce mit Butterflöckchen belegt und Reibkäse bestreut im Ofen überbacken.

Schleie
(franz. *la Tanche*, ital. *tenca*)

Ihren Namen verdankt sie der etwas schleimigen Oberhaut, unter welcher ihre kleinen Schuppen kaum sichtbar sind. Ihr besonderes Merkmal: zwei kurze Barteln am Maul. Der Körper ist gedrungen, die Flossen abgerundet, wobei die Schwanzflosse nur schwach ausgeschnitten ist. Die Rückenfärbung schwankt zwischen dunkelgrün mit Messingglanz und olivgrün, die Seiten sind etwas heller getönt. Beste Verwendungszeit: Mai bis September.

Verwendung:
Blau gekocht wie Forellen. Nach Müllerinart mit weißer Sauce. Als Matrosengericht. In Dillsauce. In Cremesauce. Mit Kräutern gefüllt auf ein gefettetes Pergamentpapier legen, mit gehackten, gedämpften Schalotten, Karotten, Tomaten und Champignons belegen und gut eingewickelt je nach Größe des Fisches 20 bis 30 Minuten im Ofen backen. Erst bei Tisch aus den Umhüllungen nehmen.

Seeteufel
(*Froschfisch* oder *Angler*, franz. *Baudrois*)

Der Kopf, groß und plattgedrückt, mit breiter Maulspalte gibt dem Fisch ein geradezu erschreckend häßliches Aussehen. Er wird dieserhalb stets ohne Kopf auf den Markt gebracht. Typisch sind auch die sechs biegsamen Stacheln auf dem Rücken des Tieres, wobei die drei vorderen unregelmäßig gegen den Kopf zu verteilt sind, die hinteren aber in einer Linie stehen. Sein schneeweißes, grobblättriges Fleisch hat hummerähnlichen Geschmack und gilt deshalb als Delikatesse.

Verwendung:

Gekocht, mit Holländischer Sauce oder brauner Butter; à la Parisienne; gekocht und mit weißer Sauce übergossen, in welcher Champignons kurz mitgekocht wurden.
Gebacken, rohe fingerdicke Fischscheiben mit Salz bestreuen, mit Zitronensaft und Öl bestreichen und in heißer Butter beidseitig goldgelb backen.
Als falscher Hummersalat: den gekochten Fisch zerteilen und mit pikanter Salatsauce und Mayonnaise anmachen. Mit harten Eiern und Mayonnaise auf Salatblättern anrichten.

Seehecht
(franz. *Colin*)

Er gehört ebenfalls zu den schellfischartigen Meerfischen. Sein Hauptmerkmal ist eine vom Kopf bis Schwanz reichende dunkle Seitenlinie. Auf dem Rücken ist er schwarzweiß gefleckt, der Bauchseite zu geht er in grau über. Das zarte, schneeweiße Fleisch ist von ausgezeichnetem Geschmack.

Verwendung:

Gekochter Colin: in kochenden Fischsud eingelegt bei mäßiger Hitze je nach Größe 10 bis 20 Minuten ziehen lassen. Nach nordischer Art: in Milchwasser kochen. Nach flämischer Art: in Weißwein und gehackten Kräutern dünsten.
Im Backofen gebacken. In Scheiben geschnitten: paniert und gebacken, grilliert auf dem Rost oder in der Grillpfanne.

Seezunge
(franz. *Sole*)

Als vornehmster und wohlschmeckendster Vertreter der Plattfischfamilie gilt die Seezunge. Ihre Gestalt ist gestreckter als die des Steinbutts und viel dünner. Sie kann bei einer Länge von etwa 60 Zentimetern ein Gewicht bis zu vier Kilogramm erreichen. Die marktgängigsten Größen sind etwa 25 bis 30 Zentimeter, mit einem Gewicht bis zu 800 Gramm. Die mit winzigen Schuppen besetzte Haut ist dunkelgraublau bis schwarz. Die Fische werden trotz ihres dünnen Schuppenbelages nicht geschuppt, sondern enthäutet. Hierzu nimmt man sie in die linke Hand und hält damit die Schwanzspitze fest, die Haut wird zuerst auf der dunklen Seite oberhalb des Schwanzendes etwas abgelöst. Das Hautende mit der rechten Hand in glattem, raschem Zug gegen den Kopf hin abziehen. Nachdem auch die untere weiße Haut gelöst und abgezogen ist, unterhalb der Kiemen einen Einschnitt machen und die Eingeweide herauslösen und den Fisch waschen. Das Fleisch beidseitig der Hauptgräte entlang einschneiden und das Messer nach und nach gegen die Flossen durchstoßen, so daß die beiden Filets auf jeder Seite ohne Fleischverlust vom ganzen Grätenbau weggeschnitten sind. Soles-Limandes, eine Seezungenabart, werden nicht enthäutet, sondern die Filets mit den Häuten gelöst. Wohl um keine andere Fischsorte haben sich die Kochkünstler und Feinschmecker so bemüht wie um die Zubereitung der Sole. Ein Fachkochbuch allein nennt 190 verschiedene Rezepte.

Verwendung:

Gebratene Seezungen, Friture von Solefilets, Seezungenfilets in Weißwein.

Steinbutt
(*Turbot, Scholle* oder *Butte*, franz. *Turbot*)

Der flache, breitgedrückte Körper des Steinbutts bewegt sich in horizontaler Lage fort. An seiner oberen Seite ist er bräunlich, oft grünblau, die untere Seite weiß bis hellgrau gefleckt. Die ringsum wie Fransen angeordneten Rücken- und Bauchflossen rahmen den ganzen, fast kreisrunden Körper des Fisches ein. Er ist einer der bedeutendsten und größten Vertreter der Plattfischfamilie und kann bis zu zwei Meter groß werden. Die bei uns auf den Markt gelangenden Nordseesteinbutte wiegen meistens nur zwei bis vier Kilogramm bei einer Größe von 30 bis 40 Zentimetern. Wegen seines ausgezeichneten Fleisches gehört er zu den am meisten geschätzten Meerfischen.
Beste Verwendungszeit: April bis September.

Verwendung:

Gekocht in reichlich gesalzenem Fischsud, je nach Größe des Fisches 10 bis 20 Minuten, dabei mehr ziehen als kochen lassen.
Gratinierter Steinbutt.
Grilliert: Die Fischscheiben mit Butter oder Öl pinseln und auf dem Rost goldbraun werden lassen.

Trüsche

Sie ist wegen ihrer schlangenähnlichen Gestalt und häßlich bunten Haut nicht allgemein beliebt. Feinschmecker aber schätzen ihr schneeweißes Fleisch und lieben sie ihrer außerordentlich großen Leber wegen, die als besondere Delikatesse gilt. Ihr Leib ist gedrungen, dickwalzig, mit langem Schwanz und einer vom Rücken bis zur Schwanzspitze reichenden Flosse. Außerdem besitzt sie noch eine kleine Rückenflosse, die wie die Haut grüngelb bis schwarzfleckig bunt gezeichnet ist. Der Kopf ist abgeflacht, mit Nasenborsten und Bartfäden am Kinn.

Verwendung:

Blau gekocht wie Forelle. In Rotwein gedünstet. Nach Pariser Art in Scheiben geschnitten und mit der Leber in Champignonsauce serviert.
Gebacken mit Lebertoast, mit feinen Kräutern, wobei der Sud zusammen mit Kräutern eingedämpft wird. Au Gratin: mit Béchamel- oder Krebssauce bedeckt, überbacken.

Weißfische

Dies ist der Sammelname für eine ganze Reihe silbrigglänzender Fische, wie z. B. Brachsen, Schwalen, Plötze, Laube und Rotauge. Leider sind alle ziemlich grätenreich.
Beste Verwendungszeit: Mai bis September.

Verwendung:

Gebraten oder gebacken. Plötze gekocht in Dillsauce, kleine Weißfische nach Neuenburger Art gebacken: die vorbereiteten Fische den Rücken entlang aufschneiden, damit sie sich beim Backen nicht wölben. Leicht gesalzen in Mehl, dann in Milch und nochmals in Mehl wenden, in heißem Öl schwimmend zu hellbrauner Farbe backen. Kurz abgetropft mit Petersilie zu Tisch geben.

Zander
(*Fogasch, Schill*)

Ursprünglich in Rußland beheimatet, als Wolga-Zander oder Berschik bekannt, wurde er schon früh in die Donau verpflanzt. Dort und im ungarischen Plattensee heißt er Fogasch. In der Elbe wird er mit Schill bezeichnet. Vor Jahren wurde er auch im Bodensee ausgesetzt, später auch im Rhein. Mittelgroße Zander eignen sich wegen ihres festen Fleischgewebes besonders gut zum Füllen. Sie werden hierzu nicht wie üblich am Bauch aufgeschlitzt, um dort ausgenommen zu werden, sondern nach dem Schuppen und Waschen am starken Rückgrat entlang.
Beste Verwendungszeit: Im Vorfrühling, doch ist er das ganze Jahr hindurch erhältlich.

Verwendung:

Zander gefüllt: Brot-, Speck- oder Kräuterfüllung.
Au Matelot (Matrosenart); Zander nach Basler Art: Die Filets mit Mehl bestreut gebraten, dazu Sardellenfilets und Bratkartoffeln servieren.
Gratiniert: Lagen von in Weißwein gekochtem Zander mit Pilzragout in einer feuerfesten Platte mit weißer Sauce und geriebenem Käse bedeckt, im Ofen überbacken.

Tiefkühlfisch

Jeder Tiefkühlpackung ist die zweckmäßigste Behandlung aufgedruckt. Die Fische werden meist halbaufgetaut verwendet. Zum Backen werden die Fischblocks noch fest gefroren in passende Stücke geschnitten. Fischfilets zum Braten oder Gratinieren läßt man halb auftauen, um sie voneinander zu lösen. Sie müssen in sehr heißes Fett eingelegt werden, damit sich schnell eine Kruste bildet und das Auslaufen des Saftes vermieden wird.

Als Kochfische verbleiben sie in gefrorenem Zustand in ihrer Cellophanhülle und werden so in den kochenden Fischsud eingelegt. Kochdauer 10–15 Minuten. Haben sie einmal aufgekocht, das Wasser nur noch leicht kochen lassen, nicht mehr sprudelnd. Beim Anrichten aus der Hülle auf eine vorgewärmte Platte geben.

Schollenfilets gratiniert

Die Filets tauen, bis sie sich voneinander lösen lassen – Mit Zitronensaft beträufeln – Würzen – Mit Zwiebelpulver einpudern und leicht in Mehl wenden – In einer großen feuerfesten Platte oder in der Fettpfanne des Grills Butter schmelzen – Den Fisch nebeneinander hineinordnen – An die Seite Tomatenhälften legen – Mit Butterflocken belegen – Bei Oberhitze backen, bis die Filets goldgelb sind – Wenden und nochmals Farbe bekommen lassen – Auf heißer Platte anrichten – Den Fond mit 1/2 Tasse Wasser aufgießen, aufkochen und mit Sojasauce abschmecken – Über den Fisch gießen – Mit Zitronenscheiben garnieren.

Beigabe: Körnig gekochter Reis und grüne Erbsen in Butter geschwenkt.

2 Pakete Schollenfilets, 1 Zitrone, Salz, Pfeffer, Zwiebelpulver, Mehl, 6 Eßl. Butter, 1 Eßl. gehackte Petersilie, 2 Eßl. Sojasauce, Wasser, 2 Tomaten, Zitronenscheiben

Fischfilet in Bierteig

Noch gefrorenen Fisch in 2 cm dicke Streifen schneiden – Schollen so weit auftauen, daß sie sich voneinander lösen lassen – Aus Mehl, Bier, Salz, Öl einen Teig rühren – Steifes Eiweiß zurühren – Fisch in den Teig tauchen und sofort in das heiße Fett hineinlegen – Goldgelb und knusperig herausbacken.

Beigabe: Kartoffelsalat, grüner Salat und Remouladensauce.

2 Pakete Fischfilet oder Schollen

Zum Teig:

150 g Mehl, 2/10 l helles Bier, 1/4 Teel. Salz, 1 Eßl. Olivenöl, 2 Eiweiß, Friture, Remouladensauce

Fischfilet in Wein

2 Pakete Fischfilet, 2 Gläser Weißwein, 4 Eßl. Butter, 4 Eßl. Mehl (gestrichen voll), 1 Eigelb, 1/4 Tasse Süßrahm, 1/2 Eßl. gehackte Petersilie, Zitronenschnitze, Salz, Pfeffer, Zucker

Den Fisch so weit tauen, daß sich die Filets lösen lassen – In eine Gratinierplatte ordnen – Etwas würzen und den Wein übergießen – Mit Folie bedeckt im heißen Ofen gardünsten – Mehl in Butter anschwitzen – Ablöschen, Weinfond zugeben und durchkochen – Eigelb und Rahm verquirlen – Die Sauce damit legieren – Nach Geschmack würzen – Über den Fisch gießen – Mit gehackter Petersilie bestreut noch ganz kurz überbacken – Mit Zitronenschnitzen garnieren.
Beigabe: Reis oder Salzkartoffeln.

Fischgerichte

Aal, blau

1 kg Aal, 2 l Wasser, 1 Tasse Essig, 2 Eßl. Salz, 1 Lorbeerblatt, Pfefferkörner, 1 Stückchen Zitrone, 1 kleine Zwiebel, etwas Thymian, Petersilie, Zitronenscheiben

Den Aal ausnehmen und vorsichtig die Galle entfernen – Waschen und in Stücke schneiden – Abtrocknen, mit dem verdünnten, erhitzten Essig übergießen und kurz in Zugluft stellen – Im kochenden Fischsud 20–30 Minuten ziehen lassen – Auf einer warmen Platte anrichten und mit Petersilie und Zitronenscheiben verzieren.
Beigabe: Remouladensauce, Kapernsauce oder Vinaigrette; Kartoffel- und Gurkensalat.

Aal Berliner Art

1500 g Aal, 2 l Wasser, 2 Zwiebeln, 1/4 Knolle Sellerie, 1 gelbe Rübe, 2 Lorbeerblätter, Gewürzkörner, Salz, 80 g Butter, 40 g Mehl, 1/8 l Süßrahm, 3 Eigelb, Dill, Pfeffer

Zwiebeln, Sellerie und gelbe Rübe kleinschneiden – In Wasser mit den Gewürzen 15 Minuten kochen lassen – Den Aal abziehen und in 10 cm lange Stücke zerlegen – 15 Minuten in der Brühe ziehen lassen – Herausnehmen und warmstellen – Aus Butter und Mehl eine helle Mehlschwitze bereiten – Mit 3/8 l Aalbrühe ablöschen und 10 Minuten durchkochen – Mit Rahm und verquirltem Eigelb legieren – Nach Geschmack würzen und gehackten Dill einstreuen – Aalstücke einlegen.
Beigabe: Kartoffeln und Gurkensalat.

Aal nach Trentiner Art

Den Aal abziehen und in Stücke schneiden – Mit Öl und Zitronensaft beträufeln und nach Geschmack würzen – Die Aalstücke auf Holzstäbchen spießen und bei starker Hitze in etwa 15 Minuten goldbraun grillen – Vor dem Anrichten mit Salz und geriebenem Parmesankäse bestreuen.

Beigabe: Reis.

1 kg Aal, Öl, Zitronensaft, Salz, Pfeffer, Majoran, Parmesankäse

Aalfilet à la bordelaise

Aal vorbereiten – Abgezogen der Länge nach spalten und die Mittelgräte entfernen – In 8 cm lange Stücke teilen – Den Fisch etwa zur Hälfte mit Wein und Wasser bedeckt aufsetzen – Gewürze, Schalotten und Petersilie beifügen – Zugedeckt weichdünsten – Den Fisch auf heißer Platte anrichten – Den Fond mit angerührtem Stärkemehl dicken – Durchpassieren und Sardellenbutter unterschlagen – Über den angerichteten Fisch gießen.

Beigabe: Salzkartoffeln.

1 kg Aal, 1 Tasse Wasser, 1 Tasse Weißwein, Salz, Pfeffer, 5 Schalotten, 1 Eßl. gehackte Petersilie, 2 Teel. Stärkemehl, 2 Eßl. Sardellenbutter

Äschen in Pergament

Äschen zurichten, mit Salz und Pfeffer bestreuen – Butter schaumig rühren und die Fische damit bestreichen – In mit Butter bestrichenes Papier wickeln – Auf dem Rost auf beiden Seiten braten.

Beigabe: Petersiliensauce und Fischkartoffeln.

1 kg Äschen, Salz, Pfeffer, 4 Eßl. Butter, Pergamentpapier

Aal in Dillsauce

Einen Aal ausnehmen und vorsichtig die Galle entfernen – Waschen und in Stücke schneiden – In kochendem Fischsud 20–30 Minuten ziehen lassen – Die Stücke enthäutet in Dillsauce legen – Durchziehen lassen und anrichten.

Beigabe: Salzkartoffeln.

Dillsauce: Mehl in Butter hell anschwitzen – Feingehackte Zwiebel und Petersilie zugeben und durchdünsten – Mit Fischsud oder Wasser ablöschen – Auffüllen und gut durchkochen – Dill, Rahm, Zitronensaft, Salz und Pfeffer beifügen.

1 kg Aal, 2 l Wasser, 1 Tasse Essig, 2 Eßl. Salz, 1 Lorbeerblatt, Pfefferkörner, 1 Stückchen Zitrone, 1 kleine Zwiebel, etwas Thymian

Dillsauce:

3 Eßl. Butter, 3 Eßl. Mehl, Petersilie, 1 kleine Zwiebel, 2 Eßl. gehackter Dill, 2 Tassen Fischsud oder Wasser, Zitronensaft, Salz, Pfeffer, 1/4 Tasse Rahm

Aal in Salbei

1 kg Aal, 1/2 Zitrone Saft, Salz, Pfeffer, etwa 15 Salbeiblätter, 2 1/2 Eßl. Butter

Die vorbereiteten und enthäuteten Aalstücke mit Zitronensaft beträufeln und mit Salz und Pfeffer bestreuen – Mit den Salbeiblättern umbinden – Unter fleißigem Begießen in der Butter gelb und knusprig braten – Vor dem Anrichten die Fäden entfernen und die Butter übergießen – Das Gericht kann auch kalt gereicht werden.

Beigabe: Salzkartoffeln.

Bremer Aalragout

1 Aal, Salz, Fleischbrühe, 1 Tasse Champignons, 2 Eßl. Mehl, 2 Eßl. Butter, Muskatblüte, Pfeffer, 2 Eigelb, Saft 1/4 Zitrone, Morcheln, Krebsschwänze, Fischklößchen, Kapern, Blätterteighalbmonde

Fischklößchen:

2–3 Eßl. Krebsbutter, 2 Eier, 1 Tasse Fisch- und Krebsfleisch, 1 Tasse in Wasser geweichtes Weißbrot, Muskatblüte, Suppenwürze, Salz, Pfeffer

Einen Aal zurichten – Abgezogen in Stücke schneiden – Mit Salz bestreut, 1 Stunde ziehen lassen – Abgewaschen, die Fischstücke mit kräftiger, jedoch wenig gesalzener Fleischbrühe eben bedeckt aufstellen – Blätterig geschnittene Champignons zugeben und weichkochen – Mehl in Butter hellgelb rösten – Mit Fischbrühe ablöschen – Gewürze zugeben und gut durchkochen – Den Aalstücken zugießen – Vor dem Anrichten mit Eigelb legieren und mit Zitronensaft abschmecken – Nach Belieben gedünstete Morcheln, Krebsschwänzchen und Fischklöße einlegen und mit Kapern überstreuen – Auf heißer Platte anrichten und mit Blätterteighalbmonden umlegen.

Fischklößchen: Krebsbutter (Konserve) weichrühren – Mit Eigelb, feingehacktem Fisch- und Krebsfleisch, gut ausgedrücktem, durchpassiertem Weißbrot und Gewürzen vermengen – Steifen Eierschnee unterziehen – Kleine runde Klößchen formen und, schwach gesalzenem, kochendem Wasser oder Brühe zugesetzt, 5 Minuten kochen.

Barben, gebacken

1 kg Barben, Butter oder Olivenöl, Salz, Pfeffer, Mehl

Barben zurichten – In 3 Finger breite Scheiben schneiden, die größeren Stücke noch spalten – Waschen, abtrocknen, würzen und in Mehl wenden – In heißer Butter oder Öl schnell gar und knusprig backen – Mit Zitronenschnitzen garniert anrichten.

Beigabe: Kartoffelsalat.

Aal, grün

Petersilienwurzeln, Zwiebel, Salbei und Gewürze im Wasser gut auskochen – Zugerichteten Aal in Stücke schneiden – Dem Kräutersud beifügen und zugedeckt 15 Minuten kochen – Herausnehmen und warmstellen – Aus Butter und Mehl eine helle Mehlschwitze bereiten – Mit durchgeseihtem Sud ablöschen und auffüllen – Gehackte Gewürzkräuter, Pfeffer, Salz, Zitronensaft und Rahm beifügen – Die Aalstücke nochmals kurz darin durchkochen.

Beigabe: Semmelklöße und Gurkensalat.

1 kg Aal, 3 Petersilienwurzeln, 1 Zwiebel, Pfeffer, Piment, Salz, 1 Blatt Salbei, 1 l Wasser, 4 Eßl. Mehl, 3 Eßl. Butter, 1 Eßl. gehackte Petersilie, 1 Teel. gehackter Dill, 1/2 Tasse Süßrahm, Zitronensaft

Blaufelchen nach Haushofmeister Art

Blaufelchen zurichten und würzen – In Butter mit Weißwein, feingehackter Zwiebel und Petersilie dünsten – Die Fische herausnehmen und auf vorgewärmter Platte warmstellen – Den Fischfond zur Hälfte einkochen und durchpassieren – Weiße Buttersauce mit Eigelb legieren – Den Fischfond zugeben und über mäßigem Feuer mit einigen Butterstückchen, Zitronensaft und einem Teelöffel gehackter Petersilie aufschlagen – Die Sauce über die Blaufelchen gießen.

Beigabe: Salzkartoffeln und grünen Salat.

4 Blaufelchen, Pfeffer, Salz, 3 Eßl. Butter, 1/2 Tasse Weißwein, 1 kleine Zwiebel, 2 Teel. gehackte Petersilie, 4 Eßl. Buttersauce, 1 Eigelb, 3 Teel. Butter, 1 Eßl. Zitronensaft

Barben, gekocht

Die Fische schuppen, ausnehmen und waschen – Kleinere Fische ganz lassen, die größeren der Länge nach spalten – Kochendem Fischsud beisetzen und 30 Minuten über kleiner Flamme ziehen lassen.

Beigabe: Zerlassene Butter und Fischkartoffeln.

1 kg Barben
Zum Sud:
1 l Wasser, 1 Tasse Essig, geschnittenes Wurzelwerk, Kräuter, Gewürzkörner

Forellen auf französische Art

Forellen ausnehmen und gut waschen – Vor dem Backen 1 Stunde in Milch legen – Mit Salz und Pfeffer bestreuen und in Mehl wenden – Schwimmend in heißem Backfett goldgelb herausbacken – Beim Anrichten mit Sardellen- oder Haushofmeister-Butter belegen und, mit Petersilie und Zitronenschnitzen garniert, sofort zu Tisch geben.

Beigabe: Petersilienkartoffeln.

4 Forellen, Milch, Salz, Pfeffer, Mehl, Backfett, Sardellenbutter oder Haushofmeister-Butter

Blaufelchen (Renken) nach Müllerin Art

4 Blaufelchen, Milch, Salz, Pfeffer, Mehl, Butter, Petersilie, Zitronensaft, Worcestershire-Sauce

Fische zurichten und waschen – Auf beiden Seiten mit leichten Querschnitten versehen – In Milch legen und 30 Minuten ziehen lassen – Mit Salz und Pfeffer würzen und in Mehl wenden – In heißer Butter auf beiden Seiten braten – Auf einer heißen Platte anrichten – In den Bratfond frische Butter, gehackte Petersilie, Zitronensaft und einige Tropfen Worcestershire-Sauce geben – Erwärmen und über die Fische gießen.
Beigabe: Salzkartoffeln.

Forellen in Weißwein

4 kleine Forellen, 4 Tomaten, 1 Banane, Estragon, 4 Schalotten, 1/2 Tasse Weißwein, 1 Tasse Holländ. Sauce, Salz, Pfeffer

Die Forellen zurichten und in eine feuerfeste Schüssel legen – Mit den Tomatenvierteln, der in dünne Scheiben geschnittenen Banane, etwas Estragon und feingehackten Schalotten umgeben – Mit dem Weißwein begießen, würzen und langsam kochen – Sind die Fische halb gar, behutsam wenden und fertigkochen – Vorsichtig herausnehmen, enthäuten und warmstellen – Die Sauce etwas einkochen und durch ein Haarsieb rühren – Über kleinem Feuer mit Holländischer Sauce vermengen – Vor dem Anrichten über die Forellen gießen.

Goldbarschfilet, gebacken

1–1 1/2 kg Goldbarsch, Backfett, 1 Ei oder Milch, Brösel, 1 Zitrone, Salz

Fertig zugerichtete Goldbarschfilets nehmen oder die Fische häuten und in Filets schneiden – Salzen, mit Zitronensaft beträufeln und kurze Zeit ziehen lassen – In dem Ei oder der Milch und den Bröseln wenden und in rauchend heißem Backfett goldbraun herausbacken – Auf die selbe Art kann *Zander* zubereitet werden.
Beigabe: Kartoffelsalat und Remouladensauce.

Fischbrodetto

1 kg Seefisch (auch verschiedene Sorten), 1/2 Tasse Öl, 2 Zwiebeln, 1 Eßl. gehackte Petersilie, 1 Zehe Knoblauch gehackt, 1 Lorbeerblatt, Pfefferkörner, Salz, 3 Zitronenscheiben, 2 Eßl. Tomatenmark, Wasser

Öl erhitzen, Zwiebelscheiben, Petersilie und Knoblauch darin anrösten – Gewaschene Fischstücke, Gewürze, Tomatenmark und entkernte Zitronenscheiben zugeben – Mit Wasser auffüllen, bis der Fisch davon bedeckt ist – Zugedeckt weichdünsten.
Beigabe: Salzkartoffeln.

Forellen, blau

Die Forellen werden am besten erst kurz vor der Zubereitung getötet – Im Wasser öffnen, ausnehmen und vorsichtig reinwaschen, dabei zweckmäßigerweise am Kopf festhalten, damit der Schleim, der den Fisch umgibt und das Blauwerden bewirkt, nicht abgeht – Auf eine nasse Platte legen, mit verdünntem, heißem Essig begießen und kurz in Zugluft stellen – Vorsichtig in den kochenden Fischsud legen und 10–15 Minuten ziehen lassen – Auf vorgewärmter Platte oder gefalteter Serviette anrichten – Mit Petersilie und Zitronenschnitzen garnieren.

Beigabe: Salzkartoffeln mit frischer oder zerlassener Butter oder Sauce Béarnaise.

4 Forellen,
1 Zitrone
Zum Sud:
2 1/2 l Wasser, 1 Tasse Essig, Salz, Petersilie

Forellen, gebacken

Forellen ausnehmen und waschen – Mit gehackter Petersilie und wenig Zwiebel füllen – Innen und außen würzen – In geschlagenem Ei und Mehl wenden – Fett erhitzen und die Forellen darin allseitig knusprig backen – Zuletzt Butter beigeben, um das Aroma zu verfeinern – Auf vorgewärmter Platte, mit Zitronenschnitzen und Petersilie garniert, anrichten.

Beigabe: Kartoffelsalat und Kopfsalat.

4 Forellen, Salz, Pfeffer, Petersilie, Zwiebel, 1 Ei, Mehl, Fett, Butter

Forellen vom Rost nach Colbert

Forellen ausnehmen, waschen und abtrocknen – An beiden Seiten der Fische 2–3 leichte Querschnitte anbringen – In zerlassener Butter und Bröseln wenden – Mit Butter beträufelt, auf dem Rost bei einmaligem Wenden braten – Beim Anrichten mit Sauce Colbert beträufeln – Die übrige Sauce getrennt dazu reichen – Nach Belieben die Fische mit in Butter gedünsteten Trüffeln und Champignons umlegen.

Beigabe: Fischkartoffeln.

Sauce Colbert: Extrakt in 2 Eßl. Wasser zergehen lassen oder Bratensauce nehmen – Zitronensaft, Eigelb, ein Stückchen Butter und Salz zugeben – Im Wasserbad dickschlagen – Nach und nach die restliche Butter unterschlagen und Senf und Petersilie beifügen.

4 Forellen, 4 Eßl. Butter, Salz, Brösel
Sauce Colbert:
1 Eßl. Fleischextrakt oder 2 Eßl. Bratensauce, 1/2 Zitrone Saft, 2 Eigelb, 150 g Butter, 1 Teel. franz. Senf, 1 Teel. gehackte Petersilie

Dalmatinisches Fischgulasch

1 1/2 kg gemischte Fische: Heilbutt, Aal, Makrelen, Karpfen, Schleie, Saft 1 Zitrone, Salz, Pfeffer, Paprika, 2 Zwiebeln, 1 Zehe Knoblauch, 1 Teel. gerieb. Zitronenschale, 1 Handvoll Kräuter wie: Petersilie, Estragon, Dill und Kerbel, 3/4 Tasse Olivenöl, 2 Eßl. Tomatenmark

Fische zurichten und in faustgroße Würfel schneiden – Mit Zitronensaft beträufeln und mit Salz und Paprika bestreut, ziehen lassen – Feingehackte Zwiebeln, Knoblauch, Kräuter und geriebene Zitronenschale in Öl andünsten – Tomatenmark beifügen – Die Fischstücke einlegen und zugedeckt gardünsten.
Beigabe: Butterreis.

Gespickter Goldbarsch

1 kg Goldbarsch, 50 g Speck, Saft 1/2 Zitrone, Salz, Pfeffer, 2 Eßl. Butter, 1 Teel. Mehl, 2/4 Tasse Weißwein, 1/4 Tasse Sauerrahm, Wasser

Fisch schuppen, ausnehmen und waschen – Flossen kürzen – Mit Speckstreifen spicken, mit Zitronensaft einreiben und würzen – 30 Minuten ziehen lassen – In eine gebutterte Auflaufplatte legen, mit heißer Butter begießen und ins heiße Rohr stellen – Ist der Fisch angebraten, mit wenig Wasser übergießen – Mehl, Wein und Rahm verquirlen und dem Fisch beifügen – 20–30 Minuten schmoren.
Beigabe: Kräutersauce und Salzkartoffeln.

Hecht auf englische Art

1 kg Hecht, Salzwasser, 1 Zwiebel, 1 Lorbeerblatt, Gewürzkörner, 1 Eßl. Butter, 1 Eßl. Essig, 2 Eßl. gerieb. Meerrettich, 4 Eßl. Butter

Hecht schuppen, ausnehmen, waschen (s. Seite 207) und in große Stücke schneiden – In kochendem Salzwasser mit Zwiebel, Lorbeerblatt, Gewürzkörnern, Butter und Essig garkochen – Die Fischstücke auf heißer Platte anrichten – Mit geriebenem Meerrettich überstreuen und mit möglichst heißer, brauner Butter übergießen.
Beigabe: Petersilienkartoffeln.

Hecht in Folie

1 Hecht, Butter, Pfeffer, Salz, Kräuter wie: Petersilie, Schnittlauch, Dill, Kerbel, Knoblauch, Folie

Den Hecht zurichten – Mit Butterflocken, Gewürzen, gehackten Kräutern und Knoblauch füllen – Den Fisch und die Folie mit Butter belegen – Den Fisch gut mit der Folie umhüllen, die seitlichen Enden umklappen – Im heißen Rohr oder Grill in etwa 30 Minuten fertigstellen – Aus der Folie nehmen und auf heißer Platte anrichten.
Beigabe: Mayonnaise und Fischkartoffeln.

Flundern und Schollen, gebacken

1–1 1/2 kg kleinere Flundern oder Schollen, Salz, Zitronensaft, Milch, Brösel, Backöl oder Backfett

Die Fische zurichten und ausnehmen, Flossen kürzen, Nasen entfernen – Mehrere Einschnitte quer über den Rücken oder nur einen Schnitt der Mittelgräte entlang machen – Leicht salzen, mit etwas Zitronensaft beträufeln und kurz ziehen lassen – In der Milch und Bröseln wenden und in dampfendem Öl schwimmend goldbraun herausbacken oder nur mit 1 Eßlöffel Fett in der Pfanne backen – Auf vorgewärmter Platte mit Petersilie und Zitronenscheiben garniert anrichten oder kalt servieren.

Hecht blau

1 Hecht, Wasser, Salz Petersilie, Zitronenschnitze

Beim Hecht die Schuppen nicht wie bei anderen Fischen abschaben, sondern mit einem scharfen Messer, am Schwanzende beginnend, in langen Streifen abschneiden (abrasieren) – Den Fisch ausnehmen, die Flossen abschneiden und die Kiemen entfernen – Die Leber von der Galle befreien und als Delikatesse mitkochen – Hecht und Leber auf den Fischeinsatz der Fischkasserolle legen – Mit so viel kaltem Wasser übergießen, daß er völlig bedeckt ist – Reichlich Salz beifügen und einmal aufkochen – Über kleinster Flamme 30–45 Minuten ziehen lassen – Auf vorgewärmter Platte mit Petersilie und Zitronenschnitzen garniert anrichten.
Beigabe: Sahnemeerrettich ohne Gelatine, frische Butter und Fischkartoffeln.

Hecht, gespickt

1 Hecht mittlerer Größe, 50 g Speck, Salz, Pfeffer, 70–100 g Butter, Kapernsauce, 2 Sardellen, Zitronensaft

Den Hecht zurichten – Die Haut vom Rücken abziehen – Auf beiden Seiten mit dünn geschnittenem Speck dicht spicken – Salz und Pfeffer überstreuen – Nach Belieben zu einem Ring zusammenstecken und festbinden – Reichlich Butter in einer Pfanne schmelzen – Den Hecht hineinlegen – Mit geschmolzener Butter bestreichen und im heißen Rohr unter häufigem Begießen dunkelgelb braten – Kapernsauce mit gehackten Sardellen und Zitronensaft abschmecken – Beim Anrichten mit dem Bratsatz des Fisches vermengen.
Beigabe: Fischkartoffeln.

Fischrouladen

1 kg Fischfilets, Zitronensaft, Salz, 1 Zwiebel, 50 g Speck, 1 Tasse Gurkenwürfel, Petersilie, Mehl oder Brösel, 6 Eßl. Butter

Die Filets mit Zitronensaft beträufelt und mit Salz gewürzt einige Zeit stehen lassen – Die kleinwürfelig geschnittene Zwiebel und den Speck bräunen – Die feingeschnittenen Gurkenstückchen und die gehackte Petersilie untermengen – Mit der Masse die Filetstücke bestreichen und zusammenrollen – Mit Hölzchen oder Klammern zusammenhalten – Die Rouladen in Mehl oder Böseln wenden und in der heißen Butter braun braten.
Beigabe: Salzkartoffeln mit Tomatensauce oder Sauerkrautsalat.

Heilbutt

1 1/2–2 kg Heilbutt, Salzwasser, Petersilie, Zitronenschnitze

Den Fisch ausnehmen, waschen und der Länge nach spalten – Die beiden Hälften in beliebige Portionsstücke schneiden – Mit kaltem Salzwasser bedeckt aufkochen – Über kleiner Flamme 20 Minuten ziehen lassen – Auf vorgewärmter Platte mit Petersilie und Zitronenscheiben anrichten.
Beigabe: Estragonsauce und Fischkartoffeln.

Heilbutt nach Mornay

3/4 kg Heilbutt, Salz, 1/4 Tasse Weißwein, 2 Eßl. Butter, 1 Tasse Milch, Zitronensaft, Worcestershire-Sauce, Kartoffelpüree, 1 Eßl. Parmesan, 1 Eßl. Brösel, 1 Eßl. Butter

Fisch enthäuten und in Filets zerlegen – Salzen, in eine Pfanne legen und mit Wein übergießen – 10 Minuten dünsten – Von Butter und Mehl eine helle Mehlschwitze bereiten – Mit Milch, dem abgeseihten Fischfond, Salz und Worcestershire-Sauce abrühren und aufkochen – Auf eine Auflaufplatte einen Rand Kartoffelpüree spritzen – Die Filets in die Mitte legen – Die passierte Sauce übergießen und mit Parmesan und Bröseln bestreuen – Mit zerlassener Butter betröpfeln – 10 Minuten vor dem Anrichten im Rohr überbacken.

Heilbutt vom Grill

1 kg Heilbutt, Salz, Pfeffer, Öl

Heilbutt zurichten – Aus dem Mittelstück 2 cm dicke Scheiben schneiden – Weitere Zubereitung wie bei Salm, siehe Seite 217.
Beigabe: Petersilienkartoffeln, Sauce Gourmande und Gurkensalat.

Hecht und Aal

Hecht und Aal zurichten und in Stücke schneiden – In eine Kasserolle legen, mit gehackten Zwiebeln bestreuen und würzen – Knapp mit Wasser bedeckt, zugedeckt gardünsten – Die Fischstücke herausnehmen und warmstellen – Den Fischsud etwas einkochen lassen – Mehl in wenig Butter hellrösten – Mit Fischsud ablöschen und auffüllen – Entkernte Zitronenscheiben, Essig, gewässerte, entgrätete, feinverwiegte Sardellen, Kapern und die restliche Butter zugeben – Durchkochen – Vor dem Anrichten mit Eigelb legieren und die Fischstücke einlegen.
Beigabe: Reis oder Salzkartoffeln.

1 mittelgroßer Hecht, 1 Aal, 1 Zwiebel, Salz, Pfeffer, Wasser, 6 Eßl. Butter, 1 Eßl. Mehl, Muskat, Zitronenscheiben, 1 Eßl. Weinessig, Kapern, 3 Sardellen, 1 Eigelb

Hecht nach Badischer Art

Das zugerichtete Hechtstück in eine feuerfeste Platte legen – Würzen und mit dem Rahm begießen – Feingehackte Zwiebel und Käse überstreuen – Brösel dick darüber geben – Rings um den Fisch den Wein gießen – Mit Butterflocken belegt im heißen Rohr unter fleißigem Begießen mit dem Bratfond in etwa 35 Minuten fertigstellen.
Beigabe: Kartoffeln.

750–1000 g Hecht, Salz, Pfeffer, 1–2 Tassen dicker Sauerrahm, 1 Zwiebel, 2 Eßl. Reibkäse, Brösel, 1 Glas Weißwein, Butter

Heilbutt, gekocht

Den Fisch zurichten – Im Sud, etwas reichlicher gesalzen als sonst, 20 Minuten auf kleiner Flamme ziehen lassen – Auf erwärmter Platte mit Zitronenscheiben anrichten.
Beigabe: Braune Butter oder Senfbutter oder Kapernsauce oder Holländische Sauce und Salz- oder Fischkartoffeln.

1 kg Heilbutt, Fischsud, Zitronenscheiben

Grüne Heringe, gekocht

Fische schuppen, ausnehmen und gut waschen – Abgetrocknet mit Salz einreiben und mit Essig übergießen – Salzwasser mit Zwiebel zum Kochen bringen – Die Heringe einlegen und 10 Minuten kochen – Mit Petersilie und zu Spänen geschabtem Meerrettich garnieren.
Beigabe: Holländische Sauce und Fischkartoffeln.

4–8 grüne Heringe, Salz, Essig, Salzwasser, 1 Zwiebel, Pfefferkörner, Petersilie, frischer Meerrettich

Hechtschnitten in Bierteig

3/4 kg Hecht, Salz, Zwiebeln, Petersilie
Zum Bierteig:
1 Tasse Mehl, Salz, 1/2 Tasse Bier, 1/2 Eßl. Öl, 1 Eigelb, 1 1/2 Eiweiß, Backfett–Friture

Hecht zurichten und in Scheiben schneiden – Salzen und mit blättrig geschnittenen Zwiebeln und Petersilie belegt ziehen lassen – Aus Mehl, Salz, Bier, Öl und Eigelb einen Teig mengen – 1/2 Stunde ruhen lassen – Vor Gebrauch den Eierschnee untermengen – Die gut durchgezogenen Fischscheiben in Teig tauchen, bis sie allseitig davon umhüllt sind – Im heißen Backfett schwimmend, goldgelb herausbacken.
Beigabe: Sauce Remoulade.

Hecht in saurem Rahm

1 1/2 kg Hecht, 7 Eßl. Butter, 2 Tassen Weißwein, 3 Sardellen, 4 Zitronenscheiben ohne Schale und Kerne, 4 Eßl. Brösel, 1 Tasse Sauerrahm, Salz, Pfeffer

Den Hecht schuppen, ausnehmen, waschen und in Stücke schneiden – Die Butter zergehen lassen, die entgräteten, gewiegten Sardellen, die Zitronenscheiben, das Weckmehl, den Wein und Salz zugeben – Nach dem Aufkochen den Fisch darin 20 Minuten bei kleiner Flamme dämpfen – Den Rahm zugeben, nochmals aufkochen und mit den Gewürzen abschmecken – Auf dieselbe Art kann *Zander* zubereitet werden.
Beigabe: Salzkartoffeln oder Butterreis.

Heilbutt, überbacken in Béchamelsauce

1 kg Heilbutt, 2 Tassen Béchamelsauce, 1/2 Tasse Champignons, Brösel, Butterflocken

Heilbutt zurichten und kochen – Den Fisch häuten und entgräten – Bechamelsauce nach Belieben mit blätterig geschnittenen, gedünsteten Champignons vermengen – Eine Auflaufplatte mit Butter ausstreichen – 1 Tasse Sauce einfüllen – Fischstücke darüberlegen und mit Sauce bedecken – Mit Bröseln bestreut und mit Butterflocken belegt, im heißen Rohr überbacken.
Beigabe: Kartoffelkroketten oder Salzkartoffeln.

Grüne Heringe, gebraten

4 grüne Heringe, Saft 1/2 Zitrone, Salz, Pfeffer, 3 Eßl. Butter, Kräuterbutter, Zitronenscheiben

Heringe schuppen, ausnehmen und waschen – Mit Zitronensaft beträufeln, nicht würzen – In Butter allseitig goldbraun braten – Vor dem Anrichten am Rücken aufschlitzen und mit einem Stückchen Kräuterbutter füllen – Mit Zitrone garnieren.
Beigabe: Salzkartoffeln oder Kartoffelsalat.

Hecht-Friture

1 Hecht, Salz, Mehl, Milch, Friture, Mayonnaise

Den Fisch zurichten und in dreifingerbreite Stücke schneiden – Die Stücke einzeln salzen, zuerst in Mehl, dann in Milch und zuletzt wieder in Mehl wälzen – In der Friture jeweils 3 bis 4 Stücke knusprig herausbacken – Abgetropft auf heißer Platte anrichten – Mit Zitronenspalten und Petersilie garnieren.
Beigabe: Mayonnaise oder geschlagene Butter – Nach Belieben noch grünen Salat.

Grüne Heringe vom Rost mit Kräuterbutter

4–8 Heringe, Salz, Pfeffer, Olivenöl, Kräuterbutter, Zitronenschnitze, Petersilie

Grüne Heringe sauber schuppen, ausnehmen, waschen und trocknen – Auf beiden Seiten mehrere Querschnitte machen – Mit Salz und Pfeffer bestreut in Olivenöl legen – 1 Stunde ziehen lassen – Auf dem heißen Rost bei einmaligem Umwenden knusprig braten – Beim Anrichten mit kleinen Stückchen Kräuterbutter belegen, mit Zitronenschnitzen und frischer Petersilie garnieren.
Beigabe: Petersilienkartoffeln.

Salzheringe, eingelegt

4 Salzheringe, 2 Eßl. Essig, 1 Tasse Rahm, 1 Eßl. gerieb. Meerrettich, 1 Prise Pfeffer, 1/2 Zitrone Saft und Schale, 1 Zwiebel, 1 Teel. Wacholderbeeren, Zitronenscheiben, 1 Apfel, 1 Lorbeerblatt

Die Heringe wässern, entgräten und filetieren – Die Milchner durch ein Sieb drücken und mit Essig, Rahm und den Gewürzen zu einer Marinade mengen – Die Filets in eine Schüssel ordnen – Mit der Marinade übergießen – Mit geschälten, entkernten Zitronenscheiben, Zwiebelringen, geschälten, blätterig geschnittenen Apfelscheiben und dem Lorbeerblatt belegen – Einige Stunden ziehen lassen und möglichst kühl servieren.
Beigabe: Pell- oder Bratkartoffeln.

Heringsfilets, Hausfrauenart

4 Salzheringe, 3/8 l saure Sahne, 1 feingewiegte Zwiebel (oder in dünne Ringe geschnitten), 1 großer geschnitzelter Apfel, 1 Delikateßgurke, etwas Öl, Pfeffer und Zucker nach Geschmack

Die gut gewässerten und filetierten Heringe werden in einen Steinguttopf gelegt und mit einer Sauce übergossen, die aus den angegebenen Zutaten verquirlt und mit der durch ein Sieb gestrichenen Heringsmilch vermischt wurde – Das Gericht kann sofort nach Zubereitung oder am Tag danach zu Salzkartoffeln serviert werden.

Heringe in Pergament

4 frische Heringe, 4 Salzheringe, 1 Zwiebel, 1 Eßl. Fett, Pergamentpapier

Die Salzheringe gut wässern und häuten – Die Filets herausschneiden – Aus den frischen Heringen ebenfalls die Filets herausschneiden, ohne sie zu häuten – Je ein frisches und ein gesalzenes Filet zusammennehmen und dazwischen etwas gehackte Zwiebel streuen – Zurechtgeschnittenes Pergamentpapier mit Fett bestreichen und um die zusammengelegten Filets wickeln – Das Paket auf den Grill legen und rösten, bis sich das Papier hellbraun färbt, oder in eine Pfanne mit etwas Fett legen und auf schwachem Feuer beidseitig braten.
Beigabe: Weißbrot.

Kabeljaufilet mit Austern und Krebsschwänzen

3/4 kg Kabeljau- oder Dorschfilet, Butter, Salz, Muskat, einige Krebsschwänze oder Krabben, 1 Teel. Butter, Mehl, Brühe oder Wasser, 1/4 Zitrone Saft, 1 Teel. Krebsbutter (Konserve), 1 Eigelb, Suppenwürze, einige Austern

Fischfilets mit Zitronensaft beträufeln und ziehen lassen – In zweifingerbreite, lange Streifen schneiden – In eine Kasserolle, mit Butterstückchen dazwischen, nebeneinander legen – Würzen und langsam gardünsten – Auf heißer Platte mit gekochten Krebsschwänzen oder Krabben garniert warmstellen – Butter mit Mehl verknetet, im Fischfond zergehen lassen – Brühe oder Wasser, Zitronensaft, Austernsaft, Krebsbutter und Suppenwürze beifügen – Sämig kochen – Mit Eigelb legieren – Die Austern einlegen und darin steif werden lassen – Danach zwischen die Krebsschwänze legen und die durchgeseihte Sauce über den Fisch gießen.
Beigabe: Fischkartoffeln.

Karpfen vom Rost mit feinen Kräutern

1 kg Karpfen, Salz, 2 Eßl. gehackte Petersilie, 1 Teel. gehackter Estragon, Kerbel, 5 Champignons, 3 Schalotten, Salz, Muskat, 125 g Butter, 1 Teel. Zitronensaft, 1/4 Tasse Olivenöl, Salz, Pfeffer, Thymian, Basilikum

Karpfen schuppen, ausnehmen und waschen. Innen und außen mit Salz einreiben – Die Bauchseite bis auf eine kleine Öffnung zunähen – Feinverwiegte Kräuter, Pilze und Schalotten mit Butter und Gewürzen verkneten – Den Karpfen damit füllen und vollends zunähen – Öl mit Zitronensaft, Salz, Pfeffer, Thymian und Basilikum vermengen – Den Fisch damit übergießen und 1 Stunde ziehen lassen – Auf den heißen Rost legen und knusprig braten.
Beigabe: Sauce Tartare und Kartoffeln.

Kabeljau, ungarische Art

1 kg Kabeljau, 2 Eßl. Butter, 1 große Zwiebel, 1 Teel. Paprika, 1 Tasse Sauerrahm, 1 Teel. Stärkemehl, 1/2 Tasse Fleischbrühe, Salz, Pfeffer, Zitronensaft

Die Butter in einem Topf zergehen lassen und die in Würfel geschnittene Zwiebel darin goldbraun rösten – Den zugerichteten, in Portionsstücke geschnittenen Fisch salzen, mit Paprika bestreuen und zu den Zwiebeln geben – Auf beiden Seiten anbraten – Mit dem Rahm übergießen und in 10 Minuten unter mehrfachem Begießen und leichtem Rütteln des Topfes bei kleiner Flamme gardünsten – Der Fisch darf nicht zu weich werden, damit er beim Anrichten nicht zerfällt – Auf eine vorgewärmte Platte legen – Das Stärkemehl mit etwas Fleischbrühe verrühren, mit der restlichen Brühe zu dem Bratsatz geben, würzen und aufkochen – Den Fisch mit der Sauce begießen und anrichten.
Beigabe: Salzkartoffeln, Butterreis oder Makkaroni.

Kabeljau oder Schellfisch vom Rost

1 kg Fisch, 1 Eßl. Butter, 1 Ei, 1 Eßl. Stärkemehl, 5 Eßl. Reibkäse, Salz, Pfeffer, 1 Teel. Paprika

Die Butter schaumig rühren und die übrigen Zutaten unter tüchtigem Rühren zugeben – Den vorbereiteten Fisch in dicke Scheiben schneiden, salzen, mit Zitronensaft beträufeln und einige Zeit ziehen lassen – Die Farce darauf häufen und in etwa 25 Minuten grillen.
Beigabe: Salzkartoffeln und grüner Salat.

Paprikakarpfen

(für 6 Personen)
1 Karpfen, 150 g Butter, 1 Zwiebel, 2 Tassen Wasser, 1 Tasse Rahm oder Milch, Salz, Pfeffer, 1 Teel. Paprika

Den Fisch schuppen, ausnehmen und waschen – In Butter feingeschnittene Zwiebel und den in Stücke geschnittenen Karpfen gelb anbraten – Wasser und Rahm übergießen – Gewürze und Milchner oder Rogen des Karpfens beifügen – Zugedeckt 30 Minuten dünsten – Kurz vor dem Anrichten Paprika zugeben – Ist die Sauce zu dünn geraten, mit einem Teelöffel Stärkemehl dicken.
Beigabe: Nockerl.

Karpfen, blau

(für 6 Personen)
1 Karpfen, 1 Zitrone
Zum Sud:
2 1/2 l Wasser, 1 Tasse Essig, Salz

Den Karpfen wie Forelle blau zubereiten, jedoch nicht mit Essig übergießen – Mit Zitronenschnitzen und Petersilie garniert reichen.
Beigabe: Salzkartoffeln und Sahnemeerrettich.

Gefüllter Karpfen

(für 6 Personen)
1 Karpfen, Salz
Zur Fülle:
1 1/2 Brötchen, 1/2 Tasse Milch, 2 Eßl. Butter, 1 Sardelle, 1 Ei, Salz, Pfeffer, 1 Zwiebel, einige Champignons, Petersilie
Zum Braten:
4 Eßl. Butter

Einen Karpfen, etwa 1 1/2 kg schwer, möglichst Milchner (männlicher Fisch), entschuppen – Der Länge nach an der Unterseite aufschneiden, ausnehmen und die Wirbelsäule mit sämtlichen Gräten daran vorsichtig herausschneiden – Die Rückenhaut dabei nicht durchschneiden, andernfalls wieder zusammennähen – Das an den Gräten haftende Fleisch ablösen – Leber von der Galle befreien und waschen – Mit der Karpfenmilch zusammen feinhacken – Mit in Milch eingeweichten und ausgedrückten Brötchen, Butter, passierter Sardelle, Ei, Gewürzen und in Butter gerösteter Zwiebel, Pilzen und Petersilie vermengen – In den gesalzenen Fisch füllen und zusammennähen – Den Fisch in Butter garbraten – Beim Anrichten den Bratsatz übergießen.
Beigabe: Salzkartoffeln.

Karpfen, gegrillt

(für 6 Personen)
1 Karpfen, Zitronensaft, Salz

Den Karpfen schuppen, ausnehmen, waschen und in Stücke schneiden – Mit Zitronensaft beträufeln und auf den Rost legen – In 25 Minuten fertiggrillen – Salzen und auf heißer Platte anrichten.
Beigabe: Salzkartoffeln, zerlassene Butter und Gurkensalat.

Lachs nach Chambord mit Pariser Kartöffelchen

1 kg Lachs, 1/2 Flasche Rotwein, 2 Tassen Fleischbrühe, Petersilie, Schalotten, 7 Eßl. Butter, 2 Eßl. Mehl, 1/2 Eßl. Fleischextrakt, 1 Tasse glasierte Zwiebelchen, 1 Tasse Champignons, 4 gekochte Krebse, Zitrone

Lachs schuppen, ausnehmen und waschen – Salzen und in den Fischkessel auf eine Siebeinlage legen – Wein, Fleischbrühe, Petersilie, Schalotten und 3 Eßl. Butter zugeben – Zugedeckt in etwa 45 Minuten langsam weichdünsten – Aus Mehl und 2 Eßl. Butter eine helle Mehlschwitze bereiten – Mit Fischsud ablöschen – Fleischextrakt zugeben und mit Zitronensaft abschmecken – Ein Stückchen frische Butter unterschlagen – Den Fisch auf vorgewärmter, länglicher Platte anrichten – Mit in kleinen Häufchen verteilten Zwiebelchen, in Butter gedünsteten Champignons und aus den Schalen gebrochenen Krebsen umlegen – Mit Sauce übergießen.
Beigabe: Petersilienkartoffeln.

Gebackener Karpfen

Karpfen schuppen, ausnehmen, waschen und in etwa 3 cm dicke Scheiben schneiden – Würzen und in Mehl, geschlagenem Ei und Bröseln wenden – Schwimmend in heißem Backfett goldbraun herausbacken.
Beigabe: Selleriesalat mit Kresse umrandet.

(für 6 Personen)
1 kg Karpfen, Salz, Pfeffer, Mehl, 1 Ei, Brösel, Backfett, Zitrone

Karpfen, polnisch

Den Karpfen schuppen, ausnehmen, waschen und in passende Stücke zerlegen – In der zerlassenen Butter das feingeschnittene Gemüse und die Zwiebeln weichdämpfen – Die Kirschen einige Stunden früher einweichen und gesondert weichkochen – Mit den Gewürzen, dem Karpfenblut, 1 Tasse Wasser und Bier dem Gemüse beisetzen und den Fisch langsam ziehend darin fertigstellen – Zuletzt den geriebenen Lebkuchen, die abgezogenen, in Streifen geschnittenen Mandeln, die Rosinen und nach Geschmack Zucker zugeben und alles nochmals aufkochen.
Beigabe: Rohe Kartoffelklöße mit Sauerkraut.

1 kg Karpfen, 1–2 Eßl. Butter, 1 Stückchen Sellerieknolle, 1 Stange Lauch, 1 Zwiebel, 1 gelbe Rübe, 1 Petersilienwurzel, 1/2 Tasse getrocknete Kirschen, Schale 1/2 Zitrone, 2 Nelken, Gewürzkörner, 1 Lorbeerblatt, Salz, Pfeffer, 1 Tasse Wasser, 1 Flasche dunkles Bier, 60 g Lebkuchen, Mandeln, Rosinen, Zucker

Knurrhahn, gebraten

Fische häuten, ausnehmen und waschen – Abtrocknen, mit Salz und Pfeffer bestreuen und mit Öl bestreichen – 1 Stunde ziehen lassen – In Mehl wenden und in reichlich heißem Olivenöl auf beiden Seiten braten – Auf heißer Platte anrichten – Mit Salz bestreuen und mit Zitronenschnitzen und Petersilie umranden.
Beigabe: Kartoffel- und Kopfsalat, nach Belieben Sauce Tartare.

1 kg Knurrhahn, Salz, Pfeffer, Öl, Mehl, Zitrone

Lachs

Die Zutaten zum Sud zum Kochen bringen und dann vom Feuer nehmen – Den zugerichteten Lachs hineinlegen und zugedeckt 30 Minuten auf kleiner Flamme ziehen lassen – Auf einer vorgewärmten Platte mit Zitronenscheiben und Petersilie garniert anrichten.
Beigabe: Fischkartoffeln und Holländische Sauce.

1 kg Lachs
Zum Sud:
2 l Wasser, 1/2 Tasse Weißwein, 2 Eßl. Essig, 1 kleine Zwiebel, 1/2 Lorbeerblatt, 1 Nelke, Zitrone, Pfefferkörner, Salz

Lachs, gegrillt

1 kg Lachs, Mittelstück, Zitronensaft, Öl, 1 große Zwiebel, Salz, Pfeffer

Den Lachs zurichten und in fingerdicke Scheiben schneiden – Mit Zitronensaft und Öl beträufeln, mit Zwiebelscheiben belegen und 1 Stunde ziehen lassen – Die Zwiebelscheiben entfernen und die Fischscheiben auf den eingefetteten Rost legen – Bei mäßiger Hitze etwa 25 Minuten grillen – Vor dem Anrichten würzen.
Beigabe: Salzkartoffeln, rohe Gurkenscheiben und Sauce Béarnaise.

Maifisch, gebraten mit Haushofmeister-Butter

1 kg Maifisch, Milch, Salz, Pfeffer, Mehl, 6 Eßl. Fett oder Öl, Haushofmeister-Butter

Fisch schuppen, ausnehmen und waschen – Der Länge nach spalten und 1 Stunde in Milch legen – Gewürzt in Mehl wenden – In reichlich heißem Fett oder Öl allseitig braten – Mit Haushofmeister-Butter übergießen.
Beigabe: Kartoffelsalat.

Makrelen mit Dill gebraten

1 kg Makrelen, Saft 1 Zitrone, Salz, Pfeffer, 1 Teel. gehackter Dill pro Fisch, Olivenöl, Worcestershire-Sauce, 2 Eßl. Butter

Makrelen zurichten, Köpfe entfernen – Der Länge nach aufschneiden und Mittelgräten herauslösen – Mit Zitronensaft, Salz und Pfeffer einreiben und 15 Minuten ziehen lassen – Den tiefen Mittelschnitt mit Dill auffüllen – In einer Pfanne reichlich Olivenöl erhitzen (bis leichter Dampf aufsteigt) und einen Teelöffel Worcestershire-Sauce beifügen – Die Fische mit dem Rücken nach unten einlegen – Unter ständigem Begießen mit dem Bratöl auf gelindem Feuer goldgelb braten – Vor dem Anrichten mit geschmolzener Butter begießen.
Beigabe: Salzkartoffeln oder Reis.

Merlan in Wein mit Champignons

1 kg Merlan, Salz, 4 Eßl. Butter, 5 Schalotten, 1 Eßl. gehackte Petersilie, 1 Tasse Wein, 1 Tasse blättrig geschnittene Champignons, 1 Tasse Holländische Sauce

Fisch ausnehmen, waschen und mit Salz bestreuen – In Butter mit feingeschnittenen Schalotten, Petersilie und Wein dünsten – Herausnehmen und warmstellen – Den Fond durchpassieren, blättrig geschnittene Champignons darin gardünsten – Mit Holländischer Sauce vermengen und aufkochen – Den Fisch damit überziehen und mit Petersilie bestreuen.
Beigabe: Kartoffelpüree.

Neunauge vom Rost mit Senfbutter

Den Fisch zurichten wie Aal Seite 200 – In 6–8 cm lange Stücke schneiden – Würzen und, mit Öl bepinselt, auf dem heißen Rost grillieren – Mit kleinen Essiggurken und Senfbutter anrichten.
Beigabe: Salzkartoffeln.

1 kg Neunauge, Salz, Pfeffer, Olivenöl, Gurken, Senfbutter

Rochen mit brauner Butter

Den Fisch vorsichtig zurichten, um sich an den scharfen Stacheln nicht zu verletzen – Ausnehmen, bürsten und waschen – Kopf und Schwanz abschneiden – Die Seitenteile stutzen – Den Fisch in zwei Stücke teilen – Auf den Siebeinsatz eines Fischkessels legen und reichlich mit Salzwasser und Milch bedeckt, aufkochen – Über kleiner Falmme noch 10–15 Minuten ziehen lassen – Herausnehmen und häuten – Den Fischsud nochmals aufkochen und die Fischstücke darin erwärmen – Auf heißer Platte mit brauner Butter übergossen und mit Zitronenschnitzen und Petersilie garniert anrichten.
Beigabe: Fischkartoffeln.

(für 6–8 Personen)
2 kg Rochen, Salzwasser, 1 Tasse Milch, 100 g Butter, Zitrone, Petersilie

Salm vom Grill mit Epikursauce

Salm zurichten – In fingerdicke Scheiben schneiden – Mit Salz und Pfeffer bestreut, in Öl getaucht auf den Rost legen – Bei starker Hitze auf beiden Seiten grillen – Anrichten mit Zitronenschnitzen, rohen Gurkenscheiben und Petersilie.
Beigabe: Salzkartoffeln und Epikur-Sauce.

3/4–1 kg Salm, Salz, Pfeffer, Öl, Epikur-Sauce

Fisch-Pichelsteiner

Kleingeschnittene Zwiebeln in etwas Butter hellgelb rösten – Brühe und das feingeschnittene Gemüse zugeben – 3/4 gardünsten – In einer Kasserolle 5 Eßl. Butter erhitzen und lagenweise das gedünstete Gemüse, rohen, würfelig geschnittenen Fisch und rohe Kartoffelscheiben einordnen – Würzen, etwas Brühe zuschütten und zugedeckt gardünsten – Aus Mehl und Fett eine hellbraune Mehlschwitze bereiten – Mit Gemüsebrühe ablöschen und auffüllen und über das Gericht gießen.

1 kg Fischfilet (Kabeljau oder Schellfisch), 75 g Butter, 2 Zwiebeln, 2 Tassen Fleischbrühe, 2 Petersilienwurzeln, 1 kleine Sellerieknolle, 250 g Karotten, 250 g Weißkraut, 1 Stange Lauch, 500 g Kartoffeln, Salz, Pfeffer, 2 Eßl. Mehl, 1 Eßl. Butter

Gebackener Merlan mit Petersilie und Zitronenschnitzen

1 Merlan, Milch, Salz, Pfeffer, Mehl, Backfett, 1 Sträußchen Petersilie, 1 Zitrone

Den Fisch ausnehmen und waschen – 1 Stunde in Milch legen – Würzen und in Mehl wenden – Schwimmend in heißem Fett knusprig backen – Zuletzt gewaschene und wieder getrocknete Petersiliensträußchen einlegen und im Fett rasch backen – Den Merlan damit belegen und mit Zitronenschnitzen garniert anrichten.
Beigabe: Salzkartoffeln und braune Butter.

Rotzungen

1 kg Rotzungen, 1 Ei, Brösel, Salz, Pfeffer, Backfett, 1 Zitrone

Die Rotzungen zurichten, häuten und wie Goldbarschfilet zu Filets schneiden – In dem geschlagenen Ei und Bröseln wenden, würzen und schwimmend in heißem Backfett herausbacken.
Eine andere Zubereitungsart: Die Fische zurichten und wie Scholle backen.
Beilage: Kartoffelsalat und Remouladensauce.

Rotzungen nach Mornay

3/4 kg Rotzungenfilets, Salz, 1/2 Tasse Weißwein
Zur Sauce:
2 Eßl. Butter, 1 Eßl. Mehl, Milch, Zitronensaft, Worcestershire-Sauce
Zum Überbacken:
2 Eßl. Brösel, 2 Eßl. Butter, Kartoffelpüree

Filets salzen und in eine Pfanne legen – Mit Weißwein übergießen und 10 Minuten im heißen Rohr dünsten – Aus Butter und Mehl eine helle Mehlschwitze bereiten – Mit dem Fischfond und Milch, zu einer Tasse aufgefüllt, ablöschen – Mit Salz und Worcestershire-Sauce abschmecken und aufkochen – Auf eine ovale Auflaufplatte einen Rand von Kartoffelpüree spritzen – Die Filets in die Mitte legen – Die passierte Sauce darübergießen – Mit Parmesankäse und Bröseln bestreuen – Mit zerlassener Butter beträufeln – Vor dem Anrichten 10 Minuten im heißen Rohr überbacken.
Beigabe: Grüner Salat.

Rheinsalm, blau mit Genueser Sauce

1 kg Salm
Zum Fischsud:
1 Tasse Essig, 2 Tassen Weißwein, Wasser, 1 Zwiebel, Petersilienwurzel, 1/4 Zitrone, Pfefferkörner, Salz, Genueser Sauce

Salm schuppen, ausnehmen und in zweifingerdicke Scheiben schneiden – In kochenden Fischsud einlegen, so, daß er davon vollkommen bedeckt ist – Wieder zum Kochen bringen und danach auf kleiner Flamme ziehend, in 15 Minuten gar werden lassen.
Beigabe: Fischkartoffeln und Genueser Sauce.

Rotzungen, gebacken mit Sauce Remoulade

Rotzungen waschen und häuten – In Filets zerlegen und 20 Minuten in Milchwasser legen – Trocknen, mit Zitronensaft beträufeln und würzen – In Mehl, geschlagenem Ei und Bröseln wenden – Sofort in heißem Backfett schwimmend herausbacken – Mit Zitronenscheiben und Petersilie garniert anrichten.
Beigabe: Sauce Remoulade und Kartoffelsalat.

1 kg Rotzungen, 1 Tasse Milch, Wasser, 1/2 Zitrone, Salz, Pfeffer, 4 Eßl. Mehl, 2 Eier, 1 Tasse Brösel, Backfett, Sauce Remoulade

Bretonischer Salm

Den Salm in 3 cm dicke Würfel schneiden – Mit Salz und Pfeffer bestreuen, die Champignons zugeben – In zerlassener Butter halb gar werden lassen – In den Ofen stellen und fertigbraten – Pilze und Fisch herausnehmen und in eine heiße Schüssel legen – Etwas Butter in heißer Pfanne schmelzen (nicht braun werden lassen) und mit dem Zitronensaft vermengt über den Fisch gießen.

1 kg Salm, 1 Handvoll Champignons, 5–6 Eßl. Butter, Salz, Pfeffer, Saft 1/2 Zitrone

Seezungen in Weißwein (Soles au vin blanc)

Die Seezungen ausnehmen und enthäuten, dabei die Haut am Schwanz etwas lockern und mit einem Ruck abziehen – Kopf und Schwanzspitze abschneiden, die Fische sauber waschen und salzen – In dem Wein und etwas Butter weichdünsten – Auf einer vorgewärmten Platte warmstellen – Butter mit Mehl verkneten und mit dem Fischfond sämig kochen – Würzen und mit Zitronensaft abschmecken – Nach Belieben mit Eigelb legieren – Die Sauce über den Fisch gießen.
Beigabe: Salzkartoffeln.

1 kg Seezungen, 1 Tasse Weißwein, 3 Eßl. Butter, 2 Eßl. Mehl, Salz, Pfeffer, Zitronensaft

Schleie, blau mit Holländischer Sauce

Fisch schuppen ausnehmen und waschen – Kurze Zeit in ein mit Essig getränktes Tuch schlagen – Auf den Einsatz eines Fischkessels binden oder auf einen Teller legen und mit Mull zusammenhalten – Mit kochendem Fischsud übergießen – Zugedeckt auf kleiner Flamme 15 Minuten ziehen lassen.
Beigabe: Holländische Sauce und Salz- oder Fischkartoffeln.

1 kg Schleie
Zum Sud:
3 l Salzwasser, Wurzelwerk, 1/2 Zwiebel, 1/2 Tasse Essig, Pfefferkörner, Gewürzkörner, 1 Lorbeerblatt

Salm oder Lachs

1 kleiner Salm oder ein Salmstück
Zum Fischsud:
Salzwasser, Zitronenscheiben, 1 kleine Zwiebel, 1 Nelke, 3 Stengel Petersilie
Zur Garnitur:
Petersilie, Zitrone, Holländische Sauce oder Mousselin-Sauce

Den Fisch schuppen, ausnehmen und waschen – Schwanz und Seitenflossen etwas stutzen – Im Fischkocher den Sud bereiten – Einige Zeit durchkochen lassen – Den Fisch auf den Siebeinsatz legen und in den Sud hängen, bis er davon bedeckt ist – Je nach Größe des Fisches oder der Fischstücke 10 bis 30 Minuten ziehen lassen – Ein großer Salm benötigt 40 Minuten – Der Sud darf nicht sprudelnd kochen, sondern nur leichte Blasen ziehen – Mit dem Fischkocher mit heraufgezogenem Siebeinsatz zu Tisch geben.
Beigabe: Salzkartoffeln, Zitrone, zerlassene Butter oder Holländische oder Mousselin-Sauce.

Seezunge in Butter

1 kg Seezungen, 6 Eßl. Butter, Salz, Pfeffer, Petersilie, 1 Zitrone

Die Seezungen wie unten zurichten, filetieren – Würzen und leicht in 3 Eßl. heißer Butter hell bräunen – Auf angewärmter Platte warmstellen – Zum Bratsatz die restliche Butter geben und über die Fische gießen – Mit gehackter Petersilie bestreuen und reichlich mit ganz dünne entkernten Zitronenscheiben garnieren.
Beigabe: Salzkartoffeln.

Seezunge mit feinen Kräutern

1 kg Seezungen, Salz, Pfeffer, 1 Teel. gehackter Kerbel, 1 Teel. Estragon, 1 Teel. Petersilie, 5 Schalotten, 5 Champignons, 5 Eßl. Butter, 1/2 Tasse Wasser, Buttersauce, 1 Eigelb, 2 Eßl. Butter, Zitronensaft, Suppenwürze

Von den Seezungen die Haut abziehen – An der Spitze des Schwanzes etwas lösen und nach dem Kopf zu rasch herunterstreifen – Den Kopf schräg abschneiden – Die Flossen mit einer Schere ringsherum etwas kürzen – Feingehackte Kräuter, Schalotten und blätterig geschnittene Pilze in 1 Eßl. Butter leicht andünsten – 1 Eßl. Butter zugeben und die gewürzten Fische darauflegen – Wasser zugießen und zugedeckt, bei einmaligem Wenden, 15 Minuten dünsten – Herausnehmen und auf heißer Platte warmstellen – Den Fischfond mit Buttersauce, die zuvor mit Eigelb legiert wurde, vermengen und kurz aufkochen – Mit frischen Butterstücken aufschlagen und mit Zitronensaft abschmecken – Beim Anrichten über den Fisch gießen.
Beigabe: Fischkartoffeln oder Reis.

Seezunge, gebacken (Soles frites)

Die Seezungen häuten und in Filets teilen – Mit Salz und Pfeffer einreiben und in Mehl wenden – In dem zerschlagenen und mit etwas Wasser verdünnten Ei und den Bröseln wenden – Schwimmend in heißem Fett braun backen – Beim Anrichten mit Zitronenschnitzen und Petersilie garnieren.
Beigabe: Kartoffelsalat und Remouladensauce.

1 kg Seezungen, Salz, Pfeffer, Mehl, 1 Ei, Brösel, Backfett

Schellfisch, gekocht

Fisch schuppen, ausnehmen und waschen – Kopf und Schwanz zusammennähen, daß er einen Ring bildet – Den Fisch in einer Kasserolle, knapp mit Wasser bedeckt, mit Salz und Zwiebeln zusetzen – Zugedeckt garkochen – Herausnehmen und auf heißer Platte, mit Petersilie bestreut anrichten.
Beigabe: Fischkartoffeln oder Butternudeln.

1 kg Schellfisch, Salz, 1 Zwiebel, Petersilie

Schellfisch in Senfrahmsauce

Den Fisch schuppen, ausnehmen, waschen und der Länge nach spalten – Entgräten und in je 2–3 Stücke aufschneiden – Mit Salz bestreut, einige Minuten ziehen lassen – Aus Mehl und Butter eine helle Mehlschwitze bereiten – Mit Fleischbrühe ablöschen – Rahm, Gewürze und Senfmehl, zuvor mit wenig lauwarmer Fleischbrühe glattgerührt, zugeben – Die Sauce verkochen – Fischstücke einlegen und bei einmaligem Wenden 10–15 Minuten darin weichdünsten – Die Fischstücke auf heißer Platte anrichten – Die Sauce mit Zitronensaft und nach Bedarf mit Salz abschmecken und über den Fisch gießen.
Beigabe: Fischkartoffeln.

1 kg Schellfisch, Salz, 1 Eßl. Mehl, 1 Eßl. Butter, 1 Tasse Fleischbrühe, 3/4 Tasse Sauerrahm, Pfeffer, 1 Teel. englisches Senfmehl, Saft 1/4 Zitrone

Scholle, gekocht mit Senfsauce

Die Scholle schuppen, auf der weißen Seite ausnehmen und waschen – Kopf und Flossen abschneiden – Innen und außen mit Salz bestreuen und mit Essig übergießen – 30–40 Minuten ziehen lassen – In kochendes Salzwasser eingelegt, nicht zu weich kochen.
Beigabe: Senfsauce und Fischkartoffeln.

1 kg Scholle, Salz, Essig, Salzwasser, Senfsauce

Schellfisch à la Vinaigrette

1 kg Schellfisch,
1 Tasse Milchwasser,
1/4 Zitrone, Salz, Pfeffer,
Sauce Vinaigrette

Fisch enthäuten, ausweiden und waschen – 3/4 Stunde in Milchwasser legen – Abwaschen und mit Zitronensaft beträufeln – In kochendes Salzwasser legen – Nach einmaligem Aufwallen auf kleiner Flamme 15 Minuten ziehen lassen – Auf vorgewärmter Platte, mit Salz und Pfeffer bestreut, anrichten.
Beigabe: Sauce Vinaigrette.

Steinbutt, blau gekocht

1 kleiner Steinbutt oder ein Stück eines größeren Fisches,
Zitronensaft, Salz,
Salzwasser, 1 Tasse Milch,
1 Lorbeerblatt, 1 Nelke,
Pfefferkörner, 1 gelbe Rübe,
1 Scheibe Sellerie

Den Fisch durch einen Schnitt unterhalb des Kopfes ausnehmen – Die Steinchen, welche zwischen der schwarzen Haut und dem Fleisch sitzen, herausnehmen – Aus dem Kopf die Kiemen schneiden – Flossen und Schwanz stutzen – Den ganzen Fisch mit Zitronensaft und Salz abreiben – Mit der schwarzen Seite nach unten in den Fischkocher oder auf eine Platte oder einen Teller legen und in ein Gazetuch binden – In Salzwasser, mit Milch versetzt, aufs Feuer bringen – Die halbierte Zwiebel mit Nelke, Lorbeerblatt und Pfefferkörnern bestecken – Mit dem Wurzelwerk dem Sud beifügen – Auf starkem Feuer zum Kochen bringen – Auf kleiner Flamme bis zum Garwerden ziehen lassen – Je nach Dicke des Fisches braucht er 30–45 Minuten – Den Fischteller mittels des Tuches herausziehen, damit der Fisch nicht zerbricht – Mit der weißen Seite nach oben auf erwärmter Platte anrichten – Nach Belieben mit gekochten Krebsen, Petersilie und Zitronenschnitzen garnieren.
Beigabe: Zerlassene Butter, mit Zitronensaft und einigen Tropfen Worcestershire-Sauce gewürzt, oder Polnische Sauce, Fischkartoffeln.

Weißfische Neuenburg

1–1 1/2 kg Weißfische,
Salz, Pfeffer, Mehl, Milch,
Friture, Petersilie, Zitrone

Fische zurichten und waschen – Mit scharfem Messer der Gräte entlang über dem Rücken aufschneiden – Leicht würzen – Zuerst in Mehl, dann in Milch und zuletzt wieder in Mehl wälzen – In der heißen Friture goldgelb und knusprig herausbacken – Mit Petersilie und Zitronenspalten garniert anrichten.

Schellfisch, gratiniert

Den zugerichteten Fisch kochendem Fischsud beisetzen – Nach einmaligem Aufwallen auf kleiner Flamme, zugedeckt, 15 Minuten ziehen lassen – Fisch herausnehmen, häuten und entgräten – Auf eine gebutterte Auflaufplatte legen – Steifes Kartoffelpüree als Kranz herumspritzen – Aus Butter, Mehl und Milch eine helle Buttersauce bereiten – Mit Zitronensaft, Salz, Reibkäse und einigen Tropfen Worcestershire-Sauce abschmecken – Vom Feuer nehmen und mit Eigelb legieren – Über den Fisch gießen, mit Bröseln, Reibkäse und Butterflöckchen bestreuen – 10 Minuten vor dem Anrichten im heißen Rohr bei Oberhitze überbacken.
Beigabe: grüner Salat.

1 kg Schellfisch, Fischsud, 4 Tassen Kartoffelpüree
Zur Sauce:
2 Eßl. Butter, 1 1/2 Eßl. Mehl, 1/2 Tasse Milch, Zitronensaft, 1 Teel. Reibkäse, Salz, Worcestershire-Sauce, Eigelb
Zum Bestreuen:
2 Teel. Reibkäse, 1 Teel. Brösel, 1 Eßl. Butter

Steinbutt au gratin

Ausgelöste Filets leicht klopfen und würzen – Dicht nebeneinander in eine flache, reichlich gebutterte Auflaufplatte legen – Wein zugießen und mit einer Lage Duxelle-Sauce bedecken – Mit Bröseln bestreuen und mit zerlassener Butter beträufeln – In gut heißem Rohr in 20–30 Minuten fertigstellen – Mit Zitronensaft beträufelt, und mit gehackter Petersilie bestreut, auf eine zweite serviettenbelegte Platte gestellt anrichten.
Beigabe: Fischkartoffeln.

3/4–1 kg Steinbutt-Filet, Salz, Pfeffer, Butter, 1 Glas Weißwein, Duxelle-Sauce, Brösel, zerlassene Butter, Zitrone, gehackte Petersilie

Stör, gebraten

Von einem kleinen Stör die Knochenschilde abschneiden – Ausnehmen und waschen – Die Rückenflossen entfernen und den Fisch häuten – Mit gewürzten Speckstreifen spicken und mit Salz und Pfeffer bestreut 1 Stunde ziehen lassen – In eine möglichst flache Kasserolle legen – Wein und Essig zugießen, geschnittenes Wurzelwerk und ein großes Stück Butter beifügen – Im heißen Rohr unter häufigem Begießen fertigstellen – Den Fisch vor dem Anrichten mit Fleischglace überziehen – Den Fischfond durchpassieren, entfetten und mit einigen Löffeln Fleischglace gut verkocht um den Fisch gießen.
Beigabe: Fischkartoffeln.

1–1 1/2 kg Stör, 50 g Speck, Salz, 2 Tassen Wein oder Apfelwein, 1/4 Tasse Essig, Wurzelwerk, Petersilie, Gewürzkräuter, Pfefferkörner, 3 Eßl. Butter, Fleischglace

Schleie à la crème

1 Schleie (ca. 1 kg), Salz, 1 Eßl. Butter, 1 Eßl. Petersilie gehackt, 1 Prise Knoblauch-Pulver, 2 Glas Weißwein, einige Schalotten, 1 kleine Dose Champignons, 3/4 Tasse Süßrahm

Den Fisch auf einem angefeuchteten Brett vorsichtig ausnehmen – Die Haut dabei nicht verletzen – Auswaschen – Mit etwas Salz bestreuen – In die Bauchhöhle Butter mit Petersilie und Knoblauchpulver verknetet, geben – In eine feuerfeste Platte legen und mit kochendem Wein übergießen – Rahm, Champignons – frische, geputzte, oder aus der Dose – und die Zwiebelchen zugeben – 15 Minuten im heißen Ofen garen – 2/3 des Weines abgießen – Den Rahm übergießen und nochmals 5 Minuten überbacken.

Beigabe: Fischkartoffeln oder Reis.

Gebratene Schleie

1 kg kleine Schleien, Salz, Pfeffer, 4 Schalotten, 2 Teel. gehackte Petersilie, Saft 1/2 Zitrone, 2 Eier, 1 Eßl. Butter, Mehl, Butter zum Braten, Haushofmeister-Butter, Zitronenschnitzen, Petersilie

Schleien zurichten und waschen – Auf beiden Seiten kleine Querschnitte anbringen – Würzen, mit gehackten Schalotten und Petersilie bestreut und mit Zitronensaft beträufelt, 30 Minuten ziehen lassen – Geschlagene Eier mit zerlassener Butter vermengen – Die Fische eintauchen und in Mehl wenden – In reichlich heißer Butter allseitig braten – Oder auf den Rost gelegt, mit Butter beträufelt fertigstellen – Beim Anrichten mit Haushofmeister-Butter belegen und mit Zitronenschnitzen und Petersiliensträußchen garnieren.

Beigabe: Fischkartoffeln.

Schleie, gedünstet

1 kg Schleien, Essig, 2 Zwiebeln, Wurzelwerk, Petersilie, Salz, Pfeffer, 6 Eßl. Butter, Wasser, Wein, 2 Eßl. Brösel

Den Fisch durch einen Schlag auf den Kopf töten – Schuppen, ausnehmen und waschen – Das Blut mit wenig Essig verrühren – Kleine Fische ganz lassen, einen größeren spalten – Die Schleien in eine Kasserolle auf Zwiebelscheiben und geschnittenes Wurzelwerk legen – Mit Butterstückchen, Gewürzen und Petersilie bestreuen – Wasser und Wein zugießen, daß der Fisch davon beinahe bedeckt ist – Geriebenes Weißbrot und das Fischblut zugeben – Noch kurz kochen lassen – Auf einer vorgewärmten Platte anrichten und die durchgeseihte Sauce übergießen.

Beigabe: Reis.

Gebackene Scholle

Schollen vorbereiten – 1 Stunde in Milch legen, danach abtrocknen und würzen – In geschlagenem Ei und Bröseln wenden – Auf beiden Seiten in reichlich heißem Fett oder Öl goldgelb herausbacken – Mit Salz bestreut und Zitronenschnitzen garniert, heiß anrichten.
Beigabe: Mayonnaise und Salat.

1 kg kleine Schollen, Milch, Salz, Pfeffer, 1–2 Eier, Brösel, Fett oder Olivenöl

Scholle, gebraten

Fische zurichten, Flossen kürzen und Nasen entfernen – Quer über den Rücken mehrmals einschneiden – Mit Zitronensaft beträufeln, würzen und in Mehl wenden – Butter oder Öl erhitzen – Die Fische auf beiden Seiten in ungefähr 10 Minuten fertigbraten – Den Bratsatz, wenn er zu braun geworden ist, abgießen – Feingehackte Petersilie mit Salz und Zitronensaft in frischer Butter leicht anbräunen – Über die Schollen gießen – Mit Zitronenschnitzen garniert anrichten.
Beigabe: Kartoffeln und grüner Salat.

1 kg Schollen, Mehl, Saft von 2 Zitronen, 6 Eßl. Butter oder Öl, Petersilie, Salz, Pfeffer, Zitronenschnitze

Steinbutt in Weißwein

Steinbutt zurichten – Mittels eines scharfen Messers die schwarze Haut entfernen – Mit Salz und Zitronensaft einreiben – In einer Kasserolle auf die enthäutete Seite legen und gut über die Hälfte mit Weißwein bedecken – Ein Stückchen Butter, Schalotten und Petersilie zugeben – Bei einmaligem Wenden weichdünsten – Mit der enthäuteten Seite nach oben auf heißer Platte anrichten – Den Fischfond einkochen und, mit Holländischer Sauce vermengt, über den Fisch gießen.
Beigabe: Fischkartoffeln.

3/4–1 kg Steinbutt, Salz, Zitronensaft, Weißwein, Butter, 2 Schalotten, 3 Stengelchen Petersilie, 1 Tasse Holländische Sauce

Zander, gebraten

Den Fisch schuppen – Die Flossen entfernen, ausnehmen und waschen – Mit Zitronensaft beträufeln und würzen – In heißer Butter, zugedeckt weichdünsten oder im Rohr, unter häufigem Begießen, in etwa 1 Stunde fertigstellen – Mit Zitronenscheiben und Petersilie garnieren.
Beigabe: Holländische Sauce und Salzkartoffeln.

1 1/2 kg Zander, 2 Eßl. Zitronensaft, Salz, Pfeffer, 4–6 Eßl. Butter, Zitronenscheiben, Petersilie

Stockfisch

1–1 1/2 kg Stockfisch, Milch, Salz, Petersilie

Den Stockfisch in kaltem Wasser unter Beigabe von etwas Milch aufstellen und zum Kochen bringen – Nach dem ersten Aufwallen auf schwachem Feuer langsam 30 Minuten ziehen lassen – Beim Anrichten entgräten und mit etwas Salz und Petersilie bestreuen.

Beigabe: Salzkartoffeln mit Senf-Butter oder Zwiebel-Butter.

Wels, gekocht

1–1 1/2 kg Wels
Zum Sud:
Salz, Wasser, Essig, Pfefferkörner, 1 Zwiebel, 2 Nelken, 1 Lorbeerblatt, Wurzelwerk

Wels sauber schuppen und ausnehmen – Mehrmals in kaltem Wasser durchwaschen – Den Fischsud aufkochen – Den Fisch, wenn er klein ist, im Ganzen, sonst in Stücke geschnitten, beisetzen und einmal aufkochen – Auf kleiner Flamme 10–15 Minuten ziehen lassen – Auf vorgewärmter Platte anrichten und mit Petersilie und Zitronenschnitzen garnieren.

Beigabe: Fischkartoffeln und Holländische Sauce.

Thunfisch auf italienische Art

(für 4–6 Personen)
1 1/2–2 kg Thunfisch, Zitronensaft, Öl, Salz, Pfeffer, Lorbeerblatt
Zum Braten:
Öl, 1 Zwiebel, Petersilie, Knoblauch, 2 Teel. Kapern, 3–4 Tomaten
Zur Sauce:
4 Eßl. Mehl, 4 Eßl. Butter, 2 Tassen Weißwein, Zitronensaft, Salz, Pfeffer

Das zugerichtete Fischstück mit Zitronensaft beträufeln – Mit Öl, Salz und Pfeffer einreiben und mit Lorbeerblattstückchen spicken – 1 Stunde ziehen lassen, dann in heißem Öl anbraten – Gehackte Zwiebel, gewiegte Petersilie, Knoblauch und Kapern sowie kleinwürfelig geschnittene Tomaten zugeben – Kurz dämpfen und vom Feuer nehmen – Aus dem Mehl und der Butter eine helle Mehlschwitze bereiten und diese mit Wein und 2 Tassen Wasser auffüllen – Die Sauce mit etwas Zitronensaft und Gewürzen abschmecken und über den angerichteten Fisch gießen.

Beigabe: Makkaroni oder Reis.

Trüschen, gekocht

1 kg Trüschen (Aalraupe)
Zum Sud:
3 l Wasser, Salz, 1/2 Tasse Essig, Gewürzkräuter

Den Fisch aufschneiden – Die Galle vorsichtig herausschneiden, ohne die Leber zu entfernen – Tüchtig waschen – Kochendem Fischsud zugesetzt, 15 Minuten kochen und noch kurze Zeit ziehen lassen.

Beigabe: Genueser Sauce oder Sauce Colbert.

Stinte, gebacken

Fische vorrichten – Die Köpfe abschneiden und auf einem Sieb abtropfen lassen – Mit Salz bestreuen und in Mehl wenden – In reichlich, kochend heißem Fett goldbraun und knusprig backen – Die Fische kleben zusammen und können wie Pfannkuchen umgewendet werden.
Beigabe: Katoffelsalat.

1 1/2 kg Stinte, Salz, Mehl, 100 g Fett oder Öl

Zander, blau

Fisch schuppen, Flossen entfernen und ausnehmen – Dem kalten Fischsud zusetzen und aufkochen – Danach etwa 25 Minuten über kleiner Flamme ziehen lassen – Auf gewärmter Platte anrichten – Ist zum Kochen kein Kessel mit Einsatz vorhanden, ist es ratsam, zuvor in den Kessel ein großes Stück Mull zu legen und darauf eine Platte mit dem Fisch – Nach dem Fertigstellen an den 4 Mullzipfeln herausheben, damit der Fisch nicht zerfällt.
Beigabe: Polnische Sauce und Salzkartoffeln.

1 1/2–2 kg Zander, Fischsud

Zanderfilet nach Pariser Art

Fischfilets waschen und abtrocknen – In gleichmäßige schräge Stücke schneiden – Würzen und in Wein und Butter mit Petersilie langsam weichdünsten – Die Filets auf vorgewärmter Platte anrichten – Den Fischfond einkochen, durchseihen und mit Holländischer Sauce vermengen – Über den Fisch gießen und mit Petersilie bestreuen.
Beigabe: Reis.

3/4–1 kg Zanderfilet, Salz, Pfeffer, 1 Tasse Wein, 3 Eßl. Butter, 1 Teel. gehackte Petersilie, 1 Tasse Holländische Sauce

Zander, Matrosenart

Den Fisch mit Zitronensaft beträufeln – In einer Kasserolle den Sud aufkochen – Den Fisch darin, knapp davon bedeckt, garen lassen – Herausnehmen und warmstellen – Den Sud zur Hälfte einkochen lassen – Mehl und Butter verkneten – In den Sud geben und zu einer bündigen Sauce verkochen – Pilze und Krabben oder Krebse einlegen – Durchkochen lassen – Fischstücke einlegen und darin erhitzen – Möglichst heiß servieren.
Beigabe: Reis oder Petersilienkartoffeln.

4 Zanderfilets, Zitronensaft
Zum Sud:
1/2 l Weißwein, 1 Zwiebel, Petersilie, 1 gelbe Rübe, 1 Lorbeerblatt, 1 Zehe Knoblauch, 1 Messerspitze Thymian, Salz, 4 Pfefferkörner
Zur Sauce:
2 Eßl. Butter, 2 Eßl. Mehl, 1 kleine Dose Champignons, 1/2 Tasse Krabben oder Krebse

Zanderfilet nach Königin-Art mit Fleurons

1 1/2–2 kg Zander, Salz, Pfeffer, 40 g Butter, Weißwein, 2 Stengelchen Petersilie, 2 Tassen Holländische Sauce
pro Person:
2 Austern, 2 Muscheln, Krebsschwänzchen, 1 Trüffel, Blätterteig-Halbmonde

Den Fisch der Länge nach spalten – Enthäuten, entgräten und waschen – In schräge gleichmäßige Stücke schneiden – Würzen, Petersilie zugeben und mit Wein und Butter, zugedeckt dünsten – Holländische Sauce mit dick eingekochtem Fischfond verrühren – Den Fisch auf einer langen Platte anrichten – Austern öffnen – Den Austernsaft der Sauce beifügen – Vorgerichtete Muscheln, Austern und Krebsschwänzchen und Trüffel kurz in der Sauce erwärmen – Rings um den Fisch legen – Den Fisch mit gehackter Trüffel bestreuen und mit Sauce übergießen – Den Plattenrand mit Blätterteighalbmonden umlegen.

Rund um das Geflügel

Das Zurichten

Obwohl das Geflügel heute meist bratfertig geliefert wird, sollte man doch wissen, wie man frisches Geflügel vorbereitet – Zuerst einmal wird es sauber gerupft und die feinen Flaumfederchen durch Absengen weggebrannt – Abgewaschen, wird es mit einem sauberen Tuch abgetrocknet – Die Legeöffnung wird zum Ausnehmen durch einen kleinen Längs- oder Querschnitt mit einem scharfen Messer um einige Zentimeter erweitert, bei Gänsen und Enten ist ein Querschnitt vorzuziehen – Man greift mit der flachen Hand durch die entstandene Öffnung in den Leib und löst die Eingeweide vom Knochenbau – Die Haut am Halse wird etwas eingeschnitten, um dort Speise- und Luftröhre mit dem Kropf zu lösen – Bei fetten Tieren, besonders bei Gänsen, müssen da und dort kleine Fettpolster abgelöst und entfernt werden, bevor nun die Eingeweide im Ganzen aus dem Balg herausgezogen werden können – Fettpolster zwischen den Därmen zieht man danach sorgfältig weg – Die Gallenblase zwischen Herz und Leber ist vorsichtig zu entfernen – Es ist darauf zu achten, daß keine Galle ausfließt, da alles, was damit in Berührung kommt, einen bitteren Geschmack erhält – Der Magen wird mit einem etwa 1 cm tiefen Schnitt geöffnet und der innere Magenbeutel mit seinem Inhalt sauber aus den Magenwänden abgelöst – Magen, Herz und Leber können, soweit man sie nicht zu anderen Gerichten verwenden will, mitgebraten werden.

Beste Verwendungsmöglichkeiten

Hühner zu: Suppenhuhn mit Reis und Cremesauce; junge Hähne grilliert oder gebraten, nach Belieben mit Fülle.

Enten gebraten: Garzeit einer jungen Ente 1 1/2 bis 2 Stunden, einem Gewicht von 1 1/2 bis 2 Kilogramm entsprechend.

Gänse gebraten und gefüllt: Bratzeit 2 1/2 bis 3 1/2 Stunden.

Tauben gebraten: meist gefüllt pro Person 1/2 bis 1 Taube, Bratzeit etwa 45 Minuten.

Truthähne und *Puten* gebraten. Da das Fleisch des Truthahns oder der Pute etwas trocken ist, ist es ratsam, die Brust mit Speckscheiben zu belegen und festzubinden. Mit Salz und Pfeffer gewürzt, nach Geschmack auch unter Zugabe von 2 bis 3 Salbei- oder Minzenblättern, wird der Braten mit reichlich schaumig geschlagener Butter dick bestrichen auf den Grillrost, über der Tropfpfanne oder in einem großen Brattopf in den heißen Ofen gestellt. Soll ein Truthahn gefüllt werden, so wird die Fülle in die Kropfhaut geschoben und zugenäht. Die Bratzeit richtet sich nach der Größe und dem ungefähren Alter des Geflügels. Bei jungen Tieren rechnet man ebensoviel Stunden wie das Gewicht in Kilogramm.

Dressieren des Geflügels

Unter Dressieren wird das Zurichten des Geflügels verstanden, um ihm eine ansehnliche Form zu geben – An den Schlegeln werden die Füße abgehackt – Danach Hals und Kopf abgeschnitten – Die Halshaut dabei am Rumpfe hängen lassen – Das Geflügel mit dem Rücken auf den Tisch legen – Die beiden Schlegel fest nach der Brust zu drücken – Mit der Dressiernadel einen Bindfaden durch das Kniegelenk des einen Schlegels ziehen – Durch den Rumpf zu dem anderen Schlegel durchstechen und ebenfalls durchziehen – Den Bindfaden dabei am eingeführten Ende etwa 10 cm hängen lassen – Das Geflügel auf die Brustseite legen – Die beiden Flügel durchdrehen, nach dem Kopf zu auf dem Rücken verschränken, so daß sie fest anliegen – Den Faden durch die Flügel und den Rücken ziehen – Die auf den Rücken zurückgeschlagene Halshaut gleichzeitig befestigen – Die beiden Bindfadenenden zusammenknüpfen.

Tranchieren

1. Hähne und Hühner

Das Geflügel mit einer Schlegel- und Brustseite nach oben vor sich hinlegen – Den Schlegel mit der linken Hand halten und die Haut zwischen Schlegel und Brust mit einem scharfen Schnitt durchtrennen – Den Schlegel vom Gerippe abbiegen, wenn nötig mit dem Messer nachhelfen und ablösen – Mit dem anderen Schlegel ebenso verfahren – Gleich hinter dem Schnitt, welcher die Schlegel freigelegt hat, mit dem Abtrennen der Flügel beginnen – Der Schnitt verläuft weiter schräg auf die Spitze der Brust zu – Der nächste Schritt geht längs durch den Körper und löst dabei den Rücken von der Brust – Ein letzter Schnitt teilt die Brust in zwei Teile – Nach Belieben können beim Anrichten mittels eines Spießchens alle Teile wieder in ihre ursprüngliche Form zusammengesetzt werden.

2. Poularde

Die Schlegel auf die gleiche Weise wie beim Hahn freilegen – Im Gelenk durch einen weiteren Schnitt in zwei gleiche Teile zerlegen – Nach Belieben die unteren Teile nochmals halbieren – Die Flügel etwas weniger hoch abschneiden – Hierauf folgt der Schnitt quer durch den Körper und trennt die Brust vom Rücken – Die Brust durch einen senkrechten Längsschnitt, welcher vom Hals aus genau in der Mitte über den Brustknochen bis zum Bürzel geht, teilen – Die Brusthälften noch durch einige Querschnitte in passende Stücke zerlegen – Nach Belieben beim Anrichten in die ursprüngliche Form zusammensetzen und durch Spieße zusammenhalten.

3. Ente

Die Schlegel lösen wie bei Hähnen, und wie bei Poularden in zwei Stücke teilen – Die Flügel, damit die Bruststücke möglichst groß werden, knapp über dem ersten Gelenk abtrennen – Brust vom Rücken teilen oder einen Längsschnitt auf beiden Seiten des Brustknochens vom Hals bis zum Bürzel machen – An den beiden Seiten des Brustknochens bis zum Flügelschnitt weiterführen – Das Fleisch der Brust mit der flachen Klinge ablösen – Die dickeren Stellen des Filets durch einen Längsschnitt in gleiche Stücke teilen und wiederum an ihrer dicksten Stelle durch einen Querschnitt in zwei weitere Teile zerlegen.

4. Gans

Gans kann wie Poularde oder Ente tranchiert werden – Die Flügelstücke jedoch größer halten – Schlegel beim Gelenk nochmals teilen – Die Brust wie bei Poularde in Querschnitte oder, wie bei Ente, in Längsschnitte teilen – Ist die Gans gefüllt, wird die Fülle herausgenommen und beim Anrichten um die Gans gelegt.

5. Truthahn oder Pute

Vom Truthahn, sofern er noch jung ist, die Schlegel wie bei der Poularde abtrennen – Die Flügel wie bei der Ente möglichst klein abschneiden und die Bruststücke ebenso auslösen – An der dicksten Stelle durch Querschnitte, welche nach dem Flügel hin spitz zulaufen, teilen – Ist der Truthahn gefüllt, muß die

Fülle vor dem Tranchieren herausgenommen werden – Den Truthahn vor dem Anrichten wieder in seine ursprüngliche Form zusammensetzen und mit Spießchen zusammenhalten.

6. Tauben

Junge Tauben werden der Länge nach halbiert – Größere Tauben in der Längsstücke teilen: in ein linkes und ein rechtes mit Schlegel, Flügel und etwas Brust, sowie in das Bruststück.

Geflügelgerichte

Gänsebrust, Gänsekeule

(für 2 Personen)
1 Gänsebrust oder Keulen, 2 Eßl. Butterschmalz oder Gänsefett, 1 Zwiebel, Salz, Pfeffer, 1 Teel. Mehl, Brühe

Die abgezogene Gänsebrust bzw. die Keulen (diese nicht abziehen!) mit Salz und Pfeffer einreiben – Mit der Zwiebel im heißen Fett auf allen Seiten anbraten, mit Brühe übergießen und zugedeckt weichdünsten – Zuletzt aufgedeckt knusprig braten – Aus dem Bratensatz mit dem Mehl und etwas Brühe eine Sauce bereiten und über das aufgeschnittene Gänsefleisch gießen.
Beigabe: Salzkartoffeln mit Rotkraut oder Krautsalat.

Gefüllter Gänsehals

(für 2 Personen)
1 Gänsehals (Haut), Herz und Leber, 2 Zwiebeln, Petersilie, 2 Brötchen, 2 Eßl. Gänseschmalz oder Butterschmalz, 1–2 Eier, Salz, Pfeffer, Muskat

Leber und Herz fein hacken – 1 Zwiebel und die Petersilie fein schneiden – Mit den eingeweichten, ausgedrückten und zerpflückten Brötchen, der Leber und dem Herz mit Fett andämpfen – Mit dem Ei und den Gewürzen vermengen und in den Gänsehals einnähen – Im heißen Fett mit der anderen Zwiebel auf allen Seiten anbraten, mit etwas Brühe oder Wasser ablöschen und zugedeckt 30 Minuten dünsten – Aufgedeckt mit Salz und Pfeffer bestreuen und knusprig braten oder kurz in den Backofen stellen – Aus dem Bratensatz mit dem Mehl und etwas Brühe eine Sauce bereiten und zu dem aufgeschnittenen Gänsehals reichen.
Beigabe: Kartoffel- und grüner Salat.

Gefüllte Gans

Die Gans zurichten, waschen und abtrocknen – Kopf und Füße abschneiden – Mit Salz, Pfeffer, Beifuß und Zitronensaft innen und außen einreiben und 1–2 Stunden ziehen lassen – Nach Belieben füllen – Zunähen und dressieren – In eine Kasserolle legen, mit dem heißen Wasser übergießen und zugedeckt dämpfen lassen, bis sie im eigenen Saft brät – Von Zeit zu Zeit wenden und mit einer Gabel in die Haut unterhalb der Keulen einstechen, daß das Fett herausläuft – In den Backofen stellen und aufgedeckt unter häufigem Begießen knusprig braten – Eine junge Gans braucht etwa 1 Stunde, eine ältere 2–3 Stunden *Bratzeit* – (Wenn die Gans nicht genügend knusprig wird, herausnehmen, mit Butter pinseln und auf den Rost legen) – Aus dem Bratensatz mit Mehl und Wasser eine Sauce bereiten und gut abschmecken – (Sehr fetten Bratensatz zuvor abfetten).

Beigabe: Kartoffelklöße oder Salzkartoffeln mit Rotkraut und Kompott.

1 Gans, Salz, Pfeffer, Beifuß, Zitronensaft, 2 Tassen Wasser, 1 Eßl. Mehl

Füllungen für die Gans

Die Brötchen in der Milch einweichen, ausdrücken und zerpflücken – Die gehackte Zwiebel und Petersilie in der Butter andünsten, das Brötchen kurz mitdämpfen – Vom Feuer nehmen – Herz und Leber, feingewiegt, sowie das Eigelb zugeben – Zuletzt den Eierschnee unterziehen – Mit Gewürzen abschmecken.

Fülle a:
3 Brötchen, 1 Tasse Milch, Herz und Leber, 1 Zwiebel, Petersilie, 1 Eßl. Butter, 2 Eier, Salz, Pfeffer, Muskat

Die gehackte Zwiebel und Petersilie in der Butter dämpfen – Das Herz und Leber, feingewiegt, kurz dämpfen – Die in Würfel geschnittenen Kartoffeln zugeben – Mit dem Rahm und dem verrührten Ei vermengen – Mit Salz und Pfeffer würzen, nach Geschmack eine Prise Majoran zugeben.

Fülle b:
1 Eßl. Butter, 1 Zwiebel, Petersilie, Majoran, Herz und Leber, 375 g gekochte Kartoffeln, 1/2 Tasse Süßrahm, 1 Ei, Salz, Pfeffer

Kastanien zurichten und glacieren, wie Seite 421 – Äpfel schälen, Kernhaus entfernen und in Schnitze teilen – Kastanien, Äpfel und Rosinen vermengen.

Fülle c:
500 g Kastanien, 5 Äpfel, 3 Eßl. Rosinen

Beim Anrichten die Fülle jeweils herausnehmen und als Kranz um das Fleisch legen.

Gänsebraten mit Kastanien gefüllt

1 Gans, Salz, Pfeffer, 1 l Wasser, 2 Zwiebeln
Zur Fülle:
1 kg Kastanien, Fleischbrühe, 1 Eßl. Zucker
Zur Sauce:
1 Eßl. Mehl

Gans zurichten, am besten schon tags zuvor – Mit Salz und Pfeffer innen und außen einreiben und gut durchziehen lassen – Kastanien schälen, mit kochendem Wasser übergießen, ziehen lassen, bis sich die braunen Häutchen ablösen lassen – In Brühe mit Zucker 3/4 weichdünsten – Abgetropft, die Gans damit füllen und zunähen – In einem Bratgeschirr Salzwasser aufkochen – Die Gans mit Zwiebeln einlegen – Zugedeckt bei öfterem Wenden kochen, bis alles Wasser verdampft ist – Von Zeit zu Zeit mit einer Gabel an den dicken Fettstellen die Haut anstechen – Auf den Rost legen und bei fleißigem Begießen mit dem eigenen Bratsaft in etwa 2 Stunden knusprig braten – In der letzten Bratzeit die Hitze steigern – Den Bratfond entfetten – Mehl darin braunrösten und mit Wasser aufgießen – Nach Bedarf nachwürzen – Durchgeseiht zu der tranchierten Gans reichen – Die Kastanien beim Anrichten in einem Kranz um das Fleisch legen.
Beigabe: Apfelkompott und grüner Salat.

Fettgans

1 Gans (gemästet)

Die Gans häuten (die Haut des Halses dabei nicht zerschneiden, weil sie später gefüllt wird) – Die übrige Haut in nicht zu kleine Vierecke schneiden und mit dem inneren Fett zusammen auslassen – Die Gans in Brust-, Keulen-, Flügel-, und Rückenstücke zerlegen – Die nachfolgenden Gerichte daraus zubereiten.

Gänsemagen in grüner Sauce

4 Gänsemagen, 1 l Salzwasser, Wurzelwerk, Pfefferkärner, 1 Lorbeerblatt, 2 Eßl. Butterschmalz, 3 Eßl. Mehl, 2 Eßl. gehackte Petersilie

Die Gänsemagen aufschneiden, waschen, brühen und die harte Haut abziehen – Dem kochenden Salzwasser zugesetzt, mit Wurzelwerk und Gewürzen in etwa 1 1/2 Stunden weichkochen – Aus Butterschmalz und Mehl eine helle Mehlschwitze bereiten – Mit Brühe ablöschen und so viel Brühe zugießen, wie Sauce gewünscht wird – Die Gänsemagen einlegen und gut durchkochen – Vor dem Anrichten Petersilie untermengen.

Gänseklein

(für 2–3 Personen)

Füße, Magen, Kopf, Hals, Flügel, Herz, Salz, Suppengrün, 2 1/2 Eßl. Butterschmalz, 5 Eßl. Mehl, Pfeffer, 1 Handvoll Petersilie

Füße und Magen brühen und häuten – Den Kopf auseinanderhacken (Augen entfernen) – Die übrigen Stücke in passende Teile zerlegen – Alles in kaltem Wasser mit Salz und Suppengrün aufstellen und weichkochen – Aus dem Schmalz und dem Mehl eine helle Buttersauce bereiten, mit Gänsebrühe ablöschen und die Fleischstücke hineinlegen – Gut durchkochen lassen, nach Bedarf noch Brühe zugeben – Zuletzt die gehackte Petersilie zugeben, mit den Gewürzen abschmecken und je nach Geschmack noch Muskat, Zitronensaft oder Rahm beifügen.
Beigabe: Salzkartoffeln.

Gänseleberschnitten nach Rossini

300 g Geflügel- oder Wildreste (gebraten), 1 kleine Zwiebel, 1 Teel. gehackte Petersilie, 2 Eßl. Butterschmalz, 1 Eßl. Mehl, 1/2 Tasse Brühe oder Wasser, 1 Gläschen Madeira, Zitronensaft, 100 g Weißbrot, 3 Eßl. Butter, 200 g Fettgansleber, Milch, Mehl, Salz, Pfeffer, Trüffelsauce

Gebratene Geflügel- oder Wildreste von Haut und Knochen befreien und fein verwiegen – Mit feingehackter Zwiebel und Petersilie in Schmalz andünsten – Mehl überstäuben, mit wenig Brühe oder Wasser ablöschen und durchkochen – Mit Wein, Zitronensaft und Gewürzen abschmecken – Weißbrot in Scheiben schneiden und in Butter goldgelb rösten – Leber in fingerdicke Scheiben schneiden und in Milch und Mehl wenden – In Butter 3–5 Minuten braten – Auf die Brotscheiben legen und würzen – Das Wildhaschee in einer vorgewärmten tiefen Schüssel anrichten – Die Leberkrüstchen kranzförmig herumlegen – Mit Trüffelsauce übergießen.
Beigabe: Pommes frites

Gänseleber mit Äpfeln

3 Gänselebern, Mehl, 1 Eßl. Butterschmalz, 1 Apfel, 4 Scheiben magerer Speck, 1 Zwiebel, Salz, Pfeffer

Die Leber in passende Stücke schneiden und leicht in Mehl wenden – Im Schmalz auf jeder Seite kurz anbraten, dann auf eine heiße Platte legen, zugedeckt warmstellen und ziehen lassen – Den Apfel und die Zwiebeln in Scheiben schneiden – Mit dem Speck im Bratsatz braten – Zu der Leber geben und würzen – Den Bratensatz mit etwas Wasser aufkochen, würzen und über das Gericht gießen.
Beigabe: Kartoffelpüree oder Reis.

Gefüllte Gänsekeulen

2 Gänsekeulen, Majoran, Salz, Pfeffer, 2 mürbe Äpfel, 1 Schweineschnitzel, 2 Eßl. Fett, Brühe oder Wasser, 1 Eßl. Mehl, 1 Eßl. Madeira

Aus den Keulen, ohne die Haut zu verletzen, die Knochen auslösen – Mit Gewürzen einreiben – Eine Keule mit in Scheiben geschnittenen, mürben Äpfeln belegen – Schnitzel leicht klopfen, würzen und darüberdecken – Wieder mit Apfelscheiben belegen und mit der zweiten Keule bedecken – Mit Bindfaden umwickeln und im heißen Fett mit den ausgelösten Knochen zusammen allseitig anbraten – Brühe zugießen und zugedeckt in etwa 1 1/2 Stunden gardünsten – Zuletzt aufgedeckt im Fett knusprig braten – Im Bratsatz Mehl braunrösten – Mit Wasser aufgießen, mit Madeira und Gewürzen abschmecken und zu einer Sauce verkochen – Durchgeseiht über den aufgeschnittenen Braten gießen.
Beigabe: Kartoffelpüree.

Gänseleberschnitzel

3 Gänselebern, Paprika, Mehl, 1 Eßl. Butterschmalz, 1 Glas Portwein, Trüffel, Mehlbutter, 2 Handvoll frische Weinbeeren, Salz

Die Leber in 1 cm dicke Scheiben schneiden, mit Paprika bestreuen und leicht in Mehl wenden – In etwas Schmalz anbraten, dann herausnehmen und warmstellen – Zu dem Bratensatz 1 Glas Portwein und einige frische Trüffelstückchen geben – Nach Belieben die Sauce mit etwas Mehlbutter (1 Teel. Mehl und Butter verkneten) bündiger machen – Die Sauce würzen und die entkernten weißen Weinbeeren darin erwärmen – Über die Leber gießen und diese mit den Weinbeeren garnieren.
Beilage: Kartoffelpüree.

Gebratene Ente

1 junge Ente, 2 Eßl. Butterschmalz, 1 Zwiebel, Salz, Pfeffer, Mehl, Brühe

Die Ente zurichten, Kopf, Flügelspitzen und Füße abhacken – Innen und außen mit Salz und Pfeffer einreiben – Gefüllt oder ungefüllt in heißem Schmalz mit der zerschnittenen Zwiebel auf allen Seiten anbraten – Mit der Fleischbrühe oder Wasser ablöschen und zugedeckt weichdämpfen – Ist die Flüssigkeit verdampft, die Ente von Zeit zu Zeit wenden und begießen, bis sie gar und knusprig ist – Oder, wenn sie fast gar ist, auf den Rost legen, mit Butter oder Fett übergießen und im Rohr knusprig braten – (*Bratzeit* für eine junge, ungefüllte

Ente etwa 1 Stunde, für eine gefüllte 1 1/4 Stunden) – Aus dem Bratensatz mit etwas Mehl und Brühe oder Wasser eine Sauce bereiten.
Beigabe: Rotkraut, Salzkartoffeln.

Junge Ente nach Bäuerinnen Art

Eine Ente zurichten und in Viertel teilen – Würfelig geschnittenen Speck, geschälte Zwiebelchen und kleine Karotten in Schmalz andünsten – Die Entenviertel zugeben und anbraten – Wasser zugießen, bis die Fleischstücke davon bedeckt sind – Geputzten, in Streifen geschnittenen Salat, Petersilie, junge grüne Erbsen und Gewürze beifügen – Zugedeckt, langsam in etwa 1 Stunde gardünsten – Kurz vor dem Anrichten 1/2 Eßlöffel Mehl, mit einem haselnußgroßen Stückchen Butter verknetet, beifügen und solange dünsten, bis sich das Kügelchen aufgelöst hat – Das Fleisch auf vorgewärmter Platte anrichten und mit den Gemüsen umlegen.
Beigabe: Reis oder Salzkartoffeln.

1 junge Ente, 1 Untertasse kleine Zwiebelchen, 1 Untertasse Karotten, 100 g Speck, 2 Eßl. Butterschmalz, Wasser, 2 Kopfsalat, 1 Eßl. gehackte Petersilie, 4 Tassen ausgeschotete grüne Erbsen, Salz, Pfeffer, Mehl, Butter

Ente mit Orangen

Die Ente zurichten und mit kochendem Essigwasser übergießen – Kalt waschen und innen und außen trocknen – Die Gewürze mischen und die Ente innen und außen damit einreiben – Orangen schälen und in Scheiben schneiden – Mit der restlichen Gewürzmischung vermengt in die Ente füllen – Mit Hölzchen die Öffnung schließen – Mit Bindfaden dressieren – Im heißen Schmalz allseitig anbraten – Im Bratrohr bei Mittelhitze, unter öfterem Begießen mit Wein und Bratfond in etwa 1 Stunde fertigstellen – Die Orangen zur Garnitur schälen und in Schnitze teilen – Kerne entfernen – Zucker läutern – Die Schnitze darin aufkochen – Während die Sauce bereitet wird, die Ente im Bratrohr knusprig werden lassen – Sauce, wenn notwendig, etwas entfetten, mit Mehl binden – Orangensaft und die stiftelig geschnittene Schale (ohne das Weiße) beifügen – Beim Anrichten die Ente tranchieren und mit den Schnitzen umlegen – Die Sauce getrennt dazu reichen.
Beigabe: Kartoffelpüree und Chicoreesalat.

1 junge Ente, Essigwasser, Salz, Pfeffer, Thymian, Majoran
Zur Fülle:
2 Orangen, Petersilie, 1/2 Lorbeerblatt, 1 Zehe Knoblauch oder Pulver, 1 Tasse Butterschmalz, 1 Tasse Weißwein
Zur Garnitur:
2 Orangen, 1 Tasse Wasser, 1 Tasse Zucker
Zur Sauce:
1 Orange, Saft und Schale (keine gespritzten Orangen verwenden), 1 Eßl. Mehl

Gefüllte Ente vom Grill

1 junge Ente, Salz, Pfeffer, Beifuß oder Salbei, 250 g Äpfel, 1 Tasse heißes Wasser, Salzwasser, 1 Teel. Mehl

Die Ente zurichten, auswaschen und trocknen – Mit den Gewürzen innen und außen einreiben – Mit möglichst kleinen ganzen Äpfeln, größere zerteilt, die Ente füllen – Die Bauchöffnung zunähen – Die Ente dressieren – Mit der Brustseite auf den gefetteten Grill über die Fettpfanne legen – Mit heißem Wasser begießen und bei guter Unterhitze etwa 35 Minuten braten – Dabei öfters mit dem Bratfond begießen – Weitere 25–30 Minuten bei Oberhitze knusprig werden lassen – Von Zeit zu Zeit mit Salzwasser bepinseln und die Ente drehen – Den Bratfond entfetten – Mit wenig angerührtem Mehl binden und als Sauce gesondert reichen – Beim Anrichten die Äpfel um das tranchierte Fleisch legen.
Beigabe: Kastanienpüree und Salate.

Gebratene Hähnchen

2 Hähnchen, 2–3 Eßl. Butterschmalz, 1 kleine Zwiebel, Salz, Pfeffer, Zitronensaft, Petersilie, Butter

Das zugerichtete Geflügel innen und außen mit Salz und Zitronensaft einreiben – Ein Stückchen Butter und ein Sträußchen Petersilie, zuvor in Salz und Pfeffer getaucht, sowie Herz und Leber einlegen – Die Hähnchen im heißen Schmalz wenden – Etwas Wasser zugießen und zugedeckt auf kleiner Flamme langsam weichdünsten – Von Zeit zu Zeit begießen und zuletzt knusprig braten oder nach dem ersten Anbraten und Begießen in den Backofen stellen und dort fertigstellen (*Bratzeit* 1/2–1 Stunde je nach Alter).
Beigabe: Kleine gebratene Kartöffelchen mit Salat und Kompott.

Hähnchen oder Ente vom Grill

1 Hähnchen oder Ente, Salz, Pfeffer, Zwiebel, Petersilie, Butterschmalz

Geflügel ausnehmen und waschen – Innen und außen mit Salz und Pfeffer einreiben – Feingehackte Zwiebel, ein Sträußchen Petersilie sowie Leber, Herz und Magen einlegen – Mit zerlassenem Öl übergossen auf den Rost legen – Bei guter Hitze, unter häufigem Begießen mit dem Bratfett, in etwa 45 Minuten allseitig schön knusprig braten.
Beigabe: Neue Kartoffeln und Spargelsalat.

Hähnchen mit Zwiebeln und Kresse

2 Hähnchen, Salz, Pfeffer, Speckscheiben, 4 Eßl. Butterschmalz, 1 Tasse Wasser, 20 kleine Zwiebelchen, 3 Eßl. Butter, 1/2 Tasse Wasser, Salz, Muskat, 1 Teel. Zucker, 2 Handvoll Brunnenkresse

Hähnchen zurichten, dressieren und würzen – Die Brust mit Speckscheiben umbinden – Im Schmalz allseitig anbraten – Mit Wasser ablöschen und zugedeckt weichdünsten – Zuletzt, im Bratfett oder auf den Rost gelegt, im Rohr knusprig braten – Kleine geschälte Zwiebelchen in Salzwasser aufkochen – Auf ein Sieb schütten und abtropfen lassen – In heißer Butter mit Gewürzen und Wasser weichdünsten – Die Brühe einkochen lassen, damit die Zwiebelchen glänzend werden – Beim Anrichten die Hähnchen auf ein Bett von Kresse setzen und mit Zwiebelchen umlegen.
Beigabe: Pommes frites.

Backhähnchen

2 Hähnchen, Salz, Pfeffer, 4 Eßl. Mehl, 1 Ei, 1 Tasse Brösel, Backfett, Zitrone

Hähnchen zurichten, enthäuten, halbieren und würzen – In Mehl, geschlagenem Ei und Bröseln wenden – Im heißen Fett schwimmend, goldgelb herausbacken – Mit Zitronenschnitzen und Petersilie garniert servieren.
Beigabe: Gurkensalat.

Karibisches Hähnchen

1–2 Hähnchen, Salz, Pfeffer, Senf, Nelkenpulver, 2 Zwiebeln, 2 grüne Paprikaschoten, 2 rote Paprikaschoten, 2 Peperoni, 1 Zehe Knoblauch, 1/2 l Rum, Mehl, Ei, Semmelbrösel, Backfett
Zur Sauce:
1 Eßl. Tomatenpüree, 1 Teel. Zucker, 1 Eigelb, 5 Eßl. Süßrahm

Die ausgenommenen Hähnchen enthäuten – In Portionsstücke zerteilen – Mit Senf bestreichen – Mit Salz, reichlich Pfeffer und Nelkenpulver bestreuen – In eine Schüssel ordnen – Darüber geschälte Zwiebeln, entkernte Paprikaschoten und die Peperoni mit Kernen in Ringe geschnitten häufen – Knoblauch zerquetscht zugeben – Mit dem Rum übergossen 3 Tage zugedeckt stehen lassen Die Fleischstücke herausnehmen und abtropfen lassen – In Mehl, geschlagenem Ei und Brösel wenden – In heißem Backfett in der Pfanne oder in Friture herausbacken – Das Gemüse im Rum weichdünsten – Tomatenpüree und Zucker beifügen – Durchpassieren – Nochmals erwärmen und mit Eigelb und Rahm legiert als Sauce reichen.
Beigabe: Salz- und Pfeffergurken, Silberzwiebeln und Senffrüchte.

Hahn nach Prinz Demidoff

1 großer Hahn, Salz, Pfeffer, 1 große Speckscheibe, Butterschmalz, 1 Eßl. Mehl, 1 Tasse Fleischbrühe, 1 Tasse Sauerrahm, einige Trüffelstückchen, einige Champignonköpfe

Den Hahn zurichten und dressieren – Innen und außen mit Salz und Pfeffer würzen – Mit einer Speckscheibe umwickeln – In reichlich Fett allseitig anbraten – Mehl überstäuben und braunrösten – Mit Brühe und Rahm ablöschen – Die Pilze beifügen, zugedeckt in etwa 45 Minuten weichdünsten – Je nach Bedarf Wasser zugießen – Beim Anrichten Sauce und Pilze über das tranchierte Geflügel gießen.
Beigabe: Kartoffelkroketten und Chicoreesalat.

Kastanienfülle für Geflügel

250 g Kastanien, 50–10 g Kalbs- oder Geflügelleber, 50 g gekochter Schinken, 1 Teel. gehackte Zwiebel, 1 Zitrone, geriebene Schale, 1 Eigelb, Brösel, Salz, Pfeffer

Kastanien einkerben – Im Ofen rösten, bis die Schalen springen – Von Schalen und Häutchen befreien – In Salzwasser garkochen und grob hacken – Mit verwiegter Leber, Schinken, Zwiebel, Gewürzen und Eigelb vermengen – So viel Brösel zugeben, bis die Masse bündig ist.

Suppenhuhn

1 Suppenhuhn, 1 Bündchen Suppengrün, 1 Zwiebel, Salz

Das ausgenommene gewaschene Huhn von innen und außen mit Salz einreiben, mit der Zwiebel und dem feingeschnittenen Suppengrün in 2 l Wasser garkochen.

Paprika-Huhn

1 Huhn, Salz, Pfeffer, 1 Zwiebel, 3 Eßl. Butterschmalz, 1 Eßl. Paprika, 2 Eßl. Mehl, Fleischbrühe, 1/2 Tasse Süßrahm

Das Huhn zurichten, in 4 Teile zerlegen und mit Salz und Pfeffer einreiben – Mit der Zwiebel im heißen Schmalz auf allen Seiten anbraten – Das Huhn herausnehmen, den Paprika in das Fett streuen, ganz kurz darin erhitzen, das Mehl zugeben und mit Brühe ablöschen – Das Huhn zurückgeben und in der Sauce zugedeckt weichdünsten – Mit dem Rahm übergießen und mit Salz und Paprika abschmecken.
Beigabe: Spätzle, Teigwaren oder Reis.

Auf dieselbe Weise kann *Huhn mit Curry* zubereitet werden: An Stelle von Paprika wird 1 Teelöffel Curry genommen.

Brathuhn à la bonne Femme

Das zugerichtete Huhn in 4 Teile zerlegen und mit Salz und Pfeffer einreiben – Im Schmalz mit der zerschnittenen Zwiebel leicht anbraten – Die Kartoffeln, etwas Paprika und die Brühe zugeben und zugedeckt halbgar dünsten – Die Erbsen und gehackte Petersilie beigeben und alles vollends garen lassen – Nach Belieben mit Wein abschmecken – Auf vorgewärmter Platte hübsch anrichten.
Beigabe: Salate.

1 junges Huhn, Salz und Pfeffer, 3–4 Eßl. Butterschmalz, 1 Zwiebel, 20 rund ausgestochene Kartöffelchen oder Schnitze, Paprika, 1 Tasse Fleischbrühe, 125 g grüne Erbsen, Petersilie, 2 Eßl. Weißwein

Maryland-Huhn

Die Hühner zurichten und zerteilen – Mit Salz und Pfeffer bestreuen, in dem Mehl, dem Ei und den Bröseln wenden – In eine gut gefettete Pfanne legen und 30 Minuten in heißem Ofen backen – Nach den ersten 5 Minuten mit der zerlassenen Butter begießen – Auf einer Schüssel gefällig anordnen und mit der Rahmsauce begießen.
Beigabe: Grüner Salat oder junge Gemüse.

2 junge Hühner, Salz, Pfeffer, 2 Eßl. Mehl, 1 Ei, 1/2 Tasse Brösel, 1/3 Tasse zerlassene Butter, 2 Tassen Rahmsauce

Huhn vom Rost – amerikanische Art

Das Huhn zurichten, füllen und zunähen – Auf den Rost mit dem Rücken nach unten legen und in die Fettpfanne stellen – Das Geflügel außen mit Salz einreiben – 3 Eßlöffel Butter schaumig rühren, mit 2 Eßlöffel Mehl vermischen und die Brust und die Beine damit bedecken – Die Pfanne am Boden mit Mehl bestreuen, in den heißen Ofen stellen und die Hitze verringern, wenn das Mehl gut gebräunt ist – Alle 10 Minuten mit der restlichen, in dem kochenden Wasser geschmolzenen Butter begießen, bis das Huhn gar ist – Nach Bedarf, um das Anbrennen des Mehls zu vermeiden, noch 1 Tasse kochendes Wasser zugeben – Während des Bratens das Huhn öfters umdrehen, damit es gleichmäßig bräunt, und falls eine dicke Kruste gewünscht wird, 2–3 mal mit Mehl bestäuben – Eine glacierte Oberfläche entsteht, wenn nur Butter ohne Mehl verwendet wird – *Bratzeit* für ein 2 kg schweres Huhn ungefähr 1 1/2 Stunden.
Beigabe: Grüner Salat oder Salatplatte.

1 Huhn, Salz, 8 Eßl. Butter, 3/4 Tasse Wasser, 4 Eßl. Mehl, Fülle s. S. 240

Huhn mit Schinken gegrillt

350 g Hühnerbrust (roh)
Zur Sauce:
1 Teel. Wasser, 2 Teel. Sojasauce, 1/2 Teel. Zucker, 1/2 Teel. Stärkemehl, 1 Prise Salz, 1 Prise Pfeffer, 250 g gekochter Schinken, Öl zum Bestreichen

Das Fleisch in möglichst große Scheiben schneiden – Die Zutaten zur Sauce vermengen – Die Fleischscheiben damit bestreichen – Gleich große Schinkenscheiben darüber legen – Der Länge nach aufrollen und mit Faden umbinden – Auf Spieße stecken – Bei mittlerer Hitze 10 Minuten grillen – Mit Öl bepinseln und zurück auf den Grill geben – Alle 5 Minuten von neuem mit Öl pinseln, bis das Fleisch goldbraun und knusprig ist – Vor dem Anrichten die Röllchen in 1/2 cm breite Scheiben schneiden.

Huhn – afrikanische Art

1 Huhn, 1 Handvoll Schalotten, 2 Zehen Knoblauch, 6 Nelken, 1 Stückchen Ingwer, 1 Eßl. Paprika, 1/2 Teel. Salz, 1/2 Teel. Pfeffer, 2 Lorbeerblätter, 4 Eßl. Butterschmalz

Die Gewürze zu einer Paste zerstoßen – Das Huhn zurichten, zerlegen und mit der Gewürzpaste bestreichen – Im heißen Schmalz auf allen Seiten anbraten und auf schwachem Feuer zugedeckt 10 Minuten dünsten lassen – Mit heißem Wasser auffüllen, bis das Fleisch gerade bedeckt ist und kochen, bis das Huhn gar und die Sauce ziemlich eingekocht ist.
Beigabe: Reis.

Hühnerfrikassee

1 junges Huhn, Salz, Zitronensaft, 3–4 Eßl. Butterschmalz, 4 Eßl. Mehl, einige Champignons, Pfeffer, 4 Eßl. Wein, 1–2 Eigelb, 3 Eßl. Süßrahm

Das Huhn zurichten und mit Salz und Zitronensaft einreiben – 5 Minuten in kochendes Salzwasser legen, herausnehmen und abtrocknen – In der Hälfte des Schmalzes anbraten, so daß es noch hell bleibt – Mit etwas Brühe übergießen und zugedeckt je nach Alter in 1–2 Stunden weichkochen – Herausnehmen, häuten, in Stücke zerlegen und warmstellen – Anstatt es zu dünsten kann das Huhn auch gekocht werden, wobei man noch eine Hühnerbrühe erhält – Aus dem restlichen Schmalz, dem Mehl und der Brühe eine helle Buttersauce bereiten – Die in feine Scheiben geschnittenen Champignons, die Gewürze, den Zitronensaft und den Wein zugeben und mit dem Eigelb und Rahm legieren – Die warmgestellten Fleischstücke hineinlegen und zugedeckt auf kleiner Flamme ziehen lassen.
Beigabe: Breite Nudeln oder Reis mit Spargel.

Huhn in Burgunder

Das Huhn zurichten und zerlegen – In einer Kasserolle die Zwiebeln und den in Würfel geschnittenen Speck im Schmalz goldgelb braten – Die Zwiebeln und den Speck herausnehmen – In das Bratfett das Hühnerfleisch legen, mit dem Mehl bestreuen und auf allen Seiten goldbraun braten – Den Wein, den Kognak und die Gewürze zugeben und zugedeckt 30 Minuten dünsten – Das Fleisch herausnehmen und auf einer vorgewärmten Platte legen – Die Sauce durch ein Haarsieb gießen und nochmals aufs Feuer bringen – Die gebratenen Zwiebelchen, Speckwürfel, einige Scheiben Champignons und noch etwas Butter beigeben und recht heiß über das angerichtete Huhn gießen.
Beigabe: Kartoffelpüree.

1 junges Huhn, 4 Eßl. Butterschmalz, 5 kleine Zwiebeln, 50 g Speck, 1/2 Eßl. Mehl, 2 Tassen Burgunder, 1 Glas Kognak, 1 Lorbeerblatt, 1 Stengel Petersilie, 1 kleiner Stengel Thymian, Salz, Pfeffer, Muskat, 1 kleine Dose Champignons

Huhn auf Reis mit Spargel

Das Huhn kochen, häuten und zerlegen – Eine helle Buttersauce bereiten, dann mit Hühnerbrühe ablöschen und mit dem Wein abschmecken – Die Fleischstücke darin aufkochen und vor dem Anrichten mit dem Eigelb legieren – Die Spargeln kochen (nur das Kopfende, etwa 1/3 der Spargeln verwenden) – Auf einer Platte den Reis anrichten, das Geflügel darauf häufen, die Spargeln ringsherum – jeweils 4–6 Stück beieinander – anordnen und das Gericht mit der Sauce begießen.

1 Suppenhuhn, 2–3 Eßl. Butter, 6 Eßl. Mehl, 1/2 Tasse Weißwein, Salz, Pfeffer, Muskat, 1/2 Eßl. Zitronensaft, 1–2 Eigelb, 1 kg Spargel, Reis

Gebratene Hühnerlebern – amerikanischer Art

Den Speck in kleine Stücke schneiden und 5 Minuten im Schmalz braten – Den Speck herausnehmen, die feingehackte kleine Zwiebel in das Fett geben und 2 Minuten darin braten – Die zugerichteten Hühnerlebern hineinlegen und 2 Minuten braten – Das Mehl, die braune Sauce, den Zitronensaft und die geschnittenen Pilze zugeben und 2 Minuten zusammen dünsten – Auf einer heißen Platte mit feingehackter Petersilie bestreut anrichten.
Beigabe: Kartoffelpüree mit gebratenen Apfelscheiben oder grünem Salat.

1 Scheibe Speck, 2 Eßl. Butterschmalz, 1 Zwiebel, 6 Hühnerlebern, 2 Eßl. Mehl, 1 Tasse braune Sauce, 1 Teel. Zitronensaft, 1/4 Tasse Pilze

Hühnerragout in Rahmsauce

1 gekochtes Huhn oder 2 junge Hähnchen, Zitronensaft, Fleischbrühe, 3 Eßl. Butterschmalz, Wurzelwerk, 1 Kräuterbukett, 1 Tasse Weißwein, Salz, 80 g Stärkemehl, 80 g Butter, 2 Tassen Süßrahm, 2 Eigelb, 50 g Butter

Das Geflügel enthäuten – Das Fleisch in Portionsstücke zerlegen – Die Knochen herauslösen – Die Fleischstücke mit Zitronensaft beträufeln – (Ungekochtes Fleisch auch salzen) – In Schmalz hell dünsten – Geflügelabfälle und Knochen, mit Fleischbrühe eben bedeckt, zerschnittenem Wurzelwerk, Kräuterbukett, Wein und Salz zu einer kräftigen Brühe kochen – Aus Butter und Stärkemehl eine helle Mehlschwitze bereiten – Mit der geseihten Brühe ablöschen und eine Tasse Rahm beifügen – Unter ständigem Rühren die Sauce dickkochen – Mit Eigelb legieren und den restlichen Rahm zugeben – Im Wasserbad unter ständigem Schlagen mit dem Schneebesen die Butter unterziehen – Die Sauce beim Anrichten über das Fleisch gießen.

Beigabe: Reis.

Huhn in Italienischer Sauce

1 Suppenhuhn
Zur Sauce:
3 Eßl. Butterschmalz, 3 Eßl. Mehl, 1 Eßl. geriebene Zwiebel, einige Champignons, 1 Tasse Weißwein, 1 Tasse Hühnerbrühe, 50 g gekochter Schinken, Salz, Pfeffer, 1 Eßl. gehackter Estragon, 1 Eigelb

Das gekochte Huhn enthäuten – Von den Knochen lösen und in passende Stücke schneiden – Im Schmalz gehackte Pilze und Zwiebel hell andünsten – Mehl überstäuben und leicht anrösten – Mit Wein ablöschen – Brühe und gehackten Schinken beifügen – Durchkochen und würzen – Das Hühnerfleisch einlegen und erwärmen – Vor dem Anrichten mit Eigelb legieren und mit Estragon bestreuen.

Beigabe: Kartoffelkroketten.

Huhn als Gabelfrühstück

2 Tassen kalte, gekochte Hühnerfleischwürfel, 4 Eßl. Butter, 1 Scheibe gelbe Rübe, 1 Scheibe Zwiebel, 2 Eßl. Mehl, 1 Tasse Hühnerbrühe, 4 Eier, Salz, Pfeffer, 2/3 Tasse Zwiebackbrösel

Die gelbe Rüben- und Zwiebelscheibe in 2 Eßl. Butter 5 Minuten dünsten – Das Mehl und nach und nach die Hühnerbrühe zugeben – Vom Feuer nehmen und durchseihen – Die Hühnerfleischwürfel mit Salz und Pfeffer würzen und mit der Sauce in eine mit Butter leicht bestrichene Schüssel geben – Vier Nester davon machen und in jedes 1 Ei schlagen – Die Brösel mit der restlichen zerlassenen Butter vermengen und über das Gericht streuen – In mäßig heißem Ofen backen, bis das Weiße der Eier fest ist.

Hühner-Soufflé

Aus der Butter, dem Mehl, der Milch, Salz und Pfeffer eine weiße Sauce bereiten – Dann die Brösel zugeben und 2 Minuten kochen – Vom Feuer nehmen, das feingehackte Fleisch, die Eigelb und die gehackte Petersilie zugeben – Den steifen Eierschnee unterziehen – In eine mit Butter bestrichene Auflaufform füllen und 35 Minuten bei mäßiger Hitze langsam aufziehen – An Stelle von Hühnerfleisch kann auch *Kalbfleisch* verwendet werden.

3 Eßl. Butter, 3 Eßl. Mehl, 2 Tassen Milch, Salz, Pfeffer, 1/2 Tasse Brösel, 2 Tassen kalte, gekochte Hühnerfleischwürfel, 2 Eier, 1 Eßl. Petersilie

Huhn à la Villeroi

Ein weichgekochtes Huhn enthäuten und in Portionsstücke zerlegen – Auskühlen lassen – In Villeroi-Sauce tauchen, auf ein mit Bröseln bestreutes Blech legen – 1 Stunde kaltstellen – Danach in geschlagenem Ei und Bröseln wenden – Schwimmend im heißen Backfett goldbraun herausbacken.
Beigabe: Selleriesalat.

1 Suppenhuhn, Villeroi-Sauce
Zum Panieren:
1 Ei, Brösel
Zum Ausbacken:
Backfett

Aus Butter und Mehl eine helle Mehlschwitze bereiten – Mit Brühe ablöschen, auffüllen und gut verkochen – Würzen und mit Eigelb und Rahm legieren – Die aufgelöste Gelatine zurühren – Die Sauce muß so dick sein, daß ein eingetauchter Kochlöffel davon überzogen bleibt.

Villeroi-Sauce:
3 Eßl. Butter, 3 Eßl. Mehl, 1 Tasse Hühnerbrühe, 2 Eßl. Rahm, 1 Eigelb, Salz, Pfeffer, Worcestershire-Sauce, 1 Teel. gemahlene Gelatine

Kapaun

Den Kapaun zurichten und dressieren – Brust und Keulen mit Speckstreifen dicht spicken und mit Speckscheiben umbinden – Innen und außen würzen – Im heißen Schmalz allseitig anbraten – Mit einer Tasse Wasser übergießen und in etwa 1 1/2–2 Stunden bei öfterem Übergießen mit dem eigenen Saft im Rohr knusprig braten – Im Bratsatz das Mehl anrösten, ablöschen, zur Sauce aufkochen lassen und, wenn nötig, nachwürzen – Getrennt zum tranchierten Braten reichen.
Beigabe: Apfelkompott und Salat nach Belieben.

1 Kapaun, 100 g Speck, Salz, Pfeffer, 5 Eßl. Butterschmalz, 1 Teel. Mehl

Poularde mit Trüffelfülle

(für 4–6 Personen)
1 Poularde, Salz, Pfeffer, Zitronensaft, 1 große Speckscheibe, 1 Tasse Wasser, 1 Zwiebel, 2–4 Eßl. Butter, 1 Eßl. Mehl
Zur Fülle:
2 Brötchen, eingeweicht und ausgedrückt, 1–2 Eier, Leber, Herz, 1 gehackte Trüffel, Salz, Pfeffer, Muskat

Das Geflügel zurichten, waschen und abtrocknen, Kopf und Flügelenden abtrocknen – Innen und außen mit Salz und Pfeffer und Zitronensaft einreiben – Aus den angegebenen Zutaten eine Fülle herstellen und in die Poularde einnähen – Soll die Poularde ungefüllt bleiben, ein gewürztes Petersilien-Sträußchen, Butterstückchen und eine zerhackte Trüffel einlegen – Die Brust mit dem Speck umwickeln, dressieren und in die Kasserolle legen – Das heiße Wasser darübergießen, die Zwiebel hineinschneiden und zugedeckt fertigdünsten – Nach Verdampfen des Wassers, im eigenen Fett auf allen Seiten knusprig braten – Bratzeit etwas über 1 Stunde, gefüllt 1 1/2 Stunden.

Eine andere Zubereitungsart: Die Poularde nach dem Andünsten mit Butter übergießen, in den Backofen stellen und unter häufigem Begießen knusprig werden lassen – Aus dem Bratensatz mit dem Mehl und Wasser eine Sauce bereiten.

Beigabe: Grüner Salat oder junge Gemüse und Pariser Kartöffelchen.

Poularde Albuféra

1 Poularde, 1/2 Zitrone, 100 g Speck, 2 Tassen gekochter Reis, 1 Trüffel, 1 Gänseleber, 1 Eßl. Butter, Salz, Pfeffer
Zum Pochieren:
1 kg Kalbsknochen, 1 Zwiebel, Wurzelwerk, 1 1/2 l Wasser, Salz, Pfeffer, Gewürzkörner

Kalbsknochen mit kaltem Wasser aufsetzen und 2 Stunden kochen – Nach 1 Stunde Kochzeit Wurzelwerk und Gewürze beifügen – Durchgeseiht zum Pochieren der Poularde verwenden – Poularde zurichten und dressieren – Mit Zitronensaft einreiben, damit das Fleisch weiß bleibt – In den heißen Kalbsfond tauchen, damit es sich etwas zusammenzieht – Brust und Schenkel mit Speck und Trüffelscheiben spicken – Reis mit einer halben gehackten Trüffel und durchpassierter oder kleinwürfelig geschnittener, in Butter gedünsteter Gänseleber vermengen – Gewürze beifügen – Die Poularde damit füllen und zunähen – Mit Speckscheiben umbinden – In den heißen Fond einlegen und zugedeckt gardünsten – Sie ist gar, wenn beim Hineinstechen mit einer Nadel der Fleischsaft weiß oder nur leicht rosa gefärbt herausfließt – Beim Anrichten mit Sauce Albuféra überziehen und mit Blätterteighalbmonden umlegen.

Geflügelfond durchseihen – Mit Rahm und Fleischglace unter Rühren über kleiner Flamme erwärmen – Butter, mit Paprika gut verknetet, unterschlagen.
Beigabe: Kompott oder Salat.

Sauce Albuféra:
Geflügelfond, 1/2 Tasse Süßrahm, 2 Eßl. Butter, 3 Eßl. Fleischglace, 1 Teel. Paprika

Poularde mit Estragon

Geflügel zurichten, innen und außen mit Gewürzen einreiben – Estragonblätter einfüllen – Mit Speckscheiben umwickeln und dressieren – Im heißen Fett das Geflügel allseitig anbraten – Brühe zugießen und zugedeckt gardünsten – Speck und Estragon entfernen – Mit Butter bestrichen, im heißen Rohr in einigen Minuten bräunen – Stärkemehl mit wenig Wasser glattrühren – Dem Bratensatz beifügen – Zitronensaft und eine kleine Handvoll frische, in Salzwasser einmal aufgekochte Estragonblätter zugeben – Aufkochen und über den angerichteten Braten gießen.
Beigabe: Salat und Kompott.

1 Poularde, 2 Handvoll Estragonblätter, 1 Speckscheibe, 80 g Butterschmalz, 1 Tasse Wasser, Butter zum Bestreichen, 1 Teel. Stärkemehl, 1/2 Zitrone, Saft

Poularde mit Kastanien

Die zugerichtete Poularde innen und außen mit Zitronensaft beträufeln und mit etwas Salz und Pfeffer bestreuen – Die Kastanien kreuzweise einkerben – Im Ofen oder Pfanne rösten, bis die Schalen platzen – Schale und Haut entfernen – In der Brühe weichkochen – Abtropfen lassen und zerstampfen – Mit der geschmolzenen Butter, Eiern, gekochter Leber, Zitrone, gehackten Kräutern, Gewürz und Kognak zu einer Farce vermengen – Die Poularde damit füllen und zunähen – Auf dem Rost über die Fettpfanne legen oder in einen Bräter geben – Mit heißer Butter begießen – In die Pfanne das Wasser und den Wein geben – In heißem Rohr oder auf dem Rost bei guter Oberhitze, unter häufigem Begießen mit dem Bratfond, in etwa 1 1/2 Stunden fertigstellen – Den Bratfond mit Rahm dicken und nach Geschmack nachwürzen – Nach Belieben eine Prise Thymian zugeben – Die Poularde tranchiert auf heißer Platte anrichten – Die Sauce getrennt dazu reichen.
Beigabe: Apfelkompott und grüner Salat.

1 Poularde
Zur Fülle:
500 g Kastanien, 1/2 l Brühe, 45 g Butter, 2 Eier, 1 Tasse gekochte Hühnerleber, 2 Eßl. Süßrahm, 1/2 Zitrone, Saft und Schale, 4 Eßl. Kräuter, gewiegt: Petersilie, Kerbel, Estragon, 1 Glas Kognak, Salz, Pfeffer,
Zum Braten:
1 Tasse heißes Wasser, 1 Glas Weißwein, 1/2 Tasse Sauerrahm

Gefüllte Tauben

2–4 Tauben, Salz, 3–4 Eßl. Butterschmalz, 1 Zwiebel
Zur Fülle:
Herz und Leber, 2 Scheiben gekochter Schinken, 2 Eßl. Butter, 2 Eier, 2 Brötchen, Petersilie, Salz
Zur Sauce:
1 Messerspitze Mehl, etwas Wasser

Tauben zurichten – Innen und außen mit Salz einreiben – Füllen, zunähen und dressieren – Im heißen Schmalz mit Zwiebel und wenig Wasser unter häufigem Begießen mit Bratfett in etwa 45 Minuten braten – Aus dem Bratsatz mit etwas Mehl und Wasser eine Sauce bereiten – Durchgeseiht zu den Tauben reichen.
Fülle: Leber, Herzen und Schinken fein verwiegen – Butter schaumig rühren – Eigelb und die kleinwürfelig geschnittenen Brötchen vermengen – Den Eierschnee unterziehen.

Tauben auf Rebhühner Art

4 Tauben, 100 g Speck, Salz, Pfeffer, Wacholderbeeren, 4 Eßl. Fett, 1 Tasse Wasser oder Brühe, 1/2 Tasse Sauerrahm

Junge Tauben zurichten und dressieren – Innen und außen würzen – Mit zerstoßenen Wacholderbeeren einreiben und mit Speck umbinden oder spicken – In heißem Fett, unter Zugabe von Wasser oder Brühe, etwa 30–45 Minuten dünsten – Den Rahm mit Rahm aufgießen.
Beigabe: Specklinsen.

Tauben auf römische Art

4 junge Tauben, Salz, Pfeffer, 2–4 Eßl. Butterschmalz, Mehl, 1 Ei, 1/2 Tasse geriebener Parmesan, 1/2 Tasse Brösel, Butterschmalz

Tauben zurichten – Den Rücken der Länge nach aufschneiden, flachklopfen und würzen – Im Schmalz halbgar braten und erkalten lassen – In Mehl, Ei und zuletzt in einer Mischung aus Käse und Bröseln wenden – In heißem Schmalz schwimmend, goldbraun herausbacken – Oder, mit Butter beträufelt, auf dem Rost hellbraun braten.
Beigabe: Teufelssauce.

Gefüllter Truthahn

(für 6–8 Personen)
1 Truthahn, ca. 4,5 kg, 500 g Weißbrot, 1/3 Tasse Schweinefleischwürfel, 1 Ei, Salbei oder Trüffel, Salz, Pfeffer, 100 g Butter, 1 Teel. Mehl, 1/2 Tasse Wasser

Den Truthahn zurichten – Die Kropfhaut nicht verletzen, da diese gefüllt wird – Innen und außen mit Salz und Pfeffer einreiben, am besten schon einen Tag zuvor – Zur Fülle das Brot entrinden, in Scheiben schneiden und zartbraun rösten – Durch den Wolf drehen und mit heißem Wasser befeuchten – Schweinefleischwürfel, Herz und Leber des Truthahns, fein verwiegt, zugeben – Mit

Ei, Salbei oder gehackten Trüffeln, Salz und Pfeffer vermengen – Den Kropf damit füllen und zunähen – Das Geflügel in eine Kasserolle legen und mit 2 Tassen Wasser begießen – Zugedeckt kochen, bis das Wasser verdunstet ist – Truthahn herausnehmen, mit dem Rücken nach unten auf den Rost über die Fettpfanne legen – Mit geschmolzener Butter bestreichen und im Rohr in etwa 2 1/2 Stunden knusprig braten – Im Bratsatz Mehl anrösten, mit Wasser aufgießen und als Sauce zum Braten reichen. *Beigabe:* Endiviensalat mit Orangen.

Truthahn in Folie

(für 6–8 Personen)
1 Truthahn
Fülle s. voriges Rezept
Salz und Pfeffer, Salbei,
1 Tasse Butter, Folie
(extra groß)
Zur Sauce:
1 Eßl. Butterschmalz,
die Innereien und den Hals,
Salz, Pfeffer, 1 Zwiebel

Den Truthahn zurichten – Die Fülle bereiten, in die Kropfhaut geben und zunähen – Den Truthahn dressieren – Von allen Seiten dick mit geschlagenem Butter bestreichen und gut würzen – Vollkommen fest in die Folie einhüllen – Auf den Spieß stecken und gut befestigen – In den heißen Grill stecken – Bei großer Hitze 1 1/2 bis 2 Stunden grillen – Die Folie entfernen – Wieder in den Grill zurückgeben und in einer weiteren Stunde goldbraun und knusprig werden lassen – Zur Sauce die Zutaten in Schmalz anbraten, ablöschen, auffüllen und verkochen – Den Bratfond des Truthahns durchgeseiht zum Fleisch reichen.

Truthahn vom Rost

(für 6–8 Personen)
1 Truthahn, Salz, 1 Tasse
Butter, 1/4 Tasse Mehl,
1/2 Tasse Wasser
Zur Fülle:
500 g Weißbrot, 1/3 Tasse
fettes, gesalzenes
Schweinefleisch, Herz und
Leber, 1 Ei, Salz und
Pfeffer, Salbei oder
Trüffel

Den Truthahn zurichten – Die Fülle bereiten und den Truthahn füllen und zunähen – Ganz mit Salz einreiben – Brust, Beine, Flügel mit 1/2 Tasse schaumig gerührter mehlvermischter Butter einreiben – Mit dem Rücken nach unten auf den Rost legen und in die Fettpfanne stellen – Die Pfanne am Boden mit Mehl bestreuen, in den heißen Ofen stellen und die Hitze vermindern, sobald das Mehl auf dem Truthahn zu bräunen beginnt – Alle 15 Minuten begießen, bis der Truthahn in etwa 3 Stunden gar ist – Zum Begießen die restliche, in dem kochenden Wasser geschmolzene Butter nehmen – Nach Bedarf mit dem Fett aus der Pfanne begießen und noch Wasser zugeben – Während des Bratens den Truthahn öfters wenden, damit er gleichmäßig braun wird – Sollte er zu rasch bräunen, mit einem mit Butter bestrichenen Papier bedecken – Vor dem Anrichten die beim Dressieren verwendeten Fäden entfernen – Mit Petersilie, Selleriespitzchen oder gekräuselter Sellerie und Ringen von in Scheiben geschnittenen gelben Rüben – auf einen feinen Draht aufgereiht – garnieren.

Zur Fülle: Das Brot entrinden, in Scheiben schneiden und rösten, bis es zartbraun ist – Durch den Wolf drehen und mit heißem Wasser befeuchten – Das feingehackte Schweinefleisch, Herz und Leber des Truthahns, das Ei und die Gewürze je nach Geschmack zugeben und alles gut vermengen. – *Beigabe:* Kartoffelpüree mit Weinkraut oder Gemüseplatte oder Salatplatte.

Truthahnkroketten

(für 3–4 Personen)
250 g Truthahnfleisch (Reste von kaltem Truthahnbraten), 125 g Schinken, 65 g Champignons, 2 Eßl. Butter, 1 Tasse Fleischbrühe, Salz, Pfeffer, Petersilie, 2 Eier, Brösel, Backfett

Das Fleisch von den Knochen lösen und mit dem Schinken fein verwiegen – Die Champignons fein hacken und in Butter dünsten – Die Fleischbrühe dazugießen und kochen lassen, bis die Sauce zur Hälfte eingekocht ist – Noch etwas Butter, die Gewürze und die gehackte Petersilie zugeben und 10 Minuten langsam kochen lassen – Durch ein Sieb drücken und mit dem Eigelb legieren – Die Sauce mit dem Fleisch und Schinken mischen und aus der Masse nach dem Erkalten längliche Klößchen (Kroketten) formen – Im geschlagenen Eiweiß und Brösel zweimal hintereinander wenden und in heißem Fett schwimmend herausbacken. *Beigabe:* Salate.

Junge Welsch-Henne (Pute)

1 Welsch-Henne (Pute), 50 g Speck, Salz, Pfeffer, 6 Eßl. Butter, 1 Eßl. Fleischextrakt, 1 Teel. Mehl, Brunnenkresse

Eine junge 2–3 Monate alte Welsch-Henne ausnehmen, blanchieren und dressieren – Brust und Schlegel fein spicken – Innen und außen mit Salz und Pfeffer einreiben – In einer Bratpfanne mit heißer Butter oder am Spieß mit Butter bestrichen, unter fleißigem Begießen in etwa 30–45 Minuten fertigbraten – Tranchieren und auf erwärmter Platte warmstellen – Den Bratfond mit Fleischextrakt und Mehl dicken – Mit wenig Wasser aufgießen und aufkochen – Die Keulen des Geflügels mit Papiermanschetten umwickeln – Den Plattenrand mit Brunnenkresse garnieren. *Beigabe:* Kompott und Salat.

Wildgeflügel

Das Zurichten und Tranchieren

Eine alte Jägererfahrung lautet: Je farbenprächtiger das Gefieder, umso älter der Vogel. Diesen Ausspruch beherzige man beim Einkauf. Junges Wildgeflügel erkennt man an seinen weichen Füßen. Wird das Geflügel ungerupft geliefert, so holt man es sofort nach, möglichst solange es noch blutwarm ist. In diesem Zustand sind die Federn leicht auszurupfen. Später können die schwer ausrupfbaren Kielfedern an den Flügeln leichter entfernt werden, wenn die Flügel rasch in heißes Wasser getaucht werden. Eintauchen des ganzen Geflügelstückes ist nicht ratsam, da die zarte Haut leicht reißt. Ausnehmen, Absengen und Dressieren geschieht in derselben Weise wie bei Geflügel.

Da fast alles Wildgeflügel etwas trockenes Fleisch hat, wird es vor dem Braten mit dünnen Fettspeckblättern umwickelt. Frische Weinblätter unter die Speckscheiben gelegt, verleihen dem Fleisch einen angenehmen Geschmack.

Die Innereien umfassen Magen, Herz und Leber. Der Magen muß aufgeschnitten und gereinigt werden, dabei ist der Mageninhalt mitsamt dem ihn umhüllenden Beutel herauszuschälen. Die Gallenblase darf nicht zu nahe der Leber weggeschnitten werden. Die Lebern werden zumeist gehackt und geröstet auf in Butter gerösteten Weißbrotscheiben separat dazugereicht. Hat man mehrere Lebern, kann man davon ein feines Ragout bereiten, besonders schmackhaft zu Reis oder Rühreiern. Die Zubereitung von Wildgeflügel geschieht entweder im Ganzen oder zerteilt. Ältere Tiere verwende man zur Herstellung von Ragouts.

Fasan

Fasan wie Ente tranchieren. Nur unterbleibt der die Bruststücke teilende Querschnitt. Ist er gefüllt, wird die Fülle um den Braten gelegt.

Rebhuhn

Wie Tauben tranchieren und je nach Rezept anrichten, ebenso Birkhuhn, Haselhuhn, Schneehuhn und Schnepfen.

Kleinvögel

Krammetsvögel, Wachteln und sonstige kleine Vögel werden in ganzer Form zu Tisch gebracht. Meistens zwei bis drei Stück pro Person.

Beste Zubereitungsmöglichkeiten

Perlhühner, Fasane, Wildenten, Schnepfen, Birk- oder Haselhühner mit Speck umwickelt und, nach Belieben mit Weinblättern, leicht mit Salz bestreuen, in heißer Butter kräftig anbraten, danach in offener Kasserolle in den Backofen schieben und unter Begießen mit dem Saft in einer halben bis in einer Stunde fertigbraten. Den Bratsatz mit Weißwein oder Kognak und Bouillon aufkochen, die Sauce mit Trüffelstreifchen, fein gehackter Geflügelleber oder etwas Gänseleber bereichern. Rebhühner, soweit sie jung sind, bedürfen einer Garzeit von 35 Minuten. Beliebte Beigaben zu Wildgeflügel sind Sauerkraut, gedämpfte Kohlrollen, gegrillte Tomatenhälften, mit Gemüse gefüllte gebackene Kartoffelkörbchen; besonders eignen sich Blumenkohlröschen, weiße Böhnchen, Kastanienpüree, Erbsen und Rübchen mit gebratenen Perlzwiebelchen, Pilze, gebratene Äpfel und Teigwaren oder Kartoffelpüree.

Rezepte für Wildgeflügel

Auerhahn in Marinade

(für 5–6 Personen)
1 Auerhahn,
Salz, Pfeffer
Zur Marinade:
2–4 Karotten, 3 Zwiebeln, 4 Schalotten, 1 Zehe Knoblauch, 1 Scheibe Sellerie, 1 Petersilienwurzel, 1 Prise Thymian, 1 Lorbeerblatt, 6 Pfefferkörner, 2 Gewürznelken, 3/4 Tasse Olivenöl, 2 l Weißwein oder Apfelwein, 1/2 l Weinessig
Zum Braten:
100 g Speck, Marinade, 1 Tasse Fleischbrühe oder Bratenjus, 1 Tasse Sauerrahm, 1 Tasse braune Sauce, Butter

Die Zutaten zur Marinade in Olivenöl leicht andünsten – Wein und Essig zugießen und 30 Minuten leicht kochen – Den Auerhahn rupfen, sengen, ausnehmen und dressieren – Mit Salz und Pfeffer einreiben, mit der abgekühlten Marinade übergießen – 8 bis 10 Tage bei öfterem Umwenden beizen – Ein Bratgeschirr mit Speckscheiben auslegen – Den Auerhahn daraufsetzen und mit Marinade, ihren Zutaten, Fleischbrühe oder Bratenjus gut bedeckt, langsam weichdünsten – Unbedeckt ins heiße Rohr stellen, Rahm darübergießen und unter fleißigem Begießen bräunen – Tranchiert auf heißer Platte anrichten – Den Bratsatz durchpassieren, entfetten und mit frischer Butter und brauner Sauce verkochen.

Beigabe: Kartoffelpüree und Blaukraut.

Auerhahn

Den Hahn mindestens 8 Tage hängen lassen, dann zurichten – Brust und Schlegel mit Speckstreifen spicken – Salz, Pfeffer, gehackte Petersilie und Thymian mischen, den Auerhahn innen und außen damit einreiben – Im heißen Schmalz mit der zerschnittenen Zwiebel anbraten – Die Brühe darübergießen, die Wacholderbeeren, das Lorbeerblatt, die Zitronenscheiben ohne Schale und Kern zugeben und zugedeckt unter öfterem Wenden in 1 1/2 Stunden weichdünsten – Zuletzt aufgedeckt auf allen Seiten knusprig werden lassen – Aus dem Bratensatz mit dem Mehl und etwas Brühe eine Sauce bereiten.

Beigabe: Kastanienpüree mit Sauerkraut.

(für 5–6 Personen)
1 Auerhahn, Speck, Salz, Pfeffer, Petersilie, 1 Stengel Tymian, 2 Eßl. Butterschmalz, 1 Zwiebel, 1 Tasse Fleischbrühe, 1 Teel. Wacholderbeeren, 1 Lorbeerblatt, 1 Zitrone, 1/2 Teel. Mehl

Krammetsvögel

Die Vögel zurichten, die Kopfhaut (mit den Federn) abziehen, die Augen entfernen – Krallen stutzen, die unteren Gelenke der Vögel nach oben biegen – Mit Salz und Pfeffer innen und außen leicht einreiben und mit Speckscheiben umbinden – Die heiße Butter darübergießen und am Spieß, auf dem Grill oder in einer Kasserolle unter Zugabe von einigen Wacholderbeeren in 10 bis 15 Minuten braten – Weißbrotscheiben entrinden, in etwas Butter anrösten und beim Anrichten die Vögel darauf legen – Den Bratsatz mit ganz wenig Wasser aufkochen und darübergießen.

Beigabe: Kartoffelpüree mit in Butter gedünsteten Weinbeeren.

8 Krammetsvögel, Salz, Pfeffer, 8 Scheiben Speck, 4 Eßl. Butter, Wacholderbeeren, Weißbrot

Perlhühner in Rahmsauce

Perlhühner zurichten und dressieren – Mit geräucherten Speckstreifen spicken und innen und außen mit Gewürz einreiben – In reichlich heißem Schmalz mit Zwiebel und Karotte allseitig anbraten – Mit etwas Brühe ablöschen und unter fleißigem Begießen halb gardünsten – Mehl und Rahm verquirlt übergießen und vollends fertigstellen – Die Hühner tranchiert auf vorgewärmter Platte anrichten – Die Sauce durchseihen und mit Fleischextrakt abschmecken.

Beigabe: Butterreis und Endiviensalat mit Orange.

2 junge Perlhühner, 100 g Speck, Salz, Gewürzmischung, 50 g Butterschmalz, 1 Zwiebel, 1 Karotte, 1 Eßl. Mehl, 1 Tasse Sauerrahm, 1 Teel. Fleischextrakt

Birkhuhn

1 Birkhuhn, 1 Scheibe Speck, 2–4 Eßl. Butterschmalz, Salz, Pfeffer, 1 Tasse Fleischbrühe, 1/2 Tasse Sauerrahm, 1 Teel. Mehl

Einen jungen Hahn wie Fasan zubereiten – ältere Vögel vorteilhafterweise einige Tage in Beize legen – *Bratzeit* etwa 1 Stunde.
Beigabe: Kartoffelpüree mit Champagnerkraut.

Birkhuhn mit Champignons

2 junge Birkhähne, Speckscheiben, 6 Eßl. Butterschmalz, Salz, Pfeffer, Mehl, 1 Untertasse blättrig geschnittene Champignons, 100 g entkernte Oliven, Weißbrot, Butter

Junge, einige Tage abgehangene Birkhähne rupfen, sengen und ausnehmen – Innen und außen würzen – Mit Speckscheiben umwickeln und dressieren – In reichlich Schmalz allseitig anbraten – Mit Mehl bestäuben, anrösten und mit 1 Tasse Wasser ablöschen – Zugedeckt in etwa 1 Stunde fertigstellen – Ist das Geflügel etwa 3/4 gar, Champignons und Oliven beifügen – (Oliven zuvor überbrausen und 15 Minuten in kaltes Wasser legen) – Vor dem Anrichten tranchieren und mit der ungeseihten Sauce übergießen – Wenn nötig zuvor mit Wasser verdünnen und nachwürzen – Mit Croutons umlegen.
Croutons: Weißbrot entrinden und in kleine Vierecke oder Dreiecke schneiden – In reichlich Butter auf beiden Seiten anrösten.
Beigabe: Grünes Erbsengemüse.

Haselhähne

2 Haselhähne, Salz, Pfeffer, 50 g Speck, 4 Eßl. Butterschmalz, 5 Wacholderbeeren, 1 kleine Zwiebel, 1/2 Tasse Süßrahm

Haselhähne zurichten und braten wie Rebhuhn, Seite 256.
Beigabe: Prinzessinnenkartoffeln und Traubenkompott.

Haselhühner vom Spieß

4 Haselhühner, 4 große Speckscheiben, Salz, Pfeffer, Butter

Haselhühner zurichten, ungewaschen mit einem Tuch innen und außen abreiben – Dressieren, würzen und mit Speckscheiben umbinden – Mit zerlassener Butter bestreichen und am Spieß oder auf dem Rost in etwa 30 Minuten braun und knusprig braten – Von Zeit zu Zeit mit Butter begießen.
Beigabe: Aprikosenkompott.

Fasan, gebraten, mit Wildkrüstchen

1 Fasan, 100 g Speck, Salz, Pfeffer, 4 Eßl. Butterschmalz, 1 Zwiebel, 24 Wacholderbeeren, 1 Tasse Brühe, Weißbrot, Butter, Wildkrüstchen

Dem Fasan Kopf, Flügel und Schwanz abhauen – Rupfen, ausnehmen und, ohne zu waschen, mit einem Tuch innen und außen abreiben – Flambieren, würzen und mit einer großen Speckplatte umbinden – Wacholderbeeren unterschieben – In einem Bratgeschirr mit reichlich Schmalz und zerschnittener Zwiebel unter fleißigem Begießen in etwa 45 Minuten braten – Oder den Fasan am Spieß oder auf dem Rost im heißen Rohr bei öfterem Begießen fertigstellen – Den Bratsatz mit Brühe aufkochen, Rahm zugießen und nachwürzen – Durchgeseiht zu dem Geflügel reichen – Eine Weißbrotscheibe ohne Rinde, in der Größe des Fasans, zartbraun in Butter rösten – Beim Anrichten den Fasan daraufsetzen – Mit Kresse oder Petersilie verzieren und mit Wildkrüstchen umlegen.

Wildkrüstchen: *1 Fasanleber, 100 g Kalbsleber, 1 Stückchen Speck, 1 Prise Gewürzmischung, gehackte Petersilie, 2 Schalotten, 1 Eßl. Brösel, 1 Eßl. Butter, 1 Eigelb, 1 Eßl. Madeira, Weißbrot*

Wildkrüstchen: Leber, Speck und Schalotten durch den Wolf drehen – Mit Gewürzen, Petersilie und Bröseln in Butter leicht dünsten – Erkaltet mit Eigelb abrühren – Weißbrot entrinden, in 1 cm dicke Scheiben schneiden und runde Taler oder kleine Herzen ausstechen – Auf einer Seite in Butter anbraten – Die Lebermischung, mit Madeira vermengt, auf die angebratene Seite häufen – Auf gebuttertem Blech im heißen Rohr 5 Minuten überbacken.
Beigabe: Aprikosenkompott und Salate.

Fasan mit Ananas

1 Fasan, 1 große Speckscheibe, 3 Eßl. Butterschmalz, Salz, Pfeffer, Wacholderbeeren, 1 Tasse Fleischbrühe, 1/2 Tasse Rahm, 1 Teel. Mehl, 1/2 Dose Ananas, 1 Eßl. Butter

Den Fasan zurichten, innen und außen mit Salz und Pfeffer einreiben und die Brust mit Speck umbinden – Die Wacholderbeeren unter den Speck schieben – In einer Kasserolle mit dem heißen Schmalz übergießen und im Backofen unter fleißigem Begießen in etwa 1 Stunde fertigbraten – Den Rahm darübergeben und wieder kurz in den Ofen stellen – Tranchieren und warmstellen – Aus dem Bratensatz mit Mehl und etwas Fleischbrühe eine Sauce bereiten – Die Ananasstückchen in Butter goldgelb braten – Das Fleisch damit umlegen.
Beigabe: Kartoffelpüree mit Champagnerkraut.

Rebhuhn, Haselhuhn

4 junge Rebhühner oder Haselhühner, Salz, Pfeffer, 50 g Speck, 2–3 Eßl. Butter, Wacholderbeeren, 1 kleine Zwiebel, 1/2 Tasse Süßrahm

Die Hühner zurichten, innen und außen abtrocknen und mit Speckscheiben umwickeln – Nach Belieben unter die Speckscheiben noch ein Traubenblatt binden – In jedes Huhn ein Stückchen Butter und einige zerdrückte Wacholderbeeren stecken – In eine Kasserolle legen und mit der heißen Butter übergießen – Zwiebel und Gewürze zugeben und in etwa 30 Minuten bei guter Hitze braten – Zuletzt den Rahm darübergießen und anrichten.

Beigabe: Kartoffelpüree und Champagnerkraut oder Chicoreesalat mit Ananas.

Rebhühner mit Sauerrahmsauce

2–4 junge Rebhühner, 50–100 g Speck, Salz, Pfeffer, Wacholderbeeren, Weintraubenblätter, Butterschmalz, Fleischbrühe, 1/2 Tasse Sauerrahm, 2 Eßl. Butter

Einige Tage abgehangene Rebhühner rupfen, ausnehmen und austrocknen – Dressieren und mit Salz und Pfeffer einreiben – Jedes Huhn mit dünnen Speckplatten und Weinblättern umbinden – Unter den Speck einige zerdrückte Wacholderbeeren stecken – Im heißen Schmalz allseitig anbraten – Brühe zugeben und zugedeckt etwa 30 Minuten dünsten – Kurz vor dem Anrichten nach und nach mit dem Sauerrahm und zerlassener Butter begießen – Speck und Weinblätter, welche sich beim Braten ablösen, als besondere Delikatesse um das tranchierte Geflügel legen.

Beigabe: Kartoffelpüree und Weinkraut.

Schnepfen auf russische Art mit Schnepfen-Croutons

4 Schnepfen, 50 g Butterschmalz, 1 Eßl. Mehl, 1 Tasse Brühe, 1 Tasse Sauerrahm, Salz, Pfeffer, 1 Trüffel, einige Champignonköpfe

Schnepfen zurichten wie S. 257 – In reichlich Schmalz allseitig anbraten – Herausnehmen und im Bratsatz Mehl braunrösten – Mit Fleischbrühe ablöschen, auffüllen, Rahm zugeben und durchkochen – Die Schnepfen wieder hineinlegen, würzen und mit Brühe gut bedeckt weichdünsten – Ist die Brühe zu dick geworden, mit etwas Wasser oder Fleischbrühe verdünnen – Die Schnepfen auf heißer Platte anrichten und mit Sauce übergießen – Mit Schnepfencroutons, Seite 257, umlegen – Nach Belieben die Sauce mit in Butter gedünsteten Trüffelscheiben und Champignonköpfen verbessern.

Beigabe: Selleriesalat und Kopfsalat.

Schnepfen

Die Vögel zurichten, innen und außen mit Salz und Pfeffer einreiben und in Speckscheiben einbinden – In der heißen Butter mit wenig Zwiebeln in 15–20 Minuten braten – Den Bratensatz mit etwas Fleischbrühe oder Bratensauce zu einer Sauce aufkochen – Beim Anrichten mit Schnepfenbrötchen (s. unten) und Zitronenscheiben garnieren.

2 Schnepfen, Salz, Pfeffer, Speckscheiben, 3 Eßl. Butter, 1/2 Zwiebel, Fleischbrühe oder Bratensauce

Gebratene Schnepfen

Schnepfen 3–4 Tage abhängen lassen – Rupfen, flambieren und ausnehmen – Innen und außen, ohne vorher zu waschen, mit einem trockenen Tuch abreiben – Kopf sauber putzen und die Augen herausnehmen – Zurückbiegen und den langen Schnabel durch die Schlegelchen spießen – Würzen und mit Speckscheiben umbinden – In reichlich heißer Butter mit einer kleinen Zwiebel, unter fleißigem Begießen, in 20–30 Minuten braten – Den Bratensatz mit etwas Fleischextrakt und einer halben Tasse Wasser aufkochen – Durchgeseiht über das Geflügel gießen – Mit Zitronenscheiben, Petersilie oder Kresse garnieren – Den Plattenrand mit Schnepfen-Croutons belegen.
Beigabe: Ananassauce.

4 Schnepfen, Salz, Pfeffer, Speckscheiben, 1 Zwiebel, Butter, Fleischextrakt, 1/2 Tasse Wasser

Schnepfen-Croutons: Aus den Eingeweiden den Inhalt herausstreichen – (Magen nicht verwenden, da er bitter ist) – Mit feingehacktem Speck, Gänseleber, einer Kleinigkeit Pastetengewürz und Eigelb vermengen – Auf in Butter gerösteten Weißbrotscheiben (Talerbrot) streichen und im heißen Rohr einige Minuten überbacken.

Schnepfen-Croutons: *Darminhalt des weißen Eingeweidestückes, 2 Scheiben Speck, 25 g Gänseleber (Terrine), Pastetengewürz, 1 Eigelb, Weißbrot, Butter*

Schnepfenbrötchen

Den weißen Inhalt der Schnepfen, ohne Magen, mit dem Speck fein verwiegen – Mit der gehackten Petersilie in der Butter kurz andünsten – Die übrigen Zutaten beimengen und zusammen durch ein Sieb streichen – Auf Weißbrotscheiben häufen und kurz vor dem Essen einige Minuten im Ofen überbacken.

Schnepfeneingeweide, 2 Scheiben Speck, 1 Teel. gehackte Petersilie, 1–2 Eßl. Butter, 1 gehackte Schalotte, 1 Eßl. Brösel, 1 Eßl. Rotwein, 1 Teel. Kognak, 1 Teel. Zitronensaft, 2 Eigelb, Salz, Pfeffer, Weißbrot

Gebratene Wildente

1 Wildente, Salz, Pfeffer, 4 Scheiben Schweinefleisch, dünn und fett
Zur Fülle:
3/4 Tasse Zwiebackbrösel, 1/2 Tasse gehackte Erdnüsse, 1/2 Tasse Rahm, 2 Eßl. Butter, wenig Zitronensaft, Salz, Pfeffer

Die Ente zurichten und füllen – Auf den Rost legen und über die Fettpfanne stellen – Mit Salz und Pfeffer bestreuen und die Brust mit dünnen, fetten, gesalzenen Schweinefleischscheiben bedecken – 20–30 Minuten in sehr heißem Ofen braten – Alle 5 Minuten mit dem abfließenden Fett begießen.
Zur *Fülle* alle Zutaten der Reihe nach vermengen.
Beigabe: Orangensauce oder Johannisbeergelee.

Wachteln

4 Wachteln, Salz, Pfeffer, Wacholderbeeren, 4 Weinblätter, 4 Speckscheiben, 4 Eßl. Butterschmalz, 4 Eßl. Wein, 1 Messerspitze Mehl

Die Wachteln zurichten (möglichst frisch verwenden, da sie sonst tranig schmecken) und innen und außen mit Salz, Pfeffer und Wacholderbeeren einreiben – Zuerst mit den Weinblättern, dann mit den Speckscheiben umbinden – Im heißen Schmalz in etwa 15 Minuten fertigbraten – Aus dem Bratensatz mit einer Messerspitze Mehl und dem Wein eine Sauce herstellen.
Beigabe: Kartoffel- oder Kastanienpüree.

Junge Wildente

1 junge Wildente, Salz, Pfeffer, 4 Eßl. Butter

Ente trocken rupfen, ausnehmen und waschen – Innen und außen mit Salz und Pfeffer würzen – Mit schaumig gerührter Butter bestreichen – Auf dem Rost oder am Spieß unter häufigem Begießen knusprig braten.
Beigabe: Kartoffelpüree und Weichselsalat.

Marinierte Wildente

1 Wildente, Butter- oder Sauermilch, 50 g Speck, Salz, Pfeffer, Wurzelwerk, 1 Zwiebel, 3 Eßl. Butterschmalz, Mehl, 1 Tasse Brühe oder Wasser, 1 Tasse Sauerrahm, 1/4 Zitrone, Saft, Gewürzkörner, Sojasauce

Eine zugerichtete Wildente einige Tage in Sauer- oder Buttermilch legen – Herausgenommen, gut abtrocknen, spicken und mit Salz und Pfeffer innen und außen einreiben – Im heißen Schmalz mit geschnittenem Wurzelwerk, Zwiebel und Gewürzkörnern anbraten – Leicht mit Mehl überstäuben und mit Fleischbrühe oder Wasser ablöschen – Rahm beigeben und zugedeckt weichdünsten – Vor dem Anrichten die Sauce durchseihen und mit Sojasauce und Zitronensaft abschmecken und über das tranchierte Geflügel gießen.
Beigabe: Kartoffelpüree und Johannisbeergelee.

Vom Fleisch

Der richtige Einkauf

Wenn wir beim Fleischeinkauf nur einfach ein Stück zum Braten oder Sieden verlangen, dürfen wir uns nicht wundern, daß es dann nach der Zubereitung oftmals nicht unseren Vorstellungen entspricht. Wir haben wohl ein Stück erhalten, das sich zu dem angegebenen Zweck verwenden läßt, aber nicht das Beste und geeignetste hierfür. Zudem spielen Qualität und Ablagerungsreife eine nicht zu unterschätzende Rolle.

Rindfleisch

Frisches, gesundes Fleisch hat ein glänzendes Aussehen und fühlt sich fest an. Fingereindrücke bleiben eine Weile sichtbar. Schmieriges oder welkes Aussehen, unangenehmer, aufdringlicher Geruch sind Kennzeichen von Überlagerung. Die beste Qualität liefern gut gemästete Ochsen. Erstklassiges Ochsenfleisch hat eine kräftige, rote Farbe und kernigweiße Fettmarmorierung. Fleisch ohne Marmorierung ist mager und stammt nicht von Qualitätstieren. Sieht es dunkelrot oder bläulichrot aus mit gelbem Fett, so stammt es von älteren Tieren.

1. Schulter oder Bug
2. Schulterfilet
3. Schulterspitze

Verwendung

Schulter oder Bug ist ein gutes Bratenstück mit zarter Faserung und einer dünnen Fettschicht bedeckt. Es benötigt eine Bratzeit von 2 bis 2 1/2 Stunden pro Kilogramm.

Durch die ziemlich große Schnittfläche findet es auch Verwendung zu Fleischvögeln und Rouladen.

Das *Schulterfilet* weist eine ähnliche Faserung auf und eignet sich zum Braten im Stück und auch zu Ragout.

Die *Schulterspitze* ist ein ideales mageres Siedfleischstück.

4. Rindsfilet

Verwendung

Von außen unsichtbar, liegt im hinteren Teil des Tieres unterhalb des Rückgrates zwischen den Nieren das Filet. Es ist ein Fleischstück, welches sich in erster Linie zum englisch Braten, d. h. nur halb durchgebraten, eignet.

Besonders wichtig ist, daß das Fleisch bis zur Tafelreife 2 bis 4 Wochen gelagert wird. Nicht genügend gelagertes Fleisch ist zäh und trocken. Die Zubereitung der Gerichte, die aus dem Filetstück hergestellt werden, ist fast in allen Küchen der Welt dieselbe. Rasches Braten in der Pfanne, im Backofen oder auf dem Grill. Die Bratzeit richtet sich nach dem Gewicht, pro Pfund höchstens 15 Minuten, pro Kilo 25 Minuten. Das Fleisch muß beim Tranchieren innen noch saftig und rosa sein.

Chateaubriand oder doppeltes Filetbeefsteak, meist für 2 oder 3 Personen, Bratzeit pro Pfund höchstens 15 Minuten.
Beim Servieren wird es schräg zur Faser in nicht zu schmale Streifen aufgeschnitten.

Filet-Beefsteaks, 2 bis 3 cm dicke Scheiben vom Filet gehören zu den beliebtesten Fleischgerichten. Bratzeit höchstens 1 bis 3 Minuten pro Seite.

Tournedos, ebenfalls kleine, rundgedrückte, ungeklopfte Scheiben vom Filet, 90 bis 100 Gramm schwer, werden wie Beefsteaks bereitet, nur beim Servieren auf einen Sockel von geröstetem Weißbrot gelegt.

Filet-Gulasch läßt sich ebenfalls in Minutenschnelle bereiten. Es wird meist etwas weniger gewürzt, dafür aber mit Wein abgeschmeckt.

5. Eckstück (Eckschwanzstück)
6. Mittelschwanzstück

Verwendung

Beide Sorten werden als Braten verwendet, wozu eine Bratzeit von 1 1/4 bis 1 4/4 Stunden pro Pfund gerechnet wird.

Mittelschwanzstück als Gulasch, Ragout und Rouladen.

Siedfleisch:

7. **Brustspitz**
8. **Querrippe oder flache Rippe**
9. **Brustkern**
10. **Nachbrust**

Verwendung

Ein saftiges Siedfleisch zu kochen, ist nicht ganz so einfach, wie anzunehmen ist. Unsachgemäß behandelt, wird das Fleisch trocken und ausgelaugt. Vor allen Dingen muß es ins kochende Wasser eingelegt werden, damit sich die Poren des Fleisches schnell schließen, sonst werden die Fleischsäfte ausgelaugt. Es gibt wohl eine kräftige Suppe, aber das Fleisch schmeckt trocken und fade. Will man Knochen mitkochen, so werden diese bereits dem kalten Wasser zugesetzt, damit sie ihre ganze Kraft an die Suppe abgeben können. Salz und Wurzelwerk dagegen kommen erst in die kochende Brühe. Die Kochzeit richtet sich nach der Beschaffenheit des Fleischstückes. Beim Tranchieren und Anrichten des Fleisches ist zu berücksichtigen, daß gekochtes Fleisch in etwas dickere Scheiben geschnitten wird als Braten. Mit etwas Brühe übergossen und dem mitgekochten Suppengemüse umlegt, wird es angerichtet.

Auch aus Resten von gekochtem Suppenfleisch lassen sich noch gute Gerichte herstellen: Zwiebelfleisch, Haschee, Füllung für Tomaten oder Gurkengerichte.

11. **Hüfte (Blume)**
12. **Hüftdeckel**
13. **Hüftzapfen**

Verwendung

Nach dem Filet und dem Nierenstück ist die Hüfte das beste Stück des Rindes. Dies ist nicht verwunderlich, denn sie liegt direkt neben dem bevorzugten Nierenstück und steht diesem hinsichtlich Form, Qualität und Saftgehalt nur wenig nach. Richtig geschnitten und sorgfältig zubereitet, lassen sich aus diesem Stück ausgezeichnete Beefsteaks (hier Rumpsteaks) zubereiten.

Hüftbraten Roastbeefart, Garzeit pro Kilo 45–50 Minuten.

Sauerbraten, Rouladen, Gulasch, Ragout, Pilaf und Schmorbraten: Hier ist im Gegensatz zum Ofenbraten oder dem Grillieren darauf zu achten, daß das Fleisch in viel Sauce nicht gar gebraten, sondern weich geschmort wird. Schmorzeit je nach Größe und Qualität des Fleisches etwa 50 Minuten bis 1 Stunde pro Pfund.

Der Schlegel und seine Stücke:

14. Unterschwanzstück
15. Schale (Nuß)

Verwendung

Vom *Unterstück:* Spickbraten. Es ist ein sehr schön geformtes, aber leicht trockenes Fleischstück, und es wird meistens schon vom Metzger gespickt geliefert. Bratzeit 2 bis 2 1/2 Stunden pro Kilogramm.

Die *Nuß*, ebenfalls ein gut geformtes Fleischstück, als Braten 2 bis 2 1/2 Stunden Garzeit pro Kilogramm. Es eignet sich auch zu Rouladen und zu Geschnetzeltem.

16. Nierenstück
17. Haxe

Verwendung

Nierenstück, zu Roastbeef und Entrecôte, Garzeit pro Kilogramm ca. 35 Minuten.

Rindshaxe oder Jarret zu Minestra und zur Bereitung von Brühe. Die Brühe dick eingekocht zu brauner Sauce. Das gekochte Fleischstück, anschließend noch gebraten als Rindshaxe reichen.

18. Lende oder Schenkel
19. Rosenstück
20. Runder Riemen
21. Weißstück

Verwendung

Der *Schenkel* zu Gulasch, Garzeit etwa 1 Stunde pro Pfund, und zu Suppenfleisch.

Rosenstück zu Braten, Gulasch und Geschnetzeltem.

Runder Riemen zu Sauerbraten.

Weißstück zu Braten, Rouladen und Geschnetzeltem.

22. Hohe Rippe (Fehlrippe)

Sofern es sich um ein gut gelagertes Fleisch von gemästeten Tieren handelt, dürfte die Hohe Rippe das interessanteste Stück des ganzen Ochsen sein. Es besteht eigentlich aus zwei Teilen; wird nämlich die Hohe Rippe als einheitliches Stück gekauft, so zeigt sich, daß beim Kochen der untere Teil des Fleischstückes schon nach etwa 1-stündiger Kochzeit gar geworden ist, während der obere Teil, der Deckel, zwei und mehr Kochstunden beansprucht. Es ist deshalb wirtschaftlicher, die Hohe Rippe zu teilen, auch wenn es vom Metzger nur als Gesamtstück abgegeben wird. Man sollte in diesem Falle etwas großzügiger sein, denn man kann dafür auch zwei verschiedene Gerichte herstellen. Beide Stücke eignen sich zwar gleich gut als Siedfleisch, doch wird durch Abheben des Deckels ein besonders zartes und gutgeformtes Fleischstück freigelegt, das bei richtiger Zubereitung beinahe an das fast doppelt so teuere Filetstück heranreicht.

Verwendung

Hohe Rippe (abgedeckt) zu echtem Wiener Rostbraten, 2 1/2 cm dicke Scheiben, stark geklopft und in heißem Fett auf jeder Seite etwa 3 Minuten gebraten.

Als Bratstück im ganzen zu Eintöpfen und zu Sauerkraut.

Deckel zu Siedfleisch, Gulasch und Ragout.

Kalbfleisch

Erstklassige Qualität zeichnet sich durch zartrosa Farbe aus, hat feine Maserung, zarte Fleischfasern und ist frei von Sehnen. Beim Anfassen muß es trotzdem eine gewisse Festigkeit haben.

1. Hals
2a. Dicke Brust
2b. Dünne Brust

Verwendung

Der Hals, ein besonders saftiges, leicht mit Fett durchzogenes, gut geformtes Fleischstück, dient hauptsächlich zur Bereitung von Braten, Ragouts und Gulasch. Bratzeit etwa 45 Minuten pro Pfund.

Bruststück: zum Braten, gefüllte Kalbsbrust, geschmorte Kalbsbrust und Ragout.

Dünne Brust: außer zum Füllen zu Ragout.

Meist wird die zum Füllen bestimmte Kalbsbrust schon vom Metzger entbeint und zur Aufnahme der Füllung vorbereitet. Bratzeit etwa 35 Minuten pro Pfund.

3a. Kotelettstück
3b. Kamm (Schulter oder Nacken)
4a. Vordere Haxen
4b. Hintere Haxen

Kalbfleisch mit seinen zarten Fasern bedarf einer weitaus kürzeren Bratzeit als Ochsenfleisch. Stets wird dem Fleisch heiße Butter, Öl oder Butterfett zugesetzt, damit sich die Fleischporen sofort schließen und der Saft im Fleischstück zurückgehalten wird. Das meist sehr saftige und eiweißhaltige Kalbfleisch neigt besonders dazu, Saft auszuscheiden und brät dadurch nur schwach oder ungenügend an. Aus diesem Grund wird Kalbfleisch vor dem Braten nicht gewaschen, sondern höchstens, wenn nötig, nur abgekratzt. Muß es trotzdem abgewaschen werden, soll es unbedingt trocken getupft werden.

Verwendung

Kotelettstück: als Koteletts natur oder paniert. Das Stück entbeint als Bratenstück.

Haxen: gebraten, gekocht oder paniert. Garzeit etwa 1 1/2 Stunden.

5. Keule oder Schlegel

Sie sind das weitaus größte Teilstück des Tieres. Sie zerfallen in 6 verschiedene Stücke, von denen ein jedes einen oder gar mehrere Namen besitzt und die sich entsprechend ihrer Faserung und Form zu verschiedenen Gerichten eignen. Die *Unterspälte*, die eigentliche Hüfte, der Fisch, auch *Rundriemen* genannt, und das *Rosenstück*.

Verwendung

Die *Unterspälte:* zu Braten, Koteletts, Schnitzel, Kalbsvögeln und Geschnetzeltem.

Die *Hüfte:* zu einem saftigen Bratenstück, zu zartem Gulasch und Geschnetzeltem.

Fisch oder Rundriemen: Für kleine runde Schnitzel (Medaillons und Geschnetzeltes).

Rosenstück: Braten und ein besonders zartes Ragout.

6. Keule
7. Bug oder Schulter

Verwendung

Keule und Nuß zu Kalbsbraten, Geschnetzeltem und Ragout.

Bug oder Schulter zu Braten und Ragouts.

8. Nierenstück
9. Filetstück

Nierenstück und Filet sind auch beim Kalb die qualitätsmäßig besten aber auch preislich teuersten Stücke. Beide sind von äußerst zartem Gewebe und nur von ganz wenig aber feinstem Fett umgeben. Sie eignen sich zerteilt vorzugsweise zum raschen Braten, ergeben aber auch die zartesten und feinsten Bratstücke. Das Nierenstück läßt sich als Kalbsnierenbraten auf drei verschiedene Arten bereiten. 1. Als flaches Bratenstück, wobei das Fleisch, so wie es sich nach dem Auslösen aus dem größeren Teilstück des Kalbes ergibt, verwendet wird. 2. Als Rollbraten, wobei der Metzger das Rollen und Binden vornimmt. 3. Als gerollter Kalbsnierenbraten, wobei die besonders wohlschmeckende Kalbsniere als Füllung dient.

Verwendung

Nierenstück: Nierenbraten, gerollter Kalbsbraten, Nieren gebraten, gegrillt oder am Spieß.

Filet: Filetbraten und Kalbsmedaillons.

Schweinefleisch

Von allen Schlachtviehsorten, wie Ochsen, Kalb, Schwein und Schaf liefert das Schwein das fettreichste und kalorienreichste Fleisch. Hinsichtlich des Eiweißgehaltes steht es etwa auf der gleichen Stufe wie mittelfettes Ochsen- bzw. Rindfleisch. Für Personen mit empfindlichem Magen und Gallenleiden ist es unbekömmlich. Erstklassiges Schweinefleisch hat eine ins Hellrosa gehende Färbung und zarte Faserung. Das leicht körnige Fett ist rein weiß. Im Gegensatz zu anderen Fleischsorten kann Schweinefleisch frisch geschlachtet verwendet

werden. Da die Fleischstücke meist von einer Fettschicht umgeben sind, können sie auch ohne Zusatz von Fett gebraten werden.
Die Bratzeit für Schweinefleisch beträgt etwa 1 Stunde pro Pfund.

1. Kotelettstück oder Karree
2. Nierenstück

Verwendung

Kotelettstück: zu Rippenbraten, Koteletts, natur oder paniert.

Nierenstück, auch Karree oder Ziemer: zu Braten, Schnitzel, Rouladen, oder wie das Nierenstück des Kalbes gebraten.

3. Schweinsfilet

Auch beim Schweinefleisch gilt das Filetstück als eines der besten Teile des ganzen Tieres. Trotzdem wirkt sich dies im Preis weniger aus. Die einkaufende Hausfrau darf aber nicht allzu früh frohlocken, denn das Schweinefilet fällt beim Braten stark zusammen. Damit es nicht allzusehr an Volumen verliert, läßt man es nur relativ kurze Zeit schmoren, braten oder grillieren. Je nach Größe genügen 35 bis 40 Minuten.

Verwendung

Filetbraten, Filetsteaks, grilliert oder gebraten, Schnitzel natur oder gefüllt.

4. Schweinehals (Kamm oder Nacken)
5. Vorderschinken oder Schulter

Schweinefleisch gilt zwar allgemein als fett, doch müssen bei seiner Teilung besonders saftige und trockene Stücke unterschieden werden. Zu den saftigsten Stücken gehört der Schweinehals. Obwohl er vielfach nur in geräuchertem oder eingesalzenem Zustand verlangt wird, eignet er sich zur Herstellung von Braten und saftigen Schnitzeln, die auch paniert ausgezeichnet schmecken. Auch zur Zubereitung von Ragout und Gulasch, bei kurzen Brat- und Kochzeiten.

Verwendung

Schweinehals: Braten, Schnitzel, Gulasch, Ragout.

Schulter: Braten, Gulasch.

6. Der Schinken

Die weitaus größten Teilstücke des Schweines sind die Keulen. Sie umfassen fast das ganze hintere Drittel des Tieres, wobei ein Großteil der Keule in der Räucherkammer verschwindet, um später geräuchert, oft sogar rauchgeschwärzt, als Leckerbissen wieder zum Vorschein zu kommen.

Verwendung

Keule: zu Braten und Schnitzel, Rouladen und Ragout.

7. Geräuchertes Fleisch

Verwendung

Schweinehals zu Sauerkraut.

Schinken: roh, gekocht oder gebraten. Eine besondere Delikatesse: Schinken in Brotteig. Man nimmt hierfür am besten einen halbgar gekochten Schinken. Gut abgetropft, wird er auf Brotteig gelegt, der die doppelte Größe des Schinkens haben muß. Mit Thymian, Majoran, Estragon, Basilikum und Schnittlauch wird er bestreut und dann mit dem Teig gut umwickelt. Auf ein mehlbestäubtes Kuchenblech gelegt, wird er im Backofen, je nach seiner Größe, in 2 bis 2 1/2 Stunden gebacken.

Hammel- und Lammfleisch

1. Keule oder Schlegel
2. Schulter (Blatt, Bug)
3. Brust
4. Hals

Schaffleisch steht im Preise annähernd auf derselben Stufe wie Rindfleisch. Auch hier gibt es gewisse Stücke, die preisgünstig und ausgiebig sind. Seine Vorzüge sind: Wohlgeschmack, vielseitige Verwendungsmöglichkeiten, großer Eiweiß- und Fettgehalt und rasche Zubereitungsweise. Zudem bleibt es im Volumen nach dem Braten weitgehend erhalten. Sein Eiweißgehalt ist dem Rind- und Ochsenfleisch am nächsten, sein Fettgehalt dem Schweinefleisch. Zu dicke Fettschichten können vor der Zubereitung abgelöst werden. Das Fleisch älterer und daher etwas zäher Schafe wird mürbe durch Einlegen in eine Wein- oder Essigbeize, nach Belieben auch in Butter- oder Magermilch. Um ihm im Geschmack Abwechslung zu verschaffen, können verschiedene Gewürze verwendet werden, wie: Knoblauch, Salbei, Minze, Thymian, Rosmarin, Bohnenkraut, Tomaten, Kümmel, Paprika, Curry-Pulver oder auch Wein. Die Zubereitungsdauer steht jener von Kalbfleisch am nächsten. Gerichte aus Schaf- oder Hammelfleisch müssen möglichst heiß aufgetragen und serviert werden. Teller und Platten sind daher vorzuwärmen.

Verwendung

Hals und Brust zum Sieden, zu Irish stews und Ragout.

Brust, Keule und Rücken zum Schmoren, Dämpfen und zu Koteletts.

Keule und Rücken als Braten.

5. Kotelettstück
6. Nierenstück

Diese sind ein Leckerbissen von Hammel und Lamm. Kotelettstück und Hammelnierenstück können auch als ganze Bratstücke im Ofen gebraten werden, meistens jedoch teilt sie der Metzger in Portionskoteletts und in Chops. Chops werden ebenfalls wie Koteletts rasch über großer Hitze in wenigen Minuten braun gebraten. Das Fleisch soll nach dem Braten innen noch rosa und saftig sein.

Verwendung

Kotelettstück zu Koteletts, gegrillt oder gebraten, unzerteilt als Braten.
Nierenstück als Rollbraten, Chops gebraten und gegrillt und zu ungarischem Schafspörkölt (Gulasch).

Die Innereien der Schlachttiere

Zu den Innereien zählen nicht nur die inneren Organe der Schlachttiere, sondern auch Kopf mit Zunge und Hirn. Besonders die Innereien vom Kalb gelten als Delikatesse. Sie sind verhältnismäßig klein, aber im Preis sogar etwas höher als die gleichen Stücke vom Rind, Schwein oder Schaf. Wie das Fleisch, sollen sich auch diese durch eine schöne, leuchtende Farbe und zartes Gewebe auszeichnen und sich fest anfühlen.

Man unterscheidet: Kopf mit Zunge und Hirn, Nieren und Leber, Gekröse und Kutteln, Milken – Milch (Schweser, Bries) genannt, Herz, Milz und Lunge.

Die Innereien vom Kalb

Der Kopf weichgekocht und in Portionsstücke zerlegt und entweder in pikanter Sauce (en Tortue) oder in Teig getaucht und schwimmend herausgebacken, oder aus dem Sud mit Sauce Vinaigrette.

Die Zunge weichgekocht, in pikanter Sauce.

Das Hirn gut gehäutet, in Scheiben geschnitten, gebraten oder paniert gebacken, gebräunt in brauner Butter mit Kapern.

Die Nieren gegrillt oder gebraten oder als Bestandteil eines Rollbratens.

Die Leber zu Leberschnitten oder pikanten Spießchen.

Gekröse und Kutteln ergeben beliebte bodenständige Gerichte, die zu eigentlichen Landesspezialitäten bestimmter Gegenden gehören.

Das Herz gegrillt oder gefüllt und gebraten, aber auch in Scheiben geschnitten wie Schnitzel zubereitet.

Milken, Kalbsmilch, Brieschen oder Mitter werden zuerst kurz gekocht, enthäutet und entweder in Butter gebraten oder würfelig zerschnitten zu Pastetenfüllungen verwendet.

Die Lunge kann als Haschee zubereitet werden.

Die Innereien vom Rind

Der Kopf mit Zunge und Hirn. Die Zunge wird meistens geräuchert oder aus der Lake kommend, verkauft. Sie wird je nach Gewicht 2 bis 4 Stunden gekocht und in Burgunder- oder Madeirasauce angerichtet. Das Hirn sauber enthäutet und gekocht, in heißer Butter gebraten oder paniert gebacken. Das Ochsenmaul, dazu gehören auch die Backen, gekocht und zu feinen Scheiben geschnitten, pikant angemacht, als Ochsenmaulsalat, der zu keinem Hors d'oeuvre fehlen sollte. Die Leber: eine Weile in Milch eingelegt, ist danach von der viel teureren Kalbsleber kaum zu unterscheiden. Nieren, Lunge, Herz, Milz, Kutteln und Gekröse sind ihrer Preiswürdigkeit wegen besonders beliebt. Ihre Zubereitungsarten sind in allen Landesgegenden verschieden.

Die Innereien vom Schwein

Ohren, Zunge und Backen sind überall bekannt und beliebt. Sie finden meist raschen Absatz und werden fast ausschließlich gesalzen und gekocht feilgeboten. Roh werden sie Sauerkraut und Hülsenfrüchten beigesetzt. Hirn und Leber werden wie beim Kalb zubereitet. Nieren in pikanter, brauner, saurer Sauce, nach Geschmack auch mit einem Schuß Wein.

Die Innereien vom Schaf

Der Kopf ist als Suppenstück beliebt, er soll vor dem Kochen in mehrere Teile zerlegt und später ausgebeint werden. Leber und Nieren werden grilliert oder am Spieß gebraten. Das Herz in Scheiben geschnitten, als Schnitzel gebraten oder mit Speckscheiben bedeckt grilliert. Die Lunge ergibt mit einer kräftigen Würze ein pikantes Haschee.

Tranchieren des Fleisches

1. Roastbeef

Den Braten erst kurz vor dem Auftragen in möglichst dünne Scheiben aufschneiden – Dabei die Fleischfasern quer durchschneiden.

2. Schinken

Das Fleisch an dem oben hervorstehenden Knochen glatt abschneiden und eine Papiermanschette anbringen – Oben und unten um den Schinken herum, etwa 10 cm von den Enden entfernt, die Schwarte in Zacken einschneiden – Die Schwarte dazwischen ablösen – Allen überflüssigen Speck entfernen – Von Zackenlinie zu Zackenlinie über den Schinken hinweg bis auf den Knochen zwei Längsschnitte anbringen – Die Fleischteile herauslösen und in dünne Scheiben aufschneiden – Wieder in ihre ursprüngliche Form zusammensetzen.

3. Spanferkel

Mit dem ersten Schnitt den Kopf gleich hinter den Ohren abtrennen. Der Länge nach spalten und das Hirn herausnehmen – Darauf das rechte hintere und vordere Viertel herausschneiden – Mit der linken Hälfte ebenso verfahren – Das Bauchstück durch einen Längs- und einen Querschnitt in vier Teile zerlegen – Das Rückenstück durch Querschnitte in gleich große Stücke teilen – Das Tranchieren muß recht rasch vor sich gehen, um den Braten knusprig auf den Tisch zu bringen – Das Hirn vor dem Anrichten mit Salz und Pfeffer bestreuen.

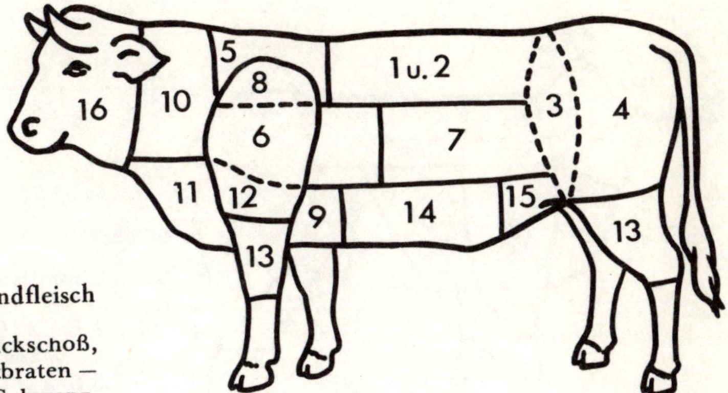

Ochsen- und Rindfleisch

1 und 2 Außen Spickschoß, innen Schlachtbraten — 3 Mürbe Schoß — 4 Schwanzstück — 5 Hohe Rippe — 6 Dünne und dicke Zwerchrippe — 7 Spickschoß — 8 Bug oder Blatt — 9 Brustkern — 10 Hals — 11 Brustspitze — 12 Überzwerchschenkel — 13 Wade — 14 Dicker und dünner Henkel — 15 Bauchlappen — 16 Kopf, Zunge, Hirn und Ochsenmaul.

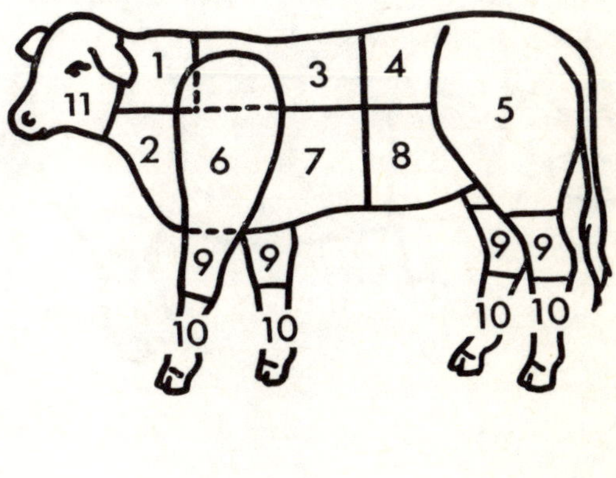

Kalbfleisch

1 Hals — 2 Brustspitze — 3 Rücken, Kotelett — 4 Nierenbraten — 5 Schlegel — 6 Bug — 7 Brust — 8 Lappen — 9 Stotzen — 10 Füße — 11 Kopf, Hirn und Zunge.

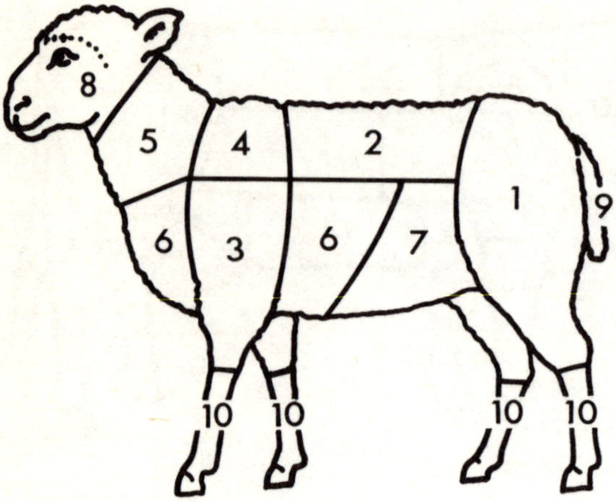

Lammfleisch

1 Lende (Keule, Schlegel) – 2 Rücken (Kotelettstück) – 3 Bug (Blatt, Schulter) – 4 Kamm, 5 Hals (Nacken) – 6 Brust – 7 Bauch – 8 Kopf – 9 Schwanz – 10 Füße.

Schweinefleisch

1 Rücken (Karree, Kotelett, innen Filets) – 2 Schlegel – 3 Bug – 4 Hals – 5 Bauchlappen – 6 Eisbein – 7 Knöchle – 8 Kopf

Rindfleischgerichte

Fleischhaschee

Fleisch durch den Wolf drehen oder fein verwiegen – In Butter gehackte Zwiebel und Petersilie dünsten – Fleisch zugeben und durchdämpfen – Mehl überstäuben, mit Brühe ablöschen und auffüllen – Würzen und gut durchkochen – Nach Belieben mit Wein, Sojasauce und Zitrone abschmecken.
Beigabe: Kartoffelbratlinge und grüner Salat.

500 g gekochtes Rind- oder Ochsenfleisch, 1 Zwiebel, 1 Eßl. gehackte Petersilie, 3 Eßl. Butterschmalz, Salz, Pfeffer, Mehl, 1 Tasse Fleischbrühe, Suppenwürze

Beefsteak à la Jérome Leplat

1/3 der Butter mit dem leicht geschlagenen Eigelb vermengen – Mit Wasser und Zitronensaft im Wasserbad schlagen, bis die Butter zerlaufen ist – Nach und nach die restliche Butter unterschlagen – Etwas Wasser zugeben und 1 Minute unter Schlagen kochen lassen – Mit Tomatenmark, der Petersilie und den Gewürzen abschmecken – Die Hälfte der Sauce auf eine Platte schütten – Die frisch gebratenen Steaks hineinlegen und mit dem Rest der Sauce bedecken – Mit Petersilie garniert anrichten.
Beigabe: Pommes Fondant.

1/2 Tasse Butter, 3 Eigelb, 1 Eßl. kaltes Wasser, 1/2 Eßl. Zitronensaft, Cayenne-Pfeffer, 1/4 Teel. Salz, 2 Eßl. Tomatenmark, 1 Eßl. Worcestershire-Sauce, 1/2 Eßl. feingehackte Petersilie, 4 Beefsteaks

Fleischküchlein (Buletten, Fleischpflanzerl)

Einen Fleischteig wie zu Hackbraten, Seite 277, bereiten und kleine runde oder längliche Küchlein daraus formen – Im heißen Fett auf beiden Seiten braten oder noch mit etwas Wasser ablöschen und zugedeckt kurz dünsten lassen – Mit dem Bratfett oder mit einer aus dem Fett, den Zwiebeln, dem Mehl, Wasser und Sojasauce bereiteten Sauce übergießen.
Beigabe: Kartoffelsalat oder grüner Salat oder Bratkartoffeln mit Gemüse.

500 g gemischtes Hackfleisch, 1 Ei, 2–3 Brötchen, Salz, Pfeffer, 1 Zwiebel, Petersilie, 3 Eßl. Butterschmalz, 1 Eßl. Mehl, 1 Teel. Sojasauce

Beefsteak, englisch gebraten

1/2–3/4 kg gut angelagertes Rindfleisch (Kluft, Schwanzstück), Salz, Pfeffer, Butterschmalz, Brunnenkresse

Fleisch in 4 Scheiben schneiden, klopfen, ohne daß sie dabei ihre Form verlieren – Würzen und in Schmalz über starkem Feuer in 3–5 Minuten, je nach Größe, braten – Zeigt sich oben etwas Blut, die Steaks wenden, ohne hineinzustechen – Auf vorgewärmter Platte, auf einem Bett von Brunnenkresse anrichten.
Beigabe: Pommes frites.

Deutsches Beefsteak

500 g Hackfleisch, 1 Zwiebel, 1 Prise Pfeffer, 1 Teel. Salz, 2 Eßl. Wasser, 1 Eßl. Mehl, Butter, 3 Eßl. Butterschmalz

Das Fleisch mit der geriebenen Zwiebel, dem Gewürz, Mehl und Wasser vermengen – Den Teig zu länglichen Laiben formen – In die Mitte jedes derselben eine Vertiefung drücken, eine Messerspitze Butter einfüllen und wieder zudrücken – In heißem Schmalz auf jeder Seite 3–5 Minuten braten – Mit gerösteten Zwiebelringen belegen und mit der aus dem Bratsatz, einer Messerspitze Mehl, etwas Wasser und Gewürz hergestellten Sauce begießen.
Beigabe: Kartoffelsalat oder Kartoffelpüree mit grünem Salat.

Chateaubriand

(für 2–3 Personen)
Eine 6 cm dicke, etwa 380 g schwere Scheibe vom dicken Ende des Rinderfilets, Salz, Pfeffer, Erdnußöl oder Butterschmalz, Sauce Béarnaise

Das Fleisch leicht klopfen – Mit Öl oder Schmalz dick einpinseln und pfeffern – Auf jeder Seite 5 Minuten bei starker Hitze grillen – Würzen – In schräge Streifen geschnitten anrichten – Sauce Béarnaise dazu reichen.
Beigabe: Pommes frites und Spargelspitzen.

Chateaubriand mit Spanischer Sauce

750 g Rinderfilet vom dicken Ende, Salz, Olivenöl, grüne Paprikaschoten, Butter, gehackte Petersilie, Spanische Sauce

Fleisch von Fett und Haut befreien und klopfen – Mit Salz bestreuen und mit Olivenöl bestreichen – In sehr heißer Pfanne ohne Fettzugabe auf beiden Seiten 20 Minuten scharf braten, ohne dabei hineinzustechen – Auf heißer Platte mit in Stücke geschnittenen, in Butter gedünsteten Pfefferschoten und Petersilie belegt anrichten.
Beigabe: Spanische Sauce und Pommes frites.

Italienischer Dunstbraten

Fleisch häuten und in Richtung der Fleischfasern spicken – Mit Salz und Pfeffer einreiben – Den Boden einer Kasserolle mit rohen Schinkenwürfeln und Öl bedecken und erhitzen – Das Fleisch darin allseitig anbraten – Feingeschnittene Zwiebeln und gelbe Rübe zugeben und leicht anrösten – Mit Wein übergießen und zugedeckt dünsten – Ist alle Flüssigkeit verdunstet, Mehl an der Seite braunrösten – Mit so viel Wasser ablöschen und auffüllen, wie Sauce gewünscht wird – Das Fleisch in der Sauce fertigkochen.

3/4 kg Lendenbraten (Roastbeef), 50 g Speck, Salz, Pfeffer, Olivenöl, 50 g roher Schinken, 2 Zwiebeln, 1 gelbe Rübe, 1 Glas Rotwein, 1 Eßl. Mehl, Wasser

Beigabe: Salzkartoffeln oder Kartoffeln in der Schale gekocht.

Entrecôte

Knochen und alles Sehnige entfernen – Fleisch in 2 gleichmäßige, etwa 3 fingerdicke Scheiben schneiden und klopfen – Den Nerv an der Seite durchschneiden, um ein Zusammenziehen des Fleisches zu verhüten – Allseitig mit Öl pinseln oder in zerlassene Butter tauchen – Auf dem Rost bei starker Hitze in 20–25 Minuten braun braten – Oder in zischendheißer Pfanne ohne fett, nur mit Öl bepinselt, braten – Butter zugeben und würzen – In Streifen geschnitten anrichten – Den Bratsatz ohne Mehlzugabe, nach Belieben mit etwas Fleischglace gebunden, übergießen.

3/4 kg Rinder-Mittel- oder Hochrippenstück, Olivenöl oder Butter, Salz, Pfeffer

Beigabe: Sauce Béarnaise, Pommes frites oder Pariser Kartöffelchen und Tomatensalat.

Filetgulasch

Die feingeschnittene Zwiebel im Schmalz hellgelb dünsten – Das in Würfel geschnittene Fleisch zugeben, würzen und rasch anbraten – Mit Mehl bestäuben, mit der Fleischbrühe oder Wasser ablöschen und auffüllen – Mit dem Wein und, falls vorhanden, mit etwas Sojasauce abschmecken – In der fertigen Sauce das Fleisch noch 5 Minuten dünsten.

500 g Rinderfilet, 3 Eßl. Butterschmalz, 1 Zwiebel, 2 Eßl. Mehl, Wasser oder Fleischbrühe, 4 Eßl. Wein, Salz, Pfeffer

Beigabe: Niedernauer Kartoffeln oder Kartoffelpüree.
püree.

Filet à la Bordelaise

1 kg Rinderfilet, Speck, 4 Eßl. Butterschmalz, 4 Schalotten, 1 Tasse Rotwein, 3 Eßl. braune Sauce, 100 g Butter, 1/2 Zitrone, Saft, 1 Teel. gehackte Petersilie, 50 g Rindermark, Salz, Pfeffer, Wirsing, Kartoffeln

Das Filet häuten und spicken – Mit Salz und Pfeffer einreiben – In reichlich Schmalz unter häufigem Begießen 40 Minuten braten und warmstellen – Zu gleicher Zeit feingehackte Schalotten in Wein kochen, bis die Flüssigkeit auf ein Drittel verdunstet ist – Braune Sauce und den entfetteten Bratsatz zugeben – Aufkochen und auf kleiner Flamme oder im Wasserbad nach und nach die Butter in Flocken, Zitronensaft und Petersilie unterschlagen – Das Fleisch in nicht zu dünne Scheiben aufschneiden und auf einer vorgewärmten Platte wieder in Form setzen – Mit Wirsing und Kartoffeln umlegen – Auf den Wirsing gebratene Speckscheiben setzen, auf das Fleisch Markscheiben, die zuvor in gut warmem Wasser durchgezogen haben – Die übrigen Markscheiben in die Sauce geben, die gesondert zum Fleisch gereicht wird.

Filetsteaks Stephanie mit Kräuterbutter

500–750 g Rinderfilet ohne Knochen, 1/2 Tasse Öl, Salz, Pfeffer, 50 g gekochter Schinken, Erbsen, Kräuterbutter

Fleisch in 4 dicke Scheiben schneiden, mit dem Messerrücken klopfen und würzen – 2 Stunden in Öl legen – Unter wiederholtem Bestreichen mit Öl auf dem Rost englisch braten – Werden die Steaks in einer Pfanne gebraten, diese ohne Fett zischend heiß werden lassen – Danach erst die eingeölten Steaks hineinlegen – Auf beiden Seiten, ohne dabei hineinzustechen, in etwa 10 Minuten knusprig und braun werden lassen – Sie müssen innen noch leicht blutig sein – Beim Anrichten auf jedes Stück ein Stückchen Kräuterbutter setzen – Mit grünen Erbsen und Schinken umlegen.
Beigabe: Strohkartoffeln.

Straßburger Gulasch

200 g Ochsenfleisch, 200 g Kalbfleisch, 200 g Schweinefleisch, 3–4 Eßl. Butterschmalz, 2 Lorbeerblätter, 1 Messerspitze Ingwerpulver, 1 Glas Rotwein, 1 Eßl. Senf, Salz, Pfeffer

Das Fleisch, jedes für sich, in Würfel schneiden – In heißem Fett zuerst das Ochsenfleisch anbraten, wenig Wasser zugießen und zugedeckt halb weichdünsten – Danach das Kalbfleisch, Schweinefleisch und Gewürze zugeben – Rot- oder Weißwein übergießen und zugedeckt fertigdünsten.
Beigabe: Spätzle.

Rindergulasch

500–750 g gut gelagertes Rindfleisch, 4 Eßl. Schmalz, 3 Zwiebeln, 2 Eßl. Mehl, Salz, Pfeffer, Paprika

Die in kleine Würfel geschnittene Zwiebel im heißem Schmalz hell anbraten – Das in nicht zu kleine Würfel geschnittene Fleisch und die Gewürze zugeben und kurz braten, bis das Fleisch nicht mehr roh aussieht – Mit Wasser ablöschen und zugedeckt 1 Stunde dünsten – Sind die Zwiebeln verkocht und ist die Brühe verdampft, das Mehl darüberstreuen, leicht anrösten, mit Wasser oder Fleischbrühe ablöschen und nochmals durchkochen – Nach Belieben einige geschälte, in Würfel geschnittene Tomaten mitdünsten.
Beigabe: Teigwaren oder Salz- oder Bratkartoffeln.

Hackbraten

500 g gemischtes Hackfleisch, 1 Ei, 2–3 Brötchen, Salz, 2 Zwiebeln, Petersilie, 1 Eßl. Mehl, Brösel, 3 Eßl. Fett

1 gehackte Zwiebel und Petersilie in etwas Fett dämpfen und die eingeweichten, ausgedrückten Brötchen kurz zugeben – Mit dem Hackfleisch, Ei, Gewürz und Mehl gut vermengen – Einen länglichen Laib formen, in Bröseln wenden und in heißem Fett sorgfältig auf beiden Seiten anbraten – Eine zerschnittene Zwiebel zugeben, nach einiger Zeit mit Wasser ablöschen und zugedeckt dünsten – Im letzten Drittel der Bratzeit den Deckel abnehmen und das Fleisch knusprig braten oder im Backofen unter öfterem Begießen etwa 1 Stunde grillen – Aus dem Bratensatz mit dem Mehl und etwas Fleischbrühe oder Wasser und Sojasauce eine Sauce bereiten, durchgeseiht zu dem aufgeschnittenen Braten reichen oder über den gegrillten Braten Zwiebelbutter gießen.
Beigabe: Salzkartoffeln mit Gemüse oder Salat.

Pester Lungenbraten

3/4 kg Lungenbraten, Salz, Pfeffer, 80 g Speck, 2 Eßl. Fett, 1 Zwiebeln, Paprika, Essig, Wasser, 1 Eßl. Mehl, 1/2 Tasse Rahm, 2 Eßl. Tomatenmark

Fleisch häuten, mit der Hälfte des Specks spicken und würzen – Im heißen Fett allseitig anbraten – Würfelig geschnittenen Speck und feingehackte Zwiebeln zugeben – Goldgelb rösten – Paprika und 2 Eßl. Essig beifügen – Mit Mehl bestäuben und mit Wasser aufgießen – Tomatenmark beifügen und den Braten mit Sauerrahm übergießen – Zugedeckt 1 Stunde dünsten.
Beigabe: Nudeln oder Spätzle.

Gurkenbraten

1/2–3/4 kg Rindfleisch, Salz, Pfeffer, 25 g Speck, Essiggurken, Wurzelwerk, 1/2 Zwiebel, 6 Eßl. Butter oder Fett, 10 Pfefferkörner, 1/2 Lorbeerblatt, Thymian, 1 Prise Ingwer, Muskatnuß, 1 Eßl. Mehl, Wasser, 1/4 Tasse Rotwein, 1/2 Tasse Rahm

Das gut abgelagerte Fleischstück klopfen und würzen – Mit Speck und Gurkenstreifen spicken – Auf kleingeschnittenes, in Fett angeröstetes Wurzelwerk und Zwiebeln setzen – Wenig Wasser zugeben und zugedeckt halb gardünsten – Dabei öfters mit dem eigenen Saft begießen – An der Seite im Bratsatz Mehl anrösten und mit Wasser ablöschen – Wein, Rahm und Gewürze beifügen – Das Fleisch in dieser Sauce vollends fertigdünsten – Beim Anrichten die Sauce durchpassiert über das Fleisch gießen.
Beigabe: Kartoffelpüree.

Lendenbraten, englisch

3/4–1 kg Lendenfilet, Salz, Pfeffer, 5 Eßl. Butterschmalz, 1 Tasse Brühe

Vom Filet die Haut und den sehnigen Nerv abtrennen – Das Fleisch mit Salz und Pfeffer würzen – Eine Bratpfanne sehr heiß werden lassen – Das Fleisch hineinlegen und mit sehr heißem Schmalz übergießen – Bei starker Hitze unter fortwährendem Begießen 30 Minuten braten – Auf heißer Platte anrichten – Die Sauce entfetten und mit etwas Brühe aufkochen – Gesondert zum Fleisch reichen – Den Plattenrand mit in Butter gedünsteten Gemüsen, wie Erbsen, grüne Bohnen, Karotten, Blumenkohl und Spargel umlegen.
Beigabe: Pommes frites.

Lendenbraten nach Prinz Rohan

3/4 kg Rinderlende, 1 Zwiebel, 1 Eßl. Petersilie, 2 Champignons, 1 Eßl. Butter, 40 g Gänseleber, Salz, Pfeffer, Schweinenetz, 2 Eßl. Butterschmalz, Wasser oder Brühe, Butter

Lendenstück häuten – Gehackte Zwiebel, Petersilie und Pilze in 1 Eßlöffel Butter dünsten – Fingerdick geschnittene Gänseleberstreifen darin wenden – Das Fleisch damit spicken – Würzen, in ein Schweinenetz wickeln und mit Schnur umbinden – In sehr heißem Fett über starker Flamme unter öfterem Begießen in 15–20 Minuten halb garbraten (innen muß es noch rosig sein) – Den Bratsatz entfetten und mit frischer Butter und wenig Brühe oder Wasser aufkochen – Beim Anrichten das Fleisch, von der Hülle befreit, nach Belieben in Scheiben aufschneiden.
Beigabe: Kartoffelbällchen und Gurkensalat.

Lendenschnitten – Filetbeefsteak

500 g Rinderfilet, 1 Eßl. Öl, 3 Eßl. Butter, Salz, Pfeffer, einige Tomaten, 4 Teel. Kräuterbutter oder 4 Spiegeleier

Das Fleisch in 2 bis 3 cm dicke Scheiben schneiden, leicht klopfen, mit Öl bestreichen und würzen – In etwa 10 Minuten auf dem Rost, möglichst nahe der Flamme, grillen oder in einer sehr heißen Pfanne rasch auf beiden Seiten knusprig braten – Die Butter zugeben und noch zugedeckt ziehen lassen – Die gewaschenen, abgetrockneten Tomaten in Butter braten oder im Backofen grillen und die Steaks damit garnieren – Beim Anrichten auf jedes Fleischstück nach Belieben ein Stückchen Kräuterbutter oder 1 Spiegelei setzen.

Beigabe: Bratkartoffeln oder Pommes frites mit Salat oder feinem Gemüse.

Lendenschnitten nach Feinschmecker Art

8 kleine Beefsteaks, 8 Scheiben Kalbsmilch oder Gänseleber, 2 Trüffeln, 12 Champignons, 70 g Butter, 1 Tasse Madeirasauce, Mehl, Butter zum Braten

Madeirasauce bereiten und geschälte, blättrig geschnittene Trüffeln und Champignons darin durchkochen – Kleine rundgeschnittene Beefsteaks (Tournedos), in Scheiben geschnittene Kalbsmilch oder fette Gänseleber in Mehl wenden – In heißer Butter rasch allseitig braten – Die Steaks auf vorgewärmter Platte anrichten – Auf jedes Tournedo eine Scheibe Kalbsmilch oder Gänseleber und auf diese die Pilze aus der Sauce häufen – Ein gutes Stück frische Butter unter die Sauce schlagen und das Ganze damit übergießen.

Beigabe: Pommes frites.

Lendenschnitten auf Artischocken mit Sauce Béarnaise

3/4 kg Rinderfilet, 3 Eßl. Butterschmalz, Pfeffer, Salz, 12 Artischockenböden, 100 g Ochsenmark

Gut abgelagertes Fleisch in 4 dicke Scheiben schneiden – Leicht klopfen und würzen – In heißem Fett auf jeder Seite in 4 Minuten braten – Dabei ständig mit heißem Fett begießen – Beim Wenden nicht hineinstechen, damit der Saft nicht ausläuft – Heißgemachte Artischockenböden (Konserven oder von frischen, in Salzwasser abgekochten Artischocken) auf eine vorgewärmte Platte legen – Die Lendenschnitten darauf setzen und mit Ochsenmarkscheiben belegen – Ochsenmark zuvor wässern und in heißem Wasser kurz durchkochen.

Beigabe: Sauce Béarnaise und Pommes frites.

Lendenbraten

3/4–1 kg Lendenstück, 4 Eßl. Butterschmalz, 1 Zwiebel, 1/2 Tasse Wasser, Salz, Pfeffer, 1 Teel. Stärkemehl

Ein Lendenstück häuten – Würzen und in heißem Schmalz mit der Zwiebel anbraten – 1/2 Tasse Wasser zugeben und unter häufigem Begießen in 30–40 Minuten, je nachdem das Fleisch englisch oder durchgebraten gewünscht wird, im heißen Rohr fertigstellen – Stärkemehl mit Wasser anrühren und mit den Gewürzen im Bratsatz aufkochen – Durchgeseiht zum Braten reichen.
Beigabe: Chantillykartoffeln und Spargelsalat.

Lendenbraten, gespickt

3/4–1 kg Lendenstück, 1 Scheibe Speck, Salz, Pfeffer, Paprika, 4 Eßl. Butterschmalz, 1 Zwiebel, 1 Tomate, 1 Tasse Sauerrahm, 2 Eßl. Mehl, 1/2 Tasse Wein

Das Fleisch häuten, mit feinen Speckstreifen spicken und würzen – Im heißen Schmalz das Fleisch, die Zwiebel und die Tomate rasch anbraten – Etwas Wasser zugeben und unter häufigem Begießen bei guter Hitze 30–40 Minuten, je nachdem das Fleisch englisch oder gut durchgebraten gewünscht wird, im Backofen fertigstellen – Aus dem Bratensatz mit dem Mehl, Wein und Wasser eine Sauce bereiten, den Rahm unterziehen und über das in Scheiben geschnittene Fleisch gießen.
Beigabe: Spätzle oder Nudeln mit Salatplatte.

Lendenschnitten nach Choron

4 Beefsteaks, 8 Tomaten, 2 Eßl. Butterschmalz, Sauce Béarnaise von 1 Eigelb, 4 gefüllte Champignons

Reife Tomaten in der Mitte durchschneiden – Ausdrücken und in einer Kasserolle weichdünsten – Den Saft ablaufen lassen – Die Tomaten durch ein Haarsieb streichen und das Mark mit 1 Eßl. Butter nochmals aufkochen – 4 etwa 100 g schwere Beefsteaks bereiten – Auf eine vorgewärmte runde Platte das Tomatenpüree geben und die Beefsteaks darüberlegen – Jedes Steak mit Sauce Béarnaise bedecken und mit im heißen Rohr überbackenen Champignons belegen.
Beigabe: Pommes frites und grüner Salat.

Suppenfleisch mit Kruste

1/2–3/4 kg Suppenfleisch am Stück, Suppenfett oder Butter, 1 Lorbeerblatt, 3 Nelken, Salz, Pfeffer, Brösel

Das Fleisch aus der Brühe genommen, mit Suppenfett begießen – Würzen, mit Lorbeerblattspitzen und Nelken spicken – Mit Bröseln bestreut, im heißen Rohr knusprig braten.
Beigabe: Zwiebelsauce und Kartoffelsalat.

Geräucherte Ochsenbrust

Fleisch über Nacht in kaltes Wasser legen – Anderntags, abgewaschen, mit kochendem Wasser bedeckt aufs Feuer bringen – Langsam, je nach Größe, in 2–4 Stunden weichkochen – Nach dem Garsein vom Feuer nehmen, zugedeckt noch 1/2 Stunde ziehen lassen, wodurch es saftiger wird.
Beigabe: Meerrettichsauce, grüne Bohnen und Salzkartoffeln.

(für 4–6 Personen)
1–2 kg geräucherte Ochsenbrust, Wasser, Wurzelwerk, Gewürze

Gesalzene Ochsenbrust

Ochsenbrust ohne Salzzugabe kaltem Wasser zusetzen – Mit Wurzelwerk und Lorbeerblatt weichkochen.
Beigabe: Meerrettichsauce und Bouillonkartoffeln.

(für 4–6 Personen)
1–2 kg gesalzene Ochsenbrust, Wurzelwerk, 1 Lorbeerblatt

Ochsenschwanzragout

Den Ochsenschwanz gliedweise in Stücke schneiden, diese etwa 5 Minuten kochendem Salzwasser zugesetzt kochen und zum Abtrocknen auf ein Sieb legen – Das zugerichtete Gemüse in Stückchen schneiden und im heißen Schmalz mit dem Fleisch zusammen anbraten – Mit dem Wein und etwas von der Brühe ablöschen, die Gewürze zugeben und in 2–3 Stunden zugedeckt weichdünsten – Den Ochsenschwanz in einer Schüssel anrichten – Aus dem Bratensatz und Mehl eine Sauce bereiten, mit Wein und Gewürzen abschmecken und über das Fleisch gießen.
Beigabe: Teigwaren und Kartoffelpüree.

1 kg Ochsenschwanz, 2 Eßl. Butterschmalz, 2 Zwiebeln, 3 gelbe Rüben, 2 Tomaten oder Mark, etwas Sellerieknolle, 1/2–1 Tasse Rotwein, 1 Lorbeerblatt, 1–2 Nelken, Salz, Pfeffer, Paprika, 4 Eßl. Mehl

Rinderbraten

Fleisch, am besten mürben Schoß, würzen und mit dem Markknochen zusammen im Fett anbraten – In Würfel geschnittene Zwiebel und eine Tasse Wasser zugeben – Zugedeckt, über kleinem Feuer 1 1/2–2 Stunden dünsten – Zuletzt im Bratfett knusprig werden lassen – Auf heißer Platte aufgeschnitten anrichten – Aus dem Bratsatz mit Mehl und Wasser eine Sauce bereiten – Nach Belieben das Fleisch spicken und der Sauce Rahm beifügen.
Beigabe: Makkaroni.

750 g Rindfleisch, Salz, Pfeffer, 1 Markknochen, 2 Eßl. Butterschmalz, 1 Zwiebel, 1 Tomate, 1 Eßl. Mehl

Paprikarinderbraten

3/4–1 kg mürber Schoß, 50 g Speck, Salz, 5 Zwiebeln, 4 Eßl. Butterschmalz, 1 Eßl. Paprika, 1 Tasse Wasser, 1/2 Tasse Sauerrahm, Paprikaschoten

Fleisch zurichten, in Richtung der Fleischfasern spicken – Würfelig geschnittene Zwiebeln in Schmalz goldgelb andünsten – Fleisch gewürzt zugeben und allseitig anbraten – Paprika überstreuen und mit einer Tasse Wasser ablöschen – Zugedeckt gardünsten – Ist alle Flüssigkeit verdampft, das Fleisch im Fett knusprig braten – Auf heißer Platte anrichten – Den Bratfond mit Rahm aufgießen – Durchgeseiht über das Fleisch gießen – Streifig geschnittene, eingemachte grüne Paprikaschoten überstreuen.

Beigabe: Nockerl und Salat.

Rinderbrust, grilliert

3/4–1 kg gekochte Rinderbrust, Butter, Brösel, Salz, Pfeffer, Meerrettich

Gekochte Rinderbrust aus der Suppe (S. 125) in Scheiben schneiden – In zerlassene Butter tauchen, würzen und mit Bröseln panieren – Auf dem Rost mit Butter beträufelt, bei einmaligem Wenden im heißen Rohr braten – Beim Anrichten mit Meerrettichlocken bestreuen.

Meerrettichlocken: Meerrettich waschen und schälen – Mit einem scharfen Messer oder Hobel in sehr dünne, lange Streifen schaben, daß sie sich wie Hobelspäne leicht zusammenrollen.

Beigabe: Spinat.

Roastbeef nach Mirabeau

3/4 kg Roastbeef, Salz, Pfeffer, 3 Eßl. Butterschmalz, 2 Eßl. Butter, Wasser, Fleischglace, 1 Büschel Estragon, 4 Oliven, 3 Sardellen

Fleisch würzen, in eine Kasserolle legen und mit heißem Fett übergießen – 30 Minuten, bei öfterem Begießen mit dem eigenen Saft in sehr heißem Rohr braten – Danach noch 15 Minuten bei abgestellter Flamme nachziehen lassen – Den Bratsatz mit 1/4 Tasse Wasser und 1/4 Tasse Fleischglace aufgießen, einige frische Butterstückchen und Estragonblätter zugeben und aufkochen – Durchgeseiht zum Braten reichen – Das Fleisch in breite Schrägstreifen schneiden und auf vorgewärmter Platte anrichten – Jedes Fleischstück mit Sardellen in Dukatenzeichenform belegen (je 2 Sardellen senkrecht und 2 waagrecht darüber) – In die Mitte eine Olive setzen.

Beigabe: Strohkartoffeln.

Rostbraten

4 Rostbratenscheiben, Öl, 1–2 Zwiebeln, Salz und Pfeffer, 3 Eßl. Butterschmalz

Bei gut gelagerten Rostbraten die sehnige Haut an der Seite mehrmals einschneiden – Das Fleisch leicht klopfen – Mit Öl bestreichen und kurze Zeit liegen lassen – Würzen und im heißen Fett auf beiden Seiten anbraten – Auf heißer Platte anrichten – Im Bratsatz die geschnittenen Zwiebeln knusprig rösten und auf die Rostbraten legen – Das Fett entweder darübergießen oder mit etwas Mehl und Wasser zu einer Sauce aufkochen, würzen und auf die Platte gießen (darauf achten, daß die Zwiebeln nicht von der Sauce berührt werden, weil sie sonst ihre Knusprigkeit verlieren).

Beigabe: Bratkartoffeln und Spätzle mit Sauerkraut (sog. „Schwäbischer Rostbraten") oder Bratkartoffeln oder Spätzle mit grünem Salat oder Kartoffelsalat.

Roastbeef à la Wellington

(für 6–8 Personen)
1,5–2 kg Roastbeef am Stück, Salz, Pfeffer, Öl, 500 g Kalbfleisch gehackt, 1 Brötchen, 1 Zwiebel, 1 Eßl. gehackte Petersilie, 1 Eßl. Butter, Salz, Pfeffer, Paprika, 3 Eßl. Süßrahm, 1 Ei, 2 Päckchen tiefgekühlter Blätterteig, 1 Eigelb

Das Fleisch von Sehnen und Fett befreien und mit Zwirn zusammenbinden, so daß es eine länglich runde Form erhält – Mit Öl bepinseln und im heißen Rohr oder Grill von allen Seiten in etwa 45 Minuten braun braten – Es muß bei einem Druck mit dem Löffel noch nachgeben, nicht durchgebraten sein – Herausnehmen, würzen und völlig auskühlen lassen – Den Zwirn entfernen.

Hackfleisch mit dem eingeweichten, ausgedrückten Brötchen, in Butter angedünsteter gehackter Zwiebel und Petersilie, Gewürzen, Rahm und Ei gut vermengen.

Blätterteig zu 2 Teigplatten ausrollen, groß genug, um das Roastbeef ganz darin einzuhüllen – Die erste Teigplatte mit Wasser bestreichen, die zweite darüberlegen – Roastbeef auf allen Seiten mit der Hackfleischmischung bestreichen – Auf den Teig legen und vollkommen darin einhüllen – Aus den Teigresten kleine Halbmonde ausstechen und zum Garnieren der Oberfläche verwenden – Mit Eigelb bestreichen – 2–3 Löcher zum Abziehen des Dampfes anbringen – Im vorgeheizten Ofen bei guter Mittelhitze 20–30 Minuten goldbraun backen – Darauf achten, daß die Teigkruste durchgebacken ist – Heiß oder kalt servieren.

Roastbeef, gegrillt

(für 5–6 Personen)
1 1/2 kg abgelagertes Roastbeef, 1 Tasse Wasser, Öl, Salz, Pfeffer
Zur Sauce:
1–2 Zwiebeln, 1 Eßl. Butterschmalz, 1 Teel. Mehl, 1 Eßl. Sojasauce, 1 Teel. Fleischextrakt, 1/2 Tasse Rahm

Das von allen Sehnen befreite Fleisch mit Öl einreiben und auf dem Rost bei starker Hitze grillen, bis es auf allen Seiten gut angebräunt ist – Mit dem Wasser übergießen und für die restliche Grillzeit die Flamme kleiner stellen (die Grillzeit beträgt etwa 40–50 Minuten, je nachdem das Fleisch englisch, d.h. rosa oder durchgebraten gewünscht wird).
Zur Sauce: Kleingeschnittene Zwiebeln in Fett anrösten – Mit Wasser ablöschen – Wein dünsten – Einkochen lassen – Mehl darin anrösten – Fleischextrakt zugeben – Mit Wasser auffüllen – Den Bratsatz des Fleisches und Rahm zugeben – Mit Sojasauce abschmecken – Durchgeseiht zum Fleisch reichen.
Das Fleisch würzen und bei abgedrehter Flamme noch kurz im Ofen ziehen lassen – Vor dem Aufschneiden vorteilhafterweise etwas abkühlen lassen, da es sonst zuviel Saft verliert – Auf heißer Platte, mit Petersilie garniert, anrichten.
Beigabe: Pommes frites mit Spinat oder Gemüseplatte oder, ohne Sauce, mit Yorkshirepudding.

Grilladen von Suppenfleisch

300–500 g Siedfleisch, Essig, 1–2 Eier, Salz, Muskat, Brösel, Butterschmalz

Übriggebliebenes Suppenfleisch in Scheiben schneiden und mit Essig übergossen über Nacht stehen lassen – Anderntags, abgetropft mit Salz bestreuen und in geschlagenen Eiern und Bröseln wenden – In heißem Schmalz braten.
Beigabe: Kopfsalat.

Ungarischer Rostbraten

500–600 g Rostbraten, Salz,Pfeffer, 4 Eßl. Fett, 1 Zwiebel, 1 Teel. Rosenpaprika, 1/2 Zehe Knoblauch, 1 Eßl. Mehl, 1 1/2 Tassen Brühe oder Wasser, 1/2 Tasse Rahm

Fleisch in 4 Scheiben schneiden und klopfen – Mit Salz und Pfeffer einreiben, im heißen Fett rasch allseitig anbraten – Zerschnittene Zwiebel im Bratfett goldgelb rösten – Paprika und zerdrückte Knoblauch beifügen – Mehl überstäuben, mit Wasser oder Brühe ablöschen – Rahm zugeben und gut weichdünsten – Beim Anrichten die Sauce durchpassiert über das Fleisch gießen.
Beigabe: Nockerl und Kopfsalat mit französischer Marinade.

Rindfleisch, überbacken

Mehl in Butter anrösten – Mit Brühe oder Wasser ablöschen und auffüllen – Geriebene Zitronenschale, entkerntes Zitronenmark, feingehackte Schalotten, Petersilie, Kapern, Sardellen und Wein beifügen und gut verkochen – Das warme Fleisch mit geschmolzener Butter bestreichen – Würzen und mit Bröseln und Reibkäse bestreuen – Im heißen Rohr bei Oberhitze knusprig braten – In einer tiefen Schüssel, mit der Sauce übergossen, anrichten.
Beigabe: Salzkartoffeln und Senfgurken.

1 Eßl. Mehl, 3 Eßl. Butter, 1 Tasse Brühe, 1/2 Zitrone, 5 Schalotten, 1 Eßl. gehackte Petersilie, 1 Eßl. Kapern, 2 Sardellen, 1 Tasse Rotwein, Siedfleisch, Butter, Salz, Pfeffer, Brösel, Reibkäse

Rinderlende nach Wellington

Den Braten häuten, würzen und im heißen Fett über starker Flamme 15 Minuten braten – Auskühlen lassen und mit in Butter gedünsteten gehackten Kräutern, gehackter Zwiebel und blättrig geschnittenen Champignons bestreichen – Den Braten in messerrückendick ausgerollten Blätterteig schlagen – Mit Blätterteig-Halbmonden belegen – Mit geschlagenem Eigelb bestreichen und im heißen Rohr bei starker Hitze fertigbraten.
Beigabe: Spinat.

1–1 1/2 kg Rinderlende, 4 Eßl. Butterschmalz 1 Eßl. Butter, Salz, Pfeffer, Estragon, Kerbel, Petersilie, Dill, 1–2 Zwiebeln, 50 g Champignons, Blätterteig aus der Tiefkühltruhe, 1 Eigelb

Rumpsteak auf Weinhändler Art

Das Fleisch in 2 cm dicke, große Scheiben schneiden, klopfen und würzen – In Öl getaucht, auf heißem Rost halb braten – In schräge Vierecke schneiden und in eine Auflaufplatte legen – Mit Madeirasauce übergießen und mit in Scheiben geschnittenem, gebrühtem Mark und blättrig geschnittenen Pilzen belegen – Mit Reibkäse und Bröseln bestreuen und mit zerlassener Butter beträufeln – 10 Minuten im heißen Rohr überbacken.
Beigabe: Kartoffelkroketten und grüner Salat.

3/4–1 kg Beiried (Hüfte), Salz, Pfeffer, Öl, 1 Tasse Madeirasauce, 50 g Rindermark, einige Champignons, Trüffeln oder Steinpilze, 2 Eßl. Reibkäse, Brösel, Butter

Rumpsteak natur

Das Fleisch klopfen – Allseitig gut einfetten und mit Pfeffer bestreuen – Bei starker Hitze auf jeder Seite 2 Minuten grillen – Auf heißer Platte anrichten und mit Kräuterbutterscheiben belegen – Leicht salzen.
Beigabe: Pommes chips, Salate oder junge Gemüse.

pro Person:
1–2 cm dicke Scheibe Rinderhüfte, Öl oder Butterschmalz, Salz, Pfeffer, Kräuterbutter

Rindfleisch in brauner Sauce

300–500 g gekochtes Rindfleisch, 2 Eßl. Fett, 1 Zwiebel, 1 Eßl. Mehl, 1 Tasse Brühe, Salz, Pfeffer, 1 Lorbeerblatt, 1 Essiggurke, 1 Prise Zucker

Gehackte Zwiebel im heißen Fett mit Mehl zusammen gelbrösten – Mit Brühe ablöschen und auffüllen – Gewürze und würfelig geschnittenes Fleisch zugeben – Gut durchkochen – Kleinwürfelig geschnittene Gurke beifügen – Nach Geschmack mit Suppenwürze abschmecken.
Beigabe: Röstkartoffeln.

Rumpsteak nach Fürst Auersperg

3/4–1 kg Beiried (Hüfte), Salz, Pfeffer, Mehl, 3 Eßl. Fett, 1 Eßl. Butter, 100 g Rindermark, 50 g Champignons oder Steinpilze, Brösel, Reibkäse, Fleischglace, 1 Gansleber

Das Fleisch zu zweifingerdicken Scheiben schneiden, leicht klopfen und würzen – Auf einer Seite in Mehl tauchen und auf dieser in heißem Fett braunbraten – Mit der ungebratenen Seite in eine mit Butter ausgestrichene Pfanne legen – Mit roher, in Scheiben geschnittener Gansleber, Rindermark und Pilzen belegen – Reibkäse und Brösel überstreuen – Mit Butterstückchen belegen und mit Fleischglace betropfen – 15 Minuten vor dem Anrichten im heißen Rohr fertigstellen.
Beigabe: Erbsen und Strohkartoffeln.

Rinderbraten, Französische Art

750 g Rindfleisch, Salz, Pfeffer, 2 Eßl. Butterschmalz, 1 Zwiebel, 4 gelbe Rüben, 500 g Kartoffeln

Das Fleisch in Würfel schneiden und mit der gehackten Zwiebel im Fett kurz anbraten – Die geputzten, in Würfel oder Stifte geschnittenen gelben Rüben, das Tomatenpüree und die Gewürze beigeben und mit Wasser ablöschen – Kurz vor dem Garwerden die geschälten und in Würfel geschnittenen Kartoffeln zusetzen.
Beigabe: Grüner Salat.

Tellerfleisch mit Meerrettich

1 kg Ochsenfleisch, 1 Bündel Suppengrün, 1 aufgeschnittene Zwiebel, wenig, je Portion 2 Eßl. geriebener Meerrettich, evtl. etwas Senf, Schnittlauch

Im Suppentopf Wasser aufsetzen und kochen lassen, Fleisch hineingeben – Abschäumen, Suppengrün und mehrmals eingeschnittene Zwiebel zugeben, bei milder Hitze 2 Stunden kochen – Fleisch, in Scheiben geschnitten auf ein Holzbrett legen.
Dazu: Meerrettich, Salzkartoffeln, Kartoffelsalat, gemischter Salat, Gurken- und Tomatensalat, Schnittlauchröllchen.

Gehacktes Rinderschnitzel

500 g Hackfleisch, 1 Zwiebel, 1 Ei oder lauwarmes Wasser, Salz, Pfeffer, 1 gekochte Kartoffel, 2–3 Eßl. Butterschmalz, 1 Teel. Stärkemehl

Das Fleisch mit der gewiegten Zwiebel, dem Ei oder Wasser, dem Gewürz und der geriebenen Kartoffel gut vermengen – Flache runde Kuchen formen und mit dem Messer ein Gittermuster darauf hacken – Im heißen Schmalz auf beiden Seiten in 8–10 Minuten fertig braten (öfters mit dem Fett begießen) – Zwiebelbutter oder eine aus Stärkemehl, dem Bratsatz und Gewürz bereitete Sauce über die Schnitzel gießen.
Beigabe: Salzkartoffeln mit Salat oder Gemüse.

Doppelte Rinderlendenschnitte

3/4 Rinderlende (Mittelstück, 3 Eßl. Butterschmalz, Salz, Pfeffer, 3 Eßl. Butter, 1 Eßl. Fleischextrakt, 1/2 Tasse Wasser, 1 Teel. Zitronensaft, 1 Eßl. gehackte Petersilie

Fleisch, von Haut und Sehnen befreit, klopfen und ihm eine schöne, runde flache Form geben – Gewürzt, in 20–30 Minuten, ohne hineinzustechen, in heißem Schmalz auf beiden Seiten braunbraten, so daß es innen noch rosa bleibt – Das Fleisch auf heißer Platte anrichten – Vom Bratsatz das Schmalz abgießen und Fleischextrakt, frische Butter, Petersilie und Zitronensaft zugeben – Mit Wasser aufkochen und nach Bedarf nachwürzen – Beim Anrichten die Sauce über das Fleisch gießen.
Beigabe: Verschiedene gedünstete oder gekochte und in Butter geschwenkte Gemüse um das Fleisch legen – Am besten eignen sich Bohnen, Erbsen, Karotten, Spargel, Blumenkohl und Pfifferlinge.

Siedfleisch

750 g Ochsenfleisch, flache Rippe, Bug oder Brustkern, Salz, Suppengrün, 1 Tomate, Safran, Suppenwürze, Schnittlauch oder Muskat

Die Knochen, das Suppengrün und die Tomate in 2 l kaltem Wasser mit Salz aufstellen – Das vorgerichtete Fleisch in die kochende Brühe legen – Zugedeckt etwa 2 Stunden langsam kochen oder im Dampftopf in etwa 30 Minuten garen – Mit Safran schön goldgelb färben und mit Suppenwürze abschmecken – Vor dem Anrichten das Fleisch in Scheiben schneiden, Salz, Pfeffer, gehackte Petersilie darüberstreuen und etwas von der durchgeseihten Brühe dazugießen.
Beigabe: Bratkartoffeln mit Salatplatte und Meerrettichsauce oder Bouillonkartoffeln mit Gemüse und Preiselbeeren oder Kartoffelsalat.

Siedfleischhaschee

300–500 g Suppenfleisch, 1 Zwiebel, Petersilie, 3 Eßl. Butter, 2 Eßl. Mehl, Pfeffer, Salz, Muskatnuß, Fleischbrühe, 1/4 Tasse Weißwein, 1/4 Zitrone, Saft und Schale

Fleisch fein verwiegen oder durch den Wolf drehen – Gehackte Zwiebel und Petersilie in Butter andünsten – Fleisch zugeben – Unter stetem Rühren 10 Minuten dünsten – Mehl überstäuben und mit Brühe ablöschen und auffüllen – Mit Gewürzen und Wein abschmecken und durchkochen.
Beigabe: Kartoffelkroketten.

Rinderrouladen

4 dünne Scheiben Rindfleisch, 4 Scheiben Speck, 1 Zwiebel, Petersilie, gehackt, Senf, 2 Eßl. Butterschmalz, 1 Eßl. Mehl, 2 Eßl. Rahm, Salz, Pfeffer, Paprika

Die Fleischscheiben klopfen und mit Salz und Pfeffer einreiben – Den in Würfel geschnittenen Speck, die gehackte Zwiebel, die Petersilie und den Senf vermengen – Die Fleischscheiben damit bestreichen, zusammenrollen und mit Bindfaden umwickeln – Die Rouladen in Mehl wenden und im heißen Fett auf allen Seiten anbraten – Mit etwas Wasser ablöschen und zugedeckt etwa 30 Minuten dünsten – Ist alle Flüssigkeit verdampft, die Rouladen im Bratsatz nochmals wenden, herausnehmen und in eine heiße Schüssel legen (Faden ablösen) – Den Bratsatz mit dem Mehl, Rahm und Wasser zu einer Sauce kochen und diese über die Rouladen gießen.
Beigabe: Salzkartoffeln oder Kartoffelpüree mit grünem Salat.

Rindfleischröllchen

500 g Siedfleisch, 1 Eßl. Butter, 1 Eßl. Mehl, 1 Eßl. Fleischextrakt, 2 Eigelb, 1 Eßl. gehackte Zwiebel, 1 Teel. gehackte Petersilie, 1 Tasse Wasser, Salz, Pfeffer, 1 Ei, Brösel, Backfett, Petersiliensträußchen, Zitronenscheiben

Das gekochte Fleisch durch den Wolf drehen oder sehr fein verwiegen – In heißer Butter, Mehl, Zwiebel und Petersilie anrösten – Fleischextrakt zurühren, mit wenig Wasser ablöschen und aufkochen – Vom Feuer nehmen, mit Eigelb legieren und das Fleisch beifügen – Würzen und wieder aufs Feuer geben und unter Rühren aufkochen, bis die Masse wie ein dicker Teig erscheint – Zum Abkühlen auf flacher Platte ausbreiten – Rollen formen und zweimal in Bröseln und geschlagenem Ei wenden – In heißem Backfett allseitig goldbraun herausbacken – Petersiliensträußchen waschen, trocknen und im Fett rösch werden lassen – Beim Anrichten auf die Kroketten legen und mit Zitronenschnitzen garnieren.
Beigabe: Sauce Gourmande.

Rinderkotelett vom Rost

Von einem dick geschnittenen Rinderrippenstück den Gratknochen abhauen und den Nerv entfernen – Klopfen und den Knochen etwa 6 cm tief lösen – Würzen, mit zerlassener Butter oder Olivenöl bestrichen, ziehen lassen – Auf den heißen Rost legen und bei großer Hitze auf jeder Seite etwa 10 Minuten braten – Beim Anrichten den Knochen mit einer Papiermanschette bestecken – Aus dem abgetropften Fett eine Sauce bereiten.

Beigabe: Kartoffeln und Kohlrabigemüse.

3/4 kg Rinderrippenstück, Salz, Pfeffer, Olivenöl oder zerlassene Butter

Schmorbraten

Das Fleisch mit Salz und Pfeffer einreiben und im heißen Fett zusammen mit dem Knochen anbraten – Die in Würfel geschnittene Zwiebel und die Tomate zugeben – Mit etwas Wasser ablöschen und zugedeckt auf kleiner Flamme 1 1/2–2 Stunden dünsten – Von Zeit zu Zeit wenden und etwas Wasser nachgießen – Den fertigen Braten auf eine heiße Platte legen – Aus dem Bratensatz mit dem Mehl und etwas Wasser oder Fleischbrühe eine Sauce bereiten – Durchseihen und über das Fleisch gießen oder gesondert dazu reichen – Nach Belieben kann das Fleisch auch gespickt und der Sauce etwas Rahm beigemengt werden.

Beigabe: Salzkartoffeln mit Wirsinggemüse oder gelbe Rüben oder Teigwaren mit grünem Salat.

750 g Mürber Schoß, Salz, Pfeffer, 2 Eßl. Fett oder Butterschmalz, 1 Markknochen, 1 Zwiebel, 1 Tomate, 1 Eßl. Mehl, Wasser oder Fleischbrühe

Schmorbraten à la Bordelaise

In das Fleisch längs der Faser Löcher stechen und fingerdick geschnittene Speckstreifen einziehen – Das Fleisch allseitig mit Salz und Pfeffer einreiben, in heißem Fett mit Wurzelwerk und Zwiebeln anbraten – Wenig Wasser zugießen und zugedeckt unter öfterem Begießen schmoren – Ist das Fleisch beinahe gar, das eingeweichte Brot, oder mit wenig Wasser angerührtes Stärkemehl, Gewürze, Wein und Wasser zugeben – Zugedeckt fertigstellen – Beim Anrichten die Sauce durchpassiert zum Fleisch reichen.

Beigabe: Annakartoffeln.

3/4–1 kg Rindfleisch, 50 g Speck, Salz, Pfeffer, 1/4 Petersilienwurzel, 1 Stückchen Sellerieknolle, 1 kleine gelbe Rübe, 1 Zwiebel, Pfefferkörner, 1 Lorbeerblatt, 1 Prise Ingwer, 4 Eßl. Fett, 1/4 Tasse Rotwein, 20 g Brot oder 1 Teel. Stärkemehl, Wasser oder Brühe

Sauerbraten

750 g Rindfleisch
Zur Beize:
1/2 Tasse Essig, 1/2 Tasse Wasser, Salz, Pfeffer, 1 Prise Zucker, 1 Lorbeerblatt, 2 Nelken, 1 Zwiebel
Zum Braten:
2 Eßl. Fett, 1 Markknochen, 1 Tomate, Salz, Pfeffer

Das Fleisch mit dem aufgekochten Essig, dem Wasser, den Gewürzen und der in Scheiben geschnittenen Zwiebel 2–3 Tage einlegen – Abtrocknen und zusammen mit dem Markknochen im heißen Fett anbraten – Die Zwiebel und Tomate zugeben – Mit der Beize ablöschen und das Fleisch zugedeckt etwa 1 Stunde dünsten – Zuletzt das Fleisch im Bratsatz nochmals wenden, daß es allseitig schön fett ist, aufschneiden und auf eine vorgewärmte Platte legen – Aus dem Bratensatz mit Mehl und Wasser eine Sauce bereiten (Sauerbratensauce wird meist reichlicher als andere Saucen benötigt) – Nach Geschmack noch etwas Essig oder Zitronensaft, Zucker, Salz, ein Stückchen frische Butter, etwas Rahm oder Wein zusetzen – Die Sauce durchseihen und über das Fleisch gießen oder gesondert reichen.

Beigabe: Rohe oder gekochte Kartoffelklöße, Kartoffelpüree, Teigwaren oder Spätzle.

Variationen zu Sauerbraten:

Sauce mit einem zerkrümelten Soßlebkuchen pikant würzen.

Besonders würzig wird die Sauce, gibt man noch einige Nelken in die Marinade.

Einige zerkleinerte Möhren und viel gehackte Petersilie mitdünsten.

Als Beilage Reis reichen und mit Essiggürkchen den scharfen Kontrapunkt geben.

Das Fleisch in folgende Marinade einlegen: 1/2 l Buttermilch, 1/8 Estragon-Essig, Gewürzkörner, Lorbeerblatt, Salz, Zwiebelscheiben.

Marinade aus einer Mischung von 1/4 l Weißwein, 1/4 l Wasser, 1/4 l Weinessig und den üblichen Gewürzen bereiten.

Während des Schmorens in einem Tee-Ei 10 Wacholderbeeren und einige Fichtennadeln mit in der Sauce durchziehen lassen. Das gibt Fleisch und Sauce einen wildähnlichen Geschmack.

Besonders in Norddeutschland liebt man es, etwas gut eingeweichtes Backobst mitzudünsten.

Boeuf à la mode

Fleisch klopfen und mit Speckstreifen spicken – Mit Salz, Pfeffer und Nelkenpfeffer einreiben und leicht in Mehl wenden – Schmalz erhitzen, Fleisch allseitig darin anbraten – Gewürze, Wurzelwerk und die zerschnittene Zwiebel daneben anrösten – Tomate und gebrühten Kalbsfuß zugeben – Mit Wasser, Wein und Essig auffüllen, bis das Fleisch zur Hälfte davon bedeckt ist – Zugedeckt langsam schmoren – Ist die Flüssigkeit eingekocht, Wasser nachgießen und das Fleisch wenden – Zuletzt Gurkenwürfel zugeben und fertigschmoren – Garzeit 2 1/2 bis 3 Stunden – In Scheiben geschnitten auf heißer Platte anrichten – Die Sauce, wenn sie zu dick ist, mit Wasser verdünnen oder, umgekehrt, mit in Wasser angerührtem Stärkemehl dicken – Die Sauce beim Anrichten über den Braten gießen.
Beigabe: Makkaroni oder Spätzle.

3/4–1 kg Rindfleisch (Schwanzstück oder Schale), 50 g Speck, Salz, Pfeffer, Nelkenpfeffer, 1 Zwiebel, 1 gelbe Rübe, 1 Scheibe Sellerie, 1 Lorbeerblatt, Pfefferkörner, 4 Eßl. Butterschmalz, 1 Eßl. Mehl, 1 Tomate oder Mark, 1 Kalbsfuß, 1 Tasse Wasser, 1 Tasse Rotwein, 1 Eßl. Essig, 1 Tasse saure oder frische Gurkenwürfel, 1 Teel. Stärkemehl, Wasser

Schlachtbraten

Vom Fleisch Sehnen und seitliche Haut abtrennen – Mit Speckstreifen spicken und würzen – In heißem Schmalz rasch auf beiden Seiten anbraten – Wurzelwerk und Gewürze zugeben und mit der gespickten Seite nach oben ins heiße Rohr stellen – Unter häufigem Begießen in etwa 3/4 Stunden gebraten – Aus dem Bratsatz mit Mehl, Fleischextrakt und 1 Tasse Wasser eine Sauce kochen – Durchseihen und kurz mit Wein und Rahm wieder erwärmen.
Beigabe: Spätzle und Salat.

3/4 kg Rinderlende, 4 Eßl. Butterschmalz, 50 g Speck, Salz, Pfeffer, Petersilienwurzel, 1 Scheibe Sellerie, 1 gelbe Rübe, Pfefferkörner, 1 Nelke, 1/2 Lorbeerblatt, 1 Eßl. Fleischextrakt, 1 Gläschen Madeira, 1/4 Tasse Sauerrahm, 2 Teel. Mehl

Tournedos mit Gänseleber

Die Fleischscheiben rund formen, mit Bindfaden zusammenhalten – Würzen und im rauchheißen Fett auf beiden Seiten je 1–3 Minuten braten, je nachdem man das Fleisch englisch oder sehr durchgebraten wünscht – Leberpastete in heißer Butter kurz wenden und die Tournedos damit belegen – Die Brotscheiben hell in Butter anrösten – Beim Anrichten das Bratfett des Fleisches übergießen und die Tournedos daraufsetzen.
Beigabe: Pommes frites und Salate.

4 Scheiben Rinderfilet je 90–100 g schwer, Salz, Pfeffer, 5 Eßl. Butterschmalz oder Öl, 4 Scheiben Toastbrot, 4 Scheiben Gänseleberpastete

Topfbraten

3/4 kg Rinderrippenstück, Salz, Pfeffer, Mehl, 1 Tasse Salzspeckwürfel, 8 gelbe Rüben, 8 Kartoffeln, 2–3 Eßl. Butter

Fleisch mit Salz und Pfeffer einreiben und in Mehl wälzen – Salzspeckwürfel auslassen und das Rippenstück darin umwenden – Fleisch mit 1/2 Tasse heißem Wasser in eine Kasserolle geben und zugedeckt langsam weichdünsten – Nach Bedarf noch Wasser zugießen und von Zeit zu Zeit wenden – Gelbe Rüben schaben und in Scheiben schneiden – Kleine Kartoffeln schälen und in Schnitze teilen – Getrennt in Salzwasser weichkochen und abtropfen lassen – Mit Salz bestreut und mit Butter begossen, um das Fleisch herum anrichten – Mit Petersilie garnieren.

Tournedos auf Croutons mit Kräuterbutter

1/2–3/4 kg Rinderfilet, 3 Eßl. Butterschmalz, Salz, Pfeffer, 2 Eßl. Butter, Kräuterbutter, 4 Weißbrotscheiben

Aus gut abgelagertem, gehäutetem Fleisch 2 cm dicke Scheiben schneiden und gleichmäßig abrunden – Mit dem Messerrücken leicht klopfen und würzen – Eine Pfanne stark erhitzen, Fett darin heiß werden lassen und die Tournedos schnell, ohne hineinzustechen, in 5–7 Minuten braun und knusprig braten – Den Bratsaft entfetten und Butter zugeben – Zugedeckt auf kleiner Flamme ziehen lassen – Weißbrotscheiben entrinden, in Butter auf beiden Seiten leicht anrösten – Beim Anrichten auf jede Brotscheibe 1 Tournedos setzen und mit Bratfett begießen – Auf die Tournedos je ein Stückchen Kräuterbutter legen.

Beigabe: Pommes frites und zartes, in Butter gedünstetes Gemüse oder Gurkenkörbchen.

Zwiebelfleisch

Reste von Siedfleisch, 1–2 Eßl. Butterschmalz, 1 Zwiebel, Salz, Pfeffer, 4 Eier

Das Fleisch in dünne Scheiben schneiden, würzen und mit der zerschnittenen Zwiebel im heißen Schmalz auf beiden Seiten anbraten – Nach Belieben Spiegeleier darüberschlagen oder die Fleischstücke in Teig tauchen und herausbacken oder mit der Zwiebel gar schmoren lassen – Auf heißer Platte anrichten und mit gehackter Petersilie bestreuen.

Kutteln à la Bordelaise

Kutteln in viereckige Stücke schneiden – Mit feingehackten Schalotten in Butter dünsten – Mit Rotwein ablöschen und mit brauner Sauce und Fleischextrakt vermengen – Gewässertes, in Scheiben geschnittenes Mark beifügen – Zugedeckt weitere 10 Minuten dünsten – Sehr heiß servieren.
Beigabe: Salzkartoffeln.

3/4 kg Kutteln, 2 Schalotten, 3 Eßl. Butter, 1 Glas Rotwein, 3/4 Tasse braune Sauce, 1 Eßl. Fleischextrakt, 100 g Ochsenmark

Kutteln à la Caën

Gekochte Kutteln in 5 cm Quadrate schneiden – Kalbsfuß brühen und der Länge nach spalten – Schwarten und Schinken würfelig schneiden – Gemüse und Zwiebeln in grobe Schnitze teilen – Alles zusammen in ein gut verschließbares, irdenes Geschirr oder in eine feuerfeste Porzellanform schichten – Gewürze, Wein und kochendes Wasser zugießen – Aufkochen und danach gut verschließen – Den Rand mit Wasserteig zukleben, damit der Dampf nicht entweichen kann – In mäßig heißem Rohr etwa 5 Stunden dünsten – Das Gericht in der Form, mit einer Serviette umhüllt, zu Tisch geben.

1 1/2 kg Kutteln, 1 Kalbsfuß, 125 g rohe Schweineschwarten, 125 g roher Schinken, 2 Lauchstangen, 1 kleine Sellerieknolle, 2 Zwiebeln, 2 gelbe Rüben, 3–4 Tomaten oder Mark, 1 Lorbeerblatt, 1 Zehe Knoblauch, 10 Pfefferkörner, 2 Nelken, 1 Messerspitze Thymian, Cayenne-Pfeffer, 1 l Weißwein, 1 l Salzwasser, Wasserteig zum Verschließen des Topfes

Geröstete Kutteln

Die gereinigten, abgekochten Kutteln in feine Streifen schneiden und im heißen Fett dünsten – Das mit Rahm verrührte Ei darübergießen, würzen und anrichten.

500 g Kutteln, 2 Eßl. Butterschmalz, 1 Ei, 3 Eßl. Rahm, Salz, Pfeffer

Saure Kutteln

Das Mehl im Fett hellbraun rösten, ablöschen, salzen und gut durchkochen – Die gereinigten Kutteln in möglichst dünne Streifen schneiden – In der Sauce vollends weichkochen und mit den Gewürzen, Essig und Zitrone abschmecken.
Beigabe: Salzkartoffeln.

500 g gekochte Kutteln, 2 Eßl. Butterschmalz, 4 Eßl. Mehl, 1 Eßl. Essig, Zitrone, 1 Lorbeerblatt, Gewürzkörner, Salz, Pfeffer, Paprika, Suppenwürze oder Wein

Nierenbratklopse

1 Rinderniere, Fleischbrühe, Schweinefleisch, 1–2 Eier, 2 Brötchen, gehackte Petersilie, 1 Zwiebel, 1 Eßl. Butter, Salz, Pfeffer, Bratfett

Niere in Fleischbrühe abkochen – Mit dem gleichen Gewicht Schweinefleisch durch den Wolf treiben – Eingeweichte und ausgedrückte Brötchen, in Butter angedünstete Petersilie und gehackte Zwiebel zugeben – Gut vermengt zu großen Kloßen formen – In heißem Bratfett allseitig schön braun und knusprig braten.
Beigabe: Annakartoffeln und Selleriesalat.

Pökelzunge

1 Pökelzunge, Wasser, Wurzelwerk
Zur Sauce:
Zungenbrühe, Madeirasauce

Die Zunge 1/2–2 Tage wässern – Kaltem Wasser zugesetzt, etwa 3 Stunden kochen – Sie ist fertig, wenn sie sich mit der Gabel leicht durchstechen und die Haut sich an der Zungenspitze ablösen läßt – Vor dem Anrichten die Haut ablösen und das schwammige Fleisch an der Zungenwurzel sowie alles Knorpelige entfernen – In Scheiben aufgeschnitten und wieder in ihre ursprüngliche Form zusammensetzen und auf einer Platte anrichten – Madeirasauce mit Zungenbrühe vermengt, zubereiten.
Beigabe: Spinat und Kartoffeln.

Ochsenzunge in Madeira

(für 6–8 Personen)
1 gesalzene Ochsenzunge, Suppengrün, 1 Zwiebel, Madeirasauce

Die Zunge wässern – Ohne Salz mit dem Suppengrün und der Zwiebel aufstellen und langsam in 3–4 Stunden weichkochen (sie ist gar, wenn sich die Haut an der Zungenspitze leicht ablösen läßt) – Die Madeirasauce mit etwas Zungenbrühe verdünnen und zu der in Scheiben geschnittenen Zunge reichen.
Beigabe: Kartoffelpüree mit Spinat oder grünen Bohnen.

Zungenfrikassee mit Reis

500 g gekochte Zunge, 3 Eßl. Butter, 1 Zwiebel, 2 Eßl. Mehl, Zungenbrühe, 2 Scheiben Zitrone, Muskatblüte, Pfeffer, 1 Glas Weißwein, 1 Ei

Zunge in Würfel schneiden – In Butter feingeschnittene Zwiebel dünsten – Mehl zugeben und anschwitzen – Mit Zungenbrühe ablöschen und auffüllen – Einkochen, bis die Sauce sämig ist – Entkernte Zitronenscheiben, Wein, Gewürze und Zungenwürfel zugeben und durchkochen – Vor dem Anrichten mit Eigelb legieren.
Beigabe: Reis.

Frische Ochsenzunge in Kapernsauce

(für 6–8 Personen)
1 frische Ochsen- oder Rinderzunge, Wasser, Salz, Gewürzkörner, Wurzelwerk, Suppengrün, Kapernsauce

Die Zunge möglichst frisch verwenden – Den aufstehenden Knochen und das gelbe, schwammige Fleisch abschneiden – Mit Salz abreiben und so lange waschen, bis alles Schleimige entfernt ist – In Salzwasser aufstellen und mit Wurzelwerk und Gewürzen in etwa 3 Stunden weichkochen – Nach dem ersten Aufkochen abschäumen – Die Zunge ist gar, wenn sie sich leicht durchstechen läßt und die weiße Haut an ihrer Spitze leicht abzulösen geht – Die abgezogene Zunge in halbfingerdicke Scheiben schneiden und in ihrer ursprünglichen Form auf einer Platte wieder zusammensetzen.
Beigabe: Kapernsauce und Kartoffelkroketten.

Gefüllte Zunge

1 frische Rinderzunge, einige Champignons, 50 g roher Schinken, 2 Eßl. Butter, 3 Eier, Brösel, Milch, Salz, Gewürzmischung, 50 g Speck, 4–6 Eßl. Butter
Zum Braten:
1 Zwiebel, 1/2 Tasse Rotwein, 2 Eßl. Mehl

Eine frische, zugerichtete Rinderzunge in Salzwasser fast weichkochen – Herausnehmen und die Haut abziehen – Erkalten lassen und der Länge nach spalten – Aus jeder Hälfte in der Mitte der Schnittfläche mit scharfem Messer einen Streifen herauslösen, so daß eine Rinne entsteht – Das herausgelöste Fleisch mit Champignons und Schinken durch den Wolf drehen – Schaumig gerührte Butter mit Eiern abrühren (1 Eiweiß zurückbehalten) – Mit Bröseln und Milch zu einer nicht zu festen Fülle vermengen – Würzen, 10 Minuten stehen lassen und danach mit der Zungenmischung vermengen – Ist die Fülle etwas zu fest geworden, mit Rahm verdünnen – Die Rinnen der Zungenhälften damit füllen – Die Schnittflächen mit geschlagenem Eiweiß bestreichen – Die Zungenhälften zu ihrer ursprünglichen Form zusammensetzen und mit Bindfaden umwickeln – Die Zungenseiten über die Schnittflächen hinweg mit Speckstreifen spicken – In einer Kasserolle, mit zerlassener Butter übergossen und gehackter Zwiebel, im heißen Rohr fertigbraten – Im Bratsatz Mehl anrösten, mit Zungenbrühe ablöschen und auffüllen – Mit Rotwein und Gewürzen abschmecken – Beim Anrichten den Bindfaden entfernen und die Zunge in Scheiben schneiden – Mit Sauce übergießen.
Beigabe: Kartoffelschnee.

Tiroler Leber vom Rind

4 Scheiben Leber zu je 150 g, 1 große Zwiebel (in Ringe geschnitten), etwas Mehl zum Bestäuben, 2 Eßl. Butter, Margarine oder Nierenfett, Salz, Pfeffer, Zitronenschale, Kapern, Fleischbrühe, saure Sahne

Zwiebeln braten und warmstellen – In der gleichen Pfanne etwas Zitronenschale in das Bratfett geben, etwas Mehl darüberstreuen und ein paar Kapern zugeben – Mit Fleischbrühe verrühren, saure Sahne zugießen, alles gut vermischen und ein paar Minuten kochen lassen – Die Leberscheiben in dieser Sauce noch einmal schnell erhitzen, auf einer warmen Platte anrichten und mit der Sauce übergießen.

Beilage: Semmelklöße.

Kalbfleischgerichte

Glacierte Kalbsbrust

Die Knochen auslösen – Das Fleisch waschen, trocknen und die Haut lösen, daß eine Tasche entsteht – Innen und außen mit Gewürz einreiben – Die Tasche mit in Butter gedünsteten, feinverwiegten Kräutern, Pilzen und Zwiebel ausstreichen – Zusammennähen und im heißen Fett in etwa 1 1/4 Stunden braunbraten – Nach Bedarf etwas Wasser zugeben – Ist das Fleisch weich, herausnehmen und mehrmals mit Glasur überziehen – Zur Glasur den entfetteten Bratsatz mit in Wein aufgelöster Gelatine und 2 Eßlöffel Wasser oder Fleischglace dick einkochen – Die übrige Sauce recht heiß zum Braten servieren.
Beilage: Feine Kartoffelbällchen und Endiviensalat.

3/4–1 kg Kalbsbrust, Salz, Pfeffer, feine Kräuter wie: Kerbel, Estragon und Petersilie, 50 g Pilze, 1 Zwiebel, 2 Eßl. Butter, 4 Eßl. Fett, 2 Eßl. Fleischglace oder entfettete Bratensauce, 1 Teel. gemahlene Gelatine, 1 Teel. Weißwein

Kalbsbrust nach Mironton

Kalbsbrust ausbeinen und in nicht zu kleine Stücke schneiden – In kochendes Salzwasser geben, aufkochen und den Schaum abschöpfen – Wurzelwerk und Gewürze beifügen und das Fleisch langsam weichkochen – Geschnittene Zwiebel und Mehl in Butter anschwitzen – Mit Brühe oder Wasser glattrühren – Tomatenpüree oder frische, ausgedrückte, geschälte, feingehackte Tomaten, Salz, Pfeffer und Zitronensaft beifügen – Zu dicker Sauce verkochen – Die weichgekochten Fleischstücke auf eine mit Butter bestrichene Platte legen, mit feingehackter Gurke und Kapern bestreuen – Mit Sauce überziehen, mit Bröseln und Reibkäse bestreuen und mit Butterstückchen belegen – Um den Rand herum den Wein gießen – Im heißen Rohr in etwa 15–30 Minuten bräunen lassen – Mit Zitronenschnitzen und Petersilie garniert anrichten.
Beigabe: Grüner Salat.

1 kg Kalbsbrust, Salzwasser, Wurzelwerk, Salz, Pfeffer, Paprika
Zur Sauce:
2 Eßl. Butter, 2 Eßl. Mehl, 1 Zwiebel, 1 Eßl. Tomatenpüree, 1 Tasse Brühe oder Wasser, Salz, Pfeffer, 1 Eßl. Zitronensaft, 1 Essiggurke, 1 Eßl. Kapern, Brösel, Reibkäse, Butterflöckchen, 1/2 Glas Weißwein

Kalbsbraten

1/2–1 kg Kalbfleisch, Hals, Schlegel oder Bug, Salz, Pfeffer, 4 Eßl. Butterschmalz, 1 Zwiebel, 1 Tomate, 1/2 Eßl. Mehl, Paprika

Das Fleisch mit Salz und Pfeffer würzen und im heißen Schmalz auf allen Seiten anbraten – Die Zwiebel und die Tomate in Würfel schneiden und zugeben – Mit Wasser oder Fleischbrühe ablöschen und zugedeckt weich dünsten – Von Zeit zu Zeit wenden und nach Bedarf noch etwas Flüssigkeit zugeben – Ist das Fleisch gar und alle Flüssigkeit verdampft, den Braten im Fett wenden, bis er glänzend und knusprig wird – Auf eine vorgewärmte Platte legen und vor dem Anrichten in Scheiben schneiden – Im Bratensatz das Mehl hellgelb rösten, Paprika zugeben und mit so viel Wasser ablöschen als Sauce benötigt wird, durchgeseiht zum Fleisch reichen.
Beigabe: Teigwaren, Reis oder Kartoffeln mit Gemüsen oder Salat.

Gefüllter Kalbsbraten vom Grill

1 kg Kalbfleisch, 1 gelbe Rübe, 1 Essiggurke, 2 Saitenwürstchen, 2 hartgekochte Eier, 50 g Speck, 4 Eßl. Butterschmalz, Öl, Salz, Pfeffer

Ein schönes, festes, möglichst viereckiges Fleischstück nehmen – Mit dem Messer 5 tiefe Einschnitte durch das Ganze schneiden – In den mittleren die geschälten Eier übereinanderstecken und in die übrigen Einschnitte über Eck die Würstchen, rohe gelbe Rübe und die Gurke – Es sieht nun aus wie die 5 Augen eines Spielwürfels – Das ganze Stück auf allen Seiten mit dünnen Speckstreifen spicken und würzen – Mit Butterschmalz und Öl bestrichen, auf dem Grill, unter häufigem Begießen mit dem eigenen Saft, knusprig braten – In Scheiben aufgeschnitten und mit dem Bratsaft begossen anrichten.
Beigabe: Spinat und Prinzessinnen-Kartoffeln.

Kalbfleischfrikassee auf Schweizer Art

1/2–3/4 kg Kalbfleisch (Schulter), 2 Eßl. Butterschmalz, 3 Eßl. Mehl, 2 Tassen Wasser, 1 kleine Zwiebel, 3 Nelken, Salz, Pfeffer, 1/2 Zitrone, Saft, 1/2 Glas Weißwein

Aus Schmalz und Mehl eine helle Mehlschwitze bereiten – Mit Wasser ablöschen und auffüllen – Zwiebel, mit Nelken besteckt, und Gewürze beifügen – Zu einer Sauce verkochen – In gefällige Stücke geschnittenes Fleisch zugeben und zugedeckt auf mäßigem Feuer in etwa 1 Stunde weichdünsten – 15 Minuten vor dem Anrichten mit Zitronensaft und Wein abschmecken.
Beigabe: Kartoffelkroketten oder Reis.

Gefüllte Kalbsbrust

(für 6 Personen)
1 kg Kalbsbrust, Salz, Zitronensaft, 3 Brötchen, 1 Tasse Milch, 2 Zwiebeln, Petersilie, 1–2 Eier, 1 Tasse Fleischbrühe, 4 Eßl. Butterschmalz, 1 Eßl. Mehl, Pfeffer, Salz, Muskat

In das Fleisch eine Tasche schneiden und es mit Salz und Zitronensaft einreiben – Die Brötchen in kleine Würfel schneiden, mit der heißen Milch anbrühen und zugedeckt stehen lassen – Mit 1 gehackten und gedämpften Zwiebel, der Petersilie, dem Eigelb und Eierschnee gut vermischen und würzen – Die Kalbsbrust damit füllen und zunähen – In einer Kasserolle die Brühe oder das Wasser und die Butter erhitzen, die Kalbsbrust hineinlegen, die in Würfel geschnittene Zwiebel zugeben, und zugedeckt weichdämpfen – Von Zeit zu Zeit den Braten wenden und etwas Brühe zugießen oder in den Backofen stellen und in 1–1 1/4 Stunden fertigbraten – Im Bratensatz das Mehl anrösten und so viel Wasser zugeben, als Sauce benötigt wird – Mit sehr scharfem Messer das Fleisch in Scheiben schneiden, zweckmäßigerweise dabei die obere Kruste mit einer Schere durchschneiden, damit die Fülle nicht zerdrückt wird.
Beigabe: Spätzle mit grünem Salat oder gemischter Salat.

Kalbsbrust mit Hirnfülle

1 kg Kalbsbrust, Salz, Pfeffer, 6 Eßl. Butterschmalz, Wasser, 1 Zwiebel
Zur Fülle:
Kalbshirn, Petersilie, 2 Eßl. Butter, 1/2 Tasse Milch, 3 Brötchen, 2 Eier, Salz, Pfeffer, Brösel

Kalbsbrust von den Rippen befreien, waschen und abtrocknen – Die durch ein dünnes Hautgewebe verbundenen Fleischteile trennen, daß eine Tasche entsteht – Mit Salz ausreiben, füllen, danach zunähen.
Zur Fülle: Gewässertes, enthäutetes Hirn mit gehackter Petersilie in Butter dünsten – Entrindete, in Milch eingeweichte, und wieder ausgedrückte Brötchen mit Hirn, Eiern, Salz, Pfeffer und Bröseln vermengen – Die gefüllte Kalbsbrust in Butter mit Zwiebeln allseitig anbraten – 1 Tasse Wasser zugeben und zugedeckt weichdünsten – Nach Verdampfen des Wassers in Fett knusprig braten oder im Backofen bei öfterem Begießen fertigstellen – Im Bratsatz wenig Mehl leicht anrösten und unter Zugabe von Wasser eine Sauce bereiten – Den Braten aufschneiden, wobei vorteilhafterweise die Kruste mit der Schere erst durchtrennt wird, um die Fülle nicht zusammenzudrücken – Sauce gesondert reichen.
Beigabe: Salzkartoffeln und grüner Salat oder Kartoffelsalat.

Polnischer Kalbsbraten

750 g Kalbsnuß, Salz, Pfeffer, Zitronensaft, 1 Scheibe Speck, 1 Eßl. Essiggürkchen, 3 Sardellen, 3 Eßl. Butterschmalz, 1/2 Tasse Sauerrahm

Das Fleisch mit Salz, Pfeffer und Zitronensaft einreiben – Mit den geschnittenen Gürkchen und Sardellenfilets spicken – Weitere Zubereitung wie Kalbsbraten – Die Sauce mit dem Rahm abschmecken und nach Bedarf würzen.

Beigabe: Kartoffelpüree oder Teigwaren mit grünem Salat.

Cordon bleu

4 dicke Kalbsschnitzel, Tomaten-Ketchup, 3 Scheiben Schweizer Käse, 4 Scheiben rohen Schinken
Zur Panade:
Salz, Pfeffer, Mehl, 1–2 Eier, Brösel, 1/2 Pfund Pflanzenfett

In die Fleischscheiben seitlich eine Tasche schneiden – Besser es gleich vom Fleischer zurichten lassen – Die Taschen mit Ketchup ausstreichen – Käsescheiben zuschneiden – Mit dem Schinken umwickeln – Flach in die Schnitzel füllen – Mit Hölzchen verschließen – Würzen, in Mehl, geschlagenem Ei und Bröseln wenden – Fett in einer Pfanne erhitzen – Das Fleisch auf beiden Seiten goldbraun werden lassen – Abgetropft anrichten.

Beigabe: Bratkartoffeln und Salat.

Escalopes

500 g Hackfleisch (Kalb), Salz, Pfeffer, Muskat, 2 Eier, Brösel, Butterschmalz

Fleisch würzen und zu Koteletts formen – Mit einem Messer glattdrücken – In geschlagenem Ei wenden – Mit Muskat bestreuen und mit Bröseln panieren – Im heißen Schmalz bei einmaligem Wenden in 15 Minuten goldbraun braten – Die Koteletts sind fertig, sobald das Fleisch inwendig nicht mehr roh ist.

Beigabe: Gegrillte Tomaten.

Kalbsfrikassee, Eingemachtes Kalbfleisch

500–750 g Kalbsbrust, 2–3 Eßl. Butterschmalz, 1 kleine Zwiebel, Salz, Pfeffer, Pfefferkörner, 1 Lorbeerblatt, 3 Eßl. Mehl oder Stärkemehl, 1/2 Tasse Weißwein, Zitronensaft, 1 Eigelb

Das in etwa handtellergroße Stücke geschnittene Fleisch mit kochendem Wasser überbrühen – Das Schmalz zergehen lassen, das Fleisch und die Zwiebel darin andünsten, ohne daß sie Farbe bekommen dürfen – Mit Wasser auffüllen, würzen und weichkochen – Das Mehl oder Stärkemehl mit etwas Wasser anrühren und zugießen – Mit dem Wein und Zitronensaft abschmecken, noch gut durchkochen und vor dem Anrichten mit dem Eigelb legieren; (einige Champignons verfeinern das Gericht).

Beigabe: Breite Nudeln oder Butterreis.

Kalbs-Frikandeau

Das Fleisch häuten, spicken und würzen – Butter erhitzen, den Braten einlegen und darin allseitig anbraten – Geschälte Zwiebelchen und die zugerichteten Gemüse beifügen – Mit einem Butterpapier bedeckt, im heißen Rohr unter fleißigem Begießen in 1 1/2 Stunden fertigbraten – Beim Anrichten das Fleisch tranchiert, auf heißer Platte, mit der Sauce übergossen und dem Gemüse umlegt, anrichten.
Beigabe: Kartoffelbällchen.

1–1 1/2 kg Kalbsfricandeau, Salz, Pfeffer, 50 g Speck, 125 g Butter, 20 kleine Zwiebelchen, 20 kleine Karotten, 10 weiße Rübenschnitze, 1 Tasse Wasser oder Brühe

Kalbfleisch in Thunfischsauce

Kalbfleisch im Schmalz mit wenig Wasser, Salz und Zwiebel weichdünsten – Erkalten lassen und in dünne Scheiben schneiden – Den Thunfisch mit einer Gabel zerdrücken oder durchpassieren – Mit Öl, Zitronensaft, Brühe, Gewürz und Kapern zu einer Marinade vermengen – Über das kalte Fleisch gießen und einige Stunden durchziehen lassen.
Beigabe: Bratkartoffeln.

500 g Kalbfleisch, 2 Eßl. Butterschmalz, Wasser, Salz, 1 kleine Zwiebel, 1/2 Tasse Thunfisch in Öl, 2 Eßl. Olivenöl, Zitronensaft, Brühe, Pfeffer, Salz, 2 Eßl. Kapern

Echter ungarischer Pörkölt

Das Fleisch in größere, die Zwiebel in kleinere Würfel schneiden und beides im Schmalz unter Zugabe der Gewürze kräftig anbraten – Das Wasser oder die Brühe zugießen und zugedeckt auf kleiner Flamme dünsten, bis von den Zwiebeln nichts mehr zu sehen ist.
Beigabe: Salzkartoffeln oder Knödel mit Sauerkraut.

3/4–1 kg Kalbfleisch, 4 Eßl. Schweineschmalz, 2 große Zwiebeln, Salz, Pfeffer, Paprika, 1 Teel. Kümmel, 1 Tasse Wasser oder Brühe

Kalbsgulasch

Die feingeschnittene Zwiebel im Schmalz gelb dämpfen – Das in nicht zu feine Würfel geschnittene Fleisch und die in Scheiben geschnittenen, geschälten Tomaten zugeben und anbraten – Die Gewürze und das Wasser zusetzen und alles zugedeckt weichdünsten – Während der letzten Bratzeit den Deckel abnehmen und die Flüssigkeit einkochen lassen – Mit dem Mehl bestäuben, mit soviel Wasser auffüllen, als Sauce gewünscht wird.
Beigabe: Kartoffeln, Teigwaren oder Klöße mit Salat.

500–750 g Kalbfleisch, Bug oder Schale, 3 Eßl. Butterschmalz, 2 Zwiebeln, 1–2 Tomaten, Salz, Pfeffer, Paprika, 1 Tasse Wasser, 3 Eßl. Mehl

Geschnetzeltes Kalbfleisch (Zürcher Geschnetzeltes)

500 g Kalbsfilet oder -schnitzel, Salz, Pfeffer, 3 Eßl. Olivenöl, Zitronensaft

Fleisch in dünne Streifen schneiden – Würzen und in Öl rasch goldgelb braten.

Beigabe: Grüner Salat mit reichlich Olivenöl und nach Belieben einigen frischen Trüffelstücken verfeinert.

Kalbshaxe, Kalbsstelze

1 große Kalbshaxe, 2 Karotten, 2 Zwiebeln, 1/4 Sellerieknolle, Salz, Pfeffer, 1 Schuß Essig, 3 Eßl. Butter

Die Gemüse und Gewürze in einem Topf mit so viel Wasser aufsetzen, daß alles davon bedeckt ist – Wenn das Gemüse kocht, die Haxe zugeben – Ist sie weichgekocht, herausnehmen, mit der zerlassenen Butter begießen und auf dem Rost knusprig braten – Die Gemüsebrühe einkochen lassen – Die Butter zugeben und bräunen – Mit wenig Wasser aufgießen – Durchgeseiht als Sauce dazureichen – Das Fleisch vom Knochen lösen – Aufgeschnitten auf heißer Platte anrichten.

Eine andere Zubereitungsart: Die Haxe würzen und mit 1 Zwiebel in Butter anbraten – Von Zeit zu Zeit wenden – Wasser zugießen und zugedeckt bei kleiner Flamme weichdünsten – Aus dem Bratensatz mit 1 Eßlöffel Mehl und Wasser Sauce bereiten.

Beigabe: Kartoffelsalat, grüner Salat oder Gemüse.

Kalbskoteletts, naturell

4 Kalbskoteletts, Salz, Pfeffer, 3 Eßl. Butterschmalz oder Margarine, Zitrone

Die Koteletts am Knochen einschneiden, von dem langen Knochenstück etwa die Hälfte entfernen – Die Koteletts klopfen und mit Salz und Pfeffer einreiben – Leicht in Mehl wenden und im heißen Schmalz langsam auf beiden Seiten anbraten – Zugedeckt auf kleinem Feuer etwas ziehen lassen – Mit Zitronenschnitzen garniert anrichten.

Beigabe: Butterbohnen, Spinat, Blumenkohl, Kohlrabi.

Kalbskoteletts, Mailänder Art

4 Kalbskoteletts, Salz, Pfeffer, 2 Eier, Brösel, 2 Eßl. Reibkäse, 5 Eßl. Butterschmalz oder Öl

Koteletts zurichten und würzen – In verquirltes Ei tauchen und danach in einer Mischung aus Bröseln und Reibkäse wälzen – Im heißen Schmalz allseitig knusprig braten.

Beigabe: Tomatensalat.

Kalbskoteletts in Paprika-Rahm-Sauce

Koteletts zurichten – Mit Salz und Pfeffer würzen – Im Schmalz auf beiden Seiten braten – Auf einer Platte warmstellen – Im Bratfett feingehackte Zwiebel dünsten – Paprika zugeben und sofort mit Rahm ablöschen – Die Koteletts wieder zugeben und zugedeckt 5 Minuten dünsten – Anrichten, mit der durchgeseihten Sauce übergießen und nach Bedarf noch etwas Rahm zugeben.
Beigabe: Nudeln.

4 Kalbskoteletts, 4 Eßl. Butterschmalz oder Margarine, Salz, Pfeffer, 1 Eßl. Paprika, 1 Zwiebel, 6 Eßl. Rahm

Rahmgulasch

Zubereitung wie Kalbsgulasch, S. 301 – Die Sauce mit dem Rahm vermengen und nur kurz durchkochen lassen – In einer vorgewärmten Schüssel anrichten.
Beigabe: Spätzle oder Böhmische Knödel.

500–750 g Kalbfleisch, Bug, 3 Eßl. Butterschmalz, 3 Eßl. Mehl, Salz, Pfeffer, Paprika, 1–2 Tomaten, 2 Zwiebeln, 1 Tasse Wasser, 4 Eßl. Süßrahm

Kalbsfüße vom Rost

Von den Kalbsfüßen die Borsten absengen – Mehrmals überbrühen und einige Stunden in öfters gewechseltes, kaltes Wasser legen – In Wasser mit Wurzelwerk, Zitronenscheibe und Salz weichkochen – Ausbeinen und dick mit Fülle belegen – Aufrollen und mit Faden umbinden.
Zur Fülle: Pilze und gehackte Kräuter in Öl dünsten, bis sie auf dem Boden liegen und das Fett oben schwimmt – Die gefüllten Kalbsfüße noch mit gehackten Kräutern bestreichen – In Eigelb und Bröseln wenden – Auf dem mit Butter oder Öl bestrichenen Rost goldgelb backen.
Beigabe: Kartoffelsalat.

2 Kalbsfüße, Wurzelwerk, 1 Zitronenscheibe
Zur Fülle:
1 Tasse feingehackte Pilze: Champignons, Morcheln oder Trüffeln, 1 Teel. gehackte Petersilie, 1 Teel. Thymian, 1 Teel. Kerbel, 1 Teel. Salbei, 1 Teel. Dill, 1 Teel. Basilikum, 4 Eßl. Butter oder Öl, 2 Eigelb, Brösel, Butter

Gebackene Kalbsfüße

Die Kalbsfüße zurichten – In Salzwasser weichkochen und von den Knochen lösen – Das Fleisch in passende Stücke schneiden und zusammenrollen – Zwischen zwei nasse Bretter pressen und beschweren, bis sie die Form behalten – Würzen und in dem geschlagenen Ei und Bröseln wenden – Im heißen Fett herausbacken.
Beigabe: Kartoffeln mit grünem Salat.

2 Kalbsfüße, Salz, Pfeffer, 1 Ei, Brösel, Fett

Kalbslendchen mit Eiersauce

1/2–3/4 kg Kalbslende, 50 g Speck, Salz, Pfeffer, 4 Eßl. Butterschmalz, 1/4 Tasse Weißwein oder Wasser, 1 Eßl. Fleischextrakt

Die Lendchen spicken und würzen – Im heißen Schmalz allseitig rasch anbraten – Wein oder Wasser und Fleischextrakt zugeben und zugedeckt weichdünsten – Ist alle Flüssigkeit verdampft, im Bratsatz glasieren.
Beigabe: Eiersauce, Erbsen und Pommes frites.

Kalbslende – Filet

1 Kalbslende–Filet, Salz, Pfeffer, 4 Eßl. Butterschmalz, 1 kleine Zwiebel, 1 Teel. Mehl

Das Fleisch von Haut und Sehnen befreien – Würzen und mit Zwiebelschnitzen allseitig in Schmalz anbraten – 1/4 Tasse Wasser zugießen – Zugedeckt weichdünsten – Ohne Deckel im Fett drehen bis das Fleisch knusprig und glänzend aussieht – Zu dicken Querscheiben aufgeschnitten, auf heißer Platte warmstellen – Im Bratsatz das Mehl anrösten – Mit etwas Wasser zur Sauce verkochen – Entweder getrennt oder über das Fleisch gegossen anrichten.

Niederländischer Kalbsschlegel

3/4–1 kg Kalbsschlegel, 40 g Paprikaspeck, 1 Lorbeerblatt, Salz, Thymian, 1/4 Zitrone, Schale, 4 Eßl. Butterschmalz, Wasser, 1/2 Tasse Sauerrahm, 1 Messerspitze Mehl

Fleisch häuten und den Knochen auslösen – Mit Speck und Lorbeerblatt spicken und würzen – Mit feingehackten Kräutern und geriebener Zitronenschale einreiben – Im heißen Schmalz allseitig anbraten – Wenig Wasser zugeben und unter häufigem Begießen 1 1/4 Stunden braten – Auf heißer Platte aufgeschnitten anrichten – Aus dem Bratsatz mit Mehl, Wasser und Rahm eine Sauce kochen und durchseihen.
Beigabe: Böhmische Knödel und grüner Salat.

Kalbsmedaillon in Dillsauce

1 Kalbsfilet, Salz, Pfeffer, 6 Eßl. Butter, 2 Eßl. Mehl, 2 Eßl. Rahm, 2 Eßl. gehackter Dill, Salz, Pfeffer, 1/4 Zitrone, Saft

Das Fleisch in 1/2 cm dicke Scheiben schneiden – Würzen und in 3 Eßl. Butter rasch von beiden Seiten hell anbraten – Warmstellen – In der übrigen Butter das Mehl hell anschwitzen – Mit etwa 1 Tasse Wasser ablöschen und aufkochen – Rahm und Dill zugeben – Mit Gewürzen und Zitronensaft abschmecken – In die Pfanne über das Fleisch gießen – Kurz aufkochen lassen und auf warmer Platte anrichten.
Beigabe: Reis und grüner Salat.

Kalbsmedaillons Mignon

Das Filetstück in 1–2 cm dicke Scheiben schneiden – Würzen und im heißen Schmalz goldgelb braten – Beim Anrichten auf jedes Medaillon in Butter gedünstete Tomatenscheiben, Spargelspitzen, Champignons oder Scheiben von Gänseleberpastete setzen – Den Bratfond mit wenig Wasser aufkochen und übergießen.
Beigabe: Reis oder Kartoffelpüree, Salate oder feine Gemüse.

1 Kalbsfilet, 4 Eßl. Butterschmalz oder Margarine, Salz, Pfeffer, Paprika
Zum Belag:
Tomaten, Spargelspitzen, Champignons oder Gänseleberpastete

Kalbsnierenbraten

Das Nierenbratenstück kann fertig gekauft oder selbst zugerichtet werden – Die Nieren in das Fleischstück einrollen und mit Bindfaden umwickeln – Weitere Zubereitung wie Kalbsbraten, S. 298.
Beigabe: Gemischtes Gemüse oder Salate.

750 g Nierenbraten, Salz, Pfeffer, 3 Eßl. Butterschmalz, 1 Zwiebel, 1/2 Eßl. Mehl, 1/2 Tasse Wasser

Kalbsnuß Trianon

Die Kalbsnuß häuten und mit den Zungen-, Trüffel- und Speckstückchen spicken – Leicht salzen und im heißen Schmalz auf allen Seiten anbraten – Die Fleischbrühe oder das Wasser darübergießen und zugedeckt weichdünsten – Ist die Flüssigkeit verdampft, daneben im Bratfett das Mehl hellbraun rösten und soviel Wasser zugeben, als Sauce gewünscht wird – Mit dem Rahm abschmecken und würzen.
Beigabe: Blumenkohl polnisch.

500 g Kalbsnuß, 50 g Zunge, wenig Trüffel, 50 g Speck, 3 Eßl. Butterschmalz, 1 Tasse Fleischbrühe oder Wasser, 1 Teel. Mehl, 2 Eßl. Süßrahm

Kalbsnuß

Zugerichtetes Wurzelwerk im Schmalz anrösten – Gewürztes Fleisch zugeben und anbraten – Mit Brühe oder Wasser ablöschen – In etwa 1 1/2 Stunden unter häufigem Begießen mit dem eigenen Saft fertigbraten – Vor dem Anrichten aufschneiden und auf eine heiße Platte ordnen – Im Bratsatz Mehl rösten, mit Wasser oder Brühe ablöschen und aufgießen – Durchgekocht und durchpassiert als Sauce servieren.
Beigabe: Erbsen, Pommes soufflées und grüner Salat.

1 kg Kalbsnuß, Salz, Pfeffer, 4 Eßl. Butterschmalz, Wurzelwerk, 1/2 Zwiebel, Wasser, 1/2 Eßl. Mehl

Kalbsragout Marengo

3/4–1 kg Kalbfleisch (Schlegel oder Bug), 3 Zwiebeln, 4 Eßl. Olivenöl, 1 Eßl. Mehl, Salz, Pfeffer, 1/2 Tasse Weißwein, 2 Tomaten oder 2 Eßl. Mark, 1 Petersilienwurzel, 1 kleine Stange Lauch, 1 Stückchen Sellerie, Estragon, 1 Teel. gehackter Kerbel, 1 Prise Gewürzmischung, Pfefferkörner, 1 Zehe Knoblauch, 1 Teel. geriebene Zitronenschale

Fleisch in große Würfel schneiden – Mit zerschnittenen Zwiebeln in Öl anbraten – Mit Mehl bestäubt, zugedeckt kurz dünsten – Zur Hälfte mit kochendem Wasser auffüllen – Weißwein, feingehackte Tomaten, kleingeschnittenes Wurzelwerk und die übrigen Zutaten beifügen – Unter häufigem Rühren aufkochen – Zugedeckt in etwa 3/4 Stunden gardünsten – Das Fleisch herausnehmen und in vorgewärmter Schüssel anrichten – Die Sauce durchgeseiht darübergießen.
Beigabe: Reis.

Kalbs-Steak mit Tomaten und Reis

4 dicke Scheiben Kalbfleisch (Filet), Pfeffer, Salz, 4 Eßl. Butterschmalz, 4 Tomaten, Butter

Fleisch leicht klopfen und würzen – Im heißen Schmalz auf beiden Seiten leicht anbraten – Zugedeckt etwas ziehen lassen – Tomaten schälen, in Scheiben schneiden und in Butter andünsten – Darauf achten, daß sie nicht zerfallen – Beim Anrichten auf die Steaks häufen – Mit dem Bratfett begießen – Nach Belieben mit Sauce Béarnaise überziehen.
Beigabe: Reis.

Kalbfleischvögel

500 g Kalbfleisch (Schlegel), 3 Eßl. Butterschmalz, 1 Zwiebel, Petersilie, 6 Sardellen oder Sardellen-Paste, Zitronensaft, Salz, Pfeffer

Die Zwiebel und Petersilie fein hacken und in 1 Eßl. Fett dünsten – Die Sardellen entgräten, fein verwiegen und zugeben – Das Kalbfleisch in sehr dünne Scheiben schneiden und klopfen – Mit der Fülle bestreichen, aufrollen und mit Hölzchen zusammenhalten – Das restliche Fett in einer Kasserolle erhitzen und die Kalbfleischvögel darin anbraten – Etwas Wasser darübergießen und zugedeckt weichdünsten – Ist das Wasser verdampft, eine Messerspitze Mehl daneben mitrösten – Soviel Wasser oder nach Belieben Rahm zugeben, als Sauce benötigt wird, und mit Gewürz abschmecken.
Beigabe: Kartoffelpüree.

Kalbsrücken, garniert

Ein Rippenstück häuten, Niere und Fett daran belassen und mit Gewürz einreiben – Im heißen Schmalz allseitig anbraten – Unter öfterem Nachgießen von Brühe oder Wasser in etwa 1 Stunde fertigbraten – Nach Belieben das Fleisch im heißen Rohr braten, wo es knuspriger wird – Aus dem Bratsatz mit Mehl und Brühe eine Sauce bereiten – Das Fleisch vom Knochen lösen und in Scheiben aufschneiden – Mit der blättrig geschnittenen Niere belegen – Abgekochte Gemüse wie: Karotten, Erbsen, Bohnen, Blumenkohl oder Konserven in Butter geschwenkt um das Fleisch legen.
Beigabe: Kartoffelkroketten oder Pariser Kartöffelchen.

1 kg Kalbsrücken, Salz, Pfeffer, 4 Eßl. Butterschmalz, Wasser oder Brühe, 1 Teel. Mehl

Kalbsrücken auf bürgerliche Art

Fleisch mit 40 g Speck spicken – Zwiebeln grob hacken – Karotten schaben – Bohnen in schräge Stücke schneiden – Den Kalbsfuß überbrühen – Den Boden einer Kasserolle mit Speckscheiben auslegen – Das gewürzte Fleisch, die verschiedenen Gemüse, Zwiebeln und den Kalbsfuß darüberlegen – Feingehackte, enthäutete Tomaten und Gewürze beifügen – 2/3 mit heißem Wasser und Wein auffüllen – Zugedeckt rasch aufkochen und danach langsam gar dünsten – Um ein Ansetzen zu verhüten, die Kasserolle öfters hin- und herrütteln und nach Bedarf Wasser nachgießen – 15 Minuten vor dem Garwerden Mehl, mit Butter verknetet, zugeben – Beim Anrichten das Fleisch und den entbeinten Kalbsfuß aufschneiden – Die Sauce mit dem Gemüse darübergießen – Kleinwürflig zerschnittene Speckscheiben überstreuen.
Beigabe: Salzkartoffeln.

1 kg Kalbskeule oder Bug, 80 g Speck, 1 Kalbsfuß, 25 kleine Zwiebelchen, 15 kleine Karotten, 1 Tasse grüne Erbsen, 1 Handvoll grüne Bohnen, Salz, Pfeffer, 2 Tomaten, 1 Lorbeerblatt, Gewürzkörner, 1 Messerspitze Paprika, Wasser, 1/2 Tasse Weißwein, 1 Teel. Mehl, Butter

Schnitzel, natur

Die Schnitzel ganz leicht klopfen – Würzen und im heißen Schmalz auf beiden Seiten goldgelb braten – Den Bratsatz mit ganz wenig Wasser aufkochen und über die Schnitzel gießen – Wird mit Paprika gewürzt, diesen erst zugeben, wenn die Schnitzel angebraten sind – Mit Zitronenvierteln garniert servieren.

4 Schnitzel, 4 Eßl. Butterschmalz, Salz, Pfeffer, Paprika, Zitrone

Parmarippchen

4 Kalbskoteletts, Salz, Pfeffer, Mehl, 4 Eßl. Butterschmalz, 1 Tasse Reis, 4 Eigelb, Parmesan, Wasser, Fleischextrakt

Koteletts zurichten, klopfen, würzen, in Mehl wenden und in heißem Schmalz auf beiden Seiten braten – Auf jedes Kotelett einen Kranz von Reis und in die Mitte ein unverlaufenes Eigelb setzen – Mit Reibkäse bestreut, vor dem Anrichten 5 Minuten im heißen Rohr überbacken – Aus dem Bratsatz mit wenig Wasser und Fleischextrakt eine Sauce bereiten.
Beigabe: Kopfsalat.

Wiener Schnitzel

4 dünne Schnitzel, Salz, Pfeffer, Mehl, 1 Ei, Brösel, Backfett, 3 Eßl. Butter, 1 Bund Petersilie, 1/2 Zitrone

Das Fleisch erst kurz vor der Zubereitung würzen – Erst in Mehl, danach in Ei und Bröseln wenden – Im heißen Fett schwimmend herausbacken – An den Petersilienzweigen die Stengel kürzen, waschen und wieder trocknen – In der Butter rösch werden lassen, ohne daß sie dabei ihre grüne Farbe verlieren – Die Schnitzel gut abgetropft auf heißer Platte anrichten – Mit der röschen Petersilie und den Zitronenschnitzen garnieren.
Beigabe: Kartoffelsalat, grüner Salat oder feine Gemüse.

Rahmschnitzel

4 Schnitzel (Kalbsschlegel), Salz, 2 Eßl. Mehl, 50–60 g Fett, 4 Eßl. saurer Rahm, 1/4 l Flüssigkeit
Zum Verbessern:
etwas Zitronensaft, eine Prise Zucker, etwas Tomatenmark

Fleisch waschen, häuten – Schnitzel 1 1/2–2 cm dick schneiden, klopfen, salzen, in Mehl wenden – In heißem Fett 5 Minuten auf beiden Seiten anbräunen – Rahm zugeben, etwas anbräunen lassen, mit heißer Flüssigkeit nach und nach aufgießen – 20 Minuten an der Herdseite zugedeckt gardünsten lassen – Abschmecken.

Schnitzel Holstein

4 Schnitzel, Salz, Pfeffer, Mehl, 3 Eßl. Butterschmalz, 1 Teel. Fleischextrakt, 3 Eßl. Wein, 4 Eier, 8 dünne Sardellenfilets

Schnitzel klopfen, würzen und in Mehl wenden – Im heißen Fett auf beiden Seiten hell braten – Auf heißer Platte anrichten – Den Bratsatz mit Fleischextrakt, Wein und wenig Wasser aufkochen und über das Mehl gießen – Auf jedes Schnitzel ein Spiegelei setzen und mit Sardellenfilets verzieren.
Beigabe: Bratkartoffeln und Tomatensalat.

Wiener Paprikaschnitzel

Dünne Schnitzel klopfen – Mit Salz und Pfeffer würzen – Auf beiden Seiten in Butter rasch braten – Die Schnitzel herausnehmen und warmstellen – Im Bratsatz kleinwürflig geschnittenen Speck und feingehackte Zwiebel lichtgelb rösten – Mit Mehl und Paprika überstäuben – Mit wenig Wasser ablöschen, auffüllen und durchkochen – Die Sauce muß schön rot aussehen, andernfalls noch etwas Paprika oder Tomatenmark zugeben – Schnitzel wieder einlegen, Rahm beifügen und kurz darin ziehen lassen – Auf vorgewärmter Platte, mit Sauce übergossen anrichten.
Beigabe: Nockerl.

500 g Schnitzel, Salz, Pfeffer, 4 Eßl. Butter, 20 g Speck, 1 Zwiebel, 2 Teel. Paprika, 1 Teel. Mehl, Wasser, 1/2 Tasse Rahm

Innereien vom Kalb

Kalbsbrieschen (Milcher, Schweser)

Die Briese in kaltem Wasser entbluten, Gurgel und Schlund abtrennen – In Scheiben schneiden, mit Salz und Pfeffer bestreuen – In Mehl wenden und in dem heißen Schmalz goldgelb anbraten – Die Champignons oder Kapern zugeben, noch kurz mitbraten und anrichten.
Beigabe: Salzkartoffeln mit grünem Salat oder feine Gemüse.

2 Kalbsbriese, 3 Eßl. Butterschmalz, Salz, Pfeffer, Mehl, 4 Eßl. Champignons oder 1 Eßl. Kapern

Bries nach Grenobler Art

Die Briese zurichten – In 1 1/2 cm dicke Scheiben schneiden – Würzen und in Mehl wenden – In Schmalz goldgelb braten – Herausnehmen und warmhalten – Dem Fond frische Butter zugeben – Feinstreifig geschnittenen Schinken und frische Weißbrotwürfel einlegen – Knusprig werden lassen – Kapern zugeben – Über die Briese häufen.
Beigabe: Salate.

2 Kalbsbriese (Milcher), Salz, Pfeffer, 1 Eßl. Kapern, Mehl, 2 Eßl. Butterschmalz, 1 Scheibe gekochter Schinken, 2 Scheiben Weißbrot, 1 Eßl. Butter

Kalbsbrieschen – amerikanische Art

2 Kalbsbrieschen (Milcher), Salz, Pfeffer, Mehl, 100 g Schweinefleisch, 3 Eßl. Butter

Die Kalbsbrieschen zurichten und halb garkochen und mit Salz und Pfeffer bestreuen – In Mehl wenden, reihenweise in eine Auflaufplatte legen und mit der zerlassenen Butter begießen – Mit dünnen Scheiben gesalzenem Schweinefleisch belegen – 25 Minuten in heißem Ofen backen, dabei zweimal begießen und während der letzten 5 Minuten das Schweinefleisch entfernen.
Beigabe: Verschiedene Salate.

Gebackenes Hirn

2 Kalbshirne, Salz, Pfeffer, 1 Ei, Brösel, Backfett

Das Hirn in kaltem Wasser entbluten und häuten – In einem Sieb 5 Minuten in kochendes Salzwasser halten – Abgekühlt jedes Hirn in 2–3 Teile schneiden, mit Salz und Pfeffer bestreuen und in dem verquirlten Ei und Bröseln wenden – Im heißen Fett in der Pfanne oder schwimmend herausbacken – Mit Zitronenschnitzen und Petersilie garniert anrichten. Ebenso kann *Bries* gebacken werden.
Beigabe: Kartoffelsalat und Remouladensauce.

Hirn in brauner Butter

2 Kalbshirne, 4 Eßl. Butter, Salz, Pfeffer, 1 Eßl. Kapern, Zitronensaft

Das Hirn in kaltem Wasser entbluten, häuten und auf einem Sieb abtropfen lassen – Die Butter leicht bräunen und das Hirn zugeben – Mit einer Gabel verrühren, bis es gar ist – Die Kapern beigeben, würzen und mit etwas Zitronensaft, und nach Belieben mit Worcestershire-Sauce, abschmecken.
Beigabe: Salzkartoffeln.

Hirn nach Römer Art

2 Kalbshirne, Salzwasser, 3 Eßl. Butter, 1 Eßl. Mehl, 1 Tasse Brühe, Salz, Pfeffer, Muskat, Zitronensaft, 2 Eigelb, 2 Brötchen, Butter zum Anrösten

Hirn zum Entbluten in lauwarmes Wasser legen – Häuten und einige Minuten, kochendem Salzwasser zugesetzt, sieden – Feingehackt auf heißer Schüssel anrichten – Mehl in Butter hell anschwitzen – Mit Brühe ablöschen und auffüllen – Nach Geschmack würzen und, mit Eigelb legiert, über das Hirn gießen – In Butter geröstete Weißbrotwürfel überstreuen.

Kalbshirnplätzchen

Hirne wässern und häuten – In kochendes Wasser gelegt, ziehen lassen, bis sie sich gefestigt haben – Eier, Mehl, Käse und Gewürze zu einem Teig vermengen – Das Hirn in Würfel geschnitten beifügen – Kleine Plätzchen im heißen Fett herausbacken.
Beigabe: Tomatensauce.

2 Kalbshirne, 2 Eier, 2 Eßl. Mehl, Salz, Pfeffer, 2 Eßl. Reibkäse, 4 Eßl. Butterschmalz

Hirnknödel

Das Hirn in kaltes Wasser legen – Haut, Knochensplitter und Blutgerinnsel entfernen – Feingehackte Zwiebel in der Butter andünsten – Das abgetropfte Hirn zugeben – Auf kleinem Feuer unter Rühren etwa 15 Minuten gardünsten – Vom Feuer nehmen und auskühlen lassen – Mit Eigelb, etwas Rahm, Bröseln und den Gewürzen vermengen – Steifen Eierschnee unterziehen – 30 Minuten ruhen lassen – Kleine Knödel formen – In siedendem Salzwasser garziehen lassen.
Beigabe: Spinat.

1 großes Kalbshirn, 1 Zwiebel, 3 Eßl. Butter, 2 Eigelb, 2 Eiweiß, Rahm, 2 Tassen Brösel, 1 Handvoll Kräuter, Petersilie, Schnittlauch, Estragon, Zitronenmelisse, Salz, Pfeffer, Muskat

Kalbskopf, gekocht

Den Kalbskopf zurichten und im Wasser mit dem Suppengrün und den Gewürzen weichkochen – In passende Stücke geschnitten anrichten.
Beigabe: Sauce Vinaigrette.

1/2 Kalbskopf, Suppengrün, Salz, Pfeffer, Gewürzkörner, 1 Lorbeerblatt, 1 Zwiebel

Kalbsherz

Das Herz in zwei Hälften schneiden und auf den Rost legen – Mit den in Scheiben geschnittenen Tomaten und Butterflocken belegen – In den Backofen über die Fettpfanne stellen – Nach 15 Minuten Grillzeit mit dem Wasser übergießen und noch etwa 10 Minuten weiterbraten – Mit dem Wein übergießen, würzen und bei abgestellter Hitze wiederum 10 Minuten ziehen lassen – Die Flüssigkeit in der Pfanne mit den Tomaten zusammen durch ein Sieb streichen, das angerührte Stärkemehl beigeben und nochmals aufkochen lassen und abschmecken – Beim Anrichten über das Herz gießen.
Beigabe: Kartoffelpüree.

1 Kalbsherz, 2 große Tomaten, 1 Eßl. Butter, 1/2 Tasse Wasser, 1/2 Tasse Wein, Salz, Pfeffer, 1 Teel. Stärkemehl

Kalbsherz, gespickt

1–2 Kalbsherzen, 50 g Speck, 3 Eßl. Butterschmalz, 1 Zwiebel, Salz, Pfeffer, 1 Eßl. Mehl, Brühe oder Wasser, 2 Eßl. Wein, 1 Tasse Sauerrahm

Herzen gut wässern und abtrocknen, spicken und würzen – Im Fett mit einer Zwiebel allseitig anbraten – Mehl zugeben und hellbraun rösten – Mit Brühe oder Wasser ablöschen und auffüllen – Wein beifügen und zugedeckt weichdünsten – 30 Minuten vor dem Anrichten Rahm übergießen und im heißen Rohr aufgedeckt bei öfterem Begießen fertigstellen – Beim Anrichten die Sauce über das aufgeschnittene Herz gießen.
Beigabe: Kartoffelpüree und Gurkensalat.

Kalbskopf nach Schildkrötenart (en tortue)

1 Kalbskopf, Salz, 1 l Wasser, 1 Eßl. Fleischextrakt, 1 Tasse Weißwein, 1/2 Tasse Essig, 2 Zitronenscheiben, 1 Zwiebel, 1 gelbe Rübe, 3 Nelken, 1 Teel. Pfefferkörner, 1/2 Lorbeerblatt
Zur Sauce:
5 Schalotten, 3 Eßl. Butterschmalz, 3 Eßl. Mehl, Brühe, 1 Glas Madeira, 1 Teel. Fleischextrakt, 5 Oliven, einige Champignons oder Trüffelstückchen

Kalbskopf ausbeinen und wässern – Mit kaltem Salzwasser zugesetzt, einmal aufkochen – Danach zu schrägen Vierecken aufschneiden – Die Ohren mit einer Schere auszacken – In 1 l Wasser mit Fleischextrakt wieder aufsetzen – Wein, Essig, entkernte Zitronenscheiben, Zwiebel, gelbe Rüben und Gewürze beifügen und weichkochen – Schalotten kleinschneiden – In Schmalz mit Mehl braun rösten, mit Brühe ablöschen und auffüllen – Mit Fleischextrakt und Madeira 15 Minuten durchkochen – Durchseihen und wieder aufs Feuer bringen – Entkernte Oliven, Champignonköpfe oder Trüffeln (Konserven) nach Belieben noch saure Gurkenscheiben und die weichgekochten Fleischstücke einlegen und gut durchziehen lassen – Beim Anrichten mit Blätterteig-Halbmonden (auch aus der Kühltruhe) umlegen.
Beigabe: Kartoffelpüree oder Salzkartoffeln.

Kalbsleber

500 g Kalbsleber, 2 Eßl. Butterschmalz, 1 Zwiebel, Salz, Pfeffer

Die Leber in Scheiben schneiden – In etwas Milch und Mehl wenden und zusammen mit den Zwiebelringen im Fett braten – Auf eine vorgewärmte Platte legen, würzen und die knusprigen Zwiebelringe darüberhäufen – Im Bratsatz 1/2 Teelöffel Mehl hellbraun rösten, mit Wasser ablöschen, abschmecken und durchkochen – Die Sauce durchgeseiht zu der Leber geben, nicht auf die Zwiebeln gießen, da diese sonst weich werden.
Beigabe: Kartoffelpüree mit grünem Salat.

Kalbsleber à la Madame Beque

Die Leber in 2 1/2 cm dicke Würfel schneiden – Mit Salz und Pfeffer bestreuen, mit dünnen Zwiebelscheiben und Petersilienblättern bedecken und etwa 2 Stunden ziehen lassen – In der Butter 1 Minute braten – Auf eine heiße Platte legen und mit Zitronenscheiben und Petersilie garnieren.
Beigabe: Kartoffelpüree.

500 g Kalbsleber, Salz, Pfeffer, 1 Zwiebel, Petersilie, 4 Eßl. Butter

Leber, gebacken

Die Leberscheiben enthäuten – Mit Mehl bestäuben – In heißem Fett schnell braten (5–8 Min.) – Zwiebelringe am Rand mitrösten – Kurz vor dem Anrichten die Leberscheiben leicht salzen und pfeffern – Man kann auch Tomaten- oder Apfelscheiben kurz mitschmoren lassen.
Beilage: Kartoffelsalat oder Kartoffelbrei.

1 Scheiber Leber, 1 Eßl. Mehl, 1 Zwiebel, 2 Eßl. Fett, Pfeffer, Salz, evtl. Apfel oder Tomate

Leber, Berliner Art

Leber waschen, häuten, in etwa 1 cm dicke handtellergroße Scheiben schneiden – Zwiebel in Ringe schneiden – Äpfel schälen und vierteln oder in dicke Ringe schneiden – Im heißen Fett die Zwiebelringe bräunen, auf heiße Platte geben – Die Äpfel im heißen Fett braten, neben den Zwiebeln anrichten – Dann rasch die Leberscheiben in heißer Butter auf beiden Seiten braten, salzen, auf die vorbereitete Platte zu Zwiebeln und Äpfeln legen – Flüssigkeit und Rahm in der Pfanne aufkochen, abschmecken und zur Leber geben – Garzeit 10–15 Minuten.
Beilage: Kartoffelbrei, feine Gemüse.

1/2 kg Kalbs- oder Rindsleber, 60 g Fett, 2–3 Zwiebeln, 2–3 Äpfel, 1/8 l Flüssigkeit, Salz, Pfeffer, 3–5 Eßl. saurer Rahm

Leber-Reis

Zwiebel und Knoblauch fein verwiegen – Im Öl andünsten – Leber feinstreifig schneiden – In der Butter bei guter Hitze etwa 3 Minuten braten – Mit den Zwiebeln vermengen – Unter körnigen Reis geben und mit den Gewürzen abschmecken.
Beigabe: Salat.

250 g Kalbsleber, 250 g Geflügelleber, 1 Eßl. Öl, 2 Zwiebeln, 1 Zehe Knoblauch, 2 Eßl. Butter, Salz, Pfeffer, Curry, Reis

Saure Leber und Nieren

250 g Leber, 250 g Nieren, 2 Eßl. Butter oder Schmalz, 1 Zwiebel, 1 Eßl. Mehl, 1 Eßl. Essig, Salz, Pfeffer

Die Leber in feine Streifen schneiden, Nieren in Scheiben und in dem heißen Fett kurz anbraten – Auf eine vorgewärmte Platte legen – Im Bratensatz die feingeschnittene Zwiebel und das Mehl hellbraun anrösten, ablöschen und würzen – Rasch durchkochen – Mit der Leber zusammen nochmals kurz aufkochen.
Beigabe: Salz- oder Bratkartoffeln.

Saure Leber

500 g Leber, Mehl, 1 Zwiebel, 4 Eßl. Butterschmalz, 1 Eßl. gehackte Petersilie, 1 Glas Rotwein, 1/2 Zitrone Saft oder Essig, 2 Nelken, 1 Lorbeerblatt, Pfeffer, Salz, 1 Teel. Stärkemehl

Leber enthäuten und in dünne Streifen schneiden – In gesalzenem Mehl wenden – Mit gehackter Zwiebel und Petersilie in heißer Butter rasch anbraten – Wein, Gewürze und in wenig Wasser angerührtes Stärkemehl zugeben – Die Leber nur kurz in der Sauce durchziehen lassen.
Beigabe: Spätzle oder Röstkartoffeln.

Kalbsleber auf Wildbret-Art

500 g Kalbsleber, Salz, Pfeffer, 1 Eßl. Mehl, 4 Eßl. Fett, 4 Wacholderbeeren, 1 Eßl. Zitronensaft, 1/4 Tasse Rahm, Wasser oder Brühe

Leber in 1/2 cm dicke Scheiben schneiden – Würzen und, in Mehl gewendet, rasch anbraten – Unter den Bratsatz einige gestoßene Wacholderbeeren, Zitronensaft und Rahm mengen – Etwas Brühe oder Wasser beifügen und die Leber wieder zugeben – Zugedeckt noch einige Minuten dünsten.
Beigabe: Spätzle und Preiselbeeren.

Kalbszunge in Weinsauce

1–2 Kalbszungen
Zum Sud:
Wurzelwerk, 1 Zwiebel, Gewürzkörner, 1 Kräuterbündel, Salz, 1–2 l Wasser
Zur Sauce:
3 Eßl. Butter, 3 Eßl. Mehl, Saft 1/2 Zitrone, 1/2 Glas Weißwein, 1–2 Eigelb, 2–4 Eßl. Süßrahm

Die Zungen sauber waschen – Die Sudzutaten aufkochen – Zungen einlegen und garkochen – Sie sind gar, wenn sich die Haut leicht lösen läßt – Kochzeit etwa 1 Stunde – Der Länge nach teilen oder in dicke Schrägscheiben aufschneiden – In der Brühe warmhalten. *Zur Sauce:* Aus Butter und Mehl eine helle Mehlschwitze bereiten – Mit Zungenbrühe ablöschen und auffüllen – Durchkochen und mit Zitronensaft und Wein abschmecken – Eigelb und Rahm verquirlen – Die Sauce damit legieren – Die Zungenstücke einlegen – Durchziehen lassen und anrichten.

Kalbsleber mit Speck

Die Leber und den Speck in Scheiben schneiden – Die Leber in etwas Mehl wenden und mit dem Speck zusammen in der heißen Butter auf beiden Seiten anbraten – Würzen und auf heißer Platte anrichten.
Beigabe: Reis oder Kartoffeln.

400 g Kalbsleber, 100 g Speck, 4 Eßl. Butter, Salz, Pfeffer

Lungenhaschee

Die Lunge waschen und in Wasser mit dem Suppengrün und den Gewürzen etwa 30 Minuten kochen – Abgekühlt durch den Fleischwolf drehen – Aus dem Fett und Mehl eine hellbraune Mehlschwitze bereiten, mit Lungenbrühe ablöschen und die Lunge beigeben – Gut durchkochen und mit Essig, Zitronensaft, Salz und Pfeffer abschmecken.
Beigabe: Salzkartoffeln, gekochte Kartoffelklöße oder Nudeln.

500 g Lunge, Suppengrün, 1 Zwiebel, Salz, Pfeffer, 2 Eßl. Fett, 4 Eßl. Mehl, 2–3 Eßl. Essig, Zitronensaft

Wiener Beuschel

Die gewaschene Kalbslunge mit den unter I. angegebenen Zutaten in Salzwasser weichkochen – Nach dem Auskühlen in feine Streifchen schneiden – Aus Mehl und Butter, den feingehackten Gürkchen und Kapern mit der Kochbrühe eine helle Mehlschwitze herstellen, mit Zitronensaft und Rahm sowie Salz und Pfeffer abschmecken – Darin die Lunge (Beuschel) noch einige Minuten garziehen lassen.
Semmelknödel sind die klassische Beilage.

I. *500 g Kalbsbeuschel (Kalbslunge), 1 Zwiebel, 1 Möhre, 1 Stück Lorbeerblatt, 1 Gewürznelke, einige Pfefferkörner, Salz, Pfeffer*
II. *50 g Butter, 2 Eßl. Mehl, 1–2 Essiggürkchen, einige Kapern, 2 Eßl. Zitronensaft, 3 Eßl. saurer Rahm*

Kalbsnieren

Die Nieren säubern, mit dem Fett in Scheiben schneiden – In der heißen Butter knusprig braten – Mit Salz und Pfeffer bestreut anrichten oder die gebratenen Nieren aus dem Fett herausnehmen, aus dem Bratsatz mit Mehl und Wasser eine Sauce bereiten, würzen und damit die Nieren übergießen.
Beigabe: Kartoffelpüree.

2 Kalbsnieren, 4 Eßl. Butter, Salz, Pfeffer

Nierenschnitten

250 g Kalbsnieren, 100 g Hackfleisch (Kalb), 1 kleine Zwiebel, Salz, Pfeffer, 1 Ei, Weißbrot, Milch, Butterschmalz
Zur Sauce:
1 Eßl. Mehl, 2 Eigelb, 1/2 Tasse Milch, 1/2 Tasse Sauerrahm, 3 Eßl. Butter, 1/2 Tasse Fleischbrühe, Salz

Nieren zurichten und fein verwiegen – Mit Hackfleisch, feingehackter Zwiebel, Pfeffer, Salz und Ei zu einer Farce vermengen – Weißbrot in Scheiben schneiden, in Milch tauchen, bis sie leicht davon durchfeuchtet sind – Mit Farce bestreichen und in heißem Schmalz schwimmend hellgelb herausbacken – Oder auf einer mit Butter bestrichenen Platte mit Butter beträufeln und in heißem Rohr backen. *Zur Sauce:* Mehl, Eigelb, Rahm, Milch und Fleischbrühe verquirlen, über kleiner Flamme zu einer Sauce abrühren – Butter unterschlagen und nach Geschmack würzen – Die Sauce auf eine heiße Platte gießen und die Nierenschnitten darauflegen – Mit Petersilie und Zitrone garniert anrichten.
Beigabe: Salat.

Gebratene Nieren

4 Nieren, 50 g Speck (mager), 1 Zwiebel, Salz, Pfeffer, 1 Teel. Mehl, Sojasauce

An den Nieren eine 1 cm dicke Fettschicht belassen – Den Speck breitstreifig schneiden – Nieren und Speck in eine Kasserolle legen und anbraten – Geschnittene Zwiebel und Gewürze zugeben – Zugedeckt etwa 1/2 Stunde dünsten – Dabei öfter mit dem Bratfett begießen – Sind sie gar, auf heißer Platte warmstellen – Aus dem Bratsatz mit Mehl, etwas Wasser eine Sauce bereiten – Mit Sojasauce abschmecken.
Beigabe: Gemüse oder Salat und Kartoffelpüree.

Kalbsgekröse

1 Kalbsgekröse, Wasser, 1 Schuß Essig, Salz, Pfeffer, 1 Zwiebel, 1 gelbe Rübe, 1 Lorbeerblatt, Gewürzkörner, 1 Eßl. Butter, 3 Eßl. Mehl, 1/4 Zitrone Saft, 1 Eigelb

Das Gekröse, möglichst frisch und weiß, mehrere Stunden im kalten Wasser wässern – Den Schleim mit Salz abreiben – Mit kochendem Wasser brühen – Mit kaltem Wasser abbrausen – In Wasser mit geschnittener Zwiebel, gelber Rübe und den Gewürzen aufstellen – Etwa 2 Stunden kochen lassen bis es weich ist – Aus Butter und Mehl eine helle Mehlschwitze bereiten – Mit etwas Brühe ablöschen und auffüllen – Mit Zitronensaft und Gewürz abschmecken – Das kleingeschnittene Gekröse zugeben und in der Sauce durchziehen lassen – Mit verquirltem Eigelb legieren.
Beigabe: Salzkartoffeln.

Schweinefleischgerichte

Schweinebraten

500–750 g Schweinehals oder Bug, Salz, Pfeffer, 1 Tasse Wasser, 1 Zwiebel, 1 Tomate, 1 Teel. Mehl

Das Fleisch mit Pfeffer und Salz einreiben, nach Belieben eine Spur Knoblauch dazu nehmen – Das Wasser zum Kochen bringen und das Fleisch, die Zwiebel und die Tomaten hineingeben – Zugedeckt auf beiden Seiten dünsten, bis das Wasser eingekocht ist und das Fleisch im eigenen Fett schmort (sollte es noch nicht gar sein, noch etwas Wasser nachgießen und weiterschmoren, bis es vollends gar ist) – Aufgedeckt auf allen Seiten knusprig braten – Den Braten aufschneiden und auf einer heißen Platte anrichten – Aus dem Bratensatz mit Mehl eine Sauce bereiten, mit wenig Wasser auffüllen und durchgeseiht beigeben – Mageres Fleisch vorteilhafterweise zuerst in Fett anbraten, dann das Wasser zuschütten usw. wie oben.

Beigabe: Salzkartoffeln mit Salaten oder Gemüse von gelben Rüben, Wirsing, grünen Bohnen oder Teltower Rübchen oder rohe oder gekochte Kartoffelklöße.

Gekochtes Schweinefleisch

750 g Bauchlappen (Wammerl), Suppengrün, Salz, Pfeffer

Das Fleisch zurichten, würzen und kochendem Wasser zugesetzt mit dem Suppengrün in ungefähr 1 1/2 Stunden weichkochen oder das Fleisch mit Sauerkraut aufsetzen und darin fertigstellen.

Beigabe: Kartoffel- oder Erbsenpüree.

Schweinefüße mit Sauerkraut

2 Schweinefüße, 1 1/2 kg Sauerkraut, Salz, Pfeffer, Wasser, 1 Zwiebel, Pfefferkörner, 1 rohe Kartoffel

Schweinefüße brühen und der Länge nach spalten – Mit Sauerkraut, Gewürzen, Zwiebel und mit Wasser knapp bedeckt zusetzen – In etwa 3 Stunden weichkochen – Mit geriebener Kartoffel binden.

Beigabe: Leberknödel und Kartoffelpüree.

Japanischer Schweinebraten

3/4–1 kg Schweineschlegel, Salz, Kümmel, 4 Eßl. Fett, 1 kleine Zwiebel, 1 Scheibe Sellerie, 1 Teel. Meerrettichsenf, 1 Eßl. Mehl, Wasser

Den Knochen auslösen, das Fett entfernen – Fleisch mit Salz und Kümmel einreiben, aufrollen und mit festem Faden umwickeln – In heißem Fett mit geschnittener Zwiebel, Sellerie und Senf etwa 1 1/2 Stunden braten – Nach Bedarf etwas Wasser zugeben – Ist das Fleisch gar und das Wasser verdunstet, im eigenen Saft knusprig braten – Auf heißer Platte aufgeschnitten anrichten – Im Bratsatz Mehl anrösten, mit Wasser ablöschen und würzen – Durchgeseiht zum Fleisch reichen.
Beigabe: Gekochte Kartoffelklöße.

Schweinefilet

500 g Schweinefilet, Salz, Pfeffer, 2 Eßl. Butterschmalz, 1 Zwiebel, 1 Tomate, 1 Eßl. Mehl, 1 Eßl. Sauerrahm

Die Filets in fingerdicke Scheiben schneiden, leicht klopfen und würzen – Im heißen Schmalz mit der Zwiebel und Tomate auf beiden Seiten anbraten – Auf einer heißen Platte warmstellen – Aus dem Bratsatz und Mehl eine Sauce bereiten, mit Fleischbrühe oder Wasser auffüllen und nach Belieben mit Wein abschmecken – Den Rahm zugeben und durchgeseiht über das Fleisch gießen.
Beigabe: Butterreis, Makkaroni oder Kartoffelpüree mit Salat.

Schweinshaxe, gebraten

1 Schweinshaxe, Salz, Pfeffer, Bratfett

Die gewaschene, abgetrocknete Haxe mit Salz und Pfeffer einreiben, von allen Seiten anbraten, etwas Wasser zugeben und im Backofen ca. 1 1/2–2 Stunden braten – Einige Male wenden – Zuletzt mit etwas Salzwasser bepinseln, damit die Kruste schön rösch wird.
Beigabe: Gemischter Salat.

Szekelygulyas (Szegediner Gulasch)

3/4–1 kg Schweineschulter oder Bauchfleisch, 2 Zwiebeln, 4 Eßl. Schmalz, 1–2 Teel. Paprika, 1 Teel. Kümmel, 1 Schuß Essig, Salz, Pfeffer, 500 g Sauerkraut, 1/2 Tasse Sauerrahm, 1/2 Eßl. Tomatenmark

Feingeschnittene Zwiebel in Fett goldgelb rösten – Paprika, Essig, das großwürflig geschnittene Fleisch, Salz und Pfeffer zugeben und mit etwas Wasser halbweich dünsten – Sauerkraut und Kümmel beifügen und fertigdünsten – Tomatenmark und Rahm untermengen.
Beigabe: Spätzle oder Nockerl.

Schweinsgulasch

Kleinwürflig geschnittene Zwiebel mit den Speckwürfeln goldgelb rösten – Fleischstücke zugeben – Öfters wenden, bis sie nicht mehr roh aussehen – Gewürze beifügen – Mit Wasser aufgießen, bis das Fleisch knapp davon bedeckt ist – Bei mittlerer Hitze zugedeckt weich dünsten – Wenn erforderlich, Wasser nachgießen – Ist das Fleisch gar, noch im Fettsatz etwas Farbe nehmen lassen – Mehl dünn überstreuen, wenden und anrösten – So viel Wasser zugeben wie Sauce gewünscht wird.
Beigabe: Salzkartoffeln oder Knödel, Gemüse oder Salat.

1 kg Schweineschulter, 400 g Zwiebel, 150 g Speck, 1 Teel. Paprika, 1 Teel. Kümmel, Salz, 1 Eßl. Tomatenmark oder 2 Tomaten enthäutet, 2 Eßl. Mehl

Schweinekarree

Das Fleisch mit Salz und Pfeffer einreiben, in die Schwarte mit dem Messer Vierecke einkerben – Mit der Zwiebel und Tomate in kochendem Wasser aufstellen und kurze Zeit zugedeckt dünsten – In den heißen Bratofen stellen und unter häufigem Begießen fertigbraten – Zuletzt mit dem Rahm oder der Milch übergießen – Auf heißer Platte in Scheiben geschnitten anrichten – Aus dem Bratensatz mit dem Mehl eine Sauce bereiten, abschmecken und durchgeseiht zum Braten reichen.
Beigabe: Breite Nudeln mit Kartoffelsalat und grünem Salat.

1/2–1 kg Rückenstück von einem jungen Schwein, Salz, Pfeffer, 1 Zwiebel, 1 Tomate, 1 Tasse Wasser, 1/2 Tasse Sauerrahm oder Sauermilch, 1 Teel. Mehl

Schweinekoteletts auf dreierlei Art

Die Koteletts mit Salz und Pfeffer einreiben, in Mehl, Ei und Bröseln wenden und im Fett knusprig braten.
Die Koteletts unpaniert würzen und im Fett braten.
Die Koteletts auf dem Grill auf beiden Seiten leicht anbräunen lassen und erst danach würzen.
Beigabe: Kartoffelsalat, Gurkensalat oder Gemüse.

4 Schweinekoteletts, 1 Eßl. Fett, Salz, Pfeffer, Mehl, 1 Ei, Brösel

Schweinekoteletts mit gebratenen Äpfeln

Schweinekoteletts unpaniert braten und auf einer Schüssel anordnen – 1 cm dicke Apfelscheiben in dem in der Pfanne verbliebenen Fett braten und die Koteletts damit umlegen.
Beigabe: Kartoffelpüree.

4 Schweinekoteletts, 2 Eßl. Fett, 2 Äpfel, Salz, Pfeffer

Schweinekoteletts mit Senf oder Meerrettich

4 Schweinekoteletts, 4 Teel. Senf oder 1/2 Stange Meerrettich, Salz, Pfeffer, 2 Eßl. Butterschmalz, 1 Tasse Fleischbrühe oder Weißwein, 1–2 Eßl. Sauerrahm

Die Koteletts würzen, mit Senf einreiben oder mit dem geriebenen Meerrettich auf beiden Seiten bestreuen – Einige Zeit ziehen lassen – Schmalz erhitzen und die Koteletts auf jeder Seite leicht anbraten – Die Fleischbrühe oder den Wein oder beides gemischt zugeben und zugedeckt bei kleiner Flamme weichdünsten – Kurz vor dem Anrichten mit dem Rahm abschmecken.
Beigabe: Kartoffelpüree mit grünem Salat.

Schweinerouladen

1/2–3/4 kg Schweineschlegel, 2 Eßl. Butterschmalz, 1 Zwiebel gehackt, Petersilie gehackt, Salz, Pfeffer, 1 Brötchen, 1 Ei, Senf oder Majoran

100 g Fleisch durch den Wolf drehen, das übrige Fleisch in dünne Scheiben schneiden und leicht klopfen – Aus dem gehackten Fleisch, Zwiebel, Petersilie, Salz, Pfeffer, Ei und dem eingeweichten und ausgedrückten Brötchen eine Fülle bereiten – Nach Geschmack 1–2 Teelöffel Senf oder etwas Majoran zugeben – Die Fleischscheiben mit der Fülle bestreichen, zusammenrollen und mit Faden umbinden – In Mehl wenden und im heißen Schmalz auf jeder Seite schön braun braten – Vom Bratsatz eine Sauce bereiten und zu den Rouladen reichen.
Beigabe: Kartoffelpüree oder Reis.

Schweineröllchen mit Risotto

3/4 kg Schweinekarree, Salz, 150 g englischer Speck, 1 Eßl. Butter
Zur Fülle:
150 g Rinderhackfleisch, 150 g Schweinehackfleisch, 1 1/2 Brötchen, 1 Zwiebel, 1 Teel. gehackte Petersilie, 1 Zehe Knoblauch, 1 Eßl. Butter, 1 Ei, Salz, Pfeffer, Muskat, 50 g Reibkäse
Zur Sauce:
1 Zwiebel, 50 g Pilze, Petersilie, 1 Eßl. Tomatenmark, 1/4 Tasse Weißwein, Risotto

Schweinekarree auslöschen und in dünne Scheiben schneiden – Klopfen und mit Fülle bestreichen – Aufrollen und mit einer dünnen Scheibe Speck umbinden – In eine gebutterte Pfanne setzen und 20 Minuten im heißen Rohr braten.
Zur Fülle: Hackfleisch, in Wasser eingeweichtes und ausgedrücktes Brötchen, Ei, Gewürze, Käse, in Butter angeröstete, gehackte Zwiebel, Knoblauch und Petersilie vermengen.
Zur Sauce: Feingehackte Zwiebel, Petersilie und Pilze im Bratsatz goldgelb rösten – Tomatenmark und Weißwein zugeben und zu einer Sauce verkochen.
Beim Anrichten Risotto in eine vorgewärmte Schüssel bergartig häufen – Die Fleischröllchen herumlegen und mit Sauce begossen auftragen.

Schweinelende

Fleisch von Haut und Fett befreien – Leicht klopfen, würzen und in Mehl wenden – In heißem Schmalz in etwa 10 Minuten allseitig braten – Auf heißer Platte anrichten – Aus dem Bratsatz mit Mehl und Fleischextrakt (mit 1/4 Tasse Wasser verdünnt) oder aus Fleischglace eine Sauce bereiten – Über das aufgeschnittene Fleisch gießen.

Beigabe: Gurkensalat und neue Kartoffeln.

1 Schweinelende, Salz, Pfeffer, 1 Messerspitze Mehl, 3 Eßl. Butterschmalz, 1 Teel. Fleischextrakt

Schweinemedaillons

Filetfleisch in 3 cm dicke Scheiben schneiden – Die Scheiben zu Medaillons klopfen – Mit Salz und Pfeffer würzen und in Mehl wenden – In heißem Schmalz auf beiden Seiten in ungefähr 20 Minuten braten – Auf heißer Platte anrichten – Im Bratsatz 1/2 Teel. Paprika erwärmen, nach Belieben 1/2 Teel. Mehl zugeben – Mit wenig Wasser ablöschen und aufkochen – Über die Filets gießen.

Beigabe: Risi-Pisi und grüner Salat.

500 g Schweinefilet, 3–4 Eßl. Butterschmalz, Salz, Pfeffer, Paprika, Mehl

Schweineragout

Den Essig, das Wasser und die Gewürze aufkochen, über das Fleisch gießen und einige Tage stehen lassen – Aus dem Fett und Mehl eine braune Mehlschwitze machen und mit einem Teil der Essigbeize ablöschen – Das in Würfel geschnittene Fleisch und 1 ganze Zwiebel zugeben und etwa 40 Minuten kochen lassen – Die Zwiebel herausnehmen, die Sauce mit Zitrone und Wein abschmecken und, wenn vorhanden, etwas Ochsenblut beigeben.

Beigabe: Gekochte Kartoffelklöße oder Teigwaren.

750 g Schweinefleisch, 1/2 Tasse Essig, 1/2 Tasse Wasser, 1 Zwiebel, 1 Lorbeerblatt, 1 Nelke, 2 Eßl. Fett, 4 Eßl. Mehl, 1/2 Tasse Wein, Zitrone, evtl. etwas Ochsenblut

Schweineschnitzel, natur

Die Schnitzel leicht klopfen und mit Salz und Pfeffer einreiben – Im heißen Fett mit der geschnittenen Zwiebel auf jeder Seite rasch anbraten – Zugedeckt auf schwachem Feuer noch 5 Minuten ziehen lassen.

Beigabe: Salzkartoffeln und Gemüse.

4 Schweineschnitzel, Salz, Pfeffer, 1 Zwiebel, 1–2 Eßl. Fett

Schweineschnitzel mit Salbei

4 Schweineschnitzel, Salz, Pfeffer, 2 Eßl. Butterschmalz, Salbeiblätter, 1/2 Zitrone

Die Schnitzel leicht klopfen und mit Salz und Pfeffer würzen – Mit etwas Butter bestreichen und zu Rouladen wickeln – Mit Salbeiblättern umbinden und im heißen Schmalz auf allen Seiten knusprig braten – Zitronenscheiben dazu reichen.
Beigabe: Petersilienkartöffelchen.

Schweineschnitzel, gebacken

4 dünne Schweineschnitzel, Salz, Mehl zum Bestäuben, 1–2 Eier, 1–2 Eßl. Milch, 1/2 Eßl. Öl, Semmelbrösel, Ausbackfett

Die Schnitzel feucht abreiben, gut abtrocknen, leicht klopfen, die Muskelfasern und den Rand einschneiden, salzen, mit Mehl bestäuben, in die Eiermilch tauchen, in Semmelbröseln wälzen und in heißem Fett ausbacken.

Überbackene Schweineschnitzel

4 Schweineschnitzel, 2 Eßl. Butterschmalz, 1/2 kg Spargel, 1 Tasse Champignons (Dose), Salz, Pfeffer, Muskat, 3 Eier, 2 Eßl. Brösel, 1/2 Tasse Reibkäse, Butterflocken

Spargel garkochen – Abtropfen lassen – Champignons in Scheiben schneiden – Bei Verwendung von frischen Pilzen diese putzen, in Scheiben schneiden und weichdünsten – Die Schnitzel dünn klopfen und würzen – Im Schmalz braten – Eine feuerfeste Gratinierplatte ausbuttern – Schnitzel hineinlegen – Darüber Spargel und Pilze ordnen – Mit Muskat, Salz und Pfeffer bestreuen – Eier verquirlt übergießen – Mit Brösel und Reibkäse bestreuen und mit Butterflocken belegen – Im heißen Ofen bei Oberhitze überbacken.
Beigabe: Kartoffelpüree oder Salzkartoffeln und grüner Salat.

Schweinerippenstück

3/4–1 kg Schweinerippenstück, Salz, Pfeffer, 2 Zwiebeln, 4 Eßl. Butterschmalz, 1 Teel. Mehl, 1 Tasse Wasser

Von dem Schweinerippenstück die Rückgratknochen abhauen – Das Fleisch allseitig mit Salz und Pfeffer einreiben – Mit geschnittener Zwiebel und Schmalz in einem Bratgeschirr im heißen Rohr unter fleißigem Begießen garbraten – Im Bratsatz Mehl anrösten, mit Wasser ablöschen und auffüllen – Nach Bedarf nachwürzen – Durchgeseiht zum aufgeschnittenen Fleisch reichen.
Beigabe: Bayrisch Kraut und Salzkartoffeln.

Fleischsülze

Den Kalbs- und den Schweinefuß, das Rindfleisch, das Suppengrün und die Gewürze im Wasser kalt aufstellen und 3–4 Stunden unter häufigem Abschäumen kochen – Vom Feuer nehmen, die Brühe durchseihen, das Fleisch von den Knochen lösen und in Streifen schneiden – Nach dem Erkalten die Brühe entfetten, wieder flüssig machen, mit Zitronensaft, Salz und nach Belieben mit Wein abschmecken – Den Eierschnee und die zerdrückten Eierschalen zugeben und unter Schlagen bis ans Kochen kommen lassen – Vom Feuer nehmen und zugedeckt 10 Minuten stehen lassen, danach durch ein sauberes Tuch oder Säckchen laufen lassen – Eine Form oder Portionsförmchen mit kaltem Wasser ausspülen, etwa 1 cm hoch mit der Sülze füllen und kaltstellen – Mit hartgekochten Eischeiben, geschnittenen Essiggürkchen, dem Gemüse und den Fleischscheiben auffüllen und soviel Sülze darübergießen, daß die Füllung gut bedeckt ist – Die Sülze kaltstellen und erstarren lassen – Vor dem Stürzen den Rand leicht lösen und die Form einen Augenblick in heißes Wasser halten.
Beigabe: Bratkartoffeln und Sauce Vinaigrette.

1 Kalbsfuß, 1 Schweinefuß, 125 g Rindfleisch, 4 l Wasser, Suppengrün, 1 Lorbeerblatt, 1 Nelke, 1 Eiweiß, Zitronensaft, Salz, Pfeffer
Zum Garnieren:
1 Ei, Essiggürkchen, Tomatenscheiben, Karottenscheiben

Wellfleisch (Kesselfleisch)

Schweinefleisch kochendem Salzwasser mit Wurzelwerk zusetzen und in 1 1/2–2 Stunden weichkochen.
Beigabe: Sauerkraut (Nach Belieben das Fleisch im Kraut weichkochen, wobei das Fett zum Kraut sich erübrigt).

3/4 kg Schweinebauch oder -schulter, Wurzelwerk (Suppengrün), Salz, Pfeffer, Wasser

Schweineschlegel mit Brotkruste

Fleisch häuten und mit Salz und Pfeffer einreiben – Wasser und Essig in einer Kasserolle zum Kochen bringen – Das Fleisch mit den geschnittenen Zwiebeln zugeben – Unter öfterem Begießen und Wenden in etwa 2 Stunden weichbraten – Herausnehmen, mit Butter bestreichen und messerrückendick mit Bröseln bestreuen – Im heißen Rohr überbacken, bis sich eine schöne Kruste gebildet hat – Aus dem Bratsatz mit wenig Mehl eine Sauce bereiten.
Beigabe: Krautsalat.

1 kg Schweineschlegel, Salz, Pfeffer, 2 Zwiebeln, 1 Tasse Wasser, 1/2 Tasse Essig, 3 Eßl. Butter, Brösel, Mehl

Schweineschlegel

1/2–1 kg Schweineschlegel, Salz, Pfeffer, 1 Tasse Wasser, 1 Zwiebel, 1 Eßl. Butter, 1 Teel. Mehl

In die Schwarte mit einem Messer Vierecke kerben (oder bereits vom Metzger kerben lassen) und das Fleisch mit Salz und Pfeffer einreiben – Das Wasser zum Kochen bringen und das Schlegelstück samt der Zwiebel zugeben – Zugedeckt 3/4 gardämpfen – Herausnehmen, mit zerlassener Butter begießen und auf den Rost legen – Unter häufigem Begießen im Bratofen knusprig braten – Zuletzt mit etwas kaltem Wasser abschrecken und wieder kurz in den Ofen stellen – Aus dem Bratsatz mit dem Mehl eine Sauce bereiten und zu dem aufgeschnittenen Fleisch reichen.

Beigabe: Salzkartoffeln und Blaukraut oder Rotkohl mit glasierten Kastanien.

Kasseler Rippenspeer

3/4 kg geräuchertes Rippenstück, 1 Zwiebel, 1 Tomate, 1 kl. Stückchen Sellerieknolle, 1 Eßl. Butter, 1 kl. Trüffel, 1 Eßl. Mehl, 1/2 Tasse Sauerrahm

Das Fleisch waschen und mit der Zwiebel, Tomate, Sellerie, Trüffel, Butter und etwas Wasser aufstellen – Zugedeckt etwa 1 1/2 Stunden dünsten – Ist das Wasser verdampft, den Rippenspeer von jeder Seite im Fett anbraten lassen, herausnehmen und heißstellen – Aus dem Bratsatz mit Mehl und Wasser eine Sauce bereiten, mit Rahm abschmecken und gegebenenfalls noch nachwürzen – Durchgeseiht zum Braten reichen.

Beigabe: Petersilienkartöffelchen mit Grünkohl oder Kartoffelpüree mit Salat.

Hackbraten (Falscher Hase)

500 g gemischtes Hackfleisch, 1 Ei, 2 Brötchen, Salz, Pfeffer, 1 Zwiebel, Petersilie, 1 Eßl. Mehl, Brösel, 3 Eßl. Fett, 1 Teel. Mehl, 1 Teel. Fleischextrakt

Zwiebel und Petersilie feinhacken – In wenig Fett dünsten – Die eingeweichten und ausgedrückten Brötchen zugeben und ausdämpfen lassen – Mit Ei, Gewürzen und Mehl dem Fleisch beifügen – Gut verkneten und einen Stollen formen – In Bröseln wenden – In heißem Fett sorgfältig auf allen Seiten anbraten – Wenig Wasser zugeben und zugedeckt weichdünsten – Zuletzt den Deckel abnehmen und die Flüssigkeit verdampfen lassen, bis das Fleisch im Fett knusprig wird – Aus dem Bratsatz mit Mehl, etwas Brühe oder Wasser und Fleischextrakt eine Sauce bereiten.

Gekochter Schinken, amerikanische Art

(für 8 Personen)
1 1/2 kg roher Schinken mit Schwarte, 4 Eßl. Zucker, 1 Eßl. Butter, 2 Eßl. Senf, Nelken

Das Schinkenstück garkochen, 50–60 Minuten Kochzeit pro kg – Noch heiß mit scharfem Messer die Schwarte ablösen, ohne die Fettschicht zu zerstören – In die Fettschicht quadratische Kerben einschneiden – Zucker in Butter braunrösten – Mit dem Senf zu einer streichförmigen Paste vermengen – Den Schinken damit überziehen – In jedes Quadrat eine Nelke stecken oder nach Belieben Oliven, Ananasstücke oder Orangenschnitze mit Zahnstochern befestigen – Im heißen Ofen 20–30 Minuten überbacken, bis das Waffelmuster braun und glänzend ist – Dieser Schinken kann heiß und kalt serviert werden.
Beigaben: Madeirasauce, Kartoffelpüree und Gemüseplatte.

Schinken in Madeira oder Burgunder

500–750 g Schinken, 1 Tasse Madeira oder Burgunder, 1 Tasse Fleischbrühe, 1 Zwiebel, 1 Nelke, 1 Lorbeerblatt, 1 Tomate, 2 Eßl. Mehl, 1 Eßl. Butterschmalz

Von frisch gekochtem Schinken die Schwarte ablösen – In einer Kasserolle den Schinken mit der Zwiebel, der Tomate, dem Wasser, Gewürzen und der Fleischbrühe ins heiße Rohr stellen und unter häufigem Begießen bräunen – Aus Schmalz und Mehl eine Mehlschwitze bereiten mit Wein und Schinkenbrühe ablöschen, würzen und gut durchkochen lassen – Beim Anrichten mit dem Bratsatz mischen und über den Schinken gießen.
Beigabe: Kartoffelpüree mit Gemüse oder glasierten Kastanien.

Schinken gebacken auf Mecklenburgische Art

Ein ganzer geräucherter Schinken oder ein Schinkenstück, Brotteig vom Bäcker, grüne oder getrocknete Kräuter: Thymian, Majoran, Estragon, Melisse, Schnittlauch, Basilikum

Den Schinken über Nacht in Wasser legen – Anderntags mit Weizenkleie und Wasser gut waschen und abtrocknen – Brotteig in doppelter Größe des Schinkens nicht zu dünn ausrollen – Mit gehackten Kräutern bestreuen – Den Schinken in den Teig von allen Seiten einschlagen – Auf einem mit Mehl bestäubten Blech im heißen Rohr, je nach Größe, in 2 1/2–3 Stunden backen – Beim Anrichten den Schinken mit der Brotkruste in Scheiben schneiden.
Beigabe: Sauerkraut und Erbsenpüree.

Spanferkel

(für 8–10 Personen)
1 Spanferkel, Salz, Pfeffer, Kümmel, 1/4 l Bier, 100 g Speck

Spanferkel ausnehmen und zurichten – Innen mit Salz, Pfeffer und Kümmel ausreiben – Ohren und Schwänzchen mit Pergamentpapier umhüllen – Auf ein Blech setzen und, unter häufigem Bestreichen mit einem in Bier getauchten Speckstück, 2–3 Stunden in mäßig heißem Rohr braten – Die Schwarte öfters einstechen, damit sich keine Blasen bilden – Den Bratsatz mit Wasser aufkochen, nach Geschmack würzen und als Sauce reichen.
Beigabe: Krautsalat und Salzkartoffeln.

Eisbein (Surhaxe)

3/4 kg Eisbein, Salz, 1 Zwiebel, 1 Lorbeerblatt, 1 Kräuterbund

Das Fleisch, wenn noch ungepökelt, in Salzwasser einlegen – Zu je 1/2 l Wasser 1 Eßl. Salz – Herausnehmen, abwaschen und in kaltem Wasser mit den Gewürzen aufsetzen und weichkochen.
Beigabe: Sauerkraut und Kartoffeln oder Erbsenpüree.

Bratwürste in Blätterteig

Blätterteig, auch aus der Tiefkühltruhe, 300 g Bratwurstbrät, Mehl, 4 Eßl. Butter, 1 Ei

Blätterteig, 3/4 der angegebenen Masse, stark messerrückendick ausrollen – In viereckige Stücke, 8 x 6 cm, schneiden – Wurstbrät zu etwa 6 cm langen Stücken formen, in Mehl rollen und in Butter braten – Auf den Teig legen, zusammenrollen, die Enden zusammendrücken – Mit Ei bestreichen und im heißen Rohr backen.

Bratwurst

8 Bratwürste, 1 Eßl. Mehl, 3 Eßl. Butterschmalz, 1 Zwiebel

Bratwürste in kochendes Wasser legen – Vom Feuer nehmen und prall werden lassen – Abtrocknen und in Mehl wenden – Im heißen Fett allseitig goldbraun braten – Geschnittene Zwiebel an der Seite oder gesondert goldgelb rösten – Beim Anrichten über die Würste verteilen.
Beigabe: Kartoffelpüree oder Salzkartoffeln mit Salat oder Kraut.

Schweinenieren mit Speck

Die Nieren auf den Rost über die Fettpfanne legen, mit Zwiebelscheiben bedecken – Etwa 3 Minuten bei guter Hitze grillen – Den in Scheiben geschnittenen Speck darüberlegen und weitere 3 Minuten bei guter Hitze grillen – Mit heißem Wasser begießen und noch einige Zeit im Ofen ziehen lassen – Die Nieren salzen und auf einer heißen Platte anrichten – Aus dem Bratsatz mit in Wasser angerührtem Stärkemehl eine Sauce bereiten – Mit den Gewürzen abschmecken und zu den Nieren reichen.
Beigabe: Reis oder Kartoffeln mit Salat.

500 g Schweinenieren, 75 g Speck, 1 große Zwiebel, 1 Teel. Stärkemehl, Salz, Pfeffer, 1 Tasse Wasser, 1 Eßl. Sojasauce

Schweinsohren und Rüssel

Das Fleisch gut waschen – In kaltem Wasser mit den Gewürzen zusetzen – in etwa 1 Stunde weichkochen.
Beigabe: Senf oder geriebener Meerrettich oder Sauce Vinaigrette.

Schweineohren und Rüssel, Wasser, Salz, 1 Zwiebel, 1 Kräuterbund, 1 Eßl. Essig

Spanferkelwurst

Lunge, Herz, Nieren und Fleisch kochen – Danach Fleisch in kleine Würfel schneiden – Leber häuten und alles fein verwiegen oder durch den Wolf drehen – Feingewiegte Schalotten, Gewürze und Brühe zugeben – Gut vermengt in Därme füllen – Gut abbinden und kochen, bis die Wurst prall ist.

Lunge, Leber, Herz, Nieren vom Spanferkel, 3 Schalotten, 1 Prise Majoran, 125 g fettes Schweinefleisch, Salz, Pfeffer, knapp 2 Tassen Brühe, Därme

Lamm oder Kitz

Baronstück

Die Fleischstücke würzen und im heißen Schmalz mit der geschnittenen Zwiebel allseitig anbraten – Mit etwas Wasser ablöschen und zugedeckt weichdünsten – Noch etwa 10 Minuten, mit frischer Butter beträufelt, auf den Rost legen und knusprig braten – Aus dem Bratfond mit Mehl eine Sauce bereiten – Durchgeseiht zum tranchierten Fleisch reichen.

Beigabe: frische Brunnenkresse und Kartoffelkroketten.

Keulen oder Rücken vom Lamm, 4 Eßl. Butterschmalz, Pfeffer, Salz, 1 Zehe Knoblauch oder Thymian und Rosmarin, 1 Zwiebel, 1 Messerspitze Mehl, Butter

Lamm-Medaillons in Bier

Aus der Lammnuß 8 Medaillons schneiden – Mit dem Gewürz einreiben und etwas einziehen lassen – Schmalz in einer Kasserolle erhitzen – Das Fleisch, Karotten und Zwiebelchen darin zart anbräunen – Zucker und Bier beifügen und zugedeckt 1/4 Stunde dünsten lassen – Die zugerichteten Pilze in etwas Butter mit den Gewürzen weichdünsten – Beim Anrichten die Medaillons auf eine vorgewärmte Platte ordnen und mit den Pilzen, Zwiebelchen und Karotten bedecken – Das Bratfett mit etwas Mehl dicken, wenn nötig mit etwas Wasser auffüllen und um das Fleisch gießen.

Beigabe: Reis oder Kartoffelpüree.

500 g Lammnuß, 1 Prise Thymian, 1/2 Zehe Knoblauch, Salz, Pfeffer, 3 Eßl. Butterschmalz, 1 Tasse Karottenwürfel, 1/4 Tasse Perlzwiebeln, 1 Prise Zucker, 1/4 l Bier dunkel, 1 Teel. Mehl, 125 g Champignons oder Steinpilze, Butter, 1 Prise Muskat, Salz

Lammkeule mit Petersilie

Die Keule würzen – Mit Schmalz bestrichen auf den Rost legen – Die Fettpfanne mit 1/4 l Wasser füllen und unterstellen – Bei guter Hitze im Rohr fertigstellen – Zuletzt mit Bröseln und Petersilie bedecken – Zurück ins Rohr stellen und bei Oberhitze Farbe annehmen lassen – Den Bratfond aus der Pfanne als Sauce reichen – Mit Kresse und Zitronenschnitzen garnieren.

1 Lammkeule, 2 Eßl. Butterschmalz, Salz, Pfeffer, 1/2 Tasse Brösel, 1 Eßl. Petersilie gehackt

Lammkeule mit Bechamel-Zwiebelsauce

1 Lammkeule, Salz, Pfeffer, 80 g Butter, Fleischbrühe oder Wasser, Bechamelsauce mit Zwiebeln

Fleisch zurichten und würzen – In ein Bratgeschirr legen und mit heißer Butter übergießen – Im heißen Rohr unter fleißigem Begießen in etwa 45 Minuten braten – Damit die Butter nicht schwarz wird, ab und zu seitlich einen Löffel heißes Wasser zugießen – Tranchiert auf heißer Platte anrichten – Mit dem Bratfond übergießen.
Beigabe: Béchamel-Zwiebelsauce, gedünsteter Kopfsalat und Kartoffeln.

Lammbraten

Keule mit Nierenstück oder halbem Rücken, Salz, Pfeffer, 100 g Butter, 1 Teel. Mehl

Die Füße abhacken, Bauchlappen nach innen unter den Rücken schlagen und mit Bindfaden umwickeln – Das Fleisch mit Salz und Pfeffer einreiben – In ein Bratgeschirr legen und, mit heißer Butter übergossen, ins heiße Rohr stellen – Unter fleißigem Begießen in 3/4–1 Stunde zu schöner Farbe braten – Zum Anrichten in Stücke schneiden und auf einer heißen Platte wieder in Form setzen – Aus dem Bratsatz mit ganz wenig Mehl oder Fleischglace und etwas Wasser eine Sauce bereiten – Nach Geschmack würzen – Gesondert zum Braten reichen.
Beigabe: Kopfsalat, Johannisbeergelee und Salzkartoffeln.

Lammkoteletts überbacken

4 Lammkoteletts dick geschnitten ohne Knochen, Salz, Pfeffer, Öl, 2 Zwiebeln, 1 Tasse Bechamelsauce, 50 g Parmesan, 1 Zehe Knoblauch, 1 Eigelb, 2 Eßl. Petersilie

Zwiebeln schälen und grob zerschneiden – In Salzwasser weichkochen – Zwiebeln herausnehmen und durch ein Sieb drücken – Bechamelsauce bereiten und abkühlen lassen – Mit dem Zwiebelpüree, dem Eigelb, der Hälfte des Käses und einem Löffel gehackter Petersilie und gehacktem Knoblauch vermengen – Im Wasserbad warmstellen – Die Koteletts würzen – Je Seite 2 Minuten bei starker Hitze in wenig Öl knusprig braten – Die Hälfte Sauce in eine Gratinierpfanne geben – Die Koteletts darüberlegen und mit dem Rest der Sauce bedecken – Mit Parmesan und Petersilie bestreut, bei Oberhitze goldgelb überbacken.
Beigabe: grüne Bohnen oder Salate und Pommes Chips.

Gefüllte Lammbrust

Lammbrust zurichten und würzen wie Kalbsbrust – Zur Fülle Butter und Eigelb schaumig rühren – Mit geschälten und halbierten Pistazien, durch den Wolf gedrehtem Lamm- oder Kalbfleisch und Gewürzen vermengen – Aus Butter und Mehl eine helle Mehlschwitze bereiten, mit wenig Milch ablöschen und auffüllen – Zu einer dicken Sauce verkocht, mit der Farce vermengen – Die Lammbrust damit füllen und zunähen – In heißem Fett allseitig anbraten – Wasser zugeben und zugedeckt weichdünsten – Zuletzt im eigenen Bratsatz knusprig braten – Den Bratsatz mit frischer Butter und Wasser oder Fleischglace zu einer Sauce aufkochen – Nach Geschmack würzen.
Beigabe: Prinzessinnenkartoffeln, grüner Salat und Kompott.

1 kg Lammbrust,
Salz, Pfeffer
Zur Fülle:
2 Eßl. Butter, 1–2 Eigelb,
1 Eßl. Pistazien, 150 g Lamm- oder Kalbfleisch, 1 Prise Gewürzmischung, Salz, 1 Eßl. Butter, 1 1/2 Eßl. Mehl, Milch
Zum Braten:
4 Eßl. Butterschmalz

Weißes Lammragout

Das ausgebeinte Fleisch in knapp handtellergroße Stücke schneiden – Knapp bedeckt mit Wasser aufstellen – Gewürze, mit Nelken besteckte Zwiebel, Kräuter und Wein zugeben – Zugedeckt weich dünsten – Das Fleisch herausnehmen – In den Fond etwas angerührtes Mehl geben – Aufkochen – Zwiebelchen und blättrig geschnittene Pilze beifügen – Durchkochen lassen – Fleischstücke wieder einlegen und gut heiß werden lassen – Anrichten – Die Sauce mit Rahm und Eigelb legiert übergießen.
Beigabe: Reis oder Teigwaren.

1 kg Lammfleisch (Schulter, Brust, Hals), weißer Pfeffer, 2 Karotten, 1 Zwiebel, 2 Nelken, 1 Kräuterbündel, 1/2 Glas Weißwein, 2 Eßl. Mehl, 3 Eßl. Butter, 1 Eigelb, 1/4 Tasse Rahm, Zitronensaft, Muskat, 10 eingelegte Perlzwiebeln, 1 kleine Dose Champignons

Lamm- oder Hammelrücken

Den Rücken zurichten, würzen und mit Speck umbinden oder spicken – Auf den Rost über die Fettpfanne legen und mit Butter übergießen – Bei starker Hitze 10–15 Minuten grillen – 1 Tasse Wasser übergießen und die Hitze etwas mildern – Von Zeit zu Zeit mit dem Bratfett übergossen, in etwa 1 Stunde fertigstellen – Aus dem Bratsatz mit Paprika, Mehl, Salz und Rahm eine Sauce bereiten – Das Fleisch beim Anrichten mit einem Kranz junger Gemüse und neuen, in Butter gebratenen Kartöffelchen umgeben.

1 kg Lamm- oder Hammelrücken, 2 Eßl. Butter, 250 g Speck, 1 Zwiebel, 1 Tomate, Salz, Paprika, 1 Eßl. Mehl, 1/2 Tasse Sauerrahm

Lamm- oder Kitzbraten

1 Lamm oder Kitz (Zicklein), 4 Eßl. Butterschmalz, 1 Zwiebel, 1 Tomate, Salz, Pfeffer, Paprika, Mehl

Das Fleisch in Nierenbraten, Schlegel, Rippenstücke und Vorderläufe zerlegen und mit Salz und Pfeffer einreiben – Im Schmalz mit der Zwiebel, Tomate und Paprika anbraten – Das Wasser zugeben und zugedeckt fertigstellen – Aus dem Bratensatz mit Mehl und Wasser eine Sauce bereiten, würzen, durchseihen und zum Braten reichen.

Beigabe: Salzkartoffeln oder Spätzle mit grünem Salat, Kartoffelsalat oder Gemüse.

Kitzbraten vom Rost

1/4 bis 1/2 Kitz, 2 Eßl. Butterschmalz, Salz, Pfeffer, 1 Zehe Knoblauch oder Thymian

Zur Sauce:

2 Eßl. Butterschmalz, 1 große Zwiebel, 1 Karotte, Kitzabschnitte, Salz, Pfeffer, 1/2 Eßl. Milch

Das Fleischstück zurichten – Rippen und Beine kürzen – Mit flüssigem Schmalz beträufeln und würzen – Auf dem heißen Rost ins Rohr stellen – Die Fettpfanne mit 1/2 l Wasser gefüllt unterschieben – Bei anfangs mittlerer Hitze in etwa 1 Stunde unter öfterem Begießen mit Fett fertigstellen – Bei größerer Hitze knusprig werden lassen.

Gesondert: Geschnittene Zwiebel und Karotte sowie die Kitzstücke in Schmalz anbraten – Mit Wasser ablöschen und weichdünsten – Zuletzt alle Flüssigkeit einkochen lassen, bis nur noch Fett im Topf ist – Mehl überstäuben – Farbe bekommen lassen – Soviel Wasser dem Fond in der Fettpfanne zugießen als Sauce gewünscht wird – Nach Bedarf noch würzen – Das Fleisch tranchieren und auf heißer Platte anrichten – Die durchgeseihte Sauce gesondert reichen.

Beigabe: Kartoffel- und grüner Salat oder Salzkartoffeln und junge Gemüse.

Lammsteaks Nelson

4 2 cm dicke Lammsteaks (Keule), 2 Eßl. Butterschmalz

Zur Farce:

100 g roher Schinken, 1 Zwiebel, 2 Eigelb, 1/2 Tasse Süßrahm, 2 Eßl. Brösel, 2 Eßl. gehackte Kräuter: Petersilie, Salbei, Minze; Salz, Pfeffer, 2 Eßl. Reibkäse, Butterflocken

Die Steaks allseitig im Fett bräunen – Schinken und Zwiebel fein verwiegen – Mit Eigelb, Rahm, Bröseln und Kräutern vermengen – Nach Geschmack würzen – Das Fleisch in eine gebutterte Gratinierplatte mit der gebratenen Seite nach unten legen – Darüber die Farce streichen – Mit Reibkäse bestreuen und mit Butterflöckchen belegen – Im heißen Rohr etwa 10 Minuten bei Oberhitze backen.

Beigabe: Pommes frites und grüne Bohnen oder Salate.

Lammkoteletts à la Minute

Koteletts würzen – Rasch beidseitig im heißen Schmalz knusprig braten – Herausnehmen und auf sehr heißer Platte anrichten – Im Bratfond Zitronensaft und Petersilie erhitzen – Über die Koteletts gießen.
Beigabe: Pommes frites und grüne Bohnen.

8 dünne Koteletts, Salz, Pfeffer, 3 Eßl. Butterschmalz, Saft 1/4 Zitrone, 1 Eßl. gehackte Petersilie

Lammkrone – amerikanische Art

Das Fleisch vom Knochen zwischen den Rippen abschaben und nach unten drücken – Die Rückenwirbel entfernen – Zu einem Kreis formen, die Rippen nach oben und nach außen gebogen – Würzen und zusammennähen – Die Enden der langen Knochen gleichmäßig stutzen (nicht zu lang lassen) – An jeden Knochen fette gesalzene Schweinefleischwürfel stecken, um ein Anbrennen zu verhindern – Mit Butterpapier bedeckt 1 1/4 Stunden auf den heißen Rost legen – Schweinefleisch vor dem Anrichten entfernen – Mitte der Krone mit Kastanienpüree oder gegrillten Tomaten füllen.

(für 6–8 Personen)
1 Lammrücken, 100 g Schweinefleisch, Salz, Pfeffer, Kastanienpüree oder gegrillte Tomaten

Hammelfleisch

Hammel à la Bourgeoise

Die Zwiebel und die Schalotten feinhacken und in 1 Eßlöffel Schmalz bräunen – Das Hammelfleisch in kleine Stücke schneiden, reichlich würzen und im restlichen Schmalz auf mäßigem Feuer 5 Minuten braten – Die Zwiebel, die Schalotten, 1/2 Tasse heißes Wasser, Mehl und Tomatenmark zugeben und alles ungefähr 40 Minuten langsam kochen lassen – Vor dem Anrichten das Olivenöl unterrühren.
Beigabe: Kartoffelpüree.

3/4 kg Hammelfleisch, 1 Zwiebel, 4 Schalotten, 3 Eßl. Butterschmalz, 1 Messerspitze Mehl, 2 Eßl. Tomatenmark, 1 Eßl. Olivenöl, Salz, Pfeffer

Hammelbug nach Bauern Art

Hammelbug ausbeinen – Mit gehackten Zwiebeln, Petersilie, Knoblauch, Pfeffer und Salz belegen – Aufrollen und mit Bindfaden umbinden – Im heißen Fett allseitig anbraten – Wenig Wasser zugießen und zugedeckt 30 Minuten dünsten – Rohe in dicke Scheiben geschnittene Kartoffeln und grobgeschnittene Zwiebeln zugeben – Brühe beifügen und unter häufigem Begießen im heißen Rohr fertigbraten – Hat sich zuviel Fett gebildet, dieses abschöpfen – Auf heißer Platte mit Zwiebeln und Kartoffeln umlegt und mit Sauce übergossen anrichten.

1–1 1/2 kg Hammelbug, 1 Eßl. gehackte Zwiebel, 1 Eßl. gehackte Petersilie, 2 gehackte Knoblauchzehen, Salz, Pfeffer, 6 Eßl. Fett, 10 rohe Kartoffeln, 250 g Zwiebeln, Brühe oder Wasser

Hammel nach Bordelaiser Art

Hammelbraten in Stücke schneiden, Fett und Haut entfernen – Die feingehackten Schalotten, den kleingeschnittenen Speck, etwas gehackte Petersilie und die Gewürze zusammen im Schmalz anbraten – Das Hammelfleisch zugeben und wenden, bis die Stücke auf allen Seiten fett sind – Den Wein zugeben und zugedeckt auf kleinem Feuer ungefähr 30 Minuten dünsten lassen.

500 g kalter Hammelbraten *(s. nächste Seite)*, *4 Schalotten, 2 Scheiben Speck, 1 Teel. gehackte Petersilie, 2 Eßl. Butterschmalz, Salz, Pfeffer, 1/2 Tasse Weißwein (herb)*

Hammelbraten

3/4 kg Hammelschlegel, Ingwer oder Knoblauch, Salz, Pfeffer, 2 Eßl. Butterschmalz, 1 Zwiebel, 1 Tomate, 1 Eßl. Mehl

Das vorgerichtete Fleisch mit Knoblauch, Salz und Pfeffer einreiben – Im heißen Schmalz anbraten und die Tomate oder Zwiebel zugeben – Mit Wasser ablöschen und nach Belieben, anstelle des Knoblauches, kleine Stückchen Ingwer beifügen – Unter ständigem Begießen im Backofen in 1–1 1/2 Stunden braten oder auf dem Feuer in einer Kasserolle zugedeckt weichdünsten – Von Zeit zu Zeit etwas Wasser nachgießen – Zuletzt den Braten im Fett knusprig werden lassen und auf eine heiße Platte legen – Aus dem Bratsatz mit dem Mehl und Wasser eine Sauce bereiten, durchseihen und zu dem aufgeschnittenen Fleisch reichen.
Beigabe: Kartoffelklöße.
(Hammelfleisch stets auf gut vorgewärmter Platte und Tellern servieren.)

Hammelbraten nach Bierbrauer-Art

500–600 g Hammelkoteletts oder Keule, 1/2 l dunkles Bier, 50 g Fett, 1 Eßl. Kapern, 1 Schuß Essig, 1–2 Eigelb, 3–4 Eßl. Rahm, Salz, Pfeffer, Mehl, Muskat

Die Koteletts oder das Fleisch in 4 Stücke geschnitten, würzen – In einer Pfanne Fett erhitzen und das Fleisch anbraten – Nach und nach Bier zugießen und ca. 45 Minuten schmoren lassen – Das Fleisch aus der Pfanne nehmen und in dem Bratensatz 1 Messerspitze Mehl anrösten – Mit wenig Wasser aufkochen – Mit Essig, Muskat und Kapern abschmecken – Vor dem Servieren die Sauce mit verquirltem Eigelb und Rahm legieren.
Beigabe: Teigwaren.

Hammelragout Bonne femme

3/4 kg Hammelbrust oder Hals, 2 Eßl. Butter, 1 Zwiebel, 1 Zehe Knoblauch, Salz, Pfeffer, 1 Eßl. Mehl, Wein, Saft 1/2 Zitrone, 1 Eßl. Tomatenmark, 125 g Karotten, 125 g kleine runde Kartöffelchen, 125 g Erbsen frisch oder tiefgekühlt

Die geschnittene Zwiebel in der Butter hellgelb rösten – Das in große Würfel geschnittene Hammelfleisch, den feingeschnittenen Knoblauch und die Gewürze zugeben und leicht anbraten – Das Mehl überstreuen und mit etwas Wasser, Wein und Zitronensaft übergießen – Das Tomatenmark beifügen und zugedeckt halbweich dünsten – Die in Scheiben oder Streifen geschnittenen Karotten, danach die Kartoffeln und zuletzt die frischen Erbsen zugeben – Ist alles gar, das Hammelragout auf eine heiße Platte häufen und mit dem Gemüse umlegen.

Curry-Stew

Hammelfleisch in große Würfel schneiden – In Wasser mit dem zugerichteten Gemüse und Wurzelwerk aufsetzen – Gewürze beifügen und 3/4 weichkochen – Rohe Kartoffeln schälen, in dicke Scheiben oder Schnitze teilen, zugeben und fertigkochen – Suppenterrine und Teller vor dem Auftragen gut anwärmen, da das Hammelfett leicht stockt.

3/4–1 kg Hammelfleisch, 3 l Wasser, 1 Scheibe weiße Rübe, 4 gelbe Rüben oder Karotten, 1/2 Wirsingkohl, 1 kleine Selleriewurzel, 1 Stange Lauch, 2 Zwiebeln, 1 Handvoll grüne Erbsen, 1 Handvoll grüne Bohnen, Petersilie, Knoblauch, Curry, Kartoffeln, Salz, 1 Teel. Kümmel

Hammelkeule nach Wildbretart

Fleisch von Fett und Haut befreien, spicken und würzen Marinadezutaten aufkochen und heiß über das Fleisch gießen – Damit bedeckt, 3 Tage bei öfterem Umwenden ziehen lassen.
Das Fleisch abgetrocknet allseitig im Schmalz anbraten und mit einem Teil der Marinade aufgießen – Zwiebeln und Kräuter der Marinade beifügen – Zugedeckt, in etwa 1 1/2–2 Stunden unter öfterem Begießen gar dünsten – In der letzten halben Stunde der Bratzeit aufgedeckt schmoren lassen und den Rahm zugießen – Ist das Fleisch braun und knusprig, herausnehmen und auf heißer Platte anrichten – Im Bratsatz Mehl anrösten und mit Marinade oder Wasser, je nach Schärfe, aufgießen – Durchgeseiht zum Fleisch reichen.
Beigabe: Glasierte Zwiebeln, Teltower Rübchen, Salzkartoffeln oder Kartoffelkroketten.

1 kg Hammkeule, Speck, Salz, Pfeffer
Zur Marinade:
1/2 Rotwein, 1/2 Essig, 2 Zwiebeln, 1/2 gelbe Rübe, etwas Sellerie, 1 Zehe Knoblauch, 1 Lorbeerblatt, 2 Nelken, 5 Pfefferkörner, 5 Wacholderbeeren, Majoran
Zum Braten:
4 Eßl. Butterschmalz, 1 Tasse Sauerrahm, 1 Teel. Mehl

Hammelrücken

Vom Rückenstück die Knochen entfernen (am besten gleich vom Schlachter machen lassen) – Das Fleisch allseitig würzen – Mit Knoblauch oder Minze einreiben – Mit Öl bestreichen, auf den heißen Rost legen – Fettpfanne mit etwas Wasser unterschieben – Allseitig goldbraun braten – Aus den übrigen Zutaten eine Sauce bereiten.
Beigabe: Pommes frites, Salate oder Gemüse.

1 kg Hammelrücken, Pfeffer, Salz, 1 Knoblauchzehe oder feingehackte Minze, Öl
Zur Sauce:
2 Eßl. Butterschmalz, 1 Zwiebel, Hammelknochen, Pfeffer, Salz, 1 Messerspitze Mehl

Hammelkoteletts

4–8 Hammelkoteletts, Knoblauch, Öl, Salz, Pfeffer, 1 Zwiebel, Tomaten, 1 Eßl. Mehl

Die Koteletts mit Knoblauch einreiben, mit Öl bepinseln und würzen – Auf dem Rost bei starker Hitze in etwa 15 Minuten grillen – Zwiebelscheiben und einige ganze Tomaten mitgrillen – Aus dem abfließenden Bratfett unter Zugabe der Zwiebelscheiben, 1 Tomate und des Mehls eine Sauce bereiten – Die Koteletts können auch auf dem Feuer in heißer Butter gebraten werden – Sie sollen außen knusprig braun, innen noch rosig sein.

Beigabe: Salzkartoffeln, gegrillte Tomaten und grüne Bohnen.

Hammelkoteletts nach Nelson

8 Hammelkoteletts, 6 kleine Zwiebeln, Wasser, 1 Tasse Fleischbrühe, 2 Eßl. Butter, 3 Eßl. Mehl, 1/2 Tasse Rahm, Muskat, Paprika, Pfeffer, Salz, 1 Eßl. Butter, 2 Eßl. Reibkäse, 2 Eigelb, Butter, Brösel

Zwiebeln in 4 Teile zerschneiden, kochendem Salzwasser zusetzen, einmal aufkochen lassen und abschütten – In heißer Fleischbrühe weichkochen – Durch ein Sieb abschütten und durchpassieren.

Aus Butter und Mehl eine helle Mehlschwitze bereiten – Mit wenig Wasser ablöschen, mit Rahm auffüllen und zu einer dicken Sauce verkochen – Mit Gewürzen abschmecken – Ein Stück frische Butter, das Zwiebelpüree und Reibkäse zugeben – Vom Feuer nehmen und mit Eigelb legieren.

Koteletts von Fett und Sehnen befreien und würzen – In heißer Butter auf einer Seite nach unten in eine butterbestrichene Pfanne setzen – Mit dem dicken Zwiebelpüree bestreichen, mit zerlassener Butter beträufeln, mit Reibkäse und Bröseln bestreuen – Im heißen Rohr 6–8 Minuten bräunen – Recht heiß servieren.

Beigabe: Tomatensauce und Pariser Kartöffelchen.

Hammelkoteletts nach Toulouser Art

1/2–3/4 kg dünne Hammelkoteletts, 2 Eßl. Butter, 200 g rohe Gänseleber, 1 Tasse Bechamelsauce

Gut abgelagerte dünne Koteletts mit zerlassener Butter bestreichen – In erhitzter Pfanne auf einer Seite anbraten – Wenden und mit einer Scheibe roher Leber belegt und mit Sauce übergossen, in sehr heißem Rohr in etwa 10 Minuten fertigbraten – Mit Backfett übergossen anrichten.

Beigabe: Einen Kranz von Kastanienpüree umlegen.

Hammelkoteletts im Mäntelchen

8 Koteletts, 2 Eier, 3 Eßl. Butter, 50 g gehackte Zwiebel, 1 Eßl. Mehl, 1/2 Tasse Süßrahm, 1 Eßl. Reibkäse, Salz, Pflanzenfett

Zwiebeln in Butter hell andünsten – Mehl überstäuben, 1 Ei, mit Rahm verrührt, zugeben – Salz und Reibkäse beifügen – Hammelkoteletts entfetten, waschen und klopfen – Je eine Seite mit verquirltem Ei bestreichen – Die dickliche, erkaltete Masse auf die bestrichenen Kotelettseiten verteilen – Mit den bestrichenen Seiten in heißes Pflanzenfett einlegen und braunbraten – Danach mit den noch unbestrichenen Seiten genauso verfahren – Bratzeit etwa 10 Minuten.
Beigabe: Teltower Rübchen und Pommes frites.

Englische Schöpsenschnitten

3/4–1 kg Schöpsenrippenstück (Karree), Salz, Pfeffer, 2 Eßl. Mehl, 4 Eßl. Fett, 1 Eßl. Butter, 1/2 Eßl. Zitronensaft, gehackte Petersilie, Wasser oder Brühe

Das Fleisch von den Knochen lösen – Enthäuten und entfetten – In Scheiben schneiden und würzen – Auf einer Seite in Mehl tauchen – Eine Pfanne stark erhitzen und das Fett darin zerlaufen lassen – Die Schnitten zuerst auf der bemehlten Seite braun anbraten – Ohne hineinzustechen, wenden und auf der anderen Seite bräunen, alles möglichst rasch, damit das Fleisch innen noch rosig bleibt – Auf heißer Platte anrichten – Den Bratsatz entfetten, Butter, Zitronensaft, Petersilie und Brühe zugeben – Aufkochen – Das Fleisch damit begießen oder Sauce getrennt dazu geben.
Beigabe: Röstkartoffeln und grüne Bohnen.

Hammelschulter mit weißen Rüben

1/2–1 kg Hammelschulter, 4 Eßl. Butterschmalz, 1 Eßl. Mehl, 1 1/2 Tasse Brühe, Salz, Pfeffer, Gewürzkörner, 500 g weiße Rüben

Das Fleisch von den Knochen lösen und zusammengebunden in der Hälfte des Schmalzes auf allen Seiten anbräunen – Daneben im Bratfett das Mehl anrösten – Brühe zugeben und aufkochen lassen – Würzen und zugedeckt das Fleisch in etwa 2 1/2 Stunden fertig dünsten – Die Rüben zurichten, in Stücke schneiden und im restlichen Schmalz goldgelb dünsten – Wenn das Fleisch 3/4 gar ist, die Rüben zugeben – Das Fleisch auf einer Platte anrichten, mit den Rübenschnitzen umlegen und mit der durchgeseihten Sauce übergießen.
Beigabe: Salzkartoffeln.

Gedünstete Hammelschulter

1 kg Hammelschulter, Salz, Pfeffer, 50 g Speck, 1 große Zwiebel, 1 Eßl. Fett, 3 Eßl. Tomatenmark oder 3 Tomaten, Wasser oder Brühe

Fleisch von den Knochen lösen – In große Stücke schneiden und würzen – Speck und Zwiebel würfelig schneiden und in Fett dünsten – Tomaten und die Fleischstücke zugeben und allseitig leicht anrösten – Mit Brühe oder Wasser auffüllen und zugedeckt weichdünsten – Die durchgeseihte Sauce über das Fleisch gießen.
Beigabe: Nudeln.

Englischer Schöpsenschlegel

1 Schöpsenschlegel, 100 g Speck, Salz, Pfeffer, 5 Eßl. Fett, Wasser, 2 Eßl. Butter

Den Knochen aus dem Schlegel lösen – Das Fleisch häuten, von allem Fett befreien, spicken und würzen – In heißem Fett unter öfterem Begießen mit dem eigenen Saft in etwa 40 Minuten bei guter Hitze braten – Das Fleisch muß innen noch rosa gefärbt bleiben – Den Bratsatz entfetten und mit Butter und Wasser zu einer Sauce aufkochen.
Beigabe: Spinat und Pommes frites.

Hammelfüße mit Hühnergeschmack

4 Hammelfüße, 2 Tassen Brühe, 300 g Champignons, 2 Eßl. Butter, Salz, Pfeffer, 2 Eigelb, 1 Teel. gehackte Petersilie, Zitronensaft

Hammelfüße gut absengen und der Länge nach spalten – Die dazwischen befindliche Haardrüse entfernen – Mit kochendem Wasser abbrühen und in öfters zu erneuerndes Wasser einige Stunden einlegen – In Fleischbrühe mit Gewürzen, Champignons und Butter zugedeckt weichdünsten – Vor dem Anrichten die kurz eingekochte Brühe mit Eigelb legieren – Petersilie zugeben und mit Zitronensaft abschmecken.
Beigabe: Reis.

Hammelroulade mit Teltower Rübchen

3/4–1 kg Hammelbug, 3 Zwiebeln, Petersilie, Knoblauch, Pfeffer, Salz, 3 Eßl. Fett, 500 g Teltower Rübchen oder Mairübchen, 3 rohe Kartoffeln

Fleisch ausbeinen, mit einer gehackten Zwiebel, Knoblauch, Petersilie, Salz und Pfeffer bestreuen – Aufrollen und mit Bindfaden umwickeln – In heißem Fett allseitig anbraten – Geschnittene Zwiebeln und geputzte Rübchen zugeben – Mit Wasser auffüllen – Zugedeckt, etwa 3/4 gar dünsten – Kleinwürfelig geschnittene Kartoffeln beifügen und fertig dünsten – Beim Anrichten das Gemüse um das aufgeschnittene Fleisch legen und die Sauce darübergießen.

Hammelrippchen à la Maintenon

Die Koteletts 4 cm dick schneiden und teilen, indem man sie bis zum Knochen flach durchschneidet – Zwiebeln in Butter dünsten – Die Zwiebeln entfernen und die Pilze in der Butter 5 Minuten dünsten – Das Mehl, die Sauce, die Petersilie, das Salz und etliche Körner Cayenne-Pfeffer zugeben – Die Mischung zwischen die Fleischhälften füllen und diese leicht zusammenpressen – In mit Butter bestrichenes Pergamentpapier wickeln – 10 Minuten auf dem Rost braten.
Beigabe: Spanische Sauce.

8 Hammelkoteletts, 2 1/2 Eßl. Butter, 1 Eßl. gehackte Zwiebel, 1/2 Tasse gekochte Pilze, 2 Eßl. Mehl, 3 Eßl. Bratensauce, 1 Teel. gehackte Petersilie, 1/4 Teel. Salz, Cayenne-Pfeffer, Pergamentpapier

Hammelsteak

Das Fleisch je nach Personenzahl in Stücke schneiden, flach klopfen, mit Öl bepinseln und würzen – In einer sehr heißen Pfanne auf starkem Feuer auf beiden Seiten anbräunen – Die Butter zugeben und zugedeckt auf schwachem Feuer ziehen lassen – Den Bratensatz mit einer Messerspitze Mehl, wenig Wasser und nach Belieben etwas Rotwein zu einer Sauce aufkochen.
Beigabe: Kartoffeln oder Pommes frites mit grünen Bohnen.

500–750 g Hammelschlegel, 2–3 Eßl. Butter, Salz, Pfeffer, 1 Messerspitze Mehl

Hammelsteaks mit Kastanienpüree

Kastanien schälen – Brühen, bis sich die Häutchen abziehen lassen – In Wasser weichkochen und durch ein Sieb drücken – Mit Rahm zu Püree vermengen und würzen – Paprika halbieren und entkernen – In Salzwasser weichkochen – Steaks mit Öl pinseln und auf jeder Seite rasch grillen – Würzen – Oder in einer Pfanne mit Fett braten – Die abgetropften Schoten mit dem Kastanienpüree füllen und beim Anrichten auf die Steaks setzen – Sauce Allround dazureichen.

4 Hammelsteaks, Öl oder Butter, Salz, Paprika, 2 grüne Paprikaschoten, 300 g Kastanien, Süßrahm, Salz, Zucker, Sauce Allround

Innereien vom Hammel

Gebackener Hammelkopf

1 Hammelkopf, 1/4 Tasse Essig
Zum Sud:
Salzwasser, 1 Kräuterbündel, 1 Zwiebel, 1 Lorbeerblatt, Pfefferkörner, Schale 1/4 Zitrone,
Zum Panieren:
Zitronensaft, Salz, Pfeffer, Mehl, 1 Ei, Brösel, Käse, Öl oder Backfett

Den Hammelkopf säubern und einige Stunden wässern – Mit heißem Essig übergossen kochendem Salzwasser zusetzen – Gewürze beifügen – In etwa 2 Stunden auf kleiner Flamme weichkochen – Herausnehmen und auskühlen lassen – Entbeinen und das Fleisch in passende Stücke schneiden – Mit Zitronensaft beträufeln und würzen – Zuerst in Mehl, dann in Ei und zuletzt in Brösel, vermengt mit etwas Reibkäse, wenden – Schwimmend im heißen Öl oder Backfett herausbacken.
Beigabe: Epikur- oder Remouladensauce oder Salate.

Hammelzunge

2 Hammelzungen
Zum Sud:
Salzwasser, 1 Kräuterbündel, 1 Lorbeerblatt, Pfefferkörner, 1 Zwiebel
Zum Braten:
Senf, Cayenne-Pfeffer, Butter, Brösel

Die Zungen sauber waschen – Dem kochenden Sud zusetzen und in etwa 1 1/2 Stunden weichkochen – Sie sind gar, wenn sich die Haut an der Spitze leicht lösen läßt – Im Sud erkalten lassen – Die Zunge der Länge nach halbieren – Mit Senf bestreichen – In zerlassener Butter tauchen – In Brösel wälzen – Auf den Rost gelegt im Rohr bei mittlerer Hitze langsam goldgelb backen.
Beigabe: Teufelssauce.

Hammelzunge à la Vinaigrette

2 Hammelzungen, Salzwasser, 1 Kräuterbündel, 1 Lorbeerblatt, Pfefferkörner, 1 Zwiebel, Sauce Vinaigrette, Petersilie, Zitrone

Die Zungen vorrichten und weichkochen wie vorhergehendes Rezept – Aus dem heißen Sud nehmen und enthäuten – In passende Stücke aufschneiden – Auf heißer Platte mit Petersilie und Zitronenschnitzen garniert anrichten. *Beigabe:* Sauce Vinaigrette.

Hammelnieren am Spieß

500 g Hammelnieren, Salz, Pfeffer, 1 Eßl. Butter, Kräuterbutter

Die Nieren enthäuten – Von der Außenseite her öffnen ohne sie zu trennen – Auf Spieße stecken – Mit zerlassener Butter pinseln und würzen – Im heißen Rohr bräunen – Mit Kräuterbutter anrichten.
Beigabe: Brunnenkresse und Strohkartoffeln.

Vom Wildbret

Der Hase

Kauft man Wild nicht schon zugerichtet ein, so muß man beachten: Hasen sollen, wenn möglich nicht durch Schüsse zerfetzt sein. Durch Einreißen der Löffel prüft man ihr Alter; sie müssen, wenn sie noch jung sind, so leicht einreißen wie dünnes Papier.

Beim *Abziehen* gehen wir folgendermaßen vor: Das Tier an den Hinterläufen zusammenbinden und mit dem Kopf nach unten an einem Nagel aufhängen, dabei achten, daß Blutspritzer nachher leicht abgewaschen werden können. Mit einem spitzen Messer die Haut rings um die Pfoten der Hinterläufe einschneiden und ein kleines Stück aufschlitzen. Das Fell wird hier gepackt und die Haut langsam, aber mit festem Zug vom Schwanz und den beiden Hinterläufen heruntergestreift. Eventuell muß man mit dem Messer etwas nachhelfen. Das Fell ist hierauf langsam aber stetig vom Leib über die Ohren hinwegzuziehen. Die Vorderpfoten werden abgehackt. Zum Ausnehmen des Hasens werden zuerst die Knochen der beiden Hinterläufe, dort, wo der Hase aufgeschnitten werden muß, voneinander getrennt. Dann ist der Leib der Länge nach aufzuschlitzen. Die Eingeweide werden herausgenommen, das Blut, das sich im Brustkorb gesammelt hat, wird rasch in einem Becken aufgefangen und mit etwas Essig durchgerührt, damit es nicht gerinnt. Es wird später zum Hasenpfeffer oder zur Sauce verwendet. Nun legt man das Tier auf den Küchentisch, öffnet noch Brustkorb und Hals und entfernt Herz, Lunge und Luftröhre. Kopf und Hals werden abgehackt und die beiden Vorderläufe mit den Schulterblättern vom Rumpf getrennt. Diese Teile werden mit Herz, Lunge und kleinen Abfallstücken des Rückens und Keulen als Hasenpfeffer verwendet, Keulen und Rücken, gespickt, zum Braten. Sie müssen zuvor gehäutet werden. Bratzeit für Rücken und Schlegel je nach Größe und Alter des Tieres 20 bis 40 Minuten. (Etwa 20 Minuten pro 500 Gramm Gewicht.)

Verwendung:

Hasenrücken und Keulen gebraten oder gegrillt. Hasenläufchen, gebraten zu Rotkohl.
Schlegel, Läufe und Schulterblätter sowie Innereien zu Ragout und Pfeffer.

Tranchieren:

Die beiden Schlegel aus den Gelenken schneiden. Die sehnigen, ungespickten Teile abhacken. Wird der Beinknochen ausgelöst, einen Längsschnitt in die Schlegel machen. Durch zwei Querschnitte in gleichgroße Teile zerlegen und diese wieder zusammensetzen. Die beiden Büge, falls dies nicht vor dem Braten geschehen ist, ebenfalls abtrennen und die ungespickten Teile abhacken. Die dünnen Rippenknochen abtrennen. Den Rücken, je nach Größe des Hasens, in fünf bis sechs gleich große Stücke teilen. Um das Rückgrat zu durchschneiden, jedesmal durch einen Schlag mit dem breiten Teil des Hackbeiles auf den Messerrücken nachhelfen. Nach Belieben die Filets loslösen und in ihrer ursprünglichen Form wieder auf das Gerippe setzen.

Kaninchen

In ländlichen Gegenden hat man oft Gelegenheit, Kaninchen zu erhalten. Das Zurichten geschieht dann genau wie beim Hasen. Kaninchenfleisch, das viel fettreicher ist als das Fleisch der Hasen, ist weißer und im Geschmack eher Geflügel oder Kalbfleisch ähnlich. Es kann deshalb wie Kalbfleisch zubereitet werden, aber auch ohne weiteres pikant wie Hasenbraten. Es braucht eine etwas längere Garzeit als Hasenfleisch.

Hirsche und Gemsen

Auch der Hausfrau in der Stadt bietet sich zur Jagdzeit oft Gelegenheit, ein Stück Hirschfleisch zu erstehen. Seltener dagegen Gemsfleisch. Hirschfleisch ist dem Rehfleisch sehr ähnlich, doch ein wenig massiver in Muskulatur und Volumen, Gemsfleisch dagegen etwas trockener.

Verwendung:

Kleinere Fleischstücke oder übriggebliebener Wildbraten zu Wildsuppe.
Schlegel, enthäutet und gespickt, gebraten. Zubereitungszeit 1 1/2 bis 2 Stunden.
Hirschschlegel oder Filetstücke in fingerdicke Scheiben geschnitten zu Schnitzel oder Medaillons. Bratzeit 1 bis 1 1/2 Minuten für jede Seite.
Rippenstücke von Hirsch und Gemse zu Koteletts, sie sind auf jeder Seite nur rasch zu bräunen.
Kleinere, weniger wertvolle Fleischstücke zu Wildragout. Zum Unterschied vom Wildpfeffer wird es vom frischen Fleisch zubereitet, ohne vorheriges Einlegen in Beize.

Das Reh

Rehfleisch erhält man heute meist bereits küchenfertig, also in saubere Stücke zerschnitten und gespickt.

Zubereitung:

Rehrücken zum Braten, Zubereitungszeit etwa 35–45 Minuten. Der fertige Rehrücken soll aufgeschnitten innen noch saftig und rosa wie Roastbeef sein.
Rehschlegel, zum Braten; er bedarf einer etwas längeren Bratzeit.
Schnitzel und Koteletts sind auf beiden Seiten nur rasch braun zu braten, was am besten in rauchheißem Butterschmalz geschieht. Auch sie müssen innen noch rosa sein.
Brust, Hals, Bauchstücke und die äußeren Enden vom Rücken werden in eine pikante Beize gelegt und danach als Rehpfeffer zubereitet.

Tranchieren (Rehziemer):

Zu beiden Seiten der Knochenfortsätze (Rippen) am Rückgrat je einen Einschnitt machen. Durch einen unteren Schnitt entlang der Rippenenden die Filets loslösen. Die Filets entweder in schräger Richtung in dicke Scheiben aufschneiden oder durch einige Längs- und Querschnitte in gleichgroße Stücke teilen. Wieder in seiner ursprünglichen Form zusammensetzen und hübsch garnieren.

Wildbretgerichte

Hasenbraten

1 Hasenrücken oder 2 Schlegel, 50 g fetter Speck, 3 Eßl. Butterschmalz, 1 Zwiebel, 1 Tasse Sauerrahm, 1 Eßl. Mehl, Salz, Pfeffer, 1 Zitrone

Das Fleisch häuten, mit dem Speck spicken oder mit Speckscheiben umwickeln und würzen – In einer Kasserolle Schmalz erhitzen und das Fleisch darin anbraten, die feingeschnittene Zwiebel zugeben und zugedeckt oder im Rohr unter häufigem Begießen in 30 Minuten fertig braten – 10 Minuten vor dem Anrichten den Rahm darübergießen, das Fleisch warm stellen und beim Anrichten mit Zitronenscheiben garnieren – Den Bratsatz mit dem Mehl aufkochen, mit Gewürz und Zitronensaft abschmecken und zum Fleisch reichen.
Beigabe: Spätzle mit Blaukraut und Preiselbeeren.

Hasenbraten nach Genfer Art

1 Hasenrücken oder Schlegel, 70 g Speck, 5 Eßl. Butterschmalz, Salz, Pfeffer
Zur Sauce:
1 Gläschen Gin, 5 Wacholderbeeren, 1/2 Tasse Rahm, 1/2 Zitrone, Salz, Pfeffer, 1 Tasse Pfeffersauce

Hasenrücken und -schlegel zurichten, spicken und braten wie vorhergehendes Rezept – Auf heißer Platte warmstellen – Den Bratfond mit abgebranntem Wacholderschnaps ablöschen – Mit gestoßenen Wacholderbeeren und Rahm einkochen – Zitronensaft und dickgekochte Pfeffersauce beifügen – Durchpassiert über das tranchierte Fleisch gießen.
Beigabe: Leicht gesüßter warmer Apfelbrei.

Hasenbraten in Marinade

1 Hasenrücken oder 2 Schlegel
Zur Marinade:
1 Tasse Wasser, 1/2 Tasse Essig, 1/2 Teel. Zucker, 1 Schuß Rotwein, 1 Zwiebel geschnitten, 2 Nelken, Salz, Pfeffer, 1 Lorbeerblatt, 8 Wacholderbeeren, 1/2 Zehe Knoblauch, Wurzelwerk
Zum Braten:
4 Eßl. Butterschmalz, 2 Scheiben geräucherter Speck 1 Teel. Mehl, 1/2 Tasse Sauerrahm

Das Fleisch häuten – Die Zutaten der Marinade aufkochen – Etwas abkühlen lassen und das Fleisch, in eine Schüssel gelegt, damit übergießen – 3–4 Tage darin zugedeckt beizen lassen – Täglich wenden.
Abgetropft und abgetrocknet im heißen Schmalz und den Speckwürfeln allseitig anbraten – Mit Marinade ablöschen und auffüllen – Zugedeckt in etwa 45 Minuten fertigstellen – Aufgedeckt im Fett knusprig werden lassen – Im Bratfond das Mehl anrösten – Mit etwas Wasser ablöschen und durchkochen lassen – Rahm zugeben – Durchgeseiht zum tranchierten Braten reichen.
Beigabe: Kartoffelpüree und Preiselbeeren, Kompott oder gekochte Kartoffelklöße.

Hasenrücken Elizabeth

1 Hasenrücken, Öl zum Braten
Zur Beize:
2 Tassen herber Weißwein, 3 Eßl. Weinessig, Karottenscheiben, Zwiebelscheiben, 1 Lorbeerblatt, Thymian, 5 Wacholderbeeren, Petersilie, Salz, Pfeffer
Zur Sauce:
1 Tasse Rahm, 1 Eßl. Mehl, 1 Eßl. Butter, Salz, 1 Teel. Senf, 1 Schuß Rotwein, 1 Schuß Kognak, Butter

Den zugerichteten Hasenrücken 5 Tage in die Beize legen, dabei zweimal täglich wenden – Abgetrocknet 10 Minuten, nicht länger, in reichlich heißem Öl braten und warmstellen.
Zur Sauce: Vom Bratensatz das Öl abgießen – Mehl, mit Butter verknetet, und Rahm dem Bratsatz beifügen – Würzen und aufkochen und mit Senf, Wein und abgebranntem Kognak abschmecken – Frische Butter unterziehen – Den Braten damit begießen und sofort zu Tisch geben.
Beigabe: Weintraubenkompott und Kartoffelpüree.

Hasenkeule in Buttermilch

Die Keulen 1–2 Tage in die Buttermilch legen – Abtropfen lassen und würzen – Mit zerstoßenen Wacholderbeeren bestreuen und mit dem Speck umbinden – In heißem Schmalz allseitig anbraten – Mit der Brühe ablöschen – Lorbeerblatt zugeben – Zugedeckt garen lassen – Ist die Flüssigkeit verdampft, Buttermilch mit Mehl verquirlen und zugießen – Rahm und Rotwein beifügen – Nach Geschmack würzen.

Beigabe: Teigwaren, Spätzle oder Kartoffelpüree und Preiselbeeren.

2 Hasenkeulen, 1 l Buttermilch, 6 Scheiben Speck, 3 Eßl. Butterschmalz, 1/2 l Brühe, 4 Wacholderbeeren, 1 Lorbeerblatt, 3/8 l Sauerrahm, 1/8 l Buttermilch, 2 Eßl. Stärkemehl, Salz, Pfeffer, 1 Schuß Rotwein

Hasenpfeffer

Die Fleischstücke mit der Beize übergießen und 1–2 Tage darin liegenlassen – In einer Kasserolle das Fett erhitzen, die Fleischstücke mit der Zwiebel leicht anbraten, das Mehl zugeben und anbräunen – Mit der Hälfte der Beize ablöschen und zugedeckt weichdünsten – Von Zeit zu Zeit Beize oder Wasser zugießen, bis das Fleisch gar ist – Das Hasenblut darunterrühren, mit Zitronensaft und Gewürzen abschmecken.

Beigabe: Gekochte Kartoffelklöße oder Teigwaren.

Kopf, Hals, Bauchlappen, Vorderschlegel, Lunge, Leber, Herz

Zur Beize:

1/2 Tasse Essig, 1/2 Tasse Wasser, 1 Nelke, 1 Lorbeerblatt, Pfefferkörner, 1 Zwiebel, Salz, Pfeffer

Zum Braten:

3–4 Eßl. Fett, 4 Eßl. Mehl, etwas Hasenblut, Zitronensaft

Gefüllte Hasenschlegel

Die Schlegel beim Hüftknochen abtrennen und entbeinen – Die Oberseiten enthäuten – Geschnittene Zwiebel, feingehackte Pilze und die Kräuter in Butter dünsten – Die Hasenleber, kleinwürfelig geschnitten, ebenfalls rasch andünsten – Mit Brösel, gehacktem Eigelb binden – Die Schlegel mit dieser Farce füllen – Zunähen und mit Speck umbinden – Im heißen Fett mit Zwiebel, Wildknochen und sonstigen Abschnitten anbraten – Mit Wein und etwas Wasser ablöschen und auffüllen – Zugedeckt in etwa 1 Stunde weichdünsten – Sind die Schlegel gar und knusprig, auf heißer Platte anrichten – Aus dem Bratfond die Sauce bereiten – Durchgeseiht über die aufgeschnittenen Schlegel gießen.

Beigabe: Johannisbeeren und Kartoffelkroketten.

2 Hasenschlegel, Pfeffer, Salz, 75 g Speck

Zur Fülle:

1/2 Tasse Brösel, 1 Zwiebel, Salbei, Petersilie, 1/2 Tasse Champignons, 2 harte Eigelb, 1 Eigelb roh, 1 Hasenleber, 2 Eßl. Butter, Salz, Pfeffer

Zum Braten:

4 Eßl. Butterschmalz, 1/2 Tasse Wein, 1 Zwiebel, Wildknochen

Hasenragout

Hasenklein, 1 große Zwiebel, 8 Pfefferkörner, 4 Gewürzkörner, 1 Prise Thymian, 1 Lorbeerblatt, 2 Nelken, 3 Eßl. Essig, Wurzelwerk
Zur Sauce:
3 Eßl. Butterschmalz, 4 Eßl. Mehl, 1 Teel. Zucker, 1/2 Tasse Sauerrahm, Hasenblut, Zitrone, Salz, Pfeffer

Vorderläufe, Brust, Kopf, Herz, Magen, Leber und Lunge eines Hasen in Stücke schneiden – Kochendem Salzwasser zugesetzt, mit Essig, Wurzelwerk, Zwiebel und Gewürzen weichkochen – Im Fett Mehl rösten, Zucker zugeben und gelb werden lassen – Mit Hasensud ablöschen und auffüllen – Hasenblut und Rahm zugießen – Mit Zitrone abschmecken, wenn nötig, noch Gewürze und Essig zugeben – Das Fleisch einlegen und noch 15 Minuten durchkochen.
Beigabe: Semmelknödel.

Hasenschnitten

1 Hasenrücken, Salz, Pfeffer, 80 g Butter, 1 Eßl. Mehl, 1 Tasse Fleischbrühe, 1/2 Glas Rotwein, 1 Gläschen Madeira, Zitronensaft, 2–3 Trüffeln oder 1 Dose Champignons

Das Fleisch häuten – Die Filets vorsichtig vom Knochen ablösen – Das Knochengerippe zerteilen und in Butter braun anbraten – Mehl überstäuben und anrösten – Mit Brühe ablöschen und auffüllen – Wein zugeben und kochen, bis sich das noch anhaftende Fleisch abschaben läßt – Feinverwiegt und durchpassiert, dem durchgeseihten Fond beifügen – Aufs Feuer geben mit Madeira und Zitronensaft abschmecken und geschälte, in Scheiben geschnittene Trüffeln und Champignons darin erwärmen – Die Filets in je 6 Scheiben schneiden – Leicht klopfen und mit Salz und Pfeffer bestreut in heißer Butter 2–4 Minuten braten – Auf heißer Platte anrichten und mit der Sauce übergießen.
Beigabe: Pommes frites.

Gebackene Kaninchen auf englische Art

1 Kaninchen, Salz, Pfeffer, 4–6 Eßl. Butter, Mehl, 1 Ei, Brösel, Backfett, Zitronenschnitze, Petersilie

Kaninchen zurichten, Rücken, Schlegel und Schulterblätter enthäuten – Rücken und Schlegel je in 3–4 Teile, Schultern in 2 Teile zerlegen – Würzen und in reichlich heißer Butter allseitig anbraten – Herausnehmen und etwas abkühlen lassen – In Mehl, Ei und Bröseln wenden – Backfett stark erhitzen und die Fleischstücke einzeln einlegen – Darin schwimmend goldbraun herausbacken – Abtropfen lassen, mit Salz bestreuen und auf vorgewärmter Platte, mit Zitronenschnitzen garniert, anrichten.
Beigabe: Teufelssauce und grüner Salat.

Hasenläufe

Die Läufe säubern und häuten – Spicken und würzen – Mit geschnittener Zwiebel und Wacholderbeeren im Fett anbraten – Mit etwas Wasser oder Brühe ablöschen und aufgießen – Zugedeckt weichdünsten – Einschmoren lassen – Mit Fleischglace oder Mehl die Sauce bereiten.
Beigabe: Geschmorte Äpfel mit Preiselbeer- oder Johannisbeerfülle, Blaukraut und Kartoffeln.

Hasenläufe
(pro Person 2 Stück)
50 g Speck, Salz, Pfeffer,
1 Zwiebel, 3 Wacholderbeeren,
3 Eßl. Butterschmalz,
Fleischglace oder 1/2 Teel.
Mehl, Wasser oder Brühe

Damhirschfilets mit Sauce Gourmande

Das Fleisch von Haut und Sehnen befreien – In runde zweifingerdicke Scheiben schneiden – Leicht klopfen und wieder runddrücken – Eine Pfanne stark erhitzen – Das Fleisch würzen und sofort mit Schmalz hineingeben – Ohne hineinzustechen über starkem Feuer braten, bis sich oben etwas Blut zeigt – Dann wenden und wieder braunbraten – Ganze Bratzeit 5–8 Minuten – Herausnehmen und auf heißer Platte anrichten – Den Bratsatz mit wenig Wasser aufgießen, Fleischextrakt zugeben, aufkochen und nach Geschmack würzen – Über die Fleischstücke gießen.
Beigabe: Sauce Gourmande, Prinzessinnenkartoffeln und Weichselsalat.

3/4–1 kg Damhirschfilet,
Salz, Pfeffer,
60 g Butterschmalz,
1/2 Tasse Wasser,
1 Eßl. Fleischextrakt

Kaninchenragout – französische Art

Den zugerichteten Hasen in Ragoutstücke zerlegen und würzen – In ausgelassenen Speckwürfelchen mit geschnittenen Zwiebeln allseitig anbraten – Mehl überstäuben und leicht anrösten – Mit Brühe oder Wasser und Rotwein ablöschen – Kräuter und Gewürze beifügen – Zugedeckt über kleiner Flamme gar dünsten – Nach Bedarf etwas Wasser beifügen – Ist das Fleisch weich, herausnehmen – Die Sauce dickkochen – Durchpassiert, mit dem Weißwein wieder aufs Feuer bringen – Die Fleischstücke einlegen und vor dem Anrichten das Hasenblut, mit etwas Essig oder Zitronensaft verrührt, zugeben – Kurz aufkochen lassen und recht heiß, mit gebratenen Speckwürfeln belegt, zu Tisch geben.
Beigabe: Nudeln oder Kastanien und Zwiebelchen.

1 junges Kaninchen,
50–200 g Speck, Salz, Pfeffer,
2–3 Zwiebeln, 3–4 Eßl. Mehl,
1/2 l Fleischbrühe oder
Wasser, 1 Glas Rotwein,
1/2 Zehe Knoblauch,
6 zerdrückte Pfefferkörner,
3 Wacholderbeeren,
je 1 Prise Thymian, Majoran,
Piment, Koriander, Kümmel,
Fenchel, 2 Nelken, 1 Lorbeerblatt, etwas Zitronenschale,
1 Glas Weißwein, Hasenblut,
etwas Essig oder Zitronensaft, 100 g Bauchspeck

Kaninchen auf Jägerart

1 Kaninchen, Salz, Pfeffer, 50 g Butterschmalz, 100 g magerer Speck, 1–2 Eßl. Mehl, 2 Tassen Wasser, 1 Tasse Weißwein, 2 Tomaten, Pilze, 5 Schalotten, 1 Teel. gehackte Petersilie, Saft 1/2 Zitrone

Das Fleisch enthäuten, in passende Stücke zerlegen und würzen – Im heißen Schmalz Speckwürfel und Fleisch hellgelb anbraten – Mehl überstäuben und leicht anrösten – Mit Wasser und Wein ablöschen und zugedeckt in etwa 30 Minuten dünsten – Fleisch und Speckwürfel herausnehmen und warmstellen – Tomaten häuten, entkernen und in Scheiben schneiden – Mit feingehackten Schalotten und blättrig geschnittenen Pilzen dem Bratsatz zugeben – Weichgedünstet, Fleisch und Sauce durchkochen und mit gehackter Petersilie und Zitronensaft abschmecken.

Beigabe: Kartoffelkroketten und Kopfsalat.

Kaninchen-Ragout

3/4–1 kg Kaninchenfleisch
Zur Beize:
1/2 Tasse Essig, 1/2 Tasse Weißwein, 1/2 Tasse Wasser, 1 Nelke, 1 Lorbeerblatt, Pfefferkörner, Salz, Pfeffer
Zum Braten:
3 Eßl. Butterschmalz, 1 Zwiebel, 2–3 Eßl. Mehl, 1/2 Tasse Rotwein, Zitronensaft, 1/2 Tasse Sauerrahm, Salz, Pfeffer

Das Fleisch in Stücke schneiden, mit der Beize übergießen und einige Tage darin liegen lassen – Im heißen Schmalz die zerschnittene Zwiebel und die abgetrockneten Fleischstücke anbraten – Mit einem Teil der Beize übergießen, noch etwas Wasser zugeben und zugedeckt weichdünsten – Ist alle Flüssigkeit verdampft, die Fleischstücke noch knusprig braten – Aus dem Bratsatz mit dem Mehl, Wein oder Wasser, Zitronensaft, den Gewürzen und der restlichen Beize eine Sauce bereiten – Gut durchkochen, die Fleischstücke wieder hineinlegen, den Rahm zugeben und noch einige Minuten darin ziehen lassen.

Beigabe: Kartoffelpüree, Kartoffelklöße oder Teigwaren.

Hirschragout nach Älpler Art

3/4–1 kg Hirschschlegel, 100 g Speck, 1 Eßl. gehackte Petersilie, 1 Zwiebel, Saft 1/4 Zitrone, 1 Lorbeerblatt, Thymian, Salz, 2 Eßl. Mehl, Wasser, 100 g gekochtes Rippchen, 3/4 Tasse Rahm

Speck kleinwürfelig schneiden – Mit feingewiegter Zwiebel und Petersilie anrösten – Gewürze und grobwürfelig geschnittenes Hirschfleisch zugeben – Allseitig anbraten, Wasser zugießen und zugedeckt weichdünsten – Noch vorhandene Brühe einkochen lassen – Mit Mehl bestäuben, anrösten und ablöschen – Kleinwürfelig geschnittenes Rippchen und Rahm zugeben und zu einer Sauce verkochen.

Beigabe: Nockerl.

Hirschschlegel, gedünstet

3/4–1 kg Hirschschlegel, 100 g Speck, Salz, 2 Zwiebeln, 3 Zitronenscheiben, 1 Petersilienwurzel, 6 Pfefferkörner, 1/2 l Rotwein

Das Fleisch häuten, klopfen, reichlich durchspicken und mit Salz einreiben – Kleingeschnittenen Speck auslassen – Das Fleisch in einem Bratgeschirr mit dem ausgebratenen Fett übergießen – Geschnittene Zwiebeln, entkernte Zitronenscheiben, Petersilie, Gewürze und Wein zugeben – Zugedeckt 1 1/2–2 Stunden über starker Flamme schmoren – Das Fleisch tranchieren und auf heißer Platte, wieder in Form gesetzt, anrichten – Den Bratfond entfetten, mit Brühe oder Wasser aufgießen und durchgekocht, als Sauce reichen.
Beigabe: Spätzle und Selleriesalat Borette.

Kaninchen in Paprika

(für 6–8 Personen)
1 Kaninchen, 4 Eßl. Butterschmalz, 2–3 Zwiebeln, Salz, 1–2 Eßl. Paprika, 1 Tasse Rahm, 1–2 Eßl. Mehl

Das vorgerichtete Kaninchen zerlegen (Schlegel und Ziemer häuten) und mit Salz einreiben – Die Zwiebeln in kleine Würfel schneiden, im heißen Schmalz leicht anrösten und die Fleischstücke zugeben – Auf allen Seiten anbraten, mit dem Paprika bestreuen und wenden – Mit Wasser ablöschen, zugedeckt weichdünsten – Von Zeit zu Zeit umdrehen und noch etwas Wasser nachgießen – Ist das Fleisch weich, aufdecken, im Fett wenden und knusprig braten – Auf vorgewärmter Platte anrichten – Aus dem Bratsatz mit Mehl, Rahm und etwas Wasser eine Sauce bereiten.
Beigabe: Spätzle mit Salat.

Kaninchen – südländische Art

1 Kaninchen, Salz, Pfeffer, 1 Tasse Mehl, 250 g Speck, 1 Tasse Milch, Petersilie

Das Kaninchen zurichten und in Portionsstücke zerlegen – Mit 6 Tassen heißem Wasser, dem 1 1/2 Eßlöffel Salz beigefügt wurden, bedecken und 3 Stunden stehen lassen – Abtropfen und abtrocknen, mit Salz und Pfeffer bestreuen und in Mehl wenden – In einer Kasserolle den in Stücke geschnittenen Speck auslassen – Die Kaninchenstücke zugeben – Zugedeckt unter öfterem Wenden 1 1/2 Stunden langsam dünsten – Mit der Milch begießen und noch 10 Minuten dünsten – Auf einer heißen Platte mit Petersilie garniert anrichten.
Beigabe: Gekochte Kartoffelklöße.

Hirschbraten auf bürgerliche Art

1–1 1/2 kg Hirschziemer, Schlegel oder Bug, Speck, Salz, Pfeffer, 2 Zwiebeln, 1 gelbe Rübe, 2 Nelken, 4 Wacholderbeeren, 6 Pfefferkörner, 1 Lorbeerblatt, 6 Eßl. Butterschmalz, 2 Teel. Stärkemehl, 1 Glas Weißwein

Fleisch häuten und klopfen – Reichlich spicken und mit Salz und Pfeffer bestreuen – Mit in Scheiben geschnittenen Zwiebeln, gelber Rübe und Gewürzen in reichlich Schmalz langsam garbraten – Während der Bratzeit fleißig begießen – Stärkemehl, mit Weißwein angerührt, dem Bratsatz beifügen – Gut durchkochen und, wenn nötig noch Wasser zugeben – Durchpassiert zum Braten reichen.
Beigabe: Spätzle.

Hirschfilet mit Pfeffersauce

3/4–1 kg Hirschfilet, 50 g Butter, 60 g Speck, Pfeffer, Salz

Das Filet (unter den Lendenwirbeln gelegenes Fleisch) enthäuten, spicken und würzen – In einer Kasserolle mit heißer Butter übergießen – Im heißen Rohr oder über starker Flamme etwa 30–40 Minuten braten – Aufgeschnitten, auf vorgewärmter Platte mit dem Bratsatz übergossen anrichten.
Beigabe: Pfeffersauce, Kartoffelpüree und Johannisbeergelee.

Rehfilet vom Grill

500 g Rehfilet, 50 g fetter Speck, Salz, Pfeffer, 1/2 Tasse Olivenöl, Essiggürkchen

Das Fleisch zu Steaks schneiden, mit dem Speck spicken und mit Öl begießen – 1 Stunde liegen lassen – Ab und zu wenden, damit das Öl gut eindringt – Auf den heißen Grill legen und unter einmaligem Wenden in etwa 30 Minuten braun rösten – Beim Anrichten mit den Gürkchen belegen.
Beigabe: Kartoffeln oder Teigwaren mit einer pikanten Sauce.

Rehleber nach Schweizer Art

2 Rehlebern, Pfeffer, Salz, geriebener Parmesankäse, Salbeiblätter, Backfett

Leber häuten und in fingerlange und fingerdicke Streifen schneiden – Würzen und in Reibkäse rollen – Jeden Streifen in ein Salbeiblatt wickeln und je 4 zusammen auf ein Hölzchen spießen – In heißem Backfett schwimmend, schnell und scharf braunbraten – Auf heißer Platte anrichten.
Beigabe: Erbsen und Kartoffelschnee.

Mariniertes Rehfilet in Butter

Den Weinessig mit Lorbeer, Thymian, Zwiebel, Nelke, Schalotten, Petersilie, Zimt und den übrigen Gewürzen 5 Minuten kochen und durch ein Sieb drücken – Das in dünne Scheiben geschnittene Filet damit marinieren und 1 Stunde an kühlem Ort ziehen lassen – Die Filets in der zerlassenen Butter auf beiden Seiten schnell anbraten und in einer feuerfesten Porzellanschüssel warm stellen – Zu dem Bratsatz den Kognak, die restliche Marinade, die Fleischbrühe und ein Stückchen Mehlbutter geben und unter Rühren aufkochen – Die Sauce über die Filets gießen und noch kurze Zeit zusammen dünsten.
Beigabe: Kastanienpüree oder gebackene Apfelscheiben.

500 g Rehfilet, 1/2 Tasse Weinessig, 1 Lorbeerblatt, 1 Thymianstengelchen, 1 kleine Zwiebel, 1 Nelke, 2 Schalotten, Petersilie, 1 Stückchen Zimt, Salz, Pfeffer, 2–4 Eßl. Butter, 1 Glas Kognak, 1/2 Tasse Brühe, 1 Messerspitze Mehl, 1 Messerspitze Butter

Rehfricandeau

Aus einer Rehkeule Fricandeaustücke schneiden – Häuten, klopfen und mit Speckstreifen spicken – Würzen und in reichlich Butter auf beiden Seiten rasch anbraten – Brühe zugeben und zugedeckt unter häufigem Begießen in etwa 1 1/2 Stunden weichdünsten – Ist alle Flüssigkeit verdunstet, den Rahm zugießen – Vor dem Anrichten die Sauce durchpassieren – Nach Belieben mit Madeira abschmecken.
Beigabe: Makkaroni und Endiviensalat.

3/4 kg Rehfricandeau, 50 g Speck, Salz, Pfeffer, 4 Eßl. Butter, Brühe, 1 Tasse Rahm

Rehragout

Das Fleisch in eine tiefe Schüssel legen, mit der aufgekochten Beize übergießen und einige Tage darin stehen lassen – In einer Kasserolle den in Würfel geschnittenen Speck auslassen, die Zwiebel hineinschneiden, die abgetropften Ragoutstückchen beigeben und anbraten – Die Butter darübergießen, umwenden, mit dem Mehl überstäuben und mit der Beize ablöschen – Mit Wasser oder Fleischbrühe auffüllen, mit Gewürzen und dem Rotwein abschmecken und das Ragout auf kleiner Flamme zugedeckt weichdünsten – Beim Anrichten die Fleischstücke in eine Schüssel legen und reichlich durchgeseihte Sauce darübergießen.
Beigabe: Teigwaren, Spätzle oder Böhmische Knödel.

1 kg Rehragout
Zur Beize:
1/2 Tasse Essig, 1 Tasse Wasser, 2 Nelken, 1 Lorbeerblatt, 1 Zwiebel, Salz, Pfeffer
Zum Braten:
3 Scheiben Speck, 1 Zwiebel, 3 Eßl. Butter, 4 Eßl. Mehl, 1 kleines Glas Rotwein, Salz, Pfeffer, Zitrone

Rehkeule

3/4 kg Rehschlegel
Zur Beize:
1/2 Tasse Essig, 1/2 Tasse Wasser, 1 Nelke, 1 Lorbeerblatt, 1 Zwiebel, Salz, Pfeffer
Zum Braten:
4 Eßl. Butterschmalz, 1/2 Tasse Sauerrahm, 1/2 Zitrone, Saft, 1 Eßl. Mehl, 1/2 Tasse Rotwein

Essig, Wasser und Gewürze aufkochen und über das zugerichtete Fleischstück gießen – Zugedeckt einige Tage bei öfterem Wenden beizen – Das abgetrocknete Fleisch im heißen Schmalz allseitig anbraten, mit der Beize ablöschen, Zwiebeln beifügen – Zugedeckt unter häufigem Begießen und Wenden weichdünsten – Zuletzt aufgedeckt im Fett knusprig braten – Auf heißer Platte anrichten – Aus dem Bratsatz, Mehl, Wasser, Rahm und Wein eine Sauce bereiten.
Beigabe: Spätzle und Preiselbeeren oder Blaukraut.

Rehrücken

(für 8–10 Personen)
1 Rehrücken (3–4 kg), 50 g Speck, 6 Eßl. Butterschmalz, 1 Zwiebel, 1 Tasse Sauerrahm, 1 Zitrone, 2 Eßl. Mehl, Salz, Pfeffer, Essig oder Milch zum Beizen

Den gut abgelagerten Rücken häuten und die Rippen etwas kürzen, damit das Stück eine gefällige Form bekommt – Auf allen Seiten mit Salz und Pfeffer einreiben – Über Nacht in ein mit Essig getränktes Tuch einschlagen oder mit Milch begießen – Vor dem Braten spicken oder mit Speckscheiben umbinden – In einer Kasserolle im heißen Schmalz die geschnittene Zwiebel und das Fleisch anbraten – Mit etwas Wasser oder Brühe begießen und zugedeckt dünsten – Wenn das Fleisch ziemlich gar ist, aufdecken, öfters mit dem Bratsaft begießen und braun und knusprig werden lassen, oder nach dem Anbraten im heißen Backofen unter häufigem Begießen zu schöner Farbe braten – Zuletzt etwas Rahm darübergießen und nochmals kurz in den Ofen stellen (Bratzeit etwa 1 Stunde, das Fleisch soll innen noch leicht rosa sein) – Die Filets vom Knochen lösen, schräg aufschneiden und wieder auf das Knochenstück ordnen, so daß der Rücken wie unzerschnitten aussieht – Mit etwas Bratsaft begießen und mit entrindeten Zitronenscheiben garnieren – Aus dem Bratsatz mit Mehl, Zitronensaft, Wasser oder Brühe, dem restlichen Rahm und nach Belieben etwas Rotwein eine Sauce bereiten und getrennt zum Braten reichen.
Beigabe: Kartoffelpüree mit Preiselbeeren oder Johannisbeergelee und Rotkraut oder Krautsalat.

Rehroulade

500 g Rehschnitzel (aus der Keule), 250 g Rehfleisch, 150 g Speck, 3 Brötchen, Wein, 2 Sardellen, Salz, Pfeffer, 1/2 Zitrone, Schale, 2 Eßl. gehackte Petersilie, 1 Eßl. Butter, Wein, Brühe oder Wasser, Zitronensaft, 1/2 Tasse Sauerrahm

Fleisch enthäutet in etwa handgroße, fingerdicke Scheiben schneiden – Brötchen in Wein einweichen, ausdrücken und durchpassieren – 250 g Fleisch, die Hälfte des Specks und Sardellen oder Sardellenpaste fein verwiegen – Salz, Pfeffer, geriebene Zitronenschale und in Butter angedünstete Petersilie beifügen – Zu einer Farce vermengen – Die Scheiben damit bestreichen – Aufrollen und mit Faden umwickeln – Den Boden einer Kasserolle mit dünnen Speckscheiben bedecken – Wein, Brühe oder Wasser übergießen, bis das Fleisch zur Hälfte damit bedeckt ist, Zitronensaft beifügen – Im heißen Rohr langsam gardünsten – Die Fäden entfernen – Auf vorgewärmter Platte, mit den Speckscheiben umlegt anrichten – Die Sauce mit Rahm binden und übergießen.
Beigabe: Kartoffelpüree und Endiviensalat.

Rehschlegel am Spieß gebraten

1 Rehschlegel oder Bug, 100 g Speck, Wacholderbeeren, Pfeffer, Salz, Butter, Pergamentpapier oder Folie

Das Fleisch häuten und den Schlußknochen abhauen – Mit gestoßenen Wacholderbeeren und Gewürzen einreiben – Mit Speck spicken – In Pergament oder Folie gewickelt auf den Spieß stecken und in 1–1 1/2 Stunden fertigbraten – Kurz vor dem Garsein die Hülle entfernen und unter häufigem Begießen braun und knusprig werden lassen.
Beigabe: Kartoffelpüree, Jägersauce und Johannisbeergelee.

Rehschnitzel

4 Rehschnitzel, 4 Eßl. Butter, Salz, Pfeffer, 2 Tomaten, 1 Zwiebel, 1 Teel. Mehl

Aus einem Rehschlegel Schnitzel schneiden, klopfen und würzen – In einer Kasserolle die Butter heiß werden lassen, die halbierten Tomaten, die geschnittene Zwiebel und die Schnitzel darin anbraten – Nach 10 Minuten die Schnitzel auf einer vorgewärmten Platte anrichten und mit den Tomaten garnieren – Aus dem Bratsatz mit dem Mehl, Pfeffer, Salz und nach Geschmack etwas Rotwein eine Sauce bereiten – Durchseihen und über die Schnitzel gießen.
Beigabe: Kartoffelpüree, Teigwaren oder Reis.

Rehleber

2 Rehlebern, 3 Eßl. Butterschmalz, 1 Eßl. Mehl, 1/2 Glas Rotwein, einige Pilze, Salz, Pfeffer, Zitronensaft

Das Schmalz zergehen lassen und die feingeschnittenen Zwiebeln darin gelb rösten – Die in Scheiben geschnittene Leber zugeben, kurz mitdünsten und dann warm stellen – Im Bratsatz das Mehl hellbraun rösten, mit dem Wein ablöschen und die feingehackten Pilze beigeben – Gut durchkochen und mit Gewürzen und Zitronensaft abschmecken – Die Leber wieder zugeben und darin erwärmen – Beim Anrichten die durchgeseihte Sauce über die Leber gießen.
Beigabe: Kartoffelpüree.

Rehnüßchen mit geschmorten Weichselkirschen

1 Rehkeule, Salz, Pfeffer, 50 g Speck, 6 Eßl. Butter, 1/2 Tasse Sauerrahm oder 1 Eßl. Tomatenmark, 1 Gläschen Madeira, 250 g Weichselkirschen, 1 Eßl. Butter

Das Nußstückchen aus der Keule lösen – Häuten, klopfen, mit Speck spicken und würzen – In reichlich heißer Butter allseitig rasch anbraten – Mit wenig Wasser ablöschen und zugedeckt in etwa 1 1/2 Stunden weichdünsten – Von Zeit zu Zeit Wasser nachgießen – Den Bratsatz mit Wein und Rahm oder verdünntem Tomatenmark kurz aufkochen – Das Fleisch auf vorgewärmter Platte mit Sauce übergießen, mit Kirschen umlegt anrichten – Kirschen entsteinen und in Butter weichschmoren.
Beigabe: Chantillykartoffeln.

Getrüffelter Frischlingsrücken

1 1/2–2 kg Jung-Wildschweinrücken, 1–2 Trüffeln, 6 Eßl. Butter, Salz, Pfeffer

Das Fleisch tags zuvor dicht mit stiftelig geschnittenen Trüffeln spicken – Vor dem Braten würzen und mit heißer Butter übergossen, auf dem Rost bei großer Hitze in etwa 1 Stunde unter fleißigem Begießen fertigstellen – Den Bratsatz mit Mehl und Wasser und nach Belieben mit 1/4 Tasse Sauerrahm zu einer Sauce aufkochen.
Beigabe: Makkaroni und Kastanien.

Wildragout als Fülle

50 g Speck, 1 Teel. gehackte Zwiebel, 1 Teel. gehackte Petersilie, 250 g Reste von Reh- oder Hasenbraten, 1 Eßl. Kapern, 1 Eigelb, Salz, Pfeffer

Speck verwiegen, mit Zwiebel und Petersilie anrösten – Bratenreste durch den Wolf drehen und zugeben – Mit Kapern, Rahm und Gewürzen vermengen – Aufkochen, vom Feuer nehmen und mit Eigelb legieren.

Wildkroketten mit Madeirasauce

Fleisch von Sehnen, Haut und Knochen befreien – Mit Schinken und Pilzen kleinwürfelig schneiden – Mehl in Butter braunrösten, mit Brühe ablöschen und auffüllen – Rahm, Zitronensaft und Gewürze beifügen und dickkochen – Fleisch, Schinken und Pilze untermengen – Abgekühlt Eigelb zugeben und unter Rühren nochmals aufkochen – Aus der ziemlich dicken Masse Häufchen auf eine Platte setzen – An kühlem Ort völlig erkalten lassen – Aus den Häufchen kleine längliche Klößchen formen – In Mehl, danach in verquirltem Ei und Bröseln wenden – Oder die Klößchen in Weinteig tauchen, bis sie allseitig davon umhüllt sind – In heißem Backfett goldgelb herausbacken – Zum Abtropfen auf Papier legen – Auf vorgewärmter Platte anrichten und mit Petersilie und Zitronenschnitzen garnieren.
Beigabe: Madeirasauce und Reis, Nudeln oder Kartoffelpüree.

300 g gebratenes Wildfleisch (Reste), 100 g Schinken, 50 g Pilze, 2 Eßl. Mehl, 1 Eßl. Butter, Brühe, 3 Eßl. Rahm, 1/2 Zitrone, Saft, Salz, Pfeffer, 3 Eigelb, Mehl, Ei, Brösel oder Weinessig, Backfett

Wildschweinkeule mit Blautkraut (Rotkraut)

Wurzelwerk zur Marinade kleinschneiden – In Essig und Wasser mit Gewürzen 1/2 Stunde kochen – Abgekühlt, das zurichtete Fleisch damit begießen, bis es völlig davon bedeckt ist – Das Fleisch älterer Tiere 1–3 Tage, von jungen Tieren nur einige Stunden darin beizen lassen – Zum Braten die Schwarte der Keule kreuz und quer einschneiden – Mit der Schwartenseite nach unten in ein Bratgeschirr legen – Das Marinadenwurzelwerk und Gewürze zugeben – Soviel Brühe oder Wasser, Wein und Marinade beifügen, daß das Fleisch eben davon bedeckt ist – Zugedeckt weichdünsten – Ist noch viel Brühe im Topf, dieselbe abgießen und durchpassieren – Speck in Butter anbraten – Mit dem ausgebratenen Fett den Braten begießen und braun werden lassen – Er kann hierzu auch auf den Rost gelegt werden – Den Bratsatz mit der durchgeseihten Sauce und Rahm auffüllen – Ein Jungschwein braucht 1 1/2–2 Stunden, ältere Tiere bis zu 4 Stunden, um gar zu werden.
Beigabe: Blaukraut, Kartoffelpüree und Johannisbeergelee.

1 kg Wildschweinkeule
Zur Marinade:
2/3 Weinessig, 1/3 Wasser, Selleriewurzel, gelbe Rübe, Zwiebel, Knoblauch, Lorbeerblatt, Nelken, Pfefferkörner, Majoran, Thymian, Wacholderbeeren, 1 Eßl. Zucker, Salz
Zum Braten:
1 Tasse Weißwein, 1/4 Tasse Marinade, Fleischbrühe oder Wasser, 3 Eßl. Butter, 50 g Speck, 1/2 Tasse Sauerrahm, Salz, Pfeffer

Gemsenbraten

Gemsenziemer oder -schlegel, Salz, Olivenöl
Zur Marinade:
1/2 Essig, 1/2 Wasser, 2 Zwiebeln, 2 Karotten, 1 Scheibe Sellerie, 1 Zehe Knoblauch, 1 Lorbeerblatt, 3 Nelken, 10 Pfefferkörner, 5 Wacholderbeeren oder 1 Messerspitze Gewürzmischung
Zum Braten:
100 g Speck, Butterschmalz, 1 Zwiebel, Salz, Pfeffer, 1 Zitrone, 2 Tassen Rotwein, 2 Tassen Fleischbrühe, 1 Tasse Rahm, 2 Teel. Stärkemehl

Das Fleisch enthäutet, mit Salz und Olivenöl eingerieben in eine Schüssel legen – Die Marinade kochend übergießen – Völlig davon bedeckt und beschwert, 4–6 Tage an kühlem Ort beizen lassen – Abtrocknen und gut spicken – In reichlich Schmalz mit zerschnittener Zwiebel, Salz, Pfefferkörnern und geriebener Zitronenschale allseitig anbraten – Ablöschen und eine entkernte, in Scheiben geschnittene Zitrone beifügen – Unter öfterem Begießen mit Rotwein, Brühe und Rahm fertigstellen – 30 Minuten vor dem Garwerden mit angerührtem Stärkemehl dicken – Beim Anrichten die durchpassierte Sauce über das tranchierte Fleisch gießen.
Beigabe: Kartoffeln (in der Schale gekocht).

Frischlingsbraten

Junges Wildschwein (Ziemer oder Schlegel)
Zur Beize:
2/3 Weinessig, 1/3 Wasser, 1 kleine Sellerieknolle, 2 Karotten, 2 Zwiebeln, 1 Zehe Knoblauch, 2 Lorbeerblätter, 4 Nelken, 10 Pfefferkörner, 1 Messerspitze Gewürzmischung, 1 Messerspitze Salpeter, 1 Eßl. Zucker, 1 Handvoll Salz
Zum Begießen:
Olivenöl
Zum Dünsten:
Fleischbrühe, 1/2 l Weißwein, 1 Tasse Essig
Zum Braten:
Butter, Speckscheiben, Sauerrahm

Die Zutaten zur Beize 30 Minuten kochen – Das Fleisch damit übergießen, bis es völlig davon bedeckt ist – Mit Olivenöl begießen und 1–3 Tage darin beizen – Sehr junge Tiere nur 1 Stunde in der Beize ziehen lassen, nach Belieben auch ungebeizt verwenden.
Mit der Schwartenseite nach unten in ein Bratgeschirr legen und mit Fleischbrühe, Wein und Essig übergießen, bis es völlig davon bedeckt ist – Je nach Alter der Tiere in 2–4 Stunden zugedeckt weichdünsten – Den Braten mit der Schwarte nach oben, mit Speckscheiben belegt und mit zerlassener Butter und Sauerrahm übergossen, im heißen Rohr braun und knusprig braten – Die Brühe durchgeseiht nach und nach zugießen.
Beigabe: Sauerkraut und Kartoffelpüree.

Frischlingsbraten mit Kruste und Kirschsauce

Die Keule häuten und den Knochen abhauen – Klopfen und wässern – Nach 30 Minuten mit Salz und Pfeffer einreiben und, in eine Schüssel gelegt, mit feingeschnittenem Wurzelwerk und Zwiebeln, Pfefferkörnern, Wacholderbeeren und geriebener Zitronenschale bestreuen – Mit Wein begießen und zugedeckt bei öfterem Wenden 24 Stunden kühlstellen – Fleisch herausnehmen, abtrocknen und im heißen Schmalz allseitig anbraten – Die Marinade zugießen und zugedeckt weichdünsten – Butter schaumig rühren – Nach und nach die Eier, Gewürze und Brot zugeben – Die Keule halbfingerdick damit überziehen – Ins heiße Rohr stellen und knusprig braten.
Beigabe: Kirschsauce. Kirschen entsteinen – Die Hälfte der Steine zerstoßen – Kirschen und die zerstoßenen Steine mit Wein, Wasser und Gewürzen weichkochen – Durchpassieren und aufs Feuer gebracht, mit in Madeira glatt verrührtem Stärkemehl und Gewürzen aufkochen – Butter unterziehen.

1 Frischlingskeule oder Rückenstück
Zur Marinade:
Salz, Pfeffer, Wurzelwerk, Pfefferkörner, Wacholderbeeren, 1/2 Zitrone, Schale, 3 Zwiebeln, 1/2 l Weißwein
Zum Braten:
5 Eßl. Schweineschmalz
Zur Kruste:
150–200 g Butter, 2 Eier, 1 Teel. Zimt, 3 Eßl. Zucker, 2 Tassen geriebenes Schwarzbrot
Kirschsauce:
250 g schwarze Kirschen, 1 Tasse Rotwein, 1/2 Tasse Wasser, 2–3 Nelken, 1 Stückchen Zimt, 1/4 Zitrone, Schale, 1 Teel. Stärkemehl, 1/2 Glas Madeira, Salz, 1 Eßl. Zitronen- oder Orangensaft, 1 Eßl. Butter

Wildschweinrücken

Das Fleisch klopfen, mit dem Messer Karos in die Schwarte einkerben – Mit der aufgekochten Beize übergießen und einige Tage ziehen lassen – Das Fleischstück mit Fleischbrühe und Rotwein in eine Kasserolle legen und unter häufigem Begießen und Wenden auf nicht zu starkem Feuer zugedeckt etwa 1 Stunde dünsten – Die Butter zergehen lassen, mit dem geriebenen Schwarzbrot, Nelke, Zimt und Zucker mischen und den Braten damit bestreichen – 30 Minuten ins heiße Rohr stellen, bis sich eine schöne Kruste gebildet hat – Aus dem Bratsatz mit dem Mehl eine Sauce bereiten und zu dem Braten reichen.
Beigabe: Sauerkraut oder Rotkraut mit Kartoffelklößen oder Kastanien- oder Erbsenpüree.

1 kg Rücken
Zur Beize:
1 Tasse Essig, 1 Tasse Wein, 1 Eßl. Wacholderbeeren, 1 Lorbeerblatt, 1 Nelke, Pfefferkörner, Salz, Pfeffer
Zum Braten:
1 Tasse Fleischbrühe, 1/2 Tasse Rotwein, 4 Eßl. Butter, 1 Scheibe Schwarzbrot, 1 Messerspitze gestoßene Nelke, 1 Messerspitze gestoßener Zimt, 1 Prise Zucker, 2 Eßl. Mehl

Wildschweinkoteletts

4 Wildschweinkotteletts, Salz, Pfeffer, 4 Eßl. Fett

Stark fingerdicke Koteletts klopfen und allseitig würzen – In heißem Fett über starker Flamme auf beiden Seiten rasch braunbraten – Auf vorgewärmter Platte anrichten.
Beigabe: Kartoffelpüree, Weichselsalat oder Krautsalat.

Wildschweinsülze mit Teufelssauce

1 kg Schweinefleisch vom Kopf, 3 Kalbsfüße, Salz, Wasser, 3 Zwiebeln, einige Nelken, Pfeffer, Nelkenpfeffer, 1 Stückchen Zitronenschale, 2 Lorbeerblätter, 1 Tasse Essig, 1 Zitrone, Saft, Essiggürkchen, Zitronenscheiben

Wildschweinkopf und Kalbsfüße zurichten und waschen – Kalbsfüße spalten – Knapp mit Salzwasser bedeckt weichkochen – Nach Bedarf Wasser zugießen – Fleisch und Kalbsfüße herausnehmen – Der Brühe Zwiebeln, Gewürze, Zitronenschale und Essig beifügen – 15 Minuten gut durchkochen – Danach durchseihen – Das Fleisch von den Knochen lösen und in Würfel schneiden – Die Brühe, nachdem sie sich etwas gesetzt hat, vom Bodensatz abgießen – Mit Zitronensaft und den Fleischstücken wieder aufs Feuer geben – 30 Minuten durchkochen – Eine Form mit kaltem Wasser ausspülen – Mit Zitronenscheiben und Essiggürkchen auslegen – Mit Brühe und Fleisch aufgießen – Nach dem Erstarren stürzen.
Beigabe: Teufelssauce.

Eintöpfe und Spezialitäten

Russischer Heringsauflauf

Die Heringe wässern, entgräten und fein wiegen – Die gekochten Kartoffeln reiben, mit dem Eigelb, der Butter und den Heringen vermengen und den Eierschnee unterziehen – In eine gebutterte Auflaufform füllen, mit Butterflöckchen bestreuen – Im heißen Rohr aufziehen.

1–2 Salzheringe, 3/4 kg Kartoffeln, 2 Eier, 3–4 Eßl. Butter

Birnen-Eintopf

Den Boden einer feuerfesten Glasform mit Wasser bedecken und das gewürzte Fleisch in die Mitte häufen – Mit den ungeschälten Birnen (nur Blüte und Stiel entfernen) umgeben – Die geschälten und zerschnittenen Kartöffelchen leicht salzen und ebenfalls herumlegen – Zugedeckt im Ofen weichschmoren und von Zeit zu Zeit etwas warmes Wasser nachgießen, Obst und Kartoffeln dürfen nicht zerfallen.

375–500 g Schweinefleisch, 750 g kleine Birnen, 500 g kleine Kartoffeln, Salz, Pfeffer

Dicke Bohnen mit Speck

Die Bohnen und den Speck zusammen in Wasser weichkochen – Nur so viel Wasser nehmen, daß es ziemlich eingekocht ist, wenn die Bohnen gar sind – Den Speck herausnehmen, den Rahm und die Gewürze an die Bohnen geben, nochmals aufkochen – Beim Anrichten mit den Speckscheiben belegen.

500 g Bohnenkerne (Puffbohnen), 250 g Speck, 1/2 Tasse Süßrahm, Bohnenkraut, Salz, Pfeffer

Bohnen-Eintopf

Das Fleisch und die Zwiebel kleinwürfelig schneiden und mit den Gewürzen im Fett anbraten – Mit Wasser auffüllen, bis das Fleisch gerade bedeckt ist – Nach etwa 30 Minuten die Bohnen und die in Schnitze geschnittenen Kartoffeln zugeben und vollends gar dünsten.

300–500 g Rind- oder Schweinefleisch, 1 kleine Zwiebel, 3 Eßl. Butterschmalz, 1 Zehe Knoblauch, Ingwer oder Bohnenkraut, Salz, Pfeffer, 500 g grüne Bohnen, 500 g Kartoffeln

Weiße Kernbohnen mit Makkaroni

500 g Kernbohnen, 1 Messerspitze Natron, 125 g Makkaroni, 100 g Speck, 1 Zwiebel, 2 Eßl. Mehl, Knoblauch, 1 Lorbeerblatt, Salz, Pfeffer, Essig

Die Bohnen waschen und über Nacht einweichen – Anderntags im Einweichwasser weichkochen – Nach dem ersten Aufkochen Natron zugeben – Die Makkaroni in kleine Stücke brechen, in Salzwasser kochen, abgießen und schwenken – Den in Würfel geschnittenen Speck mit der feingehackten Zwiebel goldgelb rösten, mit Mehl bestreuen und mit Bohnenbrühe ablöschen – Zu den Bohnen geben und mit den Gewürzen abschmecken – Beim Anrichten die Makkaroni untermengen.

Bostoner gebackene Bohnen

4 Tassen Bohnenkerne, 275 g fettes, gesalzenes Schweinefleisch, 1 Eßl. Salz, 1 Eßl. Sirup, 3 Eßl. Zucker

Die Bohnen in kaltem Wasser über Nacht einweichen – Am Morgen mit frischem Wasser bedeckt langsam erhitzen (unter dem Siedepunkt halten) und kochen, bis die Schalen bersten – Die Schwartenseite des Fleisches abbrühen – Eine 3/4 cm dicke Scheibe mit Schwarte abschneiden und auf den Boden eines irdenen, feuerfesten Topfes legen – Die abgegossenen Bohnen darüberfüllen – In die Schwarte des restlichen Fleischstückes in Abständen von je 1 cm Einschnitte von 2 cm Tiefe machen – Das Fleisch in die Bohnen vergraben, jedoch die Schwarte oben heraussehen lassen – Salz, Sirup und Zucker mischen, 1 Tasse kochendes Wasser zugeben und über die Bohnen gießen – Den Bohnentopf zugedeckt in den Ofen stellen und 6–8 Stunden langsam kochen lassen – Während der letzten Stunde den Deckel abnehmen, damit die Schwarte braun und knusprig wird – Nach Bedarf Wasser zugießen.

Grüne Bohnen mit Rauchfleisch

3/4 kg Bohnen, 500 g Rauchfleisch (Bauchlappen), Bohnenkraut, 1 Zwiebel, Salz, Pfeffer, 2 Eßl. Butterschmalz, 1 1/2 Eßl. Mehl

Bohnen entfasern und in warmem Wasser waschen – Rauchfleisch in 1 l kaltem Wasser aufstellen – 3/4 weichgekocht, Bohnen, Gewürze und feingeschnittenen Zwiebel zugeben – Mehl in Schmalz braun anrösten, mit Brühe ablöschen – Den Bohnen beifügen und durchkochen – Das Gemüse in einer Schüssel anrichten und mit dem in Scheiben geschnittenen Fleisch belegen.

Beigabe: Böhmische Knödel.

Bohnen und Tomaten mit Wurst

Die Bohnenkerne 3/4 weichkochen – Die in Schnitze geschnittenen, geschälten und entkernten Tomaten und ein Stückchen Knoblauch zugeben – Zusammen langsam fertig kochen, würzen und beim Anrichten mit den im Fett gebratenen Würstchen belegen.

750 g frische Bohnenkerne, 250 g Tomaten, Knoblauch, Salz, Pfeffer, 200 g Bratwürste, 1–2 Eßl. Butterschmalz

Hammelfleisch mit grünen Bohnen und Kartoffeln

In gut schließenden Topf abwechselnd Kartoffelscheiben, Fleischwürfel und in Stücke gebrochene grüne Bohnen einschichten, salzen, pfeffern, mit Bouillon aufgießen und fest verschlossen 1–1 1/2 Stunden, je nachdem, ob das Fleisch zarter oder fester ist, dämpfen.

750 g Hammelfleisch, 600 g grüne Bohnen, 600 g Kartoffeln, 1/2 l Bouillon oder 1 Brühwürfel mit 1/2 l Wasser, Salz, Pfeffer

Grünkohl mit Kasseler Rippenspeer

Den Kohl zurichten, waschen und fein schneiden – In einem Topf das Schmalz zergehen lassen, das Fleisch und die grob geschnittene Zwiebel darin anbraten – Das Gemüse, etwas Wasser und die Gewürze zugeben und in etwa 1 Stunde gar kochen – Das Mehl darüberstäuben und, wenn nötig, noch etwas Wasser zugießen.

500 g Kasseler, 1 kg Grünkohl (Winterkohl), 2 Eßl. Butterschmalz, 1 Zwiebel, Salz, Pfeffer, 2 Eßl. Mehl

Grüne Erbsen mit Kopfsalat und Speck

Feingehackte Zwiebel in Butter mit kleinen Speck- oder Schinkenwürfeln hellgelb rösten – Mit Wasser ablöschen und auffüllen – Zugerichteten, nudelig geschnittenen Kopfsalat, Petersilie, Salz und Erbsen beigeben – Zugedeckt weichdünsten – Mehl überstäuben oder, mit Wasser angerührt, zugießen und eindicken.
Beigabe: Röstkartoffeln.

1 Zwiebel, 1 Eßl. Butter, 250 g Brustspeck oder Schinken, 1 l Wasser, 3 Kopfsalat, 1 Eßl. gehackte Petersilie, Salz, 500 g entschotete Erbsen, Mehl

Erbsen mit Schinken

Grüne Erbsen in Salzwasser weichkochen – Petersilie in Butter andünsten – Abgetropfte Erbsen und feingehackten Schinken zugeben – Mit Mehl bestäuben und leicht anrösten – Mit Gemüsebrühe aufgießen und durchdünsten.
Beigabe: Kartoffelpüree.

1 kg frische, grüne Erbsen oder Tiefkühlerbsen, 1 Eßl. gehackte Petersilie, 150 g gekochter Schinken, 5 Eßl. Butter, 2 Eßl. Mehl, Wasser oder Brühe

Löffelerbsen nach Berliner Art

500 g gelbe Erbsen, 1 Zwiebel, 1 Stange Lauch, 1 kleine Sellerieknolle, 1 Eßl. Fett, 500 g Schweineohr und -schnauze, Thymian oder Majoran, Salz, Pfeffer, 2 rohe Kartoffeln

Die Erbsen über Nacht einweichen – Die Zwiebeln, den Lauch und die Sellerie zurichten, alles in allem etwa 2 Hände voll, und in einem größeren Topf mit dem Fett anschmoren – Die Erbsen zugeben und mit Wasser auffüllen – Nach einiger Zeit die würfelig geschnittenen Fleischstückchen und die Gewürze zugeben – Wenn alles beinahe weichgekocht ist, die in Würfel geschnittenen Kartoffeln beifügen, damit die Suppe bündiger wird.

Beigabe: Am besten schmecken Brötchen dazu.

Bücklinge, überbacken

4 Bücklinge, 4 Eßl. Sauerrahm, 2 Eßl. Butter, 4 Eßl. Milch, Brösel, Petersilie, gehackt

Eine flache feuerfeste Form einfetten, den Rahm hineingießen und die Bücklingsfilets dicht übereinander einordnen – Mit der Milch begießen und mit Bröseln und Petersilie bestreuen – Butterflöckchen oder geschmolzene Butter daraufgeben – In der Röhre bei mittlerer Hitze überbacken.

Beigabe: Kartoffelpüree und Sauerkraut.

Hammelfleisch-Eintopf

1 Hammelkopf, Suppengrün, 1 kg Kartoffeln, Kümmel, Essig, Salz, Pfeffer, 50 g Speck, 1 Eßl. Mehl

Den Hammelkopf in Wasser mit dem Suppengrün und Salz weichkochen – Das Fleisch vom Knochen lösen und in Stücke schneiden – Die Brühe durchseihen und die in Scheiben geschnittenen Kartoffeln darin weichdünsten, mit Kümmel, Essig und Pfeffer würzen – Den Speck in Würfel schneiden, anbraten und das Mehl anrösten – Mit Brühe ablöschen und zu den Kartoffeln gießen – Das Fleisch beigeben und alles nochmals aufkochen.

Gemüseeintopf

250 g Zwiebeln, 500 g Paprikaschoten, 3 Stangen Lauch, 2 Äpfel, 1 Salatgurke, 5 Eßl. Öl oder Butterschmalz 1 1/2 Tassen Wasser, Salz, Pfeffer, Paprika, 250 g Reis, 1 Bund Petersilie, 4–6 Tomaten, Sojasauce

Geschnittene Zwiebeln in Öl oder Schmalz goldgelb braten – Gemüse je nach Art zurichten und in nicht zu kleine Stücke teilen – Zugeben und andünsten – Wasser zugießen und den Reis einstreuen – Würzen und 20 Minuten auf kleiner Flamme kochen lassen – In Spalten geschnittene Tomaten, nach Belieben, enthäutet zugeben – 10 Minuten kochen – Gewiegte Petersilie beifügen – Mit Koch- oder Bockwurst servieren.

Fischgericht im eigenen Saft

Die Fische zurichten und mit Zitronensaft beträufeln, etwas ziehen lassen – In einer feuerfesten Form die Butter zergehen lassen und den Fisch darin zugedeckt etwa 10 Minuten dünsten – Die übrigen Zutaten vermengt über den Fisch gießen, nochmals 10 Minuten dünsten – Nach Belieben mit Reibkäse und Bröseln bestreuen und im Ofen überbacken.

1 kg Fisch, Zitronensaft, 2 Eßl. Butter, 1 Tasse Sauerrahm oder Milch, 1 Eßl. gewiegte Kräuter, Salz, Paprika

Gemüsescheiterhaufen

Aus dem Teig 6 Pfannkuchen (dünne Flädchen) herausbacken – Eine Auflaufform in Größe der Flädchen mit Butter ausstreichen und mit Bröseln bestreuen – Die Flädchen, mit Fülle dazwischen, einschichten – Den ersten Kuchen mit gedünstetem Reis belegen – Den zweiten mit in Butter gedünsteten Pilzen – Den dritten mit in Butter geschwenkten Erbsen – Den vierten mit feingehacktem, in Butter gedünstetem Fleisch oder durch den Wolf gedrehten Bratenresten – Den fünften mit in Salzwasser abgekochten und in Butter geschwenkten Blumenkohlröschen – Den sechsten darüberdecken – Rahm, mit Eigelb verquirlt, übergießen, mit Bröseln und Butterflocken bestreut, im heißen Rohr 30 Minuten backen.
Beigabe: grüner Salat.

Pfannkuchenteig, Fett
Zur Fülle:
1 Tasse Reis, 60 g Pilze, 1 Tasse grüne Erbsen, 1 kleiner Blumenkohl, 250 g Kalbfleisch oder Bratenreste, 80–100 g Butter, Salz
Zum Guß:
1/2 Tasse Sauerrahm, 2 Eigelb, Brösel

Ungarischer Eintopf

Das Fleisch in nicht zu kleine Stücke, die Zwiebeln in kleine Würfel schneiden – In einer größeren Kasserolle das Schmalz heiß werden lassen, die Zwiebeln darin goldgelb andünsten, das gesalzene Fleisch zugeben und braten, bis alle Flüssigkeit verdampft ist – Den Paprika darüberstreuen und erhitzen, aber nicht verbrennen – Mit Wasser auffüllen und zugedeckt 3/4 gar kochen – Die Kartoffeln schälen, in Schnitze schneiden und mit dem Gulasch zusammen fertigkochen – Die Kartoffeln dürfen ziemlich stark verkocht sein und das Gericht soll viel Sauce haben.
Beigabe: Weißbrötchen.

1 kg mürbes Rind- oder Schweinefleisch, 500 g Zwiebeln, 125 g Schweineschmalz, 750 g Kartoffeln, 1–2 Eßl. Paprika, Salz

Himmel und Erde

1 kg Kartoffeln, 1 kg mürbe Äpfel, 2 Tassen Salzwasser, 1 Teel. Zucker, 1 Teel. Zitronensaft, 3 Eßl. Speckwürfel, 3 Eßl. Zwiebelscheiben

Kartoffeln schälen und in Würfel schneiden, die geschälten Äpfel in Viertel teilen – Kartoffeln und Äpfel zusammen in möglichst wenig Salzwasser gar kochen, kleinstampfen und mit Zucker und Zitronensaft abschmecken – Speckwürfel und Zwiebelscheiben goldgelb ausbraten und über das Gericht geben – Dazu gebratene Blutwurstscheiben oder Bratwürstchen.

Jäger-Eintopf

250–500 g Rindfleisch, 6 Eßl. Fett, 250 g Zwiebeln, 500 g Pilze, Salz, Pfeffer, 1 Eßl. gehackte Petersilie, 1 kg Kartoffeln, 1–2 Tassen Fleischbrühe

Das Fett zergehen lassen und die in Würfel geschnittenen Zwiebeln und das Fleisch darin anbraten – Die zugerichteten Pilze mit den Gewürzen zusetzen und alles etwa 1 1/2 Stunden zugedeckt dünsten – Von Zeit zu Zeit etwas Brühe nachgießen und umwenden – Die Kartoffelschnitze zugeben, mit Wasser auffüllen und fertigdünsten – Nach Belieben mit Mehl bestäuben oder mit einer Mehlschwitze übergießen.

Gefüllter Krautkopf

375 g gemischtes Hackfleisch, 1 Kopf Weißkraut, 1 Ei, 1–2 Brötchen, 1 Zwiebel, Salz, Pfeffer, Petersilie

Die einzelnen Blätter vom Krautkopf ablösen, die dicken Rippen flach schneiden und waschen – In Salzwasser halbweich kochen – Die Blätter abtropfen und abkühlen lassen – Das Fleisch mit den Gewürzen, dem eingeweichten und ausgedrückten Brötchen, der gehackten Petersilie, Zwiebel und etwas Wasser zu einem Teig vermengen – Eine Serviette in kochendes Wasser tauchen und ausgebreitet über eine kleinere Schüssel legen – Die Krautblätter darauf im Kreise herumlegen, so daß die Spitzen der Blätter in der Mitte der Schüssel übereinanderliegen – Die Fülle und die Krautblätter abwechselnd übereinanderschichten, bis alles aufgebraucht ist – Die Serviette zusammennehmen, mit Bindfaden zusammenbinden, an einer Schlinge einen Kochlöffel befestigen und das Bündel in kochendes Wasser hängen – Nach etwa 1 1/2 Stunden Kochzeit die Serviette aufbinden und den Krautkopf auf eine Platte stürzen.

Beigabe: Salzkartoffeln mit zerlassener Butter oder Butter- oder Tomatensauce.

Irish Stew (Originalrezept)

Es soll gutes Fleisch verwendet werden – Fett und Knochen möglichst entfernen – Schichtweise gewürfeltes Fleisch (2 1/2 cm dick), Zwiebel- und Kartoffelscheiben in einen breiten Topf schichten – Lorbeerblatt, Salz, Pfeffer und Thymian zugeben – Mit Wasser begießen und in der Röhre garen. Beim Anrichten mit Kräutern bestreuen.

800 g Hammelrücken, 500 g Kartoffeln, 5–6 Zwiebeln, 1 Messerspitze Thymian, 1 Teel. gehackte Kräuter

Irish Stew, besonders fein

Das Gemüse putzen, waschen und in passende Stücke schneiden – Im Fett die zerteilten Zwiebeln andünsten – Das in Stücke geschnittene Fleisch zugeben und kurz anbraten – Lagenweise das Gemüse und die Kartoffeln beifügen und würzen – Mit Wasser auffüllen und zugedeckt auf kleiner Flamme 1 1/2–2 Stunden kochen – Nach Belieben noch Wasser zuschütten.

750 g Hammelbrust oder -hals, 1 mittelgroßer Kopf Weißkraut oder Wirsing, 1 Handvoll grüne Bohnen, 1 Stange Lauch, 1 kleine Sellerieknolle, 1–2 Zwiebeln, 6 gelbe Rüben, 1 Tasse grüne Erbsen, 5 rohe, geschälte Kartoffeln, 3 Eßl. Fett, Salz, Pfeffer, Kümmel

Kartoffeln mit Zwiebeln und Würstchen

Kleine Kartoffeln, möglichst gleicher Größe schälen und waschen – Zwiebeln in dünne Scheiben schneiden – Lagenweise, mit Butter dazwischen, in einen Topf schichten – Mit Wasser oder Brühe 3/4 bedeckt, in etwa 45 Minuten weichkochen – Zuletzt Würstchen auflegen und darin heiß werden lassen.

3/4 kg kleine Kartoffeln, 3 große Zwiebeln, 4 Eßl. Butter, Salz, Pfeffer, Wasser oder Brühe

Pichelsteiner

Das Fleisch in Würfel schneiden und vermengen – Das Gemüse zurichten und gleich große Stücke teilen – Den Boden einer gut schließenden Kasserolle mit Markscheiben belegen und lagenweise das gewürzte Fleisch und Gemüse darüberschichten – Mit Markscheiben und Butterflocken bedecken – Mit der Brühe begießen und zugedeckt auf kleiner Flamme weichdünsten, dabei öfters rütteln, um ein Anbrennen zu verhüten.

750 g gut gelagertes Fleisch, Rind-, Schweine-, Hammelfleisch, gemischt, 150 g Ochsenmark, 1 kleiner Wirsing, 200 g gelbe Rüben, 100 g grüne Bohnen, 300 g Kartoffeln, 1 Sellerieknolle, 1 Zwiebel, Petersilie, Salz, Pfeffer, Paprika, 2 Tassen Fleischbrühe

Königsberger Klopse

500 g Hackfleisch, 1 Brötchen, 1 Zwiebel, Pfeffer, Salz, 1 Hering, Kapern, Butter, Mehl, Zitronensaft

Aus Gehacktem, dem eingeweichten Brötchen, dem feingeschnittenen Hering, Zwiebel, Pfeffer und Salz einen Fleischteig bereiten und zu runden Klößen formen – Aus Butter, Mehl und Brühe eine helle Sauce bereiten, die Klöße darin 15 Minuten garkochen – Mit gehackten Kapern und Zitronensaft abschmecken.

Krabben nach Pommerscher Art

200 g Krabben, 500 g rohe Kartoffeln, 1 Eßl. Dill, 3 Eßl. Butter, Salz, Pfeffer

Eine feuerfeste Form gut einfetten und schichtweise die geschälten, in Scheiben geschnittenen Kartoffeln, den feingewiegten Dill und die aus den Schalen genommenen Krabben hineinlegen – Mit Salz und Pfeffer würzen und mit Butterflöckchen belegen – In mäßig heißem Rohr gardünsten.

Krautwickel (Kohlrouladen)

500 g gemischtes Hackfleisch, 1 Kopf Weißkraut, 1 Ei, 1 Zwiebel, Petersilie, Salz, Pfeffer, 4 Eßl. Butterschmalz, 1 Tasse Fleischbrühe oder Gemüsebrühe, 1 Eßl. Mehl, 2 Eßl. Tomatenpüree, 3–4 Eßl. Rahm

Den Krautkopf waschen und in Salzwasser halbweich kochen – Die Blätter ablösen und die Rippen flach schneiden – Die kleineren Blätter feinhacken und mit dem Fleisch, dem Ei, der gehackten Zwiebel und Petersilie und dem Gewürz vermengen – Die Fülle auf die Krautblätter verteilen, diese zusammenwickeln und mit Zwirn umbinden – Im heißen Schmalz die Krautwickel anbraten, mit etwas Brühe übergießen und zugedeckt auf schwachem Feuer etwa 1 Stunde dünsten oder aufgedeckt in den Backofen stellen – Wenn sie gar und knusprig sind, die Wickel auf eine vorgewärmte Platte legen – Aus dem Bratsatz mit dem Mehl, der Brühe, Rahm und Tomatenpüree eine Sauce bereiten und über die Krautwickel gießen.

Beigabe: Salzkartoffeln.

Leberkäse (Fleischkäse), abgebräunt, mit Spiegelei

4 fingerdicke Scheiben Leberkäse, 4 Eier, 80 g Fett

Den Leberkäse in wenig Fett auf beiden Seiten schön braun braten – In einer zweiten Pfanne 4 Spiegeleier braten – Auf einer Platte den Leberkäse anrichten, auf jede Scheibe ein Spiegelei setzen und verschiedene Salate dazu reichen.

Jägerkohl mit Bratwurst

1 Kopf Weißkraut, 8 große Kartoffeln, Salz, Specksauce

Kraut zurichten und feinhobeln – Kartoffeln schälen und ganz oder in große Schnitze geteilt mit Salzwasser knapp bedeckt aufstellen – Nach dem Aufkochen das Kraut zugeben und salzen – Mit Specksauce bedecken – Etwa 1 Stunde zugedeckt dünsten – Hat sich zuviel Saft gebildet, aufgedeckt etwas einkochen lassen.
Beigabe: Bratwürste.

Matjesfilet Berliner Art

4 Matjesheringe, 1 Zwiebel, Kapern, Butter

Heringe abwaschen, nicht wässern – Falls sie doch zu scharf sein sollten, nur 15 Minuten in kaltes Wasser legen – An der Bauchseite einen schmalen Streifen abschneiden und ausnehmen – Den Rücken entlang einen Längsschnitt machen und die Haut abziehen – Rückgrat mit Kopf entfernen – Beide Hälften wieder aufeinanderlegen – Gut durchkühlen lassen oder auf einer Platte über Eisstückchen anrichten – Mit Zwiebelringen und Kapern belegen.
Beigabe: Butterkugeln und neue Salzkartoffeln.

Ravioli, italienisch

Nudelteig aus 500 g Mehl
Zur Fülle:
1 Tasse Braten- oder Hühnerfleischreste, 2 Scheiben Speck oder Schinken, 1/2 Tasse Hirn, 2 Eßl. Mark, 1 Ei, 1 Eßl. Brösel, 1 Zwiebel, 1 Prise Majoran, 2 Eßl. geriebener Parmesankäse, Salz, Pfeffer
Zum Anrichten:
1 Eßl. geriebener Parmesankäse, 2 Eßl. Butter

Das Fleisch, das Hirn und den Speck oder Schinken fein verwiegen und mit den übrigen Zutaten gut vermengen, so daß eine gebundene Masse entsteht – Nach Belieben kann noch etwas gekochter, fein gewiegter Spinat zugegeben werden – Auf dünn ausgerollte Nudelkuchen in regelmäßigen Abständen – etwa 2 Finger breit – haselnußgroße Häufchen der Fülle setzen – Einen zweiten Nudelkuchen mit Wasser bepinseln und mit der nassen Seite auf den mit der Fülle belegten decken – Mit einem Teigrädchen die Häufchen in Form von Vierecken oder Halbmonden ausrädeln und eine Stunde trocknen lassen – In reichlich schwach gesalzenes, kochendes Wasser einlegen und in 8–10 Minuten fertigkochen – Mit einem Schaumlöffel herausnehmen und auf eine heiße Platte legen – Mit dem Käse bestreuen und der zerlassenen Butter begießen.
Beigabe: Tomatensauce.

Makkaroni nach Herzogin Art

250 g Makkaroni, 1 Tasse gekochtes Hühnerfleisch, Champignons, 3 Tomaten, Salz, Paprika, 2–3 Eßl. Butter

Die Makkaroni in einem reichlich großen Topf in kochendem Salzwasser zusetzen und nicht zu weich kochen, sie sollen noch kernig bleiben – Mit heißem Wasser gut abschwenken, auf einem Sieb abtropfen lassen und in eine vorgewärmte Schüssel legen – Das streifig geschnittene Fleisch, die blättrig geschnittenen Champignons und die in Scheiben geschnittenen, enthäuteten Tomaten in der zerlassenen Butter erwärmen (nicht braten; die Tomaten müssen noch den Geschmack von frischen Früchten haben!), unter die Makkaroni mengen und würzen.
Beigabe: Grüner Salat.

Maultaschen

Nudelteig aus 375 g Mehl
Zur Fülle:
200 g gekochtes Rindfleisch oder Braten- oder Büchsenfleisch, 1 Eßl. Butter, 1 Zwiebel, 1 Petersilie, 1 Brötchen, Salz, Pfeffer, Muskat, 1 Ei, 1 Tasse gekochter Spinat

In der Butter die feingehackte Zwiebel, Petersilie, das eingeweichte und gut ausgedrückte Brötchen und die Gewürze andünsten – Mit dem Ei, dem gewiegten Spinat und dem durch den Wolf gedrehten Fleisch vermengen – Nach Belieben in kleine Würfel geschnittenen Speck mitdünsten – Den Nudelteig dünn auswellen, in Vierecke schneiden und auf jedes Viereck 1–2 Teelöffel von der Fülle setzen – Die Teigränder mit Wasser oder Eiweiß bestreichen, zusammenklappen und festdrücken, so daß Dreiecke entstehen, oder die Fülle auf den Nudelkuchen streichen, diesen fest zusammenrollen, flachdrücken und in 5 cm breite, schräge Streifen schneiden – Die Maultaschen in kochendem Salzwasser oder Fleischbrühe etwa 10 Minuten kochen – In der Brühe oder mit Zwiebelbutter oder gerösteten Bröseln übergossen anrichten – Erkaltete Maultaschen in Streifen schneiden, in Fett rösten und nach Belieben verquirlte Eier darüberschlagen.
Beigabe: Grüner Salat und Kartoffelsalat.

Mailänder Spaghetti

250 g gekochte Spaghetti, 1 Tasse Champignons, 4 Tomaten, 4 Scheiben Räucherzunge, 1 Tasse Schinkenwürfel, 2 Zwiebeln, 2 Eßl. Fett, 4 Eßl. Reibkäse

Alle Zutaten feinwürfelig schneiden, in Butter andämpfen, unter die Spaghetti heben und mit Reibkäse überstreut auf runder Platte anrichten. Mit würziger Tomatenmarksauce umranden.

Gefüllte Paprika

Die Paprikaschoten waschen, den Stiel und den Boden abschneiden und das Kernhaus entfernen – Den Reis mit dem Fleisch und den Gewürzen mengen – Die Schoten damit füllen und die Böden wieder aufsetzen – In einer Kasserolle mit der Butter und etwas Wasser zugedeckt weichdünsten – Die dicke Tomatensauce über die fertigen Paprikaschoten gießen – Kurz aufkochen und anrichten.
Beigabe: Salzkartoffeln, Teigwaren oder Reis.

6–8 Paprikaschoten, 200 g gemischtes Hackfleisch, 1 Ei, 1 Tasse gekochter Reis, Petersilie, Salz, Pfeffer, Paprika, 3 Eßl. Butter, 2 Tassen Tomatensauce

Paprika mit Krabbenfüllung

Von Paprikaschoten einen Deckel mit Stiel abschneiden – Entkernen und waschen – Eingeweichte, ausgedrückte Brötchen mit gehackter Zwiebel, Dill, Gewürzen, Öl und Ei vermengen – Die Krabben zugeben – Die Masse in die Schoten füllen – Aufrecht, die Füllseite nach oben, in eine gebutterte Form setzen – Mit Butterflocken belegt ins heiße Rohr stellen – Bei mittlerer Hitze 45 Minuten backen.
Beigabe: Tomatensauce und Reis.

4–8 Paprikaschoten, 2–4 Brötchen, 2 Eßl. Öl, Butter, 1 Zwiebel, 1 Eßl. gehackter Dill, Salz, Pfeffer, Muskat, 1 Ei, 200 g Krabben

Paprika mit Sauerkrautfüllung

Die Paprikaschoten am Stiel abschneiden und das Kerngehäuse entfernen – Waschen – Mit einer Mischung aus Sauerkraut, streifig geschnittenem Schinken und nach Geschmack gewürzt füllen – In Öl und etwas Wasser zugedeckt in etwa 30 Minuten weichdünsten – Mit Tomatensauce übergießen, noch 10 Minuten bei kleiner Flamme durchziehen lassen – Beim Anrichten mit Rahm begießen und mit Petersilie bestreuen.
Beigabe: Reis oder Kartoffeln

8 Paprikaschoten, 3 Tassen rohes Sauerkraut, 150 g roher Schinken, Öl, Tomatensauce, 1/2 Tasse Sauerrahm, 1 Eßl. gehackte Petersilie

Fränkische Rostbratwürste

Das Schweinefleisch auf dem Hackbrett nicht zu fein wiegen, das Kalbfleisch durch den Fleischwolf treiben – Beides vermengen, würzen, in Schweinsdärme füllen und Würstchen davon abdrehen – Mit Öl bepinseln und auf dem Rost braten.
Beigabe: Sauerkraut oder Kartoffelsalat.

500 g Schweinefleisch, 200 g Kalbfleisch, Kümmel, Majoran, Muskat, Salz, Pfeffer

Englische Fleischpastete

250 g Mehl, 200 g Butter, 1 Ei, Salz, 1/4 Tasse Wasser oder Pastetenteig, Butter zum Ausstreichen der Form
Zur Fülle:
300–400 g gebratenes oder gekochtes Fleisch, Speckscheiben, Salz, Pfeffer, Fleischklößchen, 1 Tasse Fleischbrühe, Brösel, Eigelb

Pastetenteig siehe nächstes Rezept – Zuschneiden und eine Form damit auslegen – Mit Speckscheiben bedecken – Das Fleisch in kleine Stücke schneiden, würzen und darüberlegen – Nach Belieben Fleischklößchen dazwischenschichten – Mit Bröseln durchstreuen und die Brühe übergießen – Mit einer Teigplatte bedecken – Die Ränder festdrücken – Zum Abziehen des Dampfes in die obere Teigplatte einige Einschnitte machen – Mit Eigelb bestreichen und im heißen Rohr bei stärkerer Ober- als Unterhitze 1 1/4 Stunden backen.
Beigabe: Bohnensalat.

Kalbfleischpastete

500 g Kalbfleisch, Salz, Pfeffer, Suppenkräuter
Zum Teig:
250 g Mehl, 1 Teel. Backpulver, 1 Ei, Salz, Milch, 100 g Butter
Zur Sauce:
1/4 l Sauerrahm, etwas Fleischbrühe, 1/2 Zitrone, Saft

Das Fleisch in Würfel schneiden – Mit Gewürzen und Kräutern weichkochen – Aus den Teigzutaten eine geschmeidige Masse kneten – Eine Stunde ruhen lassen – Etwa 1/2 cm stark auswellen – Eine gefettete Spring- oder Glasform damit auskleiden – Seitenränder etwa 3 cm hoch – Aus dem Rahm mit etwas Fleischbrühe eine Sauce rühren – Mit Zitronensaft abschmecken – Fleischwürfel und Sauce vermengen – Nach Belieben können noch Champignons aus der Dose beigefügt werden – Über den Teig füllen – Mit einem Teigdeckel schließen – Die Ränder etwas festdrücken – Drei Löcher zum Abzug des Dampfes im Teigdeckel anbringen – 5 cm hohe Makkaroniröhrchen oder Papierröhrchen als Kamine hineinstecken – Bei mittlerer Hitze etwa 1 Stunde backen.

Reispastete mit Weißkraut und Tomatensauce

100 g Reis, 1 kleiner Kopf Weißkraut, Fleischreste oder 250 g Hackfleisch, Salz, Pfeffer, 6 Eßl. Butter, 2 Eier, 1/2 Tasse Sauerrahm, 1 Eßl. Mehl, Reibkäse

Reis in Salzwasser körnig weichkochen und ausdämpfen lassen – Kraut in Salzwasser weichkochen und nudelig schneiden – Reis, Kohl und Fleisch vermengen – Nach Geschmack würzen – In eine gefettete Auflaufform füllen – Butter schaumig rühren, mit Eigelb, Rahm und Mehl vermengen – Steifen Eierschnee unterziehen – Über die Reismasse streichen und, mit Reibkäse bestreut, im Rohr bei mittlerer Hitze braunbacken.
Beigabe: Tomatensauce.

Sauerkrautpastete

Eine Auflaufform zurichten und mit dem dünn ausgewellten Teig ausfüttern – Abwechselnd Sauerkraut und die kurz abgebrühten Würstchen oder angebratenen Speckscheiben einfüllen – Den Rahm, das Tomatenmark und den Paprika verquirlen und darübergießen – Mit einer Teigplatte bedecken und in diese einige Löcher machen, damit der Dampf abziehen kann – Oder den Teig in Streifen rädeln und als Gitter über die Füllung verflechten – Mit Eigelb pinseln und bei guter Hitze etwa 1 Stunde backen.

Pastetenteig, 500 g Sauerkraut, 1 Tasse Rahm oder Milch, 3 Eßl. Tomatenmark, 1 Eßl. Paprika, Frankfurter Würstchen oder Speck, Eigelb

Kürbispastete

Eine gebutterte Auflaufform mit dem dünn ausgewellten Teig ausfüttern und mit Bröseln bestreuen – Den Kürbis in fingerdicke Vierecke schneiden, diese in Essigwasser weichkochen und abtropfen lassen – Das Hackfleisch mit den Gewürzen und nach Belieben noch mit Brötchen vermengen – Abwechselnd Kürbis, Reibkäse und Fleischmasse auf den Teig schichten, obenauf Kürbisstücke – Mit dem Rahm begießen und mit Käse und Butterflocken bestreuen – Aus dem übrigen Teig Streifen rädeln und als Gitter darüberflechten – Mit Eigelb bestreichen und im Rohr 1 Stunde backen.

Pastetenteig, Brösel, 1 kg Kürbis, 500 g Hackfleisch, 50 g Reibkäse, Salz, Pfeffer, Basilikum, Bohnenkraut, 1 Eßl. Butter, 1/2 Tasse Rahm oder Milch, Eigelb

Speckküchlein

Den Blätterteig messerdick auswellen und in schräge Vierecke schneiden – Diese mit dem Eigelb bestreichen und mit dem in ganz kleine Würfel geschnittenen Speck, Salz und Kümmel bestreuen – In gut heißem Ofen zu schöner Farbe backen.
Beigabe: Kartoffelsalat.

Blätterteig aus der Kühltruhe, 50 g Speck, 1 Eigelb, Salz, Kümmel

Specklinsen

Linsen verlesen und waschen – In kaltem Wasser aufstellen, weichkochen und abseihen – Speck kleinwürfelig schneiden und anrösten – Linsen zugeben, würzen und noch kurz durchdünsten – In Kartoffelnester gefüllt anrichten.

300 g Linsen, Wasser, 50 g Speck, Salz, Pfeffer

Speckpfannkuchen

250 g Mehl, 2 Eier, Salz, Milch, 100 g geräucherter Bruststpeck

Aus den ersten 4 Zutaten einen Pfannkuchenteig bereiten – Eine Omelettepfanne erhitzen – Je 1 Eßlöffel kleinwürfelig geschnittenen Speck hell anrösten – Etwas Teig darübergießen und auf beiden Seiten goldgelb backen – Nach Belieben kann dem Teig feingeschnittene Zwiebel, im Butter gedünstet, oder gehackter Schnittlauch untergemengt werden.
Beigabe: Kopfsalat.

Risotto mit Hühnerlebern

70 g Rindermark oder Butter, 1 Zwiebel, 200 g Reis, Salz, Wasser, 1 Eßl. Madeira, 40 g Parmesan, 4–8 Hühnerlebern, 2 Eßl. Butter, Salz, Pfeffer

In heißem Rindermark oder Butter feingehackte Zwiebel gelbrösten – Reis trocken nur zwischen einem Tuch abgerieben, beifügen – Rühren bis er glasig ist – Nach und nach Wasser und Wein zugießen – Salz beifügen und unter vorsichtigem Rühren körnig weichdünsten – Lebern zurichten, in Butter weichdünsten und danach würzen – Mit geriebenem Parmesan zusammen unter das Risotto mengen – Bergartig in einer vorgewärmten Schüssel, mit Parmesan bestreut, anrichten.
Beigabe: Salate.

Rüben-Eintopf

500 g Hammelrippchen, 750 g Teltower Rübchen oder weiße Rüben, Salz, Paprika, Ingwer, 2 Eßl. Butter, 2 Tomaten, 4 Eßl. Mehl, 2 Tassen Fleischbrühe

Die Rüben zurichten und in Salzwasser 15 Minuten kochen – Die Hammelrippchen mit den Gewürzen einreiben und zusammen mit den enthäuteten Tomaten in der Butter anbraten – Die abgetropften Rüben zugeben – Aus dem Mehl, etwas Butter, der Brühe und den Gewürzen eine Sauce bereiten, über die Rüben gießen und noch etwa 1 Stunde zugedeckt dünsten.

Spargelgericht, überbacken

750 g Spargel, 750 g gekochte Kartoffeln, 100 g Schinken, Petersilie, 4 Eßl. Reibkäse, 2 Tassen Buttersauce, Salz, Pfeffer, Muskat, 1 Eigelb, 2 Eßl. Butter

In eine gebutterte Auflaufform abwechselnd Kartoffelscheiben, abgekochte Spargelstücke und gekochten Schinken legen – Mit gehackter Petersilie und Reibkäse bestreuen – Die Buttersauce mit Spargelwasser auffüllen und mit den Gewürzen abschmecken – Mit Eigelb legieren und über das Gericht gießen – Mit Reibkäse und Butterflöckchen bestreuen und im Ofen überbacken.

Selleriegulasch

Sellerie bürsten und waschen – In kaltem Salzwasser aufsetzen, nicht zu weich kochen – Heiß schälen und in Würfel schneiden – Frischgekochte Kartoffeln schälen und in Scheiben schneiden – Weiße Buttersauce mit Eigelb legieren und frische Butter unterschlagen – Kartoffeln und Sellerie darin 10 Minuten über kleiner Flamme durchziehen lassen.
Beigabe: Bratwürste.

1 große Sellerieknolle, 500 g Kartoffeln, weiße Buttersauce, 1–2 Eßl. Butter, Salz, 1 Eigelb

Spinatsturz mit Zunge

Spinat verlesen und mehrmals waschen – 2 l siedendem Salzwasser zusetzen – Einige Male aufkochen lassen – Auf ein Sieb schütten und kalt abbrausen – Eine Auflaufform dick mit Butter ausstreichen und mit Bröseln bestreuen – Lageweise Spinat, gekochte Zungen- und Eierscheiben einfüllen – Mit Spinat bedecken und mit zerlassener Butter begießen – Im Rohr leicht backen – Stürzen und mit Eier- und Zungenschnitzeln bestreut anrichten.

1 kg Spinat, 250 g Zunge, 4 Eier, hartgekocht, Butter, Brösel

Gebackener Schinken

Kleine Schinkenscheiben in den Teig tauchen und im Fett schwimmend auf beiden Seiten knusprig herausbacken – Auf diese Weise können auch *Bratenreste* und *Siedfleisch* zubereitet werden.
Beigabe: Grüner Salat, Tomatensalat oder Gemüse.

200 g gekochter Schinken, Bierteig, Backfett

Schinkenfleckerl

Teigzutaten gut miteinander verkneten – Ausrollen, in schräge Vierecke schneiden und etwas trocknen lassen – Kochendem Salzwasser zugesetzt, in etwa 10 Minuten fertigstellen – Abseihen und mit kaltem Wasser spülen – Butter schaumig rühren, mit Eigelb, Ei, Salz und feingehacktem Schinken vermengen – Rahm und Eierschnee unterziehen – Mit dem Nudelteig vermengen – Auf eine gebutterte Auflaufplatte häufen, mit Bröseln bestreuen und mit Butterflöckchen belegen – 30 Minuten im heißen Rohr backen.
Beigabe: Grüner Salat.

Zum Teig:
1 Tasse Mehl, 1 Ei, Salz, 1 Eßl. Wasser, 1 Teel. Essig
Zur Fülle:
3 Eßl. Butter, 1 Eigelb, 1 Ei, Salz, 150 g Schinken, 1/2 Tasse Sauerrahm, 2 Eiweiß, Butter, Brösel

Schinkennudeln

375 g breite Nudeln, 100–200 g Schinken, Salz, Thymian, 1 Tasse Sauerrahm, 2 Eßl. Reibkäse, 1 Ei, 1 Eßl. Butter, 1 Eßl. Brösel

Die Nudeln abkochen und abtropfen lassen – In eine gebutterte Auflaufform eine Lage Nudeln legen und mit gehacktem Schinken und Gewürz bestreuen – Den Rahm, den Käse und das Ei verquirlen und abwechselnd mit den übrigen Nudeln und dem übrigen Schinken einfüllen, obenauf eine Lage Nudeln – Mit Butterflöckchen belegen, mit den Bröseln bestreuen und im Ofen in etwa 30 Minuten aufziehen.
Beigabe: Grüner Salat oder Spinat.

Schlachtschüssel (Schlachtplatte)

750–1000 g Sauerkraut, ca. 350 g Schweinefleisch, ca. 350 g geräuchertes Wammerl, je 1 Leber- und Blutwurst pro Person, evtl. Schweinszüngerl, 1 Zwiebel, Salz, Pfeffer, Wacholderbeeren, Lorbeerblätter, 50 g Schweinefett

Das Sauerkraut in einen Topf geben und mit etwas Wasser füllen, so daß es nicht ganz bedeckt ist – Dann die halbierte Zwiebel, Wacholderbeeren, Lorbeerblätter und das Fett dazugeben – Das gewaschene, gewürzte Fleisch auf das Kraut legen und es ungefähr eine gute Stunde kochen lassen, bis es weich ist – Die Würste 20–30 Minuten in heißes Wasser legen (nicht kochen) – Auf einer großen Platte oder einer flachen Schüssel auf dem Kraut das Fleisch, in Scheiben geschnitten und die Würste anrichten – Kartoffelpüree, Semmel- oder Leberknödel dazu reichen.

Schlesisches Himmelreich

500–750 g Rauchfleisch, je 250 g getrocknete Pflaumen, Birnen, Äpfel, 2 Eßl. Mehl, 3 Eßl. Zucker, 1 Eßl. Zitronensaft, Prise Salz

Das Rauchfleisch aufsetzen, das Dörrobst einweichen – Nach 3/4 Stunde zum Rauchfleisch dazugeben und bei sehr linder Hitze garkochen – Das Mehl mit etwas Wasser anrühren, mit etwas Salz, Zucker, Zitronensaft abschmecken – Dazu Kartoffel- oder Semmelklöße reichen.

Weißkraut mit Speck

1 kg Weißkraut, 750 g Kartoffeln, 200 g Speck, Salz, Paprika, Kümmel

Das Kraut in Stücke oder Streifen schneiden, waschen und in kochendem Salzwasser zusetzen – 10 Minuten kochen lassen, dann die Gewürze und die geschälten, in Würfel geschnittenen Kartoffeln zugeben – Den Speck in Würfel schneiden, nach Geschmack anbräunen – Unter das fertiggekochte Gemüse mischen, kurz durchziehen lassen und anrichten.

Gebackenes Weißkraut

Kraut feinschneiden und waschen – In Butter mit feingeschnittener Zwiebel weichschmoren – Von Zeit zu Zeit Wasser zugießen – Brät mit Eiern, Wasser und Bröseln verrühren – Lagenweise mit dem Kraut in eine gebutterte, mit Bröseln ausgestreute Auflaufform füllen – Mit Bröseln bestreuen und mit Butterflocken belegen – Im heißen Rohr 40 Minuten backen.
Beigabe: Kartoffeln, Teigwaren oder Reis.

1 Kopf Weißkraut, 3 Eßl. Butter, 1 Zwiebel, Salz, Pfeffer, 250 g Kalbsbrät, 2 Eier, 1 Tasse Wasser, 1/2 Tasse Brösel, Butter und Brösel für die Form

Schnitzel-Eintopf

Die Schnitzel mit der Zwiebel und der Butter in einer Kasserolle anbraten – Die zugerichteten Karotten, Kartoffeln und die Brühe zugeben, würzen und alles zugedeckt gardünsten – Den Rahm, das Tomatenmark und Mehl verrühren, zugießen und aufkochen – Mit Petersilie bestreut anrichten.

4 kleine Schnitzel, 4 Eßl. Butter, 1 große Zwiebel, 500 g Karotten, 750 g Kartoffeln, Fleischbrühe, Salz, Pfeffer, Petersilie, 1/2 Tasse Sauerrahm, 1 Eßl. Tomatenmark, 1 Eßl. Mehl

Gefüllte Tomaten mit Duxelles

Schöne, reife Tomaten einmal quer durchschneiden – Kerne und Saft ausdrücken – Auf eine mit Butter bestrichene Auflaufplatte setzen – Mit Duxelles füllen, mit Bröseln und Reibkäse bestreuen und mit Butterflöckchen belegen – Im heißen Rohr backen.
Beigabe: Reis.

4–8 große Tomaten, 4 Eßl. Butter, Duxelles, Brösel, Reibkäse, Butterflöckchen

Gefüllte Tomaten mit Fleisch auf Reis

Tomaten waschen, trockenreiben und Deckelchen abschneiden – Mit silbernem Löffel aushöhlen – Bratenreste oder Schinken fein verwiegen – In 2 Eßlöffel Butter mit gehackter Zwiebel und Petersilie, nach Belieben noch mit gehackten Pilzen durchdünsten – Vom Feuer genommen mit Ei und Gewürzen vermengen – Die Tomaten gehäuft damit füllen – Auf den Rost oder in eine gefettete Gratinierplatte setzen – Mit geriebenem Parmesan und Bröseln bestreuen und mit zerlassener Butter beträufeln und 15 Minuten im heißen Rohr braten.
Beigabe: Reis.

8 Tomaten
Zur Fülle:
200 g Bratenreste oder Schinken, 1 Zwiebel, 1 Eßl. gehackte Petersilie, 2 Eßl. Butter, 1 Ei, Salz, Pfeffer, 2 Eßl. Reibkäse, Brösel, Butter

Gefüllte Tomaten

6–8 Tomaten, 125 g Reis, 1 Eßl. Olivenöl, 3 Eßl. Tomatenpüree, 1 gehackte Zwiebel, Fleischbrühe, Brösel, Reibkäse, Olivenöl, Salz, Pfeffer

Tomaten waschen, trocknen und ein Deckelchen abschneiden – Mit silbernem Löffel aushöhlen, ohne dabei die äußere Haut zu verletzen – Reis abbrühen – Mit 1 Eßlöffel Olivenöl, Tomatenpüree, gehackter Zwiebel, Pfeffer, Salz und Fleischbrühe im heißen Rohr dünsten – Die Flüssigkeit darf dabei nicht mehr als 2 cm übersteigen – Nach etwa 25 Minuten herausnehmen – Der Reis muß körnig und trocken sein – Die Tomaten damit füllen, mit Bröseln und Reibkäse bestreuen und mit Olivenöl beträufeln – Im heißen Rohr etwa 10 Minuten bräunen.

Winter-Eintopf

500 g Kastanien, 250 g gelbe Rüben, 350 g Lauch (Porree), 1–2 Eßl. Butter, 4 kleine Bratwürste, Salz, Pfeffer

Die Kastanien schälen, das Gemüse putzen und kleinschneiden – In einer feuerfesten Glasform die Butter zergehen lassen, das Gemüse und die Kastanien zugeben, würzen und mit Wasser knapp bedeckt gardünsten – Die Würste in Butter knusprig braten, auf das Gemüse legen und das Bratfett darübergießen.

Gefüllter Wirsing mit Brustspeck

2 Wirsingköpfe, 250 g Brät, 1 kleine Zwiebel, 1 Eßl. gehackte Petersilie, 1 Eßl. Butter, 2 Brötchen, 1 Ei, Salz, Pfeffer, Brühe, 1 Eßl. Stärkemehl, 2 Eßl. Rahm, 250 g Brustspeck

Von nicht zu fest gewachsenen Wirsingköpfen die äußeren, harten Blätter entfernen – Die Wirsingköpfchen gut waschen – Kochendem Salzwasser zugesetzt, etwa 5 Minuten kochen (bis sie nicht mehr steif sind) – Auf einem Sieb mit kaltem Wasser überbrausen und abtropfen lassen – Aus dem Brät, in Butter angedünsteter gehackter Zwiebel und Petersilie, Ei, Gewürzen und in Wasser eingeweichtem, ausgedrücktem Brötchen eine Fülle bereiten – Die Wirsingköpfe etwas auseinanderdrücken – In eine Kasserolle auf Speckscheiben setzen und mit Brühe oder Wasser knapp bedecken – Zugedeckt, vollends weichdünsten oder im heißen Rohr fertigstellen – Die Sauce mit angerührtem Stärkemehl dicken – Beim Anrichten das Gemüse mit den Speckscheiben umlegen und mit Sauce begießen.
Beigabe: Pariser Kartöffelchen.

Rund um die Kartoffel

Annakartoffeln

750 g Kartoffeln, 50 g Butter, Pfeffer, Salz

Rohe Kartoffeln schälen – In kleine, runde, 1/2 cm dicke Scheiben schneiden – Waschen und gut abtrocknen – Eine Gratinierplatte mit Deckel dick mit Butter ausstreichen – Kartoffeln in 4–6 kreisförmigen Reihen übereinander einordnen – Zwischen die Reihen Butterstückchen, Pfeffer und Salz geben – Obenauf mit reichlich Butterflocken belegen – Zugedeckt im heißen Rohr backen – Nach etwa 30 Minuten den Deckel abnehmen und die Kartoffeln bei Oberhitze bräunen.

Alphonsokartoffeln

5 Kartoffeln, 1 Pfefferschote, 3/4 Tassen Milch, 1/2 Teel. Salz, 2 Eßl. Butter, 1 1/2 Eßl. Reibkäse

Die Kartoffeln waschen, schälen und in kochendem Salzwasser weichkochen – In 3/4 cm dicke Würfel schneiden – Die grüne Pfefferschote, aus der die Samenkörner entfernt wurden, 6 Minuten kochen und in kleine Vierecke schneiden – Mit den Kartoffelwürfeln, der Milch und dem Salz vermengen – Zusammen 15 Minuten gelinde kochen lassen – Auf eine mit Butter bestrichene Gratinierplatte häufen, mit geriebenem Käse bestreuen und 10 Minuten bei Oberhitze backen.

Kartoffeln auf Ardenner Art

1–1 1/2 kg Kartoffeln, 3 Eigelb, 6 Eßl. Butter, 200 g Schinken, Reibkäse, Salz, Pfeffer, Muskat

Die Kartoffeln schälen und unzerschnitten im Rohr weichdämpfen – Ein Deckelchen abschneiden und vorsichtig aushöhlen – Das herausgenommene Mark mit Eigelb, einem Teil der Butter, dem gehackten Schinken, Käse und den Gewürzen zu einem Brei vermengen und wieder in die Kartoffeln füllen – Mit der restlichen Butter beträufeln, mit geriebenem Käse bestreuen und im Rohr überbacken.
Beigabe: Grüner Salat.

Kartoffelbällchen

10 große Kartoffeln, 2 Eier, 1 Stückchen Butter, heiße Milch, Salz, Pfeffer, Muskat
Zum Panieren:
1 Ei, Brösel, Backfett

Große geschälte Kartoffeln in Salzwasser weichkochen – Abschütten, trocknen lassen und durch ein Sieb streichen – Mit Eiern, Butter, Milch und Gewürzen zu einem Teig verkneten – Zu daumendicken kleinen Würstchen formen und walnußgroße Kügelchen abdrehen – In verquirltem Ei und Bröseln wenden – Schwimmend in heißem Backfett goldgelb herausbacken.

Béchamelkartoffeln mit Schinkenröllchen

750 g gekochte Kartoffeln, 2 Tassen Béchamelsauce, Schinkenscheiben

Heiße, gekochte Kartoffeln schälen und in Scheiben schneiden – In heißer Béchamelsauce durchkochen – Wenn nötig mit etwas Milch oder Wasser verdünnen – Scheiben von gekochtem Schinken zu Röllchen oder Tüten drehen und das Gemüse damit umlegen.

Bratkartoffeln (roh)

3/4–1 kg Kartoffeln, 3 Eßl. Butterschmalz, 1 Zwiebel, Salz, Pfeffer, 1/2 Tasse Wasser

Die Kartoffeln schälen und in dünne Scheiben schneiden – In einer eisernen Kasserolle das Fett erhitzen, die geschnittene Zwiebel darin hellgelb rösten, die Kartoffeln zugeben und würzen – Mit der Backschaufel sofort umdrehen, so daß die Zwiebelchen nach oben kommen – Das Wasser zugießen und zugedeckt bei kleiner Flamme dünsten.

Bratkartoffeln, fein

500 g gekochte Kartoffeln, 6 Eßl. Butter oder Schmalz, Salz, Pfeffer

Frische gekochte Kartoffeln schälen – Mit dem Rohkosthobel in Stiftchen schneiden – Fett erhitzen, die Kartoffeln einlegen, würzen und unter öfterem Wenden anrösten.

Devonshire-Bratkartoffeln

500 g Kartoffeln, 2 große Zwiebeln, 3–4 Eßl. Butterschmalz, Salz, Pfeffer, frische Butter

Die Zwiebeln in dünne Scheiben schneiden und im Schmalz goldbraun rösten – Die in der Schale gekochten Kartoffeln heiß schälen und durch die Presse drücken – Würzen und die Zwiebeln untermengen – Eine flache Auflaufform mit Butter ausstreichen und das Püree 2 1/2 cm hoch einfüllen – Mit Butterflocken belegt im heißen Rohr überbacken.

Kartoffelbratlinge

Kartoffeln schälen und durch die Presse drücken oder reiben – Butter schaumig rühren, mit Kartoffeln, Ei, Rahm, Mehl und Gewürzen vermengen und verkneten – Kleine Bratlinge formen und in Mehl wenden – Ist der Teig zu dick geraten, etwas Rahm untermengen, umgekehrt, etwas Mehl zugeben – In heißem Fett knusprig braten.

500 g gekochte Kartoffeln, 3 Eßl. Butter, 1 Ei, Muskat, Salz, 1/2 Tasse Mehl, 2 Eßl. Rahm, Fett

Brüh- oder Bouillonkartoffeln

Rohe Kartoffeln und Gemüse zurichten und in Würfel schneiden – In durchgeseihter Fleischbrühe unter Zugabe von gehackter Petersilie weichkochen.

3/4–1 kg Kartoffeln, Fleischbrühe, Petersilie, 250 g gelbe Rüben, 1/4 Sellerieknolle, 1/2 Stange Lauch, 1 Eßl. Petersilie

Butterkartoffeln

Die (nicht zu mehligen) Kartoffeln schälen und in Schnitze oder dicke Scheiben schneiden – In einer Kasserolle das Schmalz zergehen lassen, die Kartoffeln zugeben und zugedeckt auf kleinem Feuer dünsten – Von Zeit zu Zeit wenden, wobei sie zerfallen dürfen, und, wenn nötig, etwas Butter zugeben – Zum Schluß auf stärkeres Feuer stellen und mit Salz bestreuen – Die fertigen Kartoffeln müssen außen goldbraun und innen weich und butterig sein.

500 g Kartoffeln, 4 Eßl. Butterschmalz, Salz

Fischkartoffeln

Die Kartoffeln schälen und mit einem besonderen Ausstecher kleine runde Kartöffelchen ausstechen – In Salzwasser weichkochen – In der Butter schwenken, würzen und mit Petersilie bestreut anrichten.

1 kg große Kartoffeln, 2 Eßl. Butter, 1 Eßl. Petersilie, Salz, Pfeffer

Pommes chips

Kartoffeln schälen, in Scheiben schneiden und kurze Zeit wässern – Abschütten und zwischen einem Tuch trockenreiben – In heißes Backfett einlegen und wie Pommes frites, s. Seite 382, knusprig herausbacken – Leicht mit Salz bestreut anrichten.

750 g rohe Kartoffeln, Backfett, Salz

Pommes frites

1 kg Kartoffeln, Öl oder Backfett, Salz

Die Kartoffeln schälen, in dünne Stäbchen schneiden und bis zur Verwendung in ein Tuch schlagen, damit sie ganz trocken sind – In nicht zu großen Mengen in das sehr heiße Backfett (Friture) einlegen und mit dem Schaumlöffel umrühren, damit sie nicht zusammenkleben – Sind sie bernsteingelb geworden, herausnehmen, auf ein Sieb zum Entfetten geben und mit Salz bestreuen – Bei größerem Bedarf die Kartoffeln am besten in 2 Kochvorgängen zubereiten – Zunächst in Teilmengen nur hellgelb werden lassen und auf ein Sieb legen, danach in großen Portionen in das heiße Fett legen und vollends wie oben fertigbacken – Praktisch ist hierbei die Verwendung eines Pommes frites-Siebes.

Pommes Fondant

3 1/2 Tassen geriebene Kartoffeln, 3 Eßl. Butter, 1 1/2 Teel. Salz, 1/4 Teel. Pfeffer, 2/3 Tasse Milch, 1/2 Tasse Süßrahm, 3/4 Tasse Brösel

Zu den heißen, geriebenen Kartoffeln, Butter, Salz, Pfeffer und die heiße Milch geben – 3 Minuten kräftig schlagen – In eine mit Butter bestrichene Auflaufform füllen, den dicken Rahm darübergießen und mit Bröseln bestreuen – Im heißen Rohr backen, bis die Brösel braun sind.

Chantillykartoffeln

4 Tassen geriebene Kartoffeln, 3/4 Tasse Süßrahm, 1/2 Tasse Reibkäse, Salz, Pfeffer

Die gekochten, geriebenen Kartoffeln auf eine Auflaufplatte häufen – Den steifgeschlagenen Rahm mit dem geriebenen Käse leicht vermengen, mit Salz und Pfeffer würzen und über die Kartoffeln breiten – Im heißen Ofen backen, bis der Käse zergangen und der Rahm zart gebräunt ist.

Geröstete Kartoffeln

1/2–1 kg Kartoffeln, 2–4 Eßl. Fett, 1 Zwiebel, Kümmel oder Majoran, Salz, Pfeffer

Die abgekochten Kartoffeln schälen und in nicht zu dünne Scheiben schneiden oder mit einem Rohkosthobel zu Stiftchen hobeln – In einer Pfanne das Fett erhitzen, die Zwiebeln darin hellgelb rösten, die Kartoffeln zugeben und würzen – Mit der Backschaufel sofort umdrehen, damit die Zwiebelchen nach oben kommen, und goldgelb rösten.

Salzburger Kartoffelgulasch

Kartoffeln schälen und in Schnitze teilen – Zwiebeln in kleine Würfelchen schneiden – Das Fett in einer Kasserolle erhitzen – Zwiebeln goldgelb anrösten – 2 Teelöffel süßen Paprika überstreuen und die Kartoffelschnitze zugeben – Im Fett wenden – Gewürze und so viel Wasser zugeben, daß alles knapp davon bedeckt ist – Zugedeckt weichdünsten – Sind die Kartoffeln gar, den Deckel abnehmen und das Wasser verdampfen lassen – Mehl überstäuben – Zitronensaft beifügen – Nach Belieben eine Prise Majoran beifügen – Wird das Gulasch saftiger gewünscht, noch etwas Wasser zugeben.

1 kg Kartoffeln, 3 große Zwiebeln, 5 Eßl. Butterschmalz, 1 Teel. Kümmel, 1 Lorbeerblatt, Salz, Pfeffer, Paprika, 1/4 Zitrone, Saft, 1 Eßl. Mehl

Gebackene Kartoffelnudeln

Kalte Kartoffeln schälen und durch die Presse drücken oder reiben – Die übrigen Zutaten beifügen und zu einem Teig kneten – Fingerdicke Nudeln formen – In reichlich heißem Schmalz allseitig goldbraun und knusprig herausbacken.

3/4 kg gekochte Kartoffeln, 1 1/2–2 Tassen Mehl, 2 Eier, Salz, Schmalz

Überbackene Kartoffelnudeln

Kalte Kartoffeln reiben – Mit Mehl, Eiern und Salz zu einem Teig mengen – Fingerdicke Nudeln formen – In siedendes Salzwasser eingelegt kochen, bis sie oben schwimmen – Herausnehmen und abtropfen lassen – In eine gebutterte Auflaufform schichten – Mit Bröseln und Butterflocken bestreuen – Im heißen Rohr überbacken.

3/4 kg gekochte Kartoffeln, 1 1/2–2 Tassen Mehl, 2 Eier, 2 Eßl. Butter, Salz, Brösel

Kartoffelkroketten

Die Kartoffeln in der Schale kochen, heiß schälen und durch die Kartoffelpresse drücken – Die Butter auf schwachem Feuer in einer Kasserolle zergehen lassen und die Kartoffeln unterrühren – Die Gewürze, das Ei und Eigelb zugeben, alles gut vermengen und auf ein bemehltes Brett schütten – Nach dem Erkalten so viel Mehl zugeben, daß sich aus der Masse kleine Rollen oder Klöße formen lassen – In geschlagenem Eiweiß und Bröseln wenden – In Fett schwimmend zu schöner Farbe herausbacken.

1/2–1 kg Kartoffeln, 2–3 Eßl. Butter, 1 Ei, 1 Eigelb, Mehl, Salz, Muskat
Zum Backen:
1 Eiweiß, Brösel, Backfett

Gefüllte Kartoffeln

4 große Kartoffeln, 4 Eier, Sauce Béchamel, Butter, Reibkäse

Möglichst gleich große rohe Kartoffeln schälen, waschen und trocknen – Mit Butter pinseln und im heißen Rohr, mit Butterpapier bedeckt, backen – Noch heiß aushöhlen und in jede Kartoffel ein 3 Minuten gekochtes, geschältes Ei setzen – Mit Sauce aufgefüllt und mit Käse bestreut, sowie mit Butterflöckchen belegt, im Rohr überbacken.

Glasierte Kartoffeln

350 g Kartoffeln, 3 Eßl. Butter, 1/2 Teel. Zucker, 1 Eßl. Fleischglace oder 1 Teel. Fleischextrakt und wenig Fleischbrühe

Kleine gekochte Kartoffeln, möglichst gleicher Größe, schälen – In erhitzter Butter, mit Zucker und Fleischglace unter Schwenken der Pfanne kochen, bis alle Flüssigkeit verdampft ist und die Kartoffeln braun und glänzend aussehen.

Kartoffelnester

1 1/2 kg Kartoffeln, Backfett, Salz

Die Kartoffeln waschen, schälen und in dünne Streifen schneiden – 15 Minuten in kaltem Wasser einweichen, abtropfen lassen und zwischen einem Handtuch trocknen – Drahtseiher mit Griff und etwa 10 cm Durchmesser mit den Kartoffeln auslegen – In heißes Backfett halten und goldgelb braten, dabei darauf achten, daß das Fett am Anfang keine zu heiße Temperatur erreicht – Die Nester sorgfältig aus den Seihern entfernen und mit Salz bestreuen – Mit kleinen gebratenen Fischfilets oder Gemüse gefüllt anrichten.

Gestürzte Kartoffeln

3/4 kg Kartoffeln, 4 Eßl. Fett, Salz, Pfeffer, Butter, Brösel für die Form

Kartoffeln kochen und schälen – In dünne Scheiben schneiden und in Fett leicht anrösten – Eine Auflaufform mit Butter ausstreichen und mit Bröseln bestreuen – Die Kartoffeln einfüllen und im heißen Rohr etwa 30 Minuten zu lichtbrauner Farbe backen – Vor dem Anrichten stürzen.

Petersilienkartoffeln

3/4 kg Kartoffeln, 3 Eßl. gehackte Petersilie, Salz, 2 Eßl. Butter

Kleine Kartoffeln in der Schale kochen – Schälen und in einer heißen Schüssel mit Butterflocken und Petersilie durchschwenken.

Kartoffelküchlein

Die Butter und die Eigelb schaumig rühren – Die Gewürze und den geriebenen Käse zugeben – Mit dem Kartoffelpüree bzw. den geriebenen Kartoffeln und dem Mehl vermengen – Kleine Küchlein daraus formen und in heißem Schmalz herausbacken.

500 g gekochte Kartoffeln oder Püree, 2 Eßl. Butter, 2 Eigelb, 3 Eßl. Mehl, Reibkäse, Salz, Muskat, Schmalz

Lauchkartoffeln

Lauch nudelig schneiden und waschen – Mit gehackter Zwiebel in Butter andünsten – Mit Mehl überstäuben, hell anrösten und mit Milch ablöschen und auffüllen – Würzen und gut durchkochen – Rohe Kartoffelscheiben beifügen und zugedeckt auf kleiner Flamme gar dünsten.

500 g Kartoffelscheiben, 2 dicke Stangen Lauch (Porree), 1 große Zwiebel, 2 Eßl. Butter, 1 Eßl. Mehl, 1 l Milch, Salz, Pfeffer, Muskat

Neue Kartoffeln

Die Kartöffelchen in Salzwasser weichkochen – Schälen, in der zerlassenen Butter schwenken, würzen und mit Petersilie bestreuen.
Andere Zubereitungsart: Roh schaben und in einer Kasserolle mit der Butter, den Gewürzen, Petersilie und etwas Wasser zugedeckt weichdünsten.

1 kg neue junge Kartoffeln, 1 Eßl. Butter, 1 Eßl. gehackte Petersilie, Salz, Pfeffer

Niedernauer Kartoffeln

Die abgekochten, kalten Kartoffeln schälen und in kleine Würfel schneiden – In einer Kasserolle das Fett erhitzen und die Kartoffeln unter Zugabe der Gewürze darin anbraten – Das Ei und den Rahm verquirlen, darübergießen und noch kurz braten, bis das Ei gestockt ist.

3/4 kg Kartoffeln, 3 Eßl. Fett, Petersilie, Salz, Pfeffer, 1 Eßl. Sauerrahm, 1 Ei

Kartoffelpuffer (Reibekuchen, Reiberdatschi)

Die rohen Kartoffeln schälen und fein reiben, das sich sammelnde Wasser abgießen – Mit der Milch, dem Mehl und dem Salz zu einem dicken Teig vermengen – In einer Pfanne Fett erhitzen, 2 Eßlöffel der Masse darin nebeneinandersetzen und möglichst dünn ausstreichen, so daß zwei Puffer entstehen – Auf beiden Seiten zu schöner Farbe backen – Mit Salz oder Zucker bestreuen und sofort servieren.

1 kg Kartoffeln, Milch, 2–3 Eßl. Mehl, Salz, Fett

Pariser Kartoffeln

1 kg große Kartoffeln, 3 Eßl. Butter, Salz, Pfeffer, Petersilie

Zubereitung wie Fischkartoffeln, s. Seite 381 – Die gekochten Kartoffeln in der Butter braten und würzen.

Prinzessinnenkartoffeln

1/2 kg gekochte Kartoffeln, 3 1/2 Eßl. Butter, 2 Eßl. Reibkäse, 1 Ei, 1 Eigelb, Salz, Butter und Mehl für das Blech, 1/2 Ei zum Bestreichen

Butter schaumig rühren – Mit Käse, Ei, Eigelb, Salz und passierten Kartoffeln vermengen – Die Masse in den Spritzsack füllen und auf ein mit Butter bestrichenes und bemehltes Blech kleine Häufchen oder „S" spritzen. Mit geschlagenem Ei bestreichen und im heißen Rohr lichtgelb backen.

Kartoffelpüree

1 kg Kartoffeln, 2 Tassen Milch, 3 Eßl. Butter, 1/4 Tasse Süßrahm, Salz, Zwiebelbutter aus fein geriebener Zwiebel, mit zerlassener Butter gemischt

Die Kartoffeln in der Schale kochen, heiß schälen und durch die Kartoffelpresse drücken – Die Milch erwärmen, Kartoffeln und das Salz zugeben – Mit dem Schneebesen schaumig schlagen – Butter unterziehen – Zuletzt den Rahm unterschlagen – In heißer Schüssel anrichten und mit einem Löffel ein Muster eindrücken und nach Belieben noch mit Zwiebelbutter begießen.

Salzkartoffeln

1/2–1 kg Kartoffeln, Salz

Die Kartoffeln schälen und in Schnitze schneiden – In kaltem Salzwasser aufstellen und zugedeckt kochen – Rechtzeitig abschütten, damit sie nicht verkochen, nochmals kurz unter Rütteln ausdämpfen lassen – Beim Anrichten nach Belieben mit gewiegter Petersilie bestreuen oder mit zerlassener Butter oder Zwiebelbutter begießen.

Rahmkartoffeln, überbacken

1 kg Kartoffeln, Butter, Pfeffer, Salz, 2 Tassen warmes Wasser, 1 Tasse Süßrahm

Rohe Kartoffeln schälen und in Scheiben schneiden – In eine gebutterte Gratinierpfanne schichten – Würzen, nach Belieben etwas Knoblauch oder Zwiebel beifügen – Das Wasser zugießen und mit Butterflocken belegen – Bei Mittelhitze zugedeckt im Ofen 25 Minuten dünsten – Sind die Kartoffeln gar, den Rahm übergießen – Bei Oberhitze bräunen lassen.

Rahmkartoffeln

Gekochte Kartoffeln einer festen Sorte schälen und in Scheiben schneiden – Eine helle Mehlschwitze bereiten – Mit der Milch oder dem Rahm ablöschen und auffüllen – Gewürze und Petersilie zugeben – Die Kartoffeln darin aufkochen – Nach Belieben noch geriebenen Käse untermischen.

1 kg Kartoffeln, 2 Eßl. Butterschmalz, 3 Eßl. Mehl, 2 Tassen Milch oder Rahm, 1 Eßl. gehackte Petersilie, Muskat, Salz, Pfeffer

Quarkkartoffeln

Kartoffeln kochen, schälen und blättrig schneiden – In eine mit Butter und Bröseln zugerichtete Auflaufform lagenweise gesalzene Kartoffeln, durchpassierten Quark und geröstete Speckwürfel füllen – Mit dem ausgelassenen Fett begossen, 15 Minuten im heißen Rohr überbacken.

3/4 kg Kartoffeln, 175 g Quark, Salz, 75 g Speck, Butter und Brösel für die Form

Savoyer Käsekartoffeln

Kartoffeln schälen und in dünne Scheiben schneiden – Eine Auflaufform mit Knoblauch ausreiben und mit Butter ausstreichen – Eier mit Fleischbrühe verquirlen – Frisch geriebenen Emmentaler und Gewürze beifügen – Die Kartoffeln damit vermengt einfüllen – Dick mit Käse bestreut und mit Butterflöckchen belegt im heißen Rohr 40 Minuten backen.

3/4 kg rohe Kartoffeln, 3 Eßl. Reibkäse, Salz, Pfeffer, Muskat, 2 Eier, 1 Tasse Brühe
Für die Form:
Knoblauch, Butter
Zum Bestreuen:
Butter, Käse

Saucenkartoffeln

Kartoffeln schälen und kleinwürfelig schneiden – In Bratfett, unter Zugabe von Wasser und Gewürzen, zugedeckt weichdünsten.

3/4 kg rohe Kartoffeln, Wasser, Salz, Pfeffer, Majoran, Bratfett

Saure Kartoffelrädchen

Die frisch gekochten (nicht mehligen) Kartoffeln schälen und in nicht zu dünne Scheiben schneiden – Im Fett Zwiebeln goldgelb rösten, Mehl zugeben und eine hellbraune Mehlschwitze bereiten – Mit Fleischbrühe oder Wasser ablöschen – Die Gewürze und den Essig zugeben – Die Kartoffeln darin aufkochen.

1 kg Kartoffeln, 3 Eßl. Butterschmalz, 1 gehackte Zwiebel, 3 Eßl. Mehl, 3 Eßl. Essig, 1 Lorbeerblatt, 2 Nelken, Salz, Pfeffer, 1 Prise Zucker, Suppenwürze

Schweizer Rösti

1 kg Pellkartoffeln abgekocht, 50 g Butter und 4–5 Eßl. Öl, Salz, Hauch Pfeffer, 2 Eßl. Wasser, 2 Bratpfannen

Kartoffeln in dünne Scheiben schneiden, in die Pfanne mit heißer Butter geben – Die Kartoffelscheiben wenden, damit sich alle mit der Butter und deren Aroma sättigen – Dann in die Pfanne mit heißem Öl geben, fest zudecken – Nach ein paar Minuten leicht mit Salz überstreuen und darüber Wasser tropfen, damit sich das Salz zwischen den Kartoffeln verteilt – Wieder einige Minuten zugedeckt dämpfen lassen – Deckel abnehmen und das Schäufeln beginnen: mit der Bratschaufel ganz gleichmäßig vom oberen rechten Rand bis zur linken unteren Ecke ein Stück nach dem anderen wenden – Zudecken und wieder ungefähr zwei Minuten rösten lassen – Dann den Prozeß wiederholen, zudecken und dies so oft, bis die Kartoffeln ganz und gar schön gebräunt und knusprig sind – Nun die Kartoffeln mit dem Schäufelchen rundum etwas vom Rand zur Mitte pressen und auch von oben gut andrücken, damit sich am Boden eine zusammenhängende Kruste bildet – Die fertige Rösti auf eine vorgewärmte Platte geben.

Dazu: Grünen Salat, kleine Würstchen oder Schinkenröllchen.

Pommes Soufflées

500 g Kartoffeln, Backfett oder Öl

Die Kartoffeln schälen und in dicke Scheiben schneiden – Das Fett in 2 Töpfen aufstellen – In einem halbheiß, im zweiten dagegen sehr heiß werden lassen – Von den Kartoffelscheiben immer nur jeweils 3–5 Stück in das halbheiße Fett einlegen und umrühren, damit sie nicht anhängen – Hat sich eine Kruste gebildet, herausnehmen und einzeln nebeneinander in das sehr heiße Fett legen – Wenn sie aufzugehen beginnen, herausnehmen und abgetropft auf vorgewärmte Platte servieren.

Süßkartoffeln mit Apfelscheiben

2 Tassen Süßkartoffeln in Scheiben, 1 1/2 Tassen dünne Apfelscheiben, 1/2 Tasse brauner Zucker, 4 Eßl. Butter, 1 Teel. Salz

Die gekochten, kalten Kartoffelscheiben lagenweise mit den Äpfeln, dem Zucker, der Butter und mit Salz bestreut auf eine gebutterte Auflaufform häufen – In mäßig heißem Ofen zu schöner Farbe backen.

Strohkartoffeln

500 g rohe Kartoffeln, Backfett, Salz

Rohe Kartoffeln schälen und in dünne Stäbchen schneiden – Zwischen einem Tuch trockenreiben – In kleinen Portionen in heißes Backfett einlegen und darin goldgelb backen – Auf ein Sieb zum Abtropfen leben und leicht mit Salz überstreuen – Auf einer vorgewärmten, mit Papierdeckchen belegten Platte anrichten.

Süßkartoffeln, südliche Art

6 Süßkartoffeln, 2 Eßl. Butter, 6 Eßl. Süßrahm, Salz, Sherry

Die Süßkartoffeln in der Schale im Ofen backen – Danach der Länge nach durchschneiden und vorsichtig aus der Schale nehmen – Zerquetschen und mit Butter und Rahm vermengen – Mit Salz und Wein würzen – Die Schalen wieder damit füllen und 5 Minuten im heißen Ofen überbacken.

Kartoffeln, in der Schale gebacken

8 Kartoffeln, 4 Eßl. Butter, Salz oder Kaviar

Runde, mehlige Kartoffeln waschen und bürsten – Die obere Seite kreuzweise einschneiden – Im Ofen gar werden lassen – Bei Tisch die Schale etwas zurückschlagen, Butter und Salz daraufgeben und mit einer Gabel servieren – Eine besondere Delikatesse ist es, jeweils einen Teelöffel Kaviar darauf zu setzen.

Kartoffelschnee

1 kg Kartoffeln, 2 Eßl. Zwiebelbutter oder 50 g Speck, 1 Zwiebel

Die frischgekochten Kartoffeln schälen und heiß durch die Kartoffelpresse auf eine vorgewärmte Platte drücken – Mit Zwiebelbutter oder mit den gebratenen Speckwürfelchen übergießen.

Kartoffeln auf Schweizer Art

3/4 kg Kartoffeln roh, 50 g Butter, Pfeffer, Salz, 100 g Schweizer Käse, 1/2 Tasse Brühe oder Wasser

Rohe Kartoffeln schälen und in dünne Scheiben schneiden – Eine Auflaufform mit Butter ausstreichen – Lagenweise Kartoffeln, Butterstückchen und in dünne Scheiben geschnittenen Schweizer Käse einfüllen – Mit geriebenem Käse bestreuen und mit Butterflocken belegen, seitlich die Fleischbrühe zugießen – Im heißen Rohr zu schöner Farbe backen.

Kartoffeln in der Schale

1 kg Kartoffeln, Salz, Kümmel

Mittelgroße Kartoffeln in kaltem Wasser sauber bürsten und mit kaltem Wasser knapp bedeckt unter Zugabe von Salz und Kümmel aufstellen – Zugedeckt ungefähr 30 Minuten kochen – Mit einer Gabel die Garprobe machen – Das Wasser zwischen Deckel und Topf hindurch abschütten – Den Topf mit den Kartoffeln ohne Deckel wieder auf ganz kleine Flamme stellen und unter Rütteln ausdämpfen lassen.

Schupfnudeln

1 kg Kartoffeln, 1 Ei, 1 1/2–2 Tassen Mehl, Salz, Muskat, Schmalz oder Butter, Brösel

Gekochte, kalte Kartoffeln schälen und durch die Kartoffelpresse drücken – Mit den übrigen Zutaten vermengen und auf dem bemehlten Nudelbrett zu einem nicht zu weichen Teig arbeiten, nötigenfalls noch etwas Mehl zugeben – Aus dem Teig Rollen formen, davon gleich große Scheibchen abschneiden und aus diesen mit dem bemehlten Handballen möglichst kleine Nudeln drehen (schupfen) – Die Nudeln in kochendes Salzwasser einlegen und kochen, bis sie oben schwimmen – Abgetropft in heißem Schmalz braten oder mit brauner Butter und Bröseln begießen.

Kartoffeln mit Tomaten (Auflauf)

1 kg gekochte Kartoffeln, 500 g Tomaten, Salz, Pfeffer, Majoran, 2 Eßl. Butter, 2–3 Eßl. Reibkäse, 1 Zwiebel

Kartoffeln schälen und in Scheiben schneiden – In eine gebutterte Auflaufform lagenweise Kartoffeln, Tomatenscheiben und Reibkäse füllen – Mit Salz und Majoran würzen – Obenauf Käse, Butterflocken und angebratene Zwiebelringe legen – Im heißen Rohr überbacken.

Klöße und Knödel

Bayerische Semmelknödel

8 Brötchen, 3 Eier, 1 kleine Zwiebel, 1 Eßl. gehackte Petersilie, 2 Eßl. Butter, 60 g Speck oder Schinken, Milch, Salz, Pfeffer, Muskat

Die Brötchen in feine Scheiben schneiden, mit so viel warmer Milch übergießen, daß sie schön aufquellen, aber nicht naß werden – Den Speck oder Schinken in kleine Würfel schneiden und mit der gehackten Zwiebel und Petersilie in der Butter gelb rösten – Mit den Eiern und Gewürzen zu den Brötchen geben und Klöße formen – In leicht kochendem Salzwasser in 20 Minuten fertigstellen und sofort anrichten.

Böhmische Knödel

3 Brötchen oder 150 g Weißbrot, Butter, 300 g Mehl, 1 Ei, 3/4 Tasse Milch, 3/4 Tasse Wasser, Salz, Muskat

Brötchen in Würfel von 1 cm Durchmesser schneiden und im Fett hell rösten – Aus Mehl, Ei, Milch, Wasser und Gewürzen einen Teig rühren, etwa wie weicher Spätzleteig – Tüchtig schlagen, bis er Blasen wirft – Die Brotwürfel untermengen und 1/2 Stunde ziehen lassen – Mit nassen Händen einen länglichen Kloß formen und in reichlich kochendes Salzwasser einlegen – 1/2–3/4 Stunde zugedeckt kochen, bis der Knödel oben schwimmt – In Scheiben schneiden und nach Belieben mit brauner Butter übergießen.

Gekochte Kartoffelklöße

1 kg Kartoffeln, 1–2 Eier, 2 Tassen Mehl, 2 Eßl. Butter, 1 Brötchen, Salz, Muskat

Die tags zuvor gekochten Kartoffeln schälen und fein reiben – Mit dem Gewürz, dem Mehl und Ei zu einem nicht zu weichen Teig verarbeiten – Das Brötchen in Würfel schneiden und diese in der Butter hellgelb rösten – Aus dem Teig Klöße formen (in die Mitte einige geröstete Würfel geben) – In leise kochendem Salzwasser 10–15 Minuten ziehen lassen – Einen Probekloß in das Wasser einlegen: wenn er zerfällt, noch etwas Mehl unter den Teig mischen.

Grießklöße

250 g grober Grieß, 1 l Milch, 1 Ei, 1/2 Zitrone, Schale, 1 Eßl. Zucker, 2 Eßl. Butter, Salz

Den Grieß in der kochenden Milch mit der Butter und Salz zu einem dicken Brei aufquellen lassen – Unter den abgekühlten Brei das Ei, die geriebene Zitronenschale und den Zucker mengen – Mit einem Löffel Klöße abstechen, in Mehl wenden und rund formen – In leise kochendem Salzwasser 15 Minuten langsam ziehen lassen – Mit brauner Butter, Zucker und Zimt, Kompott oder Backobst anrichten.

Klosterneuburger Knödel

6 Brötchen, Milch, 4 Eier, 200 g gekochte Rippchen, 100 g Butter, 3 Eßl. Brösel, Salz, Butter für die Serviette

Brötchen kleinwürfelig schneiden – Mit warmer Milch übergießen, nur soviel, daß sie eben anziehen – Mit Eiern, feingehacktem Fleisch und Salz vermengen – Butter schaumig rühren und unterziehen – Die Masse mit Bröseln etwas festigen – Eine Serviette mit Butter ausstreichen und die Masse einbinden – In kochendes Salzwasser hängen und 1 Stunde kochen – In Scheiben geschnitten, mit brauner Butter begossen anrichten.
Beigabe: Grüner Salat.

Rohe Kartoffelklöße

3 kg rohe Kartoffeln, 1/2 Tasse Grieß, 1 Tasse Milch, Salz, 1 Brötchen, 1 Eßl. Butter

Die Kartoffeln waschen, schälen und in eine Schüssel mit kaltem Salzwasser reiben – Den Inhalt der Schüssel über einer zweiten Schüssel in ein Säckchen schütten und die Kartoffeln ganz trocken pressen – Das Kartoffelwasser stehen lassen, bis sich die Kartoffelstärke gesetzt hat, dann vorsichtig abgießen und die ausgepressten Kartoffeln zu der Stärke geben – Den Grieß in der Milch dickkochen, heiß zugeben, würzen und alles tüchtig zu einem glasigen Teig vermengen – Das Brötchen in Würfel schneiden und in Butter rösten – Klöße formen (in die Mitte geröstete Würfel geben) – In einen großen Topf mit reichlich kochendem Salzwasser die Klöße einlegen, zum Kochen bringen und auf schwachem Feuer zugedeckt 30 Minuten ziehen lassen – Nach der Fertigstellung sofort anrichten.

Bleiben von der Mahlzeit Klöße übrig, diese kalt in Scheiben schneiden und in Butter oder Schmalz rösten.

Hefeklöße

Die Hefe in der lauwarmen Milch auflösen und einen Vorteig machen – Mit den übrigen Zutaten vermengen – Den Teig so lange schlagen, bis er Blasen wirft und sich leicht von den Händen löst – Mit etwas Mehl bestäuben und zum Gehen in die Wärme stellen – Ist der Teig gut gegangen und etwa doppelt so groß geworden, Klöße abstechen, mit bemehlten Händen leicht formen und nochmals gehen lassen – Über einen hohen, zu etwa 1/4 mit kochendem Wasser gefüllten Kochtopf ein Tuch binden, das nicht in das Wasser hängen darf – In diesen Sack jeweils 3–4 Klöße legen, den Topf zudecken und das Wasser aufkochen lassen – In etwa 15 Minuten sind die Klöße im Dampf aufgegangen und gargekocht.

500 g Mehl, 1/4 l Milch, 25 g Hefe, 3 Eßl. Zucker, 2 Eier, 1/2 Zitrone, Saft und Schale, 1 Prise Salz, 2 Eßl. Butter

Pilzklöße

Die Pilze putzen, waschen und grob hacken – In Schmalz mit der Petersilie zusammen dünsten – Brötchen in dünne Scheiben schneiden – Mit heißer Milch befeuchten und durchziehen lassen – Mit den Eiern und Pilzen vermengen – Mit Gewürzen abschmecken – Sollte die Masse zu weich geraten sein, Brösel zugeben – Mit nassen Händen Klöße formen und in kochendes Salzwasser einlegen – In etwa 15 Minuten garen lassen – Beim Anrichten mit in Butter gerösteten Bröseln, denen der Senf zugerührt wird, übergießen.

500 g Steinpilze, 3 Eßl. Butterschmalz, 2 Eßl. gehackte Petersilie, 4–5 Brötchen, 1 Tasse Milch, 2 Eier, 1 Teel. Senf, Salz, Pfeffer, Muskat, Brösel, Butter

Reisklöße

Den Reis in reichlich kochendem Salzwasser körnig kochen – Abgießen und mit heißem Wasser durchbrausen – Im heißen Rohr ausdampfen lassen – Herausnehmen und erkalten lassen – Butter schaumig rühren – Eigelb und die ganzen Eier zugeben, gut durchrühren – Geriebenen Käse und Petersilie unterrühren – Mit Bröseln und dem Reis vermengen – Mit Gewürzen abschmecken – Klöße mit nassen Händen oder mit 2 Löffeln formen – In kochendes Salzwasser einlegen – In etwa 15 Minuten garen lassen.

300 g Patna-Reis, 75 g Butter, 3 Eier, 2 Eigelb, 250 g Emmentaler, 1 Eßl. gehackte Petersilie, 6 Eßl. Brösel, Pfeffer, Salz

Leberknödel, fein

500 g Kalbsleber, 1 Zwiebel gehackt, 2 Eßl. gehackte Petersilie, 1 Teel. Majoran, Salz, Pfeffer, 1 Eßl. Butter, 4 Eier, 1/2 Mutschel-, 1/2 Weißmehl

Die Zwiebel, Petersilie und Gewürze in der Butter dünsten – Auf die noch laue Masse die Eier schlagen und alles gut vermengen – Die feingehackte Leber und soviel Mehl zugeben, daß sich Klöße formen lassen – In kochende Fleischbrühe einlegen und kochen, bis die Klöße oben schwimmen – Beim Anrichten mit Zwiebelbutter übergießen.
Beigabe: Kartoffelsalat oder gemischter Salat.

Löffelklöße

500 g Mehl, 10 g Backpulver, 4 Eßl. Butter, Salz, Milch, 2 Eier

Mehl und Backpulver vermischt sieben – Mit zerlassenem Fett, Salz, Milch und Eiern zu einem festen Teig verkneten – In einem großen breiten Topf Salzwasser aufkochen – Mit einem Eßlöffel (jedesmal zuvor in kochendes Salzwasser getaucht) 8 Klöße einlegen – Bedeckt so lange kochen, bis sie aufgegangen sind – Aufgedeckt bei öfterem Umdrehen noch 15 Minuten ziehen lassen – Mit dem Schaumlöffel herausnehmen und auf vorgewärmter Platte sofort anrichten.

Quarkklöße

500 g Quark, 1/2 Tasse Milch, 6 Eßl. Zucker, 1 Prise Salz, 2 Eier, 1 geriebene Kartoffel, 1 1/2 Tassen Brösel, 6 Eßl. Mehl, 1 1/2 Tassen geschälte, gehackte Mandeln

Alle Zutaten zu einem geschmeidigen Teig verarbeiten – Mit bemehlten Händen Klöße formen und in kochendem Salzwasser langsam 15 Minuten ziehen lassen – Mit zerlassener Butter begießen und mit Zucker und Zimt bestreuen.
Beigabe: Kompott oder Backobst.

Tiroler Speckknödel

150 g Speck, 120 g Weißbrot ohne Rinde, 1 1/2 Tassen Mehl, 1 Ei, 1 Eigelb, 1 Tasse Milch, Basilikum, gehackte Petersilie, Salz, Pfeffer

Den Speck in Würfel schneiden und glasig braten – Das würfelig geschnittene Weißbrot dazugeben, so daß das Fett gut darin eindringt – In einer tiefen Schüssel erkalten lassen – Das Mehl, die Milch und die Eier gut verquirlen, die Gewürze zugeben und über die Brotwürfel gießen – 15 Minuten ziehen lassen, bis alle Flüssigkeit aufgesogen ist – Alles gut vermengen, mit bemehlten Händen Klöße formen und in schwach kochendem Salzwasser zugedeckt 15 Minuten kochen.

Thüringer Klöße

3 kg Kartoffeln, 1 Brötchen, 1 Eßl. Fett, 1 Eßl. Salz, Kümmel

2 kg rohe, geschälte Kartoffeln in eine Schüssel mit Salzwasser reiben – Die restlichen Kartoffeln schälen und in Salzwasser zu einem Brei kochen – Die geriebenen und ausgedrückten rohen Kartoffeln, das sich absetzende Stärkemehl, den heißen Kartoffelbrei und die Gewürze zu einem Teig vermengen – Mit nassen Händen Klöße formen und in jeden Kloß einige in Fett geröstete Brotwürfel drücken – In kochendem Salzwasser 15–20 Minuten garen.

Eine andere Zubereitungsart: Anstelle des heißen Kartoffelbreis tags zuvor gekochte, geriebene Kartoffeln verwenden, mit den rohen vermengen und 2 Tassen kochende Milch darübergießen.

Zwetschgenknödel

1 kg Zwetschgen, 1 1/2 kg Kartoffeln, 5 Tassen Mehl, 4 Eßl. Zucker, 4 Eßl. Butter, 2 Eier, Brösel, Butter oder Schmalz

Quarkteig:
3 Eßl. Butter, 120 g Quark, 2 Eier, 1 Eßl. Zucker, 6 Eßl. Mehl, 1/2 Tasse Milch, Salz

Brandteig:
3 Tassen Milch oder Wasser, 7 Eßl. Butter, 5 Tassen Mehl, 3–4 Eier, Salz

Die tags zuvor gekochten Kartoffeln schälen und reiben oder durch eine Kartoffelpresse drücken – Auf einem Nudelbrett mit dem Mehl, dem Zucker, den Eiern, dem Salz und der leicht angewärmten Butter vermengen – Einen ziemlich festen Teig herstellen, auswellen und in etwa handtellergroße Stücke teilen – Je mit einer entsteinten und mit Zucker gefüllten Zwetschge oder Aprikosenhälfte oder einigen Kirschen belegen – Knödel formen, so daß der Teig etwa 1/2 cm dick die Früchte umschließt – In schwach gesalzenem, kochendem Wasser 5–8 Minuten kochen – Brösel in reichlich Fett rösten, die Knödel darin wenden und mit Zucker bestreut anrichten.

Statt Kartoffelteig kann auch Quark- oder Brandteig genommen werden.

Quarkteig: Die Butter schaumig rühren, die Eier, den Zucker und das Salz zurühren – Mit dem gesiebten Mehl, dem durchpassierten Quark und der Milch zu einem geschmeidigen Teig verarbeiten.

Brandteig: Die Milch oder das Wasser mit der Butter und dem Salz aufkochen, das Mehl zugeben und zu einem Kloß abrühren – Vom Feuer nehmen und die Eier unter Rühren einzeln zugeben – Den erkalteten Teig auf ein bemehltes Backbrett schütten und auswellen.

Semmelklöße ohne Ei

7–8 Brötchen, 250 g Grieß (12 Eßl.), 2 Eßl. Butter, Salz, Muskat

Die Brötchen in kleine Würfel schneiden – Mit dem Grieß und zerlassener Butter vermengen und würzen – Nach und nach etwa 1/2 Tasse heißes Salzwasser darangeben und mit nassen Händen Klöße formen – In kochendem Salzwasser in 15–20 Minuten fertigstellen und sofort anrichten.

Vogtländer Klöße

500 g Kartoffeln, 125 g Kartoffelmehl, 1 Tasse Milch, 1 Teel. Salz, 1/2 Brötchen, 1 Teel. Fett

Die tags zuvor gekochten Kartoffeln schälen und reiben – Mit dem Kartoffelmehl, der Milch und dem Salz zu einem Teig verarbeiten und Klöße daraus formen – Die in Fett gerösteten Brotwürfel in die Klöße drücken – In kochendem Salzwasser bei offenem Topf 10 Minuten ziehen lassen.

Salate

Saucen und Marinaden

Grundsauce

Im Essig oder Zitronensaft die Gewürze auflösen – Mit dem Öl cremig rühren – Über den Salat gießen und vorsichtig vermengen – Diese Mengen sind für etwa einen Kopfsalat berechnet.

1 Eßl. Essig oder Zitronensaft, Salz, Pfeffer, 1 Prise Zucker, 4 Eßl. Öl

Französische Marinade

Alle Zutaten vermengt über den Salat geben – Leicht und vorsichtig anmachen. (Geeignet zum Anmachen für grünen Salat bei Tisch.)

1/2 Teel. Salz, 1/4 Teel. Pfeffer, 1 Eßl. Essig, 4 Eßl. Olivenöl, 1/2 Teel. Senf

Astoriamarinade

Alle Zutaten gut vermengen – Zum Anrichten von Gemüse-, Fleisch- und Fischsalat.

1/2 Tasse Mayonnaise,
1/4 Tasse Französische Marinade,
2 Eßl. Tomatenketchup,
3 Tropfen Tabasco-Sauce (Fertigfabrikat)

Clubmarinade

Alle Zutaten gut vermengen – Zum Anmachen von grünem Salat, Frucht- und Fleischsalaten.

1/2 Teel. Salz, 1/4 Teel. Pfeffer, 2 Eßl. Kognak, 2 Eßl. Weinessig, 3 Eßl. Olivenöl

Eiermarinade

Die Eigelb passieren – Mit den übrigen Zutaten vermengen.

2 gekochte Eigelb, 1 Teel. Senf, Essig, Öl, Salz, Pfeffer, 1 Prise Zucker

Französische Rahmmarinade

Alle Zutaten der Reihe nach vermengen – Zum Anmachen von Blatt-, Fleisch- und Gemüsesalaten.

1/2 Teel. Salz, 1/4 Teel. Pfeffer, 2 Eßl. Zitronensaft.
4 Eßl. Olivenöl,
3 Eßl. Süßrahm

Fruchtsalatmarinade

2 Eigelb, 3 Eßl. Butter, 1/2 Teel. Salz, 3 Eßl. Zitronensaft, 1/4 Tasse Puderzucker, 1/2 Teel. Vanillezucker, 1/2 Teel. Selleriesalz, 1/4 Teel. Paprika, 3 Tropfen Zwiebelsaft, 1 Tasse Süßrahm

Die Eier verquirlen – Die zerlassene Butter, das Salz und den Zitronensaft zugeben – Im Wasserbad dickschlagen – Nach dem Erkalten die restlichen Gewürze zugeben und den steif geschlagenen Rahm unterziehen – Zum Anmachen von Fruchtsalat verwenden, auch gemischt mit Gemüse und grünem Salat.

Indianische Marinade

2 harte Eigelb, 3/4 Teel. Salz, 1/2 Teel. Puderzucker, Paprika, Pfeffer, 1 Eßl. Zitronensaft, 2 Eßl. Essig, 1/2 Tasse Olivenöl, 2 Eßl. gehackte Paprikaschoten, 1 Teel. gehackte Petersilie, 1 Eßl. gehackte rote Rüben

Die Eigelb durchpassieren und mit dem Salz, Zucker, Paprika, Pfeffer, Zitronensaft, Essig und Öl gut vermengen – Die restlichen Zutaten zugeben – Zum Anmachen von Frucht-, Gemüse-, Fleisch- und grünem Salat.

Kalifornische Marinade

4 Eßl. Olivenöl, 2 Eßl. Grapefruit- oder Zitronensaft, 1/2 Teel. Puderzucker, 1/2 Teel. Salz, 1/4 Teel. Paprika

Alle Zutaten gut vermengen – Zum Anmachen von Frucht-, Gemüse-, Fleisch- und grünem Salat.

Ohiomarinade

2 Eßl. Puderzucker, 2 Teel. Worcestershire-Sauce, 2 Teel. Tomatenketchup, 1 1/2 Eßl. Essig, 1 Eßl. Olivenöl, 1/2 Teel. Salz, 1/4 Teel. Senf, 1 Prise Pfeffer, 1/4 Teel. Tabasco-Sauce, 1 1/2 Eßl. Zitronensaft

Alle Zutaten der Reihe nach gut vermengen – Geeignet zum Anmachen von Gemüse-, Fleisch- und Fischsalat.

Käse-Marinade

Grundsauce, s. S. 397, 2 Eßl. geriebener Emmentaler oder Gorgonzola oder Gervais

Die Grundsauce herstellen – Die zu verwendende Käsesorte je nach Beschaffenheit reiben oder mit einer Gabel zerdrücken – Gut mit der Grundsauce vermengen.

Rahmmarinade

Den Senf, das Salz, den Zucker, den Pfeffer, das Mehl und die Butter im Wasserbad zusammen schlagen – Das Eigelb und nach und nach den Essig zugeben, bis zum Dickwerden weiterschlagen – Vom Feuer nehmen und nach dem Erkalten den steifgeschlagenen Rahm unterziehen – Zum Anmachen von Gemüse-, Fleisch- und grünem Salat.

1 Teel. Senf, 1 Teel. Salz, 1 1/2 Teel. Puderzucker, Pfeffer, 2 Teel. Mehl, 1 Teel. Butter, 1 Eigelb, 1/2 Tasse Essig, 1/2 Tasse Süßrahm

Speckmarinade

Den Speck kleinwürfelig schneiden – In einer Pfanne glasig rösten – Herausnehmen – Zu dem Fett Essig gießen – Aufkochen – Den Salat damit säuern – Vor dem Anrichten die knusprigen Speckwürfel zugeben.

50–100 g Speck, 1–2 Eßl. Essig

Vorratsmarinade

Alle Zutaten vermengen und in Flaschen abfüllen – Diese auf Vorrat gemachte Marinade ist zum Anmachen aller Salate geeignet – Zusätzlich kann *für Gurkensalat* Süßrahm, *für Selleriesalat* 1 Eßlöffel Mayonnaise, *für gemischte Salate*, wie Sellerie und Früchte, 1 Eßlöffel Mayonnaise und 1 Eßlöffel Schlagrahm oder 1 Eiweiß, zu Schnee geschlagen, untergemengt werden; *für Käsesalate* 1 Eßlöffel durchpassierter Gorgonzola oder Roquefort.

25 g englisches Senfmehl, 20 g Paprika, 20 g Pfeffer, 35 g Salz, 50 g Zucker, 1/10 l Essig, 2 Zitronen, Saft, 7/10 l Olivenöl

Salate

Bananensalat

Je einen Streifen Schale von den Bananen abziehen und das Fleisch herausnehmen, so daß die Bananenschalen gefüllt werden können – Das Fleisch von 1 Banane in dünne Scheiben schneiden, das Fleisch der beiden anderen 3 in 1 1/4 cm dicke Würfel – Die Würfel mit der Sauce anmachen – Die Schalen wieder damit füllen und mit den Scheiben garnieren – Auf Salatblättern servieren.

4 Bananen, Französische Marinade, Salatblätter

Apfelsalat

4 mittelgroße, säuerliche Äpfel, 1 kleine Sellerieknolle, 1 Eßl. gehackte Haselnüsse, 1 Zitrone Saft, 2 Eßl. Öl, 2 Eßl. Wasser, Salz, 1/2 Tasse Süßrahm

Geschälte rohe Äpfel und Sellerie in dünne Schnitzel hobeln – Mit Zitronensaft beträufeln und vor dem Anrichten mit Salz, Wasser, Öl und geschlagenem Rahm vermengen – Haselnüsse überstreuen.

Bohnensalat

500 g grüne Bohnen, 3 Eßl. Öl oder Speckwürfel, 3 Eßl. Essig, 3 Eßl. Fleischbrühe oder Wasser, Salz, Pfeffer, 1 Zwiebel, Bohnenkraut

Die geputzten Bohnen der Länge nach 1–2 mal durchschneiden und in kochendem Salzwasser weichkochen – Eine Marinade bereiten, über die Bohnen gießen und diese gut ziehen lassen – Liebt man den Salat saftig, noch etwas Fleischbrühe darangießen.

Bolivianischer Salat

1 1/2 Tassen gekochte Kartoffelwürfel, 3 Eier, 1 1/2 Eßl. rote Pfefferschoten, 1/2 Eßl. Schnittlauch, Rahm-Marinade

Die kalten Kartoffelwürfel, die gekochten, gehackten Eier, den gehackten roten Pfeffer und Schnittlauch vermengen – Die Marinade darübergießen und auf Nestern von Salatblättern anrichten.

Dumas-Salat

200 g gekochte Kartoffeln, 40 g geriebener Meerrettich, 1 Zwiebel, 2 rote Rüben, 6 Sardellen, 6 hartgekochte Eigelb, 4 Essiggürkchen, 2 Eßl. Senf, 1/2 Tasse Öl, Essig, Salz, Pfeffer

Gekochte Kartoffeln, Meerrettich und Zwiebel fein reiben – Sardellen, gekochte rote Rüben und Eigelb, jedes für sich durchpassieren – Alles zusammen mit kleingeschnittenen Gürkchen, Senf, Öl, Salz, Pfeffer und Essig vermengen – Den Salat bergförmig auf einer Platte anrichten und mit grünem Salat umkränzen.

Blumenkohlsalat

1 Blumenkohl, 2–3 Eßl. Öl, 4 Eßl. Gemüsebrühe, 2 Eßl. Essig, Salz, Pfeffer oder Französische Marinade

Den Blumenkohl putzen und unzerteilt – wenn er weniger schön ist, in Röschen zerpflückt – in Salzwasser vorsichtig nicht zu weich kochen – Herausnehmen, abtropfen lassen und in die Salatschüssel legen – Aus den angegebenen Zutaten eine Marinade mengen, über den warmen Blumenkohl gießen und diesen gut ziehen lassen. *Eine andere Zubereitungsart:* Den gekochten Blumenkohl in gewürztem Essigwasser ziehen lassen und Mayonnaise darübergießen.

KIRSCH
WASSER
TANNENHOF

Blumenkohlsalat in Meerrettichmarinade

Zugerichteten Blumenkohl, kochendem Salzwasser zugesetzt, nicht zu weich kochen – In Röschen zerteilen und, mit Zitronensaft und Öl beträufelt, 20 Minuten ziehen lassen – Geriebenen Meerrettich mit Schlagrahm und den übrigen Zutaten zu einer cremigen Sauce schlagen – Über den Blumenkohl gießen und beim Anrichten nach Belieben mit Tomatenscheiben und geriebenen Nüssen garnieren.

1 Blumenkohl, 1/4 Stange Meerrettich, 1 Zitrone Saft, 1/2 Tasse Gemüsebrühe, 1 Teel. Zucker, Pfeffer, Salz, 1 Eßl. Öl, 1 Tasse Schlagrahm

Brunnenkresse

An Quellen und Bächen wildwachsende Kresse (ihr Geschmack erinnert an Meerrettich) wird verlesen und gut gewaschen – Entweder roh oder als Salat zubereitet servieren.

Clubsalat

Vom Kopfsalat nur die gelben Herzen unzerteilt verwenden – Den Salat schnell waschen und gut abtropfen lassen – Die übrigen Zutaten zu einer Marinade vermengt, über den Salat gießen.

8 Kopfsalatherzen, 1/4 Teel. Salz, 1 Messerspitze Pfeffer, 2 Eßl. Kognak, 2 Eßl. Weinessig, 4 Eßl. Olivenöl

Dänischer Salat

Die Erbsen und die Makkaroni getrennt in kochendes Wasser geben und weichkochen – Die Makkaroni in 2 cm lange Stücke schneiden und mit den Erbsen vermengen – Mit der Mayonnaise anmachen und nach Geschmack mit gewiegten Salatkräutern bestreuen.

200 g frische Erbsen, 100 g Makkaroni, 1 Tasse Mayonnaise

Fenchelsalat

Von den Knollen die äußeren harten Teile entfernen – Das Gemüse waschen – Mit dem Rohkostreiber sehr dünnblättrig schneiden – Die Zwiebel reiben oder ebenfalls hobeln – Die Salatschüssel mit Knoblauch ausreiben – 1 Eßlöffel Essig oder Zitronensaft mit den Gewürzen gut vermengen – Mit dem Öl cremig rühren – Fenchel zugeben und gut vermischen – Nach Belieben können auch Paprikastreifen, Tomatenviertel und Apfelscheiben zugegeben werden.

2–3 Fenchelknollen, 1 Zwiebel, Salz, Pfeffer, 1 Prise Zucker, 1/2 Zehe Knoblauch, Essig oder Zitrone, 4–5 Eßl. Öl, 250 g Fisch, 3 Eßl. Rahm oder 3 Eßl. Öl, Fleischbrühe oder Wasser, 1 Teel. Senf, Salz, Pfeffer

Chicoréesalat mit Orangen

3 Chicorée, 1 Orange, 1/2 Tasse Süßrahm, 1 Teel. Senf, Salz, Pfeffer

Alle äußeren Blätter, die nicht tadellos weiß sind, entfernen, den Salat ungeschnitten waschen – Die Blätter der Länge nach halbieren und in eine Schüssel legen – Die Orange dünn schälen und die Schale in feine, dünne Schnitzel schneiden – In Wasser 5–6 Minuten kochen, um den bitteren Geschmack zu entfernen – Trocknen und erkalten lassen – Den Rahm mit Senf, Salz und Pfeffer mischen, über den Salat gießen – Mit den Orangenschnitzeln bestreuen – Nach Belieben die Orange in Scheiben geschnitten und entkernt herumlegen.

Fischsalat

250 g Fisch, 3 Eßl. Rahm oder 3 Eßl. Öl, 1 Eßl. Essig oder Zitronensaft, Fleischbrühe oder Wasser, 1 Teel. Senf, Salz, Pfeffer

Den gebratenen oder gekochten Fisch entgräten und in kleine Stücke teilen – Aus den übrigen Zutaten eine Marinade bereiten und darübergießen – Durchziehen lassen und mit Zitronenscheiben und Petersilie garniert anrichten.

Fürsten-Salat

2 Tassen gekochtes Hühnerfleisch, 1 Tasse gekochte Zunge, 1 Apfel, 2 Scheiben Ananas, 1/2 Tasse Walnußkerne, 2 Tassen gekochtes Gemüse: Blumenkohlröschen, grüne Bohnen, Erbsen, Spargelköpfe, Sellerie, Salz, Pfeffer, Zitronensaft, 1 Tasse Mayonnaise, 1 Tasse Sauerrahm

Die ersten fünf Zutaten kleinwürfelig schneiden – Nüsse hacken – Gemüse in jeweils passende Stücke schneiden – Vermengen und nach Geschmack würzen – Mayonnaise mit dem Rahm verdünnen – Über den angerichteten Salat gießen.

Endiviensalat mit Ananas

2 Endivien-Köpfe, 1/2 Tasse Süßrahm, 1/2 Zitrone Saft, 1 Teel. Senf, Salz, Pfeffer, Ananas frisch oder aus der Dose

Von Endivien alle Blätter, die nicht tadellos sind, und die bitteren Strünke entfernen – Waschen und danach die Blätter der Länge nach teilen – Rahm, mit Zitronensaft und Gewürzen vermengt, über den Salat gießen – 2 Scheiben Ananas in Stücke schneiden und um den Salat legen oder damit vermengen.

Endivien- oder Frisée-Salat

Nur die gelben, zarten Blätter der Endivien verwenden – Größere Blätter einmal der Länge nach und einmal quer durchschneiden – Waschen und gut abtropfen lassen – Die Zutaten zur Marinade der Reihe nach vermengen und den Salat damit anmachen.

2 Kopf Endivien, 2 Eßl. Essig, 6 Eßl. Öl, 1 Teel. Senf, Knoblauch, 2 Eßl. Rahm, Salz, Pfeffer

Dixie-Salat

Französische Endivie zerlegen, waschen, abtropfen lassen und in eine Salatschüssel ordnen – Darüber dünne, der Länge nach geschnittene Kartoffelscheiben, die geschälte in Viertel geschnittene Tomate und das Weiße von den hartgekochten Eiern fein gehackt – Das Eigelb durch ein Sieb pressen, mit dem Rahm vermengen und nach Geschmack würzen – Über den Salat gießen und anrichten.

1 Kopf Endivie, 2 gekochte Kartoffeln, 1 Tomate, 2 Eier, 1 Teel. Senf, 1 Tasse Süßrahm, 1 Eßl. Essig, Salz, Pfeffer

Gemüsesalat

Gemüse kochen und erkalten lassen – In gefällige Form schneiden oder zerteilen – Aus den übrigen Zutaten die Marinade mischen und den Salat damit anmachen.

Karotten, weiße Rüben, Kartoffelwürfel, grüne Bohnen, Erbsen, Spargelspitzen, Blumenkohlröschen, Essig, Öl, Salz, Pfeffer, Kerbel, Petersilie

Gelbe Rüben-Salat

Die gelben Rüben bürsten und in Salzwasser weichkochen – Schälen und in Rädchen schneiden, oder die Rüben roh, streifig geraspelt, verwenden – Eine Marinade mischen und die gelben Rüben damit anmachen und gut ziehen lassen.

500 g gelbe Rüben, 5 Eßl. Öl, 2 Eßl. Essig, 1/2 Tasse Gemüsebrühe, 1 kleine Zwiebel gehackt, Salz, Pfeffer

Grüner Salat

Den Salat putzen und rasch, aber gründlich, waschen – In ein Salatsieb schütten, dieses mit einem Tuch zuhalten und das Wasser durch das Tuch gründlich herausschütteln – Entweder kurz vor dem Anrichten die Marinadezutaten in einer großen Schüssel mischen und den Salat zugeben oder, noch besser, erst bei Tisch die Marinade im Löffel mischen und über den Salat gießen.

Kopfsalat, Ackersalat (Rapunzel, Endivie, Garten- oder Bach-Kresse, Lattich, Spinat, Escariol, Chicorée, römischer Salat, amerikanischer Pflücksalat), 1–2 Eßl. Essig, 4–6 Eßl. Öl, Salz, Pfeffer, Zucker oder Französische Marinade, Senf

Gervais-Apfel-Salat

2 säuerliche Äpfel, 1 Gervais, Paprika, Worcestershire-Sauce

Äpfel ungeschält entkernen – Zu dicken Scheiben schneiden – Dick mit Käse bestreichen – Mit Paprika bestreuen und mit einigen Spritzern Worcestershire-Sauce beträufeln.

Gurkensalat

1 Gurke, 2–3 Eßl. Öl, 1/2 Tasse Sauerrahm, 1 Eßl. Essig, Petersilie, Salz, Pfeffer

Die Gurke von der Blüte zum Stiel schälen, das Stielende nicht verwenden, in dünne Scheiben schneiden und kosten, ob sie nicht bitter schmeckt – Zuerst das Öl darübergießen und gut vermengen, die übrigen Zutaten möglichst erst kurz vor dem Anrichten beigeben.

Gurkensalat mit Rahm

1–2 Gurken je nach Größe, Salatsauce, etwas Dill, saurer Rahm zur Salatsauce

Die Gurken schälen, die bitteren Teile entfernen, in Scheiben schneiden und in die Salatsauce geben – Gut durchmischen und mit saurem Rahm anrichten – Mit etwas kleingeschnittenem Dill bestreuen.

Gurkenkörbchen

1 Gurke, 4 Tomaten, Salatmarinade

Von der Gurke das Blüten- und Stielende abschneiden – Die Gurken samt Schale in 15 cm große Stücke schneiden – Jedes Stück über die Schale hinweg in Form eines Korbes mit Henkel schneiden – Das Fleisch herausnehmen und in Würfelchen schneiden – Die Körbe je zur Hälfte damit füllen – Die andere Hälfte mit Tomatenwürfeln – Den Salat mit Marinade vermengen – Die Körbe auf Salatblätter gestellt anrichten.

Helgoländer Salat

125 g Krabben, frisch oder Konserve, 1 Banane, 2 Tomaten, 1 grüne Paprikaschote, 1/4 Dose Mandarinen-Kompott
Zur Sauce:
1 Eßl. Essig, 3 Eßl. Öl, Salz, Zucker, 1 gehackte kleine Zwiebel oder Pulver, Salatblätter

Banane schälen und in dünne Scheiben schneiden – Tomaten häuten, Paprika entkernen, beides in Streifen schneiden – Mit Krabben und den abgetropften Mandarinen vermengen – Aus den übrigen Zutaten eine Sauce mischen – Den Salat damit anmachen – Gut durchkühlen lassen – Vor dem Anrichten auf die Salatblätter setzen – Nach Belieben mit Oliven und hartgekochten Eivierteln garnieren.

Hühnersalat

Gekochtes oder gebratenes kaltes Geflügel in 1 1/4 cm dicke Würfel schneiden – Auf 2 Tassen Fleisch 1 1/2 Tassen gekochte Selleriewürfelchen geben – Mit Gewürzen, Zitronensaft und Rahm anmachen – Auf Salatblätter häufen und mit Kapern, dünn geschnittenen kleinen Pickles und gekräuselter Sellerie garnieren oder nach Belieben Tomatenpüree untermengen.

Hühnerfleisch, Sellerie, Süßrahm, Salz, Pfeffer, Kapern, Pickles oder Tomatenmark, Zitronensaft

Japanischer Salat

Ananas und enthäutete Tomaten in Würfel schneiden und mit Zitronensaft beizen – Tomaten außerdem zuckern und salzen – Orangen schälen, in Scheiben schneiden und entkernen – Eine Glasschale mit gewaschenen, abgetropftem Salatherzen auslegen – Obst und Tomaten einordnen – Rahm, mit Salz und Zitronensaft verrührt, übergießen – Leicht gekühlt servieren.

2 Scheiben Ananas, 4 Tomaten, 1 Zitrone Saft, Zucker, Salz, 1 Orange, Kopfsalat, Süßrahm

Kartoffelsalat

Die frisch gekochten Kartoffeln einer möglichst festen Sorte (Mäusle) heiß schälen, in Rädchen schneiden und etwas abkühlen lassen – Zuerst mit dem Öl vermengen, dann den Essig, die Fleischbrühe und die Gewürze zugeben – Vorsichtig durcheinandermischen und ziehen lassen – Beim Anrichten etwas schwarzen Pfeffer und einige Tropfen Öl darübergeben.

1 kg Kartoffeln, 1 kleine Zwiebel gehackt, 1 Tasse warme Fleischbrühe oder Wasser, 4 Eßl. Öl oder gebratene Speckwürfel, 2 Eßl. Essig, Salz, Pfeffer

Kartoffelsalat mit Mayonnaise

Aus frisch gekochten, noch warmen Kartoffeln einen Kartoffelsalat bereiten wie oben – Einige Zeit durchziehen lassen – Vor dem Anrichten mit Mayonnaise vermengen.

1 kg Kartoffeln, Essig, Öl, Salz, Pfeffer, Brühe, 1 Tasse Mayonnaise

Geriebener Kartoffelsalat

Die tags zuvor gekochten Kartoffeln (mehlige Sorte) schälen und zusammen mit der Zwiebel auf dem Reibeisen reiben – Anmachen wie Kartoffelsalat, siehe oben, und nach Belieben noch 1/2 Tasse Sauerrahm darangeben.

500 g Kartoffeln, 1/2 Tasse Fleischbrühe oder Wasser, 2 Eßl. Essig, 4 Eßl. Öl, 1 kleine Zwiebel, Salz, Pfeffer, evtl. 1 Tasse Sauerrahm

Warmer Kartoffelsalat

1 kg gekochte Kartoffeln, 1 kleine gehackte Zwiebel, 1/8 l Fleischbrühe, Essig, Salz, Pfeffer nach Geschmack, 50 g in Würfel geschnittener gerösteter Speck

Die heißen Kartoffeln schälen, in Scheiben schneiden – Die übrigen Zutaten mischen, über die Kartoffeln gießen und leicht vermengen – Den Salat bis zum Auftragen warm stellen – Zu Schweinebraten, Wiener Würstchen, gebratener Leber oder panierten Fischen reichen.

Bunter Kartoffelsalat

500 g gekochte, geschälte Kartoffeln, 100 g magerer, in Würfel geschnittener Schinken, 100 g grüne Erbsen, 50 g Sellerie, 2 gelbe Rüben (beide Gemüse gekocht und in Würfel geschnitten), 1 Paprikaschote in Würfel geschnitten, je 1 Eßl. gehackte Zwiebeln und Kapern, 2 Eßl. feingehackte verschiedene Kräuter
Zum Marinieren:
Öl-Essigsauce oder Mayonnaise

Kartoffeln in Scheiben oder Würfel schneiden, mit den Zutaten vermengen, pikant abschmecken und den Salat gut durchziehen lassen.

Kentucky-Salat

1/2 Tasse Gurkenwürfel, 1/2 Tasse Ananas, 2 Blatt Gelatine, 1/4 Tasse Zucker, 1/4 Tasse Essig, 2/3 Ananassirup, 1 Eßl. Estragon, 1 Eßl. Zitronensaft, Salz, 1 Tasse Mayonnaise

Eine Gurke schälen und kleinwürfelig schneiden, dann abtropfen lassen – Die Ananaswürfel abtropfen und dazugeben – Mit dem Zucker, dem Essig, dem Ananassirup, dem Estragonessig, dem Zitronensaft, einer Prise Salz und der aufgelösten Gelatine vermengen – In eine Form geben – Abgekühlt aus der Form stürzen und auf Salatblätter setzen – Mit Mayonnaise übergossen anrichten.

Kernbohnensalat

250 g weiße Kernbohnen, 30 g Speck, 3 Eßl. Essig, 3 Eßl. Wasser, 1 Tasse Fleischbrühe, Knoblauch, Salz, Pfeffer

Die Bohnen waschen, über Nacht einweichen und anderntags weichkochen – Den Speck in Würfel schneiden und glasig rösten – Aus den übrigen Zutaten eine Marinade bereiten und über die Bohnenkerne gießen – Gut ziehen lassen und vor dem Anrichten das heiße Fett und die Speckwürfel darübergießen.

Kopfsalat mit Kalifornischer Marinade

Salatherzen unzerteilt waschen und gut abtropfen lassen – Die übrigen Zutaten zu einer Marinade vermengen – Den Salat kurz vor dem Auftragen damit vermengen.

4 Kopfsalatherzen
Zur Marinade:
4 Eßl. Olivenöl, 2 Eßl. Grapefruit- oder Zitronensaft, 1/2 Teel. Zucker, 1/2 Teel. Salz, 1/2 Teel. Paprika

Krautsalat

Das Kraut putzen, waschen und möglichst fein hobeln – Mit kochendem Wasser übergießen und 10 Minuten ziehen lassen – Die Marinade bereiten, zu dem abgegossenen Kraut geben und dieses gut ziehen lassen – Wird Speck verwendet, die Marinade ohne Öl zubereiten und die gebratenen Speckwürfel und das Fett vor dem Anrichten heiß über den Salat gießen – Krautsalat kann längere Zeit in einem Steintopf aufbewahrt werden, doch wird Speck oder Öl dann erst bei Verwendung zugegeben.

1 kleiner Kopf Weiß- oder Rotkraut, 3 Eßl. Öl oder 60 g Speck, 1/2 Tasse Essig, 1/2 Tasse Wasser, Salz, Pfeffer, Kümmel

Lauchsalat (Porree)

Von den Lauchstangen das Grüne entfernen, die weißen Stücke in Salzwasser weichkochen – Auf einem Sieb abtropfen lassen – Eine Marinade bereiten, über den Lauch gießen und diesen einige Stunden ziehen lassen.
Eine andere Zubereitungsart: Die rohen Lauchstangen in ganz dünne Scheibchen schneiden, waschen und leicht einsalzen.
Letztere Zubereitung paßt gut zu Wurst, Käse und kaltem Fleisch, dabei kann das Grüne feingeschnitten wie Schnittlauch verwendet werden.

4 Stangen Lauch, 4 Eßl. Öl, 2 Eßl. Essig, 1 Eßl. Zitronensaft, 2 Eßl. Wasser, Salz, Pfeffer

Nudelsalat

Nudeln in Salzwasser nicht zu weich kochen – Den Fisch und die Fleisch- und Wurstreste daruntermischen – Gurke hobeln – Das Weiße vom Lauch in dünne Ringe schneiden, dazugeben – Aus Mayonnaise, Joghurt, der Sauce, Salz, Pfeffer und Zitronensaft Sauce abschmecken, darübergießen – Durchziehen lassen – Vor dem Anrichten (sehr gut gekühlt!) mit den gehackten Kräutern und den gehobelten Radieschen bestreuen.

250 g Hörnchen-Nudeln, 1 Tasse Mayonnaise, 1 Tasse Joghurt, etwas Worcestershire-Sauce, Salz, Pfeffer, Saft von 1/2 Zitrone, 2 Stangen Lauch, 1 Tasse zerpflückter Räucherfisch, 2 Tassen zerkleinerte Fleisch- oder Wurstreste, 1/2 frische Gurke, 3 Eßl. Kräuter, 1 Bund Radieschen

Salat Lorette

100 g Ackersalat, 1 kleine Sellerieknolle, 1 rote Rübe, 2–3 Eßl. Öl, 1–2 Eßl. Essig, Salz, Pfeffer

Den Ackersalat waschen, die welken Blätter entfernen – Die Sellerieknolle schälen und in dünne Stäbchen schneiden – Die gekochte rote Rübe fein hobeln – Aus den übrigen Zutaten eine Marinade bereiten und den Salat damit anmachen.

Löwenzahnsalat

4 Hände voll Löwenzahn, 1 Eßl. Essig, 1 Eßl. Wasser, 2 Eßl. Öl, Salz, Pfeffer

Die im Frühling noch zarten, gelben Blätter des Löwenzahns verlesen und waschen – Gut abgetropft, mit den übrigen Zutaten anmachen – Nach Belieben Speckmarinade, s. Seite 399, nehmen.

Salat Mathieu

2 Chicoréestauden, 2 Artischockenböden, 1 rote Rübe abgekocht, 1 Apfel, 3/4 Tasse Sauce Vinaigrette

Artischocken zurichten und weichkochen, s. Seite 417 – Die Blätter entfernen, die Böden von den Staubgefäßen befreien – In Streifen schneiden und in eine Salatschüssel geben – Am Chicoree außen die welken Blätter entfernen und den bitteren Strunk ausstechen – Grobstreifig schneiden – Zu den Artischocken geben – Mit 1/2 Tasse Sauce vermengen – Rote Rübe und Äpfel schälen und in dünne Scheiben schneiden – Um den Schüsselrand die roten Rüben ordnen, in die Mitte die Apfelscheiben – Den Rest der Sauce übergießen – Kühl stellen.

Paprikasalat

4 Paprikaschoten, 2 Eßl. Essig, 2 Eßl. Wasser, 3 Eßl. Öl, 1 kleine Zwiebel, Salz, Pfeffer

Die Schoten der Länge nach aufschneiden – Entkernen, waschen und in möglichst dünne Streifen schneiden – Mit den übrigen Zutaten zu einem Salat vermengen und gut durchziehen lassen – Ist der Paprika zu scharf, vor dem Marinieren mit heißem Wasser überbrühen.

Provenzalischer Salat

3 Artischockenböden, 2 Tomaten, 10 schwarze Oliven, 1 Zehe Knoblauch, 3 Sardellen, Basilikum, Salz, Pfeffer, 1 Prise Zucker, Essig, Öl

Abgekochte Artischockenböden und enthäutete Tomaten in Würfel schneiden – Sardellen und Knoblauch fein verwiegen – Aus den übrigen Zutaten die Marinade mischen – Alles zu einem Salat vermengen und gut abschmecken – Mit den Oliven garnieren.

Ochsenmaulsalat

Das Ochsenmaul waschen und in Salzwasser weichkochen – So lange es noch warm ist, ausbeinen und nach dem Erkalten in dünne Scheiben schneiden – Aus den übrigen Zutaten eine Marinade bereiten, mit dem Fleisch vermengen und einige Zeit stehen lassen – Wird der Salat längere Zeit aufbewahrt, das Öl erst vor Gebrauch zugeben.

1 Ochsenmaul, 2–3 Eßl. Öl, 3 Eßl. Essig, 1/2 Tasse Wasser, 1 Zwiebel, Gewürzkörner, Salz, Pfeffer

Orangensalat

Orangen schälen und halbieren – Entkernt in dünne Scheiben schneiden und zuckern – Paprikaschoten zurichten und grobhacken – Den Fisch zerpflücken – Zwiebel dünnstreifig schneiden – Alles vermengen und mit Zitronensaft zerlegen, waschen und gut abtropfen lassen – Eine Platte oder Schüssel damit auslegen – Die Salatmischung darübergießen – Mit Eiervierteln garnieren.

2 große Orangen, 1/2 Eßl. Zucker, 2 Paprikaschoten, 1 kleine Dose Thunfisch, 1/2 Zwiebel, Zitronensaft, 1 Eßl. Zucker, Salz, Pfeffer, 1 Kopfsalat, 2 hartgekochte Eier

Pilzsalat

Die Pilze unzerschnitten waschen – In kochendem Salzwasser einige Zeit ziehen lassen, halbieren und in einer Schüssel anrichten – Aus den übrigen Zutaten eine Marinade mischen, gut verrührt über die Pilze gießen und diese darin ziehen lassen – Mit gehackter Petersilie und, nach Geschmack, mit feingehackten Zwiebelchen oder Essiggürkchen bestreuen.

Eine andere Zubereitungsart: Die Pilze waschen, roh in feine Scheiben schneiden und marinieren.

Pilzsalat mit Zwiebeln nie lange stehen lassen oder aufheben, er wird dann schwer verträglich!

300 g kleine, harte Steinpilze, 2 Eßl. Öl, 1 Eßl. Essig oder Zitronensaft, 1 Eßl. Wasser, Petersilie, Salz, Pfeffer

Salat Romaine

Römischen Kopfsalat zerteilen und waschen – Die Blätter, ohne die Rippen zu entfernen, in zweifingerbreite Streifen schneiden – Die übrigen Zutaten vermengen und den abgetrockneten Salat damit anmachen – Nach Belieben mit Estragonblättchen überstreuen und sofort anrichten.

1 Kopf Romainesalat, 1/2 Teel. Salz, 1/4 Teel. Pfeffer, 2 Eßl. Essig, 4 Eßl. Olivenöl, 3 Eßl. Süßrahm, 1 Eßl. Mayonnaise, Estragon frisch

Prinzensalat

Verschiedene Gemüse wie: grüne Erbsen, Prinzessbohnen, Spargel, Artischockenböden, Blumenkohl, Karotten, Sellerieknolle, Salzwasser, Salzgurke, Sauce Tartare

Gemüse waschen und je nach ihrer Art entweder in kleine Würfel oder Schnitze schneiden – Blumenkohl in kleine Röschen zerpflücken – Die Gemüse, jedes getrennt, in Salzwasser weichkochen – Auf ein Sieb gießen und abtropfen lassen – Die Gurke in kleine Würfel schneiden – Sauce Tartare, doppelte Portion, bereiten – Die Gemüse, jedes für sich, mit Gurkenwürfeln vermengen und mit Sauce anmachen – Lagenweise in eine Salatschüssel häufen und mit Blumenkohlröschen garnieren.

Radieschensalat

4 Bund Radieschen oder Rettiche, 2 Eßl. Öl, 2 Eßl. Essig, Schnittlauch, Salz, Pfeffer

Radieschen oder Rettiche waschen, in Scheiben schneiden oder hobeln – Eingesalzen, 5 Minuten ziehen lassen – Aus den übrigen Zutaten eine Marinade mengen und über die Rettiche gießen – Kurz einziehen lassen – Nach Geschmack 1/2 Tasse Sauerrahm beifügen.

Räucherheringsalat

2 Räucherheringe, gleiche Gewichtsmenge gekochte Kartoffeln, 1 Apfel, Salat-Grundsauce, 1 Eßl. gehackter Schnittlauch, 1 Teel. gehackte Kräuter: Petersilie, Estragon, Fenchel

Heringsfilets auslösen – Fisch, Kartoffeln und Apfel in kleine Würfel schneiden – Mit Salatsauce vermengen – Gehackte Kräuter beifügen, in Fischform anrichten.

Reissalat

2 rote Paprikaschoten, 3 Tomaten, 1 kleine Zwiebel, 2 Tassen gekochter Reis, Essig, Öl, Curry, Pfeffer, Salz, 1 Prise Zucker

Paprikaschoten feinstreifig schneiden – Tomaten enthäuten und würfelig schneiden – Zwiebel fein hacken – Mit körnig gekochtem, kaltem Reis vermengen – Aus den übrigen Zutaten eine Marinade herstellen – Alles gut vermischen.

Rettichsalat

1 großer Rettich, 2 Eßl. Öl, 2 Eßl. Essig, 1 Zwiebel, Salz, Pfeffer

Den Rettich waschen, schaben, in Scheiben schneiden oder hobeln – Einsalzen und 5 Minuten ziehen lassen – Aus den übrigen Zutaten eine Marinade mischen, über die Rettiche gießen und diese darin ziehen lassen.

Rote Rüben-Salat

Die roten Rüben bürsten und in Salzwasser weichkochen – Mit kaltem Wasser abschrecken, schälen und mit dem Buntmesser in Scheiben schneiden – Aus den übrigen Zutaten eine Marinade bereiten, nach Geschmack Öl beifügen – Über die roten Rüben gießen und diese einige Stunden ziehen lassen – Sollen die roten Rüben längere Zeit aufbewahrt werden (2 bis 4 Wochen), nach dem Schälen ungeschnitten in einen Steintopf oder ein Einmachglas legen – Die Zutaten mit Pfefferkörnern aufkochen und über die Rüben gießen, etwas mehr Essig und Wasser, als oben erwähnt, nehmen, bis die Rüben davon bedeckt sind.

500 g rote Rüben, 4 Eßl. Essig, 4 Eßl. Wasser, 1/2 Teel. Zucker, Kümmel, Koriander, 1 kleine Zwiebel, 1 Nelke, 1 Lorbeerblatt, Salz, Pfeffer

Rote Rüben-Salat mit Mayonnaise

Gekochte rote Rüben schälen und kleinwürfelig schneiden – Mit gehackten Mixed Pickles vermengen – Mit Mayonnaise anmachen und auf einem Bett von grünem Salat anrichten.

500 g rote Rüben, einige Mixed Pickles (Konserve), Mayonnaise, Grüner Salat

Spanischer Salat

Tomaten häuten und in Würfel schneiden – Die erkalteten Bohnen, feinstreifig geschnittene Paprika und eingelegte, halbierte Perlzwiebeln zugeben – Mit Zitronensaft beträufeln und würzen – Mayonnaise mit Rahm verdünnt übergießen und locker vermengen.

2 Tomaten, 1 Tasse gekochte, weiße Bohnenkerne, 1 grüne Paprikaschote, 10 Perlzwiebeln, 1/4 Zitrone, Saft, 2/4 Tasse Mayonnaise, 1/4 Tasse Süßrahm, Salz, Pfeffer

Salat mit Käse

Alles in Scheiben schneiden, mit Zitronensaft beträufeln und mit geriebenem Käse bestreuen – Auf einer Glasplatte anrichten.

4 Bananen, 1 hartgekochtes Ei, 1 Apfel, 2 Tomaten, 1/2 Zitrone, Saft, Chesterkäse

Spargelsalat

Das gekochte Gemüse in 3–5 cm lange Stücke schneiden – Die übrigen Zutaten zu einer Marinade vermengen – Die Spargel damit anmachen – Nach Belieben kann noch feingehacktes Eigelb übergestreut werden.

500 g Spargel, Salz, 1 Prise Zucker, Pfeffer, 1 Eßl. Essig oder Zitronensaft, 4–5 Eßl. Öl, 1/2 Eßl. gehackte Petersilie

Spargelsalat mit Eiern

500 g gekochter Spargel, 2 Eier, hartgekocht, 1 Tasse Champignons (Dose), 3 Scheiben gekochter Schinken, 1 Tasse Mandarinen (Dose), 1 Tasse Mayonnaise, 1/2 Teel. Paprika (süß), 1 Schuß Weißwein, Essig, Salz, Pfeffer

Spargel in 3 cm lange Stücke schneiden – Eier grobhacken – Champignons in Scheiben und den Schinken streifig schneiden – Mit den Mandarinenspalten vermengen – Mayonnaise mit den angegebenen Zutaten vermengen und abschmecken – Den Salat damit marinieren – 30 Minuten kühl stellen und ziehen lassen.

Selleriesalat

2 große Knollen Sellerie, 4 Eßl. Öl, 3 Eßl. Essig, 1 Tasse Fleischbrühe, 1 kleine Zwiebel, gehackt, Salz, Pfeffer

Die Sellerie bürsten und in Salzwasser weichkochen – Mit kaltem Wasser abschrecken, schälen und in Scheiben schneiden – Eine Marinade mischen, den Salat damit anmachen und einige Stunden ziehen lassen – An Stelle von Öl können auch ausgelassene Speckwürfel verwendet werden, diese jedoch erst kurz vor dem Anrichten über den Salat streuen.

Selleriesalat Borette

1 große Sellerieknolle, 500 g Salatkartoffeln, 1 säuerlicher Apfel, 125 g Ananas, 125 g Walnußkerne, 1 Kopf Endiviensalat, Sauce Remoulade, Selleriebrühe, Sauerrahm, Zucker, Zitronensaft, Salz

Sellerieknolle bürsten, waschen, schälen und, kochendem Salzwasser zugesetzt, nicht zu weich kochen – Frisch gekochte Kartoffeln schälen und in Scheiben schneiden – Mit Selleriescheiben, blätterig geschnittenem Apfel, in Würfelchen geschnittener Ananas, gehackten Nußkernen, breitstreifig geschnittenem Endiviensalat leicht vermengen – Remouladensauce, wenig Selleriebrühe, Rahm, Zucker, Zitronensaft und Salz zu einer Marinade mischen – Den Salat damit vermengen – Vor dem Anrichten 30 Minuten durchziehen lassen.

Sauerkrautsalat

250 g rohes Sauerkraut, 3 Eßl. Öl, Essig, Sauerrahm, 2 Äpfel, 1 Zwiebel, Salz, Pfeffer, wenig Zucker

Das Sauerkraut ausdrücken, mit verdünntem, heißem Essig übergießen – Etwas ziehen lassen und danach abschütten – Die geriebenen Äpfel, die Zwiebel, das Öl, etwas Rahm und die Gewürze zugeben – Alles gut untereinander mischen und noch etwa 15 Minuten ziehen lassen.

Der Salat schmeckt besonders gut zu Fischgerichten.

Theatersalat

Die Salzheringe in kochendes Wasser einlegen und 15 Minuten kochen – Abtropfen, kühlen und in Flocken trennen – Mit den kalten Kartoffelwürfeln und dem hartgekochten, gehackten Eiweiß mischen – Mit der Marinade befeuchten, zudecken und an einem kalten Platz 1 Stunde stehen lassen – Den Rahm steif schlagen und das Pimentopüree zugeben – Mit der Mayonnaise anmachen – Den Salat auf Nestern von Salatblättern anrichten.

1 Tasse Heringsfleisch von Salzheringen, 1 Tasse gekochte Kartoffelwürfel, 1 Ei, Französische Marinade, 1/4 Tasse Süßrahm, 2 Eßl. Pimentopüree (Konserve), 2 Eßl. Mayonnaise

Tomatensalat

Die Tomaten in Scheiben oder Schnitze schneiden und in eine Schüssel einordnen – Mit etwas Salz bestreuen und kurz ziehen lassen – Die Marinade mischen und darübergießen, den Salat nicht zu lange stehen lassen.

500 g Tomaten, 3 Eßl. Öl, 1 Eßl. Essig, 1 Zwiebel, gehackt, Salz, Pfeffer

Tomatensalat, pikant

Feste Tomaten brühen und schälen – Mit einem scharfen Messer in dünne Scheiben schneiden – Aus den übrigen Zutaten eine Marinade mengen und die Tomaten damit anmachen – Nach Belieben einige Tropfen Worcestershire-Sauce untermengen – Vor dem Anrichten 30 Minuten kühlstellen.

500 g feste Tomaten, Salz, Cayennepfeffer, 2 Eßl. Essig, 4 Eßl. Öl, 1 Teel. gehackte Petersilie, 1 Messerspitze franz. Senf, 1 Messerspitze Zucker, 1 Schuß Worcestershire-Sauce

Norwegischer Weißkrautsalat

Den Krautkopf zurichten und in 4 Teile zerschneiden – Den Strunk und harte Rippen entfernen – Sehr dünnstreifig hobeln – Mit kochendem Wasser brühen – Auf einem Sieb abtropfen lassen – In eine Schüssel mit einer Messerspitze Salz geben und mit dem Kartoffelstampfer schlagen, damit es seine Steife verliert – Mit der Marinade aus Zitronensaft, Essig und Öl begießen, pro Eßlöffel Säure 1/2 Eßlöffel Öl nehmen – Zugedeckt 20 Minuten ziehen lassen – Die Äpfel mit der Schale, ohne Kernhaus kleinwürfelig schneiden – Mit Zitronensaft und Zucker marinieren – Mit dem Kraut vermengen – Gehackte Walnüsse zugeben – Mit Gelee garnieren.

1 kleiner Kopf Weißkraut, Salz
Zur Marinade:
Zitronensaft, Weinessig, Olivenöl, 3 rotbackige Äpfel, Zitronensaft, Zucker, 1/2 Tasse Walnußkerne, 2 Eßl. Johannisbeergelee

Waldorf-Salat

Reinette-Äpfel und Sellerieknolle zu gleichen Teilen, Nußkerne, Mayonnaise, Salatherzen

Äpfel, rohe Sellerie und frische Nußkerne schälen – Kleine Würfelchen schneiden – Alles mit Mayonnaise vermengen und auf Salatherzen anrichten – Mit Nußkernen garnieren.

Weichselsalat

500 g Weichselkirschen, 4 Eßl. Zucker, 1 Stückchen Zimt, 1/4 Tasse Essig

Weichselkirschen zurichten – Nach Belieben entsteinen – Mit den übrigen Zutaten 5 Minuten kochen – Erkaltet zu Tisch geben.

Wurstsalat

500 g Lyoner oder eine andere Fleischwurst, evtl. 8 Regensburger, Öl, Essig oder Zitronensaft, 1 Zwiebel, in feine Ringe geschnitten

Würste häuten, in feine Scheiben schneiden, schuppenartig auf einer Platte anrichten, mit Essig oder Zitronensaft und Öl begießen, mit Zwiebelringen belegen – *Schweizer Wurstsalat:* halb Wurst, halb kleinwürfelig geschnittener Emmentaler.

Gemüse

Kleine Gemüsekunde

Gemüse gehören wegen ihres Gehaltes an Vitaminen und Mineralstoffen zu den begehrtesten und gesundesten Nahrungsmitteln.

Beim Einkauf ist darauf zu achten, daß das Gemüse möglichst frisch, prall und saftig und von kräftiger Farbe ist. Welkes oder gar angefaultes Gemüse ist abzulehnen.

Vor der Verwendung sauber waschen, aber nicht längere Zeit in Wasser liegen lassen, auch nicht lange kochen, weil es sonst an Nährwert verliert.

Salate müssen nach dem Waschen wieder trocknen (in ein Sieb zum Ablaufen geben), ehe sie angemacht werden.

Vorzügliche Salate und Rohkostplatten lassen sich aus fast allen Gemüsesorten bereiten.

Zu den hier weniger bekannten Arten gehören Fenchel, Auberginen, Topinambur, Artischocken.

Gut, vitaminreich und schnell zubereitet ist Tiefkühlgemüse. Die Garzeiten liegen wegen der zuzurechnenden Auftauzeiten meist höher als bei frischem Gemüse, dafür entfällt aber das Putzen und Zerkleinern. Hat man kein Tiefkühlfach, in dem das Gemüse sofort – noch vor dem Auftauen – aufbewahrt werden muß, ist es sofort zu verwenden. Keinesfalls darf es bereits aufgetaut mehrere Tage liegen.

Gemüse-Rezepte

Auberginen (Eierfrüchte)

4 Auberginen, 4 Eßl. Butter oder Öl, Reibkäse, Brösel, Salz, Pfeffer, Mehl, Tomatensauce

Die Auberginen schälen und in 1/2 cm dicke Scheiben schneiden – Leicht salzen, in Mehl wenden und im Schmalz oder Öl auf beiden Seiten leicht anbraten – Eine Auflaufform mit Butter bestreichen, die Auberginenscheiben hineinlegen und den geriebenen Käse und die Tomatensauce darübergeben – Mit Bröseln und nochmals mit geriebenem Käse und Butterflöckchen bestreuen – Im Ofen etwa in 20 Minuten aufziehen lassen.

Eine andere Zubereitungsart: Die Auberginen schälen, aushöhlen und mit einer Marinade aus Öl und Zitronensaft etwa 10 Minuten beizen – Mit einer Fleischfarce füllen und mit geriebenem Käse, Bröseln und Butterflocken belegen – Auf dem Grill im Ofen dünsten und mit Tomatensauce reichen.

Blumenkohl, polnisch

1 Blumenkohl, Salzwasser, 1–2 Eigelb, 3 Eßl. Butter, 2 Eßl. Brösel

Den Blumenkohl putzen, waschen, in mehrere Teile zerlegen (nicht in kleine Röschen) und kurz in kaltes Salzwasser legen – In kochendem Salzwasser aufsetzen und kochen; darauf achten, daß er nicht zerfällt – Herausnehmen, gut abtropfen lassen und in eine warme Schüssel legen – Das Eigelb verrühren und im Wasserbad leicht angewärmt über den Blumenkohl geben – Zuletzt die in reichlich Butter hell gerösteten Brösel darübergießen.

Andere Zubereitungsarten: Den Blumenkohl mit Holländischer Sauce, mit einfacher Buttersauce oder mit in Butter gebräunten Bröseln übergießen.

Gratinierter Blumenkohl

1 Blumenkohl, Salzwasser, Béchamelsauce
Zum Überkrusten:
1 Eßl. Butter, 2 Eßl. Brösel, 3 Eßl. Reibkäse

Blumenkohl zurichten und in Salzwasser nicht zu weich kochen – Abseihen und auf eine Auflaufplatte setzen – Mit Béchamelsauce übergießen, mit Käse und Bröseln bestreuen und mit zerlassener Butter beträufeln, 10 Minuten im heißen Rohr bei Oberhitze überbacken.

Gebackener Blumenkohl

1 Blumenkohl, Salzwasser, Weinteig, Backfett

Blumenkohl putzen und in Röschen zerlegen – 10 Minuten, siedendem Salzwasser zugesetzt, kochen lassen – Die angetropften Röschen in Weinteig tauchen, bis sie allseitig davon umhüllt sind – In heißem Backfett schwimmend goldbraun herausbacken – Mit Zitronenschnitzen und Petersilie garniert anrichten.
Beigabe: Tiroler Sauce.

Artischocken

4 Artischocken, Zitrone, Sauce Béarnaise, Sauce Vinaigrette

Von den Artischocken die Stiele und die Spitzen der Blätter abschneiden – Waschen, mit Zitronensaft beträufeln und in kochendem Salzwasser bei aufgedecktem Topf 20–25 Minuten kochen – Die Artischocken sollen im Wasser schwimmen, die Böden nach unten gekehrt – Sie sind gar, wenn sich die Blätter leicht herausziehen lassen – In eine Serviette gewickelt, zu Saucen servieren.

Grüne Bohnen

500–750 g Bohnen, Salzwasser, Bohnenkraut, 3 Eßl. Butterschmalz, 1 Eßl. Mehl, 1 kleine Zwiebel, gehackt, Salz, Pfeffer

Bohnen entfasern und die Enden abschneiden – Gut waschen und der Länge nach oder Querstücke schneiden – In kochendem Salzwasser mit Bohnenkraut gar kochen – Aus Fett, Mehl und feingewiegter Zwiebel eine Mehlschwitze bereiten, mit Gemüsebrühe ablöschen – Bohnen und Gewürze zugeben – Durchziehen lassen.

Grüne Dörrbohnen

150 g Dörrbohnen, 2 Eßl. Fett, 1 Eßl. Mehl, 1 kleine Zwiebel, 1 Zehe Knoblauch oder Bohnenkraut, Salz, Pfeffer, Fleischbrühe oder Wasser

Die Bohnen über Nacht in kaltem Wasser einweichen, anderntags abgießen – In kochendem Salzwasser weichkochen – Herausnehmen und im Fett mit den feingewiegten Gewürzen fertig dünsten – Mit etwas Mehl überstäuben und mit Fleischbrühe oder Wasser auffüllen.

Butterbohnen

750 g Butterbohnen, Salzwasser, 3 Eßl. Butter, 2 Eßl. Brösel, Salz

Bohnen entfasern – Unzerschnitten kochendem Salzwasser beigesetzt, weichkochen – Auf ein Sieb schütten und abtropfen lassen – Brösel in Butter goldgelb rösten und beim Anrichten über die Bohnen gießen.

Dicke Bohnen (Puffbohnen)

1 1/2 kg Bohnen, Milch oder Wasser, 2–4 Eßl. Butter, Salz, Pfeffer, Petersilie

Frische Bohnenkerne, knapp mit Milch oder Wasser bedeckt, weichkochen – Würzen und mit gehackter Petersilie bestreuen und mit zerlassener Butter begießen – Nach Belieben mit 1 Teelöffel Stärkemehl, in Wasser glattgerührt, dicken.

Prinzessbohnen, französische Art

500 g Prinzessbohnen, 3–4 Eßl. Butter, 1 Messerspitze Fleischextrakt, 1 Eßl. gehackte Petersilie

An jungen Prinzessbohnen nur die beiden Enden abschneiden – Waschen, kochendem Salzwasser zusetzen und weichkochen – Durch ein Sieb abgießen – Butter hell bräunen – Extrakt, Bohnen und Petersilie zugeben und durchschwenken.

Chicorée

6 Chicorée, 2 Eßl. Butter, Zitronensaft, Salz, Pfeffer, Bratensauce oder Rahm

Von dem Gemüse die welken Blätter entfernen und den Strunk ausstechen – Kurz in Salzwasser kochen und mit kaltem Wasser abschrecken – In eine gebutterte Auflaufform legen, mit Zitronensaft beträufeln und mit der Bratensauce oder Rahm begießen – Mit einem Butterpapier bedecken und im Rohr gar dünsten, oder in einer Kasserolle auf dem Feuer fertigstellen.

Chicorée überbacken

8 Chicorée, 3–4 Eßl. Butter, Zitronensaft, Salz, Pfeffer, 1 Tasse Béchamelsauce

Von den Stauden die welken Blätter entfernen und die Strünke ausstechen – Kurz in Salzwasser kochen (kochend zusetzen) – Mit kaltem Wasser abschrecken – Mit Zitronensaft beträufeln, in eine gebutterte Auflaufform legen – Sauce übergießen und im heißen Rohr überbacken.

Erbsen- und Karottengemüse

4 Bund Karotten, 1 kg Erbsen, Wasser, 4 Eßl. Butter, Salz, Pfeffer, 1/2 Eßl. Zucker, 1 Eßl. gehackte Petersilie, 1 Eßl. Mehl, Milch oder Wasser

Karotten schaben und waschen – Kleine Karotten ganz lassen, größere in Schnitzchen teilen – Erbsen auspalen – Karotten, knapp mit Wasser bedeckt, mit Butter 3/4 gardünsten – Erbsen zugeben und vollends fertigstellen – Mehl überstäuben – Gewürze und Petersilie beifügen – Soviel Milch oder Wasser zugießen, bis ein sämiges Gemüse entsteht – Nur kurz durchkochen und anrichten.

Grünes Erbsengemüse

Wasser und Butter aufkochen – Die Erbsen einlegen und zugedeckt rasch weichdünsten – Kurz vor dem Anrichten Gewürze, Petersilie und Mehl, mit Butter verknetet, beifügen und durchziehen lassen.

500 g entschotete Erbsen, 4 Eßl. Butter, 1 1/2 Tassen Wasser, Salz, 1 Teel. Zucker, 1 Prise Pfeffer, 1 Teel. gehackte Petersilie, 1 Teel. Mehl, 1 Teel. Butter

Grüne Erbsen, englisch

Erbsen entschoten – Kochendem, leicht gesalzenem und mit einem halben Eßlöffel Zucker gesüßten Wasser zusetzen – Weichgekocht abgießen – Beim Anrichten mit frischen Butterstückchen belegen und mit Dill bestreuen.

1 kg grüne Erbsen, Wasser, Salz, Zucker, Butter, Dill

Fenchelgemüse

Von den Knollen die äußeren, harten Blätter entfernen – Die zarten grünen Blättchen fein schneiden – Die Knollen waschen und vierteln – In Salzwasser weichkochen – Aus Butter und Mehl eine helle Mehlschwitze bereiten – Mit Fenchelbrühe ablöschen – Das Gemüse einlegen und durchkochen – Würzen und den Rahm zugeben – Beim Anrichten die grünen Blättchen überstreuen – Zu einer gemischten Gemüseplatte die weichgekochten Knollenviertel mit in Butter hellgerösteten Bröseln übergießen.

1 kg Fenchel, 2 Eßl. Butter, 2 Eßl. Mehl, Pfeffer, Salz, Muskat, 2 Eßl. Süßrahm, frische Butter, Brösel

Junges Gemüse

Das Gemüse zurichten und kurz waschen – Knapp bedeckt mit kochendem, leicht gesalzenem Wasser aufsetzen, darauf achten, daß das Gemüse nicht verkocht – Das Gemüse abgießen, in der Butter schwenken und mit gehackter Petersilie und Pfeffer bestreuen – Soll das Gemüse ausgiebiger werden, aus Mehl, Butter und Gemüsebrühe eine helle Mehlschwitze und Buttersauce bereiten und das abgegossene Gemüse darin kurz aufkochen – Nach Belieben mit Rahm und gehackter Petersilie abschmecken – Bei Verwendung von Gemüsekonserven werden diese im eigenen Saft erhitzt – Weitere Zubereitung wie frisches Gemüse – Die restliche Gemüsebrühe kann noch zu einer Suppe verwendet werden.

750 g Gemüse: grüne Erbsen, Karotten, Bohnen, Blumenkohl, Salz, Pfeffer, 3 Eßl. Butter, Petersilie

Gurken

2 frische Gurken, 4 Eßl. Butter, Salz, Pfeffer, Dill

Gurken schälen und in 3 cm lange, daumendicke Stifte schneiden – In Butter mit Gewürzen weichdünsten – Gehackten Dill zugeben und noch dünsten, bis alle Flüssigkeit verdunstet ist – Nach Belieben mit etwas Rahm dicken.

Eine andere Zubereitungsart: Nach dem Gardünsten mit Mehl bestäuben und Rahm zugießen.

Hülsenfrüchte (Linsen, Erbsen, Bohnen)

250 g Hülsenfrüchte, 3 Eßl. Butterschmalz, 2 Eßl. Mehl, Salz, Pfeffer, Essig bei Linsen, Majoran bei Erbsen, Knoblauch bei Bohnen, etwas Natron

Die Hülsenfrüchte auslesen und über Nacht in kaltem Wasser einweichen – Anderntags in frischem Wasser weichkochen, beim ersten Aufkochen eine Messerspitze Natron beifügen – Aus den übrigen Zutaten eine braune Mehlsauce bereiten und mit Gemüsewasser ablöschen – Die Hülsenfrüchte zugeben und mit den Gewürzen abschmecken – Zusammen nochmals gut durchkochen.

Weiße Bohnen- oder Erbsenpüree

300 g weiße Kernbohnen oder Erbsen, 1 Eßl. Mehl, 2 Eßl. Fett, Fleischbrühe, 2 Eßl. Butter, Salz, Zwiebelbutter

Bohnen verlesen, waschen und über Nacht einweichen – Im Einweichwasser weichkochen – Nach dem ersten Aufwallen 1 Messerspitze Natron beifügen – Weichgekocht, die Bohnen durchpassieren – Aus Mehl und Fett eine helle Mehlschwitze bereiten – Mit Fleischbrühe ablöschen, Bohnen- oder Erbsenmark zugeben und mit der noch nötigen Menge Brühe zu einem dicken Püree verkochen – Würzen und frische Butter unterschlagen – Bergartig in einer Schüssel anrichten – Ein Muster einkerben und mit Zwiebelbutter übergießen.

Kastanien und Zwiebeln, glasiert

500 g Kastanien, 125 g kleine Zwiebeln, 2 Eßl. Butter, 1 1/2 Eßl. Zucker, 2 Eßl. Bratensauce oder Wasser und Suppenwürze, Fleischbrühe, Salz, Pfeffer

Kastanien und Zwiebeln schälen – Getrennt kochendem Wasser zusetzen und 3/4 weichkochen – Von den Kastanien die braunen Häutchen abziehen – In einer Kasserolle Zucker mit Butter hellgelb rösten – Kastanien darin wenden – Die Zwiebeln, Sauce und Gewürz zugeben – Mit Fleischbrühe knapp bedeckt, dünsten, bis die Flüssigkeit verdampft und das Gemüse glänzend geworden ist.

Glasierte Kastanien

Die Kastanien schälen und in kochendem Wasser ziehen lassen, bis sich die Haut löst – In einer Kasserolle den Zucker in der Butter hellgelb rösten und darin die Kastanien wenden – Mit der Bratensauce und Fleischbrühe oder Wasser auffüllen, bis die Kastanien gerade bedeckt sind und nach Geschmack würzen – Zugedeckt langsam dünsten, bis sie weich und glänzend werden.

750 g Kastanien, 1 Eßl. Butter, 1 Eßl. Zucker, 1–2 Eßl. Bratensauce, Fleischbrühe oder Wasser, Salz

Kastanienpüree

Die Kastanien schälen und in kochendem Wasser ziehen lassen, bis sich die Haut löst – In der Milch weichkochen und durchpassieren – Die Butter zergehen lassen, das Kastanienmark zugeben, würzen und durchkochen – Nach Bedarf mit etwas Milch verdünnen.

750 g Kastanien, 2 Tassen Milch, 3–5 Eßl. Butter, Salz, 1 Teel. Zucker

Karotten in Rahmsauce

Karotten schaben und waschen – In Butter und wenig Wasser mit Gewürzen weichdünsten – Mehl überstäuben, Rahm zugießen und aufkochen – Mit gehackter Petersilie bestreut anrichten.

4 Bund junge Karotten, 2–3 Eßl. Butter, Salz, Pfeffer, 1/2 Eßl. Mehl, 1/2 Tasse Süßrahm, 1 Teel. gehackte Petersilie

Bayerisches Kraut

Das Kraut mit dem Krauthobel oder mit einem Messer fein schneiden und waschen – In einer Kasserolle das Fett erhitzen, das Kraut und den Apfel zugeben – Umwenden, bis das Kraut auf allen Seiten fett ist und zusammenfällt – Wasser, Wein und Essig darübergießen, bis es knapp bedeckt ist – Würzen und zugedeckt auf kleiner Flamme weichdünsten – Ist alle Flüssigkeit verdampft, mit Mehl bestäuben, nochmals durchkochen und abschmecken – Nach Bedarf noch etwas Wasser zugießen.

1 kg Weißkraut, 3–4 Eßl. Butterschmalz, 1 Lorbeerblatt, 1 Apfel, Salz, Pfeffer, Zucker, Wacholderbeeren, 1 Eßl. Mehl, 1 Tasse Weißwein, 1 Eßl. Essig

Rotkraut (Blaukraut, Rotkohl)

Zubereitung wie Bayerisches Kraut – Statt Weißwein Rotwein und nach Geschmack 1 Eßl. Apfel- oder Johannisbeergelee sowie 1–2 Nelken nehmen.

1 kg. Rotkraut, 1–2 Eßl. Fett, 1 Apfel, 1 Lorbeerblatt, 2 Nelken, Salz, Pfeffer, Zucker, 1 Eßl. Mehl, 1/2 Tasse Rotwein, 1 Eßl. Essig, 1 Eßl. Fruchtgelee

Rosenkohl, gedünstet

750 g Rosenkohl, 2 Eßl. Öl, etwa 1/4 l Gemüsebrühe, etwas Salz und Muskat, 2 Eßl. gehackte Petersilie

Die einzelnen Röschen gut putzen – Damit das Gemüse gleichmäßig weich wird, bei den großen Röschen den Strunk kreuzweise einschneiden – In heißem Öl leicht andünsten, mit Gemüsebrühe aufgießen und etwa 1/2 Stunde weichdämpfen – Abschmecken und mit Petersilie bestreut anrichten.

Rosenkohlgemüse

750 g Rosenkohl, Salzwasser, 3 Eßl. Butterschmalz, 1 Eßl. Mehl, Salz, Pfeffer, Muskat, 1 Eßl. gehackte Petersilie, 2 Eßl. Süßrahm

Das Gemüse zurichten und weichkochen wie voriges Rezept – Eine helle Mehlschwitze bereiten, mit Gemüsewasser ablöschen und auffüllen – Gemüse und Gewürze beifügen – Vor dem Anrichten den Rahm beifügen.

Rosenkohl, gratiniert

750 g Rosenkohlröschen, Salzwasser, Parmesankäse, Butter zum Begießen

Rosenkohl kochendem Salzwasser zusetzen – Nach dem ersten Aufkochen nach Belieben wenig Natron beifügen und nur kurz dünsten lassen, damit die Röschen nicht verkochen – Auf einem Sieb abtropfen lassen – Eine Auflaufplatte mit Butter ausstreichen und mit geriebenem Käse ausstreuen – Den Kohl einfüllen und mit Parmesan bestreuen – Mit reichlich gebräunter Butter übergossen, im heißen Rohr kurz überbacken.

Savoyer Kohl

1 kg Wirsing, Salzwasser, Brühe, Muskat, Butter

Vom Wirsing die äußeren, harten Blätter entfernen – Die Köpfe in 4–6 Teile schneiden – Dicke Rippen und Strünke entfernen – Waschen und kochendem Salzwasser zugesetzt, halbgar kochen – Auf einem Sieb kalt überbrausen – Ausdrücken und mit Fleischbrühe und reichlich Butter vollends gardünsten – Nach Geschmack würzen.

Maiskölbchen

20 Maiskölbchen, 4 Eßl. Butter, 2 Eßl. Mehl, 4 Eßl. Süßrahm, Muskat, Salz

Die ganz jungen, zarten Maiskölbchen in kochendes Salzwasser einlegen und weichkochen – Aus den übrigen Zutaten eine helle Buttersauce bereiten, die Maiskölbchen zugeben und kurz darin aufkochen.

Gedünsteter Kopfsalat

Von den Salatköpfen die äußeren harten Blätter entfernen – Unzerteilt in reichlich Wasser gut waschen, die Blätter dabei auseinanderdrücken, um etwa darin haftende Schnecken herauszuspülen – Kochendem Salzwasser zugesetzt, einmal aufkochen – Auf ein Sieb schütten, auskühlen und abtropfen lassen – Die Blattspitzen leicht einbiegen und die Köpfe kranzförmig in eine flache Kasserolle legen – Butter, gehackten Speck oder Schinken, Pfeffer und Zwiebeln zugeben – Mit etwas Fleischbrühe übergießen und langsam im heißen Rohr gar dünsten.

4 Kopfsalat oder 2 Kopf Romainesalat, Salzwasser, 2 Eßl. Butter, 50 g Speck oder Schinken, Salz, Pfeffer, 1 Teel. gehackte Zwiebel, Brühe oder Wasser

Kohlrabigemüse

Kohlrabi schälen, in feine Scheiben schneiden – In heißem Öl oder Fett andünsten, mit Gemüsebrühe auffüllen, würzen, feingewiegte, junge Kohlrabiblätter zugeben und alles weichdünsten – Garzeit etwa 20 Minuten – Mit Petersilie bestreuen – Kohlrabi kann man auch in einer Béchamelsauce anrichten.

6 junge Kohlrabi, 2 Eßl. Öl oder Pflanzenfett, etwas Gemüsebrühe, je 1 Prise Salz und Zucker, 1 Eßl. gehackte Petersilie

Lauchgemüse

Von den Lauchstengeln die grünen Teile entfernen, die übrigen in fingerdicke Scheiben schneiden und auf einem Sieb gut abtropfen lassen – In kochendem Salzwasser zusetzen und kurz kochen – Aus der Butter, dem Mehl, der Milch und etwas Gemüsebrühe eine helle Buttersauce bereiten und würzen – Den abgetropften Lauch zugeben, noch einige Zeit durchkochen und mit dem Rahm abschmecken.

4 Lauchstengel, 3 Eßl. Butter, 2 Eßl. Mehl, Milch, Salz, Pfeffer, Muskat, 4 Eßl. Rahm

Leipziger Allerlei

Alles junge Gemüse putzen, Spargel in 4–5 cm lange Stücke schneiden, Blumenkohl in kleine Röschen zerteilen und in Fett und Brühe dünsten – Übrige Flüssigkeit mit angerührtem Mondamin binden, abschmecken, mit Petersilie überstreuen – Man kann auch jedes Gemüse einzeln dämpfen und dann zusammen in Butter schwenken.

125 g Erbsen, 125 g Karotten, 125 g Spargel, 1/2 Blumenkohl, 4–5 Morcheln, 2 Eßl. Butter, 1/8 l Brühe, Salz, gehackte Petersilie, 1 Teel. Mondamin

Mangoldgemüse

1 kg Mangold, Salzwasser, 3 Eßl. Butter, 2 Eßl. Mehl, Salz, Pfeffer, Muskat

Junge, zarte Mangoldblätter zurichten und kochen wie Spinat, s. Seite 426 – Nach dem Abkochen kurz in kaltes Wasser legen, abtropfen lassen und fein verwiegen oder durchpassieren – Aus Butter und Mehl eine helle Mehlschwitze bereiten, mit Wasser ablöschen – Mangold zugeben, mit Wasser oder Milch auffüllen, würzen und kurz durchkochen – Von älterem Mangold nur die Stiele verwenden, diese vor dem Kochen dünn abziehen und in 3 cm lange Stücke schneiden – In weißer Buttersauce oder Holländischer Sauce anrichten.

Pilze

1 kg Pilze, 2 Eßl. Öl, 2 Eßl. Butter, 1 kleine Zwiebel, Petersilie, Salz, Pfeffer

Die Pilze sorgfältig putzen und auf einem Sieb schnell abbrausen – In einer Kasserolle in dem heißen Öl leicht anbraten – Mit der Butter und dem Gewürz noch ungefähr 10 Minuten zugedeckt schmoren lassen – Mit gehackter Petersilie bestreut anrichten.

Eine andere, etwas ausgiebigere Zubereitungsart: Die geschmorten Pilze mit Mehl bestäuben und mit Rahm oder Milch ablöschen.

Teltower Rübchen oder Mairübchen

1 kg Teltower Rübchen, 3 Eßl. Butter, 1 Eßl. Zucker, 1 Eßl. Mehl, Salz, Pfeffer

Die Rübchen schaben, waschen und in Salzwasser halb weichkochen – In einer Kasserolle den Zucker mit der Butter hellbraun rösten – Das abgeschüttete, abgetropfte Gemüse zugeben, darin wenden und mit dem Mehl überstäuben – Mit Gemüsebrühe auffüllen und zugedeckt garen lassen – Nach Geschmack würzen und zu Hammel- und Schweinebraten geben.

Sellerie

2 große Sellerieknollen, 3 Eßl. Butter, 2 Eßl. Mehl, Fleischbrühe, 4 Eßl. Süßrahm, Salz, Pfeffer

Die Knolle bürsten, in Salzwasser weichkochen, schälen, in Scheiben schneiden oder roh schälen, in Scheiben schneiden und in etwas Fleischbrühe weichkochen – Aus der Butter und dem Mehl eine Buttersauce bereiten, würzen, mit Rahm oder Milch abschmecken und das Gemüse darin gut durchkochen – Nach Belieben vor dem Anrichten noch mit Eigelb legieren.

Gedünstete Sellerie

Sellerieknollen bürsten, waschen, schälen und in Scheiben schneiden – In Butter und Fleischbrühe weichdünsten – Etwas Bratensauce und frische Butter zugeben und durchschwenken.

2 Sellerieknollen, 2 Eßl. Butter, 1 Tasse Fleischbrühe, 2 Eßl. Bratensauce, Butter

Rote Rüben

Die roten Rüben bürsten, schälen und in feine Streifen schneiden oder hobeln – Weitere Zubereitung wie Rotkraut, s. S. 421.

750 g rote Rüben, 3 Eßl. Fett, 2 Eßl. Mehl, 1 Lorbeerblatt, 1 Nelke, 1 kleine Zwiebel, 1/2 Tasse Wein, 1 Eßl. Essig, Zucker, Salz, Pfeffer

Weiße Rüben oder Rettiche

Das Gemüse waschen, schälen und in passende Stückchen schneiden – Weitere Zubereitung wie Teltower Rübchen, s. S. 424.
Eine andere Zubereitungsart: In Salzwasser weichkochen, durchpassieren und eine helle Buttersauce darangeben.

1 kg Rüben, 3 Eßl. Fett, 1 Eßl. Zucker, 1–2 Eßl. Mehl, Salz, Pfeffer

Spinat mit Bröseln

Spinat zurichten und dünsten, siehe unten – Auf ein Sieb gießen, mit kaltem Wasser rasch abschrecken und gut ausdrücken – Leicht zu kleinen Häufchen zusammengesetzt, würzen, auf eine vorgewärmte Platte setzen und mit in Butter gerösteten Bröseln, mit Salz gewürzt, übergießen.

1 kg Spinat, Salzwasser, 3 Eßl. Butter, 1 Eßl. Brösel, Salz

Gedünsteter Spinat

Spinat sorgfältig verlesen und waschen – Mit dem vom Wasser noch anhaftenden Wasser in einen großen Topf füllen – Zugedeckt auf großer Flamme 2 Minuten dünsten, bis er zusammengefallen ist – In einer Kasserolle Butter erhitzen, feingewiegte Zwiebel und Mehl leicht anrösten – Den durch den Wolf gedrehten Spinat zugeben – Zugedeckt, mit Gewürzen durchdünsten – Nach Belieben einige Eßlöffel Süßrahm untermengen.

1 kg junger Spinat, 100 g Butter, 1 Eßl. Mehl, 1 kleine Zwiebel, Salz, Pfeffer, einige Eßl. Süßrahm

Spinat

1 1/2 kg Spinat, 3 Eßl. Butter, 2 Eßl. Mehl, Milch oder Wasser, Knoblauch nach Belieben, Salz, Pfeffer, 1/4 Tasse Rahm

Zugerichteten Spinat kochendem Salzwasser beisetzen, so daß er gerade davon bedeckt ist – Beim ersten Aufwallen nach Belieben eine Messerspitze Natron zugeben und nur noch einige Male kurz aufkochen lassen – Bei zu langer Kochzeit wird er braun und bitter – Abgetropft durch ein grobes Sieb passieren – Aus Mehl und Butter eine helle Mehlschwitze bereiten und mit Milch oder Wasser ablöschen – Spinat beigeben und nur noch kurz aufkochen – Vor dem Anrichten den Rahm zurühren und würzen.
Wird der Spinat als Blattspinat gereicht (nicht passiert), mit Butter übergießen und mit Zitrone beträufeln.

Spinat auf französische Art

3/4 kg Spinat, Salzwasser, Salz, 4–5 Eßl. Butter, 1 Teel. gehackte Petersilie

Spinat putzen, harte Stengel entfernen und gut waschen – In kochendem Salzwasser zugesetzt, kurz aufkochen – Auf einem Sieb abtropfen lassen – Butter in einer Kasserolle erhitzen, Spinat und Gewürze zugeben und zugedeckt unter Schwingen noch 5 Minuten dünsten.

Sauerkraut

1 kg Kraut, 3 Eßl. Schweine- oder Butterschmalz, 1 Zwiebel, 1 Apfel, Wacholderbeeren, 1 Glas Weißwein, Salz, Pfeffer, Zucker, 1 Kartoffel nach Belieben

Das Kraut auseinanderpflücken – In einem nicht zu kleinen Topf das Fett erhitzen und das Kraut darin wenden – Die feingeschnittene Zwiebel, den geschälten und zerschnittenen Apfel sowie die übrigen Gewürze zugeben, mit Wasser und Wein auffüllen – Ist das Kraut weichgekocht, nach Belieben die rohe geschälte Kartoffel hineinreiben, damit das Gemüse sämig wird.
Eine andere Zubereitungsart: Statt Wein reichlich Paprika nehmen, etwas Zucker und nach Belieben Rahm zufügen.
Bei Champagnerkraut zu Wildgeflügel anstelle von Wein kurz vor dem Anrichten Champagner und nach Belieben einige Ananasstückchen zugeben.

Tomatengemüse

500 g Tomaten, 4 Eßl. Butter, 1 Eßl. Mehl, Salz, Pfeffer, 1/2 Tasse Wasser

Tomaten waschen und halbieren – In Butter leicht anbraten – Mit Mehl bestäuben, wenig Wasser aufgießen und kurz durchkochen – Nach Geschmack würzen.

Gegrillte Tomaten

Tomaten waschen, trocknen und einmal quer durchschneiden – Mit Öl bepinseln und würzen – Im heißen Rohr bei Oberhitze grillen – Nach Belieben können die Tomaten auch unzerteilt und kreuzweise eingeschnitten verwendet werden.

4–8 Tomaten, Öl, Salz, Pfeffer

Topinambur (Erdartischocke)

Die Topinambur abbürsten, in Salzwasser weichkochen, schälen und in Scheiben schneiden – Aus den übrigen Zutaten eine helle Mehlschwitze bereiten, mit Fleischbrühe oder Wasser ablöschen – Nach Belieben mit Eigelb legieren oder einige Löffel Rahm zugeben.
Topinambur erkaltet, mit einer Salatmarinade angemacht, ergeben einen vorzüglichen Salat. (Topinambur sehen ähnlich wie Kartoffeln aus und ähneln im Geschmack den Artischocken.)

750 g Topinamburknollen, 2 Eßl. Butter, 2 Eßl. Mehl, Brühe oder Wasser, Zitronensaft, Muskat, Salz, Pfeffer

Wildgemüse

Die jungen Blätter und Triebe möglichst gemischt verwenden – Zubereiten wie Spinat, s. S. 425 f., oder wie grünen Salat anmachen.

500 g Blätter von: Brennesseln, Löwenzahn, Hederich, Huflattich, Sauerampfer, Gänseblümchen, Spitzwegerich

Spargel

Die Spargel nicht zu dünn schälen, alles Harte und Faserige entfernen – Zusammenbündeln, die Enden gleich lang abschneiden, kurz abbrausen – In schwach gesalzenes, kochendes Wasser mit je einem Teelöffel Butter und Zucker einlegen und 20–25 Minuten zugedeckt garkochen – Sie sind fertig, wenn sie sich beim Herausheben biegen – Gut abtropfen lassen, aufbinden und auf eine heiße Platte legen – Entweder mit in Butter gerösteten Bröseln übergießen oder nach Belieben zerlassene Butter, Holländische Sauce, Sauce Mousseline oder Sauce Vinaigrette dazu reichen – Aus der Spargelbrühe kann eine Spargelsuppe bereitet werden – Die Brühe (etwas abgekühlt) ist sehr gesund zu trinken, doch muß man darauf achten, daß sie nicht zu stark gesalzen ist.

1 kg Spargel, 4 Eßl. Butter, Zucker, 2 Eßl. Brösel, Salz

Spargel, gebacken

1 kg Spargel, 1–2 Eier, Mehl oder Weinteig, Friture

Spargel zurichten und in kochendem Salzwasser halb gar kochen – Mit kaltem Wasser abschrecken – Die Kopfenden der Spargel etwas abgetrocknet, in Mehl wenden – 3–4 Stück zusammenbinden – In geschlagenem Ei und Mehl wenden oder in Weinteig, bis sie allseitig davon umhüllt sind – Schwimmend in heißem Fett goldgelb herausbacken.
Beigabe: Tiroler Sauce.

Schwarzwurzeln

500 g Schwarzwurzeln, 3 Eßl. Butter, 2 Eßl. Mehl, 1 Eßl. Essig oder Zitronensaft, 2 Eßl. Rahm oder Milch, Salz, Pfeffer, 1 Eigelb

Die Wurzeln waschen, schaben und in 2–3 cm lange Stücke schneiden, sehr dicke Wurzeln auch der Länge nach 1–2mal durchschneiden – Bis zum Gebrauch in kaltes Wasser legen, dem etwas mit Essig angerührtes Mehl beigemengt wurde – Die Schwarzwurzeln in kochendem Salzwasser weichkochen – Aus der Butter und dem Mehl eine helle Mehlschwitze bereiten und mit Gemüsebrühe ablöschen – Das Gemüse, die Gewürze, den Rahm oder die Milch und nach Belieben eine Prise Zucker zugeben und alles gut durchkochen – Zur Verfeinerung vor dem Anrichten noch mit Eigelb legieren.

Winterkohl

1 kg Kohl, 3 Eßl. Fett, 2 Eßl. Mehl, 1 kleine Zwiebel, Salz, Pfeffer, Fleischbrühe

Das Gemüse erst verwenden, wenn der Frost darübergegangen ist – Die gelben welken Blätter und die harten Blattrippen entfernen und den Kohl waschen – In kochendem Salzwasser weichkochen – Abgießen und mit kaltem Wasser abschrecken und durch den Fleischwolf drehen oder fein verwiegen – Im Fett die Zwiebel und das Mehl anrösten, mit der Fleischbrühe oder Wasser ablöschen und durchkochen – Das Gemüse und die Gewürze zugeben und kurz aufkochen und bis zum Gebrauch warmstellen – Keinesfalls lange kochend halten, da das Gemüse sonst bitter und unansehnlich wird.

Weißkraut

1 kg Weißkraut, 4 Eßl. Fett, 2 Eßl. Mehl, 1 kleine Zwiebel, Salz, Pfeffer, Kümmel

Zubereitung wie Wirsing, s. Seite 429 – Statt Muskat etwas Kümmel zum Würzen nehmen.

Wirsing

1 kg Wirsing, 2 Eßl. Butter, 2 Eßl. Mehl, 1 kleine Zwiebel, Petersilie, Salz, Pfeffer, Muskat, Fleischbrühe oder Milch

Den Wirsing zerteilen, Strunk und harte Blattrippen entfernen – Kurz in kaltes Salzwasser legen, damit etwa anhaftende Räupchen sich lösen, mit frischem Wasser abbrausen – In kochendem Salzwasser nicht zu weich kochen – Auf einem Sieb abtropfen lassen und leicht ausdrücken – Fein verwiegen oder durch den Fleischwolf drehen – In der Butter die feingeschnittene Zwiebel und Petersilie leicht anrösten, das Mehl zugeben und mit der Fleisch- oder Gemüsebrühe oder Milch ablöschen und auffüllen – Aufkochen lassen – Den Wirsing und die Gewürze zugeben und nochmals kurz durchkochen – Ein Stückchen frische Butter oder etwas Rahm verfeinern das Gemüse.

Eine andere Zubereitungsart: Die äußeren Blätter entfernen, den Wirsing waschen und im ganzen in sprudelndem Salzwasser nicht zu weich kochen – Abtropfen lassen und mit in Butter hell gerösteten Bröseln übergießen – Auf dieselbe Weise kann Rosenkohl angerichtet werden.

Gedünsteter Wirsing

1 großer Wirsing, 100 g Speck, 1 große Zwiebel, Bratensauce oder Fleischbrühe, Salz, Pfeffer

Von einem Wirsing die äußeren harten Blätter entfernen, den Kohl in vier Teile zerschneiden und den Strunk entfernen – Kochendem Salzwasser zugesetzt, nicht zu weich kochen – Auf ein Sieb abgießen und mit kaltem Wasser abschrecken – Abgetropft aus den Blättern faustgroße Häufchen formen – Eine flache Kasserolle mit Speckscheiben und dünnen Zwiebelringen auslegen – Den Kohl daraufsetzen und würzen – Mit Sauce oder Brühe befeuchten und im heißen Rohr, zugedeckt, etwa 30 Minuten dünsten.

Zuckerschoten (Zuckererbsen)

750 g Zuckerschoten, 3 Eßl. Butter, Petersilie, Salz, Pfeffer, Fleischbrühe oder Wasser

Von den Zuckerschoten die Fäden abziehen, die Schoten waschen und abtropfen lassen – In der Butter die Petersilie kurz dünsten – Die Schoten, die Gewürze und etwas Fleischbrühe oder Wasser zugeben und zugedeckt auf kleiner Flamme weichdünsten – Von Zeit zu Zeit, wenn die Flüssigkeit verdampft ist, wieder etwas Fleischbrühe oder Wasser zugeben, bis das Gemüse gar ist.

Zuckermais

8 Maiskolben, Salzwasser, Butter, Zucker, Butter zum Bestreichen

Die Maiskolben von Blättern und Bart befreien – Die Körner sollen noch weiß sein, sie dürfen höchstens einen leichten gelben Schimmer zeigen – In kochendes Salzwasser, dem je 1 Teelöffel Butter und Zucker beigegeben wurde, einlegen und in etwa 20 Minuten garkochen – Herausnehmen, in eine Serviette einschlagen und auftischen – Bei Tisch die Kolben mit frischer Butter bestreichen und die Körner mit den Zähnen abknabbern.

Zwiebeln, glasiert

500 g kleine Zwiebelchen, 2 Eßl. Butter, 1 Eßl. Zucker, Salz, Pfeffer, Bratensauce oder Fleischbrühe

Die Zwiebelchen schälen, in Salzwasser aufkochen und auf einem Sieb abtropfen lassen – In einer Kasserolle die Butter mit dem Zucker gelb anrösten und die Zwiebelchen darin umwenden – Etwas Bratensauce oder Fleischbrühe und die Gewürze beigeben – Auf starkem Feuer, unter öfterem Umdrehen fertigschmoren, bis sie braun und glänzend aussehen.

Vorzügliche Beigabe zu Schweinekoteletts und glasierten Kastanien – Auf dieselbe Art können *Selleriestückchen, Karotten und Teltower Rübchen* zubereitet werden.

Oportozwiebeln

4 Oporto-Zwiebeln, 2–3 Eßl. Butter

Die Zwiebeln schälen und in kochendem Salzwasser oder in Fleischbrühe in etwa 40 Minuten garkochen – Mit der zerlassenen Butter übergießen und servieren.

Eine andere Zubereitungsart: Die Zwiebeln 20 Minuten kochen, halbieren, aushöhlen und mit Fleischfarce füllen – In eine gebutterte Auflaufform legen, mit etwas Fleischbrühe übergießen, mit Butterflöckchen und Reibkäse bestreuen und im Ofen überbacken.

Zucchetti, Zucchini, (Gemüsekürbisse)

500 g Zucchetti, 250 g Tomaten, 4 Eßl. Butterschmalz oder Öl, 1/2 Eßl. Mehl, Pfeffer, Salz, 1 Eßl. Petersilie, 1/4 Tasse Rahm

Zucchetti waschen und mit der Schale in Würfelchen schneiden – Im Schmalz oder Öl unter Zugabe von 1/2 Tasse Wasser 3/4 weichdünsten – Geschälte Tomatenschnitze dazugeben und vollends garen – Mit Mehl bestäuben und ablöschen – Würzen und den Rahm beifügen.
Zucchetti nach Belieben nur für sich in Butter oder Öl weichschmoren.

Gemüse als selbständige Gerichte

Auberginen gratiniert

4 Auberginen (Eierfrüchte), Salz, 1 Tasse Olivenöl, 2 Zwiebeln, 1 Knoblauchzehe, 2 Tomaten, Salz, Pfeffer, Zucker, 1/2 Zitrone, Saft, Tomatenscheiben

Die grünen Stielenden der Früchte abschneiden – Salzen und eine Stunde ziehen lassen – Abtrocknen und allseitig in Öl anschmoren – Feingeschnittene Zwiebeln in Öl glasig dünsten – Abgezogene Tomaten in Würfelchen geschnitten, gehackten Knoblauch und Gewürze zugeben – Durchbraten lassen – Die Auberginen der Länge nach halbieren, etwas vom Mark herausnehmen, zu der Masse geben und die Auberginenhälften damit füllen – In eine gut gefettete Glasform legen – Mit Tomatenscheiben bedecken – Mit etwas Zitronensaft beträufeln, mit wenig Zucker bestreuen und einige Tropfen Öl übergießen – Etwa 20 Minuten im heißen Rohr überbacken.

Gefüllte Auberginen

4 Auberginen (Eierfrüchte), Backfett, 125 g gekochter Schinken oder Hammelfleisch, 50 g Champignons, 2 Tomaten oder Tomatenpüree, 1 Zwiebel, 1/2 Zehe Knoblauch, 1 Eßl. gehackte Petersilie, 2–3 Eßl. Olivenöl, Brösel, Bratenjus, Butter

Die Eierfrüchte der Länge nach halbieren – Die Kerne entfernen und in die Hautseite einige Einschnitte machen – In heißem Backfett weichschmoren – Das Mark mit einem Löffel herausheben, so daß sich Schüsselchen bilden – Das Mark, Schinken oder Hammelfleisch, Champignons, enthäutete, von Saft und Kernen befreite Tomaten, Zwiebeln und Knoblauch fein verhacken – Mit Petersilie und Olivenöl vermengen – Die Auberginenschüsselchen damit füllen und mit Bröseln bestreuen – Eine Auflaufplatte mit Butter ausstreichen und dünn mit Bratenjus begießen – Die Auberginen hineinsetzen, 10 Minuten im heißen Rohr überbacken und zu Tisch geben.

Artischocken auf italienische Art

8 junge Artischocken, Salzwasser, 1 Zitrone, Saft, 1/4 Tasse Öl, Risotto

Stiele, Blattspitzen und Staubgefäße der Artischocken entfernen – Zum Vermeiden des Schwarzwerdens sofort in mit Zitronensaft gesäuertes, kaltes Salzwasser legen – Aufs Feuer setzen und sie 3/4 darin weichkochen lassen – Abschütten und abgetropft, mit Öl übergossen weichdünsten – Auf Risotto gesetzt anrichten.

Gefüllte Artischocken

8 Artischocken
Zur Fülle:
Zwiebelpüree oder dicke Buttersauce, 1/2 Tasse Rahm, 200 g Bries, 1 Eßl. Butter, Reibkäse, Brösel, Butter

Artischocken putzen und waschen, in Salzwasser weichkochen, s. Seite 417 – Die Blätter entfernen – Bries feinhacken und in Butter dünsten – Mit Zwiebelpüree oder dicker weißer Buttersauce, mit Süßrahm aufgefüllt, vermengen – Die Artischockenböden damit füllen – Mit Bröseln oder Reibkäse bestreuen und mit Butterflocken belegen – Im heißen Rohr einige Minuten überbacken.

Artischocken mit Bohnenmus

4 große Artischockenböden, 200 g Bohnenkerne, 4 Eßl. Butter, 4 Eßl. Rahm, 2 Teel. Mehl, Reibkäse, Salz

Die Bohnenkerne in Salzwasser weichkochen und durchpassieren – Mit dem Rahm, der Butter, dem Mehl und Salz zu einem Püree vermengen – Auf die gekochten Artischockenböden häufen und in eine gebutterte Auflaufform setzen – Mit geriebenem Käse bestreuen und im Rohr leicht bräunen.

Endiviengemüse mit Salami

4–8 Endivienköpfe, 4 Eßl. Butter, 1 kleine Zwiebel, Salz, Pfeffer, 1 Eßl. Mehl, Brühe, Muskat, 1 Prise Zucker

Von Endivien die grünen Blätter entfernen und die gelben Köpfchen waschen – Mit kochendem Wasser übergossen, 10 Minuten stehen lassen – Abgetropft in zerlassener Butter mit feingehackter Zwiebel, Salz und Pfeffer weichdünsten – Mit Mehl bestäuben und mit Brühe auffüllen – Mit Muskat und Zucker abschmecken – Noch kurze Zeit durchkochen lassen und mit in Scheiben geschnittener Salami umlegt oder mit heißer Kochsalami servieren.

Überbackene Chicorée

1 kg Chicorée, 100 g Speck, 4 Eßl. Reibkäse, 250 g mageres Hammelfleisch, Salz, Pfeffer, 1/2 Teel. Salbei, 1/2 Teel. Ingwer (Pulver), 2 Eßl. Butter, Joghurt, 2–3 Eßl. Brösel, 2 Eßl. Reibkäse

Chicorée von den welken Blättern befreien – Den bitteren Strunk ausstechen und waschen – Abtrocknen lassen – Speck würfelig schneiden und anrösten – Die Chicorées unzerteilt darin halbgar dünsten – Reibkäse zustreuen – In eine zugerichtete Gratinierplatte ordnen – Das Fleisch in feine Streifen schneiden – Gewürze beifügen und im Fett anbraten – Mit Joghurt auffüllen und mit Bröseln binden – Gut durchkochen – Reibkäse untermengen – Über das Gemüse füllen – Im heißen Rohr 10 Minuten überbacken.

Chicorée im Schinkenmantel

Chicoréekolben am Strunk ausbohren – Welke Blätter entfernen – Eine Stunde in kaltes Wasser stellen, um die Bitterstoffe auszuziehen – In Salzwasser mit einem Eßlöffel Butter, knapp bedeckt, weichdünsten – Abtropfen lassen – Jeden Kolben mit einer Scheibe Schinken umwickeln – In einer gebutterten Auflaufform 10 Minuten überbacken – Aus der Brühe eine Sauce bereiten – Mehl, Rahm und Eigelb verquirlen, zu der Brühe geben und würzen – Über den Chicorée gießen – Reichlich mit Parmesan bestreuen und mit Butterflocken belegen – Zurück ins Rohr stellen und goldgelb überbacken.
Beigabe: Kartoffelpüree oder Bratkartoffeln.

8–10 Chicorée, 8–10 Scheiben gekochter Schinken, 4 Eßl. Parmesan, 2 Eßl. Butter, 1/4 l Rahm, 1 Eigelb, 1 Eßl. Mehl, Salz, Pfeffer

Gemüseplatte

Gemüse putzen, jedes für sich in Salzwasser weichkochen und abtropfen lassen – Auf einer Platte hübsch anordnen – Karotten und Pilze mit Petersilie, Bohnen mit Bohnenkraut, Erbsen mit Dill bestreuen – Mit frischen Butterstückchen belegen – Oder die zugerichteten Gemüse gesondert jedes für sich in Butter mit Gewürzen dünsten – Mit glasierten Kastanien, s. Seite 421, umlegen.

Verschiedene junge Gemüse: grüne Bohnen, Erbsen, Karotten, Spargel, Pilze, gehackte Petersilie, Butter, Salz, Pfeffer, Dill, Bohnenkraut

Gefüllte Morcheln

Von schönen, möglichst gleich großen Morcheln vorsichtig die Stiele ausschneiden, die Hüte waschen – Mit kaltem Wasser zusetzen und aufkochen – Auf ein Sieb gießen, heiß durchspülen und abtropfen lassen – Aus Butter, Mehl, Milch, Salz und Pfeffer eine dicke weiße Sauce kochen – Brösel zugeben und nochmals kurz aufkochen – Vom Feuer genommen mit feingewiegtem Hühnerfleisch, Eigelb und Petersilie vermengen – Steifen Eierschnee unterziehen – Die Masse in die der Länge nach halbierten Pilzhüte füllen – Mit der Füllung nach oben in eine gebutterte Auflaufform setzen – Wein zugießen, mit Bröseln bestreuen und mit Sauce beträufeln – Mit butterbestrichenem Papier bedeckt, im heißen Rohr 30 Minuten dünsten.

3/4 kg Morcheln
Zur Fülle:
2 Eßl. Butter, 1 1/2 Eßl. Mehl, 1 Tasse Milch, Salz, Pfeffer, 1/4 Tasse Brösel, 1 Tasse gekochtes Hühnerfleisch, 2 Eigelb, 1 Eiweiß, 1 Teel. gehackte Petersilie
Zum Backen:
2 Eßl. Butter, Brösel, 1 Tasse Weißwein, Bratensauce

Zwiebelpüree

4 Zwiebeln, 3 Eßl. Butter, Salz, Mehl, Wasser

Zwiebeln blättrig schneiden – In Butter leicht dünsten, mit Mehl bestäuben und mit wenig Wasser aufgießen – Dicklich einkochen und durchpassieren.

Gefüllte Kohlrabi

4 Kohlrabi, Salzwasser
Zur Fülle:
1 Eßl. Butter, 1 Zwiebel, 1 Teel. gehackte Petersilie, 150 g Bratenreste oder gehacktes Kalbfleisch, 1 Ei, Salz, Pfeffer, Kohlrabiabfälle, 2 Tassen Buttersauce

Kohlrabi schälen und Deckel abschneiden, die später als Kappe verwendet werden – Kohlrabi aushöhlen und alles in Salzwasser halbweich kochen – Abgetropft füllen und, mit den Kappen bedeckt, dicht nebeneinander in eine flache Kasserolle setzen – Mit Buttersauce übergießen und vollends weichdünsten.

Zur Fülle: Feingehackte Zwiebel und Petersilie in Butter andünsten – Vom Feuer genommen, mit Fleisch, weichgekochtem, durchpassiertem Kohlrabimark, Eigelb, Gewürzen und steifem Eierschnee vermengen.

Beigabe: Röstkartoffeln.

Spargel Mimosa

1 Bund Spargel
Zur Sauce:
2 Eßl. Zitronensaft, 3 Eigelb, Salz, 1 Prise Zucker, 100 g Butter, 3 Eßl. Süßrahm, 2 Eier hartgekocht

Spargel zurichten und gar kochen, s. Seite 427 – In eine kleine Kasserolle Zitronensaft, Salz, Zucker, Eigelb und die in kleine Stückchen geschnittene Butter geben – Im Wasserbad dickcremig schlagen – Zuletzt den Rahm unterschlagen – Die Spargel gut abtropfen lassen und auf heißer Platte anrichten – Hartgekochte Eier krümelig hacken und über die Spargel streuen – Die Sauce getrennt dazu reichen.

Sizilianische Spargel

1 kg Spargel
Zur Sauce:
2 Eßl. Essig, Salz, Pfeffer, 3 Eigelb, 6–7 Eßl. Butter, 1 Eßl. Orangensaft, 1/2 Orange, Schale

Die Spargel zurichten und garkochen – Den Essig mit Pfeffer zur Hälfte einkochen lassen – In einer kleinen Kasserolle die Eigelb mit Butter und etwas Salz verrühren und den abgekühlten Essig zugeben – Im Wasserbad unter ständigem Rühren zum Kochen bringen – Fängt die Sauce an dick zu werden, nach und nach die Butterflocken unterrühren, so viel die Sauce aufnimmt – Zuletzt mit Orangensaft, der feingeschnittenen Orangenschale und Salz abschmecken – Die fertige Sauce über die angerichteten Spargeln gießen.

Gebackene Spargel

Die Spargeln zurichten und in kochendem Salzwasser 1/2 garkochen – Die Kopfhälften der Spargel abschneiden, in kaltem Wasser abschrecken, abtrocknen und in Mehl wenden – 5–6 Stück zusammenbündeln, in das geschlagene Ei tauchen und in Mehl wenden oder in Beignetteig tauchen – Schwimmend in Fett oder Öl herausbacken – Aus den Spargelresten kann noch eine Spargelsuppe bereitet werden.

1 kg Spargel, 1–2 Eier, Mehl oder Beignetteig, Backfett

Spinatcroûtons

Spinat durchpassieren, würzen und mit Eigelb und Rahm cremig rühren – Weißbrot entrinden, in 1 1/2 cm dicke Scheiben schneiden und herzförmig ausstechen – Auf beiden Seiten in Butter hell anrösten – Stark fingerdick, nach der Mitte zu etwas höher, mit Spinatcreme bestreichen – Einige Minuten im heißen Rohr überbacken.

1 Tasse gekochter Spinat, 1–2 Eigelb, 1–2 Eßl. Süßrahm, Salz, Pfeffer, Weißbrot, Butter

Gebackene Schwarzwurzeln

Schwarzwurzeln schaben, in Milch oder Zitronenwasser legen – In fingerlange Stücke schneiden und in Salzwasser weichkochen – Auf einem Sieb abtropfen lassen – Einzeln in Teig tauchen, bis sie allseitig davon umhüllt sind – In heißes Backfett legen und darin schwimmend goldgelb herausbacken – Auf heißer Platte, mit Papierserviette belegt, anrichten – Mit Zitronenschnitzen und Petersilie garnieren.

Beigabe: Mayonnaise oder Holländische Sauce.

500 g Schwarzwurzeln, 1 Zitrone, Salz, Weinteig, Backfett

Kardy mit Sauce Bordelaise

Das Gemüse zurichten, die äußeren, harten Blätter entfernen – Die weißen Blätter und das Herz in fingerlange Stücke schneiden und mit Zitronensaft beträufeln – In mit Mehl, Zitronensaft und etwas Öl versetztem Wasser in etwa 1 1/2 Stunden weichkochen – Abgetropft in eine Schüssel legen und mit Sauce Bordelaise übergießen.

Beigabe: In Scheiben aufgeschnittene Zunge und Kartoffelkroketten.

Kardy (Spanische Artischocke), Zitronensaft, Mehl, Salzwasser, Öl, Sauce Bordelaise

Spinatsoufflé

4 Eßl. Butter, 3 Eier, 250 g Spinat, Petersilie, 1 Brötchen, 1/4 Tasse Milch, 2 Eßl. Sauerrahm, 1 1/2 Eßl. Brösel, Salz, Pfeffer

Butter schaumig rühren und den abgekochten, passierten Spinat zurühren – In Butter angedünstete, gehackte Petersilie, in Milch eingeweichtes und ausgedrücktes Brötchen, Rahm, Brösel, Gewürze und den steifen Eierschnee zugeben und vermengen – In reichlich mit Butter ausgestrichene und mit Mehl ausgestreute Förmchen füllen – In eine niedrige Kasserolle, 1/2 mit Wasser gefüllt, stellen und zugedeckt 30 Minuten kochen – Darauf achten, daß das Wasser nicht in die Förmchen sprudelt, in diesem Fall etwas Wasser abgießen – Beim Anrichten stürzen – Mit in Butter gerösteten Bröseln bestreuen. *Beigabe:* Schinken oder Rührei.

Gefüllte Weinblätter, türkisch

8 große Weinblätter, 2 Tassen Reis, 1 geriebene Zwiebel, 1 Teel. gehackter Dill, 1 Teel. gehackte Petersilie, Salz, Pfeffer, 2 Eßl. Olivenöl
Zum Braten:
1/2 Tasse Olivenöl, Wasser, 1 Zitrone

Große zarte Weinblätter mit Salzwasser überbrühen – Reis mit Zwiebel, Dill und Petersilie, Gewürz und Olivenöl vermengen – Die Fülle auf die rauhe Seite der Weinblätter streichen – Seitlich einschlagen – Zu Paketen zusammenklappen und mit Faden leicht umbinden – Mit Wasser und Öl in eine Kasserolle gesetzt, über kleiner Flamme etwa 1 Stunde dünsten, bis alle Flüssigkeit verdampft ist – Warm oder kalt, mit Zitronensaft beträufelt anrichten.

Gefüllte Zwiebeln

4–8 große Zwiebeln, Fleischfarce, 4–8 Speckscheiben, 4 Eßl. Butter, 1 Tasse Brühe, Salz, Pfeffer, Nelken, 1/2 Lorbeerblatt, 2 Zitronenscheiben, 1 Teel. Mehl

Schöne große Zwiebeln schälen – Deckel abschneiden und aushöhlen – Mit Fleischfarce füllen, die Deckel aufsetzen und mit dünnen Speckscheiben umbinden – In heißer Butter allseitig anbraten – Mit Mehl bestäuben und mit Brühe ablöschen – Gewürze beifügen und zugedeckt etwa 45 Minuten dünsten – Fäden entfernen und die Zwiebeln mit dem Bratfond übergießen.

Fleischfarce zu gefüllten Zwiebeln

250 g Hackfleisch, Salz, Pfeffer, 1/2 Teel. ger. Zitronenschale, 1 Brötchen, 2 Eßl. Butter, 2 Eier, 1 Eßl. Reibkäse

Eingeweichtes, ausgedrücktes Brötchen in einer Pfanne mit Butter trockendämpfen – Mit Fleisch, Gewürzen, Eigelb und Käse gut vermengen – Steifen Eierschnee unterziehen.

Saucen und Aspik

Aspik, Schnellrezept

Den Wein, das Wasser und die Gewürze zum Kochen bringen und die aufgelöste Gelatine untermengen – Die Flüssigkeit erstarren lassen, stürzen und in kleine Würfel schneiden – Zum Garnieren von kalten Braten, Pasteten, Salaten usw. geeignet – Aspik kann auch zur Herstellung kleiner Sülzen verwendet werden:
Die Förmchen 1 cm hoch mit flüssigem Aspik füllen, erstarren lassen und mit Braten, gekochten Eierscheiben, Gürkchen, Tomatenscheiben, gekochten grünen Erbsen, Bohnen usw. auslegen – Mit Aspik auffüllen und erstarrt stürzen (den Rand mit einem Messer lösen und die Förmchen kurz in heißes Wasser tauchen).

2 Tassen Weißwein, 2 Tassen Wasser, Würze, Salz, 4 Eßl. Essig, Aspikpulver nach Rezept auf der Packung

Madeira-Aspik

Entfettete Fleischbrühe mit Wein, Essig, Gewürzen und geschnittenem Wurzelwerk durchkochen – Durchseihen und mit schaumig geschlagenem Eiweiß und Zitronensaft unter fortwährendem Aufschlagen mit dem Schneebesen knapp aufkochen – Über kleiner Flamme zugedeckt ziehen lassen, bis das Eiweiß geronnen ist – Durch ein Tuch seihen – Mit Madeira und Würze abschmecken – Das aufgelöste Aspikpulver zugeben – Kühlstellen und erstarren lassen – Verwendung wie Schnellrezept.

1 l Fleischbrühe, 1 Tasse Weißwein, 1/8 l Estragon-Essig, 1 Nelke, 1 Lorbeerblatt, Pfefferkörner, ein wenig Thymian, Majoran, Muskatnuß, Salz, Wurzelwerk, Aspikpulver nach Rezept auf der Packung, 2 Eiweiß, 1 Zitrone, Saft, 1/2 Tasse Madeira, einige Tropfen Würze

Sauce Aioli (Provenzalische Knoblauchsauce)

Knoblauchzehen schälen – Den grünlichen Trieb ausstechen – Mit Pfeffer und Salz fein zerstoßen – Mit Eigelb verrühren – Tropfenweise das Öl zurühren und von Zeit zu Zeit etwas Zitronensaft beigeben – Rühren, bis die Sauce dick und steif ist – Zuletzt das Wasser zurühren.
Zu Fisch, Fleisch und Gemüse.

6 Zehen Knoblauch, Pfeffer, Salz, 2 Eigelb, 2/10 l Olivenöl, Zitronensaft, 1 Teel. lauwarmes Wasser

Sauce Allround

2 Zwiebeln, 1 gelbe Rübe, 2 Eßl. Butterschmalz, 1 Tasse Wasser, Pfeffer, Paprika, 1 Teel. Fleischextrakt, 1–2 Eßl. Sojasauce

Geschälte Zwiebeln und gelbe Rüben kleinschneiden – Im Fett glasig rösten – Mit Wasser ablöschen – Gewürze und Fleischextrakt zugeben – Zugedeckt weichdünsten – Von Zeit zu Zeit nach Bedarf Wasser zugeben – Zuletzt mit Sojasauce abschmecken – Kochzeit etwa 25 Minuten – Durchgeseiht zu gegrilltem Fleisch reichen.

Sauce Béchamel

3 Eßl. Butter, 3 Eßl. Mehl, 2 Tassen Wasser, 1/2 Tasse Süßrahm, 1 Teel. Zitronensaft, Salz, Muskat, 1/2 Teel. Reibkäse, 1 Eigelb

Aus Butter und Mehl eine helle Mehlschwitze bereiten – Mit Wasser oder Brühe ablöschen, auffüllen und gut verkochen – Rahm, Käse und Gewürz zugeben – Vom Feuer nehmen und mit Eigelb legieren.
Beigabe zu Gemüsen, Kartoffeln und Eierspeisen.

Béarner Sauce (Sauce Béarnaise)

4 Eßl. Weißwein, 3 Eßl. Weinessig, 1 Nelke, 3 Schalotten, 1 Stengelchen Estragon, 1/2 Lorbeerblatt, Salz, Pfefferkörner, 2 Eigelb, 6–10 Eßl. Butter

Den Wein, den Essig und die Gewürze zusammen kochen und durch ein Sieb gießen – Nach dem Erkalten mit dem Eigelb verquirlen und die Hälfte der Butter zugeben – Im Wasserbad mit dem Schneebesen dick und schaumig schlagen und dabei nach und nach die restliche Butter zugeben.
Beigabe zu gegrilltem Fleisch und Fisch.

Sauce Bordelaise

1 Glas Bordeaux, 2 Schalotten, 2 Eßl. braune Sauce, 1 Eßl. Fleischextrakt, 100 g Butter, 1 Zitrone, Saft, gehackte Petersilie, 50 g Ochsenmark

Wein mit gehackten Schalotten zur Hälfte einkochen – Mit brauner Sauce und Fleischextrakt vermengen – Über kleiner Flamme aufkochen, nach und nach Butter unterschlagen – Zitronensaft und 1 Teelöffel gehackte Petersilie beifügen – Ochsenmark in Scheiben schneiden und in kochendem Wasser ziehen lassen – Gut abgetropft, vor dem Anrichten über die Sauce geben.
Beigabe zu Fleisch und Gemüse.

Bratenjus

Abfälle von Kalb-, Rind- und Geflügelfleisch, Knochen, Brühe

Fleisch und Knochen im Fett braunbraten – Mit Brühe ablöschen und so lange kochen, bis alles weich ist – Durchgeseiht, dick einkochen – Kühlgestellt aufbewahren.

Braune Sauce (Grundsauce)

Das Fett heiß werden lassen und das Mehl darin langsam braun rösten – Die feingewiegte Zwiebel kurz mitrösten – Unter tüchtigem Rühren mit dem Wasser ablöschen und auffüllen – Die Gewürze zugeben, gut durchkochen und vor Verwendung durchseihen.

2–3 Eßl. Fett, 4 Eßl. Mehl, 1 Zwiebel, 2 Tassen Wasser, 1 Lorbeerblatt, 2 Nelken, 1–2 Eßl. Essig, Salz, Pfeffer, Paprika

Butter- oder weiße Sauce (Grundsauce)

Das Mehl in der Butter hellgelb rösten – Mit dem Wasser ablöschen, auffüllen, würzen und zu einer dicklichen Sauce kochen – (Haben sich während des Einbrennens Knöllchen gebildet, tüchtig mit dem Schneebesen schlagen, bis die Sauce glatt ist) – Vom Feuer nehmen und je nach Verwendung mit Eigelb oder als *Rahmsauce* mit 1/2 Tasse Rahm legieren.

2–4 Eßl. Butter, 3 Eßl. Mehl, 2 Tassen Wasser, Salz, Pfeffer

Coronsauce

Holländische Sauce, s. Seite 442, halbe Menge, bereiten – Aus Butter und Mehl eine lichte Mehlschwitze bereiten, mit wenig Wasser ablöschen und Tomatenmark unterziehen – Mit der holländischen Sauce vermengen – Nach Geschmack würzen.
Beigabe zu Fisch und Eierspeisen.

1/2 Tasse Holländische Sauce, 1/2 Eßl. Butter, 1 Teel. Mehl, 1 Teel. Tomatenmark

Eiersauce

Wasser und Essig, gehackte Schalotten, Estragon und Pfefferkörner zur Hälfte einkochen – Mehl und Butter verkneten – Mit dem abgeseihten Essig über kleiner Flamme aufkochen – Eigelb, mit 2 Eßlöffel Wasser verklopft, und Tomatenmark der Sauce zugeben – Reichlich Butterflocken unterschlagen.
Beigabe zu Fisch und gebratenem Fleisch.

3 Schalotten, 1/4 Tasse Wasser, 1/4 Tasse Essig, 1 Teel. gehackter Estragon, 5 Pfefferkörner, 2 Eßl. Butter, 1 Eßl. Mehl, 2 Eßl. Tomatenmark, 2 Eigelb, Wasser, Butter

Sauce Colbert

Extrakt in 2 Eßlöffeln Butter zergehen lassen oder Bratensauce nehmen – Zitronensaft, Eigelb, ein Stückchen Butter und Salz zugeben – Im Wasserbad dickschlagen – Nach und nach die restliche Butter unterschlagen und Senf und Petersilie zugeben.

1 Eßl. Fleischextrakt oder 2 Eßl. Bratensauce, 1/2 Zitrone, Saft, 2 Eigelb, 150 g Butter, 1 Teel. Senf (franz.), 1 Teel. gehackte Petersilie, Salz

Chaud-froid-Sauce

1 Tasse kalte, gestockte Bratensauce, 1 Tasse flüssiger Aspik, 1 Eßl. Madeira, Salz, Pfeffer

Erkaltete, gestockte Bratensauce entfetten oder Fleischglace, s. Seite 441, mit erwärmtem, flüssig gemachtem Aspik und Madeira verrühren – Mit Salz und Pfeffer nachwürzen.

Cumberlandsauce

1/4 l Johannisbeergelee, 1/8 l Rotwein, Saft von 2 Orangen, Schale von 1 Orange, 1 Teel. engl. Senf

Das Gelee leicht erwärmen und verrühren – Mit den übrigen Zutaten (die Orangenschale ohne das Weiße fein geschnitzelt) vermengen – Kühlstellen.
Beigabe zu Wild.

Demi-glace

2/3 braune Grundsauce, 1/3 Jus, Butter oder Madeira

Gut durchgekochte braune Sauce entfetten – Jus zugeben und zur Hälfte einkochen – Je nach Rezept mit Butterstückchen aufschlagen oder mit Madeira abschmecken.

Duxelles

1/4 l Dose Champignons, 1/2 Zwiebel, 3 Schalotten, 1 Spur Knoblauch, 1 Teel. gehackte Petersilie, 2 Eßl. Butter, 1 Eßl. Olivenöl, 1 Tasse braune Sauce, 1 Eßl. Tomatenpüree

Champignons, Zwiebel und Schalotten feinhacken – In Butter und Öl mit Petersilie dünsten – Braune Sauce beifügen und mit Tomatenpüree zu dicker Sauce verkochen.
Beigabe zu gratiniertem Fisch.

Estragonsauce

2 Tassen weiße Buttersauce, 1 Eßl. gehackter Estragon, 4 Eßl. Butter, Zitronensaft, 1–2 Eigelb

Weiße Sauce erwärmen, Estragon beifügen, mit Zitronensaft abschmecken – Mit Eigelb legieren und die Butter unterziehen.
Beigabe zu Fisch und Fleisch.

Epikursauce

1 Eßl. Estragonessig, 2 Eßl. geriebenen Meerrettich, 1 Teel. engl. Senf, Salz, Pfeffer, 1/2 Tasse Schlagrahm, 3 Eßl. Mayonnaise

Den Essig, den Meerrettich, Senf, Salz und Pfeffer vermengen – Den Schlagrahm unterziehen – Mit der Mayonnaise vermengen.
Beigabe zu Eierspeisen und Fisch.

Englische Sauce

Sardellen, Kapern und Kräuter fein verwiegen – Eigelb zerdrücken – Mit Essig und Senf gut vermengen – Nach und nach das Öl zurühren, bis die Sauce sämig ist – Rahm und Gewürze beifügen.
Beigabe zu Fisch.

4 Sardellenfilets, 1 Eßl. Kapern, Kräuter wie: Petersilie, Schnittlauch, Dill, Estragon, Minze, 4 harte Eier, 1 Teel. engl. Senf, 1 Eßl. Essig, 1/2 Tasse Olivenöl, 1/2 Tasse Sauerrahm, Pfeffer, Salz, 1 Prise Zucker

Dänische Fischsauce

Die Butter schaumig rühren – Mehl zugeben und mit dem heißen Wasser verquirlen – Auf kleiner Flamme unter ständigem Schlagen zum Kochen bringen – Vom Feuer nehmen, die rohen Eigelb unterrühren, würzen und nach Belieben etwas Sardellenbutter, s. Seite 452, untermengen.
Beigabe zu Fisch.

2 Eßl. Butter, 3 Eßl. Mehl, 2 Tassen heißes Wasser, 1–2 rohe Eigelb, Salz, Pfeffer

Fleischglace

Die zugerichteten Füße im kalten Wasser aufstellen und weichkochen – Erkalten lassen und das Fett abheben – Wieder aufs Feuer geben, bis die Masse flüssig geworden ist – Das Fleisch herausnehmen – Eierschnee beifügen und mit dem Schneebesen schlagen, bis es aufkocht – Zur Seite stellen und 10 Minuten ziehen lassen – Durch ein Tuch seihen, wieder aufs Feuer setzen und dick einkochen – In ein Gefäß gefüllt an kühlem Ort aufbewahren – Die so, ohne Gewürze, bereitete Glace hält einige Monate und dient zum Glasieren von Fleisch, Fisch und Gemüsen und zum Dicken von Saucen.

3 Kalbsfüße, 2 Schweinsfüße, 2 Eiweiß

Dillsauce zu Fisch

Mehl in Butter hell anschwitzen – Feingehackte Zwiebel und Petersilie zugeben und durchdünsten – Mit Fischsud oder Wasser ablöschen – Auffüllen und gut durchkochen – Dill, Rahm, Zitronensaft, Salz und Pfeffer beifügen.

3 Eßl. Butter, 3 Eßl. Mehl, Petersilie, 1 kleine Zwiebel, 2 Eßl. gehackter Dill, 2 Tassen Fischsud oder Wasser, Zitronensaft, Salz, Pfeffer, 1/4 Tasse Rahm

Genueser Sauce (Pesto Genovese)

Rohe Fischabfälle wie: Gräten und Köpfe, Wurzelwerk, 1 Tasse Fleischbrühe, 1 Tasse Wein, 2 Schalotten, 1 Tasse braune Sauce, 1 Teel. Fleischextrakt, 100 g Butter, 2 Teel. Zitronensaft, 2 Teel. gehackte Petersilie

Fischabfälle in Fleischbrühe und Wein mit geschnittenem Wurzelwerk bis zur Hälfte der Flüssigkeit einkochen – Durch ein feines Sieb passieren und zu brauner Sauce geben – Feingehackte Schalotten und Fleischextrakt beifügen und gut verkochen – Nach und nach mit Butter, Zitronensaft und Petersilie aufschlagen.
Beigabe zu Fisch.

Kapernsauce

3 Eßl.Butter, 3 Eßl. Mehl, 2 Tassen Wasser oder Zungenbrühe, Salz, Pfeffer, 1 Eßl. Kapern, 1/2 Zitrone, Saft, 1 Eigelb

Mehl in Butter hellgelb rösten – Mit Wasser oder Brühe ablöschen und zu einer dicklichen Sauce verkochen – Kapern und Zitronensaft zugeben und kurz darin aufkochen – Vom Feuer nehmen, mit Eigelb legieren.
Beigabe zu gekochtem Fleisch und Fisch.

Gurkensauce

2 Tassen Weiße Sauce, 8–10 Essiggürkchen, 1 Eßl. Essig, Salz, Pfeffer, Zucker

Die Buttersauce bereiten – Den Essig und die Gewürze beigeben und die Sauce gut durchkochen – Die in Scheiben geschnittenen Gurken und nach Belieben etwas Rahm zugeben.
Beigabe zu gekochtem Fleisch.

Sauce Hollandaise

250 g Butter, 6 Eigelb, 1/2 Zitrone, Saft, 1 Eßl. Wasser, Salz, Worcestershire-Sauce

Butter zerlassen, bis sie klar ist, doch nicht gebräunt – Durch ein Haarsieb gießen – Eigelb zerschlagen – Mit Zitronensaft, Wasser und Salz vermengen – Im Wasserbad rühren, bis die Masse dick ist – Teelöffelweise die Butter unterschlagen – Mit ein paar Tropfen Worcestershire-Sauce abschmecken.
Beigabe zu Spargel und Blumenkohl.

Holländische Sauce (einfach)

2 Eigelb, 1 Eßl. Weinessig oder Zitronensaft, 1 Eßl. Wasser, 6–7 Eßl. Butter, Salz, Pfeffer, Muskat, 1 Prise Zucker

Alle Zutaten, ohne die Butter, in einer kleinen Kasserolle vermengen – Im Wasserbad unter langsamem Zugeben der Butter dick und schaumig schlagen – Als Grundsauce zu verwenden.

Sauce Gourmande

Wein mit feingehackten Schalotten zur Hälfte einkochen – Durchseihen und mit brauner Sauce und Fleischextrakt vermengen – Auf schwachem Feuer die Butter nach und nach in kleinen Flocken unterschlagen – Mit Zitronensaft, Petersilie und Gewürzen abschmecken – Markscheiben in kochendem Wasser einmal aufkochen – Abgetropft unter die Sauce mengen.
Beigabe zu gebackenem Fleisch, Hirn und Fisch.

1 Glas Weißwein, 2 Schalotten, 2 Eßl. braune Sauce, 1 Eßl. Fleischextrakt, 80–100 g Butter, 1 Zitrone, Saft, 1 Teel. gehackte Petersilie, 50 g Ochsenmark, Salz, Pfeffer

Italienische Sauce

Die ersten 6 Zutaten in der Butter 5 Minuten dünsten – Das Mehl darüberstreuen und rühren, bis es gut braun ist – Nach und nach die Brühe und den Wein zugeben – Durchseihen, nochmals erwärmen und die Petersilie hineinstreuen.
Beigabe zu Fisch und Teigwaren.

2 Eßl. gehackte Zwiebeln, 2 Eßl. gehackte gelbe Rüben, 2 Eßl. magerer roher Schinken, 12 Pfefferkörner, 2 Nelken, 1 Majoranzweigchen, 2 Eßl. Butter, 2 1/2 Eßl. Mehl, 1 Tasse Fleischbrühe, 1 1/4 Tassen Weißwein, 1/2 Eßl. gehackte Petersilie

Kirschsauce

Kirschen entsteinen – Die Hälfte der Steine zerstoßen – Kirschen und die zerstoßenen Steine mit Wein, Wasser und Gewürzen weichkochen – Durchpassieren und aufs Feuer gebracht, mit in Madeira glattverrührtem Stärkemehl und Gewürzen aufkochen – Butter unterschlagen.
Beigabe zu Wildschweinbraten.

250 g schwarze Kirschen, 1 Tasse Rotwein, 1/2 Tasse Wasser, 2–3 Nelken, 1 Stückchen Zimt, 1/4 Zitrone, Schale, 1 Teel. Stärkemehl, 1/2 Glas Madeira, Salz, 1 Eßl. Zitronen- oder Orangensaft, 1 Eßl. Butter

Krabbensauce

Geschälte Krabben mit der Butter zusammen fein zerstoßen – Der erwärmten Sauce beigeben – Ein- bis zweimal aufkochen lassen – Mit Pfeffer würzen und mit dem Paprika leicht rosa färben.
Beigabe zu Fisch.

1 Tasse Béchamelsauce, 2 Eßl. Butter, 1/2 Tasse Krabben, Cayenne-Pfeffer, 1/2 Teel. Paprika

Jägersauce

Wildabfälle, Wurzelwerk, 2 Eßl. Butter, 1 1/2 Tassen Rotwein, 1 Zehe Knoblauch, 3 Schalotten, 10 Pfefferkörner, 5 Wacholderbeeren, 1 Messerspitze Thymian, 1 Messerspitze Majoran, 1 Messerspitze Paprika, 1 Nelke, 1/2 Lorbeerblatt, wenig Zitronenschale, 1/2 Tasse braune Sauce, 1/2 Tasse Fleischbrühe, 1 Tasse Sauerrahm

Wildabfälle und Wurzelwerk kleinhacken und in Butter braun anbraten – Mit Wein ablöschen und bis auf 2/3 einkochen lassen – Gewürze, braune Sauce und Fleischbrühe zugeben – Eine Stunde über kleiner Flamme kochen – Vor dem Anrichten durchpassieren – Aufkochen und verquirlten Rahm unterziehen.
Beigabe zu Wild.

Kräutersauce

2 Eßl. Öl oder Butter, 2 Eßl. Mehl, 2 Eßl. gehackte Kräuter (Petersilie, Zwiebel, Dill, Estragon), Salz, Muskat, 1 Eigelb, 4 Eßl. Rahm, 1 Gläschen Weißwein

Aus Öl oder Butter und Mehl eine helle Mehlschwitze bereiten – Mit wenig Wasser ablöschen – Kräuter und Gewürze zugeben – Mit Wein und Rahm auffüllen und mit Eigelb legieren – Ist die Sauce zu dick, mit Milch oder Wasser verdünnen.
Beigabe zu Fleisch, Eiern oder Fisch.

Meerrettichsauce (Krensauce)

2 Eßl. Mehl, 3 Eßl. Butter, 1 Tasse Milch, 1 kleine Zwiebel, einige Mandeln, 1 Teel. Zucker, 1 Teel. Salz, 4 Eßl. geriebener Meerrettich

Das Mehl in der Butter anschwitzen (es muß unbedingt hell bleiben), mit Milch ablöschen und auffüllen – Die feingeriebene Zwiebel, die abgezogenen und geriebenen Mandeln und die Gewürze zugeben und etwa 15 Minuten kochen – Vor dem Anrichten den geriebenen Meerrettich unterziehen und nach Belieben noch frische Butterflöckchen oder Rahm zugeben.
Beigabe zu gekochtem Fleisch.

Warme Mayonnaise

3 Eigelb, 3/4 Eßl. Mehl, 4 Eßl. Olivenöl, 2 Eßl. Essig, 1/2 Tasse heißes Wasser, Salz, Pfeffer, 1 Teel. gehackte Petersilie

Eigelb mit Mehl verrühren – Nach und nach Öl zugeben – Abwechselnd Essig und Wasser zugeben – Unter Rühren im Wasserbad eindicken – Würzen, Petersilie zugeben und warm servieren.
Beigabe zu Fisch.

Falsche Mayonnaise, wie echte Mayonnaise zu verwenden

Die Weiße Sauce bereiten – Die Gewürze zugeben und durchkochen – Vom Feuer nehmen und bis zum Erkalten rühren – Das Eigelb und das Öl zugeben und die Sauce tüchtig schlagen.

1 Tasse Weiße Sauce, 1 Teel. Essig, Salz, Pfeffer, Zitronensaft, 1 rohes Eigelb, 2 Eßl. Öl

Mayonnaise

Die Eigelb in einer Schüssel mit einem Schneebesen verrühren – Einige Tropfen Zitronensaft, das Mehl und etwas Salz und Senf zurühren – Anfänglich sehr vorsichtig und nur tropfenweise das Öl zugeben, da sonst die Mayonnaise gerinnt – Dem Ende zu braucht man mit dem Öl nicht mehr ganz so vorsichtig zu sein – Zu dicke Mayonnaise mit etwas Zitronensaft und Öl verdünnen – Mit Essig und Zucker abschmecken und bis zum Gebrauch kühl stellen.

2 rohe Eigelb, Zitronensaft, 1 Prise Mehl, Salz, Senf, 1 Tasse Olivenöl, 1/2 Eßl. Essig, 1 Prise Zucker

Mayonnaise, auf ganz sichere Art

Alle Zutaten gut vermengen und im Wasserbad mit dem Schneebesen dick und schaumig schlagen – Vom Feuer nehmen, von Zeit zu Zeit bis zum Erkalten umrühren und bis zur Verwendung kühlstellen.

2–3 rohe Eigelb, 3 Eßl. Öl, 3 Eßl. Fleischbrühe, 1 Eßl. Essig, 1 Prise Salz, 1 Prise Pfeffer, 1 Prise Zucker, Zitronensaft, Senf

Sauce Liberal

Alle Zutaten gut vermengen – Zuletzt den Gin zugeben – Sehr kalt servieren.
Für Salate und Cocktails.

1 Tasse Mayonnaise, 3 Teel. Tomatenketchup, 1 Teel. Worcestershire-Sauce, 1 Teel. Zitronensaft, 1/4 Tasse Süßrahm, 1/2 Glas Gin, Eis

Orangensauce

Die Butter bräunen, das Mehl mit Salz und Cayenne-Pfeffer gemischt zugeben und rühren, bis es gut braun ist – Die Brühe nach und nach zugeben – Unmittelbar vor dem Anrichten den Orangensaft, den Sherry und die geriebene Orangenschale untermengen.
Beigabe zu Geflügel.

1/4 Tasse Butter, 1/4 Tasse Mehl, Cayenne-Pfeffer, 1 1/2 Tassen Fleischbrühe, 1/2 Teel. Salz, 2 Orangen, Saft, 2 Eßl. Sherry, 1 Orange, Schale

Mousseline-Sauce

4 Eigelb, 1 Teel. Mehl, 4 Eßl. Milch (lauwarm), 125 g Butter, 1 Teel. Zitronensaft, weißer Pfeffer, Salz, 1 Prise Zucker, 1/8 l Schlagrahm

In einer kleinen Kasserolle die Eigelb, Mehl und Milch verrühren – Im heißen Wasserbad auf kleinster Flamme dickrühren – Unter ständigem Schlagen die Butter in kleinen Flocken unterziehen – Nicht kochen lassen, damit die Sauce nicht gerinnt – Mit Zitronensaft und den Gewürzen abschmecken – Kurz vor dem Anrichten den Schlagrahm unterheben – Sollte die Sauce doch gerinnen, mit einigen Tropfen kaltem Wasser wieder glattrühren.
Beigabe zu Spargel, Blumenkohl und Fisch.

Olivensauce

1 Tasse Oliven, 2–3 Eßl. Fett, 4 Eßl. Mehl, Brühe oder Wasser, 1/4 Zitrone, Saft, Muskatblüte, einige Essiggürkchen, 2 Schalotten, Pfefferkörner, 1 Nelke, 1 Eßl. Tomatenpüree

Oliven vom Stein abschälen, so daß sie sich wieder zusammenrollen – Mehl in Fett dunkel anrösten – Mit Brühe ablöschen und zu einer sämigen Sauce verkochen – Zitronensaft, geschälte, kleingeschnittene Essiggürkchen, Gewürze und Schalotten zugeben – Gut verkocht durchpassieren – Wieder erwärmt, Oliven und Tomatenpüree beifügen – Kurz aufkochen und zu Tisch geben.
Beigabe zu Fleisch, Geflügel und Fisch.

Perigord-Trüffelsauce

1 Eßl. gehackte Trüffeln, 1 Glas Madeira, 1 Tasse Kraftbrühe, Paprika, Salz, Pfeffer

Die Trüffeln in dem Wein bis zur Hälfte einkochen lassen – Die Kraftbrühe zugießen, würzen und noch 8–10 Minuten kochen – Die Sauce muß heiß und scharf sein.
Beigabe zu Wild, gegrilltem Fleisch und Eiern.

Madeirasauce

1/2 gelbe Rübe, 1 Scheibe Sellerie, 1/2 Lauchstange, 1/2 Petersilienwurzel, 1 Zwiebel, 2 Scheiben roher Schinken oder Rinderknochen, 3 Eßl. Butter, 2 Eßl. Mehl, 1 1/2 Tassen Brühe, 1 Eßl. Tomatenmark, Salz, Pfeffer, 1/2 Lorbeerblatt, 1 Prise Ingwer, 1 Nelke, 1/2 Tasse Rotwein, 2 Eßl. Madeira

Wurzelwerk und Schinken kleinschneiden – Oder an Stelle von Schinken Rinderknochen nehmen – In Butter anrösten – Mehl überstäuben und braunrösten – Mit Brühe ablöschen, gut durchrühren und Tomatenmark, Gewürze und Wein beifügen – Aufkochen und auf kleiner Flamme etwa 1 Stunde langsam kochen – Durchpassieren und nochmals aufkochen und vor dem Anrichten Madeira zugeben – Ist die Sauce zu dick, mit etwas Brühe verdünnen.
Beigabe zu gekochtem Schinken und Zunge und als Grundsauce.

Sauce Rémoulade

Mayonnaise, Rahm und Senf gut vermengen – Kleingehackte Gürkchen, Petersilie und Estragon untermengen – Nach Geschmack können auch 2 Anchovisfilets (kleingeschnitten) dazugegeben werden.
Beigabe zu kaltem Fleisch und Eiern.

1 Tasse Mayonnaise, 1/2 Tasse Rahm, 1 Teel. Senf, 1 Teel. Kapern, 5 kleine Cornichons (Gürkchen), 1 Teel. gehackte Petersilie, 1 Teel. gehackter Estragon

Sauce Robert

Feingeschnittene Zwiebel in Fett gelb anrösten – Das Fett abgießen und Weinessig zugeben – Zur Hälfte einkochen lassen – Mit brauner Sauce, Essiggurken, Kapern und Senf kurz durchkochen.
Beigabe zu Fisch und gegrilltem Fleisch.

1 Zwiebel, 1 Eßl. Fett, 1/2 Glas Weinessig, 1 Tasse braune Sauce, 2 Eßl. feingehackte Essiggurke, 1 Eßl. Kapern, 1 Teel. franz. Senf

Sauce Richelieu

Geflügelabfälle und Knochen feingestoßen, in Fleischbrühe mit Wurzelwerk, Gewürzen und Wein 30 Minuten kochen und durchpassieren – Braune Sauce, mit Madeira und Fleischextrakt verkocht, untermengen.

Geflügelabfälle und Knöchelchen, 1 Tasse Fleischbrühe, Wurzelwerk, Salz, Pfeffer, 1/2 Glas Weißwein, 1 Tasse braune Sauce, 1 Glas Madeira, 1 Teel. Fleischextrakt

Ravigotesauce

Den Senf, den Essig und das Öl mit Salz und Pfeffer verrühren – Mit den gehackten Kräutern und dem Eigelb vermengen.
Beigabe zu gekochtem Fleisch, Gemüsesalaten und Eiern.

2 Eßl. franz. Senf, 1 Eßl. Weinessig, 2 Eßl. Olivenöl, Salz, Pfeffer, Petersilie, Kerbel, 2 hartgekochte Eier

Holländische Petersiliensauce

Die Petersilie waschen und in etwas Wasser auskochen – Die Buttersauce bereiten und mit dem Petersilienwasser auffüllen – Unter stetem Rühren das Eigelb und den Rahm zugeben, würzen und die Butter unterrühren.
Beigabe zu Fisch und Gemüse.

1 Handvoll Petersilie, 1 1/2 Tassen Weiße Sauce, 1 Eigelb, 1–2 Eßl. Süßrahm, Zitronensaft, Salz, 1 Teel. Butter

Polnische Sauce

1–2 hartgekochte Eier, Zitronensaft, 125 g Butter

Ei fein verhacken – Butter zerlassen, nicht braun werden lassen – Beim Anrichten mit dem Ei vermengen und nach Geschmack wenig Zitronensaft zugeben.
Beigabe zu Blumenkohl, Spargel und Fisch.

Russische Sauce

3 Eßl. Butter, 2 Eßl. Mehl, 1 Tasse Fleischbrühe, 1/2 Teel. Schnittlauch, 1/2 Teel. Senf, Salz, Pfefferkörner, 1 Teel. geriebener Meerrettich, 1/4 Tasse Süßrahm, 1 Teel. Zitronensaft

Die Butter zergehen lassen, das Mehl zugeben und nach und nach die Brühe zugießen – Die Gewürze, den Schnittlauch und Meerrettich beifügen und 2 Minuten kochen – Durchseihen, den Rahm und den Zitronensaft zugeben – Vor dem Anrichten nochmals erwärmen.
Beigabe zu Rinderlendenstück oder Steak.

Spanische Sauce

2/3 Teel. Fleischextrakt, 1 Eßl. Zitronensaft, 1 1/2 Eßl. gehackte Petersilie, 1 1/2 Tassen braune Sauce, 1 Eßl. Butter, Salz, Pfeffer

Den Fleischextrakt, Zitronensaft und die feingehackte Petersilie in die recht braune Sauce geben – Kurz vor dem Anrichten 1 Eßlöffel Butter sowie Salz und Pfeffer nach Geschmack beifügen.
Beigabe zu gegrilltem Fleisch, Fisch und Eiern.

Salsa Verde

3 Sardellenfilets, 1 kleine Zwiebel, 1 Knoblauchzehe, 1 Handvoll Kräuter wie: Kerbel, Basilikum, Petersilie, 1 Zitrone, Saft, 1/2 Tasse Olivenöl, Salz, Pfeffer, Zucker

Die ersten 4 Zutaten feinhacken – Mit Zitrone und Öl anmachen – Nach Geschmack würzen.
Vorzüglich zu gekochtem Fleisch und Geflügel.

Senf- und Kapernsauce

1 1/2 Tassen Weiße Sauce, 1 kleine Zwiebel, 1 Eßl. Essig, Zucker, Salz, Pfeffer, 1 Eßl. Senf oder Kapern

Die Weiße Sauce bereiten – Die geriebene Zwiebel und Gewürze beigeben, den Senf unterrühren und noch kurz aufkochen.
Beigabe zu gekochtem Fisch und Fleisch.

Specksauce

Den Speck in kleine Würfel schneiden und in einer Pfanne auslassen – Das Mehl darüberstäuben und hellbraun rösten – Mit Wasser ablöschen, auffüllen, würzen und aufkochen.
Beigabe zu Teigwaren und Gemüse.

3–4 Scheiben Speck, 2 Eßl. Mehl, 2–3 Tassen Wasser, Salz, Pfeffer

Schnittlauchsauce

Aus Mehl und Butter eine helle Mehlschwitze bereiten – Mit Brühe oder Wasser ablöschen und auffüllen, würzen und durchkochen – Kurz vor dem Anrichten Schnittlauch und Butter unterziehen.
Beigabe zu gekochtem Fleisch und Fisch.

2 Eßl. Mehl, 2 Eßl. Butter, Brühe oder Wasser, 1 Teel. Fleischextrakt, Zitronensaft, Salz, Pfeffer, 1 Eßl. gehackter Schnittlauch, 2 Eßl. Butter

Schnittlauchsauce (kalt)

Die Eier hartkochen – Die Dotter herausheben und durch ein Sieb drücken – Mit den Gewürzen vermengen – Tropfenweise das Öl zurühren – Mit dem Schnittlauch vermischen – Süßsauer abschmecken.
Beigabe zu Fisch, Fleisch und Sülzen.

4 Eier, 1 Teel. Senf, Salz, Pfeffer, 1 Prise Zucker, Zitronensaft, 1/8 l Öl, 1 Eßl. Schnittlauch

Tomatensauce

Die Tomaten waschen, auseinanderbrechen und mit etwas Wasser weichdünsten – Aus dem Mehl und der Butter eine helle Mehlschwitze bereiten und mit Wasser ablöschen – Die durchpassierten Tomaten zugeben, würzen und gut durchkochen – (Sollte die Sauce zu dick sein, etwas Milch oder Wasser zugeben).
Beigabe zu Fleisch und Teigwaren.

500 g Tomaten, 2 Tassen Wasser, 2–3 Eßl. Butter, 3 Eßl. Mehl, Salz, 1 Teel. Zucker, 1 Teel. Paprika

Tomatensauce mit Speck

Tomaten waschen und zerteilen – Schinkenfett oder Speckwürfelchen in Butter anrösten – Tomaten und kleingeschnittene Zwiebel darin weichdünsten – Mehl überstäuben, anschwitzen, ablöschen, würzen und verkochen – Durchpassiert anrichten.
Beigabe zu Teigwaren.

500 g Tomaten, 1 Eßl. Butter, 30 g Schinkenfett oder geräucherter Speck, 3 Eßl. Mehl, 1/2 Zwiebel, Salz, Muskat, 1/2 l Wasser

Stachelbeersauce

250 g grüne oder gelbe Stachelbeeren, 2 Eßl. Buttersauce, 2 Eßl. Butter, Salz, Pfeffer, Muskat, 1 Prise Zucker

Stachelbeeren, von Blüte und Stiel befreit, in wenig Wasser aufkochen – Durch ein Sieb streichen und mit Buttersauce vermengen – Aufkochen, Butter unterschlagen und mit Gewürz abschmecken.
Beigabe zu gekochtem Fisch.

Sauce Tartare

1 Eßl. Essig, 1 Teel. Zitronensaft, 1/4 Teel. Salz, 1 Eßl. Worcestershire-Sauce, 1/3 Tasse Butter

Den Essig, den Zitronensaft, das Salz und die Worcestershire-Sauce in einer kleinen Schale vermengen – Die Sauce im Wasserbad erhitzen – Die Butter bräunen und in die Mischung hineinrühren.
Beigabe zu Hirn und gebackenem Fleisch.

Teufels- oder Pfeffersauce

1/2 Tasse Weinessig, 6–8 Wacholderbeeren, 10 Pfefferkörner, 4 Schalotten, 1 Stängelchen Petersilie, 1 Messerspitze Cayenne-Pfeffer, 1 Tasse Mayonnaise

Essig mit zerdrückten Wacholderbeeren, Pfefferkörnern, Petersilie und Schalotten stark zur Hälfte einkochen – Durchseihen, Cayenne-Pfeffer beifügen – Unter fertiggerührte Mayonnaise schlagen.
Beigabe zu Pasteten.

Venezianische Sauce

3 Schalotten, 1 Hand Petersilie, 1 Hand Kerbel, 1 Hand Estragon, 1 Hand Spinat, 125 g Butter, 1 Tasse Holländische Sauce oder weiße Buttersauce

Zwiebel, Kräuter und Spinat kochendem Wasser zugesetzt einmal aufkochen – Abschütten und abgetropft auskühlen lassen – Mit kalter Butter durch ein Sieb streichen – Die grüne Butter in die im Wasserbad erwärmte Sauce schlagen.
Beigabe zu gekochtem Fisch.

Villeroi-Sauce

3 Eßl. Butter, 3 Eßl. Mehl, 1 Tasse Hühnerbrühe, 2 Eßl. Rahm, 1 Eigelb, Salz, Pfeffer, Worcestershire-Sauce, 1 Teel. gemahlene Gelatine

Aus Butter und Mehl eine helle Mehlschwitze bereiten – Mit Brühe ablöschen, auffüllen und gut verkochen – Würzen und mit Eigelb und Rahm legieren – Die aufgelöste Gelatine zurühren – Die Sauce muß so dick sein, daß ein eingetauchter Kochlöffel davon überzogen bleibt.

Tiroler Sauce

In Mayonnaise so viel Tomatenmark einrühren, bis sie blaßrosa gefärbt ist.
Beigabe zu Fisch, Eiern und gebackenem Hirn.

1 Tasse Mayonnaise, Tomatenmark

Sauce Vinaigrette

Alle Zutaten fein verwiegen und mit dem Essig und Öl sowie den Gewürzen vermengen – Nach Geschmack mit einigen Eßlöffeln Wasser verdünnen, damit die Sauce nicht zu scharf wird.
Beigabe zu Salaten, gekochtem Fisch und Fleisch.

2 hartgekochte Eier, einige Essiggürkchen, 1 Eßl. Petersilie, 1 kleine Zwiebel, 3 Eßl. Weinessig, 5 Eßl. Öl, Senf, Zucker, Salz, Pfeffer

Zwiebel-Tomaten-Sauce

Kleingehackte Zwiebel in Butter hellgelb anrösten – Tomatenmark und Fleischextrakt zugeben – Mit Mehl bestäuben – Ablöschen, aufgießen, würzen und durchkochen.
Beigabe zu Maultaschen.

1 große Zwiebel, 4 Eßl. Butter, 1 Eßl. Tomatenmark, 1 Eßl. Fleischextrakt, 1 Teel. Mehl, Pfeffer, Salz, 1 Tasse Wasser

Zwiebelsauce

Kleinwürfelig geschnittene Zwiebeln in Butter gelb anrösten – Mehl überstäuben, anschwitzen und so viel Fleischbrühe zugeben, wie zu einer gebundenen Sauce erforderlich ist – 30 Minuten gut durchkochen, durchpassieren und mit Muskat, Zitronenscheiben und Salz abschmecken – Mit frischer Butter und Eigelb legieren.
Beigabe zu gekochtem Ochsenfleisch.

6 Zwiebeln, 3 Eßl. Butter, 1 Eßl. Mehl, 1 Tasse Fleischbrühe, Muskat, 2 Zitronenscheiben, Salz, Pfeffer, Butter, 2 Eigelb

Wiener Zwiebelsauce

Zwiebeln und Knoblauch fein hacken – Mit Zucker bestreuen – In der Butter goldbraun braten – Mit Wein aufgießen – Auf kleinem Feuer 10 Minuten dünsten bis es zu Mus wird – Braune Sauce und Brühe zugeben – Mit Salz abschmecken.
Beigabe zu gekochtem Fleisch.

250 g Zwiebeln, 1 Zehe Knoblauch, 1 Teel. Zucker, 4 Eßl. Butter, 1 Tasse braune Sauce, 2 Tassen Fleischbrühe, Salz

Kalte und warme Buttermischungen

Anchovis-Petersilien-Butter

2 Eßl. gewiegte Petersilie, 50 g Anchovis, 100 g Butter

Zugerichtete, gewiegte Petersilie und Anchovis zerdrücken und mit der schaumig gerührten Butter nach und nach gut vermengen.

Braune Butter

125 g Butter

Die Butter in einem Schmelzpfännchen so lange erhitzen, bis sie sich zu bräunen beginnt, darauf achten, daß sie nicht verbrennt.

Brunnenkresse-Anchovis-Butter

2 Eßl. Kresse, 1/2 Eßl. Petersilie, 75 g Anchovis, 100 g Butter

Zugerichtete, gewaschene und feinverwiegte Kresse, Petersilie und Anchovis mit schaumig gerührter Butter zu einer gleichmäßig weichen Paste vermengen, durch ein Haarsieb passieren.

Bücklingsbutter

4-5 Eßl. Butter, 1 Bückling, Pfeffer

Den Bückling in saubere Filets zerlegen und mit einer Gabel zerdrücken – Unter die schaumig geschlagene Butter rühren, würzen und kaltstellen.

Sardellenbutter

4–5 Eßl. Butter, 6 Sardellen oder Sardellenpaste

Die Sardellen wässern, entgräten und fein hacken – Durch ein Sieb streichen und unter die schaumig gerührte Butter mengen.

Senfbutter (heiß)

100 g Butter, 3–4 Teel. Senf, Salz

Butter zerlassen, s. Seite 453 – Nach Belieben etwas dunkler werden lassen – Vom Feuer nehmen und den Senf unterrühren – Nach Bedarf würzen.
Zu gekochtem Fisch oder Fleisch.

Haushofmeister-Butter (Maître-d'Hotel-Butter)

Butter schaumig rühren – Mit den übrigen Zutaten vermengen und kühl stellen – Zum Anrichten in Scheiben schneiden und das Gericht damit belegen.

125 g frische Butter, 2 Eßl. gehackte Petersilie, Salz, Pfeffer, 1/2 Zitrone, Saft, einige Tropfen Würze

Kräuterbutter

Die Kräuter brühen, gut ausdrücken und fein hacken – Die gewiegten Spinatblätter und Gewürze zugeben – Durch ein Haarsieb streichen und mit der schaumig gerührten Butter vermengen.

100 g Butter, 1 Handvoll Salatkräuter, Petersilie, 2-3 Spinatblätter, 5 Schalotten, 1 Zehe Knoblauch, 1/2 Zitrone, Saft, Salz

Lachsbutter

Den feingewiegten Lachs oder die Paste mit der Butter vermengen und durch ein Sieb streichen – (Bei Verwendung von Lachspaste muß die Masse nicht passiert werden).

100 g Butter, 75 g geräucherter Lachs oder Lachspaste

Senfbutter (kalt)

Butter schaumig rühren – Wenig Worcestershire-Sauce, Salz und Senf nach Geschmack unterschlagen – Erstarren lassen, zu Rollen formen und wieder erstarrt, in Scheiben aufschneiden.

100 g Butter, franz. Senf, Salz, einige Tropfen Worcestershire-Sauce

Zwiebelbutter, Frühlingsart

Schaumig gerührte Butter zu gleichen Teilen mit feinverwiegten Stengeln von Frühlingszwiebeln vermengen.
Als Grundaufstrich für Käsesandwiches.

Butter, Zwiebelgrün

Zerlassene Butter

Die Butter in einem Schmelzpfännchen zergehen lassen – So lange auf dem Feuer lassen, bis sich die Flocken absetzen; die Butter muß aber goldgelb bleiben.

125 g Butter

Zwiebelbutter

Die Zwiebel fein schneiden, in der Butter gelb rösten und zusammen anrichten.

100 g Butter, 1 große Zwiebel

Meerrettichbutter

Meerrettich, gerieben, Butter, Salz, Zucker

Die schaumig gerührte Butter mit der halben Menge Meerrettich vermengen und nach Belieben würzen.
Beigabe zu kaltem Roastbeef, Zunge oder Fisch.

Montpellierbutter

3 Schalotten, etwas Estragon, Schnittlauch, Kerbel, Petersilie, einige Blatt Spinat, 125 g Butter, Salz, Pfeffer

Schalotten und Kräuter in Wasser weichkochen – Abseihen und fein verwiegen oder durch ein Sieb streichen – Butter schaumig rühren, abgekühlte Kräutermasse und Gewürze zugeben, nochmals durchschlagen.

Olivenbutter

pro Tasse Oliven
1/4 Tasse Mayonnaise oder gerührte Butter

Entkernte Oliven durch den Fleischwolf drehen – Mit Mayonnaise oder Butter verrühren.
Als Grundaufstrich für Wildbretbelag.

Paprikabutter

4 grüne Paprikaschoten, Butter

Gewaschene und wieder getrocknete Paprikaschoten gründlich putzen, Kerne, Stielansätze und innere Membranen entfernen – In einem Tiegel, mit kochendem Wasser bedeckt, auf kleiner Flamme weichkochen – Abtropfen lassen, verwiegen und durch ein Sieb passieren – Wenn die Masse erkaltet ist, mit zu gleichen Teilen schaumig gerührter Butter vermengen.
Als Grundaufstrich bei Fleischbelag.

Vegetarisches und Teigwaren für Feinschmecker

Gebackene Äpfel mit Sauerkraut

Die Äpfel schälen und in Scheiben schneiden, das Kernhaus entfernen – In Bierteig tauchen und in heißem Fett herausbacken – Auf einer Platte mit Sauerkraut, in Butter und Wein gekocht, anrichten.

500 g Äpfel, 500 g Sauerkraut, Bierteig, Backfett

Auberginen und grüne Kürbisse auf Görzer Art

Feingehackte Zwiebeln in Öl goldgelb rösten – Zerdrückten Knoblauch, Petersilie und länglich oder würfelig geschnittene Auberginen, Gemüsekürbisse (Zucchetti) und Tomaten zugeben – Würzen und etwa 2 Stunden im Rohr dünsten.

2 Zwiebeln, 1/2 Tasse Öl, 1 Zehe Knoblauch, 1 Eßl. gehackte Petersilie, 4 Auberginen (Eierfrüchte), 2 Zucchetti, 6 Tomaten, Salz, Pfeffer

Champignons in Rahm mit Rühreiern

Die Pilze zurichten und in 2–4 Teile schneiden – In der Butter mit dem Zitronensaft und Gewürzen dünsten – Das Mehl und den Rahm verrühren, darübergießen und kurz aufkochen.
Beigabe: Rühreier.

500 g Champignons, 2 Eßl. Butter, 1 Teel. Zitronensaft, gehackte Petersilie, Salz, Pfeffer, 1 Eßl. Mehl, 1/2 Tasse Rahm

Kastanien mit Rosenkohl

Den Rosenkohl zurichten und im Öl mit etwas Wasser dünsten – Die Kastanien schälen und in schwachem Salzwasser kochen, bis sich die Haut ablösen läßt – Den Zucker in der Butter hellgelb rösten und mit einigen Löffeln Gemüsebrühe ablöschen – Die Kastanien beigeben und dünsten, bis sie glasiert sind – Auf einer Platte anrichten und den Rosenkohl kranzförmig herumlegen.

750 g Rosenkohl, 4 Eßl. Öl, 500 g Kastanien, 1 Teel. Butter, 1 Teel. Zucker

Belegte Brote, vegetarisch

Verschiedene Brotsorten, Butter, Rettiche, Gurken, Tomaten, Zwiebeln, Salz, Fenchel, Paprika, Spinat, Salz, Pfeffer, Kümmel, Rahm, Quark, Nüsse, Zitrone, Bananen, Buttersorten

Scheiben von Vollkorn-, Taler- oder Knäckebrot mit Butter bestreichen und belegen mit:
Rettich- und frischen Gurkenscheiben oder geraspeltem Fenchel mit saurem Rahm angemacht und mit Petersilie bestreut.
Tomaten- und Eierscheiben mit Schnittlauch bestreut.
Tomatenscheiben, Zwiebelringen und Paprikastreifen mit Salz und gehackter Petersilie bestreut. Tomatenscheiben mit geriebenem Meerrettich belegt und etwas gesalzen.
Quark mit Rahm, Salz und Kümmel oder mit Rahm, Zwiebeln, Majoran und Salz.
Quark mit Radieschen und gehackter Petersilie oder mit Gurkenwürfeln oder Tomatenscheiben belegt.
Quark mit geriebenem Pumpernickel oder gehackten Mandeln, Nüssen und Zucker bestreut.
Salat oder Spinat, fein geschnitten, und mit hartgekochten Eier- und Tomatenscheiben belegt.
Zwieback mit Butter bestrichen und mit Bananenscheiben belegt.
Zwieback mit Zitronenbutter (schaumig gerührte Butter mit Zitronensaft vermengt) bestreichen und mit abgeriebener Zitronenschale und gehackten Nüssen bestreuen.
Zwieback mit Nußbutter (schaumig gerührte Butter mit feingehackten Nüssen vermengt) bestreichen und mit Bananenscheiben belegen.

Gemüsestrudel

Nudelteig aus 2 Tassen Mehl, 1 Ei, 2 Eßl. Rahm oder Wasser
Zur Fülle:
4–5 Eßl. Butter, 1 kg Gemüse, 1/2 Tasse Rahm, Salz
Zum Bestreichen:
2 Eßl. Butter

Aus den angegebenen Zutaten einen Nudelteig bereiten – Den Teig unter einem angewärmten Topf etwa 30 Minuten ruhen lassen – Auf einem Tuch auswellen und mit den Händen noch ausziehen – Mit zerlassener Butter bestreichen – Das Gemüse putzen, klein schneiden, in der Butter mit Salz halbweich dünsten – Abgekühlt auf den Teig verteilen und mit dem Rahm begießen – Den Strudel zusammenrollen, auf ein gebuttertes Blech legen und noch mit Butter bestreichen – 30 Minuten im Rohr zu schöner Farbe backen.
Beigabe: Grüner Salat.

Gnocchi, italienisch

Milch mit 2 Eßlöffel Butter und Salz erwärmen – Grieß einstreuen – Auf kleiner Flamme zu einem Kloß abrühren – Vom Feuer nehmen, Eier unterrühren – Die Masse auf eine nasse Platte stürzen und fingerdick ausbreiten – Erkalten lassen – Runde Scheibchen ausstechen – In eine gefettete Auflaufform lagenweise mit Reibkäse füllen – Mit zerlassener Butter übergossen und mit Reibkäse bestreut, 15 Minuten im heißen Rohr überbacken.
Beigabe: Kopfsalat.

2 Tassen Milch, 250 g grober Grieß, Salz, 6 Eßl. Butter, 1–2 Eier, 1 Tasse Reibkäse

Eierhaber

Aus allen Zutaten, außer dem Fett, einen cremigen Teig rühren – In einer Pfanne das Fett erhitzen, einen Schöpflöffel Teig einfüllen, nach allen Seiten verlaufen lassen und goldgelb backen – Umwenden und mit 2 Gabeln in kleine Stücke zerpflücken – Noch kurz backen und auf heißer Platte anrichten – Gesalzen zu Gemüse und Salat oder mit Zucker und Zimt bestreut zu Kompott reichen.

2 1/2 Tassen Mehl, 1 Tasse Milch, 2–3 Eier, 1 Messerspitze Backpulver, Salz, Fett

Gemüse-Pichelsteiner

Die Gemüse putzen und in gleichmäßige Scheiben oder Stückchen schneiden – In einer Kasserolle das Fett zergehen lassen oder den Boden mit Markscheiben belegen – Das vermischte Gemüse dazugeben, etwa 1 l Salzwasser oder Fleischbrühe darübergießen und würzen – Obenauf Markscheiben oder Butterflöckchen legen und zugedeckt auf schwacher Flamme weichdünsten – Von Zeit zu Zeit den Topf etwas rütteln und gegebenenfalls noch etwas Brühe nachgießen.

1 kleiner Kopf Wirsing, 1 kleiner Kopf Weißkraut, 8 gelbe Rüben, 3 Kohlrabi, 4 Tomaten, 1 Handvoll grüne Bohnen, 1 kleine Sellerieknolle, 4–6 mittelgroße Kartoffeln, 100 g Ochsenmark oder 2–3 Eßl. Butter, Salz, Pfeffer

Haferflockenbratlinge

Die Haferflocken in 2 Tassen Wasser einweichen – Mit einer geriebenen Zwiebel, der Petersilie, den geschlagenen Eiern und Gewürz vermengen – Die Masse löffelweise in heißem Fett herausbraten.
Beigabe: Gemischter Salat.

2 Tassen Haferflocken, 1 kleine Zwiebel, 2 Eßl. gehackte Petersilie, 1 Ei, 1 Eigelb, Salz, Öl oder Fett

Gurken, gefüllt

4 mittelgroße Gurken oder 2 größere Gurken, 4 Brötchen, 2 Eier, 2–3 Eßl. Butterschmalz, 1 Eßl. gehackte Zwiebeln, gehackte Petersilie, Salz, Pfeffer, 1/2 Tasse Brühe oder Wasser

Die Gurken von der Blüte zum Stiel schälen, der Länge nach halbieren und aushöhlen – Die eingeweichten Brötchen ausdrücken und zerpflücken – Mit Petersilie und Zwiebeln in etwas Butter andünsten – Die Eigelb unterrühren, würzen und den Eierschnee unterziehen – (Nach Belieben mit gebratenen Speckwürfeln oder Hackfleisch mischen) – Die ausgehöhlten Gurken mit der Masse füllen – In einer Kasserolle das restliche Schmalz erhitzen, die Gurken hineinlegen und 1/2 Tasse Brühe zugeben – Zugedeckt im Backofen gardünsten oder auf kleine Flamme stellen – In der letzten Bratzeit den Deckel abnehmen, die Gurke herausnehmen, den Bratsatz mit etwas Mehl und Brühe zu einer Sauce kochen – Nach Geschmack mit Zitrone, Dill, Petersilie oder Würze abschmecken.

Kartoffelauflauf

1 1/4 kg Kartoffeln, 2 Tassen Milch, Salz, Pfeffer, Muskat, 3–4 Eßl. Butter, 3 Eier, 3 Eßl. Reibkäse, 1 Eßl. Brösel

Die Kartoffeln kochen, schälen und noch heiß durch die Presse drücken – Mit kochender Milch verrühren und würzen – Die Butter und Eigelb schaumig rühren – Unter den abgekühlten Kartoffelbrei geben – Abschmecken und den Eierschnee unterziehen – In eine vorbereitete Auflaufform füllen und mit geriebenem Käse bestreuen – Brösel und Butterflöckchen daraufstreuen – Nach Belieben unter den Kartoffelbrei einige feste ganze Tomaten geben – 30 Minuten im Ofen überbacken.
Der Auflauf kann auch *gesüßt* bereitet werden. In diesem Falle Käse, Tomaten und Gewürze weglassen.
Beigabe: zum gesalzenen Auflauf – grüner Salat; zum gesüßten Auflauf – Kompott.

Kartoffeln mit Tomaten

1 kg gekochte Kartoffeln, 500 g Tomaten, Salz, Pfeffer, Majoran, 1 Eßl. Butter, 2–3 Eßl. Reibkäse, 1 Zwiebel

Die Kartoffeln schälen und in Scheiben schneiden – In eine gebutterte Auflaufform lagenweise die Kartoffeln, die Tomatenscheiben und den geriebenen Käse füllen – Mit Salz und Majoran würzen – Obenauf Käse, Butterflocken und angebratene Zwiebelringe legen – Im Ofen überbacken.
Beigabe: Salatplatte.

Überbackene Kartoffelnudeln

Die kalten Kartoffeln reiben und mit den übrigen Zutaten vermengen – Aus dem Teig fingerlange Nudeln formen – In siedendem Salzwasser kochen, bis sie oben schwimmen – Mit einem Schaumlöffel herausnehmen, in eine gut gebutterte Auflaufform füllen, mit Butterflocken und Bröseln bestruen und im Ofen kurz überbacken.
Beigabe: Kompott, Salat oder Gemüse.

1 kg gekochte Kartoffeln, 300 g Mehl, 2 Eier, 1 Eßl. Fett, Salz
Zum Bestreuen:
Brösel, Butter

Kartoffelkuchen auf Hefeteig

Einen Hefeteig wie zu Weißbrot herstellen – In ein großes rundes Blech einlegen und gehen lassen – Die geriebenen Kartoffeln mit dem Rahm, den Eiern und der zerlassenen Butter vermengen – Die Masse abschmecken und auf den Teig geben – Bei guter Hitze backen und heiß zu Tisch bringen.
Beigabe: Kaffee.

Hefeteig aus 250 g Mehl, 750 g gekochte Kartoffeln, 1 Tasse Sauerrahm, 2 Eier, 4 Eßl. Butter, Salz, Pfeffer

Haselnußomeletts

Die Eigelb mit der Milch und dem Mehl verquirlen, die Nüsse, Gewürze und den Eierschnee untermischen – Im heißen Schmalz beiderseits hellbraune Omeletts herausbacken.
Beigabe: Kompott.

2 Tassen Milch, 2 Eier, 4 Eßl. Mehl, 1 Eßl. Zucker, Salz, 4 Eßl. geriebene Haselnüsse, 4 Eßl. Butterschmalz

Parmesanpudding

Die Butter schaumig rühren – Mit Eigelb, Reibkäse, Mehl, Rahm und Salz mischen – Steifen Eierschnee untermengen – In eine zugerichtete Puddingform füllen und 45 Minuten im Wasserbad kochen – Vor dem Anrichten stürzen und mit einem Kranz gegrillter Tomaten umlegen.

60 g Butter, 3 Eier, 40 g geriebener Parmesan, 1/2 Tasse Sauerrahm, Salz, 75 g Mehl, Butter und Mehl für die Form, Tomaten

Gesalzener Käsekuchen

Einen Hefeteig wie zu Weißbrot herstellen – Den Teig auswellen, auf ein großes rundes Blech legen und gehen lassen – Die übrigen Zutaten zu einem glatten Teig verrühren und diesen auf den Kuchen schütten – Bei guter Hitze backen und heiß anrichten.

Hefeteig aus 250 g Mehl
Zum Belag:
150 g Reibkäse, 6 Eßl. Mehl, 2 Eier, 2 Tassen Milch oder Rahm, Salz

Käseauflauf

100 g Butter, 125 g Mehl, 1/2 l Milch, 125 g Reibkäse, Paprika, 1 Messerspitze Kümmel, 6 Eier, Salz

Butter in einer Kasserolle schmelzen – Mehl zugeben und hellgelb anschwitzen – Milch beifügen und unter ständigem Rühren zu einem Kloß kochen – Abkühlen lassen und nacheinander Eigelb und geriebenen Käse zurühren – Steifen Eierschnee unterziehen – In eine große gebutterte Auflaufform oder in kleine Förmchen gefüllt, im heißen Rohr 30–40 Minuten aufziehen und sofort anrichten.
Beigabe: Grüner Salat.

Käsekuttelauflauf

Zum Teig:
1 1/2 Tassen Mehl, 2 Tassen Milch, 3 Eier, 2 Eßl. Wein, Salz, Muskat
Zur Fülle:
2 Tassen Spinatgemüse
Zur Sauce:
1 Tasse Rahm oder Milch, 8 Eßl. Reibkäse, 2 Eßl. Tomatenmark, Salz

Aus den angegebenen Zutaten einen Pfannkuchenteig bereiten – Dünne Kuchen herausbacken und in Streifen schneiden – In eine gefettete, feuerfeste Glasform lagenweise mit dem Spinat einfüllen – Die übrigen Zutaten zu einer Sauce verquirlen und damit den Auflauf begießen – 25 Minuten im Rohr überbacken.
Beigabe: Spargelsalat, s. Seite 411.

Käsegötzen

3 Eßl. Brösel, 3 Eßl. Mehl, 500 g Quark, Butter für die Form, Weißbrotschnitten, 40 g Butter, 3 Eier, 3/4 l Milch

Brösel, Mehl und Quark gut vermengen – Eine Auflaufform gut mit Butter ausstreichen – Den Boden mit dünnen Weißbrotscheiben belegen – Abwechselnd Käsemasse mit Butterflöckchen belegt, und Weißbrotscheiben einfüllen; als letzte Schicht Brotscheiben – Eier mit Milch verquirlt übergießen und mit Butterflöckchen belegt, in mäßig heißem Rohr etwa 30 Minuten backen.

Käsekrusteln

1/2 Tasse geriebener Parmesan, 1 Eigelb, Paprika, Butter, 4 Scheiben Weißbrot

Weißbrot entrinden und in 3 cm breite Streifen schneiden – Mit Butter bestreichen, Parmesan mit Eigelb und Paprika zu einer Paste verrühren – Nach Bedarf wenig Rahm zugeben – Die Brotstreifen damit dick bestreichen – Auf ein gebuttertes Blech setzen und im Rohr überbacken.
Beigabe zu Suppen.

Käsepastetchen

Aus den angegebenen Zutaten einen Mürbeteig herstellen und auswellen – Mit einem Glas runde Plätzchen ausstechen und kleine gebutterte Förmchen damit auslegen – Im Ofen schwach anbacken – Die Zutaten zu der Fülle verrühren und die Pastetchen damit füllen – Zurück in den Ofen stellen und zu schöner Farbe backen – Sofort anrichten.
Anstelle von Mürbeteig können die Förmchen auch mit abgekochten Makkaroni ausgelegt werden.
Beigabe: Salate.

Mürbeteig aus 2 Tassen Mehl, 5 Eßl. Butter, 1 Ei, 2 Eßl. Sauerrahm, Salz
Zur Fülle:
5 Eßl. Mehl, 100 g Reibkäse, 1/2 Tasse Milch, 2 Eier, Salz

Käsepudding

Die Butter zergehen lassen, das Mehl leicht darin anrösten – Den Käse zugeben und mit der Milch ablöschen – Aufkochen und erkalten lassen – Die Eigelb unterrühren, abschmecken und den steifen Eierschnee lose unterziehen – In eine vorbereitete Form füllen und verschlossen im Wasserbad 40 Minuten kochen.
Beigabe: Spinat.

5–6 Eßl. Butter, 1 Tasse Mehl, 125 g Reibkäse, 1 Tasse Milch, 3–4 Eier, Salz, Muskat

Grünkernkoteletts

Das Grünkernschrot mit Wasser bedeckt über Nacht einweichen – Auf kleiner Flamme zu einem Brei kochen, nach Bedarf noch etwas Wasser zugießen – Die eingeweichten, ausgedrückten Brötchen zerpflücken und mit den Kräutern in etwas Fett andünsten – Mit dem kalten Brei und dem Ei vermengen – Koteletts formen und knusprig herausbraten.
Beigabe: Gemüse oder Salate.

200 g Grünkernschrot, 2 Brötchen, 2 Eßl. gehackte Petersilie, 1 Ei, 3 Eßl. Fett, 1 Zwiebel

Weißkrautbratlinge

Weißkraut zurichten, kochen und fein verwiegen – Petersilie und Zwiebel in Butter andünsten – In Wasser erweichte und ausgedrückte Brötchen fein zerpflücken – Zugeben und kurz ausdünsten lassen – Alles mit Eiern und Gewürzen vermengen – Küchlein formen, in Mehl wenden und im heißen Fett knusprig herausbraten.
Beigabe: Tomatensauce und Röstkartoffeln.

500 g Weißkraut, 3 Brötchen, 1 Eßl. gehackte Petersilie, 1 Eßl. gehackte Zwiebeln, 1 Eßl. Butter, 1–2 Eier, Salz, Pfeffer, Muskat, Mehl, Fett oder Öl

Österreichische Krautzweckeln

Nudelteig aus 250 g Mehl oder 1 Paket Trulli, 1 kleiner Kopf Weißkraut, 6 Eßl. Butter oder Schmalz, 1 Zwiebel, Salz, Pfeffer, Zucker

Das Kraut fein hobeln und waschen – In einer Kasserolle das Fett erhitzen, das gesalzene Kraut und die geschnittenen Zwiebeln beigeben und im Fett wenden, bis es sich gesetzt hat – Mit so viel Wasser übergießen, daß der Inhalt eben davon bedeckt ist, und zugedeckt auf kleiner Flamme weichdünsten – Ist das Wasser verkocht, den Deckel abnehmen, das Kraut mit reichlich Pfeffer bestreuen und unter häufigem Wenden weiterdünsten, bis es glänzend und fett aussieht – Einen Nudelteig herstellen – Die Nudelkuchen in verschobene Vierecke schneiden und nach dem Trocknen in Salzwasser weichkochen – Auf einer heißen Platte lagenweise die Nudeln oder die abgekochten Trulli und das Kraut anrichten – Nach Belieben noch mit zerlassener Butter übergießen – Dick mit Zucker bestreut schmeckt das Gericht besonders gut.

Krautkrapfen

Zum Teig:
500 g gekochte, passierte Kartoffeln, 200 g Mehl, 1 Ei, Salz
Zur Krautfülle:
1 kleiner Krautkopf, 50 g Fett, 20 g Zucker, Salz, Pfeffer, 1 Zwiebel
Zum Rösten:
Butter, Brösel

Teigzutaten miteinander verkneten – Auf bemehltem Brett messerrückendick ausrollen – Die Hälfte der Teigplatte in 2 cm breiten Abständen mit Krautfülle belegen – Die Zwischenräume mit geschlagenem Eiweiß bestreichen – Den Teig überklappen und zusammendrücken – Mit dem Teigrädchen halbkreisförmige oder viereckige Krapfen ausrädeln – In kochendes Salzwasser eingelegt, 5 Minuten kochen – Mit dem Schaumlöffel herausnehmen und in gerösteten Bröseln wenden – *Zur Fülle:* Kraut fein schneiden und waschen – Im heißen Fett mit Gewürzen und gehackter Zwiebel weichdünsten – Zuletzt im Fett noch etwas schmoren lassen.

Makkaroni

500 g Makkaroni, Salzwasser, Butter, Parmesan

Makkaroni zwei- bis dreimal durchbrechen – Reichlich kochendem Salzwasser zugesetzt etwa 12 Minuten nicht zu weichkochen – Abgießen und mit heißem Wasser durchspülen – In heißer Schüssel anrichten – Mit zerlassener Butter übergießen und nach Belieben mit Käse bestreuen.
Beigabe: Tomatensauce und grüner Salat.

Rahmmakkaroni

In einer Kasserolle die Butter zergehen lassen und die gekochten Makkaroni dazugeben – Den Rahm, die Gewürze und den Käse verquirlen und darübergießen – Zugedeckt auf kleinem Feuer 5–10 Minuten dünsten – Nach Belieben im Ofen überbacken.
Beigabe: Grüner Salat.

300–400 g Makkaroni, 2–3 Eßl. Butter, 1/2 Tasse Sauerrahm oder Sauermilch, 2 Eßl. Reibkäse, Salz, Paprika, Muskat

Lauchkartoffeln

Lauch nudelig schneiden und waschen – Mit gehackter Zwiebel in Butter andünsten – Mit Mehl überstäuben, hell anrösten und mit Milch auffüllen – Rohe Kartoffelscheiben beifügen und zugedeckt auf kleiner Flamme gardünsten.
Beigabe: Kernweich gekochte Eier.

2 dicke Stangen Lauch (Porree), 1 große Zwiebel, 2 Eßl. Butter, 1 Eßl. Mehl, 1 l Milch, Salz, Pfeffer, Muskat, 500 g rohe Kartoffeln in Scheiben geschnitten

Nockerl

Butter schaumig rühren – Eier, Mehl, Milch und Salz zugeben – Mit dem Rührlöffel schlagen, bis sich der Teig vom Löffel löst – Mit einem Teelöffel kleine Nockerl in siedendes Salzwasser einlegen – 10 Minuten kochen – Abseihen und kurz mit kaltem Wasser übergießen – In einer vorgewärmten Schüssel anrichten.

400 g Mehl, 4 Eßl. Butter, 2 Eier, 1 1/2 Tassen Milch, Salz

Italienische Polenta

Den Grieß unter Rühren in das erwärmte Salzwasser einlaufen lassen und zu einem dicken Brei kochen – Auf eine Platte stürzen, mit dem geriebenen Käse und Muskat bestreuen und mit der zerlassenen Butter übergießen.

1 1/2 Tassen Maisgrieß, 1 l Wasser, 4 Eßl. Reibkäse, 3 Eßl. Butter, Salz, Muskat

Schneepfannkuchen

Aus dem Eigelb und den übrigen Zutaten, außer dem Fett, einen ziemlich dicken Teig rühren – Den steifen Eierschnee unterziehen – In einer Pfanne Schmalz erhitzen und darin kleine Pfannkuchen einlegen – Auf beiden Seiten goldbraun backen und sofort auf heißer Platte anrichten.
Beigabe: Gemüse oder grüner Salat.

2 1/2 Tassen Mehl, 1 Tasse Milch, 3 Eier, Salz, Muskat, Fett

Pfannkuchen

4 Tassen Mehl, 3 Tassen Milch, 3–4 Eier, Salz, Schmalz

Das Mehl in eine Schüssel schütten, in die Mitte eine Vertiefung machen – Die Eier hineinschlagen, etwas Salz und die lauwarme Milch (oder 1/2 Wasser–1/2 Milch) unter Rühren damit vermengen – Der Teig soll wie dicker oder dünner Rahm aussehen, je nachdem es dicke (Pfannkuchen) oder dünne (Flädle) Kuchen geben soll – Den Teig möglichst 1 Stunde vor Gebrauch anmachen; ist er zu dick geworden, noch etwas Flüssigkeit unterrühren – In einer Pfanne Fett gut heiß werden lassen, eine kleine Portion Teig einfüllen, auslaufen lassen und auf beiden Seiten goldgelb backen – Sofort servieren oder auf heißer Platte, am besten in der Ofenröhre, warmstellen.

Pfannkuchen und Flädle können auf vielerlei Art angerichtet werden:

Mit Zitronensaft beträufelt und mit Zucker bestreut.
Mit Beilagen, wie Preiselbeeren, Kompott, Gemüse oder Salaten.
Mit Marmelade, Gelee, Vanillecreme oder zerlaufener Schokolade gefüllt – Mit Spinat, gedämpften Pilzen, feingewiegtem Braten, Schinken- oder Wurststückchen gefüllt (warm in die fertigen Kuchen einrollen).
Die Rollen können außerdem noch in fingerlange Stücke geschnitten und in gebutterter Auflaufform mit Käse- und Butterflocken bestreut im Rohr überbacken werden.
Eine andere Zubereitung:
Den Teig mit pikanten Zutaten vermengen, z. B. Speckwürfelchen, in feine Streifen geschnittene Paprikaschoten, gehackten Kräutern, in Stückchen geschnittenem Schweizerkäse usw. oder mit Kirschen oder Apfelstückchen, und wie oben backen.

Spinatpfannkuchen

250 g Spinat, 1–2 Eier, 3 Eßl. Mehl, Salz, Milch, Butter oder Schmalz

Den Spinat waschen und klein schneiden – Mit dem Mehl, den Eiern, etwas Milch und Salz zu einem Teig vermengen – In heißem Fett Pfannkuchen auf beiden Seiten herausbacken.
Beigabe: Salate, Kapern- oder Tomatensauce.

P.J. VALCKENBERG
1967er
Randersackerer Teufelskeller
Natur
FRANKEN

Hamm's
BEER

Hamm's
BEER
Hamm's
BEER

Nudelteig und Nudeln

500 g Mehl, 2–4 Eier, Wasser, 1 Teel. Essig, Salz
Zum Schmelzen:
2 Eßl. Butter, 1 Eßl. Brösel

Das Mehl auf ein Nudelbrett häufen – In die Mitte eine Vertiefung machen und die Eier hineinschlagen – Etwas Wasser (je weniger Eier, desto mehr Wasser), den Essig und etwas Salz zugeben und alles zusammen zu einem Teig kneten – Er muß ziemlich fest sein und beim Durchschneiden kleine Löcher zeigen – Den Teig in 5–6 Teile schneiden und in eine zugedeckte Schüssel legen – Die einzelnen Teile möglichst dünn auswellen und zum Abtrocknen auf ein sauberes Tuch legen – Ist der Teig beinahe trocken, jedes Stück zur Hälfte zusammenlegen, aufrollen und in 1 cm breite Streifen schneiden, für Suppennudeln in entsprechend schmälere Streifen – Die Nudeln auseinandergebreitet zum Trocknen legen – In kochendem Salzwasser 10 Minuten kochen und auf einem Sieb abtropfen lassen – Beim Anrichten mit gerösteten Bröseln oder mit in der Butter gerösteten kleinen Nudelstreifchen bestreuen.
Beigabe: Kompott oder Salat.

Russische Steinpilzschnitzel

1 1/2–2 kg große Steinpilze, Salz, Pfeffer, 1–2 Eier, Brösel, Butterschmalz

Die Pilze putzen und in fingerdicke Scheiben schneiden – Mit kochendem Wasser überbrühen und einige Minuten ziehen lassen – Das Wasser abgießen und die Pilze würzen – In geschlagenem Ei und Bröseln wenden – Im heißen Schmalz auf beiden Seiten zu schöner Farbe backen.
Beigabe: Kartoffelpüree.

Spinatpudding

500 g Spinat, 4 Brötchen, 3 Eier, 1 Tasse Milch, 4 Eßl. Butter, Salz, Muskat, 1 Eßl. gehackte Zwiebel, 1 Eßl. gehackte Petersilie

Den Spinat zurichten, weichkochen und abschütten – Mit kaltem Wasser abschrecken, ausdrücken und durchpassieren – Die mit etwas Milch eingeweichten Brötchen ausdrücken und zerpflücken, mit Zwiebeln und Petersilie in der Butter dünsten – Den Spinat dazugeben und kurz mitdünsten – Vom Feuer nehmen, die Eigelb unterrühren, abschmecken und abkühlen lassen – Den steifen Eierschnee unterziehen – In eine vorbereitete Puddingform füllen und im Wasserbad 1 Stunde kochen.
Beigabe: Holländische Sauce.

Quarktäschchen

Nudelteig aus 500 g Mehl, 3/4 Tasse Wasser, 1 Ei, Salz
Zur Fülle:
500 g Quark, 1 Ei, Salz, 1 Teel. Kümmel
Zum Übergießen:
Butter

Nudelteig bereiten, s. Seite 465 – Dünn ausrollen und runde Plätzchen ausstechen – Zur Fülle durchpassierten Quark mit Ei, Salz und gemahlenem Kümmel vermengen – Je 1 Teelöffel der Fülle auf die Plätzchen setzen, die Ränder mit Wasser befeuchten und zu Halbmonden zusammengeklappt fest zusammendrücken – In kochendes Salzwasser eingelegt kochen, bis sie oben schwimmen – Mit dem Schaumlöffel herausnehmen und mit brauner Butter begossen anrichten.
Beigabe: Tomatensalat.

Rahmpudding

1 1/2 Tassen Sauerrahm, 70 g Mehl, 5 Eier, Salz, 3 Eßl. Butter, 3 Eßl. Reibkäse, 150 g grüne Bohnen, 100 g Schinken, Butter und Mehl für die Form

Rahm mit Mehl, Eigelb und Salz verquirlen und mit dem steifen Eierschnee vermengen – Eine Puddingform mit Butter und Mehl zurichten – Die Masse einfüllen und eine Stunde im Dampf kochen – Stürzen, mit zerlassener Butter begießen und mit Reibkäse bestreuen – Den Pudding mit in Salzwasser gekochten Bohnen umlegen und mit feingehacktem Schinken bestreuen.

Butterreis

4–6 Eßl. Butter, 1 1/4 Tassen Reis, 1 kleine, Zwiebel, Salz, Brühe oder Wasser

Verlesenen, gewaschenen und getrockneten Reis in heißer Butter unter Rühren glasig (durchscheinend) rösten – So viel heißes Wasser mit Salz zugeben, daß es um die Höhe des Reises darübersteht – Zwiebel unzerteilt beigeben – Zugedeckt auf kleiner Flamme über Asbest oder im Rohr 1/2 Stunde langsam dünsten – Ist Umrühren nötig, eine Gabel dazu nehmen – Vor dem Anrichten die Zwiebel entfernen und den Reis bergförmig in heißer Schüssel auftragen.

Risi-Pisi

250 g Reis, 2 Tassen frische Erbsen oder Konserve, 1 Teel. Zucker, Salz, Pfeffer, 4 Eßl. Butter, Parmesankäse

Reis kochen, s. Seite 467, – Abgießen, gut durchschwenken und im heißen Ofen ausdampfen lassen – Erbsen erwärmen – Bei frischen Erbsen diese weichdünsten – Erbsen und die zerlassene Butter unter den Reis mischen – Nach Geschmack würzen – Beim Anrichten mit geriebenem Parmesan bestreuen.

Reis, trocken gekocht

Den gewaschenen Reis in kochendes Salzwasser schütten – Beim Kochen darauf achten, daß er nicht zu weich wird, er muß noch einen Biß haben – Abschütten und heiß durchbrausen – Auf einem Grillblech ausbreiten und im warmen Rohr ausdampfen lassen, bis er trocken ist und die Körner sich voneinander lösen – Dabei öfters mit einer Gabel umwenden.

400–500 g Reis, 3 l Wasser, 1 Eßl. Salz

Risotto

Gewaschenen Reis im Fett leicht dünsten, bis er glasig erscheint – Die kochende Brühe oder Wasser zugießen – In die Zwiebel die Nelke stecken – Mit den Gewürzen zugeben – Zugedeckt, ohne umzurühren, auf kleiner Flamme in ungefähr 25 Minuten kernig dünsten – Vor dem Anrichten mittels einer Gabel noch ein nußgroßes Stück Butter unterziehen und mit dem Reibkäse bestreuen.

300 g Reis (Patna), 1 kleine Zwiebel, 1 Nelke, 2 Eßl. Butter oder Öl, 3/4 l Brühe oder Wasser, Salz, Pfeffer, 1 Messerspitze Safran, Parmesankäse

Sauerkrautpastete

Die angegebenen Zutaten zu einem Mürbteig arbeiten und diesen kühlstellen (1/2 Eigelb zum Bestreichen zurückbehalten) – Kraut im Fett anbraten und mit etwas Wasser weichdünsten – Die Kastanien schälen und in Milch mit 1 Eßl. Zucker weichdünsten – Die Äpfel schälen, in dicke Scheiben schneiden und in Wasser und Zucker kochen (nicht zerfallen lassen) – Eine Auflaufform mit Butter ausstreichen und abwechselnd Kraut, Äpfel und Kastanien einfüllen, als oberste Lage Kraut – Den Mürbeteig zu einem Deckel ausrollen und darüberlegen – Mit dem Eigelb bestreichen und dem geriebenen Käse bestreuen – 40 Minuten im Ofen überbacken.

Zum Teig:
1 Tasse Mehl, 4–5 Eßl. Butter, 1 Ei, 1 Eßl. Milch, Salz
Zur Fülle:
500 g Sauerkraut, 500 g Kastanien, 3 Äpfel, 3–4 Eßl. Fett, 3–4 Eßl. Zucker, Salz
Zum Bestreuen:
Reibkäse

Pfifferlinge mit Reisrand

Den Reis in Salzwasser trocken kochen – Eine Ringform ausfetten und den Reis hineinfüllen – Im Wasserbad 10 Minuten ziehen lassen – Die Pilze zurichten, zerkleinern und in der Butter mit den Gewürzen dünsten – Den Reisrand stürzen und in der Mitte die Pilze anrichten – Das Ganze noch mit Petersilie bestreuen.

250 g Reis, 1 kg Pfifferlinge, 4 Eßl. Butter, 1 große Zwiebel, 1 Eßl. gehackte Petersilie, Salz, Pfeffer

Pilzauflauf mit Nudeln

250 g Nudeln, 500 g Pilze, 3 Eßl. Butterschmalz, gehackte Petersilie, Salz, Pfeffer, 2 Eßl. Brösel, 1 Eßl. Butter

Die Nudeln kochen, schwenken und abtropfen lassen – Die Pilze waschen, putzen und kleinschneiden – Im Schmalz dünsten und mit dem Gewürz abschmecken – Mit den Nudeln lagenweise in eine gebutterte Auflaufform füllen – Mit Bröseln bestreut und Butterflöckchen belegt, nach Belieben noch eine Tasse Sauerrahm übergießen, im Ofen überbacken.

Pfifferlinge mit Bayerischen Semmelknödeln

1/2–3/4 kg Pfifferlinge, 4 Eßl. Butter oder Öl, Zitronensaft, Salz, Pfeffer, 1 Eßl. Mehl, 1 Eßl. gehackte Petersilie

Pfifferlinge putzen, waschen und blättrig schneiden – Mit feingewiegter Zwiebel und Gewürzen in heißer Butter weichdünsten – Mehl überstäuben und mit Wasser ablöschen, auffüllen und durchkochen – Petersilie und nach Belieben Rahm und Würze zugeben.
Beigabe: Bayerische Semmelknödel.

Rote Rüben in Butter

750 g rote Rüben, 2–3 Eßl. Butter, 1 Teel. gehackte Petersilie, 1 Teel. gehackter Schnittlauch, 1/2 Zehe Knoblauch, 1 Teel. Mehl, Salz, Pfeffer, Essig

Die rote Rüben weichkochen, schälen und in Scheiben schneiden – In einer Kasserolle die Butter zergehen lassen – Die Gewürzkräuter darin andünsten und mit dem Mehl bestäuben – Die Rüben und den Essig beigeben, würzen und ungefähr 30 Minuten kochen.
Beigabe: Kartoffelpüree mit Zwiebelbutter.

Tomatenbratlinge

500 g gekochte Kartoffeln, 250 g Tomaten, Brösel, 1–2 Eier, Salz, Fett

Die Kartoffeln schälen und reiben – Die Tomaten häuten, in Scheiben schneiden und dünsten, bis die Flüssigkeit verdampft ist – Mit den Bröseln, Eiern, Kartoffeln und Salz vermengen – Bratlinge formen und in Fett herausbacken.
Eine andere Zubereitungsart: An Stelle von Kartoffeln eingeweichte Brötchen verwenden und diese mit den Tomaten und dem Gewürz zusammen dünsten – Die Eier untermengen und mit bemehlten Händen Bratlinge formen.
Beigabe: Kartoffelpüree und Salat.

Spätzle

Aus dem Mehl, den Eiern, dem Wasser und Salz einen ziemlich festen Teig machen und so lange schlagen, bis er sich von der Schüssel löst – Portionsweise auf ein Brett geben und mit einem Messer oder Spätzlesieb Spätzle in kochendes Salzwasser schaben – Nach dem Aufkochen mit dem Schaumlöffel herausnehmen, in heißem Wasser schwenken und auf heißer Platte anrichten – Bei Verwendung einer Spätzlesmaschine den Teig etwas dünner machen, da er sich sonst nicht durch die Maschine pressen läßt – Die Spätzle nach Belieben schmelzen oder in Fett anrösten – Beliebte Beigabe zu Fleisch- und Gemüsegerichten.

500 g Mehl, 4 Eier, 1/2–1 Tasse Wasser, 1 Eßl. Salz

Käsespätzle

Spätzle bereiten – Auf eine heiße Platte lagenweise Spätzle und reichlich geriebenen Käse häufen – Das Ganze mit Zwiebelbutter oder mit gerösteten Zwiebelwürfeln bestreuen.
Beigabe: Grüner Salat.

Spätzle aus 500 g Mehl, 100 g Reibkäse, Zwiebelbutter

Krautspätzle

Spätzle bereiten – Auf eine heiße Platte abwechselnd Spätzle und fertig gekochtes Sauerkraut schichten und mit Zwiebelbutter übergießen.
Eine andere Zubereitungsart: In eine gebutterte Auflaufform lagenweise die Spätzle und das Kraut legen – 3 Eier mit 1/2 Tasse Sauerrahm verquirlt darübergießen – Im Ofen überbacken – Mit gerösteten Zwiebelringen garnieren.

Spätzle aus 500 g Mehl, 3 Tassen Sauerkraut, Zwiebelbutter

Spaghetti mit Nußsauce

Spaghetti kochen – Den gehackten Knoblauch und die Petersilie in Öl andünsten – Die fein zerstoßenen Nüsse beigeben und kurz mitdünsten – Mit Öl und heißem Wasser auffüllen – Unter die fertigen Spaghetti mischen und sofort anrichten.

400–500 g Spaghetti, 1/2 Tasse Walnußkerne, 1/2 Zehe Knoblauch, 1/2 Teel. Petersilie gehackt, 3 Eßl. Öl, 1/2 Tasse kochendes Wasser

Sellerie-Kroketten

250 g Sellerieknollen, 250 g Kartoffeln, 1 Tasse Milch, 2 Eßl. Butter, Salz, Pfeffer, 2 Eigelb, Brösel, Backfett

Die Sellerie und die Kartoffeln waschen, schälen und zerteilen – Getrennt in Salzwasser weichkochen – Beides durch ein Haarsieb streichen und mit der heißen Milch, der Butter und dem Gewürz vermengen – Auf dem Feuer schlagen, bis es trocken ist – Das Eigelb unterrühren und weiterschlagen, bis das Püree recht steif ist – Nach dem Erkalten Klößchen oder Kroketten formen und in Bröseln wenden – Schwimmend in Fett herausbacken.
Beigabe: Grüner Salat.

Gefüllte Tomaten

12 Tomaten
Reis-Fülle:
2 Tassen gekochter Reis, 3 Eßl. Butter, 1–2 Eßl. Reibkäse, Salz, Pfeffer
Käse-Fülle:
6 Eßl. Mehl, 1 Tasse Milch, 100 g Reibkäse, 1–2 Eßl. Butter, 2–3 Eier

Die Tomaten abreiben, einen Deckel abschneiden und aushöhlen.
Reis-Fülle: Das herausgenommene Mark mit etwas Wasser kochen und durch ein Sieb streichen – Einen trockenen Wasserreis herstellen – Mit der Butter und dem Tomatenmark vermengen und mit Gewürzen abschmecken – Die Tomaten gehäuft damit füllen – Mit dem Reibkäse bestreuen und mit Butterflöckchen belegen – In einer Kasserolle zugedeckt in Butter weichdünsten oder auf dem Rost im Ofen grillen.
Käse-Fülle: Eine helle Mehlschwitze bereiten – Den geriebenen Käse zugeben, mit der Milch ablöschen und durchkochen lassen – Nach dem Erkalten die Eigelb unterrühren und den Eierschnee unterziehen – Die Masse in die vorbereiteten Tomaten füllen – Im Ofen grillen.
Beigabe: Grüner Salat oder Gemüse.

Spaghetti

400–500 g Spaghetti, 3 l Salzwasser, 2 Eßl. Butter, 2–3 Eßl. Parmesankäse, Italienische Sauce

Die Spaghetti unzerbrochen in kochendem Salzwasser etwa 10 Minuten bei offenem Topf kochen, von Zeit zu Zeit ein Stückchen Spaghetti herausnehmen und durchbeißen; sie müssen durchgekocht, aber noch kernig sein – Mit reichlich heißem Wasser schwenken und auf heißer Platte anrichten – Mit der zerlassenen Butter begießen und mit dem geriebenen Parmesankäse bestreuen oder mit gerösteten Bröseln.
Beigabe: Italienische Sauce oder Tomatensauce.

Rohkost - nicht nur der Gesundheit zuliebe

Bircher-Benner-Müsli

Die Haferflocken 12 Stunden in 12 Eßlöffeln kaltem Wasser einweichen – Mit dem Zitronensaft, dem geriebenen Apfel und der Kondensmilch vermengen – Das fertige Müsli mit den gehackten Nüssen bestreuen.
An Stelle der Haferflocken können auch Weizenflocken und statt des Apfels eine entsprechende Menge anderes Obst genommen werden.

4 Eßl. Haferflocken, 4 Eßl. Zitronensaft, 4 Äpfel, 4 Eßl. Kondensmilch, gesüßt, 4 Eßl. gehackte Nüsse

Blumenkohl in Creme

Den Blumenkohl waschen und in kleine Röschen zerteilen – Aus dem geschlagenen Rahm, Tomatenmark, Zitronensaft und geriebenen Meerrettich sowie den Gewürzen die Creme bereiten – Den Blumenkohl leicht damit vermengen.

400 g Blumenkohl, 8 Eßl. Süßrahm, 4 Eßl. Tomatenmark, 1 Zitrone, Saft, Salz, Zucker, 4 Eßl. geriebener Meerrettich

Brockelerbsen in Creme

Die Erbsen auspalen – Den geschlagenen Rahm mit dem Dill, Zitronensaft, Zucker und Salz vermengen – Die Erbsen damit anmachen und mit dem geriebenen Meerrettich bestreuen.

1 kg frische Erbsen, 4 Eßl. geriebener Meerrettich, 1/2 Tasse Süßrahm, 2 Teel. gehackter Dill, 1 Zitrone, Saft, 1 Prise Salz, 2 Teel. Zucker, 2 Eßl. geriebener Meerrettich

Grießplätzchen

Die Mandeln fein mahlen – Den Grieß, den Honig und das Mandelöl zugeben und gut vermengen – Runde Plätzchen formen und trocknen lassen.
Als Beigabe zu Rohkost.

1 Tasse Mandeln, 5 Eßl. Grieß, 2 Eßl. Honig, einige Tropfen Mandelöl

Gefüllte Gurken als Rohkost

1 Salatgurke, 250 g gelbe Rüben, Zitronensaft, Öl, Salz, Kräuter, Salatblätter

Die Gurke von der Blüte zum Stiel schälen und in 5 cm dicke Scheiben schneiden – Jede Scheibe mit einem Löffel aushöhlen, so daß noch genügend Rand und Boden stehen bleibt – Die entstandenen Gurkenkästchen mit Zitronensaft und etwas Salz marinieren und kurze Zeit ziehen lassen – Die gelben Rüben zurichten, fein hobeln und mit Zitronensaft, Öl und Salz anmachen – Die Gurkenkästchen damit füllen – Mit gehackten Salatkräutern bestreuen und auf Salatblättern anrichten.

Rohkost-Gemüseplatte

1 kleiner Blumenkohl, 4 Tomaten, 1 Kopf Endiviensalat, 4 Eßl. Öl, 2 Eßl. Zitronensaft, 4 Eßl. Süßrahm, 1 Teel. Honig, 1 Teel. gehackte Kräuter, 1 Prise Salz

Den Blumenkohl zurichten und fein raspeln – Die Tomaten in Scheiben schneiden – Den Blumenkohl in die Mitte einer Platte häufen, mit den Tomatenscheiben rings umgeben und diese mit dem Salat belegen – Die übrigen Zutaten zu einer Sauce vermengen und damit die Platte begießen.

Haferflockenplätzchen

125 g getrocknete Aprikosen, 1 1/2 Tassen Haferflocken, 1 Zitrone, Saft, 2–3 Eßl. Honig, 4 Eßl. gehackte Haselnüsse

Die Aprikosen durch den Wolf drehen – Mit den Haferflocken, dem Zitronensaft und dem Honig vermengen und den Teig gut kneten – Runde Plätzchen formen – In geriebenen Haselnüssen wenden und trocknen.
Als Beigabe zu Rohkost.

Kohlrabi mit Senfrahm

4 Kohlrabi, 1 Tasse Sauerrahm, 1 Teel. Senf, Salz, Pfeffer, Zucker, Dill, 1–2 Tomaten, 1 Ei

Die Kohlrabi schälen und in dünne Streifen schneiden – Den Rahm mit dem Senf, Salz, Pfeffer, Dill und Zucker verquirlen – Die Kohlrabi damit anmachen – Mit den Tomatenscheiben umgeben und mit dem hartgekochten, gehackten Ei bestreuen.

Rotkraut (Blaukraut) mit Äpfeln

350 g Rotkraut, 3 Eßl. Olivenöl, 1 Zitrone, Saft, 1 Eßl. Honig, 2 Äpfel

Das Rotkraut waschen und fein hobeln – Den Zitronensaft mit dem Honig und dem Öl verrühren – Das Kraut damit anmachen und 15 Minuten ziehen lassen – Die in feine Scheiben geschnittenen Äpfel untermengen.

Rotkraut (Blaukraut) mit Schlagrahm

Das Rotkraut waschen und fein hobeln – Den Zitronensaft mit dem Honig vermengen – Das Kraut damit anmachen und 15 Minuten ziehen lassen – Den Schlagrahm unterziehen – Mit Haferflocken oder gehackten Nüssen bestreuen.

350 g Rotkraut, 1 Zitrone, Saft, 3 Eßl. Honig, 1 Tasse Schlagrahm, Haferflocken oder Nüsse

Selleriesalat

Die Sellerieknolle waschen, schälen und in ganz feine Streifen schneiden – Die übrigen Zutaten vermengen und den Salat damit anmachen.

1 Sellerieknolle, 1/2 Zitrone, Saft, 4 Eßl. Rahm, 2 Eßl. Öl, Salz, 1 Prise Zucker

Gefüllte Tomaten, Rohkost

Die Tomaten waschen und abtrocknen, einen Deckel abschneiden und aushöhlen – Die Salate mit dem Zitronensaft, reichlich Öl und Gewürzkräutern anmachen – Die Tomaten damit füllen – Die Mayonnaise darüber häufen und mit gehackter Petersilie bestreuen – Nach Belieben kann auch Rohkostgemüse eingefüllt werden.

8 Tomaten, verschiedene Salate, 6 Eßl. Mayonnaise, Petersilie

Tomaten, mit Birnen gefüllt

Die Tomaten waschen, abtrocknen, einen Deckel abschneiden und aushöhlen – Den Salat waschen und in feine Streifen schneiden – Die Birnen schälen und in dünne Scheiben schneiden, zuvor das Kernhaus entfernen – Mit dem Zitronensaft beträufeln und mit der Mayonnaise anmachen – Nach Belieben etwas Senf oder geriebenen Meerrettich unterziehen – Die Tomaten damit füllen und mit Salatherzchen garnieren.

8 Tomaten, 1 Kopf- oder Endiviensalat, 2 Birnen, Zitronensaft, 6 Eßl. Mayonnaise

Vitaminsalat

Apfel und Orange schälen, in mundgerechte Stücke teilen – Rote Rübe putzen und feinstreifig raspeln – Vom Chicorée den bitteren Strunk und welke Blätter entfernen – In Scheiben schneiden – Reihenweise auf einen Teller ordnen – Die Marinade nach Geschmack bereiten – Über Obst und Gemüse gießen – Mit frischer Brunnenkresse garnieren.

(pro Person):
1 Apfel, 1 Orange, 1 kleine rote Rübe, 1 Staude Chicorée, Zitronensaft, Zucker, Salz, Öl, Brunnenkresse

Spinat mit Schlagrahm

500 g Spinat, 2 Zitronen, Saft, 4 Eßl. Honig, 1 Tasse Schlagrahm

Den Spinat gut waschen und fein hacken – Den Zitronensaft mit dem Honig verrühren – Den Spinat damit anmachen – Den Schlagrahm untermischen.

Reformfruchtsalat

Feigen, Äpfel, Birnen, Bananen, Nüsse, Zucker oder Honig, Süßrahm, Haferflocken, Puffreis oder Cornflakes

Die Feigen über Nacht in kaltem Wasser einweichen, so daß sie aufquellen – Am nächsten Tag kleinschneiden und mit den ebenfalls kleingeschnittenen Äpfeln, Birnen und Bananen sowie den gehackten Nüssen vermengen – Mit Zucker oder Honig und Rahm anmachen und mit den Flocken bestreuen.

Rohkostsalate

Salate, Radieschen, Gemüse, Früchte, Öl, Zitronensaft, Rahm, Mayonnaise, Salz, Zucker

Mischverhältnisse: 2/3 Kopfsalat, 1/3 Radieschen – 2/3 gelbe Rüben, 1/3 Äpfel – 1/2 gelbe Rüben, 1/2 Sellerie – 1/3 gelbe Rüben, 1/3 Sellerie, 1/3 Sauerkraut – 1/2 rote Rüben, 1/2 Äpfel – 1/3 frische Gurken, 1/3 Blumenkohl, 1/3 Rettiche oder Kohlrabi – 2/3 Weißkraut, 1/3 Gurken – 2/3 Salat, 1/3 Gurken – 2/3 Lauch, 1/3 Tomaten – 1/3 Schwarzwurzeln, 2/3 Sauerkraut – 2/3 Äpfel, 1/3 Zwiebeln – 2/3 geriebener Kürbis, 1/3 Äpfel – 2/3 Tomaten, 1/3 Ananas oder Orangen – 1/3 Tomaten, 1/3 Melonen, 1/3 Äpfel.

Das Gemüse oder Obst waschen, in Scheiben oder in Streifen schneiden oder mit dem Rohkosthobel raffeln – Mit Öl, Zitronensaft und wenig Salz und Zucker, oder mit Rahm und Zitronensaft, oder mit Mayonnaise anmachen.

Schwarzwurzelsalat

250 g Schwarzwurzeln, 4–5 Petersilienwurzeln 1 Eßl. Mandeln, gerieben, Zitronensaft, Zucker, Salz, 1/2 Tasse Süßrahm

Schwarz- und Petersilienwurzeln schaben, waschen und grob reiben – Auf einem Teller anrichten – Mit Mandeln bestreuen – Die Marinade anmachen – Über das Gemüse gießen – Mit Petersilie garnieren.

Süße Mehlspeisen und Aufläufe

Apfelküchlein

4 mürbe Äpfel, 2 Eßl. Zucker, 2 Eßl. Rum oder Kognak, Bierteig, Backfett, Zucker, Zimt

Die Äpfel schälen, das Kerngehäuse ausstechen und in 1 cm dicke Scheiben schneiden – Mit Zucker bestreuen und mit dem Alkohol beträufeln – Zugedeckt durchziehen lassen – Bierteig bereiten – Backfett erhitzen – Apfelscheiben zuerst in Mehl wenden und dann in den Teig tauchen bis sie allseitig davon umhüllt sind – In das heiße Fett einlegen und goldgelb herausbacken – Jeweils nur so viele Scheiben einlegen, daß sie Platz zum Schwimmen haben – Mit dem Schaumlöffel herausheben und abtropfen lassen – Zucker mit etwas Zimt mischen und die Apfelküchlein damit bestreuen – Heiß anrichten.
Beigabe: Chaudeau.

Gebackene Akazienblüten

Akazienblüten, Beignetteig, Backfett, Zucker zum Bestreuen

Noch nicht vollständig erblühte Blütentrauben waschen und wieder trocknen lassen – Mit Zucker bestreuen – Den Teig bereiten – Die Blüten, am Stiel anfassend, hineintauchen, bis sie allseitig davon umgeben sind – Im heißen Backfett schwimmend herausbacken – Warm, mit Zucker bestreut zu Tisch geben.
Beigabe: Fruchtsauce.
Ebenso können *Holunderdolden* ausgebacken werden.

Apfelreis

125 g Reis, 6 Äpfel, 2 l Wasser, 1 Eßl. Butter, Salz

Reis kochendem Salzwasser zusetzen und halbgar kochen – Soviel Wasser abgießen, daß der Reis noch eben davon bedeckt ist – Butter und geschälte, zerschnittene Äpfel zugeben – Zugedeckt fertig dünsten – Nach Belieben 1 Glas Wein und etwas Zucker zugeben – Oder Reis und Äpfel getrennt kochen und vor dem Anrichten vermengen.

Apfelreis mit Schneehaube

200 g Reis, 2 Tassen Milch, 1 Prise Salz, 2 Eßl. Butter, 2–3 Eßl. Zucker, 1/2 Zitrone, Schale, 4–5 mürbe Äpfel, 3 Eßl. Sultaninen, 2 Eier, 1 Tasse Puderzucker

Aus dem Reis, der Milch und dem Salz einen Milchreis bereiten – Die Butter schaumig rühren und mit dem Zucker und der geriebenen Zitronenschale abschmecken, nach Belieben die Eigelb unterziehen – Die Äpfel schälen, in Scheiben schneiden, leicht zuckern und mit den Sultaninen vermengen – Reis und Äpfel vermengt mit der Butter-Zuckermasse in eine zugerichtete Auflaufform füllen – Den steifen Eierschnee mit dem gesiebten Puderzucker vermengen und dickrühren – Auf den Reis häufen und zu schöner Farbe backen.
Beigabe: Cremesauce.

Sagoauflauf

1 Tasse Sago, 3 Tassen Milch, 1 Prise Salz, 1–2 Eßl. Butter, 1/2 Tasse Zucker, 1–2 Eier, 1/2 Zitrone, Schale, 1 Teel. Backpulver

Den Sago in der Milch mit dem Salz dickkochen – Die Butter schaumig rühren, den Zucker und die Eigelb zurühren und mit dem abgekühlten Brei und der geriebenen Zitronenschale vermengen – Den steifen Schnee und das Backpulver unterziehen – In gebutterter Form in 30 Minuten backen.
Beigabe: Kompott oder Dörrobst.

Sauerrahmauflauf

2 Tassen Sauerrahm, 4 Eier, 2 Eßl. Mehl oder Stärkemehl, 4 Eßl. Zucker, 1/2 Zitrone, Saft und Schale oder 1 Päckchen Vanillezucker, 1 Messerspitze Salz, Butter für die Form

Dicken Sauerrahm mit dem Schneebesen schaumig schlagen, mit Eigelb vermengen – Die übrigen Zutaten beifügen und den steifen Eierschnee unterziehen – In gebutterter Auflaufform im heißen Rohr 45 Minuten aufziehen.

Semmelauflauf

5–6 Brötchen, 1 Tasse Milch, 2–5 Eßl. Butter, 1 Tasse Zucker, 2–3 Eier, 1/2 Zitrone, Saft und Schale, 1 Tasse Mandeln oder Mohn, 1/2 Tasse Sultaninen

Die Brötchen zerschneiden und mit der heißen Milch durchfeuchten – Die Butter schaumig rühren, den Zucker, die Eigelb und Zitrone mitrühren – Die gehackten Mandeln, die Sultaninen und Brötchenmasse zugeben – Den steifen Eierschnee lose unterziehen – In eine zugerichtete feuerfeste Glas- oder Auflaufform füllen und im Ofen in 30 Minuten zu schöner Farbe backen.
Beigabe: Weinsauce oder Fruchtsauce.

Apfelreisauflauf

Gewaschenen Reis, kochender, gesalzener Milch beisetzen und körnig kochen – Schaumig gerührte Butter mit Zucker, geriebener Zitronenschale und Eigelb schaumig schlagen – Den ausgekühlten Reis untermengen – Steifen Eierschnee lose unterziehen – In eine zugerichtete Auflaufform die Hälfte einfüllen – Geschälte, blättrig geschnittene Äpfel darüberlegen und den restlichen Reis darüberdecken – Mit Butterflocken belegt, im heißen Ofen in etwa 45 Minuten backen – Nach Belieben 15 Minuten vor Fertigstellung aus Meringenmasse Figuren aufspritzen und fertigbacken.

100 g Reis, 1/2 l Milch, Salz, 4 Eßl. Butter, 3 Eßl. Zucker, 1/4 Zitrone, Schale, 3 Eier, 500 g Äpfel, Butter

Grüner Stachelbeerauflauf

Von den Stachelbeeren Blüte und Stiel entfernen – Mit einem Hölzchen durchstechen – Wasser, Wein und Zucker durchkochen – Stachelbeeren zugeben und über kleiner Flamme garen, darauf achten, daß sie nicht platzen – Vom Feuer nehmen und noch 30 Minuten im Saft ziehen lassen – Auf einem Sieb abtropfen lassen – Eine Auflaufform ausfetten – Mit den Brötchenscheiben auslegen – Mit Stachelbeersaft anfeuchten – Eigelb, Rahm, Zucker und Zitronenschale cremig rühren – Steifen Eierschnee unterziehen – Über die Brötchen füllen – Stachelbeeren darübergeben – Mit abgezogenen, blättrig geschnittenen Mandeln und Butterflöckchen bestreuen – In vorgeheiztem Ofen bei guter Mittelhitze in etwa 30 Minuten goldgelb backen.

500 g grüne Stachelbeeren, 1/4 l Wasser, 1/8 l Weißwein, 200 g Zucker, 3 Brötchen, Butter zum Fetten, 5 Eigelb, 1/2 Tasse Rahm, 50 g Zucker, 1/2 Zitrone, Schale, 5 Eiweiß, Butterflocken, 2 Eßl. Mandelblättchen

Apfelbettelmann

Die Äpfel schälen und in dünne Scheiben schneiden – Mit 1 Eßlöffel Zucker in 1/2 Tasse Wasser weichkochen – Das geriebene Brot in Butter anrösten, mit dem restlichen Zucker, dem Zimt, der geriebenen Zitronenschale, den Mandeln und Korinthen vermengen – In eine gebutterte Auflaufform die Hälfte des Brotes, dann die Äpfel und obenauf wieder Brot füllen – Mit Butterflocken belegen und im Ofen überbacken – Mit Zucker und Zimt bestreut anrichten.

500 g Äpfel, 3 Eßl. Zucker, 250 g geriebenes Schwarzbrot, 3 Eßl. Butter, Zimt, 1/2 Zitrone, Schale, 1 Eßl. Korinthen, 1 Eßl. gehackte Mandeln

Böhmische Buchteln

Hefeteig aus:
500 g Mehl, 5 Eßl. Zucker, 1 Tasse Milch, 20 g Hefe, 4 Eßl. Butterschmalz, 1–2 Eier, Zitronenschale, etwas Vanille, Salz
Fülle I:
250 g Powidl (Zwetschgenmus), 2 Nelken, 1 Teel. Rum, Zucker, Zimt
Fülle II:
350 g Quark, 8 Eßl. Zucker, 3 Eßl. Butter, 2 Eigelb, 5 Eßl. Rosinen, 2 bittere Mandeln, 2 süße Mandeln, 1/4 Zitrone, Schale
Fülle III:
120 g Mohn, 1 Tasse Milch, 4 Eßl. Zucker, 1 Nelke, 1 Messerspitze Zimt, 1/4 Zitrone, Schale, 1 Tasse geriebene Lebkuchen oder Zwieback, 1 Eßl. Butter
Zum Ausbacken:
4 Eßl. Butter

Aus den angegebenen Zutaten einen Hefeteig bereiten – Wenn er gut gegangen ist, auf ein bemehltes Backbrett geben und 1 1/2 cm dick auswellen – In längliche, etwa 8 x 10 cm große Vierecke schneiden – Auf jedes Viereck 1 Löffel der gewünschten Fülle häufen – Die Teigränder nach oben zusammennehmen und festdrücken – In einer eisernen Kasserolle oder Auflaufform das Schmalz oder die Butter zergehen lassen, die Buchteln auf allen Seiten mit Fett bepinseln und neben- und übereinander hineinsetzen – Nochmals in der Wärme gehen lassen – Mit zerlassener Butter bestreichen und im heißen Ofen goldgelb backen – Auf eine Platte stürzen und mit Zucker bestreut anrichten – Wenn die Buchteln gut gelungen sind, lassen sie sich leicht voneinander lösen.

Powidl-Fülle: Das Zwetschgenmus mit etwas lauwarmem Wasser verdünnen und mit den übrigen Zutaten vermischen – Wenn nötig, leicht durchkochen.

Quark-Fülle: Die Butter schaumig rühren, den Zucker und die Eigelb zugeben – Den durchpassierten Quark, die geriebenen Mandeln, die Rosinen und die Zitronenschale untermengen.

Mohn-Fülle: Den Mohn zerstampfen und mit dem Zucker und der Nelke in der Milch weichkochen – Mit den Gewürzen, dem geriebenen Lebkuchen und der Butter gut verrühren – Erst nach dem Erkalten verwenden.

Kartoffelstrudel

500 g gekochte Kartoffeln, 1 Tasse Mehl, 1 Ei, 3 Eßl. Sauerrahm, Salz, 2 Eßl. Butter, 1 kg Äpfel, Zucker, Zimt

Die gekochten, geriebenen Kartoffeln, das Mehl, das Ei, den Rahm und Salz auf dem Nudelbrett zu einem Teig verarbeiten – Zu einem 30 cm langen Streifen ausrollen – Mit zerlassener Butter bestreichen – Die in dünne Schnitzel geriebenen Äpfel darauf verteilen, mit Zucker und Zimt bestreuen und zu einer Rolle aufwickeln – Die lange Rolle zu einer Schnecke drehen, auf ein gebuttertes Blech setzen und mit Butter bepinseln – Im Rohr in etwa 1 Stunde zu schöner Farbe backen oder in eine Kasserolle setzen, nach 30 Minuten Backzeit mit 1 Tasse heißer Milch übergießen und fertigbacken.

Wiener Dampfnudeln in Zimtsauce

Hefe mit 3 Eßlöffel lauwarmer Milch und einer Messerspitze Zucker anrühren – Mehl in eine angewärmte Schüssel geben, in die Mitte eine Vertiefung machen – Die Hefe hineinschütten – Mit wenig Mehl verrühren und zugedeckt in die Wärme stellen – In lauwarmer Milch zerschmolzene Butter mit Eiern Zucker und Salz verquirlen – Mit dem Mehl und der aufgegangenen Hefe vermengen – Den Teig mit dem Kochlöffel schlagen bis er Blasen wirft und sich von der Schüssel löst – Auf ein bemehltes Brett oder Tuch mit einem Löffel runde Knödel setzen, zugedeckt gehen lassen – Sind sie schon glatt und etwa doppelt so groß mit zerlassener Butter pinseln – In einer gut schließenden Kasserolle Fett erhitzen – Milch zugießen, daß der Boden 1 cm hoch davon bedeckt ist – Aufkochen lassen – Die Nudeln dicht nebeneinander hineinsetzen – Zugedeckt auf schwachem Feuer in etwa 30 Minuten aufziehen – Während der Kochzeit den Deckel nicht abnehmen – Die Nudeln sind gar, wenn die Milch verdampft ist und sie nur noch im Fett braten.
Beigabe: Zimtsauce.

Zum Teig:
3 1/4 Tassen Mehl, 20 g Hefe, 1 Tasse Milch, 2 1/2 Eßl. Zucker, 1 Prise Salz, 2 Eier, 4 Eßl. Butter
Zum Backen:
Fett, Milch, Zimtsauce (wie Vanillesauce bereiten, nur anstelle von Vanille 1/2 Stange Zimt nehmen)

Gefüllte Flädle (Palatschinken, Eierkuchen)

Mehl, Wasser, Eier, Salz und Zucker zu einem glatten, dünnflüssigen Teig verrühren – In einer Omelettenpfanne wenig Fett erhitzen – Soviel Teig einfüllen, um den Boden der Pfanne (die man bewegt, damit sich der Teig gleichmäßig verteilt) dünn zu bedecken – Über mäßigem Feuer auf beiden Seiten goldgelb backen – Mit Marmelade bestreichen, aufrollen und mit Puderzucker bestreut, sofort auftragen.

120 g Mehl, 2 Eier, Salz, 2 Eßl. Zucker, 1 Tasse Wasser, 40 g Fett, 75 g Aprikosen- oder Himbeermarmelade

Nudelauflauf

Die abgekochten Nudeln in eine gebutterte Form füllen – Die übrigen Zutaten verquirlen und über die Nudeln gießen – Mit Butterflöckchen belegen und im Ofen 30 Minuten aufziehen.
Beigabe: Kompott oder Fruchtsauce.

375 g Suppennudeln, 2 Eier, 3 Eßl. Butter, 1 Tasse Milch, 1 Päckchen Vanillezucker

Beignets

2 Tassen Mehl, 1 Ei, 2 Teel. Zucker, 1 Prise Salz, 2 Eßl. zerlassene Butter, 1 Gläschen Rum

Alle Zutaten gut vermengen und soviel warmes Wasser zugeben, daß ein rahmartiger Teig entsteht – Am besten mehrere Stunden vor Gebrauch zubereiten und kühlstellen – In den gesüßten Teig Apfelscheiben, Bananen- oder Ananasstückchen usw., oder in den ungesüßten Teig Gemüse, Fleisch- oder Fischstücke tauchen und in heißem Backfett schwimmend herausbacken.

Graupenauflauf

1 Tasse Graupen, 2 Tassen Milch, 1 Prise Salz, 1/2 Tasse Zucker, 2 Eier, 500 g Früchte, 1 Eßl. gehackte Nüsse, Zimtsauce (wie Vanille-Sauce bereiten. Anstelle von Vanille 1/2 Stange Zimt nehmen)

Die Graupen in der Milch mit dem Salz und 2 Eßlöffeln Zucker dickkochen – Etwas abkühlen lassen – Die Eigelb untermengen – In eine zugerichtete Auflaufform lagenweise Graupen und Obst füllen (frische Apfelscheiben oder Kompottfrüchte) – Die Eiweiß zu steifem Schnee schlagen, den restlichen Zucker zugeben und wieder steifschlagen, zuletzt die gehackten Nüsse daruntermengen – Den Schnee auf den Auflauf häufen und im Ofen zu schöner Farbe backen.

Beigabe: Zimtsauce.

Grießauflauf

200 g Grieß, 5 Tassen Milch, 3 Eßl. Butter, 5 Eßl. Zucker, 1/2 Zitrone, Schale oder Vanillezucker, 2–3 Eier, 1 Prise Salz

Die Milch mit dem Salz und der Butter erwärmen – Den Grieß einstreuen und unter ständigem Rühren zu einem dicken Brei kochen – Die Eigelb mit dem Zucker schaumig rühren, den abgekühlten Grießbrei damit vermengen und den steifen Eierschnee unterziehen – In eine gefettete Form füllen und im Ofen zu schöner Farbe backen.

Beigabe: Kompott oder Fruchtsaft.

Maisgrieß-Apfelauflauf

4 Tassen Wasser, 1 Prise Salz, 5 Eßl. Zucker, 750 g Äpfel, 2 1/2 Tassen Maisgrieß, Zimt, 1 Eßl. Butter

Das Wasser mit dem Salz und etwas Zucker zum Kochen bringen, den Grieß einstreuen und zu einem dicken Brei kochen – Die Äpfel schälen, in Scheiben schneiden und in etwas Wasser mit dem Zucker und Zimt weichdünsten – In eine gefettete Auflaufform lagenweise Grießbrei und Äpfel füllen, auf die oberste Grießschicht Butterstückchen legen – Im Ofen zu schöner Farbe backen.

Reisauflauf

Den Reis waschen, in reichlich kochendem Salzwasser zusetzen und nicht zu weich kochen – Abgießen – Die Butter schaumig rühren, den Zucker, Salz, die geriebene Zitronenschale und die Eigelb mitrühren – Den abgekühlten Reis, Milch oder Rahm und die Rosinen zugeben, alles gut vermengen und zuletzt den steifen Eierschnee unterziehen – In eine vorgerichtete Auflaufform füllen und mit Butterflöckchen belegen – 30 Minuten im heißen Rohr aufziehen.
Beigabe: Kompott oder Fruchtsaft.

250 g Reis, 1 Tasse Milch oder Rahm, 1 Prise Salz, 3 Eßl. Butter, 2–4 Eßl. Zucker, 1/4 Zitrone, Schale, 3 Eier, 2 Eßl. Rosinen

Haferflockenauflauf

Die Haferflocken mit der Milch und dem Salz zu einem dicken Brei kochen – Die Butter schaumig rühren, den Zucker und die Eigelb zurühren und mit dem abgekühlten Brei vermengen – Den steifen Schnee unterziehen – In eine zugerichtete Form füllen und im heißen Rohr 30 Minuten aufziehen.
Beigabe: Kompott oder Apfelbrei.

1 1/2 Tassen Haferflocken, 2 Tassen Milch, 1 Prise Salz, 3 Eßl. Butter, 1/4 Tasse Zucker, 1–2 Eier

Kaiserschmarren

Die Butter schaumig rühren und nach und nach den Zucker, die Eigelb, das Salz, das Mehl und die Milch zugeben – Den Eierschnee unterziehen – In einer Pfanne Butter oder Schmalz erhitzen, 1 Schöpflöffel Teig darin zerlaufen lassen und goldgelb backen – Wenden und mit zwei Gabeln in kleine Vierecke teilen – Auf einer heißen Platte mit Zucker und Zimt bestreut und mit in Butter gedünsteten Apfelscheiben, Kirschen oder Pfirsichstückchen oder eingeweichten Rosinen vermengt anrichten.

Zum Teig:
2 Eßl. Butter, 2 Eßl. Zucker, 3–4 Eier, 1 Prise Salz, 2 Tassen Mehl, 1 Tasse Milch oder Rahm
Zum Backen:
Butter oder Schmalz, Zucker, Zimt, Rosinen oder Obst

Milchreis

Den Reis waschen und in reichlich kochendem Salzwasser 3/4 weichkochen – Abgießen und in der kochenden Milch aufquellen lassen – Würzen, die Butter untermischen oder als braune Butter beim Anrichten darübergießen – Nach Belieben mit Zucker und Zimt bestreuen.
Beigabe: Apfelkompott.

400 g Reis, 4 Tassen Milch, 2–3 Eßl. Zucker, Salz, Vanille oder Zitronenschale, 2 Eßl. Butter

Grießschnitten

4 Tassen Milch, 1 1/2 Tassen Grieß, 6 Eßl. Mehl, 2 Eßl. Butter, Salz, Schmalz

Die Milch, die Butter und Salz zum Kochen bringen, den mit dem Mehl vermischten Grieß einstreuen und unter Rühren zu einem Kloß abkochen – Auf ein nasses Brett schütten, zu einem länglichen Stollen formen und erkalten lassen – In 1 cm dicke Scheiben schneiden und diese in einer Pfanne in heißem Fett goldgelb backen – Nach Belieben vor dem Backen noch in geschlagenem Ei wenden – Mit Zucker und Zimt bestreuen und mit Kompott reichen oder gesalzen und mit Reibkäse bestreut zu grünem Salat.

Kartoffelauflauf

250 g gekochte Kartoffeln, 2 Eßl. Butter, 5 Eßl. Zucker, 1–2 Eier, 1/2 Zitrone, Schale, 1 Prise Salz

Die tags zuvor gekochten Kartoffeln schälen und reiben – Die übrigen Zutaten gut verrühren und unter die Kartoffeln mengen – Den steifen Eierschnee unterziehen – Nach Belieben einige gehackte Mandeln und Rosinen beigeben – In gebutterter Form im heißen Rohr 40 Minuten aufziehen.

Beigabe: Kompott.

Kirschpfannkuchen

500 g Kirschen, 4 Brötchen, 4 Eßl. Mehl, 2 Eier, 1 Tasse Milch, Zucker, Zimt, Butter oder Schmalz

Die Brötchen in kaltem Wasser einweichen, ausdrücken und zerpflücken – Das Mehl, die Milch, die Eier und Gewürze zugeben und alles gut verrühren – Die entstielten Kirschen untermengen – Im heißen Fett kleine Pfannkuchen herausbacken – Mit Zucker und Zimt bestreut anrichten.

Kirschenmichel

6 Brötchen, 2 Tassen Milch, 3–4 Eßl. Butter, 1–2 Eier, 4 Eßl. Zucker, 1 Messerspitze Zimt, 1 Teel. geriebene Zitronenschale, 1 Eßl. geriebene Mandeln, 750 g Kirschen, entsteint, 1/2 Backpulver

Die Brötchen abreiben, zerteilen und in der Milch einweichen – Die Butter schaumig rühren, das Eigelb und den Zucker zurühren – Mit den Brötchen, Gewürzen und Mandeln, dem Backpulver und den Kirschen vermengen und den Eierschnee unterziehen – In eine gebutterte, mit Bröseln bestreute Auflaufform füllen und im Ofen 1 Stunde backen.

An Stelle von Kirschen kann auch anderes Obst, wie Äpfel, Pflaumen o.ä. genommen werden.

Kirschenauflauf

Weißbrot kleinschneiden und in Milch erweichen – Über kleiner Flamme trockenrühren – Schaumig gerührte Butter mit Eigelb vermengen – 6 aufgeschlagene Kirschkerne, geriebene Zitronenschale und Zucker zugeben – Weißbrot, steifen Eierschnee und entsteinte Kirschen, stark mit Zucker vermengt, beifügen – In eine zugerichtete Form füllen und im heißen Rohr 1 Stunde backen.

150 g Weißbrot ohne Rinde, Milch, 3 Eßl. Butter, 4 Eier, 1 Eigelb, 1/2 Zitrone, Schale, 3 Eßl. Zucker, 250 g entsteinte Sauerkirschen, Zucker zum Durchstreuen, Butter für die Form

Aufgezogene Nußschnecken

Aus den angegebenen Zutaten einen mittelfesten Hefeteig arbeiten und gehen lassen – Den Teig auf einem bemehlten Backbrett kanpp fingerdick ausrollen und in etwa 20 cm lange und 6 cm breite Streifen schneiden – Mit der Fülle, bei der alle Zutaten miteinander vermengt werden, bestreichen und zusammenrollen – Die Schnekken in eine gebutterte Form legen, mit gesüßter Milch begießen und im heißen Rohr in etwa 1 Stunde aufziehen oder auf einem gebutterten Blech im Rohr backen.

Hefeteig aus:
500 g Mehl, 30 g Hefe, 1 Tasse Milch, 100 g Zucker, 3 Eßl. Butter, 1–3 Eier, 1 Prise Salz, 1 Zitrone
Zur Fülle:
1 1/2 Tassen geriebene Nüsse, 3 Eßl. Korinthen, 1/2 Tasse Süßrahm, 4–5 Eßl. Zucker, 1 Teel. Zimt
Zum Aufziehen:
2 Tassen Milch, 1 Eßl. Butter

Nußknödel mit Vanille-Sauce

Mehl in eine Schüssel geben und in die Mitte eine Vertiefung machen – Hefe mit 1/4 Tasse lauwarmer Milch, 1 Teelöffel Zucker und wenig Mehl verrührt in die Vertiefung schütten – In der Wärme gehen lassen – Die restliche lauwarme Milch, mit Eiern, Zucker und Salz verquirlt, zugeben und einen ziemlich festen Teig schlagen – In der Wärme zugedeckt wieder gehen lassen – Danach auf einem bemehlten Brett 2 cm dick ausrollen – Mit zerlassener Butter betropfen und mit Zucker und geriebenen Nüssen bestreuen – Aufrollen und zu einer Schnecke drehen – Lose in eine Serviette binden – In kochendes Salzwasser eingelegt, 1 Stunde kochen – Beim Anrichten mit geriebenen Nüssen und Zucker bestreuen und mit zerlassener Butter begießen.
Beigabe: Vanillesauce.

330 g Mehl, 20 g Hefe, 3/4 Tasse Milch, 4 Eßl. Zucker, Salz, 2 Eier
Zur Fülle:
250 g Nüsse, gerieben, 100 g Zucker, 50 g Butter
Zum Bestreuen:
Zucker, Nüsse, gerieben, 2 Eßl. Butter

Kartäuserklöße

8 Brötchen, 2 Tassen Milch, 2 Eier, 4 Eßl. Zucker, Vanille oder Zimt, Butterschmalz

Die Brötchen abreiben und einmal teilen – Die Eier, die Milch und die Gewürze verquirlen und die Brötchen darin einweichen – Wenn diese die Flüssigkeit aufgenommen haben, herausnehmen, abtropfen lassen und in den abgeriebenen Bröseln wenden – Im heißen Fett backen oder schwimmend in Backfett herausbacken.
Beigabe: Weinsauce.

Apfelpie

Zum Teig:
100 g Fett, 250 g Mehl, 1 Eigelb, 1 Teel. Salz, 1/4 Tasse Wasser
Zur Fülle:
3/4 kg mürbe Äpfel, 4 Eßl. Zucker, 1/2 Zitrone, Saft und Schale, 2 Eßl. Rosinen, 1 Eiweiß

Mehl und Salz in eine Schüssel sieben – Fett in Stückchen hineinschneiden – Mit den Fingern oder mit Teigfix zu Bröseln vermengen – Wasser und Eigelb beifügen und mischen bis der Teig eben zusammenhält – Dünn ausrollen – Mit dem Rand einer runden Glas- oder Blechform zwei Teigplatten markieren und ausrädeln – Eine davon in die zugerichtete Form legen – Äpfel schälen, blättrig schneiden und zuckern – Mit geriebener Zitronenschale, Saft und Rosinen vermengt, auf die Teigplatte häufen – (An Stelle von Äpfeln kann auch anderes Obst wie Stachelbeeren, Kirschen usw. genommen werden) – In die zweite Platte ein Lochmuster drücken, damit der Dampf abziehen kann – Die Apfelfülle damit bedecken – Die beiden Teigränder, mit Eiweiß bestreichen, plisseeartig zusammendrücken – Die Oberfläche ebenfalls bestreichen und im heißen Rohr goldgelb backen – Mit Zucker bestreut anrichten.

Mohnpalatschinken

Palatschinkenteig oder 125 g Butter, 6 Eßl. Puderzucker, 6 Eier, 125 g Mehl, 1/4 Zitrone, Schale, 1/2 Tasse Süßrahm, Salz, Backfett
Zur Fülle:
50 g Mohn, 1 Tasse Milch, 3 Eßl. Zucker, 60 g Schokolade, 1 Eßl. Vanille-Zucker
Zur Sauce:
1 Tasse Süßrahm, 1 Teel. Vanillezucker

Zur Fülle: Mohn fein zerstoßen und in Milch 15 Minuten kochen – Mit Zucker, geschmolzener Schokolade und Vanille verrühren.
Zum Teig: Butter schaumig rühren – Mit gesiebtem Zucker, Eigelb, Mehl, geriebener Zitronenschale und Rahm zu einem Teig vermengen – Eiweiß mit Salz steifschlagen und dem Teig unterziehen – In heißem Fett zu dünnen Plättchen herausbacken – Die gebackenen Eierkuchen mit Fülle bestreichen und aufrollen – Rahm mit Vanille aufkochen und als Sauce dazu reichen.

Stachelbeerpie

Mehl und Salz mischen – Butterflocken zugeben und zwischen den Händen verreiben – Mit Wasser zu einem Teig verkneten – 20 Minuten kühl rasten lassen – Ausrollen und eine feuerfeste gebutterte Form Boden und Rand damit auslegen – Mit Eigelb pinseln – Einige Löcher mit der Gabel einstechen – Im heißen Ofen 25 Minuten goldgelb backen – Auskühlen lassen.
Stachelbeeren mit dem Zucker und wenig Wasser auf kleiner Flamme gardünsten – Einige ganze Beeren herausnehmen und zurückstellen – Die restlichen Beeren verkochen – Stärkemehl mit Wein anrühren – Zu dem Fruchtmus geben und aufkochen – Erkalten lassen – Kokosraspeln und 1 Tasse Schlagrahm unterheben – Über den Teig füllen – Mit Schlagrahm und Beeren garnieren.

Zum Teig:
200 g Mehl, 1 Prise Salz, 120 g Butter, 4 Eßl. Wasser, 1/2 Eigelb
Zur Fülle:
750 g Stachelbeeren, 6 Eßl. Zucker, 2 Teel. Stärkemehl, Wein, 1/2 Tasse Kokosraspel, 2 Tassen Schlagrahm

Kirschenpie

Den Teig bereiten und backen wie vorhergehendes Rezept – Nach dem Backen um den Rand herum die Bisquits legen – Entsteinte Kirschen in Wein mit Zucker weichdünsten – Mit Stärkemehl binden – Erkaltet auf den gebackenen Teig und Bisquits füllen – Mit Meringenmasse bergförmig bedecken – Kandierte Kirschen als Verzierung anbringen.
Zur Meringenmasse: Eiweiß sehr steif schlagen – Nach und nach den Zucker dazuschlagen, bis eine sehr steifcremige Masse entstanden ist – Auf den Pie gehäuft im Rohr bei schwacher Oberhitze backen, bis die Masse fest geworden ist.
Als Beigabe: Nach Belieben Schlagrahm.

Zum Teig:
200 g Mehl, 1 Prise Salz, 120 g Butter, 4 Eßl. Wasser, 1/2 Eigelb
Zur Fülle:
750 g Kirschen, 5 Eßl. Zucker, 2 Teel. Stärkemehl, 1 Teel. Zimt, 1/2 Tasse Rotwein
Zum Guß:
3 Eiweiß, 135 g Puderzucker
Zur Garnitur:
Löffelbisquits, kandierte Früchte

Quark-Nudelauflauf

Teigwaren in Salzwasser abkochen – Auf einem Sieb abtropfen lassen – Eine Auflaufform mit Butter zurichten und die Nudeln einfüllen – Quark, Rahm, Eier und Gewürze verquirlt über die Nudeln gießen – Butterflöckchen und Brösel überstreuen – Im heißen Rohr 30 Minuten aufziehen.

250 g Teigwaren, 125 g Quark, 1 Tasse Rahm oder Milch, 4–5 Eßl. Zucker, 1/4 Zitrone, Saft und Schale, 2 Eier, 3 Eßl. Butter, 1 Eßl. Brösel

Birnenpie

Pieteig
Zur Fülle:
3/4 kg Birnen, 200 g Aprikosenmarmelade, 1 Ei zum Bestreichen

Teig bereiten, ausrollen und zu 2 Platten schneiden, s. Seite 484, Apfelpie – Eine Form damit auslegen – Mit Aprikosenmarmelade dick bestreichen – Abgetropfte Kompottfrüchte oder frische, saftige Birnen spalten und einfüllen – Eine Lage Aprikosenmarmelade darübergeben – Mit der zweiten Teigplatte bedecken – Die Ränder pliseeartig zusammendrücken – In die Oberfläche einige Löcher zum Abzug des Dampfes machen – Mit Ei bepinseln, und im heißen Rohr backen.
Beigabe: Aprikosensauce.

Zitronenpie

Zum Teig:
125 g Mehl, Salz, 50 g Butter, 3 Eßl. Wasser
Zur Fülle:
7 Eßl. Stärkemehl, 1 1/2 Tassen Zucker, 1 1/2 Tassen heißes Wasser, 3 Eigelb, 2 Eßl. Butter, 1/2 Tasse Zitronensaft, 1/2 Zitrone, Schale
Zum Guß:
3 Eiweiß, 6 Eßl. Zucker, 1 Teel. Zitronensaft, Puderzucker

Mehl, Salz und Butter zwischen den Händen zerreiben – Wasser zugeben und zu einem Teig verkneten – Kühl gestellt rasten lassen – Den Teig ausrollen, eine feuerfeste Form damit auslegen – Bei guter Mittelhitze im vorgeheizten Ofen goldgelb backen.
Stärkemehl, Zucker, Wasser, Eigelb und Butter nach und nach gut vermengen – Unter Rühren über kleinster Flamme erhitzen – Zitronensaft und Schale zugeben, kurz durchkochen, dabei stets rühren – Abkühlen lassen – Eiweiß steif schlagen – 2 Eßlöffel Zucker und den Zitronensaft beifügen – Weiter rühren und den restlichen Zucker dabei nach und nach zugeben.
Zuerst die Fülle auf den gebackenen Teig geben und darüber den Guß – Mit Puderzucker überstäubt zurück in den Ofen stellen – Bei schwacher Oberhitze den Guß fest werden lassen – In der Form servieren.

Reisschmarren

1 Tasse Reis, 2 Tassen Milch, Salz, 5 Eßl. Butter, 2 Eigelb, 2 Eier, 2 Eßl. geschälte, geriebene Mandeln, 2 Eßl. Sultaninen, 2 Eßl. Korinthen, Butterschmalz, Zucker, Zimt

Den Reis waschen und mit etwas Salz in der Milch 3/4 weichkochen – Die Butter schaumig rühren, die Eier und Eigelb nach und nach unter Rühren zugeben – Den abgekühlten Reis, die Mandeln, Sultaninen und Korinthen untermengen – In einer Pfanne Schmalz zergehen lassen, die Masse einfüllen, anbacken und mit der Backschaufel zerstoßen – Mit Zucker und Zimt bestreut anrichten.
Beigabe: Kompott.

Pfitzauf

Das Mehl, die Milch, die Eier und das Salz zu einem Teig verrühren, die zerlassene Butter zugeben – Gefettete „Pfitzaufförmchen" zur Hälfte mit dem Teig füllen und in heißem Rohr zu schöner Farbe backen.
Beigabe: Kompott.

2 1/2 Tassen Mehl, 2 Tassen Milch, 4 Eier, 6–7 Eßl. Butter, 1 Prise Salz

Rohrnudeln

Aus Mehl, der aufgelösten Hefe, Milch und Vanillezucker, Rum, den Eiern und der geschmolzenen Butter einen leichten Hefeteig machen und schlagen, bis er Blasen wirft, – Warmgestellt und mit einem Tuch bedeckt gehen lassen – Mit einem Eßlöffel Portionen abstechen – Kugelig formen und mit zerlassener Butter bepinselt, dicht nebeneinander in eine Backform mit Rand setzen – Nochmals gehen lassen – Ins heiße Rohr stellen und in 30 Minuten bei Mittelhitze zu schöner Farbe backen – Aus der Form genommen mit Puderzucker bestäubt anrichten.
Beigabe: Heiße Fruchtsauce, Chaudeau-Sauce oder Kompottfrüchte.

500 g Mehl, 30 g Hefe, 1/2 Tasse Milch, 2 Eßl. Vanille-Zucker, 1 Gläschen Rum oder Kognak, 7 Eier, 60 g Butter, 1 Eßl. Butter, Puderzucker

Topfenstrudel (Quarkstrudel)

Aus den angegebenen Zutaten einen Strudelteig bereiten und so lange bearbeiten, bis er zart ist – Mit lauwarmem Wasser bepinseln und unter einem heißgemachten Topf 30 Minuten ruhen lassen.
Zur Fülle: Die Butter schaumig rühren, abwechselnd das Eigelb und den Zucker unterrühren, den Rahm, die geriebene Zitronenschale, den durchpassierten Quark und den Eierschnee zugeben – Auf einem bemehlten, weißen Tuch den Teig rollen und mit den Händen noch möglichst dünn ausziehen – Mit zerlassener Butter bepinseln, dick mit der Fülle bestreichen, mit den gehackten Mandeln, den Sultaninen und etwas Zimt bestreuen – Das Tuch an einer Kante hochnehmen, so daß sich der Teig dabei aufrollt, nach jeder Drehung mit Butter bestreichen, bis die Rolle fertig ist – Vorsichtig auf ein gebuttertes Blech setzen und die Enden der Rolle gut zudrücken – Mit

Strudelteig aus:
250 g Mehl, 1 Eßl. Öl, 1–2 Eier, 1/2 Tasse lauwarmes Wasser, 1 Prise Salz, 1/2 Teel. Essig
Zur Fülle:
2 Eßl. Butter, 2 Eier, 4 Eßl. Zucker, 1 Tasse Sauerrahm, 1/2 Zitrone, Schale, 250 g Quark, 100 g Mandeln, 125 g Sultaninen, Zimt
Zum Bestreichen:
4 Eßl. Butter

Butter bepinseln und den Strudel in etwa 40–50 Minuten im heißen Rohr backen oder in eine gebutterte Auflaufform legen, mit 2 Tassen heißer Milch übergießen und mit Butterstückchen belegt zu schöner Farbe backen.

Quark-Palatschinken

Zum Teig:
4 Eier, 8 Eßl. Mehl, 1 Prise Salz, lauwarmes Wasser oder Milch, Backfett
Zur Fülle:
250 g Sahnequark, 3 Eßl. Zucker, 2 Eßl. Butter, 2 Eigelb, 2 Eßl. Süßrahm, 1/4 Orange, Schale, 2 Gläschen Kognak, Zucker, 1 Tasse Süßrahm

Eier, Mehl und Salz verrühren – Soviel Wasser oder Milch beifügen, daß ein dünncremiger Teig entsteht – 20 Minuten ruhen lassen – 8 dünne Pfannkuchen in heißer gefetteter Pfanne herausbacken.
Zur Fülle: Quark durch ein Sieb streichen – Mit Zucker, geschmolzener Butter, Eigelb, Rahm, Gewürz und 1 Gläschen Kognak vermengen – Die Palatschinken damit dick bestreichen und aufrollen – In eine gebutterte Gratinierplatte nebeneinandersetzen – Mit Kognak beträufeln und mit Zucker bestreuen – Ringsherum den Rahm gießen – Im vorgeheizten Rohr etwa 15 Minuten aufziehen.

Apfelstrudel

Zum Teig:
250 g Mehl, 1 Teel. Butter, 1–2 Eier, 1/4 Tasse lauwarmes Wasser, 1 Prise Salz, 1/2 Teel. Essig
Zur Fülle:
2 kg Äpfel, 8 Eßl. Zucker, Zimt, 1 Tasse Mandeln oder Nüsse, 1 1/2 Tassen Sultaninen, 6 Eßl. Butter, 4 Eßl. Brösel

Aus den angegebenen Zutaten einen Strudelteig herstellen – Unter einem erhitzten Topf 30 Minuten ruhen lassen – Die Äpfel schälen, auf einer Rohkostreibe zu feinen Schnitzeln reiben und mit Zucker bestreuen – Den Teig auf einem bemehlten Tuch ausrollen und dünn ausziehen, mit zerlassener Butter bepinseln und mit Bröseln bestreuen – Die gezuckerten Äpfel darauf verteilen und Zimt, die gehackten Mandeln und Sultaninen darüberstreuen – Mittels des Tuches zu einer Rolle aufwickeln – Mit zerlassener Butter bestreichen und auf gebuttertem Blech im heißen Rohr zu schöner Farbe backen.
Beigabe: Vanille-Sauce.

Sauerrahmplinsen

60 g Stärkemehl, 4 Eier, 1 Tasse dicker Sauerrahm, 1 Messerspitze Zimt, Salz, Fett, Zucker zum Bestreuen, Zimt zum Bestreuen

Stärkemehl mit Eigelb, Rahm und Gewürzen vermengen – Mit dem Schneebesen schaumig schlagen – Steifen Eierschnee unterziehen – In heißem Fett 4 Plinsen (Pfannkuchen) herausbacken – Aufrollen und mit Zucker und Zimt bestreut anrichten.

Rahmstrudel mit Brötchenfülle

Den Strudelteig bereiten wie oben angegeben.
Zur Fülle: Weißbrot entrinden und in Milch einweichen – Butter mit Zucker schaumig rühren – Die Eigelb einzeln unterrühren – Zitronensaft und geriebene Schale zufügen – Das gut ausgedrückte Weißbrot, Rahm, Sultaninen und zuletzt den steifen Eierschnee untermengen.
Auf den dünn ausgezogenen, mit Butter bepinselten Teig verteilen – Aufrollen und vor jeder Wendung wieder mit Butter pinseln – Die Rolle in eine gebutterte, flache Auflaufplatte setzen – Ins heiße Rohr stellen – Ist der Strudel halb gebacken, die heiße Vanillemilch übergießen – Fertigbacken – Ganze Backzeit 25–30 Minuten – Mit Puderzucker bestäubt anrichten.

Strudelteig
Zur Fülle:
125 g Weißbrot, Milch, 125 g Butter, 40 g Zucker, 4 Eigelb, 1/2 Zitrone, Saft und Schale, 1/2 Tasse Sauerrahm, 1/2 Tasse Sultaninen, 4 Eiweiß, Butter zum Pinseln, Vanille-Zucker, Puderzucker

Weichselstrudel

Kirschen entstielen und entkernen – Mit Zucker bestreuen, 20 Minuten ziehen lassen – Auf einem Sieb abtropfen lassen.
Weißbrot in kleine Würfel schneiden – In 3 Eßlöffel Butter goldgelb rösten – Den zubereiteten Strudelteig ausrollen und dünnziehen – Mit geschmolzener Butter pinseln – Mit Brotwürfel, Kirschen und Mandeln belegen – Aufrollen und bei jeder Drehung den Teig mit Butter pinseln – Die Rollenenden einschlagen – Ins heiße Rohr stellen und bei guter Mittelhitze goldgelb backen – Beim Anrichten mit Puderzucker bestreuen.

Strudelteig, auch aus der Tiefkühltruhe, 750 g entkernte Sauerkirschen, 120 g Zucker, 120 g gehackte Mandeln, 200 g Weißbrot, 6 Eßl. Butter

Zwetschgennudeln

Einen Hefeteig herstellen (etwas Ei zum Bestreichen aufsparen) und gehen lassen – 1/2 cm dick auswellen und in gleiche Vierecke ausrädeln – Die Zwetschgen waschen, entsteinen und in jede Zwetschge ein kleines Stückchen Zucker geben – Auf jedes Teigviereck 3–4 Zwetschgen legen, den Teig nach oben zusammennehmen und zusammendrücken – In eine gebutterte Form setzen, mit Ei bestreichen und bei mittlerer Hitze backen – Mit Zucker bestreut anrichten.
An Stelle von Zwetschgen können auch *Kirschen* oder *Apfelschnitze* genommen werden.

Hefeteig aus: 250 g Mehl, 20 g Hefe, 1/2 Tasse Milch, 1 Eßl. Zucker, 1 Ei, 1 Eßl. Fett, 1 Prise Salz
Zur Füllung:
100 g Würfelzucker, 750 g Zwetschgen

Schichtnudeln

Nudelteig, Backfett, Milch, 1 Päckchen Vanille-Zucker, 4 Eßl. Butter, 4 Eier, 4 Eßl. Zucker, Salz, 2 Eßl. Rosinen oder Korinthen, Butter für die Form, Zucker zum Bestreuen

Nudelteig mit 2 Eiern bereiten – Dünn ausrollen und in schmale Nudeln schneiden – Die Hälfte in heißem Backfett goldgelb herausbacken – Die andere Hälfte in kochender Milch mit Vanille-Zucker und Salz abkochen – Butter, Eigelb und Zucker schaumig rühren – Mit steifem Eierschnee, Rosinen oder Korinthen den gekochten Nudeln untermengen – Eine Auflaufform mit Butter ausstreichen, abwechselnd gekochte und gebackene Nudeln einfüllen – Gekochte Nudeln bilden den Abschluß – Mit Zucker bestreut und mit Butterflocken belegt 15 Minuten im heißen Rohr backen.
Beigabe: Vanille-Sauce oder Kompott.

Topfennudeln

130 g Butter, 3 Eigelb, 2 Eier, 50 g Zucker, 140 g Quark, 280 g Mehl, Salz, 15 g Hefe, 1 1/2 Tassen Milch, 50 g Mandeln

70 g Butter schaumig rühren – Nach und nach Zucker, Eigelb und Eier zurühren – Den durchpassierten Quark, Salz, Mehl und in wenig lauwarmer Milch aufgelöste Hefe zugeben – Schlagen, bis sich der Teig von Löffel und Schüssel löst – Eine Stunde in der Wärme gehen lassen – Auf ein bemehltes Brett stülpen und kleine Nudeln formen – Die Nudeln in zerlassene Butter tauchen – In eine Auflaufschüssel, in der zuvor die restliche Milch erwärmt wurde, nebeneinander legen – Mit gehackten Mandeln bestreuen – Nochmals aufgegangen, im heißen Rohr backen.
Beigabe: Vanillecreme-Sauce.

Schmalzgebackenes und Waffeln

Friture – Backfett

In der Friteuse oder einem Bräter das Fett erhitzen – Das Gefäß darf nur halbvoll sein – Das Fett hat den richtigen Hitzegrad erreicht, wenn sich an einem hineingehaltenen Holzstiel kleine Bläschen bilden – Nur so viel Backgut einlegen, daß es Platz zum Schwimmen hat – Beidseitig goldgelb backen – Auf saugfähigem Papier entfetten – Vor jeder neuen Einlage die Krümel mit dem Schaumlöffel entfernen.

1/2–1 kg Schmalz oder: Öl, Palmin, Biskin, Butterschmalz oder gemischt

Süße Bänder

Die Eigelb und das Ei mit dem Zucker kurz rühren – Den Rahm, die Gewürze und soviel Mehl zugeben, um einen Teig kneten zu können – Den Teig auswellen und Streifen von 2 1/2 cm Breite und 20 cm Länge ausrädeln – Zu lockeren Schleifen binden und diese schwimmend im heißen Fett herausbacken – Entfetten und mit Puderzucker bestäuben.

1 Ei, 2 Eigelb, 3–4 Eßl. Zucker, 2 Eßl. Rahm, Mehl, 1 Päckchen Vanille-Zucker, 1/2 Zitrone, Schale, Backfett, Puderzucker

Hobelspäne

Das Mehl mit dem Backpulver aufs Backbrett sieben und zu einem Kranz auseinanderziehen – Die Eier, den Zucker und den Rum in die Mitte geben und verrühren – Die sehr kalte Butter in Stückchen hineinpflücken – Mit dem Mehl bedecken und alles rasch zu einem festen Teig zusammenkneten – Messerrückendick auswellen und in 10 cm lange und 2 1/2 cm breite Streifen rädeln – In das eine Ende des Streifens einen Schlitz schneiden und durch diesen das andere Ende zweimal hindurchschlingen – In heißem Fett schwimmend goldbraun backen – Entfetten und mit Puderzucker bestreut anrichten.

4 1/2 Tassen Mehl, 1 Backpulver, 2–3 Eier, 1/2 Tasse Zucker, 1 Teel. Rum, 125 g Butter, Backfett, Puderzucker

Berliner Pfannkuchen

300 g Mehl, Salz, 1/2 Tasse Rahm oder Milch, 2 1/2 Eßl. Butter, 1 Päckchen Vanille-Zucker, 4 Eigelb, 1/2 Gläschen Rum, 1 Eßl. Orangensaft, 30 g Hefe, 1/4 Tasse Milch
Zum Füllen:
Marmelade, Backfett, Streuzucker mit Vanille

Erwärmtes, gesiebtes Mehl mit Salz, Rahm, geschmolzener Butter, Vanille-Zucker, Eigelb, Rum und Orangensaft vermengen – Hefe mit lauwarmer Milch verrührt, beifügen – Zu einem Teig verkneten und so lange schlagen, bis er Blasen wirft und sich vom Löffel löst – Den Teig, mit einem Tuch bedeckt, 1 Stunde in der Wärme aufgehen lassen – Den aufgegangenen Teig auf ein bemehltes Brett stürzen – 1/2 cm dick ausrollen – Etwa 20 runde Teigscheiben auf der Hälfte der Teigplatte markieren – In die Mitte der Teigscheiben je 1 Teelöffel Marmelade häufen – Das unmarkierte Teigstück darüberklappen und etwas festdrücken – Die Scheiben ausstechen – Mit der oberen Seite nach unten auf ein angewärmtes, bemehltes Tuch legen – Mit einem Tuch bedeckt, nochmals gehen lassen – Fett erhitzen, mit der während des Aufgehens nach oben gekehrten Seite zuerst einlegen – Zugedeckt im Fett schwimmend goldbraun backen – Ist die untere Seite gebacken, die Krapfen wenden und ohne Deckel fertigbacken – Schön gelungene Krapfen müssen in der Mitte einen weißen Rand haben – Abtropfen lassen und mit vanilliertem Zucker bestreuen.

Hasenohren

1 Ei, 2 Eigelb, 4 Eßl. Zucker, 2 Eßl. Rahm, 1 Teel. Rum, Mehl, Backfett

Die Eier und den Zucker verrühren – Den Rahm, Ruhm und soviel Mehl zugeben, daß sich ein Teig kneten läßt – Auswellen – Vierecke ausrädeln und diese über einen Kochlöffel wickeln – Schwimmend im heißen Fett herausbacken.

Doughnuts

2 Eßl. Butter, 1 Tasse Zucker, 2 Eier, 1 Prise Salz, 3/4 Tasse Milch, 4 Eßl. Süßrahm, 4 Tassen Mehl, 1 Päckchen Backpulver, Backfett
Zum Bestreuen:
Zucker, Zimt

Die Butter schaumig rühren, den Zucker, das Salz, die Eier und den Rahm untermengen – Mehl, mit Backpulver vermengt, sieben – Abwechselnd mit der Milch der Eiermasse zugeben und verkneten – Auswellen und mit einem Glas oder Förmchen runde, kleine Kuchen oder Ringe ausstechen – In heißem Backfett schwimmend herausbacken – Mit Zucker und Zimt bestreut anrichten.

Englischer Schnitt

Mehl, Eigelb, lauwarme, mit Wasser verdünnte Milch und dicken Sauerrahm mit Gewürzen vermengen – Dick und schaumig schlagen – Steifen Eierschnee unterziehen – Butter in einer dicken Omelettepfanne erhitzen, den Teig einfüllen und zu zwei großen, blaßgelben Kuchen backen – Die Kuchen in große, schrägwinkelige Stücke schneiden – Die Stücke in heißem Backfett, halb Fett halb Butterschmalz, schwimmend herausbacken – Mit Zucker und Zimt bestreut zu Tisch geben.

100 g Mehl, 6 Eier, 2 Tassen verdünnte Milch, 1 Tasse Sauerrahm, Muskatblüte, Salz, Fett, Butterschmalz, Zimt, Zucker

Nußwaffeln

Die Eier schaumig schlagen – Den Rahm, Zucker, Salz und die zerlassene Butter zurühren – Das mit Backpulver vermengte und gesiebte Mehl und zuletzt die gemahlenen Nüsse zugeben – Einen dickcremigen Teig rühren – Ist er zu fest geworden, etwas Wasser oder Rahm zugeben – Im heißen, gefetteten Waffeleisen goldgelb backen – Mit Vanillezucker bestreut anrichten.

2–3 Eier, 100 g Butter, 1 Tasse Sauerrahm, 225 g Mehl, 1 Teel. Backpulver, 1 Eßl. Zucker, 1 Prise Salz, 1/2 Tasse Walnuß- oder Haselnußkerne, Fett, Vanille-Zucker

Räderkuchen

Zucker mit dem Eigelb und Eiern schaumig rühren – Geschmolzene Butter, Rahm und Kognak zugeben – Mit dem gesiebten Mehl zu einem Teig verkneten – Dünn auswellen und Rechtecke ausrädeln – In der Mitte jedes Teigstückchens einen Schlitz anbringen und einen Zipfel des Rechteckes durchziehen – Im Backfett knusprig herausbacken und mit Zucker bestreut anrichten.

250 g Zucker, 3 Eigelb, 3 Eier, 125 g Butter, 1 Tasse Süßrahm, 1 Gläschen Kognak, 500 g Mehl, Friture, Zucker

Spiegelküchlein

In die Mitte der Oblaten einen Teelöffel Marmelade setzen und mit einer zweiten bedecken – Die Ränder mit geschlagenem Eiweiß bestreichen und zusammendrücken – Mehl mit ganz wenig Milch zu einem sehr dicken Teig rühren – Sobald er sich von der Schüssel löst, Eier, Salz, Zucker und das heiße Schmalz zurühren – Die Oblaten in der Mitte anfassen und den Rand ringsherum schwach fingerbreit mit Teig überziehen – In heißes Backfett einlegen und goldgelb backen.

Runde Backoblaten, Marmelade, 1 Eiweiß, 4 Eßl. Mehl, Milch, 3 Eier, Salz, 2 Eßl. Zucker, 1 walnußgroßes Stück Schmalz, Backfett

Seidenkissen

280 g Mehl, 120 g Butter, 1/4 Tasse Sauerrahm, 3 Eigelb, 1 Teel. Zucker, Salz, 1 Eßl. Rum, Backfett, Puderzucker zum Bestreuen

Die ersten 7 Zutaten rasch zu einem Teig verkneten – Wie beim Blätterteig das Übereinanderschlagen, Ausrollen und Zusammenlegen dreimal wiederholen – Zu einer 2 cm dicken Platte ausrollen und mit dem Teigrädchen Dreiecke ausrädeln – In heißes Backfett eingelegt, schwimmend goldgelb herausbacken – Mit Puderzucker bestreut anrichten.
Beigabe: Bischofssauce.

Schneeballen

180 g Mehl, 6 Eigelb, 2 Eßl. Rahm, 1 Teel. Rum, Salz, Backfett, Zucker zum Bestreuen

Mehl, Eigelb, Rahm, Rum und Salz auf dem Backbrett zu einem Teig verarbeiten und so lange kneten, bis sich Blasen zeigen – 30 Minuten an einem kühlen Ort ruhen lassen – Dünn ausrollen und in viereckige Stücke von 6 cm Kantenlänge ausrädeln – In Abständen von 1 cm parallele Einschnitte machen, doch so, daß der Rand ringsherum stehen bleibt – Zwischen die Teigstreifen einen Kochlöffel schieben, um ihnen eine runde Form zu geben, so daß jeweils ein Streifen nach unten, der nächste nach oben gebogen wird – In heißes Backfett schwimmend einlegen, den Kochlöffel dabei herausziehen – Die Schneeballen goldgelb herausbacken – Auf Löschpapier abtropfen lassen und mit Zucker bestreut, warm auftragen.
Beigabe: Hexenschaum.

Spritzkuchen

1 Tasse Wasser, 100 g Butter, 200 g Mehl, 5 Eier, 1 Eßl. Zucker, Salz, 1/4 Zitrone, geriebene Schale, Backfett, Vanille-Glasur oder Vanille-Zucker

Wasser mit Butter aufkochen – Vom Feuer ziehen und das Mehl auf einmal hineinschütten – Wieder aufs Feuer geben und zu einem Kloß abrühren – Noch heiß, 1 Ei, Zucker, Zitronenschale und wenig Salz unterrühren – Die übrigen Eier nach und nach zugeben – Dabei den Teig jedesmal stark durchschlagen – In die Backspritze füllen und je einen Ring auf ein Stückchen Pergamentpapier spritzen – Die Ringe in heißes Backfett schwimmend einlegen, dabei das Pergamentpapier abziehen – Goldbraun herausbacken – Danach mit Vanille-Glasur (Puderzucker mit Wasser und Vanille glattrühren) überziehen oder mit vanilliertem Puderzucker bestreuen.

Natronringe

Die Butter schaumig rühren und abwechselnd den Zucker, das Salz, die Eier und den Rahm zugeben – Nach und nach das mit Natron vermengte Mehl untermischen – Einen Teig kneten und nach Bedarf noch etwas Mehl zugeben – Den Teig einige Zeit ruhen lassen – 1 cm dick auswellen und mit einer Ringform Ringe oder mit einem Weinglas Plätzchen und diese mit einem kleinen Likörglas zu Ringchen ausstechen – In heißem Backfett schwimmend zu schöner Farbe backen – Mit Vanille-Zucker bestreut servieren.

4 Eßl. Butter, 7 Eßl. Zucker, 2 Eier, 1 Prise Salz, 1 Tasse Rahm, 375 g Mehl, 1 Teel. Natron, Backfett, Vanille-Zucker

Waffeln, einfach

Die trockenen Zutaten vermengen und sieben – Nach und nach die Milch, das Eigelb, die geschmolzene Butter und das steifgeschlagene Eiweiß zugeben – In eingefettetem, auf beiden Seiten gut erhitztem Waffeleisen backen – Je fester der Teig ist, desto schöner werden die Waffeln.
Beigabe: Ahornsirup, oder mit Zucker und Zimt bestreuen und Kompott dazu reichen.

1 3/4 Tassen Mehl, 1 Teel. Backpulver, 1/2 Teel. Salz, 1 Eßl. zerlassene Butter, 1 Tasse Milch, 2 Eier, Zucker zum Bestreuen

Holländische Waffeln

Eigelb abwechselnd mit Rahm, Mehl und Gewürzen verrühren – Steifen Eierschnee und Rum unterziehen – Den Teig sofort in einem mit Fett ausgepinselten Waffeleisen gelbbacken – Mit Zucker und Zimt bestreut anrichten – Frisch aus dem Eisen kommend, schmecken die Waffeln am besten.
Beigabe: Brombeerkompott.

250 g Mehl, knapp 2 Tassen Sauerrahm, Salz, 6 Eier, geriebene Zitronenschale, 1/2 Gläschen Rum, Fett
Zum Bestreuen:
Zucker, Zimt

Hefewaffeln

Die Hefe, lauwarmes Wasser, 1 Eßlöffel Mehl und 1 Teelöffel Zucker anrühren und in der Wärme gehen lassen – Aus den übrigen Zutaten einen Teig bereiten – Die hochgegangene Hefe zugeben – Gut durcharbeiten – Den Teig etwas gehen lassen – Im gefetteten heißen Waffeleisen portionsweise goldgelb backen – Mit Zucker und Zimt oder Vanille-Zucker bestreut servieren.

375 g Mehl, 25 g Hefe, wenig lauwarmes Wasser, 150 g Butter, 75 g Zucker, 4 Eier, 1/2 Tasse Sauerrahm, 1 Prise Salz, 1/4 Zitrone, geriebene Schale, Fett, Zucker, Zimt oder Vanille-Zucker zum Bestreuen

Schlosserbuben

3 Eier, 6 Eßl. Mehl, 1/4 Glas Weißwein, 1 Prise Salz, Kurpflaumen, Mandeln, geschält, Backfett, Zimt, Zucker

Aus Eiern, Mehl, Wein und Salz zu einem dickflüssigen Teig rühren – Nach Bedarf wenig Wasser zugeben – 30 Minuten ruhen lassen – Die Pflaumen mit je einer Mandel füllen und wieder zudrücken – In den Teig getaucht, im heißen Backfett zu schöner Farbe backen – Abgetropft mit Zucker und Zimt bestreut anrichten.

Strauben

2 1/2 Tassen Mehl, 1 1/2 Tassen Milch, 2–3 Eßl. Zucker, 4 Eßl. zerlassene Butter, 2–3 Eier, Salz, Backfett, Zucker, Zimt

Die angegebenen Zutaten zu einem glatten Teig verrühren – Den Teig in kleineren Portionen durch einen Trichter schneckenförmig in heißes Backfett einlaufen lassen oder in eine Kafeekanne füllen und durch die Tülle schütten – Schwimmend auf beiden Seiten zu schöner Farbe backen – Entfetten und mit Zucker und Zimt bestreut anrichten.

Käse-Waffeln

125 g Butter, 2 Eigelb, 3 Eßl. Süßrahm, 50 g Reibkäse, Salz, Pfeffer, Muskat, 200 g Mehl, Fett

Butter schaumig rühren – Eigelb, Rahm, Käse und Gewürze zurühren – Das Mehl untermengen – Den Teig 1 Stunde kühl ruhen lassen – Das Waffeleisen erhitzen – Mit Fett auspinseln und in jede Herzform eine nußgroße Teigkugel setzen – Das Eisen schließen und die Waffeln goldgelb backen – Warm oder kalt servieren.

Mandel-Waffeln

125 g Butter, 100 g Zucker, 3 Eier, 175 g Mehl, 1/2 Päckchen Backpulver, 70 g geriebene Mandeln, 1 Eßl. Rum, 1/2 Päckchen Vanille-Zucker, 1 Eßl. Wasser, Fett, Puderzucker

Butter, Zucker und die Eier schaumig rühren – Mit Backpulver vermengtes und gesiebtes Mehl und die Mandeln zurühren – Gewürze und Wasser beifügen – Das Waffeleisen erhitzen und mit Fett auspinseln – Je einen kleinen Schöpflöffel Teig einfüllen – Das Eisen schließen und die Waffeln goldgelb backen – Mit Puderzucker bestreut servieren.

Mahlzeit-Waffeln

150 g Butter, 150 g Zucker, 3 Eier, 350 g Mehl, 1/2 Gläschen Rum, 1 Päckchen Vanille-Zucker, 1 Teel. Backpulver, 1/2 Tasse Wasser, Fett, Zucker

Die Butter schaumig rühren – Die übrigen Zutaten der Reihe nach zugeben – Zu einem dicken, cremigen Teig verrühren – Portionsweise im heißen, gefetteten Waffeleisen goldgelb backen – Mit Zucker bestreut zu Tisch geben. *Beigabe:* Kompott oder eine süße Sauce.

Alles aus Obst

Kompotte

Apfelbrei

Die Äpfel in Schnitze schneiden und mit der Schale und Kernhaus im Wasser weichkochen – Durch ein Sieb streichen und mit dem Zucker und der Zitronenschale oder Zimt nochmals aufkochen – Abgekühlt oder kalt servieren.

1 kg Falläpfel, 2 Tassen Wasser, 4 Eßl. Zucker, 1 Stückchen Zitronenschale oder Zimt

Apfelkompott

Die Äpfel schälen, in Schnitze schneiden und das Kernhaus entfernen – Mit den gewaschenen Rosinen und den übrigen Zutaten zusammen weichkochen – Nach Belieben ein Gläschen Rum und einige Mandeln daruntermischen – Abgekühlt oder kalt servieren.

750 g Äpfel, 1 Tasse Wasser oder Wein, 3 Eßl. Zucker, 1 Eßl. Rosinen, 1 Eßl. Zitronensaft, wenig Zimt

Gedünstete Äpfel

Die Äpfel schälen und halbieren, das Kernhaus entfernen – Kleine Äpfel nicht zerschneiden – Nach Belieben in Wein oder Wasser unter Zugabe der Gewürze vorsichtig weichdünsten, damit sie nicht zerfallen – Hübsch in einer Glasschale anrichten und nach Belieben Vanille-Sauce dazu reichen.

1/2–3/4 kg mürbe Äpfel, 1 Tasse Wasser oder 1/2 Wasser 1/2 Wein, 3 Eßl. Zucker, Zitronenschale

Backpflaumen

Die Pflaumen etwa 6 Stunden in kaltem Wasser einweichen – In dem Einweichwasser weichkochen, den Zucker und soviel Wasser zugeben, daß die Früchte knapp bedeckt sind – Nach dem Weichkochen entkernen und durch ein Sieb streichen – Den Fruchtsaft dickkochen, den Portwein zugeben und mit dem Mus verrühren.
Beigabe: Süßrahm.

500 g Backpflaumen, 1/2 Tasse Zucker, 1 Glas Portwein

Italienisches Apfelkompott

3/4 kg mürbe Äpfel, 2 Tassen Wein, 1 Zitrone, Saft, 125 g Zucker, Zucker zum Bestreuen, Kompottfrüchte

Äpfel schälen und in Schnitze teilen – Kerngehäuse entfernen – In Wein, Zitronensaft und Zucker weichkochen – Die Äpfel herausnehmen – Den Saft dick einkochen – Danach mit den Äpfeln vermengen – Auf einer Platte bergförmig anrichten – Mit Zucker bestreuen und mit einer glühend gemachten Backschaufel ringsherum braunbrennen – Mit Kompottfrüchten, wie Reineclauden, Kirschen und Aprikosen verzieren.
Beigabe: Dessertbackwerk.

Aprikosenkompott

500 g Aprikosen, 1 Tasse Wasser, 5 Eßl. Zucker

Die Früchte geschält oder ungeschält halbieren und entsteinen – Einige Steine aufklopfen und die Kerne schälen – Den Zucker mit dem Wasser zum Faden kochen – Zuerst die Hälfte der Früchte kurze Zeit darin ziehen lassen und mit dem Schaumlöffel herausnehmen, dann die andere Hälfte – Einige geschälte Kerne im Zuckersaft mitkochen und diesen über die Früchte gießen – Nach dem Erkalten servieren.

Birnenkompott

750 g Birnen, 1 Tasse Wasser, 3 Eßl. Zucker, Zitrone oder Vanille

Die Birnen schälen und in Schnitze teilen, das Kernhaus entfernen – Kleine Birnen nicht zerteilen – In Zuckerwasser mit dem Gewürz weichkochen und kaltstellen.

Karamelbirnen

750 g Birnen (Palmich- oder Klaus-Birnen), 3 Eßl. Zucker, 1 Tasse Wasser, Vanille

Die Birnen schälen, nur die Blüten, nicht die Stiele entfernen und schaben – Den Zucker in einer Kasserolle bräunen, mit Wasser ablöschen und die Birnen mit dem Gewürz darin weichkochen – Kalt servieren.

Brombeerkompott

1 kg Brombeeren, 4–6 Eßl. Zucker, 2 Nelken, 1 Stückchen Zimt, 2 Zitronenscheiben

Die schönen, großen Beeren aussuchen – Die kleineren durchpressen – Brombeersaft, Zucker, Nelken, Zimt und entkernte Zitronenscheiben zum Kochen bringen – Die Beeren zugeben und einige Minuten darin ziehen lassen – Herausnehmen und in eine Schale füllen – Den Saft noch etwas eindicken und darübergießen – Bis zum Gebrauch kühlstellen.

Feigenkompott mit Rahm

Die Feigen über Nacht in Wasser einweichen – Das Einweichwasser zum Kochen bringen, die Früchte darin weichkochen (nicht verkochen lassen) und nach Geschmack süßen – Die Früchte herausnehmen, den Saft noch etwas eindicken und über die Früchte gießen.
Beigabe: Gekühlter süßer Rahm.

1/2 Kranz Feigen, Zucker, 1/2 Tasse Rahm, Wasser

Kirschenkompott

Die Kirschen waschen, entstielen und nach Belieben entsteinen – In Zuckerwasser mit den Gewürzen langsam weichkochen – Nach dem Erkalten servieren.

500 g Kirschen, 1 Tasse Wasser, 3 Eßl. Zucker, 1 Stückchen Zimt oder Zitrone

Mirabellenkompott

Mirabellen waschen und abtropfen lassen – Auf einer Seite einen kleinen Einschnitt machen und die Steine entfernen – Zucker und Wasser zum Faden kochen – Die Früchte einlegen und darin weichkochen – Durchgekühlt servieren.

500 g Mirabellen, 350 g Zucker, 1 1/2 Tassen Wasser

Orangenkompott

Die Orangen von Schale und weißer Haut befreien, in fingerdicke Scheiben schneiden, entkernen und in eine Schüssel legen – Wasser und Zucker mit etwas Schale und dem ausgelaufenen Saft gut durchkochen – Erkaltet über die Orangenscheiben gießen.

3 Orangen, 5 Eßl. Zucker, 1 Tasse Wasser

Pflaumenkompott

Die Pflaumen waschen und entsteinen, madige Früchte nochmals durchwaschen – In kaltem Zuckerwasser mit den Gewürzen aufsetzen und einige Male aufkochen – Nach dem Erkalten zu Tisch geben.

500 g Pflaumen, 1 Tasse Wasser, 3 Eßl. Zucker, 1 Stückchen Zimt, 1 Nelke

Pfirsichkompott

Pfirsiche schälen, halbieren und entsteinen – Zucker und Wasser läutern – Pfirsiche einlegen und darin weichkochen – In eine Glasschale gefüllt kaltstellen.
Beigabe: Dessertbackwerk.

3/4 kg Pfirsiche, 1 Tasse Wasser, 6 Eßl. Zucker

Rhabarber

750 g Rhabarber, 1/2 Tasse Wein oder Wasser, 5 Eßl. Zucker

Den Rhabarber waschen, schälen und in etwa 3 cm lange Stücke schneiden – In dem verdünnten Wein mit dem Zucker vorsichtig weichkochen – Vor Gebrauch kaltstellen.

Grüne Stachelbeeren

500 g Stachelbeeren, 4 Eßl. Zucker, 1/2 Tasse Wein oder Wasser, 1 Stückchen Zitronenschale

Die Beeren von Blüte und Stiel befreien, waschen und mit einem Hölzchen durchstechen – In kochendem Zuckerwasser mit Weißwein gemischt, und nach Belieben etwas Zitrone, einige Male vorsichtig aufkochen, damit sie nicht platzen – Kalt servieren.

Traubenkompott

500 g Weintrauben, 1 Tasse Wasser, 200 g Zucker

Nicht ganz reife Trauben abbeeren, waschen und auf einem Sieb abtropfen lassen – Zucker mit Wasser zum Faden kochen – Die Beeren darin langsam weichkochen, ohne daß sie aufspringen – Bis zum Gebrauch kühlstellen.

Fruchtsalate

Kalifornischer Obstsalat

1 kleine Dose Edelbirnen, 3 Bananen, 2 Orangen, Zucker, Maraschino, Kirschwasser, Zitrone, Rum

Birnen in eine Glasschale füllen – Mit Zucker bestreuen und mit Maraschino besprengen – Darüber eine Schicht Bananenscheiben – Mit Zitronensaft und Kirschwasser beträufeln – Als dritte Lage Orangen- oder Mandarinenscheiben – Gut zuckern und mit Rum begießen.
Beigabe: Dessertbackwerk.

Bunter Obstsalat

2 Pfirsiche, 3 Aprikosen, 1 Apfel, 1 Birne, 200 g Trauben, 1 Zitrone, Saft, Zucker, 1 Glas Kirschwasser

Früchte zurichten und in dünne Schnitze schneiden – Trauben teilen, Kerne entfernen – Mit Zitronensaft, Zucker und Kirschwasser anmachen – Vor dem Servieren durchkühlen lassen.
Beigabe: Dessertbackwerk.

Ananassalat

Die Ananas zurichten, in dünne Scheiben oder Würfel schneiden und 1 Stunde eingezuckert stehen lassen – Mit dem Kirschwasser besprengt servieren.

1/2 Ananas, 4 Eßl. Zucker, 1 Gläschen Kirschwasser

Winterlicher Obstsalat

Obst waschen und je nach Art schälen und zerkleinern – In eine Glasschale legen, gut mit den Geschmackszutaten miteinander vermengen, abschmecken und zugedeckt 2 Stunden kalt stellen – Mit schönen Einzelfrüchten und Schlagsahne verzieren und servieren.

1 kg Früchte z. B.: 2–3 schöne saftige Äpfel, 3–4 saftige Orangen, 2 Bananen oder saftige Birnen, 1–2 Scheiben Ananas nach Belieben, Zucker, Zitronensaft, 4 Eßl. Apfelsüßmost oder Orangensaft, 4 Eßl. süßer Rahm nach Belieben, 50 g Nüsse oder Mandeln geschält, 30–50 g Rosinen oder Sultaninen, 2–3 Eßl. Rum, Arrak oder Maraschino

Beeren-Obstsalat

Die Früchte zurichten, Stachelbeeren halbieren, große Erdbeeren zerteilen – Die Früchte mischen und mit Zucker durchstreut und durchgekühlt anrichten.

1/4 Johannisbeeren, 1/4 Stachelbeeren, 1/4 Erdbeeren, 1/4 Himbeeren, Zucker

Birnensalat

Saftige Birnen schälen und in dünne Scheiben schneiden – In eine Glasschale legen, mit dem Zucker und Zimt bestreuen und mit dem Rum besprengen – Etwa 1 Stunde ziehen lassen und kalt servieren. *Beigabe:* Kleingebäck.

4 Butterbirnen, 2 Eßl. Zucker, 1 Messerspitze Zimt, 1/2 Gläschen Rum

Grapefruitsalat

Grapefruits mit der Schale quer halbieren – Mit einem scharfen Messer den Häutchen entlang schneiden und dabei die einzelnen Schnitze herauslösen (die Häutchen selbst schmecken bitter) – Bananen schälen, in Scheiben schneiden und zugeben – Mit Kirschwasser und Zucker anmachen – Gekühlt servieren.
Beigabe: Dessertbackwerk.

2 Grapefruits, 2 Bananen, 1 Gläschen Kirschwasser, 3 Eßl. Zucker

Erdbeeren in Zucker

500 g Erdbeeren, 4–5 Eßl. Zucker, 2 Eßl. Kognak oder Rum

Erdbeeren verlesen – Abbrausen – Stiele ausdrehen – Zuckern und mit Alkohol beträufeln – Bis zum Gebrauch kühlstellen.

Melonensalat

1 Melone, 3 Eßl. Zucker, 1 Gläschen Kognak, 2 Eßl. Nußkerne, Rosinen, 1 Eßl. Zitronensaft

Die Melone schälen, in Stückchen schneiden, zuckern und kühlstellen – Vor dem Anrichten mit dem Kognak und Zitronensaft begießen und mit den gehackten Nüssen und Rosinen bestreuen.

Melonen mit Zucker

1 Melone, Zucker

Reife Melonen gut durchkühlen lassen – Halbieren und die Kerne entfernen – In Schnitze teilen und mit Zucker bestreut anrichten.

Melonen-Coupes

1/2 Wasser- oder Honigmelone, Zucker, 3–4 Eßl. Johannisbeergelee

Die Melonen entkernen – Kleine Kugeln ausstechen – Mit etwas Zucker bestreuen und mit dem flüssig gemachten Gelee vermengen – Die Mischung in Sektschalen verteilen, oder in die zugerichtete Melonenschale ordnen – Sehr kalt servieren.

Orangensalat

4 Orangen, 4 Eßl. Zucker, 1 Gläschen Kognak, Rum oder Arrak

Die Orangen schälen, in Scheiben schneiden und entkernen – Mit Zucker und Alkohol anmachen.
Beigabe: Kleingebäck.

Obstsalat in Orangenkörbchen

4 schöne, möglichst gleich große Orangen, 1 Zitrone, 2 Bananen, 1 Apfel, Datteln, Nüsse, Zucker, Rum

Orangen zu einem Körbchen mit Henkel schneiden – Das Fruchtfleisch sorgfältig herauslösen, entkernen und mit dem übrigen Obst in Scheiben schneiden – Mit Zucker, Zitronensaft, Rum und blättrig geschnittenen Nüssen zu einem Salat vermengen – Die Körbchen damit füllen und kühlstellen – Nach Belieben den eingefüllten Salat mit Maraschino-Gelee übergießen und vor dem Anrichten erstarren lassen.

Geleespeisen, warme und kalte Puddings

Ananasgelee

Ananas schälen, in Viertel schneiden und diese in Scheiben schneiden – Zucker mit Wasser zu Sirup kochen – Ananasscheiben und -schalen darin aufkochen – Die Scheiben herausnehmen und den Sirup durch ein Sieb gießen – Mit in 2 Tassen heißem Wasser aufgelöster Gelatine, steifem Eierschnee, Zitronensaft und Salz vermengen – Auf dem Feuer mit dem Schneebesen bis zum Aufkochen schlagen – Auf kleine Flamme gestellt, bedeckt ziehen lassen, bis das Eiweiß gerinnt – Durch ein Tuch seihen, bis das Gelee klar ist – Den Boden einer Form mit flüssigem Gelee ausgießen und erstarren lassen – Ananasscheiben einordnen, Gelee darübergießen und wieder erstarren lassen – Abwechselnd auffüllen, bis alles verbraucht ist – Im Kühlschrank erstarren lassen – Vor dem Anrichten in heißes Wasser tauchen und stürzen – Nach Belieben mit Schlagrahm verzieren.
Beigabe: Dessertbackwerk.

1 kleine Ananas, 200 g Zucker, 1/4 l Wasser, 40 g gekörnte Gelatine oder Aspikpulver, 2 Tassen heißes Wasser, 1 Eiweiß, 1 Zitrone, Saft, 1 Prise Salz

„Darling"

Das Gelee verrühren und mit der aufgelösten Gelatine vermengen – Den steifgeschlagenen Eierschnee unterziehen – Zum Erstarren kaltstellen – Mit Schlagrahm verzieren.

8 Eßl. Johannisbeergelee, 3 Blatt rote Gelatine, 4 Eiweiß, 1/2 Tasse Schlagrahm

Erdbeeren Elizabeth

Die Erdbeeren durch ein Sieb streichen und mit dem Zucker und Kognak vermengen – Die aufgelöste Gelatine und zuletzt den steifen, gekühlten Schlagrahm unterziehen – Kaltstellen und erstarren lassen – Stürzen und mit etwas Schlagrahm und einigen ganzen Erdbeeren verzieren.

500 g Erdbeeren, 6–7 Eßl. Zucker, 2 Eßl. Kognak, 5 Blatt weiße Gelatine, 2 Tassen Schlagrahm

Geleefrüchte

1 kg Kompott- oder Geleefrüchte, Wein, Zucker, 8 Blatt rote Gelatine, 2 Eßl. Kirschwasser

Die Kompottfrüchte auf einem Sieb abtropfen lassen, bei Beerenobst die Hälfte der Früchte zu Saft pressen – Den Saft mit Wein zu 1/2 l auffüllen – Nach Geschmack süßen, zum Kochen bringen und die aufgelöste Gelatine untermengen – Die Früchte in eine Glasschale ordnen, mit dem Kirschwasser besprengen und mit der Geleemasse begießen – Zum Erstarren einige Stunden kaltstellen – Nach Belieben vor dem Anrichten stürzen.
Beigabe: Frischer Süßrahm, Schlagrahm oder Vanille-Sauce.

Götterspeise mit Süßrahm

1/2 l Wasser, 1 Päckchen Götterspeise, 1 Eßl. Zucker, 1 Tasse Süßrahm

Wasser zum Kochen bringen – Vom Feuer nehmen und 1 Minute abkühlen lassen – Zucker und den Inhalt der beiden Tüten gemischt, unter Rühren zugeben, bis alles gelöst ist – In eine Glasschale füllen und mehrere Stunden, am besten über Nacht, kühlstellen, bis die Masse erstarrt ist.
Beigabe: Süßrahm.

Rote Grütze

125 g Himbeeren, 250 g Johannisbeeren, 6–7 Eßl. Zucker, 6 Eßl. Stärkemehl oder 8 Blatt rote Gelatine 1/2 l Wasser od. Wein

Die Früchte mit 1/2 l Wasser oder Wein kurz aufkochen und durch ein feines Sieb schütten – Den Saft mit dem Zucker wieder zum Kochen bringen – Das mit etwas Saft angerührte Stärkemehl unter Rühren einlaufen lassen und etwa 3 Minuten kochen – Bei Verwendung von Gelatine diese aufgelöst der heißen Flüssigkeit zusetzen – In eine kalt ausgespülte Glasschale gießen und erstarren lassen – Vor dem Anrichten mit Schlagrahm und Früchten garnieren.
Beigabe: Schlagrahm.

Mandelgelee

1/2 l Milch, 1/2 Tasse Mandeln, 7 Eßl. Zucker, 9 Blatt weiße Gelatine

Die Mandeln brühen, schälen, trocknen und durch die Mandelmühle treiben – Mit dem Zucker und der Milch zum Kochen bringen – Die aufgelöste Gelatine untermengen – In eine Form schütten und erstarren lassen auf Eis – Nach Belieben vor dem Anrichten stürzen.

Johannisbeeren mit Römischer Sauce

500 g rote Johannisbeeren, Zucker, Weingelee

Johannisbeeren waschen, abbeeren und auf einem Sieb abtropfen lassen – In ein flaches Geschirr ausgebreitet mit Zucker durchstreuen – Einige Minuten zum Antrocknen des Zuckers in ein warmes Rohr stellen – Eine Glasschale mit flüssigem Gelee ausgießen und in Eis stellen – Erstarrt, Beeren einfüllen, wieder Gelee darübergießen und erstarren lassen – Abwechselnd Gelee und Früchte einfüllen, bis beides verbraucht ist – Die oberste Lage muß Gelee sein.

Römische Sauce

1 1/2 Tassen Milch, 50 g Zucker, Salz, 15 g Stärkemehl, 1 Eßl. Ananassaft, 1 Eßl. Arrak, 2 Eigelb, 1/2 Tasse Schlagrahm

Milch mit Zucker und Salz aufkochen – Mit in wenig Milch angerührtem Stärkemehl dicken – Ananassaft und Arrak beigeben – Mit Eigelb legieren – Auf Eis gestellt durchkühlen und mit Schlagrahm vermengen.

Moscovit (Russisches Gelee)

1/4 l Weißwein, 1/4 l Wasser, 125 g Würfelzucker, 1/2 Zitrone, Saft, 1/4 Zitrone, Schale, 2 1/2 g Zitronensäure (krist.), 5 Teel. gekörnte Gelatine, 1 Eiweiß, 2 Eßl. Kognak oder Arrak

Wein, Wasser, Zucker, Zitronensaft, geriebene Schale und Zitronensäure mit der aufgelösten Gelatine und dem geschlagenen Eiweiß unter ständigem Schlagen mit dem Schneebesen knapp aufkochen – Auf ganz kleiner Flamme 10 Minuten ziehen lassen, bis das Eiweiß geronnen ist – Durch ein Tuch laufen lassen und so oft wiederholen, bis das Gelee vollständig klar ist – Alkohol zugeben – Eine Gelee-Form in zerstoßenes Eis setzen – Die Hälfte der Flüssigkeit einfüllen und erstarren lassen – Das übrige Gelee wieder aufs Feuer nehmen und mit dem Schneebesen weiß und schaumig schlagen – Die Form wieder herausnehmen und unter das Eis etwas Viehsalz mengen – Die Form wieder hineinstellen und mit dem geschlagenen Gelee auffüllen – Mit einem ölgetränkten Papier bedecken und mit einem Deckel verschließen – Mit Eis bedeckt 3/4 Stunden gefrieren lassen – Vor dem Servieren die Form kurz in warmes Wasser tauchen und stürzen – Das Gelee soll aussehen wie ein Eisberg auf Schnee.

Beigabe: Dessertgebäck.

Orangen- oder Zitronengelee

4 Orangen, Saft, 1 Orange, Schale oder 4 Zitronen, Saft, 1/2 Zitrone, Schale, 1/4 l Wein oder Wasser, 6 Eßl. Zucker, 8 Blatt weiße Gelatine

Den Orangensaft mit Wein oder Wasser zu 1/2 l auffüllen – Die geriebene Orangenschale und den Zucker zugeben und zum Kochen bringen – Vom Feuer nehmen und die aufgelöste Gelatine untermischen – Abgekühlt mit Orangen- oder Zitronenscheiben in eine Glasschale füllen und erstarren lassen.
Beigabe: Vanille-Sauce.

Pflaumengelee

500 g Pflaumen, 4 Eßl. Zucker, gekörnte rote Gelatine, 1 Tasse Orangenmarmelade, 1 Tasse Zucker, 1/2 Zitrone, Saft, 2 Tassen Schlagrahm

Pflaumen brühen und schälen – Entsteinen und mit Zucker, ohne Wasser weichdünsten – Zu 1 1/2 Tassen Pflaumen 6 Teelöffel Gelatine, im heißen Pflaumensaft aufgelöst, zugeben – Mit Marmelade und Zucker vermengen, Zitronensaft beifügen – Die Pflaumenmischung auf Eis stellen – Wenn sie anfängt fest zu werden, steifen Schlagrahm unterziehen – In Gläser oder kleine Schalen füllen und wieder kaltstellen – Vor dem Anrichten mit Schlagrahm garnieren und mit in Streifen geschnittenen Pflaumen verzieren.

Waldmeistergelee

1 Büschel Waldmeister, 1/4 l Wein, 1/4 l Wasser, 4 Eßl. Zucker, 1 Päckchen gekörnte Gelatine

Waldmeister waschen – Mit den Stielen nach oben 1 Stunde in Wein hängen – Durchgeseiht mit Wasser und Zucker kurz aufkochen – Vom Feuer nehmen und die aufgelöste Gelatine untermengen – In eine mit kaltem Wasser ausgespülte Form gießen und erstarren lassen – Vor dem Anrichten stürzen.
Beigabe: Vanille-Sauce.

Gefüllte Gelee-Zitronen

4 Zitronen, 1/8 l Weißwein, 1/8 l Wasser, 80 g Zucker, 1 Zitrone, Saft, 1/2 Zitrone, Schale, 10 g gekörnte Gelatine

Von den Zitronen kleine Deckelchen abschneiden und aushöhlen – Weißwein, Wasser und Zucker aufkochen – Vom Feuer nehmen und mit in warmem Wasser aufgelöster Gelatine vermengen – Zitronensaft und geriebene Schale zugeben – Die Zitronen damit füllen und erstarren lassen – Vor dem Anrichten in Viertel oder in Achtel schneiden, mit einem scharfen Messer, und zuckern.
Beigabe: Vanille-Sauce oder Römische Sauce.

Milchgelee

Die Milch mit der Vanille aufkochen, vom Feuer nehmen und einige Zeit ziehen lassen – Die aufgelöste Gelatine und den Zucker zugeben und unter Rühren wieder zum Kochen bringen – Durch ein Sieb in eine ausgespülte Form schütten und auf Eis erstarren lassen – Nach Belieben vor dem Anrichten stürzen.

1/2 l Milch, 4 Eßl. Zucker, 6 Blatt weiße Gelatine, 1 Vanilleschote oder Vanille-Zucker

Kullerpfirsich in Gelee

Nicht zu reife Pfirsiche in kochendem Wasser kurz ziehen lassen – Kalt abschrecken und die Haut abziehen – Halbieren und entsteinen – Die Pfirsichhälften in dicken, heißen Zuckersirup legen und erkalten lassen – Herausnehmen und abtropfen lassen – Champagnergelee herstellen – Dazu Weingelee mit der Hälfte der angegebenen Weinmenge bereiten – Nachdem das Gelee klar durchgelaufen ist, Champagner beifügen – Champagnergläser mit flüssigem Gelee ausgießen und erstarren lassen – Je einen Pfirsich, wieder zusammengesetzt, einlegen – Mit flüssigem Gelee 3/4 voll gießen und erstarren lassen – Das restliche Gelee wieder erwärmen und mit dem Schneebesen schlagen, bis es wie Schnee aussieht – Die Gläser damit auffüllen und kaltstellen.

4 Pfirsiche, 1 Tasse Wasser, 125 g Zucker, Weingelee, 1/8 l Champagner

Gelee-Walnüsse

Die ersten 5 Zutaten vermengen und aufkochen – Die aufgelöste Gelatine zugeben – Mit der Hälfte der Mischung den Boden einer flachen Schüssel bedecken – Wenn es beinahe fest ist, in Abständen von 2 1/2 cm Walnußhälften legen – Mit dem Rest des flüssigen Gelees bedecken – Erstarren lassen und in Stücke schneiden.
Beigabe: Gesüßter Schlagrahm.

1/4 l Wasser, 3/4 Tasse Zucker, 1/2 Tasse Sherry, 1/2 Tasse Orangensaft, 3 Eßl. Zitronensaft, 2 Eßl. gekörnte Gelatine, Walnußkerne

Weingelee

Den Wein mit dem Wasser, dem Zucker und Zitronensaft aufkochen – Vom Feuer nehmen, etwas abkühlen lassen und die aufgelöste Gelatine zugeben – In eine ausgespülte Form gießen und kaltstellen – Nach Belieben vor Gebrauch stürzen.
Beigabe: Vanille-Sauce.

1/4 Weiß- oder Rotwein, 1/4 l Wasser, 4 Eßl. Zucker, 2 Teel. Zitronensaft, 8 Blatt weiße Gelatine oder gekörnte Gelatine

Ananaspudding

Eingemachte oder kandierte Ananas, Makronen oder Bisquits, 4 Eier, 4 Eigelb, 1/2 l Süßrahm, 150 g Zucker, 1 Prise Salz, Butter zum Bestreichen der Form

Ananas, Makronen oder Bisquits in kleine Würfel schneiden – Abwechselnd in eine mit Butter ausgestrichene Form füllen – Zucker, Eier, Eigelb, Rahm und Salz verquirlt über die Puddingmasse füllen – 30 Minuten einziehen lassen – Verschlossen 2 Stunden im Wasserbad kochen – Vor dem Anrichten stürzen – Mit Zucker bestreuen.

Beigabe: Ananascremesauce.

Bananenpudding

1/2 l Milch, 1 Tasse Brösel, 1/2 Tasse Bananenfleisch, 1/4 Tasse Zucker, 1/4 Teel. Salz, 1/2 Eßl. Zitronensaft, 1 Teel. Vanille, 3 Eier

Die Milch kochen und über die Brösel gießen – Zugedeckt 30 Minuten stehen lassen und danach durch ein Sieb drücken – Das Bananenfleisch schaumig schlagen, den Zucker, Salz, Zitronensaft, Vanille und die leicht geschlagenen Eier zugeben – Mit der Bröselmasse vermengen – In mit Butter bestrichene Einzelformen geben und in ein Gefäß mit heißem Wasser stellen – Im Ofen backen, bis sie fest sind – Aus dem Ofen genommen 5 Minuten stehen lassen, dann stürzen.

Beigabe: Sabayonsauce.

Biskuitpudding à la Claire

4 Eier, 7 Eßl. Zucker, 1/2 Zitrone, Saft, 1 Tasse Mehl, 1/2 Zitrone, Schale, Brösel

Die Eigelb, den Zucker und Zitronensaft schaumig rühren – Das gesiebte Mehl und die geriebene Zitronenschale untermengen – Den Eierschnee lose unterziehen – In eine vorgerichtete, mit Bröseln ausgestreute Form füllen und im Wasserbad 30 Minuten kochen oder wie einen Auflauf im Ofen backen – Warm servieren.

Beigabe: Chaudeau-Sauce oder Fruchtsauce.

Haiti-Bananenpudding

4 Bananen, 2 Eier, 150 g Puderzucker, 200 g Zwiebackbrösel, 1 Messerspitze Zimt, 1 Eßl. Vanille-Zucker, 2 Zitronen, Saft, 1/2 l Milch, 1 Teel. geriebene Zitronenschale, 60 g Butter, Zucker, 1–2 Gläschen Rum

Bananen schälen und in Scheiben schneiden – Eier, Puderzucker, Brösel, Gewürze, Zitronensaft und Milch verrühren – Bananen unterheben – Zitronenschale und zerlassene Butter zugeben – In eine gebutterte, mit Zucker ausgestreute, glatte, hohe Puddingform füllen – Im Wasserbad 1 1/2 Stunden im Backofen kochen – Stürzen und mit Rum übergießen – Heiß servieren.

Brotpudding

Das Brot in kleine Stücke teilen – Die Milch mit dem Zucker süßen, darübergießen und etwa 1 Stunde ziehen lassen – Die zerlassene Butter, das Mehl, die Rosinen und Gewürze zugeben und alles gut vermengen – In eine zugerichtete Gugelhopfform füllen und im Wasserbad zugedeckt etwa 20 Minuten kochen – Stürzen, mit Rum oder Arrak beträufeln und mit Zucker bestreuen.
Beigabe: Chaudeau-Sauce, Fruchtsauce oder Vanillesauce.

250 g Weißbrot, 250 g Schwarzbrot, 3/4 l Milch, 6 Eßl. Zucker, 3 Eßl. Butter, 1 Eßl. Mehl, 1 Eßl. Rosinen, 3 Eßl. Zitronat, 1 Tasse gehackte Mandeln oder Mandelöl, 2 Eßl. Arrak oder Rum

Cottage-Pudding

Die Butter schaumig schlagen – Nach und nach den Zucker und die Eier zurühren – Das mit dem Backpulver und Salz gemischte Mehl abwechselnd mit der Milch beifügen – In eine mit Butter ausgestrichene Kastenform füllen – Etwa 35 Minuten im Ofen backen – Warm servieren.
Beigabe: Vanille-Sauce.

1/4 Tasse Butter, 2/3 Tasse Zucker, 2 Eier, 1/4 l Milch, 2 1/4 Tassen Mehl, 4 Teel. Backpulver, 1/2 Teel. Salz

Eierpudding

Das Mehl in einer Tasse kalter Milch anrühren – Die restliche Milch mit dem Zucker und der Butter aufkochen – Das angerührte Mehl und die Zitronenschale oder Vanille zugeben – Unter Rühren kochen, bis sich der dicke Brei vom Topf löst – Nach dem Erkalten die Eigelb nach und nach unterrühren, den Eierschnee lose unterziehen – In eine gefettete, mit Bröseln ausgestreute Form füllen und im Wasserbad 1 Stunde kochen.
Beigabe: Vanille- oder Orangensauce.

3/4 l Milch, 1 Tasse Mehl, 6 Eßl. Zucker, 4–5 Eßl. Butter, 1 Zitrone, Schale, oder Vanille, 6 Eier, Brösel

Haferflockenspeise

Die Haferflocken mit einer Tasse kochendem Wasser übergießen und über Nacht stehen lassen – Die Milch oder den Rahm mit dem Zucker und der Vanille oder der geriebenen Zitronenschale aufkochen – Mit der aufgelösten Gelatine, den Korinthen und Haferflocken vermischen – Etwas abkühlen lassen, in eine Glasschale füllen und kaltstellen.
Beigabe: Fruchtsauce.

10 Eßl. Haferflocken, 1/4 l Milch oder Rahm, 3 Eßl. Zucker, Vanille-Zucker oder 1/2 Zitronen-Schale, 4 Blatt weiße Gelatine, 1 Eßl. Korinthen

Dattelpudding

3 Brötchen, 1/4 l Milch, 3 Eßl. Butter, 1/2 Tasse Zucker, 4 Eier, 3 Eßl. gehackte Walnüsse, 6 Eßl. geriebene Mandeln, 200 g Datteln

Die Brötchen in der heißen Milch einweichen und gut ausdrücken, nach Bedarf noch auf dem Feuer trocken dämpfen – Die Butter schaumig rühren – Mit dem Zucker, dem Eigelb, den Nüssen, Mandeln und feingeschnittenen Datteln zu den Brötchen geben und alles gut vermengen – Den steifen Eierschnee lose unterziehen – In eine vorgerichtete Form füllen und verschlossen 1 Stunde im Wasserbad kochen – Stürzen und warm reichen.

Beigabe: Vanille-Sauce oder Arrak-Sauce.

Flammeri mit Ei

1/2 l Milch, 3 Eßl. Stärkemehl, 3 Eßl. Zucker, 1 Prise Salz, 1–2 Eier, Vanille-, Kaffee-, Schokolade- oder Fruchtaroma

Das Stärkemehl mit etwas kalter Milch anrühren – Die restliche Milch mit Zucker und Salz zum Kochen bringen – Das angerührte Stärkemehl einlaufen lassen und unter Rühren etwa 3 Minuten kochen – Vom Feuer nehmen, vorsichtig mit Eigelb legieren, das Aroma unterrühren und nach Belieben ein Stückchen Butter unterrühren – Den steifen Eierschnee unterziehen – In eine mit kaltem Wasser ausgespülte Form gießen und kalt stellen – Als Schichtpudding die Puddingmasse teilen, verschieden aromatisieren und vorsichtig übereinander in die Form gießen – Vor dem Anrichten stürzen.

Beigabe: Zu Schokolade- oder Kaffeeflammeri: Vanillesauce; zu Mandel- und Vanilleflammeri: Schokoladensauce.

Grießpudding

1/2 l Milch, 1 Teel. Salz, 1 Tasse Grieß, 2 Eßl. Butter, 3 Eier, 4 Eßl. Zucker, 1 Tasse Mandeln, 1/2 Zitrone, Schale

Die Milch mit dem Salz erwärmen – Den Grieß einstreuen und unter ständigem Rühren zu einem dicken Brei kochen – Die Butter schaumig rühren, die Eigelb und den Zucker unterschlagen und mit dem erkalteten Grießbrei vermengen – Die geschälten, gehackten Mandeln, die geriebene Zitronenschale und den steifen Eierschnee unterziehen – In eine vorbereitete Form füllen und im Wasserbad 1 Stunde kochen – Stürzen und warm servieren.

Beigabe: Fruchtsaft.

Grießflammeri

Die Milch mit dem Zucker und Salz erwärmen – Den Grieß einstreuen und unter Rühren etwa 10 Minuten kochen – Die geriebene Zitronenschale, die Rosinen und das feingehackte Zitronat untermengen – Vom Feuer nehmen, mit dem Eigelb legieren und den steifen Eierschnee unterziehen – In eine mit kaltem Wasser ausgespülte Form füllen und nach dem Erkalten stürzen.
Beigabe: Fruchtsauce.

1/2 l Milch, 3 Eßl. Zucker, 1 Prise Salz, 6 Eßl. Grieß, 1/2 Zitrone, Schale, 1 Eßl. Rosinen, 1 Teel. Zitronat

Fruchtpudding

Gut ausgereifte Früchte, Aprikosen, Pfirsiche oder Beerenfrüchte, durch ein Haarsieb streichen – Stärkemehl mit Weiß- oder Rotwein glattrühren – Die Hälfte des Fruchtmarks beifügen und unter ständigem Rühren mit dem Schneebesen über kleiner Flamme aufkochen – In eine mit kaltem Wasser ausgespülte Puddingform füllen und bis zum Erstarren kühlstellen – Vor dem Anrichten stürzen und mit dem übrigen, rohen Fruchtmark übergießen.

500 g Früchte, 75 g Stärkemehl, 1/4 l Weißwein oder Rotwein, 125 g Zucker

Holländischer Pudding

Zucker, Eigelb, Rahm und Salz nach einer Richtung hin dick und schaumig rühren – Zimt, geriebene Zitronenschale, Brösel und gewaschene und wieder abgetrocknete Rosinen oder Korinthen zugeben – Sehr steifen Eierschnee unterziehen – In eine zugerichtete Puddingform füllen und 1 Stunde im Wasserbad kochen – Vor dem Anrichten stürzen.
Beigabe: Chaudeau.

100 g Zucker, 6 Eier, 1 Eßl. dicker Süßrahm, 1 Messerspitze Salz, 1/2 Teel. Zimt, 1 Zitrone, Schale, 250 g Brösel, 70 g Rosinen oder Korinthen

Kabinettpudding

Die Rührkuchenscheiben mit Marmelade bestreichen – Je 2 aufeinandersetzen und in Würfel schneiden – In eine vorgerichtete Form füllen – Die Eier mit der Milch, der Vanille und dem Zucker verquirlen und über die Kuchenwürfel gießen – Die Form schließen und im Wasserbad 40 Minuten kochen – Stürzen und warm reichen.
Beigabe: Vanille-Sauce oder Chaudeausauce.

300 g Bisquit oder Rührkuchen, Himbeer- oder Aprikosenmarmelade, 3 Eier, 1/4 l Milch, Vanille, 2 Eßl. Zucker

Heidelbeerpudding

500 g Heidelbeeren, 70 g Zucker, 1/2 Zitrone, Schale, 1 Stückchen Zimt, 70 g Butter, 6 Eier, 100 g Zucker, 2 Eßl. Zwiebackbrösel, 30 g geriebene Mandeln

Heidelbeeren verlesen, mit Zucker, Zitronenschale und Zimt zu einem dicken Mus kochen – Auf eine flache Porzellanplatte gießen und erkalten lassen – Butter mit Eigelb und Zucker schaumig rühren – Die kalten Heidelbeeren löffelweise unterrühren – Brösel und Mandeln beifügen – Steifen Eierschnee unterziehen – In eine vorgerichtete Puddingform füllen und im Wasserbad 1 Stunde kochen.
Beigabe: Vanille-Sauce.

Kirschpudding

250 g Zwieback oder Brösel, 1/2 l Milch, 4 Eßl. Zucker, 1–2 Eier, 3 Eßl. gehackte Mandeln, 1 Messerspitze Zimt, 1 Teel. Backpulver, 500 g Kirschen

Den Zwieback oder die Brösel mit der Milch übergießen – Den Zucker und das Eigelb schaumig rühren, mit den gehackten Mandeln und dem Zimt zu der Zwiebackmasse geben – Das mit etwas Mehl vermengte Backpulver und die entstielten Kirschen zugeben – Den Eierschnee lose unterziehen – In einer vorgerichteten Form 1 1/2 Stunden im Wasserbad kochen.
Beigabe: Vanille-Sauce.

Mandelflammeri

1/2 l Milch, 2–4 Eßl. Zucker, 1 Prise Salz, 4 Eßl. Stärkemehl, 1–2 Eier, 1 Eßl. geschälte geriebene Mandeln (oder Essenz)

Das Stärkemehl mit etwas Milch glattrühren – Die restliche Milch mit dem Zucker, Salz und den Mandeln zum Kochen bringen – Das angerührte Mehl zugeben und unter Rühren etwa 3 Minuten kochen lassen – Vom Feuer nehmen, die Butter und das Eigelb unterrühren und den steifen Eierschnee unterziehen – In eine mit Wasser ausgespülte Form gießen und kaltstellen – Nach dem Erkalten stürzen.
Beigabe: Fruchtsaft oder Schokoladensauce.

Schaumpudding

1/4 l Johannisbeer-, Himbeer- oder Kirschsaft, 1/4 l Rotwein, 50 g Zucker, 75 g Stärkemehl, 3 Eiweiß

Fruchtsaft, Wein und Zucker aufkochen – Mit wenig Wasser angerührtes Stärkemehl zugeben und unter Rühren eindicken – Die Masse leicht ausgekühlt, mit steifem Eierschnee vermengen – In eine kalt ausgespülte Form füllen und erstarren lassen – Vor dem Anrichten stürzen.
Beigabe: Vanille-Sauce.

NISBERG
968
D'ENFER
BUXTORF
LUIZ GOMES
MADEIRA
PORTUGAL
COGNAC
HENNESSY
JAs HENNESSY & Co
COGNAC
FRANZÖSISCHES ERZEUGNIS
CORDIER
CHATEAU
CLOS des JACOBINS
Saint-Emilion
1964

Maronenpudding

Butter und Zucker schaumig rühren – Die Eigelb einzeln zugeben – Mit Vanille würzen – Das Kastanienmark, Backpulver, Rum und zuletzt den steifen Eierschnee untermengen – In eine gut gefettete Puddingform höchstens 3/4 füllen – Mit dem gebutterten Deckel schließen – Im Wasserbad 1 Stunde kochen – Herausnehmen, nach 5 Minuten stürzen, garnieren.

200 g Butter, 150 g Zucker, 2 Eigelb, 2 Eßl. Vanille-Zucker, 500 g Kastanien oder 350 g Mark (Konserve), 1 Päckchen Backpulver, 1 Eßl. Rum, 2 Eiweiß, Früchte zum Garnieren

Reispudding

Den Reis waschen und in der Milch mit Vanille und etwas Salz weichkochen – Die Butter schaumig rühren, die Eigelb und den Zucker zugeben – Mit dem erkalteten Reis und dem Zitronat vermengen – Den steifen Eierschnee lose unterziehen – In eine mit Butter und Bröseln vorbereitete Form füllen, diese gut schließen und 1 Stunde im Wasserbad kochen – Stürzen und warm reichen. *Beigabe:* Himbeersaft oder Aprikosen-Sauce.

1 Tasse Reis, 1/2 l Milch, 1 Prise Salz, 1 Stückchen Vanilleschote, 2 Eßl. Butter, 2 Eier, 2 Eßl. Zucker, 1 Eßl. gehacktes Zitronat, Brösel

Schokoladepudding

Die Schokolade oder den Kakao mit etwas Milch anrühren – Die restliche Milch mit etwas Butter und Vanille zum Kochen bringen – Die Schokolade und das Mehl zugeben und zu einem Kloß abrühren – Abkühlen lassen und nach und nach den Zucker und die Eigelb zugeben und 20 Minuten rühren – Den steifen Eierschnee lose unterziehen – In eine vorgerichtete Puddingform füllen und verschlossen 1 Stunde im Wasserbad kochen – Stürzen und warm reichen. *Beigabe:* Vanille-Sauce.

10 Eßl. Schokolade- oder 5 Eßl. Kakaopulver, 1/2 l Milch, 3 Eßl. Butter, Vanille, 1 1/4 Tassen Mehl, 6 Eßl. Zucker, 4 Eier

Zitronenpudding

Den Zitronensaft, die geriebene Schale und die Butter 2 Minuten zusammen kochen – Die leicht geschlagenen Eier und den Zucker zugeben – Dick kochen und abkühlen lassen – Das Brot mit der Zitronenmischung vermengen und in eine mit Butter bestrichene Form füllen – Die Eier leicht schlagen, den Zucker, das Salz und die Milch zugeben – Zitronenschale beigeben und die Mischung über die Puddingmasse gießen – Zugedeckt im Wasserbad 1 Stunde kochen.

Zitronenmischung:
3 Eßl. Zitronensaft, 1 Zitrone, Schale, 1/4 Tasse Butter, 1 Tasse Zucker, 3 Eier, 8 dünne Scheiben Weißbrot, 2 Eier, 3 Eßl. Zucker, 1 Prise Salz, 1 Tasse Milch, 1 Zitrone, geriebene Schale

Norwegischer Pflaumenpudding

350 g Backpflaumen, 1/2 l kaltes Wasser, 1 Tasse Zucker, 1/4 Teel. Salz, 2 1/2 cm Zimtstange, 3/8 l kochendes Wasser, 1/3 Tasse Stärkemehl, 1 Eßl. Zitronensaft

Pflaumen waschen und 1 Stunde in kaltem Wasser einweichen – Im Einweichwasser weichkochen und dann die Pflaumen entsteinen – Zucker, Salz, Zimt, Pflaumenwasser und Fruchtfleisch mit kochendem Wasser vermengen – 10 Minuten langsam kochen – Angerührtes Stärkemehl zugießen und 5 Minuten unter ständigem Rühren eindicken – Zimt herausnehmen und Zitronensaft zugeben – In eine mit kaltem Wasser ausgespülte Form gießen und erstarren lassen.
Beigabe: Gekühlter Süßrahm.

Plumpudding

125 g Nierenfett, 1/2 Teel. Salz, 4 Eier, 3 Eßl. Rum, 1/4 Tasse Wasser oder Grapefruitsaft, 2 Äpfel, 100 g Zwiebackbrösel, 100 g Mehl, 1 Tasse Milch, 100 g gehackte Mandeln, 150 g kleingeschnittene Feigen, 150 g Rosinen, 6 Eßl. Zucker, 65 g gehacktes Zitronat, 1/2 Zitrone, Saft und Schale, 1 Teel. Zimt, 1 Messerspitze gemahlene Nelken, 1 Messerspitze Muskat

Das Nierenfett enthäuten und fein verwiegen – Die Eier mit dem Rum, dem Wein oder Saft verquirlen – Die Äpfel schälen und raspeln – Zusammen mit den übrigen Zutaten gut vermengen – Eine Puddingform zurichten und die Masse einfüllen – Im Wasserbad 6 Stunden langsam ziehend kochen – Stürzen, noch warm mit Rum begießen, dick mit Zucker bestreuen und brennend anrichten.
Beigabe: Rum-Sauce oder Chaudeau-Sauce.

Semmelpudding

6 Brötchen, 1/2 l Milch, 1–2 Eier, 3–4 Eßl. Zucker, 1–2 Eßl. Sultaninen, 1/2 Zitrone, Schale, 1 Eßl. gehackte Mandeln, Brösel

Die Brötchen in Würfel schneiden – Die Milch, die Eier und den Zucker verrühren, darübergießen und gut eindringen lassen – Mit den gewaschenen Sultaninen, der geriebenen Zitronenschale und den gehackten Mandeln vermengen – Die Masse in eine mit Butter und Brösel zugerichtete Form füllen, diese gut verschließen und im Wasserbad 1 Stunde kochen – Den Pudding stürzen und warm reichen.
Beigabe: Chaudeau-Sauce, Vanille-Sauce oder Frucht-Sauce.

Süße Saucen

Ananas-Sauce

Ananas kleinwürfelig schneiden – Mit Zucker und Wasser 20 Minuten kochen, bis die Sauce sirupartig ist – Warm oder kalt verwenden.

2–3 Scheiben frische Ananas, 125 g Zucker, 1/2 l Wasser

Ananascreme-Sauce

Milch, Zucker und Salz aufkochen – Mit in wenig kalter Milch angerührtem Stärkemehl dicken – Ananassaft und Alkohol zugeben – Vom Feuer nehmen und vorsichtig mit Eigelb legieren – Bis zum Erkalten kühlstellen und dabei öfters umrühren – Vor dem Anrichten Schlagrahm unterziehen.

2 Tassen Milch, 75 g Zucker, Salz, 2 Eßl. Stärkemehl, 1/2 Tasse Ananassaft, 1 Eßl. Maraschino oder Arrak, 2 Eigelb, 3/4 Tasse Schlagrahm

Aprikosen-Sauce

Entkernte Aprikosen weichkochen und passieren – Mit Zucker und Zitronensaft aufkochen und nach Bedarf mit Wasser verdünnen.

500 g Aprikosen, 1/8 l Wasser, 125 g Zucker, Zitronensaft

Arrak- oder Rum-Sauce

Wein, Eier und Zucker mit dem Schneebesen auf kleinem Feuer oder im Wasserbad dick und schaumig schlagen – Vom Feuer nehmen und den Arrak oder Rum unterschlagen.

1 Tasse Weißwein, 1 Gläschen Arrak oder Rum, 2 Eier, 3 Eßl. Zucker

Frucht-Sauce

Die Früchte mit dem Wasser und Zucker kochen und durch ein Sieb streichen – Das Stärkemehl mit Wasser oder Wein glattrühren und unter Rühren dem kochenden Fruchtsaft zusetzen – Einige Minuten gut durchkochen und vom Feuer nehmen – Statt frischer Früchte kann auch Fruchtsirup, bei entsprechend weniger Zucker, verwendet werden.

250 g Früchte, 2 Tassen Wasser, 1/2–1 Tasse Zucker, 1 Eßl. Stärkemehl

Brandy-Sauce

200 g Zucker, 1/2 Tasse Wasser, 1 Teel. Stärkemehl, 1 Teel. Wasser, 1/2 Gläschen Kognak, 1/2 Gläschen Rum

Zucker hellbraun brennen – Mit Wasser ablöschen und aufkochen – Stärkemehl mit Wasser anrühren – Die Sauce damit binden – Kurz aufkochen und kaltrühren – Den Alkohol untermengen.

Bischof-Sauce

1/2 l Rotwein, 2 Nelken, 1 Orangen- oder Zitronenscheibe, 100 g Zucker, 1 Eßl. Stärkemehl, 1/2 Päckchen Vanille-Zucker

Wein, Nelken, entkernte Orangen- oder Zitronenscheibe mit Zucker aufkochen – Angerührtes Stärkemehl beifügen und 3 Minuten kochen – Mit Vanillezucker durchstreut warm zu Tisch geben.

Creme-Sauce

1/4 Tasse Butter, 1/4 Tasse Puderzucker, 2 Eßl. Milch, 2 Eßl. Weißwein, 1 Teel. Vanille-Zucker

Die Butter schaumig rühren und den Zucker unter Schlagen beigeben – Die warme Milch und den Wein tropfenweise zugeben – Mit Vanillezucker abschmecken.

Erdbeer-Sauce

500 g frische Erdbeeren, 100 g Zucker, Zitronensaft

Erdbeeren durchpassieren – Zucker und Zitronensaft mischen und zu 1/4 l Sauce mit Wasser verrühren.

Hagebutten-Sauce

3 Eßl. Hagebutten-Marmelade, 1/2 Tasse Wein, 3/4 Tasse Wasser, Zucker, 1 Teel. Stärkemehl

Marmelade mit Wein und Wasser glattrühren – Zucker nach Geschmack beifügen und aufkochen – Mit wenig Wasser angerührtes Stärkemehl einlaufen lassen und 3 Minuten kochen.

Haselnuß-Creme-Sauce

Geröstete Haselnüsse, Vanille-Creme-Sauce, Zuckercouleur

Haselnüsse rösten, zwischen einem Tuch die Häutchen abreiben – Durch die Mandelmühle treiben – Mit Vanille-Sauce vermengen und mit wenig Zuckercouleur färben.

Kaffee-Creme-Sauce

Vanille-Creme-Sauce, 1/4 l schwarzer Kaffee, Zucker-Couleur

Vanille-Creme mit starkem Kaffee und Zuckerfarbe vermengen.

Himbeer-Sauce

Bereiten wie Erdbeer-Sauce, nur mit Himbeeren.

500 g frische Himbeeren, 100 g Zucker, Zitronensaft

Himbeersaft

Den Saft verdünnen und mit Zitronensaft abschmecken.

Himbeersaft, Zitronensaft

Karamel-Sauce

Den Zucker in einer Messingpfanne nicht zu dunkel bräunen – Mit etwas Wasser ablöschen, mit der Milch auffüllen und aufkochen – Das angerührte Stärkemehl unter Rühren zugeben und etwa 3 Minuten kochen lassen – Mit Vanille abschmecken und mit dem Eigelb legieren – Nach dem Erkalten den Eierschnee unterziehen.

2 Tassen Milch, 1 Eßl. Stärkemehl, 1 Ei, 3–4 Eßl. Zucker, Vanille

Karamel-Creme-Sauce

Die Hälfte des Zuckers zu Karamel brennen – Mit wenig Wasser ablöschen und mit der Hälfte der Milch aufgießen – Vom Feuer nehmen und etwas abkühlen lassen – Die restliche, kalte Milch mit Eigelb, Zucker, Vanille und Stärkemehl verrühren – Mit der Karamelmasse vermengen und unter Rühren aufkochen – Rum beifügen.

1/2 l Milch, 125 g Zucker, 2 Eigelb, 25 g Stärkemehl, 1/2 Päckchen Vanille-Zucker, 1 Gläschen Rum

Krokant-Creme-Sauce

Feingestoßenen Krokant unter Vanille-Creme-Sauce mengen.

Krokant, Vanille-Creme-Sauce

Mandel-Sauce

Die Mandeln brühen, abziehen und abgetrocknet durch die Mandelmühle treiben – Mit etwas Milch, dem Zucker, dem Eigelb und der Vanille vermengen – Unter Rühren in die kochende Milch einlaufen lassen oder mit der restlichen Milch vermengt im Wasserbad dickschlagen.

2 Tassen Milch, 1 Tasse Mandeln oder etwas Mandelessenz, 2 Eigelb oder 1 Eigelb und 1 Eßl. Stärkemehl, 2 Eßl. Zucker, Vanille-Zucker

Mandel-Creme-Sauce

Vanille-Creme-Sauce mit geriebenen Mandeln vermengen – Maraschino-Likör beifügen.

Vanille-Creme-Sauce, 100 g abgezogene, geröstete Mandeln, Maraschino

Makronen-Creme-Sauce

50 g Makronen, 2 Tassen Vanille-Creme-Sauce

Vanille-Creme-Sauce bereiten und mit geriebenen oder zerkrümelten Makronen vermengen.

Santa-Monika-Sauce

2 Eßl. Butter, 2 Eßl. Stärkemehl, 1/2 Tasse Zucker, 1 Tasse Milch, 2 Eigelb, 2 Bananen, 1 Prise Salz, 1 Tasse Süßrahm

Die Butter schaumig schlagen – Das Stärkemehl und den Zucker zurühren – Die abgekochte, kalte Milch mit dem Eigelb verquirlen und langsam zugeben – Auf schwachem Feuer etwa 3 Minuten kochen – Das Bananenmark und den steif geschlagenen Rahm nach dem Abkühlen untermengen.

Nuß-Creme-Sauce

Vanille-Creme-Sauce, 100 g feingeriebene Nüsse, Rum

Zubereiten wie Haselnuß-Creme-Sauce.

Orangen-Sauce

2 Eßl. Orangenkonfitüre, 2 Tassen Läuterzucker, Curacao

Orangenkonfitüre mit Läuterzucker verdünnen – Mit Curacao abschmecken.

Orangensaft

250 g Würfelzucker, 1/2 l Wasser, 3 Orangen, 1 Zitrone

Orangenschale am Zucker abreiben, mit Wasser aufkochen – Vom Feuer genommen Orangen- und Zitronensaft beifügen – Nach Belieben mit geschnittenen Orangenstückchen vollenden.

Römische Sauce

1 1/2 Tassen Milch, 50 g Zucker, Salz, 15 g Stärkemehl, 1 Eßl. Ananassaft, 1 Eßl. Arrak, 2 Eigelb, 1/2 Tasse Schlagrahm

Milch mit Zucker und Salz aufkochen – Mit in wenig Milch angerührtem Stärkemehl dicken – Ananassaft und Arrak beigeben – Mit Eigelb legieren – Auf Eis gestellt durchkühlen und mit Schlagrahm vermengen.

Rotwein-Sauce

1/4 l Rotwein, Zucker, 2 Nelken, 1/4 Stange Zimt

Rotwein mit Zucker nach Geschmack, den Nelken und dem Zimt erhitzen – Warm reichen.

Sabayon-Sauce

Die Zutaten vermengen und im Wasserbad zu einer Creme abrühren – Warm zu den Cremeschnitten oder zu gefüllten Birnen reichen.

3 Eigelb, 4 Eßl. Puderzucker, 4 Likörgläser Sherry, Madeira oder anderer Südwein

Schokoladen-Sauce

Das Eigelb mit den übrigen Zutaten verquirlen und im Wasserbad dickschlagen – Nach dem Erkalten den steifgeschlagenen Eierschnee unterziehen.

2 Tassen Milch, 4 Eßl. Zucker, 2 Eßl. Kakao oder geriebene Schokolade, 2 Eier

Schokoladen-Creme-Sauce

Heiße Vanille-Creme-Sauce mit Schokolade aufkochen.

Vanille-Creme-Sauce, 200 g Schokolade

Schokoladen-Sauce zu „Birnen Helene"

Die Schokolade mit dem Zucker, der Vanille und Wasser anrühren und zum Kochen bringen – Das angerührte Stärkemehl unter Rühren zugeben und noch etwa 3 Minuten kochen lassen – Vom Feuer nehmen und den Rahm unterrühren. Heiß servieren.

4 Eßl. geriebene, bittere Schokolade, 6 Eßl. Zucker, Vanille, 2 Teel. Stärkemehl, 2 Tassen Wasser, 5 Eßl. Süßrahm

Vanille-Sauce

Die Vanilleschote aufschlitzen und mit der Milch aufkochen – Den Zucker, die Eigelb und das Stärkemehl vermengen – Die abgekühlte Vanillemilch unterrühren – Im Wasserbad zusammen dicklich schlagen und bis zum Erkalten einige Male umrühren.

2 Tassen Milch oder Süßrahm, 1/2 Vanilleschote oder 1 Päckchen Vanille-Zucker, 2 Teel. Stärkemehl, 2 Eßl. Zucker, 2 Eigelb

Vanille-Creme-Sauce

Eigelb, Zucker, Vanille und Stärkemehl mit etwas kaltem Rahm glattrühren – Nach und nach heißen Rahm zurühren – Unter Rühren aufkochen und warm verwenden.

2 Tassen Rahm, 125 g Zucker, 2 Eigelb, 25 g Stärkemehl, 1 Päckchen Vanille-Zucker

Weinschaum-Sauce (Chaudeau)

Eigelb mit Zucker glatt verrühren – Mit Wein und Zitrone vermengen – Im Wasserbad oder über kleinster Flamme dickschaumig aufschlagen – Heiß auftragen.

4 Eigelb, 4–5 Eßl. Zucker, 1/4 l Weißwein, 1/2 Zitrone, Saft und Schale

Wein-Creme-Sauce

2 Eigelb, 2 ganze Eier, 300 g Zucker, 50 g Stärkemehl, 1 l Weißwein

Eigelb mit 80 g Zucker, Stärkemehl und 1/4 l Weißwein glatt verrühren – Restlichen Wein mit restlichem Zucker aufkochen – Dottermasse unter Schlagen zugeben und einmal kurz aufkochen – Bis zur Verwendung ins Wasserbad stellen.

Yankee-Sauce

1/2 Tasse Butter, 1 Tasse Puderzucker, 1 Eßl. Stärkemehl, 1 Tasse Wasser, 1 Teel. Essig, 1 Teel. Vanille-Zucker

Die Butter schaumig schlagen und den Zucker unter Schlagen beigeben – Das mit 2 Eßlöffeln kalten Wassers angerührte Stärkemehl zurühren – 1 Tasse kochenden Wassers langsam zugeben – Auf kleinem Feuer bis knapp zum Kochen bringen – Vom Feuer nehmen und schaumig schlagen, dabei mit dem Essig und Vanille-Zucker abschmecken.

Zitronen-Sauce

3 Eßl. Butter, 1 Tasse Zucker, 3 Eigelb, 3 Eßl. Wasser, 3 Eßl. Zitronensaft, 1/2 Teel. geriebene Zitronenschale

Die Butter schaumig rühren – Den Zucker und die Eigelb zugeben – Mit dem Zitronensaft und dem Wasser im Wasserbad dickschlagen – Vom Feuer nehmen und die Zitronenschale untermengen.

Dessertspeisen

Apfelauflauf

Die Äpfel schälen und in sehr dünne Scheiben schneiden – In einer gebutterten Auflaufform mit dem Zucker, den Rosinen, Wein und Butterflocken im Rohr zugedeckt weichdünsten – Die übrigen Zutaten verquirlt über die Äpfel gießen – Mit einigen gehackten Mandeln und Butterflocken bestreuen – Wieder ins Rohr stellen und ohne Deckel zu schöner Farbe backen.

500 g mürbe Äpfel, Zucker, 1 Eßl. Rosinen, 2 Eßl. Butter, 1 Tasse Weißwein, 3 Eier, 1 Tasse Rahm oder Milch, 4 Teel. Stärkemehl, 1 Tasse Quark, 4 Teel. Zucker, 1 Eßl. gehackte Mandeln

Apfelauflauf mit Mandelguß

Äpfel schälen und Kerngehäuse ausstechen – Mit Butter, zugedeckt auf kleiner Flamme halb weichdünsten – Gewaschene, getrocknete Korinthen, Zucker, Zimt, Zitronat und Orangeat vermengen und die Äpfel damit füllen – In eine gebutterte Auflaufform dicht nebeneinander setzen – Eigelb, Zucker und Mandeln dickrühren, steifen Eierschnee unterziehen – Die Masse über die Äpfel häufen und in etwa 45 Minuten bei mittlerer Hitze backen – Den Auflauf warm zu Tisch geben oder kalt, anstelle von Kuchen, zu Kaffee oder Tee reichen.

1 kg mittelgroße, säuerliche Äpfel, 2–3 Eßl. Butter, 1/2 Tasse Korinthen, 1/2 Tasse Zucker und Zimt gemischt, 2 Eßl. gehacktes Zitronat und Orangeat
Zum Guß:
6 Eier, 150 g Zucker, 125 g geriebene Mandeln

Flammender Auflauf

Milch, Salz und Butter aufkochen – Mehl auf einmal einschütten und zu einem Kloß rühren – Abgekühlt, Eigelb einzeln unterrühren – Mit Zucker und geriebener Zitronenschale würzen – Steifen Eierschnee unterziehen – In eine zugerichtete Auflaufform füllen und 30 Minuten im Rohr aufziehen – Beim Anrichten mit Zucker bestreuen und mit heißem Rum begießen – Brennend zu Tisch tragen.

1 1/2 Tassen Milch, 1 Prise Salz, 70 g Butter, 70 g Mehl, 4–5 Eigelb, 4 Eßl. Zucker, 1/2 Zitrone, Schale, 4 Eiweiß, Butter für die Form, 1 Gläschen Rum, Zucker zum Bestreuen

Biskuitauflauf

Löffelbiskuits, Erdbeeren, Himbeeren oder Konfitüre, 1 Glas Rum, 2–4 Eier, 1 Eßl. Mehl, 3 Eßl. Zucker

Eine gebutterte Auflaufform mit Biskuits oder Kuchenresten auslegen – Die Früchte zuckern, mit dem Rum besprengen und 5 Minuten ziehen lassen – Über die Biskuits füllen – Die übrigen Zutaten verquirlen, den Eierschnee unterziehen und über die Früchte gießen – 20–30 Minuten im Rohr zu schöner Farbe backen und sofort anrichten.

Kastanienauflauf

1/2 Tasse Zucker, 4 Eßl. Mehl, 2 Tassen Kastanienpüree, 1 Tasse Milch, 6 Eiweiß

Den Zucker, das Mehl, das Kastanienpüree und die Milch vermengen – Unter fortwährendem Rühren 5 Minuten kochen – Vom Feuer nehmen und den steifen Eierschnee unterziehen – In eine gebutterte Form geben und diese in ein Gefäß, mit heißem Wasser gefüllt, stellen – Im Rohr backen, bis es fest ist.

Beigabe: Creme-Sauce, s. S. 516.

Mokkaauflauf

5 Eßl. Butter, 4 Eßl. Mehl, 1/4 Tasse Milch, 1/4 Tasse Kaffee, 3/4 Tasse Zucker, 3 Eier, 1 Eigelb, Butter für die Form

Aus Butter und Mehl eine helle Mehlschwitze bereiten – Mit Milchkaffee ablöschen und auffüllen, dabei rühren, bis die Masse glatt ist – Nach dem Erkalten Zucker und Eigelb nacheinander zurühren – Steifen Eierschnee lose unterziehen – In eine gebutterte Auflaufform füllen und bei mäßiger Hitze im Rohr aufziehen – An Stelle des Kaffees kann ein beliebiges anderes Aroma beigefügt werden.

Mandelauflauf

1 Tasse Mehl, 1 1/2 Tassen Milch, 4–5 Eßl. Butter, 5 Eßl. Zucker, 1 Prise Salz, 3–4 Eier, 1 Tasse Mandeln oder Nußkerne

Das Mehl mit etwas Milch anrühren – Die restliche Milch mit der Butter und Salz zum Kochen bringen – Den Mehlbrei ein- und zu einem Kloß abrühren – Nach dem Erkalten die Eigelb, den Zucker und die gerösteten, fein gemahlenen Mandeln zugeben und alles gut vermengen – Den steifen Eierschnee lose unterziehen – In eine zugerichtete Auflaufform füllen und etwa 1 Stunde backen – Warm zu Tisch geben.

Beigabe: Vanille-Sauce, s. S. 519, oder Schokoladen-Sauce, s. S. 519.

Orangenauflauf

2 Orangen, 1 Tasse Mehl, 4 Eßl. Butter, 8 Eßl. Zucker, 1 1/2 Tassen Milch, 4–5 Eier

Das Mehl mit etwas Milch zu einem Brei anrühren – 1 Orange mit dem Messer ganz dünn schälen – Die restliche Milch mit der Orangenschale zum Kochen bringen und einige Minuten ziehen lassen – Die Schale herausnehmen, den Mehlbrei einlaufen lassen und auf kleiner Flamme zu einem Kloß abrühren – Die mit dem Zucker schaumig gerührte Butter, die Eigelb und den Orangensaft untermengen – Den steifen Eierschnee lose unterziehen – In eine gebutterte Form füllen und in etwa 35 Minuten im Rohr zu schöner Farbe backen.

Auflauf Palmiera

15 Löffelbiskuits, Reineclauden (Konserve), 2 Gläschen Anisette, Creme Patissiere

Eine Auflaufform mit Butter zurichten – Mit Löffelbiskuits auslegen und mit Anisette beträufeln – Die Früchte, gut abgetropft, darüber ordnen – Creme Patissiere an Stelle von Vanille, mit Anisette aromatisiert, darübergießen – Im heißen Rohr aufziehen.

Punschauflauf

Löffelbiskuits oder Rührkuchenscheiben, 2 Gläschen Rum oder Arrak, 4 Eßl. Zucker, 2 Tassen Milch, 3 Eier, 2 Eßl. Stärkemehl, 1/2 Zitrone, Saft und Schale, Butter für die Form, Mandeln und Zucker

Biskuits oder Rührkuchenscheiben in eine zugerichtete Auflaufform zur Hälfte einfüllen – Mit 1 Gläschen Rum oder Arrak beträufeln – Eigelb, Stärkemehl, Milch, Zucker, Zitronensaft und geriebene Schale verquirlen – Über kleiner Flamme zu einer dicken Creme abrühren – Bei öfterem Umrühren abkühlen lassen – Danach den restlichen Alkohol beifügen – Über die Biskuits geben – Eiweiß zu steifem Schnee schlagen und, mit Zucker leicht vermengt, über die Creme streichen – Stiftelig geschnittene Mandeln überstreuen – In heißem Rohr 30 Minuten hell backen.

Schokoladenauflauf

125 g Schokolade-Couverture, 2 Eßl. Zucker, 1 Päckchen Vanille-Zucker, 6 Eier, 1 Prise Salz, Butter

Die Schokolade im Wasserbad schmelzen lassen – Vom Feuer genommen mit Zucker, Vanille, Salz und dem Eigelb verrühren – Steifen Eierschnee unterziehen – In eine gebutterte Auflaufform füllen und etwa 25 Minuten im heißen Rohr aufziehen – Gleich zu Tisch geben.
Beigabe: Vanille-Sauce, s. S. 519.

Quarkauflauf

500 g Quark, 4 Eßl. Butter, 2–4 Eier, 1 Tasse Zucker, 1 Tasse Rahm oder Milch, 4 Eßl. Stärkemehl, 1/4 Zitrone, Schale, 1 Päckchen Vanille-Zucker, 3 Eßl. Sultaninen, 2 Eßl. gehackte Mandeln

Die Butter schaumig rühren, die Eigelb und den Zucker mitrühren – Den durchpassierten, mit Rahm vermengten Quark löffelweise unterrühren und dick schaumig schlagen – Das Stärkemehl, die Zitronenschale, den Vanille-Zucker und die Sultaninen untermengen – Den steifen Eierschnee unterziehen – In eine vorgerichtete Auflaufform füllen, mit den gehackten Mandeln bestreuen und etwa 50 Minuten im Rohr backen.

Reisauflauf nach Schönbrunner Art

Reisauflauf, 1 Gläschen Maraschino, Meringenmasse aus 2 Eiweiß, 90 g Zucker, 1 Eßl. Himbeersaft, Puderzucker

Reisauflauf bereiten und 3/4 garbacken – Eiweiß zu steifem Schnee schlagen – Zucker untermengen und wieder steifrühren – Unter die Hälfte der Masse Himbeersaft mischen – Den Auflauf mit Maraschino begießen – Die rote und die weiße Meringenmasse aufstreichen – Puderzucker überstäuben – In etwas abgekühltem Rohr hellgelb überbacken.

Sauerkirschauflauf

1 1/2 Tassen Milch, 3 Eßl. Zucker, 1 Prise Salz, 2 Eßl. Butter, 3 gehäufte Eßl. Mehl, 4 Eier, 1/2 Tasse Kirschen, entsteint und halbiert, 1 Gläschen Kirschwasser, Butter für die Form, Zucker, Puderzucker zum Bestreuen

Milch, Zucker, Salz und Butter erwärmen – Das Mehl auf einmal zugeben – Zu einem Kloß abrühren – Vom Feuer nehmen – Die Eigelb einzeln unterrühren – Den steifen Eierschnee unterheben – Kirschen mit Alkohol vermengt zugeben – In ausgebutterte und mit Zucker ausgestreute Portionsförmchen füllen – Im heißen Rohr bei Mittelhitze 15 Minuten aufziehen – Mit Puderzucker bestäubt anrichten.

Berliner Luft.

2 Orangen, 120 g Zucker, 4 Eier, 6 Teel. weiße Gelatine, 1 Teel. rote Gelatine, 1/2 Tasse Weißwein, 2 Orangen, Zucker, etwas Kognak

Eigelb mit Zucker schaumig rühren – Schale 1 Orange feingerieben zugeben – Wein erwärmen – Gelatine darin auflösen – Saft von 2 Orangen untermengen – Abgekühlt zu der Eiermasse rühren – Den steifen Eierschnee unterziehen – In Gläser füllen und kaltstellen – Aus 2 geschälten Orangen dünne Scheiben schneiden, entkernen und zuckern, nach Belieben mit wenig Kognak beträufeln – Die Speise damit belegen.

Sauerrahmauflauf mit Früchten

Rahm, Eigelb, Stärkemehl, Zucker und Vanille schaumig rühren – Steifen Eierschnee unterziehen – Eine Auflaufform mit Butter ausstreichen, zugerichtetes rohes Obst der Saison einfüllen – Die Rahmmasse übergießen und im heißen Rohr zu schöner Farbe backen.

1/2 l Sauerrahm, 4 Eier, 2 Eßl. Stärkemehl, 2 Eßl. Zucker, 2 Teel. Vanille-Zucker, 500 g rohes Obst, Butter für die Form

Schweizer Karamelauflauf

Die Milch, den Grieß, die Butter, die geriebene Zitronenschale und Salz zu einem dicken Grießbrei kochen und abkühlen lassen – Die Eigelb mit 1 Eßlöffel Zucker schaumig rühren und daruntermengen – Den steifen Eierschnee lose unterziehen – 4 Eßlöffel Zucker zu Karamel bräunen – Eine feuerfeste Puddingform damit ausgießen – Die Grießmasse einfüllen und die Form, in Wasser gestellt, im Ofen 45 Minuten backen – Gestürzt zu Tisch geben – Den restlichen Karamel mit Wasser oder Milch aufkochen und als Sauce dazu reichen.

200 g Grieß, 2 Tassen Milch, 2 Eßl. Butter, 1/2 Zitrone, Schale, 1 Prise Salz, 2 Eier, 5 Eßl. Zucker

Zitronenauflauf

Zucker mit Eigelb, Salz, Zitronensaft und geriebener Schale recht dick und schaumig rühren – Steifen Eierschnee und gesiebtes Mehl abwechselnd unterrühren – In eine gebutterte Auflaufform füllen und in nicht zu heißem Rohr 30 Minuten backen – Mit Zucker bestreut, in der Form auftragen.

100 g Zucker, 5 Eier, 1 Zitrone, Saft und Schale, 35 g Mehl, 1 Prise Salz

Gebackenes Apfelmus

Gute aromatische Äpfel waschen – Ungeschält mit Kernhaus in Spalten schneiden – Mit Wasser, knapp bedeckt, Zitrone und wenig Stangenzimt weichkochen – Durchpassieren und nach Geschmack süßen – Wieder aufs Feuer geben und dick einkochen – Eiweiß steifschlagen, Zucker zugeben und wieder dick und schaumig schlagen – Mit Vanille und Mandeln vermengen – Das Apfelmus in eine Auflaufform füllen – Mit der Schneemasse gehäuft bedecken – Leicht mit Puderzucker bestäuben und im Rohr hellgelb überbacken – Warm oder kalt servieren – Nach Belieben Schlagrahm dazu reichen.

3/4 kg Äpfel, 1 Zitronenscheibe, Zimt, wenig Zucker, 2 Eiweiß, 70 g Zucker, 1 Teel. Vanille-Zucker, 1/4 Tasse geriebene Mandeln, 1 Eßl. Puderzucker

Äpfel im Schlafrock

Mürbe- oder Blätterteig aus 250 g Mehl, 8 mürbe Äpfel
Zur Fülle:
4 Eßl. gehackte Mandeln, 2 Eßl. Korinthen, 2 Eßl. Zucker, 2 Eßl. Brösel, 2 Eßl. Butter, 1 Messerspitze Zimt, 1 Eigelb zum Bestreichen, Zucker zum Bestreuen

Die Äpfel schälen, etwas aushöhlen und das Kernhaus entfernen – Aus den angegebenen Zutaten eine Fülle bereiten – In jeden Apfel ein kleines Stückchen Butter und Fülle geben – Den Teig messerrückendick auswellen und in Vierecke schneiden – die gezuckerten, gefüllten Äpfel auf die Teigstücke setzen und die vier Teigecken nach oben zusammennehmen – Auf einem gebutterten Blech mit Eigelb bepinselt etwa 30 Minuten backen – Mit Zucker bestreut anrichten.

Gefüllte Äpfel

1 kg Äpfel, 4 Eßl. Sultaninen, 3 Eßl. Zucker, 1 Teel. Zimt, 2 Eßl. Brösel, 4 Eßl. gehackte Nüsse oder Mandeln, 3 Eßl. Butter, 1 Tasse Weißwein

Die Äpfel, möglichst gleich große, schälen – Einen Deckel abschneiden, vorsichtig aushöhlen – Die Sultaninen, den Zucker, Zimt, die Brösel und Nüsse vermengen – In die Äpfel zuerst haselnußgroße Butterstücke und dann die Nußmischung füllen – Mit den Deckeln abschließen und die Äpfel nebeneinander in eine gebutterte Auflaufform setzen – Mit Zucker bestreuen und mit Butterflöckchen belegen – Den Weißwein zugeben, zugedeckt im heißen Rohr gardünsten.

Apfelschüssel

500 g Äpfel, 5 Eßl. Zucker, 1 Teel. Zimt, 1 Tasse Brösel, Butter, 1 Glas Weißwein

Mürbe Äpfel schälen, Kerngehäuse entfernen und in Scheiben schneiden – Eine Auflaufform dick mit Butter ausstreichen und mit Bröseln bestreuen – Äpfel, lagenweise mit Bröseln, Zucker und Zimt durchstreut, einfüllen – Den Wein zugießen – Mit Bröseln und Zucker bestreut und mit Butterflocken belegt, in heißem Rohr zu schöner Farbe backen.

Ambrosia

1 Tasse dicker Sauerrahm, 5 Eßl. Zucker, 3 Teel. rote Gelatine, 2 Eßl. Rum, 1/2 Päckchen Vanille-Zucker, 1/2 Tasse Süßrahm, Schlagrahm

Den sauren Rahm mit der Hälfte des süßen Rahms zu Schaum schlagen – Rum, Zucker, Vanille und die aufgelöste Gelatine beifügen – Die Masse in Gläser füllen, kaltstellen und stocken lassen – Mit Schlagrahm verzieren.

Aprikosen Chantilly

Die Früchte abtropfen lassen und in eine Schale häufen – Den Saft noch etwas einkochen – Maraschino untermengen und über die Früchte gießen – Unter den Schlagrahm zerbröckelte Makronen mengen – Die Früchte damit bedecken.
Werden frische Früchte genommen, diese geschält und halbiert in Läuterzucker weichkochen – Auf diese Weise können auch Birnen bereitet werden – Unter den Schlagrahm gehackte Haselnüsse mengen.

1 Dose Aprikosen, 1 Gläschen Maraschino, 3 Tassen Schlagrahm, Makronen

Aprikosen nach Colbert

Aprikosen schälen – Seitlich einschneiden und entsteinen – Wasser und Zucker zu Sirup kochen – Die Früchte einlegen und halb weichkochen – Herausnehmen und abtropfen lassen – Mit Milchreis füllen – In Bröseln, geschlagenem Ei und wieder in Bröseln wenden – In heißem Backfett schwimmend herausbacken – Die gebackenen Aprikosen nach Belieben mit Angelika-Stengelchen versehen – Aprikosensaft dazu reichen.

1 kg Aprikosen, 100 g Zucker, 1 Tasse Wasser, 1 Tasse Milchreis, 80 g Biskuitbrösel, 2 Eier, Backfett

Aprikosensaft

Aprikosen entsteinen, durchpassieren – Mit Zuckersirup und Maraschino verrühren.

250 g Aprikosen, 4 Eßl. Zucker, 1/4 Tasse Wasser, 1 Teel. Maraschino

Aprikosenbeignets

Aprikosen nach Belieben schälen – Halbieren und entsteinen – Sind die Früchte nicht sehr süß, mit Zucker durchstreuen und einige Zeit ziehen lassen – Kurz vor dem Backen die Früchte in Teig tauchen, bis sie allseitig davon umhüllt sind – In heißem Backfett schwimmend, goldgelb herausbacken – Mit Zucker bestreut anrichten.

500 g Aprikosen, Beignetteig, Backfett, Zucker

Melonen surprise

Die Melonen halbieren, entkernen und 2 Stunden in den Kühlschrank stellen – Die Meringenmasse bereiten – Die Früchte damit füllen – 5 Minuten im heißen Rohr (Oberhitze) goldgelb werden lassen.

2 Cantaloupe oder Netzmelonen, Meringenmasse aus: 4 Eiweiß, 250 g Zucker

Bananen-Soufflé

5 Bananen, 1 Zitrone, Saft, 1 Glas Kognak oder Grand Marnier, 4 Eigelb, 4 Eßl. Zucker, 4 Eiweiß, Butter, 2 gehäufte Eßl. Stärkemehl

Bananen schälen und mit einer Gabel zerdrücken – Zitronensaft und Alkohol zugeben – Gut vermengen – Eigelb und Zucker schaumig rühren – Stärkemehl zurühren – Mit der Bananenmasse vermengen – Steifen Eierschnee unterziehen – In eine gebutterte Auflaufform füllen – Im heißen Rohr bei guter Mittelhitze aufgehen und bei schwacher Hitze noch etwas durchziehen lassen – Sofort anrichten.

Gebackene Bananen mit Schneehaube

8 Bananen, 1 Eßl. Butter, 1 Glas Kognak, Zitronensaft, Baisermasse aus: 4 Eiweiß, Schlagrahm, 1 Eßl. Zucker

Bananen schälen und der Länge nach halbieren – In eine gebutterte Auflaufplatte ordnen – Mit Zitronensaft und Kognak beträufeln – Baisermasse darüberfüllen – Bei Mittelhitze im Ofen backen, bis der Eierschnee fest geworden ist – Schlagrahm dazu reichen.

Gebackene Bananenschiffchen

4 Bananen, 3 Eigelb, 6 Eßl. Zucker, 2 Eßl. Orangensaft

Bananen waschen und trocknen – Einen Streifen der Länge nach aus der Schale schneiden – Das Fruchtfleisch herausheben und mit einer Gabel zerdrücken – Mit Eigelb, Zucker und Orangensaft schaumig schlagen – Steifen Eierschnee unterziehen – Die Masse in die Schalenschiffchen füllen – Auf ein Blech setzen und im Rohr bei mäßiger Hitze 10 Minuten backen.

Biskuitpastete Dauphine

Zum Biskuit:
5 Eier, 125 g Zucker, 1/2 Päckchen Vanille-Zucker, 125 g Mehl, 25 g Butter, 1 Gläschen Likör, 1/2 Tasse Läuterzucker, Konfitüre
Zur Meringenmasse:
2 Eiweiß, 100 g Puderzucker, beides sehr steif geschlagen

Ganze Eier mit Zucker und Vanille über kleiner Flamme oder im Wasserbad dick und schaumig schlagen – Vom Feuer nehmen, kaltschlagen – Mehl und zuletzt zerlassene Butter unterziehen – Eine hohe Charlottenform zurichten, die Masse einfüllen und im Rohr backen – Etwas abgekühlt stürzen und viermal waagerecht auseinanderschneiden – Mit Läuterzucker, dem Likör beigefügt wurde, tränken – Mit Konfitüre bestrichen wieder zusammensetzen – Auf feuerfester Platte, mit überdressierter Meringenmasse in nicht zu warmem Rohr langsam backen – Mit Orangensaft zu Tisch geben.

Biskuitäpfel

Die Äpfel, möglichst kleine und gleich große, schälen und die Kerngehäuse ausstechen – In eine gebutterte Auflaufform legen, etwas Wein und Zucker darübergeben – Zugedeckt im Rohr 1/2 gardünsten – Die Eigelb mit dem Zucker 15 Minuten rühren, den Zitronensaft und geriebene Zitronenschale, das Mehl und zuletzt den Eierschnee daruntermengen – Die Masse über die Äpfel gießen, mit Mandelsplittern bestreuen und im Rohr fertigbacken.

500 g Äpfel, 1 Tasse Weißwein, 4 Eßl. Zucker, 4 Eßl. Mehl, 3 Eier, Mandeln, Saft und Schale von 1/2 Zitrone

Biskuit Charlotte

Unter die warme Vanille-Creme den Arrak mischen – Eine Form mit Öl ausstreichen, mit in Arrak eingeweichten Biskuits belegen – Die Creme darüberfüllen und kühl stellen – Nach dem Erstarren stürzen, mit Schokolade-Glasur überziehen und mit Schlagrahm garnieren.

Vanille-Creme, 10 Löffelbiskuits, 3 Eßl. Arrak, 4 Eßl. Weißwein, Öl, Schokolade-Glasur

Orangensaft

Orangenschalen an Zucker abreiben – Zucker mit Wasser aufkochen – Vom Feuer nehmen und Orangen- und Zitronensaft beifügen – Warm reichen.

125 g Würfelzucker, 1/4 l Wasser, 1 1/2 Orange Saft und Schale, 1/2 Zitrone Saft

Erdbeerbeignets

Gewaschene und wieder getrocknete Erdbeeren, bei den Stielen fassend, in Teig tauchen, bis sie allseitig davon eingehüllt sind – In heißes Backfett einlegen und schwimmend, goldgelb herausbacken – Auf einem Sieb oder Papier abtropfen lassen und mit Zucker bestreut anrichten.

500 g Erdbeeren, Beignetteig, Backfett, Zucker

Biskuit Fanny

Die Butter schaumig rühren, die Eigelb und den gesiebten Puderzucker abwechselnd unterziehen – Tropfenweise den kalten Kaffee-Extrakt zugeben und dick schaumig schlagen – Auf eine Glasplatte scheiterhaufenartig abwechselnd Creme und Biskuits häufen – Das Ganze mit Creme bestreichen, an den Seiten glattstreichen und mit Krokant oder gerösteten Mandelsplittern bestreuen.

20 Löffelbiskuits, 3/4 Tasse Butter, 3 Eigelb, 4 Eßl. Mokka, 5 Eßl. Puderzucker, Mandeln

Biskuit Lisette

Biskuits, 1/2 Tasse Butter, 3/4 Tasse Puderzucker, 2 Eßl. Kaffee-Extrakt (Dose), 2 Eigelb, 50 g Schokolade, Öl

Eine glatte Puddingform mit etwas Öl ausstreichen und mit Biskuits auslegen – Die Butter schaumig rühren, den Zucker und die Eigelb 20 Minuten mitrühren, dann den Kaffee-Extrakt zugeben – Abwechselnd Creme und Biskuits in die Form füllen – Auf Eis stellen und 1 Stunde vor dem Anrichten in heißes Wasser tauchen und stürzen – Die Schokolade mit etwas Wasser dickflüssig kochen und leicht abgekühlt über die Speise gießen – Mit gehackten Mandeln bestreuen und mit Schlagrahm verzieren – Bis zum Gebrauch kühlstellen.

Orangenbiskuit

3–4 Orangen, 1 Tasse Weißwein, 5 Eßl. Zucker, 2 Eßl. Stärkemehl, 3–4 Eier, Biskuits, evtl. 1 Gläschen Kognak

2–3 Orangen schälen, in Scheiben schneiden und entkernen – Mit etwas Zucker bestreut 30 Minuten ziehen lassen, nach Belieben 1 Gläschen Kognak darübergießen – Auf ein Sieb zum Abtropfen schütten, den abfließenden Saft mit dem Wein und dem Saft von 1 Orange mischen – Das mit etwas Wasser angerührte Stärkemehl, den Zucker und die Eigelb beigeben – Unter Rühren zum Kochen bringen – Eine Puddingform mit Butter ausstreichen, mit Biskuits auslegen und die Orangen-Creme einfüllen – Im Wasserbad 30 Minuten langsam kochen – Nach dem Erkalten stürzen und mit Orangenscheiben belegen.

Cremetöpfchen

2 Eier, 2 Eigelb, 125 g Zucker, 1/2 l Milch, 1/2 Päckchen Vanille-Zucker, geriebene Schokolade, Schlagrahm

Eier, Eigelb, Zucker, Milch und Vanille-Zucker verquirlen – In kleine, feuerfeste Förmchen seihen – In ein Wasserbad stellen und stocken lassen – Das Wasserbad nur langsam ziehen, nicht kochen lassen – Die Förmchen herausnehmen und kaltstellen – Mit geriebener Schokolade bestreuen und mit Schlagrahm verzieren.

Birnen Chantilly

4 frische, saftige Birnen oder Kompott, 1 Gläschen Maraschino, 1 Tasse Vanille-Sauce, s. S. 519, 1 Tasse Schlagrahm, 2 Eßl. gehackte, geröstete Haselnüsse

Birnen schälen und würfelig schneiden – Mit Maraschino beträufelt ziehen lassen – In eine Glasschale füllen – Mit kalter, dicker Vanille-Sauce bedecken – Mit Schlagrahm verzieren und gehackte Haselnüsse überstreuen.

Gefüllte Birnen

Die Birnen schälen und vorsichtig aushöhlen – Mit Konfitüre füllen – Auf eine Glasplatte legen und kühlstellen – Damit sie hell bleiben, leicht mit Zitronensaft beträufeln – Vor dem Anrichten mit Sauce begießen.

4 Butterbirnen, Konfitüre, Zitronensaft, Sabayon-Sauce

Gebratene Birnen in Schokoladen-Sauce

Die Birnen schälen und der Länge nach in Viertel schneiden – In der Butter braten, bis sie braun sind – Auf eine Platte ordnen und mit Schokoladen-Sauce servieren.

4 Barlettbirnen oder Dosenbirnen, 4 Eßl. Butter, Schokoladen-Sauce

Wiener Biskuit-Bombe

Aus den angegebenen Zutaten einen Biskuitteig bereiten wie für Biskuitpastete – Teig warm schlagen (Wasserbad) – In gefetteter, mit Mehl bestäubter Bombenform bei mittlerer Hitze etwa 30 Minuten backen – Nach dem Auskühlen 8 Scheiben daraus schneiden – Kirschsaft mit Alkohol mischen – Biskuit damit beträufeln – Schlagrahm mit Puderzucker und Vanille-Zucker mischen – Kleingeschnittene Kirschen zugeben – Biskuitscheiben mit der Rahm-Kirsch-Mischung dazwischen aufeinandersetzen – Couverture schmelzen lassen – Die Bombe damit überziehen – Mit Mandeln oder gehackten Pstazien bestreuen – Mit Schlagrahm garnieren.

Zum Teig:
4 Eier, 100 g Zucker, 100 g Mehl, 25 g Butter, 1/4 Zitrone, Schale, 1 Teel. Vanille-Zucker
Zur Fülle:
3 Tassen Sauerkirschen (Kompottfrüchte), 1 Gläschen Rum oder Kognak, 3/8 l Schlagrahm, 1 Eßl. Puderzucker, 1 Eßl. Vanille-Zucker
Zum Guß:
100 g Couverture
Zum Bestreuen:
3 Eßl. Mandelsplitter oder Pistazien

Apfel-Charlotte

Die Hälfte der Butter zerlassen und die in Scheiben geschnittenen Brötchen damit beträufeln – Eine gebutterte Auflaufform damit auslegen – Die Äpfel schälen und grob raspeln – Mit Zitronensaft, Zimt, Zucker und Rosinen in der restlichen Butter weichdünsten – Abgekühlt in die ausgelegte Form füllen und mit Brötchenscheiben zudecken – 45 Minuten im Rohr backen, stürzen und mit Zucker bestreut zu Tisch geben.

6 Brötchen, 125 g Butter, 1 kg Äpfel, 1 Tasse Zucker, Rosinen, Zitronensaft, Zimt

Kastanien-Charlotte

Löffelbiskuits, Maraschino, Kastanien-Creme, Mandelöl für die Form

Eine glatte Form mit Öl auspinseln und mit in Maraschino leicht getränkten Biskuits auslegen – Creme einfüllen – Die Form 2 Stunden in Eis stellen – Stürzen und mit Schlagrahm garnieren.

Schokolade-Charlotte

2 Tassen Süßrahm oder Milch, 4 Eigelb, 125 g Zucker, 1 Päckchen Vanille-Zucker, 125 g bittere Schokolade, 1/2 Eßl. Orangenschale, 8 Blatt Gelatine oder 2 Teel. gekörnte Gelatine, 1/2 l Schlagrahm, Löffelbiskuits

Die Eigelb mit 1/2 Tasse Rahm oder Milch vermengen – Den übrigen Rahm oder Milch mit Vanille und Zucker aufkochen – Vom Feuer nehmen – Die Eimasse mit dem Schneebesen einrühren – Auf kleiner Flamme ans Kochen kommen lassen, dabei ständig rühren, bis die Masse cremig ist – Vom Feuer nehmen – Schokolade in einem Tiegelchen schmelzen lassen – Gelatine auflösen – Schokolade, geriebene Orangenschale und die Gelatine unter die noch warme Creme rühren – In eine Porzellanschüssel füllen, ab und zu durchrühren – Vor dem Stocken 1/4 l Schlagrahm unterziehen – Glatte, runde Formen mit Löffelbiskuits dicht nebeneinander auslegen – Die Creme einfüllen – Obenauf wieder Biskuits – In den Kühlschrank stellen, bis die Speise erstarrt ist – Vor dem Anrichten stürzen und mit Schlagrahm garnieren.

Charlotte Russe

8 Eier, 1 l Milch, 1 Stange Vanille, 200 g Zucker, abgeriebene Zitronenschale, 6 Blatt weiße Gelatine, 250 g Löffelbiskuits

Gelatine in kaltem Wasser einweichen, ausdrücken, im Wasserbad mit 2 Eßlöffel kochendem Wasser warm halten – Die Milch mit der ausgeschabten Vanille, dem Zucker und der abgeriebenen Zitronenschale aufkochen – Vom Feuer nehmen, die gut verschlagenen Eigelb hineinrühren – Den Topf wieder auf kleine Flamme stellen und ohne daß die Milch zum Kochen kommen darf, so lange rühren, bis die Eigelb in der Milch gestockt sind – Zu dieser Creme kommt die aufgelöste Gelatine und die steifgeschlagenen Eiweiß – Vorsichtig rühren, bis die Creme sehr dick ist – Eine Form ausbuttern, die Seiten mit den hochgestellten Löffelbiskuits belegen und vorsichtig mit der Creme füllen – Vor dem Servieren die Form auf eine Platte stürzen und die Charlotte mit Schlagsahne und kandierten Früchten verzieren.

Himbeer-Charlotte

Himbeeren in Wein aufkochen und durchpassieren – Mit Zitronensaft und Zucker abschmecken – Gelatine waschen und auflösen – Unter die Himbeermasse ziehen – Kühl stellen – Beginnt die Masse steif zu werden, den Schlagrahm unterheben – In eine hohe Form füllen und steif werden lassen – Stürzen und mit Schlagrahm überziehen – Mit senkrecht stehenden Biskuits verkleiden – Mit Schlagrahm und Früchten garnieren.

3/8 l Rotwein, 450 g Himbeeren, 2 Zitronen, Saft, Zucker, 12 Blatt rote Gelatine, 3/8 l Schlagrahm
Zur Garnitur:
Löffelbiskuits, 1/8 l Schlagrahm, einige Himbeeren

Brandteignockerl

Milch und Fett zum Kochen bringen, unter Rühren Mehl zugeben und so lange rühren, bis sie sich vom Topf löst – Unter Rühren Eier und Gewürze zugeben – Milch, Wasser und Salz aufkochen – Aus dem Teig kleine, längliche Klöße einlegen und 10 Minuten ziehen lassen – Butter, Zucker, Vanille und Eigelb schaumig rühren – Mit den abgeseihten, abgekühlten Nockerln und dem steifen Eierschnee vermengen – In gefetteter Auflaufform im heißen Rohr rasch aufziehen.

Zum Brandteig:
1 Tasse Milch, 3 Eßl. Butter, 1 Tasse Mehl (125 g), 3 Eier, 2 Eßl. Zucker, Salz
Zum Kochen:
1 Tasse Milch, 4 Tassen Wasser, Salz
Zum Aufziehen:
4 Eßl. Butter, 1 Päckchen Vanille-Zucker, 4 Eßl. Zucker, 3 Eier

Marquise Felice

Zucker, Vanille, Eigelb, Milch und eingeweichte Gelatine unter stetem Schlagen auf kleiner Flamme oder im Wasserbad knapp zum Kochen bringen – Vom Feuer nehmen und in kaltes Wasser stellen – Fängt die Creme an, am Rande zu erstarren, umrühren und den steifen Eierschnee unterziehen – Eine Auflaufform von etwa 18 cm Durchmesser mit in Rum getränkten Biskuits auslegen – Die Hälfte der Creme einfüllen – Die restlichen Biskuits und wieder Creme auffüllen – Nachdem die Speise erstarrt ist, stürzen – Oberfläche und Ränder dick mit süßem Schlagrahm bestreichen – Aus Hagebuttenmark etwa 8 waagrechte Streifen aufspritzen – Mit einem Messer ebenso viele Querstreifen durchziehen – Um den Rand herum Schlagrahmsterne spritzen und mit Hagebuttenmark verzieren.

5 Eßl. Zucker, 3 Eier, 1 Tasse Milch, 1 Päckchen Vanille-Zucker, 1/2 Päckchen gekörnte Gelatine, 100 g Löffelbiskuits, 3 Eßl. Rum, 1 1/2 Tassen Süßrahm, 1 Eßl. Zucker, Hagenbuttenmark

Gebackene Cremeschnitten

2 Tassen Milch, 1/2 Vanille-Schote, 6 Eigelb, 2 Eier, 8 Eßl. Puderzucker, 6 Eßl. Mehl, 1 Prise Salz, Brösel, Butter

Die Milch mit der Vanilleschote zum Kochen bringen und 5 Minuten ziehen lassen – 1 Ei und die Eigelb, den Zucker, das Mehl und Salz zu einem Teig verarbeiten – Nach und nach die kochende Vanillemilch unterrühren, auf kleiner Flamme eindicken – Die Platte auf eine gefettete Marmorplatte oder ein Blech gießen, 1 cm dick auslaufen und erkalten lassen – In kleine Vierecke schneiden und in 1 geschlagenen Ei und Bröseln wenden – In Butter herausbacken – Die Schnitten sollen außen knusprig und innen cremig sein.

Beigabe: Sabayon-Sauce.

Figaro

100 g Reis, 3/4 Tasse Schlagrahm, 3 Eßl. Butter, Salz, 3 Eier, 40 g Zucker, 1 Eßl. Kakao, 2 Teel. Vanille-Zucker, 1/2 Zitrone, Saft und Schale, Speisegrün, 1 Eßl. Brombeergelee, 30 g Mandeln, einige Tropfen Bittermandelessenz, Butter für die Form

Grobgemahlenen Reis, 1 Eßlöffel Butter und wenig Salz in Milch aufkochen – Die restliche Butter schaumig rühren, nach und nach Eigelb und Zucker zurühren – Die etwas abgekühlte Reismasse untermengen – In vier Teile teilen, verschieden würzen und färben: den ersten Teil mit Kakao und Vanille, den zweiten mit Zitronensaft, geriebener Zitronenschale und wenig Grün, den dritten mit Brombeergelee, den vierten mit abgezogenen, gemahlenen Mandeln und einigen Tropfen Bittermandelessenz – Eiweiß zu steifem Schnee schlagen – Teilen und getrennt unter den Reis ziehen – In eine zugerichtete Puddingform lagenweise einfüllen – In verschlossener Form 1 1/4 Stunden im Wasserbad kochen – Vor dem Anrichten stürzen.

Beigabe: Wein-Creme-Sauce.

Kaffeedunstkoch mit Kaffee-Creme

80 g Butter, 80 g Zucker, 6 Eier, 80 g Mandeln, 2 Brötchen, 1/2 Tasse schwarzer Kaffee, Butter und Zucker für die Form

Butter schaumig rühren – Zucker und nach und nach Eigelb, geriebene, ungeschälte Mandeln, entrindetes, in schwarzem Kaffee erweichtes und passiertes Brötchen zugeben – Steifen Eierschnee unterziehen – Eine Puddingform mit Butter und Zucker zurichten – Die Masse einfüllen und 1 Stunde im Wasserbad kochen – Den gestürzten Pudding mit Kaffee-Creme-Sauce, s. S. 516, reichen.

Elsäßer Vanillespeise

Die Butter schaumig rühren, die Eigelb und den gesiebten Zucker 30 Minuten mitrühren – Den Alkohol, die geriebenen Mandeln und den steifen Eierschnee untermischen – Die abgekochte Milch mit dem Vanillezucker mischen und die Biskuits damit beträufeln – Eine niedere glatte Form mit Öl ausstreichen – Abwechselnd Biskuits und Creme einfüllen, als letzte Lage Biskuits – Über Nacht auf Eis stellen, vor Gebrauch die Form kurz in warmes Wasser tauchen und stürzen – Mit Schlagrahm garnieren.

20 Löffelbiskuits, 6 Eßl. Butter, 7 Eßl. Puderzucker, 2–3 Eier, 1 Tasse Mandeln, 1 Tasse Milch, 1 Päckchen Vanille-Zucker, 1/2 Glas Arrak, Rum oder Apricot, Öl, 1 Tasse Schlagrahm

Grapefruitbiskuits

Die Schalen der Orange und einer Grapefruit (darauf achten, daß sie nicht gespritzt sind) mit Würfelzucker abreiben – Den Saft aller Früchte vermengen – Den Zucker zerstoßen, mit dem Rahm und Saft vermengen – Über die Biskuits in eine Schüssel füllen und 3 Stunden kaltstellen.

2 Grapefruits, 1 Orange, Würfelzucker, 2 Tassen Süßrahm, 20–25 Biskuits

Hexenschaum

Eiweiß zu steifem Schnee schlagen – Mit gesiebtem Zucker, Rum, passierten, gebratenen Äpfeln und Marmelade vermengen – Vor dem Servieren kühlstellen.

4 Eiweiß, 250 g Zucker, 6 Äpfel, 3 Eßl. Aprikosenmarmelade, 3 Teel. Rum

Erdbeerpalatschinken

Die Erdbeeren kurz waschen – Stiele ausdrehen, Früchte halbieren, einzuckern und zugedeckt durchziehen lassen. Aus den Teigzutaten, der angegebenen Reihenfolge nach einen dünncremigen Teig rühren – Eine halbe Stunde rasten lassen – Ist er zu dick geworden, etwas Wasser zugießen und verrühren.

In einer Pfanne mit Butterschmalz dünne Palatschinken bereiten – Sind alle gebacken, mit den Früchten belegen und aufrollen – In eine gebutterte Auflaufplatte ordnen – Rahm, Zucker und die Eier mit dem Schneebesen schlagen – Über die Palatschinken gießen – Mit Butterflöckchen belegen – Im heißen Rohr aufziehen lassen – Mit Zucker bestreut anrichten.

500 g Erdbeeren, 4 Eßl. Zucker
Zum Teig:
1/2 l Milch, Salz, 250 g Mehl, 4 Eier, 2 Eßl. Butterschmalz
Zum Übergießen:
1/8 l Süßrahm, 2 Eßl. Zucker, 2 Eier, 50 g Butter, Zucker zum Bestreuen

Aufgezogene Salzburger Nockerl

1/2 l Milch, 100 g Butter, 250 g Mehl, 6 Eier, 4 Eßl. Zucker, Salz
Zum Kochen:
2 l Wasser, 1/2 l Milch, Salz
Zum Aufziehen:
100 g Butter, 1/2 Päckchen Vanille-Zucker, 5 Eigelb, 5 Eiweiß, Butter für die Form

Milch mit Butter aufkochen – Vom Feuer ziehen und das Mehl auf einmal einschütten – Wieder zurückstellen und zu einem Kloß abrühren – Etwas abgekühlt die Eier einzeln zugeben, dabei jedesmal glattrühren – Zucker und Salz beifügen – Mit einem Teelöffel kleine Nockerl in kochendes, leicht gesalzenes Milchwasser einlegen – Langsam ziehend in 10 Minuten fertigstellen – Butter mit Vanille und Eigelb schaumig rühren – Die auf einem Sieb abgetropften und ausgekühlten Nockerl untermengen und steifen Eierschnee unterziehen – In eine vorgerichtete Auflaufform füllen und im heißen Rohr rasch aufziehen.

Orangenbecher

2 Orangen, Zucker, Rum, 1/4 l Orangensaft, 1 Zitrone, Saft, 1/4 l Wasser, 200 g Zucker, 9 Teel. gekörnte Gelatine, 1 Tasse Schlagrahm

Orangen schälen, entkernen, in Scheiben schneiden und diese in Viertel – Mit Zucker bestreut und mit Rum beträufelt ziehen lassen – Orangen und Zitronensaft, Wasser, Zucker und aufgelöste Gelatine zusammen aufs Feuer bringen und bis knapp zum Aufkochen kommen lassen – Vom Feuer genommen, 10 Minuten ziehen lassen – Durch ein Sieb seihen und in kalt ausgespülte flache Formen füllen – Erstarren lassen – Vor dem Anrichten in Würfel geschnitten und mit Orangensalat leicht vermengt, in Gläser füllen – Einen Rand von Schlagrahm herumspritzen.
Beigabe: Dessertbackwerk.

Gefüllte Orangen

6 Orangen, 1/2 Orange, Schale, 2 Eßl. Zitronensaft, 5 Blatt weiße Gelatine, 2–4 Eier, 3/4 Tasse Zucker, 1 Tasse Süßrahm oder 4 Eiweiß oder 1/2 Tasse Rahm und 2 Eiweiß

Von den Orangen (möglichst gleich große verwenden) ein Deckelchen abschneiden und sie vorsichtig mit einem silbernen Löffel aushöhlen – Die Eigelb 15 Minuten mit dem Zucker verrühren – Den Saft von 2 Orangen, die geriebene Schale, den Zitronensaft und die aufgelöste Gelatine vorsichtig dazugeben und zusammen dick und schaumig schlagen – Den geschlagenen, steifen Rahm oder den Eierschnee unterziehen – Die Creme in die Orangen füllen, mit Orangenschnitzen und Schlagrahm garnieren – Etwa 3 Stunden in den Kühlschrank stellen.
Beigabe: Kleingebäck.

Mohr im Hemd

Butter schaumig rühren – Nach und nach Eigelb, gesiebten Puderzucker, geriebene, ungeschälte Mandeln und geriebene Schokolade beifügen und jedesmal tüchtig rühren – Steifen Eierschnee unterziehen – Die Masse in eine gebutterte, mit Zucker ausgestreute Puddingform gefüllt, 1 Stunde im Wasserbad kochen – Den Pudding stürzen und mit dem Guß bestreichen.

Zum Guß: Steifen Eierschnee mit dickgesponnenem Zucker und Rum vermengen – Noch heiß mit Schlagrahm umkränzt anrichten.

100 g Butter, 6 Eier, 100 g Puderzucker, 100 g Mandeln, 100 g Schokolade, Butter und Zucker für die Form
Zum Guß:
140 g Zucker, 1/2 Tasse Wasser, 4 Eiweiß, 1 Teel. Rum
Zum Garnieren:
Schlagrahm

Gebackene Pfirsiche

Pfirsiche und Kirschen abtropfen lassen – Getrennt mit Alkohol beträufeln – Kirschen in die Fruchthälften füllen – Über die Kirschen Meringenmasse häufen – Im Rohr bei schwacher Oberhitze backen bis die Eiermasse fest geworden ist, 10–15 Minuten – Warm mit Schlagrahm zu Tisch geben.

4–8 Kalifornische Pfirsichhälften (Konserve), 1 Tasse Sauerkirschen (Konserve), 1 Gläschen Kirschwasser, Meringenmasse, halbe Masse, 1 Tasse Schlagrahm

Gefüllte Pfirsiche

Pfirsichhälften abtropfen lassen – Löffelbiskuits zerbröckeln – Marmelade mit etwas Fruchtsaft sämig rühren – Biskuits mit Alkohol tränken – Die Marmelade unterziehen – Die Masse in die Fruchthälften füllen – Zu ganzen Früchten zusammensetzen – Mit Mandelblättchen bestreuen und mit Schlagrahm garnieren.

1 Dose Kalifornische Pfirsiche, 50 g Löffelbiskuits, 1 Gläschen Rum, Kognak oder Apricot-Brandy, 3 Eßl. Aprikosenmarmelade, 1 Tasse Schlagrahm, Mandelblättchen

Spanischer Reis mit Fruchtgelee

Reis waschen und brühen, bis das Wasser klar abfließt – Kaltem Wasser zusetzen, einmal aufkochen, und soviel Wasser abgießen, bis der Reis eben noch bedeckt ist – Über kleinster Flamme oder Asbest 12 Minuten körnig dünsten – Wein, Zucker und Zitronensaft erhitzen – Den Reis zugeben und darin durchkochen – Arrak zurühren und vom Feuer nehmen – Erkalten lassen und vor dem Anrichten durchrühren – In Glasschalen füllen und mit Fruchtgelee verziert auftragen.

1 Flasche Weiß- oder Apfelwein, 250 g Reis, 300 g Zucker, 2 Zitronen, Saft, 1 Tasse Arrak, Fruchtgelee

Profiterolles

1 Tasse Wasser, 1 Teel. Zucker, 1 Messerspitze Salz, 1 Eßl. Butter, 100 g Mehl, 3 Eier, Vanille-Creme oder Mokka-Creme

Wasser, Gewürze und Butter auf kleinster Flamme erhitzen – Das Mehl zuschütten und zu einem Kloß abrühren – Vom Feuer nehmen, einzeln die Eier zurühren – Auf ein gebuttertes Blech nußgroße Klößchen setzen – Bei mittlerer Hitze goldgelb backen – Erkaltet die Klößchen durchschneiden und mit Vanille- oder Mokka-Creme füllen – Bergförmig auf eine Platte häufen und mit Vanille- oder Schokoladensauce reichen.

Rahmrollen

6 Eßl. Mehl, 6 Eßl. Zucker, 1/4 Tasse Sauerrahm, 8 Eier, 1 1/2 Tassen Süßrahm, 1 Eßl. Butter

Mehl und Zucker mit Sauerrahm verrühren – Eier und Süßrahm schaumig schlagen – Mit der ersten Masse gut vermengt in eine gebutterte Auflaufform füllen – In heißem Rohr lichtbraun backen – In 3-fingerbreite Streifen schneiden, aufrollen und mit Zucker bestreut anrichten.

Englischer Reis

3 Tassen Milch, 125 g Reis, 1 Gläschen Kirschwasser, Zucker, 5 Eßl. Butter, Rinderfett, Makronen, Kompottfrüchte

Einen dicken, süßen Milchreis kochen – mit Kirschwasser und 5 Eßlöffel Butter verrühren – Eine glatte Form mit Rinderschmalz ausstreichen – Den Boden mit Makronen, die Rundungen nach unten, belegen – Den Reis darüberfüllen, dabei die Form öfters aufstoßen, damit sich der Inhalt setzt – Nach 10 Minuten stürzen und mit Kompottfrüchten umlegen.

Schokolade-Soufflé

2 Eßl. Butter, 2 Eßl. Mehl, 3/4 Tasse Milch, 1 1/2 Riegel ungesüßte Schokolade, 1/2 Tasse Zucker, 2 Eßl. heißes Wasser, 1/2 Teel. Vanille, Zucker

Die Butter zergehen lassen – Das Mehl zugeben und unter ständigem Rühren nach und nach die Milch zugießen – Kochen, bis der Siedepunkt erreicht ist – Die Schokolade im Wasserbad schmelzen lassen – Den Zucker und das Wasser zugeben und rühren, bis sie weich ist – Die beiden Mischungen zusammengeben – Die schaumig geschlagenen Eigelb beifügen – Abgekühlt die steifgeschlagenen Eiweiß unterziehen und die Vanille zugeben – Auf eine mit Butter bestrichene Auflaufplatte häufen und 25 Minuten bei mäßiger Hitze backen.
Beigabe: Creme-Sauce.

Zitronenreis

Den Reis in 3 Tassen Wasser mit dem Zucker, dem Zitronensaft, der Zitronenschale und Salz weichkochen – In eine mit Wasser ausgespülte Ringform füllen und kaltstellen – Vor Gebrauch stürzen – In die Mitte das Kompott geben und den Saft gesondert dazu reichen.

1 Tasse Reis, 2 Zitronen, Saft, 1/2 Zitrone, Schale, 6 Eßl. Zucker, 1 Prise Salz, Kompottfrüchte

Aprikosensoufflé

Zucker mit Aprikosenmarmelade und 2 Eiweiß 30 Minuten rühren – Das übrige Eiweiß zu steifem Schnee schlagen und leicht unterziehen – Auf eine gefettete Auflaufplatte häufen und mit abgezogenen, stiftelig geschnittenen Mandeln spicken – Bei geringer Hitze 10–15 Minuten im Rohr backen.

170 g Zucker, 110 g Aprikosenmarmelade, 6 Eiweiß, Mandeln, Butter für die Form

Himbeer-Soufflé

Eine Creme Patissiere herstellen und erkalten lassen – Die Himbeeren im eigenen Saft dünsten und durch ein Haarsieb drücken – Mit etwas Zucker zu Sirup einkochen – Mit der kalten Creme mischen – Den steifen Eierschnee unterziehen – In eine gebutterte, mit Zucker ausgestreute Form füllen – Im heißen Rohr 12 Minuten überbacken.

Crème Patissière, 1 Tasse Himbeeren, 6 Eiweiß, Zucker, Butter

Zitronen-Soufflé

Die Eigelb schaumig rühren – Nach und nach den Zucker, den Zitronensaft und die geriebene Zitronenschale unter ständigem Rühren zugeben – Die Eiweiß sehr steif schlagen und lose unterziehen – In eine mit Butter ausgestrichene Auflaufplatte füllen – 25 Minuten bei mäßiger Hitze backen.

8 Eier, 4 Eßl. Zitronensaft, 2 Zitronen, Schale, 2 Tassen Zucker, Butter für die Form

Schlagrahm

Den süßen, dicken, gekühlten Rahm mit dem Schneebesen in einer auf Eis gestellten Schüssel oder an einem kühlen Ort so lange in eine Richtung schlagen, bis er steif wird – Mit dem Zucker und Vanille-Zucker abschmecken und nochmals kurz schlagen – In eine Glasschale füllen, nach Belieben ein Muster aufspritzen und kühlstellen.

2 Tassen Süßrahm, 1 Eßl. Zucker, 1 Messerspitze Vanille-Zucker

Reis Trautmannsdorf

250 g Reis (Patna), 250 g Zucker, 1/2 Vanilleschote, 1 Tasse Milch, 1 Tasse Süßrahm, 8 Blatt weiße Gelatine, 1/2 l Schlagrahm, 1 Glas Maraschino, Früchte (auch eingemachte) zum Garnieren

Gewaschenen Reis in Milch und Rahm mit Zucker und Vanille langsam weich- und dickkochen – Vom Feuer nehmen und mit der aufgelösten Gelatine kaltrühren – Den steifen, mit Maraschino vermengten Schlagrahm unterziehen – In eine Ringform füllen und erstarren lassen – Auf eine Glasplatte stürzen und mit Pfirsichen, Aprikosen oder Sauerkirschen garnieren.

Ananas mit Schlagrahm

1/2–1 Ananas, 1 Glas Kirschwasser oder Maraschino, 2–3 Tassen Schlagrahm, Puderzucker

Die Ananas schälen und in kleine Würfel schneiden – Das Kirschwasser oder den Maraschino darüberträufeln und 1 Stunde ziehen lassen – Mit dem gekühlten Schlagrahm vermengen und mit Puderzucker und dem abgetropften Saft oder Likör abschmecken – 1 Stunde auf Eis stellen und servieren oder die gekühlte Masse in die ausgehöhlte Ananasschale füllen und so zu Tisch geben.
Beigabe: Kleingebäck oder Waffeln.

Erdbeeren mit Schlagrahm

500 g frische Erdbeeren, Makronen oder Biskuits, 2 Tassen Schlagrahm, 4 Eßl. Zucker, 3 Eßl. Wasser

In eine Glasschale abwechselnd Gebäck und Erdbeeren häufen – Den Zucker mit 3 Eßlöffeln Wasser und einigen Erdbeeren aufkochen und durch ein Sieb streichen – Nach dem Erkalten unter den steifen, gut gekühlten Schlagrahm ziehen – Auf die Erdbeeren häufen und anrichten.
An Stelle von Erdbeeren können auch *Kompottfrüchte* wie z. B. *Aprikosen, Pfirsiche* oder *Sauerkirschen* verwendet werden.

Pfirsich mit Schlagrahm

4 Pfirsiche, Kirschwasser, 1/2 Tasse Weißwein, 4 Eßl. Läuterzucker, 2 Tassen Schlagrahm

Die gut ausgereiften Pfirsiche schälen und durch ein Haarsieb streichen – Mit etwas Kirschwasser, dem Wein und Läuterzucker abschmecken – Den steifen, gekühlten, ungezuckerten Schlagrahm untermengen – In eine Schale oder in Gläser füllen und bis zum Gebrauch auf Eis oder in den Kühlschrank stellen – Mit Pfirsichstücken und gesüßtem Schlagrahm garniert anrichten.
Beigabe: Kleingebäck.

Falscher Schlagrahm (zur Bereitung von Cremes)

Das Mehl und den Zucker mit dem Wasser anrühren und unter Rühren auf kleiner Flamme zum Kochen bringen – Die in kaltem Wasser eingeweichte Gelatine zugeben, dann vom Feuer nehmen – Die Masse steif schlagen.

2 Tassen Wasser, 2 Eßl. Mehl, 8 Eßl. Zucker, 3 Blatt weiße Gelatine

Schlagrahm mit Sauerkirschen

Von den Kirschen Stiele und Steine entfernen – In einer Glasschüssel mit Zucker und Zimt durchstreuen und kühlstellen – Rahm steifschlagen und mit 2 Eßlöffel Zucker süßen – Vor dem Anrichten über die Kirschen häufen.
Beigabe: Dessertbackwerk.

500 g Sauerkirschen, 4–5 Eßl. Zucker, 1 Messerspitze Zimt, 2 Tassen Süßrahm

Schlagrahm mit Schokolade

Die Schokolade fein reiben und unter den leicht gesüßten und durchgekühlten Schlagrahm mengen.
Beigabe: Kleingebäck.

2 Tassen Schlagrahm, 1 Tafel Schokolade

Falsche Spiegeleier

Eier und Zucker über Dampf dick und schaumig schlagen – Zitrone, Saft und Schale und gesiebtes, mit Backpulver vermengtes Mehl zugeben – Ein mit Butter bestrichenes Papier in der Größe 22 x 30 cm auf ein Backblech legen – Den Teig aufstreichen – Bei guter Hitze rasch backen – Noch heiß vom Papier lösen – Runde Böden von 7–8 cm Durchmesser ausstechen und mit verdünntem Rum tränken – Mit steifem, gezuckertem Schlagrahm bedecken und in die Mitte eine Aprikosenhälfte legen.

Zur Biskuitmasse:
2 Eier, 4 Eßl. Zucker, 6 Eßl. Mehl, 1 Messerspitze Backpulver, 1/2 Zitrone oder Zitronenessenz
Zum Belag:
1 Tasse Süßrahm, 1 Teel. Zucker, 1 Gläschen Rum mit 2 Eßl. Wasser, Aprikosen (Konserve)

Bananenschnee

Die Bananen mit der Schale der Länge nach halbieren – Die Früchte herausnehmen und mit einer silbernen Gabel zerdrücken – Mit dem Zitronensaft und Zucker schaumig schlagen – Den steifen Eierschnee unterziehen – Die Masse wieder in die Schalen füllen und mit gehackten Nüssen bestreuen.

4 Bananen, 2 Eiweiß, 3 Eßl. Zucker, 2 Teel. Zitronensaft, 2 Eßl. gehackte Nüsse

Schnee-Eier

2 Tassen Milch, 3 Eßl. Zucker, 2 Eier, Vanille, 2 Tassen Stärkemehl

Die Milch mit 2 Eßlöffeln Zucker zum Kochen bringen – Die Eiweiß zu steifem Schnee schlagen und den Rest des Zuckers daruntermischen – Mit einem Löffel Klöße abstechen und in die siedende Milch einlegen – Auf ganz schwachem Feuer 2 Minuten ziehen lassen – Die Klöße herausnehmen und in eine Glasschale legen – Das Stärkemehl und die Eigelb mit etwas kalter Milch verrühren, in die kochende Milch einlaufen lassen und etwa 3 Minuten unter Rühren kochen – Mit Vanille würzen, vom Feuer nehmen und von Zeit zu Zeit rühren, bis die Milch abgekühlt ist – Erkaltet über die Schnee-Eier gießen.

Apfelschnee

500 g Äpfel, 4 Eßl. Zucker, 2 Eiweiß, 1 Eßl. Zitronensaft

Die Äpfel ungeschält mit wenig Wasser in einer Kasserolle oder in der Röhre braten – Durch ein Haarsieb streichen und mit dem Zucker und Zitronensaft verrühren – Den steifen Eierschnee unterziehen – Die Schüssel auf Eis stellen und rühren, bis die Masse nicht mehr vom Löffel läuft – Auf einer Platte erhöht anrichten und mit Buttergebäck oder Makronen umlegen.

Schokoladenschnee

6 Eiweiß, 6 Eßl. Schokolade, 8–10 Eßl. Puderzucker

Die Eiweiß zu steifem Schnee schlagen – Mit dem gesiebten Puderzucker und der feingeriebenen oder geschmolzenen Schokolade vermengen.

Schokoladenigel

125 g Butter oder Pflanzenfett, 125 g Schokolade, 1 Ei, 2 Eßl. Zucker, 20 Löffelbiskuits, Rum, Mandeln

Butter oder Pflanzenfett (zuvor leicht geschmolzen) schaumig rühren – Schokolade im Wasserbad zergehen lassen – Ei mit Zucker verquirlen – Schokolade und Eiermasse nach und nach unter die Butter rühren – Mit Rum besprengte Löffelbiskuits der Länge nach hügelförmig, mit Creme dazwischen, auf eine Platte häufen – Mit einer nassen Spachtel dick mit Creme überziehen und igelförmig glattstreichen – Mit geschälten, stiftelig geschnittenen Mandeln bestecken – Erstarrt zu Tisch geben.

Himbeerschnee

Die Himbeeren durch ein Sieb streichen – Mit dem Zucker und Zitronensaft oder Wein verrühren – Den Eierschnee unterziehen – Auf Eis gestellt rühren, bis die Masse nicht mehr vom Löffel läuft – In Gläser füllen und garnieren.
Auf dieselbe Weise kann *Erdbeerschnee* bereitet werden.
Beigabe: Kleingebäck.

500 g frische Himbeeren, 8 Eßl. Zucker, 2 Eiweiß, 2 Teel. Zitronensaft oder 2 Eßl. Weißwein

Schokoladenpyramide mit Schlagrahm

Brandteig bereiten – Kleine, haselnußgroße Kugeln auf ein Blech setzen – Im heißen Rohr backen – Ausgekühlt durchstoßen und mit Schlagrahm füllen – Pyramidenförmig auf eine Platte ordnen – Mit Sauce übergossen zu Tisch geben.

Brandteig aus:
1 Tasse Wasser, 60 g Butter, 125 g Mehl, 4 Eier, Salz
Zur Fülle:
2 Tassen Schlagrahm
Zum Begießen:
Schokoladen-Creme-Sauce

Savarin mit Früchten und Rum

Zum Vorteig: 125 g Mehl, mit wenig lauwarmer Milch angerührte Hefe und soviel lauwarme Milch wie nötig, zu einem dickflüssigen Teig verrühren und gehen lassen – Geschmolzene Butter, Zucker, Eier, Orangensaft und geriebene Schale mit dem Vorteig vermengen – Das restliche Mehl mit Salz und 1 Eigelb zugeben – Den Teig schlagen, bis er sich von der Schüssel löst – In der Wärme aufgehen lassen – Den leicht erwärmten Rahm untermengen – Eine zugerichtete Ringform zur Hälfte mit Teig füllen – Von außen mit einem gebutterten, über den Rand der Form hochstehenden Papierstreifen umhüllen, damit der Teig beim Aufgehen nicht überfließt – Nochmals aufgehen lassen und bei guter Hitze goldgelb backen – Heiß aus der Form stürzen.
Zucker, Wasser, Orangensaft und -schale aufkochen – Mit Rum vermengen – Noch heiß die Ringform 1/3 damit füllen – Den Ringkuchen wieder vorsichtig hineinsetzen – Die Rumflüssigkeit vollständig aufsaugen lassen – Auf eine Platte stürzen und die Mitte mit Aprikosenkompott oder anderen feinen Früchten füllen – Mit gehackten Mandeln überstreuen.

Zum Vorteig:
125 g Mehl, 15 g Hefe, Milch
Zum Teig:
3 Eier, 1 Eigelb, 4 Eßl. Zucker, 1 Orange, Saft und Schale, 1/4 Tasse Süßrahm, Butter und Mehl für die Form
Zum Guß:
100 g Zucker, 1/2 Tasse Wasser, 1/4 Orange, Saft und Schale, 1 Gläschen Rum

Tiroler Kropf

Zum Brandteig:
1 Tasse Wasser, 100 g Butter, 1 Prise Salz, 125 g Mehl, 4 Eier, 4 Eßl. Zucker, 1/2 Zitrone, Schale, 1 Teel. Zimt, Backfett, 500 g Weichselkirschen, Zucker, 1 Tasse Weißwein, Zucker zum Bestreuen

Brandteig bereiten, s. S. 533 – Eier, Zucker und Gewürze tüchtig damit verrühren – In heißem Backfett schwimmend Klöße einlegen – Goldbraun herausbacken – In die Mitte der Krapfen eine Höhlung machen – Mit gedünsteten Kirschen füllen – Die gefüllten Krapfen in eine Kasserolle setzen, Wein zugießen und aufkochen – Mit Zucker bestreut anrichten.

Cremes und Cremespeisen

Bayrische Creme (Bavaroise)

4 Tassen Süßrahm oder Milch, 8 Eigelb, 250 g Zucker, 1 Päckchen Vanille-Zucker, 16 Blatt Gelatine oder Aspik-Pulver, 1/2 Tasse heißes Wasser, 1 l Schlagrahm

Eigelb mit 1/2 Tasse Rahm oder Milch glattrühren – Den übrigen Rahm oder Milch mit Zucker und Vanille aufkochen – Unter ständigem Schlagen mit dem Schneebesen über kleinster Flamme die Eiermasse einlaufen lassen – Vom Feuer nehmen und je nach Rezept, Aromen zugeben – In heißem Wasser aufgelöste Gelatine beifügen – In eine Porzellanschüssel füllen und ab und zu durchrühren – Kurz vor dem Stocken steifen Schlagrahm unterziehen – (Die Masse darf noch nicht vollständig erkaltet sein, da sich der Schlagrahm sonst nicht mehr mit ihr verbindet) – In eine mit Wasser ausgespülte Form füllen und kühl gestellt erstarren lassen – Vor Gebrauch stürzen und garnieren.

Bayrische Creme von Schokolade

Bayerische Creme (1/2 Masse), 125 g Schokolade
Zum Garnieren:
Biskuits, Schlagrahm

Schokolade im Wasserbad schmelzen – Bayrische Creme abrühren – Geschmolzene Schokolade und aufgelöste Gelatine untermengen – Weitere Zubereitung wie Bayrische Creme – Vor dem Anrichten stürzen und mit Biskuits und geriebener Schokolade verzieren.

Bananen-Creme

Die Milch, den Vanille-Zucker, den Zucker und die Eigelb im Wasserbad zu einer Creme rühren – Vom Feuer nehmen und bis zum Erkalten weiterrühren – Den Eierschnee unterziehen – Die geschälten Bananen mit einer silbernen Gabel zerdrücken und zusammen mit dem Kirschwasser schaumig schlagen – Mit der Vanille-Creme vermengen – In eine Glasschale oder Portionsgläser füllen – Sehr kalt servieren.

Beigabe: Waffeln oder Kleingebäck.

2 Tassen Milch, 1 Päckchen Vanille-Zucker, 8 Eßl. Butter, 4 Eier, 4 Bananen, 1 Gläschen Kirschwasser

Blanc-Manger von Mandeln und Johannisbeergelee

Geriebene Mandeln, Vanille und Milch aufkochen – Durchseihen, Zucker und Rahm zugeben, 10 Minuten kochen – Aufgelöste Gelatine oder angegebene Menge Aspik-Pulver zugeben – Kühlrühren – In einer mit Mandelöl bestrichenen Form erstarren lassen – 2 cm hoch flüssiges Johannisbeergelee einlaufen lassen und erstarren lassen – Mandelmasse einfüllen, ebenfalls erstarren lassen – Abwechselnd einfüllen – Erstarrt mit Schlagrahm garnieren.

200 g abgezogene süße Mandeln, 3 abgezogene bittere Mandeln, 1/2 l Milch, 1/2 Vanilleschote oder 1 Päckchen Vanille-Zucker, 100 g Zucker, 2 Tassen Süßrahm, 50 g Gelatine oder Aspik-Pulver, Mandelöl, Johannisbeergelee, Schlagrahm

Einfache Frucht-Creme

Alle Zutaten verquirlen und auf kleiner Flamme bis zum Aufkochen mit dem Schneebesen schlagen – Vom Feuer nehmen – Etwas erkalten lassen und in Gläser oder eine Glasschale füllen und mit Früchten garnieren – Oder lagenweise Früchte und Creme und mit Rum oder Kognak beträufelte Biskuits schichten.

4 Eßl. Stärkemehl, 1/4 l Wasser, 1/4 l Fruchtsaft, 1 Tasse Zucker, 2 Eier

Gebrannte Creme

Milch mit Zimt, Zucker und Salz aufkochen – Vom Feuer nehmen – Eigelb mit Mehl und wenig kaltem Wasser glattrühren und der Milch beifügen – Im Wasserbad zu einer Creme abrühren – In eine Schüssel gefüllt, dick mit Zucker bestreuen – Mit glühender Backschaufel den Zucker braunbrennen – Warm zu Tisch geben.

1/2 l Milch, 1 Stückchen Zimt, 3 Eßl. Zucker, Salz, 4 Eigelb, 2 Eßl. Mehl, Zucker zum Bestreuen

Diplomaten-Creme

4 Eßl. Sultaninen, 15–20 Makronen, 1 Eßl. Zitronat und Orangeat, 4 Eßl. Maraschino oder Kognak, Vanille-Creme, 1 Tasse Schlagrahm

Die Sultaninen in etwas Zuckerwasser aufkochen und abgießen – Mit in kleine Würfel geschnittenen Makronen sowie dem gehackten Zitronat und Orangeat vermengen und mit dem Alkohol übergießen – Eine Form mit Öl ausstreichen – Einen Teil der halbfesten Vanille-Creme hineingeben – Abwechselnd Makronenmasse und Creme einfüllen, obenauf Creme – Auf Eis stellen und nach dem Erstarren stürzen – Nach Belieben mit Kompottfrüchten oder Orangenschnitzen und Schlagrahm verziert anrichten.
Beigabe: Kleingebäck.

Bayrische Haselnuß-Creme

100 g Haselnüsse, 2 Teel. Zucker, Bayrische Creme
Zum Verzieren:
geröstete Haselnüsse, Schlagrahm

Haselnüsse im heißen Rohr rösten – Zwischen einem Tuch die Häutchen abreiben – Mit Zucker bestreut in einem kleinen Pfännchen rösten, bis der Zucker hellgelb ist – Abgekühlt durch die Mandelmühle treiben – Bayrische Creme bereiten und nachdem die Gelatine untergemengt wurde, die geriebenen Haselnüsse beifügen – In eine Schüssel zum Abkühlen geben, den Schlagrahm unterziehen und erstarren lassen – Gestürzt mit Schlagrahm und gerösteten Haselnüssen verziert anrichten.

Mokka-Creme

3/4 Tasse Rahm oder Milch, 3 Eigelb, 1 Ei, 100 g Puderzucker, 3 Eßl. Mokka, 1 Tasse Schlagrahm

Rahm oder Milch, Eigelb, Ei, Zucker und Mokka verquirlen – Im Wasserbad dickrühren – Erkaltet steifen Schlagrahm unterziehen.

Himbeer-Creme Bois de Boulogne

4 Tassen Himbeeren, 4 Eiweiß, 2 Tassen Süßrahm, 12 Eßl. Puderzucker

3 Tassen Himbeeren mit 6 Eßlöffeln Zucker süßen und durch ein Sieb streichen – Das Eiweiß zu Schnee schlagen und mit dem restlichen Zucker steifschlagen – Den Rahm nach und nach zugeben und nochmals dickschlagen – Mit der Himbeermasse vorsichtig vermengen und in Gläser füllen – Mit schönen ganzen Früchten garnieren und einige Zeit kaltstellen.
Beigabe: Waffeln oder Kleingebäck.

Erdbeer-Creme

Erdbeeren zurichten und durchpassieren – Rotwein und Zucker aufkochen, angerührtes Stärkemehl zugeben und 3 Minuten eindicken – Vom Feuer nehmen und mit Erdbeermark vermengen – Nach dem Abkühlen steifen Eierschnee oder Schlagrahm unterziehen – In Gläser oder eine Glasschale füllen – Mit Schlagrahm und Erdbeeren verzieren und kühlgestellt erstarren lassen.

1 kg reife Erdbeeren, 1/2 Tasse Rotwein, 250 g Zucker, 3 Eßl. Wasser, 1 Eßl. Stärkemehl, 3 Eiweiß oder 2 Tassen Schlagrahm

Johannisbeer-Creme

Den Saft, den Zucker und die Eier in einem Emailletopf verquirlen – Auf kleiner Flamme mit dem Schneebesen schlagen, bis die Masse zum Kochen kommt und schaumig wird – Etwas abgekühlt in eine Glasschale oder in Gläser füllen und kalt oder warm servieren – Nach Belieben mit einigen Früchten und Biskuits garnieren.
Beigabe: Waffeln oder Kleingebäck.

2 Tassen Johannisbeersaft (von frischen Früchten), 1 Tasse Zucker, 6 Eier

Einfache Kaffee-Creme

Den gemahlenen Kaffee mit 1/2 Tasse kochenden Wassers überbrühen und 5 Minuten ziehen lassen, durchseihen – Mit dem Rahm oder der Milch und dem Zucker vermengen und zum Kochen bringen – Das angerührte Stärkemehl einrühren und 3 Minuten kochen unter Rühren – Vom Feuer nehmen und das verquirlte Eigelb zugeben, dann nochmals kurz bis zum Kochen bringen – Den steifen Eierschnee unterziehen – Etwas abgekühlt in eine Glasschale füllen und kühlstellen – Nach Belieben mit Schlagrahm verzieren.
Beigabe: Makronen.

6 Eßl. gemahlener Kaffee, 2 Tassen Rahm oder Milch, 5 Eßl. Zucker, 4 Eßl. Stärkemehl, 2 Eier

Melonen-Creme

Milch, Vanille, Zucker und Eigelb im Wasserbad oder über kleiner Flamme dickrühren – Vom Feuer genommen, kaltrühren – Melone schälen und in kleine Stücke schneiden – Mit einer Gabel zerdrücken und mit Rum schaumig schlagen – Unter die abgekühlte Creme mengen – In Gläser füllen und mit gezuckerten Melonenscheiben garnieren – Bis zum Genuß kühlstellen.

2 Tassen Milch, 1 Päckchen Vanille-Zucker, 4 Eßl. Zucker, 4 Eier, 1/4 Melone, 1 Gläschen Rum

Gestürzte Karamel-Creme

Für die Form: 2 Eßl. Zucker, 3/4 Tasse Wasser, Öl
Zur Creme: 3 Eier, 3 Eigelb, 130 g Zucker, 1 Prise Salz, 2 Tassen Süßrahm, Makrönchen

Den Zucker bräunen, mit Wasser ablöschen und durchkochen – Eine große geölte Form oder Portionsförmchen damit ausgießen – Eier, Zucker und Salz verrühren – Mit dem abgekochten, leicht abgekühlten Rahm gut vermengen – In die Formen füllen – Diese in ein heißes Wasserbad stellen und 10 Minuten ziehen lassen – Samt dem Wasserbad nun noch 25 Minuten im mittelheißen Rohr stocken lassen, ohne daß das Wasser dabei kocht – Abgekühlt die Formen stürzen – Mit Schlagrahm und Makrönchen garnieren.

Karamel-Creme, einfach

4 Eier, 4 Eßl. Stärkemehl, 1 Tasse Milch oder Rahm, 6 Eßl. Zucker

Den Zucker in einer Messingpfanne hellbraun rösten, mit 1/2 Tasse Wasser ablöschen und aufkochen – Das Stärkemehl, die Eigelb und die Milch oder den Rahm verrühren und mit dem abgekühlten Karamel vermengen – Aufs Feuer nehmen und schlagen, bis die Masse ans Kochen kommt – Den steifen Eierschnee lose unterziehen – In Dessertschälchen füllen, nach Belieben mit Schlagrahm garnieren und kühlstellen.
Beigabe: Karamel-Sauce und Waffelgebäck.

Königs-Creme

1 Tasse Süßrahm, 4 Eigelb, 100 g Zucker, 1/4 Vanilleschote, 2 Tassen Schlagrahm, 1/2 Tasse Rum- oder Kognakkirschen, 2 Eßl. Rosinen, 3 Teel. gekörnte Gelatine, 3 Eßl. Wasser, Schlagrahm

Rahm, Eigelb und Zucker verquirlt, mit Vanille im Wasserbad dickrühren – Nach dem Erkalten Vanille herausnehmen – Kleinwürfelig geschnittene Kirschen und Rosinen untermengen – Aufgelöste Gelatine und steifen Schlagrahm unterziehen – In mit kaltem Wasser ausgespülte Cremeformen füllen – Zwei Stunden in den Kühlschrank stellen – Vor dem Auftragen stürzen und mit Schlagrahm garnieren.

Creme Nesselrode

2 Glas Madeira, 5 Eigelb, 1 Eßl. Zucker, 1 Tasse Schlagrahm oder falscher Schlagrahm

Den Madeira, die Eigelb und den Zucker verquirlen – Im Wasserbad zu einer dicklichen Creme rühren – Nach dem Erkalten den Schlagrahm unterziehen, in eine Glasschale füllen und noch etwas kühlstellen.
Beigabe: Makronen oder Biskuits.

Kastanien-Creme

Die Kastanien kreuzweise einschneiden, auf einem Blech in den Backofen stellen, bis sich die Schalen lösen lassen und möglichst heiß schälen – In die kochende Milch geben und mit dem Zucker und der Vanille weichkochen – Durchpassieren und mit dem Rahm vermengen – Auf schwachem Feuer rühren, bis die Creme ganz trocken ist – Durch ein groblöchriges Sieb auf eine Platte drücken und mit Schlagrahm garnieren.
Beigabe: Kleingebäck.

1 kg Kastanien, 1/2 l Milch, 2–3 Eßl. Zucker, 1 Stückchen Vanilleschote oder Vanille-Zucker, 1 Tasse Süßrahm, 1 Tasse Schlagrahm

Mandel-Creme

Eigelb, 2 Tassen Rahm, feingemahlene Mandeln und Zucker über kleiner Flamme oder im Wasserbad dickrühren – Steifen Eierschnee und aufgelöste Gelatine zugeben – Abgekühlt den restlichen, steifgeschlagenen Rahm untermengen – In Portionsschalen füllen und in den Kühlschrank stellen – Mit kleinen Makronen garnieren.

3 Eier, 3 Tassen Rahm, 1 Tasse geschälte Mandeln, 4 Eßl. Zucker, 2 Teel. gekörnte Gelatine

Schokoladen-Creme

Die Eigelb mit dem Zucker schaumig rühren – Die Schokolade mit einigen Eßlöffeln Kaffee auf dem Feuer glattrühren und unter die Eiermasse geben – Tüchtig schlagen und zuletzt mit dem steifen Schlagrahm vermengen – Mit Schlagrahm garnieren und kühlstellen.

2 Eigelb, 4 Eßl. Zucker, 80 g geriebene Schokolade, Kaffee, 2 Tassen Süßrahm

Wein-Creme

Alle Zutaten verquirlen und auf kleiner Flamme mit dem Schneebesen bis nahe zum Aufkochen schlagen – In Gläser oder Schalen füllen und kühlstellen oder in eine mit Biskuit oder Rührkuchen ausgelegte Schale füllen und heiß oder kalt zu Tisch geben.

8 Eßl. Zucker, 4 Eier, 1 Eßl. Stärkemehl oder: *2 Eier, 4 Teel. Stärkemehl, 2 Tassen Weißwein, 1/2 Zitrone, Saft und Schale*

Englische Wein-Creme

Alle Zutaten verquirlen und im Wasserbad dick und schaumig schlagen – In Gläser füllen.

1 Tasse Sherry, 1/2 Tasse Wasser, 4 Eigelb, 3 Eßl. Zucker, 1 Eßl. Zitronensaft, 1 Teel. ger. Zitronenschale, 1 Teel. ger. Zitronat

Makronen-Creme

2 Tassen Milch, 3 Eier, 1/3 Tasse Zucker, 1/8 Teel. Salz, 1 Eßl. gekörnte Gelatine, 1 Tasse Makronenbrösel, 1 Teel. Vanille-Zucker, Makronen

Die Milch, die Eigelb, den Zucker und das Salz vermengen und im Wasserbad bis ans Kochen kommen lassen – Die aufgelöste Gelatine zugeben und die Masse in eine in Eiswasser gestellte Schüssel seihen – Die Makronenbrösel und das Aroma zugeben und rühren, bis die Creme dick wird – Die steifgeschlagenen Eiweiß unterziehen – In Formen füllen und kühlgestellt erstarren lassen – Mit ganzen Makronen garniert servieren.

Orangen-Creme

2 Orangen, Saft, 1/2 Orange, Schale, oder: 1 Orange, Saft, 1/2 Zitrone, Saft, 1/2 Tasse Weißwein, 4 Eßl. Zucker, 4 Eier, 4 Blatt weiße Gelatine

Die Zubereitung ist die gleiche wie bei Zitronen-Creme, s. Seite 552.

Beigabe: Waffeln oder Kleingebäck.

Reis-Creme nach Kaiserin-Art

50 g Reis, 1/2 l Milch, Salz, 1/2 Stange Vanille, 80 g Zucker, 10 g gekörnte Gelatine, 6 Makronen, 1 Gläschen Maraschino, 1 Tasse Süßrahm, 1 Tasse Maraschino-Gelee, Kompottfrüchte wie Kirschen, Reineclauden, Aprikosen, Ananas

Reis waschen und blanchieren – In Milch mit wenig Salz und Vanille weichkochen – Vanillestange entfernen – Den Reis mit Zucker und der aufgelösten Gelatine vermengen –Erkalten lassen und mit in Maraschino getränkten, zerbröckelten Makronen und steifem Schlagrahm vermengen – Eine Creme-Form (Rand und Boden) mit flüssigem Maraschino-Gelee ausgießen und erstarren lassen – Danach abwechselnd mit abgetropften Kompottfrüchten und Maraschino-Gelee zu 1/3 füllen – Das Gelee jeweils zuvor erstarren lassen – Mit Gelee abschließen – Die Creme darüberfüllen, kaltstellen und erstarren lassen – Vor dem Anrichten stürzen und mit Ananasstückchen verzieren – Nach Belieben mit einem Rand von Schlagrahm oder kleinen Maraschino-Gelee-Würfelchen umlegen – Den Kompottsaft dazu reichen.

Maraschino-Gelee

1 Tasse Weißwein, 1 Tasse Wasser, 80 g Würfelzucker, 1/2 Zitrone, Saft, 2 g Zitronensäure, Aspikpulver, 2 Gläschen Maraschino

Wein, Wasser, Zucker, Zitrone und kristallisierte Zitronensäure aufkochen – Das aufgelöste Aspikpulver untermengen – Den Maraschino zugeben.

Crème Pâtissière

1/2 l Milch, 1/2 Vanilleschote, 4 Eigelb oder 2 Eier, 125 g Zucker, 65 g Stärkemehl, 1 Prise Salz

Milch mit der aufgeschnittenen Vanilleschote zum Kochen bringen – Eigelb und Zucker schaumig schlagen, Stärkemehl, Salz und nach und nach die heiße Milch zurühren – Die Masse im Wasserbad schlagen, bis sie mindestens so steif wie Mayonnaise ist – Bei Verwendung von ganzen Eiern den steifen Eierschnee, mit etwas Zucker vermengt, jetzt unterziehen – Nach Belieben an Stelle von Vanille Frucht- oder Liköraroma verwenden – Warm mit Dessertbackwerk reichen – Die Creme kann auch als Fülle für Eierkuchen und als Grundmasse zu Aufläufen verwendet werden.

Russische Creme

2 Eigelb, 4 Eßl. Zucker, 3 Blatt weiße Gelatine, 2 Tassen Süßrahm

Die Eigelb mit dem Zucker schaumig rühren – Die aufgelöste Gelatine zugeben – Den Rahm steifschlagen – Etwas davon zur Garnitur beiseite stellen – Den Rest mit der Eiercreme vermengen – In eine Glasschale füllen und kaltstellen – Beim Anrichten mit Schlagrahm verzieren. *Beigabe:* Löffelbiskuit.

Einfache Vanille-Creme

4 Eßl. Stärkemehl, 2 Eier, 1 Päckchen Vanille-Zucker, 3 Tassen Milch, 1 Prise Salz

Das Stärkemehl, Eigelb, Vanille und Zucker mit der Milch kalt anrühren – Auf schwachem Feuer mit dem Schneebesen schlagen, bis die Masse zum Kochen kommt – Vom Feuer nehmen und weiterschlagen, bis die Creme etwas abgekühlt ist – Den steifen Eierschnee leicht unterziehen, in eine Glasschale füllen und kaltstellen.

Feine Vanille-Creme

2 Tassen Süßrahm, 2 Teel. Stärkemehl, 1 Stückchen Vanilleschote, 4 Eigelb, 6–7 Eßl. Zucker, 6 Blatt weiße Gelatine, 1 Tasse Schlagrahm oder 4 Eiweiß

Den Rahm mit dem angerührten Stärkemehl und der zerschnittenen Vanilleschote zum Kochen bringen – Die Eigelb mit dem Zucker schaumig rühren und mit dem Schneebesen unter die heiße Sahne schlagen – Die aufgelöste Gelatine untermischen – Vom Feuer nehmen und von Zeit zu Zeit rühren, bis die Creme eindickt – Den steifen Schlagrahm oder den Eierschnee lose unterziehen – In eine Glasschale füllen und sehr kühl stellen. *Beigabe:* Kleingebäck.

Preiselbeer-Creme

5 Eßl. eingemachte Preiselbeeren, 1 Glas Wein, 3 Eßl. Zucker, 5 Blatt weiße Gelatine, 1 Tasse Schlagrahm

Die Preiselbeeren durch ein Sieb streichen und mit dem Wein, dem Zucker und der aufgelösten Gelatine verrühren – Den Schlagrahm unterziehen und in eine Glasschale füllen – Bis zum Gebrauch kaltstellen.
Beigabe: Kleingebäck.

Schwedische Creme mit Eislocken

4 Eigelb, 60 g Zucker, 1/2 Gläschen Arrak, 1/4 l Süßrahm

Eigelb mit Zucker dick und schaumig rühren – Arrak und sehr steifen Schlagrahm unterziehen – In Gläser füllen und kaltstellen – Beim Anrichten mit Eislocken verzieren.

Stachelbeer-Creme

500 g reife Stachelbeeren, 1 Stückchen Zimt, 180 g Zucker, 3 Eier, 1/2 Glas Wein

Stachelbeeren von Blüte und Stiel befreien, waschen und in wenig Wasser mit Zimt weichkochen – Ablaufen lassen und durchpassieren – Zucker und Wein aufkochen – Stachelbeermark und wenig Zimtwasser beifügen – Vom Feuer nehmen und mit Eigelb legieren – Etwas abgekühlt, den steifen Eierschnee unterziehen – In eine Glasschale füllen und kühlstellen.

Tuttifrutti

Gerührter Kuchen oder Biskuits, 1 Gläschen Kognak oder Rum, Kompottfrüchte oder Himbeerkonfitüre, Vanille-Creme

Den Boden einer Glasschale mit Kuchen auslegen – Den Alkohol mit etwas Wasser mischen und den Kuchen damit befeuchten – Abwechselnd Kompott ohne Saft oder Konfitüre, Kuchenstückchen und Vanille-Creme einfüllen – Zuoberst Vanille-Creme häufen – Mit einigen Früchten garnieren und bis zum Gebrauch kühlstellen.
Beigabe: Kleingebäck.

Zitronen-Creme

3 Eier, 5 Eßl. Zucker, 1 Zitrone, Saft, Schale von 1/2 Zitrone, 3 Blatt weiße Gelatine, 1 Tasse Schlagrahm

Die Eigelb und den Zucker dick und schaumig rühren – Zitronensaft und geriebene Schale untermischen – Die aufgelöste Gelatine vorsichtig unter ständigem Rühren zugeben – Steifen Eierschnee und den Schlagrahm lose unterziehen – In eine Glasschale füllen und kaltstellen, bis die Creme erstarrt ist.
Beigabe: Schlagrahm.

Köstlichkeiten mit und aus Eis

Ananas mit gefrorenem Schlagrahm

4 Scheiben Ananas (Konserve),
1/2 l Schlagrahm,
1 Teel. Vanille-Zucker

Steifen, gezuckerten Schlagrahm vanillieren – Im Gefrierfach des Kühlschranks oder in eine Eisform gefüllt und in Eis vergraben gefrieren lassen – Ananas in kleine Stückchen schneiden – Vor dem Anrichten unter den gefrorenen Rahm mengen – In kleinen Eisschalen oder Sektgläsern mit Ananasstückchen verziert servieren.
Beigabe: Dessertbackwerk.

Pfirsich- oder Aprikosenbombe

250 g ausgesteinte Früchte,
170 g Zucker, 1/2 l Süßrahm,
Eis und Salz für die Form

Gut ausgereifte Früchte mit Zucker über kleiner Flamme erwärmen – Durch ein Haarsieb streichen und, abgekühlt, mit steifgeschlagenem Rahm vermengen – In eine Bombenform füllen und in Eis, mit Salz vermischt, vergraben – Während des Gefrierens von Zeit zu Zeit mit einem Holzspachtel oder Löffel umrühren.
Beigabe: Dessertbackwerk.

Russische Teebombe

1/2 l Süßrahm, 10 g schwarzer
Tee, 100 g Zucker, 5 Eigelb,
1/2 Scheibe Ananas,
25 g kandierte Kirschen,
15 g Pistazien, 10 g Zucker,
Öl, Eis und Salz für die Form

Teeblätter mit einer Tasse kochendem Rahm übergießen – 2–3 Minuten ziehen lassen und danach durchseihen – Nach dem Erkalten, mit Zucker und Eigelb verquirlt, im Wasserbad dickschlagen – Erkaltet in die Eismaschine füllen und bis zum Gefrieren rühren – Das Gefrorene mit steifem Schlagrahm von 1 Tasse Rahm, kleinwürfelig geschnittener Ananas, kandierten Kirschen und abgezogenen, blätterig geschnittenen Pistazien vermengen – In eine mit Öl ausgestrichene Bombenform füllen – Etwa 2 Stunden gefrieren lassen – Vor dem Anrichten die Bombe stürzen und mit dem restlichen gezuckerten Schlagrahm verzieren.

Rahmbombe

1/2 l Süßrahm, 8 Eßl. Zucker, 1 Teel. Vanille-Zucker, 100 g Biskuit oder Makronen

Den Rahm sehr steif schlagen – Den Zucker und Vanille-Zucker zugeben und mit den würfelig geschnittenen Biskuits vermengen – In eine Bombenform füllen, in Eis vergraben und erstarren lassen – Nach Belieben gehackte Pistazien, Nüsse oder Schokolade unter die Masse mengen.
Beigabe: Kleingebäck.

Bananen nach Schlichter

4 Bananen, 8 Kugeln Vanilleeis, 200 g Creme Double (dicker süßer Rahm), 6 Eßl. Himbeermark aus der Kühltruhe oder von frischen Früchten, 2 Gläschen Himbeergeist, Zucker

Himbeeren tauen lassen und durchpassieren – Bananen quer in Scheiben schneiden – Creme, Himbeermark und Himbeergeist dickrühren – Nach Geschmack süßen – Bananenscheiben quer über das Eis häufen – Mit der Creme übergießen.
Beigabe: Waffeln oder Kleingebäck.

Bananen Rio de Janeiro

4 Bananen, Vanilleeis, 1 Tasse Schlagrahm, Schokoladenspäne

Den Bananen der Länge nach einen Streifen ausschneiden – Das Fleisch sorgfältig herausheben – Die Schale mit Vanilleeis füllen – Der Länge nach halbierte Bananen darübersetzen – Mit Schlagrahm überziehen und mit geraspelter Schokolade bestreuen.
Beigabe: Dessertbackwerk.

Birnen Helene

4 Butterbirnen, 8 Eßl. Wasser, 4 Eßl. Zucker, Vanille-Zucker, Schokoladen-Sauce, Vanilleeis, 1/4 l Schlagrahm

Die Birnen schälen, halbieren und das Kernhaus entfernen – In Wasser Zucker und Vanille weichkochen – Abtropfen und erkalten lassen – Die Birnen mit der Rundung nach oben auf Vanilleeis legen und mit Schlagrahm verzieren.
Mit warmer Schokoladensauce überziehen.

Zitroneneis

300 g Zucker, 1/2 l Wasser, 1 Zitrone, Schale, 3 Zitronen Saft

Zucker in Wasser aufkochen – Die sehr dünn geschälte Schale und den Zitronensaft beifügen – 1 Stunde vom Feuer genommen, zugedeckt ziehen lassen – Durch ein Sieb gießen und gefrieren lassen.

Einfaches Fruchteis

Den Zucker im Saft auflösen – Das geschlagene Eiweiß untermengen – Zum Gefrieren stellen.
Beigabe: Kleingebäck.

6 Eßl. Zucker, 2 Tassen Fruchtsaft oder 1 1/2 Tasse Wasser und 1/2 Tasse Zitronensaft, 1 Eiweiß

Erdbeereis

Reife Walderdbeeren oder Gartenerdbeeren durch ein Haarsieb streichen – Mit Zucker, Wasser und Zitronensaft verrühren – Auf 18 Grad abwiegen (Zuckerwaage) – Zeigt die Waage mehr Grade an, Wasser oder Fruchtmark zugeben, andernfalls noch etwas Zucker – Eiweiß steifschlagen – Mit Zucker vermengen und tüchtig rühren – Unter die Erdbeermasse ziehen und die Mischung gefrieren lassen.

1 l Wald- oder Gartenerdbeeren, 250 g Zucker, 1/2 l Wasser, 2 Zitronen Saft, 1 Eiweiß, 2 Eßl. Zucker

Himbeereis

Himbeeren durchpassieren – Mit Zucker, Wasser und Zitronensaft verrühren, bis sich der Zucker aufgelöst hat – Eiweiß zu steifem Schnee schlagen, Zucker zugeben und zu einer Meringenmasse abrühren – Mit Himbeermark vermengt, in die Eismaschine füllen und gefrieren lassen – Mit einem Löffel Bällchen ausstechen, in Portionsschalen legen und mit Waffeln oder Dessertbackwerk reichen – Nach Belieben mit Schlagrahm verzieren.

500 g Himbeeren, 125 g Zucker, 1/4 l Wasser, 1 Zitrone Saft, 2 Eiweiß, 4 Eßl. Zucker

Himbeer-Eiscreme

Rahm steifschlagen und kühlstellen – Himbeermark mit Zucker süßen und mit in lauwarmem Wasser aufgelöster Gelatine vermengen – Schlagrahm unterziehen – In eine mit kaltem Wasser ausgeschwenkte Creme-Form füllen – Zwei Stunden gefrieren lassen – Vor dem Auftragen stürzen und nach Belieben mit Schlagrahm und Himbeeren verzieren.

1/2 l Süßrahm, 250 g passierte Himbeeren, 40 g Zucker, 3 Teel. gekörnte Gelatine, 3 Eßl. Wasser

Schokoladen-Eiscreme

Die Schokolade in 1 Tasse heißem Rahm auflösen und mit dem Rahm vermengen – Zucker, eine Prise Salz und Vanillezucker zugeben und gefrieren lassen.

1 l Süßrahm, 1 Tasse Zucker, 75 g Couverture, 1 Prise Salz 1 Päckchen Vanille-Zucker

Schokoladeneis

3/8 l Süßrahm oder Milch, 2 Eier, 2 Eigelb, 100 g Zucker, 1 Päckchen Vanille-Zucker, 50 g Schokolade, 1/4 Tasse Milch

Rahm oder Milch aufkochen – Eier mit Zucker und Vanille schaumig rühren – Den heißen Rahm oder die Milch langsam zurühren – Auf kleiner Flamme unter ständigem Rühren mit dem Schneebesen nahezu ans Kochen bringen – Milch aufkochen, zerbröckelte Schokolade beifügen und darin glattrühren – Unter die Vanillecreme rühren – An kühlem Ort bei häufigem Umrühren erkalten lassen – Durch ein Sieb in die Eismaschine füllen und gefrieren lassen.

Mokkaeis

5 Teel. gemahlener Kaffee, 2 Eßl. Stärkemehl, 1/4 l Milch, 8 Eßl. Zucker, 1 Eigelb, 1/2 Tasse Rahm oder Kondensmilch

Den gemahlenen Kaffee mit 1 Tasse kochenden Wassers übergießen, ziehen lassen und vorsichtig abgießen – Das Stärkemehl mit etwas kalter Milch anrühren – Die restliche Milch mit dem Zucker zum Kochen bringen – Das Stärkemehl zugeben und 2–3 Minuten unter Rühren kochen – Das Eigelb mit dem Rahm verquirlen, den Kaffee untermischen und zu der Creme geben – Die Masse im Wasserbad unter ständigem Schlagen eindicken, dann bis zum Abkühlen weiterschlagen und zum Gefrieren stellen.

Beigabe: Kleingebäck und Waffeln.

Gefrorene Kaffeecreme

1/4 Tasse Mokka, 3 Teel. gekörnte Gelatine, 1/2 l Süßrahm, 80 g Puderzucker, Mokkabohnen, Schlagrahm zum Garnieren

In warmem, starkem Mokka Gelatine auflösen – Steifen Schlagrahm mit Puderzucker vermengen – Die aufgelöste Gelatine leicht unterschlagen – Die Creme in eine mit kaltem Wasser ausgespülte Form füllen und für 2 Stunden in mit Salz vermengtem Eis verpacken – Vor dem Auftragen stürzen und mit Mokkabohnen und Schlagrahm verzieren.

Vanilleeis

1/2 l Süßrahm oder 1/2 Rahm 1/2 Milch, 3 Eigelb, 3/4 Tasse Zucker, 1 Eßl. Stärkemehl, 1 Päckchen Vanille-Zucker

Eigelb, Zucker, Vanille und Stärkemehl mit Rahm oder Rahm und Milch verquirlen – Über kleiner Flamme, unter ständigem Rühren aufkochen – Vom Feuer nehmen und unter öfterem Umrühren erkalten lassen – Gefrieren lassen.

Meloneneis

Eine gut reife Melone schälen, entkernen und in kleine Stücke schneiden – In wenig Wasser weichkochen und durchpassieren – Zu 1/2 l Fruchtmark 250 g Zucker, 1/2 l Wasser, Orangen- und Zitronensaft zugeben – Rühren bis sich der Zucker aufgelöst hat – Aus Eiweiß und Zucker eine Meringenmasse herstellen, s. S. 604, und untermengen – Die Masse in die Eismaschine füllen und gefrieren lassen.

1 kleine Melone, Zucker, Wasser, 1 Orange Saft, 1/2 Zitrone Saft
Zur Meringenmasse:
1 Eiweiß, 2 Eßl. Zucker

Neapolitanisches Eis

Sirup bereiten – Kochen lassen, bis er 28–30 Grad wiegt (Zuckerwaage) – Vanillestange darin ziehen lassen, bis der Sirup erkaltet ist – Den ungeschlagenen Rahm unterziehen und mit kleinwürfelig geschnittenen Früchten, die zuvor in Alkohol durchgezogen haben, vermengen – Gefrieren lassen.

1/2 l Sirup aus:
500 g Zucker, 1/2 l Wasser, 1 Stange Vanille, 1/2 l Süßrahm, 200 g kandierte Früchte, 1 Gläschen Kirschwasser oder Maraschino

Nougat-Eiscreme

Milch, Zucker, Eigelb, Schokolade und Salz verquirlen und im Wasserbad dickschlagen – Unter öfterem Rühren abkühlen lassen – Steif geschlagenen Rahm, Eierschnee, die verschiedenen feingehackten Nüsse und die Aromen zugeben – In einer Eismaschine fertigstellen oder in einer Bombenform gefüllt, in Eis vergraben, bei öfterem Drehen und Umrühren gefrieren lassen.

3/4 l Milch, 1 Tasse Zucker, 5 Eier, 1 Teel. Salz, 1/2 Tasse geriebene Schokolade, 1 1/2 Tassen Süßrahm, je 1/2 Tasse Pistazien, Haselnüsse, Walnüsse, Mandeln, etwas Bittermandel-Essenz, 1 Eßl. Vanille-Zucker

Eis-Torte

Aus den angegebenen Zutaten einen Biskuitteig bereiten – In eine mit Papier ausgelegte Springform füllen – In vorgeheiztem Ofen bei starker Hitze 10–15 Minuten backen – Sofort stürzen und das angefeuchtete Papier abziehen – Gut durchkühlen lassen – Erdbeeren zurichten und zuckern – Die Meringenmasse bereiten – Den Biskuitboden mit Eisscheiben und Erdbeermasse abwechselnd belegen – Mit der Meringenmasse Oberfläche und Tortenrand abwechselnd belegen – Dann Puderzucker darübersieben – In gut vorgeheiztem Ofen bei Oberhitze in etwa 5 Minuten goldbraun überbacken.

Zum Teig:
2 Eier, 2 Eßl. warmes Wasser, 65 g Zucker, 1 Päckchen Vanille-Zucker, 50 g Stärkemehl, 1 Messerspitze Backpulver
Zur Fülle:
1 Block Vanilleeis, 1/2 Pfund Erdbeeren, 2 Eßl. Zucker
Meringenmasse, s. S. 604
aus:
4 Eiweiß, 250 g Zucker, Puderzucker

Mokkaparfait

300 g Butter, 250 g Zucker, 6 Eigelb, 4 gehäufte Teel. Kaffee, 1/4 Tasse Wasser, Löffelbiskuit, 1/2 Tafel Couverture, 1/4 l Schlagrahm

Unter die schaumig geschlagene Butter nach und nach Zucker und Eigelb rühren – Aus Kaffee und Wasser einen Mokka brühen – Tropfenweise der Masse beifügen – Eine ausgebutterte Bombenform mit Biskuits auslegen – Abwechselnd mit Eiermasse und Biskuitbrösel füllen – Zugedeckt 6–8 Stunden auf Eis stellen – Vor Gebrauch stürzen und mit der im Wasserbad geschmolzenen Couverture überziehen – Mit Schlagrahm garnieren.

Mokka-Halbgefrorenes

5 Eigelb, 1 Päckchen Vanille-Zucker, 125 g Zucker, 1/8 l Mokka, 1/2 l Süßrahm

Eigelb mit Vanille und Zucker schaumig rühren – Nach und nach heißen, sehr starken Mokka beifügen – Über kleiner Flamme zu einer Creme abrühren – In eine Schüssel gefüllt fast kaltschlagen – Steifen Schlagrahm unterziehen – In eine Bombenform füllen und in Eis und Salz vergraben – 3 Stunden gefrieren lassen – Von Zeit zu Zeit die Form drehen und den Inhalt mit einer Spachtel durchrühren.

Pfirsich Melba mit Dessertbackwerk

Vanilleeis, 4 große Pfirsiche, 70 g Zucker, 1 Tasse Wasser, 1/2 Tasse Erdbeermark, 1 Tasse Schlagrahm, 100 g Erdbeeren, 100 g Puderzucker

Pfirsiche schälen, halbieren und die Steine entfernen – Zwei bis drei Minuten in Zuckerlösung kochen und danach abkühlen lassen – Vanilleeis in einer Glasschale oder in Gläser häufen – Mit halbierten Pfirsichen, die Rundung nach oben, belegen und mit Erdbeermark überziehen – Mit Schlagrahm garniert anrichten – Dessertbackwerk dazureichen.

Zu Erdbeermark Erdbeeren durchpassieren und mit Puderzucker dickrühren.

Zitroneneis

1/2 l Milch, 4 Eigelb, 120 g Zucker, 1 Zitrone, Schale, 4 Zitronen, Saft, 1/2 l Schlagrahm

Milch und Zucker aufkochen – Vom Feuer nehmen – Mit dem geschlagenen Eigelb legieren – Dünn geschälte Zitronenschale beifügen – Auf kleinster Flamme unter Rühren noch etwas dicken lassen – Vom Feuer nehmen und erkalten lassen – Schale entfernen – Zitronensaft unterrühren – Den steifen Schlagrahm unterziehen – In Schalen gefüllt zum Gefrieren stellen.

Waldmeistersorbet

Den gewaschenen Waldmeister an einem Faden in den Wein hängen und 1 Stunde die Blätter nach unten zugedeckt ziehen lassen – Wasser und Zucker aufkochen – Nach Auflösung des Zuckers die Fruchtsäfte durch ein Haarsieb zugeben – Abkühlen lassen – Mit dem Waldmeisterwein vermengen und auf kleiner Flamme auf 16 Grad bringen – Abgekühlt im Gefrierfach dickflüssig gefrieren lassen – Eiweiß zu steifem Eierschnee schlagen – Zucker beifügen – Unter die Eismasse ziehen – Wieder zurück ins Gefrierfach stellen und nachfrieren lassen – In Gläser gefüllt servieren.

1/2 Flasche Moselwein, 1 Büschel Waldmeister, 1/2 l Wasser, 500 g Zucker, 1 Orange Saft, 1 Zitrone Saft, 2 Eiweiß, 2 Eßl. Zucker

Vanilleeis

Eigelb und Zucker schaumig rühren – Mit vanilliertem Schlagrahm vermengen – In Schalen gefüllt zum Gefrieren stellen.

2 Eigelb, 100 g Zucker, 1 Eßl. Vanille-Zucker, 1/2 l Schlagrahm

Aprikosen- und Pfirsicheis

Die Früchte brühen und danach die Haut abziehen – Entkernen und durch ein Haarsieb streichen – Mit Alkohol und gesiebtem Zucker vermengen – Den steifgeschlagenen Rahm unterziehen – In Schalen gefüllt zum Gefrieren stellen.

500 g Früchte, 4 Teel. Kognak, 200 g Puderzucker, 1/2 l Süßrahm

Erdbeereis

Wasser und Zucker aufkochen – Erdbeeren zurichten und durch ein Haarsieb passieren – Zitronensaft zugeben – Mit der Zuckerlösung vermengen – Den steifgeschlagenen Rahm unterheben – In Schalen gefüllt zum Gefrieren stellen.

1/2 l Wasser, 250 g Zucker, 400 g Erdbeeren, 2 Eßl. Zitronensaft, 1/2 l Süßrahm

Eisbecher

Ananas-Eisbecher

1 Tasse Zucker, 1/2 l Wasser, 1 Ananas, 1/2 l Süßrahm, Kandierte Ananas

Zucker und Wasser 15 Minuten zu Sirup kochen – Auskühlen lassen – Eine kleine Ananas schälen – Das Fruchtfleisch kleinwürfelig schneiden und durchpassieren – Mit dem Sirup vermengen und im Kühlfach gefrieren lassen – Sehr steif geschlagenen Rahm unterziehen – Nochmals kühlstellen – Vor dem Anrichten in Gläser füllen – Mit kandierten Ananasstückchen garnieren.
Beigabe: Eislocken.

Erdbeeren Romanoff

1/2 Portion Vanilleeis, 1/4 l Schlagrahm, 2 Eßl. Grand Marnier, 250 g frische Erdbeeren, 1 Eßl. Zucker

Das Eis mit einer Gabel cremig schlagen – Mit dem Schlagrahm vermengen – Grand Marnier zugeben – Mit Zucker marinierte Erdbeeren lose untermengen – In Gläser füllen – Gleich zu Tisch geben.

Himbeer- oder Erdbeerbecher

Vanilleeis, 250 g Himbeeren oder Erdbeeren, Zucker, 1/4 l Schlagrahm, Borkenschokolade

Die Beeren verlesen, nur schöne, ganze Früchte verwenden – Mit Zucker durchstreuen – Jedes Glas zur Hälfte mit Eis füllen – Darüber die Himbeeren geben – Mit Schlagrahm bedecken – Schokoladekrümel überstreuen.

Rio-Becher

2 Scheiben Ananas (Konserve), 1/2 Gläschen Kirschwasser oder Rum, Schokoladeneis, 1/4 l Schlagrahm, Krokant oder Fertigware

Die Ananas in Würfelchen schneiden und mit dem Alkohol beträufeln – Zugedeckt 30 Minuten ziehen lassen – Gläser lagenweise mit Eis und Ananas füllen – Mit Schlagrahm garnieren – Zerbröckelten Krokant überstreuen.

Coupe Jacques

250 g frische Früchte gemischt, Puderzucker, Himbeereis, Zitroneneis, 1/4 l Schlagrahm, kandierte Kirschen

Die Früchte je nach Art schälen, entkernen oder entsteinen – Mit Zucker und nach Belieben Alkohol marinieren – Gut durchkühlen lassen – Die Becher zuerst mit Himbeereis, dann mit Früchten und zuletzt mit Zitroneneis füllen – Mit Schlagrahm und Kirschen garnieren.

Flambieren

Wenn Sie Ihren Angehörigen oder Ihren Gästen eine besondere Freude bereiten oder Ihrer Speisenfolge sozusagen ein I-Tüpfelchen aufsetzen wollen, so bereiten Sie ein flambiertes Gericht.

Flambieren bedeutet, eine meist halbfertige Speise mit erhitztem Alkohol zu begießen und diesen abbrennen zu lassen. Es geschieht am Eßtisch, und hier müssen alle notwendigen Zutaten und Geräte bereitstehen, am besten auf einem Teewagen oder Beitischchen.

Ein Rechaud mit offener Spiritusflamme, eine Kupfer- oder Keramikpfanne, Löffel, Gabel oder Spachtel und eine kleine Schöpfkelle, dazu die Alkoholika möglichst hochprozentig (mindestens 46 %), sonst kommen sie nicht zum Flammen. Am besten geeignet sind: Rum, Kirsch- oder Zwetschgenwasser, Kognak, Escorial, Cointreau und Curaçao.

Das Flambieren gelingt am leichtesten, wenn Sie in der Kelle einen Schuß Alkohol erwärmen, ihn an der etwas größer gestellten Flamme entzünden und über die mit Alkohol begossenen Speisen schütten, so daß auch dieser zu brennen beginnt. Streichhölzer sind zu vermeiden, da sie den Geschmack beeinträchtigen.

Schweinespießchen, flambiert

8 Scheiben Schweinefilet,
Pfeffer, 2 Eßl. Butter, Salz,
8 Sauerkirschen, 8 Oliven,
8 Bananenstückchen 1 cm dick,
8 Perlzwiebelchen,
1 Gläschen Kognak,
1 Löffel Kirschwasser

Jede Filetscheibe einmal teilen – Pfeffern – In einer Kupferpfanne die Butter erhitzen, die Filets rasch auf jeder Seite anbraten – Salzen – Holz- oder Metallspießchen nehmen – Zuerst die Kirsche, danach die Olive, Banane, Zwiebel und das Fleisch aufspießen.
Bei Tisch: Die Pfanne auf die Spiritusflamme stellen – Die Spießchen kurz allseitig braten – Mit Kognak begießen – Kirschwasser im Löffel erwärmen, an der Flamme entzünden und über den Alkohol zu den Spießchen gießen – Flammend servieren.
Beigabe: Reis.

Kalbskotelett flambé

4 dünne Kalbskoteletts, 4 Eßl. Butter, 4 kleine Karotten, Salz, Pfeffer, 1 Glas Kognak, 1 Glas herber Weißwein, 1 Prise Thymian, 1/2 Glas Grapefruitsaft, Grapefruitspalten

Die Koteletts und geschabten Karottenscheiben in Butter allseitig gut anbraten – Dies kann in der Küche geschehen.
Bei Tisch Kognak übergießen und flambieren – Mit Wein ablöschen – Thymian und Fruchtsaft beifügen – 10 Minuten brutzeln lassen – Auf vorgewärmten Tellern mit enthäuteten Grapefruitspalten garniert anrichten.
Beigabe: Kartoffelpüree oder Kroketten, s. Seite 383, und Salat.

Kalbsnieren, flambiert

2 Kalbsnieren, 1 Eßl. Butter, 1/2 Teel. Zwiebelpulver, Salz, Pfeffer, 1/2 Glas Weißwein, 2 Gläschen Kognak

Von den Nieren zuvor das Fett entfernen – Nieren in dünne Scheiben schneiden.
Bei Tisch: Eine Kupferpfanne erwärmen – Butter darin erhitzen – Nieren zugeben – Darin wenden, bis sie nicht mehr roh aussehen, etwa 3–5 Minuten – Zwiebelpulver und Pfeffer überstreuen – Wenden, bis die Flüssigkeit verdampft ist – Wein und wenig Salz beifügen – Vermengen und etwas einkochen lassen – Kognak übergießen und flambieren.
Beigabe: Reis und Salat.

Crêpes Suzette

Zum Teig:
100 g Mehl, 4 Eier, 1/8 l Milch, Salz, Butterschmalz
Zum Flambieren:
2 Eßl. Butter, 1 1/2 Orange Saft und geriebene Schale, 1/2 Zitrone Saft und geriebene Schale (ungespritzte Früchte), 4 Eßl. Zucker, 2 Eßl. Curaçao, 2 Eßl. Kognak, 2 Eßl. Kirschwasser

Aus den ersten Zutaten einen dünncremigen Teig rühren – Wenn notwendig noch etwas mehr Flüssigkeit zugeben – Eine mittlere Pfanne erhitzen, dünn mit Fett ausstreichen – Etwas Teig einfüllen und zerlaufen lassen – Ist eine Seite gebacken, wenden, wieder Fett zugeben und fertig backen – Der Teig ist ausreichend für 8 dünne Pfannkuchen – Aufeinandergesetzt warmstellen.
Bei Tisch: Auf einem Spirituskocher eine Pfanne warmstellen – Butter, Fruchtsaft, Schale und Zucker darin erhitzen – Die Crêpes (Pfannkuchen) 2 mal zu Dreiecken falten – Nebeneinander in die Pfanne legen und einmal in der Flüssigkeit wenden – Mit Alkohol begießen – Die Flamme etwas größer stellen und die Pfanne am Rand daran entzünden, bis eine große blaue Flamme entsteht – Sofort brennend servieren.

Lendenschnitten, flambiert

Lendenschnitten mit Öl pinseln und mit Pfeffer bestreuen – Auf dem Grillrost rasch auf beiden Seiten knusprig braten – 5 Minuten von jeder Seite.
Bei Tisch: Über der Spiritusflamme eine Pfanne erhitzen – Butter schmelzen lassen – Weintrauben, etwa 12 Stück, darin angaren – Die Fleischstücke zugeben und in der Butter wenden – Sojasauce überträufeln – Mit Weinbrand begießen – Flambieren wie angegeben.
Beigabe: Kartoffelpüree oder Pommes frites, s. Seite 382, und Salat.

4 Lendenschnitten (1 cm stark), Öl, Pfeffer, 2 Eßl. Butter, Weintrauben, 1 Teel. Sojasauce, 2 Gläschen Kognak

Camembert flambé

Die Käseecken der Länge nach halbieren – Mit Knoblauch pudern – Zuerst in Paprika, danach in geschlagenem Eigelb und zuletzt in Bröseln wälzen – In das heiße Fett einlegen und goldgelb herausbacken – Darauf achten, daß der Käse nicht zerläuft – Abgetropft in eine vorgewärmte Kupferpfanne legen.
Bei Tisch auf die Spiritusflamme stellen – Mit Rum übergießen – An der Flamme entzünden – Brennend servieren.
Beigabe: Toast oder Weißbrot.

Friture, 4 Ecken Camembert (nicht zu reif), Knoblauchpulver, Paprika, 1 Eigelb, Brösel, 1 Glas Rum (54 %)

Aprikosen, Pfirsiche, Sauerkirschen, flambiert

Kompottfrüchte abtropfen lassen – 1 Glas Saft zur Seite stellen – Die Pfanne erhitzen – Den Saft darin heiß werden lassen – Früchte einlegen – Kurz darin erwärmen – Alkohol übergießen und flambieren.
Beigabe: Schlagrahm oder gekühlter Süßrahm.

Kompottfrüchte, 1 Weinglas Fruchtsaft, 2 Gläschen Kognak oder 1 Glas Rum, 1 Glas Cointreau, 1/4 l Süßrahm

Früchte auf Eis, flambiert

Kompottfrüchte abtropfen lassen – 1 Glas Saft bereitstellen – Die Pfanne über der Spiritusflamme erwärmen – Den Saft darin erhitzen – Die Früchte einlegen und aufkochen lassen – Auf jeden Teller Vanilleeis geben.
Über die Früchte den Alkohol gießen – Flambieren – Die Früchte auf das Eis legen – Mit Schlagrahm garnieren.
Beigabe: Kleingebäck oder Waffeln.

Kompottfrüchte, 2 Gläschen Kognak oder halb Cointreau oder Rum oder Apricot-Brandy, 1 Glas Saft, Vanilleeis, Schlagrahm

Bananen, flambiert

6 Bananen, 2 Eßl. Butter, 1/2 Zitrone Saft, 1 Eßl. Zucker, 1 Gläschen Curaçao, 1 Gläschen Kirschwasser

Bananen schälen – Der Länge nach halbieren – Pfanne über Spiritusflamme erwärmen – Bananen nebeneinander hineinlegen – Mit Zitronensaft beträufeln und mit Zucker bestreuen – Anbraten lassen – Den Alkohol übergießen und flambieren.
Beigabe: Dessertbackwerk.

Frische Pfirsiche, flambiert

4 Pfirsiche, 1 Glas Kirschwasser, 2 Eßl. Puderzucker

Die Pfirsiche schälen und in einer Kupferpfanne mit dem Kirschwasser übergießen – Auf kleiner Flamme erwärmen, dabei mit einer Gabel ständig in die Früchte stechen, bis der Alkohol zu brennen anfängt – Mit dem Zucker bestreuen und flammend servieren.

Geflammte Eierkuchen

1 Tasse Mehl, Milch oder Wasser, 2 Eier, 1 Prise Salz, 1 Speckschwarte oder Fett, 2 Würfelzucker pro Kuchen, 1 Orangen- oder Zitronenschale, Butter, 1 Gläschen hochprozentiger Likör

Aus dem Mehl, der lauwarmen Milch, den Eiern und Salz einen guten Eierkuchenteig herstellen – Eine kleine Pfanne mit Speck ausreiben und stark erhitzen, so daß sie fast trocken erscheint – Etwas Teig hineinschütten und Kuchen backen, die so dünn wie Papier sein sollen: auf jeder Seite nur ungefähr 1 Sekunde backen.
Einige Stückchen Zucker an Orangen- oder Zitronenschale abreiben, und mit dem Wellholz zerdrücken.
Bei Tisch: Den Zucker mit der gleichen Menge Butter in einer Kupferpfanne zergehen lassen – Die Eierkuchen einzeln hineinlegen, wenden und zweimal zusammenlegen, so daß Viertel entstehen – Mit Kognak, Curaçao, Maraschino, Kümmel oder Chartreuse begießen und brennend servieren.

Kulinarische Souvenirs aus aller Welt

Österreich – Wiener Beuscherl

Das Fleisch mit den Gewürzen in Wasser aufstellen – 30 Minuten kochen lassen – Herausnehmen und etwas abgekühlt feinstreifig schneiden – Mehl in Butter anschwitzen – Mit Wein und Brühe ablöschen – Gut verkochen lassen – Fleisch, gehackte Gürkchen und Kapern beifügen – Mit Essig, Salz und Zucker abschmecken – 15 Minuten auf kleinem Feuer durchziehen lassen – Vor dem Anrichten Eigelb mit Rahm verklopft unterziehen – Mit Petersilie bestreut anrichten.
Beigabe: Salzkartoffeln oder Semmelknödel.

1 Kalbsinnereien: Lunge, Herz, Milz, Wasser leicht gesalzen, Petersilie, Thymian, 2 Lorbeerblätter, 1 Zwiebel, 2 Nelken, 2 Zehen Knoblauch, 3 Eßl. Butter, 3 Eßl. Mehl, 1 Glas Weißwein, 1/4 l Brühe, 2 Gürkchen, 2 Eßl. Kapern, Essig, Zucker, Salz, 2 Eigelb, 2 Eßl. Rahm, gehackte Petersilie

Österreich – Kesselgulasch

Fleisch großwürfelig, Zwiebeln etwas kleiner schneiden – Im Fett zuerst die Zwiebeln hellgolden anrösten – Fleisch zugeben, andünsten – Gewürze beifügen, umwenden – Geschälte Tomaten in Würfeln und soviel Wasser zugießen, daß alles gerade mit Flüssigkeit bedeckt ist – Zugedeckt im Ofen oder auf mittlerem Feuer gardünsten – Wenn nötig, von Zeit zu Zeit noch Wasser zugießen – Zuletzt noch streifig geschnittenen grünen Paprika zugeben.
Beigabe: Nockerl.

750 g Rinderkeule, 750 g Zwiebeln, 150 g Fett, 1 Eßl. süßer Paprika, 1/2 Teel. scharfer Paprika, 1/2 Teel. Kümmel, 1/2 Teel. Majoran, 1 Stückchen Zitronenschale, 1 Zehe Knoblauch, Salz, 8 Tomaten, 2 Paprikaschoten

Österreich – Paprikahähnchen

Hähnchen in Portionsstücke zerlegen – Speck und Zwiebel kleinwürfelig schneiden – Speck in einer Kasserolle glasig braten – Zwiebel zugeben und andünsten – Paprika beifügen und umrühren – Geflügelstücke einlegen – Allseitig anbraten – 1 Tasse Brühe zugießen – Zugedeckt weichdünsten – Vor dem Anrichten den Rahm beifügen.
Beigabe: Breite Nudeln.

1 Hähnchen, 100 g Speck, 1 Zwiebel, 2 Teel. süßer Paprika, 1 Tasse Sauerrahm, Salz, Brühe

Österreichische Suppe

1 Suppenhuhn, 4 Eßl. Butter, 4 Eßl. Mehl, Salz, 1/2 Blumenkohl, 250 g Kartoffeln, 1 Tasse grüne Erbsen, Backerbsen

Das Huhn zurichten und in Salzwasser weichkochen – Aus Butter und Mehl eine helle Mehlschwitze bereiten – Mit Hühnerbrühe ablöschen und aufgießen – Würzen und gut durchkochen – Kleingeschnittenes und enthäutetes Hühnerfleisch, in Salzwasser abgekochte Blumenkohlröschen, grüne Erbsen und kleine rund ausgestochene Kartöffelchen zugeben – Vor dem Auftragen Backerbsen einlegen.

Österreich – Wiener Tafelspitz

1 kg feines Ochsenfleisch, Knochen, 3 gelbe Rüben, Salz, Pfeffer, 1 Lorbeerblatt, Gewürzkörner, Schnittlauch-Sauce

Das Fleisch, Knochen, gelbe Rüben und die Gewürze eben mit Wasser bedeckt aufsetzen – Gar kochen und das Fleisch in Scheiben geschnitten anrichten – Mit den in Stückchen geschnittenen Rüben garnieren – Die Brühe als Bouillon in Tassen dazu reichen.

Beigabe: Geröstete Kartoffeln und Schnittlauchsauce.

Österreich – Alt Wiener Gulasch

750 g Rinderfilet, 750 g Zwiebeln, 100 g Schmalz, 2 Eßl. süßer Paprika, 1/2 Teel. scharfer Paprika, 300 g Tomaten, 2 Zehen Knoblauch, 1/2 Zitrone Schale gerieben, 1 Teel. Kümmel, etwas Thymian, Salz, 1 Glas Rotwein

Fleisch und Zwiebeln würfelig schneiden – Zuerst die Zwiebeln im Fett glasig dünsten – Fleisch zugeben und anbraten – Zuerst den Paprika ins Fett streuen, dann sofort die gehäuteten, geschnittenen Tomaten und die übrigen Gewürze beifügen – Mit dem Wein ablöschen – Zugedeckt über mittlerem Feuer in etwa 25 Minuten gar dünsten.

Beigabe: Kartoffeln, Semmelknödel oder nur Weißbrot.

Ungarn – Grieben-Pogatscherl (passend zum Brunch)

Hefeteig aus:
1/2 kg Mehl, 20 g Hefe, 25 g Butter, 1 Ei, 1/2 Teel. Salz
Belag:
250 g Schweinespeck, 1 Glas Wasser, 1 Eßl. Milch, 100 g Mehl, 1/2 Glas Rum, 1 Tasse Sauerrahm, 1 Eigelb

Aus den Teigzutaten einen Hefeteig bereiten und 1 cm dick auswellen.

Den Speck kleinwürfelig schneiden – Mit Wasser und Milch in einer Pfanne aufs Feuer setzen – Den Speck goldgelb braten lassen – Die so entstandenen Grieben verwiegen – Mit Mehl, Rum und Rahm vermengen und zu Teig kneten – Zu einer Teigplatte ausrollen – Auf die erste Hefeteigplatte legen – Von allen 4 Seiten zur Mitte übereinanderklappen und das Ganze noch einmal –

Dieses Viereck 2 cm stark auswellen – Runde Plätzchen zu 5 cm Durchmesser ausstechen – Mit Eigelb bestreichen – Auf ein gefettetes Blech legen – Im heißen Rohr bei starker Hitze 25 Minuten backen – Heiß verzehren.

Ungarn – Esterhazy-Rostbraten

4 dicke Rumpsteaks, Salz, Pfeffer, 4 Eßl. Fett, 1 große Zwiebel, 1 Tasse Brühe, 1/2 Eßl. Tomatenmark, 2 Karotten, 1/4 Sellerieknolle kleine, 1 Gewürzgurke, 1 Teel. Kapern, 4 Sardellenfilets

Fleischscheiben klopfen, an den Rändern einkerben und würzen – Mit Zwiebelwürfeln im Fett anbraten – Mit Brühe bedecken – Tomatenmark beifügen – 3/4 weichdünsten – Karotten und Selleriestreifen zugeben – Vollends garen – Beim Anrichten mit dem Gemüse, Kapern und Sardellenstreifen belegen – Die Sauce übergießen.
Beigabe: Pariser Kartöffelchen.

Ungarn – Hàlaszlé (Rotes Fischragout)

1 1/2 kg Fisch: Karpfen, Schleie, Hecht, 250 g Zwiebeln, 1 Zehe Knoblauch, 4 Eßl. Butter, 500 g Tomaten oder 4 Eßl. Tomatenmark, 1 Glas Rotwein, 2 Eßl. süßer Paprika, 1/4 Teel. scharfer Paprika, Salz, 1 Tasse heißes Wasser, 1 Tasse dicker Sauerrahm

Fische putzen, ausnehmen und waschen – In Stücke schneiden – In einer Kasserolle die Butter erhitzen – Feingehackte Zwiebeln und Knoblauch darin glasig dünsten – Mit wenig Wasser übergießen und zu Mus verrühren – Rohe Tomaten durch ein Sieb drücken oder verdünntes Tomatenmark nehmen – Mit dem Wein zusammen zu den Zwiebeln geben – Gewürze beifügen – Das heiße Wasser zuschütten, gut vermengen – Fischstücke einlegen und zugedeckt auf kleiner Flamme 15 Minuten dünsten – Beim Anrichten den Rahm übergießen.
Beigabe: Weißbrot und am besten Tokajer.

Jugoslawien – Paprik-Ajvarsalata (Auberginen-Paprika-Salat)

Auberginen, Paprikaschoten rote und grüne, Salz, Pfeffer, Essig, Öl, Knoblauch

Auberginen und Paprika waschen und trocknen – Ins heiße Rohr stellen.
Ausgebreitet auf einem Rost braten, bis sie weich sind – Herausnehmen und mit Salz bestreuen – Abgekühlt die Haut abziehen – Vom Paprika das Kerngehäuse entfernen – Mit einem Obstmesser in Stücke schneiden – Mit den übrigen Zutaten zu einem Salat vermengen – Kalt servieren.

Jugoslawien – Cevapcici (Rostbratwürstchen)

750 g Rindfleisch mit Fett durchwachsen, Salz, Pfeffer, Öl, 1 Zwiebel, 1 grüne Paprikaschote

Das Fleisch durch den Wolf drehen – Zuerst durch eine grobe, dann durch eine feine Scheibe – Mit Salz und Pfeffer gut würzen – Gut verkneten und zu fingerlangen Würstchen formen – Mit Öl bepinseln und auf dem Rost 5 Minuten grillen – Die Würstchen müssen innen noch rosig bleiben – Mit feingehackter roher Zwiebel und Paprika servieren.

Jugoslawien – Sarma (Kalbsrollen)

2 Weißkrautköpfe, 1 Stück Brot, 3 Lorbeerblätter, 10 Pfefferkörner, kochendes Wasser
Zur Fülle:
500 g halb Schweine- halb Rinderhack, 2 Tassen gekochter Reis, 2 Zwiebeln, 2 Eßl. Butterschmalz oder Öl, Pfeffer, Salz, 100 g Speck geräuchert, 3 Karotten, 1/4 Knolle Sellerie, 1 Eßl. gehackte Petersilie, 1 Lorbeerblatt, Pfeffer, Salz, Brühe, 2 Eßl. Mehl, 2 Eßl. Fett, 1 Zwiebel

Von den Kohlköpfen die Strünke ausstechen – In einen Steintopf legen – Brot und Gewürze beifügen – Mit einem Holzdeckel und einem Stein beschweren – Soviel Wasser dazuschütten, bis der Kohl davon bedeckt ist – Etwa 10 Tage an temperierter Stelle gären lassen – Die Kohlblätter ablösen.

Das Hackfleisch mit dem Reis, den in Fett angedünsteten gehackten Zwiebeln und den Gewürzen vermengen – Auf die Blätter streichen und aufrollen – Mit Holzstäbchen zusammenhalten oder mit Faden umwickeln – In einer Kasserolle Speckwürfel auslassen – Gehacktes Gemüse und Gewürze beifügen – Die Kohlrollen einordnen – Mit Brühe auffüllen – Zugedeckt etwa 2 Stunden langsam weichdünsten – Aus Mehl und Fett eine Mehlschwitze bereiten – Mit gehackter Zwiebel und Paprika würzen – Den Bratfond der Rouladen damit aufkochen – Als Sauce beim Anrichten über die Rouladen gießen.

Rußland – Blini (Hefepfannkuchen)

20 g Hefe, 1/4 l Milch, 375 g Buchweizenmehl, 3 Eier, 3 Eßl. Rahm, 1 Prise Salz, Schmalz
Zum Belag:
Butter, Sauerrahm, Kaviar oder Räucherfisch

Die Hefe in der lauwarmen Milch auflösen – Mit etwas Mehl zu einem Teig verrühren – 2 Stunden in der Wärme gehen lassen – Das restliche Mehl, Eigelb, Rahm und Salz beifügen – Zu einem dicklichen Teig vermengen – Steifen Eierschnee unterziehen – 30 Minuten gehen lassen – Aus diesem Teig kleine Pfannkuchen backen – Sowie sie aus der Pfanne kommen, mit Butter bestreichen und mit den übrigen Zutaten nach Wahl belegen – Übereinandergeschichtet anrichten.

Rußland – Gribni marinownije (Eingelegte Steinpilze)

Pilze putzen und kalt überbrausen – Kleine Pilze einmal teilen, größere in Stücke schneiden – Mit heißem Essigwasser überbrühen und erkalten lassen – Abgießen. Die Zutaten zur Marinade durchkochen – Erkaltet die Pilze damit anmachen – Bei Verwendung von Dosenpilzen diese lediglich abgießen – 1 Tasse Saft an Stelle des Wassers zur Marinade verwenden.

500 g kleine Steinpilze, Wasser, Essig
Zur Marinade:
1/4 Tasse Weinessig, 1 Tasse Wasser, Salz, Zucker, Pfefferkörner, 1 Lorbeerblatt, 2 Nelken, 2 Eßl. Perlzwiebeln

Rußland – Borscht (Rote Rüben-Suppe)

Das Gemüse zurichten und würfelig schneiden – Mit den Speckwürfeln andünsten – 2 l Wasser auffüllen – Fleisch, Wurst und Gewürze zugeben – Alles weichkochen – Das Fleisch feinstreifig, die Wurst in Scheiben schneiden – Der Brühe wieder zugeben – Vor dem Anrichten die feingeriebene Rote Rübe und Zitronensaft zusetzen – Bei Tisch auf jede Portion etwas Rahm geben.

1 kg Gemüse: Weißkraut, gelbe Rüben, Kartoffeln, Lauch, Zwiebeln, Sellerie, 4 Tomaten, 300 g geräucherter Speck, 30 g Zucker, Salz, Pfeffer, 1 Lorbeerblatt, 1/2 Teel. Majoran, 300 g Schweinswurst, 750 g Ochsenfleisch, 1 rote Rübe, 1/4 Zitrone Saft, 1 Tasse Sauerrahm

Rußland – Stroganoff Govia Dina (Filetgulasch)

Das Fleisch in 2 cm große Würfel schneiden – Im heißen Fett scharf anbraten, es soll innen noch blutig bleiben. Separat sehr fein gehackte Zwiebel in Butter goldgelb rösten – Mit Mehl bestäuben und mit Demiglace ablöschen – Durchkochen und mit Senf, Essig und Zitronensaft pikant abschmecken – Das Fleisch beifügen, gut erhitzen und mit dem Rahm legieren.

750 g Rinderfilet, 2 Eßl. Butterschmalz, 1 große Zwiebel, 1 Eßl. Butter, Mehl, 1 Tasse Demiglace, 1 Eßl. Senf, wenig Essig, wenig Zitronensaft, 1/4 Tasse Sauerrahm

Rußland – Tvoroniki (Quarkklöße)

Die Butter schmelzen – Mit Quark, Salz, Eiern und der Hälfte des Mehls vermengen – Durch ein Sieb treiben – Das restliche Mehl zugeben – Kleine Bällchen formen – Kochendem Wasser zusetzen – 15 Minuten langsam ziehend kochen – Schwimmen die Klößchen oben, mit dem Schaumlöffel herausnehmen – Gut abgetropft, mit zerlassener Butter begossen anrichten.

60 g Butter, 250 g Sahnequark, 1 Prise Salz, 3 Eier, 400 g Mehl, Butter

Rußland – Piroggen (Gefüllte Krapfen)

Zum Teig:
250 g Mehl, 150 g Butter, 1 Ei, Salz, 2 Eßl. Milch
Zur Fülle:
1. *Weißkohl, Speckwürfel, gehackte Zwiebel, 1 Ei, Salz, Pfeffer*
2. *gehacktes Rindfleisch, Salz, Pfeffer, 1 Eßl. Butter, 1 Ei, 1 Brötchen*
3. *gekochter Reis, Schinkenwürfel, 1 Paprikaschote, Pfeffer, Salz, 1 Ei*
Zum Backen:
1 Ei, Fett

Teig: Die Zutaten vermengen und kneten, bis der Teig glatt ist – Zur Kugel formen und 1 Stunde kalt stellen – Die Füllungen bereiten.

1. Kohl feinstreifig schneiden – Speckwürfel ausbraten – Kohl und Zwiebel darin weichdünsten – Vom Feuer nehmen und mit Ei und Gewürz vermengen – Abkühlen lassen.

2. Rinderhack würzen – In der Butter kurz andünsten – Mit dem eingeweichten, ausgedrückten Brötchen und dem Ei vermengen.

3. Reis, Schinken, feingehackte Paprikaschote, Gewürz und Ei vermengen.

Den Teig messerrückenstark auswellen – Zu runden Scheiben, 8 cm Durchmesser, ausstechen – In die Mitte jeder Scheibe 1–2 Eßlöffel der Fülle häufen – Teigscheibe zusammenklappen, daß Halbmonde entstehen.

Die Teigränder mit Eiweiß pinseln und zusammendrücken – Die Oberflächen mit Eigelb bestreichen – Auf ein gefettetes Blech setzen – Bei guter Mittelhitze goldgelb backen – Warm servieren.

Beigabe: Bouillon.

Schweiz – Felchen Luzerner Art

4 Felchen, Salz, Milch, Mehl, 4 Eßl. Butter, 1/4 Tasse Weißwein, 1 Tomate, 1 Eßl. gehackte Petersilie, 5 Champignons, Zitronensaft, 1 Teel. Sojasauce, 1 Zwiebel, Butter

Fische zurichten – Innen und außen würzen – In Milch tauchen und in Mehl wälzen – In der heißen Butter hell goldgelb braten – Wein zugießen – Die abgezogene, in Würfel geschnittene Tomate, Petersilie und blätterig geschnittene Champignons beifügen – Zitronensaft nach Geschmack und Sojasauce zugeben – Mit goldgelb gerösteten Zwiebelringen belegt anrichten.

Schweiz – Waadtländer Ramequin

350 g altes Weißbrot, 250 g Emmentaler Käse, 2 Eier, 6/10 l Milch, Salz, Muskat, 30 g Butter

Weißbrot und Käse in dünne Scheiben schneiden – Eier mit Milch schlagen und würzen – Eine Gratinierplatte oder Auflaufform ausbuttern – Brot und Käse wie Dachziegel abwechselnd einordnen – Die Eimasse übergießen – Mit Butterflöckchen belegen – Im gut vorgeheizten Rohr bei Mittelhitze goldbraun backen.

Schweiz – Neuenburger Fondue

Ein Caquelon (irdener Tiegel) mit dem Knoblauch ausreiben – Den Wein oder den Sekt darin erwärmen – Bei mittlerer Hitze den feingeschnittenen Käse beifügen – Unter ständigem Rühren in Achterform schmelzen lassen – Ist eine glatte Creme entstanden, das in etwas Kirschwasser angerührte Stärkemehl zugeben – Weiterrühren, bis die Fondue kocht – Kurz vor dem Servieren 1 Gläschen Kirschwasser beifügen – Auf einem Rechaud zu Tisch geben – Weißbrotwürfel dazu reichen, die jeweils auf eine Gabel gespießt in die Käsecreme getaucht werden.

300 g Emmentaler Käse, 300 g Greyerzer Käse, 1 Knoblauchzehe, 4/10 l Weißwein oder Sekt (trocken), 2 Teel. Stärkemehl, Pfeffer, 1 Gläschen Kirschwasser, Weißbrotwürfel

Schweiz – Pilztopf Tessiner Art

Tomaten enthäuten und in Scheiben schneiden – Die geputzten, abgebrausten Pilze und das Fleisch in Streifen schneiden – Die gehackte Zwiebel in Butter hellgelb werden lassen – Pilze und Fleisch zugeben – 5 Minuten dünsten – Tomaten und Petersilie beifügen – 10 Minuten auf kleiner Flamme garen – Nach Geschmack würzen und den Rahm unterziehen – Vor dem Anrichten einmal kurz mit dem Wein aufkochen – Sofort servieren.
Beigabe: Teigwaren oder Kartoffeln.

4 Tomaten, 300 g Steinpilze, 250 g Kalbfleisch, 1 Zwiebel, 4 Eßl. Butter, Salz, Pfeffer, 1/4 l Rahm, 1/2 Glas Weißwein, 1 Eßl. gehackte Petersilie

Elsaß – Straßburger Gänseleberpastete

Die Lebern, es sind 2–3 Stück, in Milch legen – Nach 1/2 Stunde herausnehmen und abtropfen lassen – Die Hälfte der Lebern in 4–5 Stücke schneiden – Die übrige fein schaben und mit Mehl, Eigelb, Salz und Pfeffer vermengen – Die Zwiebeln in Butter hell andünsten – Den Speck durch den Wolf drehen – Mit der geschnittenen Leber vermengen – Trüffel in Scheiben schneiden – In Madeira ziehen lassen – Die großen Leberscheiben damit spicken – Den Madeira zu der Farce geben – Eine Pastetenform oder ein Weckglas mit Speckscheiben auslegen – Mit Farce zu 1/3 füllen – Die Leberstücke darüber legen – Vollends mit Farce auffüllen – Die Form schließen und 2 Stunden im Wasserbad kochen – Über Nacht erkalten lassen – Gestürzt servieren.

500 g Stopfgansleber, Milch, 1 Eigelb, 1 Eßl. Mehl, 125 g Schweinespeck roh, 2 Eßl. Zwiebeln fein geschnitten, 1 Eßl. Butter, 1 Messerspitze weißer Pfeffer, Salz, 1 kleine Trüffel (Dose), Madeira, Speckscheiben

Frankreich – Bouillabaisse

Stücke von: Schellfisch, Rotbarsch, Kabeljau, Heilbutt, Krebse, Krabben, 1 Zwiebel, 1 Stange Lauch, 4 Tomaten, 1 Zehe Knoblauch, 1 kleines Stengelchen Thymian, Petersilie, Safran, Pfeffer, Salz, 4 Eßl. Olivenöl oder Butter, 1 Glas Weißwein

Zwiebel, Lauch und Tomaten in Scheiben schneiden – Mit den Gewürzen im Öl oder in der Butter dünsten – Mit 3 l Wasser auffüllen – Die geputzten Fischstücke und Schalentiere sowie den Wein zugeben und 10 Minuten kochen – Krabben, Krebsstücke und Fische herausnehmen und in die Suppenschüssel geben – Die Suppe durch ein Sieb darübergießen und mit getoasteten Weißbrotschnitten, die vorher in die Teller gegeben werden, anrichten, oder die Fische getrennt zur Suppe geben.

Frankreich – Auberginen Riviera

4 Auberginen, 1/2 Zitrone, 125 g Zwiebeln, 2 Zehen Knoblauch, 4 Eßl. Olivenöl, 4 Tomaten, Essig, Zucker, Pfeffer, Salz, 2 Eigelb, 1/2 Tasse Rahmquark, 4 Eßl. gehackte Kräuter: Petersilie, Dill, Estragon, Pimpernelle, Thymian

Die Auberginen in 2 cm dicke Scheiben schneiden – Mit Zitronensaft beträufelt 15 Minuten ziehen lassen – Feingehackte Zwiebeln und geriebenen Knoblauch in Öl glasig dünsten – Enthäutete, in Scheiben geschnittene Tomaten und die Auberginen beifügen – 10 Minuten zusammen dünsten – Mit den Gewürzen abschmecken – Eigelb mit Quark verquirlen – Kräuter untermischen – Unter das Gemüse ziehen – Sofort zu Tisch geben.
Beigabe: Weißbrot.

Frankreich – Cassoulet (Bohnengericht)

500 g weiße Kernbohnen, 1 Zwiebel, Salz, Pfeffer, 250 g Hammelschulter, 200 g mageres Schweinefleisch, 1 Gänsekeule, 2 Eßl. Butterschmalz, 100 g grobe Mettwurst, Suppengrün, 1 Eßl. Tomatenmark, 2 Knoblauchzehen, 1 Lorbeerblatt, 2 Nelken, 1 Glas Rotwein, Brösel, Butterflocken oder Gänseschmalz

Bohnen waschen und über Nacht mit kaltem Wasser bedeckt quellen lassen – Mit Wasser bedeckt unter Zugabe von Gewürzen und gehackter Zwiebel auf kleiner Flamme weich, jedoch nicht zerkochen lassen – Die Fleischsorten im Schmalz anbräunen – Suppengrün und Mettwurst beifügen und 15 Minuten dünsten – Unter Zugabe von Tomatenmark, zerdrücktem Knoblauch, Gewürzen und Wein zugedeckt weitere 15 Minuten dünsten – Fleisch herausnehmen und in Scheiben schneiden – Abwechselnd mit den Bohnen in eine feuerfeste Form füllen – Bratensauce zugießen und mit Brösel und Butterflocken oder Schmalz belegt bei Oberhitze überbacken – Hat sich eine Kruste gebildet, diese unterrühren – Bestreuen und überbacken, dies 3–5 mal wiederholen – Je öfter, je besser schmeckt das Gericht – Zuletzt mit einer Kruste bedeckt auftragen.

Frankreich – Fischsuppe de la Cabanne du Boumian

Kartoffeln schälen und halbieren – Mit den Gewürzen der Gemüsebrühe beisetzen – Kurz vor dem Garwerden der Kartoffeln die Fischstücke einlegen – Etwa 10 Minuten über kleiner Flamme ziehen lassen.
Mayonnaise mit geriebenem Knoblauch vermengen – Weißbrotscheiben rösten – Abkühlen lassen – Mit Mayonnaise bestreichen – Der restlichen Mayonnaise Tomatenmark und Paprika zugeben – Suppe, Fisch, Röstbrot und Mayonnaisen-Sauce getrennt anrichten und erst bei Tisch nach Belieben zusammengeben.

750 g Fischfilet, 2 l Gemüsebrühe, 10 kleine Kartoffeln, Safran, Thymian, 1 Lorbeerblatt, Pfeffer, 1 Tasse Mayonnaise, 2 Zehen Knoblauch, 1 Eßl. Tomatenmark, 1 Teel. süßer Paprika, 8 Scheiben Weißbrot

Frankreich – Spargel Lukullus

Spargel zurichten, nur die Kopfstücke verwenden – Gar kochen – Blättrig geschnittene Champignonköpfe oder Trüffelscheiben in 2 Eßlöffel Butter gardünsten – Spargel und Pilze auf eine vorgewärmte Platte häufen – Krabben mit geschnittenem Schnittlauch in Butter schwenken – Zwischen Spargel und Pilzen verteilen – Alles dick mit Parmesan bestreuen und mit brauner Butter übergießen – Sofort auftragen.
Beigabe: Toast.

750 g Spargel, 100 g Champignons oder 1 Trüffel (Dose), 100 g Butter, 200 g Krabbenfleisch, Schnittlauch, Reibkäse (Parmesan), Braune Butter

Frankreich – Tournedos Dauphinois

Pilze zurichten und in Scheiben schneiden – In der Butter weichdünsten – Mit Mehl bestäuben und mit der Milch ablöschen – Durchkochen und würzen – Zum Warmhalten in einen Topf heißen Wassers stellen – Madeira-Sauce bereiten, mit Thymian würzen und warmstellen – 1 Tasse Schlagrahm kühlstellen – Die Steaks mit Öl oder Fett bestreichen und einpfeffern – Auf jeder Seite 4 Minuten bei starker Hitze grillen – Salzen – Auf heißer Platte anrichten – Unter die Pilze den Schlagrahm ziehen – Auf die Steaks häufen – Mit gehackter Petersilie bestreuen – Unter die Madeira-Sauce noch ein Gläschen Madeira mischen – Durch ein Sieb in die vorgewärmte Saucenterrine füllen und die feingehackte Trüffel beifügen.
Beigabe: Kartoffelpüree.

4 Filetsteaks 3 cm dick, Öl oder Butterschmalz, Pfeffer, Salz, 200 g kleine Steinpilze frisch oder Dose, 2 Eßl. Butter, 1 Eßl. Mehl, 1 Tasse Milch, Salz, Pfeffer, 1 Eßl. gehackte Petersilie, 1 Tasse Schlagrahm, 1 Tasse Madeira-Sauce, s. S. 446, 1 Prise Thymian, 1 Glas Madeira, 1 Trüffel (Dose)

Frankreich – Grande Marmite (Suppentopf)

3 l Wasser, 3/4 kg Rindfleisch, 1 Suppenhuhn, 500 g Karotten, 2 Scheiben Sellerie, 100 g Champignons, 125 g Zwiebeln, 1 kleiner Krautkopf, 500 g Kartoffeln, 1 Tasse grüne Erbsen, 125 g grüne Bohnen, Salz

In kochendem, leicht gesalzenem Wasser Rindfleisch und das zugerichtete Suppengemüse aufsetzen – Blättrig geschnittene Karotten, Sellerie, Pilze und kleine Zwiebelchen zugeben – Nach etwa 3/4stündigem Kochen gewaschenen, geviertelten Kohl, zugerichtete Kartoffeln, grüne Erbsen und nudelig geschnittene Bohnen beifügen und vollends weichkochen – Vor dem Anrichten das Fleisch in gefällige Stücke aufschneiden und das Huhn zerlegen – Mit dem Gemüse und der Brühe zusammen in einer Suppenterrine anrichten.

Spargelspitzen à la Luxemburg

250 g Spargelköpfe (Dose) oder aus 750 g frischen Spargeln, 1 Eßl. Zitronensaft, 100 g Räucherlachs, 2 Scheiben Ananas (möglichst frische), Salz, 1 Tasse Mayonnaise, 1/4 Tasse Süßrahm, 2 hartgekochte Eier, Salat

Die Spargelköpfe, erkaltet, etwa fingerlang geschnitten, auf gewaschene und wieder getrocknete Salatblätter häufen – Mit Zitronensaft beträufeln – Darüber streifig geschnittenen Lachs und die würfelig geschnittene Ananas geben – Mayonnaise mit Rahm vermengen, abschmecken – Über den Salat gießen – Mit Eiervierteln garnieren.
Beigabe: Toast und Butter.

Frankreich – Jambon à la crème

8 Scheiben Schinken gekocht, 1 Tasse Béchamelsauce, s. S. 438, 1/2 Tassen dicker süßer Rahm, Pfeffer, Muskat

Die Schinkenscheiben etwa 1/2 cm stark in einer Pfanne mit einer Bodendecke heißen Wassers legen – Über kleiner Flamme den Schinken erwärmen – Dicke Béchamelsauce mit dem Rahm vermengen – Kurz aufkochen und nach Geschmack würzen – Beim Anrichten über die Schinkenscheiben gießen.
Beigabe: Grüner Salat.

Frankreich – Tournedos Marie Louise

4 je 5 cm hohe Stücke hinteres Filet (Spitze), Öl, Pfeffer, Salz, 4 Artischockenböden (Dose), 4 Teel. Gänseleberparfait (Dose), Kräuterbutter

Die Filetstücke, ohne zu klopfen rund formen, eventuell mit Zwirn binden – Ölen und mit Pfeffer bestreuen – 5 Minuten bei starker Hitze grillen – Dabei einmal wenden – Salzen – Beim Anrichten mit angewärmten Artischockenböden belegen – Je eine Scheibe Gänseleberparfait darauf setzen und mit Kräuterbutter reichen.
Beigabe: Pommes frites und grüner Salat.

Frankreich – Boeuf Bourguignon

Würfelig geschnittenes Fleisch und gehackte Zwiebeln in Butter und Speckwürfeln anbraten – Mit dem Wein ablöschen – Geraspelte gelbe Rüben, gehackten Knoblauch und die enthäuteten, geschnittenen Tomaten beifügen – Gewürze nach Geschmack zugeben und eine Stunde auf kleinem Feuer zugedeckt dünsten – Pilze zurichten und in Scheiben schneiden – Mit den Perlzwiebelchen zugeben – 20 Minuten weiterdünsten – Mit gehackter Petersilie bestreut anrichten.
Beigabe: Kartoffeln, Teigwaren oder Reis.

750 g Rinderschlegel, 3 Zwiebeln, 4 Eßl. Butter, 65 g Speck, 2 Gläser Rotwein, 2 gelbe Rüben, 2 Zehen Knoblauch, 3 Tomaten, 2 Lorbeerblätter, 1/2 Teel. Thymian, 4 Stengel Petersilie, Salz, Pfeffer, 250 g Steinpilze, 20 Perlzwiebelchen, gehackte Petersilie

Frankreich – Kräuterlämmchen

Das Fleischstück, von dem die Rippen entfernt wurden, auseinanderklappen – Innen und außen mit Öl bestreichen – Mit den Kräutern und der Gewürzmischung allseitig bestreuen – 24 Stunden zugedeckt ziehen lassen – Im Schmalz, bei starker Hitze allseitig goldbraun anbraten – Herausnehmen und mit etwas Butter bestrichen bei kleiner Oberhitze in den Ofen oder Grill stellen – Den Bratsatz entfetten – Mit Kognak ablöschen – Knochenbrühe zugießen und aufkochen – Ein Stückchen frische Butter zugeben – Durchgeseiht zu dem aufgeschnittenen Braten reichen.
Beigabe: Grüner Salat mit Weißbrot.

1 kg Lammrücken ohne Knochen, 1 Eßl. gehackte Petersilie, 2 Zehen gehackter Knoblauch, 1 Lorbeerblatt, 1 Teel. Zwiebelpulver, 1/2 Teel. Rosmarin, 1/2 Teel. Fenchel, 1/2 Teel. Salbei, 1/2 Teel. Basilikum, Öl, Salz, Pfeffer, 3 Eßl. Butterschmalz, 1/2 Glas Kognak, 1 Eßl. Butter, 1/2 Tasse Brühe oder Wasser

Frankreich – Fondue Bourguignonne

Das Fleisch, gut abgehangen und von bester Qualität ohne Haut und Sehnen, in Würfel schneiden – Fett in der Küche erhitzen, bis es leicht zu rauchen beginnt – Einen Kupfertiegel dazu verwenden – Bei Tisch auf eine Spiritusflamme stellen – Jede Person erhält 2–3 Spießchen – Das rohe Fleisch auf einem Brett oder einer Platte anrichten – Jeweils 1 Fleischstückchen aufspießen und in das heiße Fett stellen – Nach Wunsch mehr oder weniger garen lassen – Vom Spießchen auf den Teller streifen und mit der Gabel in eine der Saucen tauchen oder mit Rauchsalz würzen.
Beigabe: Kräutersauce, Salat und Weißbrot.

4 Personen:
750 g Rinderfilet, 1/2 Biskin, 1/2 Butterschmalz (zusammen gut 500 g), verschiedene Saucen, *s. nächste Seite,* *Rauchsalz*

Kräutersauce zur Fondue Bourguignonne

3 Eßl. Mayonnaise, 3 Eßl. Rahm, 1 Eßl. Zitronensaft, Kräuter: Rosmarin, Dill, Estragon, Petersilie, Thymian, Kerbel, 1/2 Zehe Knoblauch, Pfeffer, Salz

Mayonnaise mit Rahm und Zitronensaft vermengen – Die Kräuter, getrocknete oder frische, feingehackt zugeben – Mit Gewürzen abschmecken.

Pikante Sauce zur Fondue Bourguignonne

2 Eßl. Mayonnaise, 2 Eßl. Rahm, 1 Eßl. Tomatenketchup, 1 Eßl. Chillisauce, 1/2 Paprikaschote, 1 Schuß Rum, Zucker, Salz, Pfeffer

Die ersten vier Zutaten vermengen – Paprikaschote in hauchdünne Streifen schneiden – Unterziehen und mit den Gewürzen abschmecken.

Meerrettich-Sauce zur Fondue Bourguignonne

1/2 Flasche Joghurt, 1 Eßl. Olivenöl, 1 Ei hartgekocht, 3 Eßl. geriebener Meerrettich, 1/2 Apfel, 2 Gürkchen, 1 Eßl. Zitronensaft, Pfeffer, Salz, Zucker

Joghurt mit Öl verquirlen – Feingehacktes Ei, Meerrettich, Apfel und Gurkenwürfel unterziehen – Pikant mit den Gewürzen abschmecken.

Indische Sauce zur Fondue Bourguignonne

3/4 Tasse Sauerrahm, 1 Teel. Zwiebelpulver, 1 kleine Zwiebel, 1 Eßl. Kapern, Zucker, Salz, Pfeffer

Rahm mit Zwiebelpulver cremig rühren – Kapern und hauchdünn geschnittene Zwiebelringe unterziehen – Nach Geschmack würzen.

Knoblauch-Sauce zur Fondue Bourguignonne

3 Eßl. Mayonnaise, 2 Eßl. Rahm, 3 Zehen Knoblauch, 1 Eßl. Worcestershire-Sauce, Salz

Mayonnaise mit Rahm verrühren – Feingeriebenen Knoblauch und englische Sauce untermengen – Nach Geschmack würzen – Gut durchziehen lassen.

Curry-Sauce zur Fondue Bourguignonne

3 Eßl. Mayonnaise, 2 Eßl. Rahm, 2 Teel. Curry, 1 Teel. Tabascosauce, Salz, Zucker

Alle Zutaten gut vermengen und nach Geschmack würzen.

Frankreich – Pot-au-feu (Nationalsuppe)

Fleisch und Knochen in kochendem Salzwasser ansetzen – Zugedeckt 1 1/2 Stunden kochen – Durch ein Sieb gießen und wieder aufs Feuer geben – Gemüse putzen und waschen – Unzerschnitten der Brühe beifügen – Mit dem Fleisch zusammen weich kochen – 30 Minuten vor dem Anrichten rohe, geschälte Kartoffeln zugeben – Das Mark aus den Knochen lösen und in dünne Scheiben geschnitten, wieder beifügen – Mit der heißen Brühe übergossen und dünnen Röstbrotscheibchen anrichten.

1 kg Ochsen- oder Rindfleisch, Salz, 500 g Markknochen, 4 l Wasser, 2 Artischocken, 8 Karotten, 1 weiße Rübe, 1 Sellerieknolle, 6 Schwarzwurzeln, etwas Kerbel, 1 Stange Lauch, Borretsch, 4 kleine Zwiebeln, 5 rohe Kartoffeln, Weißbrot

Polen – Bigos (Eintopfgericht)

Speck und Fleisch in Würfel schneiden, nicht größer als 2 cm – Mit gehackter Zwiebel zusammen anbraten – Würste in Scheiben schneiden – Das gerichtete Kraut etwa gleich groß schneiden – Mit den übrigen Zutaten dem Fleisch zugeben – Gut vermengen und knapp bedeckt mit Wasser auffüllen – Gut zugedeckt im Rohr etwa 4 Stunden langsam schmoren lassen.

500 g geräucherter Speck, 500 g Schweinefleisch, 250 g Kochsalami oder polnische Würstchen, 500 g Weinkraut, 250 g Zwiebeln, 125 g Pilze, 1/2 Tasse Tomatenpüree, 3 Knoblauchzehen, Majoran, Kümmel, Paprika, Lorbeerblatt, 1 Tasse Weißwein

Holland – Erbsensuppe

Die Erbsen im Einweichwasser oder in der Fleischbrühe weichkochen und durch ein Sieb treiben – Aus der Butter und Mehl eine Mehlschwitze bereiten – Mit Erbsenbrühe ablöschen, auffüllen und das Mark zugeben – Die Suppe würzen und nochmals gut durchkochen – Beim Anrichten mit Petersilie bestreuen.

1 1/2 l Wasser oder Brühe, 125 g grüne Erbsen, 2–3 Eßl. Butter, 4–6 Eßl. Mehl, Salz, Petersilie

Holland – Amsterdamer Austernsuppe

Die Austern putzen, hacken und im Wasser halb gar kochen – Abtropfen lassen, die Flüssigkeit durch ein Tuch seihen und mit Wasser zu 1 l auffüllen – Die Butter bräunen, das Mehl zugeben und langsam unter fortwährendem Umrühren die Austernstückchen zugeben – 30 Minuten langsam kochen – Mit Salz, Paprika und Selleriesalz würzen und kurz vor dem Servieren den Rahm unterziehen.

3 Tassen Austern ohne Schalen, 1/2 Tasse Wasser, 3 Eßl. Butter, 3 Eßl. Mehl, Salz, Paprika, Selleriesalz, 1/2 Tasse Süßrahm

Holland – Rosendaalsalat

250 g Goudakäse, 2 Orangen, 2 Äpfel, 2 Chicoree, 1 Schote Paprika
Zur Sauce:
1 Fläschen Joghurt oder 1 Napf Frischrahmkäse, 3 Eßl. Rahm, 3 Teel. Honig, 1/2 Zitrone Saft, 2 Teel. Senf, 1 Teel. geriebene Orangenschale, 1 Eßl. Öl, Salz, Pfeffer

Alle Zutaten streifig schneiden – Die Zutaten zur Sauce gut vermengen – Mit dem Schaumschläger sahnig schlagen – Vorsichtig mit der Salatmischung vermengen.

Persien – Mehemehalou (Lammragout)

1 kg Schaffleisch, 2 Zwiebeln, 2 Zehen Knoblauch, 2 Eßl. Zitronensaft, 1 Lorbeerblatt, 2 Nelken, 1 Teel. Pfefferkörner, 4 Eßl. Butterschmalz, 1 Eßl. Mehl, 1 Teel. Salz, 5 Teel. Zucker, Safran, Brühe, 2 Eßl. Rosinen, 1/2 Tasse Dörrpflaumen, 1/4 Tasse gehackte Mandeln

Das Fleisch in Ragoutstücke schneiden – Mit gehackten Zwiebeln, zerstoßenem Knoblauch, Zitronensaft und Gewürze vermengt 1 Stunde zugedeckt durchziehen lassen – Die Fleischstücke in Schmalz scharf anbraten lassen – Mit Mehl bestäuben – Safran, Salz und Zucker beifügen – Mit Brühe auffüllen – Zugedeckt weichkochen – Vor dem Anrichten die eingeweichten Dörrfrüchte untermengen und mit den Mandeln bestreuen.

Dänemark – Rodspoette surprise (Gefüllte Scholle)

4 Schollen, Salz, Pfeffer, Mehl, 2 Eigelb, Brösel, Öl, 2 Eßl. Butter, 250 g Spinat, 1 kleine Dose Spargelspitzen, 1 1/2 Tassen Buttersauce, 1/2 Tasse Crevetten, Zitrone, Muskat

Die Fische abziehen und zurichten wie Seezunge – Filet jedoch nicht auslösen, sondern nur von der Mitte her soweit lösen, daß eine Tasche entsteht – Einige rohe Kartoffelscheiben einfüllen, damit die Tasche nicht zuklappt – Die Fische würzen und etwa 10 Minuten einziehen lassen – Der Reihe nach in Mehl, geschlagenem Eigelb und Brösel wenden – In reichlich heißem Öl braten – Blattspinat bereiten – Mit Zitronensaft und Muskat würzen – Mit einem Stück Butter und einigen Spargelspitzen in die Fische füllen – Kartoffeln zuvor herausnehmen – In der Buttersauce die geschälten Crevetten erwärmen – Beim Anrichten um die Fische garnieren.
Beigabe: Gegrillte Tomaten und Petersilienkartoffeln.

Dänemark – Groenaerte Suppe met gaase (Grüne Erbsensuppe mit Gans)

Die Erbsen tags zuvor waschen und gut mit Wasser bedeckt einweichen – Gehackte Zwiebeln und Thymian in Butter andünsten – Erbsen und das Einweichwasser zugeben – Gut weichkochen und danach durchpassieren – Das Gänsefleisch mit dem kleinwürfelig geschnittenen Gemüse, Speck und Kartoffelwürfeln in der notwendigen Wassermasse weichkochen – Die Keulen danach mundgerecht zerteilen – Wieder zurück in die Brühe legen – Mit dem Erbsenpüree zusammen nochmals aufkochen – Beim Auftragen muß das Gericht dickflüssig sein.

375 g grüne Erbsen, 75 g Zwiebeln, etwas Thymian, 2 Eßl. Butter, 1000 g gepökelte Gänsekeulen, 250 g gesalzener Speck, 100 g Lauch, 100 g Sellerieknolle, 200 g gelbe Rüben, 500 g Kartoffeln, 2 Lorbeerblätter, 3 Nelken, Salz

Dänemark – Kalvelever National (Kalbsleber)

Die Leber von Haut und Sehnen befreien – In 1 cm dicke Scheiben schneiden – Im Schmalz leicht auf beiden Seiten anbraten – Aus der Pfanne nehmen und warmstellen – Im Bratfond gehackte Zwiebeln, feinstreifig geschnittenen Speck und Champignons dünsten – Tomatenviertel, enthäutet und entkernt, sowie Rahm und Brühe zugeben – Würzen und kurz durchkochen – Vor dem Anrichten über die Leber gießen.

500 g Milchmast-Kalbsleber, Salz, Pfeffer, Mehl, 2 Eßl. Butterschmalz, 75 g Frühstücksspeck, 1 Zwiebel, 125 g Champignons, 2 Tomaten, 1/2 Tasse Süßrahm, 1/3 Tasse Brühe, Salz, Pfeffer, Rosenpaprika

Norwegen – Far-i-kal (Schaffleisch in Kohl)

In einem Bräter das Schmalz zergehen lassen und lagenweise das in nicht zu kleine Stücke geschnittene Fleisch und Kohl füllen – Mit Mehl bestäuben und die Gewürze dazwischen streuen – Zur Hälfte mit Wasser aufgefüllt, gardünsten – Noch kurz im Rohr überbacken – Im Topf mit Petersilie bestreut zu Tisch geben.

1 kg Schaffleisch, Bug, Brust, 1 1/4 kg Weißkohl, 5 Eßl. Butterschmalz, 1/2 Eßl. schwarze Pfefferkörner, Salz, 2 Eßl. Mehl, Petersilie gehackt

Italien – Gebratene Hähnchen in Astiwein

Hähnchen zurichten, würzen und in heißer Butter braten – Tranchiert auf heißer runder Platte anrichten – Einen Kranz von Risotto herumlegen – Mit in Butter gedünsteten Lebern und in Wein gedünsteten Trüffelscheiben belegen – Den Bratfond der Hähnchen mit Astiwein aufgießen – Aufkochen und mit frischer Butter verfeinern – Die Hähnchen damit übergießen.

2 Brathähnchen, 70 g Butter, Salz, Pfeffer, 1 Gläschen Astiwein, 2 Eßl. Butter, Risotto, 1 Trüffel, Hühnerleber

Italien – Minestrone (Gemüsesuppe)

1 kg gemischtes Gemüse: gelbe Rüben, Wirsing, grüne Bohnen, Erbsen, Blumenkohl, Kohlrabi, Tomaten, Lauch, Petersilie, Sellerie, Zwiebeln, Kartoffeln, 5 Eßl. Öl oder Fett, Salz, Paprika, 125–250 g Teigwaren, geriebener Parmesan

Das Gemüse waschen und zurechtschneiden – In einem großen Topf Öl, Fett oder grobgeschnittene Speckwürfel erhitzen – Das Gemüse darin andünsten, würzen und mit 2–3 l Wasser auffüllen – 3/4 weich kochen, die rohen Kartoffelwürfel zugeben und garkochen – Die Makkaroni oder Hörnchen gesondert kochen und vor dem Anrichten in die Suppe geben, darauf achten, daß sie nicht verkochen – Die Suppe wird noch mit geriebenem Parmesan bestreut.

Italien – Zuppa pavese (Käsesuppe)

1 l Fleischbrühe, 2–3 Weißbrötchen, 2 Eßl. Butter, 1–2 Eier, Parmesan-Käse

Das Weißbrot in Scheiben schneiden und in der Butter hellgelb rösten – Einen irdenen oder feuerfesten Porzellantopf damit belegen – Die verquirlten Eier darübergießen, dick mit dem geriebenen Parmesan bestreuen und mit der Fleischbrühe auffüllen – Die Form ins heiße Rohr stellen und überbacken.

Italien – Insalata di Tonno (Thunfischsalat)

2 Tassen Thunfisch in Öl
Zur Marinade:
Zitronensaft, 2 Eßl. geriebene Zwiebel, 2 Eßl. Tomatenmark oder Ketchup, 1 Eßl. Kapern, Salz, Pfeffer, Öl aus der Dose
Zur Garnitur:
Oliven, 2 hartgekochte Eier

Thunfisch aus der Dose nehmen und lose zerpflücken – Zutaten zur Marinade vermengen – Den Fisch damit anmachen – Auf Salatblätter häufen – Mit Eivierteln und Oliven garnieren.

Italien – Tonno al Palermo (Thunfisch, palermitanisch)

500 g frischer Thunfisch, 1 Zehe Knoblauch, Rosmarin, 1/2 Zitrone Saft, Salz, Pfeffer, Olivenöl, 2 Eßl. Butter, 4 Tomaten, Petersilie, Zitronenscheiben

Den Fisch in 3 cm dicke Scheiben schneiden – Mit geriebenem Knoblauch und feingewiegtem Rosmarin bestreuen – Mit Zitronensaft beträufelt 10 Minuten ziehen lassen – Würzen und in heißem Öl etwa 2 Minuten pro Seite braten – Auf heißer Platte anrichten – Tomaten häuten, in Scheiben schneiden und im Bratfond unter Zugabe der Butter kurz dünsten – Petersilie zugeben – Beim Anrichten die Tomaten über den Fisch geben – Mit Zitronenscheiben garnieren.

Italien – Fritto Misto (In Fett Gebackenes)

Aus den ersten 3 Zutaten einen dickcremigen Teig rühren – 1/2 Stunde ruhen lassen – Den Rum zugeben – Gemüse, Fleisch und Käse in passende, nicht zu große Stücke schneiden – Zuerst in Mehl wenden, dann durch den Teig ziehen – In der heißen Friture goldgelb herausbacken – Abgetropft auf Papierdeckchen anrichten.

Zum Teig:
1 1/2 Tassen Mehl, 2 Eigelb, 1 Eßl. Öl, 1/2 Gläschen Rum, Salz
Zum Ausbacken, nach Wahl:
Öl oder Mischfett, Friture, halbweich
gekochtes Gemüse: Sellerie, Spargel, Blumenkohl, Auberginen, Schwarzwurzeln,
Fleisch: Bries, Schnitzel, Filet,
Käse: Mozzarella, Emmentaler,
Mehl

Italien – Scaloppine al Marsala (Kalbschnitzel in Marsala)

Schnitzel würzen – Mit Schinken und Salbei belegen – Zusammenklappen – Die offenen Seiten mit Hölzchen schließen – In heißem Fett oder Öl auf beiden Seiten knusprig braten – Den Bratfond mit wenig Wasser aufgießen und als Sauce dazu reichen.

4 dünne Kalbsschnitzel, Salz, Pfeffer, 4 Scheiben roher Schinken, Salbei, Butter oder Öl

Italien – Insalata verde (Grüner Salat)

Salat waschen, grobstreifig oder kleinblättrig schneiden – Vollständig abtrocknen lassen – Tomaten in Scheiben schneiden – Karotten dünnstreifig hobeln – Bohnen abkochen und kalt werden lassen – Bei Tisch von jeder Sorte auf den Teller häufen – Nach Geschmack würzen – Mit Öl darf nicht gespart werden.

Kopf- oder Endiviensalat, Tomaten halbreif, Karotten, Bohnen kleine grüne, Salz, Pfeffer, Essig oder Zitronensaft, Olivenöl

Italien – Pizza Napoletana

Aus den Teigzutaten einen Hefeteig bereiten – Etwa 1/2 cm dick auswellen – In ein gefettetes rundes Belch legen – Mit Öl beträufeln – Mit Käsescheiben, enthäuteten Tomatenscheiben und den Fischfilets belegen – Mit Oliven garnieren – Origano überstreuen und mit etwas Öl beträufeln – Bei starker Hitze etwa 30 Minuten backen – Heiß servieren.

Zum Teig:
350 g Mehl, 15 g Hefe, Milch, Salz, 1 Eßl. Olivenöl
Zum Belag:
100 g Greyerzer Käse oder Mozzarella, 300 g Tomaten, Anchovis oder 50 g Sardellenfilet, Oliven, Olivenöl, 1 Eßl. Origano oder Majoran

Spanien – Sopa del quarto de hora (Fischsuppe)

1 Schleie oder Rotbarschfilet, 2 Zwiebeln, 1 Knoblauchzehe, 2 grüne Paprikaschoten, 3 Eßl. Olivenöl, 1 l Bouillon, 1 Glas Sherry fino, 1 Tomate, Safran, Salz, Zitronensaft

Den Fisch zurichten und in Stücke schneiden – Zwiebeln und Knoblauch kleinhacken – Paprika entkernen und streifig schneiden – In Öl weichdünsten – Mit Brühe und Wein aufgießen – Aufkochen lassen und die Fischstücke zugeben – Tomaten enthäuten, zerteilen und beifügen – Würzen und mit Safran gelb färben – 20 Minuten kochen lassen.
Beigabe: Weißbrot und geriebener Käse.

Spanien – Olla Podrida

2 Schweinsohren, 1 Schweinefuß, 1 Stückchen Ochsenbrust, Hammelfleisch, roher Schinken, 1/2 Feldhuhn, 1/2 Suppenhuhn, Salzwasser, Erbsen, Weißkraut, Karotten, Zwiebeln, Blumenkohl, Sellerie, Lauch, Quitten

Das zugerichtete Fleisch, möglichst viele Sorten, in kaltem, leicht gesalzenem Wasser aufstellen – Langsam zum Kochen bringen und abschäumen – Nach zweistündiger Kochzeit zugerichtetes, kleingeschnittenes Gemüse, eingeweichte Erbsen (am besten Kichererbsen), Wurzelwerk und einige Quittenschnitze beifügen – Nach Bedarf Wasser nachgießen – Wiederum 2 Stunden zugedeckt kochen – Die Bouillon durchgeseiht anrichten – Fleisch und Gemüse gesondert reichen.

Spanien – Fisch auf spanische Art

750 g Fischfilet (Kabeljau oder Rotbarsch), Salz, Pfeffer, 2 Zwiebeln, 2 rote Paprikaschoten, 4 Tomaten, 1 Tasse Pilze (Dose), Anchovisfilets, 1/2 Tasse herber Weißwein, 1 Teel. gehackter Schnittlauch

Eine Gratinierplatte gut ausölen – Das Fischfilet in Portionsstücken einlegen – Pfeffer und Salz überstreuen – Mit dünn geschnittenen Paprikastreifen und Zwiebelringen umlegen – Gehäutete Tomatenscheiben und Pilze in die Zwischenräume legen – Auf jedes Fischstück ein Anchovisfilet und eine halbe Tomate legen – Mit Wein begießen und mit Schnittlauch bestreuen – Bei guter Hitze im Rohr garen.
Beigabe: Körniger Reis.

Spanien – Fricco (Gemischter Salat)

1 Salatgurke, 6 Tomaten, 2 Scheiben Weißbrot, 2 Zwiebeln, 3 Peperoni, 1 Dose Anchovisfilet, 1 Tasse Oliven (schwarze), Salz, Pfeffer, 1 Zitrone Saft, Essig, Öl

Gurke und Tomaten schälen und in Scheiben schneiden – Abwechselnd auf eine Platte mit hohem Rand schichten – Geriebenes Weißbrot überstreuen – Zwiebelringe, Peperoni, Fische und Oliven darüber verteilen – Gewürze mit Zitronensaft, Essig und reichlich Öl vermengt übergießen und kaltstellen.

Spanien – Gazpacho (Spanischer Eintopf)

Fleisch klopfen und in Würfel schneiden – Mit Salz und Pfeffer durchstreuen – Kartoffeln in der Schale kochen, heiß schälen und in dicke Scheiben schneiden – Den Boden einer gut schließenden Kasserolle mit Butterstückchen belegen – Abwechselnd Kartoffeln, darüber Butter und darauf Fleisch, mit kleingeschnittenen, in Butter gedünsteten Zwiebeln bestreut, einordnen – Zugedeckt auf kleiner Flamme aufstellen – Sobald das Gericht zu braten anfängt, vorsichtig umrühren und die Flamme größer stellen – Sieht das Fleisch nicht mehr roh aus, Stärkemehl, mit Wein und Rahm verquirlt, zugießen – In etwa 45 Minuten, bei öfterem Umrühren fertigstellen – In vorgewärmter Schüssel anrichten.

3/4 kg Rinderfilet, 1 1/2 kg Kartoffeln, Salz, Cayenne-Pfeffer, Butter, Zwiebel, 1 Eßl. Stärkemehl, 1 Glas Rotwein, 1/2 Tasse Sauerrahm

Portugal – Linguadocomrecheio de camaro à lisboeta (Seezunge mit Krabbenfüllung)

Die Fische zurichten – Die dunkle Haut abziehen – Die Rückengräten herausnehmen – Die Fische mit Krabbencreme füllen und zunähen – Mit der hellen Seite nach oben in eine gebutterte Gratinierplatte legen – Leicht salzen und mit zerlassener Butter bestreichen – 10 Minuten im heißen Rohr dünsten – Herausnehmen und mit Brösel, Butterflöckchen und geriebenem Käse bestreuen – Bei Oberhitze leicht bräunen lassen.

4 Portions-Seezungen oder 1 großer Fisch, Krabbencreme, 6 Eßl. Butter, Brösel, Salz, Schafkäse

Portugal – Vitela enrolade (Kalbfleischroulade)

Das Fleisch zu einer großen dünnen Scheibe flachklopfen – Würzen – Zerdrückten Knoblauch und den Wein übergießen – Zugedeckt 2 Stunden beizen lassen – Das Fleisch herausnehmen und die Ränder glattschneiden – Die abgeschnittenen Stücke und den Schinken durch den Wolf drehen – Zwiebeln in Butter glasig dünsten – Fleisch, Schinken, Zwiebeln mit Gewürzen, Zitronensaft und Eierwürfelchen zu einer Farce vermengen – Die Fleischscheibe damit bestreichen – Aufrollen und zusammenbinden – In heißem Schmalz allseitig anbraten – Mit der Marinade ablöschen – Kartoffeln zugeben und zugedeckt weichschmoren – Nach Bedarf etwas Wasser nachgießen.

500 g Kalbfleisch, Schlegel, Salz, Pfeffer, 2 Zehen Knoblauch, 1 Glas Weißwein, 75 g roher Schinken, 1 kleine Zwiebel, 1 Eßl. Butter, Salz, Pfeffer, Zitronensaft, 1 hartgekochtes Ei, 2 Eßl. Butterschmalz, 250 g Kartoffelschnitze roh

Portugal – Crème de camaro (Krabbencreme)

150 g Krabben, 2 Eßl. Butter, 2 Eßl. Mehl, 2 Eigelb, Salz, Pfeffer, 1 Teel. Paprika

Die Krabben waschen – In etwas Wasser, knapp bedeckt, kochen – Schälen – Schalen und Köpfe im Sud nochmals auskochen – Durch ein feines Sieb gießen – Aus Butter und Mehl eine helle Schwitze herstellen – Paprika zugeben und mit Krabbensud ablöschen – Salz, Pfeffer und die Krabben zugeben – Die Creme muß dickflüssig sein – Mit Eigelb legieren.

Portugal – Sopa de camaroes (Krabbensuppe)

500 g Krabben roh, Salzwasser, 1 Zwiebel, 1 Zehe Knoblauch, 2 Eßl. Olivenöl, 1 l Wasser, 1 kleines Lorbeerblatt, 100 g Sauerampfer, 1 Eßl. Mehl, Salz, Pfeffer, Weißbrot

Die gewaschenen Krabben in schwachem Salzwasser abkochen – Aus den Schalen brechen und warmstellen – Die Schalen mit etwas Wasser durchpressen – Geschnittene Zwiebel und Knoblauch in Öl glasig dünsten – Mit 1 l Krabbenbrühe und dem gepressten Saft auffüllen – Den kleingeschnittenen Sauerampfer zugeben – 15 Minuten kochen lassen – Die Krabben einlegen – Würzen – Einige Minuten ziehen lassen – Über getoastete Weißbrotscheiben gegossen anrichten.

Griechenland – Fisch, griechisch

1 kg Fischfilet, 1 Zitrone Saft, Salz, 1 Eßl. Butter
Für die Form:
1/2 Tasse Olivenöl, 5 Zwiebeln, 1 Zehe Knoblauch, 1 Eßl. gehackte Petersilie, 1 Prise Thymian, 4 Tomaten, 1/4 Tasse Weißwein, 1 Prise Zucker, 1 Zitrone

Eine Auflaufplatte mit Butter zurichten – Den Fisch einordnen – Mit Zitronensaft beträufeln und salzen – 15 Minuten durchziehen lassen – Das Öl erhitzen – Dünne Ringe geschnittener Zwiebeln und Knoblauch darin hell anbraten – Die übrigen Gewürze zugeben – Enthäutete, in Scheiben geschnittene Tomaten beifügen – Kurz durchdünsten – Die Sauce über den Fisch gießen – Gesüßten Wein überschütten – Mit möglichst dünn geschnittenen entkernten Zitronenscheiben belegen – Bei guter Mittelhitze in etwa 25 Minuten im Rohr fertigstellen.

Griechenland – Dolmadas (Griechische Weinblätter)

25–30 Weinblätter, 4 Eßl. Olivenöl, 500 g Rinderhackfleisch, 2 Zwiebeln, 1 Zehe Knoblauch, 1 Teel. Tomatenmark, Salz, Pfeffer, Paprika, 1 Zitrone Saft, 1/2 Tasse gekochter Reis, 1 Eigelb

Weinblätter waschen und mit kochendem Wasser brühen, bis sie nicht mehr so steif sind – Das Öl erhitzen, Fleisch, gehackte Zwiebeln, Knoblauch, Tomatenmark und die Gewürze zugeben – Gut vermengen und 15 Minuten dünsten – Vom Feuer nehmen und mit Reis und Ei vermengen – Mit Zitronensaft abschmecken – Je einen Eßlöffel der Masse in ein Weinblatt wickeln und mit Zwirn umbinden – Die Bündelchen in eine Kasserolle legen – Einen Eßlöffel Öl und eine Tasse Wasser zugießen – Bei kleiner Flamme gardünsten – Dolmadas können warm und kalt verzehrt werden.

Griechenland – Mussaka à la bos (Hackfleischauflauf)

Zwiebeln in dünne Scheiben schneiden – Mit dem Fleisch, der gehackten Petersilie und der Brühe oder Wasser schmoren lassen, bis die Flüssigkeit verdampft ist – Schmalz, in Scheiben geschnittene enthäutete Tomaten und Gewürze beifügen – Zugedeckt bei kleiner Flamme 30 Minuten dünsten – Kartoffeln feinstreifig schneiden – Eine Gratinierplatte ausfetten – Lagenweise, abwechselnd Kartoffeln und Fleisch einfüllen – Aus Butter, Mehl und Milch eine helle Buttersauce bereiten – Mit Rahm und Eigelb legieren – Den Käse untermengen – Über die Kartoffeln, die den Abschluß bilden, gießen – Im heißen Rohr bei mittlerer Hitze etwa 45 Minuten backen – Zuletzt bei Überhitze noch 5 Minuten bräunen.

800 g Hackfleisch, 1 Eßl. gehackte Petersilie, 250 g Zwiebeln, 1/2 Tasse Brühe oder Wasser, 3 Eßl. Butterschmalz, 500 g Tomaten, 1 Zehe Knoblauch, Salz, Pfeffer, 750 g geschälte Kartoffeln, 4 Eßl. Butter, 4 Eßl. Mehl, 1 Tasse Milch, 1 Tasse Rahm, 1 Eigelb, 2 Eßl. Reibkäse

Türkei – Pilav (Hammel-Eintopf)

Das Fleisch würfelig schneiden – Zwiebeln fein hacken und in Öl andünsten – Fleisch zugeben und braten bis es nicht mehr roh aussieht – Tomatenmark, streifig geschnittene Paprika und die Gewürze beifügen – Mit Wasser oder Brühe ablöschen – 45 Minuten schmoren lassen – Den Reis und noch etwas Wasser beifügen – 15 Minuten kochen lassen – Vor dem Anrichten 15 Minuten warmgestellt und zugedeckt ziehen lassen.

500 g Hammelfleisch, 3 große Zwiebeln, 1 Paprikaschote, 3 Eßl. Olivenöl, 2 Eßl. Tomatenmark, 1 Knoblauchzehe oder Pulver, Salz, schwarzer Pfeffer, Wasser oder Brühe, 1 Tasse Patna-Reis

Schottland – Scotch Broth (Schottischer Suppentopf)

Fleisch in Würfel schneiden und in kaltem Wasser aufsetzen – Nach dem Aufkochen abschäumen – Gerste, die kleingeschnittenen Gemüse, Zwiebel und Wurzelwerk beifügen – Zugedeckt gut weichkochen – Würzen und nach Belieben etwas entfetten – Mit Petersilie bestreut anrichten.

500 g Hammelfleisch, 2 l Wasser, 100 g Gerste, 50 g Karotten, 50 g weiße Rüben, 1 große Zwiebel, 1 Stange Lauch, 2 Stengel Bleichsellerie, Salz, Pfeffer, 1 Eßl. gehackte Petersilie

England – Yorkshirepudding zum Roastbeef

Zum Teig:
250 g Mehl, 2 Eier, 3/4 l Milch, Salz, Pfeffer, Muskat, 150 g Backfett

Das gesiebte Mehl mit der Hälfte der Milch, den Eiern und den Gewürzen verrühren – Einige Minuten schlagen – Die restliche Milch unterrühren – Das Backfett in einer breiten Kastenform rauchheiß erhitzen – Den Teig langsam einfüllen – Im heißen Rohr bei guter Mittelhitze etwa 30 Minuten backen – Aus der Form nehmen – Aufgeschnitten zu Roastbeef reichen, dabei neben dem Fleisch auf der selben Platte anrichten.

England – Richmond Maids (Richmonder Mädchen)

Blätterteig 1/2 Menge oder 1/2 Paket aus der Kühltruhe, 60 g Mandeln, 60 g Zucker, Zimt, 1 Eßl. Süßrahm, 1/2 Glas Kognak, 1 Eiweiß, Aprikosen- oder Himbeergelee, Wasser

Mit dem ausgerollten Teig 4 Tortelettenförmchen ausfüttern – Gemahlene Mandeln mit Zucker, Zimt, Rahm und Alkohol vermengen – Den steifen Eierschnee unterziehen – In die Förmchen auf den Teigboden zuerst 1 Teelöffel Gelee setzen – Die Mandelmasse darüberfüllen – Im heißen Rohr 15 Minuten backen – Gestürzt anrichten.

England – Porterhouse Steak

1 kg Roastbeef mit Knochen und Filet, Pfefferkörner, 4 Eßl. Öl, 4 Eßl. Butter, 1 Tasse Weißwein, Salz, Worcestershire-Sauce oder Sojasauce

Das Fleisch als eine dicke Scheibe schneiden lassen – Den Fettrand mehrmals einkerben – Mit spitzem Messer den Knochen etwas vom Fleisch lösen – Mit gestoßenen schwarzen Pfefferkörnern bestreuen und diese festdrücken – Einen Bräter stark erhitzen – Öl eingießen – (Entweder im Grill oder auf der Herdplatte) – Das Fleisch einlegen und bei nicht zu starker Hitze auf beiden Seiten braun und knusprig braten – Etwa 20 Minuten – Die Butter zugeben – Aufschäumen lassen – Das Fleisch darin wenden – Herausnehmen, salzen und warmstellen – Den Bratsatz mit Wein aufkochen – Mit Worcestershire- oder Soja-Sauce abschmecken – Nach Bedarf salzen – Getrennt zum Steak reichen.

England – Mint-Sauce (Minz-Sauce)

1 Büschel Pfefferminzblätter, 1/2 Tasse Weinessig, 1 Eßl. Zucker, 1/2 Tasse kaltes Wasser

Frischgepflückte Minzenblätter hacken – Im siedenden Essig 15 Minuten ziehen lassen – Nach dem Erkalten durchpassieren – Kaltes Wasser zugeben – Zu Hammelfleisch servieren.

England – Porridge (Haferbrei zum Frühstück)

Haferflocken in Wasser mit wenig Salz zu dickem Brei kochen – In einem vorgewärmten Teller anrichten – Rahm übergießen.

Für 1 Person:
2 Eßl. Haferflocken fein,
2 Eßl. Haferflocken kernig,
1 1/2 Tassen Wasser,
Salz, Süßrahm

England – Mince-Pie (Weihnachtspastete)

Feingehacktes Nierenfett, gehackte Orangeade, Citronade, eingeweichte Rosinen, Zucker, Zitronenschale, die Gewürze und den Alkohol vermengen – Zugedeckt 24 Stunden ziehen lassen – In kleine Würfel geschnittenes Fleisch und Äpfel untermengen – Von einer Pastetenform Boden und Rand mit Teig auslegen – Mit der Masse randhoch füllen – Einen Teigdeckel darüber setzen – Die Ränder andrücken – Mit geschlagenem Eigelb pinseln – Zum Abziehen des Dampfes in der Mitte eine Öffnung machen, etwa 1 cm im Durchmesser – Bei guter Mittelhitze langsam im Rohr goldgelb backen – Aus der Form genommen, lauwarm servieren – In die Öffnung brennenden Rum gießen.

60 g Nierenfett,
60 g Orangeade oder Citronade,
125 g Rosinen, 60 g Zucker,
1/2 Zitrone Schale, 1 Prise Zimt, 1 Prise Ingwer, 1 Prise Salz, wenig Macis, 1 Likörglas Kognak, 1 Likörglas Rum, 1 Likörglas Madeira, 750 g gebratenes Roastbeef, 125 g Äpfel, Pie-Teig, 1 Eigelb, Rum

Irland – Irish Coffee

In ein dickes Weinglas zuerst den Zucker geben – In Ermangelung von braunem Zucker können es auch 2–3 Würfelzucker sein – Den Whisky übergießen – Mit starkem heißem Kaffee auffüllen – Über einen Löffel vorsichtig den Rahm gießen – Nicht verrühren – Nach Belieben kann der Rahm auch leicht geschlagen werden.

pro Glas:
2–3 Teel. brauner Zucker,
1 doppelter Whisky (Irish) Tullamore, schwarzer Kaffee,
1–2 Eßl. Süßrahm

Kanada – Lake Trouts (Seeforellen)

Die Fische zurichten und in Filets zerlegen – Mit Zitronensaft beträufeln und würzen – Eier mit Rahm zerklopfen – Die Cornflakes mit dem Nudelholz zerkrümeln – Die Filets zuerst in Mehl, danach in Ei und zuletzt in den Bröseln wenden – Im heißen Schmalz knusprig backen – Mit Petersilie und Zitronenspalten anrichten.

1 kg Forellen, Zitrone, Salz, Pfeffer, Mehl, 1 Ei, 1 Eigelb, 2 Eßl. Süßrahm, 1 kleines Lorbeerblatt, Cornflakes, Butterschmalz

Kanada – Ingwer-Waffeln

200 g Melasse oder brauner Zucker-Sirup erkaltet, 200 g Butter zerlassen, 150 g Puderzucker, 175 g Mehl, 1 1/2 Eßl. Ingwerpulver, 2 Eßl. gehackte Walnüsse, 1/2 Glas Kognak
Zur Fülle:
Schlagrahm, Sherry

Die Zutaten der Reihe nach zu einem ziemlich dicken Teig vermengen – Auf ein gebuttertes Kuchenblech den Teig dünn ausstreichen – Bei mittlerer Hitze goldbraun backen – Noch heiß mit einem Messer in Vierecke schneiden – Über einem dicken Holzstiel über Eck aufrollen – Beim Anrichten mit Schlagrahm füllen, der mit etwas süßem Sherry parfümiert wurde.

Australien – Mulligatawny-Suppe

1 Eßl. Butter, 35 g geräucherter Speck, 1 kleine Zwiebel, 1/2 Zehe Knoblauch, 150 g Tomaten, 5 Eßl. Mehl, 1 1/2 l Fleischbrühe, 1 kleines Lorbeerblatt, Salz, Cayenne-Pfeffer, 1 Teel. Curry, 1 kleines Hähnchen, 1/2 Tasse Kalbsfond, Croutons

Speck, Zwiebel und Knoblauch kleinwürfelig schneiden – Tomaten teilen – In der Butter zusammen anbraten – Das Mehl überstäuben, anrösten und mit der Brühe auffüllen – Gewürze zugeben – Das Hähnchen zugerichtet beifügen und in der Brühe weichkochen – Herausnehmen und das abgelöste, enthäutete Fleisch in feine Streifen schneiden – Die Brühe durchseihen – Wieder aufs Feuer geben und mit dem Kalbsfond aufkochen – Beim Anrichten die Brühe über das Fleisch gießen.
Beigabe: Croutons.

Amerika – Washington-Salat

1 Dose Thunfisch, 1 Tasse rohe Selleriewürfel, 1 großer Apfel, 2 Eßl. Zitronensaft, Salz, Senf, 1 Tasse Mayonnaise, Salatblätter, Zitronenscheiben, Oliven

Vom Thunfisch das Öl abgießen und das Fleisch etwas zerpflücken – Rohe Sellerie schälen und in kleine Würfel schneiden – Den Apfel ungeschält in kleine Würfel schneiden – Alles vermengen und mit den Gewürzen abschmecken – Die Mayonnaise unterziehen – Kühl stellen – Beim Anrichten auf Salatblätter setzen und mit Oliven garnieren.

Amerika – Maiskolben mit Schinken

4–8 Maiskolben, Salzwasser, Zitronensaft, 4 Eßl. Butter, 400 g gekochter Schinken, Tomatensauce, 3 Eßl. Süßrahm, 1 Prise Majoran

Von den Kolben Blätter und Fäden entfernen – In Salzwasser weichkochen – Abtropfen lassen und in der Butter allseitig anschmelzen – Mit Zitronensaft beträufelt anrichten – Tomatensauce, mit Rahm und Majoran verfeinert, und Schinken dazu reichen.

Amerika – Avocado-Pears (Avocado-Birnen)

2 Avocado-Birnen, 1/4 Tasse Mayonnaise, 1 Eßl. Tomatenketchup, 1 Eßl. gehacktes Piment, 1/2 Eßl. gehackte Oliven, 1/2 Eßl. gehackte Staudenselleriehherzen

Die Früchte gut durchkühlen lassen – Der Länge nach in Hälften teilen – Die Kerne entfernen – Das weiche Fruchtinnere mit einem Löffel herausheben – In nicht zu kleine Würfel schneiden – Mit wenig Salz und Zitronensaft abschmecken – Wieder in die Fruchthälften füllen – Die übrigen Zutaten zu einer Sahne vermengen – Beim Anrichten auf die Avocados verteilen – Gut gekühlt servieren.

Amerika – Manhattan Clam Chowder (Muschelsuppe)

2 l Muscheln in Schalen, 1/2 Tasse kaltes Wasser, 3 Eßl. Butter, 1/2 Tasse Milch, 3 1/2 Eßl. Mehl, 1/2 Teel. Salz, Paprika, 1/2 Tasse Süßrahm

Die Muscheln gründlich waschen – In einen Kessel legen, das kalte Wasser zugeben – Zugedeckt kochen, bis sie sich öffnen – Die Flüssigkeit durch ein Tuch seihen – Mit heißem Wasser zu 1 l auffüllen – Die Butter mit dem Mehl bräunen – Nach und nach die Flüssigkeit zugießen – 20 Minuten schwach kochen lassen – Die Gewürze und den Rahm zugeben – In Bouillontassen servieren.

Amerika – Mixed Grill mit grünen Bohnen

4 kleine Scheiben Rinderfilet, 4 kleine Kalbssteaks, 4 kleine Hammelkoteletts, 4 Bratwürste, 8 Scheiben Speck, Öl, Pfeffer, Salz

Fleischstücke und Wurst mit Öl pinseln und 1/2 Stunde ziehen lassen – Auf den Rost legen oder abwechselnd mit Speckscheiben dazwischen, auf Spieße stecken und bei starker Hitze auf jeder Seite 10 Minuten grillen – Nach Belieben Tomaten mitgrillen – Auf einer Platte mit in Butter geschwenkten Bohnen garniert anrichten.
Beigabe: Pommes Frites.

Amerika – T-Bone-Steak

pro Person:
300 g Zwischenrippenstück vom Rind mit Filet und Knochen, Öl

Den Fettrand in Abständen einschneiden – Den Knochen in der Mitte der Fleischscheibe mit spitzem Messer etwas lösen, aber nicht entfernen – Allseitig mit Öl einreiben – Ungeklopft auf den heißen Grill legen – Bei einem Stück für 4 Personen auf jeder Seite etwa 12 Minuten grillen – Vor dem Wenden die rohe Fleischseite nochmals mit Öl bepinseln – Vor dem Anrichten nach Geschmack würzen oder als Beigabe scharfe Saucen reichen.

Amerika – Brunch

Eine moderne Wortschöpfung und eine Zusammenziehung der beiden Worte *Breakfast* und *Lunch*. Wie schon der Name sagt, kommt diese praktische Erfindung aus Amerika. Praktisch ist auch die Zusammenziehung der beiden Mahlzeiten Frühstück und Mittagessen zu einer einzigen.

An Sonn-, Feier- und auch Ferientagen, an welchen man doch gerne etwas länger schläft, ist der Vormittag für ein Frühstück und Mittagessen oft zu kurz, ein Brunch aber ist gerade das Richtige. Wichtig ist dabei, daß er sich von einem reichhaltigen Frühstück durch seine Zusammenstellung unterscheidet, dabei muß das Dargebotene rasch zubereitet sein.

Die bequemste Art ist das Grillen. Hier kann man verschiedene Fleischsorten, Kalbs- oder Hammelnieren und Würstchen gleichzeitig zubereiten. Eine tags zuvor zubereitete Fleischpastete oder ein Pie braucht nur aufgewärmt zu werden, auch Brötchen, Blätterteiggebäck und Grieben-Pogatscherl.

Alle Eierspeisen vom Ei à la coque, über Rührei mit Schinken, Spiegeleier mit Speck bis zum Omelett sind rasch zuzubereiten. Verschiedene Brotsorten, Toast, Aufschnitt, Käse, Hefegebäck, Butter, Marmelade und Honig, Joghurt, Grapefruithälften, Himbeeren oder Erdbeeren in Rahm.

Als Getränke: Kaffee, Tee, Milch.

Wenn Sie ein paar gute Freunde haben, die schon fast zur Familie zählen, so dürfen Sie sie mithalten lassen, denn der Brunch ist eine Familienmahlzeit, und man erscheint nicht in großer Toilette.

Ägypten – Camberi Jambalaya (Meerkrebse)

1 Zwiebel, 1 Zehe Knoblauch, 3 Tomaten, enthäutet, 1 Schote Piment, 2 Eßl. Butter, 50 g Reis, 1 Tasse Wasser, Salz, Pfeffer, 500 g Crevetten, geschält, Tomatenketchup, Butter, 1 Eßl. gehackte Petersilie und Estragon

Zwiebel und Knoblauch fein hacken – Tomaten und Piment in Würfel schneiden – In der Butter glasig dünsten – Reis und Wasser zugeben – Nach Geschmack würzen – 15 Minuten auf kleinem Feuer kochen – Zugerichtete Crevetten beifügen – 10 Minuten weiterkochen lassen – Vor dem Anrichten Tomatenketchup und frische Butter unterziehen – Mit Petersilie und Estragon bestreut zu Tisch geben.

Ägypten – Tauben ägyptische Art

2 Tauben, 2 Tassen Weintrauben, frisch oder Rosinen, 1 Tasse geschälte, gehackte Mandeln, Salz, Pfeffer 4 Eßl. Butterschmalz, Oliven

Die Tauben zurichten – Mit Trauben und Mandeln füllen – Mit Hölzchen zuhalten oder zunähen – Würzen – Im heißen Schmalz in etwa 30 Minuten fertigstellen – Von

Zeit zu Zeit etwas Wasser zugießen – Aus dem Bratfond mit einer Messerspitze Mehl eine Sauce bereiten – Mit Oliven garnieren.
Beilage: Gekochte Süßkartoffeln oder Topinambur, siehe Seite 427.

Brasilien – Paëlla (Eintopf)

1 Hähnchen, etwa 800 g schwer, 3 Eßl. Butterschmalz, 1 Languste 500 g, Wasser, 250 g Seebarsch, 1 Eßl. Butter, 2 kleine Zwiebeln, 2 kleine Paprikaschoten, grün, 2 Pfefferschoten, 1 Tomate, 1 Sträußchen Petersilie, 1/4 Tasse Olivenöl, 1/10 l Weißwein, 1/10 l Brühe, 250 g Reis, 125 g Krabbenfleisch, 10 Oliven ohne Kerne, Brühe, Salz, Pfeffer, 1 Lorbeerblatt, 1 Teel. Origano

Das Geflügel zurichten und in etwa 5 Stücke teilen – Im Schmalz anbraten – Die Languste kochen, s. Seite – Das Fleisch in Stücke schneiden – Den zugerichteten Fisch in 5 Stücke teilen – In Butter anbraten – Das Gemüse feinhacken und in Öl andünsten – Die Geflügelstücke zugeben – Mit Wein und Brühe ablöschen – Etwa 15 Minuten zusammen kochen – Gewaschenen Reis, Krabben, halbierte Oliven, Langusten und Fischstücke beifügen – Mit Brühe auffüllen – Gewürze zusetzen – Zugedeckt im heißen Ofen 20–25 Minuten garen lassen.

Indien – Reistafel

Zur indischen Reistafel zu laden ist eine sehr amüsante Art, Gäste bei sich zu sehen, ohne viele dienstbare Geister zu benötigen. Doch eines ist dabei zu bedenken, man muß Liebhaber von scharfen Sachen sein.

Im Mittelpunkt der Tafel steht der Reis. Eine genügend große Menge, trocken, weiß und körnig. Er wird zum Warmhalten auf ein Rechaud gestellt. Um ihn herum werden die Beilagen in vielen kleinen Schüsselchen aufgebaut. Es sollten, um es interessant zu gestalten, mindestens 10 sein, doch je mehr umso besser.

Kleine Fleischklößchen aus Rinderhackfleisch, scharf gewürzt, gebraten oder gekocht.

Lammfleischwürfel gegrillt und mit Sambal gewürzt.

Hühner-Curry.

Krabben-, Krebs- oder Scampi-Ragout ohne Reisrand.

Kleine gebratene Fische oder Fischreste, scharf angemacht mit Tabasco-Sauce.

Hartgekochte und in Viertel geschnittene Eier mit Sambal-Oelek gewürzt.

Porree in kleine Stücke geschnitten und gedünstet, ebenso Paprikaschoten, alles scharf gewürzt.

Salate aus Bohnenkernen, Pilzen und gehacktem Weißkraut.

Gebackene oder gegrillte Bananen, in Butter gebackene Ananaswürfel (Konserve).

Trockengebäck aus Fischfleisch, Kroepoek (gibt es zu kaufen) in Öl ausgebacken. Geröstete Erdnüsse und Kokosflocken.

Ingwer Konserve, Mango-Chutney und grüne Tomaten.

Zuletzt noch die sauren Beilagen; in der Landessprache „Atschar" genannt: Mixed Pickles, kleine Zwiebelchen, Maiskölbchen, Gürkchen, rote Rüben.

Saucen: Tabasco, Soja, Tomatenketchup, Sambal-Oelek.

Als Getränke dazu: Tee, Bier und scharfe Schnäpse.

Das Gedeck besteht aus Teller, 2 Beilagentellerchen sowie Löffel und Gabel.

Indien – Hühnerbrüstchen Singapore

2 Hühner, Salz, Pfeffer, 8 Eßl. Butter, 1 Zwiebel, 2 Teel. Mehl, 1 Tasse Wasser, 1 Teel. Fleischextrakt, 1 Scheibe Trüffel, Blätterteig aus der Kühltruhe, Konfitüre

Von den zugerichteten Hühnern die Brüstchen herausschneiden und enthäuten – Jedes Bruststück in 2 Teile schneiden und würzen – Feingehackte Zwiebel, Magen, Leber, Herz und Haut in Butter braunbraten – Mehl überstäuben und mit 1 l Wasser ablöschen und verkochen – Durchseihen – Fleischextrakt und gehackte Trüffel beifügen – Die Brüstchen in Butter anbraten – Die Sauce übergießen und weichdünsten – Runde Blätterteigstückchen backen, wie Blätterteighalbmonde, s. S. 653, und, mit Aprikosen- oder Ananaskonfitüre bestrichen, den Plattenrand damit umlegen.

Indien – Currysuppe

2 Zwiebeln, 3 Karotten, 2 saure Äpfel, 1 Scheibe Sellerie, 1 Stange Lauch, 1 Petersilienwurzel, 1 Lorbeerblatt, 2 Teel. Curry, Butter, 2 Eßl. Mehl, 3 l Wasser, 500 g Schaffleisch, 1 Suppenhuhn, Salz, Rahm, Madeira, Zitronensaft, Reis

Zwiebeln, Karotten, Wurzelwerk und Äpfel zurichten und streifig schneiden – Butter mit Gewürzen andünsten – Mehl überstäuben, anrösten und mit etwa 3 l Wasser ablöschen und auffüllen – Fleisch und Huhn beifügen und 2–3 Stunden kochen – Weichgekocht, Hühner und Lammfleisch in Streifen schneiden – In die vorgewärmte Suppenterrine legen – Die Brühe durchpassieren und mit Rahm, Salz, Zitronensaft und Madeira abgeschmeckt, recht heiß übergießen – Reis gesondert dazu reichen.

Indien – Bombay Fischfilet

Den Fischsud aufkochen – Fischstücke einlegen und auf kleiner Flamme garziehen lassen – Abgetropft auf warmer Platte anrichten – Öl erhitzen, feingehackte Zwiebeln darin dünsten – Mit Wein ablöschen – Tomatenketchup und Gürkchen zugeben – Aufkochen lassen – Bananenscheiben untermengen – Auf jede Fischtranche von dieser Sauce geben.
Als Beigabe: körniger Safranreis.

750 g Rotbarschfilets
Zum Sud:
1/2 l Wasser, 1/4 l Weißwein, 1 Zwiebel, 1 Lorbeerblatt, Salz, 1 Eßl. Öl, 1 Zwiebel, 1/2 Glas Weißwein, 1 Eßl. Tomatenketchup, 2 Eßl. gehackte süßsaure Gürkchen, 2 Bananen

Indien – Hühner-Curry

Das Huhn in Stücke schneiden – Geschnittene Zwiebel in der Butter goldgelb andünsten – Hühnerfleisch und Curry zugeben – Anbraten lassen – Mit Wasser ablöschen – Zitronensaft und Schale sowie die Mandeln beifügen – Etwa 30 Minuten zugedeckt weichdünsten – Die Sauce mit wenig Mehl binden – Rahm beifügen und mit Gewürzen abschmecken.
Beigabe: Reis.

1 junges Huhn oder Hahn, 1 Zwiebel, 70 g Butter, 1/4 l Wasser, 1 Eßl. Curry, 1/2 Lorbeerblatt, 1/2 Zitrone, Schale und Saft, 2 Eßl. abgezogene, gehackte Mandeln, 3 Eßl. Sauerrahm, Salz, Pfeffer, Zucker, Mehl

Indien – Kesari Bhata (Süßer Reis)

Den Reis in der Butter glasig schwitzen – Wasser und Salz zugeben – 5 Minuten kochen lassen – Von der Orange zuerst die Schale grob abreiben und zur Seite stellen – Vollends schälen und das Fleisch in Würfel schneiden – Mit den Rosinen zusammen dem Reis beifügen – Den Reis körnig garen lassen – Vor dem Anrichten die Orangenschale, gehackte Mandeln, Zucker, Safran und Butter untermengen.

175 g Patna-Reis, 50 g Butter, 1 1/2 Tassen Wasser, wenig Salz, 1 Orange, 35 g Rosinen, 35 g abgezogene Mandeln, 1 Eßl. Zucker, wenig Safran, 50 g Butter

Indien – Madras-Curry

In der Butter die in Scheiben geschnittene Zwiebeln und den Knoblauch anrösten – Würfelig geschnittenes Fleisch und die Gewürze zugeben – Hellbraun anbraten – Mit Curry überpudern – Geschälte Äpfel würfelig schneiden – Tomaten enthäuten und zerteilen – Beides zugeben – Mit Brühe übergießen und zugedeckt gardünsten – Mit Zitronensaft und Safran abschmecken.

750 g Rinderfilet, 4 Zwiebeln, 1 Zehe Knoblauch, 100 g Butter, Salz, Pfeffer, 1 Eßl. Curry, 2 Äpfel, 500 g Tomaten, Brühe, Zitronensaft, Safran

Arabien – Kufta (Hackfleisch-Spießchen)

200 g gehacktes Hammelfleisch, 150 gehacktes Rindfleisch, 2 Zwiebeln, 1 Eßl. Olivenöl, 1 Eigelb, Salz, Pfeffer, 1 Messerspitze Zimt, 1 Messerspitze Nelkenpulver, 2 Paprikaschoten, Zwiebelscheiben, Öl

Feingehackte Zwiebeln in Öl andünsten – Mit dem Fleisch, Ei und Gewürzen tüchtig vermengen – Klößchen daraus formen – Abwechselnd mit Paprikastreifen und Zwiebelscheiben auf Spieße oder Hölzer stecken – Mit Öl bepinseln – Im Grill oder am Holzkohlefeuer braten.

Java – Sateh (Schweinespießchen)

600 g Schweinefleisch, Salz, Pfeffer, Curry, 8 kleine Zwiebeln, Öl, 1 Teel. Mehl, 1 Teel. Zucker, 1 Zitrone, Saft, 1 Tasse Fleischglace oder 1 Eßl. Sojasauce, 1/2 Tasse Süßrahm, Sambal

Das Fleisch in 2 cm große Würfel schneiden – Auf 4 ca. 20 cm lange Holzstäbchen spießen – Mit Salz, Pfeffer und Curry bestäuben – Auf dem Grill rösten – Innen soll das Fleisch noch rosa bleiben – Die Zwiebeln streifig schneiden – In Öl hellgelb anrösten – Mit Mehl bestäuben – Zucker, Zitronensaft, Fleischglace oder Sojasauce und Rahm zugeben – Mit Sambal würzen – Beim Anrichten über die Spießchen gießen.

Beigabe: Reis.

Peru – Picadillo-Kuber

500 g Rindfleisch, 500 g Schweinefleisch, 4 Eßl. Butter, 1 große Zwiebel, 1 Zehe Knoblauch, 300 g Tomaten, 2 Pimentschoten, 1 Eßl. gehackte Petersilie, 1/2 Glas Essig, Salz, Pfeffer, 1 Prise Zucker, 2 kleine Eier, 2 Bananen, 1 Teel. Butter

Das Fleisch in Wasser weichkochen und durch den Fleischwolf drehen – In Butter die gehackte Zwiebel und Knoblauch andünsten – Enthäutete und zerschnittene Tomaten, Pimento, Petersilie, Essig und die Gewürze beifügen – Sämig kochen lassen – Das Fleisch untermengen – Durchkochen und zuletzt die Eier unterschlagen und gut vermischen – Bananen schälen und längs halbieren – In Butter anrösten – Das angerichtete Fleisch damit belegen.

Beigabe: Reis.

Peru – Fisch-Kebab (Spießchen)

2 Heilbuttfilets, Zwiebeln, 8 Scheiben Schinkenspeck, mager, 2 Tomaten, Salz, Pfeffer, Rosmarin, Öl

Die Fischscheiben in etwa 4 cm große Stücke teilen – Abwechselnd mit Zwiebelscheiben, Speck und Tomatenvierteln auf Spieße stecken – Gut einölen und mit den Gewürzen bestreuen – Auf dem Grill oder in einer Pfanne garen.

Beigabe: Reis.

Philippinen – Arroz Luzonia (Eintopfgericht)

Das Fleisch, halbierte Shrimps, feingehackter Knoblauch und Zwiebel in heißem Fett dünsten – Den Reis, Salz, Pfeffer und Paprika zugeben – Vom Feuer nehmen – Wenn erkaltet mit den verquirlten Eiern vermengen – Eine Gratinierplatte buttern – Die Masse einfüllen – Mit Piment und Eivierteln belegen – In ein Wasserbad stellen und im heißen Rohr 20 Minuten backen – Bananen schälen und der Länge nach teilen – In Butter dünsten ohne sie zerfallen zu lassen – Beim Anrichten in der Gratinierplatte die Bananen darüber ordnen.

1 1/2 Tassen gekochte Hühnerfleischwürfel, 16 Shrimps, 4 Zehen Knoblauch, 1 große Zwiebel, 2 Eßl. Schweinefett, 2 Tassen gekochter Patna-Reis, Salz, Pfeffer, 1 Eßl. süßer Paprika, 4 Eier, Butter, 1 Tasse rohe Pimentwürfel, 2 hartgekochte Eier, 6 Bananen, Butter

Japan – Fischsalat

Die Filets im Fischsud vorsichtig garen lassen – Herausnehmen, abkühlen lassen und zerpflücken – Sardellenfilets fein verwiegen – Mit den Gewürzen, Essig oder Zitronensaft, Senf und reichlich Öl zu einer Marinade vermengen – Zwiebel, Äpfel und Gurke kleinwürfelig schneiden – Orangen in Spalten und Ananas in grobe Würfel schneiden, Mandarinen nur in Schnitze teilen – Früchte aus der Dose gut abtropfen lassen – Mit dem Reis zusammen vorsichtig untereinandermengen – Den Fisch als letztes zugeben – Leicht kühlen lassen – In Portionsschälchen verteilen und mit Früchten und enthäuteten Tomatenschnitzen garnieren.

375 g Fischfilet, Fischsud, 1 saure Gurke, 1 Zwiebel, 1 Apfel, 2 hartgekochte Eier, Orangen oder Ananas, 1 kleine Dose Mandarinen, 2 Tassen gekochter Reis
Zur Sauce:
10 Sardellenfilets, Essig oder Zitronensaft, Senf, Salz, Zucker, Pfeffer, Öl, 2 Tomaten

Japan – Sukyaki

Dieses Gericht wird bei Tisch zubereitet – Man benötigt dazu einen Spirituskocher und eine Kupferpfanne – Das Fleisch in möglichst dünne Scheiben schneiden, nicht stärker als 3 mm – Das Gemüse zurichten und zu Julienne schneiden (kleine dünne Streifen) – Für jede Person 1 Eigelb in ein kleines Schälchen schlagen – In die heiße Pfanne etwas Fett und wenig Zucker geben – Braun werden lassen – Die Sauce beifügen und aufkochen – Das Gemüse, etwa 2 Tassen zusammen, in die heiße Sauce geben – Einige Minuten kochen lassen, doch muß

750 g Rinderfilet, Karotten, Sellerie, Kohl, Zwiebeln, Pilze, Bambussprossen (Konserve), 1/10 l Sojasauce, 4 Eigelb, Fett, Zucker

das Gemüse noch ziemlich roh bleiben – Jede Person verquirlt nun mit Stäbchen das Eigelb, spießt sich eine Scheibe Fleisch auf und hält sie kurz in die kochende Sauce, nimmt etwas von dem Gemüse dazu, tunkt das Fleisch in das Eigelb und ißt es mit dem Gemüse zusammen.
Beigabe: Reis, Pickles süßsauer, eingemachte Früchte und Chutneys.

China – Hühnerragout

400 g Hühnerfleisch (roh), 2 Eßl. Sherry, 2 Eßl. Wasser, 1 Eßl. Stärkemehl, 1 Zwiebel, 2 Eßl. Öl, 1/2 Teel. Ingwerpulver, 2 Eßl. Sojasauce, 1 Prise Salz, 1 Prise Zucker

Das Hühnerfleisch, am besten nur Bruststücke in 1 cm große Würfel schneiden – Mit Sherry, Wasser, Stärkemehl und feingehackter Zwiebel vermengen – Auf großer Flamme in heißem Öl unter ständigem Rühren 2 Minuten braten – Mit Ingwer bestreuen, Sojasauce zugießen und würzen.
Beigabe: körniger Reis.

China – Huhn mit Mandeln

250–300 g Hühnerfleisch, vorgekocht, 75 g roher Schinken, 100 g abgezogene Mandeln, 2 Eßl. Öl, Salz, 1 Eßl. Sojasauce, Pfeffer, Salz, Zucker, 1 Teel. Stärkemehl, Öl

Das Fleisch quer zur Faser und den Schinken in etwa 4 cm große Scheiben schneiden – Mandeln in Öl goldgelb rösten – Aus der Pfanne nehmen und mit wenig Salz bestreuen – Eine Sauce aus Soja, Gewürzen, Stärkemehl und Öl mischen – Das Fleisch damit vermengen – In 1 Eßlöffel Öl anbraten – Schinken und Mandeln zugeben – Mit etwas Sojasauce beträufeln – 2 Minuten schmoren lassen.

Mittelamerika – Huhn à la Créole

1 junges Huhn, 2 Eßl. Butter, 1 Zwiebel, 1 Eßl. Butter, 1 Eßl. Curry, 1 Messerspitze Safran, Salz, 1 Prise Zucker, 2 Pimentoschoten, 1 Glas Sherry, 1 Kokosnuß, 1 Glas warmes Wasser, 12 Crevetten, Reis, Gänsefett

Das Huhn zurichten und in Stücke zerlegen – In der Butter allseitig goldgelb braten – In einer zweiten Pfanne gehackte Zwiebeln rösten – Curry, Safran, Salz, Zucker und streifig geschnittene Pimento zugeben – Mit Sherry ablöschen und 20 Minuten über kleiner Flamme kochen – Von der Kokosnuß die Milch abgießen und mit dem Wasser verdünnen – Zugießen – Die gebratenen Hühnerstücke und die vorgekochten Crevetten beifügen – 10 Minuten zusammen auf kleiner Flamme kochen lassen.
Beigabe: Körnig gekochter Reis in Gänsefett angebraten.

Mittelamerika – Kreolischer Salat

Tomaten enthäuten, entkernen und würfelig schneiden – Lauch in dünne Scheiben schneiden – Pfefferschoten fein verwiegen – Sellerie schälen und zu kleineren Würfeln schneiden – Alles mit den Erbsen und dem Reibkäse vermengen – Mit Zitronensaft oder Essig, Öl und den Gewürzen anmachen – Eisgekühlt auf Salatblätter gesetzt servieren.

1 Tasse kalter Reis, körnig gekocht, 2 Tomaten, 1/4 Stange Lauch, 2 Teel. eingelegte rote Pfefferschoten, 1 Tasse roher Sellerie, 1 Tasse gekochte Erbsen, 1/2 Tasse geriebener Cheddarkäse, Zitronensaft oder Essig, Olivenöl (reichlich), Pfeffer, Salz, Zucker, Salatblätter

Malaya – Fisch Moolie (Gebackene Fische)

Den Fisch in Stücke schneiden – Mit Zitronensaft beträufeln und würzen – In Mehl wenden und in heißem Öl goldgelb herausbacken – Die Zwiebeln, Ingwer und Knoblauch fein hacken – Im Öl leicht anschwitzen – Zitronensaft, Essig und die Gewürze zugeben – Mit Wasser und Kokosmilch auffüllen – 7 Minuten kochen lassen – Vor dem Anrichten mit Eigelb legieren – Über den Fisch gießen und mit roten Paprikastückchen garnieren.

1 kg Fischfilet, Zitronensaft, Salz, Pfeffer, Currypulver, Mehl, Öl
Zur Sauce:
2 Zwiebeln, 4 Eßl. Öl, 1 Stückchen Ingwer (Konserve), 2 Zehen Knoblauch, Currypulver, Safran, 1/2 Zitrone, Saft, 1 Eßl. Essig, 1/2 Eßl. Zucker, wenig Macis, 1 Tasse Kokosmilch, 1 Tasse Wasser, 1 Eigelb

Puerto Rico – Seezunge

Die Filets aufrollen und mit Hölzchen zusammenhalten – Den Sud aufkochen – Die Filets einige Minuten darin garen lassen – Herausnehmen und warmstellen – Den Sud zur Hälfte einkochen lassen – Die Gewürze herausnehmen – Über kleiner Flamme den Rahm zugeben, sämig werden lassen – Mit den Eiern legieren – Einen in Scheiben geschnittenen Langustenschwanz darin erwärmen – Zuletzt den Kaviar, Zitronensaft und Gewürze nach Geschmack beifügen – Die fertige Sauce über die Filetröllchen gießen – Hölzchen vorher entfernen.
Beigabe: Körniger Reis.

2 Seezungen à 400 g
Zum Sud:
1 Tasse Weißwein, 1/2 Tasse Wasser, 1 Nelke, Muskat, 1/2 Lorbeerblatt, 3 Stengelchen Petersilie, 1 Stückchen Lauch, 1 kleine rote Rübe, 2 Zitronen, Scheiben
Zur Sauce:
2/10 l Rahm, 100 g Butter, 2 Eigelb, 1 Langustenschwanz (Dose), 25 g Kaviar, 1 Zitrone, Saft, Salz, Pfeffer

Mexiko – Chiles Poblanos Rellenos (Gebackene süße Pfefferschoten)

8 grüne Pfefferschoten, Friture, 200 g Quark, Backteig
Zur Sauce:
150 g Tomaten, 150 g Zwiebeln, Salz, Pfeffer, Zucker, 50 g geräucherter Speck

Das Backfett erhitzen und die Schoten kurz einlegen – Solange nur bis sich die äußere Haut abziehen läßt – Der Länge nach durchschneiden und die Kerne herausnehmen – Jede Hälfte auf der Innenseite mit gesalzenem Quark bestreichen – Die Hälften zusammenrollen und mit einem Hölzchen zusammenstecken – In Backteig tauchen und in der heißen Friture goldgelb herausbacken.
Zur Sauce gehackte Zwiebeln und geschnittene Tomaten in ganz wenig Wasser weichkochen – Durchpassieren und würzen – Speck kleinwürfelig schneiden – Ausbraten und mit der passierten Sauce kurz durchkochen.

Mexiko – Mancha Manteles de Cerdo (Schweinegulasch)

750 g Schweinefleisch, durchwachsen, 2 Eßl. Butterschmalz, 1 Zwiebel, 3 Zehen Knoblauch, 1 Tasse Weißwein, 3 Tomaten, 250 g Pfeffer- oder Paprikaschoten, 1 Stückchen Zimt, 2 Nelken, Salz, Pfeffer, 1/2 Teel. Anis, 1/2 l Kalbsbrühe, 2 Äpfel, 1 Tasse Johannisbeergelee

Das Fleisch in 3 cm dicke Würfel schneiden – Im Fett gut anrösten – Herausnehmen und warmstellen – Im Bratfond gehackte Zwiebeln und zerdrückten Knoblauch andünsten – Mit Wein ablöschen – Tomaten, Zimt, Gewürze, die gehackten Schoten und die Brühe beifügen – 20 Minuten kochen lassen – Durch ein Sieb passieren – Wieder aufs Feuer geben und das Fleisch darin fast gar kochen – Geschälte Apfelviertel und das Gelee zugeben – Solange kochen, bis die Äpfel weich, aber noch ganz bleiben.

Peru – Fritada (Fleischeierkuchen)

750 g Rinderfilet, 1/4 Tasse Öl, 80 g Zwiebeln, 80 g Paprikaschoten (süß), 2 Eßl. Butter, Salz, Pfeffer, 4 Eier, 1/2 l Süßrahm

Das Fleisch in 1 cm große Würfel schneiden – Im heißen Öl scharf anrösten – In Butter gehackte Zwiebeln und Schoten glasig dünsten – Dem Fleisch zugeben – Mit Salz und Pfeffer würzen – Die Eier mit dem Rahm verquirlen – Über das Gericht gießen – Unter Rühren kochen, bis die Eier gestockt sind.

Vom Backen

Teigarten und Massen

Backteig

Alle Zutaten zu einem dickflüssigen Teig vermengen – 30 Minuten vor Verwendung bereiten und kühlstellen.

1/4 l Milch, 180 g Mehl, 2 Eier, 20 g Zucker, Salz, 1 Eßl. Rum

Brandteig

Wasser mit Butter und Salz aufkochen – Mehl auf einmal einstreuen und zu einem Kloß abrühren – Vom Feuer nehmen und die Eier nach und nach unterarbeiten.

1/2 l Wasser, 125 g Butter, Salz, 250 g Mehl, 8 Eier

Blätterteig

Butter mit 1/4 des Mehls verkneten – Zu einem flachen, viereckigen Stück formen und kaltstellen – Restliches Mehl mit Ei, Salz, Wasser und Essig zu einem glatten Teig verarbeiten – Kühlgestellt rasten lassen – Auf bemehltem Brett ausrollen – Butterviereck einschlagen und leicht flachklopfen – Zur ersten Tour rechteckig ausrollen und dreiteilig übereinanderlegen – Danach 10 Minuten rasten lassen – Zweite Tour ausrollen, vierteilig zusammenlegen und 30 Minuten rasten lassen – Dritte Tour ausrollen, dreiteilig zusammenlegen, 15 Minuten rasten lassen – Vierte Tour vierteilig zusammenlegen, 30 Minuten rasten lassen – Zu einer viereckigen Platte ausrollen und je nach Rezept verwenden.

500 g Butter, 500 g Mehl, 1 Ei, Salz, 1 Eßl. Essig, etwa 1/4 l Wasser

Quark-Blätterteig

Alle Zutaten rasch zusammenarbeiten – Zu einem Kloß zusammendrücken und bis zum Gebrauch kühlstellen – Auf bemehltem Tuch oder Brett 1/2 cm stark ausrollen – Für Obstkuchen, Pies, Pizzas und Pasteten.

250 g Mehl, 250 g Butter, 250 g Quark, 1 Prise Salz

Einfacher Blätterteig

250 g Mehl, 250 g Butter oder 1/2 Butter 1/2 Margarine, 1/4 Tasse Wasser, 1/2 Teel. Salz, Mehl zum Streuen

Mehl auf das Backbrett sieben – Zu einem Kranz auseinanderbreiten – In die Mitte die sehr kalte Butter in walnußgroße Stücke schneiden – Unter Zugabe von Wasser und Salz mit den Fingern untereinandermengen – Zu einem Ballen lose zusammenkneten (die Butterstücke sollen danach im Teig noch sichtbar sein) – An kühlem Ort 15 Minuten ruhen lassen – Mit dem bemehlten Wellholz auf einem mit Mehl bestreuten Brett zu einem Viereck ausrollen – Das Viereck wie eine Serviette falten, wobei jedesmal der Teig 3mal übereinandergelegt wird – Den Teig wiederum 15 Minuten ruhen lassen – Auswellen und rasten lassen, 3mal wiederholen – Zuletzt zu einer Platte ausrollen und je nach Rezept verwenden – In sehr heißem Ofen backen.

Beignetteig – Bierteig

5 gehäufte Eßl. Mehl, Bier, 2 Eßl. Öl, 2 Eier

Alle Zutaten, außer dem Eiweiß, zu einem dickflüssigen Teig verrühren – 30 Minuten stehen lassen und vor Gebrauch steifen Eierschnee unterziehen.

Beignetteig – Weinteig

Zutaten wie bei Beignetteig, Weißwein statt Bier

Zubereitung wie oben.

Nudelteig

500 g Mehl, 4 Eier, 1–2 Teel. Wasser, 1 Teel. Essig, 1/2 Teel. Salz

Mehl auf ein Brett geben – In die Mitte die Eier schlagen – Wenig Wasser, Essig und Salz zugeben – Zu einem festen zähen Teig kneten – So lange bearbeiten, bis er beim Durchschneiden kleine Löcher zeigt.

Hefeteig (gerührter)

500 g Mehl, 125 g Zucker, 175 g Butter, 25 g Hefe, 1/4 l Milch, 5 Eigelb, Salz, 1/2 Zitronenschale

Aus Hefe, Milch und etwas Mehl einen Vorteig bereiten siehe Seite 609 – Butter mit Zucker schaumig rühren – Salz, geriebene Zitronenschale und Eier nach und nach einrühren – Mehl und Vorteig zugeben – Mit lauwarmer Milch zu einem glatten Teig verarbeiten – Zum Aufgehen in die Wärme stellen, danach bei mäßiger Hitze 1 Stunde backen.

Hefeteig für Kuchen

Hefe mit lauwarmer Milch und Mehl zu einem dickflüssigen Teig vermengen und zum Aufgehen in die Wärme stellen – Butter in lauwarmer Milch zergehen lassen – Mit den übrigen Zutaten und dem gut gegangenen Vorteig unter das Mehl mischen – Zu einem Teig verarbeiten, bis er sich von Kochlöffel und Schüssel löst – In die Wärme stellen und gehen lassen, bis er doppelt so groß ist – Zusammenkneten und in die Form füllen oder ausrollen und aufs Blech setzen – Nochmals gehen lassen – In gut heißem Rohr backen.

500 g Mehl, 100 g Zucker, 100 g Butter, 20 g Hefe, 1/4 l Milch, 2 Eier, 1 Eigelb, Salz, geriebene Zitronenschale

Hefeblätterteig (Plunderteig)

Fertig verarbeiteten Hefeteig nur einmal an nicht zu warmen Ort zum Aufgehen stellen – Zu einer Platte ausrollen – Das mittlere Drittel der Teigplatte mit Butterflocken belegen – Zweites Teigdrittel überklappen – Butterflocken auflegen und letztes Teigdrittel abschließend darüberschlagen – Leicht flachklopfen, ausrollen und dreifach zusammenlegen – 10 Minuten rasten lassen – Ausrollen, dreifach zusammenlegen, nochmals rasten lassen – Danach ausgerollt, je nach Rezept, Kaffeegebäck, wie Schnecken, Hörnchen usw. daraus backen.

Hefeteig für Weißbrot, *s. Seite 610*

Zum Einschlagen: *50–100 g Butter*

Kartoffelteig

Feingeriebene Kartoffeln mit den übrigen Zutaten zu einem Teig verkneten – Je nach Rezept verwenden.

500 g gekochte, geriebene Kartoffeln, 170 g Mehl, 50 g Butter, Salz, 2 Eigelb oder 1 Ei

Pastetenteig

Alle Zutaten zu einem glatten Teig verarbeiten – Noch besser tags zuvor bereiten – Zu Schinken-, Fasan-, Hasen-, Wild- und ähnlichen Pasteten verwenden.

250 g Mehl, 125 g Butter, 1 Ei, Salz, kaltes Wasser (wenig)

Linzer Teig (braun)

Alles zu einem Teig verkneten und vor dem Ausrollen 30 Minuten kühl rasten lassen.

200 g Zucker, 2 Eigelb, 1 Ei, 1/2 Zitrone, Schale, gerieben, Zimt, 250 g Butter, 250 g Mehl, 250 g geriebene Mandeln

Linzer Teig (hell)

300 g Mehl, 300 g Butter, 125 g geschälte, geriebene Mandeln, 125 g Zucker, 2 Eigelb, Vanille, 1/2 Zitrone, Schale, gerieben

Alle Zutaten rasch zu einem Teig verkneten – Vor Verwendung 30 Minuten kühl rasten lassen.

Strudelteig

500 g Mehl, 50 g Fett, 1–2 Eier, 1/4 l warmes Wasser, Salz

Alle Zutaten rasch zu einem Teig verkneten – Zu einer Kugel formen und, mit Öl bestrichen, unter einem erhitzten Topf 30 Minuten rasten lassen – Auf bemehltem Tuch ausrollen – Bis zur Durchsichtigkeit noch ausziehen – Bei Obstfüllungen vorher mit in Butter gerösteten Bröseln bestreuen – Streichfüllungen direkt auf den Teig geben – Nach Füllung Teigränder glattschneiden – Den gefüllten Teig mit Hilfe des Tuches aufrollen – Nach jeder Wendung mit Butter pinseln – Auf gefettetem Blech, die Oberfläche mit Butter oder Ei bestrichen, in mittelheißem Rohr backen.

Haselnußmasse

10 Eier, 200 g Zucker, 100 g geröstete, geriebene Haselnüsse, 1 Teel. Zimt, 100 g Biskuitbrösel, 50 g Butter

Eigelb mit 100 g Zucker schaumig rühren – Steifen Eierschnee mit restlichem Zucker vermengt, abwechselnd mit Mehl zugeben – Geriebene Nüsse mit Brösel vermengt unterziehen – Lauwarme Butter unterrühren.

Biskuitmasse (warm)

10 Eier, 200 g Zucker, 1/2 Zitrone, Schale, 250 g Mehl oder Stärkemehl

Eier mit Zucker und geriebener Zitronenschale über Dampf oder kleinster Flamme schaumig schlagen – Vom Feuer genommen, kaltschlagen und nach und nach Mehl einrühren – Für Torten und kleine Kuchen.

Biskuitmasse (kalt)

10 Eier, 200 g Zucker, 1/2 Zitrone, geriebene Schale, 250 g Mehl

Eigelb mit 100 g Zucker und Zitronenschale schaumig rühren – Steifen Eierschnee mit dem restlichen Zucker ausschlagen und abwechselnd mit dem Mehl untermengen.

Mürbeteig

Zucker, Eigelb, Ei und Zitronenschale vermengen – Mit Butter und Mehl verkneten – 30 Minuten kühl rasten lassen.

125 g Zucker, 1 Eigelb, 1 Ei, geriebene Zitronenschale, 250 g Butter, 275 g Mehl, Salz

Schweizer Mürbeteig

Alle Zutaten, die Butter zuvor kaltgestellt und in Stücke geschnitten, rasch zusammenkneten, am besten mit Teigfix – Wird der Teig auf einem Backbrett ausgerollt, zuvor 30 Minuten an kühlem Ort ruhen lassen – Bei Verwendung von Teigwunder kann es gleich anschließend geschehen – Den dünn ausgerollten Teig in beliebige Figuren ausstechen – Mit geschlagenem Eiweiß bestrichen, im heißen Rohr goldgelb backen.

150 g Butter, 250 g Mehl, 150 g Zucker, 1 Ei, 3 Eigelb, 1/2 Zitrone, Schale, 1 Messerspitze Backpulver, 1 Prise Salz, 1 Eiweiß

Mandelmasse

Eigelb mit der Hälfte des Zuckers schaumig rühren – Zitronensaft zugeben – Steifen Eierschnee, mit dem restlichen Zucker vermengt, und zuletzt Mandeln, mit Biskuitbröseln vermischt, beifügen.

10 Eier, 250 g Zucker, 1/2 Zitrone, Saft, 250 g geriebene Mandeln, 100 g Biskuitbrösel

Zu Makronenmasse: Eiweiß zu steifem Schnee schlagen – Zitrone untermengen – Zucker und geschälte, feingemahlene Mandeln zugeben – Das Gemenge 1/4 Stunde steifrühren.

oder:
4 Eiweiß, 250 g Zucker, 350 g Mandeln, 1/2 Zitrone, Saft und Schale

Sandmasse (warm)

Eier mit Zucker und Vanille im Wasserbad oder über kleinster Flamme lauwarm schlagen – Vom Feuer genommen, kaltrühren – Nach und nach Mehl, und zuletzt lauwarme Butter unterziehen.

10 Eier, 250 g Zucker, 1 Päckchen Vanille-Zucker, 250 g Mehl, 50 g zerlassene Butter

Sandmasse (kalt)

Angewärmte Butter mit 125 g Zucker und Zitronenschale schaumig rühren – Eigelb nach und nach zugeben – Eierschnee, mit restlichem Zucker vermengt, und Mehl abwechselnd unterziehen – Sofort bei mittlerer Hitze backen.

250 g Butter, 250 g Zucker, 1/2 Zitrone, geriebene Schale, 5 Eigelb, 10 Eiweiß, 250 g Mehl

Nußmasse

10 Eier, 200 g Zucker, 1 Teel. Zimt, 50 g Mehl, 300 g Walnüsse, 100 g Biskuitbrösel, 50 g Butter

Eigelb mit 100 g Zucker schaumig rühren – Steifen Eierschnee, mit restlichem Zucker ausgeschlagen, abwechselnd mit Mehl zugeben – Geriebene Nüsse mit Bröseln vermengt unterziehen – Lauwarme Butter unterrühren.

Schokoladenmasse

100 g Butter, 100 g Zucker, 10 Eier, 100 g Schokolade, 150 g Biskuitbrösel, 150 g geriebene Mandeln

Butter mit der Hälfte Zucker und Eigelb schaumig schlagen – In der Wärme geschmolzene Schokolade untermengen – Steifen Eierschnee, mit dem restlichen Zucker vermengt zugeben – Brösel, mit geriebenen Mandeln vermengt, unterziehen.

Schokoladenmasse (Sachermasse)

200 g Butter, 200 g Zucker, 200 g Schokolade, 150 g Mehl, 10 Eier, 1 Päckchen Vanille-Zucker

Butter mit der Hälfte des Zuckers schaumig rühren – Erweichte Schokolade zugeben – Eigelb nach und nach zurühren – Steifen Eierschnee, mit dem restlichen Zucker vermengt, abwechselnd mit dem Mehl unterziehen.

Meringenmasse – Baiser

10 Eiweiß, 500 g Puderzucker

Eiweiß zu steifem Schnee schlagen – Die Hälfte des gesiebten Zuckers zurühren – Restlichen Puderzucker leicht untermengen.

Cremefüllen und Glasuren

Karamelcreme

1 1/2 Tassen gekochte Milch, 1 Tasse Zucker, 1/3 Tasse Mehl, 1 Eigelb, 1 Teel. Vanille-Zucker

1/2 Tasse Zucker in einer kleinen Kasserolle unter fortwährendem Rühren schmelzen und hellbraun werden lassen – Mit wenig Wasser ablöschen und aufkochen lassen – Die Milch, mit dem restlichen Zucker und Mehl vermischt zurühren – 20 Minuten unter ständigem Rühren kochen, bis die Mischung dick ist – Vom Feuer nehmen und das geschlagene Eigelb und Vanille zugeben – Bis zum Abkühlen von Zeit zu Zeit umrühren.

Buttercreme

Die Butter schaumig rühren – Abwechselnd die Eigelb und den Zucker unterrühren – Tropfenweise die abgekochte, kalte Milch zugeben – Alles zusammen dick und schaumig schlagen.
Eine andere Zubereitungsart: Die Milch, das Stärkemehl, den Zucker und Vanille-Zucker verrühren – Auf kleiner Flamme oder im Wasserbad unter Rühren dickkochen – Unter die schaumig gerührte Butter löffelweise den völlig erkalteten Pudding schlagen.

125–200 g frische Butter, 3 Eigelb, 120 g Puderzucker, etwa 1/2 Tasse Milch
oder:
1 Tasse Milch, 2 Eßl. Stärkemehl, Vanille-Zucker, 1/4 Tasse Zucker, 125–200 g Butter

Mokkacreme

Zubereitung wie Buttercreme, s. oben, anstelle von Milch den Mokka zugeben.
Bei Verwendung von Stärkemehl dieses mit der Milch, Mokka und 1 Eßlöffel Zucker zusammen aufkochen – Butter und den restlichen Zucker schaumig rühren – Die abgekühlte Puddingmasse löffelweise unterschlagen.

125–200 g frische Butter, 3 Eigelb, 120 g Puderzucker, 1/2 Tasse Mokka
oder:
1/2 Tasse Milch, 1/2 Tasse Mokka, 2 Eßl. Stärkemehl, 1 Teel. Vanillezucker, 3/4 Tasse Zucker, 125 g Butter

Orangen- oder Zitronencreme

Das Stärkemehl mit etwas Milch anrühren – Die restliche Milch mit dem Zucker aufkochen – Das Stärkemehl einrühren und etwa 3 Minuten unter Rühren kochen – Vom Feuer nehmen, das Eigelb vorsichtig unterrühren und wieder bis zum Kochen kommen lassen – Die geriebene Zitronen- oder Orangenschale und den Saft zugeben – Den steifen Eierschnee lose unterziehen – Kühlstellen und erstarren lassen.

4 Eßl. Stärkemehl, 2 Tassen Milch, 5 Eßl. Zucker, 1 Ei, 2 Eßl. Orangensaft, 1 Eßl. Zitronensaft, 1/2 Orange, Schale
oder:
2 Eßl. Zitronensaft, 1/2 Zitrone, Schale

Franzipancreme

Das Mehl, den Zucker, das Salz und die Milch gut vermengen – Unter ständigem Rühren 20 Minuten auf kleiner Flamme kochen, bis die Mischung dick ist – Vom Feuer nehmen und die geschlagenen Eigelb nach und nach unterrühren – Die schaumig gerührte Butter und die übrigen Zutaten untermengen.

1/3 Tasse Puderzucker, 1/3 Tasse Mehl, 4 Eigelb, 1/4 Teel. Salz, 1 Tasse gekochte Milch, 2 Eßl. Butter, 2 Eßl. Makronenbrösel, 1 Teel. Vanille-Zucker, 1/3 Teel. Zitronenextrakt

Himbeercreme

1/8 l Läuterzucker, 6 Teel. gekörnte Gelatine, 3/8 l Süßrahm, 70 g Fruchtmark

Gelatine in heißem Läuterzucker auflösen – Erkaltet, aber noch flüssig unter den steifen Schlagrahm ziehen – Himbeermark beifügen.

Nußcreme

1 Tasse geröstete Haselnußkerne, 1 Tasse Milch, 2 Eßl. Stärkemehl, 4 Eßl. Zucker, 3 Eßl. Butter, 1 Päckchen Vanillezucker, 2 Eiweiß oder 1 Tasse Schlagrahm

Die geriebenen Nüsse zu der Milch rühren, die übrigen Zutaten zugeben und wie Vanillecreme, s. S. 607, zubereiten.

Gekochte Füllcreme – Crème Pâtissière

4 Eier, 1 l Milch, 250 g Zucker, 125 g Stärkemehl

Eigelb mit einer Tasse Milch, 125 g Zucker und Stärkemehl glattrühren – Mit der restlichen kochenden Milch auffüllen – Aufs Feuer stellen und aufstoßen lassen (kurz kochen) – Vom Feuer nehmen und sofort steifen Eierschnee, mit 125 g Zucker ausgeschlagen, unterziehen – Warm oder kalt verwenden – Die Creme ist kalt als Beimischung zu Buttercremes geeignet.

Schokoladencreme

50 g Schokolade oder 1 Eßl. Kakao, 1 Tasse Milch, 4 Eßl. Zucker, 3 Eßl. Butter, 2 Eßl. Stärkemehl, 1 Päckchen Vanille-Zucker, 1 Tasse Schlagrahm oder 2 Eiweiß

Die geriebene Schokolade zu der Milch rühren – Die übrigen Zutaten zugeben und wie Vanillecreme, s. nächste Seite, zubereiten.

Schlagrahm natur, zum Füllen von Torten

Rahm erst kurz vor Verwendung dickschlagen – Mäßig zuckern und nach Belieben Geschmacksbeigabe in stark konzentrierter Form beigeben.

Schlagrahm mit Gelatine, zum Füllen von Torten

1/8 l Läuterzucker, 4 Teel. gekörnte Gelatine, 3/8 l Süßrahm

Gelatine in heißem Läuterzucker auflösen – Erkaltet, aber noch flüssig unter den steifen Schlagrahm ziehen.

Vanillecreme

Die Milch und das Stärkemehl glattrühren – Die übrigen Zutaten zugeben und unter Rühren bis ans Kochen kommen lassen – Nach dem Erkalten etwas Schlagrahm untermengen oder den steifen Eierschnee unterziehen – Soll die Creme besonders steif sein, unter die lauwarme Creme 2 Blatt aufgelöste weiße Gelatine mengen.

1 Tasse Milch, 2 Eßl. Stärkemehl, 4 Eßl. Zucker, 2 Eigelb, 3 Eßl. Butter, 1/2 Vanilleschote oder 1 Päckchen Vanillezucker, 2 Eiweiß oder 1 Tasse Schlagrahm

Zitronencreme

Den Zucker und das Mehl vermengen – Die geriebene Zitronenschale, den Saft und das leichtgeschlagene Ei zugeben – Die Butter in einer Kasserolle zergehen lassen, die Mischung zugeben und rühren, bis der Siedepunkt erreicht ist – Darauf achten, daß es nicht anhängt – Vor der Verwendung gut durchkühlen lassen.

1 Tasse Zucker, 2 1/2 Eßl. Mehl, 1/4 Tasse Zitronensaft, 2 Zitronen, Schale, 1 Ei, 1 Teel. Butter

Eiweißglasur

Den gesiebten Zucker mit den übrigen Zutaten 15 Minuten verrühren – Diese Glasur wird weißer und deckt besser als Zuckerglasur.

1 Tasse Puderzucker 2 Eiweiß, 1 Teel. Zitronensaft oder Vanille-Zucker

Orangen-Glasur

Zitronen- oder Eiweißglasur mit 2 Eßlöffel Orangensaft vermengen und mit roter oder gelber Speisefarbe färben. färben.

Wasser-Zucker-Glasur, Weiße Glasur

Zucker mit wenig Wasser zu dickem Brei mischen – 10–15 Minuten stehen lassen – Zitronensaft oder Rum beifügen und glattrühren – Zum Überziehen von Hefegebäck und Teebäckerei verwenden – Bei Verwendung zu Torten 1–2 Teelöffel geschmolzenes Palmin unterrühren.

Puderzucker, Zitronensaft, 1–2 Teel. Palmin

Zitronen-Glasur

Eiweiß- oder Weiße Glasur mit 2 Eßlöffel Zitronensaft vermengen.

Kaffee-Glasur (Mokka-Glasur)

200 g Würfelzucker, 1/8 l Wasser, 250 g Puderzucker, 2 Eßl. Kaffee

Gesiebten Puderzucker mit starkem schwarzem Kaffee und so viel zur Perle gesponnenem Zucker, s. S. 675, zugeben, bis sich die Glasur rühren läßt – Weitere 15 Minuten rühren.

Karamel-Glasur

Gesiebten Zucker unter ständigem Rühren bis zum Hellbraunwerden erhitzen und sofort damit glasieren.

Punsch-, Rum-, Arrak-Glasur

Zitronenglasur mit 1 Eßlöffel Punsch, 2 Eßlöffel Rum oder Arrak vermengen.

Rosa-Glasur

Bereiten wie Vanilleglasur (s. unten) – Mit Speisefarbe oder Himbeersaft rosa färben – Als Geschmack Himbeer, Vanille oder Punsch beigeben.

Schokoladenglasur

1 Tasse Puderzucker, 2 Eiweiß, 75 g Schokolade

Zubereitung wie Eiweißglasur (s. Seite 607) – Die erwärmte Schokolade unterrühren – Ist die Glasur zu dünn geraten noch etwas Schokolade zugeben.

Weiße Spritzglasur

3/4 Tasse Puderzucker, 1/2 Eiweiß, 1 Eßl. Zitronensaft

Das Eiweiß zu steifem Schnee schlagen – Den gesiebten Zucker und Zitronensaft mitschlagen, bis die Masse dick und steif ist – Bis zum Gebrauch mit nassem Papier zudecken – Die Glasur kann gefärbt werden oder mit 30 g erwärmter, glattgerührter Schokolade oder mit 1 Eßlöffel Pulverkaffee vermengt werden – In den Spritzbeutel füllen und Verzierungen aufspritzen.

Vanille-Glasur

200 g Würfelzucker, 1/8 l Wasser, 250 g Puderzucker, Vanillezucker

Würfelzucker und Wasser bis zur Perle kochen – In gesiebtem Puderzucker so viel warme Zuckerlösung unterrühren, daß ein Brei entsteht – Die Masse 30 Minuten rühren – Mit Vanille aromatisieren.

DUHR

1959

Hefegebäck

Vorteig (Hefestück)

1/2 Tasse Wasser oder Milch, 20 g Hefe, 1 Prise Zucker, weitere Zutaten je nach Rezept

Das Mehl in die Backschüssel schütten und in seine Mitte eine Vertiefung machen – Die Hefe mit lauwarmer Milch und einer Prise Zucker anrühren und in die Vertiefung schütten – Mit Beigabe von wenig Mehl zu einem flüssigen Teig verrühren und diesen zugedeckt in die Wärme stellen: Dieser Teig wird Hefestück oder Vorteig genannt – Er kann auch gesondert in einem kleinen Gefäß hergestellt werden.

Den aufgegangenen Vorteig mit dem übrigen Mehl vermengen – Das Salz, die zerlassene, etwas abgekühlte oder gerührte Butter, die Eier, den Zucker, das Backaroma und nach Bedarf noch lauwarme Milch zugeben – Den Teig kneten und schlagen, bis er Blasen wirft und sich von Schüssel und Hand löst – Die Schüssel mit einem sauberen Tuch bedecken und an einen warmen Ort zum Gehen stellen, bis der Teig gut doppelt so groß geworden ist – Weitere Verarbeitung je nach Rezept.

Butterhörnchen

500 g Mehl, 20 g Hefe, 1 1/2 Tassen Milch, 125–200 g Butter, Salz

Die Hefe in 1/2 Tasse lauwarmer Milch anrühren – Soviel Milch zugeben, daß eine Art Pfannkuchenteig entsteht – In der Wärme gehen lassen – Mit der übrigen Milch, dem Mehl und 3 Eßlöffel Butter zu einem zarten Teig verarbeiten – 2 Stunden kühlstellen, oder über Nacht in den Keller – In etwa 20–25 Stücke teilen und jedes dünn und oval auswellen – Mit zerlassener Butter bestreichen, zusammenrollen und zu Hörnchen biegen – Auf ein Blech setzen und gehen lassen – Mit Wasser bestreichen und in heißem Ofen zu schöner goldgelber Farbe backen – Nach Belieben noch heiß mit zerlassener Butter bepinseln.

Schwarzbrot

2 1/2 kg Schwarzmehl, 1/2 kg Roggenmehl, 60 g Sauerteig und 50 g Hefe
oder:
50 g Hefe, 1 1/2 l Wasser, 4 Eßl. Salz

Die Hefe mit 1/2 Tasse lauwarmem Wasser in einer kleinen Schüssel glattrühren – So viel Mehl zurühren, daß ein dünner Teig entsteht – Über Nacht an nicht zu warmem Ort gehen lassen – Am nächsten Tag das Mehl leicht erwärmen – Das Salz, das lauwarme Wasser, den Vorteig, den Sauerteig und nach Belieben 1 Handvoll gekochte, geriebene Kartoffeln und etwas Kümmel oder Anis zugeben – Etwa 1 Stunde lang zu einem ziemlich festen Teig kneten, bis sich dieser von der Schüssel löst und Blasen wirft – Den Teig mit Mehl bestäuben und an nicht zu warmem Ort ungefähr 4 Stunden gehen lassen – Den Teig auf das Backbrett nehmen und 2 runde oder längliche Laibe daraus formen – Nochmal 20 Minuten gehen lassen, mit Wasser bestreichen und in heißem Ofen ungefähr 1 Stunde backen – Das aus dem Ofen kommende Brot mit Wasser bestreichen – Wird öfters Brot gebacken, etwas von dem Teig als Sauerteig für das nächstemal zurückbehalten.

Weißbrot

750 g Mehl, 30 g Hefe, 1 1/2 Tassen Wasser oder Milch, 1 Teel. Salz

Ein Hefestück ansetzen – Das Mehl und die übrigen Zutaten beigeben – Gut kneten und schlagen, bis der Teig Blasen wirft – Einen Stollen daraus formen und in eine zugerichtete Kastenform füllen – Gut gehen lassen und in 20–30 Minuten in recht heißem Ofen backen – Das aus dem Ofen kommende Brot mit Wasser bestreichen.

Flachswickel

500 g Mehl, 15 g Hefe, 7 Eßl. Butter, 1 Teel. Salz, 1 Ei, 1/2 Tasse Milch
Zum Auswellen:
Hagelzucker

Die Hefe mit wenig Milch und einer Prise Zucker anrühren – Die übrigen Zutaten vermengen und einen zarten Teig kneten – Eine Rolle formen und in gleichmäßige Stückchen zerteilen – Den Hagelzucker auf das Backbrett streuen – Jedes Teigstück zu etwa 30 cm Länge auf dem Zucker rollen – Zu einem Hörnchen biegen und die beiden Enden 2–3 mal umeinanderschlingen – Auf ein gebuttertes Blech setzen und bei guter Hitze backen.

Kümmel- und Mohnbrötchen

Einen Hefeteig wie zu Weißbrot, s. S. 610, herstellen – In der Schüssel gehen lassen – Kleine Brötchen daraus formen und diese auf ein gebuttertes Blech setzen – Wieder gehen lassen – Mit Wasser oder Eigelb bestreichen und mit Kümmel oder Mohn bestreuen – Zu schöner Farbe backen.

500 g Mehl, 30 g Hefe, 1 Tasse Wasser oder Milch, 1/2 Teel. Salz, Kümmel oder Mohn

Hefebrezeln oder -schnecken

Die Hefe in der lauwarmen Milch auflösen – Mit etwas Mehl zu einem dünnen Teig rühren – Die erwärmten Eier, den Zucker, die Zitronenschale und das Mehl mit dem Vorteig vermengen, wenn nötig noch etwas lauwarme Milch zugeben – Einen gut gearbeiteten Hefeteig bereiten – Zugedeckt gehen lassen – Den Teig auf ein Brett nehmen – Stücke davon abschneiden – Zu langen Rollen formen und Brezeln oder Schnecken davon drehen – Abermals gehen lassen und vor dem Backen mit Eigelb bestreichen – Mit Zucker bestreut zu schöner Farbe backen.

5 Tassen Mehl, 20 g Hefe, 1 Tasse Milch, 1 Teel. Salz, 5 Eßl. Butter, 4 Eßl. Zucker, 1–2 Eier, 1/2 Zitrone, Schale
Zum Bestreichen:
1 Eigelb, Zucker

Hefebund

Die Hefe in 1/2 Tasse lauwarmer Milch auflösen – In der Mitte des Mehls einen Vorteig anrühren und gut gehen lassen – Die Butter schaumig rühren – Die erwärmten Eier, den Zucker und das Salz zugeben – Mit einem Kochlöffel verrühren und zu einem ziemlich weichen Teig so lange schlagen, bis dieser Blasen zeigt – In eine zugerichtete Ringform gießen und gehen lassen – In recht heißem Ofen 45 Minuten backen.

450 g Mehl, 1 1/2 Tassen Milch, 15 g Hefe, 4 Eßl. Butter, 1/2 Tasse Zucker, 1–2 Eier, 1/2 Zitrone, Schale, 2 Eßl. Sultaninen

Hefekuchen

Einen Vorteig bereiten und in der Wärme gehen lassen – Das Mehl und die Zutaten zugeben – Den Teig kneten und schlagen bis er Blasen wirft – Die gewaschenen und getrockneten Sultaninen untermengen – Eine Form zurichten und mit dem Teig füllen – Zugedeckt warmstellen, bis er doppelt so groß ist – Bei mittlerer Hitze in 45 Minuten backen – Stürzen und mit Zucker bestreuen.

450 g Mehl, 15 g Hefe, 6 Eßl. Butter, 3/4 Tasse Zucker, 1/2 Tasse Sultaninen, 1–2 Eier, knapp 1 Tasse Milch, 1 Teel. Salz, 1/2 Zitrone, Schale

Bienenstich

Zum Teig:
450 g Mehl, 25 g Hefe, 1 Tasse Milch, 1/2 Teel. Salz, 2 Eßl. Butter, 1 Eßl. Schweineschmalz, 4 Eßl. Zucker, 1 Eigelb, 1/2 Zitrone, Schale
Zum Bestreuen:
125 g Butter, 125 g Zucker, 125 g Mandeln

Die Hefe in lauwarmer Milch auflösen – Mit Mehl zu einem Vorteig anrühren und gehen lassen – Die Butter schaumig rühren, den Zucker, die Eigelb, die Zitrone und das Salz beifügen – Abwechselnd Milch und Mehl und zuletzt den Vorteig zugeben – Einen nicht zu festen Teig kneten, bis er Blasen wirft – Zum Gehen in die Wärme stellen – Fingerdick auswellen und auf ein zugerichtetes Kuchenblech geben – Nochmals gehen lassen – Die Butter erhitzen, den Zucker und die geschälten, in Streifen geschnittenen Mandeln zugeben – Vom Feuer nehmen und erkalten lassen – Die Masse auf dem Kuchen verteilen und in gut heißem Ofen 45 Minuten backen – Nach Belieben noch mit Vanille-Creme, s. S. 607, füllen.

Haselnußring

Zum Teig:
250 g Mehl, 25 g Hefe, 4 Eßl. Butter, 3 Eßl. Zucker, 1 Prise Salz, 1 Ei, 1/2 Tasse Milch, 1 Teel. Vanille-Zucker oder geriebene Zitronenschale
Zur Fülle:
1 1/2 Tassen Haselnüsse, 4 Eßl. Zucker, 5 Eßl. Rahm, 1 Päckchen Vanille-Zucker, Vanilleglasur

Einen Hefeteig bereiten – Sehr gut schlagen und an der Wärme gehen lassen.
Zur Fülle: Die gerösteten und feingemahlenen Haselnüsse mit dem Zucker, dem Rahm und der Vanille vermengen. Den Teig schwach fingerdick auswellen – Die Fülle darauf verteilen – Zusammenrollen und in eine vorbereitete Ringform legen – Nochmals gehen lassen und zu schöner Farbe backen – Stürzen und noch warm mit Vanille-Glasur überziehen.

Aufgegangener Butterkuchen

1 Tasse gekochte Milch, 1 Tasse kochendes Wasser, 2 Eßl. Butter, 1/4 Tasse Zucker, 3/4 Teel. Salz, 10 g Hefe, 1 Ei, 4 Tassen Mehl

Die Butter, den Zucker und das Salz mit der Milch und dem Wasser verrühren – Lauwarm erhitzt, die Hefe zugeben – Sobald sie sich aufgelöst hat, das verquirlte Ei und das Mehl unterziehen – Zudecken und über Nacht gehen lassen – Am nächsten Morgen mit Butter ausgestrichene Ringförmchen 2/3 hoch mit Teig füllen und diesen so lange gehen lassen, bis die Formen voll sind – 30 Minuten in heißem Ofen backen.

Hefekranz

1 kg Mehl, 50 g Hefe, 1 1/2 Tassen Milch, 3 Eier, 100–200 g Butter, 1 Eßl. Schweineschmalz, 100–200 g Zucker, 1 Eßl. Salz, 1–2 Hände Rosinen, 1 Eigelb zum Bestreichen, Mandeln zum Bestreuen

Mehl in der Backschüssel anwärmen – In die Mitte eine Vertiefung machen – Hefe, mit lauwarmer Milch und einer Prise Zucker angerührt, hineinschütten und mit Mehl vermengen, bis zur Dicke eines Pfannkuchenteiges – Zugedeckt in der Wärme gehen lassen, bis dieser Vorteig etwa doppelt so groß geworden ist – Mit dem Mehl und den Zutaten, alle lauwarm genommen, verkneten – Wenn nötig, etwas mehr Milch beifügen, doch muß der Teig ziemlich fest sein – Als letztes Rosinen zugeben – Schlagen, bis der Teig Blasen wirft und sich von der Hand und Schüssel löst – Zugedeckt in die Wärme stellen, bis er doppelt so groß ist – Auf ein bemehltes Backbrett schütten – In drei Teile teilen und aus jedem Stück eine lange Rolle formen – Nebeneinanderlegen und von der Mitte zu beiden Enden hin einen Zopf flechten – Der Länge nach oder als Kranz auf ein gebuttertes Blech setzen – Für den Kranz ein rundes Blech benützen und in die Mitte eine gebutterte Dose stellen – Wo die einzelnen Flechten zusammenstoßen, Zucker streuen – Vor dem Backen nochmals gehen lassen – Mit Eigelb bestreichen und, mit blättrig geschnittenen Mandeln bestreut, im heißen Rohr in 30–45 Minuten zu schöner Farbe backen – In den ersten 20 Minuten das Rohr nicht öffnen.

Zwieback

500 g Mehl, 20 g Hefe, 1 Tasse Milch, 1 Teel. Salz, 1 Ei, 3–4 Eßl. Butter, 3–4 Eßl. Zucker, 1 Eigelb zum Bestreichen, Zucker

Aus den ersten 7 Zutaten einen ziemlich festen Hefeteig bereiten – Ein Laibchen formen und auf dem Backblech gehen lassen – Mit Eigelb bestreichen und bei mittlerer Hitze backen – Am folgenden Tage in Scheiben schneiden – In Zucker wenden und bei schwacher Hitze hellgelb rösten – Nach Belieben mit Guß verzieren.

Mandelguß auf Zwieback

2 Eiweiß, 200 g Puderzucker, Vanille-Zucker oder Zimt, 150 g Mandeln oder Haselnüsse

Die Eiweiß zu steifem Schnee schlagen, den Puderzucker und die Gewürze zugeben – 15 Minuten rühren – Die geschälten, geriebenen Mandeln oder Nüsse untermengen – Die Zwiebacke vor dem Rösten mit der Masse bestreichen.

Marzipankranz

Zum Teig:
450 g Mehl, 30 g Hefe, 2 Eigelb, 1 Tasse Milch, 4 Eßl. Butter, 4 Eßl. Zucker, 1 Teel. Salz, 1/2 Zitrone, Schale
Makronenmasse:
2 Tassen geriebene Mandeln, 1 Tasse Puderzucker, 2 Eiweiß, Bittermandel-Essenz, 2–3 Eßl. Rosinen, Vanilleglasur

Einen Hefeteig wie zu Hefekranz bereiten – Aus den feingemahlenen Mandeln, dem Zucker, dem Eiweiß und der Bittermandelessenz eine Makronenmasse bereiten – Den Teig zu einem Rechteck auswellen und mit Butter bepinseln – Die Makronenmasse daraufstreichen und mit den Rosinen bestreuen – Zu einer Rolle aufwickeln und der Länge nach aufschneiden – Beide Teile von der Mitte her umeinanderwickeln, dabei darauf achten, daß die bestrichene Seite nicht nach unten kommt – Auf ein gebuttertes Blech setzen und gehen lassen – Bei guter Hitze backen – Noch warm mit der Glasur bestreichen – Bei Verwendung in schräge Vierecke schneiden.

Schneckennudeln

Hefeteig, 1/2 Menge
Zur Fülle:
6 Eßl. Butter, 3 Eßl. Zucker, 1 Messerspitze Zimt, 1 Tasse Sultaninen
Zum Bestreichen:
1 Eigelb, Weiße Glasur

Den gegangenen Teig zu einer 1 cm dicken länglichen Platte ausrollen und mit zerlassener Butter bestreichen.
Zur Fülle: Alle Zutaten vermengen, nach Belieben gehackte Nüsse beifügen – Auf den Teig verteilen und zu einer langen Rolle aufwickeln – In 2 cm dicke Scheiben schneiden – Auf ein gebuttertes Blech gesetzt, mit Eigelb bestrichen, bei guter Mittelhitze backen – Noch warm mit Zuckerglasur überziehen.

Schwedischer Teering

1 1/2 Tassen Milch, 30 g Hefe, 750 g Mehl, 1/4 Teel. Salz, 2/3 Tasse Zucker, 1 Teel. Mandelextrakt, 1 Ei, 1/2 Tasse zerlassene Butter

Aus den Zutaten einen Hefeteig bereiten – 2 lange Rollen daraus formen, auf ein unbestäubtes Backbrett legen und mit einem Wellholz so dünn als möglich auswellen. (Falls der Teig hängen bleibt, mit dem Messer ablösen) – Mit zerlassener Butter bestreichen und mit Zucker, gehackten Mandeln und Zimt bestreuen – Zu 2 Rollen drehen und an jedem Ende ein Stück abschneiden – Die Enden ineinanderstecken, so daß Ringe entstehen – Die Ringe auf ein mit Butter bestrichenes Blech legen und mit einer Schere in gleichmäßigen Abständen wie zu Schneckennudeln durchschneiden – Die Nudeln, so wie sie übereinanderfallen, im Kreis herum liegen lassen und bei mäßiger Hitze backen – Wenn sie aus dem Ofen kommen, mit Zuckerwasser bestreichen.

Mandelkuchen

Einen Hefeteig, s. S. 613, bereiten, nicht ganz so fest wie zu Hefenkranz – So lange schlagen, bis er Blasen zeigt, und zum Gehen in die Wärme stellen – Auf das Nudelbrett oder auf ein mit Butter bestrichenes Backblech legen – Ungefähr 2 Finger dick auswellen und 15 Minuten gehen lassen – Die gehackten Mandeln mit Zucker und Zimt vermengen – Mit einer Gabel den Kuchenboden öfters einstechen – Die Mandelmischung darüberstreuen und die Butterflocken darauf verteilen – Im heißen Ofen 1 Stunde backen.

750 g Mehl, 125 g Butter, 100 g Zucker, 1–2 Eier, knapp 2 Tassen Milch, 25 g Hefe, 1 Teel. Salz
Zum Bestreuen:
60 g Mandeln, 60 g Zucker, 1 Messerspitze Zimt, Butterflöckchen

Strudelring

Die Hefe mit lauwarmer Milch anrühren und einen Vorteig bereiten – Das Mehl, die Milch, den Zucker, das Salz, die Butter und geriebene Zitronenschale zugeben und zu einem nicht zu festen Teig verarbeiten – Zugedeckt über Nacht stehen lassen – Am andern Tag den Teig viereckig auswellen – Die Butter mit 2 Eßlöffel Mehl vermengen und zu einem kleinen Viereck auswellen – Auf den Hefeteig legen, den Teig darüberklappen und 3–4 mal wie Blätterteig auswellen – Die feingehackten Mandeln mit Zucker, Bröseln, Gewürz, Wasser oder Milch zu einem dicken Brei anrühren – Den Teig zu einem Viereck auswellen und mit der Fülle bestreichen – In der Mitte durchschneiden, jede Hälfte der Länge nach aufrollen, so daß 2 gleich lange Rollen entstehen – Von der Mitte aus die beiden Rollen umeinanderschlingen und in eine vorbereitete Strudelform setzen – Wird eine Springform benutzt, in die Mitte eine gefettete Büchse stellen – Gehen lassen und bei guter Hitze in ungefähr 1 Stunde backen – Nach dem Backen mit Zucker bestreuen oder mit Zuckerglasur bestreichen.

450 g Mehl, 5 Eßl. Butter, 4–5 Eßl. Zucker, 1 Ei, 1 Eigelb, 1/2 Zitrone, Schale, 1 Teel. Salz, 30 g Hefe, 1 Tasse Milch
Zum Auswellen:
5 Eßl. Butter, 2 Eßl. Mehl
Zur Fülle:
1/2 Tasse Zucker, 1 1/2 Tassen Mandeln, 3 Eßl. Brösel, 1 Messerspitze Zimt, Wasser oder Milch
oder:
6 Eßl. Mohnsamen, 1/2 Tasse Rahm, 4 Eßl. Zucker, 1 Päckchen Vanille-Zucker

Ulmer Zuckerbrot

In 1 Tasse lauwarmer Milch die Hefe auflösen – Mit Mehl verrühren und zu einem Vorteig gehen lassen – Die erwärmten Zutaten beigeben und einen festen Teig kneten – In der Wärme gehen lassen – Auf dem Backbrett 1 cm dick auswellen, mit einem Glas runde

1/2 kg Mehl, 20 g Hefe, 1/2 Tasse Zucker, 2 Eßl. Butter, 1 Tasse Milch, 1–2 Eier, 1/2 Teel. Salz, 1/2 Zitrone, Schale

Kuchen ausstechen – Zusammenklappen und in eine gestrichene Kastenform dicht übereinandersetzen – Nochmals gehen lassen und zu schöner Farbe backen – Stürzen und mit kaltem Wasser bestreichen.

Nußkipferl

Zum Teig:
450 g Mehl, 1 Teel. Salz, 15 g Hefe, knapp 1 Tasse Milch, 5–7 Eßl. Butter, 5 Eßl. Zucker, 2 Eier
Zur Fülle:
1 1/2 Tassen Haselnüsse, 5 Eßl. Zucker, 2 Eßl. Wasser
Zum Bestreichen:
3 Eßl. Butter, Vanilleglasur

Von den ersten Zutaten einen Hefeteig bereiten – Den Teig gehen lassen und 1 cm dick auswellen – Dreiecke ausrädeln oder Ovale auswellen – Mit zerlassener Butter bestreichen – Aus den gerösteten und geriebenen Haselnüssen, dem Zucker und Wasser eine Fülle herstellen – Die Teigstücke damit bestreichen, aufrollen und Kipfel formen – Auf ein Blech setzen, gehen lassen und mit zerlassener Butter bestrichen bei guter Hitze backen – Die noch warmen Kipfel mit Vanille-Glasur bestreichen.

Streuselkuchen

450 g Mehl, 15 g Hefe, 5 Eßl. Zucker, 1 Teel. Salz, 4 Eßl. Butter, 1 Ei, 1 Tasse Milch
Streusel aus:
1 1/2 Tassen Mehl, 1 Tasse Butter, 3/4 Tassen Zucker, 1 Tasse Haselnüsse, 1 Teel. Zimt

Einen Hefeteig bereiten und gehen lassen – Auf ein gebuttertes Blech legen, fingerdick auswellen und nochmals gehen lassen – Mit zerlassener Butter bestreichen.
Die Haselnüsse mahlen und mit dem Mehl, Zucker und Zimt vermengen, (die Streusel können jedoch auch ohne Haselnüsse gemacht werden) – Die Butter zergehen lassen und tropfenweise zugeben – Die entstandenen Streusel vorsichtig zwischen den Händen reiben – Auf den Kuchen streuen und bei mittlerer Hitze 30 Minuten backen.

Kuchen

Apfel- und Steinobstkuchen

Eine zugerichtete Springform mit Blätterteig oder Mürbeteig auslegen – Die Äpfel schälen und vierteilen, das Kernhaus entfernen, kleinere Äpfel halbieren – Bei Steinobst Steine entfernen – Einige Einschnitte in die Außenseite der Äpfel machen – Das Obst auf den Teig ordnen und mit Zucker und Zimt bestreuen – Die gehackten Mandeln und die Rosinen darüberstreuen – Mit Butterflöckchen belegen und bei guter Hitze backen (wenn die Äpfel nicht saftig werden, den Kuchen kurze Zeit mit Folie zugedeckt backen).

Es kann auch *Geliermasse* oder ein *Rahmguß* darübergegeben werden: 1 Tasse Sauerrahm, 1–2 Eier und 60 g Zucker verrühren und über die Äpfel gießen – Oder der Kuchen kann mit einer *Meringenmasse* bedeckt werden aus: 2 Eiweiß und 100 g Zucker – Über die Äpfel häufen, kurz bevor der Kuchen fertiggebacken ist – Wieder in den Ofen stellen und backen, bis die Meringenmasse fest geworden ist und eine blaßgelbe Farbe hat. Bei Zugabe von Meringenmasse die Äpfel nur sparsam zuckern.

Blätterteig von 200 g Mehl oder Mürbeteig von 200 g Mehl, 1 kg Äpfel oder sonstiges Obst, 2 Eßl. Zucker, 1 Messerspitze Zimt, 1 Tasse blättrig geschnittene Mandeln, 1/2 Tasse Sultaninen

Erdbeerkuchen

Mürbeteig dünn ausrollen und eine Springform damit auslegen oder den Teig mit dem Handballen in die Form hineindrücken – Zur Biskuitmasse: Eigelb mit Wasser dick und schaumig schlagen – Zucker und Zitronenschale zugeben und weitere 2 Minuten schlagen – Stärkemehl, Mehl, Backpulver und Salz vermengt und gesiebt, beifügen – Steifen Eierschnee unterziehen – Den Teig über die Mürbeteigplatte gießen – Im heißen Rohr backen – Aus der Form nehmen und mit gesüßten, rohen Erdbeeren belegen – Mit Schlagrahm garnieren.

3/4 kg Erdbeeren, Mürbeteig
Biskuitmasse aus:
2 Eiern, 2 Teel. Wasser, 1/2 Tasse Zucker, 1/2 Teel. geriebene Zitronenschale, 1 Eßl. Stärkemehl, 1/2 Tasse Mehl, 1/2 Teel. Backpulver, 1 Prise Salz, Schlagrahm

Biskuit-Apfelkuchen

125 g Butter, 120 g Zucker, 3 Eier, 1/2 Zitrone, Saft und Schale, 275 g Mehl, 1/2 Päckchen Backpulver, 6 Eßl. Milch, 500 g geschälte Äpfel

Die Butter schaumig rühren – Den Zucker, die Eigelb, den Zitronensaft und die geriebene Schale zurühren – Das mit dem Backpulver vermischte und gesiebte Mehl abwechselnd mit der Milch zugeben – Den steifen Eierschnee lose unterziehen – Den Teig in eine vorbereitete Springform füllen – Das Obst darüberhäufen – Bei guter Mittelhitze in etwa 3/4–1 Stunde backen.
An Stelle von Äpfeln können auch *Rhabarber, Kirschen, Pflaumen* usw. genommen werden.

Apfelrolle

Zum Teig:
5 Eßl. Butter, 1/2 Tasse Zucker, 1 Ei, 400 g Mehl, 1 Päckchen Backpulver, 1/2 Tasse Milch
Zur Fülle:
750 g Äpfel, 6 Eßl. Zucker, Zimt oder Vanille, 1/2 Tasse Rosinen, Puderzucker

Die Butter schaumig rühren und mit den übrigen Zutaten der Reihe nach vermengen – Auf dem Backbrett alles zu einem Teig kneten und diesen zu einer Platte auswellen – Die geschälten, geschnitzelten Äpfel mit dem Zucker und Zimt und Rosinen vermengen und auf dem Teig verteilen – Zusammenrollen und bei guter Hitze zu schöner Farbe backen – Mit Puderzucker bestreuen.

Geburtstagskuchen

250 g Butter, 4 Eier, 200 g Zucker, 1 Päckchen Vanille-Zucker, 1/2 Zitrone, Schale, 250 g Mehl, 250 g Stärkemehl, 1 Backpulver, 100 g Schokoladeplätzchen

Die Butter schaumig rühren – Abwechselnd die Eier und den Zucker zurühren und die Vanille und geriebene Zitronenschale beifügen – 15 Minuten tüchtig rühren – Mit dem mit Backpulver vermischten und gesiebten Mehl und dem Stärkemehl verrühren – Ist der Teig zu dick, noch etwas Milch oder Rahm zugeben – Die Schokoladeplätzchen untermengen – In eine Form füllen und sofort bei mittlerer Hitze in etwa 1 Stunde backen.

Gesundheitskuchen

250 g Butter, 300 g Zucker, 5 Eier oder 3 Eier und 4 Eßl. Milch, 1/2 Zitrone, Saft und Schale, 500 g Mehl, 1 Päckchen Backpulver, 1 Tasse Milch

Die Butter schaumig rühren – Den Zucker, die Eier, den Zitronensaft und die geriebene Zitronenschale zugeben und alles tüchtig verrühren – Das mit dem Backpulver vermischte und versiebte Mehl abwechselnd mit der Milch untermengen – In eine zugerichtete Form füllen und sofort bei guter Mittelhitze in ungefähr 1 Stunde backen.

Aprikosenkuchen

Mürbe- oder Blätterteig bereiten und eine Springform damit auslegen – Aprikosen halbieren und entsteinen – Mit Zucker und Alkohol vermengt, 1 Stunde zugedeckt ziehen lassen, dabei öfters schütteln – Feingehackte Mandeln, zerbröckelte Makronen, geriebene Zitronenschale und Zimt vermengen – Mit einem Teil der Mischung den Kuchenboden bestreuen – Die Aprikosen, die Schnittfläche nach unten, dicht neben- oder übereinander einordnen – Die restliche Mandelmasse überstreuen – Den angesammelten Aprikosensaft dickkochen und nach dem Backen übergießen – Bei Verwendung von Mürbeteig bei mittlerer Hitze, bei Blätterteig in guter Hitze backen.

Mürbeteig oder Blätterteig, 1 kg Aprikosen, 100 g Zucker, 1 Gläschen Kirschwasser oder Rum, 100 g Mandeln, 4–5 Makronen, 1 Zitrone, Schale, 1/2 Messerspitze Zimt

Auflegekuchen

Butter schmelzen, klären und nachdem sie wieder erstarrt ist, Zucker zugeben und rühren, bis er sich aufgelöst hat – Nach und nach die ganzen Eier beifügen und kräftig nach einer Richtung hin (etwa 30 Minuten) rühren – Zuletzt Mehl unterziehen – Aus der Masse nacheinander drei Platten in einer Springform, bei mittlerer Hitze, im Rohr dunkelgelb backen – Nach dem Erkalten die Tortenplatten mit Konfitüre und Creme gefüllt aufeinandersetzen – Die Ränder glattschneiden und den Kuchen mit Puderzucker bestreuen.

5 frische Eier, 5 Eier schwer Mehl, 3 Eier schwer Zucker, die Hälfte des Gewichtes Butter (etwa 125 g)
Zur Fülle:
Konfitüre und verschiedene Cremes
Puderzucker

Käsekuchen

Einen Mürbeteig bereiten und eine zugerichtete große Springform damit ausfüttern.
Den Quark durchpassieren und mit dem Rahm verrühren – Zucker, Eigelb, geriebene Zitronenschale, Vanille, Rosinen und Stärkemehl untermengen – Zuletzt den steifen Eierschnee zugeben – Die Masse auf den Teig füllen, nach der Mitte zu höher streichen, damit sie nicht über den Teigrand geht, und mit den gehackten Mandeln bestreuen – Bei guter Mittelhitze in ungefähr 1 Stunde backen – Nach dem Backen nicht in den Zug stellen, möglichst in der Wärme erkalten lassen.

Mürbeteig aus 200 g Mehl
Zum Belag:
750 g Quark, 1 Tasse Sauerrahm, 175 g Zucker, 4 Eier, 1/2 Zitrone, Schale, 1 Päckchen Vanille-Zucker, 1 Tasse Rosinen, 40–60 g Stärkemehl, 1/2 Tasse Mandeln

Bischofsbrot

250 g Zucker, 6 Eier, 2 Zitronen, Schale, 150 g gemahlene Mandeln oder Nüsse, 125 g Sultaninen, 125 g Schokoladestückchen, 125 g geschnittene Quittenpaste oder kandierte Früchte, 200 g Mehl, 1 Teel. Backpulver, Couverture

Die Eier und den Zucker etwa 30 Minuten dick und schaumig rühren – Die übrigen Zutaten der Reihe nach untermengen – Zuletzt das Backpulver, mit etwas Mehl vermengt, zugeben – Eine Kastenform zurichten und den Teig einfüllen – Bei mittlerer Hitze in 50–60 Minuten backen – Nach dem Erkalten mit Couverture überziehen.

Grießkirschkuchen

4 Tassen Milch, 2 Tassen Grieß, 8 Eßl. Zucker, 4 Eßl. Butter, 4 Eier, 1/2 Zitrone, Saft und Schale, 1/2 Tasse Mandeln, 1/2 Päckchen Backpulver, 750 g ausgesteinte Kirschen, 1/2 Teel. Salz

Aus der Milch, dem Grieß, dem Zucker und Salz einen dicken Grießbrei kochen – Vom Feuer nehmen, die Butter, 1 ganzes Ei und 3 Eigelb untermengen – Mit dem Zitronensaft und der geriebenen Schale würzen – Nach dem Erkalten den Eierschnee lose unterziehen – Das Backpulver mit den geriebenen Mandeln vermengt zugeben – Den Teig leicht mit den Kirschen vermengen und in eine Springform füllen – Bei guter Hitze in 1 Stunde backen.

Grießrührkuchen

3–4 Eßl. Butter, 200 g Zucker, 1 Ei, 1/2 Zitrone, Saft und Schale, 1 Tasse Grieß, 375 g Mehl, 1 Päckchen Backpulver, 1 Tasse Milch

Die Butter schaumig rühren – Den Zucker und das Ei tüchtig mitrühren – Den Zitronensaft, die geriebene Schale und den Grieß unterrühren – Das mit Backpulver vermischte und gesiebte Mehl abwechselnd mit der Milch zugeben – In eine vorbereitete Form füllen und bei guter Hitze etwa 1 Stunde backen.

Mosaikkuchen

125 g Zucker, 2–3 Eier, 100 g Mandeln, 100 g Haselnüsse, 100 g Zitronat, 200 g Rosinen, 100 g Feigen, 1 Messerspitze Zimt, 1 Päckchen Vanille-Zucker, 200 g Mehl, 1/2 Päckchen Backpulver

Den Zucker und die Eier schaumig rühren – Die in Scheiben geschnittenen Mandeln und Haselnüsse, das gehackte Zitronat, die Rosinen, die in kleine Würfel geschnittenen Feigen, den Zimt und die Vanille zugeben – Das mit dem Backpulver vermischte und gesiebte Mehl unterziehen und alles gut vermengen – Den Teig in eine zugerichtete Kastenform füllen und bei guter Mittelhitze in etwa 1 Stunde backen.

Heidelbeerkuchen (Blaubeerkuchen)

Ein Kuchenblech mit Mürbe- oder Hefeteig auslegen und den Rand mit Eigelb bestreichen – Den Boden dick mit Bröseln, mit etwas Zucker vermengt, ausstreuen – Verlesene und gezuckerte Heidelbeeren darüberfüllen – Mit Bröseln und Zimtzucker bestreuen und mit Butterflocken belegt, im heißen Rohr backen.

Mürbeteig oder Hefeteig
Zum Belag:
1 kg Heidelbeeren, Brösel, Zucker, Zimt
Zum Bestreichen:
1 Eigelb

Wiener Heidelbeerkuchen

Aus den Teigzutaten einen Mürbeteig kneten – Eine Springform, Boden und Rand, damit auslegen.
Zum Belag: Eiweiß sehr steif schlagen – Zucker und Zitronensaft zugeben – Dickrühren – Heidelbeeren untermengen – Bei aufgetauten Heidelbeeren den Saft abtropfen lassen – Über den Teig füllen – Bei guter Hitze im vorgeheizten Ofen etwa 35 Minuten backen.

Zum Teig:
180 g Mehl, 130 g Butter, 1 Eßl. Zucker, 1 Prise Salz, 2 Eigelb, 1/2 Zitrone, geriebene Schale
Zum Belag:
3 Eiweiß, 150 g Zucker, 1/2 Zitrone, Saft, 500 g Heidelbeeren, frisch oder tiefgekühlt

Kirschkuchen

Die Brötchen in der Milch einweichen und zerpflücken – Die Butter schaumig rühren, die Eigelb und den Zucker nach und nach zugeben – Die feingehackten Mandeln, den Zimt und die Zitrone mit den Brötchen vermengen und zu der Eiermasse geben – Die entsteinten Kirschen vorsichtig zugeben, damit sie nicht zerdrückt werden – Den steifen Eierschnee vorsichtig unterziehen – In eine zugerichtete Springform füllen und im heißen Ofen etwa 40 Minuten backen.

4 Brötchen, 1–2 Tassen Milch, 1/2 Tasse Butter, 4 Eier, 4 Eßl. Zucker, 1 Tasse Mandeln, 1 Teel. Zimt, 1 Zitrone, Saft und Schale, 1 kg Kirschen

Mandelbrot

Die Eier mit dem Zucker und der geriebenen Zitronenschale 20 Minuten schlagen – Mit den grobgeschnittenen Mandeln und dem Mehl verrühren – Den Teig in eine zugerichtete Kastenform füllen und bei mittlerer Hitze goldgelb backen – Anderntags in dünne Scheiben schneiden und diese im Ofen hellbraun rösten – In einer verschlossenen Blechdose aufbewahren.

3 Eier, 100 g Zucker, 1/2 Zitrone, Schale, 100 g Mandeln, 180 g Mehl

Königskuchen

250 g Butterschmalz, 5 Eier, 300 g Zucker, 1/2 Zitrone, Saft und Schale, 1 Teel. Salz, 1/2 Gläschen Rum, 100 g Sultaninen, 300 g Mehl, 50 g Stärkemehl, 60 g süße Mandeln, Bittermandelessenz, 1/2 Backpulver

Das Butterschmalz schaumig rühren – Abwechselnd die Eigelb, den Zucker, den Zitronensaft und die geriebene Zitronenschale, den Rum, die Sultaninen, das Salz, das gesiebte Mehl und Stärkemehl zurühren – Die geschälten, feingeschnittenen Mandeln und die Essenz untermischen – Alles zusammen 50–60 Minuten rühren – Das Backpulver und den steifen Eierschnee unterziehen – In eine gut zugerichtete Kastenform füllen und sofort bei mittlerer Hitze in 1 1/2 Stunden backen.

Marmorkuchen

250 g Butter, 375 g Zucker, 1 Päckchen Vanille-Zucker, 2–4 Eier, 500 g Mehl, 1 Päckchen Backpulver, 1 Tasse Milch, 3 Eßl. Kakao, 2 Eßl. Zucker, 3 Eßl. Rahm oder Milch

Die Butter schaumig rühren – Den Zucker, die Vanille und die Eigelb abwechselnd zugeben – Alles zusammen 15 Minuten rühren – Das mit dem Backpulver vermengte und versiebte Mehl abwechselnd mit der Milch unterrühren – Den steifen Eierschnee lose unterziehen – 1/3 des Teiges herausnehmen und mit dem mit Rahm oder Milch und Zucker angerührten Kakao vermengen – Beide Teigsorten abwechselnd in eine zugerichtete Form füllen und bei guter Mittelhitze in etwa 1 Stunde backen.

Schneller Nußkuchen

200 g Mehl, 1/2 Tasse Zucker, 4 Teel. Backpulver, 1 Teel. Salz, 3 Eßl. Butter, 2 Eßl. Schmalz, 1 Ei, 1 Eigelb, 1 Tasse Milch, 1 Tasse Walnußkerne

Das Mehl, den Zucker, das Backpulver und das Salz vermengen und sieben – Die Butter und das Schmalz mit den Fingerspitzen hineinarbeiten – Das verquirlte Ei und Eigelb, die gebrochenen Nußkerne zugeben – Den Teig tüchtig schlagen und in eine mit Butter bestrichene Kastenform füllen – 20 Minuten stehen lassen, dann in mäßig heißem Ofen 40 Minuten backen – Ein ausgezeichnetes Brot für süße Sandwiches.

Obstkuchen (ohne Fett)

175 g Zucker, 3 Eier, 1/2 Zitrone, Schale oder Vanille, 225 g Mehl, 1/2 Päckchen Backpulver, 750 g Obst

Den Zucker, die Eier, die geriebene Zitronenschale oder Vanille mit dem Schneebesen schaumig schlagen – Das gesiebte, mit dem Backpulver vermischte Mehl zurühren – Den dickflüssigen Teig in eine zugerichtete Springform füllen – Mit Kirschen, Apfelscheiben oder sonstigem Obst belegen – Bei guter Mittelhitze in etwa 1 Stunde backen.

Pflaumenkuchen

Den Teig bereiten, auswellen und eine vorbereitete Kuchenform damit belegen – Die entsteinten Pflaumen dicht im Kreis herum einordnen – Mit Zucker und Zimt bestreuen – Die gehackten Mandeln darüberstreuen – In heißem Ofen in etwa 30 Minuten backen.

Mürbeteig oder Blätterteig oder Hefeteig aus 200 g Mehl, 1 kg Pflaumen, 3/4 Tasse Zucker, Zimt, 1/2 Tasse Mandeln

Pfirsichkuchen

Pfirsiche schälen, halbieren und entsteinen – Zucker und Wasser läutern – Pfirsiche darin 3/4 weichkochen – Die Hälfte der Pfirsiche, und zwar die schönsten, auf einem Sieb abtropfen lassen – Die übrigen, durchpassiert, auf kleiner Flamme zu dickem Mus kochen – Eine Tortenform zurichten, mit Teig auslegen und einen hohen Rand stehen lassen – Den Boden mit Pfirsichmus bedecken – Die Pfirsichhälften darüberordnen, mit Kirschwasser beträufeln und mit gehackten Mandeln bestreuen – Aus den Teigresten Streifen ausrädeln – Gitterförmig über die Pfirsiche legen – Mit Eigelb bestrichen, im heißen Rohr goldgelb backen.

Mürbeteig, 1 kg Pfirsiche, 8 Eßl. Zucker, 1 Tasse Wasser, 1 Gläschen Kirschwasser, 1/2 Tasse Mandeln, 1 Eigelb

Quarkstollen

Das mit Backpulver vermischte Mehl auf ein Backbrett sieben – In die Mitte des Mehles den Zucker, die Eier und den durch ein Sieb gestrichenen Quark geben – Mit der Zitronenschale, dem Zitronensaft, den durch die Mandelmühle getriebenen Mandeln und der kalten Butter zu einem Teig verkneten – Einen Stollen formen und in vorgerichteter Kastenform bei guter Mittelhitze in 1 Stunde backen – Mit zerlassener Butter bestreichen und mit Puderzucker bestäuben.

500 g Mehl, 1 Päckchen Backpulver, 200 g Zucker, 2 Eier, 250 g Quark, 1/2 Zitrone, Saft und Schale, 50–100 g Mandeln oder Mandelessenz, 125 g Butter, Puderzucker

Sacher-Gugelhupf

Die Butter schaumig rühren – Abwechselnd den Zucker und die Eier zugeben – Das gesiebte, mit dem Backpulver vermengte Mehl, die Milch und den Rum untermischen – Eine reichlich gebutterte Form mit geschälten, länglich geschnittenen Mandeln ausstreuen – Den Teig einfüllen und sofort bei guter Mittelhitze backen.

250 g Butter, 220 g Zucker, 3 Eigelb, 4 ganze Eier, 450 g Mehl, 1 Päckchen Backpulver, 1 Tasse Milch, 6 Eßl. Rum

Rhabarberkuchen

Mürbeteig aus: 210 g Mehl, 140 g Butter, 70 g Zucker, 1 Ei
Zur Fülle:
300 g geschälter Rhabarber, 200 g Puderzucker, 100 g Löffelbiskuit, Puderzucker zum Bestäuben

Rhabarber schälen und in Würfel schneiden – Mit Zucker und Biskuitbröseln vermengt 30 Minuten stehen lassen – Mürbeteig zu 2 runden Platten ausrollen – Eine gebutterte Springform, Boden und Rand, ausfüttern – Die Rhabarbermasse einfüllen – Mit der 2. Teigplatte bedecken – Die Ränder etwas zusammendrücken – Mit einer Gabel den Teigdeckel zum Abzug des Dampfes perforieren – Bei guter Mittelhitze etwa 40 Minuten backen – Vor dem Anrichten mit Puderzucker bestäuben.

Rumkuchen 'Schwäbischer Bund'

100–160 g Butter, 4–5 Eier, 200 g Zucker, 1/2 Tasse geschälte Mandeln, 1/2 Zitrone, Saft und Schale, 1/2 Tasse Sultaninen, 125 g Mehl, 125 g Stärkemehl
Zum Tränken:
3 Eßl. Zucker, knapp 1 Tasse Wasser, 3 Eßl. Rum, Zitronenglasur, geröstete Mandeln, kandierte Früchte

Die Butter schaumig rühren – Die Eigelb und den Zucker zugeben und 30 Minuten rühren – Die geschälten, feingehackten Mandeln, den Zitronensaft und die geriebene Zitronenschale, die Sultaninen, das Mehl und Stärkemehl untermengen – Den steifen Eierschnee lose unterziehen – Den Teig in eine zugerichtete Ringform füllen und bei guter Mittelhitze in etwa 1 Stunde backen – Den Zucker in heißem Wasser auflösen, mit dem Alkohol vermischen und in eine tiefe Platte gießen – Den abgekühlten Kuchenring hineinsetzen, so daß er die Flüssigkeit gut aufsaugt – Den Ring von oben mit etwas Rummischung beträufeln – Zuletzt mit Zitronenglasur bestreichen und mit gerösteten Mandeln und kandierten Früchten verzieren.

Mohnstrudel

120 g Butter, 250 g Mehl, 1 Eigelb, 1 1/2 Eßl. Zucker, 15 g Hefe, 1/4 Tasse Milch, Salz
Zur Fülle:
2 Tassen Mohn, 1 Tasse Milch, 3/4 Zitrone Schale, 1/2 Teel. Zimt, 2 Eßl. Rosinen, 100 g Zucker, 4 Eßl. Butter
Zum Bestreichen:
1 Ei, Butter

Butter mit Mehl abbröseln – Mit in lauwarmer Milch angerührter Hefe, Eigelb, Salz und Zucker zu einem Teig verkneten – 1 Stunde zugedeckt liegen lassen – Messerrückendick ausrollen und mit Fülle belegen – Aufwickeln, auf ein gefettetes Blech gelegt, zum Aufgehen warmstellen – Mit zerschlagenem Ei bestreichen und im heißen Rohr zu schöner Farbe backen.
Fülle: Mohn zerstampfen und in Milch weichkochen – Mit geriebener Zitronenschale, Zimt, Rosinen, Zucker und Butter verrühren.

Silberkuchen

Die Butter schaumig schlagen – Den Zucker und die Vanille zurühren – Das mit dem Backpulver vermischte und gesiebte Mehl abwechselnd mit der Milch zugeben – Den steifen Eierschnee lose unterziehen – In eine zugerichtete Gugelhupf- oder Kastenform füllen und bei guter Hitze zu schöner Farbe backen.

125 g Butter, 250 g Zucker, 1 Päckchen Vanille-Zucker, 300 g Mehl, 1/2 Tasse Milch, 1 Päckchen Backpulver, 5 Eiweiß

Teekuchen (ohne Backpulver)

Die Eiweiß zu sehr steifem Schnee schlagen – Die Eigelb und den Zucker zugeben und 30 Minuten dick und schaumig rühren – Den Arrak, die Sultaninen und das Mehl unterrühren – Die zerlassene Butter zugeben – In eine zugerichtete Kastenform füllen und bei guter Mittelhitze zu schöner Farbe backen.

4 Eier, 280 g Zucker, 2 Eßl. Arrak, 100 g Sultaninen, 280 g Mehl, 200 g Butter

Gefüllter Teekranz

Die Eier mit dem Zucker auf ganz kleiner Flamme (Drahtsieb unterlegen) lauwarm und schaumig schlagen – Vom Feuer nehmen – Das Mehl und Stärkemehl gesiebt der Eiermasse beifügen – Die zerlassene, abgekühlte Butter unterrühren – In eine zugerichtete Ringform füllen und sofort bei mäßiger Hitze backen – Nach dem Erkalten den Kuchen waagrecht in 2 Hälften schneiden – Die eine Hälfte mit Buttercreme und die andere mit Aprikosenmarmelade füllen – Den Kuchen wieder zusammensetzen und mit Schokoladenglasur oder Couverture bestreichen – Dieser Teig ist auch als Tortenboden zu verwenden.

6 Eier, 150 g Zucker, 75 g Mehl, 75 g Stärkemehl, 120 g Butter, Buttercreme, Aprikosenmarmelade, Schokoladenglasur oder Couverture

Traubenkuchen (Mürbteig)

Mit dünn ausgerolltem Mürbeteig ein rundes Blech auslegen, einen Rand stehen lassen – Eiweiß zu steifem Schnee schlagen und mit gesiebtem Puderzucker dickrühren – Geröstete, geriebene Mandeln und Mehl unterziehen – Weinbeeren leicht untermengen – Die Masse zur Mitte hin etwas erhöht einfüllen – Mit Puderzucker überstäubt im Rohr bei mäßiger Hitze etwa 1 Stunde backen.

Schweizer Mürbeteig, 3/4 kg Weintrauben, 8 Eiweiß, 250 g Puderzucker, 125 g Mandeln, 30 g Mehl

Traubenkuchen (Blätterteig)

Blätterteig, 1 kg Trauben, 3/4 Tasse Zucker, 2 Tassen Mandeln, 3–4 Eier, 1 Tasse Süßrahm

Den Blätterteig bereiten, auswellen und ein Kuchenblech damit belegen – Die Trauben abpflücken, waschen und einzuckern – Die gemahlenen Mandeln mit 1 Ei, 2 Eßlöffeln Zucker und 1/2 Tasse Rahm verrühren – Den Teigboden mit der Mandelmasse bestreichen, die Trauben einfüllen – Die übrigen Zutaten gut vermengen und darübergießen – Bei guter Hitze 1 Stunde backen.

Zwetschgenkuchen

Zum Teig:
200 g Mehl, 70 g Butter, 60 g Zucker, 1 Prise Salz, 1 Ei, 1 Teel. Backpulver
Zum Belag:
1 kg eingeweckte oder frische Zwetschgen, Brösel, Zucker und Zimt, Mandeln

Mürbteig bereiten, s. Seite 603, oder Blätterteig, s. S. 599, mit den angegebenen Zutaten bereiten – Den Teig ausrollen und eine Form damit auslegen – Mit Bröseln bestreuen und nach Belieben zuvor noch mit Eiweiß pinseln – Die entsteinten Zwetschgen einordnen – Mit Bröseln, Zucker, Zimt und stiftelig geschnittenen Mandeln bestreuen – In heißem Rohr backen.

Zwiebelkuchen (Schwäbische Spezialität)

Hefeteig aus 250 g Mehl
Zum Belag:
3/4 kg Zwiebeln, 3 Eßl. Butter, 6 Eßl. Mehl, 2–4 Eier, 1 Tasse Sauerrahm, Salz, Kümmel, Schinken- oder Speckwürfel oder Butterflocken

Einen Hefeteig bereiten, auswellen und ein rundes Kuchenblech damit belegen – Die Zwiebeln schälen, fein schneiden und in der Butter weichdünsten – Das Mehl mit den Eiern und dem Rahm glattrühren und zu den Zwiebeln geben – Mit Salz und Kümmel würzen – Auf den Teig streichen und mit Schinkenwürfeln, Speckwürfeln oder Butterflocken bestreuen – In heißem Ofen goldbraun backen.
Beigabe: Neuer, süßer Wein.

Torten und Törtchen

Tortenboden mit Savoy-Masse

Den Zucker mit dem Eigelb dick und schaumig schlagen – Aroma zugeben und den sehr steifen Eierschnee lose untermengen – Zuletzt gesiebtes Mehl und Stärkemehl beifügen – Darauf achten, daß der Eierschnee nicht zerrührt wird – In eine gebutterte und bemehlte Form füllen – Bei gelinder Hitze gut ausbacken.

für 1 Torte Springform 24 cm ϕ
3 Eigelb, 4 Eiweiß, 125 g Zucker, 1 Päckchen Vanille-Zucker oder 1/2 Zitrone Saft und Schale, 50 g Mehl, 50 g Stärkemehl

Tortenboden mit Genueser Masse

Den Zucker, die ganzen Eier und das Backaroma in einen Schneekessel geben – Im warmen Wasserbad schlagen, bis die Masse dick und schaumig ist – Aus dem Wasserbad nehmen und weiterschlagen, bis die Masse kalt ist – Das gesiebte Mehl und die zerlassene, abgekühlte Butter langsam zurühren – In eine gebutterte, gemehlte Form füllen – Bei mittlerer Hitze trockenbacken.

für 1 Torte Springform 24 cm ϕ
125 g Zucker, 4 Eier, Zitrone oder Vanille oder anderes Aroma, 125 g Mehl, 100 g Butter

Tortenboden mit Wiener Masse

Zucker und Eigelb dick schaumig rühren – Aroma und zerlassene, lauwarme Butter unterrühren – Lauwarmes gesiebtes Mehl und den steifen Eierschnee abwechselnd leicht unterziehen – In eine zugerichtete Springform füllen – Bei mäßiger Hitze etwa in 1 Stunde trockenbacken.

für 1 Torte Springform 24 cm ϕ
10 Eigelb, 8 Eiweiß, 200 g Zucker, Zitrone- und Bittermandelaroma, 80–100 g Butter, 200 g Mehl

Ananastorte

Den Boden einer Springform dick mit Zucker bestreuen – Darüber feste, kalte Butterscheiben legen – Mit Ananasscheiben, frisch oder Konserve, bedecken.
Zum Teig: Eiweiß zu steifem Schnee schlagen – Mit geschlagenem Eigelb, gesiebtem Zucker, wenig kaltem Wasser und gesiebtem, mit Backpulver vermengtem Mehl

Sandzucker, Butter, Ananasscheiben
Zum Teig:
3 Eier, 1 1/2 Tassen Puderzucker, Wasser, 1 1/2 Tasse Mehl, 1 Teel. Backpulver, Salz, 1 Päckchen Vanille-Zucker

mischen – Mit Salz und Vanille würzen – Recht schaumig schlagen und über die Ananasscheiben gießen – Bei mittlerer Hitze im Rohr backen – Es bildet sich am Boden eine Karamelkruste – Leicht abkühlen lassen und stürzen, so daß das Obst nach oben zu liegen kommt – Mit Schlagrahm verzieren.

Apfeltorte

Zum Teig:
200 g Butter, 250 g Mehl, 1 Ei, 60 g Zucker, 1/2 Zitrone Schale
Zum Belag:
3/4 kg Äpfel, 1/2 Tasse Wasser, 80 g Zucker, 60 g Aprikosenmarmelade, 20 g Rosinen, 1 Eiweiß, Puderzucker

Teigzutaten rasch zu einem Mürbeteig zusammenhacken, am besten mit Teigfix – Ohne Teigfix vor der Weiterverarbeitung 30 Minuten kühlstellen – 1/2 cm dick ausrollen oder 3/4 des Teiges in eine zugerichtete Tortenform drücken, dabei einen Rand stehen lassen – Äpfel schälen, in Schnitze teilen, Kernhaus entfernen – Mit Wasser und Zucker musartig verkochen – Marmelade und Rosinen untermengen – Das Mus über den Teig füllen – Aus dem Rest des Teiges Streifen rädeln – Als Gitter darüber verflechten – Mit Eiweiß bestreichen und in gut heißem Rohr 1 Stunde backen – Auf einer spitzenpapierbelegten Platte anrichten und mit Puderzucker bestreuen.

Aprikosentorte

6 Eier, 6 Eigelb, 200 g Zucker, 200 g Mandeln, 100 g Mehl, 100 g Butter, Butter und Mehl für die Form
Zur Creme:
4 Eiweiß, 300 g Puderzucker, 100 g Aprikosenmarmelade
Zum Bestreichen:
Weiße Glasur

Eier und Eigelb mit Zucker schaumig rühren – Nach und nach geschälte, geriebene Mandeln, Mehl und geschmolzene Butter untermengen – In einer zugerichteten Tortenform im heißen Rohr backen – Nach dem Erkalten waagerecht durchschneiden und mit Creme füllen.
Zur Creme: Eiweiß, Puderzucker und Aprikosenmarmelade im Wasserbad schlagen – Vom Feuer genommen erkalten lassen – Die gefüllte Torte aufeinandersetzen – Rand und Oberfläche mit Glasur bestreichen.

Baumstamm

Zum Teig:
3 Eier, 50 g Zucker, 25 g Nußkerne, 25 g Mehl
Zum Füllen und Spritzen:
Schokoladen-Creme
Zum Garnieren:
gerollte Waffeln oder Biskuits, Pistazien

Eigelb mit Zucker schaumig rühren und mit geriebenen Nüssen vermengen – Steifen Eierschnee und Mehl unterziehen – 1 cm hoch auf ein mit Papier belegtes Blech streichen – Im Rohr bei mittlerer Hitze backen – Noch heiß das Papier abziehen und neues Pergamentpapier oder ein sauberes Tuch auflegen – Sofort zusammenrollen und erkalten lassen – Abgekühlt vorsichtig wieder aufrollen, Einlage entfernen und dick mit Schokoladen-Creme bestreichen – Zusammenrollen und die Rolle rindenartig mit Creme bespritzen – Als Äste gerollte Waffeln oder rund ausgestochene Biskuitstückchen aufsetzen – Die Äste ebenfalls mit Schokoladen-Creme überziehen – Abgezogene, feingehackte Pistazien als Moos überstreuen.

Schokoladencreme:
Butter schaumig rühren – Nacheinander im Rohr erweichte Schokolade, Eigelb und gesiebten Puderzucker zugeben – Dick und schaumig rühren.

200 g Butter, 2 Eigelb,
120 g Schokolade,
50 g Puderzucker

Doboschtorte

Die Eier und den Zucker schaumig rühren – Nach und nach das gesiebte Mehl untermengen – In eine vorgerichtete Springform jeweils 1 Eßlöffel der Masse streichen und im heißen Ofen rasch zu einer dünnen, hellen Platte backen – Noch heiß ablösen und sofort mit Schokoladencreme bestreichen – Die Masse ergibt 10–12 Platten – Die bestrichenen Platten aufeinandersetzen, mit Papier bedecken und bis zum nächsten Tag stehen lassen – Die Ränder gleichmäßig abschneiden und die Torte mittels eines Messers mit Karamel überziehen.
Creme: Die Butter schaumig schlagen – Zucker und Wasser zu starkem Faden kochen – Die Schokolade beifügen und kaltrühren – Vorsichtig unter die Butter schlagen.
Karamel: Zucker und Wasser in einem Pfännchen hell bräunen.

Zum Teig:
6–8 Eier, 250 g Zucker,
250 g Mehl
Zur Creme:
200 g Butter, 250 g Zucker,
1/2 Tasse Wasser,
500 g geriebene Schokolade
Karamel-Glasur:
1 Tasse Zucker, 1 Tasse Wasser

Frankfurter Kranz

Aus den angegebenen Zutaten einen gerührten Teig, mittelfest, bereiten – In eine zugerichtete Ringform füllen und bei guter Mittelhitze sofort backen – Nach dem Erkalten den Ring zweimal quer durchschneiden und mit der Creme füllen – Die Oberseite und die Ränder ebenfalls mit der Creme bestreichen – Die Mandeln hacken und mit dem Zucker und Butter hellgelb rösten – Den Kranz damit bestreuen.

Zum Teig:
200 g Butter, 300 g Zucker,
6 Eier, 1/2 Zitrone Saft
und Schale, 250 g Mehl,
100 g Stärkemehl, 8 Eßl.
Milch, 3/4 Päckchen Backpulver
Zur Fülle:
Buttercreme oder Mokkacreme,
100 g Mandeln, 1 Eßl. Zucker,
1 Messerspitze Butter

Baumkuchen

165 g Butter, 165 g Puderzucker, 6 Eier, 1 Päckchen Vanille-Zucker, 2 Eßl. Rum, 50 g geriebene Mandeln, 165 g Mehl, Schokoladen-Couverture

Butter schaumig rühren – Zucker und Eigelb zurühren – Tüchtig schlagen – Gewürze und abgezogene, geriebene Mandeln beifügen – Gesiebtes Mehl und steifen Eierschnee abwechselnd unterziehen – Eine Kapselform mit Butter ausstreichen – 1–2 Löffel des Teiges einfüllen; er soll nur den Boden der Form bedecken – Bei Oberhitze hellgelb backen – Herausnehmen und eine zweite Teigschicht einfüllen – Wiederholen bis aller Teig aufgebraucht ist – Ergibt 15–20 Lagen – Nach dem Backen die Form stürzen – Abgekühlt von allen Seiten mit Couverture überziehen.

Biskuit-Igel

Zum Teig:
4 Eier, 250 g Zucker, 125 g Mehl, 125 g Stärkemehl, 2 Eßl. Kirschwasser, 2 Eßl. Rosenwasser, Buttercreme, 2 Teel. Pulverkaffee, Mokka, Schokoladen-Couverture, Mandelstifte

Eier mit Zucker schaumig schlagen – Löffelweise Mehl und Stärkemehl zurühren – Kirsch- und Rosenwasser beifügen – Den Teig in eine gebutterte Igelform füllen – Im vorgeheizten Ofen bei guter Mittelhitze backen – Buttercreme bereiten und Pulverkaffee unterrühren – Den aus der Form genommenen, ausgekühlten Kuchen fünfmal quer durchschneiden – Die Platten mit Mokka tränken – Mit Buttercreme dazwischen zur ursprünglichen Igelform aufeinandersetzen – Couverture schmelzen lassen – Den Igel damit überziehen – Mit Mandelstiften spicken.

Haselnußtorte

4–5 Eier, 150 g Zucker, 6 Eßl. Wasser, 100 g Haselnüsse, 100 g Mandeln, 1 Päckchen Backpulver, 200 g Mehl, Vanille-Glasur, Nußkerne

Die Eigelb, den Zucker und das Wasser mit dem Schneebesen dick und schaumig schlagen – Die gemahlenen Nußkerne und Mandeln unterziehen – Das mit Backpulver vermischte und gesiebte Mehl und den steifgeschlagenen Eierschnee zugeben – Eine Springform mit Butter und Papierfutter zurichten und den Teig einfüllen – Bei mittlerer Hitze 30–40 Minuten backen – Mit Vanilleglasur überziehen und mit gerösteten Haselnußkernen verzieren – Nach Belieben kann die Torte auch in 3 Scheiben geschnitten werden und mit Nußcreme, s. Seite 606, oder mit Schlagrahm und gemahlenen Nüssen vermengt, gefüllt werden.

Biskuitroulade

Eier und Zucker auf kleinster Flamme in einer Messingpfanne schaumig schlagen – Nach dem Erkalten gesiebtes Stärkemehl und Mehl unterrühren – Butter zerlaufen lassen und abgekühlt der Masse beirühren – Den Teig finderdick auf ein mit Papier ausgelegtes Blech streichen – In mäßig heißem Rohr lichtgelb backen – Noch heiß das Papier entfernen – Die Kuchenplatte auf ein feuchtes Tuch legen – Mit Marmelade bestrichen aufrollen – Mit Puderzucker bestreuen und in Scheiben schneiden.

5 Eier, 80 g Zucker, 30 g Stärkemehl, 30 g Butter, 200 g Himbeer- oder Aprikosenmarmelade, Puderzucker

Buttercremetorte

Einen Tortenboden bereiten und nach dem Erkalten in 3 Scheiben schneiden – Die Scheiben abwechselnd mit der Buttercreme und Konfitüre füllen und wieder aufeinandersetzen – Oberfläche und Rand ebenfalls mit der Creme bestreichen – Die Mandeln abziehen, feinhacken und mit dem Zucker und der Butter hellgelb rösten – Die Torte von allen Seiten damit bestreuen – Die restliche Creme in den Spritzbeutel füllen und die Oberfläche mit einem Gittermuster verzieren.

Tortenboden, Konfitüre, Buttercreme, 4 Eßl. Mandeln, 1 Teel. Zucker, 1 Messerspitze Butter

Holländer Torte

Einen Blätterteig zu 4 Touren herstellen, auswellen und 3 runde Böden ausstechen – In heißem Ofen zu schöner Farbe backen – Eine Vanillecreme bereiten und abgekühlt auf die Böden streichen – Auf die Creme je eine Lage Kirschen oder Himbeeren geben – Nach dem Zusammensetzen die Oberfläche mit Zitronenglasur überziehen oder mit Creme und Früchten garnieren.

Blätterteig von 375 g Mehl, Vanillecreme, eingemachte Weichselkirschen oder frische Himbeeren

Erdbeertorte mit Schlagrahm

Eine gebutterte Springform mit Mürbeteig auslegen – Die Biskuitmasse bereiten, s. S. 602, und darübergießen – Im heißen Rohr hellgelb backen – Aus der Form nehmen und abkühlen lassen – Die zugerichteten Beeren darüberordnen – Erdbeer-Zitronensaft und Zucker bis zum Gelieren kochen – Noch heiß über die Früchte gießen – Mit Schlagrahm garnieren.

Mürbeteig, Biskuitmasse aus: 2 Eiern, 50 g Zucker, 1/4 Zitrone Saft und Schale, 50 g Mehl
Zum Belag:
1 kg Erdbeeren, 1 Tasse Erdbeersaft, 1 Zitrone Saft, 5 Eßl. Zucker

Christinenring

Zum Teig:
4 Eier, 100 g Zucker, 100 g Mehl, 20 g zerlassene Butter
Zur Fülle:
Himbeergelee, 1/8 l Süßrahm, 120 g Schokolade, 1/4 l Schlagrahm, Kompottfrüchte (gemischt)

Eigelb mit der halben Zuckermenge schaumig schlagen – Eiweiß mit dem restlichen Zucker steifschlagen – Auf die Eigelbmasse geben – Gesiebtes Mehl vorsichtig unterheben – Tropfenweise die zerlassene Butter zugeben – In einer gefetteten Ringform bei Mittelhitze 35 Minuten backen – Erkaltet in fingerdicke Scheiben schneiden – Im Ofen die Scheiben rösten – Mit Gelee bestreichen – Rahm und Schokolade aufkochen – Kalt rühren – Biskuitscheiben damit wieder zusammensetzen – In die Mitte des Kranzes Schlagrahm häufen und außen herum die Früchte legen.

Génoise-Torte

Zum Teig:
4 Eier, 250 g Zucker, 125 g Butter, 1/2 Tasse Rum mit Curaçao, 250 g Mehl
Zur Creme:
125 g Zucker, 4 Eigelb, 125 g Butter, 50 g Schokolade oder Kaffee oder Orangen-Essenz
Zum Bestreuen:
1 Eßl. gehackte Mandeln

In einer vorgewärmten Schüssel die Eier schlagen und mit der Hälfte des Zuckers schaumig rühren – Den restlichen Zucker schmelzen und mit der zerlassenen Butter abwechselnd zu der Eiercreme geben – Den Alkohol und das Mehl unterrühren – Eine Springform mit Butter bestreichen, mit Papierfutter auslegen und mit Mehl bestreuen – Den Teig einfüllen, bei mäßiger Hitze etwa 45 Minuten backen – Die kalte Torte einmal quer durchschneiden, mit Creme füllen und die Hälften wieder aufeinandersetzen – Rand und Oberfläche mit Creme bestreichen und mit den gehackten Mandeln bestreuen.
Creme: Den Zucker mit etwas Wasser zum Kochen bringen – Vom Feuer nehmen und die Eigelb unterrühren – Im Wasserbad dickrühren, dann erkalten lassen – Die schaumig gerührte Butter untermengen – Die Essenz oder die geschmolzene Schokolade zugeben – Alles zusammen zu einer dicken Creme rühren.

Johannisbeertorte Fidel

Mürbeteig, s. S. 603, 500 g Johannisbeeren, 500 g Zucker

Den Mürbeteig bei guter Hitze in einer Springform backen – Die Johannisbeeren mit dem Zucker vermengen und kurz aufkochen, bis der Saft rot aussieht – Die Beeren abgetropft auf die Torte häufen – Den Saft dickkochen und abgekühlt über die Früchte gießen – Nach Belieben noch einige rohe Beeren untermengen.

Johannisbeerschaumtorte

Ein Kuchenblech mit Teig auslegen – Einen Rand stehen lassen – Eiweiß zu steifem Schnee schlagen – Nacheinander geriebene Mandeln, Zucker und Mehl beifügen – Die Johannisbeeren untermengen – Die Masse über den Teig füllen, dabei in der Mitte etwas höher streichen – Mit Puderzucker überstäubt im heißen Rohr zu schöner Farbe backen.

Blätterteig oder Mürbeteig, s. S. 599, 603, 7 Eiweiß, 250 g Zucker, 60 g Mehl, 125 g geschälte geriebene Mandeln, 750 g abgebeerte Johannisbeeren

Florentiner Torte

Eigelb und Zucker schaumig rühren – Mit feingeriebener Zitronenschale, geschälten, geriebenen Mandeln, steifem Eierschnee, Mehl und Mokka vermengen – In eine zugerichtete Springform füllen und backen – Den erkalteten Kuchen zweimal quer durchschneiden – Mit Mokkacreme füllen – Die Torte glatt mit Schlagrahm bestreichen und mit dem restlichen Schlagrahm Muster aufspritzen.

8 Eier, 120 g Zucker, 1/4 Zitrone Saft und Schale, 120 g Mandeln, 60 g Mehl, 3 Eßl. Mokka, Butter und Mehl für die Form, Mokkacreme doppelte Masse, 1/4 l Schlagrahm, 2 Eßl. Zucker

Gelbe Rübentorte

Zucker mit Eigelb schaumig rühren – Die feingeriebenen Rüben zugeben und 15 Minuten zusammen rühren – Gewürze, Stärkemehl, Zitrone, Alkohol und die Hälfte der abgezogenen, gemahlenen Mandeln beifügen – Die übrigen Mandeln mit dem steifen Eierschnee vermengen und zuletzt zugeben – In einer zugerichteten Springform, bei mäßiger Hitze etwa 1 Stunde backen – Noch warm mit Glasur überziehen.

250 g Zucker, 6 Eier, 300 g Karotten oder gelbe Rüben, 2 Eßl. Kirschwasser, 40 g Stärkemehl, 1/2 Teel. Zimt, 1 Zitrone Saft und Schale, 300 g Mandeln, Zitronenglasur

Linzer Torte

Butter mit Zucker, Ei und Eigelb verrühren – Mit den übrigen Zutaten zu einem Teig verkneten – 20 Minuten ruhen lassen – Zu einer Teigplatte ausrollen – Boden und Rand einer gebutterten Springform auslegen – Den restlichen Teig, etwa 1/2 Menge, in Streifen schneiden – Kuchenboden mit Marmelade bestreichen – Die Streifen gitterförmig darüberlegen – Mit geschlagenem Eigelb pinseln – Im vorgeheizten Ofen bei guter Hitze etwa 30 Minuten backen.

125 g Butter, 125 g Zucker, 1 Ei, 2 Eigelb, 200 g Mehl, 1 Teel. Backpulver, 1 Teel. Zimt, 1/4 Teel. Nelkenpulver, 1 Zitrone, geriebene Schale, 125 g Mandeln
Zum Bestreichen:
Himbeermarmelade oder Johannisbeergelee, 1/2 Eigelb

Bozener Kastanientorte

Biskuitteig aus: 8 Eigelb, 210 g Zucker, 90 g Mehl, 30 g Stärkemehl, 50 g Butter, 6 Eiweiß, Butter und Mehl für die Form
Zur Fülle:
1/4 l Süßrahm, 50 g Zucker, 500 g Kastanien, rosa Glasur

Zucker mit Eigelb dick und schaumig rühren – Gesiebtes Mehl und Stärkemehl, zerlassene Butter und steifen Eierschnee untermengen – In zugerichteter Tortenform bei mäßiger Hitze backen – Nach dem Auskühlen zweimal waagrecht durchschneiden – Kastanien schälen, brühen und die braunen Häutchen abziehen – In vanillierter Milch weichkochen – Abgetropft durchpassieren – Süßen Rahm steifschlagen, mit Zucker und dem gekühlten Kastanienmark vermengen – Die Tortenscheiben dick damit füllen und aufeinandersetzen – Die Oberfläche und die Ränder mit Rosa Glasur überziehen.

Weiße Zuckerglasur, Himbeersaft

Rosa Zuckerglasur: Fertiggerührte weiße Zuckerglasur mit Himbeersaft leicht rosa färben – Nach Belieben mit Vanille, Maraschino, Rum oder Orangengeschmack aromatisieren.

Karlsbader Torte

5 Karlsbader Oblaten
Zur Fülle:
70 g Butter, 70 g Zucker, 80 g geröstete Haselnüsse, 70 g Schokolade
Zum Guß:
70 g Schokolade, Schlagrahm

Butter schaumig rühren – Zucker, gemahlene Nüsse und die in wenig warmem Wasser aufgelöste Schokolade zugeben – Vier Oblaten damit bestreichen und aufeinandersetzen – Mit der fünften Oblate bedecken – Mit 70 g im Wasserbad geschmolzener Schokolade überziehen – 10 Minuten im warmen Rohr und danach noch in der Luft trocknen lassen – Mit Schlagrahm verziert servieren.

Marseiller Torte

500 g Mehl, 200 g Zucker, 4 Eigelb, 2 ganze Eier, 2 Eßl. Butter, Butterschmalz zum Backen, 175 g Zucker, Rosenwasser, 100 g kandierte Orangenschalen, 1 Zitrone Schale, 70 g süße oder 20 g bittere Mandeln, 15 g Zimt, 8 g Nelken, 6 g Kardamom

Gesiebtes Mehl, Zucker, Eigelb, Eier und Butter zu einem Teig verarbeiten – Dick ausrollen und in kleine Würfel schneiden – Die Teigwürfel in Butterschmalz schwimmend, gelbbraun herausbacken – Zucker mit einer Tasse Wasser, mit Rosenblütenwasser versetzt, läutern, s. S. 675 – Den kochenden Zucker abschäumen – In Würfel geschnittene, kandierte Orangenschalen, geriebene Zitronenschale, abgezogene, in Streifen geschnittene Mandeln und Gewürze zugeben und gut vermengen – Die Teigwürfel untermischen – Die Masse in eine erwärmte, mit Wachs ausgestrichene Form pressen – Erkaltet stürzen und verzieren.

Mandeltorte – Pain de Gènes

250 g Mandeln, 5 bittere Mandeln, 3 Eßl. Butter, 6 Eßl. Puderzucker, 4 Eier, 1 Gläschen Kirschwasser, 2 Eßl. Stärkemehl, Schlagrahm

Die Mandeln brühen, abziehen, trocknen und durch die Mandelmühle treiben – Die Butter, den Zucker und die Eier mit dem Kirschwasser schaumig rühren – Mit dem Stärkemehl und den Mandeln gut vermengen – Eine gebutterte Springform mit Pergamentpapier auslegen und den Teig einfüllen – In 25 Minuten in heißem Ofen backen – abgekühlt aus der Form nehmen – Einmal durchgeschnitten mit Schlagrahm füllen und garnieren – Als Beigabe zu Tee ungefüllt reichen.

Makronentorte

Mürbeteig aus: 180 g Mehl, 120 g Butter, 75 g Zucker, 1 Ei
Makronenmasse aus:
500 g Mandeln, darunter 10 bittere Mandeln, 500 g Zucker, 8 Eiweiß, 1 Zitrone Saft und Schale

Die gebrühten und geschälten Mandeln kalt überbrausen, trocknen und durch die Mandelmühle treiben – In einer Messingpfanne mit 2 Eiweiß, dem Zucker, der geriebenen Zitronenschale und dem Zitronensaft auf ganz kleiner Flamme lauwarm rühren – Vom Feuer nehmen und kaltstellen – Einen Mürbeteig bereiten und eine vorbereitete Springform damit auslegen, den Boden einigemale mit einer Gabel durchstechen – Bei guter Hitze halbfertig backen – Die übrigen Eiweiß zu steifem Schnee schlagen und mit der erkalteten Mandelmasse vermengen – Den hellgebackenen Teig damit belegen, wieder in den Ofen stellen und hellgelb backen – Die Torte mit kandierten Früchten oder aus Gelee ausgestochenen Figuren verzieren.

Punschtorte

Tortenboden, 1 Tasse Weißwein, 4 Eßl. Zucker, 2 Eßl. Rum oder Arrak, Quittengelee oder Aprikosenmarmelade, Arrakglasur, s. S. 608, kandierte Früchte oder Gelee, weiße Spritzglasur

Den Tortenboden herstellen, erkalten lassen und in 3 Scheiben schneiden – Den Weißwein mit dem Zucker erhitzen, mit dem Rum vermengen und in eine tiefe Platte schütten – Den Tortenboden hineinsetzen, bis er gut getränkt ist – Die beiden oberen Tortenscheiben mit der Mischung beträufeln – Den Boden und die mittlere Scheibe mit Marmelade bestreichen und die dritte Scheibe aufsetzen – Die Oberfläche und den Rand der Torte mit Arrakglasur überziehen – Mit den Früchten oder Geleestückchen verzieren und mit Spritzglasur garnieren.

Mokkacremetorte

Tortenboden
Zur Fülle:
3 Eßl. Kaffee, 1 Tasse Wasser, 1 Tasse Süßrahm, 4 Eigelb, 8 Eßl. Zucker, 200 g Butter

Einen Tortenboden bereiten und nach dem Erkalten in 3 Scheiben schneiden – Den Kaffee mit dem kochenden Wasser überbrühen und 10 Minuten ziehen lassen – Durchseihen und mit dem Rahm vermengen – Die Eigelb mit dem Zucker verrühren und den Rahmkaffee zugeben – Im Wasserbad unter ständigem Rühren dickkochen – Kaltstellen und erstarren lassen – Die Butter schaumig rühren und nach und nach unter die kalte Creme schlagen – An Stelle der 4 Eigelb können auch 2 Eigelb und 2 Eßlöffel Stärkemehl genommen werden – Das Stärkemehl kalt anrühren und in die kochende, gezuckerte Kaffeemilch einrühren – Unter ständigem Rühren etwa 3 Minuten kochen, vom Feuer nehmen, die 2 Eigelb unterziehen, wieder bis zum Kochen kommen und dann erkalten lassen – Die schaumig gerührte Butter unterschlagen – Die Creme auf die Böden füllen – Die Oberfläche und den Rand der Torte ebenfalls bestreichen – Die restliche Creme in den Spritzbeutel füllen und die Torte mit einem Muster verzieren – Mit Mokkaschokoladebohnen belegen.

Nußtorte ohne Ei

125 g Nußkerne, 250 g Grieß, 200 g Zucker, 125 g Zwiebackbrösel, 1 1/2 Tassen Milch, Bittermandel-Essenz, 1 Päckchen Backpulver, Vanille-Glasur

Die gemahlenen Nüsse, den Grieß, den Zucker und die Zwiebackbrösel in einer Schüssel vermengen – Die kalte Milch darübergießen und ungefähr 20 Minuten rühren – Das mit etwas Mehl vermengte Backpulver zugeben – In eine vorgerichtete Springform füllen, bei mittlerer Hitze 1 Stunde backen – Mit Zuckerglasur bestreichen und mit Nußkernen garnieren.

Obsttorte mit Meringenguß

Mürbeteig aus 200 g Mehl
Zum Belag:
500 g Obst, 125 g Puderzucker, 3 Eiweiß

Einen Mürbeteig oder Blätterteig herstellen und eine zugerichtete Springform oder feuerfeste Glasplatte damit belegen – Bei guter Hitze zu schöner Farbe backen – Etwas abkühlen lassen und mit den gezuckerten Früchten belegen – Den Eierschnee und den Zucker zu einer Meringenmasse schlagen und diese über das Obst häufen – Im Ofen goldbraun überbacken.

Meringentorte

8 Eiweiß, 375 g Zucker, Schlagrahm von 1/2 l Süßrahm

Die Eiweiß zu sehr steifem Schnee schlagen – Die Hälfte des Zuckers zugeben und dickschlagen – Den restlichen Zucker lose untermischen und die Masse in den Spritzbeutel füllen – Auf weißem Papier in Größe der Torte 3 Kreise markieren – In den ersten Kreis von der Masse einen Tortenboden, auf den zweiten einen Rand und auf den dritten einen Deckel spritzen – Zum Deckel einen Kreis spritzen und die Mitte mit Gitterwerk ausfüllen – Boden, Rand und Deckel mit dem Papier auf ein Blech setzen und bei schwacher Hitze leicht gelb backen – Nach dem Backen das Papier sofort abziehen – Den Boden auf eine Platte setzen, den Rand auflegen und 2/3 des Schlagrahms einfüllen – Den Deckel aufsetzen und mit dem Rest des Schlagrahms verzieren.

Orangencremetorte

Tortenboden
Zur Creme:
2 Eßl. Stärkemehl, 1 Tasse Weißwein, 2 Orangen Saft, 1/2 Zitrone Saft, 1/2 Orange Schale, 8 Eßl. Zucker, 2 Eier, 1 Tasse Schlagrahm, Orangenglasur, Orangenschnitze

Einen Tortenboden bereiten und nach dem Erkalten in 3 Scheiben schneiden – Zur Creme das Stärkemehl mit dem Wein anrühren – Den Orangen- und Zitronensaft, die abgeriebene Orangenschale, den Zucker und das Eigelb zugeben – Auf kleiner Flamme zu einer dicklichen Creme schlagen – Nach dem Erkalten den steifen Eierschnee und den Schlagrahm unterziehen – Die Tortenböden damit bestreichen und aufeinandersetzen – Mit Orangenglasur überziehen – Einige Orangenschnitze kurz in Läuterzucker tauchen und die Torte damit verzieren.

Bozener Pflaumentorte

200 g Butter, 200 g Zucker, 400 g Mehl, 4 Eigelb, Salz, 3 Teel. Backpulver, Butter und Brösel für die Form, 3/4 kg Pflaumen, Zucker, vanillierter Puderzucker, Schlagrahm

Butter schaumig rühren – Zucker, Eigelb und Salz zurühren – Gesiebtes Mehl, mit Backpulver vermengt, zugeben – Steifen Eierschnee unterziehen – Die Hälfte des Teiges in einer zugerichteten Springform 10 Minuten backen – Entsteinte, abgezogene und erwärmte Pflaumen in Zucker wälzen – Auf den Teig legen und mit dem Rest des ungebackenen Teiges bedecken – Zurück ins heiße Rohr stellen und in etwa 30 Minuten fertigbacken – Beim Anrichten mit vanilliertem Puderzucker überstäuben und nach Belieben Schlagrahm dazu reichen.

Nougattorte

Zum Teig:
3 Eier, 200 g Puderzucker, 1 Päckchen Vanille-Zucker, 5 Eßl. Wasser, 3 Eßl. geriebene Schokolade oder 2 Eßl. Kakao, 150 g Mehl, 100 g Stärkemehl, 1/2 Päckchen Backpulver, 80 g Butter

Zur Creme:
2 Eier, 1 Eigelb, 75 g Zucker, 1 Päckchen Vanille-Zucker, 125 g geriebene Schokolade, 60 g Mandeln, 125 g Kokosfett Schokoladenglasur, Nougatstückchen oder Mandeln

Die Eigelb, den Zucker, die Vanille und das Wasser mit dem Schneebesen dick und schaumig schlagen – Die geriebene Schokolade und das mit dem Backpulver und Stärkemehl vermischte und gesiebte Mehl unterrühren – Die zerlassene, abgekühlte Butter zugeben – Den steifen Eierschnee lose unterziehen – Eine Springform ausbuttern und mit Papierfutter auslegen – Den Teig einfüllen und bei guter Mittelhitze in 45 Minuten backen – Nach dem Erkalten in 3 Scheiben schneiden – Zur Creme die Eier mit dem Zucker und der Vanille schaumig rühren – Löffelweise die geriebene Schokolade und die gerösteten, zweimal durch die Mandelmühle getriebenen Mandeln zugeben – Zuletzt das flüssige und handwarme Kokosfett (Palmin) tropfenweise unterrühren – Die Tortenböden damit füllen und aufeinandersetzen.

Die Torte mit Glasur oder Couverture überziehen und mit abgezogenen halbierten Mandeln oder Nougatstückchen verzieren.

Ungarische Schaumtorte

8 Eier, 140 g Zucker, 140 g Haselnüsse, 30 g Schokolade, 40 g Biskuitbrösel, Butter und Mehl für die Form

Zur Fülle:
40 g Marmelade, 1 Tasse Süßrahm, 40 g Zucker, Schokoladenglasur oder Couverture

1 Ei, 7 Eigelb und Zucker schaumig rühren – Mit geriebenen Haselnüssen, geriebener Schokolade, Bröseln und steifem Eierschnee vermengen – In 2 gefettete, bemehlte Tortenformen füllen und backen – Erkaltet, die eine Torte zuerst mit Marmelade und darüber mit gezuckertem Schlagrahm bestreichen – Mit der zweiten Torte bedecken und mit Schokoladenglasur überziehen.

Tausendblätter-Torte

Blätterteig, Zitronencreme oder Vanillecreme, Zitronenglasur, Schlagrahm

Die doppelte Portion Blätterteig bereiten – Dünn ausrollen und mittels eines Tortenreifens 6 Scheiben ausstechen – Auf ein dünn mit Wasser bepinseltes Blech legen – Mit einer Gabel öfters durchstechen und mit verquirltem Ei leicht bestreichen – In heißem Rohr hell backen – Abgekühlt, 5 Scheiben davon 1 cm dick mit Creme bestreichen – Die sechste Scheibe auflegen – Mit Zitronenglasur überziehen und mit Schlagrahm garnieren.

Sachertorte

Die Butter schaumig rühren – Zucker und Eigelb abwechselnd zugeben und zusammen 30 Minuten rühren – Die Schokolade im Wasserbad schmelzen und zugeben – Das gesiebte Mehl, Brösel und den steifen Eierschnee unterziehen – In eine vorgerichtete Springform füllen und bei mittlerer Hitze 1 Stunde backen – Zum Abkühlen auf ein Drahtgitter legen – Anderntags die ganze Torte mit Aprikosenmarmelade bestreichen und trocknen lassen – Mit der geschmolzenen Couverture überziehen – (Die Torte wird besonders glatt und glänzend, wenn sie ganz kurz in den warmen Backofen gestellt wird.)

200 g Butter, 200 g Zucker, 10 Eier, 200 g Schokolade, 150 g Mehl, 50 g Zwiebackbrösel, Aprikosenmarmelade, 1 Tafel Couverture, Brösel für die Form

Schweizer Torte

Aus den Teigzutaten rasch einen Mürbeteig arbeiten, am besten mit Teigfix – Dünn ausrollen, entweder auf bemehltem Blech oder Teigwunder – Eine zugerichtete Tortenform damit auslegen – Einen hohen Rand stehen lassen – Kompottfrüchte, gut abgetropft, frische Früchte, mit Zucker bestreut, auflegen – In heißem Rohr 3/4 fertig backen – In der Zwischenzeit Mandeln abziehen und durch die Mandelmühle treiben – Eiweiß zu steifem Schnee schlagen, Zucker zugeben, wieder steifrühren, Mandeln untermengen – Die Masse auf die Torte streichen – Zurück ins Rohr stellen und fertigbacken – Nach Belieben Schlagrahm dazu reichen.

Zum Teig:
250 g Mehl, 200 g Butter, 70 g Zucker, 1 Ei, 1 Glas Arrak, Kompott oder frisches Obst
Zum Guß:
6 Eiweiß, 250 g Mandeln, 125 g Zucker

Stephanietorte

Zucker und Eigelb schaumig rühren – Geriebene Haselnüsse, geriebene Schokolade und den steifen Eierschnee untermengen – Die Masse auf einen gefetteten, bemehlten Boden einer Springform nacheinander zu 4 dünnen Platten backen – Noch warm vom Blech lösen – Die erste Platte mit Haselnußcreme, die zweite mit Himbeercreme und die dritte mit Schokoladencreme bestreichen – Die Platte aufeinandersetzen – Die vierte, unbestrichene, als Deckel darüberlegen – Die ganze Torte mit steifem, gezuckertem Schlagrahm und mit geschälten, feingehackten Pistazien bestreuen.

150 g Zucker, 4 Eigelb, 50 g Haselnüsse, 70 g Schokolade, 4 Eiweiß, Haselnußcreme, Himbeercreme, Schokoladencreme, Schlagrahm, Pistazien

Schokoladentorte

125 g Butter, 4–5 Eier, 300 g Zucker, 500 g Mehl, 60 g Kakao, 1 1/2 Tassen Wasser, 1 Päckchen Backpulver, Eiweiß-Glasur, Schokoladen-Hütchen

Die Butter schaumig rühren – Die Eier in der Wärme lauwarm und schaumig rühren – Abwechselnd mit dem Zucker und Mehl zu der Butter geben – Den Kakao unterrühren und das Wasser zugeben – Die Masse etwa 30 Minuten rühren – Das Backpulver mit etwas Mehl vermengen und unter die Masse geben – In eine vorbereitete Springform füllen und im heißen Ofen 1 Stunde backen – Nach dem Erkalten mit Eiweißglasur und Schokoladehütchen garnieren.

Schokoladen-Nußtorte

1/2 Tasse Butter, 1 2/3 Tassen brauner Zucker, 3 Eier, 1 1/2 Tassen Milch, 200 g Mehl, 1 Teel. Backpulver, 200 g Schokolade, 1 1/2 Tassen gehackte Walnüsse, 1/2 Tasse Zitronat, 2 Teel. Vanille-Zucker, Schokoladenglasur oder Couverture

Die Butter schaumig rühren und unter ständigem Schlagen 1 Tasse Zucker beifügen – Zwei gut geschlagene Eigelb, 1/2 Tasse Milch und das Mehl mit Backpulver vermischt und gesiebt zugeben – Den Eierschnee von 3 Eiern unterziehen – Die Schokolade zergehen lassen – 2/3 Tasse Zucker, 1 Tasse Milch und ein leichtgeschlagenes Eigelb zugeben – Im Wasserbad unter ständigem Rühren kochen – Abgekühlt der ersten Mischung beifügen – Die Nüsse und das feingehackte Zitronat und Vanille zugeben – In mit Butter bestrichene und mit Mehl bestäubte Kastenformen gießen – In mäßig heißem Ofen backen – Aus den Formen nehmen und mit Glasur überziehen.

Schokoladenrolle Marquise

1 Tasse Puderzucker, 1/4 Tasse Mehl, 1/4 Tasse geriebene Schokolade, 5 Eier, 1/4 l Süßrahm, 1/2 Päckchen Vanille-Zucker, Puderzucker

Aus Zucker, Mehl, Schokolade und Eigelb einen Teig rühren – Den Eierschnee, sehr steif geschlagen, unterziehen – Gebuttertes Pergamentpapier auf ein Blech legen – Den Teig gleichmäßig aufstreichen – In vorgeheiztem Ofen bei guter Hitze etwa 8 Minuten backen – Auf ein feuchtes Tuch stürzen – Das Papier abziehen – Frisches Pergament oder ein Tuch auflegen und sofort zusammenrollen – Auskühlen lassen – Vorsichtig wieder aufrollen, Einlage entfernen – Mit steifem, vanilliertem Schlagrahm bestreichen – Zusammenrollen mit Hilfe des Tuches – Mit Puderzucker bestäuben – *Schnellrezept für überraschende Besucher.*

Sandtorte

Die Butter schaumig rühren – Die ganzen Eier in der Wärme lauwarm und schaumig schlagen – Abwechselnd den Zucker, das gesiebte Mehl, das Stärkemehl und die Butter zugeben – Den Teig etwa 45 Minuten tüchtig rühren – Den Rum und die geriebene Zitronenschale und zuletzt das mit etwas Mehl vermengte Backpulver unterrühren – In eine vorbereitete Springform füllen und sofort backen, anfangs bei mäßiger Hitze, später bei starker Hitze – In der Wärme vorsichtig abkühlen lassen, mit Puderzucker bestreuen.

200 g Butter, 8 Eier,
400 g Zucker, 200 g Mehl,
200 g Stärkemehl, 1 Zitrone
Schale, 2 Eßl. Rum,
1 Teel. Backpulver

Gefüllte Sandtorte

Blätterteig bereiten – Eine Springform damit auslegen – Den Rand der Form zuvor mit Eiweiß bepinseln, damit der Teigrand stehen bleibt – Mit einer Gabel den Boden mehrmals durchstechen – Bei starker Hitze im Rohr gelbbacken – Ohne aus der Form zu nehmen, erkalten lassen – Butter schaumig rühren – Zucker und Eigelb zugeben und 15 Minuten rühren – Abwechselnd steifen Eierschnee und gesiebtes Stärkemehl unterziehen – Den Blätterteigboden 1 cm dick mit Marmelade bestreichen – Die Sandmasse darüberfüllen und bei mittlerer Hitze in etwa 1 Stunde fertigbacken – Mit einer Nadel hineinstechen – Bleibt kein Teig daran kleben, ist die Torte durchgebacken – Abgekühlt mit Puderzucker bestreuen und nach Belieben mit Schlagrahm servieren.

Blätterteig aus 250 g Mehl
Zur Sandmasse:
200 g Zucker, 200 g Butter,
125 g Stärkemehl, 12 Eier
Zur Fülle:
Aprikosenmarmelade

Vanillecremetorte

Eierschnee nach und nach mit gesiebtem Zucker, geschlagenem Eigelb und Mehl leicht vermengen – Eine Springform fetten und mit Papier auslegen – Das Gemenge einfüllen und in nicht zu heißem Ofen backen – Noch warm das Papier abziehen – Nach dem Erkalten die Torte in 2 Platten schneiden – Die eine Platte dick mit Vanillecreme bestreichen.

Meringenmasse bereiten und auf die 2. Platte, vom Mittelpunkt ausgehend, spiralförmig aufspritzen – Zum Gelbwerden ins schwach-heiße Rohr stellen – Danach die

6 Eier, 1/2 Tasse Zucker,
1 Tasse Mehl
Meringenmasse aus:
2 Eiweiß, 3/4 Tasse Zucker
Zur Fülle:
Vanillecreme, 100 g Aprikosenmarmelade, Butter für die Form

Zwischenräume der Spirallinie mit Aprikosenmarmelade ausfüllen – Abgekühlt auf die mit Vanillecreme bestrichene Platte setzen – Den Rand dünn mit Vanillecreme bestreichen oder mit Aprikosenmarmelade überziehen.

Zitronentorte

Zum Teig:
150 g Mehl, 150 g Stärkemehl, 150 g Zucker, 3 Eier, 5 Eßl. Wasser, 1/2 Zitrone Saft und Schale, 1/2 Päckchen Backpulver, Zitronencreme, Zitronenglasur, kandierte Früchte

Die Eigelb, den Zucker und das Wasser mit dem Schneebesen dick und schaumig schlagen – Die geriebene Zitronenschale und den Saft zugeben und noch kurz schlagen – Das mit dem Backpulver und Stärkemehl vermischte und gesiebte Mehl zurühren – Den steifen Eierschnee lose unterziehen – Eine Springform zurichten und mit Papierfutter auslegen – Den Teig einfüllen und bei mittlerer Hitze 30–40 Minuten backen – Den abgekühlten Tortenboden in 3 Scheiben schneiden – Mit der Zitronencreme füllen und die Scheiben wieder aufeinandersetzen – Die Oberfläche mit Glasur bestreichen und mit Früchten verzieren.

Apfeltörtchen

Mürbeteig, 500 g säuerliche Äpfel, 6 Eßl. Zucker, 3 Eßl. Rosinen, 1/4 Zitrone Saft, 1 Tasse Wasser, 1 Tasse Weißwein

Den Teig 1/4 cm dick ausrollen und Tortelettenförmchen damit ausfüttern – Mit einer Gabel den Teigboden mehrmals einstechen – Bei guter Hitze goldgelb backen – Aus den Förmchen nehmen und auskühlen lassen – Die Äpfel schälen und in dünne Schnitze teilen – Kerngehäuse entfernen – Mit den Rosinen zusammen in Zitronensaft, Wasser und Wein glasig dünsten – Herausheben und abtropfen lassen – Den Saft mit dem Zucker bis zum Gelieren einkochen lassen – Die Törtchen mit den hübsch eingeordneten Äpfeln füllen – Den Saft übergießen und erstarren lassen.

Biskuit

8 Eier, 100 g Zucker, 1/4 Zitrone Saft und Schale, 125 g Mehl, Butter und Mehl für die Form

Zucker und Eigelb dickrühren, bis sich der Zucker aufgelöst hat – Zitronensaft und die geriebene Schale beifügen – Abwechselnd Mehl und steifen Eierschnee unterziehen – In zugerichteten Förmchen füllen und bei schwacher Hitze im Rohr backen.

Lemon Cakes

Teig: Die angegebenen Zutaten auf dem Backbrett rasch zusammenkneten – Auswellen und etwa 18 kleine runde Böden ausstechen – Aus den Teigresten die Ränder formen und um die Böden herum legen, oder den Teig in kleine Tortelettenförmchen drücken – Auf jedes Törtchen 1 Teelöffel Fülle setzen – In heißem Ofen 15 Minuten backen.

Fülle: Den Zucker, den Zitronensaft und die geriebene Schale mit der Butter zusammen unter Rühren aufkochen – Vom Feuer nehmen und das Eigelb vorsichtig unterrühren, darauf achten, daß es nicht gerinnt! – Die Masse wieder aufs Feuer setzen und nochmals bis ans Kochen kommen lassen – Die Fülle vor Verwendung über Nacht in den Kühlschrank stellen – Sie kann 6 Wochen lang aufbewahrt werden.

Zum Teig:
300 g Mehl, 1 Ei, 1 Eßl. Zucker, 1 Prise Salz, 50 g Schweineschmalz, 50 g Butter
Zur Fülle:
250 g Zucker, 2 Zitronen Saft, 1 Zitrone Schale, 50 g Butter, 1 Eigelb

Chocolate Cakes

Die Eier leicht schlagen – Die Butter schaumig rühren und mit dem Zucker vermengen – Die zergangene Schokolade, die Brösel und das Mehl beifügen – Die Mischung auf ein zugerichtetes Blech ausbreiten und bei mäßiger Hitze im Ofen backen – Noch warm mit einem kleinen Ausstecher ausschneiden und zu Paaren zusammenlegen – Mit der Creme füllen und bestreichen.

3 Eier, 1/2 Tasse Butter, 1/2 Tasse Zucker, 150 g ungesüßte Schokolade, 1 Tasse Brösel, 3 Eßl. Mehl, White Mountain-Creme

Gefüllte Kuverts

Mürbeteig bereiten, dünn ausrollen – 16 cm große Vierecke ausrädeln – Die Hälfte der Teigstücke in Form eines kleineren Vierecks dünn mit Konfitüre bestreichen – Die andere Hälfte mit Mandelfülle belegen.

Zur Fülle: Geriebene Mandeln, einige Tropfen Bittermandelessenz, geriebene Zitronenschale, Zitronensaft, Eigelb und Zucker eine Weile rühren – Mit steifem Eierschnee vermengen – Die vier Spitzen der Vierecke wie zu einem Kuvert zusammenlegen und festdrücken – Mit verdünntem Eigelb bestreichen – In die Mitte eine kandierte Kirsche setzen – Bei mittlerer Hitze im Rohr goldgelb backen.

Mürbeteig, Konfitüre, 100 g Zucker, 65 g geriebene Mandeln, Bittermandel-Essenz, 2 Eigelb, 1 Zitrone Schale, 1/2 Zitrone Saft, 1 Eiweiß, kandierte Kirschen

Condés

Einfacher Blätterteig
Zur Fülle:
2 Eiweiß, 3/4 Tasse Puderzucker, 1/2 Tasse geschälte, feingehackte Mandeln

Den Teig ausrollen und in 7 1/2 cm lange und 3 1/2 cm breite Streifen schneiden – Das Eiweiß steif schlagen, den Zucker langsam untermengen und zuletzt die Mandeln zugeben – Den Teig mit der Mischung bedecken, doch nicht bis an den Rand – Mit Puderzucker bestäuben und 15 Minuten in mäßig heißem Ofen backen.

Cremeschnitten

Blätterteig, Vanillecreme oder Creme Patissiere, Vanille- oder Zitronenglasur

Einen Blätterteig bereiten, dünn auswellen und in 10–15 cm breite, lange Streifen schneiden – Mit der oberen Teigseite nach unten auf ein Blech legen und bei guter Hitze backen – Nach dem Erkalten auf die Hälfte der Streifen die steife Creme häufen – Die restlichen Streifen darübersetzen und oben mit Vanille- oder Zitronenglasur bestreichen – Mit einem scharfen Messer gleichmäßige, glatte Schnitten schneiden.

Erdbeertörtchen

Mürbeteig aus 250 g Mehl, Meringenmasse aus 4 Eiweiß, 250 g Puderzucker
Zum Belag:
500–750 g Erdbeeren, 1/2 Tasse Gelee, 1/4 l Schlagrahm

Den Teig bereiten wie angegeben – Messerrückendick auswellen – Kleine Tortenböden ausstechen – Auf ein gebuttertes Blech setzen – Kühl stellen – Meringenmasse bereiten – Um jeden Tortenrand einen Kranz davon stritzen oder mit einem Teelöffel aufsetzen – Bei Mittelhitze backen.

Nach dem Auskühlen mit den zugerichteten Früchten belegen – Gelee erhitzen, bis es flüssig geworden ist – Über die Erdbeeren gießen – Vor dem Servieren mit dem Schlagrahm garnieren.

Florentiner Meringen

Blätterteig, Himbeermarmelade, Meringenmasse, 1/2 Tasse gehackte Mandeln

Den Blätterteig 1/2 cm dick ausrollen – In 25 cm lange und 15 cm breite Streifen schneiden und auf ein Blech legen – Die Ränder anfeuchten und auf einen halben Streifen zusammenlegen – Mit einer Gabel sechsmal durchstechen – Im heißen Ofen backen – Abgekühlt mit Marmelade und mit Meringenmasse bestreichen – Mit gehackten Mandeln und Puderzucker bestreuen und nochmals backen, bis die Meringenmasse Farbe hat.

Französische Kolatschen

Aus Butter, Ei, Eigelb, Zucker, Rum und Mehl einen Teig kneten – Kleine Klößchen auf ein gefettetes Blech setzen – Mit Hagelzucker bestreuen und in mäßig heißem Rohr backen.

125 g Butter, 1 Ei, 1 Eigelb, 70 g Zucker, 1/2 Tasse Rum, 200 g Mehl, Fett für das Blech, Hagelzucker zum Bestreuen

Goldkuchen

Die Butter schaumig rühren – Nach und nach den Zucker und die Eigelb zugeben – Zusammenrühren, bis alles dick und schaumig ist – Den Extrakt und das mit dem Backpulver vermischte und gesiebte Mehl abwechselnd mit der Milch der ersten Mischung beifügen – Die Nüsse untermengen – In Einzelformen backen.

1/4 Tasse Butter, 1/2 Tasse Zucker, 5 Eigelb, 1 Teel. Orangenextrakt, 1/4 Tasse Milch, 1/8 Tasse Mehl, 1 1/2 Teel. Backpulver, 1/2 Tasse gehackte Nüsse

Havannatörtchen

Die feingemahlenen Haselnüsse mit dem Stärkemehl, Zucker und Vanille-Zucker vermengen – Den steifen Eierschnee unterziehen – Auf ein zugerichtetes Blech mit einem Spritzsack ovale Plätzchen spritzen – Bei schwacher Hitze backen – Die Hälfte der Plätzchen dick mit Mokkacreme bestreichen – Die restlichen darüberdecken – Die Oberfläche ebenfalls mit Creme bestreichen und gitterförmig mit Schokoladespritzglasur verzieren.

100 g Haselnüsse, 60 g Stärkemehl, 165 g Zucker, 1 Päckchen Vanille-Zucker, 5–6 Eiweiß, Mokkacreme, Schokoladenglasur

Kirschtörtchen

Teigzutaten rasch zusammenkneten – Dünn ausrollen und zugerichtete Tortelettenförmchen damit auslegen – Im heißen Rohr hellgelb backen – Dicht mit einer Lage schwarzer Kirschen belegen – Zucker und Eigelb schaumig rühren und mit steifem Eierschnee und Biskuitbröseln vermengen – Über die Kirschen geben und im Rohr überbacken – Nach dem Auskühlen mit Puderzucker bestäuben.

Zum Teig:
140 g Mehl, 90 g Butter, 60 g Zucker, 1 Eigelb, Butter und Mehl für die Förmchen, 300 g Kirschen, 140 g Zucker, 4 Eier, 75 g Biskuitbrösel, Puderzucker zum Bestreuen

Coburger Ringchen

Mehl, Butter, durch ein Sieb gedrückte Eigelb, gemahlene Mandeln und Vanille rasch zu einem Teig kneten – Dünn ausrollen und Ringchen ausstechen – Bei mäßiger Hitze backen – Mit Zitronenglasur überziehen.

125 g Mehl, 100 g Butter, 3 hartgekochte Eigelb, 30 g Mandeln, 1 Päckchen Vanille-Zucker, Zitronen-Glacur

Haselnußscheiben

150 g Mehl, 50 g Zucker, 100 g Butter, 1 Messerspitze Ingwer, 1 Eiweiß, 50 g Haselnüsse

Butter mit Mehl abbröseln – Zucker, Ingwer und Eiweiß zugeben und zu einem Teig kneten – Abgezogene Haselnußkerne unzerschnitten unter den Teig mischen – Eine Rolle formen und, in Papier gewickelt, 1 1/2-Stunden auf Eis legen – Danach dünne Scheiben schneiden und auf ungestrichenem Blech bei guter Hitze backen.

Gefüllte Krapfen

Blätterteig aus 250 g Mehl, Obst, 1 Eigelb

Einen Blätterteig zu 4 Touren herstellen und dünn auswellen – Mit einem Glas runde Kuchen ausstechen und umwenden, so daß die obere Seite nach unten kommt – Dem Rand entlang vorsichtig mit Eiweiß bestreichen – Mit in Wein und Zucker gedünsteten Äpfeln oder mit Kirschen, Marmelade, Nußfülle o. ä. belegen – Zur Hälfte zusammenklappen und in die Rundungen kleine Einschnitte machen.

Oder aus dem Teig Vierecke schneiden, mit der Fülle belegen und die 4 Ecken nach der Mitte zusammenlegen – Vorsichtig mit Eigelb bestreichen und bei guter Hitze backen.

Mokkabaisers

Meringenmasse aus 4 Eiweiß, 200 g Zucker
Zur Creme:
3 Eßl. Kaffee, 1 Tasse Wasser, 1 Tasse Milch oder Rahm, 3–4 Eigelb, 125 g Zucker, 200 g Butter

Die Eiweiß zu sehr steifem Schnee schlagen – Den Zucker beigeben und weiterschlagen, bis eine steife, rahmige Masse entsteht – Flache ovale Häufchen auf ein leicht gefettetes Blech setzen und bei schwacher Hitze backen – Nach dem Abkühlen mit der Creme füllen und zu zweien aufeinandersetzen (es empfiehlt sich, die Baisers erst kurz vor Gebrauch zu füllen) .

Zur Creme den gemahlenen Kaffee mit dem sprudelnd kochenden Wasser übergießen und etwa 10 Minuten ziehen lassen – Durchseihen und mit der Milch oder dem Rahm vermengen – Die Eigelb mit dem Zucker verrühren und den kalten Milchkaffee zugeben – Auf kleiner Flamme oder im Wasserbad unter ständigem Rühren dickkochen und kaltstellen – Die Butter schaumig rühren und nach und nach unter die kalte Creme schlagen.

Katzenzungen

Einen Blätterteig herstellen und 1/2 cm dick auswellen – Runde Kuchen mit einem Glas ausstechen und auf einem dick mit Zucker bestreuten Backbrett von beiden Seiten oval auswellen – In heißem Ofen knusprig backen – Mit Vanilleglasur bestreichen.

Blätterteig aus 250 g Mehl, Hagelzucker, Vanille-Glasur

Linzer Brezeln

Butter mit Mehl abbröseln – Mit Zucker, geriebenen Mandeln, hartem und rohem Eigelb und geriebener Zitronenschale vermengen und zu einem Teig kneten – 3/4 cm dicke Röllchen drehen und zu kleinen Brezelchen biegen – Mit Eiweiß bestreichen und bei guter Hitze lichtgelb backen – Nach dem Erkalten mit Puderzucker bestreuen.

170 g Mehl, 110 g Butter, 110 g Zucker, 50 g Mandeln, 3 hartgekochte Eigelb, 1 Ei, 1/4 Zitrone, Schale, Puderzucker

Magdalenenbaisers

Eier und Zucker schaumig rühren – Mit Mehl und geschmolzener Butter vermengen – In den Spritzsack gefüllt, kleine runde Plätzchen auf ein vorgerichtetes Blech spritzen – Im heißen Rohr hellgelb backen.

2 Eier, 120 g Zucker, 120 g Mehl, 120 g Butter, Butter und Mehl für das Blech

Makronenschiffchen

Die Förmchen zurichten und mit dem Mürbeteig auslegen – Die Makronenmasse, s. S. 603, aus den angegebenen Zutaten bereiten und darüberfüllen – Bei Mittelhitze zu schöner Farbe backen.

Mürbeteig aus 160 g Mehl, 80–100 g Butter, 1 Ei, 2 Eßl. Zucker
Zur Masse:
250 g Mandeln, 250 g Zucker, 4 Eiweiß, 1/2 Zitrone, Saft und Schale

Schillerlocken

Einen Blätterteig bereiten, dünn auswellen und in 3 cm breite Streifen schneiden – Die Teigstreifen über tütenförmige Blech- oder Holzformen, von der Spitze nach dem dickeren Teil zu, wickeln – Mit geschlagenem Eigelb bestreichen und mit Hagelzucker bestreuen – Bei guter Hitze backen und noch warm aus den Formen lösen – Nach dem Erkalten mit Schlagrahm füllen.

Blätterteig aus 250 g Mehl, 1/3 l Schlagrahm

Mohrenköpfe

5 Eier, 150 g Zucker, 1/2 Zitrone, Schale, 150 g Mehl, Puderzucker, Schokoladenglasur, Schlagrahm

Das Eiweiß zu steifem Schnee schlagen – Den Zucker und die Eigelb abwechselnd zugeben – Die geriebene Zitronenschale und das Mehl unterziehen – Die Masse in den Spritzbeutel füllen – Ein gefettetes Blech mit Papier belegen und runde Häufchen daraufspritzen – Mit Puderzucker bestreuen, sofort backen und noch heiß vom Papier lösen – Zwei Stück mit Schlagrahm gefüllt zusammensetzen – Die Oberfläche mit Schokoladenglasur überziehen.

Mokkaschnitten (Eclairs)

1 Tasse Milch, 1 Prise Salz, 125 g Mehl, 3–4 Eier, 1 Eßl. Zucker, 75 g Butter, Mokkacreme, Mokkaglasur

Die Milch mit dem Salz zum Kochen bringen – Das Mehl einstreuen und zu einem Kloß abrühren – 1 Ei unter die heiße Masse rühren – Die mit dem Zucker schaumig gerührte Butter zugeben – Ist die Masse etwas abgekühlt, die übrigen Eier untermengen – Auf ein dünn gebuttertes Blech mit dem Spritzbeutel fingerlange Streifen spritzen – Bei guter Hitze zu schöner Farbe backen – Nach dem Abkühlen die Streifen der Länge nach durchschneiden, mit Mokkacreme füllen und wieder aufeinandersetzen – Mit Mokkaglasur überziehen.

Mokkawaffeln

100 g Haselnüsse, 60 g Stärkemehl, 165 g Zucker, 1 Päckchen Vanille-Zucker, 5–6 Eiweiß, Mokka-Buttercreme, Vanillierter Puderzucker

Feingemahlene Haselnüsse mit Stärkemehl, Zucker und Vanille vermengen – Steifen Eierschnee unterziehen – Auf ein zugerichtetes Blech mit der Backspritze ovale, 5–6 cm große Plätzchen spritzen – Bei schwacher Hitze hell backen – Abgekühlt, die Hälfte der Plätzchen dick mit Mokkacreme bestreichen und mit den übrigen bedecken – Mit vanilliertem Puderzucker bestreuen.

125–200 g frische Butter, 3 Eigelb, 120 g Puderzucker, 1/2 Tasse Mokka oder: *1/2 Tasse Milch, 1/2 Tasse Mokka, 2 Eßl. Stärkemehl, 1 Teel. Vanille-Zucker, 3/4 Tasse Zucker*

Mokka-Buttercreme: Butter schaumig rühren – Abwechselnd Eigelb und Zucker unterrühren – Tropfenweise kalten Mokka zugeben – Zusammen dick und schaumig schlagen – Oder Milch, Mokka, Stärkemehl, Zucker und Vanille verrühren – Auf kleiner Flamme oder im Wasserbad unter Rühren dickkochen – Völlig erkaltet, löffelweise unter die schaumig gerührte Butter schlagen.

Petits Fours

Den Teig in einer zugerichteten, flachen Kastenform backen – Nach dem Abkühlen in 2 cm dicke Platten teilen und mit einem kleinen Ausstecher (4–5 cm ⌀) ausschneiden – Jedes Stück in der Mitte etwas aushöhlen – Mit aromatisiertem, gesüßtem Schlagrahm füllen – Je zwei mit der Höhlung aufeinandersetzen und fest zusammenpressen – (Dem Schlagrahm können Nüsse oder in Stücke geschnittene, glasierte Früchte beigefügt werden) – Fondant zergehen lassen, verschieden färben und je nach Farbe Aroma zugeben – Kuchen mit Fondant glasieren und mit Pistazien, Mokkabohnen, kandierten Veilchen oder glasierten Früchten garnieren – Einzeln in kleine Papierkästchen legen.

Tortenboden, 2 Tassen Schlagrahm, Fondant, Pistazien, kandierte Früchte, Mokkabohnen

Punschtörtchen

Zucker und die ganzen Eier über kleiner Flamme lauwarm und schaumig schlagen – Erkaltet, Mehl und die zerlassene Butter leicht unterrühren – Die Masse fingerdick auf ein mit Papier belegtes Blech streichen – Im Rohr hellgelb backen – Noch warm das Papier lösen – Erkaltet aus dem Biskuit Scheiben von 4 cm Durchmesser ausstechen – Je zwei mit Fülle dazwischen zusammensetzen – Mit Punschglasur überziehen und mit kandierten Früchten garnieren.

Zur Fülle: Die beim Ausstechen verbleibenden Biskuitabfälle zerkrümelt mit Marmelade, erweichter Schokolade und Rum leicht vermengen.

100 g Zucker, 4 Eier, 100 g Mehl, 2 Eßl. Butter, 50 g Marmelade, 30 g Schokolade, 2 Eßl. Rum, Punschglasur, kandierte Früchte

Feiner Streuselkuchen

Einen Hefeblätterteig bereiten und dünn auswellen – Mit einem Weinglas runde Kuchen ausstechen und oval auswellen – Den Zucker, das Mehl und den Vanillezucker vermengen, die zerlassene Butter langsam zugeben – Mit den Händen Streusel reiben – Die Kuchen damit bestreuen und auf gefettetem Blech goldgelb backen – Noch heiß mit Zuckerglasur bestreichen.

Glasur: Zucker und Wasser zur Perle, s. S. 675, kochen und den Vanillezucker zugeben.

Hefeblätterteig aus 250 g Mehl, 50 g Butter
Zum Auswellen:
100 g Butter
Streusel von:
4 Eßl. Zucker, 1 Tasse Mehl, 1/2 Päckchen Vanille-Zucker, 3 Eßl. Butter
Zur Glasur:
3 Eßl. Wasser, 4 Eßl. Zucker, 1/2 Päckchen Vanille-Zucker

Sarah-Bernhardt-Törtchen

125 g Mandeln, 125 g Zucker, 1/2 Zitrone, Schale, 2 Eiweiß, Buttercreme, Schokoladenglasur oder Couverture

Die Mandeln brühen, abziehen, mit einem Tuch abtrocknen und durch die Mandelmühle treiben – In einem Messingkessel auf kleiner Flamme die geriebenen Mandeln, den Zucker, Zitronensaft und die geriebene Zitronenschale verrühren, bis sich die Masse zusammenballt – Die Eiweiß zu steifem Schnee schlagen und unter die kalte Mandelmasse ziehen – Auf ein mit Wachs bestrichenes Blech flache Häufchen setzen und bei schwacher Hitze hellgelb backen – Auf die erkalteten Makronen Buttercreme spritzen in spitzen Häufchen – Mit Schokoladenglasur überziehen und an kühlem Ort erstarren lassen – Statt Buttercreme kann auch Mokka- oder Schokoladen-Creme genommen werden – Auch können jeweils 2 Makronen gefüllt aufeinandergesetzt werden.

Gefüllte Schokoladenplätzchen

80 g Butter, 80 g Zucker, 80 g Mandeln, 80 g Schokolade, 125 g Mehl, 2 Eigelb, 60 g Haselnüsse
Zur Creme:
40 g Butter, 40 g Schokolade, Puderzucker

Aus Butter, Zucker, geriebenen Mandeln und Schokolade, Mehl und Eigelb rasch einen Teig zusammenarbeiten – Auf geriebenen Haselnüssen ausrollen und ovale Plätzchen ausstechen – Auf ein Backblech gesetzt, bei mittlerer Hitze backen – Nach dem Erkalten mit Creme bestreichen und zu zweien aufeinandersetzen – Mit Puderzucker bestreuen.

Zur Creme: Butter schaumig rühren – In der Wärme geschmolzene Schokolade unterrühren – Schlagen, bis die Masse dick ist.

Schornsteinfeger

125 g Mandeln, 125 g Puderzucker, 3 Eiweiß, 1/4 Tasse Wasser, 20 g Mehl, Butter und Mehl für das Blech
Zur Fülle:
1/4 l gesüßter Schlagrahm, zum Bestreichen: Couverture

Abgezogene, geriebene Mandeln mit gesiebtem Zucker und Eiweiß 30 Minuten rühren – Wasser und Mehl beifügen – Die Masse auf einem mit Butter bestrichenen und mit Mehl bestäubten Blech dünn aufstreichen – In mäßig heißem Rohr backen – Ist die Masse etwa halb gebacken, 12 cm lange und 6 cm breite Rechtecke markieren – Zurückstellen und fertigbacken – Rasch ablösen und sogleich über einen Kochlöffelstiel zu dicken Rollen wickeln – In geschmolzene Couverture tauchen und abgekühlt mit gezuckertem Schlagrahm füllen.

Rahmbrezeln

Butterflocken mit Mehl vermengen – Rahm zugeben – Rasch zu einem Teig verkneten – Aus dem Teig etwa 16 cm lange Stangen rollen – Diese zu kleinen Brezelchen formen – Mit zerlassener Butter bestreichen und, mit Zucker und Zimt bestreut, im heißen Rohr backen.

100 g Butter, 125 g Mehl, 2 1/2 Eßl. Sauerrahm, 2 Eßl. Butter, Zucker, Zimt

Schweinsöhrchen

Einen Blätterteig bereiten und auf Zucker in rechteckige, doppelt so breite als lange Stücke auswellen – Jedes Stück viermal übereinanderklappen und dann in stark 1 cm breite Streifen schneiden – Die Streifen von beiden Enden zur Mitte zusammenwickeln, so daß 2 nebeneinanderliegende Schnecken entstehen – Auf ein Blech legen, reichlich mit Zucker bestreuen und in heißem Ofen recht knusprig backen.

Blätterteig aus 250 g Mehl, Hagelzucker

Stachelbeertörtchen

Den Mürbeteig 1/4 cm dick ausrollen – Torteletten-förmchen damit ausfüttern – Stachelbeeren waschen, Blüte und Stiel entfernen – Mit einem Hölzchen mehrmals durchstechen – In Zuckerwasser 1/2 weichkochen – Abgetropft und erkaltet unter die Meringenmasse heben – Auf den mit gemahlenen Mandeln bestreuten Teig füllen – Mit Zucker bestreut bei guter Hitze backen.

Mürbeteig, Meringenmasse aus 4 Eiweiß, 200 g Zucker, 500 g grüne, unreife Stachelbeeren, Zucker, 50 g Mandeln

Windbeutel

Wasser, Butter und Gewürze in einer Kasserolle auf schwaches Feuer geben – Sobald der Siedepunkt erreicht ist, das Mehl einschütten (auf einmal) und zu einem Kloß rühren – Vom Feuer nehmen, die Eier, eins nach dem anderen, hineingeben und schlagen, bis alles gut gemischt ist – Löffelweise auf ein mit Butter bestrichenes Blech in Abständen von 5 cm setzen – Mit dem Löffelstiel rund formen und in der Mitte dabei etwas erhöhen – 30 Minuten im heißen Ofen backen (gut durchbacken, damit sie nicht mehr zusammenfallen) – Mit einem scharfen Messer in jedes einen Einschnitt machen, groß genug, um es füllen zu können – Nach dem Erkalten füllen.

1 Tasse Wasser, 1 Tasse Butter, 1 Eßl. Zucker, 1 Prise Salz, 4 Eier, 1 Tasse Mehl, Cremefülle oder Schlagrahm

Schinkenhörnchen

Blätterteig aus 280 g Mehl, 1 Ei, 1 Eßl. Zitronensaft, Salz, 1/2 Tasse Weißwein oder Wasser, 200–280 g Butter
Zur Fülle:
250 g Schinken, 1 kleine Zwiebel, 1 Teel. gehackte Petersilie, 2 Eßl. Butter
Zum Bestreichen:
2 Eiweiß

Mehl, Ei, Zitronensaft, Salz, Wein oder Wasser mit Teigfix zusammenhacken, bis alles gut zu einem weichen Teig vermengt ist – Verkneten, bis der Teig kleine Löcher zeigt – Eine halbe Stunde unter einen angewärmten Topf legen – In der Zwischenzeit die Schinkenfülle bereiten: Schinken, Zwiebel und Petersilie fein hacken – In Butter leicht anrösten und kaltstellen.
Auf gut bemehltem Brett oder Teigwunder die Butter zu dünnen Platten rollen – Den Teig ebenfalls dünn ausrollen – Die Teigplatte zu 2/3 mit der Butterplatte bedecken – Das Ganze dreimal zusammenfalten, so daß abwechselnd Butter und Teig übereinanderliegen – Zu einem langen dünnen Streifen ausrollen – Die Enden zur Mitte hin zusammenschlagen, daß sie sich berühren – Das Ganze wie ein Buch zusammenklappen – Wieder zu einem langen Streifen ausrollen und zusammenfalten, wie vorher, 2- bis 3-mal wiederholen – In 8–10 cm lange und breite Vierecke schneiden – In die Mitte Schinkenfülle legen – Über Eck aufrollen und zu Hörnchen biegen – Mit Eiweiß bestreichen und bei starker Hitze im Rohr goldgelb backen – Nach Belieben können die Hörnchen vor dem Backen mit Kümmel bestreut werden – Es kann auch Blätterteig, s. S. 599 oder Quarkblätterteig, S. 599, verwendet werden.

Zitronentörtchen

Einfacher Blätterteig, Meringenmasse
Zur Fülle:
250 g Zucker, 2 Zitronen, Saft, 1 Zitrone, Schale, 50 g Butter, 1 Eigelb

Den Teig über umgestülpten Pastetenförmchen backen – Danach mit der Zitronenmischung füllen und mit Meringenmasse bedecken – Backen, bis die Meringen zart braun sind.
Fülle: Den Zucker, den Zitronensaft und die geriebene Schale mit der Butter zusammen unter Rühren aufkochen – Vom Feuer nehmen und das Eigelb vorsichtig unterrühren, darauf achten, daß es nicht gerinnt! – Die Masse wieder aufs Feuer setzen und nochmals bis ans Kochen kommen lassen – Die Fülle vor Verwendung über Nacht in den Kühlschrank stellen – Sie kann 6 Wochen lang aufbewahrt werden.

Zitronenschnitten

1 ganzes Ei und 2 Eigelb mit dem Zucker schaumig rühren – Die Mandeln, die zerlassene Butter, das Mehl und Stärkemehl unterrühren – Den steifen Eierschnee unterziehen – Den Teig fingerdick auf ein vorbereitetes Blech streichen und bei mäßiger Hitze backen – Noch warm mit Zitronen- oder Vanilleglasur bestreichen und in schräge Vierecke schneiden – Nach Belieben je 2 Plätzchen aufeinandersetzen und dazwischen Marmelade streichen.

3 Eier, 125 g Zucker, 1/2 Tasse geschälte, geriebene Mandeln, 20 g Butter, 50 g Mehl, 50 g Stärkemehl, Zitronenglasur oder Vanilleglasur

Walderdbeertörtchen

Einen Mürbe- oder Blätterteig bereiten und dünn auswellen – Tortelettenförmchen damit auslegen oder mit einem Glas runde Böden ausstechen und aus den Resten kleine Rollen als Rand herumsetzen – Aus den angegebenen Zutaten eine Meringenmasse bereiten – Die zugerichteten Erdbeeren leicht untermengen – Nach Belieben noch gemahlene Mandeln beigeben – Auf den Teig füllen, mit Zucker bestäuben und bei guter Hitze backen – Mit einigen frischen Früchten garnieren.

Teig aus 250 g Mehl, Meringenmasse aus 4 Eiweiß, 200 g Zucker, 1 kg Walderdbeeren

Kartoffelhörnchen

Aus den Zutaten einen Teig herstellen und auswellen – Mit einem Glas Böden ausstechen und oval auswellen – Mit zerlassener Butter bestreichen und mit Marmelade füllen – Zu Hörnchen drehen, mit Zucker bestreuen – 15 Minuten bei guter Hitze backen.

125 g gekochte, geriebene Kartoffeln, 150 g Mehl, 40 g Zucker, 1/2 Ei, Vanille oder Zitrone, Bittermandel-Essenz, 1 Prise Salz, 1 Päckchen Backpulver

Blätterteig-Halbmonde

Blätterteig herstellen, ausrollen und in kleine Halbmonde ausstechen – Die Oberfläche mit Eigelb bestreichen und im heißen Rohr rasch gelb backen.

Blätterteig, halbe Portion, 1 Eigelb

Kleingebäck

Anis-Bogen

Eier mit Zucker schaumig rühren – Mit dem Mehl vermengen – In Scheiben von 6 cm dünn auf ein mit Wachs bestrichenes Blech streichen – Mit Anis bestreut, lichtgelb backen – Mit einem dünnen, biegsamen Messer noch heiß vom Blech lösen und über einen Kochlöffel biegen.

3 Eier, 150 g Zucker, 75 g Mehl, 1 Messerspitze Anis, Wachs

Anisplätzchen

Die Eier mit dem Zucker dick und schaumig rühren – Das Mehl und den Anis unterrühren – Auf ein vorbereitetes Blech walnußgroße Häufchen setzen – Über Nacht stehen lassen – Im heißen Ofen in 10 Minuten hellgelb backen.

3–4 Eier, 250 g Zucker, 250 g Mehl, 1/2 Teel. Anis

Blitzgebäck

Die Butter schaumig rühren und den Zucker unterrühren – Eiweiß zu Schnee schlagen und abwechselnd löffelweise Mehl und Schnee unterrühren – Den Teig auf ein gefettetes Blech streichen und messerrückendick mit gehackten Mandeln bestreuen – Bei guter Hitze gelb backen – Noch heiß in kleine Stücke schneiden.

180 g Zucker, 180 g Butter, 3 Eiweiß, 250 g Mehl, Mandeln

Butterecken

Das Mehl mit dem Backpulver, dem Zucker und Salz vermengen und in eine Schüssel sieben – Mit den Fingerspitzen die Butter hineinarbeiten – Die Eier (etwas Eiweiß zurückbehalten) und den Rahm zugeben – Den Teig auf ein mit Mehl bestäubtes Brett schütten und gut kneten – Etwa 2 cm dick auswellen und in Quadrate schneiden – Mit dem restlichen Eiweiß bestreichen und mit Zucker bestreuen – In heißem Ofen 15 Minuten backen.

200 g Mehl, 2 Teel. Backpulver, 4 Teel. Zucker, 1/2 Teel. Salz, 4 Eßl. Butter, 2 Eier, 1/3 Tasse Süßrahm

Mandelbusserln

250 g Mandeln, 4 Eiweiß, 200 g Zucker, 10 Datteln, Oblaten

Aus Eiweiß und Zucker eine Meringenmasse herstellen, s. S. 604 – Unter die Masse abgezogene, gestiftelte Mandeln und Dattelstreifen mengen – Auf Oblaten davon Häufchen setzen – Bei ganz schwacher Hitze etwa 90 Minuten trocknen lassen.

Florentiner

1/2 l Süßrahm, 60 g Butter, 140 g Zucker, 150 g Orangeat, 100 g abgezogene Mandeln, 30 g Mehl, Couverture

Im Rahm die Butter aufkochen – Zucker, Orangeat und Mandeln grobgeschnitten zugeben – Nochmals aufkochen – Vom Feuer nehmen – Gesiebtes Mehl unterziehen – Von der Masse Häufchen auf ein gebuttertes Blech setzen – Bei mittlerer Hitze backen – Heiß vom Blech nehmen – Abgekühlt die flache Seite mit Couverture überziehen.

Eislocken

2 Eier, 120 g Zucker, 1 Teel. zerlassene Butter, 120 g Mehl, 1 Teel. Wasser

Die Eier und den Zucker schaumig rühren – Die übrigen Zutaten zugeben und alles gut vermengen – Auf ein gebuttertes Blech mit einem Teelöffel von dem Teig etwa 2 cm breite und etwa 10 cm lange Streifen legen – Bei mittlerer Hitze backen und, noch heiß, spiralenförmig um einen Holzstiel wickeln.

Hohlhippen

2 Eier, 100 g Zucker, 150 g Mehl, 1 Zitrone, Schale

Die Eier mit dem Zucker schaumig rühren – Das Mehl und die geriebene Zitronenschale unterrühren – Den Teig auf ein gebuttertes Blech dünn aufstreichen – Bei mittlerer Hitze backen und, noch heiß, in Streifen schneiden und zu Tüten drehen.

Kekse

50 g Butter, 80 g Zucker, 2 Eier, 1 Päckchen Vanille-Zucker oder 1/2 Zitrone, Schale, 100 g Stärkemehl, 275 g Mehl, 1/2 Päckchen Backpulver

Die Butter schaumig rühren – Den Zucker und die Eier abwechselnd zugeben und mitrühren – Den Vanillezucker oder die geriebene Zitronenschale zugeben – Das Stärkemehl mit dem Mehl vermengen und gesiebt zugeben – Einen Teig kneten, nach Bedarf etwas Milch oder Mehl zugeben – Den Teig dünn ausrollen und mit einer Keksform Kekse ausstechen – Bei guter Hitze hellgelb backen.

Käsebiskuits

Aus den angegebenen Zutaten einen Teig kneten, auswellen und ausstechen – Zu schöner Farbe backen und heiß als Beigabe zu Cocktails servieren.

100 g Mehl, 1 1/2 Teel. Backpulver, 1/2 Teel. Salz, 1/2 Eßl. Butter, 3/8 Tassen Milch und Wasser zu gleichen Teilen, 1/2 Tasse geriebener Käse

Kokosnußrahmplätzchen

Die Eier leicht schlagen – Den Zucker, die Kokosflocken, den Rahm und das mit Backpulver und Salz vermischte und gesiebte Mehl zugeben – Gründlich vermengen und auf ein mit Mehl bestäubtes Brett stülpen – 1 1/4 cm dick ausrollen – Mit Kokosnußflocken bestreuen und mit Rundstecher, den man zuvor in Mehl taucht, ausschneiden – Bei mäßiger Hitze auf einem mit Butter bestrichenen Blech im Ofen backen.

2 Eier, 1 Tasse Zucker, 1 Tasse dicker Süßrahm, 1 Tasse Kokosflocken, 300 g Mehl, 3 Teel. Backpulver, 1 Teel. Salz

Mandelrollen

Zucker, Vanille, Mehl und Ei rasch zu einem Teig verarbeiten – Auf bemehltem Brett oder Teigwunder messerrückendick ausrollen – In 10 cm breite Streifen teilen – Mit geschälten, blättrig geschnittenen Mandeln belegen – Die Längsseite der Streifen rollenartig übereinanderschlagen und flachdrücken – Umgekehrt auf ein befettetes, bemehltes Blech legen – Mit Eiweiß bestreichen – Bei mittlerer Hitze hellgelb backen – Noch warm in dünne Blättchen schneiden.

70 g Zucker, 1 Päckchen Vanille-Zucker, 70 g Mehl, 1 Ei, 40 g Mandeln, 1 Eßl. Butter
Zum Bestreichen:
1 Ei, Butter, Mehl

Gefüllte Schokoladeplätzchen

Aus der Butter, dem Zucker, den gemahlenen Mandeln, der geriebenen Schokolade, dem Mehl und dem Eigelb rasch einen Teig zusammenarbeiten – Auf den geriebenen Haselnüssen auswellen und ovale Plätzchen ausstechen – Bei mittlerer Hitze backen – Nach dem Erkalten mit Buttercreme bestreichen und je 2 Plätzchen zusammensetzen.
Buttercreme: Die Butter schaumig rühren und die in der Wärme zerlassene Schokolade unterrühren – Schlagen bis die Masse dick wird.

80 g Butter, 80 g Zucker, 80 g Mandeln, 80 g Schokolade, 125 g Mehl, 2 Eigelb, 60 g Haselnüsse
Buttercreme aus:
40 g Butter, 40 g Schokolade

Löffelbiskuit

6 Eier, 200 g Zucker, 1/2 Zitrone, Schale, 200 g Mehl, Puderzucker

Die Eiweiß zu sehr steifem Schnee schlagen und nach und nach den Zucker zugeben – Die Eigelb und die geriebene Zitronenschale und zuletzt das gesiebte Mehl unterrühren – Die Masse in den Spritzbeutel füllen und mit glattem Einsatz auf weißes Papier längliche Biskuits spritzen – Mit gesiebtem Puderzucker bestäuben – Die Biskuits mit dem Papier auf ein Blech setzen und sofort backen (während des Backens einen Spalt des Ofens offenhalten).

Sablé

100 g Butter, 3 Eßl. Zucker, 1/2 Päckchen Vanille-Zucker, 120 g Mehl

Zucker in schaumig gerührte Butter geben und rühren, bis er sich aufgelöst hat – Vanillezucker und Mehl beifügen – Rasch zu einem Teig verkneten und kühlstellen – Auf Teigwunder oder bemehltem Brett dünn ausrollen und kleine runde Plätzchen ausstechen – Bei mittlerer Hitze backen.

Spritzgebäck

2 Eier, 120 g Butter, 80 g Zucker, 250 g Mehl, 1 Päckchen Vanille-Zucker

Die Butter schaumig rühren – Den Zucker und die Eier unterrühren – Mit dem Mehl vermengen und den Vanillezucker zugeben – Den Teig in eine Backspritze füllen und auf ein vorbereitetes Blech Streifen oder Ringe spritzen – Zu schöner Farbe backen.

Teegebäck

150 g Butter, 100 g Zucker, 1 Ei, 1 Eigelb, 1 Teel. Zimt, 250 g Mehl, 1 Messerspitze Backpulver

Die Butter schaumig rühren, den Zucker und die übrigen Zutaten zugeben – Einen Teig kneten und 1/2 cm dick auswellen – Förmchen ausstechen und mit Eigelb bestreichen – Bei guter Hitze zu schöner Farbe backen.

Vanilleschäumchen

6 Eiweiß, 500 g Puderzucker, 1 Päckchen Vanille-Zucker, 100 g Walnuß- oder Haselnußkerne

Die Eiweiß zu steifem Schnee schlagen – Den gesiebten Zucker und Vanille-Zucker untermischen – Im Wasserbad schlagen, bis die Masse erwärmt ist – Herausnehmen und kaltschlagen – Die halbierten Nüsse zugeben – Kleine Häufchen auf ein mit Zucker bestreutes Blech setzen – Bei schwacher Hitze mehr trocknen als backen.

Schokoladenschäumchen

Die Eiweiß zu steifem Schnee schlagen – Den gesiebten Zucker zugeben und auf kleinem Feuer etwa 5 Minuten schlagen, bis Blasen aufsteigen – Die geriebene Schokolade und die geschälten, in Scheiben geschnittenen Mandeln zugeben – Kleine Häufchen auf ein gewachstes Blech setzen und bei schwacher Hitze mehr trocknen als backen.

3 Eiweiß, 125 g Puderzucker, 50 g Schokolade, 150 g Mandeln

Teezwieback – Crackers

Die trockenen Zutaten vermengen und sieben – Die Butter mit den Fingerspitzen hineinarbeiten – Die Milch zugeben, bis ein fester Teig entsteht – Auf ein bestäubtes Blech geben und schlagen – 3/4 cm dick auswellen – Mit einer Rundform von etwa 4 1/2 cm ∅ Plätzchen ausstechen – Auf ein mit Butter bestrichenes Blech setzen und in heißem Ofen 10 Minuten backen – Noch heiß, jedes Stück in der Mitte teilen und in den Ofen zurückstellen – Weiterbacken, bis das Gebäck goldbraun ist (dieser Zwieback hält wochenlang).

100 g Mehl, 1 Teel. Backpulver, 1/4 Teel. Salz, 1/2 Tasse Butter, 3 Eßl. Milch

Türmchen

Das Mehl mit dem Backpulver vermengen und gesiebt auf das Backbrett schütten – Den Zucker und Zimt oder Vanille, sowie die kaltgestellte Butter in kleinen Stücken zugeben – Mit dem Handballen schnell zu einem festen Teig verarbeiten – Messerrückendick auswellen und verschieden große Plätzchen ausstechen – Zu schöner Farbe backen – Nach dem Backen die Plätzchen mit Himbeerkonfitüre bestreichen und der Größe nach 2–3 aufeinandersetzen – Nach dem Erkalten mit vanilliertem Puderzucker bestreuen.

250 g Mehl, 1 Teel. Backpulver, 80 g Zucker, 1 Messerspitze Zimt oder Vanille-Zucker, 180 g Butter, Himbeer-Konfitüre, vanillierter Puderzucker

Vanillebrezeln

Alle Zutaten auf dem Backbrett rasch zu einem Teig verarbeiten – Bleistiftstarke Rollen formen und zu kleinen Brezeln drehen – Bei guter Hitze rasch backen – Noch heiß mit vanilliertem Puderzucker bestreuen.

150 g Mehl, 50 g Zucker, 60 g abgezogene, geriebene Mandeln, 120 g Butter, Puderzucker, 1/2 Päckchen Vanille-Zucker

Rahmwaffeln

150 g Mehl, 1 Teel. Salz, 1/2 Tasse Süßrahm

Das Mehl mit dem Salz vermengen und sieben – Nach und nach den Rahm zugeben – Den Teig auf ein leicht mit Mehl bestäubtes Brett geben und kneten, bis er weich wird – So dünn wie möglich auswellen und mit einer Gabel Einstiche machen – Mit einem in Mehl getauchten Glas oder Ausstecher Plätzchen ausstechen – Auf ein mit Butter bestrichenes Blech legen und in mäßig heißem Ofen backen, bis sie zart braun sind – Zu einem Salatgang oder zum Tee servieren.

Zimtwaffeln

250 g Mehl, 250 g Zucker, 1 Eßl. Zimt, 1 Ei, 2 Tassen Wasser

Das Mehl, den Zucker und Zimt mit dem Ei und Wasser zu einem glatten Teig rühren – Das Waffeleisen mit Fett auspinseln, den Teig einfüllen – Auf beiden Seiten braun backen – Die Waffeln mit einer Schere zerschneiden und noch heiß ausrollen – In gut schließender Blechdose aufbewahren.

Wespennester

250 g Mandeln, 3 Eiweiß, 250 g Zucker, 100 g Zitronat und Orangeat gemischt, Couverture oder Schokoladenglasur

Die Mandeln brühen, abziehen und der Länge nach in feine Streifen schneiden – Die Eiweiß zu steifem Schnee schlagen – Nach und nach den Zucker zugeben und 15 Minuten gut rühren – Die Mandeln, das feingeschnittene Zitronat und Orangeat daruntermengen – Nach Belieben 1 Eßlöffel Honig zugeben – Auf ein mit Wachs bestrichenes Blech Häufchen setzen und bei mäßiger Hitze hellgelb backen – Nach Belieben mit Schokoladenglasur oder Couverture überziehen.

Schokolade-Wespennester

150 g Mandeln, 80 g Zucker, 2 Eiweiß, 80 g Schokolade, 1 Päckchen Vanille-Zucker

Die Mandeln brühen, schälen und in Streifen schneiden – Mit dem Zucker zusammen anrösten – Die Eiweiß zu steifem Schnee schlagen – Die Schokolade in der Wärme zergehen lassen – Die gerösteten, erkalteten Mandeln und die Schokolade mit dem Eierschnee und Vanillezucker vermengen – Mit zwei Teelöffeln auf ein gewachstes Blech Häufchen setzen – Einige Stunden trocknen lassen und bei schwacher Hitze backen.

Die Weihnachtsbäckerei

Albertle

Die Butter schaumig rühren, den Zucker und das Ei mitrühren – Den Vanillezucker, das mit Backpulver vermengte und gesiebte Mehl und das Stärkemehl untermengen – Den Teig rasch zusammenkneten und 30 Minuten kühlstellen – Messerrückendick auswellen – Mit einem Keksausstecher runde oder viereckige, gezackte Kekse ausstechen – Bei mittlerer Hitze hellgelb backen.

75 g Butter, 125 g Zucker, 1 Ei, 1 Päckchen Vanille-Zucker, 2 Eßl. Rahm, 250 g Mehl, 125 g Stärkemehl, 2 Teel. Backpulver

Heidesand

Die Butter leicht bräunen und abkühlen lassen – Den Zucker, das Mehl und die Vanille zugeben – Das mit etwas Mehl vermengte Backpulver untermengen – Aus dem Teig kleine Kugeln formen und auf ein gewachstes Blech setzen – Bei guter Hitze backen.

250 g Butter, 250 g Zucker, 340 g Mehl, 1 Päckchen Vanille-Zucker, 2 Teel. Backpulver oder 1 Messerspitze Hirschhornsalz

Himbeerbrötchen

Die Eier mit dem Zucker schaumig rühren – Die Marmelade und das Mehl zugeben und alles zusammen vermengen – Auf ein mit Wachs bestrichenes Blech kleine Häufchen setzen und über Nacht trocknen lassen – Bei mittlerer Hitze backen.

8 Eier, 500 g Zucker, 8 Eßl. Himbeermarmelade, 500 g Mehl

Haselnußmakronen

Eiweiß mit gesiebtem Zucker dickrühren – Eine kleine Tasse der Masse beiseite stellen – Die gemahlenen Haselnüsse und Zitrone untermengen – Mit zwei Teelöffeln Makronen auf Oblaten setzen – In die Mitte jeder Makrone etwas von der Eiweißmasse geben und eine Haselnuß hineinstecken – Bei schwacher Hitze, das Rohr einen Spalt breit offen lassen, backen.

5 Eiweiß, 500 g Puderzucker, 500 g gemahlene Haselnüsse, 1/2 Zitrone, Saft und Schale, ganze Haselnüsse, Oblatentafeln

Haselnußschnitten

6 Eiweiß, 500 g Puderzucker, 4 Teel. Zitronensaft, 500 g Haselnüsse, gerieben

Die Eiweiß zu steifem Schnee schlagen – Den gesiebten Puderzucker und den Zitronensaft zugeben und gut schaumig rühren – 1/2 Tasse von der Masse zurückbehalten – Unter die übrige Masse die Haselnüsse geben und kurz zusammenkneten – Den Teig auf grobem Zucker fingerdick auswellen – In gleichmäßige, etwa 2 cm dicke Streifen rädeln – Auf ein gebuttertes Blech setzen und einige Stunden trocknen lassen – Mit der zurückbehaltenen Glasur bestreichen und bei schwacher Hitze backen.

Ausstecherle – Buttergebäck

250 g Butter, 200 g Zucker, 2 Eier, Zitronenschale oder Vanille, 500 g Mehl, 2 Messerspitzen Backpulver, 1 Eigelb, Hagelzucker oder gehackte Mandeln

Die Butter schaumig rühren, den Zucker und das Ei mitrühren – Die geriebene Zitronenschale oder Vanille, das Mehl und Backpulver untermengen und den Teig rasch zusammenkneten – 15 Minuten kühlstellen – Dünn auswellen und Plätzchen oder Formen ausstechen – Auf ein vorgerichtetes Blech setzen, mit Eigelb bestreichen und mit Zucker oder gehackten Mandeln bestreuen – Bei guter Hitze hellgelb backen.

Butter-S

500 g Mehl, 250 g Butter, 6 Eigelb, 160 g Zucker, 1 Zitrone, Schale, 1 Eiweiß, Hagelzucker

Gesiebtes Mehl, Butter, Eigelb, Zucker und geriebene Zitronenschale auf dem Backbrett mit 2 Messern oder mit Teigfix schnell zusammenkneten – Den Teig 30 Minuten kühlstellen – Zu kleinfingerdicken Rollen wälzen und zu 'S' formen, oder knapp 1 cm dick ausrollen und 'S' ausstechen – 30 Minuten kühl stellen – Die Oberfläche in geschlagenem Eiweiß und danach in Hagelzucker drücken – Auf ein gemehltes Blech gesetzt, bei Mittelhitze etwa 10 Minuten backen.

Hirschhörner

500 g Mehl, 4 Eier, 250 g Zucker, 260 g gemahlene Mandeln, 1/2 Tasse Rahm, 1/2 Tasse geschmolzene Butter, 1 Päckchen Backpulver, Eiweiß zum Bestreichen

Aus den Zutaten einen Teig mengen – Dünn ausrollen und Halbmonde ausstechen – Die spitzen Enden mit dem Tortenrädchen einschneiden und nach oben biegen – Auf ein bestrichenes Blech setzen, mit Eiweiß bestreichen, im Rohr bei mäßiger Hitze backen.

Gebäck für Kinder

Die Eier, von denen 1 Eigelb zurückbehalten wird, mit dem Zucker schaumig rühren – Geriebene Zitronenschale, das Mehl, die Milch und das mit etwas Mehl vermengte Backpulver zugeben und alles gut verkneten – Nach Belieben dem Teig 1/2 Tasse Butter beifügen – Den Teig auswellen und beliebige Figuren ausstechen – Vor dem Backen mit dem Eigelb bestreichen und mit buntem Streuzucker bestreuen.

3 Eier, 300 g Zucker, Zitronenschale, 500 g Mehl, 1/2 Tasse Milch, 1 Päckchen Backpulver, Streuzucker

Grießmakronen

Eiweiß zu steifem Schnee schlagen – Mit Zucker, geriebener Zitronenschale und Saft verrühren – Nach und nach Mandeln und Grieß zugeben – 30 Minuten ununterbrochen rühren – Ein Blech mit weißem Papier belegen und kleine runde Häufchen daraufsetzen – Bei mäßiger Hitze hell backen.

6 Eiweiß, 375 g Zucker, 375 g geriebene, geschälte Mandeln, 1 Zitrone, Saft und Schale, 100 g Grieß

Hylikmaker (Holländischer Pfefferkuchen)

Honig aufkochen, vom Feuer genommen, langsam Zucker, kleingeschnittenes Orangeat und Zitronat sowie die Gewürze zurühren – Mehl und Hirschhornsalz vermengt zugeben, verkneten und fingerdick ausrollen – Die Teigplatte auf ein erwärmtes, mit Wachs bestrichenes Blech gelegt, über Nacht trocknen lassen – Anderntags mittlerer Hitze backen – Öfters nachsehen, ob der Pfefferkuchen gleichmäßig bäckt, andernfalls das Blech drehen – Noch heiß in viereckige, längliche Stücke aufschneiden.

1 1/4 kg Mehl, 625 g Rohzucker, 375 g Honig, 60 g Orangeat, 60 g Zitronat, 4 g Zimt, 4 g Muskatnuß, 8 g Hirschhornsalz

Kokosnußmakronen

Kokosnuß, 2 Eiweiß und Zitrone in einem Kessel über kleiner Flamme lauwarm rühren – Vom Feuer genommen, die übrigen, geschlagenen Eiweiß mit der Masse gut vermengen – Erscheint die Masse noch zu dünn, noch etwas Kokos oder Grieß beifügen – Runde oder längliche Makronen mit 2 Löffelchen auf die Oblaten setzen – Bei schwacher Hitze, einen Spalt des Rohres offenlassen, hellgelb backen, etwa 25 Minuten.

500 g Zucker, 500 g Kokosnußflocken, 8 Eiweiß, 1 Zitrone, Saft und Schale, Backoblaten-Tafeln

Knusperhäuschen

500 g Honig oder Kunsthonig, 625 g Mehl, 100 g Mandeln, 1 Teel. Zimt, 1 Messerspitze Nelkenpulver, 50 g Zitronat, 50 g Orangeat, 6 g Hirschhornsalz, Weiße Spritzglasur

Den Honig über kleiner Flamme zergehen lassen, nicht kochen – Mit dem Mehl, Mandeln und Gewürzen vermengen – Mandeln, Orangeat und Zitronat sind nicht unbedingt notwendig – Zuletzt Hirschhornsalz beifügen – Zu einem Teig verkneten – Zu einer Platte auswellen – Auf gefettetem Blech bei mittlerer Hitze hellbraun backen – Zurechtgeschnittene Pappdeckelformen auflegen und mit scharfem Messer ausschneiden – Abgekühlt die einzelnen Teile mit der Glasur zusammensetzen – Mit Glasur bestreichen und nach Belieben verzieren.

Honigkuchen

600 g Honig, 250 g Zucker, 250 g stiftelig geschnittene Mandeln, 50 g Orangeat, 50 g Zitronat, 15 g Zimt, 1 Eßl. Kirschwasser, 625 g Mehl, 1 Päckchen Backpulver

Honig in einem Kupferkessel aufkochen, bis er steigt – Vom Feuer nehmen und langsam Zucker, Mandeln, Gewürze unterrühren – Zuletzt gesiebtes, mit Backpulver vermischtes Mehl zugeben und zu einem Teig verkneten – 1/2 cm dick ausrollen und Lebkuchen ausstechen – Nicht zu dicht nebeneinander auf ein mit Mehl leicht bestäubtes Blech setzen – Über Nacht im warmen Zimmer trocknen lassen – Anderntags bei mittlerer Hitze zu schöner Farbe backen.

Gefüllte Lebkuchen

Zum Teig:
2 Eier, 50 g Honig, 150 g Zucker, 1 Teel. Zimt, 1 Orange, geriebene Schale, 1 Messerspitze Nelkenpulver, 1/2 Teel. Ingwer, 300 g Mehl, 1 Teel. Natron

Zur Fülle:
125 g Mandeln, 125 g Haselnüsse, 125 g Walnußkerne, 100 g Rosinen, 100 g Feigen, 100 g Datteln, 100 g Zitronat und Orangeat, Rum, Marmelade, Zitronenglasur

Eier mit Zucker und Honig tüchtig verrühren – Reichlich Gewürze zugeben – Mehl mit Natron vermengt beifügen – Zu einem Teig verkneten – Über Nacht ruhen lassen. Gehackte Mandeln und Nüsse, Rosinen, kleingeschnittene Feigen, Datteln, Zitronat und Orangeat vermengen – Mit Rum durchfeuchten – Über Nacht zugedeckt ziehen lassen.

Den Teig zu einer messerrückendicken Platte ausrollen – Mit Marmelade dünn bestreichen – Die Teigplatte zur Hälfte mit der Fülle dick belegen – Die leere Hälfte überklappen – Die Ränder etwas andrücken – Bei mittlerer Hitze goldbraun backen – Noch warm mit Zitronenglasur bestreichen – Den fertigen Kuchen zu kleinen Vierecken schneiden – In einer Blechdose aufbewahren.

Nürnberger Lebkuchen

Die Eier mit dem Zucker dick und schaumig schlagen – Die Gewürze, das feingeschnittene Zitronat und Orangeat, die geschälten, gemahlenen Mandeln, das Mehl und Hirschhornsalz nacheinander zugeben – Die Masse gut vermengen und etwa 1 cm dick auf große, runde Oblaten streifen – Über Nacht trocknen lassen und anderntags bei schwacher Hitze backen, während der Backzeit den Ofen ein wenig geöffnet halten – Noch heiß mit Eiweiß- oder Schokoladen-Glasur bestreichen und nach Belieben mit buntem Streuzucker bestreuen.

5 Eier, 500 g Zucker, 1 Eßl. Zimt, 1 Messerspitze Nelken, 1 Messerspitze Muskatblüte, 100 g Zitronat und Orangeat, 500 g Mandeln, 100 g Mehl, 2 g Hirschhornsalz, Oblaten, Weiße oder Schokoladenglasur

Nußlebkuchen

Die Nüsse oder Mandeln rösten, schälen und grob verwiegen – Die Eier mit dem Zucker schaumig rühren und alles vermengen – Den Teig auf Oblaten streichen und trocknen lassen – Anderntags bei schwacher Hitze backen, den Ofen dabei etwas geöffnet lassen – Mit Schokoladenglasur bestreichen.

300 g Hasel- oder Walnüsse, 4 Eier, 350 g Zucker, 1 Päckchen Vanille-Zucker, 100 g Mehl, 2 g Hirschhornsalz, Oblaten, Schokoladenglasur

Honiglebkuchen mit Schokoladenglasur

Die Eier und den Zucker schaumig rühren – Die Gewürze, das geschnittene Orangeat und Zitronat zugeben – Den Rum und einen Teil des Mehls unterrühren – Den Honig flüssig machen – Die gehackten Mandeln zugeben und das restliche Mehl untermengen – Die Eier- und Honigmasse vermengen und auf ein bemehltes Brett schütten – Das mit etwas Mehl vermengte Backpulver zugeben und einen Teig kneten – Etwa 1 cm dick auswellen und Lebkuchen oder Herzen ausstechen – Mit Zwischenräumen von etwa 1/2 cm auf ein vorgerichtetes Blech setzen und bei guter Hitze backen – Die Lebkuchen noch heiß mit Zuckerwasser bestreichen oder abgekühlt mit Schokoladenglasur überziehen.

2 Eier, 125 g Zucker, 1 Teel. Zimt, 1 Messerspitze Nelken, 150 g Orangeat und Zitronat, 2 Eßl. Rum, 500 g Mehl, 250 g Honig, 150 g Mandeln, 1 Päckchen Backpulver, Zuckerglasur oder Schokoladenglasur

Honigkuchen, in der Form gebacken

Den Honig und den Zucker zusammen erwärmen – Die kochende Milch zurühren – Nach dem Erkalten das Mehl, die Butter, die Eier und die gehackten Mandeln zugeben

250 g Honig, 100 g Zucker, 1/2 Tasse Milch, 500 g Mehl, 80 g Butter, 2 Eier, einige Mandeln, 1 Päckchen Backpulver, Weiße Glasur

und alles zusammen verarbeiten – Zuletzt das Backpulver untermengen – Den Teig in eine zugerichtete Kastenform füllen und zu schöner Farbe backen – Noch heiß mit Zuckerglasur überziehen – Erst nach einigen Tagen anschneiden, in einer Blechdose verwahren.

Liegnitzer Bombe

500 g Honig, 250 g Zucker, 250 g Butter, je 1 Teel. Zimt und Nelken, 3/4 kg Mehl, 125 g geschälte, geriebene Mandeln, 125 g Sultaninen, 125 g Korinthen, 1 Teel. Natron, 2 Eßl. Rosenwasser, Schokoladenglasur

Honig mit Zucker und Butter aufkochen – Vom Feuer genommen, Gewürze beifügen – Der etwas abgekühlten Masse gesiebtes Mehl, Mandeln, Sultaninen, Korinthen und Natron, in Rosenwasser aufgelöst, beifügen – Zu einem Teig vermengen, in eine mit Bröseln ausgestreute Springform füllen – 1 1/2 Stunden bei guter Hitze im Rohr backen – Nach dem Abkühlen aus der Form nehmen und mit Schokoladenglasur überziehen.

Zuckerlebkuchen

4 Eier, 500 g Zucker, 125 g gehackte Mandeln, 165 g Zitronat, 165 g Orangeat, 30 g Zimt, 500 g Mehl, 1 Messerspitze Hirschhornsalz

Eier mit Zucker 45 Minuten rühren – Mandeln und Gewürze beifügen – Mehl, mit Hirschhornsalz vermengt, gesiebt zugeben und zu einem Teig verkneten – 1/2 cm dick ausrollen und Lebkuchen in beliebiger Form und Größe ausstechen – Auf ein wachsbestrichenes Blech gesetzt, über Nacht an warmem Ort trocknen lassen – Anderntags bei mittlerer Hitze im Rohr backen – Noch warm mit Zuckerwasser bestreichen.

Mailänder

180 g Butter, 180 g Zucker, 2 Eier, 1/2 Zitrone, Schale, 120 g abgezogene, geriebene Mandeln, 400 g Mehl, 1 Teel. Backpulver, 1 Eigelb

Die Butter schaumig rühren, den Zucker und die Eier unterrühren – Die übrigen Zutaten der Reihe nach zugeben und zu einem Teig kneten – 1/2 cm dick auswellen und Plätzchen ausstechen – Mit Eigelb bestreichen und bei mittlerer Hitze backen.

Muskaziner Mandeln

8 Eiweiß, 375 g Mandeln, 375 g Puderzucker, 3 g Zimt, 4 g Nelken, 1/2 Zitrone, Schale

Geriebene Mandeln mit Eiweiß, gesiebtem Zucker und Gewürzen auf gelindem Feuer rühren, bis die Masse beim Anfühlen nicht mehr klebt – Gut abgekühlt aus der Masse Mandeln formen und auf ein mit Papier belegtes Blech setzen – Bei schwacher Hitze im Rohr backen.

Mandelbögen

Die Mandeln schälen, zur halben Menge reiben, zur anderen Hälfte in feine Streifen schneiden – In einer Messingpfanne auf schwachem Feuer die geriebenen Mandeln mit dem Zucker hellgelb rösten – Die Eiweiß zu steifem Schnee schlagen – Die gerösteten und die geschnittenen Mandeln, das Gewürz und das feingehackte Zitronat untermengen – Den Teig messerrückendick auf Oblaten streichen und auf einem Blech bei schwacher Hitze hellgelb backen – Noch heiß in Streifen schneiden und über ein Wellholz biegen.

500 g Mandeln, 400 g Zucker, 6 Eiweiß, 10 g Zimt, 1 Zitrone, Schale, 2 Eßl. Zitronensaft, 60 g Zitronat

Mandelhalbmonde

Die Eiweiß zu steifem Schnee schlagen – Mit dem gesiebten Puderzucker und dem Zitronensaft gut schaumig rühren – 1/2 Tasse davon zur Glasur zurückstellen – Zu der übrigen Masse die geschälten und gemahlenen Mandeln geben – Auf Zucker 1/2 cm dick auswellen – Halbmonde ausstechen, auf ein gewachstes Blech setzen und abtrocknen lassen – Mit der Glasur bestreichen und bei schwacher Hitze backen.

4 Eiweiß, 250 g Puderzucker, 2 Teel. Zitronensaft, 300 g Mandeln, Zucker zum Auswellen

Mandelmakronen

Die Eiweiß zu steifem Schnee schlagen – Den Zucker mitrühren, den Zitronensaft und die geschälten, gemahlenen Mandeln untermengen – Die Masse muß ziemlich dick sein, nach Belieben noch gemahlene Mandeln zugeben – Mit 2 Teelöffeln Makronen auf ein gebuttertes Blech oder auf Oblaten setzen und einige Stunden trocknen lassen – Bei schwacher Hitze mehr trocknen als backen.

8 Eiweiß, 500 g Zucker, 4 Teel. Zitronensaft, 500 g geschälte, gemahlene Mandeln

Nußbackwerk

Steifen Eierschnee mit gesiebtem Zucker 15 Minuten rühren – Nüsse und Gewürze beifügen – Den Teig auf zuckerbestreutem Backbrett 1 cm dick ausrollen – Kleine Figuren stechen und auf einem mit Wachs bestrichenen Blech im mäßig warmen Rohr backen – Noch warm mit Couverture überziehen.

4 Eiweiß, 500 g Puderzucker, 375 g gemahlene Walnüsse, 1 Zitrone, Saft und Schale, 4 g Zimt, Couverture

Mandelgebäck

125 g Butter, 200 g Zucker, 1 Ei, 200 g Mandeln, 250 g Mehl, 1 Teel. Zimt, 1/2 Eiweiß, 30 Mandeln

Die Butter schaumig rühren, den Zucker und das Ei mitrühren – Die geschälten und gemahlenen Mandeln, von denen eine Handvoll zurückbehalten wird, das Mehl und den Zimt zugeben – Rasch zu einem Teig zusammenkneten und kühlstellen – 1/4 cm dick auswellen und gezackte Plätzchen ausstechen – Mit Eiweiß bestreichen und mit gehackten Mandeln bestreuen – Auf jedes Plätzchen noch eine ganze geschälte Mandel stecken – Bei mittlerer Hitze backen.

Pfaffenhütchen

180 g Butter, 180 g Zucker, 2 Eier, 1/2 Zitrone, Schale, 200 g abgezogene, gemahlene Mandeln, 400 g Mehl, 1 Teel. Backpulver
Zur Fülle:
200 g Haselnüsse, 160 g Zucker, 1 Eigelb

Aus den Zutaten einen Teig wie für Mailänder (s. Seite 666) zubereiten – Auswellen und runde Plätzchen ausstechen – Die Haselnüsse leicht rösten und durch die Mandelmühle treiben – Mit dem Zucker und etwas Wasser zu einer breiigen Fülle vermengen – Jedes Plätzchen mit Fülle bestreichen und zu einem Dreispitz zusammendrücken – Mit Eigelb bestreichen und bei guter Hitze backen.

Pomeranzenbrötchen

500 g Zucker, 4 Eigelb, 4 ganze Eier, 60 g Zitronat und Orangeat, gemischt, 500 g Mehl, 1 Prise Salz, 2 Messerspitzen Hirschhornsalz oder 1 1/2 Päckchen Backpulver, Puderzucker

Zucker, Eigelb und die ganzen Eier zu einer dicken Masse rühren – Nach und nach feingeschnittenes Zitronat, Orangeat, Mehl, Salz und Hirschhornsalz beifügen und vermengen – Kleine Häufchen auf ein butterbestrichenes Blech setzen – Über Nacht an nicht zu warmem Ort ruhen lassen – Anderntags, mit Puderzucker leicht bestäubt, bei mäßiger Hitze im Rohr lichtgelb backen.

Spekulatius

500 g Mehl, 500 g Zucker, 250 g Butter, 3 Eier, 2 g Zimt, 1/2 Zitrone, Schale, 2 g Hirschhornsalz oder 1 Päckchen Backpulver

Mehl auf ein Backbrett sieben – Die Butter in Stückchen hineinschneiden – Mit Zucker, Eiern und Gewürzen vermengen – Den Teig eine Stunde rasten lassen – Danach Hirschhornsalz oder Backpulver untermengen – Schnell durchkneten und stark messerrückendick auf bemehltem Blech ausrollen – Mit Spekulatiusformen ausstechen – Auf ein mit Wachs bestrichenes Blech gesetzt, bei mittlerer Hitze im Rohr gelb backen.

Weiße Pfeffernüsse

Eier, gesiebten Puderzucker, geriebene Muskatnuß und die übrigen Gewürze tüchtig verrühren – Mehl, mit Backpulver vermengt auf das Backbrett sieben – Die Eiermasse zugeben und stark verkneten – Aus der Masse kleine Kügelchen formen – Auf ein bestrichenes Blech setzen und bei mittlerer Hitze im Rohr backen.

500 g Mehl, 500 g Puderzucker, 4 Eier, 100 g Zitronat, 1 Zitrone, Schale, 1 Teel. Muskatnuß, 1 Eßl. Zimt, 1 Teel. gestoßene Nelken, 1 Teel. Pfeffer, 20 g Backpulver

Printen

Honig aufkochen und gut abschäumen – Zucker beifügen und zusammen bis zum Faden kochen – Mehl in eine Backschüssel sieben – Die warme Honigmasse nach und nach beifügen und vermengen – Gewürze und in Rum aufgelöste Pottasche zugeben – Gut verkneten und gegebenenfalls noch etwas Mehl nehmen – Zum Durchziehen einige Tage zugedeckt stehen lassen – 1/2 cm stark ausrollen und zu 3–4 cm breiten und 4 cm langen Streifen schneiden – Auf ein gefettetes Blech gesetzt, bei guter Hitze backen – Herausgenommen dünn mit Glasur oder erkaltet mit Couverture bestreichen.

250 g Honig, 250 g Läuterzucker, 625 g Mehl, 1/2 Teel. geriebene Muskatnuß, je 1 Messerspitze weißer und Nelken-Pfeffer, 15 g Pottasche, Rum, weiße Spritzglasur oder Couverture

Rosinen-Plätzchen

Butter schaumig rühren – Nach und nach unter Rühren Zucker, Eier, Rosinen, Zitrone und Salz beifügen – 15 Minuten rühren, danach das gesiebte Mehl unterrühren – Mit einem Teelöffel kleine Häufchen auf ein gebuttertes Blech setzen – Über Nacht an nicht zu warmem Ort trocknen lassen – Anderntags in gut heißem Rohr schön gelb backen.

125 g Butter, 125 g Zucker, 4 Eier, 125 g Rosinen, 250 g Mehl, 1/4 Zitrone, Saft und Schale, Salz

Schokoladenmuscheln

Eiweiß zu steifem Schnee schlagen – Zucker beifügen und zusammen schaumig rühren – Im Wasserbad geschmolzene Schokolade, gemahlene Mandeln und Gewürze zugeben – Aus der Masse kleine Kugeln formen, in Zucker wenden und in Muschelförmchen drücken – Auf ein gewachstes Blech stürzen und abgetrocknet bei schwacher Hitze im Rohr backen.

4 Eiweiß, 320 g Zucker, 320 g Schokolade, 4 Messerspitzen Zimt, 4 Messerspitzen Nelken, 500 g Mandeln, Zucker zum Formen

Zimtsterne

7 Eiweiß, 500 g Puderzucker, 4 Teel. Zimt, 500 g Mandeln, grober Zucker zum Ausrollen

Eiweiß zu steifem Schnee schlagen – Gesiebten Puderzucker zugeben und zusammen schaumig schlagen – 1 1/2 Tassen der Masse zurückbehalten – Unter die übrige Masse Zimt und gemahlene Mandeln mengen – Zusammenkneten und auf grobem Zucker fingerdick ausrollen – Sterne ausstechen, auf ein gewachstes Blech setzen und einige Stunden abtrocknen lassen – Mit der zurückbehaltenen Glasur bestreichen, bei schwacher Hitze im Rohr backen.

Falsche Zimtsterne

250 g Haferflocken, 250 g Zucker, 1 Ei, 1/2 Zitrone, Saft und Schale, 1 Teel. Zimt, Bittermandelessenz, 250 g Mehl, 1/2 Päckchen Backpulver
Zur Glasur:
50 g Puderzucker, 1/2 Eiweiß

Die Haferflocken mit 50 g Zucker hellgelb rösten – Die Butter schaumig rühren, das Ei und den restlichen Zucker mitrühren – Die Gewürze, die gerösteten Haferflocken, das Mehl und Backpulver zugeben (wenn nötig 1–2 Eßlöffel Milch) und alles zusammen verkneten – Auf Zucker 1 cm dick auswellen – Sterne ausstechen und auf ein gebuttertes Blech setzen – Das Eiweiß und den gesiebten Puderzucker zur Glasur dick und schaumig rühren – Die Zimtsterne bestreichen und bei mittlerer Hitze backen.

Englische Weihnachtstorte

Zum Teig:
250 g Butter, 250 g brauner Zucker, 6 Eier, 1 Zitrone, Schale, 1 Messerspitze Lebkuchengewürz, 1/2 Tasse Sirup, 375 g Mehl, 2 Teel. Backpulver, 2 Eßl. Rum, 375 g Korinthen, 250 g Sultaninen, 65 g kandierte Kirsche, 65 g Zitronat
Zum Bestreichen:
Aprikosenmarmelade, Marzipanmasse oder Fertigware, Puderzucker

Butter, Zucker, Eigelb und geriebene Zitronenschale schaumig rühren – Gewürze und Sirup zugeben – 300 g Mehl mit Backpulver zusieben – Rum zugeben und vermengen – Das restliche Mehl mit den Früchten vermengt beifügen – Steifen Eierschnee unterziehen – Den Teig in eine zugerichtete Springform füllen – Im vorgeheizten Backofen bei Mittelhitze etwa 2 Stunden backen.

Erkaltet den Kuchen mit erwärmter Marmelade dünn bestreichen – Marzipan auf Puderzucker dünn ausrollen – Einen Tortendeckel und Rand davon ausschneiden – Die Torte über den Randstreifen rollen – Den Deckel aufsetzen – Die Ränder zusammendrücken – Mit einer Papiermanschette verkleiden – Nach Belieben mit Spritzglasur, s. S. 608, Figuren aufspritzen.

Apostelkuchen (Brioche)

500 g Mehl, 500 g Butter, 30 g Hefe, 1 Teel. Salz, 2 Eßl. Puderzucker, 7 Eier, 3/4 Tasse Wasser, 1 Ei zum Bestreichen

Hefe in lauwarmem Wasser auflösen – Mit 1/4 des erwärmten Mehles vermengen und, warmgestellt, zugedeckt gehen lassen – Das übrige Mehl auf das Backbrett sieben und zu einem Kranz auseinanderziehen – In die Mitte Salz, Zucker, 5 ganze Eier und 375 g in Stückchen geschnittene Butter geben – Mit dem Mehl etwa 20 Minuten zu einem glatten, geschmeidigen Teig verkneten – Nach und nach restliche Butter und Eier beifügen – Der Teig ist gut, wenn ein hochgezogenes Stück davon stehen bleibt – Das Ganze flachdrücken und den in der Zwischenzeit doppelt so groß gewordenen Vorteig darauflegen – Zusammenklappen, in Stücke schneiden und wieder zusammenkneten – In eine Schüssel gelegt und bedeckt, über Nacht, bzw. mindestens 6 Stunden, an einem kühlen Ort gehen lassen – Den doppelt so groß gewordenen Teig wieder zu seiner ursprünglichen Form zusammenkneten – Wieder, doch diesmal in der Wärme, gehen lassen – Mit mehlbestäubten Händen auf einem mehlbestäubten Backbrett glattschlagen – Die Ränder nach unten gebogen, auf eine Platte gelegt und auf Eis gestellt 25 Minuten rasten lassen – Danach aus 2/3 des Teiges eine Kugel formen und in eine gebutterte, gerippte Form drücken – In der Mitte mit nassen Fingern eine Vertiefung anbringen – Dem restlichen Teig Birnenform geben und mit dem spitzen Ende in die Vertiefung drücken – Zum letzten Mal gehen lassen – Vor dem Backen mit Eigelb bestreichen und rings um den Kopf herum mit einer Schere Verzierungen anbringen – In mäßig heißem Rohr 1 1/4 Stunden backen – Wird der Kuchen früh braun, mit Folie bedecken – Nach dem Backen 5 Minuten abkühlen lassen, dann aus der Form stürzen.

Spitzbuben

Zum Teig:
500 g Mehl, 250 g Butter, 200 g Zucker, 120 g gehackte Mandeln
Zur Fülle:
Johannisbeergelee oder Himbeerkonfitüre, Puderzucker, 1 Päckchen Vanille-Zucker

Alle Zutaten auf dem Backbrett zu einem Mürbeteig rasch zusammenarbeiten und kühlstellen – Den Teig dünn auswellen und runde Plätzchen ausstechen – Bei mittlerer Hitze backen – Nach dem Erkalten Gelee oder Konfitüre zwischen je 2 aufeinandergesetzte Plätzchen streichen – Mit vanilliertem Puderzucker bestreuen.

Springerle

4 Eier, 500 g Zucker, 1 Zitrone, Schale, 500 g Mehl, 2 Teel. Backpulver

Die Eiweiß zu steifem Schnee schlagen – Den Zucker und die Eigelb zugeben und 45 Minuten rühren – Die geriebene Zitronenschale, das gesiebte Mehl und das Backpulver zugeben – Den Teig so lange kneten, bis er zart ist – 1 Stunde kühlstellen – Auswellen und die mit Mehl bestreute Form daraufdrücken – Die Formen ausschneiden und auf ein mit Butter bestrichenes und mit Anis bestreutes Blech setzen – Über Nacht trocknen lassen – Bei mittlerer Hitze backen.

Florentiner Honigrolle

Zum Teig:
300 g Mehl, 2 Teel. Backpulver (gestrichen voll), 100 g Zucker, 1 Päckchen Vanille-Zucker, 1 Ei, 2 Eßl. Wasser, 125 g Butter
Zur Fülle:
250 g Honig, 100 g Walnußkerne, 100 g Haselnußkerne, 100 g Mandeln, 50 g Zitronat, 1 Eigelb

Aus den Teigzutaten einen Mürbeteig kneten – Zu einem Rechteck ausrollen – Mit Honig bestreichen – Grobgehackte Nüsse, Mandeln und Zitronat überstreuen, aufrollen und mit Eigelb bestreichen – 40 Minuten bei mittlerer Hitze backen.

Weihnachtsstollen

500 g Mehl (beste Qualität), 40 g Hefe, 200 g Butter, 200 g Zucker, 1/8 l Milch, 1/2 Teel. Salz, 100 g Puderzucker, 1 Zitrone, Schale, 1 Orange, Schale, 200 g Rosinen, 200 g Korinthen, 100 g Mandeln, 100 g Zitronat, 8 Eßl. Kognak
Zum Bestreichen:
Butter, 150 g Zucker, 3 Päckchen Vanille-Zucker

Alle Zutaten müssen küchenwarm verwendet werden.
Geriebene Zitronen- und Orangenschale, Rosinen, Korinthen, abgezogene, gehackte Mandeln und kleinwürfelig geschnittenes Zitronat mit dem Kognak vermengen und über Nacht durchziehen lassen.
Aus den Teigzutaten einen Hefeteig, s. S. 601, bereiten und gehen lassen – Kneten, bis sich der Teig von der Schüssel und den Händen löst ohne zu kleben – Fruchtmischung in den Teig drücken – 30 Minuten in der Wärme gehen lassen – Teig zusammenschlagen und 3 Teile daraus machen, jedes etwa 500 g schwer – Mit etwas Mehl je eine Kugel daraus formen – Mit dem Wellholz auf bemehltem Brett oder Tuch oval drücken – Längs eine Vertiefung drücken, so daß eine schmale und

eine breite Seite entsteht – Die breite Seite überschlagen – Die so geformten Stollen auf ein mit Pergamentpapier ausgelegtes Blech setzen – Nochmals 20 Minuten gehen lassen – Im vorgeheizten Ofen bei 230° (starker Hitze) etwa 40 Minuten backen – Werden die Stollen zu schnell braun, mit Folie abdecken – Kommen die Stollen aus dem Ofen, sofort mit zerlassener Butter bestreichen – In Zucker mit Vanille gemischt wälzen, bis es eine dicke Kruste gibt – Mit Puderzucker bestreuen – Abgekühlt in Cellophan verpacken – Hält bis Ostern.

Schnitz- oder Hutzelbrot

1 kg Dörrzwetschgen, 1 kg Dörrbirnen, 250 g Walnußkerne, 250 g Haselnußkerne oder Mandeln, je 125 g Zitronat, Orangeat und Feigen, 1 Tasse Milch, 100 g Hefe, 1 1/2 kg Mehl, 1 Teel. Zimt, 1 Messerspitze Nelken, 1 Eßl. Salz, 1 Teel. Anis

Zwetschgen und Birnen über Nacht, mit kaltem Wasser bedeckt, einweichen – Tags darauf in Stücke schneiden und im Einweichwasser 30 Minuten kochen – Zwetschgen entsteinen – Nüsse grob hacken, Zitronat, Orangeat und Feigen kleinwürfelig schneiden.

Aus Milch und Hefe einen Vorteig bereiten – Ist er gegangen, Mehl, Gewürze und einen Teil der lauwarmen Schnitzbrühe beifügen – Einen festen Hefeteig bereiten, schlagen, bis er Blasen zeigt und sich von den Händen und der Schüssel löst – Früchte, Nüsse, Zitronat und Orangeat untermengen, ohne die Früchte dabei zu zerdrücken – Den Teig, mit Mehl bestäubt, zugedeckt in der Wärme gehen lassen, bis er doppelt so groß geworden ist – Zu Laibchen und Stollen formen und mit streifig geschnittenem Zitronat, ganzen Nußkernen und Mandeln verzieren – Nochmals gehen lassen, bei guter Hitze im Rohr backen – Noch warm mit eingedickter Schnitzbrühe bestreichen, um ihm Glanz zu geben – In Cellophan verpackt, bleibt das Schnitzbrot mehrere Wochen frisch.

Zuckerpräparationen

Läuterzucker

1 kg Zucker, 1 l Wasser, zu 27–28 %iger Zuckerlösung
500 g Zucker, 1 l Wasser, zu 16 %iger Zuckerlösung

Zucker mit Wasser in einem Messingkessel unter Rühren aufkochen – Den sich bildenden Schaum mit dem Schaumlöffel fleißig abschöpfen – Jedesmal den Löffel zuvor in warmes Wasser tauchen – Bildet sich kein Schaum mehr, ist der Zucker geläutert.

Breitlauf

Zuckerlösung so lange kochen, bis vom Schaumlöffel die kochende Lösung in breiten Tropfen abfällt.

Faden

Zuckerlösung so lange kochen, bis ein Tropfen zwischen Daumen und Zeigefinger genommen einen Faden zieht, wenn die Finger auseinandergestreckt werden.

Perle

Zuckerlösung so lange kochen, bis sich von dem hochgenommenen Schaumlöffel ein Faden zieht, an dem ein Tropfen wie eine Perle hängen bleibt.

Flug

Zuckerlösung so lange kochen, bis sich an dem hochgehobenen, abgetropften Schaumlöffel bei kräftigem Anblasen kleine und große Blasen bilden, die davonfliegen.

Zucker-Couleur (Gebrannter Zucker)

Zucker vollkommen verbrennen lassen – Muß tiefschwarz, nicht braun sein – Mit kaltem Wasser ablöschen, aufkochen, bis sich die Zuckerkohle vollkommen gelöst hat – Durchseihen und ausgekühlt in Flaschen füllen – Zum Braunfärben je nach Rezept verwenden.

Kugel

Einen in kaltes Wasser getauchten Holzlöffel rasch in die kochende Zuckerlösung und wieder in kaltes Wasser tauchen – Der dem Holz anhaftende Zucker läßt sich leicht entfernen und zu einer Kugel formen.

Karamel

In einer Messingpfanne, je nach Rezept, Zucker, heller oder dunkler bräunen – Mit Flüssigkeit ablöschen und aufkochen.

Fondant

3/4 kg Zucker, 1/4 l Wasser, Essig

Kristall- oder Würfelzucker in sauberem, fettfreiem Geschirr mit Wasser zu Brei rühren – Nach Zergehen des Zuckers unter stetem Rühren aufkochen – Vom Feuer genommen, 20 Minuten ruhen lassen – Wieder aufs Feuer geben, aufkochen und knapp 1 Eßlöffel Essig beifügen – Öfters abschäumen und Geschirrwände von anhaftenden Zuckerkristallen reinigen – Den Zucker bis zur Kugel kochen – Vom Feuer genommen, den Topf in Eiswasser stellen – Die Oberfläche mit Wasser besprengen und abkühlen lassen – Die Masse mit einem Kochlöffel bearbeiten, bis sie ein milchiges Aussehen und breiige Beschaffenheit zeigt – Nach Belieben Rahm unterarbeiten oder verschiedene Geschmacksaromen beifügen.
Zu Vanille-Fondant: Vanillezucker und Rahm.
Zu Zitronen-Fondant oder Orangen-Fondant: Zitronen- oder Orangenessenz, mit gelber und roter Speisefarbe oder Fruchtsäften gefärbt.
Zu Punsch-Fondant: Ruhm und leicht rosa gefärbt.
Zu Kaffee-Fondant: Kaffee-Essenz und mit Zuckercouleur braun gefärbt.
Zu Schokolade-Fondant: Erweichte Schokolade.

Vanillezucker

2 Vanilleschoten, 250 g Zucker

In eine gut schließende Dose die Schoten in Stücke geschnitten mit dem Zucker vermengt aufbewahren – Nach etwa 14 Tagen kann der Zucker verwendet werden – Er ist feiner und aromatischer im Geschmack als Päckchen-Vanille.

Konfekt

Erdnußkonfekt

1 Eßl. Butter, 2 Tassen brauner Zucker, 1/4 Teel. Salz, 1/3 Tasse Milch oder Süßrahm, 3/4 Tasse gehackte Erdnüsse, 1 Teel. Vanille-Zucker

Die Butter in einer Kasserolle zergehen lassen – Den Zucker und die Milch oder den Rahm zugeben – Zum Kochen bringen, und kochen, bis die Mischung im kalten Wasser eine Kugel bildet, s. S. 676 – Vom Feuer nehmen, schaumig schlagen und die Nüsse, mit wenig Salz bestreut, zugeben – Auf ein mit Butter bestrichenes Blech geben und leicht gekühlt in Quadrate schneiden – An Stelle von Erdnüssen können auch Walnüsse oder Kokosnußraspeln genommen werden – Bei Kokosnußraspeln 1/2 Teelöffel Vanille-Zucker zugeben.

Fondantnüsse

1 Eiweiß, die gleiche Menge Wasser, Puderzucker, Vanille- oder Kaffee-Essenz, Walnüsse oder Datteln

Das Eiweiß mit der gleichen Menge Wasser schaumig schlagen – Die Essenz und löffelweise den gesiebten Puderzucker zugeben, bis sich aus der Masse kleine Kugeln formen lassen – Je eine Kugel zwischen zwei Walnußhälften oder in ausgesteinte Datteln drücken – Auf jede Dattel noch einen Nußkern drücken – Trocknen lassen und in Papierkästchen setzen – Nach Belieben kann auch Fondant verwendet werden.

Glasierte Kastanien

1/2 kg Kastanien, 1/4 l Wasser, 500 g Zucker, 1 Päckchen Vanille-Zucker, Mandelöl, Papierkästchen (Pralinenhüllen)

Schöne, gleich große Kastanien schälen – Heißem Wasser zusetzen und kochen, bis sich das braune Häutchen abziehen läßt – In frischem heißem Wasser kochen, bis sie gar sind, aber nicht zerfallen.

Wasser, Zucker und Vanille-Zucker zum Faden kochen – Vom Feuer nehmen, Kastanien auf Hölzchen spießen und in die Zuckerlösung tauchen, bis sie vollgesogen sind – Auf eine mit Mandelöl eingefettete Platte setzen – Erkaltet in Papierkästchen setzen.

Kokosnußbonbons

1 1/2 Tassen Zucker, 1/2 Tasse Milch, 2 Teel. Butter, 1/3 Tasse Kokosflocken, 1/2 Teel. Vanille-Zucker

Die Butter in einer Kasserolle zergehen lassen – Den Zucker und die Milch zugeben und rühren, bis der Zucker zergangen ist – Zum Kochen bringen und 12 Minuten weiterkochen – Vom Feuer nehmen, die Kokosflocken und Vanille zugeben – Schaumig schlagen, bis es an den Rändern fest zu werden beginnt – In ein mit Butter bestrichenes Blech gießen – Leicht abgekühlt in Quadrate schneiden – An Stelle von Kokosnuß können auch 1/2 Tasse geschnittene Nüsse genommen werden.

Krokant

250 g Mandeln oder Nüsse, 250 g Zucker, 1/2 Päckchen Vanille-Zucker, zerlassene Butter

Die Nüsse oder Mandeln grob hacken und die Vanille zugeben – Den Zucker mit der Butter in einer Pfanne schmelzen – Die Mandeln zugeben und hellbraun rösten – Die Masse auf eine geölte Platte gießen, mit dem gefetteten Wellholz glatt auseinanderdrücken und noch weiß in Vierecke schneiden – In einer Blechdose geschlossen aufbewahren.

Erdnußkrokant

500 g Zucker, 4 Tassen Erdnüsse, 1/4 Teel. Salz

Die Nüsse schälen, feinhacken und mit Salz bestreuen – Den Zucker unter fortwährendem Rühren in einer eisernen Pfanne zergehen lassen, dabei vom Rand weghalten – Die Nüsse beifügen und vermengen – Auf ein warmes, mit Butter bestrichenes Blech gießen – Flach wellen und in kleine Quadrate schneiden – Wenn der Zucker nach dem Zergehen nicht sofort vom Herd genommen wird, karamelliert er schnell.

Türkischer Nougat

400 g Walnußkerne, 1/8 l Honig, 375 g Zucker, 4 Eigelb, 4 Eiweiß, Oblaten

Die Hälfte der Nüsse fein mahlen – Die übrigen grob hacken – Den Honig aufkochen – Unter ständigem Rühren die Nüsse, den Zucker, das Eigelb und den steifen Schnee zugeben – Ist die Masse so steif geworden, daß sie kaum noch zu rühren ist, fingerdick auf große rechteckige Oblaten streichen – Jeweils mit einer zweiten Oblate bedecken – Beschweren und trocknen lassen – Nach 2–3 Tagen in Rauten aufschneiden.

Früchtespießchen

Abwechselnd Früchte und Nüsse auf Spieße oder Hölzchen stecken – Ist der Zucker zum Flug gekocht, vom Feuer nehmen – Die Spieße einzeln in die Lösung tauchen, bis sie ganz davon bedeckt sind – Jeweils 5–6 auf einen Apfel spießen – Es muß sehr rasch gehen, bevor der Zucker zu zäh wird.

250 g Zucker, 1 Tasse Wasser zum Flug kochen, Weintrauben, halbe Walnußkerne, Orangenspalten, große Äpfel

Kandierte Orangenschalen

Von dünnschaligen, ungespritzten Orangen die Schalen in Vierteln abziehen – Mit kaltem Wasser bedeckt langsam weichkochen – Abtropfen, das Weiße entfernen und den gelben Teil mit der Schere in schmale Streifen schneiden – Das Wasser und den Zucker zum Faden kochen – Die Streifen 5 Minuten darin mitkochen – Herausnehmen und mit feinem Kristallzucker bestreuen.

4 Orangen, 1/2 Tasse Wasser, 1/2 Tasse Zucker

Marzipankartoffeln

Aus der Marzipanmasse gleichmäßige, kleine Kugeln formen, diese in dem mit Kakao vermischten Puderzucker einwickeln und 2–3 mal am oberen Ende der Kugel einritzen.

Marzipanmasse, etwas Puderzucker mit Kakao vermischt

Schokoladentrüffel

Die Butter schaumig rühren – Nach und nach die Schokolade und den Rum zugeben – Die Masse kaltstellen und erstarren lassen – Kleine Kugeln formen und in Schokoladekrumen wälzen – Einzeln in Papierkästchen setzen und trocknen lassen.

60 g Butter, 120 g geriebene Schokolade, 1 Eßl. Rum, Schokoladenkrumen

Türkisches Konfekt

Die Gelatine in 1/2 Tasse kaltem Wasser 20 Minuten weichen lassen – Den Zucker mit dem restlichen Wasser in einer Kasserolle zum Kochen kommen lassen – Die aufgelöste Gelatine zugeben und 20 Minuten langsam kochen lassen – Vom Feuer nehmen und die übrigen Zutaten untermengen – In eine mit kaltem Wasser ausgespülte Kastenform füllen, abgekühlt stürzen und in Würfel schneiden – In grobem Zucker wenden.

30 g Gelatine, 1 Tasse Wasser, 500 g Zucker, 1 Orange, Schale gerieben, 1 Eßl. Rum, rote Speisefarbe oder Fruchtsaft, 1 Tasse grob gehackte Haselnüsse oder Mandeln

Mozartkugeln

150 g Zucker, 150 g geriebene Nüsse oder Mandeln
Zum Einwickeln:
geriebene Schokolade

Den Zucker zur kleinen Perle kochen, die Nüsse hineingeben, etwas aufkochen lassen, aus der noch warmen Masse kleine Kugeln formen. Diese in geriebener Schokolade einwickeln oder in Schokoladenglasur tauchen.

Quittenkonfekt

500 g Quittenmark, 500 g Zucker

Die Quitten abreiben, mit Schale und Kernhaus in Schnitze teilen und mit etwas Wasser weichkochen – Zugedeckt abkühlen lassen und durchpassieren – Das Mark abwiegen und mit dem Zucker vermengen – Auf kleiner Flamme eindicken, bis die Masse geliert – Zentimeterdick auf Porzellanplatten gießen und an kühlem Ort erkalten lassen – In verschobene Vierecke schneiden oder Formen ausstechen – Nach Belieben noch in Zucker wälzen – In Blechschachteln zwischen Pergamentpapier aufbewahren.

Schokoladehütchen

1/2 Eiweiß, 1/2 Päckchen Vanille-Zucker, 1 Teel. Likör oder 1–2 Teel. starken Kaffee, 125 g Puderzucker, Schokoladen-Couverture

Das Eiweiß zu steifem Schnee schlagen und mit dem Aroma vermengen – So viel gesiebten Puderzucker zugeben, bis sich aus der Masse kleine Kügelchen formen lassen – Auf ein Brett setzen und zum Abtrocknen über Nacht kaltstellen – Die Kügelchen auf ein Hölzchen stecken und einzeln in die geschmolzene Schokoladenmasse tauchen.

Vanillekaramellen

2 3/4 Tassen Zucker, 1/4 Tasse Butter, 2/3 Tassen Milch, 1 Teel. Vanille

Die Butter in einer Kasserolle zergehen lassen – Die Milch und den Zucker zugeben – Zum Kochen bringen und kochen, bis die Mischung bei der Probe im kalten Wasser eine Kugel bildet – Vom Feuer nehmen, Vanille zugeben und schaumig schlagen – Auf ein mit Butter bestrichenes Blech geben – Leicht abgekühlt in Quadrate schneiden.

Heiße Getränke

Bohnenkaffee

Den Kaffee nicht zu fein mahlen und in eine zuvor gleichmäßig erwärmte Porzellankanne geben – Das strudelnd kochende Wasser in etwa 3 Güssen darüberschütten, nach jedem Guß den Kaffee tüchtig umrühren – Zugedeckt etwa 5 Minuten ziehen lassen – Für größeren Bedarf das Wasser in einem entsprechend großen Topf aufsetzen – Wenn es kocht, das Kaffeemehl hineinschütten, rasch vom Feuer nehmen und gut umrühren – Wieder zurück aufs Feuer stellen und bis ans Kochen kommen lassen – Dies dreimal wiederholen – Zugedeckt stehen lassen, bis sich der Kaffee gesetzt hat – In eine vorgewärmte Kanne gießen – Wird der Kaffee nicht gleich verwendet, die gefüllte Kanne in heißes Wasser stellen.

5–8 Eßl. gemahlener Kaffee,
1 l frisches Wasser zu Filterkaffee oder Mokka
pro Person:
3 gehäufte Teel. gemahlener Kaffee, 1 Tasse Wasser

Mocca Turque nach Elie Salim

Kaffeemehl mit Zucker und heißem Wasser aufs Feuer setzen (in Kupfer- oder Messingkesselchen mit Stiel) – Dreimal kurz aufkochen – Vom Feuer nehmen, einen Schuß kaltes Wasser zugeben, damit sich der Kaffee setzt – Im Kännchen, in dem der Mokka bereitet wurde, auftragen.

6 gehäufte Teel. feingemahlener Kaffee,
4 Teel. Zucker,
4 Mokkatassen Wasser

Tee

In eine mit heißem Wasser ausgespülte Teekanne (in der sonst nichts anderes bereitet werden darf) den Tee geben – Mit etwas kochendem Wasser übergießen und kurz ziehen lassen – Das übrige Wasser wieder zum Kochen bringen und über den Tee-Extrakt gießen – Gut durchrühren und etwa 3 Minuten ziehen lassen – Den Tee in eine vorgewärmte Kanne abgießen oder den Tee-Extrakt

4–8 Teel. Tee,
1 l frisches Wasser

in einer kleinen Kanne reichen und die entsprechende Menge Wasser bei Tisch zugeben (am schönsten ist in diesem Fall ein Samowar).
Beigabe: Zitrone, Zucker, kalter Süßrahm oder Rum.

Kräuter- oder Gesundheitstee

4 Eßl. Kräuter, 1 l frisches Wasser

Blüten und Blätter mit kochendem Wasser überbrühen und etwa 5 Minuten zugedeckt ziehen lassen.
Harte Blätter, Schalen und Stengel in kaltem Wasser zusetzen kurz aufkochen und zugedeckt noch 10 Minuten ziehen lassen.
Wurzeln, Rinden, Beeren und Kerne in kaltem Wasser aufsetzen und je nach Art und Verwendung kürzer oder länger kochen.
Abgeseiht servieren.

Schokolade

125 g geriebene bittere Schokolade, 1 l Milch, 1 Prise Salz

Die Milch und das Salz zum Kochen bringen und die Schokolade einlaufen lassen – Unter ständigem Schlagen mit dem Schneebesen bis zum Kochen kommen lassen – Nach Belieben auf jede Tasse 1 Eßlöffel Schlagrahm häufen.

Kakao

8 Teel. Kakao, 3 Teel. Zucker, 1 Prise Salz, 1 l Milch oder Wasser

Die Milch mit dem Zucker und Salz aufkochen – Den Kakao mit etwas Milch oder Wasser glattrühren und in die kochende Milch gießen – Unter Rühren einmal aufkochen und mit dem Schneebesen schaumig schlagen – In eine vorgewärmte Kanne füllen.

Punsch

1 Flasche Rheinwein, 1/2 Flasche Arrak, 3/4 Tasse Zucker

Den Wein mit dem Zucker zum Kochen bringen – Den Arrak dazugießen und noch 1 Minute auf dem Feuer lassen – Beim Einfüllen des Punsches in die Gläser einen silbernen Löffel stellen.

Neuenglandpunsch

1/3 Rum, 2/3 Apfelwein, 1 Zimtstange, Muskat, Zucker, Butter

Den Rum mit dem Wein erhitzen – In Gläser füllen – Auf jedes Glas 1 Stückchen Zimt, geriebenen Muskat, Zucker nach Geschmack und 1 Teelöffel Butter geben.

Orangenpunsch

Den Wein mit den Säften und dem Zucker bis zum Kochen kommen lassen – Vom Feuer nehmen und mit dem Tee mischen – Den Arrak zugeben und heiß auftragen.

1 Flasche Weißwein, 2 1/2 Orangen, Saft, 2 Eßl. Zitronensaft, 3/4 Tasse Zucker, 2 Tassen Tee, 1/2 Gläschen Arrak

Silvesterpunsch

Zitronen- und Orangenschale an Zucker abreiben (Hutzucker in Stücke schlagen) – Mit kochendem Wasser oder Tee übergießen – Gewürze und Wein beifügen – Über starkem Feuer bis ans Kochen kommen lassen – Gewürze entfernen und in einer bedeckten Bowlenterrine sehr heiß anrichten – Vor dem Auftragen Rum, Arrak oder Likör beifügen.

270 g Hut- oder Würfelzucker, 1 Zitrone, Schale, 1 Orange, Schale, 1 l kochendes Wasser oder schwarzer Tee, 6 Nelken, 1 fingerlanges Stückchen Zimt, 2 l alter Rotwein, 1/4 l Jamaika-Rum oder Arrak oder Nußlikör

Glühwein

Alle Zutaten vermengen und bis zum Kochen bringen – Möglichst heiß servieren – Beim Einfüllen in Gläser einen silbernen Löffel hineingeben; beim Einfüllen in einen Krug diesen noch auf ein nasses Tuch stellen.

3 Tassen Rotwein, 1 Tasse Wasser, 1/2–1 Tasse Zucker, 1/2 Stange Zimt, 3 Nelken, 1/2 Zitrone, Saft, etwas Zitronenschale

Grog

Das Wasser mit dem Zucker aufkochen – Vom Feuer nehmen und mit dem Rum, Arrak oder Kognak vermengen.

Andere Zubereitung: Den Rum in Teegläser gießen – Mit heißem Wasser auffüllen und dabei einen silbernen Löffel in die Gläser stellen – Nach Geschmack süßen.

3 Tassen Wasser, 10 Eßl. Zucker, 1 Tasse Rum, Arrak oder Kognak

Kalte Getränke und Bowlen

Eiskaffee

Das Eis in ein Glas geben – Mit starkem Kaffee auffüllen und mit Schlagrahm garnieren – Mit Strohhalm reichen. *Beigabe:* Waffeln oder Kleingebäck.

pro Person:
1–2 Eßl. Vanille-Eis, schwarzer, starker Kaffee, 3 Eßl. süßer Schlagrahm

Eiscreme-Soda

Das Eis in ein Limonadenglas geben – Mit Selterswasser auffüllen und verquirlen – Mit einem Gläschen Rum vermengt entsteht *Sodaeispunsch* – Mit Strohhalm reichen.

pro Person:
2 Eßl. Erdbeer-Eis oder Himbeer-Eis, Selterswasser

Eismandelmilch

Die Mandeln brühen, abziehen, trocknen und zweimal durch die Mandelmühle treiben – Das Wasser über die Mandeln gießen und 1 Stunde stehen lassen – Durchseihen und mit dem Rahm verquirlen – In einem Glas über Eiswürfeln anrichten – Mit Strohhalm reichen.

pro Person:
1/2 Tasse Mandeln, 1 Tasse Wasser, 3 Eßl. Süßrahm

Himbeermilch

Ein Glas 3/4 mit zerstoßenen Eiswürfeln füllen – Die Milch mit dem Selterswasser und dem Himbeersaft gut verquirlen, über das Eis geben – Mit Strohhalm reichen.

pro Person:
1/2 Tasse Milch, 1/2 Tasse Selterswasser, 2 Eßl. Himbeersaft

Bananenmilch

Banane mit der Gabel zerdrücken, mit Milch und Zucker im Mixer gut vermischen. Kühl servieren.

1 reife Banane, etwas Zucker, Milch

Erdbeermilch

Reife Erdbeeren zerdrücken, den Saft durchpressen und ihn mit ebensoviel Milch vermischen.

Erdbeeren, Milch

Honigmilch

pro Person:
1 Eßl. Honig, 1 Prise Zimt, 1 Tasse rohe Milch

Ein Glas mit Eiswürfeln füllen – Den Honig mit dem Zimt und der Milch tüchtig schlagen und über das Eis gießen – Mit Strohhalm reichen.

Eisschokolade

pro Person:
1–2 Eßl. Vanille-Eis, Schokolade, 3 Eßl. Schlagrahm

Das Eis in ein Glas geben – Mit der kalten, nicht zu süßen Schokolade auffüllen und mit Schlagrahm garnieren – Mit Strohhalm reichen.

Eistee

4 Teel. Teeblätter, 1/2 l Wasser, Zucker, Rum, Ananas, Eiswürfel

Einen starken Tee aufgießen und 3 Minuten ziehen lassen – Abgießen und nach Geschmack süßen – Ananas, frische oder Konserve, in Stückchen schneiden – Mit Rum beträufeln und zuckern – Zugedeckt ziehen lassen – Den kalten Tee in die Gläser füllen – Vor dem Anrichten Eiswürfel und Ananasstückchen einlegen.

Zitronen- oder Orangenmilch

pro Person:
1 Zitrone oder Orange, Saft, 1 Teel. Puderzucker, 1 Tasse Milch

Den Fruchtsaft mit dem Zucker verrühren – Unter tüchtigem Schlagen nach und nach die abgekochte, kalte, geseihte Milch zugeben – In ein Glas über Eiswürfel gießen – Mit Strohhalm reichen.

Old fashioned Sherry

pro Person:
1 Stück Zucker, 2 Spritzer Angostura, 1 Stückchen Zitronenschale, 2 Likörgläser Sherry dry, 2 Eiswürfel, 1 Maraschinokirsche, 1 Orangenspalte

Alle Zutaten der Reihe nach in ein breites Glas füllen – Mit Strohhalm reichen.

Kullerpfirsich

Pfirsiche, Sekt

Schöne reife Pfirsiche mit einer silbernen Gabel mehrmals durchstechen – In jedes Sektglas 1 Frucht legen und mit eisgekühltem Sekt übergießen – Mit einer Dessertgabel reichen.

Grapefruit Coupe

Das Grapefruitfleisch aus Schalen und Haut nehmen – Jede Spalte in Drittel schneiden, mit Zucker bestreuen und im Eisschrank kühlstellen – Jedes Glas mit 6 frischen Minzblättern in gleichen Abständen auslegen, so daß die Spitzen der Blätter an den Glasrand reichen – Mit dem Fruchtfleisch füllen – Sekt übergießen und mit einem Minzzweiglein garnieren.

2 Grapefruits, Zucker, Pfefferminzblätter, 1 Portionsflasche Sekt

Cup Lili Marlen

Die geschälte Zitrone und Orange in Scheiben schneiden und entkernen – Ganz wenig Schale dazureiben – Die Ananas in kleine Stückchen schneiden und zugeben – Den Maraschino und 1/2 Flasche Moselwein darübergießen – 4 Stunden zugedeckt auf Eis stellen – Die Früchte entfernen und kurz vor dem Auftragen den Ingelheimer und den Sekt zugießen.

1 Zitrone, 1 Orange, 3 Scheiben Ananas, 1 Glas Maraschino, 1/2 Flasche Mosel, 2 Flaschen roter Ingelheimer, 1 Flasche roter Sekt

Cup Nizza

Die Melisse, die geschälte, entkernte und in Scheiben geschnittene Orange und Gurke leicht zuckern – Den Sherry und Bordeaux darübergießen und kaltstellen – Früchte und Zweige herausnehmen und den Sekt zugießen.

4 Zweigchen Zitronenmelisse, 1 Orange, 1/2 frische Gurke, Würfelzucker, 2 Weingläser Sherry, 2 Flaschen Bordeaux, 1 Flasche roter Sekt

Kalte Ente

Die Zitrone spiralenförmig in einem Zug ganz dünn schälen – Die Schale in das Bowlengefäß oder einen Glaskrug hängen – Mit dem Wein übergießen und 15 Minuten ziehen lassen – Vor dem Auftragen den eisgekühlten Sekt zugießen und mit Würfelzucker abschmecken – Nach Belieben 1 Likörglas Kognak beifügen.

1 Zitrone, 1 Flasche Mosel, 1 Flasche Sekt

Rotweinkühltrank

In einem Glas den Zucker mit dem Zitronensaft vermengen – Den Rotwein und die Orangenscheibe zugeben – Mit Selterswasser auffüllen und einige Eisstückchen zugeben – Strohhalm reichen.

pro Person:
1 Eßl. Zucker, 1 Eßl. Zitronensaft, 1/2 Glas Rotwein, 1 Orangenscheibe mit Schale, Selterswasser

Angostura-Ente

2 Flaschen Mosel, 1 Flasche Sekt, 3–4 Spritzer Angostura

Den Angostura in einen Glaskrug schütten – Mit eisgekühltem Wein und Sekt auffüllen.

Türkenblut

1 Flasche Burgunder, 1–2 Flaschen Sekt

Den Wein und Sekt mischen und gut gekühlt reichen.

Old Planters-Punsch

1/6 Zuckersirup, 2/6 Zitronensaft, 3/6 Jamaika Rum, pro Glas 2–3 Tropfen Angostura, Eis, Zitronenscheiben

Im Shaker mit zerstoßenem Eis gut durchschütteln – In Bechergläser füllen – Mit Eisstückchen auffüllen – Angostura zugeben – Mit Zitronenscheiben garnieren – Strohhalme dazu reichen.

Punsch Romana

8 Eigelb, 1 3/4 Tassen Zucker, 2 Gläschen Rum oder Arrak, 1/2 Orange, Saft und Schale, 2 Tassen Süßrahm

Die Eigelb mit dem Zucker dick und schaumig rühren – Den Rum oder Arrak, den Orangensaft und die geriebene Orangenschale beifügen und wieder dickrühren – Den sehr steifen Schlagrahm unterziehen – In Gläser füllen und bis zum Anrichten auf Eis stellen.

Sherry Punsch

pro Person:
1/2 Weinglas Orangensirup, einige Spritzer Zitronensaft, Eis, 1 1/2 Weingläser Sherry dry, Orangenscheiben, Weintrauben, Puderzucker

In ein breites Glas (großer Kognakschwenker) Orangensirup und Zitronensaft füllen – Mit zerstoßenem Eis auffüllen – Sherry zugeben - Mit Orangenscheiben und Weinbeeren, die zuvor mit Zitronensaft angefeuchtet und in Puderzucker gedreht wurden, garnieren.

Teepunsch, kalt

Tee, 2 Tassen Wasser, 2 Zitronen, Saft, 10 Eßl. Zucker, 1 Glas Rum

Starken Tee bereiten und kühlstellen – Das Wasser, den Zitronensaft, den Zucker und Rum zum Kochen bringen – Nach dem Erkalten in die Eisschalen mit Würfeleinsatz füllen und gefrieren lassen – Einige dieser aromatischen Eiswürfel in Teegläser geben und den Tee übergießen.

Ananas-Bowle

Die Ananas schälen, in Scheiben und diese wiederum in kleine Stückchen schneiden – Mit dem Zucker vermengen und mit 1 Flasche Rheinwein übergießen – Zugedeckt einige Stunden kühlstellen – Vor dem Auftragen den restlichen Wein und den eisgekühlten Sekt zugießen.

1 Ananas, 1 Flasche Rheinwein, 2 Flaschen Moselwein, 1 Flasche Sekt

Gravensteiner Apfel-Bowle

Die Äpfel schälen, das Kernhaus entfernen – In Scheiben schneiden und zuckern – 24 Stunden zugedeckt kühlstellen – Den Rum darübergießen und 1 Stunde ziehen lassen – Vor dem Auftragen den eisgekühlten Wein und Sekt zugießen.

6 Gravensteiner Äpfel, Würfelzucker, 1/2 Weinglas Rum, 1 Flasche Saarwein, 1 Flasche Pfälzer Wein, 1 Flasche Sekt

Aprikosen-Bowle

Die Aprikosen entkernen und in schmale Schnitze schneiden – Zuckern und mit dem Brandy übergießen – Mehrere Stunden zugedeckt auf Eis stellen – Kurz vor dem Auftragen den eisgekühlten Mosel und Sekt zugießen.

250 g Aprikosen, Würfelzucker, 1 Glas Apricot Brandy oder Vanille-Likör, 2 Flaschen Mosel, 2 Flaschen Sekt

Blondkopf

Gut gekühlten Wein mit den Fruchtsäften mischen – Mit Mineralwasser auffüllen und nach Wunsch süßen – In Gläser füllen – Sauerampferblätter und Eiswürfel einlegen – Mit Orangenscheiben garnieren.

1 Flasche Moselwein, 3 Orangen, Saft, 2 Grapefruits, Saft, 1 Zitrone, Saft, 1 Flasche Apollinaris, Zuckersirup, Eiswürfel, Orangenscheiben, Sauerampferblätter

Imperial

Zimt und Vanille in kochendem Wasser gut ausziehen lassen – Gewürze herausnehmen – Das Wasser in eine Bowlenterrine gießen – Zucker, an dem zuvor die Zitronenschale abgerieben wurde, Zitronensaft, geschälte, in Achtel geschnittene Orangen und dünne Ananasscheiben beifügen – Kühlstellen und erkalten lassen – Vor dem Auftragen Wein, Sekt, Selterswasser und Arrak zugießen.

1 l kochendes Wasser, 3 g Stangen-Zimt, 1 Stückchen Vanilleschote, 300 g Würfelzucker, 1 Zitrone, Saft und Schale, 4 Orangen, 1 kleine Ananas, 1 Flasche Rheinwein, 1 Flasche Sekt, 1 kleine Flasche Selters, 1 Flasche Arrak

Berliner Bowle

2 Flaschen Weißbier, 1/2 Zitrone, Saft und Schale, 1 Flasche Sekt, Zucker

Alles gut gekühlt zusammengießen und nach Geschmack zuckern – Die sehr dünn geschälte Zitronenschale kurz darin ziehen lassen.

Bier-Bowle

500 g Zucker, 1/2 l Wasser, Früchte oder Waldmeister, Erdbeeren, Pfirsiche, Ananas, Altbier, obergärig

Zucker in Wasser auflösen – Kurz kochen und abschäumen, s. S. 675 – Nach dem Abkühlen die kleingeschnittenen Früchte beigeben – 24 Stunden kühl stellen.

Beim Servieren 1 Eßlöffel der Bowlenessenz in ein Bierglas geben und mit Bier auffüllen.

Burgunder Bowle

3–4 schwarze Johannisbeerblätter, 1/2 Weinglas Kognak, 1 Flasche Burgunder, 25 g Kandiszucker, 1 Flasche roter Sekt

Die Johannisbeerblätter mit dem Kognak übergießen – Den Burgunder und den gestoßenen Kandiszucker zugeben und kühlstellen – Nachdem sich der Zucker aufgelöst hat, die Blätter entfernen und den eisgekühlten Sekt zugießen.

Englische Bowle

2 Glas Whisky, 2 Stengel frische grüne Pfefferminze, 1 Flasche Rheinwein, 1 Flasche Sekt

Die frischen Pfefferminzblätter etwas zerreiben und mit dem Whisky begießen – Kurze Zeit ziehen lassen, dann die Blätter abseihen – Den Wein zum Whisky geben und 2 Stunden kühlstellen – Beim Auftragen gekühlten Sekt zugießen.

Erdbeerbowle

750 g frische Erdbeeren, 250 g Zucker, 3 Flaschen Mosel, 2 Flaschen Sekt

Die zugerichteten Erdbeeren mit Würfelzucker in eine Bowlenterrine geben – Zugedeckt einige Stunden kühlstellen – Den Wein und den Sekt darübergießen und sogleich auftragen.

Kirschen-Bowle

500 g entsteinte Kirschen, 100 g Würfelzucker, 1/4 Flasche Arrak, 2 Flaschen Mosel, 1 Flasche Sekt

Die entsteinten Kirschen mit dem Arrak vermengen und zugedeckt 1 Stunde ziehen lassen – Die Früchte entfernen – Den Wein zum Saft geben und kühlstellen – Kurz vor dem Auftragen den eisgekühlten Sekt zugießen.

Walderdbeerbowle

Die Erdbeeren, gut gezuckert, in eine Bowlenschüssel geben – 1 Stunde zugedeckt ziehen lassen – Den Rheinwein darübergießen und noch 30 Minuten kühlstellen – Kurz vor dem Auftragen den gekühlten Sekt zugießen.

500 g Walderdbeeren, Würfelzucker, 2 Flaschen Rheinwein, 1 Flasche roter Sekt

Grog-Bowle

Den Arrak mit dem Zucker und einigen Zitronenscheiben zum Kochen bringen und abschäumen – Durch ein Porzellansieb oder Tuch seihen – Nach dem Abkühlen auf Eis stellen – Vor dem Auftragen mit Wein und Sekt auffüllen.

1 Flasche Arrak, 250 g Zucker, 1 Zitrone, 1 Flasche, Rheinwein, 1 Flasche Sekt

Gurken-Bowle

Die Gurke schälen, entkernen und in einer Bowlenterrine mit dem Bordeaux übergießen – Die Zitronenschale an den Zuckerwürfeln abreiben und diese mit dem Saft der Zitrone zugeben – Den Kognak darübergießen und zugedeckt 3 Stunden ziehen lassen – Die Gurke entfernen, die Terrine kühlstellen – Beim Auftragen den eisgekühlten Sekt zugießen.

1/2 frische Gurke, 8 Stück Würfelzucker, 1 Zitrone, Saft und Schale, 1 Glas Kognak, 1 Flasche Bordeaux, 1 Flasche Sekt

Juli-Bowle

Die Gurke schälen, entkernen, in Stücke schneiden und nach Geschmack zuckern – Den Zitronensaft, Sherry und Weinbrand darübergießen und 2 Stunden ziehen lassen – Mit eisgekühltem Wein und Sekt auffüllen.

1 frische Gurke, 2 Zitronen, 2 Gläser Sherry, 1 Glas Weinbrand, Würfelzucker, 1 Flasche roter Ingelheimer, 1 Flasche Mosel, 1 Flasche Sekt

Maibowle

Die Kräuter auslesen, waschen und abtropfen lassen – Zusammenbinden und mit den Spitzen nach unten in das Bowlengefäß hängen – Den Wein darübergießen und kaltstellen – Nach 30 Minuten die Kräuter herausnehmen – Nach Geschmack mit Würfelzucker süßen und mit Sekt auffüllen.

1 Büschel Waldmeister, 2 Flaschen Weißwein, 1 Flasche Sekt, Würfelzucker

Melonen-Bowle

1 Melone, Würfelzucker nach Geschmack, 1 Gläschen Maraschino, 2 Gläser Rotwein, 2 Flaschen Mosel, 1 Flasche Sekt

Die Melone schälen, in 2 Hälften schneiden und entkernen – Die Fruchthälften zuckern und 1 Stunde kühlstellen – Das Fleisch in dünne Scheiben schneiden und mit dem Maraschino und Rotwein übergießen – Wiederum 1 Stunde ziehen lassen – Vor dem Auftragen den gut gekühlten Wein und Sekt darübergießen.

Orangen-Bowle

4 Orangen, 1 Flasche Mosel, 1 Flasche Sekt, Würfelzucker

Die Orangen schälen, in Scheiben schneiden und entkernen – Mit dem Zucker vermengt 30 Minuten auf Eis stellen – Durchseihen und mit Wein und Sekt auffüllen – Einige frische Orangenscheiben zugeben.

Pilsener Bowle

1 Flasche Sekt, 1/3 Pilsner oder 1/4 englisches Porter

Sekt und Bier mischen und das Getränk sofort auftragen.

Portwein-Bowle

1 Tasse schwarze Johannisbeeren, 1 Flasche Portwein, Würfelzucker nach Geschmack, 1 Flasche Bordeaux, 1 Flasche Sekt

Die Johannisbeeren im Portwein etwa 30 Minuten ziehen lassen, dann die Früchte entfernen – Den Bordeaux zugeben, nach Geschmack süßen und 2 Stunden kühlstellen – Vor dem Auftragen 1 Flasche Sekt zugießen.

Rosen-Bowle

6–8 Rosen, 1 Glas Kognak, 125 g Würfelzucker, 1 Flasche Rotwein, 1 Flasche Rheinwein, 2 Flaschen Sekt

Rosenblätter von frischgepflückten, soeben erblühten Rosen mit dem Zucker belegen und den Kognak und Rotwein darübergießen – Zugedeckt 1 Stunde ziehen lassen – Durchseihen und mit Wein und Sekt auffüllen – Beim Auftragen einige frische Rosenblätter einlegen.

Pfirsich-Bowle

8 Pfirsiche, Würfelzucker, 2 Flaschen Rheinwein, 1 Flasche Sekt

Die Pfirsiche häuten, entkernen und in dünne Scheiben schneiden – Nach Geschmack zuckern und zugedeckt 1 Stunde kühlstellen – Wein und Sekt darübergießen und sogleich auftragen.

Rotwein-Bowle

Gut gekühlten Wein mit den Fruchtsäften und dem Weinbrand mischen – Nach Geschmack süßen – Entkernte Weinbeeren und dünne rohe Gurkenscheiben mit Schale einlegen – Die Gläserränder in kaltes Wasser tauchen und in Hagelzucker stülpen – Jedes Glas nach Wunsch mit Mineralwasser auffüllen.

1 Flasche Rotwein, 1 Orange, Saft, 1 Zitrone, Saft, 1 Gläschen Weinbrand, Trauben, Gurkenscheiben, Apollinaris, Hagelzucker

Sellerie-Bowle

Die Sellerieknollen bürsten, schälen und in dünne Scheiben schneiden – Den Zucker darüberstreuen und mit 1/2 l Rheinwein übergießen – Zugedeckt über Nacht stehen lassen – Die Selleriescheiben herausnehmen und den Extrakt kühlstellen – Kurz vor dem Auftragen den gekühlten Wein und Sekt zugießen.

2 Sellerieknollen, 2–4 Eßl. Zucker, 1/2 Flasche Rotwein, 2 Flaschen Rheinwein, 2 Flaschen Sekt

Südpol-Bowle

Die Ananas- und Orangenstückchen mit Wasser in die Eisschalen mit Einsatz füllen und im Gefrierfach erstarren lassen – Den abgekühlten Zuckersirup, Maraschino, Arrak und Zitronensaft mischen und kühlstellen – Vor dem Auftragen die Eiswürfel herausnehmen, in die Bowlenterrine legen und mit der Arrakmischung und dem gekühlten Sekt übergießen.

Ananas- und Orangenstücke, 1/2 l Zuckersirup, 1/2 l Maraschino, 1/4 l Arrak, 2 Zitronen, Saft, 1 Flasche Sekt

Veilchenbowle

1 Handvoll frische Veilchenblüten ohne Stiele mit dem Orangensaft und dem Pfälzer übergießen – Einige Stunden zugedeckt ziehen lassen – Abseihen und mit dem Saft und dem abgekühlten Läuterzucker vermengen – Auf Eis stellen und kurz vor dem Auftragen mit dem Sekt übergießen.

Veilchenblüten, 2 Orangen, 2 Flaschen Pfälzer, Läuterzucker von 100 g Zucker, 1 Flasche Sekt

Weinblüten-Bowle

Einen Strauß Weinblüten in eine Bowlenterrine legen – Mit dem Wein übergießen und 1 Stunde zugedeckt im Kühlschrank ziehen lassen – Nach Geschmack Zucker zugeben und mit dem eisgekühlten Sekt auffüllen.

Weinblüten, 2 Flaschen Mosel, Würfelzucker, 1 Flasche Sekt

Cocktails, Flips und Fizzes

'Alter Schwede'

Alle Zutaten mit dem gestoßenen Eis im Mixbecher tüchtig schütteln – In Cocktailgläser seihen.

1/2 Weinbrand, 1/2 Schwedenpunsch, Eis

Angostura-Cocktail

Die Sektgläser zu 1/4 mit gestoßenem Eis füllen – Die übrigen Zutaten der Reihe nach einfüllen – Zuletzt mit dem eisgekühlten Sekt auffüllen – Mit Strohhalm servieren.

Eis, 1 Teel. Zucker, 1/2 Glas Erdbeeren oder Ananasstückchen, 2 Spritzer Angostura Bitter, Sekt

Bacardi-Cocktail

Alle Zutaten mit dem gestoßenen Eis im Mixbecher tüchtig schütteln – In Cocktailgläser seihen – Nach Belieben mit eisgekühltem Sodawasser verdünnen und in kleinen Limonadegläsern servieren – Mit Strohhalm reichen.

2/4 Bacardi, 1/4 Grenadine, 1/4 Zitronensaft, Eis

'Blondes Gift'

Alle Zutaten ohne den Sekt mit dem gestoßenen Eis im Mexbecher tüchtig schütteln – In Sektgläser seihen und mit Sekt auffüllen – Mit Strohhalm reichen.

1/3 Schwedenpunsch, 1/3 Curacao, 1/3 Kognak, Sekt, Eis

Bronx-Cocktail

Alle Zutaten mit dem gestoßenen Eis im Mixbecher tüchtig schütteln – In Cocktailgläser seihen – Mit Strohhalm reichen.

2/3 Italienischer Wermut, 1/4 Gin, 1/4 Orangensaft, 3 Schuß Bitter, Eis

Martini-Cocktail

Alle Zutaten mit Eiswürfeln im Mixbecher tüchtig schütteln – In Cocktailgläser seihen – Mit einem Stückchen Zitronenschale oder 1 Olive garnieren.

1/4 Wermut trocken, 3/4 Gin, 1 Spritzer Orange-Bitter, Eis, Oliven oder Zitronenschale

Colonial-Cocktail

2/3 Gin, 1/3 Zitronensaft, Zucker, Eis

Alle Zutaten mit dem gestoßenen Eis im Mixbecher tüchtig schütteln – In Cocktailgläser seihen oder mit Zuschuß von Sodawasser in Limonadengläser füllen – Mit Strohhalm reichen.

Genever High Ball-Cocktail

2 kleine Gläser Genever, 2 Schuß Bitter, 2 Teel. Zitronensaft, Sodawasser, Eis

Alle Zutaten ohne Sodawasser mit dem gestoßenen Eis im Mixbecher tüchtig schütteln – In kleine Limonadengläser seihen und mit eisgekühltem Sodawasser auffüllen – Mit Strohhalm reichen.

Hummel-Hummel

3 Likörgläser Rum, 3/4 Likörglas Zitronensaft, 1 Teel. warmer Honig, Eiswürfel, Zitronenschale

Alle Zutaten im Mixbecher kräftig schütteln – In ein Glas seihen und noch einige Tropfen Zitronensaft überspritzen.

Side-Car

2 Teile Curaçao, 2 Teile Kognak, 1 Teil Zitronensaft, Eis

Alle Zutaten mit dem gestoßenen Eis in einem Mixbecher tüchtig schütteln – In Cocktailgläser seihen.

Manhattan Sweet

2/3 Bourbon Whisky, 1/3 Martini rosso, 2 Schuß Cointreau, 1 Schuß Orangenbitter, 1 Maraschinokirsche

Alle Spirituosen im Mixglas mit Eis rühren, abseihen, Maraschinokirsche dazugeben.

Manhattan Medium

2/3 Whisky, 1/6 Cinzano extra dry, 1/6 Cinzano rosso, 1 Schuß Orangenbitter, 1 Maraschinokirsche

Alle Spirituosen im Mixglas mit Eis rühren – 1 Maraschinokirsche dazu.

Manhattan dry

4/5 Bourbon Whisky, 1/5 Vermouth dry, 1 Spritzer Angostura, 1 Stück Zitronenschale

Im Mixglas mit Eis rühren – Abseihen und mit Zitronenschale abspritzen.

John Collins

Alle Zutaten ohne Sodawasser mit gestoßenem Eis im Mixbecher schütteln – In kleine Limonadengläser seihen und mit eisgekühltem Sodawasser auffüllen – Mit Strohhalm reichen.

1/2 Genever, 1/4 Zitronensaft, 1/4 Curaçao, weiß, 2 Teel. Zucker, Sodawasser, Eis

Mint-Cocktail

Die Gläser zur Hälfte mit Eisstückchen füllen – Die Zutaten im Mixbecher gut schütteln – In Cocktailgläser seihen und mit dem Sekt auffüllen – Mit Strohhalm reichen.

Eis, 1/2 Orange, Saft, 1/2 Zitrone, Saft, 1/4 Zuckersirup, Sekt, 1 Stengel frische Pfefferminze

Ohio

Die ersten drei Zutaten im Mixbecher tüchtig schütteln – In große Cocktailgläser seihen – Mit Schaumwein auffüllen – Je 1 Maraschinokirsche einlegen – Mit Strohhalm reichen.

3/4 Kognak, 1/4 Vanille, Eis, Sekt, Maraschinokirschen

Olympia-Cocktail

Alle Zutaten mit dem gestoßenen Eis im Mixbecher tüchtig schütteln – In Cocktailgläser seihen und nach Belieben mit eisgekühltem Sodawasser verdünnen – Mit Strohhalm reichen.

1/3 Whisky, 1/3 Curaçao, 1/3 Orangensaft, Eis

Rosa-Cocktail

Alle Zutaten mit dem gestoßenen Eis im Mixbecher tüchtig schütteln – In Cocktailgläser seihen und 1 Stückchen Zitronenschale beigeben.

1/2 Gin, 1/2 Cherry Brandy, 1 Schuß Bitter, Zitronenschale, Eis

'Apotheke'

Alle Zutaten im Mixbecher tüchtig schütteln – In kleinen Cocktailgläsern servieren.

1/2 Wermut, 1/4 Kognak, 1/4 Pfefferminz, 4 Schuß Angostura

Gold Stream Guards Drink

Portwein und Angostura mit dem gestoßenen Eis im Mixbecher schütteln – In Sektgläser seihen und mit Schaumwein auffüllen – Mit Strohhalm reichen.

2 Likörgläser Portwein, 4 Spritzer Angostura, Eis, Sekt

Prince of Wales-Cocktail

Sekt, 2 Spritzer Angostura, 2 Spritzer Curacao, 1 Orangenscheibe, Eis

Die Sektgläser zu je 1/3 mit gestoßenem Eis füllen – Je Glas die angegebene Menge Angostura und Curaçao zugeben und mit eisgekühltem Sekt auffüllen – Mit der Orangenscheibe garnieren – Mit Strohhalm servieren.

Prinzessin-Cocktail

1/4 Cinzano Bianco, 1/4 Kognak, 1/4 Benediktiner, 1/4 Cointreau, 4 Spritzer Orange Bitter, Eis

Alle Zutaten mit dem gestoßenen Eis im Mixbecher tüchtig schütteln – In Cocktailgläsern reichen.

Rauhnacht-Cocktail

1/2 Kognak, 1/2 Schwedenpunsch, 2 Spritzer Angostura, 3 Spritzer Curaçao, Sekt, Eis

Alle Zutaten ohne den Sekt mit dem gestoßenen Eis im Mixbecher tüchtig schütteln – In Sektgläser seihen und mit eisgekühltem Sekt auffüllen – Mit Strohhalm reichen.

Rauhreif-Cocktail

1/3 Rum, 1/3 Cointreau, 1/3 Orangensaft, Zucker, Eis

Alle Zutaten ohne den Zucker mit dem gestoßenen Eis im Mixbecher tüchtig schütteln – Den Rand großer Cocktailgläser zuerst in Wasser und darauf in Zucker tauchen – Das Getränk hineinseihen – Mit Strohhalm reichen.

Walzer-Cocktail

1/4 Gin, 1/4 Italienischer Wermut, einige Tropfen Zitronensaft, 1/2 Sekt, Eis

Alle Zutaten ohne den Schaumwein mit dem gestoßenen Eis im Mixbecher gut schütteln – In Cocktailgläser seihen und den Sekt aufgießen – Mit Strohhalm reichen.

Wermut-Cocktail

2/3 Wermut Bianco, 1/3 Zitronensaft, Eis

Den Wermut in Gläser geben – Mit Zitronensaft auffüllen – Je 1 Eiswürfel einlegen.

White Lady

1/3 Curaçao, weiß, 1/3 Gin, 1/3 Zitronensaft, Eis

Alle Zutaten mit dem gestoßenen Eis im Mixbecher tüchtig schütteln – In Cocktailgläser seihen.

Prärie-Auster

In ein Cocktailglas zuerst die Worcestershire-Sauce geben – Das Eigelb unzerlaufen daraufgeben – Einen Kranz von Tomaten-Ketchup herumlegen – Zitronensaft, Öl und zuletzt den Whisky darüberträufeln.

2 Teel. Worcestershire-Sauce, 1 Eigelb, 4 Teel. Tomaten-Ketchup, 1 Spritzer Zitronensaft, 2 Tropfen Öl, 1 Schuß Whisky

Astoria-Flip

Alle Zutaten mit dem gestoßenen Eis im Mixbecher tüchtig schütteln – In Cocktailgläser seihen – Mit Strohhalm reichen.

1/4 französischer Wermut, 1/4 italienischer Wermut, 1/4 Gin, 1/4 Schaumwein, 1 Schuß Zitronensaft, 1/2 Eigelb, Eis

Katergift-Flip

Alle Zutaten mit dem gestoßenen Eis im Mixbecher tüchtig schütteln – In 1 Cocktailglas seihen.

1/2 Sherry, 1/2 Schaumwein, 4 Schuß Angostura, 1 Teel. Zucker, 1 rohes Ei, Eis

Mokka-Flip

Alle Zutaten mit dem gestoßenen Eis im Mixbecher tüchtig schütteln – In Südweingläser seihen und eine Spur Muskatnuß darüberreiben.

1/2 Curaçao, 1/4 Kognak, 1/4 Mokka-Likör, 1 Schuß Portwein, 1 Eigelb, Muskatnuß, Eis

Portwein-Flip

Alle Zutaten mit dem gestoßenen Eis im Mixbecher tüchtig schütteln – In Cocktailgläser seihen – Nach Belieben mit Selterwasser verdünnen – Mit Strohhalm reichen.

1 Glas Portwein, 2 Eßl. Zitronensirup, 1 rohes Ei, Eis

Sherry-Flip

Alle Zutaten mit dem gestoßenen Eis im Mixbecher tüchtig schütteln – In Cocktailgläser seihen – Mit Strohhalm reichen.

1 Glas Sherry, 1 Eigelb, 1 Teel. Zucker, Eis

Sekt-Flip

Alle Zutaten mit dem gestoßenen Eis im Mixbecher tüchtig schütteln – In Sektgläser füllen – Mit Strohhalm servieren.

1 Glas Sekt, 1/2 Orange, Saft, 3 Spritzer Curaçao Orange, 1 Teel. Zucker, 1 Eigelb, Eis

Gin-Fizz

1/2 Gin, 1/2 Genever, 1 Teel. Zucker, 1 Eiweiß, Eis

Alle Zutaten mit dem gestoßenen Eis im Mixbecher tüchtig schütteln – In Cocktailgläser seihen – Mit Strohhalm reichen.

Schnee-Fizz

2 Likörgläser Gordon Gin, 1/8 Glas Maraschino, 1 Eiweiß, Eiswürfel, 1 Maraschinokirsche, 1 Zitronenscheibe

Die ersten 4 Zutaten im Mixbecher tüchtig schütteln – In ein hohes Glas seihen – Mit Zitrone und der Kirsche garnieren – Mit Strohhalm reichen.

Silver-Fizz

2/3 Gin, 1/3 Zitronensaft, 2 Teel. Zucker, 1 Eiweiß, Eis, Sodawasser

Alle Zutaten ohne das Sodawasser mit dem gestoßenen Eis im Mixbecher tüchtig schütteln – In kleine Limonadengläser seihen und mit Sodawasser auffüllen – Mit Strohhalm reichen.

Champagner-Cobbler

Eis, 2 Gläser Curaçao oder Kognak Kirschen, Pfirsichstückchen, Sekt

Die Sektgläser 1/2 mit gestoßenem Eis füllen – Die anderen Zutaten darübergeben und mit Sekt aufgießen – Mit Strohhalm reichen.

Cherry-Cobbler

2 Gläschen Cherry-Brandy, 1 Eßl. Zucker, 1/2 Glas Eis, einige Cocktail-Kirschen

Den Cherry Brandy, den Zucker und das gestoßene Eis im Mixbecher tüchtig schütteln – In eisgekühlte Sektgläser seihen und mit Sekt auffüllen und die Kirschen zugeben – Mit Strohhalm reichen.

Gibson-Girl-Cobbler

Eis, 1 Likörglas Ananas-Sirup, Sekt, einige Ananas-Stückchen

Die Sektgläser zu 2/3 mit dem gestoßenen Eis füllen – Mit dem Ananas-Sirup und Sekt auffüllen – Mit Ananas-Stückchen garnieren – Mit Strohhalm reichen.

'Einmal ist keinmal'

2 Teile Maraschino, 2 Teile Gin, 2 Teile Cinzano Bianco, 1 Teil Eierlikör, 2 Schuß Angostura, 1/2 Scheibe Ananas, Eis

Alle Zutaten ohne die Ananas mit dem gestoßenen Eis im Mixbecher tüchtig schütteln – In Cocktailgläser seihen und mit Ananasstückchen garnieren – Mit Strohhalm reichen.

Gin-Sour

Alle Zutaten mit dem gestoßenen Eis ohne das Sodawasser im Mixbecher tüchtig schütteln – In ein Limonadenglas seihen und mit Sodawasser auffüllen – Mit Strohhalm reichen.

1 Glas Gin, 1/2 Glas Zitronensaft, 1 Eßl. Zucker, Sodawasser, 1/2 Glas Eis

Cherry-Sour

Alle Zutaten mit dem gestoßenen Eis im Mixbecher tüchtig schütteln – In Cocktailgläser seihen und nach Belieben mit Sodawasser auffüllen – Mit Strohhalm reichen.

1 Teil Nordhäuser, 1 Teil Cherry-Brandy, 1 Teil Zitronensaft, 3 Teile Orangensaft, etwas Puderzucker, Eis

Sekt-Sour

Den Zitronen- oder Orangensaft in ein Sektglas schütten und mit eisgekühltem Sekt auffüllen – Mit Zitronen- oder Orangenscheiben garnieren – Mit Strohhalm reichen.

1 Glas Sekt, 1–2 Teel. Zitronen- oder Orangenscheiben

Aprikosen-Cocktail

Im Mixbecher mit zerstoßenem Eis gut schütteln – Durchgeseiht in Gläser füllen.

1/3 Aprikosensaft, 1/3 Wodka, 1/3 Grand Marnier, Eis

Fruit-Cocktail

Grapefruitstückchen und Ananasstückchen vermengen – Bananen schälen, in Scheiben und diese in Würfel schneiden, daß es zusammen etwa 2 Tassen ergibt – Halb soviel Ananas und Bananen verwenden als Grapefruit – Die Erdbeeren halbieren – Mit dem Wein, Brandy, Zucker und Salz vermengen – In Doppelcocktailgläser, davon das äußere mit Eis gefüllt wird, anrichten – Mit Kirschen garnieren.

Grapefruit, Ananas, Bananen, 8 Erdbeeren, Sherry, 3 Eßl. Apricot Brandy, 1/2 Tasse Zucker, wenig Salz, Cocktail-Kirschen

Schwedischer Frucht-Cocktail

Das Fruchtfleisch fein hacken – Grapefruit in kleine Stücke schneiden – Den Zucker läutern (s. S. 675) – Über die Früchte gießen – Alkohol beifügen – Gut durchkühlen lassen – In Sektschalen anrichten – Mit den Nüssen bestreuen und mit den Kirschen garnieren.

1 Grapefruit, 3 Scheiben Ananas, 2 Bananen, 3 Gläschen Sherry, 1 1/2 Gläschen Apricot Brandy, 50 g Zucker, kandierte Kirschen, 2 Eßl. gehackte Walnüsse

Grapefruit-Cocktail

Eis, 1 Glas Grapefruit-Saft, 1 Scheibe Ananas, Zuckersirup

Sektgläser zur Hälfte mit Eisstückchen füllen – Den Fruchtsaft mit dem Sirup mischen und darübergießen – Mit Ananasstückchen auffüllen – Mit Strohhalm reichen.

Liköre

Eier-Kognak

12 Eigelb, 200 g Zucker, 3/4 l Kognak

Die Eigelb mit dem Zucker schaumig schlagen – Den Kognak nach und nach zugeben – Kurze Zeit in gut lauwarmes Wasser stellen, bis die richtige Dicke erreicht ist, dabei von Zeit zu Zeit schütteln oder umrühren – In reine Flaschen füllen und zugekorkt aufbewahren.

Eier-Likör

1/4 l Wasser, 125 g Zucker, 1/2 Vanilleschote, 6 Eigelb, 1/8 l Weingeist (96 %) oder 1/4 l Weinbrand

Die Vanilleschote mit dem Zucker im Wasser auskochen – Die Eigelb schaumig rühren – Tropfenweise den kalten Zuckersirup und zuletzt den Alkohol unterrühren – Zusammen tüchtig schütteln – In reine Flaschen füllen und zugekorkt aufbewahren.

Magenbitter

100 g schwarze Johannisbeerblätter, 150 g Rhabarberwurzel, 400 g Tausendgüldenkraut, 50 g Gundermann, 100 g Schafgarbe, 50 g Enzianwurzel, 30 g Kalmus, 10 g Wermut, 200 g grüne Nüsse, 2 l Weinbrand, destilliertes Wasser

Die Kräuter und die klein geschnittenen Nüsse mit dem Weinbrand übergießen – 4 Wochen in die Wärme stellen – 1 l filtrierte Essenz mit einer Zuckerlösung aus 1 kg Zucker und 1 1/2 l destilliertem Wasser vermengen – In Flaschen füllen und zugekorkt aufbewahren.

Fruchtsäfte, Marmeladen und Gelees

Fruchtsäfte

Die Saftgewinnung kann auf dreierlei Arten geschehen.

1. Durch Aufkochen der Früchte mit einer Bodendecke Wasser – Filtrieren – Zuckerbeigabe nach Rezepten und nachfolgendem Sterilisieren in Flaschen.
2. Mittels einer Saftpresse, Filtrieren, Zuckerbeigabe und Sterilisieren in Flaschen – 20 Minuten bei 75°.
3. Früchte und Zucker gleichzeitig in einem Dampfentsafter aufstellen – Den abfließenden Saft in heiße Flaschen füllen – Sofort mit Patentverschluß oder Gummikappen verschließen und in Papier oder Tücher gewickelt abkühlen lassen.

	Obst	*Zucker*	*Zeiten*
Zuckerbeigabe und Dünstzeit für je 2,5 kg Früchte	Äpfel, Birnen, Kirschen und Quitten	250 g	60 Min.
	Holunder und Pflaumen	250 g	60 Min.
	Johannisbeeren	325 g	45 Min.
	Brombeeren	250 g	40 Min.
	Heidel- und Himbeeren	250 g	35 Min.
	Erdbeeren	200 g	25 Min.

Heidel-, Johannis-, Erdbeer- und Himbeersaft

80 g Weinsteinsäure, 3 l Wasser, 3 kg Früchte (verlesen), 5 kg Zucker

Die Weinsteinsäure in kochendem Wasser auflösen – Über die zugerichteten Beeren gießen und 24 Stunden stehen lassen – Den Saft auspressen und filtrieren – Unter Rühren den Zucker darin auflösen – In Gläser oder Steintöpfe füllen und lose mit einem sauberen Leinenlappen zubinden – Im Keller etwa 3 Wochen gären lassen – Den Saft in reine Flaschen abfüllen und verkorken.

Himbeersaft

1 l Fruchtsaft, 500 g Zucker

Die Himbeeren mit wenig Wasser aufkochen – Durch ein Tuch filtrieren und den Saft mit dem Zucker 10 Minuten durchkochen – Gut abschäumen und noch heiß in saubere, angewärmte Flaschen füllen – Sofort verkorken und versiegeln.

Marmeladen und Gelees

Ananas oder Erdbeeren in Zucker

500 g Früchte, 375 g Zucker, 1/4 l Wasser, 1/2 Zitrone, Saft

Den Zucker mit Wasser läutern (s. S. 675) – Die kleingeschnittenen Ananasstückchen oder Erdbeeren und Zitronensaft zugeben – 15 Minuten unter Rühren kochen – Vom Feuer nehmen und noch 15 Minuten weiterrühren – In Gläser füllen – Nach dem Erkalten mit Rumpapier (Pergamentpapier in Rum getaucht) zubinden.

Apfel- oder Quittengelee

3 kg unreife Äpfel oder reife Quitten, Wasser, 750 g Zucker auf 1 l Saft, 1 Zitrone, Saft, 1 Päckchen Vanille-Zucker oder 1/2 Tasse Weißwein

Die unreifen Äpfel oder die reifen Quitten abreiben und mit Schale und Kernhaus in Schnitze schneiden – Mit Wasser bedeckt weichkochen und über Nacht stehen lassen – Auf ein Geleetuch gießen und ohne Rühren oder Drücken den Saft durchlaufen lassen – Den Saft abmessen, mit dem Zucker vermengen und so lange kochen, bis er geliert – Fleissig abschäumen und die Gewürze zugeben, wenn sich nicht mehr viel Schaum bildet – Sieht die Masse rötlich aus, geliert sie – Einige Tropfen auf einen Porzellanteller geben und die Gelierprobe machen – Heiß in Gläser füllen, diese dabei auf ein nasses Tuch stellen – Nach dem Erkalten zubinden.

Aprikosenmarmelade

500 g Fruchtmark, 500 g Kristallzucker, einige Aprikosenkerne, 1/2 Zitrone, Saft

Die Aprikosen waschen und entsteinen – Einige Steine aufklopfen, die Kerne schälen und zugeben – Mit wenig Wasser weichkochen – Das Mark wiegen und die gleiche

1966
RÉSERVE PRIVÉE
COLCOMBET
BOURGOGNE
COLCOMBET FRÈRES
1966 1966
DOPFF & IRION
GEWURZTRAMINER

FRANKENWEIN
1959er
Würzburger
Riesling x Sylvaner
natur
KELLEREI
BOCKSBEUTEL
FRÄNKISCHER WEIN-
ABFÜLLUNG
WEINVERTRIEB
GUTSBESITZER G.m.b.H.
KITZINGEN

Menge Zucker zugeben – Zusammen 10 Minuten sprudelnd kochen – Vom Feuer nehmen und weiterrühren, bis kein Dampf mehr aufsteigt – In erhitzte Gläser füllen – Nach dem Erkalten mit Rumpapier bedecken und zubinden.

Brombeermarmelade

1 1/2 kg Brombeeren,
1 1/2 kg Zucker

Brombeeren verlesen – Mit dem Zucker zusammen unter Rühren aufkochen – 10 Minuten brausend kochen lassen – Vom Feuer nehmen und rühren, bis kein Dampf mehr aufsteigt – In erhitzte Gläser füllen – Nach dem Erkalten zubinden.

Dreifruchtmarmelade

2 1/2 kg schwarze Kirschen,
1 1/2 kg Johannisbeeren,
1/2 kg Himbeeren,
2 kg Zucker

Die Kirschen entsteinen und mit einem Teil des Zuckers zum Kochen bringen – Nach 30 Minuten die Himbeeren zugeben, nach weiteren 10 Minuten die zugerichteten Johannisbeeren – Den restlichen Zucker beifügen und alles zusammen noch 10 Minuten kochen – Vom Feuer nehmen und noch 10 Minuten weiterrühren – In erhitzte Gläser füllen – Nach dem Erkalten mit Rumpapier bedecken und zubinden.

Erdbeermarmelade

1 kg Beeren, 1 kg Zucker

Tadellose, möglichst kleine Früchte auf einem Sieb abbrausen – Die Stiele entfernen – Die Beeren leicht mit Zucker vermengt in einer Porzellanschüssel über Nacht stehen lassen – Den Saft abgießen und dickkochen – Die Beeren zugeben und 5 Minuten kochen – Vorsichtig kaltrühren, damit die Früchte möglichst ganz bleiben – In erhitzte Gläser füllen – Erkaltet mit Rumpapier bedecken und zubinden.

Himbeergelee

1/2 l Saft, 375 g Zucker

Die verlesenen Beeren roh zerdrücken – Durch ein aufgespanntes Tuch, ohne dabei zu pressen, den Saft ablaufen lassen – Saft und Zucker unter fleißigem Abschäumen so lange kochen, bis ein auf einen Teller geträufelter Tropfen erkaltet steif wird.

Berberitzengelee

500 g Saft, 375 g Zucker

Berberitzen sauber waschen – Mit wenig Wasser bedeckt unter öfterem Umrühren einige Male aufkochen – Durch ein aufgespanntes Tuch laufen lassen – Saft und Zucker unter fleißigem Abschäumen kochen, bis die Masse geliert – Das Gelee noch heiß in Gläser füllen – Erkaltet mit in Rum getränktem Papier bedecken und zubinden.

Hagebutten

500 g Mark, 500 g Zucker

Die Hagebutten halbieren, sorgfältig entkernen und waschen – 4–5 Tage in einer Porzellanschüssel, mit Wein angefeuchtet in den Keller stellen – Die weichgewordenen Früchte durch ein Haarsieb streichen – Mit dem Zucker vermischen und auf schwachem Feuer unter Rühren bis ans Kochen kommen lassen – Vom Feuer nehmen und kaltrühren – In Gläser füllen, mit Rumpapier bedecken und zubinden.

Holundermus

5 kg Holunder, 700 g Zucker, Vanille, Stangenzimt

Die Beeren entstielen und ohne Wasser 20 Minuten lang kochen – Den Zucker zugeben und 20 Minuten weiterkochen – Nach Belieben mit Vanille oder Zimt würzen – In erhitzte Gläser füllen und diese nach dem Erkalten zubinden.

Schnelles Johannisbeergelee

500 g Beeren, 500 g Zucker

Die Beeren und Zucker vermengen und unter Schütteln 15 Minuten kochen – Den Saft in heiße Gläser füllen – Die Beeren als Marmelade verwenden.

Johannisbeer- oder Brombeergelee

1 l Saft, 700–750 g Zucker

Die Beeren etwas zerdrücken und kurz aufkochen – Den Saft durch ein Tuch laufen lassen und abmessen – Mit dem Zucker vermengen und etwa 15–20 Minuten kochen – Die Masse vom Feuer nehmen, wenn sie geliert (Gelierprobe machen!) – Stehen lassen, bis sich eine Haut gebildet hat und diese vorsichtig entfernen – In erhitzte, mit einem nassen Tuch unterlegte Gläser füllen, zuvor in diese einen silbernen Löffel stellen.

Rohe Johannisbeermarmelade

500 g Johannisbeeren, 500 g Zucker

Die Beeren sauber waschen, abtropfen lassen und entstielen – In einer Porzellanschüssel mit dem Zucker vermengen und zugedeckt an kühlem Ort über Nacht stehen lassen – Mit einem breiten Rührlöffel die Beeren zerdrücken und 1 1/2 Stunden in gleicher Richtung rühren – In mit Alkohol ausgespülte Gläser bis zum Rande füllen, sofort zubinden – So zubereitete Marmelade ist besonders aromatisch – Größere Mengen Obst nicht auf einmal, sondern nach und nach verarbeiten, höchstens 1 kg Frucht zu 1 kg Zucker.

Schwarze Johannisbeermarmelade

1 kg Früchte, 500 g Zucker

Die Beeren waschen und mit einer Gabel abstreifen – Den Zucker mit wenig Wasser läutern und erkalten lassen – Über die Beeren gießen und über Nacht stehen lassen – Auf schwachem Feuer aufkochen und unter Rühren noch weitere 10 Minuten kochen – Vom Feuer nehmen und noch 10 Minuten rühren – In erhitzte Gläser füllen – Nach dem Erkalten mit Rumpapier bedecken und zubinden.

Quittenmarmelade

500 g Quittenmark, 375 g Zucker, 1 Zitrone, Saft und Schale

Quitten abreiben, Blüte und Stiel entfernen und in Schnitze teilen – Kerngehäuse ausstechen und in ein Mullsäckchen binden – Zusammen, mit Wasser bedeckt, weichkochen – Die Kerne entfernen und danach durchpassieren – Zucker mit 1/5 l Quittenwasser zum Breitlauf, s. S. 675, kochen – Quittenmark, geriebene Zitronenschale und Zitronensaft beifügen – Unter ständigem Rühren dickkochen – Von Zeit zu Zeit eine Probe machen, ob die kalte Masse steif wird.

Schwarze Kirschenmarmelade

3 kg Kirsche, 500 g Zucker, 1 Stange Zimt, 2 Zitronen, Saft

Die Kirschen entsteinen und mit dem Zucker vermengen und einige Stunden ziehen lassen – Mit Zimt und Zitronensaft auf kleinem Feuer musig kochen – Noch warm in erhitzte Gläser füllen – Nach dem Erkalten mit Rumpapier bedecken und zubinden.

Kirschapfelgelee

500 g Saft, 250 g Zucker

Kirschäpfel (kleine rote Früchte des Zierstrauches Pirus astrachania) waschen und mit kaltem Wasser bedeckt, weichkochen – Durchpressen und bis zum nächsten Tag stehen lassen – Den Saft vom Bodensatz klar abgießen und mit dem Zucker aufs Feuer geben – Unter fortwährendem Abschäumen 1 Stunde kochen – Leicht abgekühlt in Gläser füllen und nach Erkalten zubinden.

Kirschmarmelade

500 g Weichselkirschen, 500 g Zucker

Zucker zum Faden kochen – Entstielte und entsteinte Kirschen unter fleißigem Abschäumen 5 Minuten darin kochen – Mit dem Schaumlöffel herausnehmen – Den Saft noch dickkochen – Zusammen in einer Schüssel bedeckt über Nacht stehen lassen – Anderntags durch ein Sieb gießen – Den Zuckersaft wieder aufs Feuer bringen und zur Perle kochen – Erkaltet, mit den Kirschen vermengt in Gläser füllen.

Kirschgelee

1/2 l Fruchtsaft, 500 g Zucker

Gut ausgereifte Weichselkirschen entstielen – In einem Porzellangeschirr samt den Steinen zerquetschen und danach durch die Beerenpresse drücken – Den ausgepressten Saft durch ein Papierfilter laufen lassen – Zucker zum Faden kochen, s. S. 675 – Kirschsaft zugeben und unter fleißigem Abschäumen so lange kochen, bis ein Tropfen, auf einem Teller erkaltet, steif wird.

Rhabarbermarmelade

1 1/2 kg Rhabarber, 500 g Kranzfeigen, 200 g Zucker

Den Rhabarber waschen und ungeschält in möglichst kleine Stücke schneiden – Die Feigen waschen und durch den Wolf drehen – Mit dem Rhabarber zusammen auf kleiner Flamme unter Rühren kochen, bis die Masse dick zu werden beginnt – Den Zucker zugeben und so lange rühren, bis er sich aufgelöst hat – Die Marmelade in Gläser füllen und diese offen in den Backofen stellen, bis sich eine Haut bildet – Abkühlen lassen und die Gläser zubinden.

Mirabellenmarmelade

Mirabellen und Zucker unter ständigem Rühren rasch aufkochen – Noch 15 Minuten über kleiner Flamme kochen – Vom Feuer nehmen und kaltrühren – In Gläser oder Steinguttöpfe füllen und, mit Rumpapier bedeckt, zubinden.

500 g entsteinte Mirabellen, 500 g Zucker

Orangenmarmelade

Die Orangen waschen und möglichst dünn schälen – Die Schalen dreimal bis zum Kochen kommen lassen, dabei jedoch jedesmal frisches Wasser nehmen – Im dritten Wasser vollends weichkochen – Die Schalen in möglichst schmale Stifte schneiden – Den Zucker mit Wasser läutern, zu 500 g Zucker 1 Tasse Wasser nehmen, es kann dabei auch ein Teil des Schalenwassers verwendet werden – Die Orangen von der weißen Haut befreien und in dünne Scheiben schneiden, die Kerne sorgfältig entfernen – Zusammen mit der geschnittenen Schale im Läuterzucker unter öfterem Umrühren dickkochen – Die Marmelade heiß in vorgewärmte Gläser füllen – Nach dem Erkalten mit Rumpapier bedecken und zubinden.

10 süße Orangen, ungespritzt, 4 bittere Orangen, ungespritzt, das Gewicht der süßen Orangen: Zucker

Stachelbeermarmelade

Die Beeren von Blüte und Stiel befreien – Waschen und halbieren – Mit dem Zucker vermengt aufkochen – 10 Minuten brausend kochen lassen – Vom Feuer genommen rühren, bis kein Dampf mehr steigt – In erhitzte Gläser füllen – Erkaltet, mit Rumpapier bedeckt, zubinden.

1 1/2 kg Stachelbeeren, 1–1 1/2 kg Zucker

Preiselbeergelee

Beeren sauber verlesen und waschen – Über kleinem Feuer unter Rühren langsam Saft ziehen lassen – Nachdem sie weichgekocht sind, auf ein aufgespanntes Tuch zum Abtropfen gießen – Saft mit Zucker aufkochen – Unter fortwährendem Abschäumen 15 Minuten kochen – Bildet sich kein Schaum mehr, vom Feuer nehmen und den Saft in vorgewärmte Gläser füllen, zuvor Gelierprobe machen.

1 l Saft, 500 g Zucker

Preiselbeeren

500 g Beeren, 500 g Zucker, 1 Tasse Wasser

Die Beeren verlesen und waschen – Mit dem Zucker, Wasser und nach Belieben etwas Zimt glasig kochen – Rühren bis kein Dampf mehr aufsteigt – In vorgewärmte Steintöpfe füllen – Am folgenden Tag zubinden.

Pflaumenmarmelade

5 kg Pflaumen, 1 kg Zucker

Die Pflaumen entsteinen und zerteilen – Einzuckern und über Nacht stehen lassen – In einem Kessel 30 Minuten kochen – Vom Feuer nehmen und kaltrühren – Mit Einmachhilfe (Salizyl) vermengen, in Gläser füllen und zubinden.

Zwetschgenmarmelade

1 1/2 kg Zwetschgen, 250 g Zucker, 1/2 Stange Zimt, 2 Nelken, 1 Zitrone, Saft

Die Zwetschgen entsteinen, mit Zucker durchstreuen und über Nacht stehen lassen – Die Gewürze zugeben und in einem Kessel auf kleiner Flamme etwa 1 Stunde, ohne dabei umzurühren, kochen – Heiß in erhitzte Gläser füllen und diese nach dem Erkalten zubinden.

Zwetschgenmarmelade – Powidel

10 kg Zwetschgen, 1 kg grüne Walnüsse, 2 Stangen Zimt, 10 Nelken

Die voll ausgereiften, späten Zwetschgen, am besten sind sie, wenn sie anfangen schrumpflig zu werden, waschen und entsteinen – Ohne Wasser in einem Kessel unter ständigem Rühren auf kleinem Feuer eindicken – Fängt das Mus an dicklich zu werden, die gehackten grünen Walnüsse, Zimt und Nelken zugeben – In saubere heiße Steintöpfe füllen und offen in die Ofenröhre stellen, bis sich eine Haut bildet – Nach dem Erkalten zubinden.

Einlegen von Obst und Gemüse

Kognak-Pfirsiche

Die Pfirsiche schälen und entsteinen – Abwechselnd mit dem Zucker in einen irdenen Topf schichten – Mit Kognak bedecken und gut verschließen – Unter den Deckel ein Stück Leinenstoff legen.

Pfirsiche, die Hälfte des Gewichtes Zucker, Kognak

Kirschen in Alkohol

Schöne, tadellose Kirschen mit halbem Stiel einige Male mit einem Hölzchen anstechen – In einen Steintopf oder in Gläser füllen – Wasser, Zucker und Zimt aufkochen – Abschäumen und erkalten lassen – Mit dem Alkohol vermengen – Über die Kirschen gießen – Die Gläser zubinden und kühl aufbewahren.

750 g Sauerkirschen, 500 g Zucker, 1 Stück Zimt, 0,3 l Wasser, 1/2 l reiner Alkohol

Rumtopf

Die Erdbeeren waschen, die Stiele ausdrehen – Zum Trocknen ausbreiten – Abwechselnd mit dem Zucker in einen gut gereinigten 5 l Steintopf füllen – Den Rum übergießen, jedoch nicht umrühren – Zubinden, kühl im Keller lagern.

1. Lage:
1 kg Erdbeeren, 1/2 kg Zucker, 1 Flasche Rum 65 %

Die Aprikosen häuten, halbieren und entsteinen – Kirschen waschen, entstielen und trocknen – Mit dem Zucker lagenweise über die Erdbeeren füllen – So viel Rum zugeben, daß die Flüssigkeit 2 cm über den Früchten steht – Wieder zubinden und kühlstellen.

2. Lage:
1/2 kg feste, reife Aprikosen, 1/2 kg Herzkirschen, 1/2 kg Zucker, Rum

Pfirsiche häuten, halbieren und entsteinen – Kirschen waschen, Stiele entfernen und trocknen – Lagenweise, mit dem Zucker zu den bereits eingelegten Früchten geben – Den Alkohol übergießen – Zubinden und in den Keller stellen.

3. Lage:
1/2 kg Pfirsiche, 1/2 kg Sauerkirschen, 1/2 kg Zucker, 1/4 l reiner Alkohol

Bohnen in Flaschen

Bohnen, Wasser

Die Bohnen zurichten und längs in dünne Streifen schneiden – Dicht in Flaschen mit Patentverschluß einfüllen und offen in den Keller stellen – 4mal innerhalb von 4 Tagen das Wasser abgießen und durch frisches ersetzen – Wenn das Wasser klar bleibt, die Flaschen verschließen und im Keller aufbewahren.

Bohnen im Steintopf

5 kg geputzte Bohnen, 250 g Salz, 100 g Zucker

Die Bohnen zurichten, mit dem Zucker und Salz vermengen und in einen Steintopf füllen – Mit einem Teller und Stein beschweren und zubinden – Im Keller aufbewahren – Vor Gebrauch die Bohnen einige Stunden in frisches Wasser legen und wie frische Bohnen zubereiten.

Gedörrte Bohnen

Bohnen

Die vorgerichteten Bohnen kurz abkochen und mit kaltem Wasser abschrecken – Gut abtropfen lassen, auf Schnüre reihen oder auf der Dörre bei höchstens 80° trocknen – In Mullsäckchen gefüllt trocken und luftig aufbewahren – Vor Verwendung über Nacht einweichen.

Chili-Sauce

8,8 l grüne Tomaten, 4 Zwiebeln, 1 Tasse Salz, 15 g Nelken, 15 g Einmachgewürz, 15 g Pfefferkörner, 1/2 Tasse Senfkörner, 500 g brauner Zucker, 4 feingehackte grüne Pfefferschoten, Weinessig

Die Tomaten abreiben, schälen und in 1/2 cm dicke Scheiben schneiden – In einem Kessel die Tomaten, die geschälten und gehackten Zwiebeln, den zerstoßenen Pfeffer und die übrigen Zutaten geben – Zum Sieden bringen und drei Stunden gelinde kochen lassen – In Gläser füllen und zugebunden kühl aufbewahren.

Orangen-Chutney

6 Orangen, 3 kleine Äpfel, 4 Tassen Preiselbeeren, 1 Tasse Orangenmarmelade, 1 Tasse Essig, 3 Tassen Zucker, 1 Teel. Ingwerpulver, 1 Messerspitze Salz, 1/2 Teel. Muskatblüte, 3/4 Tassen Rosinen

Orangen und Äpfel schälen und entkernen – Zu Spalten teilen und diese nochmals durchschneiden – Preiselbeeren waschen und gut abtropfen lassen – Mit den übrigen Zutaten vermengt auf schwachem Feuer unter Rühren breiig kochen – Noch heiß in warme Gläser füllen – Abgekühlt, mit Rumpapier bedeckt, zubinden.

Gemischte Essigfrüchte – Mixed Pickles

1 kleiner Blumenkohl, 15 kleine Karotten, 2 kleine Sellerieknollen, 12 kleine grüne Tomaten, 30 grüne Bohnen, 30 kleine Essiggurken, 20 kleine Champignons, 1 Tasse Perlzwiebeln, 2 Eßl. Salz, Gewürzkörner, 4 grüne Pfefferschoten, 4 Tassen Essig

Die Gemüse sorgfältig zurichten, jede Sorte gesondert weichkochen – Den Blumenkohl zuvor in Röschen teilen, die Bohnen in schräge Stücke teilen – Sellerie und Karotten nach dem Kochen schälen und in Scheiben schneiden – Die Gürkchen über Nacht einsalzen – Die Gemüse möglichst abwechslungsreich mit den Gewürzen in Gläser füllen – Den mit Gewürzen aufgekochten Essig nach Erkalten darübergießen – Nach 5 Tagen den Essig abgießen, etwas frischen Essig zugeben und nochmals aufkochen – Die Gemüse begießen, so daß sie vollständig mit Essig bedeckt sind – Nach dem Erkalten zubinden und kühl aufbewahren.

Gewürzmischung

50 g weißer Pfeffer, 5 g Muskatblüte, 12,5 g Piment, 12,5 g Muskatnuß, 7,5 g Nelken, 2,5 g Ingwer, 5 g Kardamom, 7,5 g Lorbeerblätter, 7,5 g Thymian, 12,5 g Majoran, 2,5 g Kümmel, 2,5 g Fenchel, 5 g Basilikum, 2,5 g Wacholderbeeren, 12,5 g Koriander, 2,5 g Salbei, 2,5 g Estragon

Alle Gewürze, gut getrocknet, feinmahlen und gut vermengen – In einem Schraubglas aufbewahren.

Salzgurken

Gurken, 50 g Salz zu 1 l Wasser, Weinlaub, Kirsch- oder Johannisbeerblätter, Dill, Estragon, Pfefferkörner, Perlzwiebeln, 1 Senfsäckchen

Die mittelgroßen, schlanken Gurken abreiben und 12–18 Stunden in kaltes Wasser legen – Die Gurken lagenweise mit den Blättern und den Gewürzen in einen Steintopf schichten – Die Salzlösung zubereiten und über die Gurken gießen, obenauf das Senfsäckchen legen – Mit einem Brettchen und Stein beschweren – Den Topf an einen nicht zu kühlen Ort stellen, bis die Milchsäuregärung abgeschlossen ist – Die gegorene Flüssigkeit abgießen, die Gurken abwaschen und mit frischem Salzwasser begießen – Mit dem Brettchen und Stein beschwert und zugedeckt im Keller aufbewahren – Von Zeit zu Zeit wie Sauerkraut abwaschen.

Senfgurken

Gurken für einen 4 1/2 l Steintopf, 250 g Salz, 250 g Schalotten, 125 g Meerrettich, 125 g gelbe Senfkörner, 30 g Ingwer, 15 g Pfefferkörner, 8 g Nelken (ohne Köpfchen), 5 Lorbeerblätter, 2 Hände Dill, Weinessig, Senfbeutel

Bereits gelb gewordene Gurken schälen und halbieren – Mit einem silbernen Löffel die Kerne und das weiche Innere herausnehmen – Mit Salz durchstreut über Nacht stehen lassen – Abtrocknen und in Streifen schneiden – In einen Steintopf legen und mit kaltem Weinessig übergießen – Nach 8 Tagen den Essig abgießen und in einem Messingtopf aufkochen lassen und abschäumen – Die Gurken lageweise mit den Gewürzen wieder in den Topf legen – Den kaltgewordenen Essig wieder zugießen, bis er die Gurken reichlich bedeckt – Mit Brettchen beschweren und einen Senfbeutel darauflegen – *Senfbeutel:* Ein Leinensäckchen in Größe der Topföffnung mit Senfkörnern gefüllt (flach 1 cm hoch) – Zugedeckt oder zugebunden kühl aufbewahren – Nach Belieben den Essig mit Salzwasser im Verhältnis 1/2 l Essig : 1/2 l Wasser : 25 g Salz, verdünnen.

Kleine Essiggurken

120 Stück kleine Essiggurken, 2 Teel. weiße Pfefferkörner, 2 Eßl. Salz, Estragon, Dill, Perlzwiebeln, Meerrettichstückchen, Pfefferschoten, 1 Säckchen Senfkörner, 4 Tassen Weinessig

Die Gurken sauber abreiben und von Blüte und Stiel befreien – Über Nacht mit Salzwasser bedeckt stehen lassen – Den Essig mit Dill und Estragon aufkochen und erkalten lassen – Die Gurken trockenreiben und mit den übrigen Gewürzen lagenweise in einen Steintopf oder in Gläser einlegen – Den Essig abgekühlt darübergießen – Am dritten Tag den Essig abgießen, wieder aufkochen und nach dem Erkalten über die Gurken gießen – Am vierten Tag die Gurken einmal im Essig aufkochen lassen – Wieder in die Gefäße ordnen, mit einem Senfsäckchen belegen und zubinden – Nach Belieben den Essig mit Salzwasser, im Verhältnis 1/2 l Essig : 1/2 l Wasser : 25 g Salz, verdünnen.

Grüne Gurkenscheiben (ungekocht)

1 Dutzend 15 cm große Gurken, 1 l kochendes Wasser, 3/4 Tasse Olivenöl, 3/4 Tasse Salz, 60 g weiße Senfkörner, 60 g schwarze Senfkörner, 3 Tassen Essig

Die Gurken ohne zu schälen in dünne Scheiben schneiden – Mit Salzwasser bedeckt über Nacht stehen lassen –Gut abgetropft in einen irdenen Topf legen – Die übrigen Zutaten mischen und über die Gurken gießen – Öfters umrühren.

Russische Gurken

Gurken ohne große Kerne waschen, stark mit Salz durchstreut 48 Stunden stehen lassen – Ablaufen lassen und abtrocknen – Dicht nebeneinander in einen Steintopf füllen – Mit den Gewürzen und Kräutern bedecken – So viel kochenden Essig übergießen, bis sie vollständig davon bedeckt sind – Nach 14 Tagen Essig abgießen und aufkochen – Erkaltet wieder über die Gurken gießen – Nach 6 Wochen sind die Gurken tafelfertig.

15 große Gurken, 250 g Schalotten, 30 weiße Senfkörner, 15 g Knoblauch, 1/2 Handvoll Basilikum, 1/2 Handvoll Dill und Estragon, 1/2 Schote spanischer Pfeffer, Salz, Weinessig

Sauerkraut

Das Kraut fein hobeln und mit Salz und Zucker vermengen – Lagenweise mit den Gewürzen in ein ausgebrühtes Krautfaß füllen, dabei jedesmal stampfen, bis sich Brühe bildet – Ein Tuch und ein sauberes Brettchen darüberlegen und mit einem Stein beschweren, daß die Brühe das Kraut bedeckt – Alle 8–10 Tage Tuch, Brettchen und Stein abwaschen – Ist nicht mehr genug Brühe vorhanden, mit Salzwasser auffüllen.

5 kg Weißkraut, 50–60 g Salz, 2 Eßl. Zucker, einige Wacholderbeeren, Weinlaub oder Kümmel

Amerikanische Tomatenwürze

Die Tomaten abreiben und auseinanderbrechen – Mit den Gewürzen, außer dem Essig, weichkochen – Die Masse durchpassieren und zu einer dicklichen Sauce kochen – Den Weinessig zugeben und nochmals aufkochen lassen – In kleine, saubere, vorgewärmte Flaschen füllen und verkorken.

Beigabe zu Fisch- und Fleischgerichten, zu Wild, Salaten und Aufläufen.

5 kg reife Tomaten, 1 Eßl. Salz, 1 Eßl. schwarze Pfefferkörner, 1 Teel. Muskatblüte, 1 Eßl. Senfkörner, 1 Tasse Weinessig

Melonen-Chutney

Melone, Orange und Paprikaschoten zurichten – Das Fruchtfleisch in Stücke schneiden – Melone geschält und entkernt abwiegen – Mit Zucker und Korinthen auf kleiner Flamme unter Rühren weichkochen – Essig mit den Gewürzen und dem Zucker 5 Minuten kochen lassen – Mit der Früchtemasse vermengen – Heiß in warme Gläser füllen – Abgekühlt, mit Rumpapier bedeckt, zubinden.

1 kg Melone, 1 Orange, 2 Paprikaschoten, 50 g Zucker, 1 Tasse Korinthen, 2 1/2 Tassen Essig, 1/2 Teel. Salz, 1 Teel. Nelkenpulver, 375 g Zucker

Süßsaurer Kürbis

2 1/2 kg Kürbis, 1 1/2 kg Zucker, 1 Tasse Weinessig, 1 Tasse Wasser, Ingwer, Nelken

Den abgelagerten Kürbis teilen, dick schälen und in Streifen schneiden – Die Kerne und das weiche Innere entfernen – Das Fleisch in kleine Stückchen schneiden oder zu Kugeln ausstechen – Über Nacht in verdünntes Essigwasser legen – Die übrigen Zutaten aufkochen – Die abgetropften Kürbisstücke beigeben und darin langsam glasig kochen – Mit einem Schaumlöffel herausnehmen und in heiße Gläser füllen – Den Saft noch eindicken und darübergießen – Zubinden und kühl aufbewahren.

Senffrüchte (Mustardo)

Zwetschgen, Pfirsiche, Feigen, grüne Mandeln und Nüsse, kleine Birnen, Äpfel, Pomeranzen, Melonen, Kürbisse und Zitronen, Zucker, Wasser oder Saft, braunes Senfmehl

Früchte in kleine Schnitze teilen oder, wenn sie klein sind ganz belassen – Abwiegen, um das gleiche Quantum Zucker läutern zu können – Früchte entweder eindünsten oder zur sofortigen Verwendung in Wasser nicht zu weich kochen – Frisch abgekochte oder konservierte Früchte, abgetropft in heißen Läuterzucker (s. S. 675) legen und durchziehen lassen – Zum Läutern auf 1 kg Zucker 2 Tassen Wasser oder Saft des abgekochten Obstes nehmen – Auf kleiner Flamme aufkochen und abschäumen – 3 Tage hintereinander die Früchte in der Zuckerlösung aufkochen und erkalten lassen – Am letzten Tag auf je 1 kg der Fruchtmasse 40 g braunes Senfmehl mit einem Teil der heißen Zuckerlösung verrühren – Die Früchte damit vermengen – In Steintöpfe oder Gläser füllen und luftdicht zubinden.

Süßsaure, grüne Tomaten

2 1/2 kg Tomaten, Weinessig, 625 g Zucker, Zitronenschale, Orangeat, 1 Stange Zimt, 3 Ingwerwurzeln, Pfefferkörner, 1 Teel. Salz

Kleine, grüne Tomaten, jedoch nicht kleiner als eine Walnuß, mit einem Hölzchen durchstechen – In Wasser weichkochen, abschütten und mit verdünntem Weinessig übergießen – Über Nacht stehen lassen – Den Saft abgießen und den Zucker darin läutern – Die Gewürze und die Früchte zugeben und kurze Zeit mitkochen – Die Früchte herausnehmen und den Saft noch dickkochen – Die Tomaten in Steintöpfe füllen – Den dickgekochten Saft mit den Gewürzen darübergießen – Nach dem Erkalten zubinden und kühl aufbewahren.

Eingelegte Paprikaschoten

Grüne, gelbe und rote Paprikaschoten, Sellerie, Pfefferkörner, 3/4 Essig, 1/4 Wasser, Salz, Olivenöl

Paprikaschoten abreiben, halbieren, Kerngehäuse und Stiele entfernen – In Olivenöl mit wenig Wasser halbweich dünsten – Rohe Sellerie schälen und in kleine Würfel schneiden – In einen Steintopf lagenweise Paprika, Selleriewürfel und Pfefferkörner schichten – Essig mit Wasser aufkochen – Salz beifügen und abgekühlt über den Paprika gießen, bis er davon bedeckt ist – Zum Abschluß eine Schicht Olivenöl übergießen – Zugedeckt kühl aufbewahren.

Tomatenmark

6 kg Tomaten, 1 Päckchen Alba-Gurkendoktor

Die Tomaten waschen und auseinanderbrechen – Ohne Wasser weichkochen und durch ein Sieb streichen – Das Mark aufkochen, vom Feuer nehmen und den 'Gurkendoktor' unterrühren – In Steintöpfe oder Flaschen füllen und mit Cellophan zubinden – Vor Gebrauch jeweils mit einem sauberen Löffel umrühren und die benötigte Menge Mark herausnehmen – Das Mark hält sich unbegrenzt und ist im Geschmack und Verwendbarkeit gleich frischen Tomaten.

Tomaten-Ketchup

5 kg Tomaten, 40 g Salz, 2 rote Pfefferschoten, 1 große Zwiebel, 1/2 Teel. Nelken, 1 Messerspitze Ingwer, 1/2 Teel. schwarzer Pfeffer, 1/2 Tasse Weinessig, 1/2 Eßl. geriebener Meerrettich, 175 g Zucker

Die Tomaten abreiben und auseinanderbrechen – Mit dem Salz bestreuen und über Nacht stehen lassen – Mit den geschnittenen Pfefferschoten und der Zwiebel in einem großen Kessel weichkochen – Durch ein feines Sieb streichen und wieder aufs Feuer stellen – Den Essig und die übrigen Gewürze zugeben – Ungefähr 6 Stunden unter öfterem Umrühren auf kleiner Flamme kochen – Den Zucker untermengen – Nach dem Erkalten in Flaschen füllen und versiegelt aufbewahren.

Frische Tomaten aufbewahren

Tomaten, die sich gerade zu färben beginnen, einzeln in Seidenpapier wickeln – In eine saubere Lattenkiste lagenweise mit Torfmull packen, so daß möglichst jede Frucht ganz von Torfmull umgeben ist – An einem kühlen, luftigen Ort aufbewahren.

Reife Tomatenscheiben (ungekocht)

6 Tassen geschälte Tomatenscheiben, 1 Tasse Selleriestückchen, 4 Eßl. rote Pfefferstreifen, 4 Eßl. geschnittene Zwiebel, 4 Eßl. Salz, 6 Eßl. Zucker, 6 Eßl. Senfkörner, 1/2 Teel. Nelken, 1/2 Teel. Zimt, 1 Teel. geriebene Nüsse, 2 Tassen Weinessig

Die Zutaten nach der angegebenen Reihenfolge vermengen – In einen Steintopf füllen und verschließen – Vor Verwendung mindestens 1 Woche stehen lassen – Kühl aufbewahrt, halten sie ein Jahr.

Süßsaure Zwetschgen

4 kg Zwetschgen, 1 1/4 kg Zucker, 1 l Weinessig, 1 Stange Zimt, 5-6 Nelken

Schöne Zwetschgen sauber waschen – Die Stiele kürzen und die Früchte mit einer Nadel einige Male durchstechen – Den Zucker, den Essig und die Gewürze aufkochen – Nach dem Erkalten über die Zwetschgen gießen und über Nacht stehen lassen – Den Saft abgießen und unter fleißigem Abschäumen aufkochen – Lauwarm über die Zwetschgen gießen und wieder über Nacht stehen lassen – Am andern Tag zusammen aufkochen, nach 4–5 Minuten die Zwetschgen herausnehmen und den Saft noch etwas einkochen – Abgekühlt, Saft und Zwetschgen in Steintöpfe füllen und diese mit Pergament zubinden.

Eier einlegen

120 Eier, 1 l Wasserglas, 9 l Wasser

Die Eier im Frühling oder Herbst einlegen – Nur tadellos frische Eier verwenden – Schmutzige Eier vorher abreiben – Mit der Spitze nach unten in ein sauberes Gefäß legen – Das Wasserglas mit dem Wasser verrühren und darüberfüllen – Im Keller aufbewahren – Herbsteier können auch in Spreu oder in einen Steintopf kühl und trocken aufbewahrt werden.

Suppengewürz

500 g Sellerie, 500 g Tomaten, 500 g Petersilienwurzeln oder grüne Petersilie, 500 g gelbe Rüben, 500 g Blumenkohl, 500 g Zwiebeln, 250–500 g Salz

Die Gemüse sauber waschen und wieder trocknen lassen – In Stücke schneiden und durch den Wolf drehen – Mit dem Salz gut vermengen – In kleine Gläser einfüllen, etwas zusammenpressen und die Oberfläche mit einer dicken Salzschicht bedecken – Kühl aufbewahren.

Das Eindünsten (Einkochen) von Obst

Gläser, Deckel und Ringe müssen von tadelloser Beschaffenheit sein. Vor Gebrauch sorgfältig heiß reinigen. Heiß nachspülen und die Gläser auslaufen lassen. Trockenreiben ist nicht erforderlich.

Die Gummiringe auskochen und über einen Kochlöffel gehängt an der Luft trocknen lassen.

Die Gläser möglichst dicht einfüllen. Es geschieht, indem das Glas während des Einfüllens öfters auf ein mehrfach gefaltetes Tuch auf den Tisch gestoßen wird. Die Gläser bis zum Rand füllen. 1 l Zuckerlösung ist ausreichend für 2 eingefüllte 1-l-Gläser.

Früchte	*Zuckerzusatz auf 1 l*	*Einkochzeit in Minuten enge Gl.*	*weitere Gl.*	*Erhitzungsgrade in Celsius*
Äpfel Die Äpfel schälen und das Kernhaus entfernen, halbieren oder in Schnitze schneiden – In Gläser einlegen und mit der Zuckerlösung übergießen – Sorten, die leicht braun werden, in leicht gesalzenes Wasser legen, bis alle Früchte zugerichtet sind.	300 g	20 Min.	25 Min.	80°
Apfel- und Quittenmus Die Früchte mit Schale und Kernhaus in Stücke schneiden, mit wenig Wasser weichkochen und durchpassieren – Die Gläser bis 4 cm unter den Rand füllen – Ohne Zuckerzusatz sterilisieren und erst bei Gebrauch süßen, oder auf 500 g Mark 100–150 g Zukker geben.		30 Min.	35 Min.	80°

Früchte	*Zucker-zusatz auf 1 l*	*Einkochzeit in Minuten* *enge Gl.*	*weitere Gl.*	*Erhitzungs-grade in Celsius*
Hohenheimer Riesling				
Die kleinen Äpfelchen waschen, den Stiel abschaben und die Blüte entfernen – Mit der Schale in Gläser füllen und mit der Zuckerlösung übergießen.	350 g	30 Min.	35 Min.	80°
Aprikosen				
Schöne reife Früchte halbieren, die Kerne entfernen – Mit der Schnittfläche nach unten in Gläser füllen – Einige Steine aufklopfen, die Kerne überbrühen und enthäuten – In jedes Glas 2–3 Stück davon geben – Mit der Zuckerlösung übergießen.	500 g	25 Min.	30 Min.	75°
Birnen				
Gleichmäßig reife Früchte schälen, halbieren und das Kernhaus entfernen – Kleinere Früchte nach Belieben ganz lassen – In ein mit Salzwasser getränktes Tuch legen, bis alle Früchte zum Einlegen vorbereitet sind – In vorbereitete Gläser füllen und mit der Zuckerlösung übergießen – Bei sehr süßen Sorten 1 Löffel Weinessig zu 1 l Zuckerlösung geben.	300 g	20 Min.	25 Min.	90°
Brombeeren				
Die Beeren verlesen und möglichst trocken in vorgerichtete Gläser füllen – Mit Zucker durchstreuen und langsam erhitzen.	600 g	10 Min.	15 Min.	75°

Früchte	*Zucker zusatz auf 1 l*	*Einkochzeit in Minuten*		*Erhitzungs-grade in Celsius*
		enge Gl.	*weitere Gl.*	
Erdbeeren				
Die Früchte kurz überbrausen, die Stiele abdrehen, nicht herausziehen, damit die Beeren nicht zusammenfallen – Die Früchte in einer Porzellanschüssel einzuckern, möglichst roten Zucker verwenden – Über Nacht zugedeckt an kühlem Ort stehen lassen – Mit dem Saft in die vorbereiteten Gläser füllen und langsam erhitzen.	150 g	15 Min.	20 Min.	75°
Erdbeer-, Himbeer-, Johannisbeermark zu Gefrorenem				
Die frischen Früchte in kühlem Raum mit silbernem Löffel durch ein Haarsieb streichen – In saubere Gläser füllen und dick mit Zucker überstreuen.		10 Min.	15 Min.	75°
Himbeeren				
Trockene großfruchtige Beeren sauber verlesen – In vorgerichtete Gläser füllen und mit Zucker durchstreuen, oder mit Zuckerlösung übergießen, langsam erhitzen – Nach Belieben etwas färben.	150 g	10 Min.	15 Min.	75°
Heidelbeeren				
Die Früchte verlesen, kurz abbrausen und auf einem Sieb abtropfen lassen – In Gläser füllen, zu Kuchenbelag ohne Zucker. *Zu Kompott:* 500 g Beeren, 150 g Zucker untermengen.		20 Min.	25 Min.	80°

Früchte	*Zucker-zusatz auf 1 l*	*Einkochzeit in Minuten* *enge Gl.*	*weitere Gl.*	*Erhitzungs-grade in Celsius*
Johannisbeeren				
Die Früchte waschen und entstielen – In vorbereitete Gläser füllen, mit Zukker durchstreuen oder mit der Zuckerlösung übergießen.	600 bis 800 g	10 Min.	15 Min.	75°
Kirschen				
Die Kirschen waschen und entstielen, nach Belieben die Kerne entfernen – In vorgerichtete Gläser möglichst dicht einfüllen und mit der heißen Zuckerlösung übergießen. *Sauerkirschen* erhalten die doppelte Zuckerzugabe.	300 g	25 Min.	30 Min.	80°
Mirabellen und Reineclauden				
Auf die selbe Weise zubereiten wie Pflaumen.	600 g	20 Min.	25 Min.	80°
Pfirsiche				
Die Früchte überbrühen, die Haut abziehen und die Kerne entfernen – Halbieren und mit der Schnittfläche nach unten in die Gläser füllen.	500 g	23 Min.	30 Min.	80°
Pflaumen				
Die Früchte waschen und die Stiele kürzen – Mit einem Hölzchen mehrmals durchstechen und dicht in vorgerichtete Gläser füllen – Nach Belieben halbieren und entsteinen – Mit der Zuckerlösung übergießen und langsam erhitzen.	600 g	20 Min.	25 Min.	80°

Früchte	*Zucker-zusatz auf 1 l*	*Einkochzeit in Minuten enge Gl.*	*weite Gl.*	*Erhitzungs-grade in Celsius*
Quitten				
Die Quitten sauber abreiben, schälen, in Schnitze teilen und das Kernhaus entfernen – Kernhaus und Schalen mit wenig Wasser bedeckt aufkochen und abseihen – In den abgeseihten Saft den Zucker und die Quittenschnitze geben und kochen, bis sie sich leicht durchstechen lassen – Mit dem Saft in die Gläser füllen und sterilisieren.	750 g	30 Min.	35 Min.	80°
Rhabarber				
Die Rhabarberstengel schälen und in 5 cm lange Stücke schneiden – Mit kochendem Wasser unter Zusatz von wenig Natron übergießen und abtropfen lassen – In die vorgerichteten Gläser füllen und mit der Zuckerlösung übergießen.	250 g	20 Min.	25 Min.	80°
Grüne Stachelbeeren und Rhabarber zu Kuchen				
Die Stachelbeeren von Blüte und Stiel befreien, waschen und mehrmals durchstechen – Rhabarber in gleichmäßige Stücke schneiden – In saubere Gläser einfüllen und mit frischem Wasser auffüllen, einen 3 cm breiten Rand freilassen.		15 Min.	20 Min.	80°
Trauben				
Nicht zu reife Trauben sauber waschen und verlesen – Abgebeert oder	300 bis 500 g	15 Min.	20 Min.	75°

Früchte	*Zucker-zusatz auf 1 l*	*Einkochzeit in Minuten enge Gl.*	*weitere Gl.*	*Erhitzungs-grade in Celsius*
mit den Stielen in vorgerichtete Gläser legen und mit Zuckerlösung übergießen.				
Zwetschgen				
Als Kuchenbelag die Früchte halbieren, entsteinen und möglichst dicht in Gläser füllen – Ohne Zucker und ohne Flüssigkeit sterilisieren. *Zu Kompott* mit Zucker durchstreuen, auf 500 g Früchte 50–100 g Zucker nehmen.		20 Min.	25 Min.	80°

Diät- und Krankenkost

Apfelsaft

Die Äpfel schälen und in Schnitze teilen – Mit 1 Tasse Wasser kurz weichkochen – Den Saft abseihen, nach Geschmack mit Zitronensaft und Zucker würzen.

für 1 Person:
250 g Äpfel, Zitronensaft, Zucker

Kraftbrühe

Das Fleisch durch den Fleischwolf drehen – Die gelbe Rübe putzen und fein reiben – Beides in ein Konservenglas füllen – Wasser und Salz zugeben – 2 Stunden auf 60° erhitzen – Die Brühe durchseihen und servieren.

für 1 Person:
250 g mageres Rindfleisch, 1 kleine gelbe Rübe, 1 Tasse Wasser, 1 Prise Salz

Schleimsuppe

Die Haferflocken mit dem Wasser sämig kochen – Durch ein Sieb streichen und nochmals aufkochen – Je nach Verordnung gesalzen oder salzlos reichen.

für 1 Person:
4 Eßl. Haferflocken, 2 Tassen Wasser

Brei

Die Milch mit dem Salz zum Kochen bringen – Die Zutaten einrühren, das Mehl zuvor mit etwas kalter Milch anrühren – Unter ständigem Rühren einige Minuten kochen lassen – Vom Feuer nehmen und die frische Butter zugeben – Nach Geschmack mit Zucker bestreuen und nach Belieben Fruchtsaft dazu reichen.

für 1 Person:
1 Tasse Milch, 2 Eßl. Mehl, Grieß oder Haferflocken, 1 Prise Salz, 1 Eßl. Butter, Zucker

Kümmelsuppe

Wasser mit Kümmel aufkochen – Mehrere Stunden ziehen lassen – Durchseihen – Milch aufkochen – Mehl mit den Kümmelextrakt anrühren und in die Milch einrühren – Aufkochen lassen und mit Fett und Salz abschmecken.

für 1 Person:
1 Wasserglas Milch, 1 Wasserglas Wasser, 10 g Pflanzenfett, 3 g Kümmel, 15 g Mehl, wenig Salz

Eiergetränk

für 1 Person:
1 Ei, 2 Teel. Kognak und 1/2 Tasse abgekochtes Wasser oder 1 Glas Rotwein, 1–2 Teel. Zucker

Die Eigelb mit dem Zucker schaumig rühren – Den Kognak mit dem Wasser vermengen und unterschlagen – Nach Belieben das Eiweiß zu steifem Schnee schlagen und unterziehen – Sofort servieren.

Flant

2 Eßl. Zucker, 2 Eigelb, 1/2 Tasse Süßrahm, 1 Teel. Zucker

Den Zucker hellbraun rösten – In ein erwärmtes Porzellanförmchen gießen – Nach allen Seiten darin verlaufen und erstarren lassen – Die Eigelb, den Rahm und den Zucker verquirlen und zugießen – Zugedeckt im Wasserbad langsam kochen, bis die Masse fest ist – Kaltstellen und stürzen – Mit Schlagrahm verziert anrichten.

Fruchtschnee

1 Eiweiß, 1 Eßl. Preiselbeer-, Himbeer- oder Johannisbeermarmelade, 1 Tasse Schlagrahm

Die Eiweiß zu steifem Schnee schlagen – Die Marmelade verrühren und unterziehen – Mit dem Schlagrahm lose vermengen.

Reis mit Geflügel

für 1 Person:
1 Taube oder 1/4 Huhn, 3 Eßl. Reis, 2 Eßl. Butter oder Pflanzenfett, 1 Eßl. Mehl, 1 Tasse Fleischbrühe, Zitronensaft, 1 Eigelb

Das Fleisch von der gebratenen oder gekochten Taube ablösen und in Streifen schneiden – Den Reis in 2 Tassen Salzwasser fertigkochen, abgießen und schwenken – Eine helle Buttersauce bereiten und mit der Brühe oder Wasser ablöschen – Mit dem Zitronensaft abschmecken und mit dem Eigelb legieren – Das Fleisch unter den Reis mengen und die Sauce darübergießen.

Brieschen

für 1 Person:
100 g Bries, 2 Eßl. Butter oder Pflanzenfett, 1 Ei, 1/2 Brötchen, Salz, Zitronensaft

Das Brieschen in etwas Wasser zum Kochen bringen – Häuten und feinhacken – Die Butter schaumig rühren – Das Eigelb, das ausgedrückte Brötchen, das Brieschen, das Salz und den Zitronensaft zugeben – Den Eierschnee lose unterziehen – In einer verschlossenen Form 30 Minuten im Wasserbad kochen oder in eine kleine Auflaufform füllen, mit Butterflöckchen belegen und im Ofen aufziehen.

Kalbshirn

Das Hirn entbluten, enthäuten und durch ein Sieb streichen – Aus der Butter, dem Mehl und der Brühe eine helle Sauce bereiten – Das Hirn kurz mitkochen und mit dem Eigelb legieren – Mit dem Rahm, Zitronensaft und Salz abschmecken.

für 1 Person:
1/2 Kalbshirn, 1 Eßl. Butter oder Pflanzenfett, 1 Eßl. Mehl, 1/2 Tasse Brühe oder Wasser, 1/2 Eigelb, 1 Eßl. Süßrahm, Zitronensaft, Salz

Omelette mit Eingemachtem

Die Eigelb mit der Milch und dem Salz glattrühren – Den Eierschnee lose unterziehen – In der Butter oder dem Fett auf beiden Seiten goldgelb backen – Mit der Marmelade füllen und die beiden Hälften übereinanderklappen – Auf heißem Teller mit etwas Zucker bestreut anrichten.

für 1 Person:
2 Eier, 4 Eßl. Milch, 1 Stückchen Butter oder Pflanzenfett, 1 Prise Salz, 2 Eßl. Himbeermarmelade

Mandelmilch

Die Mandeln brühen, schälen, trocknen und durch die Mandelmühle treiben – Die kochende Milch darüberschütten – Einige Stunden ziehen lassen – Durchseihen und mit Zucker abschmecken.

für 1 Person:
1 Tasse Mandeln, 2 Tassen Milch, Zucker

Anisbrot

Die Eigelb und den Zucker dick und schaumig rühren – Den Zitronensaft, das gesiebte Mehl und den Anis untermischen – Den steifen Eierschnee lose unterziehen – In eine zugerichtete Anisbrotform füllen – Bei mittlerer Hitze backen – Am folgenden Tage in 1/2 cm dicke Scheiben schneiden und diese im Ofen hellgelb rösten.

für 1 Person:
3 Eier, 7 Eßl. Zucker, 1/2 Zitrone, Saft, 1 Tasse Mehl, 1 Teel. Anis

Quarkkugeln

Die Eiweiß mit dem Zucker und gequollenem Aspikpulver im Wasserbad schaumig schlagen – Unter öfterem Umrühren erkalten lassen – Den Quark mit Zucker und Vanille und Zitrone cremig schlagen – Mit Eiermasse vermengen – In eine glatte ausgespülte Rundform oder Tasse füllen – Nach dem Stocken stürzen – Nach Belieben mit Früchten oder gerösteten Haselnüssen verzieren.

2 Eiweiß, 1 Teel. Zucker, gehäuft, 2 Teel. Aspikpulver, 170 g Quark, 1 Teel. Zucker, 3/4 Päckchen Vanille-Zucker, 1/2 Zitrone, geriebene Schale

Biskuittörtchen

3 Eier, 5 Eßl. Zucker, 1/4 Zitrone, Schale und Saft, 6 Eßl. Mehl

Die Eigelb, den Zucker, die geriebene Zitronenschale und den Saft dick und schaumig rühren – Das gesiebte Mehl untermischen – Den steifen Eierschnee lose unterziehen – In zugerichtete Förmchen füllen und bei mittlerer Hitze backen.

Kurze Diätratschläge mit 7-Tage-Plänen

Fieber

Bei plötzlich auftretendem Fieber, etwa durch Grippe, empfiehlt sich für den sonst gesunden Menschen das einfache Heilfasten, bei dem nur – nach Durst und Appetit – Fruchtsäfte, Obst oder Tee erlaubt sind.
Diese Kur – also überhaupt keine Mahlzeiten – erlaubt nach Belieben

Apfelsaft
Johannisbeersaft
Traubensaft oder
frisch geschälten Apfel, bzw. bei Bedarf ein Obst der Jahreszeit oder Kompott

Fasten kann man ohne Bedenken 1–3 Tage. Anders liegen die Dinge bei chronischen Fieberzuständen, die eine sehr eiweißreiche, leicht verdauliche Nahrung nötig machen. Fieberkranke dürfen – Ausnahmen verordnet der Arzt – nicht salzlos ernährt werden! Das salzlose Nahrungsregiment tritt nur dann in Kraft, wenn der Arzt eine Entzündung unmittelbar durch die Diät bekämpfen will. Nach Abklingen der Temperatur auf normale Weise geht man langsam zur Normalkost zurück. Also etwa:

1. Tag	*morgens:*	Hagebuttentee oder Buttermilch, Zwieback oder Toast mit etwas Butter und Marmelade
	mittags:	Fettarme Gemüsebrühe, Kalbfleisch gegrillt, zartes Gemüse, Kartoffelbrei, Pudding oder Fruchtgrütze
	abends:	gekochtes Gemüse (zart) mit Reis, Fruchtsaft oder Kompott
2. Tag	*1. Frühstück:*	Wie am ersten Tag oder Milchkaffee, Graham- oder Knäckebrot, Butter, Honig

	2. Frühstück:	Obst, eventuell mit Quark
	mittags:	Gemüsebrühe mit Einlage (Reis, Nudeln, Quarkklößchen), Rohkostplatte mit Kalbfleisch, gegrillt oder gekochten mageren Fisch mit gekochter Gemüsebeilage, Salzkartoffeln
	abends:	Auflauf mit Kompott, Fruchtsaft
3. Tag	*Frühstück:*	Wie sonst gewohnt
	2. Frühstück:	Nach Bedarf
	mittags:	wie gewohnt, verboten noch alles, was Fett aufgesogen hat, also z. B. Panade, Gebackenes, Pommes frites usw. Zugaben: Fruchtsäfte, möglichst frisch gepreßt, Kompott
	abends:	Palatschinken ohne oder mit etwas Marmeladeeinlage, Obstsaft, Obst
		Erst am 4. oder 5. Tag auch zum gewohnten Abendessen übergehen

Akute Magenverstimmung - "Verdorbener Magen"

Ursachen: 'Kater', Alkohol-, Nikotinmißbrauch, verdorbene Speisen, Aufregung, Essen „aus dem Eisschrank".
In den ersten 2–3 Tagen – manchmal genügt auch 1 Tag, je nach dem Grad der Beschwerden – Heilfasten. Erlaubt ist nur ungesüßter Kamillen-, Hagebutten-, Pfefferminz- oder Malventee. Verboten sind alle Formen von Alkohol. Dann:

1. Tag	*1. Frühstück:*	ein frisch geschabter Apfel, bei Hunger noch eine Scheibe Knäckebrot
	2. Frühstück:	geschabtes Obst
	mittags:	klare, entfettete Rindsuppe, feinfaschiertes Kalbfleisch, Reis oder Nudeln (ohne Fett), gekochtes Gemüse
	abends:	Reis, zartes Gemüse (gekocht), 1 Scheibe Knäckebrot, Obst oder Kompott
2. Tag	*1. Frühstück:*	Wie am 1. Tag. Bei Hunger mit einem weichen Ei
	2. Frühstück:	Klare Fleischbrühe, entfettet
	mittags:	Fleischpüreesuppe, gekochtes Huhn mit zartem Gemüse (Karotten), Kartoffel in der Schale gekocht, Pudding
	abends:	Zartes Kalbfleisch oder Schinken, Reis, Nudeln, Gemüsepüree, Salzkartoffeln

3. Tag	*1. Frühstück:*	Bei Wohlbefinden Übergang zum gewohnten Frühstück, sonst wie 2. Tag
	2. Frühstück:	Klare Fleischbrühe, nicht mehr entfettet
	mittags:	Dicke Kartoffelsuppe, zartes Rind- oder Kalbfleisch, Kartoffelpüree, Gemüse gekocht, grüner oder Tomatensalat mit Zitrone und Öl, Reisauflauf
	abends:	Gemüseplatte mit gekochtem Gemüse, lockeres Rührei von einem Ei, mit wenig Öl oder Butter zubereitet, Obst
4. Tag		Übergang zur Normalkost. Verboten bleiben für längere Zeit fettige Speisen, sowie Speisen, bei denen Fett stark erhitzt wurde, fettes Schweinefleisch und 'schwere' Konserven, wie z. B. Sardinen. Nur leichte Würzen (Kümmel, Bohnenkraut und sonstige Würzkräuter) verwenden.

Chronisches Magenleiden

Stets von Arzt kontrollieren lassen. Ursache: Meist seelische Störungen und schlechte Eßgewohnheiten, Genußmittelmißbrauch.
Die Diät hängt im Wesentlichen davon ab, ob der Patient zuviel oder zuwenig Magensäure hat. Verboten sind alle schwerverdaulichen Speisen, Fleisch mit Sehnen und Bindegewebe, blähendes Gemüse und alle fetten Speisen. Unsere Diät ist für einen Patienten mit *Säureüberschuß* (Sodbrennen) gedacht.

1.Tag	*1. Frühstück:*	Lindenblütentee (oder ein anderer verordneter Kräutertee), Knäckebrot oder altbackenes Weißbrot, Quark
	2. Frühstück:	1 geschabter Apfel
	mittags:	Klare Gemüsebrühe, Kalbfleisch gegrillt, gedünsteter Reis, gedünstetes Gemüse, Grießpudding
	Zwischenmahlzeit:	1 Knäckebrot mit Quark
	abends:	Grießsuppe, Gemüseplatte mit zartem Gemüse gekocht, Pudding
2. Tag	*1. Frühstück:*	Wie erster Tag, statt Quark nicht zu süße Marmelade
	2. Frühstück:	Wie erster Tag
	mittags:	Tomatensuppe mit Reis, eingemachtes Huhn mit Kartoffeln in der Schale, Pfirsichkompott
	abends:	Kümmelsuppe (mit 5–10 g Butter), Gemüseschnitzel (mit 1/2 Ei, etwas Butter, Weißbrot)

3. Tag	*1. Frühstück:*	Wie erster Tag, statt Quark Kräuterbutter
	2. Frühstück:	Wie erster Tag
	mittags:	Kalbspüreesuppe (mit 5–10 g Butter), Kalbfleisch gekocht mit Wurzeltunke (Petersilie, Karotten, Sellerie, etwas Butter, 10 g Mehl, eine Prise Salz), gedünsteter Reis, Kompott
	Zwischenmahlzeit:	Zwei Bratäpfel ohne Schale
	abends:	Kalbsfrikassee (aus Kalbsschulter), Lorbeerkartoffeln, Kompott
4. Tag		Ein Ruhetag für den Magen (jede Woche einzuschalten)
	1. Frühstück:	Obst oder Kompott, 1 Scheibe Knäckebrot
	2. Frühstück:	1 Glas Gemüsesaft
	mittags:	Haferflockensuppe (passiert durch ein feines Sieb), Zwieback, etwas Gervais, Obstpüree
	Zwischenmahlzeit:	1 geschabter Apfel
	abends:	Passiertes Gemüse mit Kartoffelpüree, Pudding
5. Tag	*1. Frühstück:*	Wie erster Tag, statt Quark Quarkbutter 1 : 1
	2. Frühstück:	Obstsalat
	mittags:	Legierte Kräutersuppe, Forelle mit etwas Sahne, Meerrettich
	abends:	Grünkernsuppe, Makkaroniauflauf mit Ei und ganz wenig Käse, eine gedünstete Tomate, Kompott
6. Tag	*1. Frühstück:*	Wie am ersten Tag, Schmelzkäse mit Butter
	2. Frühstück:	Kalbsbrühe mit einem Eidotter (wenn die Galle gesund ist)
	mittags:	Haferflockensuppe, gedünstete Gurke mit Kalbfleischeinlage, Salzkartoffeln, Obst geschabt
	Zwischenmahlzeit:	Fruchtmilch, Keks
	abends:	Kürbisgemüse mit Tomaten (später zusetzen), Reis, Quarkbutter, Knäckebrot
7. Tag	*1. Frühstück:*	Wie am ersten Tag, zarter Schinken
	2. Frühstück:	Rohkost (Karotten, Tomaten, Kopfsalat) kleingewiegt
	mittags:	Heidelbeer- oder Kirschensuppe mit Einlage, Kalbsrahmschnitzel, Reis, Kompott, Topfenflammeri
	Zwischenmahlzeit:	Obstsalat
	abends:	Huhn gegrillt (Bruststück), Kartoffelpüree, Kompott

Leberkrankheiten

Ursache: Alkoholmißbrauch, Infektion (Gelbsucht), teilweise unbekannt.

Die Diät der Leberkranken muß stets im Einzelfall vom Arzt vorgeschrieben werden. Unser Beispiel bezieht sich auf die häufigste Erscheinung, auf die Diät nach einer überstandenen infektiösen Gelbsucht.

1. Tag	*1. Frühstück:*	1/8–1/4 l Milch gesüßt (evtl. mit Honig), 1 Brötchen (Semmel), etwas Butter (nach Verordnung)
	2. Frühstück:	1 Weizenknäckebrot mit Quark
	mittags:	Gemüsebrühe mit Reis, Taube gekocht mit Reis oder Kartoffelpüree, 1 geriebener Apfel, Fruchtsaft
	abends:	Milchsuppe, Bries gekocht mit Spargel und Makkaroni, 1 Banane
2. Tag	*1. Frühstück:*	Wie erster Tag, abwechseln mit Tee oder gesüßtem Malzkaffee
	2. Frühstück:	Nach Jahreszeit 1 Banane oder Erdbeeren usw., dazu 1/8–1/4 l Milch, auch als Obstfrappés *Beide Frühstücke bleiben in diesem Rahmen während der Diätperiode.*
	mittags:	Grünkern- oder Milchsuppe, Kalbsschnitzel, Nudeln, Spinat, Kompott, Reisauflauf, Fruchtsaft
	abends:	Reissuppe aus Gemüsebrühe, Seezunge gekocht mit Salzkartoffeln, Obst nach Jahreszeit (z. B. Himbeeren)
3. Tag	*mittags:*	Gemüsebrühe mit Haferflockeneinlage, gekochtes Huhn mit Reis, Spargel, Mondaminauflauf
	Zwischenmahlzeit:	1/8–1/4 l Milch
	abends:	Bries gekocht mit jungen Teltower Rübchen und Hörnchen Kompott, Fruchtsaft
4. Tag	*mittags:*	Gemüsebrühe mit Teigwareneinlage, Kalbskopf gekocht mit Kartoffelpüree und Tomaten, süßer Nudelauflauf, Fruchtsaft, Kompott
	Zwischenmahlzeit:	1/8–1/4 l Milch (Fruchtmilch)
	abends:	Kalbsschnitzel mit Kohlrabi und Reis, Kopfsalat mit Milch angemacht und etwas Petersilie, 1 geschmorter Apfel mit Honig gesüßt, Fruchtsaft
5. Tag	*mittags:*	Gemüsebrühe mit Teigwareneinlage, Forelle blau ohne Butter mit zartem Gemüse, Kompott, Fruchtsaft

	Zwischenmahlzeit:	1 Quarkknäckebrot
	abends:	Reisauflauf, Kompott, Fruchtsaft
6. Tag	*mittags:*	Gemüsebrühe mit Kartoffeleinlage, Taube oder Huhn gekocht mit gedünsteten Tomaten, Reis, Kompott, Fruchtsaft
	Zwischenmahlzeit:	1/8–1/4 l Milch mit Früchten
	abends:	Magerer Karpfen gekocht mit Kartoffeln, 1 Scheibe Knäckebrot mit Quark
7. Tag	*mittags:*	Gemüsebrühe mit Reiseinlage, Seezunge gekocht mit zartem Gemüse, Kartoffeln, Grießauflauf, Kompott, Fruchtsaft
	Zwischenmahlzeit:	1/8–1/4 l Fruchtmilch
	abends:	Bries gekocht mit Spinat oder Kohlrabi, Nudeln, Pudding, Fruchtsaft

Diät bei Gallenbeschwerden

Ursache: Gallensteine, Diätfehler. Es gibt Gallenanfälle auch ohne Steine in der Blase.
Im Anfall: Heilfasten – anschließend:

1. und 2. Tag		Nur Pfefferminz-, Kamillen- oder Fencheltee ungesüßt, nach Durst
3. Tag		Haferschleim mit Wasser, Zwieback, Tee
4. Tag		Haferschleim mit halb Wasser halb Milch oder mit fettfreier Fleischbrühe, Zwieback, Tee
5. Tag	*1. Frühstück:*	Tee, Zwieback, Honig
	2. Frühstück:	Toast mit wenig Butter, Honig
	mittags:	Schleimsuppe, passiertes Kalbfleisch, verdünnter Obstsaft
	abends:	Gedünsteter Reis, verdünnter Obstsaft
6. Tag	*1. Frühstück:*	Tee, Zwieback, Honig, etwas Butter
	2. Frühstück:	Mondaminauflauf
	mittags:	Schleimsuppe, passiertes Huhn mit Reis, süßer Grießbrei
	abends:	Kakao, Zwieback, Honig

7. Tag	*1. Frühstück:*	Tee mit Milch, etwas Butter (nach Verordnung), Honig, Zwieback
	2. Frühstück:	Brötchen mit etwas Gervais
	mittags:	Gemüsebrühe mit Reiseinlage, Kalbsschnitzel mit Kartoffelpüree, Spargel, Artischocken oder zarte Rübchen, Reisauflauf, Obstsaft
	abends:	Grünkernsuppe, Taube oder Huhn mit Reis oder Nudeln, Himbeeren oder Erdbeeren oder 1/2 Apfelsine

Erkrankungen der Bauchspeicheldrüse

Ursache: Überlastung durch einseitige Ernährung, Durchblutungsstörungen.

Bei Bauchspeicheldrüsenerkrankungen muß die Diät der Menge nach in jedem Einzelfall vom Arzt verordnet werden, der die Arbeitsfähigkeit dieses für die Verdauung so wichtigen Organes immer wieder kontrolliert. Kauen ist außerordentlich wichtig, damit die Fermente des Speichels einen Teil der Arbeit der Verdauungssäfte, die von der Bauchspeicheldrüse erzeugt werden, vorweg nehmen können.

Nochmals: Die Mengen müssen vom Arzt bestimmt werden. Im Anfall wird wie bei Gallenanfällen, allerdings 5 Tage lang gefastet. Anschließend folgen Tee- und Schleimsuppentage.

Unsere Diät ist für einen Patienten mit einem chronischen Bauchspeicheldrüsenleiden gedacht.

1. Tag	*1. Frühstück:*	Milchkakao aus entrahmter Milch, 1/2 mit Wasser verdünnt, mit Zucker gesüßt, 1 Scheibe Weißbrot, Obstgelee
	2. Frühstück:	1 altbackenes, getoastetes Brötchen, dünn mit Butter (verordnete Menge) bestrichen, etwas Honig
	mittags:	Kümmelsuppe, gedünstetes Kalbfleisch, zarte Karotten passiert, Reis, 1–2 Stunden später Pudding
	Zwischenmahlzeit:	Frischgepreßter Obstsaft mit Wasser verdünnt und leicht gezuckert
	abends:	Quark mit Kartoffelbrei, 1 1/2 Stunden vor dem Schlafengehen 1 zerdrückte Banane
2. Tag	*1. Frühstück:*	Wie am ersten Tag oder abwechselnd mit Hagebuttentee
	2. Frühstück:	1 Bratapfel, 1 Keks

	mittags:	Kartoffelsuppe, passiertes Huhn mit Nudeln, 1–2 Stunden später Biskuit 'mager' zubereitet
	Zwischenmahlzeit:	Wie am ersten Tag
	abends:	Maizenapudding, 1 1/2 Stunden vor dem Schlafengehen 1 zerdrückte Banane
3. Tag	*1. Frühstück:*	Wie am ersten oder zweiten Tag
	2. Frühstück:	1 Scheibe altbackenes, getoastetes Weißbrot mit feinem Quarkaufstrich mit Kräutern
	mittags:	Leichte Rindssuppe mit Teigwareneinlage, milder magerer Schinken, feinpassierter Kopfsalat, etwas Reis
	Zwischenmahlzeit:	Pudding
	abends:	Haferflockensuppe, eine Omelette, 1 1/2 Stunden vor dem Schlafengehen 1 Bratapfel (ohne Schale)
4. Tag	*1. Frühstück:*	Wie am ersten oder zweiten Tag
	2. Frühstück:	1 Glas Obstsaft mit Wasser verdünnt, leicht gezuckert
	mittags:	Gemüsesuppe (ohne blähende Gemüsesorten und ohne Tomaten), Kalbszunge gekocht, Kartoffelschnee (flaumige Kartoffeln heiß passieren) 1–2 Stunden später Apfelstrudel, fettarm, ohne Brösel, mit etwas entrahmter Milch
	Zwischenmahlzeit:	1 Bratapfel, 1 Keks
	abends:	Grießpudding mit einem halben Dotter und Schnee von einem Eiklar, wenig Zucker 1 1/2 Stunden von dem Schlafengehen Bananenschnee
5. Tag		Haferflockentag: Haferflockensuppe aus 200 g Haferflocken (eventuell mit milder Fleischbrühe zubereitet) auf 5–7 Mahlzeiten verteilt
6. Tag	*1. Frühstück:*	Wie am ersten oder zweiten Tag
	2. Frühstück:	1 Bratapfel, 1 Keks
	mittags:	Fettarme Fleischbrühe mit Grießeinlage, Taube gekocht, gedünsteter Reis 1–2 Stunden später 1 Stück fettarmer Backpulverkuchen
	Zwischenmahlzeit:	Tee mit Zucker gesüßt, 1 Scheibe getoastetes Weißbrot mit (verordneter Menge) Butter
	abends:	Lockeres Rührei mit erlaubter Fettmenge 1 1/2 Stunden vor dem Schlafengehen etwas Apfelbrei, 1 Keks

Zu den folgenden Farbtafeln:

Aufgenommen im Hause des Stuttgarter Verleger-Ehepaares Josef und Elizabeth Schuler (der Autorin dieses Bandes) sehen wir hier vier Musterbeispiele für festlich gedeckte Tische.

Gegenüber das Arrangement für eine Einladung zum Fünf-Uhr-Tee – vergleiche dazu den Text auf Seite 749.

Auf den folgenden beiden Seiten zunächst (links) rustikaler Dekor für ein behagliches kleines Abendessen zu zweit; ohne großen Aufwand, aber gemütlich und stimmungsvoll.

Auf der rechten Seite als bewußter Gegensatz die blumengeschmückte Tafel am Silvesterabend. Wie man am Besteck für die verschiedenen Gänge und an den zweierlei Gläsern erkennen kann, wartet ein ausgedehntes Festmahl auf die sechs Gäste.

Auf der letzten Abbildung dann schließlich gelb-blau-rot (auch die Blumen dieser Farbkomposition angepaßt!) der fröhliche Familientisch am Osterfest.

7. Tag	*1. Frühstück:*	Wie am ersten oder zweiten Tag
	2. Frühstück:	Eine kleine Portion Pfirsichkompott
	mittags:	Einbrennsuppe, in Wurzelwerk gekochter Schellfisch mit Salzkartoffeln 1–2 Stunden später Pudding
	Zwischenmahlzeit:	Tee mit Zitrone, 1 Keks
	abends:	1 Glas Buttermilch, 1 Scheibe Knäckebrot (verordnete Buttermenge) 1 1/2 Stunden vor dem Schlafengehen 1 Biskuit

Herzkrankheiten

Ursachen: Überanstrengungen, Infektionen – Herz-Streuung durch kranke Zähne, Mandeln usw., Arteriosklerose.

Bei Herzkrankheiten achtet der Arzt vor allem darauf, daß der Körper gerade so viel Flüssigkeit erhält, als unbedingt nötig ist. Da Salz Wasser im Körper zurückhält, ist die Diät für Herzkranke meist salzlos oder salzarm.

Auch die Gesamtmenge an Kalorien, die der Patient zu sich nimmt, soll beschränkt werden. Professor Heupke empfiehlt etwa 2000 Kalorien täglich. Die nötigen Mengen der einzelnen Nahrungsmittel unserer Rezepte können nach der Kalorientabelle berechnet werden.

Da Magenüberlastung schlecht für Herz und Kreislauf ist, müssen alle Speisen stets gut gekaut werden. Wir empfehlen nach Professor Heupke 5–6 Mahlzeiten täglich.

1. Tag	*1. Frühstück:*	Schwarzer (chinesischer, russischer) Tee, etwas über 1/8 l, mit Honig gesüßt, salzloses Knäckebrot, Gervais
	2. Frühstück:	1 Apfel, 1 Scheibe Zwieback
	mittags:	Keine Suppe (nur einmal wöchentlich!), Kalbsschnitzel, Pellkartoffeln, Erbsen, Reisauflauf, Kaffee Haag oder vom Arzt verordneter Bohnenkaffee
	Zwischenmahlzeit:	Frucht- oder Gemüsepreßsaft
	abends:	Salzfrei hergestellte Nudeln mit etwas Ei, eine Scheibe salzfreie Wurst

Die Gesamt-Tages-Trinkmenge liegt je nach Verordnung des Arztes zwischen 1/2 und 1 Liter

2. Tag	*1. Frühstück:*	Wie erster Tag, Tee kann mit koffeinfreiem Kaffee abgewechselt werden
	2. Frühstück:	1 geschmorter Apfel, bei Hunger mit etwas Honig

	mittags:	Rehsteak mit Preiselbeeren (flüssigkeitsarmes Kompott), Reis oder Nudeln, salzfreie Kekse, Kaffee
	Zwischenmahlzeit:	Knäckebrot (salzfrei) mit Pflanzenfett, Fruchtsaft
	abends:	Forelle blau mit Wasserkartoffeln, Birnenkompott mit wenig Flüssigkeit
3. Tag		Ein Apfel- oder Kartoffeltag (1 kg Äpfel oder 1 kg Kartoffeln über den Tag verteilt). Auch Reistage, Obstsalattage, Reis-Obst-Tage usw. kommen nach ärztlicher Verordnung infrage. Zum Obsttag ist morgens und zur Zwischenmahlzeit Tee oder Kaffee erlaubt.
4. Tag	*2. Frühstück:*	Obstsaft, Weißbrot, Pflanzenfett, Marmelade
	mittags:	Taube oder Huhn gegrillt mit Kartoffelbällchen, grünem Salat und Spargel oder Kohlrabi, Maizenaauflauf mit Fruchtsaft
	Zwischenmahlzeit:	Tee mit Knäckebrot, salzfreier Emmentaler
	abends:	Zartes Rindfleisch, Kartoffelbrei, grüner Salat Obst nach Jahreszeit, wenig Banane
5. Tag	*2. Frühstück:*	Erdbeeren oder ein anderes Obst der Jahreszeit, 1 Scheibe Zwieback
	mittags:	Hecht oder Schleie gekocht mit Pellkartoffeln, Wurzelgemüse, Mondaminauflauf, Fruchtsaft oder Kaffee
	Zwischenmahlzeit:	Fruchtsalat mit Honig
	abends:	Zander (Seefische nur zweimal monatlich) mit Kartoffelschnitten, Salat, Obst
6. Tag	*2. Frühstück:*	Gemüsesuppe mit salzfreier Broteinlage
	mittags:	Kalbfleisch gegrillt (zweimal monatlich Schweinefleisch erlaubt) mit Gemüse und Reis oder Teigwaren, Salat, Pudding mit dicker Sauce, Kaffee
	Zwischenmahlzeit:	1 Quarkbrot mit salzfreiem Quark, Fruchtsaft
	abends:	Gemüseplatte mit Pellkartoffeln (kein blähendes Gemüse) 1 Stück salzfreie Mehlspeise (Apfelstrudel)
7. Tag	*2. Frühstück:*	1 Ei, 1 Knäckebrot, Pflanzenfett
	mittags:	Rehfilet mit Reis, Preiselbeeren, Teltower Rübchen, Salat, Kaffee
	Zwischenmahlzeit:	Salzfreier Nudelauflauf, Fruchtsaft
	abends:	Forelle, Felchen oder ähnlicher Fisch gekocht, mit etwas zerlassener Butter, Kartoffelsalat, Obst

Arteriosklerose

Weniger Fleisch, dafür mehr Kochsalz, keine Eier, wenig Fett und wenig Vitamin-D-reiche Nahrungsmittel, das sind die Grundlagen der Arteriosklerose-Diät, wenn das Herz normal arbeitet und kein hoher Blutdruck vorliegt. Obst, vor allem das Pectin (Gelierstoff), senkt den berühmten Cholesterinspiegel im Blut, um den noch immer heftig diskutiert wird.

Verboten sind stark gesalzene marinierte Speisen, Eidotter, Mayonnaise, Hirn, fette Mehlspeisen, Schlagsahne in größeren Mengen.

Als erstes Frühstück empfehlen wir das *Kollath-Frühstück*, modifiziert nach Prof. L. R. Grothe. Eine Hand voll Weizenkörner je Person werden unzerkleinert 2–3 Tage in Wasser bei Zimmertemperatur eingeweicht, so daß sie kaubar werden. Man bereitet 2 bis 3 Gefäße mit den eingeweichten Körnern vor, um jeden Tag den Weizen im gewünschten kaubaren Zustand zu haben. Nach Abgießen des Wassers wird auf die Körner ein faustgroßer Apfel mit Schale und Kernhaus geraspelt. Das Ganze rasch mit 4–6 Eßlöffeln Milch vermischen, Honig oder braunen Zucker nach Geschmack hinzufügen. Geeignet ist auch jedes andere Obst der Jahreszeit. Dazu kommen einige geriebene Nüsse (nicht zu viel), im Winter Rosinen, Feigen, Backpflaumen. Der Apfel muß stets unmittelbar vor dem Essen gerieben werden, damit es zu keinen Oxydationserscheinungen kommt.

1. Tag	*1. Frühstück:*	Kreislauffrühstück
	2. Frühstück:	Kräutertee mit Zitrone, 1 Graham- oder Knäckebrot*
	mittags:	Gemüsesuppe, Fleischhaschee in Gemüse (Roulade), Kartoffel, Obst
	Zwischenmahlzeit:	Kräutertee, Keks
	abends:	Rübchen gekocht mit Reis, Kompott
2. Tag	*2. Frühstück:*	Wie am ersten Tag, mit abwechselnden Beilagen
	mittags:	Kümmelsuppe, Huhn gegrillt oder gebraten, Kartoffel, Salat, Kompott
	Zwischenmahlzeit:	Gemüsepreßsaft, Keks
	abends:	Forelle blau mit Kartoffel ohne Butter, Salat
3. Tag		Schalttag wie bei Herzkrankheiten
4. Tag	*mittags:*	Kalbfleisch in salzarmer Gemüsetunke mit Champignons und etwas Zitronensaft, Nudeln, Salat
	Zwischenmahlzeit:	Fruchtsaft, Keks
	abends:	Grießbrei oder Weizenschrotbrei in Milch

*) Erstes und zweites Frühstück können gegebenenfalls ausgetauscht werden.

5. Tag	*mittags:*	Gemüsebouillon (Gemüse in Scheiben, in Öl angeröstet), Schinkennudeln (mit wenig Schinken), Salat, Kompott
	Zwischenmahlzeit:	Kräutertee, 1 Knäckebrot mit Gervais
	abends:	Italienische Gemüsesuppe mit Einlage (Reis oder Nudeln), Obst
6. Tag	*mittags:*	Hecht oder Forelle gekocht mit Kartoffeln, Salat, Obst, Apfelstrudel
	Zwischenmahlzeit:	1 gedünsteter Apfel
	abends:	Fischpudding aus Süßwasserfisch ohne Dotter
7. Tag	*mittags:*	Obstsuppe, italienische Fleischroulade (Kalbfleisch, Schinken, Öl, Quark, als Würze Salbei), Reis, Salat, frisches Obst
	Zwischenmahlzeit:	Obst-, Tomatenfrappé mit Joghurt
	abends:	Huhn in Aspik mit Wurzelwerk und Zitrone, Kartoffel, Salat, Kompott

Nierenleiden

Ursache: Teilweise unbekannt, Infektionen durch Verschleppung von Eiterkeimen, Folge von Nierensteinen, Verkalkungen, Erkältungen, Arzneimittelmißbrauch, Vergiftungen usw.

Die Diät bei Nierenleiden muß vor allem im akuten Stadium stets vom Arzt genau vorgeschrieben werden. Halten Sie sich exakt an die verordneten Mengen, schon geringe Abweichungen können den Patienten in Lebensgefahr bringen.

Unsere Diätbeispiele beziehen sich:

A) auf eine chronische Nierenentzündung, bei der nur noch geringe Krankheitszeichen vorhanden sind.

B) Nierensteinanfall

C) Nierensteinleiden

A) *1. Tag*	*1. Frühstück:*	1 Tasse Tee mit Rahm, Zucker, salzfreies Vollkornbrot, Butter, Honig
	2. Frühstück:	Brot salzfrei, Apfel, Quark.
	mittags:	Fleischmenge und Art nach der Verordnung, Kartoffel, gekocht, Kürbisgemüse, salzarmer Apfelkuchen, Obst
	Zwischenmahlzeit:	Grießschaum
	abends:	Kartoffelbällchen mit Salat, Weißbrot, Butter, Obst

2. Tag	*1. Frühstück:*	Wie am ersten Tag
	2. Frühstück:	Kompott
	mittags:	Gedünsteter Reis mit Karotten, Fleisch nach Verordnung
	Zwischenmahlzeit:	Fruchtgrütze
	abends:	Gefüllte Kohlrüben, Obst
3. Tag	*2. Frühstück:*	1 rohe Tomate mit Brot
	mittags:	Fruchtsaft, Grüner Salat, feingewiegt, Karotten, gekocht mit Reis
	Zwischenmahlzeit:	Nüsse mit erlaubter Milchmenge
	abends:	Reiscroquetten mit salzlosem Tomatenmark, Obst
4. Tag	*Als Schalttag:*	Dampfgemüsetag, Apfeltag oder Kartoffeltag oder Kompott-Tag oder Obstsalattag

B) *Im Steinanfall, bzw. knapp danach:*	Kamillentee, Hagebutten- oder Kreislauftee (nur lauwarm!) in kleinen Portionen aber reichlich
1. Mahlzeit:	Obst oder milde Gemüsesuppe aus nicht blähendem Gemüse

später	(ein Tagesbeispiel):	
	1. Frühstück:	Kamillen- oder Hagebuttentee. Schrotbrot, Butter, Honig
	2. Frühstück:	Apfelmus oder Kompott
	mittags:	Klare Rindsuppe mit Reis, Kalbsschnitzel gegrillt mit Kartoffeln, Salat, Fruchtsaft
	Zwischenmahlzeit:	Kartoffelsuppe, milder Schinken mit zarten
	abends:	Rübchen, Obst

C) Die Dauerdiät hängt von der Zusammensetzung des Steines ab. Daher ist es sehr wichtig, daß der Harn schon nach den ersten Schmerzen bis zum sicheren Abgang des Störenfriedes stets kontrolliert und aufbewahrt wird.

Bei Oxalatsteinen sind verboten:	Viel Zucker und Süßspeisen, Spinat, Sauerampfer, getrocknete Südfrüchte, russischer Tee, Schokolade, Kakao, Rhabarber, Feigen, Tomaten.

Empfohlen:	Äpfel, Birnen, Quitten, Johannisbeeren, zarte Gemüse, Sellerie, Fische
Bei Harnsäuresteinen sind verboten:	Innereien, Rosenkohl, Käsearten wie Roquefort, Alkohol

Empfohlen wird eine Gichtdiät:

1. Tag	*1. Frühstück:*	Tee mit Milch, Vollkornbrot, Butter, Marmelade
	2. Frühstück	Obst
	mittags:	Obstsaft, 50 g gedünstetes Fleisch mit Gemüse und Salat, Pudding
	Zwischenmahlzeit:	Obst oder Kompott
	abends:	Reisauflauf mit Milch
2. Tag	*1. Frühstück:*	Leichter Milchkaffee, Brot, Butter, Honig
	2. Frühstück:	Quarkbrot
	mittags:	Obstsaft, Reiscroquetten mit etwas Käse, Kompott, Grießauflauf
	abends:	1 hartes Ei, Salat, Brot, Butter, milder Weichkäse, Tee
3. Tag	*Schalttag:*	Apfelmustag, Buttermilchtag mit salzlosem Gebäck, Kompott-Tag oder ähnliches

Bei Phosphatsteinen verboten:	Röstprodukte
Empfohlen:	Fisch und Fleisch gekocht, gegrillt oder gedünstet, Rosenkohl, Hülsenfrüchte, Pilze, Preiselbeeren, Nüsse, Mandeln

Gewöhnliche Akne (Akne vulgaris) Hautfinne

Ursache: Hormonelle Störungen.

Vorwiegend vegetarische Kost, salzarm, schrotreiche Kost zur Stuhlregelung.

Verboten:	Butter, Käse, Rahm, Eigelb, scharfe Würzen, Alkohol, Bohnenkaffee, Schokolade
Empfohlen:	Reichlich Obst und Gemüse, Vollkornbrot, Joghurt, Hefe, Zitrone, pflanzliche Fette Wenig Fleisch und Zucker. Je milder die Kost, umso rascher führt sie zum Ziel.

Abmagerungskur

Übergewicht ist immer ein Bilanzproblem, selbst dort, wo auch eine Drüsenstörung mitbeteiligt ist. Deshalb ist eine richtige Abmagerungsdiät auch immer wirksam. Freilich genügen nicht 7 Tage! Rasches Abmagern kann gefährlich werden und sollte nie ohne ärztliche Hilfe ablaufen. Wer nicht aus medizinischen Gründen einen raschen Gewichtsverlust braucht, für den bleibt eine vorsichtige Kur, bei der man nicht mehr als 1, höchstens 2 Pfund in der Woche abnimmt, der beste Weg zu einer neuen Gestalt.

Eingeleitet wird eine Abmagerungskur zweckmäßig mit 2 Obst- oder noch besser mit 1 Obst- und einem Kartoffel-Tag. Auch ein Buttermilchtag kommt infrage.

1. Tag		*Obsttag*
	1. Frühstück:	Hagebuttentee, dazu 1 Banane
	2. Frühstück:	1 Banane
	mittags:	Obstsalat aus 1 Banane, „hungerstillend" ergänzt, etwas Zucker ist erlaubt, als Würze einige geriebene Haselnüsse
	Zwischenmahlzeit:	Kompott
	abends:	2 gedünstete Äpfel, 1 Banane
2. Tag		*Kartoffeltag*
	1. Frühstück:	1/8 l Buttermilch, Kartoffel in der Schale gargekocht
	2. Frühstück:	Tee mit einer Bratkartoffel (im Rohr gebraten)
	mittags:	Wasserkartoffel und 2 Bratkartoffeln mit Fruchtsaft
	Zwischenmahlzeit:	1/8 l Buttermilch
	abends:	Kartoffel in der Schale gekocht, nach Belieben Saft von 2 Äpfeln frisch gepresst
3. Tag	*1. Frühstück:*	Tee mit Zitrone, wenig Milch, 1 Stück Zucker, 1 Scheibe Knäckebrot
	2. Frühstück:	1 Quarkbrot
	mittags:	100 g mageres Fleisch, Gemüse nach Belieben, gekocht, Salat nach Belieben, ohne Öl, 1 Kartoffel, gekocht
	Zwischenmahlzeit:	2 gedünstete Äpfel
	abends:	2 Eier mit Salat, Obst
4. Tag	*1. Frühstück:*	wie 3. Tag
	2. Frühstück:	Radieschen mit 1 Scheibe Brot
	mittags:	Huhn mit wenig Reis, Salat nach Belieben, 2 geschabte Äpfel

	Zwischenmahlzeit:	Obstsaft
	abends:	Gemüseschnitzel, 1 weichgekochtes Ei, 1 Scheibe Brot
5. Tag	*1. Frühstück:*	Kaffee mit etwas Milch, 1 Stück Zucker, 1 Scheibe Brot, fettarmer Käse
	2. Frühstück:	2 frische Tomaten
	mittags:	150 g Fisch, Gemüse gedünstet, Kartoffel in der Schale, Salat nach Belieben, Kaffee
	Zwischenmahlzeit:	1 Joghurt
	abends:	100 g Kalbfleisch, etwas Reis, Salat und Rohgemüse nach Belieben, 1 Pudding, Obstsaft
6. Tag	*1. Frühstück:*	1 Joghurt, 1 Scheibe Knäckebrot
	2. Frühstück:	Weintrauben oder 1 Pfirsich
	mittags:	Tomatenreis mit gebratenen Selleriescheiben, Salat, Fruchtsaft, Kaffee
	Zwischenmahlzeit:	Selleriesalat mit Obst
	abends:	Gefüllter Weißkohl, Tomatentunke, 1 Ei, 1 Scheibe Knäckebrot, Salat, Obst
7. Tag	*1. Frühstück:*	Hagebuttentee mit 1 Stück Zucker, 1 Scheibe Vollkornbrot oder Pumpernickel, Gervais mit Schnittlauch und Petersilie
	2. Frühstück:	1 Bananenfrappé
	mittags:	Huhn gegrillt in Tomatentunke (mager zubereitet) mit Reisbällchen mit Oliven und Kräutern gewürzt, Salat, Obstsaft, Kaffee
	Zwischenmahlzeit:	2 gedünstete Äpfel
	abends:	Spargel gekocht mit Kartoffeln in der Schale, 1 hartes Ei zum Garnieren von Salat, Obst

Dieser 7-Tage-Plan dient zur Einleitung einer Abmagerungskur. Die Kalorienzahl kann notfalls durch Zulage von Brot, Fleisch usw. erhöht werden, doch ist eine solche Erhöhung auch oder gerade bei Übergewichtigen nur selten nötig. Die weitere Kur soll je nach Arbeitsbelastung 1700 bis 2000 Kalorien enthalten und allmählich, nach Erreichen des gewünschten Gewichtes, zur Normalkost (Kalorienbedarf nach Beruf und Drüsensituation) überführen. Kuren mit „Sofortwirkung" haben den Nachteil, daß das abgehungerte Gewicht rasch wieder erworben wird.

Wir bekommen Gäste

Was bei Einladungen zu bedenken ist

Ein ungeschriebenes Gesetz der Gastfreundschaft besteht darin, es dem Gast so angenehm wie möglich zu machen; er allein steht im Mittelpunkt der Veranstaltung. Um eine Einladung zu einem Erfolg zu machen, bedarf es vor allem gründlicher Überlegungen; es könnten sonst Probleme auftauchen, denen wir unvorbereitet gegenüberstehen. Wir müssen genau bedenken, wen und wozu wir einladen und ob die geladenen Gäste zueinander passen. Doch mit etwas Geschick und Charme lassen sich auch überall vorkommende Pannen überbrücken.

Ausschlaggebend für die Form und Art der Festlichkeit sind die Gäste, die man einzuladen gedenkt. Es besteht ein Unterschied, ob es sich um liebe Freunde, Verwandte oder Vorgesetzte handelt, um eine offizielle oder ein improvisiertes Beisammensein.

Bei einer offiziellen Einladung ist der Termin zumeist längere Zeit zuvor festgelegt, so daß wir genügend Zeit haben, alle Vorbereitungen zu treffen. Es ist immer besser, weniger zu bieten, aber dies von Herzen, als viel, das man sich mühsam absparen müßte. Unsere Gäste werden sich nur wohlfühlen, wenn sie nicht den Eindruck haben, daß unsere Gastlichkeit über unsere Verhältnisse hinausgeht. Auch die Zahl der Gäste ist zu bedenken.

Handelt es sich um ein großes Essen, ist zu beachten, daß es leicht Unruhe in die Gesellschaft bringen kann, wenn kein Personal vorhanden ist und die Hausfrau selbst servieren muß. Es ist daher besser, sich für diesen Tag einige Hilfskräfte zu engagieren, wie Serviermädchen und Kochfrau. Sonst wählt man lieber eine kleinere Form der Gastlichkeit, entweder einen kleinen Imbiß nach dem Abendessen, ein kaltes Büfett, wo sich jeder Gast selbst bedient, oder eine Tee- oder Cocktailparty. Dies ist bei den heute oft räumlich beschränkten Verhältnissen auch angängig, wenn wir eine größere Einladung erwidern müssen. Die günstigste Zahl der Gäste werden sechs bis acht Personen sein. Hier kann jeder sehen und hören, was vorgeht, und wenn die Gäste aufeinander abgestimmt sind, wird sich eine interessante Unterhaltung entwickeln. Bei einer größeren Anzahl von Gästen dagegen entstehen zumeist Gruppen, die mehr oder weniger voneinander isoliert sind und kein gemeinsames Gespräch aufkommen lassen. Dies gilt auch da, wo wir allzugroße Unterschiede im Alter, im Rang und in den persönlichen Interessen unserer Gäste unberücksichtigt lassen.

Die Vorbereitungen

Ist dies nun alles bedacht und in die Wege geleitet, so beginnt man mit den Vorbereitungen der eigentlichen Einladung. Erwarten wir Gäste, so müssen nicht nur wir selbst, auch die Wohnung muß empfangsbereit sein. Es ist gut, zeitig zu beginnen, damit wir ein Viertelstündchen Ruhe haben und keinen abgehetzten Eindruck machen, sondern in festlicher Stimmung sind, wenn die Gäste kommen. Wird zum Essen eingeladen, so sind die Speisen soweit wie möglich bereits fertig, doch ist es ratsam, eine Viertelstunde Verspätung mit einzukalkulieren. Keinesfalls darf bei einem Gast wegen einer kleinen Verspätung ein Schuldbewußtsein aufkommen, daß das Fleisch nun hart geworden ist oder die Klöße verkocht sind. Lieber sich etliche Minuten später zu Tisch setzen, als einem Gast gerade noch Zeit lassen, Hut und Mantel abzulegen und hastig mit dem Essen zu beginnen. Es ist deshalb ratsam, Speisen anzubieten, denen eine kleine Verzögerung des Auftragens nichts anhaben kann. Vielleicht sind deshalb die großen Essen in unserer vielbeschäftigten Zeit etwas außer Mode geraten und dafür die kalten Büfetts so beliebt.

Wurde zum Essen eingeladen, sind Einfahrt, Treppen, Flur und alle Räume, die den Gästen zugänglich sind, vor ihrem Eintreffen zu beleuchten. Selbst der erste Gast muß den Eindruck haben, bereits erwartet zu werden.

In der Garderobe ist für einen gut beleuchteten Spiegel gesorgt, für Kamm und Kleiderbürste, genügend Kleiderbügel, Ablage für Schirme und einen Stuhl zum Ablegen von Überschuhen bei nassem oder kaltem Wetter. Auch das Aufstellen eines Papierkorbes ist zweckmäßig zur Ablage von Papier und Bändchen, in die die mitgebrachten Blumen und Geschenke eingehüllt waren. Man enthebt dadurch die Herren der Peinlichkeit, das zerknüllte Papier in die Hosentasche zu stecken oder der Hausfrau neben dem Strauß in die Hände zu drücken.

Im Empfangsraum gibt es genügend Sitzgelegenheiten und kleine Tische. Hier werden Zigaretten und Zigarren bereitgestellt und genügend Aschenbecher. Meistens werden wir vor dem Essen, bis alle Gäste versammelt sind, Cocktails oder Apéritifs anbieten. Nach dem Essen werden die Gäste sich hier wohl wieder versammeln und ihren Mokka einnehmen. Wir bieten dazu Konfekt an oder stellen kleine Schälchen mit salzigen und süßen Dingen auf. Nach dem Mokka reichen wir wieder alkoholische Getränke, wobei möglichst auf die persönlichen Wünsche der einzelnen Gäste Rücksicht zu nehmen ist.

Um Behaglichkeit aufkommen zu lassen, ist auch auf die Beleuchtung der Räume zu achten. Beim Essen an der großen Tafel ist helles strahlendes Licht zu bevorzugen, während bei geselligem Beisammensein diskreteres Licht, Kerzen oder kleine Lampen stimmungsvoller wirken.

Dauert eine Gesellschaft bis nach Mitternacht, gibt man zum Abschluß noch heiße Würstchen und Bier oder Suppe.

Nicht zu vergessen ist auch das Leeren der gefüllten Aschenbecher von Zeit zu Zeit und das Überprüfen der Heizung im Winter. Bei Eintreffen der Gäste sollen alle Räume wohltemperiert sein, denn nichts tut der Behaglichkeit und der guten Stimmung so Abbruch, als wenn die Gäste vor Kälte zittern oder sich vor Hitze am liebsten der Oberkleider entledigen möchten und sich ständig die Stirne trocknen müssen. Später wird es daher nötig sein, die Heizung etwas abzudrehen.

Blumenschmuck soll beim Eintreffen der Gäste frisch sein, er darf deshalb erst zuletzt angebracht werden und muß bis dahin kühl gestellt sein. Eine blumenleere Wohnung wirkt nüchtern, es werden deshalb nicht nur die Tafel, sondern alle Räume mit Blumen geschmückt. Dabei müssen es nicht unbedingt teure Schnittblumen sein. Auch Zweige oder Feldblumen können bezaubernd wirken, wenn sie geschmackvoll arrangiert sind. Nicht zu vergessen ist, daß wir einige Aufstellungsmöglichkeiten und Vasen berücksichtigen, um mitgebrachte Blumen unterzubringen. Wir müssen diese besonders liebevoll behandeln und ihnen einen Vorzugsplatz einräumen, keinesfalls dürfen wir alle zusammen in eine Vase und möglichst noch in eine abgelegene Ecke stellen.

Zu guter Letzt noch einen Tip für die Hausfrau. Niemals darf sie durch Eleganz oder mit Schmuck die eingeladenen Damen übertrumpfen wollen, stets sei sie um eine Nuance bescheidener gekleidet. Dies ist ebenfalls ein ungeschriebenes Gesetz, das unbedingt einzuhalten ist.

Die große Einladung

Wenn wir eine große Einladung arrangieren, wollen wir sicher unseren Gästen etwas Besonderes bieten. Wie aber soll das Besondere sein? Die Möglichkeiten sind groß und die Auswahl noch größer, darum finden Sie eine Anzahl von Vorschlägen, die Sie natürlich nach Ihrem Geschmack abändern und wobei Sie die einzelnen Menüs kürzen können.

Im allgemeinen ist die große, klassische Speisenfolge folgendermaßen aufgebaut: Kaltes Vorgericht, Suppe, Warmes Vorgericht, Fischgang, Fleischgang, Gemüsegerichte, Salate, Warme Süßspeise, Kalte Süßspeise, Käse, Früchte, Kompott, Mokka. Für unsere heutigen Eßgewohnheiten ist das etwas zu reichlich. Wir begnügen uns deshalb meist mit: Kalter Vorspeise, Suppe, Fischgang, Fleischgericht mit Beilagen, Süßspeise, Käse, Früchte, Mokka. Doch auch mit einem Einzelgang kann man eine wohlgelungene Einladung geben. Ein Krebsessen zum Beispiel, eine Fondue bourguignonne, eine indische Reistafel, einen russischen, spanischen oder französischen Abend. Bei Einladungen letzterer Art sollte dies auf den Einladungen vermerkt sein.

Die Party

Die häufigste Art der Einladungen ist eine Party. Sie ist bei Alt und Jung gleichermaßen beliebt und für die Gastgeber, wenn einmal alles vorbereitet ist, die gemütlichste Art, ja, man kann sich dabei selbst als Gast fühlen. Es gibt große Partys mit kaltem Büfett oder mit warmen Gerichten. Hier sind verschiedene Fleischsorten und Würste aus dem Sud besonders geschätzt. Als Beigabe: Pikante Saucen und Salate. Auch große Bratenstücke wie Roastbeef, Spanferkel, Wild. Hammelfleisch eignet sich deshalb nicht, weil es sehr heiß serviert werden muß. Wie auf jeder Party bedienen sich die Gäste selbst, das heißt, sie holen sich die Gerichte an ihren Tisch. Bei großen Fleischgängen sollte ein Trancheur am Büfett stehen.

Bei einfachen Partys reicht man Cocktails, Whisky, Bowlen, Wein, Bier oder Sekt. Dazu: Belegte Brötchen, Canapees, kleine Grilladen oder Pizzas. Auf den einzelnen Tischen stehen Salzmandeln, Pommes chips, Oliven, Salz- und Käsegebäck.

Salzmandeln und Nüsse

Mandeln, Nüsse, Backfett, Salz

Mandeln und Nüsse heiß brühen, bis sich die Häutchen abziehen lassen – Gut trocknen lassen – In heißes Backfett oder Friture einlegen und goldgelb, nicht dunkler, werden lassen – Herausnehmen und auf Löschpapier entfetten – Noch heiß mit Salz bestreuen.

Geröstete Haselnüsse

Die Nüsse auf ein Blech schütten – Im heißen Rohr rösten, bis sich die Häutchen lösen lassen – Zwischen einem trockenen Tuch abreiben.

Fünf-Uhr-Tee

Der Fünf-Uhr-Tee ist eine kultivierte Art, Gäste in ungezwungener Weise zu bewirten, ob es sich nun um Herren- oder Damengesellschaften handelt; eine schöne Sitte, die von England zu uns gekommen ist.

Der Tisch wird auf ähnliche Weise wie der Kaffeetisch gedeckt. Der Tee kann auf verschiedene Arten bereitet werden: Entweder bei Tisch, mit einer Teemaschine (Samowar), um heißes Wasser zu erhalten. Die Teeblätter werden gesondert aufgebrüht, abgegossen und als starker Tee-Extrakt in ein kleines Kännchen gefüllt. Das hat den Vorteil, jede Tasse verschieden stark, nach Wunsch des Gastes, reichen zu können. Oder der Tee wird in einer großen Teekanne fertig bereitet zu Tisch gebracht. Zur Teebereitung ist gutes, weiches Wasser erforderlich, für 2 Tassen Tee 2 g Teeblätter, etwa 1 Teelöffel. Die Teekanne, am besten aus Porzellan, wird zum Erwärmen mit heißem Wasser ausgeschwenkt und gut getrocknet. Dann kommen die Teeblätter hinein. Mit einer Tasse sprudelnd kochendem Wasser anbrühen, zugedeckt 3 Minuten ziehen lassen. Jetzt erst wird das übrige Wasser kochend zugegossen. Bleibt der Tee länger als 5 Minuten in der Kanne stehen, ohne in Tassen gefüllt zu werden, ist es ratsamer, ihn durchzuseihen, da er sonst zu stark wird; außer er wird mit sehr viel Zucker und Rahm getrunken, wie es in England Brauch ist. Zitrone, Rum, Arrak und Kognak sind ebenfalls beliebte Geschmackszugaben. Passende kleine Kuchen aus Mürbeteig mit Obstbelag, Petit fours, Sandkuchen oder kleines Teegebäck sind Beigaben zum Tee. Eine Platte mit Sandwiches und würzigem Käsegebäck kann zusätzlich gereicht werden.

Kaltes Büfett

Das kalte Büfett ist ideal, um eine größere Anzahl von Gästen rasch und ohne viel Personal zu bewirten, vor allem an Tanzabenden, bei Gartenfesten und sonstigen zwanglosen Geselligkeiten. Der Hausfrau ist hierbei reichlich Gelegenheit gegeben, ihre Talente ins rechte Licht zu stellen. Die Speisen können in der Anzahl nicht reichhaltig genug sein, und es kommt dabei nicht nur auf die Güte der Zubereitung, sondern auch auf das geschmackvolle Garnieren, die geschickte Aufstellung und das Präsentieren an. Jeder Gast bedient sich selbst.

Das Büfett wird auf einer langen Tafel oder mehreren Tischen nebeneinander, die bequem zugänglich sind, arrangiert. Der Tisch wird zunächst mit einem Filztuch und darauf mit einem weißen Tafeltuch bedeckt. Die Speisen müssen übersichtlich aufgestellt werden: Fleisch, Braten, Delikatessen, Salate, Mayonnaisen, und die dazu passenden Saucen, Gelatinen, Chaud-froids oder Sülzen, belegte Brote und Käse, kalte Süßspeisen, Torten, Kuchen, Kleinbackwerk und Früchte. An der Seite rechts werden die Teller aufeinandergeschichtet aufgestellt. Bestecke, Servietten und Brötchen haben ihren Platz rings an der Außenkante des Tisches, oder es werden Teller und Bestecke gesondert auf einem kleinen Tischchen daneben bereitgelegt. Ist Platz genügend vorhanden, werden auch die Getränke aufgestellt, dazu einige warme Gerichte, wie Würstchen, Kroketten, Pastetchen, Koteletts, Steaks und gebackene Fische. Dafür sollte man eine Wärmeplatte haben.

In kalten Jahreszeiten ist es auch angebracht, die Gäste gleich nach ihrer Ankunft mit einer Tasse Tee, Fleischbrühe, Punsch oder Glühwein zu empfangen. Zum ersteren wird Teegebäck, zur Suppe Weißbrotschnitten, Piroggen oder Biskuits, zu Punsch oder Glühwein Schmalzgebäck wie Berliner Pfannkuchen oder Trockengebäck gereicht. Das alles wird auf Tabletts angeboten. Während des Festes wird den Tanzenden in den Pausen Limonade, auch Sekt oder Eis angeboten. Zu später Stunde können Bier und Mokka serviert werden.

Barbecue und Gartengrill

Unter diesem fremdländisch klingenden Namen verbirgt sich die älteste Form des Garens. Sie wurde wieder neu entdeckt und eignet sich ganz besonders dazu, Ihren Gästen bei einer Garten-Party eine Überraschung zu bieten.

Was Sie dazu brauchen, ist eine Bratgrube, die Sie leicht herstellen können; dies ist die originellste und stilechteste Art, aber ein Rost tut es auch.

Zuerst die Bratgrube. Sie besteht aus einem metertiefen Loch in der Erde, mit Steinen ausgelegt. Darin entfachen Sie ein gewaltiges Holzfeuer. Ist eine wahre Höllenglut entstanden, so wird die Holzkohle ausgeräumt. Auf die heißen Steine kommt nun alles, was gebraten werden soll: Geflügel, Fleisch, Würste, Kartoffeln, Tomaten und Obst, wie: Äpfel und Bananen. Zuerst mit Folie oder Pergament abdecken, darüber Steine und Erde häufen, bis alles dicht verschlossen ist. Je nach Größe des Bratgutes kann die Garzeit 1/2 bis 3 Stunden dauern, aber was dann zum Vorschein kommt, ist eine Köstlichkeit.

Einfacher ist es, sich einen Grillherd zu bauen. Aus Back- oder Klinkersteinen wird auf die geebnete, festgestampfte Erde ein viereckiges Fundament gelegt. Rechts und links eine Seitenwand jeweils 2 bis 3 Steine hoch errichten. Darauf kommt der abnehmbare Grillrost. Ohne den Grillrost entzünden Sie zuerst aus trockenem Holz ein Feuerchen. Wenn es schön brennt, reichlich mit Holzkohle bedecken, notfalls etwas Brennspiritus nachgießen. Raucht es nicht mehr und ist eine schöne gleichmäßige Glut entstanden, wird der Rost aufgesetzt, und es kann mit dem Braten begonnen werden. Es gibt auch fertige, aufstellbare Grillgeräte zu kaufen.

Gestalten Sie die Barbecue möglichst abwechslungsreich, ein T-Bone-Steak, dicke Rostbratenscheiben, Hammelsteaks oder Keule, Lammrücken, Rinderfilet, Rostbratwürste, Tomaten, halbierte Kartoffeln etc.

Das Fleisch zuvor mit Öl pinseln und würzen. Zum Wenden werden langstielige Gabeln oder noch besser Zangen genommen. Als Beigabe Brot oder Brötchen und, was wichtig ist, viele scharfe Saucen, wie die Engländer sie lieben. Auch Essig- oder Senfgurken und Salate sind eine willkommene Bereicherung. Als Getränke, Bier, scharfe Schnäpse oder Landwein.

Teller, Bestecke und das sonstige Zubehör sind ländlich gehalten. Ratsam ist es bei einem solchen Schmaus, wenn Sie Ihren Gästen Schürzen zum Umbinden oder zumindest überdimensionale Servietten reichen. Ihnen und Ihren Gästen viel Spaß bei Ihrer nächsten Barbecue!

Menüvorschläge

(jahreszeitlich abgestimmt)

Januar

	I	II
Gabelfrühstück	Eier à la Suisse Spanische Sandwiches Sherry oder Martini-Cocktail	Pikante Brötchen Käsecreme auf Crackers
Mittagessen	Consommé mit Eierstich Warme Austern – Chablis Ente mit Orangen, Kartoffelpürre – Beaujolais Kastanien-Plombiere Dessertbackwerk Sekt Käse Mokka – Liköre – Kognak Doboschtorte, Schlagrahm, Kaffee	Kraftbrühe Fisch à la provencale – Mosel Lammkrone, glasierte Kastanien und Zwiebeln, Kartoffelnester mit grünen Bohnen – Roter Tiroler Salzburger Nockerl – Sekt Obst – Käse Mokka – Liköre – Kognak
Abendessen	Hors d'oeuvre – Kleines Bier Königinsuppe – Sherry Forelle blau, Butter, Fischkartoffeln – Moselwein Filetsteaks à la Jerome Leplat, Pariser Kartöffelchen, Salat Lorette – Ahrwein Ananassalat – Dessertbackwerk Käse – Sekt Eisbecher	Krabben- oder Austerncocktail Kalter Rehrücken, Sauce Cumberland – Roter Tiroler Bleichsellerie mit Roquefortkäse oder Haselnußcreme mit Dessertbackwerk Mokka – Liköre – Kognak

Februar

Gabelfrühstück

I

Austern
Dominobrot

Sekt, Leichter Rotwein

II

Klare Bouillon mit Ei
Schinkenhörnchen

Mittagessen

I

Selleriecremesuppe
Hummer auf amerikanische Art – Rheingau
Salmi von Wildente, Champagnerkraut – Roter Ahrwein
Pistazien-Eiscreme, Dessertbackwerk – Sekt
Käse
Mokka – Liköre – Kognak

Stephanietorte, Kaffee

II

Königinsuppe – Pfalzwein
Chaud froid von Gänseleber
Lendenbraten, englisch, Gemüse, Pommes frites – Burgunder
Ingwercreme, Dessertbackwerk – Sekt
Käse
Mokka – Liköre – Kognak

Abendessen

I

Russische Eier
Schildkrötensuppe –Sherry
Steinbutt blau, Polnische Sauce, Fischkartoffeln – Moselwein
Mixed Grill, grüne Bohnen, Pommes frites – Bordeaux
Käseplatte mit Bleichsellerie

Orangenbowle

II

Hühnerkraftbrühe in Tassen
Leberpastete, Toast, Butter – Pfalzwein
Kaltes Roastbeef, Gemüsesalat, Sauce Remoulade – Roter Tiroler
Zitronencreme, Dessertbackwerk – Sekt

März

Gabelfrühstück

I

Bouillon in Tassen
Tournedos auf Croutons

Marsala, Sekt

II

Gebratene Austern
mit Zitronenschnitzen
Belegte Brote vom Grill

Mittagessen

I

Baravia-Suppe – Sherry
Gefüllte Geflügelklößchen
à la Richelieu
Steinbutt au gratin,
Fischkartoffeln – Mosel
Blanc-Manger von Mandeln,
Dessertbackwerk
Käsecremetörtchen
Mokka – Liköre – Kognak

Schweizer Torte, Kaffee

II

Geflügelsalat, Toast
– Kleines Bier
Ochsenschwanzsuppe – Sherry
Lammbraten,
Johannisbeergelee, Salat
– Pommard
Bananencreme,
Dessertbackwerk – Sekt
Käseplatte
Mokka – Liköre – Kognak

Abendessen

I

Kaviar, Toast, Butter – Mosel
Hühnerbrühe mit Einlage
Rheinsalm gegrillt,
Fischkartoffeln,
Haushofmeister-Butter,
Gurkensalat – Rheinwein
Gebratene Schnepfen,
Ananassauce,
Schnepfen-Croutons
– Rüdesheimer Burgunder
Moskovite, Dessertbackwerk

Ananasbowle

II

Kaltes Büfett
Rheinsalm kalt,
Montpellierbutter – Moselwein
Kalter Filetbraten mit Aspik
– Roter Tiroler
Pikante Brötchen
Gefüllte Eier
Apfeltorte
Obst
Gebäck

April

	I	II
Gabelfrühstück	Kiebitzeier mit frischer Butter und Toast Blätterteigstückchen mit Käsecreme Portwein, Bier	Spiegeleier mit Speck Käse, Butter, Radieschen
Mittagessen	Klare Ochsenschwanzsuppe – Sherry Seezungenfilet mit feinen Kräutern, Fischkartoffeln – Moselwein Birkhahn mit Champignons und Oliven, Grüne Erbsen in Butter und Croutons – Tiroler Hügelwein Holländischer Rahmpudding Käse Mokka – Liköre – Kognak Karlsbader Torte, Kaffee	Spargelsuppe Brieschen mit Speck und Kapern, Röstkartoffeln – Rheinwein Hähnchen vom Rost, Pommes frites, Kompott, Salat – Ahr-Burgunder Käseauflauf Mokka – Liköre – Kognak
Abendessen	Krebse mit Brühe in Tassen – Pilsner Bier Hammelkoteletts Nelson, grüne Bohnen und Pommes frites – Bordeaux Käsestangen mit Butter und Radieschen Maibowle	Bouillon in Tassen, Piroggen – Rheinwein Kaltes Hähnchen mit Tomatensalat – Roter Tiroler Gefrorene Orangencreme, Dessertbackwerk

Mai

Gabelfrühstück

I

Gänseleber- und Kaviartoasts

Sekt oder Cocktails

II

Königinpastetchen

Mittagessen

I

Schildkrötensuppe
— Mosel- oder Ahrwein
Gebratene Schollen mit
Gurkensalat
Lammrücken mit jungen
Gemüsen — Roter Burgunder
Biskuit Lisette
Käse
Mokka — Liköre — Kognak

Buttercremetorte, Kaffee

II

Gemüsecremesuppe — Pfälzer
Spargel, italienisch
Backhähnchen mit Gurkensalat
— Roter Burgunder
Stachelbeertörtchen mit Schlagrahm
Mokka — Liköre — Kognak

Abendessen

I

Krebssuppe — Moselwein
Omelettes mit Rahm
Chateaubriand, Spanische
Sauce, Pommes frites,
Clubsalat — Chambertin
Sardellenwürzbissen
Geröstete Haselnüsse

Erdbeerbowle

II

Hühnerbrühe mit Einlage
— Mosel
Spargel, Westfälischer Schinken
Schokoladen-Mousse
Dessertbackwerk — Sekt

Juni

	I	II
Gabelfrühstück	Gekochte Krebse frische Butter, Toast Rheinwein, Marsala	Ochsenschwanzsuppe Bratwürste in Blätterteig
Mittagessen	Windsorsuppe Vol au vent mit Fischragout – Mosel Rehnüßchen, geschmorte Sauerkirschen, Kartoffelbällchen – Roter Tiroler Erdbeereis, Dessertbackwerk – Sekt Käse Mokka – Liköre – Kognak Erdbeerkuchen, Kaffee	Krebssuppe Seezungen in Butter, Fischkartoffeln – Ruwerwein Lendenschnitten auf Artischocken, Sauce Béarnaise, Pommes frites – Bordeaux oder Burgunder Zitronencreme Mokka – Liköre – Kognak
Abendessen	Schildkrötensuppe in Tassen – Sherry Omelette aux fines herbes – Mosel Gebratene Tauben, Kompott, Salat – Burgunder Meringen mit Walderdbeeren und Schlagrahm – Sekt Käse Rosenbowle	Bouillon in Tassen, Piroggen – Bier Kalter Rehschlegel in Aspik, Mixed Pickles – Roter Tiroler Käsetrüffeln, Pumpernickel Punschtorte

Juli

Gabelfrühstück

I

Hummer-Canapés
Plaza-Canapé
Käse-Sandwiches

Chablis, Bier oder Rotwein

II

Bouillon in Tassen mit Ei
Kalbskoteletts mit feinen Gemüsen

Mittagessen

I

Erbsensuppe nach St. Germain
Aal in Salbei – Moselwein
Damhirschfilets, Sauce Gourmande, Prinzessinnenkartoffeln, Weichselsalat – Roter Bordeaux
Aprikosen nach Colbert, Dessertbackwerk
Käse
Mokka – Liköre – Kognak

Sachertorte, Kaffee

II

Tomatencremesuppe
Heilbutt mit Estragonsauce, Fischkartoffeln – Moselwein
Junge Gans mit Äpfeln gefüllt, Salat – Burgunder
Pfirsich Melba, Dessertbackwerk
Käse
Mokka – Liköre – Kognak

Abendessen

I

Geeiste Geflügelbrühe in Tassen – Rheinwein
Eier en Cocotte
Kalbsnuß Trianon mit jungen Gemüsen, Chantillykartoffeln – Roter Ahrwein
Geflammte Pfirsiche
Käse

Pfirsichbowle

II

Kaltes Büfett
Belegte Brötchen
Fischsalat – Bier
Garnierter Rippenspeer
Kalte Brathähnchen, Prinzensalat
Blanc-Manger, Dessertbackwerk
Obst
Käseplatte

August

Gabelfrühstück

I

Kraftbrühe in Tassen
Geflügelpastete, Butter, Toast
Englische Bleichsellerie, Roquefort

Sherry, Manhattan-Cocktail

II

Krebspastetchen
Eier in Muscheln

Mittagessen

I

Olivensuppe
Heilbutt vom Grill, Petersilienkartoffeln, Sauce Gourmande, Gurkensalat – Moselwein
Rehrücken in Rahmsauce, gefüllte Tomaten, Kartoffelkroketten, Johannisbeergelee – Burgunder
Tausendblätter-Torte
Käse
Mokka – Liköre – Kognak

Gebäck und Kaffee

II

Taubensuppe
Artischocken mit Sauce Mousseline – Pfälzer
Lendenschnitten, Gurken gedünstet, Kartoffelbällchen – Burgunder
Gefrorenes von Weichselkirschen, Dessertbackwerk
Käse
Mokka – Liköre – Kognak

Abendessen

I

Backerbsensuppe
Hummer auf amerikanische Art – Rheingau
Schnepfen auf russische Art, Schnepfen-Croutons, Sellerie- und Kopfsalat – Ahrwein
Gefüllte Bananen, Dessertbackwerk

Gurkenbowle

II

Kalter Karpfen – Bocksbeutel
Roastbeef, Kartoffelsalat mit Mayonnaise – Tiroler Rotwein
Käsetrüffel
Aprikosenbombe, Dessertbackwerk
Sekt

September

Gabelfrühstück

I

Gänseleberparfait
Mockturtlesuppe in Tassen
Rehschnitzel, Kartoffelkroketten, Johannisbeergelee
Cherry-Brandy-Eis oder
Welsh Rarebits

II

Jagdpastete, Sauce Cumberland
Butter, Toast
Obst

Rotwein, Sherry, Side-Car-Cocktail

Mittagessen

I

Hühnerbrühe mit Nudeln
Steinbutt au gratin,
Fischkartoffeln – Pfälzer
Rebhühner in Rahmsauce,
Kartoffelpüree, Weinkraut
– Roter Ahrwein
oder roter Rheinwein
Omelette en surprise
– Aßmannshäuser Spätburgunder
Käse
Mokka – Liköre – Kognak

II

Kraftbrühe mit Ochsenmark
Spinatsoufflé mit Rührei
– Mittelrheinwein
Rinderlende Wellington
– Roter Pfälzer
Ananaspudding
Käse
Mokka – Liköre – Kognak

Apfeltorte, Kaffee

Abendessen

I

Russische Platte,
Butter, Toast – Bier
Consommé in Tassen
Lendenschnitten
nach Feinschmecker Art,
Pommes frites – Bordeaux
Obstsalat, Dessertbackwerk

II

Bouillon in Tassen
Kalter Hecht in Aspik und
Mayonnaise
Krabbensalat – Pfälzer
Kalter Schweinebraten
– Roter Tiroler
Heringssalat – Bier
Punsch Romana

Südpol-Bowle

Oktober

Gabelfrühstück

I

Doppelte Kraftbrühe in Tassen
Halali-Toasts
Käsetrüffel

Sherry oder Sekt

II

Eier à la Victoria
Welsh Rarebits

Mittagessen

I

Geflügelcremesuppe
Dalmatinisches Fischgulasch, Butterreis – Moselwein
Hasenrücken Elizabeth, Weintraubenkompott, Kartoffelpüree – Tiroler Rotwein
Pfirsiche nach Genueser Art
Käse
Mokka – Liköre – Kognak

II

Doppelte Kraftbrühe mit Eiernocken
Junge Ente, Glasierte Kastanien, Blaukraut – Burgunder
Apfel-Charlotte
Käse
Mokka – Liköre – Kognak

Abendessen

I

Hummermayonnaise
Schildkrötensuppe in Tassen – Rheingauer
Tournedos auf Croutons, Gurkenkörbchen – Bordeaux
Savouries – Sekt

Melonenbowle

II

Suppe mit Leberklößchen
Kartoffeln nach Ardenner Art
Rehfilet in Butter, Pommes frites, Apfelscheiben – Bordeaux oder Burgunder
Omelette Soufflé – Sekt

November

	I	II
Gabelfrühstück	Austern, Dominobrot – Pilsner oder Sekt Consommé in Tassen Roastbeef, Sauce Béarnaise, grüne Erbsen und Pommes frites – Pfälzer Früchte	Sardellenbrötchen oder Krebssuppe Kutteln à la Caen – Roter Ahrwein Käseplatte
Mittagessen	Juliennesuppe Verlorene Eier nach Kamerun, Pommes frites – Mosel Frischlingsbraten, Sauerkraut und Kartoffelpüree – Burgunder oder roter Ahrwein Ananasgelee, Dessertbackwerk Käse Mokka – Liköre – Kognak	Doppelte Kraftbrühe mit Biskuit Hecht blau, Venezianische Sauce und Fischkartoffeln – Mosel- oder Saarwein Ochsenzunge, Sauce Madeira, grüne Bohnen, Kartoffelbällchen – Burgunder oder Ahrwein Gefüllte Geleezitronen Mokka – Liköre – Kognak
	Florentiner Torte, Kaffee	
Abendessen	Bouillon mit Mark Muschelragout mit Fleurons – Chablis oder herber Graves Filetbraten, Spinatcroutons, gedünsteter Sellerie, glasierte Zwiebeln – Rheinwein Karamelcreme, Dessertbackwerk – Sekt Käse	Ochsenschwanzbouillon Kalter Rehrücken, Waldorf-Salat, Sauce Cumberland – Tiroler Rot oder weißer Terlaner Kastaniencreme, Dessertbackwerk – Sekt Käse
	Grog, Gebäck	

Dezember

	I	II
Gabelfrühstück	Gebundene Ochsenschwanzsuppe in Tassen Rühreier mit Kaviar, Toast Gebratene Tauben Käseplatte Sekt, Sherry dry	Grapefruit Römische Pastetchen mit Wildfülle Kalbskoteletts in Papierhülle Bleichsellerie mit Roquefort
Mittagessen	Austern – Sekt oder Chablis Hühnerbouillon in Tassen Karpfen polnisch, Fischkartoffeln – Mosel-, Saar- oder Ruwerwein Roastbeef, Spargel, Pommes frites – Bordeaux oder Burgunder Tausendblätter-Torte Käse Mokka nach Elie Salim – Liköre – Kognak	Juliennesuppe Rheinsalm blau, Holländische Sauce, Fischkartoffeln – Sekt – Aßmannshäuser Truthahn, Salat, Kompott – Burgunder oder Bordeaux Plum-Pudding Mokka – Liköre – Kognak Baumkuchen, Kaffee
	Kaviar, Butter und Toast – Schaumwein Kraftbrühe mit Mark Zanderfilet nach Königin Art, Fleurons – Mosel-, Saar- oder Ruwerwein Schnepfen, Croutons, Salat, Traubenkompott – Chambertin Pistazien-Eisbombe – Heidsieck dry Käse Mokka – Liköre – Napoleon Sylvesterpunsch, Berliner Pfannkuchen	Austernsuppe – Sherry oder Marsala Vol au vent mit Kalbsmilchragout Frischlingsrücken, Kirschsauce, gedünsteter Wirsing, Kartoffelkroketten – Tiroler Rot Gefüllte Ananas – Sekt Käse Mokka – Liköre – Kognak

Aus den Weingärten Europas

Kleine Weinkunde

Was ist das herrlichste Menü ohne die richtige „Begleitmusik" – ohne den Wein? Wir wollen deshalb hier eine kurze Übersicht bringen über den Reichtum an Köstlichkeiten aus dem Becher der Welt. Anregungen möchten wir geben, um die Tafelfreuden durch die Wahl passender Weine zu steigern. Sie müssen dabei unsere Vorschläge nicht immer wörtlich nehmen, hier ist eigener Vorliebe weiter Spielraum gelassen. So gilt es als feststehend, daß zum Fisch ein rassiger, nicht zu schwerer Weißwein gehört, – und doch gibt es Feinschmecker, die zur Schwarzwaldforelle einen jungen Beaujolais wählen und den eigenartigen Geschmacksreiz nicht genug loben können. Immerhin, berühmte Gourmets haben lange, oft und mit Hingabe versucht, gewisse Regeln aufzustellen, nach denen man sich ruhig richten kann. Bitte nehmen Sie unsere Vorschläge in diesem Sinne auf.

Die Welt ist groß, und Wein wächst an vielen Orten, aber Europa ist doch der klassische Erdteil für diesen edlen Trank. Man kann getrost von einem „Weinkreis" sprechen. Wenn wir vom Standort ausgehen, so sollten wir uns gleich unserem Nachbarn im Westen zuwenden. Frankreich hat zwar nicht die größte Rebfläche – die hat Italien – aber es hat den größten Mengenertrag und eine erstaunliche Vielzahl der köstlichsten und unterschiedlichsten Gewächse. Es folgen im Süden die Schweiz und Italien. Hier muß Südtirol gesondert genannt werden, denn dort wachsen keine „italienischen" Weine, obwohl das Land zu Italien gehört. Spanien und Portugal im Südwesten bringen dem Charakter der Klima- und Bodenverhältnisse entsprechend Weine eigener Art. Im Südosten haben wir dann Österreich, Ungarn, Jugoslawien und Griechenland, der Vollständigkeit halber seien auch Rumänien, Bulgarien und sogar die Türkei genannt. Die Gerechtigkeit fordert, daß wir auch noch einige Weine von außerhalb der Grenzen Europas erwähnen. Ägypten zum Beispiel, obwohl der Koran seinen Gläubigen den Wein verbietet; es kommen jedoch von dort nur geringe Mengen und diese unregelmäßig auf unseren Tisch. In Chile wächst ein recht angenehmer Cabernet, der mit rotem Bordeaux durchaus verglichen werden kann. Und im südafrikanischen Kapland wird u. a. ein feuriger Rotwein gekeltert, der gut und gerne auf einer anspruchsvollen Tafel erscheinen darf.

Kein Land der Erde jedoch bringt auf kleinem Raum soviel mannigfaltige Weine hervor wie Deutschland. Natürlich wird nach alter deutscher Gewohnheit bei den Bezeichnungen und Unterscheidungen der Weinbergslagen die Pedanterie oft übertrieben, aber auch wenn man großzügig vereinfacht, bleibt ein prächtigbunter Strauß reizvoller Gewächse, bei dem es sich lohnt, ihn aufmerksam zu betrachten.

Was ist eigentlich ein guter Wein?

Wenn man von Weinen absehen will, die landläufig und auch in der Fachsprache als dünn, arm oder fehlerhaft bezeichnet werden, und wenn man auch die anerkannten Spitzengewächse – die Könige im Weinreich – bei denen schon der Preis die exklusive Stellung bezeichnet, außer Betracht läßt, so ist eigentlich jeder Wein gut, wenn er zur rechten Stunde getrunken wird.

Meistens liegt es nicht am Wein, wenn eine bestimmte Sorte dem Genießer nicht schmeckt; er hat eben falsch gewählt; der gewählte Wein entspricht nicht seiner individuellen Geschmacksrichtung, er paßt nicht zum Gericht, er kommt nicht in der richtigen „Verfassung" auf den Tisch – oder alles miteinander vermittelt ihm den ungünstigen Eindruck.

Welche Faktoren bestimmen oder beeinflussen nun den Geschmack, den Charakter des Weines?

Die Rebsorte, das Klima, der Jahrgang, die Bodenart, die Bodenformation, die Weinbergspflege, die Art der Gewinnung und die Kellerbehandlung. Eine genaue Beschreibung dieser Einzelheiten würde über den Rahmen dieser kleinen Darstellung hinausgehen, aber diese Faktoren sind die Erklärung dafür, daß Weine gleichen Namens verschieden schmecken können. Es sollen nun die wichtigsten Rebsorten Europas, ihre Eigenarten und ihre Anbaugegenden genannt werden, und dann folgt noch eine kleine Übersicht der Geschmacksbeschreibungen, die man oft auf Weinkarten findet, und mit denen der Laie nicht immer etwas anfangen kann.

Die wichtigsten Rebsorten Europas

Blaue Trauben

Pinot noir	Heißt in Deutschland *Blauburgunder, Früh-* oder *Spätburgunder*, in Baden *Blauer Clevner*. Die Traube ist klein, auch die engsitzenden runden Beeren in tiefblauer Farbe. Kostbare Edeltraube.
Cabernet-Sauvignon und Cabernet franc	Diese Edeltrauben wachsen in allen Ländern, in denen Rotwein angebaut wird – auch in Südafrika, Chile, Kalifornien und auf der Krim – vor allem jedoch im Bordeaux-Gebiet. Sie haben ziemlich große Trauben und eine tiefblaue Farbe.
Merlot	Sehr empfindliche Edeltraube, stellt hohe Klimaansprüche bei mäßigem Mengenertrag, gibt jedoch einen wertvollen Wein.
Malbec	Eine frühreife Traube mit gutem Ertrag. Der Wein ist mild und weich.
Trollinger	In Tirol *Vernatsch* (Meraner Kurtrauben). Es ist die „Heimatrebe" Württembergs, wo die meisten Rotweine Trollinger sind. Der Name leitet sich vom Ursprungsland Tirol ab (Tirolinger). Er hat schöne große Trauben, tiefblau, mit gutem Ertrag.
Gamay	Gute Rebensorte für mittelschwere und leichte Weine, bevorzugt im Beaujolais angebaut, auch im Maconnais.
Limberger	Auch *Lemberger* oder *Blaufränkischer* genannt, verlangt geschützte Lagen, bringt dann aber gute Erträge und einen dunkelroten, weichen Wein. Die kleinen, blauen Beeren stehen locker in der länglichen Traube.
St. Laurent	Die ovalen, schwarzblauen Traubenbeeren geben einen tiefdunklen harmonischen Wein.
Pinot Meunier	Er heißt in Baden-Württemberg *Schwarzriesling*; eine Fortzüchtung ist die Samtrot-Rebe. Die Weine sind mild, weich, angenehm.
Portugieser	Wird auch *Oporto-Rebe* und *Vöslauer* genannt, ist ein Massenträger, reift ziemlich früh und bringt leichte kleine Tischweine.

Weiße Trauben

Riesling	In Baden *Klingelberger* – gilt als die Königin der Reben, wenn die Wachstumsbedingungen gut sind (Rheingau). Die spätreifen Trauben sind klein, auch die dichtstehenden, runden, hellgelben Beeren, die in der Hochreife bräunlich angehaucht sind und eine fleischige Haut haben. Der Riesling schmeckt in jedem Klima und jeder Bodenart anders und entwickelt ein überraschend variables Säurespiel (Moselgebiet). Je weiter er nach Süden kommt, je mehr flacht er im Geschmack und Bukett ab.
Traminer und *Gewürztraminer*	Spätreifende, dickhäutige Trauben, in zartroter Farbe bringen einen körperreichen, mundigen Wein mit einem bestechenden Bukett.
Pinot blanc	Auch *weißer Burgunder* oder *weißer Clevner* genannt, gehört zu den wertvollsten Edelreben und wächst bevorzugt in der Bourgogne und der Champagne. Die Trauben ähneln denen des Rieslings, die Beeren sind jedoch dünnhäutig.
Chardonnay	Ist eine Burgunderrebe, mit guten Eigenschaften. Der Wein hat eine pikante, feinherbe Art, besonders zusammengekeltert mit Pinot blanc.
Ruländer	Auch *Pinot gris* und *grauer Clevner* genannt, gehört ebenfalls zur Burgunderfamilie. Die Weine zeigen einen fast kupfergoldenen Farbton.
Semillon	Gehört zu den großen Edelsorten Frankreichs (Bordeaux-Gebiet).
Sauvignon	Nicht sehr ertragreiche, aber wertvolle Rebe, die haltbare, kernige Weine bringt (Sauternes-Gebiet).
Furmint	Oder *Tokajer*, eine Edelrebe unbestimmter Herkunft, die in Ungarn und Österreich kostbare Weine hervorbringt. Sie ist sehr empfindlich und braucht ruhige, trockene, sonnige Lagen.
Muskateller	Ist in ganz Europa anzutreffen. Durch Klima und Bodenbeschaffenheit beeinflußt hat er jedoch überall einen unterschiedlichen Charakter.

Bremen
R&U
I.V.P.
SUPERIOR
TAWNY
SOUZ
PORT
RICH TAWNY
NOVA DE GAIA
PRODUCE OF PORTUGAL
OLOROS
FINE OLD DRY SHERRY
1920
FERNANDO A. DE TE
PUERTO DE SANTA MARIA
ANIEN

STUTTGART
1962er
Württemberg
Uhlbacher Götzenberg
Trollinger
Landeszentralgenossenschaft
Württembergischer Weingärtnergenossenschaften
STUTTGART
HOFKAMMER-KELLEREI
1960er
Eilfingerberg
Riesling-Spätlese
Württemberg

PRODUCTI
EXCLUSIV
ET MISE
D'ORIGIN
J.THOR
19
J.THOR
MOULIN-A
Clos du Grand
CHATEAU DES
J.THOR
LALANDE DE POMERO
APPELLATION CONTROLEE
1958
A. de LUZE & FILS
NEGOCIANTS A BORDEAUX
EXPÉDIÉ DE BORDEAUX EN FUT
IMPORTIERT DURC
L. W. C. MICHELSEN - HAMB

KRUG & Co REIMS
PRIVATE CUVÉE
BRUT
BRUT RESERVE
G.H. MUMM
G.H.MUMM & Co
BRUT
REIMS
FRANZÖSISCHER SCHAUMWEIN
CORDON ROU
CHAMPAGNE
REIMS
LOUIS ROEDERER
CHAMPAGNE
GRAND VIN SEC
Louis Roederer
Reims
FRANCE
FRANZÖSISCHER SCHAUMWEIN
CHAMPAGNE
Laurent Perrier
Cuvée
GRAND SIÈCLE
TOURS SUR MARNE PRÈS REIMS (FRANCE)
FRANZÖSISCHER SCHAUMWEIN
CHANDON à Epernay
fondée en 1743
Champagne
Dom Pérignon
Vintage 1955

Silvaner	Am Rhein auch *Österreicher* und in Österreich *Zierfandler* genannt. Die mittelgroßen, grünen Trauben haben viel Saft und bringen einen milden angenehmen Wein. Guter Mengenertrag.
Müller-Thurgau	Riesling + Silvaner. Eine frühreifende Kreuzung beider Reben, die in ungünstigen Jahren Vorteile bietet.
Gutedel	*Chasselas* in Frankreich, *Fendant* im Schweizerischen Kanton Wallis – gibt liebliche, leichte Tischweine.
Rotgipfler	Eine spätreifende Verwandte des grünen Veltliners mit länglichen Beeren an großen Trauben. Sie braucht trockene, warme Lagen.
Grüner Veltliner	Auch *Weißgipfler* genannt, wächst hauptsächlich in Österreich. Die anspruchslose Rebe bringt einen leichten, frischen Wein mit feiner Säure.
Elbling und Räuschling	Sind großbeerige Massenträger. Ihre Weine sind leicht, klein, schlank und oft ziemlich sauer.

Charakterisierung der Weine

Die Bezeichnungen der Geschmacksnuancen haben sich in langen Jahren bei fachlichen Weinproben gebildet, um damit die zahlreichen Weine zu beschreiben oder auch zu umschreiben. Mit den Worten: Sauer, süß, schwer, und leicht kommt man bei der Vielfalt der Möglichkeiten nicht aus.

Der Säureanteil und -geschmack wird mit den Worten: Fest, fordernd, stahlig, herb, pikant, kernig, rezent, forsch ausgedrückt.

Die lebendige Art der Mosel- und Saarweine erhält die Beschreibungen: Spritzig, prickelnd, perlend, lebhaft, munter, rassig.

Die Süße wird so umschrieben: Lieblich, mild, mildsüß, saftig, elegant, mundig, lecker, süffig, gefällig, geschmeidig, rund, Damenwein.

Die Geschmackswertungen: Edelsüß, vollsüß, bestechend, prächtig stehen nur großen, schweren Gewächsen zu, wenn es sich nicht um Südweine handelt.

Schwere Weine, die jedoch nicht süß sind, benennt man mit: Vollmundig, breit, viel Körper, gehaltvoll, feurig, markig, wuchtig, schwer, herbkräftig, gezehrt, trocken, Bratenwein, Männerwein, Herrenwein.

Kleinere, leichte Weine heißen: Schlank, flott, flüchtig, zart.

Weine, bei denen alle Geschmackswerte gut zusammenklingen, nennt man: Harmonisch, abgerundet, ansprechend, angenehm, ausgeglichen, artig, reintönig, vornehm.

Die Eigenschaften, deren Würdigung vorwiegend der Nase zufällt, werden mit: Duftig, blumig, feinblumig, viel Blume, Bukett, beschrieben.

Die nach Beendigung der allgemeinen Lese geernteten vollreifen Trauben nennt man *Spätlese*. Die Auslese sind die besonders schön entwickelten Trauben mit ungewöhnlich hohem Reifegrad. Wenn man aus diesen die schönsten Beeren herausschneidet, ergibt das die *Beeren-Auslese*, während bei der *Trockenbeeren-Auslese* nur rosinenartig geschrumpfte Beeren gesammelt werden.

Die Weine und was man dazu ißt

Beginnen wir unbescheidenerweise gleich mit der Heimat unseres Kochbuches, in *Baden-Württemberg*.

Die schwäbischen Weine haben diese Bevorzugung verdient, denn diese reizvollen, bodenständigen, eigenwilligen Gewächse schenken dem Weinliebhaber Entdeckerfreuden.

Die Menge ist gar nicht so klein, die jeden Herbst aus den Keltern fließt, aber für den schwäbischen Durst reicht sie doch nicht aus. Es müssen noch ansehnliche Mengen aus anderen Gegenden hereingeholt werden.

Der typische Heimatwein ist der Trollinger. Er wächst im ganzen Ländle, sogar einige hundert Meter vom Stuttgarter Hauptbahnhof entfernt (Stuttgarter Kriegsberg) und in Bad Cannstatt (Cannstatter Zuckerle). Trollinger schmeckt zu jeder Tageszeit und zu allen Gerichten – am besten zu einem herzhaften Imbiß mit Schinkenwurst und Schwartenmagen oder Leberkäs – aber auch zum „Hockenbleiben" mit Laugenbrezeln oder Brot. Und nicht zu warm sollte er sein, lieber kellerfrisch; aber das ist im Schwabenland alles selbstverständlich, und im „Ausland" bekommt man den Trollinger ohnehin kaum. (Eigentlich schade!)

Als beliebten „Vierteles-Wein" trifft man auch den hellroten Schillerwein, der aus „gemischtem Satz" – weiße und rote Trauben vom gleichen Weinberg – gekeltert ist.

Neben dem Trollinger hat man hier die anspruchsvolleren Früh- und Spätburgunder mit deren kleineren Verwandten und Abkömmlingen, Clevner, Schwarzriesling und Samtrot (Laufen, Weinsberg, Schozach, Verrenberg). Sie sind die richtige

Untermalung für einen schwäbischen Rostbraten, einen Schweinsrücken, eine Rehkeule (mit Spätzle natürlich) und ähnliche handfeste Gerichte.

Auf weitere schwäbische Rotweine wollen wir hier nicht eingehen, sondern uns den weißen zuwenden. Hier dominiert der Riesling, gefolgt von dem Silvaner – auch Österreicher genannt – und der Kreuzung von beiden, dem Müller-Thurgau.

Die Rieslingweine bei Heilbronn, Weinsberg, Schozach, Flein und anderen Orten haben so reizvolle Unterschiede, aber allen gemeinsam ist ihre rassige, nervige, unkomplizierte Art, die sich in der duftigen Eleganz des Fleiners und Schnaiters wie in der breiteren, fülligen, körperreichen Richtung der Eilfinger, Kleinbottwarer und Stettener zeigt. Sie sind richtig zu Hühner- und Kalbsgerichten und natürlich auch zu einer kernigen Schwarzwaldforelle.

Silvaner und Müller-Thurgau munden ebenfalls zu diesen und ähnlichen Speisen, während die seltenen Traminer und Muskateller als „Nummer für sich" gewertet werden möchten.

Es wäre noch der Ruländer zu erwähnen, aber wir wollen ihn lieber bei den badischen Weinen zu Wort kommen lassen.

„*Badischer Wein* – von der Sonne verwöhnt" – das ist der Werbespruch Badens. Mit Recht! Badische Weine sind alle einige Grade fülliger und „wärmer", besonders auf den Vulkanböden des Kaiserstuhls und des Markgräfler Landes.

In Baden wachsen prachtvolle Spätburgunder (Ihringen, Affenthal, Kappelrodeck, Waldulm, Weingarten), die in ihren Spitzen einen Vergleich mit den bekanntesten Gewächsen der Cote d'or vertragen.

Auch der Schwarzriesling zeigt sich von der besten Seite, insbesondere in Unterbaden (Pinztal, Kürnbach, Sulzfeld). Diese Rotweine, samtig und schwer, begleiten harmonisch einen knusprigen Schweinebraten oder einen Hammelrücken.

An Weißweinen bietet Baden einen ganzen Blütenstrauß. Die Markgräfler Weine des Gutedels und Silvaners sind milde, liebliche Tischweine mit zartem Bukett und wenig Säure, haben es aber doch „in sich". Sie passen zu allen leichteren Gerichten. Gegen stark Gewürztes kommen sie nicht auf.

Prächtig gedeiht in Baden der Ruländer, auch grauer Burgunder oder Tokajer genannt. Es sind füllige, runde, feurige Weine mit bestechendem Bukett und alt-goldener Farbe (Kaiserstuhl, Badenweiler).

Hier soll auch der Weißherbst genannt werden, der aus blauen Burgundertrauben sofort nach der Lese schnell abgekeltert wird und sich als weißer oder fast weißer, kräftiger, vollmundiger, körperreicher Wein präsentiert (Breisach).

Beide Weine, wie auch der Traminer, der hier Clevner heißt und der Riesling, den man in der Ortenau Klingelberger nennt (Durbach) gehören als Weißweine zu weißem Fleisch, aber durch ihre Wucht und Fülle können sie auch als Begleitung zu einem Spanferkel oder einem Lammbraten bestehen. In Neuweier wird übrigens ein Riesling mit viel Frucht und Würze gekeltert, der in Bocksbeutelflaschen gefüllt wird, die sonst nur den Frankenweinen zustehen (Neuweierer Mauerwein).

Wenn wir linksrheinisch nordwärts gehen, kommen wir in das Kernstück des deutschen Weinbaues: Rheinpfalz, Rheinhessen, Nahe, Mosel und Ahr. Die reizvolle Weinfahrt beginnt am Weintor in Schweigen und führt über die deutsche Weinstraße durch die fröhliche *Pfalz*.

Welche Namen soll man hier nennen? Es gibt mehr als 3.500 Weinbergslagen, jede führt ihre eigene Bezeichnung, und auf jede Art ist ihr Besitzer stolz. Bei allem Respekt – aber das geht zu weit. Wir wollen uns also weise beschränken.

An Rotweinen wächst in der Pfalz hauptsächlich Portugieser, und zwar im ganzen Lande. – Ebenso in Rheinhessen. Er ist „der Rote" schlechthin, wenn man dortzulande seinen Schoppen trinkt. Einen besonderen Anlaß braucht man nicht, und alle einfacheren Speisen vertragen sich mit ihm.

Dann gibt es einen recht ansprechenden Früh- und Spätburgunder in Dürkheim (Feuerberg) und in Oberingelheim, die aber die volle Rundung ihrer Brüder in anderen Gegenden meistens nicht erreichen. Einem Schweinebraten fügen sie sich harmonisch an.

Und da wir gerade bei den Spätburgundern sind: Die Gewächse an der *Ahr* haben ihren besonderen Charakter. Der Schieferboden gibt ihnen einen herb-kräftigen, aber nicht harten Unterton, der die feurige Wucht noch unterstreicht. Walporzheimer und Ahrweiler lassen es vergessen, daß sie im nördlichsten Weingebiet der Welt gewachsen sind. Hirschrücken und gefüllter Wildschweinskopf nehmen sich gut neben ihnen aus.

Die Weißweine der Pfalz bieten mehr Abwechslung. Es wird viel Riesling angebaut, aber es gibt auch schöne Traminer und, natürlich, Müller-Thurgau. Deidesheim, Ruppertsberg, Forst, Wachenheim, Ungstein, um nur einige bekannte Orte zu nennen, bringen herrliche Gewächse und in den Spätlesen, Auslesen, Beerenauslesen ganz große Weine, würdig, auf festlicher Tafel zu erscheinen – vielleicht schon als Auftakt zu einer exquisiten Vorspeise wie Gänseleberpastete oder Geflügelleberpastete.

Vorwiegend Riesling haben wir auch an der *Nahe*. Die Nahe-Weine verdienen mehr Beachtung, denn sie haben ihren eigenen Reiz, den sie wohl dem Porphyrboden der Gegend verdanken. Neben der vollmundigen Art der Pfälzer haben sie etwas von der Geschmeidigkeit der Rheinhessen und auch von der forschen Frische der Moselweine. Sie sind ausgesprochen anregend. Die Namen Kreuznach, Schloßböckelheim, Niederhausen und Roxheim muß man sich merken.

In *Rheinhessen* dominiert der Silvaner, der den Weinen dort die mildfruchtige Art, die geschmeidige Eleganz gibt, die sich in den Spitzen zu großer, edelsüßer Fülle steigert. Wir nennen aus der Vielzahl nur Alsheim, Guntersblum, Oppenheim, Dienheim, Nierstein, könnten aber viele Hunderte anfügen. Man wähle sie zu allen Gerichten, die nicht zu kräftig, nicht pikant gewürzt sind.

Die *Moselweine* sind bekannt und beliebt als betont leichte Weine, mit frischer, flotter, oft spritziger Art, feiner anregender Säure, bestechender Blume und wundervoller Würze. Zu ihnen gesellen sich die Saar- und Ruwerweine bei Wiltingen, Scharzberg, Serrig, Ockfen, Kassel, Eitelsbach usw.

Es gibt fast nur Riesling – an der Obermosel etwas Elbling, auch Kleinberger genannt, der mit seinen großen Trauben reichen Ertrag bringt, aber nur kleine Weine, oft mit reichlicher Säure. Die Weine des Moselgebietes „belasten" nicht und bekommen auch dann, wenn man ein Glas mehr getrunken hat. Sie passen wunderbar zu allen Fischen, vor allem zum „Aal blau mit Gurkensalat". In diesem Fall darf die Säure ruhig hervortreten. Nicht minder gut sind sie zu Krebs- und Muschelgerichten – sogar zu Austern.

Ja, und dann die richtigen „Kneipweine", bei denen man sitzen bleibt „ohne Furcht und Bangen". Wenn wir nur Bernkastel, Zell, Traben-Trarbach, Wehlen, Graach und Erden nennen, wissen wir, daß wir viele Hunderte anderer Weinorte ungerecht behandeln, aber was will man machen?

„Rheingauer Wein – König aller Weine der Welt" – sagt begeistert ein Dichter, und er hat recht. Was im weiten Talkessel, der breiten, seeartigen Rheinfläche zugeneigt zwischen Lorchhausen und Hochheim am Südhang der Taunusberge an Weinen wächst, ist eine Klasse für sich.

Bei den rubinroten Spätburgundern Assmannshausens (Höllenberg, Hinterkirch, Frankental), kann man sich kaum noch eine Steigerung vorstellen – sie sind schlechthin vollkommen. Und erst die Weißweine: Rüdesheim, Geisenheim, Johannisberg, Winkel, Hallgarten, Rauental, Kiedrich, Oestrich, Hattenheim, Erbach, Marcobrunn, Eltville, sind gleichsam Perlen auf einer Schnur – und dabei haben wir auch hier so viele nicht nennen können, die es verdient haben. (St. Urban möge verzeihen.)

Die edle Rieslingrebe findet hier ideale Voraussetzungen zu vollem Gedeihen. Lage, Klima und Boden wirken zusammen, um die wundervolle Harmonie in den Rheingauer Weinen zu entwickeln. Es ist keine Übertreibung: Solche Weine gibt es sonst nirgends. Dieses Spiel, dieser Zusammenklang von Kraft und Milde, Körper und Bukett, Süße und Säure, Fülle und Eleganz, hat nur der Rheingauer. Trinken sie ihn ruhig in seinen Abstufungen das ganze Menü hindurch. Sie brauchen nicht unbedingt Rotwein zu Rebhuhn, Wildente und Rehrücken, wenn Sie einen „großen" Rheingauer Riesling wählen.

„Weine wie Turnierritter, stählern und fröhlich, edel und volkstümlich" so hat Rudolf Herzog die *Franken-Weine* einmal genannt. Aber so stählern wie dies klingt, sind die Weine um den Main herum gar nicht. Man sehe sich doch nur die dicke, bauchige, gedrungene Bocksbeutelflasche an. Sie wirkt direkt gemütlich. Diese Flaschenform muß doch ihren Grund haben.

Wir haben dort vorwiegend Silvaner und Müller-Thurgau – wenig Traminer und Spätburgunder. Sie entwickeln durch die Bodenbeschaffenheit eine bodenständige, rassige, kräftige Art. Sehr beliebt sind die Weine von der „Leiste" und vom „Stein" in Würzburg, aber auch Iphofen, Randersacker, Castell und Escherndorf bringen große Weine bis zu Spitzengewächsen. Sie passen besonders gut zu Fischen, man trinkt sie aber auch zu allen Gerichten, die nicht sehr kräftig und nicht stark gewürzt sind. „Volkstümliche" Weine bringt Nordheim.

Damit hätten wir den größten Teil der deutschen Weinbaugebiete gewürdigt und wenden uns nun unserem Nachbarn im Westen zu.

Frankreich – das klassische Land anspruchsvoller abendländischer Weinkultur ist von der Champagne bis zum Mittelmeer ein einziger Weingarten. Hier fällt uns die Beschränkung auf die Hauptsorten besonders schwer, weil es uns um jedes Gewächs leid tut, das dem Leser vielleicht entgeht.

Bei einer großzügigen Übersicht nennen wir zuerst Bordeaux und Burgunder, die weltbekannten Rotweine, die den Ruhm Frankreichs als gesegnetes Weinland begründeten. Es folgen die Gebiete der Rhone bis zur Provence hinunter, nordwestlich das Anjougebiet und weit im Süden Languedoc mit dem Corbières-Gebiet. (Fitou – kräftiger, dunkelroter, voller Wein.) Bis zur Unabhängigkeit Algeriens zählte man auch diese nordafrikanischen Weinberge zur französischen Weinerzeugung.

Bordeaux meint man, wenn von uralten, verstaubten Flaschen, von vornehmen Schloßabzügen die Rede ist. Man sagt, große Bordeauxweine können so alt werden wie ein Mensch und sollten nicht jünger als 10 Jahre sein, wenn man die Flasche öffnet. Nun, es wachsen auch kleinere und mittlere Bordeaux, und die dürfen schon etwas jünger getrunken werden.

Es sind in erster Linie die Trauben des Cabernet in seinen Spielarten, ferner des Merlot und des Malbec, die im Verein mit der Bodenbeschaffenheit der teilweise steinigen, lehm- und kalkhaltigen, teilweise mit Kieseln und Ton versetzten Hügel diesen wuchtigen Rotweinen das Gepräge geben. Bei den Namen Pomerol, St. Emilion, Pauillac, schmunzelt der Kenner, wenn er einen der berühmten „Chateau-Weine" wie: Chateau Lafite, - Mouton, - Latour, - Margaux, - Cheval Blanc, - Bel-Air, - Haut Brion, - Haut Bailly, auswählt. Viele Dutzende von Namen müßte man jetzt noch nennen. Ein Entrecote, ein Chateaubriand oder eine Spießerkeule werden damit zu einem kulinarischen Genuß. Bitte zimmerwarm servieren! – Den Wein natürlich.

Nicht minder edle Gewächse bringt die *Bourgogne*, das Burgund, aus der kostbaren Pinot noir-Traube, im nördlichen Teil der Cote d'Or, in der Cote Beaune bis zum Maconnais – glutvoll, samtige, mollige Gewächse in prächtiger, weicher Schwere: Chambertin, Nuits, Musigny, Beaune, Pommard, Volnay, Santenay, Mercurey usw. Ihre reife, saftige Art paßt wundervoll zu einer saftigen Schweinskeule, zur Ochsenlende, zur Gans und – in ihren Spitzen zur stillen Einkehr bei sich selbst.

Im Süden schließt sich das *Beaujolais* an, mit schlankeren, fruchtigen, rubinroten Gewächsen aus der Gamay-Traube. Es sind zum großen Teil frisch-fruchtige Tischweine, die keiner langen Alterung bedürfen, um ihre geschmeidige, aber doch kräftige Art zu entwickeln. Als Glanzpunkte sind zu nennen: Fleurie, Morgon, Moulin-à-Vent. Bitte nicht zu warm servieren, die richtige Temperatur ist 16°–18°, je nach Schwere. Ein Kammrücken, ein Truthahn, ein Fasan, Schnepfen und sonstiges Wildgetier sind bei ihnen in guter Gesellschaft.

Südwärts anschließend kommen wir zur *Cotes-du-Rhone*. Von Lyon bis Avignon, auf 200 km rechts und links des Flusses ist die Rebenkette kaum unterbrochen. Die Weine sind sehr unterschiedlich in ihrer Eigenart. Das Klima ist bei Lyon anders als 200 km weiter südlich in der Nähe des Mittelmeeres. Gemeinsam sind ihnen das Feuer und auch die wuchtige Fülle, die Ihnen aus den Moränenböden des Rhonetales zuströmt, und die bestechende Frucht, die auch diesen schweren Wein nie plump wirken läßt.

Viele Traubensorten vereinigen sich hier zu einer wundervollen Harmonie. Hauptsächlich sind es Noir à jus blanc – Trauben wie: Syrah, Grenach, Glairette und Muscadin. Chateauneuf du Pape soll besonders genannt werden. Als die Päpste vor etwa 600 Jahren in Avignon residierten, gab es dort schon einen gepflegten Weinbau. Prächtig gedeihen die schweren Rotweine auf den Vulkanböden, die stellenweise mit großen Kieseln völlig bedeckt sind und unter der sengenden Sonne oft so heiß werden, daß man kaum mit Schuhen darauf gehen kann. Diese Weine sind „schweres Geschütz" und die richtige Waffenhilfe zur Mastgans, zur Wildschweinkeule, zu allen Gänselebergerichten und was sonst an nachhaltigen Delikatessen in dieser Linie liegt.

Es muß tief im Süden noch Tavel erwähnt werden mit seinem berühmten, lichtroten Roséwein. Der ist nicht süß, aber geschmeidig, mit verhaltenem Feuer und dem Geschmack der frischen Traube. Er ist köstlich zu warmen Zwischengerichten, Zungenragout, gefüllten Artischocken usw.

An der spanischen Grenze beginnend, entlang der Küste, nördlich etwa bis Nimes, haben wir das große Gebiet des *Midiweines*, des ständigen Begleiters der alltäglichen Mahlzeiten, des Vin ordinaire Frankreichs, mit vielen gehobenen Gewächsen, die auch größere Ansprüche befriedigen. Wir nennen nur Ritou mit seinem gefälligen, weichen, warmen Rotwein.

Wenn wir jetzt die Weißweine Frankreichs zu Wort kommen lassen, wissen wir, daß über die Rotweine noch viel zu sagen wäre, aber es möge genügen. Weißweine der uns gewohnten Art gibt es nur im *Elsass* an den Osthängen der Vogesen am linken Rheinufer. Sie gleichen den badischen Weinen am anderen Ufer. Wundervoll sind die Traminer und die Gewürztraminer, die hier ideal gedeihen. Sie schmecken vorzüglich zum Rheinsalm.

Zu Austern, Hummern, überhaupt zu allen Meerestieren, gesellt sich harmonisch der trockene, kräftige, aber doch fruchtige *weiße Burgunder*, der in gewissen Lagen so lebhaft an reife Trauben und frische Nüsse erinnert. Wie sattes Gold glänzt er im Glase. Chablis, Montrachet, Meursault an der Cote d'Or bringen Spitzenweine dieser Art. (Reben: Pinot blanc und Chardonnay.)

Sehr verschieden davon sind die *weißen Bordeauxweine*, die den Semillon-, Sauvignon- und Muscadin-Reben entstammen. Es sind vorwiegend vollsüße – manchmal zu süße – Weine, die tiefgolden, wie Öl, ins Glas fließen. Sie haben sich dort erstaunlich viele Freunde erhalten, wo man durch geschickte Gärführung die Süße durch stärkeren Abbau reduzierte. Sauternes mit dem Spitzenwein Chateau Yquem und dem Barsac sind weltbekannt. Der Graves ist trockener, rassiger, wohl durch die Bodenbeschaffenheit, die der im Rheingau ähnelt. Die Weine dieser Gruppe reicht man gern zum Dessert und zum Obst, aber auch manche Vorspeise verträgt sich gut damit, z . B. leichte Pastetchen. Liebhaber trinken sie sogar zur Gänseleber.

Die Weißweine des *Anjougebietes* trifft man bei uns kaum an, sie sollten aber ihrer Eigenart wegen bekannt werden. Die Reben „Chenin blanc" und „Pinot blanc de la Loire" geben dem Wein eine feine, elegante Fruchtigkeit. Unserem Geschmack kommt die mäßige Süße der Weine um Saumur mehr entgegen, als die Vollsüße der anderen Sorten. Der Wein baut sich nach der Kelterung schnell aus und kann schon nach 6 Monaten auf Flaschen gefüllt werden, die dann jedoch noch einige Jahre Flaschenlager nötig haben. Der Saumur verbindet sich gut mit Seezunge, Steinbutt, Heilbutt und anderen edlen Fischen in milder Zubereitung.

Der *Champagner* möge den guten Schluß machen bei den Weinen Frankreichs. Die Entdeckung des Klosterbruders Dom Perignon in Hautvillers im 17. Jahrhundert hat sich wahrhaft die Welt erobert. Wo immer auch bei festlich-feierlichen Gelegenheiten Menschen zusammen sind — der schäumende Wein sorgt für frohe, aufgeschlossene Stimmung. Wenn die lockeren, lockenden Geister des Weines im Glase perlen und sprühen, so ist dieses Bild so recht ein Symbol des Frohsinns und der Lebensfreude.

An beiden Ufern der Marne liegen die Weingärten der Champagne wie ein bunter Teppich. Hauptsächlich die wertvollen blauen Trauben des Pinot noir sind es, die — weiß gekeltert — dem Champagner seinen Charakter geben. Einen geringeren Anteil stellen Pinot blanc und Chardonnay. Einzelne Champagner-Marken möchten wir hier nicht nennen. Mehr als ein Dutzend können zur „ersten Klasse" gerechnet werden. Es sind dies Marken, denen man auf allen großen internationalen Weinkarten begegnet.

Auch Champagner gehört zu den Getränken, die fast bei jeder Gelegenheit gereicht werden können — auch ein ganzes Menü hindurch mit entsprechenden Sortenstufungen. Es muß dann aber schon ein sehr anspruchsvolles Menü sein.

Hier möchten wir einschalten, daß alles, was über Champagner gesagt ist, sinngemäß auch für den deutschen Sekt gilt. Die Sektkellereien haben ihre Kunst durch fortlaufende Verbesserungen und neue Erkenntnisse auf einen so hohen Stand gebracht, daß hinsichtlich der Qualität kein Wunsch mehr offen bleibt. Man reicht Sekt gern zum Dessert, und er paßt auch gut dorthin, wenn man ihn nicht zu trocken wählt. Viel mehr ist es jedoch zu empfehlen, den Sekt als Auftakt, zur Begrüßung, als Aperitif zu reichen. Allein schon der Sekt ist imstande, einen Abend, der vielleicht zu „versanden" droht, mit froher Stimmung zu füllen.

Spanien und *Portugal* sind Weinländer eigener Art. Trostlos, farblos, öde und traurig, das ist der Eindruck, verglichen mit den freundlichen Hügeln Badens und Württembergs, mit dem lachenden Rheingau, mit der fruchtbaren Cote d'Or. Der Boden glüht und der Wein auch — aber sonst?

Sprechen müssen wir über den Portwein und den Madeira Portugals und über den Sherry, Malaga und Tarragona Spaniens. „Normale" Weine gibt es wenige. Natürlich hat man den rubinroten, schweren Rioja in Spanien, den „blutigen" Alicante, den „tintigen" Benicarlo, aber man muß wohl Spanier sein, um mit diesen Weinen fertig zu werden. Ein recht ansprechender Rosé soll nicht vergessen werden, ebenso nicht die halbsüßen Weißweine in beiden Ländern, aber es kommt nicht viel davon über die Landesgrenzen.

Der *Douro Port* ist König in der Weinwissenschaft Portugals und ein hoher Aktivposten in der portugiesischen Ausfuhr. Alle Portweine wachsen nur in den

Tälern des Douro und verlassen das Land nur über den Hafen von Oporto. Mehr als 20 Rebensorten helfen mit den Ruhm des Portweins in der Welt zu mehren. Wir können auf Einzelheiten also nicht eingehen. Es gibt weißen und roten Portwein; als der wertvollere – in seinen Spitzen – gilt der Rote. Nach Jahrgängen wird wenig unterschieden, und wenn sie genannt werden, so sind sie nicht so wörtlich zu nehmen wie bei uns. Beide Sorten können sehr trocken über mehrere Stufen bis sehr süß sein. Die weißen sind aber meist die trockenen und sehr trockenen Sorten. Ganz nebenbei erwähnt: Die weißen sind meistens nicht weiß, in unserer Auffassung, und die roten nicht rot. Die weniger roten heißen „Tawny" (lohfarben). Die beinahe roten nennt man „Ruby". Allen gemeinsam ist die Wucht, das Feuer, die Schwere, der Körper. Die weißen, trockenen, sind als Aperitif gut geeignet; auch als Begleitung zum zweiten Frühstück. Die noch schwereren, süßeren roten sind Dessertweine für Anspruchsvolle, und als Aufmunterung beim Empfang von Besuchen beliebt.

Die *Madeira-Weine* sind mehr und mehr als wertvolle Hilfe der „Feinschmecker-Küche" klassifiziert, obwohl sie eine reizvolle Geschmacksnuance darstellen, besonders in den hellen trockenen Sorten – man meint, die salzige Meeresbriese herauszuschmecken. Sie gehören zu den edelsten Weinen der Welt. Wie dem auch sei, für Saucen, Suppen und Ragouts allerhöchster Stufe sind sie das Tüpfelchen auf dem i.

Wir kommen zum *Sherry*, der Krone des spanischen Weines. Hier wird der Kult um dieses kostbare Gewächs fast noch höher getrieben als beim Portwein in Portugal. Die Pedro Ximenez-, die Palomino- und die Moscatel-Rebe bringen ihn hervor, aber wen interessiert das schon? Es gibt wenige Weine, deren Entwicklung neben Jahrgang, Herkunft und Traubensorte so sehr von der Lagerung und Kellerbehandlung abhängen wie der Sherry. Der englische Name Sherry leitet sich von der alten südspanischen Hafenstadt Jerez ab, weil der Wein, in dem weiteren Gebiet um die Städte Cadiz und Jerez de la Frontera herum wächst oder dort ausgebaut und verschifft wird. Die Engländer erkannten schon früh die Vorzüge der Weine dieser Gegend. Es läßt sich ein Weintransport nach England schon für das Jahr 1340 nachweisen.

Grundsätzlich unterscheidet man zwei Typen von Sherry: die Finos und die Olorosos, jedoch haben beide die gleichen Rebsorte als Ursprung. Die Art der Vergärung, der Kellerbehandlung, das Alter und natürlich die Gegend, in der die Trauben wachsen, bringen merkliche Unterschiede im Geschmack.

Die Finos teilt man wieder in drei Gruppen: Finos, Manzanillas und Amontillados. Bei uns sind meistens nur Finos und Amontillados üblich. Die Finos sind weniger trocken, also etwas süßer, jünger, leichter im Alkohol (ca. 15,5 Grad) und haben eine schöne Bernsteinfarbe.

Amontillados sind Finos in höherem Alter. Sie haben einen deutlichen Nußgeschmack, der sich erst während der Kellerreife bildet, und etwa 18–19 Grad Alkohol, der teilweise durch Zusatz von Weindestillat erreicht wird. Amontillados sind deshalb trockener, aber auch, weil der Traubenzucker durch die längere Lagerung mehr und mehr umgewandelt wurde. Der Preis ist natürlich höher als bei den leichteren und jüngeren Finos.

Die Olorosos haben mehr Körper – mehr Extrakt – als die Finos, auch ist die Farbe dunkler. Bei etwa 20 Grad Alkohol sind sie trocken, feurig und anregend.

Sweet wines werden von Trauben gekeltert, die nach dem Schnitt etwa 15–20 Tage in der Sonne lagen. Der hohe Traubenzuckergehalt verhindert eine vollständige Vergärung, deshalb sind sie ausgesprochen süß, dick und ziemlich dunkel in der Farbe. Sie werden vielfach dazu benutzt, den herberen Sherrys mildere Abstufungen zu geben, z. B. Amoroso, den man als halbsüß ansprechen kann. Die Zahl der Geschmacksrichtungen ist auf diese Weise fast unübersehbar, aber man kann sagen, daß die herberen Sorten bei uns und auch in den meisten anderen Ländern vorgezogen werden. Sherry ist ein klassischer Frühstückswein und auch die ideale Begleitung einer guten Suppe, kultiviert und anregend. Er verdient es wieder mehr getrunken zu werden.

Der *Malaga* gilt heute als „billiger" süßer Südwein zum Anbieten, wenn „Tante Anna" zu Besuch kommt. Das ist nicht gerecht, denn es gibt darunter hervorragende Qualitäten, aber sie sind an den Handelsbezeichnungen schwer erkennbar. Außer zum Dessert sind sie jedenfalls bei einer Mahlzeit nicht angebracht.

Und der *Tarragona*? – Als feuriger, halbsüßer, rubinroter und nicht ganz so schwerer Rotwein war er einmal sehr beliebt, besonders bei jungen Leuten, die schnell in Fahrt kommen wollten, – aber wer weiß das noch? Zu Mahlzeiten ist er kaum geeignet.

Griechenland, die Wiege des europäischen Weinbaus, sollte ja eigentlich zuerst genannt werden, aber wie es oft geht, die Töchter und Söhne wachsen den Eltern über den Kopf. Was bringt uns Griechenland heute? Den Mavrodaphne, den Malvasier, den Samos, den Muscateller, – gehaltvolle, körperreiche, schwere Dessertweine, funkelnd wie dunkles altes Gold. Natürlich auch Rotweine, aber davon erwähnen wir nur den Camarite, als Sonderheit, der ist so herb, daß er „die Löcher in den Strümpfen" zusammenzieht. Es gibt keine Magenverstimmung, die er nicht behebt. Und dann der weiße Retsina – der schmeckt vor allem nach Harz gewisser Bäume, bevor man an den Weingeschmack herankommt.

Italien hat die größte Rebfläche aller europäischen Länder – im Mengenertrag liegt es an zweiter Stelle hinter Frankreich. Für uns haben die Weine *Südtirols* einen besonderen Reiz, weil sie in ihrem Charakter mehr unserer Geschmacksrichtung entsprechen als die südlicheren Gewächse. Tiroler Weine haben eine rassige aber milde Art, bei aller Eleganz sind sie kräftig und kernig, gehen ins Blut und schenken heitere Beschwingtheit, ohne zu beschweren. Der Urgesteinsboden gibt ihm den beliebten „Tiroler Ton" und die südliche Sonne Feuer und bestechende Reife.

Beliebt sind bei uns die Weine um den *Kalterer See*. Die Rebensorten Grau-Vernatsch und Großvernatsch geben ihnen die Eigenart und die leuchtend rote Farbe ohne bläulichen oder bräunlichen Unterton. Nicht minder bekannt ist der *Lagrein-Kretzer* aus der Gegend um Gries bei Bozen. „Gekretzert" ist ein Wein, der vorzeitig von den Trestern genommen wurde, bevor er allen Farbstoff aus den Weinbeeren gelöst hatte. Er ist also lichtrot, aber dunkler als ein Rosé, dabei weich und mild, weil er weniger Gerbstoffe enthält, jedoch trotzdem ausdrucksvoll und würzig. Man kann ihn zu allen Speisen trinken sogar zu Fischen und Geflügel, wie natürlich auch zum Braten. Zum Wild- und Rinderbraten paßt aber besser ein Tiroler-Blauburgunder mit seiner üppigen Fülle, der in dem Klima alle Reize entfaltet.
Gewürztraminer und Terlaner Riesling sind zwei füllige, nachhaltige Weißweine, mit sehr wenig Säure, aber auch nicht süß. Zu ihnen gesellt sich der Rosen-Muskateller als Sonderheit. Er ist halbsüß, hellrot mit feinem Muskatellerton und paßt gut zum Dessert ohne eigentlich ein „Dessertwein" zu sein. Auch Silvaner und Weißburgunder wären noch zu nennen, die zu Vorspeisen und Fischgerichten richtig sind.

Je weiter wir nach Süden kommen, umso „italienischer" werden die Weine, feuriger, schwerer, körperreicher. Eine Sonderheit ist der *Chianti* der Toscana in seiner charakteristischen, umflochtenen bauchigen Flasche, die noch berühmter ist als der kräftige Rotwein mit seinem feinen Veilchenduft und herben Unterton. Er setzt sich auch bei gehaltvollen, kräftig gewürzten Fleischgerichten und Wild durch.

Zu nennen sind weiter: Der schlanke *Bardolino* vom Gardasee, der etwas vollere, dunklere *Valpolicella* bei Verona und der urkräftige, schwere, herbe Piemonteser *Barolo* aus der Nebbiolo-Rebe – ein „breitschultriger" Rotwein mit großer Wucht, der leichte, milde Gerichte einfach erschlägt. Von gleicher Art ist der Barbaresco.

Von den Weißweinen wollen wir noch den *Orvieto* nennen – ebenfalls in umflochtener Flasche – der als trockener (secco) und halbsüßer (aboccato) Orvieto zwischen Florenz und Rom gedeiht. Ferner den berühmten *Frascati* von den Hügeln der ewigen Stadt. Sie vertragen sich gut mit der Pizza, mit gekochten Fleischspeisen und kalten Platten.

Mit den Weinen der *Schweiz* ist es wie mit den schwäbischen Weinen – man trinkt sie im eigenen Lande. Gemessen am Durst der Eidgenossen ist die erzeugte Menge auch nicht groß – etwa 2/3 des Bedarfs wird importiert, und zwar vorwiegend Rotwein, denn Weißweine wachsen im Lande in reichlicher Fülle, aber die Schweizer trinken mehr Rotwein.

In fast allen Kantonen finden wir wohlgepflegte Weinberge mit einem bunten Strauß edler Rebsorten – es sind etwa 20 verschiedene. Wir können hier nur wenige davon nennen. Beim Rotwein steht an der Spitze der *Dole* im Wallis – aus der blauen Burgunder-Rebe (Pinot noir). „Mit dem Kopf in der Sonne, mit den Füßen im Eis", sagt man von ihm. Das innere Feuer, die wundervolle Würze und die samtige Rundung erlauben ihm einen Wettstreit mit großen Weinen der Bourgogne. Weiter hat man den Gamay und im Tessin Merlot, Malbec, Cabernet. Zum Schweizer Rostbraten, gerollt, mit Käsefüllung, zum Schafsragout nach Emmenthaler Art und zur Käse-Fondue sind sie die rechte Instrumentalbegleitung.

Der Kanton *Wallis* bringt in Visperterminen auch „den höchsten Wein Europas" hervor. Es ist ein Traminer, der dort in 1200 m Höhe wächst und wegen seiner rassigen, forschen Art geschätzt wird. Im Wallis sind keine Lagenbezeichnungen üblich, weil es keine schlechten Lagen gibt – die Weine werden nach den Rebsorten unterschieden.

Jetzt haben wir alle anderen Weinbau-Kantone zurückgesetzt, weil wir nur vom Wallis sprachen, aber dort findet man fast den ganzen Strauß der schweizerischen Reben beieinander, sogar einen Muscateller. Der Kanton mit der größten Rebfläche ist jedoch Waadt. Berühmt in der Schweiz ist der *Fendant* (Gutedel oder Chasselas), der hier eine besonders kräftige, würzige Art mit verhaltenem Feuer entwickelt hat.

Als schweizerische Spezialität muß der *‚Sternliswin"* genannt werden, den man um den Neuenburger See, Genfer-See, Bieler-See und am Oberrhein findet. Dieser quicklebendige, frische, munter perlende Wein, wird früh auf Flaschen gefüllt, wenn noch Reste virulenter Hefen vorhanden sind. Es bilden sich in der Flasche, wie beim Sekt, Kohlensäure, die beim Einschenken im Glas einen Stern aus Schaumperlen hervorzaubert. Portionsgroße silbrige Fische, die man in den Fischküchen am Neuenburger-See „Blondelles" nennt, schmecken besonders gut dazu.

Viel trifft man den Müller-Thurgau (Riesling + Silvaner), der die bodenständigen Sorten Räuschling und Elbling vielfach verdrängt und dem Klima und Böden der

Schweiz offenbar besonders zusagen. Zur Schweizer Kohlpastete und zum Kalbfleisch-Krügeli passen sie ausgezeichnet. Sollten wir vielleicht noch . . . nein, wir müssen es lassen.

Weine aus *Österreich* trifft man schon eher außerhalb der Landesgrenzen, aber doch nicht häufig, wenn man vom *Gumpoldskirchner* und *Kremser* absieht. Damit hätten wir diesmal den Weißwein zuerst genannt. Bleiben wir also dabei.

Neben den Franzosen sind es die Österreicher, bei denen der Wein jeden Tag begleitet, und die ihn bewußt und mit Hingebung genießen – Wiener Herz mit Heurigen-Seligkeit. Auch Österreich hat eine ganze Skala wundervoller Gewächse: Riesling, Rotgipfler, Zierfandler, Tokajer (Furmint), Silvaner, grüner Veltliner, Traminer – sie sind alle vertreten auf der bunten Palette der Österreichischen Weißweine. Rotgipfler und Zierfandler geben dem Gumpoldskirchner das Gepräge. Auch Riesling gedeiht dort sehr gut. Sehr unterschiedlich sind die Qualitäten, die unter dem Namen Gumpoldskirchner angeboten werden. Die billigen sind für unseren Gaumen meist zu süß. Man soll dann schon einen Herrschaftswein vom Deutschen-Orden-Schloß oder um Stift Melk herum wählen. Gumpoldskirchner aus einem bekannten „Ried" wird in seiner mildwürzigen, geschmeidigen, eleganten Art seine Freunde begeistern.

Und dann die Gewächse der Wachau, Dürnsteiner, der Kremser, der Weißkirchner, der Steiner, sind Perlen, besonders der Riesling, aber auch der grüne Veltliner in seiner frischen, fruchtigen Art ist ein echtes Kind seiner Heimat. Wiener Backhenderl, Wiener Schnitzel, Donau-Wels und alle sonstigen Fische sind gut mit ihnen verbunden.

Hier muß auch der berühmte *Ruster Ausbruch* genannt werden. Ein großer, schwerer Wein, fast bernsteinfarben funkelnd, aus der Tokajer-Rebe. Als Begleitung einer Mahlzeit ist er zu mächtig; er will für sich allein wirken, etwa als Aperitif. Zum Gabelfrühstück wäre er allerdings am richtigen Platz.

Bei den Rotweinen hat man hauptsächlich Lemberger (Blaufränkisch in Österreich), Portugieser (Vöslau) rund um Wien und St. Laurent, wenig Spätburgunder, z. B. um den Neusiedler See, im Gebiet von Rust. Sehr ansprechende Weine gibt es im *Burgenland* und der *Steiermark*. Für einen Schöpsenbraten, ein Schöpsengulasch, ein Rinderfilet, sind sie eine harmonische Begleitung.

Ungarn ist leider durch den eisernen Vorhang ferner gerückt. Seine feurigen, charaktervollen Weine sind zwar zu haben, aber das freie Hinüber und Herüber gibt es doch nicht. Rubinrot, feurig in samtiger, prächtiger Fülle zeigen sich die Spätburgunder um *Erlau* und *Ödenburg*, die für paprikagewürzte Gerichte wie geschaffen sind. Eine weiche Note bringt der rote, halbsüße *Kadarka*. Am

Plattensee gedeiht ein Riesling, dessen Sortenbukett recht gut herauskommt, der dabei in seiner mildsüßen, aber doch markanten Art eine Sonderheit ist. Zum Paprikahuhn paßt er vorzüglich.

Der königliche Wein Ungarns, der *Tokajer*, ist immer noch weltberühmt, es läßt sich aber nicht verheimlichen, daß die Tokajer-Kultur der Vergangenheit angehört. Natürlich wächst wie eh und je die Furmint-Rebe unter dem gleichen Himmel, aber die Vielfalt der früheren Angebote sucht man vergebens. Kostbare uralte Flaschen aus vielen berühmten Jahrgängen wurden früher in den Kellern als Schätze gehütet. Das ist vorbei. Aber wir haben doch noch den kräftigen, schweren, nicht süßen Szamorodner, einen ausdrucksvollen Tokajer.

Wenn „Tokajer Aszu 2 buttig, 3 buttig oder noch mehr buttig" auf dem Etikett steht, bedeutet das: Man hat einem 136 ltr. Faß Tokajer die angegebene Anzahl hölzerner Tragkübel (Butten) mit rosinenartig eingeschrumpften Traubenbeeren beigefügt. Das sind dann „armdicke" Weine mit köstlicher Süße, wuchtiger Fülle und so viel Weingeist, daß man fast Likör dazu sagen könnte. Bei alten Jahrgängen nennt man sie auch „Tokajer-Essenz". Allerdings – wie gesagt – die alten Jahrgänge sind nicht mehr erreichbar. Einen „buttigen" Tokajer kann man anbieten wie einen Kognak, bei kurzen Besuchen, und als nachhaltige Ermunterung zu jeder Tageszeit.

Ja – es gäbe wohl noch manchen Wein zu erwähnen, gehaltvolle, fruchtige Rotweine in Bulgarien, Rumänien, Jugoslawien, sogar in Ägypten und im Kapland – auch weiße, in reizvoller Verschiedenheit; aber man trifft sie doch bei uns recht selten. Und wenn sie uns begegnen, so fällt es bestimmt nicht schwer, nach der vorausgegangenen Beschreibung der vielen Gewächse sie sinnvoll einzustufen.

Ein Hinweis ist noch nötig auf die zahlreichen *Vermouth-* und *Kräuterweine*, die als Aperitifs beliebt sind. Es gibt eine ganze Reihe weltbekannter Marken, so daß wir bei einer Aufzählung kein Ende fänden. Die Qualität hängt in erster Linie von den verwendeten „Grundweinen" ab, deren Wahl und Zusammenstellung von den Herstellern als Geheimnis gehütet wird.

Die Lagerung, die Kellerbehandlung und schließlich die Extrakte vieler Pflanzen und Pflanzenteile vollenden dann den „Typ", den der jeweilige Hersteller für den „einzig richtigen" hält und auf den die Freunde jeder Marke schwören.

Und nun wünschen wir Ihnen ein freudvolles Proben im Reiche des Weines

Walter Schröder und
Elisabeth Schuler

Zusammenfassende Übersicht

So sollten Sie die Weine zu den Speisen wählen:

Aperitif:	Cocktails, trockener Sekt, trockener Vermouth, verschiedene Kräuterweine.
Gemischte Vorspeisen:	Trockener Sekt, herzhafte Weißweine, Roséweine, Trollinger.
Austern, Hummer, Kaviar:	Weißer Burgunder, Rieslingweine, trockener Sekt.
Warme Pastetchen: (Ragout fin)	Deutsche und französische Weißweine mittlerer Art.
Schwere Pasteten:	Bordeaux, Burgunder, deutsche Spätburgunder, große Rieslingweine.
Suppe:	Trockener Sherry und Madeira.
Fisch:	Blumige Mosel-, Saar-, Ruwerweine, leichtere Weißweine aus allen deutschen Gebieten, nicht zu schwerer weißer Burgunder.
Geflügel und andere helle Braten:	Volle, kräftige deutsche, österreichische und elsässische Weißweine, weißer Burgunder.
Wildgeflügel, Gans und Ente:	Roter Württemberger, deutscher Spätburgunder, Bordeaux, Burgunder.
Rinder-, Hammel-, Wildbraten:	Große, volle, edle Bordeaux- und Burgunder-Weine, trockene italienische Rotweine, deutsche Spätburgunder.
Süßspeisen und Obst:	Halbtrockener Sekt, Sauternes, Samos, milde Sherry.
Eis:	Gebrannte Wässer, Liköre.
Käse:	Bordeaux, Burgunder, herbe italienische Rotweine – zu mildem Käse auch Trollinger.
Nach dem Mokka:	Kognak, Kirschwasser, Liköre.
Zur gemischten kalten Aufschnittplatte:	Weiß- und Rotweine zur Wahl – mittlere Sorten – auch Rosé- und Schillerweine.

Register